Karl-Heinz Ohlig · Fundamentalchristologie

Karl-Heinz Ohlig

Fundamentalchristologie

Im Spannungsfeld von Christentum und Kultur

Kösel-Verlag München

Meiner Familie,
die mich geduldig oder murrend mit
Theodor von Mopsuestia, Johannes Scotus
Eriugena oder John S. Mbiti
geteilt hat

CIP-Kurztitelaufnahme der Deutschen Bibliothek

Ohlig, Karl-Heinz:
Fundamentalchristologie : im Spannungsfeld
von Christentum u. Kultur / Karl-Heinz Ohlig.
– München : Kösel, 1986.
ISBN 3-466-20284-1

Gesamtherstellung: Tutte-Druckerei GmbH, Salzweg-Passau
Umschlag: Günther Oberhauser, München
ISBN 3-466-20284-1

Inhalt

Teil III: Grundzüge der christologischen Soteriologie im Mittelalter

Teil V: Systematische Folgerungen

Vorwort

Haec omnia inde esse in quibusdam vera, unde in quibusdam falsa sunt.
Augustinus[1]

Meine Studie will keine neue, »moderne« Christologie sein. Was nutzt es, den vielen historischen und zeitgenössischen Entwürfen einen weiteren hinzuzufügen?
Es geht vielmehr darum, die *gelaufene und laufende* christologische Entwicklung zu *verstehen*, besser: mit historisch-kristischen Methoden zu analysieren und die von daher zwangsläufigen Folgerungen zu erheben. Im Vordergrund steht hierbei die *kirchliche* Christologie; einzelne Theologen interessieren nur, insoweit sie zu ihrer Kontur beitragen und ihre Motivationen deutlicher hervortreten lassen.

An einen Versuch wissenschaftlicher Analyse die Frage nach Orthodoxie oder Heterodoxie herantragen zu wollen, wäre absurd. Kein Dogma soll bestritten, Antithese nicht gegen These gesetzt werden. Vielmehr soll der Gang der Diskussion *plausibel* werden. Warum gerade hier oder dort zu dieser oder jener Zeit das christologische Dogma eben diese und keine andere Gestalt angenommen hat, soll durchsichtig gemacht werden. Ein solcher Aufweis mag – historisch-kritisch – zutreffen oder daneben zielen, richtig oder falsch sein, der Glaube selbst an Jesus Christus wird davon nicht berührt. Der wohlwollende Leser dürfte bald feststellen, daß die Überzeugung von der heilsmittlerischen Funktion Jesu – also »die Sache« der Christologie – selbst nicht in Frage gestellt wird. Ich hoffe, daß dieses Apriori nicht allzusehr die Anwendung der Methoden beschädigt hat.
Die vorliegende Studie geht von der *Arbeitshypothese* aus, daß grundsätzlich Jesus nur dann als «Christus« erkannt und bekannt wird, wenn er von den jeweiligen Christen als bedeutsam, ja unverzichtbar für die eigene Sinnfrage erfahren wird. *Diese Heilserfahrung ist Basis*

[1] Zit. nach *Aurelius Augustinus*, Soliloquia de immortalitate animae II 18,4, lateinisch und deutsch (latein. Text: *Harald Fuchs*; Einführung, Übertragung usf. von *Hanspeter Müller*), Bibliothek der Alten Welt (hrsg. von *Karl Hoenn*), Zürich 1954, 154 (von *Augustinus* – bzw. der »Vernunft« – an dieser Stelle auf das Theater bezogen).

der Christologie und findet ihre Verbalisierung im Christusbekenntnis; *die Christologie ist eine Funktion der Soteriologie.*
Die soteriologische *Fragestellung* aber ist das, was die christliche Verkündigung *vorfindet*; sie ist nicht von ihr erst produziert, allenfalls kann sie sie aufgreifen und modifizieren bzw. korrigieren und in »richtige« Bahnen lenken. Die Menschen aller Zeiten und Kulturen *haben* diese religiöse Frage nach Heil, und sie haben sie *auf ihre Weise*. Anders ist die konkrete Gestalt der Frage in prähistorischer Zeit, anders in den frühen Hochkulturen, anders bei Juden oder Hellenisten, anders in Europa oder Asien. Die strukturell und formal selbige Problematik des Menschen variiert in ihren Bezugspunkten, in ihrer Inhaltlichkeit, in ihrer Differenziertheit und Sensibilität je nach Kultur und Epoche.
Wenn das Christentum in einer Kultur auf Dauer heimisch werden will, muß es auf diese konkrete Frage hören und Jesus als »Antwort« verkünden. Die sprachliche Formulierung der Heilsbedeutung Jesu muß infolgedessen in jeder Kultur anders aussehen, wenn denn das Christusbekenntnis nicht in kolonialistischer oder imperialistischer Manier ein Fremdkörper bleiben soll; das kann allenfalls für eine kurze Zeit, im Falle der Überlegenheit der christlichen über die zu missionierende Kultur, gelingen.
Das Christentum hat im allgemeinen die Herausforderung, die in der Vermittlung des Glaubens in je neue Kulturen lag, angenommen und bestanden; anders wäre es in Vergangenheit und Gegenwart weltgeschichtlich ohne Bedeutung. Das Gegenteil aber trifft zu: Trotz vieler beklagenswerter Fehler und Defizite ist es bis zur Stunde eine universale dynamische Größe.
Meine Studie setzt sich die Aufgabe, in groben Linien den bisherigen Weg der Christologie zu verfolgen. Dabei soll diese in ihrer – großartigen – Kulturbedingtheit aufgezeigt werden. Letztere ist keineswegs ein Zeichen opportunistischer Anpassung oder gar Schwäche des Glaubens gegenüber dem jeweiligen »Zeitgeist«, sondern Erweis seiner lebendigen Kraft. Nur wo und wenn dieser Mut zur Inkulturation der Angst weicht, das Ererbte dabei aufgeben zu müssen, der Blick sich nach rückwärts richtet und allein archivarische Überlieferungstreue die eigene Identität gewährleisten soll, wenn das Bemühen um vermeintliche Orthodoxie über die missionarische Verkündigung siegt, kann von Schwäche des Glaubens gesprochen werden.
Zweitausend Jahre Geschichte angemessen und jedermann zufriedenstellend zu verhandeln, ist unmöglich; schon der Versuch würde den Rahmen einer Publikation weit überschreiten. Nur die großen Linien können – und dies oft vereinfachend – dargestellt werden, auf eine umfassende Auseinandersetzung mit der Literatur muß verzichtet

werden. Ihre Kenntnis ist allerdings die Voraussetzung der Analyse; nur soweit aber wird sie förmlich angegeben, wie sie unmittelbar im Text herangezogen wird.
Ein solcher Durchblick durch zwei Jahrtausende birgt viele Risiken. Es mag »sicherer« sein, sich auf Detailuntersuchungen zu beschränken und etwa das christologische Denken des *Augustinus*, des *Johannes Scottus Eriugena* oder *Thomas* zu untersuchen. Nicht wenige halten diese Bescheidung für wissenschaftlich geboten.
Die gesamte Theologiegeschichte so zu verhandeln, daß das Schrifttum oder alle Epochen zureichend differenziert anhand aller Sekundärliteratur diskutiert werden, ist im Rahmen eines Buches nicht möglich. Ein wenig wird der Theologiegeschichtler – falls er sich nicht gerade jahrelang auf *Athanasius*, *Augustinus*, *Thomas*, *Luther* oder den Pietismus spezialisiert – die Exegeten wegen ihres spezifischen und in etwa umrissenen Arbeitsfeldes beneiden.
Soll man sich also auf Einzeluntersuchungen beschränken? Sie sind sicher unverzichtbar und erweitern den Horizont unseres Wissens. Es wäre aber nicht gut, es dabei zu belassen. Spätestens im Kopf des eifrigen Lesers fügen sie sich zu einem Gesamtbild zusammen, dessen einzelne Teile allerdings oft unverbunden, ja gegensätzlich nebeneinanderstehen; der rote Faden wird nicht sichtbar und vor allem nicht – wissenschaftlich – reflektiert.
Meine Arbeit dient dem Ziel, diesen roten Faden zu verfolgen und die Beweggründe offenzulegen, die die christologische Entwicklung vorangetrieben haben. Es geht um den *Zusammenhang* der einzelnen Teile und um *seine Analyse*. Die Absicht der Arbeit ist also eine systematische – eine »Systematik der Christologiegeschichte«.
Im Ergebnis wird deutlich werden, daß es *die* kirchliche Christologie nicht gibt, wenigstens dann nicht, wenn die inhaltlichen Aussagen des Bekenntnisses als Bezug gewählt werden (z. B. Jesu ist »Sohn Gottes« oder »göttlicher Logos« oder »Rechtfertiger« oder »Befreier«), und ebenso wird die Kulturbedingtheit dieser Inhalte hervortreten. Dieses Ergebnis folgt zwingend aus der Geschichte der Christologie, an ihrem Verlauf sowie den zutage liegenden Motivationen läßt es sich verifizieren; es ist nicht Produkt eines Aprioris. Seine Wirkung mag ambivalent sein; es kann ererbte Selbstverständlichkeiten, die vielen als »das Ganze« erscheinen, erschüttern, kann aber auch zur (christlichen) Freiheit befreien.
Wenn es viele – oft einander widersprechende – kulturbedingte Christologien gab (und geben wird), muß gefragt werden, ob nicht doch eine wie auch immer geartete transkulturelle *Einheit* der Christologie, also eine *kirchliche* Christologie erarbeitet werden kann und worin – trotz außerchristlicher Provenienz des christologischen Bekenntnis-

materials – die Christlichkeit aller Christologie besteht. Darum geht es im letzten Teil dieser Arbeit.
Schließlich bleibt noch die Aufgabe, darüber nachzudenken, welchen »Ort« die zentralen gemeinsamen Intentionen aller christologischen Bekenntnisse besitzen, vor allem die »Unizität« der Heilsvermittlung durch Jesus Christus sowie die Behauptung, nicht nur die Sache, sondern die Person Jesu sei »der Christus«. Hierzu können nur einige Vermutungen vorgelegt werden.
Vor rund zehn Jahren habe ich mit diesem Projekt begonnen; große Teile sind schon vor einigen Jahren endgültig niedergeschrieben worden. Neue Literatur habe ich nur dann noch berücksichtigt, wenn es sinnvoll erschien.
Ich bin mir des fragmentarischen Charakters eines solchen Parforce-Ritts durch die Geschichte bewußt. Allfällige Korrekturen im einzelnen können aber m. E. die hier erörterten Kausalfaktoren der christologischen Entwicklung nicht grundlegend in Frage stellen. Trotz aller Bedenken möchte ich deswegen die vorliegende Studie zur Diskussion stellen.

Frau Anne Conrad und Herrn Aloys Wener danke ich herzlich für ihre Mitarbeit bei der Erstellung der Literaturliste und bei der Korrektur.

Einführung

1 Die soteriologische Bestimmung von Religion

1.1 Sinnfrage und -hoffnung

Ausgangspunkt und immer neue Motivation für jegliche Ausbildung von Religion und die Religionspraxis ist die Erfahrung des Menschen, daß er in seiner ganzen – individuellen und kollektiven – Existenz sinn-los oder sinn-offen ist. Dennoch aber streckt er sich mit aller Macht aus nach einer letzten Sinnhaftigkeit und findet im geschichtlichen Vollzug viele Motive, eine solche Perspektive zu erhoffen.
Seit der Mensch aus dem evolutiven Prozeß hervorgegangen ist, hat er seinen »naturalen Ort« verloren. Diese Feststellung betrifft alle Teilbereiche seiner Existenz: sein leibliches, psychisches, gesellschaftliches und geistiges Leben. Weder »besitzt« er eine vorgegebene psychische Identität, noch sind seine Sozialisationsformen in jedem Sinne zwangsläufig, noch verfügt er über die Antworten auf seine Fragen. So wird für ihn die *Geschichte* der »Ort« in dem er sich auf die Suche macht und nach »Sinn« strebt, wiederum auf allen Ebenen. Konsequent kann die Funktion der Religionspraxis sehr verschieden untersucht und definiert werden: religionspsychologisch, religionssoziologisch, religionsphilosophisch oder – von einer konkreten religiösen Tradition her – theologisch.
Der heutige wissenschaftstheoretische Pluralismus macht es dem Theologen schwer, die religiöse Problematik zu erörtern. Wenn er nicht der irrigen Meinung nachhängt, die Theologie könne eine unabhängige Position »über« den Parteien einnehmen, müßte er sich in ein Gespräch mit jeder »Schule« einlassen und von den jeweiligen Voraussetzungen her seine Sache vertreten.
Ohne eine Auseinandersetzung mit bestimmten wissenschaftstheoretischen Richtungen zu versuchen, soll doch die Voraussetzung benannt werden, unter der im weiteren gedacht wird: daß nämlich die

religiöse Problematik das menschliche Dasein in allen seinen Dimensionen zuinnerst betrifft.
Diese Überzeugung stützt sich, jenseits jeder regionalen anthropologischen oder humanwissenschaftlichen Begründung, vor allem auf die *Beobachtung der Geschichte*. Der Satz von der religiösen Dimension des Menschen ist hier vor allem *deskriptiv* gemeint. Gegen manche gescheite Reflexion über das »Ende der Religion« oder die gänzliche Funktions- und Sinnlosigkeit religiösen Fragens und Redens lehrt die Geschichte, daß die Frage sowie die ihr entsprechenden Hoffnungen nicht auszurotten sind. »Religion« gehört zum Menschen dazu.

1.2 Religionen als soteriologische Systeme

Was »Religion« ist, läßt sich bei der Vielzahl und Buntheit der Religionen und »Pseudo«religionen und dem weithin unversöhnten Nebeneinander der wissenschaftstheoretischen Ansätze nur schwer exakt bestimmen; eine solche Definition muß notwendig sehr allgemein und unbestimmt ausfallen. Ganz vorsichtig und im Bewußtsein, damit beinahe nichts zu sagen, soll die religiöse Dimension des Menschen beschrieben werden als die faktisch in allen Gesellschaften beobachtbare Erfahrung der Sinnoffenheit und die Verpflichtung auf und Bemühung um »das Ganze«[1].
Die Bestimmung von »Religion« im Sinne der Verwiesenheit auf »das Ganze« erweist sich als ursprünglicher als das Sprechen von Göttern oder Gott, das religionsgeschichtlich erst einer recht späten Phase der Menschheitsgeschichte zuzuweisen ist. Der Sache nach stimmt diese Definition mit traditionellen Formulierungen überein, in denen die Religion und das Heilige bzw. das Numinose zusammengebracht werden.
Ähnlich verhält es sich mit zwei anderen Termini zur Bestimmung von Religion, die den Vorteil haben, die anthropologische Rückbindung von »Religion« erkennen zu lassen: »Heil« (σωτηρία, salus) und »Erlösung« (λύτρωσις, redemptio). Beide sind trotz ihres altertümlichen

[1] Vgl. *Franz Schupp*, Vermittlung im Fragment. Überlegungen zur Christologie, als Manuskript gedruckt von der »Fakultätsvertretung der Hochschülerschaft an der theologischen Fakultät der Universität Innsbruck«, ÖH-Druck 1975, 8: »Der Mensch fühlt sich dort geborgen – also im »Heil« stehend – wo es ihm gelingt, die verschiedenen Bereiche und Dimensionen seines Lebens als Einheit, als Ganzes zu erfahren. Diese Grunderfahrung tritt aber nie für sich allein auf, sondern ereignet sich immer im Erleben einer Diastase – einer Ausständigkeit dieser Ganzheit... Die Heilsfrage als Integrationsfrage ist also das eigentlich virulente Element der menschlichen Existenz.«

Klangs durchaus zur Umschreibung der religiösen Verfaßtheit des Menschen, seiner Verpflichtung auf das »Ganze«, zu verwenden: »Lösung«, »Er-lösung« formuliert »das Ganze« in seinem aus Negativem und Fragmentarischen herausführenden Aspekt; »Heil« thematisiert mehr die Positivität der (erhofften) Ganzheit.
Von hierher ließe sich sagen, daß die religiöse Frage – und somit auch die konkreten Religionen – mit »Heil« und »Erlösung« zu tun hat, ja, daß sich in dieser Eigenart ihr Wesen erschöpft. Religion ist grundlegend *soteriologisch* zu bestimmen. Die konkreten Religionen sind als »soteriologische Systeme« zu betrachten, in denen die Fragestellungen und Hoffnungen von Menschen auf eine spezifische Weise – in Theorie und Praxis, in Kult und Sozialisationsformen – artikuliert und somit soteriologische Traditionen ausgebildet werden. Auch das Christentum ist eines dieser »soteriologischen Systeme«[2].

1.3 Soteriologische Grundorientierungen: Natur und Geschichte

Vor allem zwei Komponenten bestimmen den Menschen, seit es seine Spezies gibt: Die *Natur*, in deren »evolutiven« Prozeß er eingefügt und aus dem er hervorgegangen ist, und die *Geschichte*, die er selbst handelnd weitertreibt, bzw. *Natur und Kultur*. An beiden Aspekten orientiert sich menschliches Verstehen, in manchen Kulturen mehr an der Naturwelt, ihren chaotischen oder dynamischen Kräften oder ihrer seinshaften Ordnung, anderswo mehr an der von Subjektivität und Freiheit geprägten Geschichte. Diese grundsätzlichen Verstehensbezüge kommen allerdings nur selten in »reiner« Form vor, sie sind meistens miteinander vermischt oder auch (dualistisch) in Konflikt. *Die Art, wie* Menschen ihre Sinnfrage stellen, hängt ab von ihrer grundsätzlichen Orientierung. Die *fundamental eine* und *»gleiche«* Frage des Menschen wird in den verschiedenen Kulturen je anders gestellt; in ihrer Inhaltlichkeit ist sie kulturbedingt. Sehen Menschen in einer Kulturtradition sich selbst vor allem als Teil der Natur, ihres Werdeprozesses oder ihrer statischen Ordnung, wird ihnen ihr »Unheil« als Defizit ihrer Natur oder ihres Seins erscheinen und »Heil« als

2 Vor allem in der evangelischen Theologie gibt es seit *Karl Barth* den Versuch, »Religion« und Christentum voneinander abzugrenzen. Dort gehe es um bloß menschliche – und somit »sündige« – Bemühung, hier um göttliche Offenbarung. »Religion« wird geradezu zur Bedrohung und Schuld des Christentums. Eine solche Position ist einmal offenbarungspositivistisch und vorkritisch, zum anderen – allen anderen Religionen gegenüber – recht überheblich.

erhoffte naturale Versöhnung aufleuchten. Wenn sie sich vor allem als Handelnde in der Geschichte begreifen, von einem Anfang herkommend und auf ein Ende zugehend, und von der Geschichte die Modelle ihrer Daseinsinterpretation nehmen, realisieren sie ihre Sinnlosigkeit als Bedrohung, Korruption und Schuld der Geschichte, Sinnhaftigkeit wird erhofft als Erlösung und Gültigkeit von Geschichte.
Die Unterscheidung von Natur und Kultur ist jedoch nicht so zu verstehen, als ließen sich beide säuberlich voneinander trennen oder gar als objektive Gegebenheiten einander gegenüberstellen. Dies verbietet einmal die Entstehung des Phänomens Kultur bzw. ihres »Produzenten«, des Menschen aus dem evolutiven Prozeß der »Natur«; zum andern ist der Naturbegriff selbst und das jeweilige Naturverständnis eine Komponente menschlicher Geschichte und Kultur: Erst durch Kultur erscheint die Naturwelt *als* »Natur«, und *was* jeweils »Natur« *ist*, hängt von den kulturbedingten Voraussetzungen des Erkennens ab.
»Obwohl es nun heute immer schwerer fällt, diesen Unterscheidungen einen angebbaren und überprüfbaren Sinn im Rahmen einer historisch-empirischen Anthropologie zuzuschreiben, haben diese Unterscheidungen doch weiterhin in methodologischer Hinsicht eine große Bedeutung«, schreibt *Franz Schupp*[3]. Vor allem sind sie wichtig für eine Interpretation der Kultur- und Religionsgeschichte, insofern sie die gegensätzlichen Pole menschlicher Orientierung darstellen.

1.4 Monismus und Monotheismus

Je nach dem Schwerpunkt dieser Orientierungen erfahren Gesellschaften und Individuen ihre religiöse Problematik verschiedenartig. *In »naturorientierten« Gesellschaften* wird die »Ganzheit« vorwiegend apersonal-monistisch verstanden[4] und »Heil« gesehen in dem Einswerden mit dem All-Einen oder wenigstens in der Einpassung in die Abläufe der Natur bzw. in eine apersonale Gesetzlichkeit[5]; geschichtliche

[3] Glaube-Kultur-Symbol, Versuch einer kritischen Theorie sakramentaler Praxis, Düsseldorf 1974, 10.11.

[4] Höchste soteriologische Orientierungspunkte dieser Kulturen sind z. B. die maat (das ägyptische Weltgesetz), die Moira der Griechen, das Fatum der Römer, das Brahman der Upanishaden oder das Nirwana des Buddhismus.

[5] Weil Natur- und Geschichtsorientierung meist nebeneinander koexistieren, gibt es in den meisten der in A.4 genannten Religionen auch noch »personale« Gottheiten, deren Handlungsspielraum und damit soteriologische Bedeutung allerdings sehr stark eingeengt ist und die oft lediglich Konkretionen des Einheitsprinzips sind (vgl. die ägyptische oder Teile der vedischen Religion).

Phänomene oder Gestalten spielen soteriologisch keine Rolle. Denn von der »Natur« her lassen sich weder eine Vorstellung von der soteriologischen Bedeutung der Personalität, also des geschichtlich gewordenen *Besonderen*, noch überhaupt der Gedanke an die Relevanz von Geschichte bzw. der in ihr Handelnden gewinnen. Wo diese Orientierung ganz konsequent durchgeführt ist (z. B. im reinen Buddhismus), wird Heil sogar geradezu in der Abkehr von der Geschichte verwirklicht (z. B. in der Aufhebung des »Durstes« und des aus ihm folgenden geschichtlichen Handelns, im meditativen Rückzug auf das innerste »Selbst« und dessen Entgrenzung auf das Eine).
In Kulturen, die sich für ihr Daseinsverständnis an der Natur (Kosmos, Weltordnung, organologischer Prozeß usf.) orientieren, geht es also soteriologisch um die (tendenziell naturale) Versöhnung mit dem All-Einen, mit »Gott«. Dieser Gott ist immer, wenigstens implizit, *monistisch* oder *pantheistisch* gedacht, als apersonale Einheit und als Grund allen Seins. Dieser Gott ist der Welt und den Menschen *immanent*, er ist ihre eigene letzte Wirklichkeit. Um dies sein zu können, darf er allerdings nicht mit den mannigfachen Erscheinungen dekkungsgleich sein; dann gäbe es nur Pluralität und Divergenz. Er muß vielmehr allem Seienden gegenüber *transzendent* sein, um der *eine* Grund von allem sein zu können. *Immanenz und Transzendenz gehören zusammen und bedingen sich gegenseitig*. Der Gott kosmosorientierter Religiosität ist also ein *immanent-transzendenter Gott*, der »Heilsweg« schließt deswegen für den Menschen ein den Versuch, *in sich selbst* die *eigene* letzte Wirklichkeit, den All-Gott, zu erkennen (als Weg nach innen) und sich selbst (die eigene geschichtliche Besonderheit und/oder seinshafte Kontingenz) zu entgrenzen auf das Eine hin (die Transzendenz »ereignet« sich »innen«, immanent).
Eine Orientierung des Verstehens von Gesellschaften *an der Geschichte* führt zu den gegenteiligen Konsequenzen, nämlich zu einer soteriologischen Orientierung an Perspektiven, die aus der kulturellen Tradition des Menschen erwachsen und in der Naturwelt nicht zu finden sind. Hier sind vor allem die Motive »Gesellschaft« (Sippe, Nation), »Person«, »Individuum«, »Freiheit« (und mit ihr zusammenhängende Motive: Ethik, Handeln etc.) zu nennen[6]. »Ganzheit« wird in diesem Verstehen geschichtlich-personal-ethisch konkretisiert, die Gottes-

[6] Diese andersartige Orientierung läßt sich religionsgeschichtlich besonders gut nachweisen, wenn ein älteres Naturverstehen durch ein neues geschichtliches Selbstbewußtsein abgelöst wird: z. B. im Übergang von der sumerischen zur babylonischen Kultur, in der Krise zwischen Altem und Mittlerem Reich in Ägypten, in der Konzentration auf den Jupiter optimus maximus im späteren Römischen Reich. Überall dort kommt es *einmal* zu einer stärkeren Betonung der Relevanz göttlicher Personalitäten *und* zu einer Ethisierung der Religion.

vorstellung ist personal. Theistische und/oder ethisch ausgerichtete Religionsformen sind deswegen Anzeichen einer dynamischen Geschichtsorientierung, eines Beharrens auf dem in der Kultur gewonnenen Besonderen gegenüber einer meist mehr resignativen Naturorientierung. Erlösung wird hier zur »Fremderlösung« durch »den anderen«, Gott.

Mit der Entstehung der frühen Hochkulturen läßt sich das Aufkommen einer Neuorientierung des Menschen zum erstenmal feststellen; er fängt an, seine Besonderheit gegenüber allem Naturalen soteriologisch deutlicher wahrzunehmen und auf ihre Gültigkeit zu hoffen. Hieraus resultieren die Entstehung der Polytheismen[7], die Übertragung des Schöpfungswerkes an personale Gottheiten, anfängliche Verknüpfungen der Ethik mit den Göttern, eine Problematisierung des Todes. Der Durchbruch zu einer Geschichtsorientierung scheint aber nicht vollkommen gelungen zu sein: Die vielen Götter nivellieren sich in ihrer Konkretion oft in die Einheit eines Pantheons, über ihnen waltet ein Geschick, das auch sie nicht ändern können, sie selbst sind aus naturalen Zeugungsprozessen der Natur hervorgegangen. Polytheismen bleiben immer mit einem grundlegenden Monismus verbunden und durch ihn entmächtigt; das Geschichtsbewußtsein des Menschen meldet sich in ihnen zu Wort, ohne aber die erfahrene Übermacht des Naturalen brechen zu können.

Erst im *Monotheismus* wird alles Sein in einer absolut geltenden Person, ihrem Willen und Handeln begründet, das Naturale verliert seine Ursprünglichkeit und Allmacht, soteriologisch vermag der Mensch auf die bleibende Geltung der Geschichte zu setzen (Weltgericht, absolute Zukunft usf.). Auch diese universal gültige Person ist radikal *transzendent* gedacht, aber nicht in der Art der immanenten Transzendenz des monistischen Gottes. Es handelt sich um *Geschichtstranszendenz*, die nicht auf dem Weg nach innen durch Ent-konkretisierung gesucht wird, sondern als »von außen«, in der absoluten Geltung »des anderen«, des gänzlich Subjektiven und Personalen und Einmaligen, erfahrbar wird: das »Ich« (oder »Du«) jenseits der Geschichte. Nicht Relativierung des Besonderen führt zur Transzendenz, sondern dessen universale Etablierung.

Die Mehrzahl der Religionen, von der Prähistorie bis heute, orientiert sich soteriologisch an der „Natur" und ihren apersonalen Kräften; in den großen asiatischen Weltreligionen wird dieses Verständnis auf den Begriff gebracht und zu universalen soteriologischen Lehren formali-

[7] Vgl. hierzu die immer noch unübertroffenen Darlegungen von *Ernst Cassirer* Philosophie der symbolischen Formen, zweiter Teil: Das mythische Denken, Darmstadt [6]1973, 238–261 (»Der Persönlichkeitsbegriff und die persönlichen Götter. – Die Phasen des mythischen Ichbegriffs«).

siert, in säkularisierter Form führt der »Materialismus« diese Linie fort. Daneben aber meldete sich schon früh, vielleicht schon in der Jungsteinzeit, sicher aber mit den frühen Hochkulturen, ein neues Verstehen zu Wort, das soteriologisch auch auf geschichtliche Phänomene setzte. Diese neue Orientierung kam schließlich in den Monotheismen zu ihrer vollen und reinen Gestalt (Dualistische Religionen oder Strömungen entstehen dann, wenn der Konflikt zwischen den beiden Orientierungen, Natur und Geschichte, sehr stark erlebt wird und das Denken zu beherrschen beginnt). Nachdem die Polytheismen geistesgeschichtlich, wenigstens prinzipiell, überwunden sind, stehen heute und in der Zukunft soteriologisch zwei Möglichkeiten zur Wahl: Monismus und Monotheismus[8].

[8] Vgl. hierzu vom *Verf.*, Die Welt ist Gottes Schöpfung. Kosmos und Mensch in Religion, Philosophie und Naturwissenschaft, Mainz 1984, passim.

2 »Christologie« als inneres Moment geschichtsorientierter Soteriologie

2.1 Die »christologische« Soteriologie

Im Monotheismus, originär nur in Israel entstanden, kommt die selbstbewußte Geschichtsorientierung des Menschen zu ihrer höchsten Verwirklichung. Hier gewinnt deswegen auch die »Soteriologie« eine das kulturgeschichtliche Verstehen spiegelnde und – umgekehrt – radikalisierende Konkretion: die »Ganzheit« ist die *absolute und eine* Subjektivität Jahwes (nicht zu verwechseln mit der apersonalen Einheit in monistischen Religionen oder der abstrahierten Einheit in henotheistischen Systemen)[1]; ihm gegenüber steht eine in ihrem geschichtlichen Handeln souveräne und ethisch verantwortliche Gesellschaft bzw. der einzelne; »Heil« geschieht durch das *Handeln* vor allem Gottes, aber auch des Menschen.
Wie der Monotheismus aus dem geschichtlichen Selbstbewußtsein des Menschen hervorgegangen ist und dieses umgekehrt absichert, so kann in ihm »Heil« nicht realisiert werden in anonymer Einpassung des Menschen in die »Natur« oder durch Rückzug aus der Geschichte (»naturale« Vermittlung von Heil), sondern lediglich durch *geschichtliche Vermittlung*: im Judentum z. B. durch das Volk und die Zugehörigkeit zu ihm, durch Schaffung, Tradition und Rezeption einer umfassenden Geschichts- und Gesetzesüberlieferung des Volkes Israel, durch die Funktion von Stammesvätern oder -führern, von Königen, Propheten, Priestern, Weisen.
Kurz: Während in Monismen Heil vermittelt wird etwa durch Erkenntnis der wahren (Seins-)Zusammenhänge oder durch die im Kult gefeierte oder in der (oft asketischen) Abwendung von der Geschichte vollzogene Identität mit dem Göttlichen[2], kennen theistische und erst recht monotheistische Religionen eine Vermittlung des Heils durch geschichtliche Vehikel oder Gestalten: Im Judentum z. B. durch »Gesetz und Propheten« bzw. am Ende durch den Messias.

[1] Vgl. u. 41–43; 109–112.
[2] Insofern die wahre Erkenntnis durch die »Lehre«, die richtige Kultfeier durch die Einführung in die Riten (usf.) zugänglich werden, ist in Monismen meist »die Lehre« ein Restbestand »geschichtlicher Vermittlung« von Heil (der aber *als geschichtlich* nicht gewollt und soteriologisch reflektiert ist).

Die jüdische Religion hat die *end-gültige* Vermittlung des Heils von einer messianischen Gestalt erwartet (Messias = Gesalbter = König). Die Messiastypologie wurde später im christlichen Bekenntnis auf Jesus übertragen: er ist der »Christus« (= griechische Übersetzung von »Messias«). Deswegen soll die Eigentümlichkeit (theistischer und) monotheistischer Religionen, *Heil durch Geschichte vermittelt* zu sehen, als *»christologische«* (= »messianische«) *Soteriologie* bezeichnet werden.
Die Sinnfrage des Menschen ist Basis seiner religiösen Betätigung; die Orientierung einer Gesellschaft an Geschichte bringt es mit sich, daß in dieser soteriologischen Frage die Geschichte problematisiert *und zugleich* auf ihre Gültigkeit gesetzt wird. Diese Geschichtsorientierung ist ebenfalls »Bedingung der Möglichkeit« dafür, daß die soteriologische Bedeutung geschichtlicher Vermittlung, also »Christologie«, möglich und notwendig wird. So ist *die Soteriologie*, genauer: die »geschichtsorientierte« Soteriologie, *tragender Grund jeder »Christologie«. Nur innerhalb der auf diese Weise gestellten Heilsfrage kann die Heilsbedeutung von Geschichte und geschichtlichen Figuren aufleuchten; »Christologie« ist eine Funktion der Soteriologie.*
Die monotheistischen Religionen Judentum, Christentum und Islam kennen eine *strukturell vergleichbare Soteriologie. Sie unterscheiden sich vor allem durch ihre »Christologie«* (im genannten Sinn), d. h. an der Frage, durch welche »geschichtliche Instanz« das Heil vermittelt wird: Im Judentum durch »Gesetz und Propheten« bzw. auch durch das Volk Israel selbst, das als ganzes das Heil der Welt herbeiführt, und am Ende durch den Messias; im Islam nimmt der Koran diese Stelle ein[3]. Im Christentum schließlich ist *Jesus* der Heilsmittler schlechthin, die »Christologie« wird zur Jesus-Christologie. *So spezifiziert die »Christologie« inhaltlich und geschichtlich die Soteriologie* und damit die Identität der monotheistischen Religionen.

2.2 Die christliche christologische Soteriologie

Die christliche »christologische Soteriologie« führt die jüdische Soteriologie in ihren großen Konkretionen wie in ihrer Struktur fort. Kein einziger soteriologischer Topos des Judentums ist über Bord geworfen: Monotheismus, Relevanz der Ethik, Erlösungs- und Gerichtsgedanke, Eschatologie wie apokalyptische Vorstellungen (Auferstehung

[3] Darüber hinaus gibt es allerdings noch weitere Momente »christologischer Vermittlung«: Die Funktion des Arabischen, Mekkas, der umma (Glaubensgemeinschaft), der Ethik, des Bekenntnisses zum Prophetenamt *Mohammeds* usf.

usw.), Ausrichtung auf Geschichte usf. – all die behält seine Geltung (Diese Aufzählung ließe sich fortführen)[4]. Verändert aber hat sich die *christologische Spezifikation*: Alle Soteriologie bezieht sich jetzt auf *Jesus*, er wird zum *Vermittler schlechthin*.

Gerade also die *christliche Christologie* wird zum unterscheidenden Merkmal der Soteriologie; denn die Jesus-Christologie modifiziert nun zwangsläufig auch die übrigen soteriologischen Motive: Jahwe wird zum Vater Jesu, die Auferweckung ist vermittelt und begründet in Jesus, Erlösung und Gericht hängen mit ihm zusammen, er ist *der* Priester, *die* neue Gerechtigkeit etc.

Die christliche Jesus-Christologie steht also in der älteren religionsgeschichtlichen Linie »christologischer Soteriologie« und ist aus deren bis dahin reinster Gestaltform, der jüdischen Religion, hervorgegangen[5].

Damit wird deutlich, daß *einmal* diese *Christologie* eine *spezifische Gestaltwerdung der Soteriologie* ist. Zwar kann man durchaus – wie in der theologischen Traktatsgeschichte geschehen – methodisch zwischen beiden Aspekten unterscheiden; dann allerdings entsteht die Gefahr, daß beide letztendlich doch unabhängig voneinander und somit falsch interpretiert werden. Christologie wird erst *als eine Form der Soteriologie* zugänglich[6]. *Zum anderen* repräsentiert die *Jesus*-Christologie die geschichtliche Besonderheit[7] der christlichen Soteriologie, so daß diese ohne jene keinerlei Konturen gewinnen kann. Wenn man so will, *erschließt die christliche Soteriologie die Christologie hermeneutisch, die Jesus-Christologie die Soteriologie geschichtlich-inhaltlich*[8].

[4] Selbst soteriologische Motive, die aus archaischen Frühzeiten der israelitischen Geschichte stammen (wie Landbesitz, Nachkommenschaft u. ä.) werden beibehalten (vgl. etwa die Verheißung des Landbesitzes in der Bergpredigt Mt 5,5).

[5] Vgl. dazu u. 45–53.

[6] Diese Konzeption bildet auch den Leitfaden der Schrift ›Vermittlung im Fragment‹ von *F. Schupp*, ausdrücklich z. B. a.a.O. 42 und 49.

[7] Vgl. hierzu meinen Aufsatz: Gottessohnschaft. Offene Fragen in der Kirche, in *Josef Blank/Gotthold Hasenhüttl*, Glaube an Jesus Christus, Düsseldorf 1980, 64–89. *Josef Blank*, Jesus Christus/Christologie, in: Neues Handbuch theologischer Grundbegriffe, Bd. 2, München 1984, 238.239, kritisiert – allerdings ohne nähere Erläuterungen – meine These vom Zusammenhang von Soteriologie und Christologie: »Sie hält einer kritischen Prüfung nicht stand...«

[8] Dieser Zusammenhang wird von *Wolfhart Pannenberg* auf den Kopf gestellt. Zwar versucht er, Grundzüge der Christologie, Gütersloh 1964, 32–44, in »§ 2 Christologie und Soteriologie«, die enge Korrelation beider Aspekte und sogar die Beeinflussung der Christologie durch die Soteriologie anhand einiger Beispiele zu erläutern. Dennoch aber hält er an der Priorität der Christologie fest: *»Das Bekenntnis zu Jesus ist nicht zu trennen von Jesu Bedeutung für uns. Aber das soteriologische Interesse kann nicht Prinzip christologischer Lehre sein«* (32).

Im folgenden soll deswegen von dieser *Arbeitshypothese* her versucht werden, die beiden Aspekte einer gemeinsamen Reflexion zu unterziehen. Hierbei lassen sich »soteriologische« und »christologische« Aussagen nicht so einfach auseinanderhalten, wie es in den Schriften einer Schultheologie erscheint. Sind z. B. die Sätze ›Jesus hat uns durch seinen Tod erlöst‹ oder ›Jesus hat für uns unendliche Genugtuung geleistet‹ ausschließlich soteriologisch, andere dagegen wie ›Jesus ist der Christus‹ oder ›Jesus ist Sohn Gottes‹ nur christologisch? Sind nicht auch die ersteren in allem, was sie an Geschichtlich-Konkretem aussagen, christologisch (weil dem Tod Jesu, und nur ihm, eine unüberbietbare Bedeutung zukommt), und die letzteren in ihrer ganzen Funktion soteriologisch (weil es sich um Prädikationen der Christengemeinden handelt, die in ihnen ihre soteriologische Heilserfahrung mit Jesus formuliert haben)?

Karl Rahner faßt die traditionellen christologischen Aussagen unter dem Wort von Jesus als dem ›absoluten Heilbringer‹ oder ›Heilsmittler‹ zusammen; diese Begrifflichkeiten »besagen genau das«, was etwa unter den christologischen Topoi Inkarnation und hypostatische Union gemeint sei[9]. Hier ist die Christologie in ihrer soteriologischen Quintessenz (es geht um das »Heil«) zusammengefaßt und die prinzipielle Korrelation beider Aspekte formuliert[10]. In diesem Sinn soll in der vorliegenden Studie untersucht werden, wie und auf welche Weise in der Christologie Jesus als der bekannt wird, der »das Heil« geschichtlich vermittelt.

Die fundamentale hermeneutische Funktion der Soteriologie für die Interpretation der gesamten Theologie und auch der Christologie ist in der Vergangen-

Oder noch schärfer: »Die Soteriologie muß aus der Christologie folgen, nicht umgekehrt. Sonst verliert gerade der Heilsglaube selbst jede Grundlage« (42). – Allerdings wird bei *Pannenberg* nicht recht klar, ob er nicht manchmal unter »Christologie« einfach »Jesus« (und seine reale Auferstehung) meint. So z. B. 42: »Deshalb muß die Christologie, die Frage nach Jesus selbst, nach seiner Person, wie sie damals zur Zeit des Kaisers Tiberius auf Erden gelebt hat... aller Soteriologie vorgeordnet bleiben« (ähnlich 43). Für diesen Fall hätte die *Vorordnung Jesu* einen gewissen Sinn: Ohne *Jesus* gäbe es keine *christologische* Soteriologie. Dennoch müßte auch diese Aussage eingeschränkt werden: Zu Jesus, der ein »sich verstehender« (s. u. 27–30) war, gehörte die jüdische Soteriologie als Horizont und Konstituens seiner »Person«, zu seiner Rezeption als Christus gehört die (je unsere) soteriologische Frage.

9 Jesus Christus, in: Sacramentum Mundi 2, Freiburg 1968, 945.

10 Wenn *Rahner* dann aber von der »Einheit von inkarnatorischer (ontischer) und soteriologischer (funktioneller) Christologie« (ebd. 947) oder nur von einem »soteriologischen Aspekt der Inkarnation und hypostatischen Union« (ebd. 952) spricht, scheint doch die Beziehung beider vorwiegend additiv oder komplementär gedacht zu sein.

heit nicht recht deutlich geworden. So ähnlich wie die Naturwissenschaften erst mit der Ausweitung des Blicks in kosmische Dimensionen bemerkten, daß unsere Welt nicht dreidimensional ist, sondern die Zeit als vierte Dimension hinzukommt, so kann erst der Rückblick auf die »ganze« Religions- und Theologiegeschichte deutlich machen, daß alle Aussagen zu Gott, Mensch, Welt von der jeweiligen Soteriologie bedingt sind.
Solange Theologie sich im Binnenraum einer Religion, hier des Christentums, und erst recht in einer »geschlossenen« Epoche (Antike oder Mittelalter usf.) vollzieht, kann man die eigene soteriologische Bedingtheit übersehen und die Soteriologie zu einem der »Gegenstände« des Theologietreibens machen.
Dies ist spätestens geschehen in der ersten systematischen Darstellung der Theologie im Werk De principiis des *Origenes* (+ 250), das für die weitere Befassung mit diesem Thema bestimmend wurde. In der späteren lateinischen Entwicklung wurde noch einmal unterschieden zwischen »objektiver» und »subjektiver« Erlösung; letztere wurde in der Gnadenlehre abgehandelt, so daß für die Soteriologie nur noch die »objektive« Lehre von den Heilstaten Jesu Christi übrig blieb.
In den traditionellen katholisch-theologischen Dogmatiken noch der jüngsten Vergangenheit findet sich meist ein christologischer Traktat (Lehre über Person und Seinsverhältnisse Jesu Christi) und eine »Soteriologie«, die die konkrete Durchführung des in der Christologie zuvor Gesagten aufzeigt[11].
In der *evangelischen Theologie* war zunächst die Situation nicht viel anders. Immerhin aber gab es hin und wieder Ansätze, die Christologie von der Soteriologie her zu verstehen (z. B. *Melanchthon, Kant*)[12]. Seit *Schleiermacher*[13] haben diese Impulse immerhin dazu geführt, daß beide Traktate nicht gänzlich voneinander isoliert wurden: »Man scheidet nicht mehr, wie es die mittelalterliche Scholastik und in ihrem Gefolge die altprotestantische Dogmatik des 16. und 17. Jahrhunderts getan hatten, zwischen der gottmenschlichen Person und dem Erlösungswerk Jesu Christi, sondern faßt beide mit Schleiermacher als zwei Seiten derselben Sache auf«[14].

[11] So widmet z. B. der ›Grundriß der katholischen Dogmatik‹ von *Ludwig Ott*, Freiburg [4]1959, der Soteriologie die Seiten 211–235, ebensoviel wie der Mariologie. Ähnlich bescheiden sieht es in anderen Lehrbüchern aus. Hierbei wird auf den wenigen Seiten die fundamentale hermeneutische Funktion der Soteriologie noch nicht einmal gestreift: es geht lediglich um eine positivistische Vermittlung soteriologischer Topoi, die zudem von anderen Traktaten vorgegeben sind. Bei *L. Ott* sieht dies z. B. so aus: in 3 Kapiteln wird geredet über »Die Erlösung im allgemeinen« (Zweck der Menschwerdung u. ä.), »Die Verwirklichung der Erlösung durch die drei Ämter Christi« (= Lehramt, Hirtenamt, Priesteramt) und »Der glorreiche Abschluß des Erlösungswerkes Christi oder die Erhöhung Christi« (Höllenfahrt, Auferstehung, Himmelfahrt).

[12] Vgl. *Wolfhart Pannenberg*, Grundzüge der Christologie, a.a.O., 32.38.39.43.

[13] Nach *Uwe Gerber*, Christologische Entwürfe. Ein Arbeitsbuch. Bd. I: Von der Reformation bis zur Dialektischen Theologie, Zürich 1970, 137, kennt *Schleiermacher* eine »streng soteriologische Fassung der Christologie, die... über Melanchthons beneficia-Christologie hinausgeht...«.

[14] *Pannenberg*, a.a.O. 32.

Dennoch kam es kaum einmal zu ernsthaften Versuchen, die Christologie einer soteriologischen Hermeneutik zu unterziehen, oder – nach der Interpretation *Pannenbergs* –: »Man hat – abgesehen von Kant, Schleiermacher, Bultmann, Tillich – nicht bewußt vom soteriologischen Interesse her auf Kosten der tatsächlichen Wirklichkeit des damaligen Jesus gedacht«[15].

[15] Edb. 43. Der Begriff »damaliger Jesus« enthält bei *Pannenberg* allerdings eine Täuschung; denn gemeint ist immer: der Christus bzw. Gottmensch: »Die Besonderheit des Menschen Jesus besteht… eben in seiner Gottheit« (ebd. 193.194).

3 Vorbemerkungen

3.1 Zur Methode

In dieser Arbeit kann nur an einigen, wenn auch zentralen, Beispielen die Entwicklung der christologischen Soteriologie des Christentums untersucht werden. Selbst die ausgewählten Modelle können nur in einem *exemplarischen* Problemaufriß vorgestellt werden, weil es den Rahmen dieser Untersuchung sprengen würde, ihre kulturellen, regionalen, politischen, gesellschaftlichen, traditions- und individualgeschichtlichen Bedingtheiten bis in die Details zu erarbeiten.
Die ausgewählten Modelle werden so vorgestellt, daß zunächst die kulturgeschichtliche Eigenart *soteriologischer* Motive aufgezeigt wird. Erst auf diesem Hintergrund läßt sich dann die Gestalt der entsprechenden *Christologie* präzisieren und in ihrer soteriologischen Funktion verdeutlichen. Eine isolierte Betrachtung beider Faktoren würde ihre unauflösliche Korrelation verleugnen. Ebensowenig läßt sich das Verfahren umkehren, indem zunächst eine konkrete Christologie und dann erst die mit ihr verbundenen soteriologischen Erwartungen betrachtet würden; hierbei würde die zeitliche *und* sachliche Priorität im wechselseitigen Bedingungsverhältnis auf den Kopf gestellt.
Mit anderen Worten: Erst auf dem Hintergrund der apokalyptischen Reich-Gottes- oder Auferstehungshoffnung läßt sich die Entstehung einer apokalyptischen Christologie (Jesus ist Menschensohn, Messias, Auferstandener) begreifen, oder: erst die hellenistische Sehnsucht nach Vergöttlichung macht das Zustandekommen der Zwei-Naturen-Lehre als Vermittlung zwischen beiden Welten, dem Endlichen und Unendlichen, plausibel, oder: erst die moderne Emanzipationssoteriologie läßt verstehen, warum eine Emanzipationschristologie aufkommen mußte.

3.2 Der Symbolcharakter soteriologischer und christologischer Sprache

Soteriologische Motive im umfassenden Sinn können nicht adäquat de-finiert werden; ihrer inneren Struktur nach entziehen sie sich einer exakten Beschreibung. Ob es sich handelt um das »Land, das von Milch und Honig fließt«, oder um das »Reich Gottes«, die »Vergöttlichung des Menschen«, die »klassenlose Gesellschaft«, oder die »Emanzipation«, immer bleibt ein Moment des Unverfügbaren, des sachlich und sprachlich »Transzendentalen«. Genauer schon läßt sich – von einem bestimmten Motiv her – zurückschließen auf die dem jeweiligen Begriff vorausliegende gesellschaftlich-kulturelle Situation, die gerade *diese* Normvorstellung produziert hat; so verrät z. B. das soteriologische »Land«, der »Friedensfürst« oder die »klassenlose Gesellschaft« viel über den Bewußtseinsstand einer Gesellschaft, über ihre Zwänge und ihre Sensibilität für das in ihr wahrgenommene »Unheil«.

Die aus der jeweiligen gesellschaftlich (und individuell) als »unheil« realisierten Lage hervorgegangenen *positiven* soteriologischen Motive können als ihre *idealtypischen Antithesen* verstanden werden; durch das leuchtende Kontrastbild sensibilisieren sie die Gesellschaft zur Wahrnehmung von Unrecht und Begrenztheit, sichern diesen Erkenntnisstand gegen vorschnelles Vergessen ab und motivieren zu reformerischer Veränderung. Die soteriologische Vorstellung z. B. von dem jesajanischen Friedensfürst hat das damalige Israel gezwungen, die faktische gesellschaftliche und staatliche Situation als friedlos und ungerecht zu erkennen und eine Änderung zu versuchen; die jesuanische Predigt vom »Reich Gottes für alle« hat die Zuhörer aufmerksam gemacht für das Unrecht religiös begründeter Klassenschranken.
Gerade aber dann, wenn solche Motive in einem umfassenden Sinn *soteriologischen* Charakter haben und *nicht nur als partikuläre* Zielsetzungen intendiert werden, entziehen sie sich einer exakten Definition. Der Begriff der Emanzipation z. B. kann durchaus konkret beschrieben werden, solange er einen partikulären Sektor anspricht – etwa die Emanzipation eines bestimmten Individuums von seiner Mutterbindung oder die Emanzipation einer Gesellschaft von einem autokratischen Regime. Wird »Emanzipation« aber »soteriologisch« verstanden im Sinne einer »absoluten« Normvorstellung für die gesellschaftliche und individuelle Befreiung von allen nur möglichen naturalen und geschichtlichen Zwängen, gewinnt sie die Eigenart eines *Symbolbegriffs*.
Wenn ein solches symbolisches Heilsmotiv von Gesellschaften rezipiert wird, ergibt sich zwangsläufig eine Fülle von beinahe unübersehbaren Assoziationen, die mit dem Begriff verbunden werden. »Emanzipation« konkretisiert sich anders bei den Bewohnern südamerikanischer Slums, anders in der Intellektuellenklasse eines sozialistischen

Staates, anders für Frauen, Neger, Kleriker usf. Diese Assoziationsfülle gilt besonders für die mythisch-soteriologischen Topoi, in denen sich zuallererst das Christentum artikuliert hat[1].
Noch schwieriger wird die Beschreibung eines soteriologischen Symbolbegriffs, wenn er über lange Geschichtsepochen hinweg in den verschiedensten Kulturen gleichlautend tradiert wird. Was z. B. ist noch identisch an der Vorstellung vom »Reich Gottes« bei Jesus, *Augustinus* oder der deutschen Jugendbewegung? Wie läßt sich »Auferstehung« beschreiben, wenn sie soteriologische Vokabel bleibt von der jüdischen Apokalyptik über den Hellenismus bis zur individualistischen Soteriologie des 19. Jahrhunderts?
Die im folgenden versuchte *exemplarische* Erarbeitung einiger relevanter soteriologischer Topoi hat also ein sachliches Recht, weil es sich bei ihnen um gesellschaftlich und individuell rezipierte *Symbolvorstellungen* handelt über das, was für Gesellschaft und Individuum »Heil« bedeutet. Sie »definieren«, d. h. be- und umgrenzen zu wollen, würde auf eine »Entsoteriologisierung« der Motive hinauslaufen.
Diese Feststellung hat Folgen auch für die Interpretation der aus der jeweiligen Soteriologie entspringenden Christologie. Auch sie hat »lediglich« Symbolcharakter für die Vermittlung des je und je anders bestimmten »Heils« (durch Jesus); jeder definitorische Versuch – z. B. im Zusammenhang mit der Zwei-Naturen-Lehre – verkennt diese Eigentümlichkeit der christologischen Sprache.

[1] Vgl. – inbezug auf die mythischen Topoi der Predigt Jesu – *Kurt Niederwimmer*, Jesus, Göttingen 1968, 45: »Im Mythos wird ja nicht sorgfältig ausgesagt, sondern assoziiert«. Vgl. *Martin Hengel*, Der Sohn Gottes. Die Entstehung der Christologie und die jüdisch-hellenistische Religionsgeschichte, Tübingen 1975, 90.91, (Zur antiken Christologie): »Der antike Mensch dachte im Bereich des Mythos gerade nicht analytisch differenzierend wie wir, sondern im Simme der ›Vielfalt der Annäherungsweisen‹, kombinierend und akkumulativ. Je mehr Titel auf den Auferstandenen bezogen wurden, desto angemessener war es möglich, die Einzigartigkeit seines Heilswerkes zu verherrlichen.«

Teil I: Die christologische Soteriologie des neutestamentlichen Christentums

1 Die christologische Soteriologie Jesu

1.1 Die Überschätzung der historisch-kritischen Schwierigkeit

In der jüngeren Theologiegeschichte wird die Bedeutung der traditionsgeschichtlichen Zäsur zwischen dem »Jesus der Geschichte« und dem »Christus des Kerygmas« oder dem »verkündigenden Jesus« und dem »verkündigten Jesus« für ein Verständnis der Christologie m. E. überbetont. Der Einschnitt, den Ostern (besser: der Tod Jesu)[1] gebracht hat, wirft schwierige Fragen der *traditionsgeschichtlichen* Vermittlung auf; die *christologische* Vermittlungsproblematik aber reicht tiefer.

Zwar wäre ein exakterer Zugang zum Leben Jesu durchaus wünschenswert. Damit aber wäre für die Christologie keineswegs fester Boden erreicht: Vielleicht ließen sich dann genauere Aussagen etwa zum Selbstverständnis Jesu formulieren, deren Interpretation bliebe dennoch schwierig. Weil Jesus ein Mensch war, der sich soteriologisch und »christologisch« gedeutet hat, wäre fraglich und wohl kaum jemals befriedigend zu lösen, wieweit er hierbei von tradierten Verstehensmodellen, sozialen Denktypen oder Rollenerwartungen geprägt war oder in welchem Umfang er ein partiell eigenständiges Verstehen realisiert hat. Selbst ein umfangreiches, historisch-kritisch gesichertes Material könnte bei der komplexen Tradition, in der Jesus selbst stand, nicht eindeutig klären, in welchen Punkten er originär oder traditionell war. Menschliches Verstehen ist nur in den seltensten Fällen hinreichend oder eindeutig verbalisiert oder auch nur verbalisierbar: auch das Individuum selbst, hier also Jesus, könnte mannigfa-

[1] S. u. 76–84.

chen Fehldeutungen unterliegen, wenn es sagen müßte, worum es ihm »eigentlich« geht. Es gibt kein Kriterium, von woher es den vielfältigen Vorgang der eigenen gesellschaftlichen Vermitteltheit mit unbezweifelbarer Klarheit beurteilen und »das Eigentliche« seiner Individualität erkennen könnte.

Das viel zitierte »Selbstbewußtsein Jesu« kann also keinen archimedischen Punkt für eine Christologie liefern. Es wäre für eine Christologie gar nicht soviel gewonnen (wohl aber für die historische Frage), wenn das Selbstbewußtsein Jesu in seinen (sicher ebenfalls disparaten) symbolischen Assoziationen bekannt wäre.

Noch in einer zweiten Hinsicht verliert die Zäsur an »Ostern« an Relevanz, wenn man sich nämlich das gängige Schema »Augenzeuge – Hörer der Predigt« einmal genauer ansieht. Oft wird der Eindruck erweckt, die Augenzeugenschaft habe einen unmittelbaren (un-vermittelten) Zugang etwa zum Leben Jesu erschlossen, während die nachösterliche Kirche auf die Vermittlung anderer zurückgreifen müßte. Die Zeitgenossen Jesu aber waren ebensowenig wie wir heute imstande, Jesus un-vermittelt zu erkennen. Sie selbst sind von den vielfältigen Handlungs- und Denkmodellen ihrer Gesellschaft sowie von den Bedingtheiten ihrer individuellen Geschichte geprägt. Nur durch diese hindurch vermochten sie – nur scheinbar direkt und spontan – Jesus wahrzunehmen. Zwar mögen sie über mehr *Informationen* verfügt haben, dafür aber können bei ihnen die *Verstehensprozesse* vielleicht noch stärker durch soziale und persönliche Aprioris behindert gewesen sein als für den späteren Betrachter. Der Zugang zu dem sich selbst interpretierenden Jesus kann – jenseits aller »sachlichen« Gründe – fast unmöglich sein: wenn z. B. der Augenzeuge zur Oberschicht gehört, Jesus sich aber einer unterschichtsspezifischen Sprache und Verhaltensweise bedient hätte; wenn Jesus ungehobelte Umgangsformen oder eine abstoßende Physiognomie besessen hätte usw. *Diese* Barrieren z. B. entfallen für den späteren Hörer der Predigt. Selbst die spärlichen Zeugnisse des Neuen Testaments verraten noch manche »Fehl«-Interpretationen Jesu durch die Augenzeugen von den gängigen Rastern des Frühjudentums her (z. B. die Einpassung Jesu in das Schema des Zelotentums, der politischen Messianität oder des Rabbinates).

Was das gebannte Starren auf die traditionsgeschichtliche Zäsur an Ostern verbirgt, ist also die Tatsache, daß der Vermittlungsprozeß bei weitem komplexer ist. Schon der Zeitgenosse kann Jesus nur christologisch-soteriologisch rezipieren *durch seine eigene vielfältig vermittelte Erkenntnis des ebenso komplex vermittelten Selbstverständnisses Jesu* (wobei beide Größen noch darüberhinaus dem Wandel einer Entwicklung unterworfen sind).

Noch mühsamer wird allerdings, das ist zuzugeben, die Erarbeitung eines »Selbstverständnisses«, wenn – wie im Falle Jesus – die Summe eines Lebens nur noch in der vielfältigen Brechung späterer »nachösterlicher« Interpretationen zugänglich ist.
Dennoch darf man nicht diese traditionsgeschichtliche Zäsur für *die* entscheidende Schwierigkeit halten und glauben, man sei viel weiter, wenn das Leben Jesu – einmal angenommen – historisch-kritisch rekonstruierbar sei. Das *hermeneutische* Problem bliebe bestehen: die Schwierigkeit eines (vielfach vermittelten) Verstehens des (vielfach vermittelteten) Selbstverstehens Jesu; diesem Problem gegenüber erweist sich die Fragestellung der historisch-kritischen Forschung nur als sekundär, als beinahe »technisch«. Die zentrale Betonung der traditionsgeschichtlichen Schwierigkeit, über die kerygmatisch geprägten nachösterlichen Überlieferungen zum Leben Jesu vorzustoßen, ergibt sich aus der wissenschaftsgeschichtlich bedingten Prävalenz der neuzeitlichen historisch-kritischen Exegese innerhalb der Theologie.

1.2 Die Engführung der traditionellen historisch-kritischen Methodik

Die Schriften des Neuen Testaments sind aus einem rund hundertjährigen Überlieferungsprozeß der nachösterlichen Gemeinden hervorgegangen. Alle Stoffe sind gemäß den Gemeindeinteressen ausgewählt, gedeutet oder verändert worden. Infolgedessen ist es unmöglich, eine Biographie Jesu herzustellen oder auch – in nennenswertem Umfang – ureigenste Worte und Taten Jesu zu ermitteln.
Nicht ganz so unzugänglich aber ist die »Sache Jesu«, d. h. seine Soteriologie und deren christologische Spezifikation. *Rudolf Bultmann* hat in seinem Jesusbuch zurecht festgestellt: »so wenig wir vom Leben und der Persönlichkeit wissen, – von seiner Verkündigung wissen wir so viel, daß wir uns ein zusammenhängendes Bild machen können«[2]. Wer exaktere Daten des Lebens Jesu erfahren will, ist auf eine histo-

[2] Jesus, Tübingen 1964 (^{1}1926), 14; vgl. *Siegfried Schulz*, Der historische Jesus, in: *Georg Strecker* (Hrsg.), Jesus Christus in Historie und Theologie. Neutestamentliche Festschrift für Hans Conzelmann zum 60. Geburtstag, Tübingen 1975, 12.13: »Deshalb ist es voreilig und in gar keiner Weise gerechtfertigt, historisch-kritisch von der Unmöglichkeit zu sprechen, aufgrund der bekannten Methoden und angesichts der Quellenlage zum historischen Jesus vorzustoßen... (es) ist... sehr wohl möglich, den theologischen Rahmen und Inhalt der Botschaft des historischen Jesus herauszuarbeiten.«

risch-kritische Erarbeitung der letztlich einzigen Quellen, der Schriften des Neuen Testaments, angewiesen und wird an ihrer Kargheit und kirchlichen Gestaltwerdung scheitern. Nicht ganz so schwierig wäre es, wenn die soteriologische Predigt Jesu *allein* aus diesen Quellen eruiert werden sollte. Diese Engführung aber auf eine Untersuchung ausschließlich der neutestamentlichen Tradition kann überwunden werden, wenn man bedenkt, daß Jesus in eine viel umfassendere Überlieferung eingebettet ist[3], von der er getragen ist und innerhalb derer er allenfalls relativ »kleine« Korrekturen vorgenommen haben kann.

Die Originalität von Menschen darf nicht überschätzt werden. Jeder Mensch, auch der größte, kann nur gesehen werden auf dem Hintergrund einer gesellschaftlichen Tradition, die ihm die Muster des Verstehens und Handelns vorgibt, aus denen er allenfalls in bescheidenen Variationen und Konkretionen ausbrechen und die er nur in kleinen »Sprüngen« weiterführen kann. Größer schon sind die Möglichkeiten von Menschen, die gewissermaßen aus zwei Traditionen leben, wie es etwa für Paulus, den Juden *und* »Griechen«, zutrifft. Um ein Bild zugebrauchen: Wie ein Fisch im Wasser seines Flusses einen eigenwilligen Kurs steuern, aber ihn nicht verlassen und aufs trockene Land gehen kann, so wenig konnte Jesus, bei aller Eigenwilligkeit, aus dem Strom seiner Tradition grundsätzlich ausbrechen.

Der Jude Jesus hat den Großteil seines Lebens in einem kleinen galiläischen Dorf verbracht, eine entscheidende Begegnung mit der hellenistischen Welt scheint nicht stattgefunden zu haben. Eindeutiger also als z. B. Paulus muß er *einer* gesellschaftlichen Tradition, der jüdischen, zugeordnet werden, in der er beheimatet war und mit deren Mitteln – in Identität und Differenz – er seine »Sache« betrieben hat. So reichhaltig und plural sich auch das palästinische Judentum z. Zt. Jesu dem Betrachter darstellt, so vielfältig auch die Einflüsse altorientalischen, ägyptischen, hellenistischen und römischen Denkens und Verhaltens auf das »Frühjudentum« waren, dennoch war in seinem Kontext »nicht alles möglich«. Allein schon von hierher kann die Gestalt Jesu eine gewisse Konkretion gewinnen, wenigstens im Sinne

[3] Vgl. zum Verhältnis Jesu zur Apokalyptik *Josef Blank*, Jesus von Nazareth. Geschichte und Relevanz, Freiburg/Basel/Wien 1972, 95: »Es zeigt sich in der augenblicklichen Situation der Exegse immer deutlicher, daß die *immanente Interpretation* der Evangelien mit ihren Stecknadelmethoden nicht zureicht und oft keine überzeugenden Aussagen mehr zu gewinnen vermag. Vielmehr gewinnt die Eigenart der Jesusbotschaft und der Jesusbewegung ihre scharfen Konturen gerade dann, wenn man sie ganz vor dem Hintergrund der »apokalyptischen Epoche« des Judentums sieht.«

einer Abgrenzung gegen Züge, die anzunehmen kulturgeschichtlich bei einem galiläischen Juden völlig unwahrscheinlich wäre.
Wenn also von Jesus – durch die historisch-kritische Forschung – wenigstens gewisse »Daten« gesichert werden können (z. B. daß er galiläischer Jude und »soteriologischer« Prediger, daß er »Apokalyptiker« und Täuferschüler war und vom »Reich Gottes« redete), dann läßt sich das »semantische Feld« bestimmen, innerhalb dessen er anzusiedeln ist. Gelingt es darüberhinaus, einige Spezifikationen (etwa seiner Reich-Gottes-Predigt) mit einiger Sicherheit dingfest zu machen, so wäre von daher die »Besonderheit« seiner Botschaft zu bestimmen.
Mit dieser Methode kann natürlich nicht – das muß hinzugefügt werden –, die geschichtliche Konkretion oder gar Entwicklung der Predigt und des Selbstverständnisses Jesu zurückgewonnen werden; für eine solche historisch-kritische Rekonstruktion bleibt man auf die – unzureichenden – Jesusüberlieferungen angewiesen. Wohl aber ist es möglich, den grundsätzlichen Platz Jesu im Rahmen seiner soteriologischen Traditionen zu erkennen, deren Symbolcharakter ohnehin die Bedeutung präziserer Details weithin relativiert. Was z. B. wäre (für eine *Soteriologie*, nicht für die historische Fragestellung!) erreicht, wenn die Fülle aller von Jesus mitgedachten und -gesagten Assoziationen zum Thema »Reich Gottes« bekannt wäre (ob es z. B. mehr national oder universal, mehr binnengeschichtlich oder jenseitig, mehr sozial oder religiös konkretisiert war)? Nur dann hätte ein solches Wissen mehr als nur historische Bedeutung, wenn *christliche* Soteriologie für immer die Beibehaltung der symbolischen Assoziationen Jesu voraussetzen würde. Genau dies aber trifft nicht zu, schon bei Paulus spielt z. B. das »Reich Gottes« (verbal) keine Rolle mehr und spätestens im hellenistischen Christentum treten vollends andere Topoi an seine Stelle, wie noch zu zeigen ist.

1.3 Die Voraussetzungen der jesuanischen Soteriologie und »Christologie«

1.3.1 Die jüdische Religionsgeschichte

Jesus ist aus der Geschichte Israels hervorgegangen, aus ihr hat er die Modelle seines Verstehens und Handelns bezogen, von ihrer semantischen Überlieferung lebt seine Sprache. Bei aller weiterführenden Originalität hat er nirgendwo die Strukturen und Vorstellungswelt seiner jüdischen Tradition grundsätzlich durchbrochen. Was er getan und

gesagt hat, war – bei aller Innovation, vielleicht auch »Ketzerei« – durchaus innerhalb dieser Überlieferung und nur in ihr möglich[4].
Die jüdische Religionsgeschichte nun ist äußerst komplex. Obwohl das Volk Israel zahlenmäßig unbedeutend war und in Palästina auf kleinem Raum zusammenlebte, hat es fünf große Literaturgattungen (Geschichts- und Rechtssammlungen, Prophetie, Weisheit, Liedgut) hervorgebracht; diesen Gattungen entsprachen je verschiedene Tradentenkreise mit eigenem Denkansatz und sehr spezifischer Interpretation von Geschichte und Religion. Prophetisches etwa und weisheitliches Denken können nicht einfach miteinander harmonisiert werden; erst in nachexilischer Zeit kommt es zu stärkeren Vermischungen der Traditionsstränge (so daß z. B. *Gerhard von Rad* die letzten Ausläufer der Prophetie, die apokalyptischen Überlieferungen, vorwiegend in der Weisheitstradition begründet sehen konnte)[5].
Auch in sich selbst sind die einzelnen »Stränge« keineswegs einheitlich. Allein in der Geschichtsüberlieferung begegnet man den verschiedensten Theologien, sozialen und kulturellen Voraussetzungen; zwischen den jahwistischen und den priesterlichen Erzählern, zwischen dem chronistischen und deuteronomistischen Geschichtswerk liegen Welten. Ähnliches gilt für die Unterschiede zwischen frühen, exilischen und nachexilischen Propheten, zwischen altem Weisheitsgut und den jüngeren Schriften. Jede Tradition kennt für sich noch einmal eine Fülle von Diskontinuitäten, »Sprüngen«, Weiterführungen und auch Dekadenzen, zudem wurde sie von den jeweils anderen Überlieferungen beeinflußt: die prophetische Predigt veränderte die Theologie der Erzähler und der »Weisen« usf.
Es würde natürlich den Rahmen dieser Untersuchung sprengen, auch nur recht kursorisch die komplexen Züge und Entwicklungen der jüdischen Soteriologie in den verschiedenen Traditionssträngen von ihren Anfängen bis zur Zeit Jesu aufzeigen zu wollen. Es muß genügen, den Ansatz dieses Denkens, soweit er für unsere Frage relevant ist, in einigen exemplarischen Aspekten zu schildern.

[4] Vgl. *S. Schulz*, Der historische Jesus, a.a.O. 12: »Der irdische Jesus wie die seine Botschaft aufnehmende ... apokalyptische Urchristenheit gehören in den übergreifenden spätjüdischen Kult- und Religionsverband und in den ungebrochenen Zusammenhang der alttestamentlich-spätjüdischen Traditions- und Heilsgeschichte Israels.«

[5] Vgl. Theologie des Alten Testaments, Bd. II. Die Theologie der prophetischen Überlieferungen Israels, München [5]1968, 316–323.

1.3.2 Die soteriologische Funktion Jahwes

Spätestens mit dem Eintritt »primitiver« Kulturen[6] in die »geschichtliche« Phase, zwischen 3000 und 1000 v. Chr., sind überall in der Welt (poly-)theistische Religionen entstanden. In ihnen konnten Gottheiten durch die Ausbildung eines Mythensystems, in dem sie als Handelnde und Sprechende erschienen, »personale« Konkretion gewinnen, oder – andersherum gesagt –: die Menschen fingen an, sich im Unterschied zu nichtmenschlichen Formen als personal zu begreifen und darauf auch – gegen eine übermächtige Naturwelt – zu bestehen; sie haben Personalität und *geschichtliche Konkretion* vergültigt, indem sie sie »vergöttlichten«, bzw. sie haben »das Ich« gefunden »auf dem Umweg über das göttliche Ich«[7].

In keiner dieser Kulturen allerdings konnte sich das neue Geschichtsbewußtsein der Menschen gänzlich durchsetzen. Immer noch blieb die Allmacht der Natur so stark bewußt, daß mit den Polytheismen koexistierte die – resignative – Vorstellung von einer apersonalen Ordnungsidee.

Lediglich *eine* Kultur hat sich von Anfang an zentral an der Geschichte orientiert und deren Relevanz beinahe gewaltsam behauptet: die israelitische Religion.

Gegen alle Versuchung, sich z. B. in die (»naturorientierten«) Fruchtbarkeitskulte der Kanaanäer einzupassen und sich somit als Stück der Naturwelt zu begreifen, beharrten die Israeliten auf der Gültigkeit des Gottes, den die Mosesippe aus dem Gebiet im Süden Palästinas mitgebracht hatte. Im Exil schließlich, als die nationale Identität zunächst zerstört war und der Blick sich zwangsläufig auf »die Welt« des Großreiches Babylon ausweitete, wurde er zum *universalen, monotheistischen* Gott[8].

Auch in anderen Religionen kam es zu Funktionsübernahmen und verstärkten Prävalenzen bestimmter Götter. Hierbei allerdings verschwimmt ihre ursprüngliche Identität und Kontur zugunsten eines sachhaft-allgemeinen »Göttlichen«[9].

[6] Prähistorische Kulturen sind, wie sich immer mehr bestätigt, keineswegs einfachhin als »primitiv« zu bezeichnen; viele basierten vielmehr schon auf recht differenzierten Traditionen und haben auch differenzierte Sozialisationsformen hervorgebracht (vgl. z. B. neolithische Stadtkultur, Bau von Tempeln und Heiligtümern, Kunst und Handwerk).

[7] *E. Cassirer*, a.a.O. 245; vgl. 253: »Denn der Mensch überträgt nicht einfach seine fertige, fertig-ausgestaltete Persönlichkeit auf den Gott und leiht diesem nicht schlechthin sein eigenes Selbstgefühl und Selbstbewußtsein: sondern die Gestalt seiner Götter ist es, an der er dieses Selbstbewußtsein erst *findet*.«

[8] Vgl. auch *Rudolf Bultmann*, Das Urchristentum im Rahmen der antiken Religionen (rororo-Taschenbuch 157/158), Reinbek bei Hamburg 1962, 9.10.

[9] Vgl. z. B. u. 99.100.

Anders verlief die Entwicklung nur in Israel. Die allmähliche Universalisierung Jahwes bis hin zum theoretischen Monotheismus während des Exils wurde *nicht durch Abstraktion, sondern durch gewaltsame Ausdehnung des Geltungsbereiches des konkreten Gottes Israels gewonnen: das konkret Geschichtliche wird universal gültig* – ein großartiger, aber auch gewaltsamer Vorgang kultureller und religiöser Selbstbehauptung (der sich im Bild vom »eifersüchtigen« und »unduldsamen« Jahwe niedergeschlagen hat). Der Stammesgott Jahwe wird der Herr der Welt, ohne hierbei seine israelitischen Qualitäten einzubüßen. Nach *Gerhard von Rad* ist für Israel »die Welt« so sehr Moment der Geschichte, daß es noch nicht einmal einen eigenen Begriff für sie hatte: »Den Grund dafür haben wir darin zu suchen, daß die ›Welt‹ für Israel weniger ein Sein als ein Geschehen war.«[10]

Zum erstenmal in der Menschheitsgeschichte hat hier das kulturelle Selbstbewußtsein des Menschen den Sieg davongetragen über die magische Anziehungskraft des Naturalen, in das sich einzugliedern und sich zu nivellieren so zwingend, unausweichlich und logisch zu sein scheint. Die Weltherrschaft Jahwes, des Gottes Israels, symbolisiert dieses neue Verstehen, für das der Kosmos entgöttlicht und seine übermächtigen Gesetzmäßigkeiten und Kräfte Ausdruck der Willensentscheidungen der geschichtlich handelnden Gottheit sind[11].

»Heil« aber ist in diesem Denken nicht erreichbar durch kultische Feier der Naturmysterien oder durch Anpassung an das (»vernunftgemäße«) Weltgesetz[12]. Erlösung geschieht vielmehr durch das tätige Weitertreiben der Geschichte auf den Punkt zu, in dem und von dem her sie Gültigkeit gewinnt: Jahwe. Heil liegt in der Zukunft der Geschichte. Im Kult wird Jahwe zugänglich durch die memoria der vergangenen Geschichte.

Deswegen sind »soteriologische« Topoi solche, die aus dem Geschichtshandeln des Menschen, also dem Phänomen Kultur, entnommen sind: Landbesitz, Gerechtigkeit, Friede, Bund, »Königsherrschaft Gottes«, Freiheit, Freude, Liebe, und sie realisieren sich nach dem Modell geschichtlichen Tuns: im vertragstreuen Verhalten von Bundespartnern, nach der Art eines ehelichen Treueverhältnisses, in Gehorsam und Umkehr, Verzeihen und »Erlösung«. Kurz: *die im Jah-*

[10] Theologie des Alten Testaments. Bd. I. Die Theologie der geschichtlichen Überlieferungen Israels, München ^{4}1962, 165.

[11] Vgl. *R. Bultmann*, Das Urchristentum, 15: »Ist die Welt als Natur das Herrschaftsgebiet Gottes..., so ist sie im Grunde als Geschichte gesehen.«

[12] Die durch babylonische und vor allem ägyptische Vorstellungen beeinflußte israelitische Weisheitstradition kennt zwar Sätze, die ähnlich klingen: der Weise hat sich an die Ordnungen zu halten. Die Weltordnung aber kennt keine Eigenständigkeit, sie ist Ausdruck des Willens Jahwes (wenistens in der späteren Weisheitstradition).

wekult symbolisierte Soteriologie kennt »Heil« nur als Heil von, durch und für Geschichte[13]. Soteriologischer Bezugspunkt aber ist Jahwe, der Besondere, Personale, »Andere« (als Geschichte und »Natur«), so daß er nicht als »inneres Prinzip« dieser Geschichte, sondern als der ihr Gegenüberstehende erscheint. Die soteriologische Erfüllung ist demgemäß gekennzeichnet »durch die Selbstentäußerung an den Partner«[14].

1.3.3 Die messianische Vermittlung des Heils

In der Königszeit hat man sich die zukünftige Rettung Israels ganz selbstverständlich auch nach dem Modell eines monarchisch geleiteten Staatswesens vorgestellt und sie mit der davidischen Dynastie verknüpft. Ein König, ein Gesalbter (Messias), sollte Werkzeug des Heilshandelns Jahwes sein. Diese messianische Erwartung ist selbst wieder im Verlauf der Geschichte äußerst divergent konkretisiert worden und verrät den jeweiligen kulturgeschichtlichen Entwicklungsstand der verschiedenen Gewährsleute: Zunächst ist sie national und mit dem »Haus Davids« verknüpft, im Exil, als das jüdische Königtum seine Funktion verloren hatte und der Blick sich »universal« ausweitete, kann auch – neben dem restaurativen Beharren auf der davidischen Komponente – z. B. *Kyros* als messianisches Werkzeug Jahwes ersehnt werden; in der nachexilischen Restauration wird wiederum das davidische Moment betont, bald aber ergänzt durch Aspekte der neuen politischen Realität, der Leitung der Gemeinde durch das Priestertum (neben dem oder anstelle des königlichen Messias wird ein priesterlicher Messias »aus dem Hause Aaron« erwartet).
Ebenso vielfältig sind die inhaltlichen Spezifikationen, die mit der Messiasfigur assoziiert werden: Er wird ein Reich des Friedens errich-

13 Selbst die Übernahme kosmologischen Denkens in der Apokalyptik hebt diesen Sachverhalt nicht auf. Wie *Jürgen Moltmann* zu Recht ausführt, wurde in diesem Prozeß das kosmologische Verstehen in das Geschichtsdenken Israels integriert: der Kosmos wird durch »die universal gewordene Geschichtshoffnung ... in Bewegung« versetzt (Theologie der Hoffnung. Untersuchungen zur Begründung und zu den Konsequenzen einer christlichen Eschatologie, München ^{8}1969, 123). »Die ganze Welt gerät in den eschatologischen Geschichtsprozeß Gottes... Die prophetische Revolution der Völkerwelt weitet sich aus auf die kosmische Revolution aller Dinge...« (ebd. 124). Intensiver schon sind die Einflüsse kosmologisch-philosophischer Vorstellungen hellenistischer Herkunft auf die spätere Literaur Israels (Weisheit Salomos, 2 Makkabäer); sie bleiben allerdings Randerscheinungen.

14 *Verf.*, Jesus, Überlegungen zu einer Fundamentalchristologie, Stuttgart 1974, 89; vgl. *F. Schupp*, Vermittlung im Fragment, 38: »Identität wird nicht von Besitz, sondern von Entäußerung her gewonnen.« Vgl. 42f.

ten, die nationale Identität Israels wieder begründen und sogar eine oder die Weltherrschaft übernehmen, er ist der Richter aller Völker am Ende des Alten Äons, wird Israel von den Römern befreien usf. Die Messiastypologie symbolisiert anschaulich die grundlegende Struktur jüdischer Soteriologie, daß nämlich das von Jahwe erhoffte Heil des *geschichtlichen Vehikels* bedarf, vor allem Israels und seiner Historie. Jahwe ist der Gott *Israels*, von dem er nicht einmal hypothetisch getrennt werden kann.

Grundsätzlich begegnet Jahwe nicht in mythischen Welten, sondern in der (wenn auch »mythisch« erzählten) Geschichte Israels, weswegen es zu einer religiösen Lebensfrage wurde, von dieser Geschichte zu erzählen. »Geschichte ist das Hauptthema der alttestamentlichen Literatur.«[15] Die umfassende und in der Literatur alter Völker einmalige Traditionsbildung legt hierfür Zeugnis ab.[16] Indem man von Israel, seinen »Vätern«, seinen Königen, seinen Propheten und Weisen erzählte, indem man seine Geschichte, seine Gesetze, seine Lieder, seine Verfehlungen und Aufbrüche referierte, hatte man es mit Jahwe zu tun; er war zwar nicht mit dieser Geschichte identisch, er blieb der sich auf Zukunft hin Entziehende, dennoch war diese Historie eine beginnende und nach vorne drängende Epiphanie Gottes.

Weil das jüdische Denken sich so streng an der – zufälligen, keineswegs großartigen – harten Faktizität der Geschichte orientierte, konnte *einmal* Jahwe durch alle Jahrhunderte hindurch seine Individualität behalten, ohne sich in das All-Eine *»des«* Göttlichen aufzulösen. Selbst seine absolute Universalisierung im Monotheismus des Deuterojesaja brachte keinen Verlust seines Bezuges zu Israel: alle Völker werden nach Jerusalem pilgern – eine beinahe wahnwitzige, auf jeden Fall aber grandiose Selbsthauptung dieses Volkes.

Zum anderen wird die *Geschichte* Israels *soteriologisch* relevant und somit, umgekehrt, das Heil, Jahwe, *messianisch-christologisch* vermittelt. In Israel ist die radikale christologische Soteriologie des Christentums vorgebildet, in der Struktur: »Gott durch Geschichte« oder richtiger (da Geschichte immer konkret ist): Jahwe durch die Geschichte Israels. Diese christologische Rückbindung bringt es mit sich, daß das Heil *»im anderen«* der Geschichte realisiert wird. Während die Naturwelt keine gültigen Konkretionen kennt, wird durch die menschliche Kultur das Einmalige hervorgehoben: in den durch die Geschichte gewordenen Identitäten von Stämmen, Völkern, Individuen. Kultur

[15] *R. Bultmann*, Das Urchristentum, 15; vgl. *Rolf Rendtorff*, Gesammelte Studien zum Alten Testament, München 1975, passim (bes. die Aufsätze: Hermeneutik des Alten Testaments als Frage nach der Geschichte, 11–24; Geschichte und Überlieferung, 25–38).

[16] Vgl. vom *Verf.*, Jesus, 13–18.

ist Vehikel und Produkt der Individualität, Subjektivität, der Selbst- und Fremdverwirklichung; der andere und das andere werden hier bedeutsam.
Mit dieser »christologischen Soteriologie« ist der Gedanke von der »Fremderlösung« verbunden. Wenn in einem kosmologischen Verstehen alle Menschen eingebettet und relativiert sind in das Gesamt der göttlichen Naturwelt, wäre es absurd, »von außen« her Heil zu erwarten; ebenso wie die gesamte Geschichte verliert auch »der andere« jede soteriologische Funktion.
Die soteriologische Geltung der jüdischen Geschichte, aber auch der konkreten Gestalten in ihr, ist nicht durch Abstraktion auf *das* Göttliche hin relativierbar und bloß zufällige Gestaltwerdung des Göttlichen, sie sind allenfalls durch die dynamische Zukunft und ihre Innovationen überbietbar. Abraham, Mose, David, Elia, Jesaja usf. bleiben soteriologische Figuren, auch wenn ihre Anstöße je neu – in qualitativen Sprüngen – weitergeführt werden. Ja, sie sind in Person sogar Katalysatoren der Erwartung, daß die Zukunft neue, andere »messianische« Gestalten bringen wird.

1.4 Die jüdische Soteriologie Jesu

1.4.1 Der Jude Jesus

In der heutigen jüdischen Diskussion um Jesus von Nazareth wird immer wieder hevorgehoben, daß Jesus voll und ganz Jude war. *Martin Buber* nannte ihn seinen »Bruder«: »Jesus habe ich von Jugend auf als meinen großen Bruder empfunden.«[17] »Bruder Jesus« heißt im Anschluß an diesen Satz der Titel eines Buches von *Schalom Ben-Chorin*[18].
Dieser Beurteilung muß auch der Christ vorbehaltlos zustimmen[19]. Man würde der Gestalt Jesu Gewalt antun, wollte man ihn aus dem

[17] Zwei Glaubensweisen, Zürich 1950, 11.

[18] Bruder Jesus. Der Nazarener in jüdischer Sicht (List Taschenbücher 394), München 1972 (¹1967).

[19] Vgl. *S. Schulz*, Der historische Jesus, a.a.O. 18.19. *Schulz* formuliert ganz scharf: »Der historische Jesus gehört historisch wie sachlich ins Spätjudentum und nicht ins Christentum, in die Geschichte Israels und nicht in die Kirchengeschichte« (21). Diesem Satz muß man zustimmen in bezug auf den soteriologischen Sprach- und Verstehenskontext, in dem Jesus sich bewegt und seine Sache betrieben hat. *Schulz* scheint aber die auch von ihm umrissene (vgl. u. 64, A. 73) eschatologische (d.h. implizit-christologische) Funktion, die sich Jesus zugeschrieben hat, und damit die christologisch-soteriologische Innovation nicht zu berücksichtigen, wenn er fortfährt: »seine Lehre ist theologisch-sachkritisch

Kontext und der Zuordnung zur jüdischen Religionsgeschichte herausbrechen. »Jesus ist die Seele unserer Seele, wie er das Fleisch unseres Fleisches ist. Wer möchte ihn also ausscheiden aus dem jüdischen Volk?«[20]

Alle Originalität Jesu und seine kritische Distanz zu bestimmen »Dogmen« seiner jüdischen Zeitgenossen (besser: der herrschenden Minoritäten) sprengen nicht den Rahmen seiner fundamentalen Zugehörigkeit zu diesem Volk und seiner Tradition. Bis zu seinem Lebensende hat er sich als Reformer des Judentums verstanden, was – neben anderem – vor allem in den Schwierigkeiten der jungen Kirche sichtbar wird, auch »Heiden« zu taufen (nicht mit einem Wort Jesu, sondern mit einer eigenen Geistoffenbarung an Petrus wird die Heidenmission begründet, vgl. Apg 10)[21]; auch die Institution des Zwölferapostolats, der mit einiger Wahrscheinlichkeit dem historischen Jesus zuzuordnen ist, zeigt diese Selbsteinschätzung Jesu: er meldet seinen Anspruch an auf eine Reform Gesamtisraels, der »zwölf Stämme«.

Zu den unbestreitbaren Tatsachen des Lebens Jesu gehört es, daß er sich als Verkündiger Jahwes und seiner Sache verstanden hat. Damit ist schon *ein Grundzug* der Soteriologie Jesu festgestellt: *»Heil« ist für ihn totale Erlösung von, durch und in Geschichte.* Die Geschichte der Menschen, nicht die Naturwelt, ist der Horizont, innerhalb dessen Jesus soteriologisch agiert. Dort erfährt er den Auftrag und die Epiphanie Gottes; die Zukunft, das Kommen Jahwes, wird die drängende Norm und die schon in die Gegenwart machtvoll hineinwirkende und sie »richtende« Realität.

Mit dieser Feststellung ist eine *zweite* unmittelbar verbunden: Als Jude mußte Jesus das Kommen, Richten, Erlösen Jahwes an *»messianische« Vermittlung* geknüpft sehen; seine Soteriologie war jüdisch-»christologisch«. Damit ist noch nicht die Benutzung einer der im Judentum seiner Zeit gängigen Messiastypologien durch Jesus be-

beurteilt Gesetz und nicht Evangelium und kann schon gar nicht der kritische Maßstab von Theologie, Ethik und Verkündigung sein... aus den genannten Gründen kann es keinen Zweifel geben, daß das paulinische Evangelium und nicht die Gesetzesbotschaft des irdischen Jesus die Mitte der Schrift ist« (ebd.; eine gewisse Abschwächung dieser einseitigen Aussage versucht *Schulz* selbst ebd. 24.25). Im gleichen Band vertritt *Peter Stuhlmacher*, Jesus als Versöhner, 87–104, die Gegenposition (Jesus gehört, als messianischer Versöhner, in eine Theologie des Neuen Testaments, vgl. 104).

20 Brief eines Mitarbeiters Theodor Herzls, Max Nordau, im Jahre 1899 an einen Pater Hyacinthus Loyson, zitiert nach *S. Ben-Chorin*, a.a.O. 11. Vgl. auch *Hans Küng/Pinchas Lapide*, Jesus im Widerstreit. Ein jüdisch-christlicher Dialog, Stuttgart/München 1976, 12.13: »*Pinchas Lapide*: ›1800 Jahre lang hat die Kirche drei Dinge mit Jesus gemacht: Sie hat ihn entjudet, sie hat ihn hellenisiert, und sie hat ihn sehr wirksam uns allen verekelt...‹«

21 Vgl. *K.-H. Ohlig/H. Schuster*, a.a.O. 17–19.

hauptet, wohl aber die Rezeption der grundlegenden Vermittlungsstruktur: Wie Jahwe durch die »Väter«, Mose, David, die Propheten und Weisen gesprochen und seine Herrschaft reklamiert hat, so wird auch sein vollmächtiges Wirken in der Zukunft durch geschichtliche Vermittlung (Israels) geschehen.

Das Judentum z. Zt. Jesu war erfüllt von messianischen Erwartungen. Selbst wenn Jesus keines dieser Modelle für sich beansprucht hätte, so wäre es doch beinahe undenkbar, daß er die Funktion Israels für die Erlösung der »Welt« nicht konkretisiert gesehen hätte im Tun von Gestalten, Individuen, die »stellvertretend« für Israel handeln (Der Gedanke der »Stellvertretung« war seit der Exilsprophetie auch ausdrücklich formuliert, strukturell aber immer schon ein Konstitutivum der israelitischen Religion).

Wenn sich Jesus, was man nicht bezweifeln kann, soteriologisch, also »im Auftrag Jahwes«, betätigt hat, *mußte er sich im Kontext der jüdischen Religion eine gewisse christologische Funktion zuschreiben*, wenigstens so, wie sie allen »Gottesmännern« dieser Geschichte zukam. Ebenso mußte sich diese Selbsteinschätzung in einer *Vollmachtserfahrung* niederschlagen[22]. Die Schriftpropheten z. B. kannten, bei aller Angefochtenheit, dieses Bewußtsein, im Namen Jahwes zum Volk zu reden (was sich etwa in der Bildrede von einer »Berufung« oder »Beauftragung« niedergeschlagen hat).

Ben-Chorin meint: »Der fragende Jesus ist unser Bruder, nicht der erhöhte Christus, der den menschlichen Bereich mit den Höhen und Tiefen des Mythos vertauscht hat.«[23] Diese These mag berechtigt sein, wenn man lediglich den messianischen Mythos betrachtet; nicht aber kann sie gelten für das »Selbstbewußtsein« des jüdischen Predigers Jesus: er war in der Konsequenz gerade *jüdischer* Soteriologie gewiß *nicht nur* (wohl: *auch*) der »fragende«, sondern ebenso der mit Anspruch auftretende Verkündiger. Diese Dialektik von Angefochtenheit und Sicherheit kennen auch schon (wenigstens) Propheten wie Jesaja, Jeremia u. a. Jesus würde aus dieser Tradition herausfallen, wenn er seine Sache nicht mit dem Anspruch, von und für Jahwe zu sprechen, vertreten hätte.

[22] Vgl. *Herbert Braun*, Der Sinn der neutestamentlichen Christologie (erstmals veröffentlicht in: ZThK 54, 1957, 341–377), in: *ders.*, Gesammelte Studien zum Neuen Testament und seiner Umwelt, Tübingen ³1971, 247: »Der irdische Jesus hat gepredigt. Das heißt aber auf jüdischem Boden: er hat nicht nur theoretisch belehren wollen, sondern es kam ihm darauf an, daß die Hörer seine Predigt annehmen und ihr gehorchen«.

[23] A.a.O. 139. Ähnlich heißt es auf dem Umschlag (eigentümlicherweise nicht auf der Titelseite): »Bruder Jesus. Mensch – nicht Messias«.

1.4.2 Der Apokalyptiker Jesus

Was Apokalyptik ist, läßt sich nicht leicht definieren. In der Forschung wird sie, trotz aller Verwendung von Material aus der Weisheits- und Geschichtstradition und trotz des Hervortretens kosmologischer Reflexionen, – gegen *Gerhard von Rad*[24] –, vorwiegend als letzter Ausläufer der prophetischen Überlieferung angesehen, deren Themen sie in eigentümlicher Prägung – vor allem im Anschluß an die eschatologische Prophetie – weiterführt. Spätestens seit der Makkabäerzeit und in bewußter Ablehnung hellenistischer Einflüsse bestimmt sie mehr und mehr das Denken breitester Kreise in Israel[25]. Mehr als jeder anderen Tradition, etwa der rabbinischen, ist Jesus der Apokalyptik zuzurechnen[26]. In ihrem Begriffs- und Vorstellungsmaterial hat er seine Sache artikuliert. Von hierher ergibt sich eine weitere Präzisierung der christologischen Soteriologie Jesu.
Statt unmittelbar von Jahwe redet Jesus – mit der Apokalyptik – meist von der »Königsherrschaft Gottes«. »Die ›Königsherrschaft Gottes‹ ist das Zentrum der Endverkündigung Jesu. Der Ausdruck entstammt der jüdischen Enderwartung und meint nicht ein Herrschafts*gebiet*, sondern das Regiment, die Herrschertätigkeit, die Gott am Ende der Geschichte ergreifen wird.«[27]
Deutlicher als der Jahwebegriff selber artikuliert dieser apokalyptische Topos die *soteriologische* Dimension: Gott, *insofern* er *für uns* relevant wird. Diese unmittelbare soteriologische Wendung hat ihren »Sitz im Leben« darin, daß es den Frommen dieser Zeit um eine Rettung aus ihren Bedrängnissen geht: »Die Apokalyptik hat, was oft vergessen wird, einen sehr ernsten und blutigen Hintergrund. Sie ist aus der Religionsverfolgung, man kann durchaus sagen, aus dem Martyrium erwachsen.«[28] Die Königsherrschaft Gottes ist ein Sym-

[24] Vgl. Theologie des Alten Testaments. Bd. II 316–323.
[25] Vgl. hierzu *Josef Blank*, a.a.O. 94–98.
[26] *Ernst Käsemann*, Zum Thema der urchristlichen Apokalyptik in: *ders.*, Exegetische Versuche und Besinnungen, 2. Bd., Göttingen ³1968 (erstmals veröffentlicht in ZThK 59, 1962, 257–284), rechnet erst das Judenchristentum, nicht aber Jesus der »Apokalyptik« zu (107–119). Dennoch bestreitet auch er nicht die Herkunft Jesu aus dieser Tradition (108). Die sich aus der Predigt Jesu ergebenden Differenzen zu dieser Herkunft (Käsemann, ebd.: der »Widerspruch zu diesem Anfang«) werden von mir weiter unten 59–64 (bes. 59.60), 85–87 erörtert. Vgl. hierzu auch den Aufsatz von *Walter Schmithals*, Jesus und die Apokalyptik, in: *Georg Strecker* (Hrsg.), Jesus Christus in Historie und Theologie, 59–85.
[27] *Herbert Braun*, Jesus. Der Mann aus Nazareth und seine Zeit (Themen der Theologie, hrsg. von *H.J. Schulz*, Bd. 1), Stuttgart/Berlin ²1969, 54.
[28] *J. Blank*, a.a.O. 101.

bolbegriff, in dem sich die »letzte« Hoffnung der in die Enge getriebenen Gläubigen niederschlägt.

Im Anschluß an die eschatologische Prophetie ist die Königsherrschaft die totale, durch Gott herbeigeführte Wende am Ende der Tage, Anbruch eines neuen Äons: »Die Gottesherrschaft ist das Heil für den Menschen, und zwar das *eschatologische* Heil, das allem irdischen Wesen ein Ende macht.«[29] Wenn sie auch als Heil für die Juden gedacht wird, ist doch die Völkerwelt und der »Kosmos« in dieses Geschehen integriert. Es ist müßig, darüber zu diskutieren, ob es sich um »eine übernatürliche, unweltliche Größe«[30] handelt, oder ob die strenge Zäsur, die für die Apokalyptik zwischen »diesem Äon« und der neuen Zeit besteht, lediglich – in sprachlicher Verlegenheit – die absolute *Innovation*, auf die sich die Heilshoffnung bezieht, ausdrükken soll. Jedenfalls bricht das Reich Gottes einerseits in die Geschichte ein, andererseits kennt ein »Teil der jüdischen endgeschichtlichen Tradition«, der sich Jesus angeschlossen hat, auch den Glauben an die Auferstehung der Toten[31], die also dann zu diesem Reich gehören werden.

Das Reich Gottes steht nach apokalyptischer Auffassung nahe bevor. Diese »Naherwartung« hat das leuchtende Bild für die Frommen noch tröstlicher gemacht; *die soteriologische Bedeutung des Gottesreiches wurde durch die drängende Nähe intensiviert*, wie jeder, dem es wirklich um etwas geht, dessen baldige Realisierung erhofft.

Von daher ergibt sich für einen Prediger dieser Gottesherrschaft auch eine verstärkte *christologische* Rückbindung seines eigenen Tuns: Er steht nicht irgendwo in der möglicherweise noch langen Kette geschichtlicher Ereignisse, er agiert vielmehr vor dem Horizont des nahen Endes. Er muß sich und seine Verkündigung zwangsläufig *als beinahe end-gültig* begreifen. So kann man wohl mit Gewißheit ausschließen, daß Jesus sich wie *irgendein* »Prophet« verstanden hat; die Nähe des Reiches Gottes machte eine solche Konzeption unmöglich. Dieser Sachverhalt zeigt sich deutlich in der (historisch sehr wahrscheinlichen) Verwendung eines anderen apokalyptischen Topos durch Jesus, des *Menschensohnbegriffs*. Der Menschensohn ist zweifellos eine »messianische« Figur, die aber selbst nicht so sehr mit politischen oder sonstigen geschichtlichen Erwartungen assoziiert wurde wie der Messiasbegriff selbst. Nach apokalyptischer Überzeugung wird der Menschensohn am Ende der Tage plötzlich und unter vielen Zeichen kommen; im Auftrag Jahwes wird er die Welt richten und die Wende herbeiführen.

29 *R. Bultmann*, Jesus, 33.
30 *R. Bultmann*, ebd. 36.
31 *H. Braun*, Jesus 58.

Jesus hat sich nicht mit diesem Menschensohn identifiziert[32]; diese direkten Gleichsetzungen gehören späteren Überlieferungsschichten der Evangelientradition zu. In der ältesten Gruppe von Menschensohnworten, die »auf den historischen Jesus selber zurückgehen« wird[33], setzt er sein Tun in Beziehung zu der apokalyptischen Figur: Wer sich zu ihm bekennt, zu dem wird sich der Menschensohn vor den Engeln Gottes bekennen (Lk 12,8). In dieser Bildrede kommt die Überzeugung zu Wort, daß das Verhalten eines Menschen zu ihm »nicht vorläufige, sondern endgültige Bedeutung hat beim Endgericht.«[34] Der apokalyptische Prediger Jesus also kann sich nicht einfach als »Fragender« verstanden haben; er agierte vielmehr »im Auftrag Jahwes« kurz vor dem Einbruch der Endzeit, d. h. mit eschatologischer Funktion.

1.4.3 Der Täuferschüler

Die recht umfängliche Täufertradition innerhalb der Evangelien, vor allem in der Logienquelle (hier macht die Täufertradition zehn Prozent des gesamten Stoffes aus)[35], verrät, daß wir bei Johannes den Anfängen des Wirkens Jesu begegnen. Diese Überlieferung ist den Christengemeinden nicht leicht gefallen: Noch lange Zeit gab es Täufergemeinden, die wenigstens zeitweise eine Konkurrenz für die Kirche darstellten; deswegen mußte man sich bemühen, den Täufer ganz als Vorläufer und Zeugen Jesu darzustellen. Immerhin aber hat man ein relativ reiches Material überliefert, das wohl gerade wegen der

[32] Vgl. *Heinz Eduard Tödt*, Der Menschensohn in der synoptischen Überlieferung, Gütersloh 1959.

[33] *H. Braun*, Jesus, 56. Vgl. *H.E. Tödt*, a.a.O. 206.

[34] *K.-H. Ohlig*, Gott – eine Hoffnung, Theologische Meditationen, Düsseldorf 1972, 92; vgl. zu dieser Frage den ganzen Zusammenhang 91–93. Vgl. *Werner Georg Kümmel*, Das Verhalten Jesus gegenüber und das Verhalten des Menschensohns. Markus 8,38 par und Lukas 12,3 f. par Matthäus 10,32 f., in: Jesus und der Menschensohn, Festschrift für *Anton Vögtle*, hrg. von *R. Pesch* und *R. Schnackenburg* in Zusammenarbeit mit *O. Kaiser*, Freiburg/Basel/Wien 1975, 210–224.

[35] *Adolf von Harnack*, Beiträge zur Einleitung in das Neue Testament, II Sprüche und Reden Jesu, Leipzig 1907, 88–102, kennt 59 einigermaßen sichere Q-Stükke. Diese Aufzählung besagt natürlich nicht viel über den tatsächlichen Umfang von Q.
Sechs dieser Stücke gehören der Täufertradition zu, man kann mit guten Gründen vermuten, daß diese Tradition in Q ursprünglich noch mehr Stoffe kannte. Jedenfalls umfaßt der Anteil der gesicherten Täuferüberlieferungen an dem gesicherten Q-Bestand, nach eigener Zählung, gute 10%.

gegenläufigen Interessen der Christengemeinden als einigermaßen zuverlässig zu gelten hat.
Wahrscheinlich ist die Faszination durch die Täuferbewegung der historische Anlaß gewesen, daß Jesus seinen Beruf und sein Dorf verlassen und sich einer neuen Tätigkeit zugewandt hat. So kann sich von der Predigt des Johannes her eine zusätzliche Präzisierung der Konzeption Jesu ergeben.
Johannes kommt vermutlich aus der Qumranbewegung oder steht ihr zumindest sehr nahe, auch wenn er – wie seine Tätigkeit zeigt – die esoterischen Züge dieser Gemeinde hinter sich gelassen hat[36]. Die Täuferpredigt gehört ganz der Apokalyptik zu, variiert sie aber in einer eigentümlichen Weise:
Einmal hat Johannes – soweit man das noch beurteilen kann – kein Interesse gezeigt an der Fülle kosmologischer u. a. Spekulationen; seine Leistung liegt »in der radikalen Vereinfachung der apokalyptischen Gedankenwelt«[37], die er somit überhaupt für ein größeres Publikum erschlossen hat.
Zweitens tritt in seiner Predigt der Gedanke der *drängenden Nähe* der Gottesherrschaft noch schärfer hervor als bei einer Reihe anderer Apokalyptiker. »Der Hauptinhalt der eschatologischen Verkündigung des Täufers war das in allernächster Zukunft bevorstehende Endgericht«[38]. Damit gewinnt seine Verkündigung – nicht zufällig hat sich später eine Täuferkirche gebildet – und auch die seines Schülers Jesus eine noch verstärkte eschatologische Relevanz, d.h. eine radikalere »christologische« Funktion[39].
Drittens schließlich, ein Gedanke, den *Josef Blank* hervorhebt, hat Johannes »die eschatologische Erwartung kritisch gegen das jüdische Volk selbst gewendet.«[40] Die Apokalyptik gebraucht im allgemeinen den Symbolbegriff von der »Königsherrschaft Gottes« als Trost für das bedrängte Judentum: »Der Gedanke, daß ganz Israel oder die Abrahamskinder ganz selbstverständlich am kommenden Endheil teilhaben werden, war sehr verbreitet. Das Gericht gilt den Heiden und denen, die als Gesetzlose und Frevler mit ihnen gemeinsame Sache machen… Eben diese naive… Zukunftserwartung teilte der Täu-

[36] Über Affinität und Differenz auch Jesu zur Qumran-Theologie vgl. *Herbert Braun*, Die Bedeutung der Qumranfunde für das Verständnis Jesu von Nazareth (erstmals veröffentlicht in: NDH Heft 34, 1957, 155–163), in: *ders.*, Gesammelte Studien zum Neuen Testament und seiner Umwelt, 86–99.
[37] *J. Blank*, a.a.O. 102.
[38] *Friedrich Lang*, Erwägungen zur eschatologischen Verkündigung Johannes des Täufers, in: *Georg Strecker*, Jesus Christus in Historie und Theologie, 465.
[39] Ähnliches läßt sich wohl für die zwangsläufig »christologische Funktion« der Qumran-Gemeinde und ihres »Lehrers der Gerechtigkeit« feststellen.
[40] A.a.O. 98.

fer offenbar nicht... Der Gerichtsgedanke erscheint da plötzlich nicht mehr als Trost der Frommen..., sondern als Aufforderung an Israel, sich auf sein Gottesverhältnis zu besinnen...«[41]

Die »Königsherrschaft Gottes« wird also in einem gewissen Sinn »entnationalisiert«, ohne deswegen schon eine *ausdrücklich* universale, auf *die* Menschen schlechthin, bezogene Sache zu werden; zum anderen »gewinnt der Gottesgedanke in Verbindung mit dem Gerichtsgedanken seinen prophetischen Ernst wieder zurück«[42]. Der Mensch (besser: der Jude) kann sich nicht auf das schon sicher gewußte (tröstliche) Ende verlassen, die Hoffnung auf die »Gottesherrschaft« entläßt ihn nicht aus der Geschichte, sondern zwingt ihn – mit absoluter Bedrohung – in die Krise des geschichtlichen Tuns zurück. Die sittliche Entscheidung gewinnt unter dem Aspekt der kommenden Gottesherrschaft eschatologische Bedeutung, das Heil »steht«, wie *Bultmann* für die Predigt Jesu feststellt, »vor dem Menschen als ein Entweder-Oder«[43]. Der fordernde Anruf des Täufers und auch Jesu an die Zuhörer kommt von hierher ganz in die Nachbarschaft eines »letzten« Appells, sie selber werden »christologische Figuren« höchster Geltung[44].

1.4.4 Zusammenfassung

Noch *vor* einer kritischen Analyse des Textbefundes der neutestamentlichen Tradition kann also die Zugehörigkeit Jesu zur jüdischen Religionsgeschichte, zur Apokalyptik und zur Täuferbewegung bestimmte Strukturen seiner Sache verraten, die zur Bestimmung seiner christologischen Soteriologie wichtig sind. Nur um diese *Strukturen* ging es hier, nicht um eine detaillierte Analyse des Vorstellungs- und Begriffsmaterials im einzelnen. Einige wenige, historisch gesicherte Fixpunkte genügen, um das semantische Feld bestimmen zu können, innerhalb dessen sich Jesus bewegt und seine Sache artikuliert hat.

Die bisherigen Überlegungen haben gezeigt: Jesus steht – mit der jüdischen Religion – in der Tradition der sich an der Geschichte orientierenden und auf der Relevanz von Geschichte bestehenden Soteriolo-

[41] Ebd. 99.

[42] Ebd. 102.

[43] Jesus, 33. Gerade dieses prophetische Entweder-Oder der geschichtlichen Entscheidung war durch die Verlagerung des Interesses in der eschatologischen Prophetie auf das Vorher-Nachher in Gefahr geraten, vgl. *Georg Fohrer*, Geschichte der israelitischen Religion, Berlin 1969, 336.

[44] Dies gilt auch für den Täufer selbst, obwohl er mit historischer Gewißheit – nicht sich selbst als Messias verstanden, sondern dessen unmittelbar bevorstehendes Kommen angekündigt hat (Mt 3,11.12 = Lk 3,16b.17). Gerade so aber wurde er zum »letzten« Prediger vor der messianischen Wende.

gien bzw. Religionen. Aus diesem Ansatz hat die jüdische Religion die äußerste Konsequenz gezogen; der Kosmos und seine Gesetzmäßigkeiten spielen, trotz aller auch dem Juden bewußten naturalen Abhängigkeiten, keine eigenständige soteriologische Rolle mehr. Innerhalb dieser jüdischen Konzeption stellt die Apokalyptik, vor allem in der von der Täuferbewegung präzisierten Form, eine nochmalige Radikalisierung dar, *so daß Jesus von seinem Hintergrund her eine »christologische Soteriologie« vertreten mußte.* Darüberhinaus legte es die jüdische Religionsgeschichte, die Apokalyptik und noch mehr die Täufertradition nahe, *auch die eigene Rolle »christologisch« zu begreifen*, ähnlich wie es etwa – mutatis mutandis – für den qumranschen »Lehrer der Gerechtigkeit«, für Johannes oder später auch für Bar Kochba zutrifft. Diese Aussage gilt auch dann, wenn in all diesen Fällen – Jesus eingeschlossen – der Messiastitel selbst nicht ausdrücklich beansprucht oder wenn er sogar zurückgewiesen wurde.

1.5 Die Besonderheit der christologischen Soteriologie Jesu

Im folgenden kann nicht näher auf die methodischen Kriterien eingegangen werden, die es erlauben, mit einiger Sicherheit jesuanisches Traditionsgut zu erschließen[45]. Ebensowenig sollen, einmal mehr, die inhaltlichen Ergebnisse der neueren Jesusliteratur dargelegt werden. Vielmehr geht es um die *formalen Strukturen* der »Sache« Jesu, wie sie an seiner Predigt, seinem Verhalten und Sterben ablesbar sind.
Jesus hat nach allem, was wir von ihm wissen, keineswegs grundsätzlich die Bahnen jüdischer Soteriologie, wie sie sich bis in seine Gegenwart hinein entwickelt hatte, verlassen[46].

[45] Eine gute Zusammenfassung der methodischen Diskussion findet sich bei *Edmund Schillebeeckx*, Jesus. Die Geschichte von einem Lebenden, Freiburg/Basel/Wien [1]1975, 54–89.

[46] Die bei christlichen Autoren beliebte Ausmalung einer sehr scharfen Antithese zwischen Judentum und jesuanischer Verkündigung, dem Gott der Thora und dem Vater Jesu, Gesetzesfrömmigkeit und neuer Humanität beruht weithin auf Wunschdenken bzw. groben Vereinfachungen. Wenigstens gilt dies für die Negativzeichnung der jüdischen Tradition, die keineswegs so eindimensional interpretiert werden darf. Immerhin hat sie Jesus für seine Predigt den »Argumentations«zusammenhang geliefert; im Namen des Thora-Gottes rebelliert er gegen den Thora-Gott (vgl. hierzu *K. Niederwimmer*, a.a.O. 81), und – er steht schon in einer Tradition solcher Rebellion. Selbst wenn man den Gegensatz Jesus – Judentum auf das sog. Frühjudentum beschränkt, muß man sich bewußt bleiben, daß auch dann nicht alle Phänomene gemeint sein können; der

Wohl aber wurde diese in ihrer schon vorher erkennbaren Dynamik weitergeführt und radikalisiert. Nicht allerdings so, als sei die christologische Soteriologie Jesu nur einfach eine organische Fortentwicklung vorgegebener Tendenzen. Ein bestimmtes Denken kann durchaus so bis an seine Grenze geführt werden, daß sich ein qualitativer Sprung und sogar eine Revolution der bisherigen Konzeption ergibt. In diesem Sinn kann die Soteriologie Jesu, die sich in der Symbolik seines Redens und Tuns und seines Sterbens zeigt, als *Vollendung und Überbietung* der jüdischen Religionsgeschichte angesehen werden. Seine Leistung bestand nicht in einer inhaltlichen Innovation inbezug auf Lehre oder Ethik – es gibt keine gänzlich neuen Gedanken in der Predigt Jesu –[47], sondern *in Radikalisierung, »Zentralisierung«*[48] *und Konkretisierung* der christologischen Soteriologie Israels.

1.5.1 Radikalisierung und Zentralisierung der jüdischen Soteriologie

Kurt Niederwimmer betont zurecht, daß für Jesu Verhalten und Verkündigung »die mangelnde Reflexion kennzeichnend« sei. »Er verkündet das Gottesreich, erzählt Gleichnisse..., er ruft zur Umkehr, verlangt die ›ganze‹ Gerechtigkeit, verkehrt mit den Sündern – aber das geschieht alles ohne ›grundsätzliche‹ Erwägungen, ohne Theologie, ohne rationale Kritik. Jesus wirkte unmittelbar. Darum (nicht darum *allein*) ist er so schwer zu fassen.«[49]

Konflikt bezieht sich allenfalls (hier aber sehr konträr) auf wichtige oder sogar dominierende Strömungen, repräsentiert von den damals herrschenden Schichten; der Protest Jesu aber ist dennoch als »jüdisch« zu qualifizieren. Eine gute Charakterisierung für die Eigenart dieses Konfliktes scheint *Pinchas Lapide* zu geben: »Jesus stand zum Judentum seiner Zeit in einer Kontrastharmonie, und beide Teile dieses Wortes machen ihn für mich ur-jüdisch, ich würde fast sagen, nur-jüdisch« (*H. Küng/P. Lapide*, a.a.O. 23).

[47] Vgl. hierzu vom *Verf.*, Jesus, 51.52: »Hierbei verbietet der religionsgeschichtliche Vergleich, die Singularität Jesu darin gegründet zu sehen, daß Jesus in seinem Leben nachweisbar Lehren oder Verhaltensweisen vertreten hätte, die inhaltlich völlig neu und ohne Parallelen sind. Kein Thema der Predigt Jesu ist schlechthin singulär; Nächstenliebe, Barmherzigkeit und Sünderliebe Gottes, alle diese Motive finden sich schon im Alten Testament und der Sache nach zum Teil auch in außerchristlichen Religionen. Das gleiche gilt für das Verhalten Jesu. Sosehr seine Praxis von Humanität und Solidarität mit allen geprägt ist, sowenig läßt sich solches Verhalten nur und ausschließlich bei Jesus finden... Was es an Humanen bei Jesus und im Christentum gibt, findet sich auch sonstwo in der Welt.«

[48] Vgl. ebd. 52–54.

[49] A.a.O. 54.

Dieses Fehlen eines »rationalen« Programms hat auch bewirkt, daß Jesus keine *systematische* Kritik an zeitgenössischen religiösen Vorstellungen geübt hat. Zunächst einmal hat er selbst in ihnen gelebt. Das gilt besonders für die apokalyptischen Strömungen seiner Zeit, aus denen er das zentrale Thema seiner Predigt übernommen hat: die Königsherrschaft Gottes.

Mit diesem Topos war eine Fülle von verschiedenartigen Vorstellungen verbunden: von einem endzeitlichen und kosmischen Drama über das Kommen des Menschensohnes, die Auferstehung der Toten, das Gericht bis hin zu Himmel und Hölle. »Den Glauben an all diese dramatischen Ereignisse hat Jesus offenbar mit seinen Zeitgenossen geteilt«, schreibt *Bultmann* und fährt fort: »Aber es ist bemerkenswert, daß er weder die Höllenstrafen ausmalt, noch prächtige Bilder von der himmlischen Herrlichkeit entwirft. ... Im Grunde verwirft er alle Vorstellungen, die sich menschliche Phantasie von der Gottesherrschaft machen kann...«[50]

Ob Jesus diese Mythologeme »verworfen« hat, mag dahingestellt bleiben. Wahrscheinlicher ist, daß sie zu seinem Vorstellungsmaterial zwar gehörten, nicht aber sein Interesse fanden. Dieses galt vielmehr der *unmittelbaren soteriologischen Funktion* des Gottesreiches für den Menschen – nicht den an die Objektivationen apokalyptischer Erwartung geknüpften Spekulationen –, und insofern führt er die Dynamik zur ›Vereinfachung‹ der Apokalyptik, wie sie schon bei Johannes dem Täufer zu beobachten war, fort[51].

Von dieser fundamentalen Einfachheit seines Redens und Verhaltens her, das ganz der direkten soteriologischen Anrede gewidmet war, hat Jesus das traditionelle Vorstellungsmaterial einer – nicht ›rationalen‹, sondern *symbolischen* – Kritik unterzogen (weithin ohne es zu bestreiten). Es geht ausschließlich um die »einfache«, aller spekulativen oder kasuistischen Komplexität beraubte, »reduzierte« Frage des Menschen nach seinem »letzten« Sinn[52]. Angesichts dieser Fragestellung erscheint die in unübersehbare Verästelungen ausgewucherte religiöse Tradition wie ein Ballast, den theoretisch zu bestreiten sich nicht lohnt. Das Problembewußtsein ist über sie hinausgewachsen[53]. Lediglich dort findet die religiöse Überlieferung eine *ausdrückliche* Kritik Jesu, wo sie die einfache soteriologische Hoffnung *praktisch* zunichte zu machen droht: durch einengende Thoragesetzlichkeit, Heils-

50 Jesus, 37; der letzte Satz bezieht sich bei *Bultmann* vor allem auf Mk 12,25.

51 S.o. 51.

52 Vgl. zu diesen Termini vom *Verf.*, Jesus, 31–47; 56–60.

53 In diesem Sinn ist die »psychologische« Deutung des Werkes Jesu durch *Kurt Niederwimmer* durchaus berechtigt (vgl. vor allem den Abschnitt IX. Was hat Jesus gebracht?, a.a.O. 80–88).

partikularismus und religiös-soziale Degradierung bestimmter Gruppen oder Individuen[54]. Die Linie der soteriologischen Konzentration wird durch eine zweite Eigentümlichkeit der Predigt Jesu verstärkt: Die Rückgewinnung des *soteriologischen Vertrauens*. Schon der Täufer hatte hier eine wichtige Vorarbeit geleistet, indem er die selbstsichere jüdisch-partikularistische Erwartung künftigen Heils, die letztlich für das Gros der Menschen eine Unheilsprognose einschloß, aufgesprengt und der apokalyptischen Predigt die Wucht der prophetischen Verkündigung wiedergegeben hatte[55]. Die Relativierung der nationalen Komponente und die Verknüpfung der Reich-Gottes-Erwartung an die Umkehr, die hier und jetzt zu geschehen hat, hatte die apokalyptische Fixierung auf die schon sicher gewußten künftigen Abläufe aufgehoben, der Zukunft ihre Offenheit und *der Geschichte ihre soteriologische Relevanz* zurückgegeben.
Diese Wiederherstellung der prophetischen Alternative war allerdings beim Täufer, wenn man so will, mit einer »archaischen« Komponente verbunden: sie knüpfte bei der vorexilischen Prophetie an und ließ die spätere Entwicklung in *einem* Punkt außer Acht; denn spätestens seit der Verkündigung des Jeremia und der großen Exilspropheten Ezechiel und Deuterojesaja hatte sich die soteriologische Hoffnung schon von ihrer Bedingtheit durch die Ethik (darum handelt es sich bei der Umkehrforderung) gelöst. »Heil« wurde als Tat Gottes verstanden, der dem Menschen ohne Vorleistung ein »neues Herz« schenkt[56]. Gerade diese befreiende Überzeugung hatte sich sogar noch in den Objektivationen und Fixierungen der Apokalyptik durchgehalten, wenn die Zukunft ganz als von Gott allein herbeigeführte Wende verstanden wurde (allerdings mit den geschilderten negativen Aspekten der Entgeschichtlichung der Soteriologie und des Heilspartikularismus). Vielleicht lag in dieser »Unzeitgemäßheit« des Täufers der Anstoß, daß sich Jesus selbst zur Predigt entschlossen hat[57]. In Verkündigung und Verhalten Jesu wird die *un-bedingte*, ganz sich auf Gott verlassende eschatologische Hoffnung aufgegriffen und *radikalisiert*, ohne –

[54] Daß Jesus sowohl selbstverständlich in den jüdischen Vorstellungen lebte als auch diese zentral reduzierte, weithin ohne sie explizit und programmatisch zu bestreiten, ist der Grund für immer wiederkehrende einseitige Deutungen; so haben *Hans Küng* (Jesus hat die Geltung des Gesetzes aufgehoben) *und Pinchas Lapide* (Jesus war gesetzestreuer Jude) recht (vgl. Jesus im Widerstreit, 24ff.).

[55] S.o. 51.52.

[56] Vgl. hierzu vom *Verf.*, Jesus, 71–82.

[57] Vgl. *J. Blank*, a.a.O. 59: »Man darf vielleicht vermuten, daß Jesus zunächst tatsächlich entscheidende Anstöße durch Johannes empfing, dann aber freilich einen entscheidenden Schritt über Johannes hinausging, als ihm klar wurde, daß nicht der richtende Gott, sondern der rettende Gott der wahre Inhalt der eschatologischen Botschaft sei.«

und hierbei werden die Anliegen des Johannes beibehalten – noch einmal im Sinne der Apokalyptik die Relevanz der Geschichte oder die Funktion der Umkehr (die allerdings anders ›begründet‹ wird) aufzuheben. »Die Gottesherrschaft ist das *Heil* für den Menschen, und zwar das *eschatologische* Heil... Dies Heil ist das einzige Heil, von dem man reden kann; eben deshalb fordert es vom Menschen die Entscheidung... Dies Heil steht vor dem Menschen als ein Entweder-Oder.«[58]

Jesus also *zentralisiert* die Soteriologie auf ihre einfache Mitte hin, die fragende und bange Hoffnung auf »Heil« für Mensch und Geschichte, und *radikalisiert* diese Hoffnung zur vertrauend festgehaltenen Gewißheit, so daß er von nichts anderem mehr reden und mit nichts anderem sich beschäftigen kann. Alle anderen soteriologischen Topoi, Gesetz und Tempel, Tradition und Umkehr, gewinnen erst von dieser einfachen und festgeglaubten Hoffnung her ihre Bedeutung und sind ihrer Eigenmächtigkeit entkleidet. Von dieser »einfachen« Soteriologie her, die (im Nachhinein) als hermeneutischer Schlüssel aller komplexen religiösen Systeme erscheinen kann, vermag Jesus es auch, den »Adressaten« solcher Hoffnung ebenso »einfach« und »vertrauend« anzusprechen mit dem Kinderwort »Abba«. Nach *J. Blank* ist diese »Gottesanrede Jesu geprägt von einer großen Unmittelbarkeit und selbstverständlichen Vertrautheit.«[59]

1.5.2 Radikalisierung und Zentralisierung der jüdischen »Christologie«

Wie schon gesagt (vgl. 1.4), steht Jesus in der Tradition der jüdischen *christologischen* Soteriologie, für die das »Heil« der geschichtlichen Vermittlung bedarf und somit »von außen« kommt und nicht in der Ganzheit des All-Einen (also auch im Rückzug auf das Selbst) zu suchen ist. Diese Struktur nun kommt bei Jesus zu ihrer überbietenden Vollendung in einem zweifachen Sinn: der sachlichen und der personalen Komponente.

1.5.2.1 Die geschichtlich-sachliche Vermittlung des Heils

Jesus hatte zwar nur Israel und seine Reform vor Augen, er hat nicht schon den Schritt zur »Universalität« vollzogen, er blieb Jude. Dennoch hat die Einfachheit *und* Sicherheit seiner soteriologischen Hoffnung (Reich Gottes, Abba) bewirkt, daß auch deren geschichtliche

[58] *R. Bultmann*, Jesus, 33; vgl. 46.
[59] A.a.O. 61.

Vehikel ganz fundamental *und* letztentscheidend wurden: Angesichts der unmittelbar nahen, ja schon jetzt wirksamen Königsherrschaft Gottes zählen nicht mehr Gesetz, Tempel und die vielen Traditionen, sondern nur noch die »einfachsten« Verhaltensweisen: Barmherzigkeit, Nicht-Richten, Gottes- und Nächstenliebe, Verzeihen, Solidarität – was alles das Wort »Umkehr« in der Symbolik Jesu beinhaltet. Die Forderung des Reiches Gottes, ja Jahwe selbst, begegnet nicht in tausenderlei religiösen Instanzen, sondern im »Bruder«, der Hilfe und Liebe braucht. Und dort begegnet sie – die Sache drängt – mit letztendlichem Anspruch, die keine Entschuldigung und keinen Aufschub dultet.
Ohne also ein »rationales« Programm vorzulegen oder auch nur vorlegen zu können, hat Jesus angesichts seiner reduzierten jüdischen Soteriologie deren »christologische« Implikationen so zentral und radikal verstanden, daß hier einmal die jüdische Linie bis zu ihrer äußersten und einfachsten Konsequenz weitergetrieben wurde (Heil durch und für Geschichte). Gleichzeitig aber wurde damit – zum anderen – die jüdische Soteriologie revolutioniert, indem ihre nationalen und partikularistischen Bindungen von der Sache her zurücktraten (was allerdings ebenfalls in der Dynamik des monotheistischen Jahweglaubens lag), ohne aber gänzlich bestritten zu werden[60]. Das bedeutet nicht eine theoretische Universalisierung der Soteriologie durch Jesus selbst, dieser Durchbruch ist erst im Gefolge der Entstehung der Kirche aus Juden und Heiden gelungen. Dennoch aber hat Jesus die »christologischen« Vehikel des »Heils« so vertieft angesprochen (wenn auch im Blick auf sein jüdisches Volk), daß die ausdrückliche Forderung nach Heidenmission lediglich die reflexe Konsequenz der direkten Symbolsprache Jesu war. Was sollen nationale Komponenten (mit ihren Detailaspekten), wenn angesichts des Gottesreiches nur noch Liebe und Barmherzigkeit (slc. des Juden) zählen?

1.5.2.2 Die Bindung des Heils an die Gestalt Jesu

Im Kontext dieser grundlegenden geschichtlichen Vermittlung des Heils durch das, was man heute legitim unter dem Begriff »Humanität« zusammenfassen kann, hat sich Jesus selbst eine besondere Funktion zugeschrieben. Zwar ist es sehr schwierig, durch die vom Christusbekenntnis geprägten neutestamentlichen Aussagen hindurch zu Überlieferungsschichten vorzustoßen, die etwas von dem »Selbstverständnis« Jesu verraten. Doch haben schon die vorherigen Ausfüh-

[60] Vgl. *K. Niederwimmer*, a.a.O. 55: »Das Dogma von der besonderen Liebe Gottes zu Israel scheint er nie ausdrücklich bestritten zu haben.«

rungen (vgl. 1.4) deutlich machen wollen, daß Jesus aus der jüdischen »christologischen« Tradition und vor allem von der Apokalyptik her, im Bewußtsein von der unmittelbar bevorstehenden Wende, eine quasi-messianische Selbstinterpretation nahegelegt wurde. Er *mußte* sich als *soteriologischer Prediger vor dem Ende*, als *eschatologische Figur* begreifen, wenigstens im Sinne der Selbsteinschätzung etwa des Täufers. Wer die Naherwartung für eine gesicherte Komponente der Verkündigung Jesu hält, muß Jesus auch von diesem Hintergrund aus verstehen.

Das neutestamentliche Material hat infolgedessen nicht die ganze »Beweislast« zu tragen; es müßte »lediglich« die Frage beantworten, ob sich Anhaltspunkte zu einer genaueren Beschreibung der »christologischen« Konzeption Jesu ergeben.

Hierbei allerdings muß von vornherein die Möglichkeit ausgeschlossen werden – was die Exegese auch durch ihren Befund bestätigt –, als habe sich das Selbstverständnis oder der Vollmachtsanspruch Jesu in christologischen Prädikationen niederschlagen können. *Definitive* Ist-Aussagen, wie sie die nachösterliche Kirche formuliert hat, waren erst möglich *nach Abschluß des Lebens Jesu.* Solange ein Mensch noch handelnd im geschichtlichen Prozeß steht, können allenfalls vor-läufige Urteile, auch Selbstbeurteilungen, getroffen werden. Vielleicht kann ein memoirenschreibender alter Mann – eine Situation in der Nähe des Todes – sich und sein Lebenswerk prädikativ reflektieren, vielleicht hätte auch Jesus dies tun können, wenn er länger gelebt und – wie z. B. *Mohammed* – einen Großteil seines Werkes abschließend hätte überblicken können; in der kurzen, stürmischen und abrupt beendeten Phase seines öffentlichen Lebens war dies unmöglich[61].

Dennoch muß Jesus sich eine bestimmte Funktion vor dem Horizont des kommenden Gottesreiches zugeschrieben haben, eine Funktion aber, die sich nicht in expliziten Selbstprädikationen artikuliert hat, sondern die an Momenten seiner Predigt und seines Verhaltens ablesbar ist. Aspekte dieser »impliziten Christologie« Jesu sollen im folgenden – ohne hierbei die historisch-kritischen Fragen zu diskutieren und ohne Anspruch auf Endgültigkeit und Vollständigkeit – kurz genannt werden[62].

– Jesus hat, mit dem Täufer, die Nähe des »Endes« erwartet. Zugleich aber ist es schon gegenwärtig: Das Gottesreich ist *schon jetzt* gekom-

[61] Diese Anmerkungen dürfen nicht als Versuch einer *psychologischen* Interpretation Jesu verstanden werden; es geht vielmehr um die *hermeneutische* Unmöglichkeit, laufende Geschichtsprozesse abschließend zu beurteilen.

[62] Vgl. auch *Rudolf Schnackenburg*, Christologie des Neuen Testamentes, in: Mysterium Salutis, Grundriß heilsgeschichtlicher Dogmatik, hrsg. von *J. Feiner* und *M. Löhrer*, Bd. III/1, Einsiedeln/Zürich/Köln 1970, 235.236.

men, wenn auch seine volle Realisation *noch aussteht*; die Eschata haben schon begonnen, bleiben aber dennoch eine Sache der Zukunft[63]. Hier bleibt kein Raum mehr für apokalyptische Berechnungen. *Die Gottesherrschaft bricht in die Gegenwart ein.* »Offensichtlich redet Jesus vom Kommen der Basileia in einem anderen Sinn als der Täufer und das zeitgenössische Judentum, nämlich nicht ausschließlich oder auch nur primär auf ein chronologisch zu datierendes Weltende bezogen.«[64]

Damit aber hat die »Naherwartung« eine vertiefte, *sachliche* Bedeutung gewonnen: Sie wird zu einer »merkwürdigen ›Eschatologie‹, für die sich alles Leben ›im Angesicht Gottes‹ vollzieht.«[65]

Diese »Eschatologie« aber ist bei Jesus – anders als etwa in Qumran – »christologisch« begründet. Während in Qumran die Gegenwärtigkeit des Heils in der »Tempelsymbolik« und in der »Gemeinde« wurzelt, so jetzt »in dem Anspruch Jesu, daß *in seinem Wirken* Gottes Herrsein aufgerichtet wird.«[66] Die eschatologisch-präsentischen Perspektiven haben auch die »christologische« Rolle Jesu radikalisiert: Er ist nicht nur der soteriologische Prediger in der Nähe des Endes, sondern die *Gestalt im Anbruch des Reiches*[67].

[63] Eine Reflexion der Dimensionen von Zukünftigkeit und Gegenwart des Reiches Gottes bietet der Aufsatz von *Eta Linnemann*, Zeitansage und Zeitvorstellung in der Verkündigung Jesu, in: Jesus Christus in Historie und Theologie, a.a.O. 237–263.

[64] *Ernst Käsemann*, Zum Thema der urchristlichen Apokalyptik, a.a.O. 109. Ob man deswegen Jesus nicht mehr als »Apokalyptiker« bezeichnen will (wie *Käsemann*, ebd. 107–119), ist m.E. eine Frage der Terminologie. Bei der krassen Gegenüberstellung von zeitlicher und »sachlicher« Bedeutung der »Eschatologie« könnte die Untersuchung von *Joseph Molitor*, Grundbegriffe der Jesusüberlieferung im Lichte ihrer orientalischen Sprachgeschichte, Düsseldorf 1968, 95–108, mildernd wirken. *Molitor* zeigt als Grundgestalt des Redens vom »Ende« das aramäische Wort für »vollenden«, »Vollendung«, auf. »Im zeitgenössischen Judentum ist der Gedanke der Vollendung im Sinne eschatologischer Erfüllung sehr lebendig gewesen« (95). Vgl. vor allem *Heinz-Wolfgang Kuhn*, Enderwartung und gegenwärtiges Heil. Untersuchungen zu den Gemeindeliedern von Qumran. Mit einem Anhang über Eschatologie und Gegenwart in der Verkündigung Jesu, Göttingen 1966; *Kuhn* zeigt anhand einer Analyse von Gemeindeliedern in der Hodajotrolle (1 Q H), daß es schon in Qumran »das eigentümliche Nebeneinander bzw. Ineinander von ›schon‹ und ›noch nicht‹ des eschatologischen Heils« gab (176). Mehr noch: »das ... hebräische Verständnis« sei »geradezu darauf angelegt ..., dem eschatologischen Heil seine ausschließliche Zukunftsbezogenheit zu nehmen« (189). Insofern ist Jesus mit seiner Eschatologie »also vom *hebräisch-jüdischen Denken* her zu begreifen« (201).

[65] *Käsemann* ebd. 110.

[66] *H.-W. Kuhn*, Enderwartung und gegenwärtiges Heil, a.a.O. 204; vgl. o. A. 64.

[67] Vgl. hierzu auch *Wolfgang Trilling*, Fragen zur Geschichtlichkeit Jesu, Düsseldorf [3]1969, 106–123; zur Diskussion des Verhältnisses von Eschatologie und

Infolgedessen hat Jesus nicht – wie der Täufer – das Kommen einer anderen messianischen Figur angekündigt. Zwar spricht er von dem Menschensohn am Ende der Tage wie von einem *anderen*; dieser Menschensohn aber dient Jesus zur symbolischen Benennung des Endes selbst. Wie sich aber einer jetzt zu Jesus verhält, so wird er dann vom Menschensohn gerichtet[68]. Hier gibt es keinen Platz mehr für eine weitere geschichtliche Gestalt, das Verhalten zu Jesus ist end-gültig. Jesus also versteht sich als *letzter* Prediger, er geht einen Schritt über Johannes hinaus. »Der entscheidende Unterschied zwischen dem Täufer und Jesus liegt darin, daß Jesus nicht nur Herold der eschatologischen Wende ist, sondern den Menschen die Gottesherrschaft mit Wort... und Tat... nahe bringt«[69].

Diese nicht noch einmal überholbare *Korrelation zum Anbruch der Königsherrschaft* Gottes zeigt sich im Sieg Jesu über die Dämonen. Mit dem Reich Gottes ist die Herrschaft der Dämonen beendet; Jesus hat sich exorzistisch betätigt (hier ist wohl der historische Kern der neutestamentlichen Wundertradition zu suchen), nach dem sehr alten Q-Stück Mt 12,24–28 = Lk 11,15–20 ist damit die Wende schon gekommen (vgl. Mt 12,28 = Lk 11,20: »Wenn ich aber im Geist (bzw. Finger) Gottes die Dämonen austreibe, so ist auf euch gekommen die Königsherrschaft Gottes«).

Exkurs: Zum historischen Kern der neutestamentlichen Wundertradition

In der Frage nach dem historischen Kern der neutestamentlichen Wundertradition gibt es keinen Konsens. Zunehmend unbestritten ist zwar die Feststellung, daß ein Großteil der Wundererzählungen Produkt sehr spezifischer Gemeindetheologie ist, nach dem antiken Wunderschema ausgestaltet. Wie weit allerdings ein ältester Teil dieser Überlieferung – Berichte über eine exorzistische Tätigkeit Jesu – einen »Sitz im Leben« Jesu hat oder aber seine Entstehung den frühen palästinischen Gemeinden verdankt, kann anhand der in jedem Fall nachösterlich redigierten Textgestalt der einzelnen Erzählungen nicht endgültig entschieden werden.

Lediglich bei einigen der ältesten Dämonenaustreibungen gibt es in den Berichten selbst einige Brüche oder wenigstens Reibungen zwischen Geschehens-

Christologie in der jüngeren Forschungsgeschichte vgl. *Horst Robert Balz*, Methodische Probleme der neutestamentlichen Christologie, Neukirchen-Vluyn 1967, 204–271.

68 S.o. 49.50.

69 *F. Lang*, Erwägungen zur eschatologischen Verkündigung Johannes des Täufers, a.a.O. 473.

ablauf und der jeweiligen Theologie, so daß sie wohl nicht einfachhin erzählte Theologie sind.
R. Bultmann, Jesus, 146, meint: »Aber daran kann kein Zweifel sein, daß Jesus solche Taten getan hat, die in seinem und seiner Zeitgenossen Sinn Wunder waren...; zweifellos hat er Kranke geheilt, Dämonen vertrieben.« Dieser Satz wird seither immer wieder apologetisch ins Feld geführt (z. B. *Wolfgang Trilling*, Fragen zur Geschichtlichkeit Jesu, 97, mit der Anmerkung: »Dieses von Bultmann genannte Minimum dürfte heute von allen ernst zu nehmenden Forschern anerkannt werden.«)
Weil die einzelnen Wundertexte selbst nicht genügend hergeben, wird diese Aussage vor allem motiviert mit der Schwierigkeit, anders die Entstehung einer so reichhaltigen Wundertradition nicht erklären zu können (vgl. *W. Trilling*, ebd.), und mit *Selbstzeugnissen* Jesu über seine Tätigkeit (so z.b. *W. Trilling*, ebd. 103–105; *J. Blank*, a.a.O. 71–76). Drei Stellen werden hier ins Feld geführt: 1. Das Q-Stück Mt 11,21–24 = Lk 10,13–15 (Weheruf über die galiläischen Städte), 2. der Q-Text Mt 11,2–6 = Lk 7,18–23 (Täuferanfrage) und 3. die (bei Markus *und* Q gegebene) Überlieferung Mk 3,22–27 = Mt 12,22–30 = Lk 11,14–23 (Streitgespräch über Dämonenaustreibungen).
Diese Selbstzeugnisse Jesu werden m. E. aber häufig (z. B. bei *Blank* und *Trilling*) überstrapaziert: So ist es gar nicht eindeutig, daß die im ersten Q-Stück genannten δυνάμεις im Sinne von »Wundertaten« oder aber als Bezeichnung des eschatologischen Auftretens Jesu in Wort und Tat gemeint sind. Ebensowenig schlüssig ist die Antwort Jesu auf die Täuferanfrage: Zwar versteht Lukas diese Antwort deutlich als Hinweis Jesu auf seine Wunder (vgl. den redaktionellen Einschub V.21; vgl. den sicher redaktionellen Aorist εἴδετε καὶ ἠκούσατε); in der ursprünglichen Q-Fassung, wie sie wohl bei Matthäus vorliegt, antwortet Jesus aber dem Johannes mit einem »Lied von der messianischen Zeit« (so *Martin Dibelius*, Die urchristliche Überlieferung von Johannes dem Täufer ((Forschungen zur Religion und Literatur des Alten und Neuen Testamentes, 15. Heft)), Göttingen 1911, 35); vgl. hierzu den strophischen Aufbau der Antwort Jesu, jeweils eingeleitet durch καί (das Lukas konsequent weggelassen hat). Dieses Lied, eine »Schilderung der Heilszeit« (*Rudolf Bultmann*, Geschichte der synoptischen Tradition, Göttingen ³1957, 115), referiert nicht Geschehnisse, sondern symbolische Topoi der erwarteten Zeit: »Es ist ein Akkord; nicht der einzelne Ton hat selbstständige Bedeutung, sondern der Zusammenklang« (*M. Dibelius*, a.a.O., 35; vgl. auch *R. Bultmann*, Geschichte der synoptischen Tradition, 22). In der Q-Version »singt« also Jesus auf die (apokalyptische) Frage nach dem, »der kommen soll«, ein, vielleicht damals gebräuchliches (apokalyptisches) Lied: Die Endzeit ist (in mir) angebrochen, das kann man (prophetisch) »hören« und »sehen«, und selig, wer sich an mir nicht ärgert. Dieser Text bietet also in seiner ältesten (urgemeindlichen oder, wahrscheinlicher, jesuanischen) Gestalt keinen Hinweis auf eine Wundertätigkeit Jesu, wohl aber auf seinen Anspruch.
Lediglich das 3. Selbstzeugnis Jesu, das durchaus – vieles spricht dafür – vorösterlicher Herkunft sein kann, gibt einen Hinweis: Der Dialog hat nur einen Sinn, wenn Jesus tatsächlich exorzistisch gewirkt hat.

Dieses Selbstzeugnis, verbunden mit der ältesten Tradition exorzistischer Wunderberichte, könnte *den historischen Kern* der Wunderüberlieferung anzeigen:
Es liegt nahe, daß Jesus, in dessen Verkündigung die »Königsherrschaft Gottes« eine zentrale Rolle spielte, sein Wirken *umgekehrt* als Brechen der Satansherrschaft verstanden hat. Sicher war seine Predigt ent-dämonisierend, insofern er religiöse Verdikte über Menschen nicht anerkannt hat und von der voraussetzungslosen Barmherzigkeit Gottes überzeugt war. Dem entsprach sein Verhalten, das die Dämonisierung und damit auch Isolisierung von Menschen (»Besessene« nach damaliger Auffassung) durchbrochen hat; er hat sich darüber hinweggesetzt und ist in großer Freiheit auf sie zugegangen (er erwies sich somit als souverän gegenüber der Dämonisierung, als Herr der Dämonen). Damit hat er Menschen zur Freiheit verholfen (die Dämonen ausgetrieben). Kurz: Wenn Mk 3,22–27, Parr, auf Jesus zurückgeht, dann wäre hier ein Ansatzpunkt gegeben, bestimmte Aspekte einiger Wundererzählungen als vorösterlich anzusehen. Dieser mögliche oder, m. E., wahrscheinliche historische Kern könnte einen Jesus zeigen, der nicht nur verbal, sondern auch im Verhalten eine Souveränität an den Tag legte, die »christologische« Implikationen in sich birgt.

- Der Unmittelbarkeit seiner Rolle in bezug auf das Reich Gottes entspricht eine ähnliche *Unmittelbarkeit zu seinem »Vater«*. Die unbefangene Abba-Anrede, über deren Ungewöhnlichkeit sich Jesus im Klaren sein mußte (trotz religionsgeschichtlicher und jüdischer Parallelen), legt ein Selbstverständnis Jesu als »Sohn« *in einem besonderen Sinn* nahe. Nach *Josef Blank* »muß man wohl auch annehmen, daß Jesus sich als Sohn Gottes verstanden hat, weil etwas anderes der Vernunft widerspricht.«[70]
  Allerdings hat diese Sohnschaft nichts mit deren späteren Interpretationen zu tun. Sie mußte von Jesus vielmehr zwangsläufig von der jüdischen Tradition her verstanden werden, in der die Sohntypologie vielfältig vorgebildet war (von etwa der Königsideologie bis hin zur Bezeichnung ganz Israels als »Sohn« Gottes (Os 11,1). Aber auch hier ist das »überbietende« Moment in dieser Vater-Sohn-Beziehung zu berücksichtigen, die Intensität und Direktheit der Abba-Anrede legt eine ebensolche Qualifizierung der Sohnschaft nahe.
- Eine Reihe von (mit größter Wahrscheinlichkeit authentischen) Jesusworten kann nur aus dem Anspruch Jesu erklärt werden, die

[70] A.a.O. 85. Vgl. auch *Wilhelm Thüsing*, Neutestamentliche Zugangswege zu einer transzendental-dialogischen Christologie, in: *Karl Rahner/Wilhelm Thüsing*, Christologie – systematisch und exegetisch. Arbeitsgrundlagen für eine interdisziplinäre Vorlesung (Quaestiones disputatae 55), Freiburg/Basel/Wien 1972, 184–211. Dieser Meinung wird vielfach widersprochen, vgl. *H. Braun*, Der Sinn der neutestamentlichen Christologie, a.a.O. 250.

messianische Zeit in Person einzuleiten: Drohworte, Entscheidungsrufe, Makarismen, Nachfolgesprüche[71], Verwendung messianischer Anspielungen usf.[72].

- Die *Freiheit*, mit der Jesus den geheiligten Instanzen seiner eigenen Tradition gegenübersteht: Thora, Tempel, Überlieferungen usf., und die Sicherheit, mit der er diese Freiheit in seinem Verhalten gegenüber den verschiedenen zeitgenössischen Gruppen dokumentiert, verraten ein Bewußtsein von der eschatologischen Gültigkeit und Berechtigung seiner Sache und seiner Funktion.

Diese Hinweise ließen sich fortsetzen. Aus alledem folgt, daß Jesus seine Rolle in einem unlösbaren Zusammenhang mit der »Sache Gottes« und dem Kommen des Reiches gesehen hat. Ohne die soteriologische Relevanz der traditionellen jüdischen Geschichtsfaktoren zu bestreiten (konsequent hat die entstehende Kirche das Alte Testament als »Schrift« benutzt), verblassen sie doch angesichts der eschatologischen, nicht mehr durch neue Vehikel relativierbaren *eigenen Funktion im Anbruch der Gottesherrschaft*[73].

1.5.2.3 Die Verknüpfung von Sache und Person Jesu

Setzt man diese Funktion Jesu in Beziehung zu der (oben 1.5.2.1) genannten humanen Reduktion der *sachlichen* »christologischen« Vehikel des »Heils«, so ergibt sich zwangsläufig, daß Jesus sich selbst in einer unaufhebbar engen Korrelation verstanden hat im Hinblick auf die durch die Gottesherrschaft angestoßene not-wendige einfache

[71] Es würde den Rahmen dieser (formalen) christologischen Studie sprengen, im einzelnen zu belegen, welche Logien aus den angesprochenen Spruchgruppen erst in nachösterlicher Zeit ihre Ausprägung erhalten haben und welche mit einiger Sicherheit auf Jesus zurückgehen. Für diese Frage muß auf die reichhaltige historisch-kritische Literatur verwiesen werden. Vorausgesetzt wird hier lediglich, daß ein Kernbestand dieser Logien das »messianische« (nicht: prädikativ-messianische!) Rollenverständnis Jesu erhärtet.

[72] Hierbei ist an Stellen wie Mt 11,2–6 = Lk 7,18–23 gedacht (vgl. 62, Exkurs).

[73] Vgl. *S. Schulz*, Der historische Jesus, a.a.O. 16: »Die *Rekonstruktion der Botschaft des historischen Jesus* aufgrund der ältesten Q-Stoffe führt, ... zu folgenden Ergebnissen: Die prophetisch-apokalyptischen Verkündigungsformen ... beweisen, daß Jesus sich im Besitz des Geistes der Endzeit wußte, mit ihm also die apokalyptische Endzeit angebrochen war. Er war der letzte Prophet der Endzeit vor dem nahen Kommen der Basileia, ja, in diesem prophetischen Enthusiasmus vollzieht sich der Anbruch der nahen Basileia in der apokalyptischen Naherwartung, der charismatischen Toraverschärfung und der Ansage des nahen Schöpfergottes als des treu fürsorgenden Vaters ... Vor allem aber war Jesus der charismatische Gesetzesprediger und -ausleger, der in prophetischer Vollmacht und ohne den sonst üblichen Rückgriff auf das alttestamentliche Schriftwort in schreiendem Gegensatz zu den Pharisäern das Sozial- und nicht das Kultgesetz verschärfte ...« (vgl. 17–19).

Menschlichkeit. Dies wiederum ist nur denkbar, wenn Jesus seine eigene Rolle – natürlich nicht reflex und begrifflich – als *symbolische Repräsentation* dieser neuen Art zu leben verstanden hat. Wem diese Aussage als zu weitgehend erscheint, möge bedenken, daß – wie sich religionsgeschichtlich und wahrscheinlich auch rollenpsychologisch belegen läßt – jede engagierte soteriologische Predigt eine gewisse Symbolfunktion der eigenen Gestalt für die vertretene Sache einschließt. Als Beispiel hierfür mag die Selbsteinschätzung etwa der jüdischen Propheten dienen, die – je später je deutlicher – ihre Handlungen und bald auch ihr Leben symbolisch verstanden haben, bis hin zur Entwicklung des Gedankens der »Stellvertretung« in der Exilszeit oder der (allerdings nicht genau aufhellbaren) Praxis des Johannes, die Annahme der »Sache« (der Umkehr) mit einer konkreten Bindung an seine Person (in der Taufe) zu dokumentieren.
Diese Beispiele ließen sich mit Verweisen auf die symbolischen Selbstinterpretationen religiöser Gestalten *in anderen Religionen* oder auf das *christliche* Postulat einer symbolischen Relevanz auch des Lebens (nicht nur der Worte) seiner Prediger fortsetzen. Sie zeigen zumindest, daß Jesus sich in bezug auf seine Sache eine entsprechende symbolische Funktion zuerkannt haben muß.
Nun hat nirgendwo in der Religionsgeschichte die Korrelation von Sache und Person zu einer derart dichten Beziehung geführt wie bei Jesus, der sich als »letzte Gestalt« im Anbruch der Wende gesehen hat[74]. Diese Letztgültigkeit Jesu für die Verkündigung der »einfachen Menschlichkeit«, die durch den Anbruch des Gottesreiches begonnen hat und unbedingt ergriffen werden muß, bewirkt die besondere Eigenart seiner symbolischen Rolle. Nach seinem Verständnis also hat Jesus sich als eschatologisch relevant betrachtet für die von ihm vertretene *sachliche* »christologische« Soteriologie. Der fundamental-humane Charakter der »christologischen« Vermittlung des Heils bedingt eine vergleichbare Funktion Jesu für dieses Heil. Anders gesagt: die (jüdische) »eschatologische« Selbstinterpretation Jesu gewinnt (überjüdische) Dynamik auf das Humane hin. Seine Person und sein Leben werden Momente der »christologischen« Dimension *dieser* Soteriologie. Aufgrund der Eigenart seiner Sache, die spezifisch nationale Aspekte hinter sich gelassen (oder besser: durch Reduktion *die humane Mitte der jüdischen Tradition* freigelegt) hat, gewinnt Jesus somit der inneren Tendenz nach eine den spezifisch jüdischen Kontext transzendierende »christologische« Geltung, obwohl er sich dessen wohl

[74] Von daher hat sich an seiner Gestalt erstmalig eine ausdrückliche Christologie und Soteriologie entzündet; man muß aber bedenken, daß strukturell vergleichbare Prozesse in vielen Religionen festzustellen sind, wenn auch nicht von derselben christologischen Radikalität und Reflexivität.

nicht bewußt war. Allerdings könnte die Sammlung von Jüngerkreisen, die in einer anderen Weise auf seine Person verpflichtet waren als ähnliche Gruppen um andere »Lehrer«[75], ein Indiz dafür sein, daß Jesus diese Selbsteinschätzung – zwar ohne begriffliches Programm und somit ohne explizite Trennung vom Judentum – in großer Freiheit praktisch vollzogen hat. Gerade die Identität von: Ergreifen der Forderungen des Reiches Gottes und Hören auf Jesus, von *Heilsverwirklichung und Nachfolge Jesu* zeigt, daß Sache und Person im Verständnis Jesu zusammengehören.

E. Schillebeckx nennt unter den Maßstäben für einen Zugang zum historischen Jesus das »Exekutions-Kriterium«[76]: »die tatsächliche Hinrichtung Jesu ist von hermeneutischer Bedeutung für das, was er lehrte und tat, d. h. sein Verhalten und seine Lehre müssen so gewesen sein, daß sie zumindest einen Anlaß für die Reaktion seiner Gegner geboten haben.«[77] Dieser Anlaß ist nach dem bisher Gesagten nicht in der Soteriologie Jesu zu sehen, die zwar eine überbietende Weiterführung »der« jüdischen Konzeption ist und auch mit herrschenden Systemen seiner jüdischen Umwelt in Widerspruch stand. Ihre Brisanz aber wurde erst deutlich durch die – sachlichen und »personellen« – *christologischen Konsequenzen*, die Jesus daraus gezogen hat: Die das Nationale transzendierende (nicht: »allgemein«-, sondern) *fundamental*-humane »christologische« (= geschichtliche) Vermittlung von »Heil« in »einfacher Menschlichkeit«, deren symbolische Repräsentanz durch seine Person und die dadurch notwendige Nachfolge.

Die Evangelien berichten, Jesus sei aufgrund eines Messiasanspruches hingerichtet worden. Diese These ist in einem doppelten Sinn historisch unzutreffend: einmal hat Jesus, nach allem, was wir wissen, diesen Anspruch nicht prädikativ erhoben, zum anderen würde der Messiastitel nicht annähernd die fundamental-humane Struktur der jesuanischen »christologischen« Soteriologie treffen. Dennoch aber ist die Behauptung der Evangelien nicht schlechthin falsch, sie kann durchaus die Fehldeutung Jesu durch die in nationalem Denken verhafteten Schichten (einschließlich auch seiner Jünger) wiedergeben. Interpretiert man Jesus nach gewohntem jüdischem Denken, hat er sich – implizit – zum Messias gemacht; die Zwangsläufigkeit dieser Deutung

[75] Vgl. *E. Schillebeeckx*, a.a.O. 196: »In dem Ruf Jesu, ›ihm nachzufolgen‹, liegt daher vielleicht der deutlichste Beweis seines Auftretens als eschatologischer Prophet der nahen Gottesherrschaft. Er sprengt jeden Rahmen des ›Meister-Jünger‹-Verhältnisses, weil er eine *endzeitliche* Handlung des eschatologischen Propheten ist.«

[76] A.a.O. 84.

[77] *Hans Georg Koch*, Neue Wege in der Christologie? Zu einigen christologischen Neuerscheinungen, in: Herder Korrespondenz 29, 1975, 414 (als Zusammenfassung der Ausführungen Schillebeeckx').

wird noch einmal belegt durch die Christologie der späteren judenchristlichen Gemeinden (die ja nicht nur in diesem Punkt das Evangelium »rejudaisiert« haben).

1.5.2.4 Die Bedeutung der Todesbereitschaft Jesu

Wie Jesus seinen Tod verstanden hat, läßt sich anhand der Quellenlage nicht mit Gewißheit ausmachen. Sicher ist wohl, daß er die späteren Interpretamente für seinen Tod (Sühne- oder Opfertod, Erlösung, Genugtuung oder Rechtfertigung) nicht gekannt hat. »Daß Jesus selbst aber seinem Tod eine besondere Bedeutung für andere zugeschrieben habe, dafür finden wir keine Anhaltspunkte. Alle neutestamentlichen Aussagen, die den Tod Jesu als Heilsereignis verstehen, sind erst nach Jesu Tod entstanden und setzen den Glauben an den Auferstandenen voraus... Mit allergrößter Wahrscheinlichkeit kann die heutige neutestamentliche Forschung sagen: Jesus hat seinen Tod nicht als Sühnopfer, nicht als Genugtuung, nicht als Loskauf verstanden, und es lag auch nicht in seiner Absicht, gerade durch seinen *Tod* die Menschen zu erlösen.«[78]
An dieser Tatsache darf man sich nicht vorbeimogeln. Allerdings setzen m.E. die späteren Deutungen des Todes Jesu nicht so sehr »den Glauben an den Auferstanden« voraus, als den tatsächlich geschehenen Tod. Es handelt sich um Interpretamente, wie sie erst posthum, im Rückblick möglich sind. Bis in die letzten Tage hinein war die Hinrichtung für Jesus lediglich eine Möglichkeit oder auch ein immer wahrscheinlicher werdendes Risiko, kein fertiges Schicksal (wie Jesus seinen Tod *nach* Verhaftung und Verurteilung verstanden hat, weiß niemand). Die Frage für ihn war also nicht, wie er seinen möglichen oder auch drohenden Tod interpretieren könnte, sondern ob er seine Sache weiterbetreiben solle trotz des von ihm wohl erkannten Wagnisses: »Ahnungslos ging Jesus also kaum in den Tod«[79]. Die wohl anzunehmende *Bereitschaft* Jesu zum Sterben sagt also mehr aus über *die Eigentümlichkeit seiner »Sache«* als über den (bis zum Schluß nur möglichen) Tod.
Diese Blickrichtung auf die »Sache« Jesu ergibt sich noch von einer anderen Überlegung her: Zwar läßt sich durchaus bis zu einem gewissen Grad von »dem« Tod »des« Menschen reden, wenn er als formales Sterben betrachtet wird. Der konkrete Tod eines Menschen aber kennt nicht bloß diese gemeinsame formale Grundstruktur, sondern

[78] *Hans Keßler*, Erlösung als Befreiung, Düsseldorf 1972, 24.25. Vgl. auch *H. Braun*, Jesus, 142.
[79] *H. Keßler*, a.a.O. 24; vgl. hierzu *E. Schillebeeckx*, a.a.O. 260–277; vgl. auch *Peter Stuhlmacher*, Jesus als Versöhner, a.a.O. 102.

er beendet eine ganz bestimmte (sich verstehende und von anderen verstandene) *Geschichte* und gewinnt *von dorther* eine inhaltliche Kontur: als »tragischer Unglücksfall«, als »Erlösung von langjährigem Leiden«, als »sinnloses Gemordetwerden«, als »heroischer Einsatz für andere« usf.

Aus diesem Grund interpretieren Menschen zwangsläufig auch ihren möglichen Tod aus seinem jeweiligen (sich in den Stadien und Situationen des Lebens verändernden) Zusammenhang mit ihrer Geschichte. Wenn Jesus also bewußt das drohende Todesrisiko einging und sich ihm nicht mit allen Kräften zu entziehen versuchte, muß nach seinem Verständnis seine »Sache« so beschaffen gewesen sein, daß sein Sterben diese nicht völlig zunichte machen konnte[80] (sowenig ihm für diese Überzeugung eine Theorie oder ein fertiges Interpretationsschema – im Sinne späterer Deutungen – zur Verfügung stehen mußte!). Seine Soteriologie also war nicht schon mit seinem eigenen geschichtlichen Erfolg definiert.

Mehr noch: seine »Christologie«, d. h. die Einschätzung seiner eigenen Funktion, war derart, daß eine drohende Hinrichtung sie nicht aufheben konnte. Die *Möglichkeit seines geschichtlichen Scheiterns* (und damit letztlich auch dessen spätere Faktizität im Tod, insofern haben die nachösterlichen Deutungen ein sachliches Recht) *gehörte zur Symbolik seiner christologischen Relevanz*[81]. Hier zeigt sich einmal mehr die Beheimatung der Sache Jesu in der eschatologischen und apokalyptischen Tradition. Nur in *diesem* Verstehenshorizont war das Durchhalten von soteriologischer Hoffnung trotz »einkalkulierten« geschichtlichen Scheiterns denkbar[82]: durch die kosmische Wende

[80] Vgl. *E. Schillebeeckx*, a.a.O. 268: »Er wurde durch die Umstände gezwungen, dem nahenden Tod einen Platz in seinem radikalen Gottvertrauen einzuräumen.« Dieser Satz bleibt richtig, auch wenn man nicht mit der gleichen Sicherheit wie *Schillebeeckx* annimmt, »daß er seinen Tod als letzten und äußersten *Dienst* an der Sache Gottes als Sache des Menschen verstanden und erfahren hat« (ebd. 276). *Möglich wäre auch durchaus eine »blinde«, nichtverstehende Hinnahme des Todes*, die aber selbst als so beschaffene, eine positive Sinngebung »dem Vater« überlassende noch einmal zeigt, daß sie die Sache Jesu nach seiner eigenen Überzeugung nicht unbedingt gegenstandslos macht.

[81] Vgl. *F. Schupp*, Vermittlung im Fragment, 26: »Mit dem Unvollendeten, das aus bloßer Kontingenz zu einem solchen wurde, gibt es kein Sich-Abfinden. Deshalb wäre es unmöglich, von irgendeiner Bedeutung des Todes Jesu zu reden, müßte man von ihm sagen, daß es sich um einen, wenn auch tragischen, Zufall, um ein Mißverständnis derer gehandelt habe, die seinen Tod verfügten. In diesem Falle wäre jedes Reden von Jesu Tod als von bleibender Bedeutung eine ungerechtfertigte Überhöhung. Lag aber dieser Tod, wenn auch in keiner Weise intendiert, in der Konsequenz der geschichtlichen Reaktion, so läßt sich mit Recht fragen, ob der dort zum Ausdruck kommende Charakter der Fragmentarität nicht dem Werk Jesu erst die kohärente Qualifikation gibt.« Vgl. 20.

[82] Jedenfalls gilt dies für die jüdische *geschichtlich* orientierte Soteriologie. In »na-

wird das kleine geschundene Volk Israel, obwohl in keiner Weise durch geschichtlichen Erfolg prädestiniert, zum Mittelpunkt der Welt; Lieder des Deuterojesaja halten an der Gültigkeit des armseligen Gottesknechtes fest, nach dem 2. Makkabäerbuch haben die für die Gerechtigkeit Gefallenen und Getöteten nicht umsonst gelebt; schon in vorchristlicher Zeit gibt es im Judentum das Schema vom Martyrium und Tod des gottgesandten Propheten[83] usf. Dieses Verhalten bewegt sich also in der Linie der apokalyptischen Konzeption, überschreitet sie aber dennoch bis zu einem Punkt, der »vor« Jesus nicht gedacht wurde. Mit anderen Worten: Die in der jüdischen Tradition grundgelegte Rückbindung soteriologischer Vermittlung an geschichtlich handelnde Figuren ist bei Jesus soweit vorangetrieben worden, daß Geschichte zu ihrem »Ende« gekommen ist und nicht mehr durch (die weitere) Geschichte relativiert werden kann. Die christologische Bindung von Heil (Gottesherrschaft) an die Sache und Figur Jesu kann durch sein mögliches Scheitern nicht erschüttert werden, sie gilt eschatologisch[84].

1.5.3 Die neue Jesus-»Christologie«

Die funktionale »christologische Soteriologie« Jesu ist also durch und durch von der jüdischen Religionsgeschichte geprägt, radikalisiert und zentralisiert deren Strukturen aber in einer Weise, daß *einmal* die in ihnen schon immer grundgelegten einfachen und fundamental-humanen Momente zur sprachlichen (nicht unbedingt: expliziten) symbolischen Artikulation finden; diese »Vertiefung« hat nach dem Tod Jesu dann eine »Generalisierung« zur Folge, das im jüdischen Erbe aufgespürte *Fundamental*-Menschliche wird zum über das Judentum hinaus *allgemein-gültigen* Menschlichen. *Zum andern* bringt diese Weiterführung eine »*neue Qualität*«[85], die nicht einfach in der Linie

turorientierten« Soteriologien hat »Geschichte« keinen oder nur einen geringen soteriologischen Stellenwert, so daß auch der Tod einer religiösen Gestalt keine Problematisierung des Systems bringt (vgl. z. B. das Sterben und Wiederersteben der Gottheiten in den Mysterienkulturen oder in der ägyptischen Religion).

83 Vgl. hierzu *Schillebeeckx*, a.a.O. 242ff.

84 Diese aus der Kombination von Todesbereitschaft und eschatologischem Sendungsbewußtsein erschlossenen Zusammenhänge ließen sich auch durch eine Reflexion der »Sache Jesu« aufzeigen: Barmherzigkeit, Solidarität u.ä., kurz: Menschlichkeit »gelten«, obwohl auch sie immer scheitern (von Sünde korrumpiert sind); vgl. die Seligpreisungen.

85 Ein ähnlicher Gesichtspunkt findet sich bei *K. Niederwimmer* a.a.O. 61, bezüglich einer Detailproblematik: »die Radikalität der Forderung ist bei Jesus so ins Extrem gesteigert, daß sie sich gleichsam überschlägt, daß sie aufhört. Recht

der Tradition beschlossen war und eine wirkliche Innovation bedeutet, so daß Jesus mit einem gewissen Recht – posthum, nicht als Auslegung seines eigenen Verständnisses – als »Religionsstifter« und Begründer einer eigenen Soteriologie bezeichnet werden kann.
Diese »neue Qualität« beruht nicht in einem Bruch mit der jüdischen »christologischen« Soteriologie; vielmehr wird der in ihr (nicht statisch, sondern) dynamisch angelegte, »nach vorne« offene Gehalt weiterführend erhoben, was allerdings die Konfrontation mit einigen partiellen frühjüdischen soteriologischen *Objektivationen* (Gesetz, Tempel, Heilspartikularismus u. ä.) zur Folge hat. Durch die jesuanische Reduktion der *Soteriologie* auf «den Vater« *und* der *christologischen* Vehikel des Heils auf die einfachsten menschlichen Verhaltensweisen und deren Repräsentanz in seiner Gestalt ist die tragende, formale Basis der jüdischen soteriologischen Überzeugung »Heil durch und für Geschichte« symbolisch und geschichtlich *konkretisiert* worden.
Die »neue Qualität« ist in dieser einfachsten und damit in *dieser* Hinsicht nicht mehr weiterführbaren Gestaltwerdung der Strukturen jüdischer Soteriologie zu sehen, die bisher eine Fülle sehr spezifischer, deswegen partieller und pluraler und ergänzbarer Konkretionen kannte. Wenn man es so sagen darf: *Jesus ist in Sache und Person die zu Geschichte gewordene Darstellung und fundamentale Präzisierung* (der inneren Dynamik) *jüdischer christologischer Soteriologie*.
In der Geschichte Jesu auf ihren »einfachsten Nenner« vorangetrieben verliert sie ihre Potentialität zu neuen, *diesen* Ansatz *grundsätzlich* überbietenden christologischen Realisationen. Damit ist sie in Gestalt und Werk Jesu, im doppelten Sinn des Wortes, »aufgehoben«, zugleich (in progressiver Weise) bewahrt *und* revolutioniert.
Zwar hat die jüdische Tradition selbst ein »Ende« dieser Kette »christologischer Realisationen« erwartet – mit der »messianischen« Wende –; auch in dieser Hinsicht bewegt sich der Anspruch Jesu durchaus innerhalb der Bahnen seiner Überlieferung. Spätestens aber mit dem Aufkommen eschatologischen und apokalyptischen Denkens wurde dieses Ende gleichgesetzt mit dem Abschluß der Geschichte und dem Anbruch des neuen Äons, so daß Jesus von daher mit sämtlichen Bildvorstellungen, mit denen eschatologische Geltung assoziiert wurde, in Konflikt geriet, wohl auch mit seinen eigenen Erwartungen. Dieser Konflikt aber wurde erst völlig bewußt, als Jesus tatsächlich gestorben war und »das Ende« auf sich warten ließ – also für die nachösterliche Gemeinde, die, wenn sie an Jesus dennoch festhielt,

und Sitte sinnvoll zu normieren.« Hier ist ebenfalls beobachtet, daß die Steigerung eines Verhaltens bis zu einem äußersten Punkt diesem selbst zu einer ganz neuen, überraschenden Qualität verhelfen kann.

dann auch amtlich mit dem Judentum brechen mußte. Kurz: Die auf immer neue »christologische Realisationen« hin offene jüdische Soteriologie kam in der Gestalt Jesu zu ihrem geschichtlichen Ende, sie wurde transponiert und präzisiert zu einer end-gültigen *Jesus-Christologie*, ohne daß auch die Geschichte selbst zuende ging und somit Jesus gemäß den apokalyptischen Vorstellungen durch die kategorial-sichtbare Tat Jahwes legitimiert wurde[86]. *In allem aus der jüdischen Tradition kommend wurde er dennoch zum »Ketzer«.*
Infolgedessen ist von jetzt an das Wort »Christologie« in einer gewandelten Bedeutung zu verstehen: War es für den jüdischen Kontext im Sinne des *Prinzips* »Heil durch Geschichte« bzw. »Jahwe durch die Geschichte Israels« gemeint, so daß alle partiellen christologischen Konkretionen, etwa die soteriologische Bedeutung von Abraham, Mose oder Täufer, von Gesetz und Tempel, auf die »Geschichte Israels« als tragenden Grund ihrer Geltung bezogen blieben, drückt von jetzt an »Christologie« die *eschatologische Relevanz Jesu* aus (was später in der Wertung der »Geschichte Israels« als Vorgeschichte Jesu oder in dem Schema »Verheißung und Erfüllung« reflektiert wird).

[86] Von hierher wurde es z. B. für die *juden*christliche Gemeinde lebenswichtig, den Tod Jesu mit dem Eintreten »apokalyptischer Ereignisse« zu assoziieren. Weil die Geschichte weiterging und eine allgemeine »Auferstehung des Fleisches« ausblieb, mußte wenigstens für Jesus diese Auferstehung zutreffen. Das soll nicht besagen, die Jünger hätten die Osterpredigt bewußt »konstruiert«. Vielmehr ist das Festhalten an der eschatologischen Gültigkeit Jesu für Judenchristen sprachlich und symbolisch nicht anders möglich gewesen als unter der Assoziation »Auferstehung«. Vgl. dazu u. 92–95.

2 Die Entstehung des christologischen Bekenntnisses

Die bisherigen Ausführungen mögen deutlich gemacht haben, daß mit der Entstehung eines christologischen *Bekenntnisses zu Jesus* nicht einem factum brutum von außen eine Deutung übergestülpt wurde, die mit ihm gar nichts zu tun hat. Zwar mag dieses Bekenntnis zu Aussagen gefunden haben, die Jesus fremd waren; oder besser: notwendig brachte es neue Vorstellungen, Assoziationen, Akzente mit ein, die den Denk- und Sprachtraditionen und den Erfahrungen der jeweiligen Gruppen von »Bekennenden« entstammen; denn das christologische Bekenntnis spiegelt nicht nur Sache und Verstehen Jesu, sondern auch Fragen und Hoffnungen des »Gegenübers« wider, es ist Ausdruck einer *Relation zu Jesus*, nicht eine bloße Wiedergabe der jesuanischen Selbstinterpretation. *Grundsätzlich* aber ist es als *Reaktion* auf *Jesus* zu begreifen[1], der ja gerade in seiner Faktizität in einem semantischen Feld christologisch-soteriologischer Deutungen gestanden und in diesem Kontext seine Rolle in eigentümlicher Abwandlung gesehen hat.

2.1 Die zeitgenössische Reaktion

2.1.1 Jünger und Gegner Jesu

Die Adressaten der Predigt Jesu lebten in den Traditionszusammenhängen, die auch das Denken und Verhalten Jesu bestimmt haben, wenn auch durchaus schicht- und bildungsspezifische Unterschiede eine nochmals differenzierende Wirkung entfaltet haben mögen. Deswegen ist es in zweifacher Hinsicht wichtig, ihre Reaktion auf Jesus zu

[1] Vgl. *Ernst Käsemann*, Zum Thema der urchristlichen Apokalyptik, a.a.O. 109: »Indem die Urgemeinde Jesus als ihren Herrn und als künftigen Menschensohn bezeichnete und ›in seinem Namen‹ sich gesandt wußte, hat sie historische und sachliche Kontinuität für sich beansprucht. Das kann nichts anderes heißen, als daß nachösterliche Eschatologie, Christologie und Ekklesiologie mit Jesu Botschaft und Werk verbunden werden... Nach Bultmanns berühmt gewordener Aussage enthält bereits die Predigt Jesu implizit eine Christologie... Tatsächlich wird Jesu Vollmachtsanspruch von keinem christologischen Hoheitsprädikat voll und scharf erfaßt; er läßt jedoch die Anwendung dieser Prädikate verständlich werden.«

betrachten: einmal könnte sie einen Hinweis auf die Eigenart der Verkündigung Jesu geben, zum andern hat sie für die »nachösterliche« Entwicklung grundlegende Bedeutung, die – in der judenchristlichen Linie – von vergleichbaren Voraussetzungen geprägt ist. Zwei Reaktionen nun sind in ihrer Struktur zu untersuchen: die engagiert zustimmende wie die engagiert ablehnende Haltung – die Gruppe der achselzuckenden Desinteressierten kann und muß (weil von ihr keine expliziten Zeugnisse erhalten sind) außer Acht bleiben.

Jesus hat nicht nur sachliche oder theoretische Zustimmung gefunden; diese war vielmehr weithin auch mit einem persönlichen Verhältnis zu ihm, der »Jüngerschaft« verbunden. »Während früher oft das Gegenteil behauptet wurde, kommen die Exegeten heute zu der Einsicht, daß der irdische Jesus vor seinem Tod Jünger als seine Mitarbeiter aufgenommen und ausgesandt hat, um wie er die Botschaft von der kommenden Gottesherrschaft zu verkündigen...«[2] Ebenso unbestreitbar ist die Ablehnung Jesu durch relevante religiöse und politische Gruppen in Israel, die dann schließlich zu seiner Tötung durch die Römer geführt hat.

Jüngerschaft wie Feindschaft haben, ohne daß hier auf die genauen historischen Fragen eingegangen werden soll, religiöse, genauer: *soteriologische* Gründe: »Jesu Ruf folgen hieß also, in Anerkennung seiner prophetischen Sendung, Glauben an Gott aufbringen, Glauben an die kommende Gottesherrschaft und dazu die erforderliche Metanoia vollziehen.[3] Ebenso haben die Gegner Jesu ihn verworfen im Namen ihres Gottes und ihrer religiösen Tradition.

Die positive wie die negative Entscheidung Jesus gegenüber ist zudem gekennzeichnet durch eine erstaunliche *Radikalität*. Seine Jünger sahen in Jesus »den Finger Gottes« am Werk, seine Gegner dämonisierten ihn (etwa im Sinne des Q-Stücks Mt 12,24–28 = Lk 11,15–20). Beide Gruppen also haben sich »zentral« angesprochen gesehen; die einen waren, wie es später in der Apostelgeschichte heißt, »ins Herz getroffen« (Apg 2,37)[4], die anderen glaubten ihr soteriologisches Konzept, in allem, worum es dort geht, auf den Kopf gestellt, pervertiert. *Das Verhalten zu Jesus ist also in zentraler und radikaler Weise soteriologisch motiviert.*

Damit ist aber das Eigentümliche der Reaktionen auf Jesus noch nicht voll erfaßt. Beide Richtungen bezeugen darüberhinaus die *christolo-*

[2] *E. Schillebeeckx*, a.a.O. 194.

[3] *E. Schillebeeckx*, ebd. 201.

[4] Vgl. auch *H. Braun*, Jesus, 147: »So verhielt es sich historisch auch mit der Autorität, die Jesus unter seinen Anhängern und Hörern gewann. Er vertrat und lebte all die Dinge, über die wir bisher sprachen. Das gewann ihm Herz und Gewissen seiner Hörer. Sie konnten sich dem, was er wollte, nicht entziehen.«

gischen Implikationen seiner Soteriologie. Die Feinde Jesu empörten sich über die von ihnen durchaus verstandene »Relativierung« der jüdisch-christologischen Vermittlungsinstanzen in der Predigt Jesu: Gesetz, Mose, Tempel, Überlieferung der Väter; und sie haben bemerkt, daß im Konzept Jesu kein Platz mehr war für eine andere, überbietende geschichtliche Figur im Sinne der messianischen Erwartungen. Der Kampf gegen Jesus ist infolgedessen mit der Ablehnung seiner »christologischen« Soteriologie identisch, die von jüdischen Voraussetzungen her leicht im Sinne eines Messiasanspruchs verstanden werden konnte – und ebenso von dorther auch verneint werden mußte, weil alle mit diesem Topos verbundenen »Ereignisse« offensichtlich nicht eintrafen.
Auch die Jüngerkreise lassen diese neue (hier: Jesus-)christologische Ausrichtung erkennen: Die Umkehr im Angesicht des kommenden Gottesreiches hat etwas mit dem Hören auf Jesus und mit einer Beziehung zu ihm zu tun. Deswegen sind sie ihm »nachgefolgt«, sicher zunächst im verbalen Sinn dem wandernden Prediger, dann aber mehr und mehr auch *dem*, der (soteriologisch) lehrte »wie einer, der Macht hat« (Mk 1,22), und der die Dämonenherrschaft brechen konnte. Dabei waren sie – wie die Gegner Jesu – dauernd in Gefahr, Jesus durch das Raster der gängigen apokalyptischen Vorstellungen zu verstehen und durch die offensichtliche Diskrepanz an ihm irrezuwerden. Soweit sie sich aber nicht von ihm abwandten und – kleingläubig – ihm nachfolgten, haben sie zögernd begriffen, daß die Zugehörigkeit zum Gottesreich und die Gemeinschaft mit Jesus in einer Korrelation stehen.

2.1.2 Eine noch offene »Christologie«

E. Schillebeeckx bewertet diese »christologische« Komponente »vorösterlicher« Jüngerschaft zu gering: »Die vorösterliche Nachfolge hatte eine *soteriologische*, noch keine anerkannt christologische Bedeutung. Die christologische Frage ist damit zwar gegeben: sich auf Jesu verkündigende Autorität hin *zu Gott* bekehren. Mit anderen Worten, vorösterlich ist noch nicht von *Bekehrung zu Jesus* die Rede; dieser Begriff impliziert eine explizite Christologie«[5]. *Schillebeeckx* hätte Recht, wenn von Christologie erst dann die Rede sein könnte, wenn sie sich begrifflich expliziert hat. In *diesem* Sinn bleibt noch ein Schritt vom »verkündigenden Jesus« und den seiner Verkündigung

[5] A.a.O. 201. Ähnlich 194. So spricht auch *Herbert Braun*, Die Problematik einer Theologie des Neuen Testaments, in: *ders.*, Gesammelte Studien zum Neuen Testament und seiner Umwelt, 335, von »einem alten unchristologischen Stadium, dem Leben Jesu.«

folgenden vorösterlichen Jüngerkreisen hin zum »verkündigten Jesus« der nachösterlichen Gemeinden. Wie aber schon Jesus selbst, der sich nach *Schillebeeckx* als »eschatologischen Boten«[6] verstanden hat, eine *implizite* Reduktion der tradierten christologischen Vermittlungsinstanzen vorgenommen und seine Predigt *und sich* im Anbruch des neuen Äons gesehen hat, so zeigt auch die Eigenart der Jüngerkreise, soweit sie durch das nachösterlich geformte neutestamentliche Material zu erkennen ist, ein vergleichbares *implizites* Sich-Verlassen-auf-Jesus, das tendenziell und in der zunehmenden Auseinandersetzung mit den Gegnern auch realiter erfahrbar den Bruch mit den überlieferten jüdischen Autoritäten in sich einschloß. Daß nicht ausdrücklich »von *Bekehrung zu Jesus* die Rede« ist, verändert diese Sachlage nicht. Auch nachösterlich bleibt die *Bekehrung zu Gott durch Jesus* (vgl. etwa die Anrede des »deus« in den Formeln der lateinischen Liturgie »*per* dominum nostrum Jesum Christum«) die exakte Wiedergabe der christologisch-soteriologischen Struktur; die in den nachösterlichen Schichten des Neuen Testaments (und in der späteren Kirchengeschichte) häufig angesprochene Bekehrung zu Jesus ist christologisch verkürzend und simplifizierend – insofern sie die Einordnung Jesu in die grundlegende Soteriologie, die es mit »Gott« zu tun hat, nicht ausdrücklich wiedergibt – und nicht etwa Bestandteil einer wirklichen Christologie.

An anderer Stelle scheint *Schillebeeckx*, wenn auch in verwirrender Formulierung, die hier dargelegte Auffassung zu teilen: »diese Gemeinschaft (der Jünger mit Jesus, Anm. von mir) hat eine fundamental *soteriologische* Bedeutung, deren christologische Implikationen erst nach dem Tod Jesu explizit gemacht werden.«[7] Wenn eine Beziehung zu *Jesus* »fundamental soteriologisch« bedeutsam ist, ist sie *der Sache nach* das christologische, d.h. geschichtliche Vehikel des Heils[8]. Mehr soll auch hier nicht gesagt sein[9].

[6] Ebd. z.B. 194; 200.

[7] A.a.O. 203.

[8] Die Divergenz zu *Schillebeeckx* ist weniger sachlicher als sprachlicher Art. *Schillebeeckx* spricht (a.a.O. 194) davon, daß sich »das Erfahren von Heil« nach dem Tode Jesu »von einer *soteriologischen* Anerkennung Jesu zu einer *christologischen* Bekehrung zu Jesus entwickeln konnte.« Nach unserem Verständnis ist Christologie eine besondere Form (und Funktion) der Soteriologie. Von daher wäre eine »soteriologische Anerkennung Jesu« schon als (u.U. erst beginnende) Christologie zu verstehen. Die von *Schillebeeckx* bevorzugten Formulierungen können den grundlegenden Zusammenhang von Soteriologie und Christologie verdecken; sie können dazu führen, die Anfänge der »eigentlichen« Christologie zu sehr zu einer Tat der Kirche zu machen (vgl. z.B. den Abschnitt »Erneute Sammlung der Jünger auf die historische Initiative des Petrus«, a.a.O. 340–344).

[9] Die Unterscheidung von »implizit« und »explizit« führt häufig in der Theologie zu falschen Alternativen. Nicht damit identisch ist die Differenz von »unbewußt«

Eine andere Einschränkung ist bezüglich der »Christologie« der Jüngerkreise Jesu wichtiger: Sie war noch *nicht*, im Sinne der nachösterlichen Gemeinden, *»definitiv«*; sie war vielmehr erst eine *beginnende Christologie*, die noch in die geschichtliche Zukunft hinein offen war. Diese »Nicht-Definitivität« darf nicht mit dem Begriff »implizit« verwechselt werden; in der Geschichte des Christentums gibt es tausenderlei Spielarten impliziter, aber durchaus definitiver Christologie (z. B. in der radikalen Entscheidung zu humanem Verhalten oder sozialem Engagement »im Namen Jesu«, im einfachen Leben aus seinen Worten usf.). Ebensowenig ist diese Offenheit gleichzusetzen mit der (bleibenden) Ausständigkeit eschatologischer Legitimierung Jesu »am Ende der Tage« (im Sinne von Röm 8,19–25). Vielmehr hat sie ihren Grund *in der Unabgeschlossenheit der Geschichte Jesu, auf die sie sich bezieht.*
Solange ein Mensch lebt, ist ein *definitives*, abgeschlossenes Bekenntnis zu ihm unmöglich. Deswegen schließt die implizite *und* noch offene Christologie der vorösterlichen Jüngerkreise einmal die bange Frage in sich, ob dieser Jesus im weiteren Verlauf seines Lebens seine Jünger nicht enttäuschen wird, zum andern aber die Hoffnung, beinahe Gewißheit, daß er seiner Sache treu bleibt. In dieser Hinsicht also unterscheidet sich die »Christologie« zur Zeit des Lebens Jesu von derjenigen nach seinem Tod – noch ganz abgesehen von der sekundären Frage ihrer Implizitheit – ähnlich wie das Bekenntnis eines Mannes zu einer Frau am Beginn seiner Ehe mit ihr oder etwa im »abschließenden« positiven Urteil nach ihrem Tod (»Ich setze darauf, daß sie eine gute Frau sein wird« – »Sie war eine gute Frau«).

2.2 Die christologische Zäsur

2.2.1 Der Übergang zur definitiven Christologie

In der Theologie gilt weithin Ostern als die entscheidende christologische Zäsur[10]. Erst durch die Auferstehung Jesu wird sein vorösterli-

und »bewußt«. Jesus z. B. ist sich sicher seiner Funktion mehr und mehr »bewußt« geworden, aber er hat dieses Bewußtsein nicht auf einen (gängigen, also sowieso nicht exakt zutreffenden) Begriff gebracht. Auch ist ein solches Bewußtsein nicht – im *Rahner*schen Sinn (vgl. *K. Rahner*, Dogmatische Erwägungen über das Wissen und Selbstbewußtsein Jesu, in: TThZ 71, 1962, 65–83) – »vorgegenständlich« und daher nicht verbalisierbar. Jesus hat sein Bewußtsein durchaus artikuliert (in Wort und Tat), allerdings *nicht* durch *reflexive* Prädikationen. Hier kann also unter »implizit« nur eine Verbalisierung *indirekter Art* verstanden sein, im Unterschied zur direkten und reflexiven nachösterlichen Aussage.

10 So noch einmal ganz überspitzt das Fazit des Aufsatzes von *Andreas Lindemann*, Jesus in der Theologie des Neuen Testaments, in: *Georg Strecker* (Hrsg.),

cher Anspruch als göttlich legitimiert angesehen, so daß nur von diesem Punkt an – sei er als ein historisches Ereignis oder als eine die Grenzen historischer Faßbarkeit sprengende, aber reale Handlung Gottes oder als eine Erfahrung der Jünger (oder alles zusammen) verstanden – eine definitive Christologie möglich wurde. Die Auferstehung mache deutlich, daß Jesus wirklich und unüberbietbar der Christus und der Sohn Gottes, daß »Heil« unaufhebbar mit ihm verbunden ist. Von daher wird die definitive Christologie der Christengemeinden als »nachösterlich«, die beginnende »Christologie« Jesu oder seiner Jünger als »vorösterlich« charakterisiert.
An dieser Stelle soll nicht die historisch-kritische Auferstehungsproblematik oder die Frage der Begründung des christologischen Bekenntnisses diskutiert werden. Es geht vielmehr um ein Verstehen des traditionsgeschichtlichen Entwicklungsschrittes von der beginnenden zur definitiven Christologie. Dieser aber kann auch ohne Zuhilfenahme des Auferstehungstopos erklärt werden.

Exkurs: Zur historisch-kritischen Problematik der Auferstehungszeugnisse

Für die *historisch-kritische* Fragestellung nach einer Auferweckung Jesu geben die Osterzeugnisse des Neuen Testaments nicht viel her. Beinahe allgemein anerkannt ist die These, daß die *Erscheinungsberichte der Evangelien* sekundäre kerygmatisch-narrative Ausformungen des Auferstehungsglaubens relativ später Gemeinden sind. Die historische Untersuchung ist somit auf die *älteren Bekenntnisformeln* angewiesen.
Diese selbst aber zeigen nur den Glauben an den Auferstandenen an (was auch immer dies bedeuten mag); lediglich 1Kor 15,3–8, in dem eine ältere zweigliedrige Bekenntnisformel (Vv. 3b–5) mit einer zweiten Zeugenliste (Vv. 6.7) zusammengefügt ist und von Paulus mit einer persönlichen Anmerkung (V. 8: »und zuletzt von allen... auch mir«) versehen wurde, gibt einen »genaueren« Hinweis mit dem Begriff ὤφθη. Was dieses vorpaulinische Wort (»Gott hat Jesus sehen lassen...«, »Jesus wurde gesehen...«) aber bedeutet, ist keineswegs klar (»empirisches« oder prophetisches »Sehen«), ebensowenig, ob die Zeugenlisten eine historische Zeugenschaft wiedergeben oder aber kirchliche Autoritätsansprüche spiegeln (eine Petrusliste, eine Jakobusliste, der Anspruch des Paulus). Sicher ist nur, daß Paulus das tradierte ὤφθη so verstanden hat, daß er sich – mit seinen Erfahrungen – diesem Begriff einfügen

Jesus Christus in Historie und Theologie, 56: »Der ›historische Jesus‹ ist eine austauschbare Größe... Die christliche Theologie aber hat sich in ihrem Ursprung nicht am historischen Jesus orientiert... Christliche Theologie ist Auslegung des Osterbekenntnisses und nicht Interpretation oder gar Wiederholung der Lehre... Jesu. Das bedeutet für eine Darstellung der Theologie des Neuen Testaments: Die authentische Verkündigung des historischen Jesus kann in ihr kein selbständiger Gegenstand sein...«

konnte. *Seine* »Ostererfahrung« aber war sicher das »Damaskuserlebnis«, das von ihm selbst – läßt man die dreifache legendäre Ausgestaltung in Apg 9.22.26 beiseite – in Gal 1,13–17, umschrieben wird (vor allem V. 15: »Dann aber gefiel es dem, der..., mir seinen Sohn zu offenbaren, damit ich... verkünde«). Offensichtlich hat Paulus seine Bekehrung vom Christenverfolger zum Christen und Missionar als »Offenbarung« gedeutet und diese sachliche Umwandlung als hinreichend betrachtet, sich der Zeugenliste anzufügen.
Historisch-kritisch also läßt sich nicht mehr sagen als: Die jungen Gemeinden haben Jesus – nach seinem Tod – in der apokalyptischen Tradition als »Auferweckten« bekannt; diesen Glauben führt die Formel 1Kor 15,3–8, auf ein »Sehen« durch Zeugen (?) zurück bzw. interpretiert ihn als ein »Sehen«; Paulus hat diese Aussage so verstanden, daß er seine Bekehrung ebenfalls im Sinne dieses »Sehens« wiedergeben konnte (Die im katholischen Raum beste Analyse und Interpretation der Osterzeugnisse bietet *Schillebeeckx*, a.a.O. 335–351).
Hans Keßler hat in seiner gründlichen, aber gänzlich apologetischen Studie (Sucht den Lebenden nicht bei den Toten. Die Auferstehung Jesu Christi in biblischer, fundamentaltheologischer und systematischer Sicht, Düsseldorf 1985) versucht, alle möglichen Einwände gegen Erscheinungen des Auferstandenen zu widerlegen; aber auch er räumt ein: »Auf die uns nicht mehr zugänglichen, für uns nicht wiederholbaren, vergangenen außergewöhnlichen Erfahrungen der ersten Jünger läßt sich Glaubensevidenz für uns heute allein nicht begründen. In diesem Sinne können in der Tat die Ostererscheinungen der bleibende und hinreichende Sachgrund des (Oster-)Glaubens *nicht* sein« (238). Dann aber trägt die ganze Beweisführung nicht.

Wolfhart Pannenberg, für den die Christologie ganz im Ereignis der Auferstehung wurzelt, geht – er repräsentiert einen verbreiteten Argumentationstypos – in seiner Christologie davon aus, daß der Vollmachtsanspruch des vorösterlichen Jesus »proleptisch« gewesen sei[11], ganz gemäß der prophetischen und apokalyptischen Tradition: »Der Vollmachtsanspruch Jesu entspricht durch seine proleptische Struktur der Geschichtsbezogenheit apokalyptischer Schau, die ihrerseits auf den Zukunftsbezug der prophetischen Gottesworte zurückgeht.«[12]
Infolgedessen zeige sich die Wahrheit des jesuanischen Anspruches erst beim Eintreten seiner apokalyptischen Bestätigung: »Dieser Anspruch Jesu konnte sich als wahr erst dann erweisen, wenn die allgemeine Auferweckung der Toten erfolgt und das Gericht des Menschensohnes tatsächlich nach dem Maßstab des Verhältnisses der Menschen zu Jesus seine Urteile fällt.«[13]
Diese »aller Wahrscheinlichkeit nach nicht auf eine nur ihm privat

[11] Vgl. das Kapitel: »Der proleptische Zug im Vollmachtsanspruch des vorösterlichen Jesus«, a.a.O. 47–61.
[12] Ebd. 55.
[13] Ebd. 59 (mit Bezug auf Lk 12,8.9).

widerfahrende Auferweckung von den Toten« gerichtete Erwartung Jesu[14] wurde aber dann an Ostern auf recht bescheidene Weise realisiert. Sie betraf nur Jesus und legitimierte seinen Anspruch vor nur wenigen Zeugen. So behält auch nach *Pannenberg* die Christologie weiterhin ihren proleptischen Charakter: »Die endgültige göttliche Bestätigung Jesu wird erst durch das Geschehen seiner Wiederkunft erfolgen. Dann erst wird die Offenbarung Gottes in Jesus in ihrer endgültigen, unwiderstehlichen Herrlichkeit sichtbar werden... Die Erfüllung, die für die Jünger in den Erscheinungen des Auferstandenen schon angebrochen, schon zum Greifen nahe war, ist uns wieder zur Verheißung geworden.«[15]
Hier zeigt sich die Aporie, die sich bei dem Versuch ergibt, die definitive Gültigkeit der »nachösterlichen« Christologie – wie immer noch fast allgemein üblich – in der Auferweckung Jesu als göttliche Bestätigung (»die Auferstehung Jesu als die theologische Wiege der Christologie«)[16] zu begründen. Was nützt eine Legitimation vor wenigen Frauen und Männern, die noch nicht einmal von ihrer Erfahrung greifbare literarische Zeugnisse hinterlassen haben (wenn man von dem dunklen Selbstzeugnis des Paulus in 1 Kor 15,8 und Gal 1,15.16 absieht)? Aber auch wenn sie es getan hätten und wir von ihnen mehr als bloß die Namen wüßten, bliebe *unsere* Christologie auf die *geschichtliche Fraglichkeit* dieser Zeugnisse und Zeugen angewiesen: eine höhere Gewißheit als die geschichtlicher Vertrauenswürdigkeit könnte dabei nicht herauskommen, jedenfalls keine »göttliche Bestätigung«, durch die – quoad nos – die Christologie eine neue Qualität gewinnen könnte. Wem das Sich-Verlassen auf geschichtlichen Jesus[17] nicht ausreicht, kommt (auch mit der Auferstehung) nicht weiter als zum Sich-Verlassen auf geschichtliche Zeugen – *aus der Bedingtheit und Relativierbarkeit der Geschichte gibt es keinen Ausweg*[18].

Exkurs: Auferstehung als »objektive Begründung« der Christologie im Neuen Testament?

Es wäre überhaupt erst einmal zu untersuchen, wieweit das Bemühen, bei aller geschichtlichen Vermittlung von Offenbarung für diese selbst »Objektivität«

[14] Ebd. 61.
[15] Ebd. 105.
[16] *Rudolf Schnackenburg*, Christologie des Neuen Testaments a.a.O. 246.
[17] Vgl. hierzu den Versuch *Rudolf Peschs*, das Auferstehungskerygma in der Geschichte Jesu zu begründen (Zur Entstehung des Glaubens an die Auferstehung Jesu, in ThQ 153, 1973, 201–228); vgl. auch *Wilhelm Breuning*, Communio Christi, Zur Einheit von Christologie und Ekklesiologie, Düsseldorf 1980, 48–69.
[18] Vgl. Exkurs.

zu beanspruchen (objektive Gültigkeit der christlichen Offenbarung trotz ihrer geschichtlichen Grundlagen) nicht auf eine *typisch neuzeitliche Fragestellung* zurückgeht, die der neutestamentlichen Literatur fremd ist. Die vielzitierte Anmerkung des Paulus z. B., daß unser Glaube hinfällig wäre ohne Auferweckung Christi (1 Kor 15,14), kann von ihrem Zusammenhang her auch als Kampf um die Offenhaltung futurischer Eschatologie (nicht: Betonung der »objektiven« Grundlage des Glaubens) verstanden werden – gegen ihre gnostischen Bestreiter in Korinth. *Klaus Wengst*, Christologische Formeln und Lieder des Urchristentums (Studien zum Neuen Testament 7), Gütersloh 1972, führt (ebd. 38) den »Begründungszusammenhang der Auferweckung Jesu und der der Gläubigen« bei Paulus gar auf den »Bereich der hellenistischen Mysterienreligionen« zurück, in denen »das Schicksal des Kultgottes... vom Mysten nacherlebt« wird – wofür es keine jüdische Parallele gebe (ebd. 39). In der übrigen neutestamentlichen Literatur nimmt zwar die Verkündigung der Auferstehung Jesu einen zentralen Platz ein; es wäre unsinnig, das zu bestreiten. Dennoch besitzt sie *keine ausschließliche Begründungsfunktion*, so als ob ohne sie die »objektive« Geltung Jesu in sich zusammenfiele.
Die *Logienquelle* kommt für ihre Theologie und ihre schon recht entfaltete Christologie ohne das ausdrückliche Kerygma von Kreuz und Auferstehung aus; auch die »vormarkinische Tradition... kennt im Unterschied zu 1 Kor 15,3ff... keine Erscheinungen des Auferstandenen!« (*Siegfried Schulz*, Die Stunde der Botschaft. Einführung in die Theologie der vier Evangelisten, Hamburg 1967, 141).
Wenn auch *Markus* sein Evangelium auf die Auferstehung hin konzipiert, verzichtet er dennoch auf ein schilderndes Zeugnis und begnügt sich mit futurischen Hinweisen. Jesus aber ist für Markus *schon während seines Lebens* der Messias, sein Anspruch ist eschatologisch, obwohl die Jünger ihn erst an Ostern verstehen werden. *Matthäus* sieht Jesus in der Auferstehung universal inthronisiert; sie zeigt aber lediglich, was Jesus von Anfang an schon gewesen ist, Gottes Sohn, und in seinem Leben immer wieder erwiesen hat. Begründet aber ist diese Qualität Jesu »im völligen Gehorsam gegenüber Gottes Wort im Alten Testament« (*S. Schulz*, 198).
Lukas verlegt den letzten Grund für die eschatologische Geltung Jesu *in Gottes Heilswillen* zurück, so daß die Auferstehungserzählungen – trotz mirakelhafter Ausgestaltung – *keinen* eigenständig *begründenden* Charakter besitzen. Ähnlich nivelliert auch die Präexistenzchristologie des *Johannes* eine isolierte Bedeutung der Auferstehung: »Johannes läßt eben den irdischen Jesus schon als Erhöhten reden. Am historischen Jesus will er die Herrlichkeit sichtbar machen« (*S. Schulz*, 344). – Die Theologie der Evangelisten setzt also das Osterkerygma voraus und ist – in je verschiedener Konkretion – auf dieses hingeordnet. Nirgendwo aber gewinnt die Auferstehung die Gestalt einer »objektiven« Legitimierung eines vorher noch bezweifelbaren Anspruches.

Für *unsere* Christologie sind wir, wie das Kind im Märchen von des Kaisers neuen Kleidern, auf den »bloßen« Jesus angewiesen[19]. Nach

[19] *Hans Keßler*, Sucht den Lebenden nicht bei den Toten, a.a.O., kritisiert zwar die ›reduktionistischen‹ Interpretationen von *E. Schillebeeckx* und *R. Pesch*, versucht aber auch selbst, dem Auferstehungsglauben (was etwas anderes ist als:

der Beendigung der mythischen Verzückung durch die kritische Frage ergeht es uns heute wie den markinischen Jüngern nach ihrer Verklärungsvision: »Und mit einemmal, als sie sich umblickten, sahen sie niemand mehr bei sich als Jesus allein« (Mk 9,8).[20]
So ergibt sich auch für *Pannenberg*, trotz seiner Herausstellung der christologischen Funktion der Auferstehung, die Notwendigkeit, am proleptischen Charakter aller Christologie festzuhalten, aber in einer eigentümlichen Akzentverschiebung: Jesus selbst hielt, nach allem, was wir wissen, mit seinem Kommen das Gottesreich *schon jetzt* für angebrochen, aber erst die *noch nicht* realisierte apokalyptische Wende sollte diesen Anspruch bestätigen; mit anderen Worten: die Erfüllung, die das Leben und die Predigt *Jesu* gebracht haben, harrte noch ihrer göttlichen Legitimierung. Bei *Pannenberg* aber wird das »schon jetzt« oder die »Erfüllung« mit der Auferstehung identifiziert: »Die Erfüllung, die für die Jünger in den Erscheinungen des Auferstandenen schon angebrochen, schon zum Greifen nahe war, ist uns wieder zur Verheißung geworden.«[21]

Glauben an Erscheinungen) einen Sitz im Leben Jesu einzuräumen (79–108). Dennoch aber meint er, daß der Blick auf Jesus allein nicht zureicht und er – vor allem durch seinen Tod – eine offene Frage bleibe; erst die Auferweckung durch Gott habe die Antwort gegeben (108). Wie formal und positivistisch er diese Relation von Jesus und Auferstehungsglauben sieht, zeigt seine Bemerkung zum Turiner Leichentuch (!): »Wer von der Echtheit des Turiner Tuches überzeugt ist..., der befindet sich sozusagen in einer vergleichbaren Situation wie die Jünger, bevor der Gekreuzigte ihnen... erschienen war« (126). Hier zeigt sich, daß Jesus selbst in Sache und Person nicht ernst genommen, sondern bloßes historisches »Material« für das entscheidende Handeln Gottes an Ostern ist.

[20] Angesichts dieser Problematik hilft auch nicht die Flucht in Verbalismen. *Hans Küng*, Christsein, Zürich [1]1974, z. B. räumt den historisch-kritischen Bedenken bezüglich der Auferstehung großen Raum ein: »Zu photographieren und registrieren gab es nichts. Historisch feststellbar sind der Tod Jesu und dann wieder der Osterglaube und die Osterbotschaft der Jünger. Die Auferweckung selber aber läßt sich sowenig wie der Auferweckte mit historischer Methode dingfest machen, objektivieren« (339). Obwohl also historisch nichts auszumachen ist, »geht es um ein nicht nur fiktives oder eingebildetes, sondern um ein im tiefsten Sinn *wirkliches* Geschehen: Es ist nicht nichts geschehen« (ebd.).
Dieses wirkliche, aber recht unfaßbare und minimale (»nicht nichts«) Geschehen dient dann aber, wenige Zeilen später, als Basis für gewaltige theologische Aussagen (»Es geht um ein transzendentes Geschehen aus dem menschlichen Tod in die umgreifende Dimension Gottes hinein. Auferweckung bezieht sich auf eine völlig neue Daseinsweise in der ganz anderen Daseinsweise Gottes...«) und im ganzen Buch zur Begründung der gesamten Christologie und des Christseins (»Das Christentum, insofern es Bekenntnis zu Jesus von Nazaret als dem lebendigen und wirkmächtigen Christus ist, beginnt mit Ostern. Ohne Ostern kein Evangelium...! Ohne Ostern in der Christenheit kein Glaube, keine Verkündigung, keine Kirche, kein Gottesdienst, keine Mission!«, 371).

[21] Ebd. 105. Strukturell ähnlich argumentiert *Jürgen Moltmann*, Theologie der Hoffnung a.a.O. Auch für ihn »steht und fällt mit der Wirklichkeit der Aufer-

Das »schon jetzt« und das »noch nicht« als Gegenüber von Geschichte Jesu und Eschaton wird transponiert zu einem Gegenüber von »privat« (durch einige unbekannte Jünger) erfahrenem Eschaton und öffentlich greifbarem Eschaton. Nicht mehr Jesus ist in seinem Anspruch »am Ende« zu legitimieren, sondern die Auferstehungserfahrung der Jünger. Der proleptische Charakter *unserer* Christologie bezieht sich dann auf den Erweis der Auferstehungswahrheit quoad nos. Jesus selbst in seinem geschichtlichen Anspruch spielt nur noch eine untergeordnete Rolle[22].
Die Auferweckung Jesu kann also das nicht leisten, wozu sie immer wieder herangezogen wird[23]. Durch sie wird das Bekenntnis nicht

weckung Jesu von den Toten durch Gott« das Christentum (ebd. 150). Auch hier entsprechen sich Auferstehung und Eschaton: »Dann bietet sich die Auferstehung Christi nicht als Analogie zu dem, was immer und auch sonst erfahrbar ist, an, sondern als Analogie zu dem, was zu allem kommen soll. Die Erwartung dessen, was auf Grund der Auferweckung Christi kommen soll ...« (ebd. 163). Die christliche Geschichte ist hier nicht eingespannt zwischen Geschichte Jesu und Eschaton, sondern zwischen für Jesus vorweggenommenem Eschaton (Auferstehung) und für alle erwartetem Eschaton. Vgl. auch *ders.*, Der gekreuzigte Gott. Das Kreuz Christi als Grund und Kritik christlicher Theologie, München 1972, 153–174.

22 Aus diesem Grund wohl kommt dem geschichtlichen Jesus in der Christologie *Pannenbergs* keine besondere Bedeutung zu. Alle Erörterungen beziehen sich auf *den* Legitimitationspunkt Auferstehung.

23 Noch ein zweiter, im Grunde wichtigerer Gesichtspunkt spricht gegen die »göttliche Legitimation« des Anspruchs Jesu durch eine Auferstehungsvision: Nicht nur die Geschichtlichkeit der möglichen Zeugen, an denen (und nicht an Gott!) wir uns festmachen müßten, sondern auch *unsere eigene Geschichtlichkeit* macht eine metahistorische Bestätigung schwer denkbar. Mit dieser Feststellung soll nicht, wie so oft eingewendet wird, »modernem Unglauben« Vorschub geleistet werden, ebenso wenig sollen Gottes Wirkmöglichkeiten bestritten werden (etwa: »Gott kann so etwas nicht tun«). Wohl aber soll ausgesagt werden, daß *wir unserer Geschichte und Geschichtlichkeit nicht entfliehen können, so lange diese weiterläuft* und nicht schon das Ende da ist.
Vielleicht ist es erlaubt, diese Schwierigkeit banal zu verdeutlichen: Wenn einem heutigen Christen der Auferstandene erschiene, was hätte er damit gewonnen? Würde er nicht eher, sobald das Widerfahrnis vorüber ist, in schlimmste Selbstzweifel gestürzt? Müßte er nicht alle psychologischen, soziologischen, erkenntnistheoretischen usf. Gesichtspunkte bedenken müssen? Müßte er nicht fürchten um die Integrität und »Normalität« seiner psychischen und geistigen Struktur? Und selbst wenn eine solche Erfahrung von einer Art wäre, die absolute Gewißheit zu vermitteln schiene, würde dann nicht doch nach einiger Zeit – nach Tagen, Wochen, Monaten, Jahren – der Verdacht des Zeugen gegen sich selbst aufkommen müssen – einfach, weil die Geschichte weiterläuft? Woher soll eine göttliche, eschatologische Bestätigung kommen, da ein *geschichtliches* Subjekt ihrer gewiß sein soll? Kurz: Bevor das Eschaton für den Menschen nicht erreicht ist, verbleibt er in den Bedingtheiten und Fraglichkeiten der Geschichte; eine absolute, göttliche Gewißheit kann es erst geben, wenn die Geschichte zu Ende ist.

gültiger, als es ohne sie schon war. *Christologie bleibt notwendig proleptisch, das göttliche Recht des Jesus aus Nazareth zeigt sich erst am Ende.* Bis dahin bleibt das christologische Bekenntnis, auch das zum »auferstandenen« Jesus, im hoffenden Glauben festgemacht, immer bedroht von Frage und Zweifel.

Dennoch aber hat die Christologie »an Ostern« eine *neue Qualität* gewonnen. Obwohl aber dieser neue Schritt in der sogn. »Ostererfahrung« begründet war und (unter anderem) in dem Auferstehungskerygma seinen Niederschlag gefunden hat, hat er eine durchaus geschichtliche Ursache: *Mit dem Tod Jesu veränderte sich die christologische Beziehung zu ihm.* Der geschichtlichen Indefinitheit des Lebens Jesu vor seinem Tod hatte eine noch offene christologische Relation der Jünger zu ihm entsprochen. Das Leben Jesu aber war nun mit dem Kreuz abgeschlossen, in fürchterlicher Weise abgeschlossen. Wer sich jetzt noch zu Jesus bekannte, konnte es nicht mehr tun im hoffenden Erwarten geschichtlicher Möglichkeiten und Innovationen. Das Leben Jesu lag »fertig« vor Augen. Das Bekenntnis selbst wird infolgedessen *im Hinblick auf seinen geschichtlichen Bezugspunkt* definitiv[24], wenn auch in banger Angefochtenheit bezüglich seiner göttlichen Bestätigung »am Ende der Tage« (die man deswegen mit allen Fasern herbeisehnte, für bald erwartete). Definitivität und Prolepse gehören zusammen, koexistieren auch nach Ostern, schließen sich keineswegs aus. Die End-gültigkeit des »nachösterlichen« (besser: nachjesuanischen) Bekenntnisses bezieht sich also nicht auf eine erfolgte apokalyptische Bestätigung, sondern auf die End-gültigkeit des Lebens Jesu, also des christologischen Subjektes, im Tode[25]. Deswegen verbinden sich die

[24] Diese These trifft sich sachlich mit den Ausführungen *Schillebeeckx'* (a.a.O. 335–351) zu unserer Fragestellung. Er sieht »die *Gesamtheit* des Lebens Jesu« als Voraussetzung der Christologie (in unserer Sprachwendung: der definitiven Christologie), die *Bekehrung* zu diesem (gesamten) Jesus, die zu einem *›neuen Sehen‹* Jesu führt, als tragenden Grund des christologischen Bekenntnisses an (ebd. 342); diese Bekehrungserfahrung an Jesus, dessen Leben jetzt nach seinem Tod abgeschlossen ist, hat sich dann erst – sekundär – in verschiedenen Sprachmodellen artikuliert, u. a. auch (nicht zuallererst) im Auferstehungstopos: »In der ›Erscheinung‹ oder der ›Vision‹ wird die Gnade der *Bekehrung* zu Jesus als dem Christus... vollzogen und zur Sprache gebracht« (ebd. 339).

[25] *W. Thüsing*, Neutestamentliche Zugangswege zu einer transzendental-dialogischen Christologie, a.a.O. 123, schreibt: »Innerhalb der Denkstrukturen des damaligen Judentums und aufgrund des Redens und Handelns des ›historischen Jesus‹ war es für die frühe nachösterliche Gemeinde naheliegend, ja wohl unausweichlich, die Erfahrung der Auferweckung Jesu im Zusammenhang mit der Geistspendung als Beginn der Eschata zu deuten.« Besser würde man sagen: Die von *Thüsing* genannten jüdischen Denkstrukturen sowie Reden und Handeln Jesu zwangen die Gemeinde dazu, Jesus und *auch seinen Tod* »als Beginn der Eschata«, also *auch als Beginn der Auferweckung des Fleisches* zu verstehen. Das Auferstehungskerygma ist ein Implikat der endzeitlichen Deutung Jesu.

nachjesuanisch entstehenden definitiven Christologien immer und notwendig mit diesem Tod Jesu (der *Gekreuzigte* ist der Auferstandene, der *Geopferte* ist der ewige Hohepriester, der *sterbliche* Mensch ist der unsterbliche Logos) und bleiben ausgerichtet auf die Parusie. Das »schon jetzt« und »noch nicht« behält die Struktur, die es schon in der Predigt Jesu hatte; lediglich ist es jetzt bleibend »definiert«: das »schon jetzt« hat im gescheiterten Jesus seine nicht mehr geschichtlich veränderbare Kontur erhalten, das »noch nicht« wird eindeutig aus dem Leben Jesu ausgegrenzt.

2.2.2 Die implizite definitive Christologie[26]

2.2.2.1 Die eschatologische Gemeinde

Historisch gesichert ist die Tatsache, daß sich sehr bald nach dem Tod Jesu, »an Ostern«, in Jerusalem und wohl auch in Galiläa *Gemeinden* bildeten, deren Mitglieder sich als *Jünger Jesu* verstanden und sofort damit anfingen, unter den Juden *Mission* zu treiben. Trotz des Scheiterns Jesu also verkündeten sie seine Sache weiter und bezeugten damit »implizit«, d. h. in nicht-reflexiver »Sprache«, daß dieser nun geschichtlich de-finite (= gestorbene) Jesus nach ihrer Auffassung bleibende Geltung besitzt, eine Geltung, die sein Tod offensichtlich nicht aufheben konnte.

Zu diesem Verstorbenen beteten die palästinischen Gemeinden »Maranatha«[27], sie wußten sich im Besitz des für die messianische Zeit verheißenen Gottesgeistes[28], sie praktizierten die Taufe als Aufnahme in die eschatologische Gemeinde – die auch dann, wenn sie nicht schon von Anfang an »im Namen Jesu« erfolgte, immerhin ein Bekenntnis zu dem von den Juden Verworfenen bedeutete[29] –, sie predigten im

[26] Im folgenden muß darauf verzichtet werden, die einzelnen Ausführungen durch historisch-kritische Details zu belegen; ebenfalls erheben sie keinen Anspruch auf Vollständigkeit. Es soll lediglich gezeigt werden, daß es bald schon eine derartige Christologie gegeben hat.

[27] Auch wenn in den ältesten Gemeinden mit »mari« zunächst Gott selbst angeredet worden sein sollte (und erst etwas später Jesus), dann hat dieser Gebetsruf der *Jesus*jünger eine christologische Komponente: Gott soll kommen und die von Jesus eingeleitete Wende herbeiführen.

[28] Vgl. *Ferdinand Hahn*, Christologische Hoheitstitel. Ihre Geschichte im frühen Christentum, Göttingen [3]1966, 107: Dieser Gottesgeist ist als »Zeichen der Endzeit« zu verstehen, »erst später ist der Geist mit Jesu himmlischem Wirken in Beziehung gesetzt worden.« Letztere These wird allerdings auch bestritten, vgl. z. B. *R. Schnackenburg*, a.a.O. 254ff.

[29] Vgl. *Eduard Schweizer*, Gottesdienst im Neuen Testament und heute, in: *ders.*, Beiträge zur Theologie des Neuen Testaments, Neutestamentliche Aufsätze (1955–1970), Zürich 1970, 269.

Anschluß an Jesus metanoia und Sündenvergebung und feierten Eucharistie als »enthusiastisches Antizipieren«[30] der eschatologischen Gemeinschaft mit Jesus. Hier war etwas Neues entstanden: »Jedenfalls lebt die Gemeinde in einem durch Jesus völlig neu geschaffenen Bereich. Der Name Jesu schafft Gemeinde.«[31]
Offensichtlich dachten die nachösterlichen Gemeinden weiterhin in den Bahnen der apokalyptischen Soteriologie[32], die – das zu Verändernde geändert – auch Jesus geprägt hatte. Allerdings ergab sich eine nicht unwesentliche Modifikation: Die Erwartung des schon angebrochenen, aber trotzdem ausstehenden Gottesreiches war in der Predigt Jesu noch ambivalent oder offen, insofern sie mit der Möglichkeit rechnete, daß sich diese Zukunft im Gefolge des Lebens Jesu realisieren könnte (Wieweit Jesus angesichts seines drohenden Scheiterns diese Ambivalenz hinter sich gebracht hat, muß hier dahingestellt bleiben; jedenfalls hat sich diese beinahe notwendige Umdeutung nicht mehr in historisch-kritisch gesicherten Sätzen niedergeschlagen). Jetzt aber war diese Möglichkeit versperrt; Jesus war tot und die Ankunft der Gottesherrschaft (wieder) eine *vom Leben Jesu getrennte* futurische Größe geworden.
Ernst Käsemann hat diese Differenz zwischen jesuanischer und frühester nachösterlicher Konzeption beobachtet und daraus geschlossen, Jesus selbst sei nicht konstitutiv durch die Apokalyptik geprägt gewesen, wohl aber – durch Auferstehung und Empfang des Geistes – diese palästinischen Gemeinden[33].
Hier soll nicht diskutiert werden, wieweit die Predigt Jesu eine spezifische Variante der Apokalyptik oder etwas anderes als Apokalyptik gewesen ist[34]. Richtig aber ist, daß die älteste nachösterliche Theologie *auf den ersten Blick* eine Re-apokalyptisierung[35] der Predigt Jesu

[30] Vgl. *F. Hahn*, a.a.O. 109; vgl. 108: »Im Gottesdienst der Gemeinde wurde das Ende schon in seiner unmittelbaren Nähe und Wirklichkeit erfahren.«

[31] *E. Schweizer*, Gottesdienst, a.a.O. 270.

[32] Die Thesen *W. Schmithals*', Jesus und die Apokalyptik, a.a.O. 70.71., daß zwar Jesus Apokalyptiker gewesen sei, nicht jedoch – oder nur unerheblich – die frühe Gemeinde, können nicht überzeugen, weil sie durch massive systematische Aprioris mitgeprägt sind.

[33] Die Anfänge christlicher Theologie, in: Exegetische Versuche und Besinnungen, Bd. 2, 99.100 (erstmals veröffentlicht in: ZThK 57, 1960, 162–185); vgl. auch ›Zum Thema der urchristlichen Apokalyptik‹, ebd. 105–131.

[34] Vgl. o. 48.49, 59–64.

[35] Vgl. *H.-W. Kuhn*, Enderwartung und gegenwärtiges Heil, a.a.O. 204: »Wenn sich dann auch *die urchristliche Gemeinde* als Gemeinde die Gegenwart des Eschaton zuschreibt..., dann steht sie in der Tat *in diesem Punkt* der Qumrangemeinde näher als der Verkündigung Jesu. Aber insofern dieses Verständnis *christologisch* begründet ist, unterscheidet sich auch die urchristliche Gemeinde aufs deutlichste von der Qumrangemeinde, ja man kann mit Einschränkung sagen,

gebracht hat, die allerdings auch ohne Ostern und Geistempfang hinreichend mit dem Tod Jesu erklärt werden kann.
Dennoch handelt es sich *nur scheinbar* um ein bloßes Wiederaufgreifen gängiger apokalyptischer Schemata. Zwar hatte der Tod Jesu die Gottesherrschaft wieder zu einer (wenn auch sehr nahen) metahistorischen (weil nicht als geschichtlicher Erfolg Jesu zu erwartenden) Äonenwende gemacht – soweit reicht die Übereinstimmung zur »vorjesuanischen« Apokalyptik. Weil aber für die Urgemeinde die Predigt, das Leben und der Tod Jesu die zentrale Motivation der Hoffnung auf baldige Parusie war, gewinnt *diese* Apokalyptik eine konstitutive *christologische* Komponente: *Die Gemeinde versteht sich als eschatologische Gemeinde aufgrund des Gekommenseins Jesu.* Was äußerlich betrachtet wie eine Neuauflage apokalyptischer Vorstellungen aussieht, enthüllt sich erstens als Konsequenz aus dem Tod Jesu, zum andern als eine Form impliziter, aber definitiver Christologie, ist also eine erste originäre Leistung christlicher Theologie. *Diese* Gemeinde mußte sich von ihren Ansätzen her mit der Zeit vom Judentum und *seinen* christologischen Instanzen trennen.

2.2.2.2 Traditio Jesu und Nachfolge

Die grundlegende Andersartigkeit dieser Gemeinden zeigt sich in einem weiteren Aspekt: Von ihrem eschatologischen Bewußtsein und im Dienst ihrer »christologischen Soteriologie« leiteten sie einen umfassenden Prozeß der *Bildung von Jesustraditionen* ein. Es wurde wichtig – für Gottesdienst, Mission, Paränese usf. –, Worte Jesu zu sammeln und von ihm, vor allem von seinem Leiden und Sterben, zu erzählen. Die Anfänge der *Spruchsammlung* Q reichen in diese älteste Zeit zurück (wahrscheinlich in Fortführung vorösterlicher Ansätze). *Leiden und Sterben* wurden in Jerusalem kultisch begangen (interessanterweise ohne die Integration des Auferstehungskerygmas in die Erzählungen), erste Vorformen kultischer *Bekenntnisformeln* entstanden.
Diese Traditionsbildung diente nicht der bloßen Information über Jesus, sie war vielmehr *soteriologisch* motiviert. Die Gemeinden erzählten von ihm aus kerygmatischen Interessen (bald auch ganz bewußt: *als* Evangelium): Die Hoffnung auf das Kommen des Reiches Gottes hatte ihren Grund in Jesus. Aus der Erinnerung an ihn warteten die Christen auf die Ankunft des apokalyptischen Menschensohnes. Ihre Heilshoffnung realisierte sich *aus* ihrer Nachfolge Jesu und *als* Nachfolge Jesu. Seine Worte und Taten wurden immer deutlicher zu alleinigen christologischen Vermittlung des »Heils« (der Bruch mit

daß die Begründung der Gegenwart der Gottesherrschaft bei Jesus in der Gemeinde fortgeführt wird.«

dem Judentum und seinen Größen: Tempel, Gesetzt etc. war auch hier schon angelegt).
In Nachfolge, narrativer Überlieferung, Gottesdienst und Predigt wurde Jesus fortschreitend mehr zur Norm für Glauben und Hoffnung der Gemeinden. Er wurde zur lebendigen Kraft und unmittelbaren Anforderung für die Christen. Diese *in der Praxis vollzogene Christologie* ist die Grundlage jeder expliziten Christologie und bleibt auch in der weiteren Theologiegeschichte deren tragendes Fundament[36].

2.2.3 Die Bildung einer expliziten definitiven Christologie

2.2.3.1 Die Kulturbedingtheit der christologischen Sprache

Die urchristliche Praxis konnte nicht über längere Zeit im Stadium einer bloß impliziten Artikulation des in ihr grundgelegten christologisch-soteriologischen Verstehens bleiben. Das eigene Tun verlangte – neben einer »spontanen« Verbalisierung (in Taufe, Eucharistie, Maranatharufen, sozialem Engagement usw.) – nach einem reflexen und begrifflichen Ausdruck. Die Nachfolge Jesu und die auf ihm beruhende Hoffnung mußten sich »rechtfertigen«: in ihrer Eigenart – gegenüber der jüdischen Tradition, in ihrer Legitimität – gegenüber den Hörern der Missionspredigt, in ihrer konkreten Gestalt und Bedeutung – im Gespräch mit den »Brüdern«.
Die Anfänge einer expliziten christologischen Soteriologie reichen wohl in die ältesten palästinischen Gemeinden zurück. Weil die expliziten Aussagen dazu verhelfen sollten, sich selbst und anderen die Relevanz des »Heils durch Jesus« kommunikativ zu vermitteln, mußten die Christen *auf soteriologische Sprachmodelle zurückgreifen, die ihnen und den von ihnen angesprochenen Gruppen geläufig waren*; Sätze wie »Jesus ist...« oder »Jesus bedeutet...« ergaben nur dann einen verstehbaren Sinn, wenn die Jesus zugeeigneten Prädikationen bekannt waren (Ein Grieche in Unteritalien z. B. konnte mit der Aussage »Jesus ist der Menschensohn« nichts anfangen, ebensowenig ein Jude mit der Wesensgleichheit des Sohnes mit Gott)[37]. Die Explikation der

[36] Dieser Sachverhalt ist immer dann zu berücksichtigen, wenn es in der weiteren Geschichte der Christologie bisweilen so aussehen mag, als sei diese lediglich eine Aufeinanderfolge verschiedenartigster Theoreme. Immer aber bleibt die Christologie – wenigstens grundsätzlich – getragen von einem breiten Strom narrativer Tradition und einer von ihr angestoßenen Praxis, also von definitiv-implizitem Bekenntnis.

[37] Diese Feststellung gilt nur für das *spontane* Entstehen expliziter Aussagen (vielleicht auch für deren Geltung auf Dauer); mit dem Aufkommen einer systematischen Mission kann man – bis zu einem gewissen Grad – neben Jesus auch

impliziten christologischen Soteriologie ist also als *eine Beschreibung der soteriologischen Rolle Jesu mit den Mitteln eines tradierten und vorausgesetzten Kommunikationssystems* anzusehen. Notwendig brachte also (und bringt bis heute) der ausdrückliche Formulierungsvorgang einen Verlust an spezifischer »Jesuanität« und eine gewisse Einpassung Jesu in kulturbedingte Interpretationsschemata. Eine »Rejudaisierung«, Hellenisierung, Romanisierung, Germanisierung usf. sind konstitutive Begleiterscheinungen expliziter Christologie und Soteriologie.

Die Anwendung kulturspezifischer Topoi auf Jesus konnte aber nicht glatt vonstatten gehen, solange er selbst noch Bezugspunkt aller Aussagen blieb. Das spröde Material »Jesus« paßte niemals gänzlich – trotz aller Eisegese – in die vorgegebenen Raster. Von hierher brachte das Subjekt aller christologischen Prädikationen immer eine gewisse Nichtdeckung von Subjekt und Prädikat ins Bewußtsein oder hielt zumindest die Möglichkeit offen, diese Nichtdeckung zu bemerken und andere Formulierungen zu versuchen.

2.2.3.2 Der »Mischcharakter« jeder Christologie

Jesus wird nicht als factum brutum in die verschiedenen Bezugssysteme eingebracht. Er selbst besaß ein implizites christologisches Verstehen, das kulturgeschichtlich bedingt (jüdisch, »apokalyptisch«) war und seine eigentümliche Gestalt innerhalb dieser Voraussetzungen gefunden hatte. Insofern ist das Subjekt jeder christologischen Prädikation, Jesus, wenigstens *grundsätzlich, der sich verstehende Jesus*, so andersartig auch von ihm geredet wird. Die ältesten palästinischen Gemeinden mußten also ihre Explikationen als Bekenntnis zu diesem Jesus und somit als Festhalten an *seiner* »Christologie« begreifen, die hellenistischen Gemeinden wieder die palästinische Theologie (in unkritischer Identifizierung mit der Jesu selbst) zum Ausgangspunkt nehmen. Aus diesem Grunde handelt es sich bei Christologien nur selten um »reine« Systeme; meist stellen sie Vermischungen soteriologisch-christologischer Topoi dar, die niemals ganz exakt definiert werden können. Sie lassen sich oft nur *in ihrer vorherrschenden Struktur* schwerpunktmäßig bestimmen[38].

»fremdartige« Prädikationen vermitteln und »erklären« (etwa den Afrikanern heute die altchristliche Theologie). Dabei aber unterliegen diese Topoi, wenn sie bleibend rezipiert werden, einem Bedeutungswandel.

[38] Z.B. kann man sicherlich sagen, das 4. Evangelium deute Jesus im Horizont einer präsentischen Eschatologie, ganz aber stimmt auch das nicht; oder: Matthäus kennt keine eigenständige soteriologische Bedeutung des Kreuzes Jesu, dennoch hat er das »für viele« des Abendmahlberichtes tradiert; oder: Paulus

2.2.3.3 *Die sekundäre Bedeutung der Hoheitstitel*

In zahlreichen Studien zu unserem Thema konzentriert sich die Untersuchung auf die Erarbeitung einerseits einer Titelchristologie (Jesus ist Menschensohn, Messias, Sohn Gottes...), andererseits einer mehr funktionalen Soteriologie (Jesus hat uns erlöst, ist für uns am Kreuz gestorben...). Daß beides zusammengehört, ist schon mehrfach gesagt worden. Vor allem aber verdeckt dieser Blick auf die leicht erkennbaren christologischen oder soteriologischen Topoi, so genau sie auch in ihrer Traditionsgeschichte verfolgt werden, den grundlegenden Sachverhalt: Christologisch-soteriologisches Bekenntnis ordnet (den sich verstehenden *und* von anderen – nach *ihren* Modellen – schon verstandenen) Jesus in ein je spezifisches semantisches Feld ein und bestimmt mit den Mitteln und in den Horizonten dieser Sprachtradition, was er ihnen bedeutet. Die verschiedenen Hoheitstitel oder die ausdrücklich-soteriologischen Chiffren zeigen nur recht oberflächlich, an Einzelphänomenen, um was es geht und welche gewaltigen Brüche, Sprünge und Diskontinuitäten in den je neuen Entwicklungsstadien erfolgt sind. Wie die Spitzen von Eisbergen symbolisieren sie lediglich die unter der Oberfläche unsichtbaren Verschiebungen.
Für eine Christologie z. B. wichtiger als die Frage nach den Würdenamen Jesu ist das Problem der sich in diesen Titeln anzeigenden kulturspezifischen Aneignung Jesu. Eine Untersuchung der Titel (Menschensohn, Gottessohn, Logos usw. oder Erlöser, Opfer, Priester etc.) allein genügt nicht; es geht darum, wie Jesus z. B. in judenchristliches oder hellenistisch-christliches soteriologisches Verstehen oder (um den ersten Begriff genauer zu spezifizieren) wie er in apokalyptisches, kultisches, weisheitliches oder ethisch-gesetzliches Denken integriert und von diesen Voraussetzungen her interpretiert wird.
Die Heilsfunktion Jesu ist in den divergentesten Kulturen rezipiert und mit den ihnen jeweils eigenen traditionellen Mitteln gedeutet worden; infolgedessen gibt es plurale, nicht harmonisierbare, dennoch aber »vermischte« christologische Soteriologien, deren *schwerpunktmäßigen* Eigenarten es herauszustellen gilt.

kennt die Präexistenzchristologie, trotzdem ist das Kreuz für ihn Ausgangspunkt des Heils; oder: Matthäus und Lukas referieren die Menschensohn- und Exusia-Christologie von Q (das selbst wieder Elemente der Sofia-Christologie kennt), setzen selbst aber die Schwerpunkte anders. Dieser »Mischcharakter« ist nicht nur eine Komponente von Schriften, die bewußt ältere Traditionen sammeln, sondern jeder Christologie (wie sich auch in der späteren Entwicklung zeigen wird).

3 Die Grundfiguren der christologischen Soteriologie des Neuen Testaments

Im folgenden wird darauf verzichtet, die Geschichte der Titelchristologie von der palästinischen bis zur hellenistischen Gemeinde[1] oder ihre weitere Entwicklung in den verschiedensten Stadien der neutestamentlichen Tradition und Redaktion noch einmal zusammenzufassen. Ebensowenig sollen Entstehung und Wandlung soteriologischer Symbolbegriffe innerhalb des Neuen Testaments erörtert werden. Die Studie beschränkt sich vielmehr auf eine Herausarbeitung der fundamentalen Verstehensstrukturen, mittels derer Jesus soteriologisch rezipiert wurde, und der sich damit ergebenden Probleme.
Hierbei sollen zwei grundlegende und, wie sich zeigen wird, diametral entgegengesetzte Denkansätze untersucht werden, von denen alle weiteren Konkretionen und Spezifikationen geprägt werden: Erstens die judenchristliche Deutung Jesu, zweitens die hellenistische Jesusinterpretation.

3.1 Die älteste judenchristliche[2] Jesusrezeption

3.1.1 Strukturen und Eigenart

Die christologisch-soteriologischen Deutungen Jesu gemäß jüdischen Sprachmodellen sind so vielfältig wie die herkömmlichen Ausprägungen dieser Mentalität. Jesus wird nach der Vorgabe der Geschichtstheologien heilsgeschichtlich interpretiert, im Sinne der prophetisch-

[1] Vgl. hierzu z.B. vom *Verf.*, Gott – eine Hoffnung, 85–107.

[2] Das Judenchristentum ist keine einheitliche Größe. Zunächst sind im folgenden die ältesten palästinischen Gemeinden gemeint, deren Theologie für die ganze spätere Zeit entscheidend wurde. Diese Gemeinden allerdings waren, kaum daß es sie, in noch ungeformten Anfängen, gab, zur Auseinandersetzung mit der Welt des Hellenismus gezwungen. In diesem Konflikt scheint die Judenchristenheit bald die »Unschuld« jüdischen Denkens verloren zu haben: sie hat, »was immer sie im einzelnen tat, sich verzweifelt gemüht, dem väterlichen Erbe die Treue zu wahren und heidenchristlicher Übermacht gegenüber nicht ihre Sendung preiszugeben« (*E. Käsemann*, Die Anfänge christlicher Theologie, a.a.O. 89); es trat eine Entwicklung zur ›Gesetzesstrenge‹ und dem bekannten »judenchristlichen Nomismus« auf (Käsemann, ebd.), der also *nicht als ursprünglich* zu betrachten ist. Dennoch ist das Judenchristentum nicht auf dieser Stufe stehengeblieben und aus der beginnenden heidenchristlichen Kirche abgedrängt worden. Wie die star-

apokalyptischen oder der gesetzlichen[3] und der ethischen Tradition oder von weisheitlichem Denken her verstanden; rabbinische, priesterliche oder jüdisch-gnostische Motive fließen ein.

Kurt Niederwimmer vertritt die Meinung, daß aus diesen Traditionen gerade die Topoi in der Christologie Verwendung fanden, die nicht ganz »jüdisch« sind: »schon die Vorgeschichte der mythologischen Sohn-Gestalt und die des »Logos« und der »Sofia« weisen ja auf latente unjüdische Elemente in der Überlieferung hin, die dann nicht zufällig in der christlichen Überlieferung deutlicher hervortreten und – wiederum nicht ganz zufällig – in der gnostischen ganz ungescheut ihr Antlitz zeigen.«[4] Diese Beobachtung kann nicht bestritten, muß aber anders beurteilt werden. Jesus wurde mit den Kategorien der einigermaßen *zeitgenössischen* Auffassungen interpretiert. Das sogenannte Frühjudentum aber hat eine Reihe von soteriologischen Begriffen benutzt, die tatsächlich außerjüdischer Herkunft sind oder mit außerjüdischen Assoziationen verbunden wurden. Nicht diese latente Fremdartigkeit, sondern ihre Popularität zur Zeit der Entstehung christlicher Theologie sind Ursache ihres Gebrauchs in den judenchristlichen Gemeinden[5]; eine Jesusdeutung mittels Begriffen aus der frühen Königszeit etwa wäre antiquiert und gekünstelt gewesen.

Vor allem aber ist zu bedenken, daß das Judentum Einflüsse von außen sehr stark in die eigenen Traditionen integriert und übernommene Begrifflichkeiten gemäß den jüdischen Verstehensstrukturen transformiert hat[6]. So kann man trotz der Pluralität der verschiedenen Strö-

ken Züge judenchristlicher Tradition in der späteren neutestamentlichen Literatur beweisen, haben sich ihre Anstöße – ohne diesen Nomismus – weiterentfalten können, sicher nicht ohne Basis in judenchristlichen Gruppen innerhalb der Gemeinden (Vgl. auch Käsemann, ebd.). Von *diesem späteren* Judenchristentum ist erst u. 125–128 die Rede.

[3] Auf eine bisher wenig beachtete Theologie (die immer auch christologisch-soteriologische Relevanz hat), die sich »durch Sätze heiligen Rechtes« artikuliert, hat *E. Käsemann* hingewiesen; vgl. Die Anfänge christlicher Theologie, a.a.O. z.B. 88; vgl. *ders.*, Sätze heiligen Rechtes im Neuen Testament (erstmals veröffentlicht in: NTSt 1, 1954/55, 248–260), ebd. 69–82 (vgl. z.B. 75: »Der vor der Tür stehende Weltenrichter begründet das hier ins Auge gefaßte Recht und seine Eigenart, das damit zu einer Funktion des Geistes wird«).

[4] A.a.O. 81.82.

[5] Gerade diese »latent unjüdische« Begrifflichkeit hat dann allerdings – auf dem Weg über das Diasporajudentum – ihre Übernahme durch die hellenistischen Gemeinden erleichtert.

[6] Dieser Umstand kann »von hinten her« verdeutlicht werden: Zwar haben »gnostische« oder, allgemein, hellenistische Gemeinden einige der »latent unjüdischen« Begriffe übernommen, sie mußten zu diesem Zweck allerdings *noch einmal* völlig transformiert werden: Die jüdische und die hellenistische »Sohn-Gottes-«Vorstellung z.B. unterscheiden sich radikal, ebenso etwa der »Menschensohn« der Q-Gemeinde und der des *Ignatius von Antiochien*.

mungen und der Buntheit kultureller Beeinflussungen doch – mit *Thorleif Boman*[7] – von einer gewissen »Einheitlichkeit« der jüdischen Denkweise sprechen. Diese gilt zwar nicht für jede Äußerung im Kontext des Judentums, wohl aber für den fundamentalen Ansatz der (tätigen) Daseinsinterpretation: »daß Gott Geschichte macht und Leben hervorbringt und daß er sie (Welt und Menschen, eigene Anm.) weiterführt, bis sie zum Ziele gelangen.«[8]

Die jüdische Geschichtsorientierung und die daraus resultierende »christologische« Soteriologie sind schon angesprochen worden[9]. Die *Explikation* nun der *definitiven* Bindung des Heils an Werk und Person Jesu bewegte sich grundsätzlich in den Strukturen dieses Geschichtsdenkens, so divergierend die Gestaltformen judenchristlicher Theologie auch im einzelnen sein mochten. Sehr vereinfachend gehören dazu folgende Merkmale:

Erstens ist das erhoffte Heil immer *Heilung der Geschichte*, die in der Zukunft zu einem guten, von Jahwe gewirkten Ende kommt, gleichgültig, ob dieses Heil als eschatologischer Friede, als Auferstehung des Fleisches, als Gottesherrschaft, Sieg der Weisheit, »Landbesitz« (Mt 5,5) oder Zustand der Gerechtigkeit und Liebe angesprochen wird. Daß die Geschichte ernst genommen wird, zeigt sich deutlich im Motiv des Weltgerichtes. Die definitive christologische Konzentration auf Jesus allein (statt auf »Israel«) hat dabei allmählich die nationalpartikulären Implikationen des künftigen Heils relativiert, so daß mehr und mehr die Gesamtgeschichte in das Blickfeld trat[10] (auch dafür konnte man sich auf die jüdische Tradition berufen). Die Soteriologie wurde – nicht ohne Kämpfe und Rückschläge – universal ausgeweitet.

Zweitens wird Jesus in der expliziten Theologie *zur zentralen geschichtlichen Vermittlungsinstanz*. »Zentral« bedeutet nicht exklusiv: Auch »Gesetz und Propheten« bleiben bedeutsam, werden aber durch die Rückkoppelung an Jesus zu vorläufigen Größen. Kaum eine der christologischen Konkretionen des Judentums wird hinfällig: weder die Relevanz des Tuns, der Gerechtigkeit, des Kults, der Weisen, Propheten und Väter. Sachlich und personal aber kulminieren sie in Predigt und Leben Jesu, werden in ihrer eigenständigen, für sich genommenen Geltung (im doppelten Sinn) »aufgehoben«: Jesus bringt und lehrt *die* Gerechtigkeit, er ist Menschensohn, Messias, Davidssohn,

[7] Das hebräische Denken im Vergleich mit dem griechischen, Göttingen [5]1968, vgl. bes. die Zusammenfassung 180–182.

[8] Ebd. 180.

[9] Vgl. o. 41–45.

[10] Der Übergang zur Heidenmission lag in der inneren Konsequenz dieser Entwicklung.

Gottessohn, Epiphanie der Weisheit, ist *der* Priester, *das* Opfer, *der* Prophet, *der* zweite Adam usf.[11]
Die »absolute« christologische Funktion Jesu wird also dadurch ausgedrückt, daß ihm in jedem jüdischen Bezugssystem (Apokalyptik, kultisches oder weisheitliches Denken usf.) *die Vermittlung des jeweilig zentralen soteriologischen Topos zugeeignet wird*: er bringt die Erfüllung des Gesetzes, des Opfers, der Schrift, der Weisheit, des Friedens, er ersetzt den Tempel; er realisiert die Auferstehung des Fleisches, die Gottesherrschaft und den Sieg über die Dämonen, das Weltgericht, die Barmherzigkeit Gottes, die messianische Zeit; er bewirkt endzeitliche Freude, das eschatologische Gebet zu Jahwe, wahre Sohnschaft zum Vater, den neuen ewigen »Bund« usw.
Diese Funktion kann Jesus, *drittens*, nur erfüllen, wenn er »das Ende« der Geschichte gebracht hat. Die *sachliche Vollendung* der Geschichte fällt nach jüdischen Vorstellungen (nicht nur der Apokalyptik) mit deren *zeitlichem Ende* zusammen[12]. Deswegen, nicht nur wegen des Vorherrschens der Apokalyptik in den ältesten Gemeinden[13], bereitete es den Judenchristen solche Schwierigkeiten, auf der einen Seite an der »letzten« Relevanz Jesu festzuhalten, auf der anderen dessen Scheitern am Kreuz und das Weiterlaufen der Geschichte miteinander zu vereinbaren. Die *Naherwartung* (und wohl auch das Auferstehungskerygma) ist der älteste Versuch (der sich zudem aus der Jesustradition anbot), beides explizit auf jüdische Weise zusammenzubringen[14]: Jesus ist und bleibt die eschatologische Figur, auch wenn er gestorben ist; denn durch ihn ist die Endzeit angebrochen, und er wird sie – in ganz naher Zukunft (hoffentlich, vgl. die Maranatha-Rufe) – für alle Welt sichtbar erscheinen lassen (durch die Parusie Jahwes oder des Menschensohnes, sehr früh aber auch schon durch seine eigene Parusie[15]).
Schon in der nachösterlichen Naherwartung begegnet die (spätestens) durch den Tod Jesu notwendig gewordene Veränderung der jüdischen soteriologischen Geschichtsauffassung und der Eschatologie, die später dann noch deutlicher reflektiert wird[16]: Sie hat ihre geschichtliche

[11] Eine ähnliche Funktion hat die recht frühe Deutung des Werkes (besonders des Leidens und Sterbens) Jesu als »gemäß den Schriften« (vgl. 1 Kor 15,3f.): die »Schriften« gelten weiterhin, haben aber in Jesus ihr Ziel gefunden.

[12] Vgl. *Joseph Molitor*, Grundbegriffe der Jesusüberlieferung im Lichte ihrer orientalischen Sprachgeschichte, 95.108.

[13] Vgl. *E. Käsemann*, Die Anfänge christlicher Theologie, a.a.O. 100: »Die Apokalyptik ist... die Mutter aller christlichen Theologie gewesen.«

[14] Hier wird deutlich, wie unnötig es ist, die Naherwartung vor allem durch die Auferstehung motiviert zu sehen.

[15] Vgl. die alte Identifizierung Jesu mit dem kommenden Menschensohn. S. o. 49.50.

[16] Vgl. etwa das explizite »schon jetzt – noch nicht« bei Paulus oder die heilsge-

Offenheit verloren, »das Ende« *ist schon da* – anders ließ sich nicht an Jesus festhalten –, die messianische Zeit ist angebrochen; deren Vollendung aber *steht noch aus*. Die Gemeinden leben in einer qualitativ neuen Stufe der Geschichte. *Diese neue Eschatologie ist also ein eminent christologischer Versuch*, wichtiger als alle Hoheitstitel im einzelnen.

Das »schon jetzt – noch nicht«[17] wurde wiederum in den verschiedensten Modellen ausgedrückt: Jesus ist auferstanden, aber die allgemeine Auferstehung des Fleisches steht noch aus; Gott bleibt der Gott der Zukunft, der erst kommen wird und sich jetzt noch entzieht (vgl. die zweite Vaterunserbitte, das Maranatha usw.), aber er hat schon endzeitlich gehandelt in dem »Messias« Jesus oder dem (heilsgeschichtlich bzw. adoptianisch verstandenen) »Sohn«; der Menschensohn (bald: Jesus) wird erst kommen und richten, Jesus aber hat schon die Maßstäbe des Gerichtes gesetzt und wird bald auch als irdischer schon »Menschensohn« genannt; die Weisheit hat sich schon erwiesen (vgl. Mt 11,19), dennoch bleibt sie ein Implikat der Hoffnung; Jesus hat schon die Gerechtigkeit verwirklicht, ihre Offenbarung im Gericht aber steht noch aus; die eucharistischen Mahlgemeinschaften sind Zeichen der Endzeit, das eschatologische Hochzeitsmahl aber ist noch nicht da. Diese Aufzählung ließe sich fortsetzen. Die bisher genannten Beispiele mögen genügen, um die christologisch-soteriologische Funktion dieser Konzeption wie auch die Schwierigkeit aufzuzeigen, etwa Würdenamen Jesu je für sich, ohne Berücksichtigung des theologischen Ortes für ihren Gebrauch, zu untersuchen.

Die Christengemeinden mußten also – im Gefolge ihrer definitiven Jesus-Christologie – mit dem »schon jetzt – noch nicht« leben. Die Unerträglichkeit dieser Spannung wurde in verschiedensten Modellen *gemildert*: Die *Nah*erwartung (nicht: die Erwartung des Endes allgemein) war eine solche Vorstellung. Aus der jüdischen Tradition bezüglich der messianischen Zeit legte sich besonders die Beanspruchung des *Geistbesitzes* nahe (die Verbreitung der Verbindung von Geist Gottes und Endzeit zeigen deutlich z. B. die Qumran-Gemeinden); insofern die messianische Zeit durch Jesus herbeigeführt und in der Nachfolge realisiert wurde, kam es bald zu einer Verbindung von Geist Gottes und Geist Jesu. Wann die Vorstellung vom »gegenwärtig wirkenden Christus« oder »Menschensohn« gebildet wurde, ist umstritten[18]. Auch diese *präsentische Erhöhungsvorstellung* bedeutete

schichtliche Konzeption des Matthäus (die anders als bei Lukas primär jüdisch geprägt ist).

[17] Dieses »schon jetzt – noch nicht« ist ein anderes als die vergleichbare Struktur der Reich-Gottes-Predigt Jesu, vgl. o. 58–64.

[18] Vgl. hierzu z. B. *R. Schnackenburg*, a.a.O. 249–264; *Wilhelm Thüsing*, Erhö-

»Trost« für die jetzige Zeit und erleichterte die Verknüpfung des Geistes mit Jesus (er hat ihn gesandt) und – zudem – später den Weg zur hellenistischen Jesusinterpretation.
Die christologische Soteriologie der judenchristlichen Gemeinden läßt sich also – bei aller konkreten Vielfalt – in ihrer Grundfigur so wiedergeben: In Jesus ist Geschichte – sachlich und personal – endgültig zu ihrem Ziel gelangt, »im Vorgriff« hat er alles realisiert, was jeweils unter »Heil« verstanden wurde. Aber der universale Sieg und die offenbare Rechtfertigung Jesu stehen noch aus. Bis dahin leben die Christen in einer qualitativ neuen Geschichtsepoche, eingespannt zwischen eschatologisch gültiger Geschichte (Jesu) und deren universaler Durchsetzung; bis dahin ist ihnen der Geist Gottes, bald: der Geist des (präsentisch wirkenden) erhöhten Jesus gegeben, den sie in Nachfolge und Hoffnung ergreifen.

3.1.2 Kontinuität und Innovation

Diese Jesusinterpretation ist *durch und durch jüdisch*[19], unbeschadet der Verwendung einiger fremdstämmiger Hoheitstitel. Ihre für jüdisches Denken revolutionäre Innovation bewegt sich innerhalb der Strukturen dieser Tradition. Die judenchristliche Soteriologie und Christologie beschreibt die Rolle Jesu in seiner Funktion für und innerhalb der menschlichen Geschichte als unüberholbar gültig. Damit ist die Linie der geschichtsorientierten Soteriologie, in deren Tradition das Judentum steht und die es in seltener »Reinheit« konkretisiert hat, noch einmal exzessiv weitergeführt worden. Das in der Überlieferung Israels wirksame Prinzip »Heil durch und für Geschichte«, das Wissen um und die Hoffnung auf die soteriologischen Chancen der Geschichte *entbehrten* – trotz zahlreicher »gültiger«, aber eben nicht »letztgültiger« Realisationen – *der Definitivität und Unüberholbarkeit des Faktischen*, die der Geschichte (auch) eignet, und deren Relevanz zu erhoffen ja gerade ein inneres Moment geschichtlicher Soteriologie ist. Erst die Jesus-Christologie hat mit dieser Tendenz ernstgemacht und *die eschatologische Geltung des Faktischen, Einmaligen, Nicht-Wiederholbaren und Nicht-Relativierbaren* behauptet, also die »Messianität« des geschichtlichen Jesus. Und dies, ohne dabei die Offenheit der wei-

hungsvorstellung und Parusieerwartung in der ältesten nachösterlichen Christologie (Stuttgarter Bibelstudien 42), Stuttgart 1970.

[19] Vgl. *H. Braun*, Der Sinn der neutestamentlichen Christologie, a.a.O. 252: »Die eschatologischen Hoheitstitel, welche in der Urgemeinde auf Jesus gelegt werden, und die bei Jesus selber wie in der Urgemeinde vorliegende hocheschatologische Fassung des Heils sind vielmehr nur jüdisch-apokalyptische, also zeitgenössische Ausdrucksmittel...«

teren Geschichte zu versperren, sie ist nicht »zu Ende«, geht weiter, aber auf einer neuen Stufe: nach bleibender Maßgabe dieses Jesus, wie sich – darauf setzen diese Christen – bei seiner Wiederkunft zeigen wird.

Die Revolution der judenchristlichen gegenüber der jüdischen christologischen Soteriologie besteht also in der definitiven christologischen Bindung des Heils an Jesus, *im harten »daß«*. Jesus *auch* als Propheten o. ä. zu behaupten, hätte die jüdische Konzeption nicht tangiert. »Daß« alles Heil unauflöslich durch die Vermittlung Jesu kommen wird, macht die Christlichkeit dieser Verkündigung aus.

Betrachtet man die soteriologischen und christologischen Chiffren, mit denen Jesus interpretiert wird, so zeigt sich, daß sie alle in den gängigen Bahnen verblieben sind[20]. Allerdings sind sie nicht aus dem Repertoir entnommen, mit dem das Judentum seine *vergangene*, immer neu überbotene Geschichte interpretiert hat. Sie hatten vielmehr mit der Zukunft zu tun, für die die Endgültigkeit geschichtlicher Gestaltform erhofft wurde[21] (z. B. Menschensohn, Messias); andere Termini, die auch im rückblickenden Urteil gebraucht wurden, werden jetzt eschatologisch umgedeutet: Prophet – eschatologischer Prophet; Davidssohn – eschatologischer Davidssohn = Messias; ähnliches gilt für andere soteriologische Motive: z. B. Opfer – das »letzte« Opfer usf. Das »daß« wurde also auch von den Titulaturen her erläutert als Gekommensein des Endes, als realisierte Vorwegnahme des erhofften Geschichtsheils.

So gängig und so wenig originell also die judenchristliche Chiffrierung war, hat sich doch ihre Symbolik radikal verändert – nicht durch inhaltlich-assoziative Uminterpretation der Begriffe selbst (Gottesherrschaft oder Frieden oder Weisheit bleiben nach wie vor begrifflich dasselbe), sondern durch das »daß«. Dieses »daß« (bzw. die Kopula »ist«) verbindet jüdische christologisch-soteriologische Symbole mit Jesus, der mit ihnen – vor allem durch seine Armutsgestalt, sein Leiden und sein Kreuz – so wenig zusammenpaßt. Die Begriffe werden *nicht theoretisch anders definiert*; durch die Zuordnung zu Jesus wird aber eine Diskrepanz sichtbar und gleichzeitig eine prinzipielle Deu-

[20] So hebt z. B. *H. Braun*, Der Sinn der neutestamentlichen Christologie, a.a.O. 250, zu Recht hervor, daß der Messiastitel »jüdisch« ist und nicht recht auf Jesus paßt: »insofern ist die Bezeichnung Jesu als Messias zur Hervorhebung dessen, was er vertrat, untypisch, zumal von einer gezielten Umbildung des Messiasbegriffs auf dem Boden der Urgemeinde uns nichts bekannt ist.«

[21] *H. Braun*, ebd., sieht im Messiastitel, trotz seiner Weiträumigkeit, »*ein* wesentliches Mißverständnis... ausgeschaltet...: seine Lehre und sein Tun sind nun nicht als Ausdruck einer allgemeinen Wahrheit mißzuverstehen« Vielmehr: »so fordert und handelt Gott am Menschen in konkreter Individuierung am Ende der Zeiten«.

tung von Jesus her verlangt. *Das jüdisch beschriebene »Heil« gewinnt die humane Kontur des Jesus aus Nazareth*, die tradierten christologischen Vermittlungsinstanzen verlieren ihre verpflichtende Geltung zugunsten einer Jesus-Christologie: Die Zwangshaftigkeit oder Gesetzlichkeit christologischer Figuren (Kult, Thora, Überlieferung, Väter) hebt sich auf in die Freiheit allein noch not-wendiger Rezeption *des* Christus Jesus; Freiheit deswegen, weil es außer Jesus keine weitere unabdingbare geschichtliche Vermittlung des Heils gibt, wie etwa die Ethik, den Kult usf.

3.1.3 Die inhaltliche Insuffizienz

Dieses revolutionäre »daß« wird nicht in einer inhaltlichen christologischen Theorie begründet, sondern lediglich durch formale geschichtstheologische Begriffe *beschrieben*. Welche funktionalen Sätze (z. B. »Jesus hat uns ein für allemal erlöst«) oder Titulaturen (z. B. »Jesus ist Menschensohn, Messias«) auch benutzt werden, sie bieten nur eine *Deskription* der judenchristlichen Überzeugung, »daß« alles Heil an Jesus gebunden ist. *Das »Warum« bleibt in der expliziten Theologie unbeantwortet*; nur scheinbar wird es angesprochen. Der Satz z. B. »Jesus ist für das Heil aller Menschen von Bedeutung, *weil* er der Messias ist« beinhaltet nur scheinbar einen Begründungszusammenhang, in Wirklichkeit aber eine Tautologie (»Jesus ist... von Bedeutung, weil er von Bedeutung (= Messias) ist«).
Die Christologie begründet sich vielmehr, bzw. das »daß« wird erläutert, *durch die narrative traditio Jesu*[22] und deren Rechtfertigung *in der Nachfolge*. Beide Momente aber verbleiben außerhalb der Theoriebildung. Obwohl Jesus mit »geschichtlichen« Kategorien gedeutet wird, bleibt diese Deutung *formal, die reale Geschichte Jesu ist nicht integriert*. Dieses *Nebeneinander sachlich-geschichtlicher* (narrativer) *Glaubensmotivation und formaler (»christologischer«) Chiffrierung* gilt auch für die weitere Geschichte von Christologie und Soteriologie bis heute[23].

[22] Diesen Gesichtspunkt betont *E. Käsemann*, Die Anfänge christlicher Theologie, a.a.O. 95, im Zusammenhang einer Untersuchung judenchristlicher Apokalyptik: »Apokalyptik kann, wie die Passa-Haggada des Judentums beweist, nicht darauf verzichten, sich vergangener Heils- und Unheilsgeschichte zu erinnern... Das Evangelium bleibt ohne die Evangelien nicht, was es ist. Kerygma wird, insofern es nicht auch erzählt wird, Proklamation einer Idee und, sofern es nicht immer neu erzählend gewonnen wird, historisches Dokument.«

[23] Gerade dieses Manko aber zeigt die Oberflächlichkeit des Einwandes auf, das Christentum habe sich von Anfang an nur durchsetzen können aufgrund der

3.2 Die hellenistisch-christliche Jesusinterpretation

3.2.1 Zur hellenistischen Soteriologie

»In dem Moment, als das Christentum die Grenzen Palästinas überschritt, traf es auf eine überlegene Kulturwelt«[24] – die hellenistische Kultur des Römischen Reiches. Diese Feststellung *Franz Schupps* ist dahin zu korrigieren, daß das Christentum *schon kurz nach seiner Entstehung* und offensichtlich noch im Raum Palästinas mit dieser überlegenen Kultur konfrontiert war. Schon in vorpaulinischer Zeit, also in den dreißiger und vierziger Jahren des ersten Jahrhunderts, werden für die Theologie die Weichen gestellt; auf dem Weg über hellenisierte Judenchristen findet die christliche Verkündigung Eingang in die Welt des Hellenismus. Von da an verläuft die christliche Theologiegeschichte – trotz des Nebeneinanders jüdischer und »griechischer« Jesusrezeption und der Weitergabe auch der judenchristlichen Traditionen – je später je mehr in den Bahnen hellenistischen Denkens. Obwohl sich also das Christentum auf einen Mann gründet, der ganz und gar Jude gewesen ist, und obwohl es seine ersten Konkretionen mit den Mitteln jüdischer religiöser Tradition geschaffen hatte, blieb es ihm nicht vergönnt, auf dieser Linie weiter Theologie zu treiben. Deswegen haben auch die judenchristliche Soteriologie und Christologie keine »fertigen« und damit stabilen Systeme bilden können; schon in den Anfängen wurden sie überwuchert, so daß ihre spätere hellenistische (genauer: jüdisch-hellenistische) Gestalt als *die* christliche erscheinen mußte.

3.2.1.1 Der Hellenismus im Römischen Reich

Der Hellenismus des Römischen Reiches ist nicht leicht zu definieren. Seit den Eroberungen Alexanders des Großen war der östliche Teil des Mittelmeerraums und Vorderasien zu einer synkretistischen Kultur zusammengewachsen, die weithin von griechischem Denken, griechischer Sprache, Kunst und Lebensart geprägt war, aber auch zahlreiche orientalische[25] Strömungen und regionale Einflüsse in sich aufge-

christologischen Stilisierung, später Vergottung, Jesu. Zwar hat es sicher eine Rückwirkung auch in dieser Richtung gegeben; grundsätzlich aber »lebte« das Christentum von dem narrativ vermittelten Jesus (und seiner Sache) und der dadurch angestoßenen Nachfolge. Ohne diese Basis wären die formalen Christologien wie ein Kartenhaus zusammengestürzt.

[24] *F. Schupp*, Glaube – Kultur – Symbol, 32.

[25] Vgl. *Søren Giversen*, Der Gnostizismus und die Mysterienreligionen, in: Handbuch der Religionsgeschichte, hrsg. von *J. P. Asmussen* u. *J. Laessøe* in Verbindung mit *C. Colpe*, Bd. 3, Göttingen 1975, 256: »in vieler Hinsicht ist eher von einer entscheidenden Beeinflussung aus dem Orient die Rede, so daß man mit

nommen hat. Die Einbeziehung dieses Raumes in das Römische Reich hatte zur Folge, daß sich der Hellenismus noch stärker im Westen etablierte, seinerseits aber auch von römischen Ordnungsvorstellungen bestimmt wurde.

Träger der hellenistischen Kultur ist die Polis; selbst das »weltweite« Römische Reich blieb im Grunde nach dem Modell eines Stadtstaates organisiert. Wie die Polis hat auch der Kosmos eine feststehende, »objektive« Ordnung hierarchischer Art, die es durch die Vernunft zu erkennen und durch die Erziehung, die *Paideia*[26], für die Lebenspraxis zu vermitteln gilt.

Die Gestaltformen des Hellenismus sind äußerst mannigfaltig, das gleiche gilt auch für seine *religiösen* Äußerungen. Griechische und römische Gottheiten, zuhause weiterhin im Sinne ihrer lokalen Traditionen verehrt, verbreiteten sich mit den großräumigen politischen Ordnungen im ganzen Mittelmeerraum, lösten sich von ihrer heimatlichen Bindung, wurden zueinander oder zu anderen lokalen Gottheiten in Beziehung gesetzt oder miteinander identifiziert[27]; mit dieser Nivellierung der Konkretheit und »Individualität« der Götter gelangte »die auch in der vorhellenistischen Spekulation deutliche Tendenz zu kosmischer Religiosität zu breiter Wirkung.«[28] Neben dieser kosmopolitischen und kosmischen Religiosität findet sich aber auch ein Beharren auf der eigenen religiösen Tradition oder eine selbstverständlich weiterpraktizierte Verehrung lokaler Götter. Diese Gottheiten erschienen im Prozeß der Vermischung »auch kosmisch, d.h. als Einzelaspekte des Kosmosgottes bzw. als Wirkungen... des trans-

einem gewissen Recht von einer ›Orientalisierung‹ des Westens hat sprechen können.«

[26] Die Bedeutung der Paideia für die Umformung des Christentums hebt *F. Schupp* sehr stark hervor, vgl. Glaube – Kultur – Symbol, 37–39; vgl. 38: »Wir suchen die Auseinandersetzung von Hellenismus und Christentum manchmal zu einseitig im Gebiet der Metaphysik und der Kosmologie... Diese Auseinandersetzung ist aber ebenso sehr und vielleicht noch stärker im Bereich der *Paideia* zu suchen, in welcher das Christentum seinen öffentlichen und kulturellen Anspruch geltend machte.« Vgl. hierzu die grundlegende Studie von *Werner Jäger*, Paideia. Die Formung des griechischen Menschen, Berlin, New York 1973.

[27] Vgl. hierzu *S. Giversen*, a.a.O. 256. Wieweit diese Vermischung und damit auch Beliebigkeit geht, zeigt z.B. die religiöse Kunst: »In Alexandria wurde so die Zeit, *Aion*, als Gottheit verehrt, aber auf einem Relief wird Aion mit Bocksfüßen als der Gott Pan dargestellt, mit dem Donnerkeil des Zeus in seiner rechten Hand und mit einer Schlange... – wahrscheinlich ein Relikt des Schlangenkultes; astrologische Spekulationen spiegeln sich im Relief in der Abbildung der Tierkreiszeichen und der vier Himmelsrichtungen wider, und ein Löwenkopf... kann an gnostische Spekulationen erinnern« (ebd. 258).

[28] *H. Schwabl*, Hellenismus, religionsgeschichtlich, in: $LThK^2$ 5, 213.

mundanen Gottes.«[29] *Plutarch* († 125) hat diese Zusammenhänge reflektiert: »Wir nehmen nicht bei den einen diese, bei den anderen jene Götter an, barbarische und hellenische, südliche und nördliche, sondern wie Sonne und Mond, Himmel und Erde und Meer allen gemeinsam sind, mögen sie auch von jedem wieder anders benannt werden, so gibt es nur eine Vernunft, die dies ordnet, nur eine Vorsehung, die darüber waltet, und dieselben dienenden Kräfte sind über alles gesetzt: nur haben sie bei jedem Volk, je nach dessen Sitten, verschiedene Ehren und Namen«[30]. Monistische Nivellierung im theoretischen Bereich koexistierte mit plastischer polytheistischer Praxis.
Ursprünglich lokale Kultpraktiken aber konnten sich auch von ihrem Herkunftsort lösen und – ohne deswegen eine universale Theorie zu bilden – über weite Strecken des römischen Reiches verbreiten, wobei sie zahlreiche neue Momente in sich aufnahmen. Diese *Mysterienkulte* griechischer, asiatischer oder ägyptischer Provenienz vereinten viele Gleichgesinnte, die ihre Erlösungssehnsucht hier mehr befriedigt sahen als in »der« offiziellen Religion. »Was in den Mysterien ... gefordert ist, ist die Katharsis, die Reinigung und Läuterung ... Die Mysten werden im Kultgeschehen an die Todesgrenze geführt und erleben in der Teilnahme an Tod und Auferstehung des Gottes das realsymbolisch universale Gesetz, daß nur durch den Tod hindurch, im ›Jenseits‹ des Todes, Leben wird.«[31]
Daneben breiteten sich *gnostische Strömungen* spätestens seit dem ersten Jahrhundert im Römischen Reich aus. Die Gnosis kannte bei aller Verwendung »verschiedenartiger mythologischer und philosophischer Traditionen« dennoch eine in etwa einheitliche Mythologie und auch Daseinsinterpretation[32]. »Hier ist *die radikale Andersheit des menschlichen Ich von allem welthaften Sein* entdeckt im Gegensatz zum griechischen Selbstverständnis; die radikale Andersheit und damit *die Einsamkeit des Menschen in der Welt*. Die Welt ist für ihn nicht nur Fremde, sondern Gefängnis, eine finstere, stinkende Höhle ...«[33] Aus dieser Welt, die zwar im griechischen Sinne der harmonisch geordnete Kosmos, aber nun negativ gesehen ist (»Gerade seine Gesetzlichkeit ist das Furchtbare!«[34]), gilt es, sich befreien zu lassen und zu befreien: »unter Zurücklassung von Leib und Seele steigt das eigentliche Ich, der präexistente Lichtfunke, in die Heimat, die himmlische Lichtwelt, empor.«[35]

[29] Ebd. 214.
[30] De Is. p. 377 F f. Zitiert nach *Martin P. Nilsson*, Geschichte der griechischen Religion, Bd. 2: Die hellenistische und römische Zeit, München ³1974, 403.
[31] *F. Schupp*, Glaube – Kultur – Symbol, 42.
[32] *R. Bultmann*, Das Urchristentum 152; zur Struktur des gnostischen Mythos vgl. ebd. 153.154.
[33] Ebd. 155. [34] Ebd. 157. [35] Ebd. 158.

Das latent oder offen dualistische Weltverständnis der Gnosis wird von *Bultmann* als »dem griechischen gegenüber total gewandelt«[36] bezeichnet. Hier könnte noch genauer nachgefragt werden, ob nicht die Wurzeln dieses Denkens weit in die griechische Tradition[37], vor allem die (im Ursprung wohl orientalische[38]) Orphik zurückweisen. Auf diese Erörterung kann allerdings verzichtet werden, weil es an dieser Stelle lediglich auf die strukturelle soteriologische Orientierung ankommt. Diese aber bleibt – entsprechend den griechischen und orientalischen Traditionen – kosmozentrisch: Die wahren Zusammenhänge zwischen Schöpfung und Erlösung, Gott und Mensch, um die es der Gnosis ging, ließen sich nicht aus der Geschichte erkennen, sondern durch kosmologische Spekulationen.
Infolge der Dürftigkeit der herkömmlichen Polytheismen gewannen Mysterienkulte und Gnosis viele Anhänger. Beide nahmen zahlreiche Züge eines aus dem Orient kommenden Dualismus an (der allerdings auch schon – in Ansätzen – im vorhellenistischen Griechenland zu finden ist). Viele Gebildete aber wandten sich der *Philosophie* zu, deren Schulen sich seit dem ersten vorchristlichen Jahrhundert einander anglichen[39] und in der Folgezeit vielfach auch die religiösen Fragen beantworten mußten; manche philosophische Richtungen wurden zu einer Art von Religion[40].
Nach *Søren Giversen* bewirkten die politische Entmündigung der Bürger in der Kaiserzeit und ihre kosmopolitische Lösung von den Traditionen der Heimat bei vielen eine Wendung zur eigenen persönlichen Sphäre: »nicht das Weh und Wohl der Gemeinschaft, sondern das des Individuums wurde zur Hauptsache, und in der materiellen Welt muß-

36 Ebd. 157.

37 Interessant in diesem Zusammenhang sind vor allem die Darlegungen in: *Hans Blumenberg*, Die Genesis der kopernikanischen Welt. Die Zweideutigkeit des Himmels, Eröffnung der Möglichkeit eines Kopernikus (Suhrkamp-Taschenbuch Wissenschaft 352,1), Frankfurt a. M. 1981. Im Kapitel »Der Kosmos und die Tragödie« (16–31) weist *Blumenberg* auf die tragische Diastaseerfahrung hin, in der der Mensch sich – gegenüber dem bewunderten Kosmos – empfand; er spricht von der »Exteriorität von Göttern und Menschen gegenüber dem Kosmos« (16) und von einem »Hiatus zwischen Mensch und Kosmos« (20) schon in der klassischen Zeit. Er bestätigt die These von *Jacob Burckhardt* (Griechische Kulturgeschichte V. Zur Gesamtbilanz des griechischen Lebens (Gesammelte Werke VI, Darmstadt 1956, 352)), daß »der Daseinspessimismus der Griechen in der mythischen Gestalt des Prometheus« kulminiere (20). »Es läßt sich nicht übersehen, daß der Promotheusmythos Züge der so viel späteren Gnosis präfiguriert« (ebd.).

38 Vgl. *Johannes Hirschberger*, Geschichte der Philosophie, Bd. 1: Altertum und Mittelalter, Freiburg ³1957, 11.12.

39 Vgl. *H. Schwabl*, a.a.O. 213.

40 Vgl. hierzu u. II 1.1.1

te der einzelne sich unwillkürlich als Fremder fühlen; sein eigenes inneres Ich, seine Seele, ihr Ursprung und Geschick nahmen ihn in Anspruch.«[41]

In diese Welt hinein vermittelte sich das Christentum. Naturgemäß mußte hierbei ein totaler Umdeutungs- und Umformulierungsprozeß notwendig werden, wenn denn der Glaube an Jesus wirksam in der neuen Kultur rezipiert werden sollte; dem aus dem Wege zu gehen, wäre nur durch eine Alternative möglich gewesen: wer Christ werden wollte, hätte zuerst Jude werden müssen. Als dies von restaurativen judenchristlichen Kreisen versucht wurde, war es im Grunde schon zu spät.

Das Christentum hat den Übergang zu neuen kulturbedingten Ausdrucksformen schon in vorpaulinischer Zeit begonnen und die damit aufgegebenen Konflikte bis zum Ende des Altertums ausgetragen. Dabei hat es vieles riskiert und den Weg bis zu völliger Einpassung der Jesusinterpretation in hellenistische Modelle ausgelotet[42].

3.2.1.2 Die soteriologische Orientierung am Kosmos

Auch an dieser Stelle kann es nicht um eine Beschreibung der zahlreichen religiösen, also soteriologischen Systeme innerhalb des Hellenismus gehen[43], sondern lediglich um eine Charakterisierung ihrer fundamentalen Struktur. Von solchen gemeinsamen Strukturen kann trotz der Pluralität der Konkretionen und – natürlich – auch Abweichungen oder Ausnahmen, aufs Ganze gesehen, durchaus gesprochen werden. Diese aber sind gekennzeichnet durch das auffallende *Fehlen*

[41] A.a.O. 258.

[42] Wieweit man dabei ging, wird etwa in den Darstellungen Jesu als Orpheus in der frühen christlichen Kunst (vgl. *F. Schupp*, Glaube – Kultur – Symbol, a.a.O. 40) oder in seiner Integration in gnostische oder kosmologische Mythen deutlich. Vgl. als anschauliches *Beispiel* den Versuch des *Justin* (um 150), die Inkarnation nach dem Muster heidnischer Mythen zu verstehen: »Wenn wir aber weiterhin behaupten, der Logos, welcher Gottes erste Hervorbringung ist, sei ohne Beiwohnung gezeugt worden..., so bringen wir im Vergleich mit euren Zeussöhnen nichts Befremdliches vor. Denn wie viele Zeussöhne die bei euch hochgeschätzten Schriftsteller aufführen, wißt ihr wohl; so den Hermes, den erklärenden Vernunftgeist und Lehrer aller, dann den Asklepios..., ferner den Dionysos..., Herakles..., dann Ledas Söhne... Wenn wir aber sagen, er (Jesus) sei auf ganz eigene Weise entgegen der gewöhnlichen Abstammungsweise als Logos Gottes aus Gott geboren worden, so ist das, wie schon vorhin gesagt wurde, etwas, was wir mit euch gemeinsam haben, die ihr den Hermes den von Gott Kunde bringenden Logos nennt...« (apol. I 21.22, BKV 12, 1913, 33–35).

[43] Für genauere Informationen muß auf die entsprechende Literatur, vor allem das hervorragende Werk von *Martin P. Nilsson*, Geschichte der griechischen Religion, Bd. 2: Die hellenistische und römische Zeit, a.a.O., verwiesen werden.

einer soteriologischen Relevanz von Geschichte und damit durch das *Nichtvorhandensein* einer irgendwo zentralen *Vorstellung christologischer Vermittlung.*

Zwar kannte Griechenland und auch der Vordere Orient durchaus »Geschichtsgottheiten«, in denen sich das Selbstbewußtsein von Gesellschaften, Städten, Reichen konkretisierte und die Menschen auf der Geltung des kulturell Gewordenen insistierten. Immer aber blieben diese Ansätze unterfangen von der apersonalen Macht des alleinen Kosmos und seiner Kräfte.

Dieses grundlegend »kosmozentrische« Denken[44] hatte sich schon *in vorhellenistischer Zeit* in der soteriologischen Schlüsselstellung der anonymen moira, des »Schicksals«, oder im Bild von den Parzen artikuliert, deren apersonale Ordnungsmacht allem Treiben und Wollen der persönlichen, also durch plastische Mythenüberlieferung konkretisierten Gottheiten eine absolute Grenze setzte, die nicht überschritten werden konnte. Diese Überzeugung ist besonders im indo-europäischen Raum verbreitet[45] und z. B. auch in der römischen Vorstellung von einem fatum wirksam, kennt aber auch Parallelen in den Religionen des Alten Orients oder Ägyptens. Angesichts der soteriologischen Zentralfunktion dieser, am Modell der zwangshaften und notwendigen Naturabläufe gewonnenen Symbole verblassen die Möglichkeiten quasi-geschichtlich agierender Gottheiten oder auch christologischer Figuren.

Deswegen hat sich ihre Bedeutung schon im vorhellenistischen Griechenland relativiert. Nach *Kleinknecht* ist der »griechische Gottesbegriff... wesenhaft polytheistisch, freilich nicht im Sinne vieler vereinzelter Götter, wohl aber einer geordneten Göttergesamtheit... überall dort, wo eine tiefste Wirklichkeit, ein großes, tragendes Sein in der Welt in aller Herrlichkeit heraustritt, kann der Grieche nicht anders sagen als: eben dies – und nicht etwa das ›ganz Andere‹ – ist Gott... *Der Wandel der Seinsformen des Göttlichen, – das ist die Entwicklung der griechischen Gottesidee«*[46]. Deswegen verlor die tradierte Buntheit der Mythen und ihrer Subjekte an soteriologischer Faszination, die Reflexion der einen und notwendigen *Ordnung der Welt* und *ihrer Ur-*

[44] Vgl. zu diesem Begriff z. B. *Johann Baptist Metz*, Christliche Anthropozentrik. Über die Denkform des Thomas von Aquin, München 1962, 47: »Das griechische Denken ist inhaltlich, das heißt ontisch, im Blick auf den Rang des Seienden, anthropozentrisch..., formal jedoch, d.h. ontologisch, im Blick auf das waltende Seinsverständnis, ist es kosmozentrisch-objektivistisch.«

[45] Vgl. z. B. eine ähnliche Funktion der »Vorsehung« bei den Germanen oder des Brahman bei den Indern.

[46] *Kleinknecht*, ϑεός. A. Der griechische Gottesbegriff, in: ThWNT 3, 67–69; wörtlich wiederholt bei *Karl Rahner*, Theos im Neuen Testament, in: *ders.*, Schriften zur Theologie, Bd. 1, Einsiedeln ^{5}1961, 103.104.

sachen (Aitiai) trat in den Vordergrund, das »philosophische« Denken entstand[47].

Diese *Philosophie* versuchte, Einheit und Mannigfaltigkeit der Welt, und des Menschen in ihr, zu ergründen und auf »letzte« Prinzipien zurückzuführen. Für unsere Fragestellung ist es gleichgültig, ob diese Prinzipien z.B. »mechanistisch« (Atome, Elemente) oder »idealistisch« (z.B. die Idee des Wahren, Guten, Schönen) gedacht wurden; sie konstituieren jedenfalls das innere Wesen der Welt und des Menschen ohne Zuhilfenahme der Geschichte. Diese wird funktionslos für die Definition des Menschen, sie wird zum bloßen Zeitablauf, zum Nacheinander der durch die Ursachen bewirkten Phänomene. Die weithin *zyklische* Geschichtsauffassung minderte die Bedeutung des Einmaligen, der geschichtlichen Entscheidung: »Denke stets daran, daß alles, wie es jetzt ist, auch ehemals war, und denke auch daran, daß es einst ebenso sein wird« (Kaiser Marc Aurel, + 180 n.Chr.)[48].

Mit der Ausweitung des Horizontes auf die »ganze Welt« im Gefolge der Reichsbildungen Alexanders und seiner Diadochen und später Roms verlieren die lokalen und regionalen Spezifikationen von Religion noch mehr an Bedeutung, ihre kosmische Einbettung wird noch verstärkt. Die zyklische Geschichtsauffassung wirkt noch weiter fort (wie das Wort Marc Aurels zeigt), selbst sie aber wird häufig »zugunsten eines statischen Weltbildes zurückgedrängt, nach dem ein immer mehr transzendent u.(nd) rein geistig vorgestellter Gott die ewig bestehende Welt kraft der notwendig v.(on) ihm ausgehenden Wirkung gestaltet. Dieses System führt schließlich z.(ur) Trennung des ruhenden u.(nd) obersten Gottes, der die Quelle alles Seins ist, v.(on) seiner Hypostase, dem Demiurgen, der Materie u. Welt gestaltet und bildet.«[49]

[47] Die Entstehung der griechischen philosophischen Frage nach den Aitiai des Kosmos setzt eine ganz bestimmte religiöse Denkform voraus. Bei einer soteriologischen Orientierung an Geschichte, am Konkreten, Personalen, durch Tradition Spezifizierten hätte die nicht-traditions-verpflichtete, d.h. dem »bloßen Denken« überantwortete Fragestellung nicht entstehen können. Was zunächst wie ein Umbruch von Religion (Verhaftung in Mythentradition) zu (vorurteilsfreiem) Denken aussieht und auch meist so verstanden wird, ist in Wirklichkeit ein Vollzug der schon »vorphilosophischen« griechischen Verstehenstradition (wie sie – mutatis mutandis auch im Kontext anderer »natur« – und damit »einheits«orientierter Religionen entstanden ist: etwa in der indischen Upanishaden-»philosophie« oder in der »Philosophie« des Buddhismus). Die in der Religion vorgegebene Unterwerfung der Götter unter die moira ließ die sachhaften kosmischen Momente in der Vordergrund treten, die dem Nous zugänglich sind – scheinbar ohne Hilfestellung der Tradition.

[48] Selbstbetrachtungen, 10. Buch, 27. Abschn.

[49] *H. Schwabl*, a.a.O. 213.214.

Die Naturorientierung der hellenistischen Religiosität wird nicht nur in dieser mehr »reflex-philosophischen« Vertiefung der Kosmozentrik greifbar, sondern auch in der oft rauschhaften Praxis der *Mysterienreligionen*. Für diese gilt nicht, wie *F. Schupp*, wenigstens »in bezug auf die orphischen Mysterienkulte« behauptet, daß sie »im Mysteriendrama eine Interpretation der Kulturgeschichte« geben: »Orpheus und Dionysos gelten beide als Kulturbringer, in ihrer Geschichte wird gleichzeitig auch interpretierend die Geschichte der Kultur erzählt.«[50] So schwierig auch »Natur« und »Kultur« voneinander abzugrenzen sind – ist doch auch das jeweilige Verständnis von »Natur« eine kulturgeschichtlich bedingte Größe[51], so stark also auch kulturorientierte Momente miteingeflossen sind, sind dennoch die Mysterienkulte grundsätzlich als Darstellungen des Naturdramas und der mystischen Identifikation der Eingeweihten mit ihm zu verstehen. Sie »wurzeln fast alle in Fruchtbarkeitskulten. Ihre Gottheiten stellen Personifizierungen des Naturlebens dar. Der Mythos, der dessen Kräfte auf die Ebene potenzierten Menschentums od.(er) Gottseins hebt, hat als Kern meist das Schicksal eines Paares... Schon früh wurde in den Fruchtbarkeitskulten das jährliche Absterben der Vegetation z.(um) Todeslos des Menschen in Beziehung gesetzt...«[52].

Die Mehrzahl der im Römischen Reich sich verbreitenden Mysterienkulte rankten sich um orientalische Muttergottheiten[53] und ihre Partner bzw. um männliche Spender von Fruchtbarkeit und Leben[54]; die Kultlegenden haben mit dem Wechsel der Jahreszeiten, mit Sterben und Wiederaufblühen der Naturwelt zu tun. Ihre Loslösung »vom alten Milieu«, von »ihren alten völkischen Zusammenhängen«, machte noch stärker eine »symbolische Deutung«[55] der Mythen und Riten möglich; sie wurden zu – über die Entstehungskultur hinaus – generalisierbaren Interpretationen des Naturgeschehens, in das sich der Mensch durch Teilnahme an dem Kultdrama einließ, um dadurch

[50] Glaube – Kultur – Symbol, 39.

[51] S.o. 21.22.

[52] *K. Prümm*, Mysterien, in: LThK[2]7, 717.718 (vgl. dort auch die Interpretation der orphischen Mysterienkulte im Sinne von Naturdramen); vgl. hierzu auch *S. Giversen*, a.a.O. 280–298 (dort auch, 299, weitere Literatur). Anderer Meinung (wodurch allerdings die »Naturorientierung« der orphischen Mysterien nicht in Frage gestellt ist) ist *Martin P. Nilsson*, a.a.O. 364.365.

[53] Vgl. *H. Schwabl*, a.a.O. 214.

[54] Vgl. etwa zum Mithraskult *Jes Peter Asmussen*, Der Mithraskult, in: Handbuch der Religionsgeschichte, Bd. 3, 302: »Der römische Mithras ist der Lebensspender par excellence«; vgl. die entsprechende Kultlegende (Stiertötung), 306.

[55] *S. Giversen*, a.a.O. 283; vgl. z.B. *Kleinknecht*, a.a.O. 74: »Im *Hellenismus* deutet die Stoa die mythischen Göttergestalten um in metaphysisch-kosmische Begriffe«.

»Erlösung« zu erreichen. Die Erlösung, die ihm zuteil wurde, hatte hierbei *nicht* die Struktur der *personalen* Annahme oder Huld (etwa im Sinne der Jahwereligion), war also *nicht* eine geschenkhafte *Fremd*erlösung »von außen« (die dann auch der geschichtlichen Vermittlung bedurft hätte), sondern ein (oft ekstatisches) Einswerden mit apersonalen, wenn auch (oberflächlich) »personifizierten«, Naturmächten und ein Sich-Einpassen in ihre Abläufe; letztlich handelt es sich hierbei um eine Art der *Selbst*erlösung[56]. Auch die oft totale Hingabe an das Drama, verbunden mit Selbstpeinigungen, Askese oder Rausch, ist nicht als personale Zuwendung zu verstehen, selbst wenn der »Adressat« (Kybele, Isis, Mithras o.a.) oft in vergleichbarer Weise angeredet wurde; dieser Adressat ist tendenziell immer als Symbol anonymer Kräfte gemeint.
Grundsätzlich ist also das hellenistische Denken an der »Natur« orientiert. »Θεός *bleibt letztlich Prädikatsbegriff, und das Subjekt dieses Prädikats ist der Kosmos.*«[57] Sowohl die »universal« sich ausweitenden und miteinander verschmelzenden Polytheismen, durchdrungen und zusammengehalten von apersonalen Ordnungsprinzipien, wie die sich – auch im Bereich der Religionen – vertiefende kosmische und philosophische Spekulation wie auch die dramatischen Mysterienkulte sehen den Menschen als Teil des göttlichen Kosmos[58]. Die Geschichte hat keine unmittelbare soteriologische Relevanz, sie wird zur bloßen Zeitstrecke. Der Kult vollzieht sich nicht als Geschichtsmemoria (wie in der Jahwereligion und auch im Judenchristentum), sondern symbolisiert und bewirkt den Einbruch kosmischer (übermenschlicher, sakraler) Kräfte. Diese Denkstruktur ist so wirksam, daß selbst

[56] Auch die wichtige Rolle der »Priester« etwa oder bestimmter Praktiken ist nicht im Sinne von christologischen Vehikeln zu interpretieren. Ihre Bedeutung liegt vielmehr in der Verfügung über oder Darstellung von *Informationen*, die der Myste benötigte. Hatte sich der »Eingeweihte« dieses *Wissen* angeeignet, konnte er sich *sachgerecht* (im Verständnis der jeweiligen Kulte) verhalten und Erlösung erreichen. Auf das Fehlen eines wirksamen Fremderlösungsgedankens schon im klassischen Griechenland deutet auch die Entstehung der literarischen Form der *Tragödie* hin, in der der Mensch als unentrinnbar von anonymen Mächten gelenkt erscheint.

[57] *Karl Rahner*, a.a.O. 104.105 (von mir kursiv hervorgehoben); vgl. auch *Kleinknecht*, θεός, a.a.O. 66. Die Wendung wird auch von *Adolf Martin Ritter*, Dogma und Lehre in der Alten Kirche, in *Carl Andresen*, Handbuch der Dogmen- und Theologiegeschichte, Bd. 1: Die Lehrentwicklung im Rahmen der Katholizität, Göttingen 1982, 107, zitiert (und auf *U. von Wilamowitz-Moellendorf* zurückgeführt). *Ritter* interpretiert den Terminus Prädikatsbegriff: »D. h., daß weniger etwas von θεός, als θεός von etwas ausgesagt wird.«

[58] Vgl. *H. Braun*, Der Sinn der neutestamentlichen Christologie, a.a.O. 269: »... *der Mensch ist göttlich*... Die Seele gilt als von Natur göttlich, sie kommt von den Göttern und geht zu den Göttern«.

geschichtlich-kulturell-politische Phänomene kosmozentrisch eingeordnet wurden: Der römische Staat und seine Kaiser werden zu notwendigen und vom fatum beschlossenen Konsequenzen und Darstellungen einer absoluten, metahistorischen Weltordnung.
Entsprechend dieser kosmozentrischen Orientierung versteht der hellenistische Mensch auch »Unheil« und »Heil«. Nicht die Sinnlosigkeit und eine erhoffte Sinnhaftigkeit von Geschichte stehen im Vordergrund. *Als Unheil* wird vielmehr *die seinshafte Begrenztheit* des Menschen erfahren, seine Endlichkeit, Sterblichkeit[59] und Unwissenheit, oft dualistisch assoziiert mit Leiblichkeit und Materialität. »Schuld« wird ansichtig als Hybris, im Sinne von Seinsvermessenheit[60], und als Störung der (kosmischen) Ordnung (vgl. Diabolos: der »Durcheinanderwerfer«). *Heil* ist demgegenüber nur als *Überwindung dieser seinshaften Beengung und Wiederherstellung der* (kosmischen) *Ordnung* denkbar. Dieser Aspekt wird auch in der Anmerkung *Karl Rahners* deutlich, daß »für die metaphysische Gotteserkenntnis das Höchste der Welt auch irgendwie am nächsten bei Gott ist, die Welt in einer Steigerung und Sublimierung ihrer Werte und Kräfte einen Aufstieg zu Gott versucht, die Form ihres eigenen immanenten Gottsuchens... immer die Form des griechischen *Eros* hat, der nach oben zu höchster Erfüllung menschlicher Wirklichkeit und nur so zu Gott strebt...«[61]
Soteriologisch geht es also um Aufhebung der Endlichkeit zum Unendlichen hin, um Erlangung der Unsterblichkeit und des Wissens und um Übereinstimmung mit den tragenden Gründen des Seins (»*Wir müssen in die Seinsweise Gottes kommen.*«)[62] Auch diese positiven Aspekte werden oft, latent oder ausdrücklich, dualistisch mit der Freiheit von den Bedingtheiten des Materiellen verbunden, und erscheinen als *diese* (unsere) *Physis* transzendierend, als metaphysisch und immateriell.
Heil und Unheil werden also als Funktionen der kosmischen Welt und ihrer Ordnung erfahren und nach dem Modell des natural Seienden interpretiert. In den kosmopolitisch zusammenwachsenden Religionen, in der philosophisch-religiösen Spekulation, in der Gnosis und in den

[59] Das »griechische« Leiden an der Sterblichkeit und die korrespondierende Sehnsucht nach Unsterblichkeit sind anders strukturiert als das »jüdische« Leiden an dem Tod als »Ende« der individuellen Geschichte; vgl. dazu u. 112.113.

[60] Wenn man will, läßt sich auch die alttestamentliche Sünde als Hybris bezeichnen (vgl. z.B. zahlreiche Auslegungen von Gen 3). Dennoch besteht dann die »Hybris« im Verlangen, der (Geschichts-) Macht Jahwes (dem »Erkenner von Gut und Böse«, d.h. der praktischen Souveränität) gleichzukommen. Das »Seinwerden wie Gott« (Gen 3,5) ist auf die geschichtliche Rolle zu beziehen. Vgl. hierzu *Gerhard von Rad*, Theologie des Alten Testaments, Bd. I, 168.169.

[61] Theos im Neuen Testament, a.a.O. 133.

[62] *H. Kleinknecht*, ϑεός a.a.O. 78.

Mysterienkulten geht es somit – mehr oder weniger intensiv, in je verschiedener und sogar entgegengesetzter Konkretion der Wege – *um die Überwindung der Seinsbarrieren*, die den Menschen einengen und ihn von der (ihm gegebenen und aufgegebenen) Seinsverwandtschaft mit dem (sachhaft-apersonalen) Göttlichen, dem Seienden ohne Begrenztheiten, fernhalten.

Auch in dieser soteriologischen Konzeption gibt es so etwas wie »Vermittlung«, die allerdings keine Züge *geschichtlicher* »Christologie« besitzt. In Kult, »Lehre« oder Kenntnis der Mysterien begegnet das alleine Göttliche, eine ähnliche Bedeutung können »göttliche Männer«, Heroen, »göttliche« Schulhäupter philosophisch-religiöser Richtungen, Kaiser und Könige, mythische Figuren, in denen sich Göttliches und Menschliches verbindet, gewinnen. Alle diese Vermittlungen haben aber keinen eigenständigen geschichtlichen Wert, in ihrer historischen Konkretion oder Einmaligkeit sind sie bedeutungslos. Worauf es ankommt, ist das in ihnen – bei aller Endlichkeit – erscheinende Göttliche, an dem sie teilhaben. Sie sind eikon, Bild, des Göttlichen: »Dieser Bildgedanke hat im griechisch-hellenistischen Bereich eine ausgesprochen monistisch-optimistische Ausprägung gefunden.«[63] Der latente Monismus aber macht eine »christologische« Vermittlung (im bisher hier gebrauchten Sinn) unmöglich. Ihre Funktion übernimmt vielmehr die *Paideia*[64], in der Weitergabe von Erkenntnis (Phi-

[63] *H. Kleinknecht*, εἰκών. C. Der griechische Sprachgebrauch von εἰκών, in: ThWNT, Bd. 2, 386.

[64] Im Anschluß an die oben (99, A. 26) genannte Studie von *Werner Jäger*, sieht *Gisbert Greshake* (Der Wandel der Erlösungsvorstellungen in der Theologiegeschichte, in: Erlösung und Emanzipation, hrsg. von *Leo Scheffcsyk*, Quaestiones Disputatae 61, Freiburg, Basel, Wien 1973, 76) im Gedanken der Paideia das zentrale Motiv der griechischen Kultur wie auch der östlichen Theologie: »Ich sehe diesen Schlüssel (zur Interpretation der altkirchlichen Erlösungsmotive, der Verf.) in der urgriechischen Idee der *Paideia* (Erziehung).« *Raymund Schwager* (Unfehlbare Gnade gegen göttliche Erziehung. Die Erlösungsproblematik in der pelagianischen Krise, in: ZKTh 104, 1982, 257–290) stimmt im wesentlichen zu, bringt aber für die Theologie Korrekturen vor. Beide aber scheinen den Zusammenhang zu übersehen, in dem der Gedanke der Paideia eine so zentrale Bedeutung gewinnen konnte: Es ist ein mehr oder weniger offener, aber wirkmächtiger Monismus, innerhalb dessen die zwangsläufig (und in Monismen immer) sich ergebende Dynamik auf Einswerden mit dem Göttlichen die Frage nach dem *Weg dorthin* aufwirft. Anders gesagt: Die zentrale Funktion der Paideia (und eben *nicht*: christologischer Vermittlung) resultiert selber aus dem Monismus – *die Vergöttlichungssoteriologie trägt ihrerseits das Paideia-Motiv*. Es verhält sich also genau anders herum als in der Schilderung *Greshakes* (ebd. 80): »Auch die Idee der Vergöttlichung des Menschen erhält erst ihr eigentliches Relief auf dem Hintergrund von Mimesis und Methexis«. Letztere sind vielmehr die Konsequenzen eines Grundlegenden, auf Einswerden mit dem Göttlichen angelegten Monismus. Dieser ist zwar in der griechisch-

losophie) und Wissen (Gnosis) oder von Kenntnis der Kultmysterien. Damit aber haben die Lehrer oder Mystagogen ihre Aufgabe erfüllt, und der so »Erzogene«, Wissende oder Eingeweihte braucht sie selbst nicht mehr, sie sind »in Person« soteriologisch überflüssig geworden.[65]

3.2.1.3 Die Umkehrung der christologischen Soteriologie

Die Rezeption des Christentums in die hellenistische Kultur hinein machte eine revolutionäre Neuinterpretation notwendig. Verschiedener konnten die Kulturen beinahe nicht sein, mit deren Möglichkeiten und in deren Denken und Sprache Christologie und Soteriologie jeweils expliziert werden mußten: Die jüdische und die hellenistische Kultur sind diametral gegensätzlich strukturiert. Der radikalen Geschichtsorientierung und dem darauf begründeten Monotheismus stand nun ein völlig andersartiges[66] kosmozentrisches und (der Dynamik nach) monistisches Daseinsverständnis gegenüber.
Die *formale* soteriologische Struktur des Judentums ist, wie schon gesagt wurde, im Judenchristentum zu ihrer *geschichtlichen Konkretion* gebracht worden; im harten »daß« des Bekenntnisses zu Jesus ist einmalige Historie eschatologisch gültig geworden. Diese Theologie in die Modelle hellenistischer Soteriologie zu übersetzen, war ein ungeheuerliches Unternehmen, das auch die Erschütterungen des Christentums in der Frage der »Heiden«mission bewirkt hat. Kein einziger Begriff der christologisch-soteriologischen Tradition konnte ohne totale Umwandlung des gesamten Bedeutungshorizontes in der neuen Welt übernommen werden. Ein soteriologisches System, dem es nicht nur um letzte Relevanz von Gechichte geht, sondern das sogar behauptet, daß diese Letztgültigkeit faktisch in Jesus schon, im Vorgriff, wirklich geworden ist, *muß jetzt einem Verstehen vermittelt werden, dem Geschichte (soteriologisch) nichts, das Sein dagegen alles bedeutet.* Ein für die Artikulation des Bekenntnisses zu Jesus unangemesseneres Sprachfeld läßt sich kaum denken[67]. Die folgenden Jahrhunderte hin-

christlichen Theologie aufgehoben (vgl. u. 131.132); die Raster bleiben, werden aber im Christentum mit anderen Inhalten verbunden.

65 Ähnliche Zusammenhänge gibt es in allen monistischen Religionen. So hat z. B. *Buddha* – im Hinayana-Buddhismus – keine eigenständige soteriologische Funktion (wohl aber seine »Lehre«), er ist kein »Christus«; vgl. auch die Rolle des Upanishadenlehrers oder – von mehr aktueller Bedeutung – des *Karl Marx* im »materialistischen Monismus« des Diamat.

66 Vgl. *R. Bultmann*, Das Urchristentum, 164: »Vor allem war den Heidenchristen das heilsgeschichtliche Denken fremd...«

67 Es gibt zwar soteriologische Systeme, in denen das monistische Denken noch strenger auf den Begriff gebracht ist (z. B. Teile der Upanishadentheologie oder

durch ging es deswegen um den Versuch, das Unvereinbare zu verbinden: Gültigkeit Jesu (von einmaliger Geschichte) und kosmische Soteriologie.

J.B. Metz spricht von dem »ins griechische Exil geratene(n) Wort Gottes«[68]; dort allerdings wurde es – weithin bis jetzt – so heimisch, daß seine hellenistische Gestalt oft als die christliche erscheint.

Die Umkehrung des Denkens mußte zu einem völlig neuen Verständnis soteriologischer Topoi führen[69]:

– Aus der absolut geltenden Person wurde jetzt der Inbegriff des Göttlichen. Jahwe ist ein Eigenname[70] (außerisraelitischer Herkunft) und kann nicht ohne weiteres, das heißt ohne eine erhebliche Bedeutungsverschiebung, mit »Gott« übersetzt werden, wenn »Gott« (im Sinne von »göttlich«) als Gattungsbegriff verstanden wird, unter den Jahwe subsumiert werden soll. Jahwe, der personal angeredete, ist im Alten Testament völlig *analogielos*, den Prädikatsbegriff »*das* Göttliche« gibt es dort nicht[71].

der Hinayana-Buddhismus); vielleicht wäre hier, wegen ihrer systematischen Perfektion, eine Rezeption christologischer Soteriologie mit *eigenen Sprachmitteln* noch schwieriger. Dem Grundansatz nach aber stand die Vermittlung des Christentums in die hellenistische Welt vor der gleichen Schwierigkeit.

68 A.a.O. 105.

69 Die folgenden Gesichtspunkte und auch die angefügten Hinweise sollen einen *Denktypos* lediglich *exemplarisch, beinahe plakativ*, veranschaulichen. Die angefügten Zitate sind nicht als historisch-kritisch gemeinte »Belege«, sondern nur als (beliebige) Beispiele für eine Tendenz angeführt. Ausdrücklich sei angemerkt, daß die meisten Stellen, auf die verwiesen wird, *auch* starke *jüdische* Assoziationen einschließen.

70 *G. Fohrer*, a.a.O. 65, kommt anhand einer etymologischen Untersuchung des Jahwe-Namens nach Ex 3,14 zu dem Schluß: »Das durch den ›Namen‹ ausgedrückte Wesen Jahwes ist eine Einheit von Sein, Werden und Wirken – eine wirkende Existenz.... Es handelt sich also im strengen Sinn gar nicht um einen Eigennamen.« Diese Aussage widerspricht *nicht* dem *hier* Gemeinten: Wenn auch der Name Jahwe seiner Herkunft nach etwas bedeutete, übernimmt er dann doch *die Funktion* eines Eigennamens.

71 Die hebräische Sprache kennt kein Äquivalent für den im Hellenismus zentralen Terminus »das Göttliche«. Wohl aber wird Jahwe als El oder Elohim bezeichnet, Begriffe, die nach *Quell* (θεός. B. El und Elohim im AT, in: ThWNT 3,85) etymologisch nicht sicher abgeleitet werden können. Im Sprachgebrauch des Alten Testaments sind sie mit der Assoziation »Macht« verbunden (vgl. *Quell*, ebd. 84.85) und dienen dazu, Jahwe als Nicht-Menschen und als überlegene (Geschichts-)Macht zu kennzeichnen. Insofern *vertreten* die Begriffe El und Elohim die Funktion des in anderen Sprachen gebräuchlichen Gattungsbegriffs »Gott« oder »göttlich«. Dennoch scheint ihre einfache Qualifizierung als Gattungsbegriff (so *Quell*, ebd. 81) nicht ganz der Eigenart dieser Redeweise zu entsprechen: Nach *Quell* (ebd. 81) haben El und Elohim »ihre Wurzel in polytheistischer Religion« (vgl. auch ebd. 87, vgl. auch *Rolf Rendtorff*, El, Ba'al und Jahwe. Erwägungen zum Verhältnis von kanaanäischer und israelitischer Reli-

Im Griechischen aber ist θεός ein Gattungsbegriff, der in etwa soviel bedeutet wie τὸ θεῖον, *das* Göttliche; auch dort, wo ein einzelner Gott (Zeus, Poseidon o.ä.) »Gott« genannt wird, bleibt er, in einem latent monistischen Verstehen, in das Gesamt des Göttlichen eingeordnet und mit anderen θεοί parallelisiert[72]. *Die Übersetzung nun des Jahwenamens mit θεός* (die Übertragung ›Kyrios‹, die in der Septuaginta gebräuchlich war, tritt im griechischen Christentum zurück bzw. wird von dem Begriff »Gott« überlagert) *läßt den einmaligen Geschichts»gott« seine Analogielosigkeit verlieren und ihn als Repräsentanten bzw. Inbegriff der Sphäre des Göttlichen, der Gattung »Gott«, erscheinen*[73] – mit allen Gefahren monistischer Fehlinterpretation.

– Der *Geschichtsgott Jahwe* wurde jetzt als *das höchste Seiende*, letzter tragender Grund des Kosmos, Ziel- und bald auch Wirkursache des Alls rezipiert.

So schildert z.B. schon der *Erste Klemensbrief* ausdrücklich, was wahrscheinlich in den hellenistischen θεός-Prädikaten des Neuen Testaments mitgedacht wurde: Gott ist *allmächtig* (»Mit einem Wort seiner Majestät erstellte er das All«, 1Klem 27,4[74]; vgl. auch Weish 9,1; Hebr 1,3[75]), *allwissend* (»Alles steht ihm vor Augen, und nichts bleibt seinem Ratschluß verborgen«, 27,6)[76] und

gion, in: *ders.*, Gesammelte Studien zum Alten Testament, 172–187), wenn auch nach *Hartmut Gese* (Der Name Gottes im Alten Testament, in: *Heinrich von Stietencron* (Hrsg.), Der Name Gottes, Düsseldorf 1975, 84) im Alten Testament El schon mehr appellativ für »Gott« als im Sinne des (polytheistischen) Eigennamens verwendet wird. Vielleicht aber verrät dieser Sprachgebrauch doch noch den geschichtlichen Sieg Jahwes über die El-Gottheiten, so daß die Formel ›Ich bin Jahwe, dein ›Gott‹ (Elohim)‹ ursprünglich (wenn auch nicht in jedem Fall seiner literarischen Verwendung im Alten Testament) möglicherweise eine polemisch-kämpferische (und nicht bloß appellative) Bedeutung hatte (z.B. in dem Sinn: ›Ich bin Jahwe, andere Gottheiten gibt es für dich nicht‹). Dem würde auch der Umstand entsprechen, den *H. Gese* (ebd. 78) betont, »daß der sich so vorstellende Gott in keiner Weise anderen Gottwesen untergeordnet oder auch nur nebengeordnet ist, also in keiner Beziehung zu einem Pantheon steht.« Was heißt das anderes, als daß Jahwe nicht gattungsmäßig beschreibbar ist?

72 Vgl. *H. Kleinknecht*, θεός, a.a.O. 66.67: »θεός ist ursprünglich ein Prädikatsbegriff... Schon Homer hat neben dem Plural (οἱ) θεοί gerne den unbestimmten Singular θεός (τις) und denkt dabei an göttliches Sein und Wirken schlechthin, bald an irgendeinen beliebigen Gott... Auch sonst stehen abwechselnd, oft nahe beieinander, die Ausdrücke ›die Götter‹, ›der Gott‹, ›Gott‹, ›die Gottheit‹ in gleicher Bedeutung als Einheitsbegriff, als ob es nur eine einzige Macht wäre.«

73 Diese Entwicklung hatte schon im hellenistischen Diasporajudentum begonnen (obwohl hier Jahwe mit »Kyrios«, Herr, übersetzt wurde und die kulturelle Bindung an das Judentum stärker blieb), wurde aber durch die universale Mission des Christentums erst recht ausgeweitet und stabilisiert.

74 Zitiert in der Übersetzung von *Joseph A. Fischer*, Die Apostolischen Väter, griechisch und deutsch, München 1956 (ed. Fischer), 59.

75 Vgl. ed. Fischer, zu 1 Klem 27,4, ebd., A. 154.

76 Ed. Fischer 59.

allgegenwärtig (Gott, »der alles umfaßt«, 28,4[77]; vgl. hierzu *Fischer*: »Man wird hier an die stoische Gottesvorstellung erinnert, die unter Verzicht auf ihren eigentlich monistischen Charakter in den alt-christlichen Gottesbegriff eingetragen erscheint«)[78]. Trotz starken Nachwirkens alttestamentlicher Vorstellungen wird hier eine Schwerpunktverlagerung greifbar (von der Geschichtsmacht Jahwes zur »All-Macht« Gottes usf.), die in weisheitlichem und jüdisch-kosmologischem Denken vorgebildet und auch etwa im Epheser- und Kolosserbrief und im Johannesevangelium schon wirksam ist. Vgl. auch Jak 1,18:... »Vater der Lichter, bei dem es keinen Wandel noch Schatten von Veränderungen gibt.« Vgl. auch *Ignatius*, ad Polyk 3,2 (hier inbezug auf den θεός Jesus): »Harre auf den, der über der Zeit ist, den Zeitlosen, den Unsichtbaren..., den Ungreifbaren, den Leidensunfähigen...«[79].

– Die *Geschichtsoffenbarung* Jahwes in »Vätern und Propheten« und schließlich in Jesus wird zu einer *Aufdeckung seines »Wesens«* vermittels des ihn seinshaft repräsentierenden Logos (Sofia, Demiurg, »Sohn«, Eikon etc.), der immanent im Kosmos und so auch im Menschen anwesend ist, von diesem erkannt und (in der Paideia) vermittelt werden kann.

Schon im *Neuen Testament* klingen ähnliche Gedanken an (z. B. Johannesprolog; die Erkenntnis Gottes aus seinen Werken nach Röm 1,19–23, im Anschluß an Ausführungen im hellenistisch beeinflußten Weisheitsbuch 13,1–9), dennoch bleibt hier das jüdische Denken noch prägend; dies wird vor allem im Kampf gegen gnostische Positionen, die in hellenistischen Gemeinden (z. B. in Korinth) vertreten wurden, deutlich. Bald aber setzen sich die neuen Denkweisen stärker durch. Dies gilt sicher schon für die *Apologeten*: »Soweit sie nicht das AT zitieren, ist ihr Erkenntnisbegriff der vulgäre griechische«, der »die theoretische Erkenntnis, in erster Linie die Erkenntnis Gottes oder der ἀλήθεια oder auch Christi«, bezeichnet[80]. Vgl. *Justin*: »Denn was auch immer die Denker und Gesetzgeber jemals Treffliches gesagt und gefunden haben, das ist von ihnen nach dem Teilchen vom Logos, das ihnen zuteil geworden war, durch Forschen und Anschauen mit Mühe erarbeitet worden... dem Christus aber, den auch schon Sokrates teilweise erkannt hatte – war und ist er doch der Logos, der jedem innewohnt –...« (Apol. II 10)[81].

– *Erlösung*, ursprünglich Rettung der Geschichte, wurde, negativ, in der *Befreiung von der Endlichkeit* menschlichen Seins gesehen, positiv in *Unsterblichkeit*[82], *Erkenntnis* und *Teilhabe an der göttlichen Natur*

[77] Ed. Fischer 61. [78] Ebd. A. 160. [79] Ed. Fischer 219.

[80] *R. Bultmann*, γινώσκω, in: ThWNT, Bd. 1, 714.

[81] BKV 12, 1913, 96.97.

[82] Diese »Unsterblichkeit« darf nicht primär gesehen werden als Symbol für die Hoffnung auf Gültigkeit von Geschichte (wie der Auferstehungsbegriff), sondern als Sehnsucht nach Entgrenzung des zeitlichen Seienden zu einem umfassenden Sein (vgl. u. 113); »Unsterblichkeit« ist ein Synonym für das göttliche Sein (vgl. *H. Kleinknecht*, θεός, a.a.O. 69).

(später bis hin zur, bisweilen tendenziell monistischen, »Vergöttlichung«).

Z. B. ist das eucharistische Brot für *Ignatius von Antiochien* »Unsterblichkeitsarznei« (ad Eph 20,2)[83]. Diese Unsterblichkeitshoffnung wurde auch beherrschend für die »Volksfrömmigkeit«: nach der berühmten Ichthys-Inschrift (sepulkrale Inschrift des Pectorius)[84] hat »Jesus« »die unsterbliche Quelle von göttlichen Wassern unter den Sterblichen« empfangen (πηγή ist rekonstruiert). So war auch schon nach dem hellenistisch beeinflußten Weisheitsbuch die Hoffnung der Gerechten »ganz vom Unsterblichkeitsglauben erfüllt« (3,4).
Neben Unsterblichkeit und Erkenntnis ging es bald immer zentraler um Teilhabe am Sein Gottes: Vgl. z. B. 2 Petr 1,4: »der göttlichen Natur sollt ihr dadurch teilhaft werden«, vgl. den Gedanken der »Wiedergeburt« oder das »aus Gott geboren sein« bei Johannes. Zwar spielt in diesen Fällen alttestamentliches Denken noch eine große Rolle, es handelt sich gewiß noch nicht um rein hellenistische Aussagen; die Richtung aber ist gewiesen zur späteren »Vergöttlichungs«theologie.

– »Auferstehung«, jüdisch und judenchristlich Symbolbegriff für die Hoffnung auf Gültigkeit von Geschichte, wird in das hellenistische Verstehen eingepaßt und zum Topos für die Wiederbelebung der (menschlichen) Natur.

Schon der *Erste Klemensbrief*, Kap. 24, deutet das neue Denken an: »1. Bedenken wir, Geliebte, wie der Herr uns fortwährend anzeigt, daß die künftige Auferstehung stattfinden wird, zu deren Anfang er den Herrn Jesus Christus machte... 2. Tag und Nacht zeigen uns die Auferstehung an; die Nacht entschläft, der Tag steht auf; der Tag zieht ab, die Nacht kommt herbei. 3. Nehmen wir die Früchte... 4. Es ging der Sämann aus und warf jedes der Samenkörner auf die Erde; diese fallen nackt und trocken auf die Erde und lösen sich auf; aus der Auflösung läßt sie dann die großartige Fürsorge des Herrn auferstehen...«[85] Im folgenden (Kap. 25) wird als weiterer Beleg aus der Naturwelt auf den Phönix verwiesen, der 500 Jahre lebt, dann stirbt, sich in einen Wurm verwandelt und endlich wieder als Vogel aufersteht.

– Die *geschichtlich-faktische und dennoch unaufhebbare Vermittlung des Heils* durch Jesus wurde zunehmend *als naturale, physische, seinshafte Vermittlung* interpretiert. Nur wenn er als Mensch mit uns, als Sohn Gottes zugleich mit dem höchsten Seienden natural verwandt war, konnte er die *Mittlerschaft zwischen Endlichem und Unendlichem* wahrnehmen.

[83] Ed. *Fischer* 161.
[84] (Heute im Museum von Autun), vgl. *C. Andresen*, Fisch, in: RGG³ 2, 968.
[85] Ed. Fischer, 57.

Die Überbrückung der schwindelerregenden Kluft zwischen menschlichem und göttlichen Sein wurde in zwei Richtungen hinein entfaltet: *Erstens* zu einer *Schöpfungsmittlerschaft*, die sich als notwendige Folge der *naturalen* Stellung Jesu »zwischen beiden Welten« ergab; vgl. z. B. Joh 1,3: »Und alles ist durch es (das Wort), nichts ohne es geworden«, Kol 1,15: »Das Bild des unsichtbaren Gottes ist er, der Erstgeborene vor aller Schöpfung; denn in ihm wird alles erschaffen, was im Himmel und auf Erden ist«; vgl. Hebr 1,2b.3 usf. *Zweitens* zu einer *Erlösungsmittlerschaft*: Vgl. die hellenistischen Prädikationen für Jesus und die soteriologische Notwendigkeit des »*Schemas des Weges*«, im Sinne des Philipperhymnus (2,6–11), s. u. 120, vgl. *Ignatius*, ad Eph. 7,2: »Einer ist *Arzt*, aus Fleisch zugleich und aus Geist, gezeugt und ungezeugt, im Fleisch erschienener Gott, im Tode wahrhaftiges Leben, aus Maria sowohl wie aus Gott, zuerst leidensfähig und dann leidensunfähig, Jesus Christus, unser Herr«[86]; vgl. ebd. 20,2: »Jesus Christus, der dem Fleische nach aus dem Geschlecht Davids stammt, ... Menschensohn und Gottessohn«[87]; vgl. ders., ad Polyk. 3,2; vgl. *Justin*, apol. I 63 oder die *Pectorius-Inschrift*, nach der »der Fisch« (Jesus-Christus, Sohn Gottes, Heiland) von »göttlichem Geschlecht« (ϑεῖον γένος, ϑε = ergänzt) ist *und* zu den Sterblichen gehört (ἐν βροτέοις) usf.

– Das Heilshandeln Jahwes in der Zukunft, aber auch schon jetzt in Jesus, wurde transponiert zu einer *überweltlichen*, »metaphysischen«, natural ungeschuldeten (seit *Dionysius Pseudoareopagita* ausdrücklich »über-natürlichen«) Begnadigung des Menschen, durch die er schon in seinem irdischen Leben (seinshaft in nuce) erlöst ist, deren Seinsmacht sich aber erst im Jenseits voll entfaltet; dieses Jenseits ist für Individuen und Menschheit – quoad nos – am Ende einer Zeitstrecke erreichbar. Geschichte wird enteschatologisiert, sie wird zum bloßen Zeitablauf, deren Abschluß den Zugang zur vollen Teilhabe am Göttlichen freimacht.
Die hier in typisierter Form geschilderten Umbrüche des Denkens sind zunächst noch durch die weiterwirkende alttestamentliche Tradition korrigiert, gemildert oder verdeckt; sie sind aber dennoch schon vom Beginn der »Heiden«mission an latent vorhanden und führen später zu »reineren« hellenistischen Konkretionen.
Die christliche Theologiegeschichte kann nur dann richtig verstanden werden, wenn erkannt und anerkannt wird, daß mit dem Übergang des Christentums in einen neuen Raum auch eine inhaltlich und strukturell völlig andere Soteriologie und Christologie entstanden ist, die in ihren beschreibbaren Aussagen durch und durch kulturspezifisch, hellenistisch geprägt ist.

[86] Ed. *Fischer* 147.149.
[87] *Fischer* ebd. 159.

3.2.2 Hellenistisches Denken im Neuen Testament

3.2.2.1 Die vermittelnde Funktion der hellenisierten judenchristlichen Gemeinden

Der Übergang von juden- zu »heiden«christlichem Denken wäre wie ein totaler Bruch realisiert worden, wenn er nicht auf dem Wege über das Diasporajudentum erfolgt wäre, das sowohl in der jüdischen Tradition wurzelte wie auch von hellenistischer Kultur beeinflußt war. In Christengemeinden oder -gruppen dieser Prägung wurde die judenchristliche christologische Soteriologie so transformiert, daß sie unter den neuen Bedingungen rezipiert werden konnte.

Schon die älteste judenchristliche Konzeption muß im Sinne eines Anspruches auf *universale* Geltung Jesu für das Heil verstanden werden. »Dieser bislang nur im Wort und potentiell gegebenen Universalität stand im Römischen Reich eine *reale politische Universalität* gegenüber, die im Hellenismus auch über eine gemeinsame Sprache und eine universale Kultur verfügte.«[88] Diese Situation bezieht *Franz Schupp* vor allem auf Paulus und seine Missionstätigkeit[89], in Wirklichkeit aber dürfte diese Herausforderung schon lange vor Paulus wirkmächtig gewesen sein; bei ihm scheinen wir mehr den letzten Ausläufern und den abschließenden Diskussionen[90] und Entscheidungen zu begegnen. Die Aussage *Schupps* muß also auf die älteste Zeit des Christentums angewandt werden, »daß diese Universalität vom jungen Christentum keineswegs als unproblematisch betrachtet wurde, sie vielmehr erst in Überwindung kultischer und kultureller Grenzen langsam errungen werden mußte.«[91]

Der Anspruch realer Universalität hat nicht sofort zur Konsequenz der Taufe von »Heiden«[92] geführt. Wohl aber hat er die hellenisierten Judenchristen veranlaßt, das Bekenntnis zur Heilsrelevanz Jesu in Be-

[88] *F. Schupp*, Glaube – Kultur – Symbol, 33.

[89] Ebd. 32.33.

[90] Auf diesem Felde allerdings war das Wirken des *Paulus* von unverzichtbarer Bedeutung: Er hat nicht nur für die Heidenmission plädiert und diese mit größter Dynamik durchgeführt, sondern mit seiner Theologie von der Rechtfertigung allein aus dem Glauben (etwa im Galaterbrief) theologisch begründet und legitimiert. Insofern ist die Ablehnung der Heilsrelevanz des Gesetzes (und somit der Zugehörigkeit zum Judentum) und das Bekenntnis zur alleinigen soteriologischen Funktion Jesu der theoretische Überbau über die schon begonnene Heidenmission und die ihr dokumentierte Universalisierung der Verkündigung Jesu als Christus.

[91] Ebd. 32.

[92] Vielleicht aber kam es auch sehr bald schon zur Taufe von »Heiden«, allerdings noch nicht in einem programmatischen Sinn, sondern mehr nach Art des jüdischen Proselyteninstituts (vergleichbar etwa der Taufe des äthiopischen Höflings in Apg 8,26–39 – im Unterschied zur Taufe des Kornelius in Apg 10).

griffen und Modellen auszudrücken, die »universal«, d.h. von »Griechen« verstanden werden konnten, dennoch aber auf dem Boden judenchristlichen Denkens möglich waren. Dieser Übersetzungsvorgang erfolgte vorwiegend als *Selektion* und neue Gewichtung unter den tradierten Topoi und ist nicht als ein programmatischer Prozeß zu begreifen (diese Konsequenzen wurden aber – in »Heiden«mission und deren institutionellen Implikationen – bald gezogen). Ganz »von selbst« werden sich diese Gemeinden einer veränderten Sprache bedient haben.

Die neue theologiegeschichtliche Stufe ist also gekennzeichnet durch die Verwendung *geschichtlich-soteriologischer* (jüdischer) Modelle, die *auch* im hellenistischen Kontext einen kommunikablen Sinn hatten. Sie wurden weiterhin grundsätzlich jüdisch-geschichtlich verstanden, eröffneten aber die Möglichkeit universaler Rezeption und damit späterer Uminterpretation (hierbei mußten von diesen Christengruppen keine völlig neuen Wege begangen werden: Aus dem Raum des hellenisierten Judentums stand ein umfangreiches Material zur Verfügung – vom Gottesbegriff über anthropologische Vorstellungen bis hin zum Präexistenzgedanken oder astrologischen Anschauungen)[93].

Einige Beispiele mögen diesen Übergang verdeutlichen:

- Die meisten der spezifisch *apokalyptischen* Modelle und Begriffe treten in den Hintergrund (Menschensohn, Messias ((im Sinne der Prädikation)), Davidsohn, Reich Gottes)[94]. Dennoch ließen sich einige Topoi verwenden: Die »Auferweckung«[95] z.B. war – ohne lange Erklärungen (wenn auch mit neuen Inhalten) – auch im hellenistischen Raum verstehbar und kam sogar der dortigen Unsterblichkeitshoffnung entgegen[96]; ähnliches gilt für die apokalyptische Zwei-Äonenlehre, die auf den ersten Blick hellenistischen Erwartungen einer »neuen Weltzeit« entgegenkam und für die zugrundeliegende Vorstellung von einem ewigen Heilsplan Gottes, der die Geschichte von Anfang bis Ende determiniert (vgl. die griechische Moira- oder die lateinische Fatum-Vorstellung).

[93] Vgl. *Otto Böcher*, Jüdischer Sternglaube im Neuen Testament, in: Wort und Wirklichkeit, Studien zur Afrikanistik und Orientalistik, Teil I, hrgs. von *Otto Böcher* und *Günter Mayer* (*E.L. Rapp* zum 70. Geburtstag), Meisenheim am Glan, 1976, 51–66. Vgl. vor allem die Quintessenz *Böchers*: »Offensichtlich ist auch ›Hellenistisches‹ im Neuen Testament diesem weitgehend durch das Judentum vermittelt worden« (66).

[94] Vgl. z.B. *H. Braun*, Der Sinn der neutestamentlichen Christologie, a.a.O. 252.

[95] Vgl. zu Überlegungen über eine Entstehung des Auferstehungszeugnisses 1 Kor 15,3–5 in diesen hellenisierten judenchristlichen Gemeinden, *Hans Conzelmann*, Der erste Brief an die Korinther (Kritisch-exegetischer Kom. über das Neue Testament, begründet von *H.A.W. Meyer*), Göttingen 1969, 298–301.

[96] Vgl. hierzu o. 112.113.

- Die *kultische* und mehr noch *ethische* Tradition bot Deutungen an, die auch unter den neuen Bedingungen verstehbar waren. Vielleicht ist die Interpretation des Todes Jesu und der Eucharistiefeier als »Opfer« in diese Gemeinden zu datieren[97].
- Aus der *geschichtlichen* Überlieferung ließ sich besonders das Bekenntnis zu Jesus als Gesandter Gottes übernehmen: Kommen und Leben (vor allem das Leiden) Jesu erfolgten aufgrund des »Willens Gottes«, »gemäß der Schrift«, eine Vorstellung, die sich auch auf dem Hintergrund der hellenistischen moira- und fatum-Überzeugungen verstehen ließ und später, besonders von Lukas, in diesem Sinne als »göttliches Muß« entfaltet wurde[98]. Aber auch andere Termini ließen sich auf Jesus anwenden, etwa der eikon-Begriff (den dann z. B. schon Paulus sehr stark aufgreift: Jesus als vollkommenes »Bild« Gottes) oder die Adamtypologie (wie sie Paulus in Röm 5 als christologisch-soteriologische Form benutzt)[99].
- Auch Motive des *weisheitlichen* Denkens ließen sich zur Interpretation des durch Jesus vermittelten Heils heranziehen: Hier wäre – noch einmal – die eikon-Terminologie (die außer in der Geschichtstradition auch in der Weisheitsüberlieferung verankert ist)[100] oder – besonders – die Sofia-Christologie zu erwähnen (die erst den Weg zur Präexistenz- und Schöpfungsmittlervorstellung freigemacht hat)[101].
- Bei den ausdrücklichen *Hoheitstiteln* treten spezifisch innerjüdische Bezeichnungen (Menschensohn, Messias [als Titel], Davidssohn) zurück, die Namen »Sohn Gottes« und Kyrios (»Herr«) in den Vordergrund[102]. Beide sind sowohl in der jüdischen Tradition behei-

[97] Vgl. *Hans Keßler*, Erlösung als Befreiung, 30.

[98] Dabei wurde von *Lukas* allerdings die hellenistische Typologie mit jüdischen und judenchristlichen Inhalten verbunden, vgl. *Grundmann*, δεῖ, in: ThWNT 2,22.23.

[99] Vgl. auch andere erst später nachweisbare Modelle der narrativen alttestamentlichen Tradition: »Gesetz« – Evangelium, früheres Unheil – jetziges Heilsangebot, frühere Sünde – jetzige Versöhnung, das Todeslos des Menschen (im alttestamentlichen Sinn: als Verlust der Lebensmacht und als Sünde) – demgegenüber jetzt »ewiges Leben« (vgl. z. B. Röm 5,12.21) usf.

[100] Vgl. *M. Hengel*, Der Sohn Gottes, 118.

[101] Vgl. *Eduard Schweizer*, Kol 1,15–20, in: *ders.*, Beiträge zur Theologie des Neuen Testaments, 134.135 (erstmals veröffentlicht in: EKK, Vorarbeiten, H. 1,1969,7 ff.). Vgl. zur Rückführung der Vorstellungen von Präexistenz, Schöpfungsmittlerschaft und Sendung in die Welt *M. Hengel*, a.a.O. 78–81; 104–120; vgl. 105: »Es ist möglich, ja wahrscheinlich, daß sie (die obengenannten Vorstellungen, Anm. von mir) erst in den Kreisen jener griechischsprechenden Judenchristen entfaltet wurden... Ein unmittelbarer heidnischer Einfluß ist dabei... höchst unwahrscheinlich.«

[102] Vgl. hierzu die Thesen *Ferdinand Hahns*, in seinem Buch »Christologische Ho-

matet (vgl. z. B. »Sohn Gottes« als Bezeichnung für das Volk Israel oder als Begriff innerhalb des Königsrituals[103], vgl. Kyrios als durchgängige griechische Übersetzung für »Jahwe« in der Septuaginta[104]) wie auch – wenn auch mit völlig anderen Assoziationen – im hellenistischen Raum verständlich. Ähnliches gilt auch für den später von Johannes benutzten Logos-Begriff.

Die – bruchstückhaften – Beispiele können verdeutlichen, daß der in der judenchristlichen Theologie grundgelegte Universalitätsanspruch im hellenisierten Judenchristentum zur kulturellen Universalisierung und Öffnung der soteriologischen *Sprache* gezwungen hat[105]. Hierbei blieb grundsätzlich die Macht des jüdisch-geschichtlichen Denkens gewahrt, Selektion und neue Gewichtung aber richteten sich nach dem Anspruch der neuen Situation und schufen die Basis für eine Traditionskontinuität – bei aller Diskontinuität – der christlichen Vermittlung.

3.2.2.2 Die hellenistischen Neuansätze

Der Einbruch hellenistischen Denkens in das Urchristentum ist mit seinen zentralen Neuerungen schon in vorpaulinischer Zeit erfolgt. Was später in neutestamentlicher Zeit noch hinzukommt, bringt keine wesentlichen Veränderungen mehr. »Im Grunde sind die späteren Entwicklungen in nuce schon im Philipperhymnus vorgegeben«, stellt *Martin Hengel* mit Recht fest[106]. Er fährt fort: »Das heißt aber im Blick auf die Entfaltung der frühchristlichen Christologie überhaupt, daß in den ersten knapp zwanzig Jahren hier mehr geschah als in der

heitstitel«, und die in diesem Zusammenhang entstandene Diskussion; vgl. vom *Verf.*, Gott eine Hoffnung, 85–93.

103 Vgl. zur messianischen Verwendung des Sohn-Titels im antiken Judentum *M. Hengel*, a.a.O. 67–89.

104 Vgl. die Überlegungen zum »palästinensisch-semitischen, und zwar religiösen Ursprung des neutestamentlichen Kyriostitels« (297) von *Joseph A. Fitzmyer*, Der semitische Hintergrund des neutestamentlichen Kyriostitels, in: *Georg Strecker* (Hrsg.) Jesus Christus in Historie und Theologie, 267–298.

105 *H. Braun*, Der Sinn der neutestamentlichen Christologie, a.a.O. 253, meint: »die ungleich höhere Titulierung Jesu auf hellenistischem Boden ... ist unübersehbar.« Er zeigt diesen Umstand im folgenden besonders an der Wandlung der Titel Gottessohn und Kyrios auf (254–267). Diese »höhere Titulierung« erweist sich bei genauerem Zusehen, wenn man nicht bei den Assoziationen stehenbleibt, die mit den Begriffen jeweils verbunden sind, als eine »andersartige« Titulierung. Sie übersetzt lediglich jüdisch-heilsgeschichtliche Titulaturen in hellenistisch-naturale *und* (faktisch-politisch) universale Sprache. Der seinshafte und präexistente Sohn Gottes ist deswegen aber nicht schon »mehr« als der endzeitliche Sohn Gottes der palästinischen Christen.

106 Die christologischen Hoheitstitel im Urchristentum. Der gekreuzigte Gottessohn, in: *H. von Stietencron* (Hrsg.) Der Name Gottes, 107.

ganzen späteren jahrhundertelangen Dogmenentwicklung.«[107] Letztere ist, wie sich noch zeigen wird, tatsächlich eine Konsequenz der in frühester Zeit dem Christentum eingepflanzten Problematik.
Zunächst muß ein Mißverständnis abgewehrt werden: Das hellenistische Denken kommt im Neuen Testament noch nicht voll zum Tragen, immer ist es (noch) gebrochen durch die übermächtige »jüdische« Tradition. Das muß vor allem gegen eine beliebte, erst in neuerer Zeit sich korrigierende Interpretation festgehalten werden, die alle möglichen Theologumena vorschnell aus hellenistischen Motiven ableitete.
Hellenistische Strukturen sind zunächst *nur in Ansätzen* gegeben. Diese aber sind – trotz aller Vermittlungsversuche im Neuen Testament selbst – von einer derartigen Fremdheit, daß sie mehrhundertjährige Konflikte begründet haben. Prinzipiell besteht diese Fremdheit in dem oben geschilderten, *völlig andersartigen soteriologischen Ansatz* mit all seinen Folgen. Dieser wird allerdings noch nicht voll expliziert, er ist vielmehr in einer Reihe von Überlieferungsschichten und auch Aspekten redaktioneller Theologie latent wirksam in zwar noch judenchristlich überdeckten, dennoch aber erahnbaren Verschiebungen in Richtung einer kosmozentrischen Soteriologie.
Diese Akzentverschiebungen setzen einen schon im hellenisierten Judenchristentum vorhandenen Trend fort: Obwohl beinahe alle aus den hellenistischen Gemeinden hervorgegangenen Theologumena auch jüdische Parallelen kennen (schließlich gibt es keine völlig inkommunikablen und unvergleichbaren Kulturen)[108] oder sich sogar jüdischer Terminologie bedienen, ist doch ein stärkeres Interesse am Sein und Wesen Gottes, an seiner Erkenntnis, an der göttlichen Qualität Jesu und seiner »Lehre« erkennbar sowie ein Desinteresse an der Geschichte und ihrer eschatologischen Dimension. Gleichzeitig geraten bestimmte judenchristliche Motive – weil unverständlich – aus dem Blick (so verwendet z.B. Paulus die Begriffe »Reich Gottes« oder »Menschensohn« nicht mehr, Messias = Christus wird bei ihm zum Eigennamen Jesu[109]). Diese Entwicklungen sind zwar z.T. erst in paulinischer und nachpaulinischer Zeit greifbar, sie sind aber schon vorher grundgelegt.
Daß es sich so verhalten haben muß, zeigen vor allem die (relativ wenigen) Traditionsstücke, in denen sich »griechische« Auffassungen

[107] Ebd.
[108] Vgl. *F. Hahn*, a.a.O. 309: »Übergänge sind in der Regel fließend... Es darf natürlich nicht verkannt werden, daß erhebliche Hellenisierungen gerade im Bereich des Judentums selbst möglich waren, wie Philo zeigt, oder daß in judenchristlichen Gemeinden die Gefahr synkretistischer Überfremdung keineswegs gering war...«
[109] Vielleicht mit Ausnahme des Traditionsstückes 1 Kor 15, 3–5, vgl. *M. Hengel*, Die christologischen Hoheitstitel im Urchristentum, a.a.O. 107.108.

in stärkerem Maß niedergeschlagen haben. In ihnen wird greifbar, daß (Soteriologie und) Christologie in die Richtung seinshaft gedachter »Vergottung«[110] tendieren. »Damit ist der Schritt von einem messianisch, also funktional bestimmten Gottessohnbegriff zu einem wesensmäßig verstandenen vollzogen.«[111]

Die neue Denkweise hat ihren klassischen Ausdruck gefunden im *Philipperhymnus* (2,6–11): Jesus, »der göttlichen Wesens war«, hat sich erniedrigt, »wurde Menschen gleich« und »gehorsam bis zum Tod«, wurde dann von Gott »über alle Maßen erhöht«, »so daß sich im Namen Jesu die Knie aller beugen sollen... und jede Zunge bekenne: Jesus Christus ist der Herr«. Selbstverständlich sind in diesen Hymnus zahlreiche alttestamentliche Vorstellungen eingeflossen und inhaltlich sogar noch bestimmend, vielleicht auch ist er, wie *M. Hengel* mit guten Gründen aufzeigt, in der Sofia-Christologie des hellenisierten Judenchristentums beheimatet[112], dennoch aber ist er (mindestens) seiner Dynamik nach auf hellenistisches Verstehen angelegt. Für Jesus wird *göttliche Präexistenz* ausgesagt, deren er sich für seine Erdenzeit »entäußert« hat, um dann wieder in seine Macht eingesetzt zu werden. Präexistenz und (seinshafte) Erhöhung, bald auch Schöpfungsmittlerschaft, thematisieren, worum es in der kommenden christologischen Soteriologie geht: um »griechisch« verstandene Erlösung, die sich bald ausdrücklich als »Inkarnationssoteriologie« darstellt. Die »Irrelevanz« von Geschichte verbietet es in Zukunft, die absolute Bedeutsamkeit Jesu als Geschichtsfunktion zu definieren, sie muß vielmehr ihren Grund in seinem (göttlichen) *Sein* haben. Ein neues kulturspezifisches Verstehen kündigt sich an.

Das sog. *Schema des Weges* im Philipperhymnus, des Weges »aus der Himmelswelt durch den Tod zurück in die Himmelswelt«[113], macht deutlich, in welchem Sinne die hellenisierten oder hellenistischen Gemeinden die tradierte Terminologie, auch da, wo sie sie nicht veränderten, aufgefaßt haben: Unter der Vorherrschaft dieses Denkens bedeuten Begriffe wie eikon (Bild), sofia (Weisheit), Logos (Wort Gottes), Sohn Gottes, Kyrios, Auferstehung[114] usf. nicht mehr das gleiche.

[110] *F. Hahn*, a.a.O. 309; dort auch, im folgenden, einige Belege.

[111] Ebd. 310.

[112] Vgl. o. 117, A. 101. *Rudolf Bultmann*, Das Urchristentum, 183.184, hält den Philipperhymnus dagegen für vorwiegend gnostischer Provenienz.

[113] *H. Braun*, Jesus, 155.

[114] Zwar ist erst später (s. o. 113.) die Auferstehung Jesu ausdrücklich in hellenistische Vorstellungen eingeordnet worden, doch ist anzunehmen, daß sie latent auch schon in früher Zeit im Sinne und als Begründung von »Unsterblichkeit« aufgefaßt wurde bzw. – wie tendenziell im Philipperhymnus – als Durchgang und Zeichen seinshafter Erhöhung.

Entsprechend dieser Wendung der soteriologischen Blickrichtung auf das Seiende und seine Bedingungen verliert die Geschichte an Interesse. *Ernst Käsemann* interpretiert die Situation, mit der Paulus in Korinth zu tun hatte: »Es darf heute ja als ausgemacht gelten, daß die dominierende Gruppe in Korinth das Erlösungsziel bereits mit der Taufe erreicht zu haben wähnte und christliches Dasein auf Erden für sie einzig noch bedeutete, himmlisches Wesen zeitlich zu repräsentieren.«[115] Erlöste Geschichte ist hier transformiert zur (leider) zeitlichen Repräsentanz vollkommenen Seins; umgekehrt wird »Unheil« nicht mehr ansichtig in seiner geschichtlichen Dimension, sondern (wiederum) als Endlichkeit und Unordnung des (zeitlichen) Seins[116].
Alle diese Innovationen aber werden nicht als Revolutionen aufgefaßt, sondern durchaus als Verdeutlichung »der Tradition«. Deshalb wird nirgendwo ein strenges Überlieferungsprinzip[117] durchbrochen oder ein gänzlich neues Vokabular eingeführt. Die kosmozentrische Interpretation bedient sich (in einer aus dem hellenistischen Judenchristentum vorgegebenen Auswahl) der überlieferten Begriffe und wird offensichtlich als Auslegung dieser Begrifflichkeit gesehen. Obwohl in dieser frühen Zeit noch kein Versuch einer ausdrücklichen »Versöhnung« juden- und heidenchristlichen Denkens unternommen wird, zeigt die traditionell-jüdische Gestalt der neuen Theologie, daß beide als Einheit, zumindest nicht als Widersprüche betrachtet wurden.

3.2.2.3 Die christologische Aporie hellenistisch-christlicher Soteriologie

Die für hellenistisches Denken – vor dem Horizont einer »seinshaften« Erlösung des endlichen Menschen von seinen Begrenzungen –

115 Zum Thema der urchristlichen Apokalyptik, a.a.O. 120. *Käsemann* fährt dann fort: »Denn daß die Auferstehung von den Toten schon geschehen sei, ist nicht nur die Parole der Irrlehrer von 2. Tim 2,18 gewesen, sondern Grundanschauung jener gesamten Christenheit, welche im hellenistischen Bannkreis das Christentum als Mysterienreligion verstand.« Dagegen habe Paulus seinen »eschatologischen Vorbehalt« angemeldet (ebd. 127).

116 Auch *H. Braun*, Der Sinn der neutestamentlichen Christologie, a.a.O. 267, schließt aus den Paulusbriefen, daß es Paulus darum gegangen sei zu zeigen, »daß das Heil nicht als physische Gegebenheit dem Menschen zufällt. Solch Verständnis des Heils muß aber den Adressaten, also seinen hellenistischen Gemeinden, nahegelegen haben. Es ist das gleiche Verständnis vom magisch vermittelten oder naturhaft gegebenen Heil, wie es auch der außerchristliche hellenistische Mensch hat.«

117 Das neutestamentliche Überlieferungsprinzip hat eine Doppelfunktion: erstens die Rückbindung an Jesus (vgl. den folgenden Abschnitt), zweitens, und davon ist hier die Rede, die Bindung an die judenchristlichen Interpretamente.

erforderliche Interpretation Jesu als »naturaler« Mittler zwischen beiden Welten wirft schwierige Fragen auf. Dabei ist das Problem der traditionsgeschichtlichen Kontinuität noch nicht einmal das wichtigste: Welche Folgen es für die Christologie überhaupt hat, wenn aus der eschatologischen Geschichtsfunktion Jesu eine Vermittlung naturaler Art, wenn aus dem heilsgeschichtlichen »Sohn Gottes« der seinshafte »Sohn« geworden ist. Gravierender noch ist die Frage nach der »Christlichkeit« dieser neuen Sprache, d. h.: Läßt sich in ihr die letzte Relevanz Jesu überhaupt artikulieren?
Auf den ersten Blick scheint diese Aufgabe gelöst zu sein: Jesus ist uns Menschen gleich und doch göttlichen Wesens (Phil 2,6.7), er ist der Mensch, von dem man erzählen kann, und dennoch göttlicher Kyrios, Sohn Gottes. Auf dieser Grundlage konnte sich später (im Neuen Testament finden sich erst Andeutungen)[118] eine ausdrückliche Inkarnationssoteriologie entwickeln: Dadurch, daß Gott Mensch wurde, hat er uns (unsere menschliche Natur) zur Teilhabe am göttlichen Sein hin erlöst. Kann man die Funktion Jesu denn noch notwendiger, beinahe kausal unverzichtbar, erklären?
Trotzdem aber bietet die hellenistische Christologie, wie sie schon vorpaulinisch in Anfängen sichtbar wird, kein Instrumentarium, die eschatologische Geltung des Stückes Geschichte, das Jesus repräsentiert, sprachlich zu fassen, und sei es auch nur entsprechend den *formalen* (inhaltlich aber insuffizienten) Interpretamenten der judenchristlichen Konzeption[119]. Ließe sich das »Schema des Weges« nicht auch auf *Sokrates* oder *Mani* anwenden, ohne daß diese Christologie strukturell verändert werden müßte? Wo bleibt in ihrer konkreten Gestalt »Jesus«? Mit anderen Worten: *Die hellenistische Christologie war gezwungen, Unmögliches zu versuchen: in (kausal notwendigen) Seinskategorien, für die die Geschichte irrelevant ist, die »absolute« Geltung eben von (kausal zufälliger) Geschichte zu definieren.* Von »Geschichte« hat sie nur das erfassen können, was »seinshaft« greifbar ist: das »*Menschsein*« (Jesu), nicht aber *diesen* geschichtlichen Menschen *Jesus*[120].

[118] Die Aussagen etwa des Philipperhymnus oder des Johannesprologs über die soteriologische Funktion der Menschwerdung bleiben letztlich judenchristlich überformt.

[119] S. o. 97.

[120] Diese Zusammenhänge werde meist übersehen: Viele christologische Entwürfe moderner Theologen fordern eine »Christologie von unten« und gelangen lediglich zu einer Reflexion des *Menschseins* Jesu, in Gegenüberstellung zu seinem Gottsein, – also zu einer, vielleicht mit geschichtlichen Informationen über die Gestalt Jesu angereicherten, *griechischen Christologie*. Vgl. als Beispiel etwa *Walter Kasper*, Jesus der Christus, Mainz 1974: Im systematischen Teil III seines Buches (»Das Geheimnis Jesu Christi«, 191–322) heißen die drei Kapi-

Die unaufhebbare geschichtliche Vermittlung von Heil durch Jesus läßt sich in diesem semantischen Kontext nicht ausdrücken; vielleicht ist in dieser Schwierigkeit ein Grund dafür zu vermuten, daß die »adäquatere« judenchristliche Sprache nicht ganz aufgegeben wurde, die das Heil staurozentrisch (das Kreuz steht hier für die Summe des Lebens Jesu) verankern konnte.
Die Relevanz *Jesu* wird also nicht in den beschreibbaren Topoi der neuen Christologie sichtbar, dennoch aber wird sie festgehalten. *Sie behauptet sich in der Prädikation* all dieser Motive in bezug auf Jesus, in der Bindung an ihn. Eigentlich *christlichen* Charakter erhält also diese »Christologie« *nicht durch das, was* sie sagt, sondern dadurch, *daß* sie das, was sie sagt, *von Jesus* behauptet. In der Bindung der hellenistischen soteriologischen Erwartungen an Jesus (und nicht in der durch die neue Soteriologie veränderten Christologie im Sinne einer Seinsmittlerschaft) liegt die »Christlichkeit« dieser Konzeption begründet.
Das »daß« wird also nicht nur, wie auch in der judenchristlichen Theologie, nicht auf den Begriff gebracht, sondern es ist *prinzipiell* in die neue Sprache nicht integrierbar. Die Verbindung hellenistischer Soteriologie mit dem geschichtlichen Jesus (grammatisch: die Kopula »ist« zwischen Subjekt ((Jesus)) und hellenistischem Prädikat ((z.B. Sohn Gottes)) führt in die Aporie[121] – und zu den Konflikten der folgenden Jahrhunderte. Das festgehaltene »daß« aber hat, wenn es auch nicht in der begrifflichen Christologie selbst artikuliert wurde, dazu gezwungen, das geamte *narrative Material* über Jesus zu vermitteln. Dadurch wird der »jesuanische« Charakter zwar nicht in die Theorie aufgenommen, dennoch aber beibehalten.

telüberschriften: »I. Jesus Christus – Gottessohn«, »II. Jesus Christus Menschensohn« (im Simme von »wirklicher Mensch«, vgl. 231), »III. Jesus Christus – Mittler zwischen Gott und Mensch«. Selbst *W. Thüsing*, Neutestamentliche Zugangswege zu einer transzendental-dialogischen Christologie, spricht (a.a.O. 234), nachdem er vorher – gegen *Karl Rahner* – auf der judenchristlichen, »dynamischen« Christologie des Neuen Testaments bestanden hatte, in seinen abschließenden »Thesen zu neutestamentlichen Neuansätzen einer heutigen Christologie« ganz zu Beginn vom »Mensch-Sein Jesu als Ausgangspunkt«. Die Beispiele ließen sich beliebig fortsetzen. Gemeinsam ist diesen Überlegungen eine falsche Lokalisierung des christologischen Problems: die Frage nach dem Christus (Heilsmittler) *Jesus* bzw. der »letzten« soteriologischen Geltung *Jesu* wird gewendet in die Frage nach dem *Gott-Menschen* (von dem in einem bloßen »daß« festgehalten wird, es handle sich um Jesus). Anders gesagt: Der *geschichtlich einmalige Jesus* wird soteriologisch grundlegend *in seinem Menschsein, das er mit uns allen gemeinsam hat*, reflektiert (und dieses wird mit seinem Gottsein verbunden). Nicht Jesus selbst tritt in den Blick, sondern nur die humana natura (des Jesus).

121 Vgl. unten II 3.4.5.

Die vorpaulinische hellenistische Christologie ist also durch ihr Bekenntnis zu Jesus und das Durchhalten des »daß« gekennzeichnet. Damit aber hat sie ihre rein hellenistische Qualität verloren: Wenn auch die expliziten Schemata der hellenistischen Geisteswelt zugehören und (abgesehen von judenchristlich-alttestamentlichen Modifikationen) nicht neu definiert werden, ist durch das »daß« eine *christliche* christologische Soteriologie begründet. So sehr vielleicht das Christentum in hellenistische Modelle eingepaßt erscheint, in Wirklichkeit ist dennoch der Hellenismus revolutioniert, »getauft« worden. Ohne seine kulturellen Bedingungen aufzuheben und seine Sprache zu verändern, hat das Christentum diese Kultur bis zu einer Grenze ihrer Aussagemöglichkeiten getrieben, die ein Neues entstehen ließ. So unangemessen die neuen Denkmodelle waren, das »daß« korrigierte sie – ohne sie formell zu modifizieren – von Jesus her; »Heil« gewinnt auch hier das Bild Jesu[122].

Martin Hengel kommt zu einem ähnlichen Ergebnis. Er führt allerdings die christliche Innovation auf die Bindung der hellenistischen Aussagen (»Präexistenz, Schöpfungsmittlerschaft und Erhöhung«) an den *Gekreuzigten* zurück[123]. In unserem Zusammenhang aber erscheint dieser Aspekt als beinahe sekundär. Das Bild des Gekreuzigten mag zwar durchaus das Ärgernis einer an Geschichte (Jesus) geknüpften Soteriologie sozialpsychologisch (*Hengel*: »für jeden gebildeten Menschen in der Antike«)[124] verstärkt haben, und insofern ist verständlich, daß in der Folgezeit unser Problem gerade anhand des Paradoxes vom »gekreuzigten Gottessohn«[125] diskutiert wurde, dennoch aber ist die oben geschilderte Problematik die grundlegende. Sieht man das Kreuz Jesu als radikale Symbolik dessen an, was »Geschichte Jesu« ist, dann ist der diesbezüglichen Feststellung *Hengels* zuzustimmen: in der hellenistischen Christologie »haben wir religionsgeschichtlich neue Kategorien vor uns.«[126]

[122] Vgl. zur Verdeutlichung z. B. *E. Schweizer* Kol 1, 15–20, a.a.O. 134, zur Theologie der Kolosserstelle: »Dabei dürfte auch hier weniger die statische Beschreibung des versöhnten Alls gemeint sein als *die ausschließlich christologische Aussage, die Gott als den rettenden mit letzter Radikalität in all seinen Aspekten nur im Bild Jesu Christi sieht.*«

[123] Die christologischen Hoheitstitel im Urchristentum, a.a.O. 107.

[124] Ebd.

[125] So der Untertitel des Aufsatzes von *M. Hengel*, ebd. 90.

[126] Ebd. 107. Diese »Neuerung« aber ist nicht sosehr, wie *Hengel* ebd. meint, aus dem »jüdischen Hintergrund« zu erklären, mehr schon aus dem ebenfalls von ihm genannten »christlichen Urgeschehen selbst«(?), wenn darunter die Zumutung verstanden wird, den geschichtlichen Jesus für *das* Vehikel des Heils (was auch jeweils damit angesprochen wird) zu halten.

3.3 Die faktische Gestalt der neutestamentlichen Theologie

3.3.1 Die christologische Soteriologie der neutestamentlichen Redaktion

Mit den in den vorstehenden Abschnitten in aller Kürze geschilderten Entwicklungen sind schon die wichtigsten Strukturen der neutestamentlichen Christologie und Soteriologie genannt, so differenziert und assoziativ divergent sich diese auch noch entfalten wird. »Diese überaus kühne, dynamische Denkbewegung geschah in der erstaunlich kurzen Zeit von kaum mehr als zehn bis fünfzehn Jahren. Als Paulus seine großen Missionsreisen gegen Ende der vierziger Jahre begann, war sie schon abgeschlossen. In seinen Briefen wird keine christologische Entwicklung mehr sichtbar.«[127]

Diese Aussage kann *M. Hengel* treffen, obwohl die Explikationen paulinischer Theologie sich sehr reichhaltig darstellen. Noch weitergehend zieht er aus seinem Vergleich »des Johannesprologs, des Hebräer- und des Philipperbriefes« den Schluß, »daß das christologische Denken zwischen 50 und 100 n. Chr. in seiner Grundstruktur sehr viel einheitlicher war, als in der Forschung zum Teil behauptet wird.«[128] Die Pluralität der Theologien innerhalb des Neuen Testaments ist erstaunlich und auch nicht einfachhin harmonisierbar. Insofern besteht *Ernst Käsemann* zu Recht auf dieser Vielfalt: Es ist wirklich nicht gleichgültig, ob man »mit judenchristlicher Apokalyptik an den kommenden Weltenrichter glaubt... oder in Christus mit der hellenistischen Mysterienfrömmigkeit den Kultgott erblickt... oder mit Paulus die theologia crucis, mit Johannes den über die Erde schreitenden Gott bekennen will oder das alles willkürlich kombiniert.«[129] Die materiale Buntheit des begrifflichen Materials, der theoretischen, praktischen oder »institutionellen« Ansätze darf nicht zu einer Einheitstheologie nivelliert werden. Dennoch sind die *Strukturen*, die dieser Mannigfaltigkeit zugrundeliegen, nicht so uneinheitlich, wie es für den historisch-kritischen Exegeten zu sein scheint[130] (Nur aus diesem

[127] *M. Hengel*, ebd. 111.

[128] Ebd. 106.107.

[129] Kritische Analyse, in: *ders.*, (Hrsg.), Das Neue Testament als Kanon. Dokumentation und kritische Analyse zur gegenwärtigen Situation, Göttingen 1970, 355; vgl. auch seinen Aufsatz ›Begründet der neutestamentliche Kanon die Einheit der Kirche?‹, ebd. 124–133.

[130] *H. Braun*, Der Sinn der neutestamentlichen Christologie, a.a.O 275, kommt nach der Untersuchung der Christologie der Synoptiker, des Paulus und des Johannesevangeliums zu dem Ergebnis: »die Nomenklatur dafür geht zwar bei den genannten drei Kreisen beträchtlich auseinander«; dennoch meint er zum Problem der Einheit des gläubigen Selbstverständnisses im Neuen Testament:

Grunde konnte auch das Kerygma des Neuen Testaments über weite Strecken der Kirchengeschichte vorwiegend in seiner Einheit erfahren werden).

Der Umbruch von judenchristlicher zu hellenistischer Konzeption in vorpaulinischer Zeit hat ja nicht zur Entstehung je eigentümlich jüdisch oder griechisch geprägter Schriften geführt. Er ist vielmehr nur an der Eigenart kleinster Traditionsstücke innerhalb der neutestamentlichen Bücher festzustellen oder besser: zu *rekonstruieren*[131]. Ähnlich läßt sich die Kontinuität, die zwischen beiden Denkweisen herzustellen versucht wurde, nur erschließen. Die hier grundgelegten Spannungen verschiedener soteriologischer Ansätze *und* die Bemühungen um ihre »Versöhnung« durch Beibehaltung der Prävalenz judenchristlicher Sprachüberlieferung sind auch in der Folgezeit wirksam.

Die »Redaktoren« der neutestamentlichen Schriften stehen vor dem gleichen Problem wie die frühen Gemeinden und versuchen es auf eine vergleichbare Weise zu lösen. Ihre Adressaten sind mehr und mehr hellenistische oder wenigstens hellenisierte Gemeinden (sicher vielfach mit starken Anteilen aus dem Diasporajudentum)[132]; von daher sind sie gezwungen, die in ihrem Ursprung judenchristliche Jesustradition und das judenchristlich geformte Kerygma so zu vermitteln, daß die neue Kultur das Christentum rezipieren konnte. Infolgedessen werden zahlreiche Momente hellenistischer Soteriologie für die Redaktion maßgebend.

Daneben aber bleibt der Kampf um Kontinuität bestehen, eine Auseinandersetzung, die – nicht zuletzt durch die Einschätzung des Alten Testaments als »Schrift« – aufs Ganze gesehen der jüdisch-christlichen Ausprägung eine beherrschende Stellung gesichert hat. Mit anderen Worten: Zwar läßt sich, je später je deutlicher, das Vordringen kosmozentrischen soteriologischen Verstehens beobachten, ohne daß aber die geschichtliche Soteriologie hierbei aufgegeben worden wäre. Gerade die exegetische Forschung der neueren Zeit wehrt frühere Thesen, die hinter allen möglichen Äußerungen »hellenistische Wurzeln« vermuteten, als einseitig und vorschnell ab.

Vor allem aber hat das – unbewußt wohl erfahrene – Fehlen einer hellenistischen Christologie, die es vermocht hätte, die Relevanz gera-

»Mir scheint diese Frage eindeutig bejaht werden zu müssen, wenn man von der in allen drei Blöcken (Synoptiker, Paulus, Johannes) – zugegebenermaßen – differierenden Terminologie zurückfragt nach der dahinterliegenden Intention.«

131 Vgl. *H. Braun*, Der Sinn der neutestamentlichen Christologie, a.a.O. 266.267.

132 Vgl. *F. Hahn*, a.a.O. 309: »Es kann auch nicht bestritten werden, daß in der Frühzeit des hellenistischen Christentums der Anteil der aus der jüdischen Diaspora gewonnenen Gemeindemitglieder in den meisten Gemeinden sicher außergewöhnlich groß war.«

de *Jesu* (und nicht nur seines Menschseins) zur Sprache zu bringen, dazu gezwungen, sich in stärkerem Maß der angemesseneren judenchristlichen Schemata zu bedienen (z. B. Paulus) und – darüberhinaus – *das theoretische Defizit durch die Tradierung des narrativen Materials auszugleichen*; dieses aber ist naturgemäß stärker von jüdisch-alttestamentlichem Denken geprägt. So ist es nicht verwunderlich, daß der relativ spät – um das Jahr 70 – schreibende *Markus* (wie wohl schon die vormarkinische Tradition[133]) eine Rückbindung des christologisch-soteriologischen Kerygmas an die Jesus- und Passionstradition versuchen mußte[134], und daß die noch späteren *Matthäus* und *Lukas* ihre Evangelien durch die Aufnahme starker Blöcke aus der judenchristlichen Überlieferung der *Logienquelle* erweitert haben[135].
Die christologische Soteriologie der neutestamentlichen Schriften ist also dadurch geprägt, daß die hellenistische Kultur zwar immer mehr zum Adressaten wird, somit die Selektion und Gewichtung der Denkfiguren des Kerygmas bestimmt und auch zahlreiche neue Assoziationen miteinbringt. Dennoch ist – aufgrund (1) des starken narrativen Moments, (2) der besseren formalen Angemessenheit und (3) der Rezeption des Alten Testaments[136] – die judenchristliche Ausprägung beherrschend geblieben[137]. Gerade in dieser Gestalt konnte somit das

[133] Vgl. hierzu *Ulrich Luz*, Das Jesusbild der vormarkinischen Tradition, in: *Georg Strecker* (Hrsg.): Jesus Christus in Historie und Theologie, 347–374.

[134] Diesen Gesichtspunkt hat vor allem *Eduard Schweizer* in seinem Aufsatz »Die theologische Leistung des Markus« in: *ders.*, Beiträge zur Theologie des Neuen Testaments (zuerst veröffentlicht: in: EvTh 24, 1964), 22, betont: Jesus »war den neuen Gemeinden außerhalb Palästinas doch sehr ferngerückt... So drohte Jesus zu einem bloßen Symbol oder einer nichtssagenden Chiffre zu verblassen, die nur noch Freiheit von abergläubischer Gesetzesbeobachtung und unverständlichen Kultbräuchen, Überwindung des Todes oder Sieg über die Dämonen bedeutete. Warum dann nicht ebensogut Attis oder Hermes?... Es drohte die Gnosis... In dieser Situation schrieb Markus sein Evangelium.« Vgl. auch *Rudolf Pesch*, Das Markusevangelium, I. Teil, Einleitung und Kommentar zu Kap. 1,1–8,26 (Herders theologischer Kommentar zum Neuen Testament, Bd. II), Freiburg/Basel/Wien ¹1976, 48–63.

[135] Wieweit ihr jeweiliges Sondergut, vor allem die Kindheitsgeschichten und Erscheinungsberichte, mehr judenchristlicher oder hellenistischer Provenienz ist, soll hier nicht diskutiert werden. Allerdings scheint sich auch in dieser Frage in der neueren Zeit eine stärkere Beachtung der judenchristlich-alttestamentlichen Wurzeln dieser Traditionen anzubahnen.

[136] Die Tendenz zu einer stärkeren Orientierung am Alten Testament (negativ ausgedrückt: einer Rejudaisierung) hat sich in nach-neutestamentlichen Schriften zunächst sogar noch verstärkt.

[137] In diese Richtung zielt auch die Kritik von *Wilhelm Thüsing*, Neutestamentliche Zugangswege zu einer transzendental-dialogischen Christologie, a.a.O. 119, an der *Rahnerschen* Gegenüberstellung von Deszendenz- und Aszendenzchristologie: »Die ›absteigende Linie‹ der christologischen Theozentrik umfaßt nicht nur eine ›Deszendenz-Christologie‹ im Sinne des Satzes ›Gott (bzw. sein

Neue Testament, besonders *Paulus* und die *Evangelien*, eine *unmittelbare* hermeneutische Funktion für die Theologiegeschichte der ersten Jahrhunderte wahrnehmen[138].

Im großen und ganzen ist somit die neutestamentliche Theologie – trotz aller materialen und keineswegs bedeutungslosen Divergenzen – *strukturell* von einer gewissen *Geschlossenheit*, die allerdings eine (strukturelle) *compositio oppositorum* einschließt. Bisweilen treten die gegensätzlichen Denktypen sogar deutlich und unausgeglichen zutage, wie etwa in der Christologie des Hebräerbriefs, der Jesus einmal als präexistenten »Abdruck« des Wesens Gottes (1,3), dann wieder als »um seines Todesleidens willen mit Herrlichkeit und Ehre gekrönt« (2,9) darstellt[139] oder des *Paulus*, der im Philipperhymnus zwar den Weg von oben nach unten darstellt, am Ende aber Jesus Christus aufgrund seiner »Leistung« höher steigen läßt, als er vorher war. Beidemale werden Deszendenz- und Aszendenzchristologie, die sich der Sache nach ausschließen, miteinander verbunden; dennoch aber bleibt auch hier die Einheit des Christusbekenntnisses, unter der Vorherrschaft (alttestamentlichen[140] und) judenchristlichen Verstehens, gewahrt.

Logos) wird Mensch‹, sondern auch bestimmte Aspekte einer Aszendenzchristologie…, z. B. vor allem die ›Erhöhung‹ Jesu als ein ›Gehen zum Vater‹, die neutestamentlich durchaus als *Gabe* des Vaters zu verstehen ist.« 120: »Die ntl. christologische Theozentrik in der ›absteigenden Linie‹ ist übrigens, wenn wir einmal vereinfachen dürfen, primär nicht ›ontisch‹, sondern ›dynamisch‹.« Gerade aber dieses letztlich »dynamische« Verständnis auch hellenistischer Aussagen zeigt m. E. die prägende Kraft jüdischen Denkens.

138 Nach den neuerlichen kulturellen Umbrüchen besonders der Gegenwart ist diese Funktion nur noch eine *indirekte*, die der »Übersetzung« (z. B. einer »Entmythologisierung«) neutestamentlicher Theologie in neue Sprach- und Verstehenshorizonte bedarf.

139 Vgl. *Herbert Braun*, Die chronologische Aporie der Hebräerbrief-Christologie, in: imprimatur 7, 1974, 162: »Die Aporie liegt auf der Hand: besaß Jesus während des Erdenlebens und davor schon hohe Würden, so bringt die Auferstehung nichts hinzu, sondern gibt zurück; liegt dagegen die Wende in der Auferstehung, so sinkt die vorirdische und irdische Würde… Der Hebräerbrief – dem ›Jesus war schon immer‹ und dem ›Jesus wurde erst‹ in besonderer Weise verhaftet – macht die Aporie kraß deutlich.« Vgl. ebd.: »Jesus ist präexistent«, 163: »Gleichwohl ›wird‹ Jesus, im Hebräerbrief… Die Spannungen innerhalb dieses Entwurfes sind deutlich.« 164: »Man kann eben gerade am Beispiel des Hebräerbriefes erkennen…, daß diese Christologie sich aus Elementen zusammensetzt, die einander ausschließen.«

140 *M. Hengel*, Die christologischen Hoheitstitel im Urchristentum, a.a.O. 102, kommt z. B. durch eine Untersuchung der Schriftzitate im Hebräerbrief zu der Feststellung, daß selbst in dieser späten Zeit, »bei einer sehr viel weiter entfalteten Christologie, … diese alttestamentlichen Texte ihre konstitutive Bedeutung« behalten, »ja, man konnte mit ihrer Hilfe brennende christologische Fragen beantworten«.

3.3.2 Die wechselseitige Transformation der soteriologischen Modelle

Das Mit- und Ineinander zweier im Ansatz radikal verschiedener Verstehensweisen im Neuen Testament hat die jeweiligen soteriologischen und christologischen Topoi nicht unberührt gelassen;
1. Die judenchristlichen Aussagen wurden, wie schon ausgeführt, je später um so stärker *auch* im Horizont kosmozentrischen Denkens verstanden[141], aus dem heilsgeschichtlichen »Sohn Gottes« wurde der »naturale« Sohn[142]. Dieser Vorgang wurde gefördert durch den möglichen Rückgriff auf »synkretistische« Elemente der jüdischen Überlieferung selbst: die jüdischen Apokryphen, die späte Weisheitsliteratur, die griechische Bibelübersetzung. Meistens wurden zwar die alttestamentlichen Assoziationen nicht völlig verdrängt oder blieben sogar vorherrschend. Hin und wieder aber auch haben Motive dieser Tradition ihren Usprungssinn weithin verloren. Die Menschensohnaussagen im Johannesevangelium z. B. »reichen von getreuer Wiedergabe des ursprünglichen apokalyptischen Sinnes bis zu jenem Grade von Neu-Interpretation, der in Umformung übergeht.«[143] Oder: der in Jesus »gemäß den Schriften« kulminierende geschichtliche Heils-

[141] Außerdem kamen auch Themen auf, die für Judenchristen bisher kein Problem darstellten, jetzt aber durch das Zusammenleben mit hellenistischen Christen entstanden und »von Jesus her« gedeutet werden mußten. Hierzu zählt *E. Käsemann*, Zum Thema der urchristlichen Apokalyptik, a.a.O. 113, z. B die Frage nach dem »Gesetz«: »Denn die Gesetzesproblematik ist der urchristlichen Gemeinde nicht aus ihrer Besinnung auf Jesu Predigt und Handeln erwachsen, sondern aus der sie jäh überfallenden Realität der Heidenmission.«

[142] Dieser Vorgang wird vor allem von *Martin Werner*, Die Entstehung des christlichen Dogmas. Problemgeschichtlich dargestellt (Urban-Bücher 38), Stuttgart 1959 (Kurzfassung der 1. Aufl. 1941), als »Enteschatologisierung« bezeichnet (passim). Auch »nachapostolische Schriften des Neuen Testaments wie der Hebräerbrief und der I. Petrusbrief« hätten zwar eschatologische Redeweisen (»in den letzten Zeiten«, am »Ende der Welt«) beibehalten, ihren »eschatologischen Sinn aber verloren« (25). *Werner* charakterisiert hier eine grundsätzliche Tendenz der neuen Soteriologie richtig, wenn auch im einzelnen das judenchristliche Denken durchaus noch stärker weiterwirkte, als er einräumen will.

[143] *C. Colpe*, ὁ υἱὸς τοῦ ἀνθρώπου, in: ThWNT 8, 468; vgl. auch *R. Schnackenburg*, a.a.O. 345.346. Der gegenwärtige Forschungsstand zur Verwendung des Menschensohnbegriffs im Johannesevangelium wird in fünf Aufsätzen (*Stephen S. Smalley*, Johannes 1,51 und die Einleitung zum vierten Evangelium, 300–313; *Eugen Ruckstuhl*, Abstieg und Erhöhung des johanneischen Menschensohns, 314–341; *C. Kingsley Barret*, Das Fleisch des Menschensohnes (Joh 6,53), 342–354; *Johannes Riedl*, Wenn ihr den Menschensohn erhöht habt, werdet ihr erkennen (Joh 8,28), 355–370; *Rudolf Schnackenburg*, Die Ecce-homo-Szene und der Menschensohn, 371–386) der Festschrift für *Anton Vögtle*, Jesus und der Menschensohn, a.a.O. wiedergegeben.

wille Gottes wird bei Lukas an einigen Stellen (beinahe) zu einem metahistorischen Ratschluß Gottes nach dem griechischen moira-Schema usf.

2. Mindestens ebenso gravierend aber sind die Bedeutungsveränderungen, die die *hellenistischen Modelle* durch die Konfrontation mit der judenchristlich-jüdischen Tradition erfuhren. Hierbei hat man sich nicht nur die vielfachen *Brechungen* eines rein seinsorientierten Verstehens mittels der parallel laufenden und einschränkenden geschichtsbezogenen Tradition vorzustellen[144].

Daneben modifizierten sich auch *die hellenistischen Begriffsinhalte selbst*:

– Der soteriologische Schlüsselbegriff »Gott«, im hellenistischen Raum, weithin in Richtung auf *das* (»sachhaft«) *Göttliche* verstanden, gewinnt durch die Identifikation mit Jahwe, dem Gott Israels und Vater Jesu, *geschichtliche (»personale«) Besonderheit*. So kann »der Gott« z. B. als »Liebe« definiert werden (1 Joh, 4,8.16). »Der Gott« (ho theós), gekennzeichnet durch den bestimmten Artikel, wird unterschieden von der theós-Prädikation ohne Artikel, im Sinne von »göttlich«[145]; nur in diesem letzteren Sinne wird theós – in recht späten[146] Partien des Neuen Testaments – auf Jesus bezogen[147]. Der jüdische und judenchristliche Monotheismus wird also durchgehalten, obwohl das kosmozentrisch-monistische Verstehen ihn immer von neuem in Gefahr brachte (vor allem durch die Einbeziehung Jesu in die Sphäre »des Göttlichen«).

– In engem Zusammenhang mit diesem Bedeutungswandel steht ein weiterer Gesichtspunkt: Jahwe steht nach alttestamentlichem Verständnis der Geschichte als »König«, als »der andere«, gegenüber und wird sich erst in der Zukunft, »am Ende« von Geschichte vollends offenbaren. Diese Eigenständigkeit und Andersheit Jahwes transformiert sich im hellenistisch-christlichen Denken zu einer *Hervorhebung der (Welt)-Transzendenz* Gottes gegenüber seiner immanenten Funktion als tragendes Prinzip des Seienden. Er erhält eine, in seinshaften Kategorien nur schwer artikulierbare, »*Gegenständigkeit*« (gegenüber dem kosmischen Seienden).

[144] Darüber wurde schon im vorherigen Abschnitt gesprochen.

[145] Diese Unterscheidung läßt sich schon bei *Philo von Alexandrien* feststellen, vgl. *M. Hengel*, Die christologischen Hoheitstitel im Urchristentum, a.a.O. 96.

[146] Abgesehen vielleicht von der umstrittenen Stelle Röm 9,5.

[147] Vgl. *Karl Rahner*, Theos im Neuen Testament, a.a.O. 162: »wenn im NT von ὁ ϑεός die Rede ist, dann ist... der Vater... bezeichnet«; 154: »Wir haben also sechs Stellen, in denen die Tatsache der göttlichen Natur in Christus durch das Prädikat ϑεός ausgdrückt wird. In ihnen... wird das reine, nicht durch Zusätze modifizierte ϑεός nie mit dem Artikel von Christus ausgesagt...« Vgl. dort auch die Diskussion der einzelnen Stellen.

– In Korrelation zu dieser Entwicklung *gewinnt auch der Mensch eine »Gegenständigkeit«* (gegenüber dem transzendenten Gott und damit auch innerhalb des Kosmos), die er in dieser Definitivität im hellenistischen Raum nicht besaß. Zwar ist damit seine (jüdische) geschichtliche Einmaligkeit nur unangemessen »übersetzt«, immerhin aber ist eine monistische Nivellierung in das Gesamt des Kosmischen abgewehrt.
– Diese Transformationen haben auch die Interpretation der unmittelbaren soteriologischen Hoffnung beeinflußt: Zwar konnte weiterhin und sogar zunehmend – in welchen Chiffren auch immer – von »Vergöttlichung« die Rede sein, dennoch aber wurde sie im allgemeinen *nicht mehr monistisch* verstanden. Wenn also dieses Ziel auch vermittels des »Glaubens« (des »Wissens«) oder der Teilnahme an dem »heiligen Mysterium« etwa der Eucharistiefeier realisiert wurde, so bleibt doch eine wesentliche Korrektur gegenüber dem »vor«-christlichen Hellenismus bestehen (Trotzdem hat natürlich die weiterbenutzte Begrifflichkeit gewisse monistische Tendenzen gefördert). »Vergöttlichung« wird als »Teilhabe«, seinshafte Nähe zu Gott, nicht aber als ein mehr oder weniger starkes Einswerden betrachtet, das die »Gegenständigkeit« Gottes und des Menschen aufheben könnte.
– Vor allem aber wird der ganze soteriologische *Weg* auf den Kopf gestellt: Ist bisher im Hellenismus die Gottähnlichkeit zu erzielen durch die (teleologische) Mimesis und Paideia, so gründet sie jetzt in der zuvor geschehenen Herablassung Gottes, in der Inkarnation. Nicht das Niedere strebt – für sich – zum Höheren (Selbsterlösung), sondern das Höhere neigt sich zuvor zum Niederen herab, Gott wird Fleisch[148]. Von daher werden im griechischen Christentum mit Topoi wie Vergöttlichung[149], Mimesis, Paideia trotz verbaler Übereinstimmung andere Assoziationen verbunden.
– Diese schon im Neuen Testament erahnbaren Bedeutungsverschiebungen auch der hellenistischen soteriologischen Ansätze selbst (über ihre *explizite* Beschränkung durch judenchristliche Parallelaussagen hinaus) haben auch zu *christologischen Konsequenzen* geführt. Die »naturale« Vermittlung zwischen himmlischer und kosmischer Welt

[148] Vgl. hierzu die zutreffenden Beobachtungen in *Max Scheler*, Vom Umsturz der Werte (1. Aufl. 1915), Bern ⁴1955.

[149] Die Sehnsucht nach Vergöttlichung hat durch die Verknüpfung mit der Mittlerschaft Jesu eine Veränderung erfahren: Sie wird erreicht durch die Inkarnation des Logos. Damit aber hat die vorher einseitige Bewegung des niedrigen Seienden zum Höheren (vgl. Kleinknecht, ϑεός, a.a.O. 78: »*Wir müssen in die Seinsweise Gottes kommen, nicht Gott in unsere*«) eine dem Hellenismus fremde »seinshafte« *Vorgabe* erhalten, die unseren Aufstieg erst ermöglicht: unsere Vergöttlichung basiert auf einem *Akt* göttlicher *Gnade* (die allerdings seinshaft – in Christus – vermittelt ist).

im göttlichen Kyrios Jesus hat die »*Gegenständigkeit*« beider Dimensionen nicht aufgehoben (was letztlich zur Christologie von Chalkedon führen mußte). Auch wenn z. B. Christus »mit der hellenistischen Mysterienfrömmigkeit« zum »Kultgott« oder »mit Johannes« zum »über die Erde schreitenden Gott«[150] oder mit Markus zum theios anēr (»göttlicher Mann«)[151] wird – die Richtigkeit dieser Charakterisierungen sei hier dahingestellt –, sind diese Topoi frei von monistischer Vermengung.

Diese Anmerkungen zu einigen wenigen, allerdings fundamentalen Modifikationen mögen zeigen, daß das Mit- und Ineinander der Ausdrucksformen zweier entgegengesetzter Denkweisen nicht nur zu synkretischen Gestalten geführt hat – das gab es auch oder sogar vorwiegend[152] –, sondern daß *innerhalb der jeweiligen Traditionen selbst* echte Transformationen zu beobachten sind; diese haben – bei verbal identischer Verwendung der überlieferten Topoi – Veränderungen ihrer Bedeutungsgehalte bewirkt, so daß auch von diesem Aspekt her kultur- und religionsgeschichtlich jeweils »Neues« entstanden ist, eben eine *christliche* Theologie.

3.4 Die Vermittlung des Vermittlers

Schon im Neuen Testament, ja, andeutungsweise, selbst in seinen ältesten Schichten, ist eine Problematik grundgelegt, die zunächst und auch für die Zeit der Alten Kirche nur latent, dann aber im Mittelalter und in der Neuzeit ihre volle Wirksamkeit entfaltet und zu einer eigentlich *christologischen* Problematik wird: die Vermittlung des Christus Jesus, des einzigen (geschichtlichen oder »seinshaften«) Vermittlers des Heils.

Mit Tod und »Auferstehung« Jesu wurde es notwendig, ihn, den nicht mehr geschichtlich Präsenten, zu vermitteln. Dies geschah in vielfältiger Weise:

– In der *narrativen traditio Jesu* durch die Gemeinden begegnete Jesus selbst »als Herr«; wenn Paulus z. B. in 1 Kor 11,23a sagt: »ich habe *vom Herrn* überliefert erhalten, was ich euch weitergegeben habe«,

[150] *Ernst Käsemann*, Das Neue Testament als Kanon, a.a.O. 355.

[151] Vgl. *Siegfried Schulz*, Die Stunde der Botschaft, 46ff.

[152] »Synkretistische« Uminterpretation liegt z. B. vor, wenn in 2 Petr 1,3.4 ein grundsätzlich alttestamentlich orientierter Gedankengang mit der griechischen ›Teilhabe an der göttlichen Natur‹ (V. 4) verbunden, der Begriff der ›göttlichen Natur‹ seinerseits alttestamentlich »gefüllt« wird. Ähnliches gilt für das Logos-Sarx-Schema des Johannesprologs usf.

und im folgenden (Vv. 23 b–25) einen liturgischen Text zitiert, wird die Struktur dieser Vermittlung deutlich[153].

– Das *Kerygma* der Gemeinden trägt die Sache Jesu weiter, so daß in der letzten Phase der neutestamentlichen Zeit *Ignatius von Antiochien* das Evangelium als »Fleisch Jesu« bezeichnen kann (ad Philad. 5,1): »den in den Himmel aufgefahrenen Herrn ›verkörpert‹ und vergegenwärtigt das Evangelium, d. h. hier allgemein die Frohbotschaft von ihm.«[154]

– In den Gottesdiensten, vor allem in *Taufe und Herrenmahl*, wird das Gedächtnis Jesu gefeiert, das eschatologische Mahl antizipiert und die Gegenwart des Herrn realisiert.

– *Im brüderlichen Dienst*, in tätiger Nächstenliebe der Gemeinden und Jünger wird die Anwesenheit Jesu bezeugt (etwa im Sinn des matthäischen Gerichtsgleichnisses 25,31–46).

– Im *Jünger und Apostel*, »im Diener des Evangeliums«, kann »der Christus selber präsent« werden, »also eschatologisches Geschehen« anfangen[155].

– Vor allem aber die *Gemeinde* selber ist der Ort, an dem die Vermittlung Jesu Christi sich ereignet, eine Vermittlung, deren man sich bewußt zu werden beginnt: bis hin zu Sätzen etwa von einem allgemeinen Priestertum der Gläubigen u. a., in denen die Kirche »als Stätte der nicht manipulierbaren Epiphanie des Kyrios Jesus« verstanden wurde[156].

Kurz: Durch Tod und »Auferstehung« Jesu war eine *umfassende Vermittlung* Jesu Christi nötig geworden, Kirche »aus seinem Geist« als Ort der praktizierten memoria Jesu wie des hoffenden Vorgriffs auf das eschatologische Heil entstand. Sie wurde sich ihrer Existenz und auch Unverzichtbarkeit immer mehr bewußt, je mehr sie erkannte, daß die Parusie ihres Herrn auf sich warten ließ und sie sich in der Zeit einrichten mußte; diese fortschreitende Entwicklung kann man schon innerhalb des Neuen Testaments, von den Anfängen bis zu den jüngeren Schriften, verfolgen.

Grundsätzlich läßt sich sagen, daß im Neuen Testament diese – gemessen an der christologisch-soteriologischen Funktion Jesu – *zweite, se-*

[153] Daß die alten Gemeinden in der apostolischen Paradosis unmittelbar ihren Herrn erfuhren, erläutert *Oscar Cullmann* in Kap. 1 (8–27) seiner Schrift: Die Tradition als exegetisches, historisches und theologisches Problem, Zürich 1954. Vgl. auch vom *Verf.*, Woher nimmt die Bibel ihre Autorität?, 19–22; 97–100.

[154] *J. A. Fischer* zur Stelle, ed. Fischer 197, A. 18.

[155] *E. Käsemann*, Die Anfänge christlicher Theologie, a.a.O. 90 (mit Verweis auf Mt 10,41).

[156] *E. Käsemann*, ebd. 101.102.

kundäre Vermittlung in ihrem dienenden Charakter belassen wird, obwohl z. B. Mt 23,8–10, durchaus verraten kann, daß die Gefahr ihrer Denaturierung schon damals gegeben war[157].

Zwar wurde ihre Aufgabe nicht etwa nur im Sinne einer geschichtlichen Weitergabe Jesu gesehen (etwa: »Weil Jesus selbst nicht mehr lebt, muß man von ihm erzählen, damit die Nicht-Augenzeugen ihn kennenlernen«), sondern hatte auch eine *soteriologische* Dimension *in bezug auf die Rezeption* des Glaubens (»so kommt also der Glaube aus dem Hören«, Röm 10,17.). Aber auch diese Qualität war einzig darauf gerichtet, *den* Vermittler *allen* Heils, Jesus in den Mittelpunkt zu stellen, ihm zur bleibenden Wahr-nehmung seiner christologischen Funktion zu verhelfen. Die geschichtlich-soteriologische Bedeutung von Predigt, Tradition, Gottesdienst, Kirche usw. ist lediglich von *abgeleiteter* Art und lebt ganz von dem Christus Jesus. Die Jesus-Christologie wird noch nicht durch die Relevanz neuer christologischer Vehikel (= durch die Kirche) in Frage gestellt.

Trotzdem aber wird, vor allem in den Spuren eines sog. »Frühkatholizismus« auch innerhalb des Neuen Testaments[158], schon die *spätere* Bedrohung erkennbar, die die Ekklesiologie (hier verstanden unter Einschluß von Schrift, Tradition, Sakramenten, Ethik, Amt etc.) für die Geltung der Jesus-Christologie darstellt: Sobald nämlich diesen abgeleiteten (wenn auch indispensablen) Vermittlungsmomenten eine quasi unmittelbare oder eigenständige Heilsbedeutung zuerkannt wird[159].

[157] So auch *E. Käsemann*, ebd. 84.85.

[158] Vgl. hierzu *Ernst Käsemnn*, Amt und Gemeinde im Neuen Testament, in: *ders.*, Exegetische Versuche und Besinnungen, Bd. 1, Göttingen 1960, 109–134; *ders.*, Paulus und der Frühkatholizismus (erstmals veröffentlicht in: ZThK 60, 1963, 75–89), in: Exegetische Versuche und Besinnungen, Bd. 2, a.a.O. 239–252; *Hans Küng*, Der Frühkatholizismus im Neuen Testament als kontroverstheologisches Problem (erstmals veröffentlicht in ThQ 142, 1962, 385–426), in: *Ernst Käsemann* (Hrsg), Das Neue Testament als Kanon, 175–204; dort 196, A. 68, weitere Literatur. Vgl. *Siegfried Schulz*, Die Mitte der Schrift. Der Frühkatholizismus im Neuen Testament als Herausforderung an den Protestantismus, Stuttgart 197.

[159] Vgl. vor allem IV 1.5.

Teil II: Grundzüge der christologischen Soteriologie in der alten Kirche

1 Die neue Situation: Die wachsende Dominanz des hellenistisch-christlichen Momentes in Gemeinde und Theologie

Die nach-neutestamentliche Theologiegeschichte ist in ihrem zeitlichen Beginn nicht exakt zu bestimmen. Während das Neue Testament mit den Deuteropaulinen und dem 2. Petrusbrief in das 2. Jahrhundert ausgreift, hat in Rom schon im letzten Jahrzehnt des 1. Jahrhunderts (1. Klemensbrief) oder in Antiochien zu Beginn des 2. Jahrhunderts (Ignatiusbriefe) die nach-neutestamentliche Zeit begonnen. In ähnlicher Weise überschneiden sich die kultur- und theologiegeschichtlichen Probleme, die die späte neutestamentliche und die beginnende nach-neutestamentliche Entwicklung kennzeichnen[1].

Dennoch läßt sich sagen, daß ungefähr seit der Wende zum 2. Jahrhundert, in einigen Regionen früher, in anderen später, die kirchliche Geschichte zunehmend von Gemeinden mit nichtjüdischer Majorität getragen und vorangetrieben wurde, so daß eine »neue« Stufe der Theologiegeschichte anfängt. Das Christentum breitete sich in den Städten rund um das Mittelmeer aus, drang bis zum Ende des 2. Jahrhunderts auch in Städte im Landesinneren und bis England vor und repräsentierte zur Zeit der »konstantinischen Wende« im Römischen Reich vielleicht einen Bevölkerungsanteil von etwa 15%, mit starker Konzentration im Osten[2]; die bewußte Förderung durch die nachkonstantinischen Kaiser (von der kurzen Unterbrechung durch die Religionspolitik *Julians* abgesehen) führte schließlich bis zum ausgehen-

[1] Vgl. zum Problem der Abgrenzung von neutestamentlicher und nach-neutestamentlicher Literatur vom *Verf.*, Woher nimmt die Bibel ihre Autorität?, 143–146.

[2] So die Vermutung in *Karl Bihlmeyer/Hermann Tüchle*, Kirchengeschichte, Erster Teil: Das christliche Altertum, Paderborn [16]1958,64.

den Altertum zu einer weitgehenden Deckung von (damals bekannter) Ökumene und Kirche.
Entsprechend dieser Entwicklung gerieten die judenchristlichen Gruppen immer mehr in eine Minoritätensituation. Dennoch blieb der Einfluß judenchristlichen Denkens weiterhin wirksam, immer weniger aber hatte es im Laufe der Zeit eine *soziale Basis* in ethnisch-jüdischen Gruppen. Naturgemäß wurde die hellenistische Welt zum wichtigsten und bald ausschließlichen Adressaten der kirchlichen Verkündigung und die hellenistische semantische Tradition zum Medium kirchlicher Reflexion und Sprache. Die im Neuen Testament schon gegebenen Ansätze hellenistisch-christlicher Theologie wurden somit in der Folgezeit maßgebend; sie wurden weiterentwickelt und zu beeindruckenden theologischen Systemen entfaltet.
Dieser umfassende Transformationsprozeß vollzog sich allerdings anhand von und in gewollter Kontinuität zu Traditionen und Texten, die sich nicht ohne weiteres dem hellenistischen Denken anpassen ließen – insofern mußten Altes und Neues Testament allegorisch ausgelegt werden[3] –, und anhand und in Kontinuität zu einer Sache, die mit den Mitteln hellenistischer Begrifflichkeit nicht zu fassen war – insofern mußte hellenistische Christologie (wo sie nicht einfach die Sache zum Mythos verfremdete) schließlich zur Aporie führen.

1.1 Die hellenistische Welt als Adressat der christlichen Verkündigung

Über den Hellenismus und seine grundlegenden Verstehensstrukturen ist schon einiges ausgeführt worden. Die hellenistische Welt aber wird in spät- und nach-neutestamentlicher Zeit immer mehr zum Adressaten kirchlicher Predigt, hellenistisches Denken, Fühlen und Verhalten kommt durch die neuen Christen in die Gemeinden und ihre Theologie hinein.
Die christliche Mission hat zunächst wohl vorwiegend unter den Angehörigen der Unter- bzw. unteren Mittelschicht Erfolge aufzuweisen; diese Christen waren weniger von den ausdrücklich philosophischen Strömungen als von der praktizierten Religion geprägt. Schon in der 1. Hälfte des 2. Jahrhunderts konnte das Christentum – zunächst noch vereinzelt – Männer gewinnen, die – wie *Ignatius* von Antiochien oder

[3] Auch hierfür hat das hellenistische Judentum Anstöße gegeben; vgl. *Adolf von Harnack*, Lehrbuch der Dogmengeschichte, 1. Band: Die Entstehung des kirchlichen Dogmas, Darmstadt 1964 (unveränderter Nachdruck der 4. Aufl., Tübingen 1909), 129–132.

die Apologeten – wenigstens mit einer Form popularisierter Philosophie bekannt waren[4], erst gegen Ende des 2. Jahrhunderts finden in einigen Zentren der damaligen Welt »Gebildete« in stärkerem Maß den Zugang zum Christentum. In der Folgezeit hat sich diese Entwicklung so verstärkt, daß z. B. Kaiser Konstantin im zahlenmäßig nicht sehr bedeutenden Christentum die geistige und politische Kraft der Zukunft erkennen konnte.

Das junge Christentum war so mit der *praktizierten Religion* und recht bald auch mit *den philosophisch-religiösen Strömungen* konfrontiert und mußte seine Predigt in Auseinandersetzung mit ihnen formulieren und rechtfertigen.

1.1.1 Religion und Philosophie in der Kaiserzeit

Martin P. Nilsson charakterisiert die damalige Situation: »Zu Beginn der Kaiserzeit war die Welt müde geworden… sie suchte Trost und Stütze in der Religion«[5]. Welche Ursachen hatte diese »Müdigkeit«, zu einer Zeit, in der es dem römischen Staat gelang, eine bis dahin unvorstellbare politische Zusammenfassung menschlicher Kräfte zu bewerkstelligen?

Doch gerade dieser Staat brachte den meisten Untertanen keinen Zuwachs an Selbstbewußtsein und Dynamik. »Der breiten Masse des Volkes war der Staat nichts als der Zwangsherr«[6]. Zu einer mündigen politischen Betätigung bot er nur wenigen Menschen Raum[7]. Wichtiger aber sind wohl die geistigen Ursachen, die *Nilsson* in seinem ausgezeichneten Abschnitt über »Die geistige Grundlage der spätantiken Religion« aufzeigt[8]. Er fragt, warum die griechische Wissenschaft und Rationalität in dieser Zeit ihre Kraft verloren haben und meint: »Die griechische Wissenschaft war vorzugsweise eine Denktätigkeit, die von recht zufälligen, mitunter unzureichenden Beobachtungen ausgehend, allgemeinen Grundsätzen zustrebte. Da das Erfahrungsmaterial nicht vermehrt wurde – es fehlte der antiken Wissenschaft das Experiment, der Lebensnerv der modernen Wissenschaft –, lief sie

4 Von diesen »Gebildeten« stammen naturgemäß die meisten literarischen Zeugnisse, so daß die Literatur ein einseitiges Bild der damaligen Gemeinderealität vermittelt. Wahrscheinlich spiegeln die (weithin verlorengegangenen) apokryphen neutestamentlichen Traditionen und Bücher sowie Schriften wie die *Didache* oder der *Hirt des Hermes* die wirkliche Lage genauer wider.

5 A.a.O. 324.325.

6 Ebd. 325.

7 Vgl. auch *Ulrich von Wilamowitz-Moellendorff*, Der Glaube der Hellenen, 2. Bd., Darmstadt 1973, 425.

8 *M. P. Nilsson*, ebd. 711–723.

sich tot, zersetzte sich; die Gedankenmühlen mahlten leer, und gleichzeitig trat ein Hang zum Auffälligen und Wunderbaren hervor ... Die Wissenschaft brachte keine neuen Ergebnisse hervor, die Philosophen zankten sich um die alten Schulfragen, nirgends fand man eine Leitung, einen festen Anhalt. Das Ergebnis war, daß man sich nach einer Autorität, kurzum nach Glauben sehnte.«[9]
Diese Sehnsucht, in Religion Zuflucht und Halt zu finden, verrät mystische Züge, die in den tradierten alten Religionen nicht befriedigt werden konnten. ›Neues Material‹ aber »strömte aus dem Orient hinzu«[10]; es kam den Wünschen eher entgegen, so daß »die griechische Vorstellungswelt mehr und mehr orientalisiert«[11] wurde.
Dieser Vorgang wurde dadurch begünstigt, daß das klassische Griechenland in römischer Zeit keine entscheidende Rolle mehr spielte und griechische Kultur von Männern weitergetragen wurde, die in Syrien, Ägypten oder Kleinasien zu Hause und bestenfalls Halbgriechen waren[12].
Dennoch führt *Nilsson* die neue Situation nicht ausschließlich auf diese Orientalisierung zurück. Wie er zurecht ausführt, ist unser Bild vom klassischen Griechenland zu einseitig. »Das Griechentum als Ganzes war jedoch viel mannigfaltiger als das hochklassische des 5., 4. und als der Rationalismus des 4. bis 3. Jahrhunderts; der klassische Lebensstil wurde durch Unterdrückung anderer Geistesströmungen und Triebe, die in der archaischen Zeit mächtiger hervorbrachen, geschaffen. In dieser Zeit finden sich Ekstatiker und Wundermänner ...; wir finden theologische Spekulationen und mystische Strömungen wie die Orphik und den Pythagoreismus ... überhaupt ist vorauszusetzen, daß die durch den hochklassischen Lebensstil unterdrückten Triebe als Unterströmungen fortwirkten«[13].
In der Kaiserzeit kamen diese unterschwelligen Momente der griechischen Tradition wieder hervor und verbanden sich mit den ungehemmt einfließenden orientalischen Strömungen.
Die Erlösungssehnsucht wandte sich den griechischen und orientalischen Mysterienkulten zu, Orakelwesen und Mantik, Astrologie, Okkultismus, Dämonenglaube, Zauberei und Theurgie breiteten sich aus, Mirakelhaftes und die Tätigkeit von Wundermännern faszinier-

[9] Ebd. 712.
[10] Ebd.
[11] Ebd. 711. Vgl. auch *Paul Wendland*, Die hellenistisch-römische Kultur in ihren Beziehungen zum Judentum und Christentum (Handbuch zum Neuen Testament, begründet von *H. Lietzmann*, hrsg. von *G. Bornkamm*, 2), Tübingen ⁴1972 (Nachdruck der 2. u. 3. Aufl. 1912, erweitert um eine Bibliographie von *Heinrich Dörrie*), 152.
[12] *M.P. Nilsson*, ebd. 722; vgl. 316.
[13] Ebd. 721.

ten die Menschen, mystische, ekstatische und bisweilen orgiastische Erfahrungen wurden angestrebt[14]. Kurz: Die Religionspraxis war zu Formen entartet, die in vielem jeder Mäßigung und Rationalität entbehrten, deren Basis aber eine Mystik war, die dem Menschen das Gefühl gab, Kontakt zu einer anderen Welt zu gewinnen: »der Mensch (empfindet) sich nicht mehr als zu dieser irdischen, körperlichen Welt gehörig... vielmehr als einem neuen geistigen Menschen wiedergeboren, sogar vergöttlicht...«[15].

Die praktizierte Religion aber konnte die Gebildeten nicht zufriedenstellen. Ihren Bedürfnissen nach intellektueller Durchdringung kamen *die philosophischen Schulen* entgegen. Die Philosophie der Kaiserzeit knüpfte zwar durchaus an der griechischen oder (wie in der Stoa) der frühen hellenistischen Tradition an und führte teilweise ihre für quasi kanonisch erachteten Ansätze fort: die des Platonismus im mittleren und neuen Platonismus, die des Pythagoreismus im Neupythagoreismus, die der Stoa in der späten Stoa usw. Dennoch stellten diese Schulen etwas Neues dar: Sie gewinnen unter dem Einfluß der mystischen Sehnsucht den Charakter auch *religiöser* Bewegungen. Zwar besitzen auch die klassischen Philosophien durchaus religiöse Implikationen und wollen nicht nur einer wertneutralen Erkenntnis dienen, sondern sind gleichermaßen ganzheitliche Weltdeutungen und sittliche Unterweisung; jetzt aber muß ein philosophisches System für die Gebildeten oft die Funktion einer religiösen Theorie und Praxis, bisweilen hin bis zu Gemeindebildungen (z.B. im Neupythagoreismus), wahrnehmen. Philosophie wird zu einer Art von Theosophie[16], die philosophischen Schulen gewinnen manchmal »kirchen«-ähnliche Züge[17].

Noch ein zweiter Gesichtspunkt erklärt die Eigenart der Philosophie der Kaiserzeit: orientalische Motive werden stärker in ihr aufgegriffen, so daß bei einigen Richtungen nur schwer zu sagen ist, woher sie stärker beeinflußt sind; dies gilt vor allem für die mächtigen Bewegungen der Gnosis und des Hermetismus.

Aber auch in stärker der griechischen Tradition verpflichteten Schulen

[14] Vgl. hierzu auch die (immer noch informativen) Ausführungen von *Joh. Jos. Ign. Döllinger*, Heidenthum und Judenthum. Vorhalle zur Geschichte des Christentums, Regensburg 1857, 608–663, vgl. *P. Wendland*, a.a.O. 152–163.

[15] *M.P. Nilsson*, a.a.O. 716. Vgl. *P. Wendland*, a.a.O. 155: »So verschieden Ursprung und Formen der hellenisierten Mysterienreligionen sind, zeigen sie sich doch von den gleichen Motiven beherrscht. Die Vereinigung mit der Gottheit ist ihr Ziel....«

[16] Vgl. *A. v. Harnack*, a.a.O. 143.

[17] Vgl. *P. Wendland*, a.a.O. 106: »Die Philosophie des hellenistischen Zeitalters will dem Gebildeten zugleich Religion sein...«

ist das orientalisch-dualistische Denken beherrschend geworden. Zwar kann auch dieser Dualismus an die klassische Philosophie anknüpfen, dort aber war er niemals von so grundsätzlicher, sowohl metaphysischer wie ethischer Art. Schon seit den Anfängen ist die griechische Philosophie mit der Frage befaßt, wie Einheit trotz der Mannigfaltigkeit des sichtbaren Kosmos möglich sei bzw. worin die Einheit (der letzte Seinsgrund) bei aller Zweiheit oder Pluralität bestehe. Sie suchte – sicherlich auch mit religiösem Impetus – Mannigfaltigkeit mit Einheit zu versöhnen. Abgesehen von den vorsokratischen »mechanistischen« Lösungen konnte sich griechisches Denken – angesichts der Pluralität des sichtbaren körperlichen Kosmos – Einheit nur unkörperlich-ideell vorstellen, so daß auch schon in dieser Zeit ein gewisser, auch soteriologisch und ethisch bedeutsamer »Dualismus« bestand zwischen dem Einen und dem Vielen, Geist und Materie. Dieser aber wurde, trotz der auch hier schon einwirkenden orientalischen Momente, nur selten prinzipiell verstanden, so daß die von *Hirschberger* auf Platon bezogene Aussage weithin für die klassische Philosophie (mit Ausnahme des Pythagoreismus) gilt: »... im Denken *Platons* hat ein böses Prinzip keinen Platz«[18].
Die geistigen Strömungen der Kaiserzeit dagegen verstehen den Dualismus *grundsätzlicher* und geben ihm, z. B. im Neupythagoreismus, in Gnosis und Hermetismus breiten Raum. Gerade aber die im besonderen Maß sich auf die klassische Tradition berufenden Schulen haben die griechischen Anstöße insofern aufgegriffen, daß sie mit um so größerer Leidenschaft bemüht waren, den metaphysischen und ethischen Dualismus *auf Einheit hin* zu überwinden. Die Einheitsdynamik wurde so radikalisiert, daß *monistische Systeme* das Ergebnis waren. Dies gilt für die *Stoa*, die allerdings auch in späterer Zeit von der Dualismusproblematik nicht so stark beeinflußt war; dies gilt aber vor allem für den *mittleren Platonismus* und noch mehr für den *Neuplatonismus*.
Für die *Stoa* ist alles Seiende letztlich *eines*, von einem immanenten Prinzip, dem Logos, getragen; der Kosmos ist, in einem pantheistischen Sinn, göttlich. »Nach Seneca kommt es weniger darauf an«, schreibt *Arthur Drews*, »welchen Namen man der Gottheit gibt, wenn man nur dessen eingedenk ist, daß Gott nicht die bloße tote Materie, sondern der *Geist des Weltalls* und in diesem Sinne *alles in allem* ist.«[19] »Was ist Gott?« fragt *Seneca* und antwortet: »Der Geist des Universum (mens universi)... Was du als Ganzes siehst und was du nicht

[18] A.a.O. 77.
[19] Geschichte des Monismus im Altertum (Synthesis. Sammlung historischer Monographien philosophischer Begriffe, Bd. V), Heidelberg 1913, 307. Vgl. *P. Wendland*, a.a.O. 110.111.

siehst als Ganzes (totum). Seine ... Erhabenheit ... wird ihm erst dann zugeschrieben, wenn er allein alles ist (si solus est omnia).«[20]
Der *Neuplatonismus* überwindet den vorausgesetzten Dualismus (das Sein »zerfällt« in eine geistige und eine sinnliche Dimension)[21] durch die Annahme eines Einheitsprinzips (»das Eine«), das (über Vermittlungsgestalten: den Geist und die Weltseele) alles Vielfältige bis hin zur Materie[22] durch Emanation aus sich entläßt und es in seinem Sein immanent konstituiert: auch eine monistische Problemlösung[23]. Der Mensch ist naturgemäß in diese monistische Kosmologie integriert[24]. Insofern läßt sich sagen, daß in der Kaiserzeit zwar dualistische Vorstellungen vordringen und in manchen Richtungen auch dominieren. Dennoch ist gerade in den Strömungen, die stärker der griechischen Tradition verpflichtet sind, ein *Pantheismus* oder *Monismus* mehr oder weniger latent zum Zuge gekommen. Vor allem der Neuplatonismus scheint zum letzten Mal die Energien des griechischen Denkens unter den Anforderungen der neuen Zeit zu einer gewaltigen Einheitssynthese[25] vereinigt zu haben; Kaiser *Julian* versuchte, ihn als ein förmliches politisches Programm gegen das Christentum durchzusetzen. Diese Schulen konnten, in mehr oder weniger popularisierter Form,

[20] Seneca Nat. quaest. I, praef., zitiert nach: *Alfred Adam*, Lehrbuch der Dogmengeschichte, Bd. 2: Mittelalter und Reformationszeit, Gütersloh ²1972, 59.

[21] *Plotin*, Enneaden IV 8,7 (6,36), nach: Plotins Schriften (griechisch und deutsch), übers. von *Richard Harder*, Bd. I, Hamburg 1956, 145.

[22] Allerdings bleibt bei *Plotin* selber offen, ob er die Materie als ewig und selbständig oder als äußerste Emanation versteht, vgl. Enneaden IV 8,6 (6,34), bei *Harder* 143.145: »So mußte auch die Materie, existierte sie von Ewigkeit, als existierend notwendig Anteil erhalten an der Kraft, die allen Dingen je nach deren Vermögen das Gute spendet; aber auch wenn ihre Entstehung erst die notwendige Folge der ihr übergeordneten Ursachen war, durfte sie nicht abgesondert bleiben...« (vgl. hierzu: Plotins Schriften, übersetzt von *Richard Harder*, Bd. VI: Indices. Verbunden mit einem Überblick über Plotins Philosophie und Lehrweise. Unter Mitwirkung von *Gerard O'Daly*, Hamburg 1971, 106). Gleichgültig aber, wie sie einzuordnen ist, war sie doch in das monistische System integriert, insofern sie – wenigstens »als existierend« – Teil an dem Einen hat.

[23] Vgl. hierzu die Anmerkungen in: Plotins Schriften, Bd. VI, 107: Der Mensch kann Geist werden, »indem er... sich als Alles, Alles als sich erkennt« und so »mit dem Göttlichen (dem Einen) in Eins« zusammenfällt. Vgl. ebd. 146.164.

[24] Der neuplatonische »Scholastiker« *Proklos* († 485) bringt diese kosmologische Anthropologie auf den Begriff: »wie den ganzen Kosmos so muß man auch den Menschen betrachten, weil auch dieser ein kleiner Kosmos ist; er besitzt nämlich Geist und Logos und einen göttlichen und sterblichen Leib wie das All« (in Tim. III 355, 7–10; nach dem Text bei *Werner Beierwaltes*, Proklos. Grundzüge seiner Metaphysik (Philosophische Abhandlungen 24), Frankfurt ²1979, 10, A. 53.

[25] Allerdings ist in den sich bildenden neuplatonischen Schulen, vor allem im Orient, der dualistische Einfluß wieder stärker geworden (vgl. besonders die Philosophie *Jamblichos*' des Syrers).

für viele Gebildete die Muster abgeben, in denen sie ihre religiöse Sehnsucht artikulieren und praktizieren konnten: Als Rückkehr aus der unheilvollen Pluralität und Materiegebundenheit zum *einen* Göttlichen, das als innerstes Prinzip in ihnen und im Kosmos schon am Werk war. *Plotin* hat ausgeführt – und er formuliert dabei eine soteriologische Grundfigur, die in beinahe allen spätantiken »religiösen Philosophien« vorkommt –: »So also kommt die Seele, ob sie gleich ein Göttliches ist und von den oberen Räumen stammt, in den Leib, sie, ein zweiter Gott im Range, schreitet hinab in diese Welt... Gelingt es ihr rasch wieder zu entfliehen, so bleibt sie unversehrt...« und findet wieder zu einer Vereinigung mit Gott[26].

Vor allem aber boten die monistischen Systeme die Möglichkeit, auch mit den praktizierten Religionsformen zu leben. Das Einheitsprinzip wurde in den jeweiligen philosophischen Schulen auch mit religiösen Vokabeln umschrieben. Weil in der Stoa »Gott, Vernunft, Fatum und Natur ein und dasselbe« sind, kann »die Urkraft als Zeus bezeichnet« werden[27]; die Physik wird »durch Gleichsetzung des tätigen Prinzips mit der Gottheit z.(ur) Theologie«[28]. Noch mehr wird in den platonischen Schulen »das Eine« mit Gott (*Plotin*: »Vater«, »Gott«)[29] identifiziert. Von daher war es möglich, die maßlosen Polytheismen intellektuell zu ertragen und die Götter plausibel zu erklären als Erscheinungsformen des all-einen Göttlichen.[30] Die Gebildeten konnten somit die Religionspraxis in einem theosophischen Sinn »transzendieren« und in ihr Denken integrieren, ohne sie von ihrem Reflexionsniveau her, außer in ganz abstrusen Auswucherungen, bestreiten zu müssen[31].

Religiöse Praxis und Philosophie existierten miteinander und bestätigten sich gegenseitig[32]; »den Gebildeten reicht man die feinere Speise der Theosophie, dem Pöbel das tägliche Brot des Aberglaubens.«[33] Dennoch konnten weder die Religionspraxis noch die monistischen Philosophien die mystische Sehnsucht der hellenistischen Menschen voll befriedigen: Die Volkspraxis blieb zu irrational, banal und ungeordnet, dem abstrakten Göttlichen der Philosophen mangelte es an warmer Personalität; von hierher wird der Siegeszug des Christen-

[26] Enneaden IV 8,5, zitiert nach: *Plotins* Schriften, Bd. Ia, a.a.O. 141).

[27] *Hirschberger*, a.a.O. 225.

[28] *J. Rief*, Stoizismus, Stoa, in: LThK^2 9,1089.

[29] z.B. Enneaden V 1,1, (10,1). in: *Plotins* Schriften, Bd. Ia, a.a.O. 209.213.215.

[30] Vgl. das Zitat von *Plutarch*, o.I. 100.

[31] Vgl. *P. Wendland*, a.a.O. z.B. 106–115.

[32] Von daher erklärt sich allerdings auch, daß viele Philosophen, vor allem die Epigonen *Plotins*, ihrerseits wieder in absonderliche religiöse Praktiken verfallen konnten.

[33] *P. Wendland*, a.a.O. 168.

tums, das (und weil es) den jüdischen Monotheismus – frei von ethnischen Bindungen – propagierte, verständlich. Die hellenistische Welt fiel dem Christentum wie eine reife Frucht in den Schoß.

Andererseits aber war dieser Siegeszug nur möglich, weil das junge Christentum die soteriologischen Sehnsüchte des Hellenismus sowie ihre Artikulationsmuster aufgegriffen hat; nur durch eine radikale kulturspezifische Transformation der gesamten Theologie (im weitesten Sinn) konnte es den Hellenismus »christianisieren«. *Hellenisierung des Christentums und Christianisierung des Hellenismus bedingen sich gegenseitig.*

Verkündigung und Theologie mußten sich ausdrücklich mit der praktizierten Religion und den in einer Religion jeweils vorherrschenden Schulen (oder einer synkretistischen Mischung von allen) auseinandersetzen und die Legitimität des Bekenntnisses zu ›Gott durch Jesus‹ mit den bekannten und anerkannten Begrifflichkeiten und Rastern aufzeigen; Gnosis, Hermetismus, Stoa und Platonismus halten ihren Einzug in die theologische Sprache und Sache.

1.1.2 Verschiedene Kulturräume innerhalb der hellenistischen Welt

Das ganze Römische Reich war von der hellenistischen Kultur geprägt. Hierbei war die griechische Sprache und Tradition das verbindende Moment, das sich mit allen möglichen regionalen Kulturen verbunden hatte. Auch viele nicht hellenische Einflüsse haben sich dabei »weltweit« ausbreiten können.

Sosehr aber in dieser Zeit orientalische Strömungen den Westen des Reiches oder römische Ordnungsvorstellungen den Osten erreichten, war die Gestalt des hieraus resultierenden Synkretismus doch nicht in allen Regionen gleich. Er fand vielmehr zu Ausprägungen sehr spezifischer Art, die – je nach der ethnischen und kulturellen Basis – dem Hellenismus eines Raumes ein eigenes Gesicht gaben. Die spätere Theologiegeschichte ist wesentlich von der Eigenart dieser verschiedenen Räume geprägt.

Es würde zu weit führen, allen regionalen Besonderheiten nachzugehen. Hier mag es genügen, einige für die Entwicklung der Christologie und Soteriologie wichtige Aspekte zu nennen.

1.1.2.1 Die Ost-West-Differenz

In den ersten vier Jahrhunderten hatte die theologische Denkbewegung ihren Schwerpunkt im östlichen Teil des Römischen Reiches, der stärker urbanisiert war und in dem die Zentren der hellenistischen Kultur zu finden waren. Rom selbst spielte im Geistesleben keine besondere Rolle: »Die Römer waren eigentlich nie von einer Idee erfüllt, deren Verbreitung oder Verwirklichung sie erstrebt hätten... Sie eroberten durch die beharrliche Arbeit eines halben Jahrtausends die Welt, ohne dabei von irgendeinem höheren Gedanken geleitet zu sein...«[34].

Zwar gab es auch im Westen (z. B. *Irenäus* in Lyon) und in Rom (z. B. *Markion, Hippolyt*) einige bedeutende Theologen; sie waren aber »östlicher« Herkunft und schrieben ihre Werke in griechischer Sprache, wenn auch ihr »westliches« Wirkungsfeld durchaus einen Einfluß entfaltete (vgl. etwa die Betonung von ordnungspolitischen Gedanken ((apostolische Tradition und Sukzession, regula fidei u. ä.)) bei *Irenäus*). Lediglich in Nordafrika konnte sich schon recht früh (Ende zweites, frühes drittes Jahrhundert) eine eigenständige Theologie (*Tertullian, Cyprian*) ausbilden. Sie blieb allerdings, obwohl sie in dieser Region weiter gepflegt wurde und auch darüberhinaus ihre Wirkungen hatte, zunächst ein vereinzeltes Phänomen; erst seit der zweiten Hälfte des vierten Jahrhunderts kommt es im Westen zu einer breiteren theologischen Tradition, die in *Augustinus* ihren einsamen und der östlichen Theologie kongenialen Höhepunkt gefunden hat.

1.1.2.2 Die östliche Reichshälfte

Ganz grob läßt sich sagen, daß die östliche Reichshälfte tiefgreifender hellenisiert war. Hier waren die Menschen stärker von »der« hellenistischen soteriologischen Sehnsucht nach (kultischer, rationaler, mystischer oder rauschhafter) Vergöttlichung in einem tendenziell oder radikal monistischen Sinn bzw. von »der griechischen Neigung, die Religion in Spekulation über das Absolute und in Mysterien zur sinnlichen Empfindung der Gottheit aufzulösen«[35], geprägt. Die leidenschaftliche Dynamik, für die Heil vor allem ansichtig wurde als Überwindung der oft (dualistisch empfundenen) Bedingungen endlichen materiellen Seins und Entgrenzung hin zum all-einen Göttlichen, wirkte auch unter den getauften »Griechen« dieses Raumes fort. Sie konnten nur Christen werden, weil sie in und durch Jesus diese ihre Erwartungen erfüllt sahen.

[34] *J. J. I. v. Döllinger*, a.a.O. 694.

[35] *Reinhold Seeberg*, Lehrbuch der Dogmengeschichte, 1. Bd.: Die Anfänge des Dogmas im nachapostolischen und altkatholischen Zeitalter (unveränderter reprografischer Nachdruck der 3. Aufl. (1922)), Darmstadt [6]1965, 252.

(1) Griechenland, Kleinasien, Ägypten

Wenn diese typisierte Charakterisierung auch für den »ganzen Orient« grundsätzlich zutrifft, gilt sie ohne nennenswerte Einschränkungen nur für den Raum, in dem griechisches Denken am meisten vorherrschend war: Griechenland, Kleinasien und Ägypten.

Griechenland selbst spielte in der Kaiserzeit keine führende Rolle mehr. »Bezeichnend ist, daß unter den vielen griechischen Schriftstellern der römischen Zeit sich außer Plutarch kaum einer findet, der in Griechenland geboren war...«[36]. *Kleinasien* dagegen, dem »ganz andere Hilfsquellen..., ein weites Hinterland«, zur Verfügung standen, konnte sich in der Kaiserzeit wieder erholen; die »Hellenisierung... drang unaufhaltsam ins Innere des Landes vor«[37]. Geistiges Zentrum aber wurde für den profiliert hellenistischen Raum *Ägypten* und besonders *Alexandrien*. Hier war vor allem die Führungsschicht von »griechischem Blut und griechischer Bildung bestimmt«, aber auch die Bevölkerung des Landesinnern machte enge Bekanntschaft mit der griechischen Kultur[38].

Nach der wichtigsten Stadt und der in ihr seit Ende des 2. Jahrhunderts ansässigen Katecheten-Schule wird der Typos der auf dieser Basis sich entfaltenden christlichen Reflexion, der anfanghaft schon in der Theologie der frühchristlichen Apologeten zu greifen ist[39], in seiner profilierten späteren Form als *alexandrinische Theologie* bezeichnet. In ihr ging es am reinsten um Vergöttlichung, ihre Grundlage: die Erkenntnis (Gnosis) der Offenbarung sowie ihre Vermittlung in der Didaskaleia (Lehre, bis hin zur Schule).

Entsprechend dieser Zielsetzung besaß die hier betriebene Theologie die spekulativen Züge hellenistischen Denkens. Geschichte und Konkretion verloren an Bedeutung bzw. waren nur Ausgangspunkt für die »eigentliche« Erkenntnis. Nach *Alfred Adam* kennt z. B. die Theologie des *Origenes* pädagogische Stufen: »Den Anfängern im Glauben gab sie die Weisung: Haltet euch an den irdischen Jesus! Den Fortschreitenden zeigte sie den Geist als die Ermöglichung der tieferen Erkenntnis, und den Vollendeten tauchte sie ein in die conformitas cum

[36] *M. P. Nilsson*, a.a.O. 312.

[37] Ebd.

[38] Ebd. 315.

[39] Vgl. *A. Adam*, Lehrbuch der Dogmengeschichte, Bd. 1: Die Zeit der alten Kirche, Gütersloh ²1970, 137: »Den Kampf zwischen Griechentum und Christentum hatten sie (die Apologeten, eigene Anmerkung) also zuerst in der eigenen Brust auszufechten; gerade aus diesem Grunde aber konnten sie dann die apologetische Aufgabe, die sich ihnen nach außen stellte, mit Überzeugung bewältigen...«. Mit ihnen habe das schwierige Unternehmen begonnen, »den christlichen Glauben in den Denkformen der griechischen Sprache... zu verstehen, zu definieren und zu entfalten.«

Christo«[40] (wobei hier mit »Christus« weniger Jesus als der göttliche Logos gemeint war). Dieser Geisteshaltung entsprach auch die Auslegung der Bibel; hier spielte – über die Erhebung des Literalsinns hinaus – vor allem die typologische, pneumatische oder allegorische Methode eine zentrale Rolle.

(2) Der syrisch semitische Raum

Ein andersartiges Denken findet sich in Syrien; letzteres zählte in der Kaiserzeit nur in seinem westlichen Teil zum Römischen Reich, während sich in Mesopotamien eigenständige politische Ordnungen ausbilden konnten. Diese Region war ethnisch durch semitische Bevölkerungselemente geprägt, die aramäische Sprache, in ihrer »christlichen Entwicklungsstufe als syrisch bezeichnet« und von dem ›gleichen Wirklichkeitsverständnis‹ gekennzeichnet wie das Hebräische[41], wurde vor allem im östlichen Syrien Medium einer selbständigen theologischen Tradition. Diese Theologie ging, trotz zahlreicher Einflüsse aus dem Mittelmeerraum, durchaus eigene Wege.

Darüberhinaus aber – und das ist für unsere Frage wichtiger – hat das syrisch-aramäische Denken auch die benachbarten Regionen beeinflußt, in denen zwar weithin griechisch gedacht und gesprochen wurde, aber in eigenwilliger Abwandlung: das ans Mittelmeer angrenzende westliche Syrien. Hier bildete sich ein semitisch-aramäisch eingefärbter Hellenismus aus, dessen Zentrum die Stadt *Antiochien* am Orontes wurde. Die aus ihm hervorgegangene Theologie griechischer Sprache, in ihren Anfängen beeindruckend repräsentiert durch *Ignatius*[42], wurde in ihren späteren Ausprägungen als *antiochenische* Schule bezeichnet.

Die antiochenische Theologie legt – entsprechend der semitischen Mentalität und genauerhin »anscheinend nicht ohne Einfluß der Bibelwissenschaft der großen jüdischen Gemeinde Antiocheias«[43] – größeren Wert auf die auch soteriologische Bedeutung von Geschichte und geschichtlichem Handeln.

»In vieler Hinsicht ähnelte des Heidenchristentum Syriens... dem benachbarten Judenchristentum...«[44]. Dementsprechend wurde auch in der Bibelexegese besonders »der Textforschung und der philolo-

[40] Ebd. 190.

[41] *A. Adam*, ebd. 100.

[42] Nach *A. Adam*, Lehrbuch der Dogmengeschichte I, 135, arbeitete seine Theologie »mit den Denkmitteln des frühen aramäischen Heidenchristentums« und vermochte so »den Gedanken der jüdischen Diaspora in Kleinasien« zu entsprechen.

[43] *H.G. Beck*, Exegese III. Geschichte der Exegese, 2. Patristische Exegese, in: LThK [2]3,1279.

[44] *A. Adam*, a.a.O. 132.

gisch-historischen Deutung des Literalsinnes«[45] Aufmerksamkeit zugewandt; allegorische Auslegung wurde nur maßvoll betrieben. Zwar bleibt auch der antiochenische Kulturraum insoweit den hellenistischen Denkrastern verpflichtet, als auch hier, wenigstens formal, von »Naturen« und »Sein« gesprochen wird; der Begriff »Natur« aber hat in Antiochien immer auch geschichtliche Züge[46]; Denken, Wollen, Handeln spielen eine Rolle, Einheit mit Gott wird ethisch verstanden und hat geschichtliche Bewährung und gnadenhafte Annahme durch Gott zur Voraussetzung. Die Soteriologie und Christologie, die hier entstanden sind, verbleiben in ihrer Symbolik und in ihren Begriffen innerhalb der hellenistischen Tradition, verbinden aber mit ihnen ganz andere Vorstellungen[47].

(3) Der lateinische Westen

In einem ersten Anfang, zugleich schon ein Höhepunkt, hat sich christliche Theologie um die Wende zum 3. Jahrhundert, dann wieder seit der zweiten Hälfte des 4. Jahrhunderts mit den Mitteln lateinischen Denkens und lateinischer Sprache artikuliert. Auch dieser Kulturraum, der Westen des Reichs, gehört zum Bereich des Hellenismus. »Die Römer, die den Griechen auf der europäischen Arena folgen, waren von der Begegnung mit der großartigen griechischen Zivilisation derart überwältigt, daß sie sich ihrer eigenen ehrwürdigen Literatur ein wenig schämten. Da diese Literatur deshalb fast völlig verloren gegangen ist, ist es schwierig, sich ein Bild vom alten Rom zu machen. Auch in ihrer Religion gingen die Römer bei den Griechen in die Lehre und sahen schließlich ihre eigenen Götter in griechischer Gestalt«[48]. Nach *Paul Wendland* wurde »den Römern ihre Geschichte, Kultur, Religion fremd und unverständlich«[49].
So sehr aber die lateinische Kultur hellenisiert war, blieb sie doch von unverwechselbaren Eigentümlichkeiten geprägt (vor allem im von römischen Soldaten kolonisierten Nordafrika, erst später auch in Rom selbst), die das Christentum zu einer neuen Spezifikation von Theologie zwingen mußten, wenn es hier heimisch werden wollte. Diese Ei-

[45] *H.G. Beck*, a.a.O. 1279.

[46] Ein Hinweis auf die syrische Sprache, den *A. Adam*, ebd. I, 101, gibt, erhärtet diese Beobachtung. Diese Sprache kennt zwei Begriffe für »Natur«: »Man konnte dabei zwischen der ›gebundenen Natur‹ der unbeseelten Dinge und der ›freien Natur‹ der willensbegabten und vernünftigen Menschen unterscheiden... In der syrischen Theologie ist daher stets an der Willensfreiheit des Menschen festgehalten worden...«

[47] Vgl. u. 3.1.

[48] *Povl Johs. Jensen*, Die römische Religion, in: Handbuch der Religionsgeschichte, Bd. 3, 219.

[49] A.a.O. 138.

gentümlichkeiten haben ihre Wurzeln tief in der Vergangenheit der römischen Religion, in der ursprünglich »persönliche Götter« fehlten[50] oder wenigstens zurücktraten gegenüber »höheren Mächten«[51] beziehungsweise »dem Göttlichen«[52]. Der hier grundgelegte Monismus aber war von anderer Art als in Griechenland: Das Göttliche erschien dem Römer nicht in seinem den Kosmos tragenden Sein, in seiner Wahrheit, Güte und Schönheit, sondern als numen, als rechtsetzende Macht[53]. »Die römischen *numina* bezeichnen ursprünglich die fremden Kräfte, die die Gegenparte der Menschen in der göttlichen Rechtsordnung sind.«[54] Dementsprechend hatten sich die Gemeinschaft und der einzelne nicht primär seinshaft, sondern rechtlich und ordnungspolitisch in das Göttliche zu fügen. »Fromm ist, wer das göttliche Gesetz, das *ius divinum*, einhält... Wenn der Römer seine Pflicht tut und das *ius divinum* einhält, lebt er in der *pax deorum*, d. h. in Frieden und Harmonie mit dem Göttlichen.«[55] Das Verhalten des Menschen sowie die politischen Ordnungen, die Rom der Welt aufgezwungen hat, werden somit zum Vollzug göttlichen Geschicks, des Fatum, wie es die Aeneis des *Vergil* beeindruckend schildert. Wenn man so will, ist der *römische Monismus praktisch-politisch-juridischer Art*, das Individuum wird nicht tendenziell seinshaft, sondern juristisch-politisch nivelliert[56].
Eine solche Konzeption war geeignet, enorme voluntaristisch-politische Energien freizusetzen, die schließlich zur Weltherrschaft führten.

[50] *A. Adam*, Lehrbuch der Dogmengeschichte I, 103.

[51] Vgl. *P.J. Jensen*, a.a.O. 221: »Die Etymologie des lateinischen Wortes *religio* war schon im Altertum umstritten, seine Bedeutung jedoch ist: Ehrfurcht gegenüber den höheren Mächten.«

[52] Vgl. ebd. 223.

[53] Vgl. *P. Wendland*, a.a.O. 137. Vgl. auch *Jensen*, ebd. 222: »Man kann auch sagen, *religio* bedeute Tabu.«

[54] *Jensen*, ebd. 247. Vgl. auch *A. Wlasok*, Rom und die Christen. Stuttgart 1970, 56: »Ein Gott ist für die Römer... in erster Linie machtvoller Wille und Forderung.«

[55] *P.J. Jensen*, ebd. 224.

[56] Deswegen hat *A. Adam* (Lehrbuch der Dogmengeschichte I, 104) Recht, wenn er die Individualität als »ein Stück der lateinischen humanitas« bezeichnet. »In jedem Manne lebt sein Genius, der mit ihm entstanden ist und mit ihm stirbt; durch ihn ist er eine selbständige Person.« Dies gilt, insofern der einzelne *nicht* – wie in den griechischen Monismen – seinshaft entmächtigt ist. Ebenso aber ist die Charakterisierung *Döllingers*, a.a.O. 695, zutreffend: »So glich denn auch ein Römer in der Regel genau dem andern; alle ihre ausgezeichneten Männer tragen das gleiche Gepräge; die Individualität tritt vor dem Römerthum zurück, und jene reiche Mannigfaltigkeit der Charaktere, wie sie Hellas aufzuweisen hat..., zeigt sich in Rom keineswegs«. D.h.: die praktisch-politische Selbsteingliederung in die dem Individuum vor- und aufgegebenen Ordnungen hat zu einer *faktischen* Angleichung geführt.

Obwohl Rom somit in einem beeindruckenden Sinn Geschichte gemacht und vorangetrieben hat, ist deswegen das zugrundeliegende menschliche Selbstverständnis keineswegs (etwa im jüdischen Sinn) *geschichtsorientiert*[57]. Geschichte erscheint für den Römer vielmehr als der Raum, innerhalb dessen das übergeschichtliche ius divinum durchgesetzt werden muß; sie ist nicht, wie z. B. im Judentum, eine lineare, nach vorne offene und innovatorische Größe. *Der Bezugspunkt der lateinischen Selbstinterpretation ist vielmehr ein prinzipiell statischer, dem Menschen göttlich auferlegter Ordo, der allem freien Handeln Grenzen und Markierungen vorgibt.* Die römische Kultur gehört also auch in die Linie der sich am Kosmos orientierenden Kulturen hinein, wenn auch ein anderer Aspekt in den Vordergrund tritt[58].

In einem solchen Kontext sind auch die soteriologischen Perspektiven andere als im übrigen hellenistischen Raum: *Unheil wird erfahren als Störung des göttlichen Ordo*, nicht in einem kosmologischen, sondern »voluntaristischen«, juridischen Sinn: »Für Aufruhr, *impietas*, gegen die Götter gibt es keine Sühne, *expiatio*. Frömmigkeit, *pietas*, ist im Grunde die römische Kardinaltugend.«[59] *Als Heil wird die Verwirklichung bzw. Wiederherstellung des Ordo empfunden* (auch hier kein geschichtlich-innovatorisches, sondern ein statisch-restauratives Moment).

Das lateinische Verstehen hatte eine Affinität zum griechischen Denken (wie darüberhinaus zu allen indo-arischen Kulturen), so daß es von dort beeinflußt und in den hellenistischen Raum einbezogen werden konnte: Die römischen Numina wurden personalisiert[60], der

[57] *A. Adam*, a.a.O. 104, formuliert mißverständlich: »Grund der lex ist also nicht der Nomos der Weltstruktur, sondern die geschichtliche, aus den Notwendigkeiten der Stunde entstehende Abmachung.« Sicherlich ist nicht ein Nomos im kosmologischen Sinn die Basis, wohl aber ein metahistorisches fatum, so daß die geschichtliche Abmachung den Willen der Götter lediglich vollzieht.

[58] Auch ein Phänomen wie der Kaiserkult bietet nur für den oberflächlichen Augenschein ein Indiz im Sinne einer soteriologischen Ausrichtung auf Geschichte. In Wirklichkeit sind römischer Staat und Kaiser nicht als geschichtliche Bildungen von religiöser Bedeutung, sondern als Ausdruck metahistorischen göttlichen Willens. Vgl. hierzu *R. Seeberg*, Dogmengeschichte I, 30: »Die Kaiser sind Gottheiten; *maiestas, numen, aeternitas* kommt ihnen zu... Das römische Reich ist von Gott, daher ist sein Leiter göttlich und ein Gott.« Erst recht gilt diese Aussage für den Kaiserkult im stärker griechischen Raum. Dort war an der Vorstellung, daß sich *das* »göttliche Element, von Zeit zu Zeit oder für die Dauer, in Führern, Rettern und Wohltätern der Menschheit verwirklicht«, in keiner Weise etwas »Verwunderliches« (*Michael Rostovtzeff*, Geschichte der Alten Welt, Der Orient und Griechenland, deutsch von *Hans Heinrich Schaeder*, Birsfelden-Basel o. J., 450).

[59] *Jensen*, a.a.O. 224.

[60] Vgl. *Jensen* ebd. 247.

»herrschaftliche« Monismus konnte auch kosmologische Züge gewinnen, die soteriologischen Strukturen näherten sich einander an. Dennoch blieb diese Hellenisierung wohl oberflächlich, wie die Ausprägungen der späteren Theologiegeschichte zeigen; sie scheint an Kraft verloren zu haben, wo aus den Reihen einer einfacheren, lateinisch sprechenden Bevölkerung Theologen hervorgegangen sind (zunächst in Nordafrika und anderen Kolonien, später, als sich die politische Macht nach Osten verlagerte, auch in Rom).
Zwar hat die Theologie im stärker lateinisch geprägten Westen des Reiches die Ergebnisse der östlichen Auseinandersetzungen rezipiert, ja sogar zu ihrem endlichen Zustandekommen (vgl. z. B. den Einfluß *Leos I.* auf das Konzil von Chalkedon) beigetragen – gerade weil sie selber nicht an der Leidenschaft der Spekulation partizipierte. Aber wie wenig die hellenistische Soteriologie und Christologie das Denken im Westen bewegten, wird an der ganz anders gelagerten Diskussion deutlich: *Ihr Spezifikum ist soteriologisch die Frage nach den Modalitäten der Wiederherstellung der göttlichen Ordnung bzw. der Erlösung in einem juridisch-praktischen Sinn, und christologisch das Problem der Unverzichtbarkeit Jesu für ein so verstandenes Heil* (»Erbsündenchristologie«, Leistung des Menschen und Gnade, Sakramente, Ansätze einer Ekklesiologie)[61]. Von den ersten Anfängen etwa im Ersten Klemensbrief mit seinem »typisch römischen Sinn für Autorität und Ordnung«[62] über *Tertullian* und *Cyprian* bis hin zur entfalteten Theologie um 400 kommen diese andersartigen soteriologischen Motive zum Tragen.

1.1.3 Die Aufgabe der christlichen Predigt und Theologie

Der hellenistische Kulturraum war also keineswegs eindimensional-einheitlich strukturiert. Vielfältige lokale und regionale Traditionen und Eigentümlichkeiten wurden in ihn integriert, lebten in ihm fort und modifizierten ihn oft erheblich. Sie alle aufzuzählen ist unmöglich. An dieser Stelle sollten lediglich die für die spätere Theologiegeschichte wichtigsten kulturspezifischen Ausprägungen angedeutet werden: Die Gestalt, die für uns am reinsten den Typos hellenistischen Denkens darstellt (Griechenland, Kleinasien, Ägypten), die semitisch bzw. vom aramäischen Denken beeinflußte Variante (Syrien) und die römisch-lateinische westliche Ausprägung.

[61] Vgl. u. III 3.

[62] *Fischer*, a.a.O. 11; vgl. z. B. 1 Klem 60,1, wo »die ewige Weltordnung« (ed. *Fischer*, 101) bemüht wird, um die juridische (und religiöse, vgl. 62,1) Verpflichtung zu Ruhe und Ordnung in der korinthischen Gemeinde zu begründen.

Das junge Christentum, das in seiner Verkündigung von Anfang an einen eschatologischen und bald auch formal universalen Anspruch erhoben hat, mußte in der Folgezeit seine Sache mit den Mitteln der jeweiligen Kulturen artikulieren. Mehr noch: es mußte *sich* (der syrischen, ägyptischen, lateinischen usf. Kirche) und *seinen Adressaten* verdeutlichen, *daß und auf welche Weise Jesus gerade für das jeweils erhoffte Heil bzw. die Überwindung des entsprechenden Unheils notwendig war*; nur so konnte er für Syrer, Kleinasiaten und Römer als *der* Christus rezipiert werden.
Unausweichlich also war, wollte das Christentum nicht in einem Ghetto verbleiben, eine radikale Transformation der christologischen Soteriologie entsprechend den jeweiligen kulturspezifischen Großräumen sowie, aber dieser Aspekt muß hier außer Acht bleiben, den lokal-regionalen Besonderheiten. Die nun einsetzende Entwicklung der christologischen Soteriologie im Altertum kann nur auf diesem Hintergrund begriffen werden. Vor allem seit Beginn des 3. Jahrhunderts wird der (vorher nur in Ansätzen erkennbare) Einfluß der genannten drei Traditionen übermächtig und bestimmt die Eigenart der jeweiligen theologischen Denkbewegung.

1.2 Das Judenchristentum

1.2.1 Judenchristen in der Alten Kirche[63]

Die Mehrheit der Christen in Palästina entstammte wohl bis zum Bar-Kochba-Aufstand 132–135 dem Judentum. Mit diesen Wirren war dann die Geschichte des Judenchristentums in Palästina mehr oder weniger beendet; in Aelia Capitolina (Jerusalem) und anderen Städten »waren die Christen jetzt hauptsächlich Griechen«, während die Landbevölkerung vor *Konstantin* nicht christianisiert gewesen zu sein scheint[64]. Judenchristliche Gruppen aber hat es wohl noch längere Zeit im östlichen Teil Syriens gegeben[65].

[63] Unter Judenchristentum sind im folgenden alle sich christlich verstehenden Gruppen verstanden, die durch die jüdische Kulturtradition geprägt waren (palästinisches und Diaspora-Judentum). Der Begriff ist also rein kulturgeschichtlich gebraucht und hat nichts zu tun mit einem dogmatischen oder kirchenpolitischen Sprachgebrauch (etwa: ein Judenchristentum, das Gesetz und Beschneidung als heilsnotwendig ansieht, im Gegensatz zu einem kirchlich orthodoxen Judenchristentum).

[64] Vgl. *K. Baus*, Von der Urgemeinde zur frühchristlichen Großkirche, Handbuch der Kirchengeschichte, hrsg. von H. Jedin, Bd. 1, Freiburg, Basel, Wien ^{3}1965,239.

[65] Vgl. ebd. 184.185; 239.

In den Städten rund um das Mittelmeer hatte die christliche Mission häufig ihre ersten Adressaten in den jüdischen Diasporagemeinden gesucht; Getaufte aus diesen Kreisen bildeten den Kern der neu entstehenden Christengemeinden. Noch bis in die zweite Hälfte des 2. Jahrhunderts hinein scheinen judenchristliche Gruppen ein bestimmender Faktor gewesen zu sein, wie sich aus dem Einfluß judenchristlichen Gedankenguts auf die Gestalt früher nachneutestamentlicher Literatur (z. B. die Didache, Erster und Zweiter Klemensbrief, Hirt des Hermas, Barnabasbrief[66]) ersehen läßt[67]. Erst nach 150 verliert anscheinend das judenchristliche Element allmählich an unmittelbarer, in ethnisch jüdischen Gruppen verankerter Bedeutung, sicherlich mitbedingt durch den Untergang des Judenchristentums im palästinischen Heimatland.

1.2.2 Die Fortdauer judenchristlichen Denkens

Die große Rolle, die judenchristliche Gruppen auch in der weltweiten Diaspora spielten, und wohl auch die Kommunikation mit Jerusalem und Palästina haben bewirkt, daß judenchristliches Denken noch über 100 Jahre nach dem Tod Jesu eine lebendige Basis in den Christengemeinden besaß. Dadurch konnte die Hellenisierung des Christentums, so sehr sie auch an Dynamik gewann, nicht ungehemmt vor sich gehen. Noch bis in die zweite Hälfte des 2. Jahrhunderts hinein, mußte somit die Theologie ein Miteinander und eine Verbindung beider kultureller Traditionen versuchen.
Im Unterschied allerdings zur neutestamentlichen Literatur bricht hierbei der Hellenismus schon stärker durch. Dies ist wahrscheinlich in dem Umstand begründet, daß jetzt judenchristliches Verstehen, soweit es »großkirchlich« zur Geltung kam, weniger von den Gemeinden Palästinas als von den Diasporajudenchristen eingebracht wurde. »Dieses Judenchristentum fühlte keine Gegensätze zum Heidenchristentum, sondern bejahte die Zusammenführung mit ihm zur christlichen Gemeinde. Dabei gab es seine eigene Art nicht auf, sondern blieb erkennbar als Judenchristentum, das aus jüdischer Tradition heraus dachte...«[68]. Ein mehr der palästinischen Tradition verpflichtetes Judenchristentum war weit weg von den neuen Zentren christlicher Ak-

[66] Vgl. zur judenchristlichen Provenienz des Barnabasbriefs *K. Baus*, a.a.O. 166: »Trotz seiner negativen Wertung des Judentums... benützt er jüdische Denkformen und ist ein Zeuge für den judenchristlichen Charakter der nachapostolischen Theologie.«

[67] Vgl. hierzu *A. Adam*, Lehrbuch der Dogmengeschichte I, 127–132.

[68] *A. Adam*, 129 (hier in bezug auf die Diasporajuden in Rom, deren Auffassungen den Ersten Klemensbrief mitgestaltet haben).

tivität oder wurde recht bald, vor allem wegen seiner Christologie, die für hellenistische Christen unannehmbar erschien, häretisiert. *Das Korrektiv zur hellenistisch motivierten Theologie* war also nicht so sehr, wie in den Anfängen des Christentums, die noch lebendige Überlieferung palästinisch-jüdischer Mentalität, sondern *fortschreitend mehr das synkretistische Denken der Diasporajuden.* Deswegen auch ist die – noch parallel zu den Spätschriften des Neuen Testaments – seit dem letzten Jahrzehnt des 1. Jahrhunderts bis zur Mitte des 2. Jahrhunderts entstehende, recht divergente Literatur (die »Apostolischen Väter«) *stärker hellenisiert* als die neutestamentlichen Schriften selbst, *obwohl in ihr judenchristliche Gedankengänge von großer Bedeutung sind.* Die Waagschale neigt sich immer mehr zugunsten des *hellenistischen Elements, das dann in den Schriften der Apologeten endgültig die Oberhand gewinnt.* Seit dieser Zeit stützt sich die immer noch im Christentum wirkmächtige judenchristliche und jüdische Tradition nicht mehr auf relevante Christengruppen, sondern auf das *Alte Testament* und die mittlerweile kanonische Geltung gewinnenden *neutestamentlichen Schriften.*

Das hellenisierte Judenchristentum in der frühen Zeit der altkirchlichen Epoche hat immerhin durchsetzen können, daß noch für eine längere Zeit seine Verstehensweisen in die Theologie eingebracht wurden und nicht allzu schnell einer völligen Hellenisierung zum Opfer fielen. Geschichtlich-eschatologisches Denken hat somit auch die Ausprägung der christologischen Soteriologie der ersten beiden Jahrhunderte beeinflussen können[69]. *So war es seine Leistung, daß die kulturelle Transformation in Kontinuität zur Überlieferung geschah* und nicht wie ein radikaler Bruch mit der Vergangenheit verstanden wurde.

1.3 Die Entwicklungstendenzen der altkirchlichen Theologie

1.3.1 Die wachsende Prävalenz hellenistisch-christlicher Soteriologie

Mit fortschreitender Zeit wurde es immer notwendiger, die soteriologischen Fragen der hellenistischen Menschen aufzugreifen. Dem hel-

[69] Wie unzutreffend die These von einer allzu glatten Enteschatologisierung der Theologie ist, zeigen neuere Untersuchungen. Vgl. z.B. *W.C. van Unnik*, Der Ausdruck »in den letzten Zeiten« bei Irenäus, in: Neostestamentica et Patristica. Eine Freundesgabe für *Oscar Cullmann*, Leiden 1962, 239–304; vgl. bes. 302.303: Bei der Untersuchung »wird deutlich geworden sein, daß der Ausdruck... d) seinen eschatologischen Inhalt nicht verloren hat und anzeigt, daß die eschatologische Situation durch das und in dem Leben Jesu angefangen hat; e) seine Kraft nicht verloren hat durch Umdeutung oder Versteinerung.«

lenistischen Daseinsverständnis lag – strukturell – die Überzeugung zugrunde, daß Gott, Mensch, Welt im letzten Eines sind, die faktische Mannigfaltigkeit und auch die (oft dualistisch erlebten) Entzweiungen, an denen der Mensch leidet, einen unglückseligen und somit zu überwindenden Aggregatzustand des Einen darstellen. Das Göttliche ist immanentes Prinzip, aus dem alles herkommt und zu dem alles zurückfließt. Dies ist schon hinreichend dargestellt worden.

Die Heilshoffnung richtete sich also darauf, daß dieser Unheilszustand aufgehoben wird, der Mensch die endlichen Bedingungen, oft: die Verknüpfung an die Materie, hinter sich läßt und sich mit dem Göttlichen verbindet. *Der naturalen Wendung der menschlichen Unheilserfahrung entsprach eine ebensolche Sicht der Erlösung im Sinne wenigstens tendenziell monistischer Vergöttlichung.* Der Weg zum Heil wurde durch Erkenntnis dieser Zusammenhänge und entsprechendes (kultisches und/oder ethisches) Verhalten möglich.

Nur wenn hellenistisch denkende Menschen im Christentum ihre Heilshoffnung artikuliert und erfüllt sahen, konnte eine Missionierung dieser Kultur gelingen. Das Christentum hat diese Herausforderung angenommen: Von den späteren Schriften des Neuen Testaments über die »Apostolischen Väter« und Apologeten führt ein – nicht gradliniger, aber konsequenter Weg – hin zur *alexandrinischen Theologie, in der die Vergöttlichungssehnsucht ihren prägnantesten Ausdruck gefunden hat.* Gott als Anfang und Ende der Erlösungsbewegung wird immer mehr mit den Assoziationen des hellenistischen Gottesbegriffs (in der Gnosis in dualistischer Doppelung) verbunden: Beginnend mit dem Ersten Klemensbrief[70] über die philosophischen Umschreibungen des *Ignatius* (ad Eph. 7,2 zum Gott Jesus) oder der *Praedicatio Petri*[71] bis hin zu den Reflexionen der griechischen Theologie. Die Heilshoffnung beschäftigte sich mit der Frage, wie wir »an der Unvergänglichkeit und Unsterblichkeit teilhaben«...[72]. Den Weg hierzu weist die Beendigung des Schweigens Gottes[73]; er hat zu uns geredet (Logos)[74] und uns die Erkenntnis Gottes[75] geschenkt.

[70] Vgl. o. 111.112.

[71] Vgl. *R. Seeberg*, Lehrbuch der Dogmengeschichte I, 118 (mit Verweis auf ein Zitat nach *Klemens* Alex., strom. VI 5).

[72] *Irenäus*, adv. haer. III 19,1.

[73] *Ignatius*, ad Magn. 8,2.

[74] Der Logosbegriff wird seit spätneutestamentlicher Zeit immer zentraler und seine Assoziationen immer hellenistischer; vgl. *Justin*, apol. II 10 (vgl. o. 112).

[75] Vgl. *Piet Smulders*, Dogmengeschichte und lehramtliche Entfaltung der Christologie, in: Mysterium Salutis III 1,408.409: »Wie bei Justin und später bei den Alexandrinern nimmt die Gotteserkenntnis im Denken des Irenäus einen zentralen Platz ein.«

Alle diese soteriologischen Chiffren hellenistischer Provenienz[76] bleiben allerdings meist gebrochen durch jüdische und judenchristliche Assoziationen. Gott ist nicht nur immanentes Prinzip, sondern auch der personale Vater und Geschichtsherr (z. B. 1 Klem); er gewinnt somit eine den Monismus brechende »Gegenständigkeit«[77]. Die Vergöttlichung wird nicht nur »natural« verstanden, sondern hat auch geschichtlich-ethische Implikationen (oft sogar recht zentral): göttlich werden heißt auch, sich in der Jesus-Nachfolge bewähren[78]. Auch die Erkenntnis Gottes kann geschichtlich-dynamische Züge erhalten, indem sie sich in Liebe und Gehorsam ereignet[79]. *Vor allem aber ist Gott nicht nur das passive Objekt der Erkenntnisbewegung, wie in den philosophischen Schulen des Hellenismus, sondern er selber wird tätig und erschließt sich dem Verstehen*; so gibt es für *Irenäus* keine Gotteserkenntnis ohne zuvorige Aktivität Gottes[80].
Die soteriologische Verkündigung greift also die hellenistischen Erwartungen auf, und sie bestimmen immer mehr das Denken; dennoch aber bleiben sie verbunden oder auch – ohne systematische Integration – begleitet von soteriologischen Motiven judenchristlicher Herkunft.

1.3.2 Die Hellenisierung der Christologie

Wenn Jesus für die neue Kultur »der Christus« werden sollte, setzte dies voraus, daß er für die Vermittlung des von ihr erwarteten Heils eine unverzichtbare Funktion wahrnehmen konnte. Deswegen ist es *kulturgeschichtlich zwangsläufig* gewesen, ihn als den (nicht geschichtlichen, sondern »naturalen«) *Vermittler zwischen Endlichkeit und Unendlichkeit, zwischen Gott und Mensch* zu verstehen[81]. Damit der

[76] Vgl. zum ›hellenistischen Weltbild‹, das von jetzt an die christliche Soteriologie bestimmt, *Basil Studer*, Gott und unsere Erlösung im Glauben der Alten Kirche, Düsseldorf 1985, 33: »Danach stehen sich die sinnenfällige abbildhafte und die intelligible, wahre Welt gegenüber. Das Heil des Menschen selbst besteht in der Befreiung aus der körperlichen Welt, dem Gefängnis der Seele, und in der reinigenden, vergeistigenden Heimkehr zum wahren Vaterland. Nach der christlichen Rezeption dieser hellenistischen Welterklärung spielt bei diesem Aufstieg zur wahren Welt Jesus Christus den Mittler...«

[77] Vgl. hierzu o. 130.

[78] Vgl. *Ignatius*, ad Eph. 9; vgl. *P. Smulders*, a.a.O. 410, zu *Irenäus*.

[79] *Irenäus*, adv, haer., IV, 20,1.

[80] Adv. haer. IV 6,3.4.

[81] Vgl. hierzu o. 109–114. In seinem Artikel »Der Sohn nicht ohne die Söhne. Die gesellschaftliche Relevanz des christologischen Titels« (Concilium 18, 1982, 166–171) erläutert *Dietrich Wiederkehr* die Entstehung des Gottessohntitels im

Mensch durch Jesus »Gott« werden kann, muß zuvor schon der Mensch Jesus Gott *sein.* Diese Christologie hat in der alten Kirche ihren klassischen Ausdruck gefunden, einmal *funktional*, in der schon im Neuen Testament angelegten, bei *Ignatius* in philosophischen Antithesen verschärften[82], bei *Irenäus* dann ausdrücklich formulierten *Theorie des Tausches*: »Dazu nämlich ist das Wort Gottes Mensch geworden und der Sohn Gottes zum Menschensohne, damit der Mensch... zum Sohn werde... Wie hätten wir aber mit der Unvergänglichkeit und Unsterblichkeit vereint werden können, wenn nicht die Unvergänglichkeit und Unsterblichkeit vorher das geworden wäre, was wir sind, damit das Vergängliche von dem Unvergänglichen und das Sterbliche von dem Unsterblichen verschlungen werde...«[83]. Dieser *Topos des Tausches* durchzieht von jetzt an wie ein roter Faden die altkirchliche Theologie: *Hippolyt*[84], *Tertullian*[85], *Cyprian*[86], *Klemens* von Alexandrien[87], *Origenes*[88], um nur einige Beispiele zu nennen, variieren diesen Gedanken. Am reinsten wurde er in der alexandrinischen Theologie aufgegriffen; *Athanasius* z.B. formuliert ganz scharf: »und wenn er (der Sohn), um zu verbessern, herabgestiegen ist, so... machte (er) vielmehr uns zu Söhnen des Vaters und, *selbst Mensch geworden, vergöttlichte er die Menschen*... Er ist also nicht, da er Mensch war, später Gott geworden, sondern da er Gott war, später *Mensch geworden, um vielmehr uns zu Göttern zu machen.*«[89] Oder prägnant: »*Denn er wurde Mensch, damit wir vergöttlicht würden.*«[90]

NT aus der soteriologischen Erwartung und kritisiert seine (hellenistische) Uminterpretation aus adoptianischem Verständnis in die »Kategorie der Natur, der Substanz und des Wesens... zu einem in sich selber ruhenden, aber auch isolierten Geheimnis des Seins« (168). Hierbei verkennt er, daß mit diesem Prozeß nicht eine Entsoteriologisierung eingesetzt hat – dies gilt lediglich für Judenchristen, Antiochener oder z. B. für uns heute –; für den Hellenismus entsprach diese Sicht vielmehr ganz radikal den neuen *soteriologischen* (und damit auch »politischen«) Notwendigkeiten.

82 Vgl. ad Eph. 7,2 (ed. Fischer 147.149): »Einer ist Arzt, aus Fleisch zugleich und aus Geist, gezeugt und ungezeugt, im Fleische erschiener Gott, im Tode wahrhaftiges Leben, aus Maria sowohl wie aus Gott, zuerst leidensfähig und dann leidensunfähig, Jesus Christus, unser Herr.« Vgl. auch ad Polyk. 3,2.

83 Adv. haer. III 19,1 (BKV Irenäus I, 1912, 293.294); vgl. V praef.; 14,1; IV 33,4; III 18,1.7.

84 Elenchos X 33,7 (BKV 40,287): Gott machte dich »zum Menschen; wenn du aber auch Gott werden willst, so gehorche dem, der dich geschaffen...«

85 Adv. Marc. II 27,7.

86 Ep. 58,6,3.

87 Strom V 1,8,4.

88 C. Cels. III 34; vgl. 28; IV 15.

89 Or.c.Arian, I 38.39 (BKV 13,74); vgl. ebd. 49; II 67.

90 De incarn. verbi 54 (BKV 31,152). *Ekkehard Mühlenberg*, Apollinaris von Laodicea (Forschungen zur Kirchen- und Dogmengeschichte, Bd. 23), Göttingen

Implizit ist dieses Modell dem Ansatz nach seit Nizäa 325 (»wegen uns Menschen und um unseres Heils willen herabgestiegen und inkarniert«)[91] formell dogmatisiert.

Zum anderen hatte diese funktionale Christologie (oder christologische Heilsfunktion) dem hellenistischen Denken entsprechend ontische Voraussetzungen. Die *Bedingung ihrer Möglichkeit*[92] war die seinshafte Zugehörigkeit des einen Herrn Jesus zu beiden Dimensionen, die er zuallererst in sich selbst[93] vermitteln mußte. Er ist der Mittler, »*der mitten zwischen der ungeschaffenen Natur und allen geschaffenen Wesen steht*«[94]. Hierbei wurde von Jesus vor allem seine humana natura in Einheit und Differenz zu seinem Gottsein gesehen[95].

Diese christologische Soteriologie konnte nur durch den Gottmenschen, den θεός und ἄνθρωπος, erfüllt werden. Die Gott-Mensch-Christologie wurde in der Folgezeit zum beherrschenden theologischen Topos, jedes Abweichen von dieser Norm wurde nach heftigen Kämpfen schließlich von der hellenistischen Majorität verurteilt. Mit der theós-Prädikation war notwendigerweise verbunden die Präexistenzchristologie, die schon bei den »Apostolischen Vätern« ganz zentral wird[96]; nur der präexistente Gott konnte ja durch die Menschwerdung den erhofften »Tausch« in die Wege leiten. Weil sich der Aufstieg

1969, 188–196, hebt zu Recht (im Anschluß an weitere Autoren) *ethische* Momente in der Soteriologie – und infolgedessen auch Christologie – des *Athanasius* hervor, näherhin die *Gotteserkenntnis* (191). Er führt aus, daß der Mensch sich nach *Athanasius* von der ursprünglich ihm mitgegebenen Schau des Seienden abgewandt und dem Irdischen zugewendet habe. »Ein Mensch konnte die Gotteserkenntnis… nicht neu begründen… Deswegen mußte Gott… sich in neuer Weise den Menschen offenbaren.« Weil aber die Menschen »nach unten statt nach oben« blickten, »mußte sich Gott dort, wohin der Mensch blickt, offenbaren, das ist in einem einzelnen Körper« (195). Diese richtige Beobachtung hebt aber den hier dargestellten Zusammenhang nicht auf: Lehre und Erkenntnis sind Folgen naturaler Vorbedingungen, oder – anders gesagt – sie sind *die* Form der Ethik innerhalb eines natural orientierten Daseinsverständnisses.

91 D 125 (54); vgl. u. 2.3.2.

92 Vgl. *Athanasius*, or.c.Arian. II 67 (BKV 13,214): »Denn wenn es (das Wort) als Geschöpf Mensch geworden wäre, dann wäre der Mensch nichtsdestoweniger geblieben wie er war… Denn wie hätte es als Geschöpf durch ein Geschöpf sich mit dem Schöpfer verbinden können?«

93 *Ignatius*, ad Eph. 7,2 (vgl. o. 156, A. 2): Jesus ist *Arzt* aufgrund der in ihm realisierten Verbindung zwischen Fleisch und Gott; vgl. *Irenäus*, adv. haer. V 14,1 (BKV, Irenäus 2,188) zur Menschwerdung: »um schließlich *in sich selbst* das zu retten, was in Adam… verlorengegangen war.«

94 *Origenes*, c.Cels. III 34.

95 Vgl. o. 121–124.

96 Vgl. *R. Seeberg*, Dogmengeschichte I, 124–128.

zu Gott schwerpunktmäßig *auf der Ebene* des Erkennens[97] realisierte (»den Vater nicht zu kennen bedeutet den Tod, wie ihn zu kennen ewiges Leben bedeutet, entsprechend der Anteilnahme an der Macht des Unvergänglichen«)[98], wurde in der Christologie als genauere Spezifikation des Begriffs »Gott« der johanneische und von dem Diasporajuden *Philo* von Alexandrien[99] († 50 n. Chr.) schon theologisch vorgedachte Terminus »lógos« bevorzugt. Der Gott Jesus Christus hatte als Wort (oft: als »inneres Wort«) Kenntnis vom Vater und konnte somit (als »nach außen tretendes Wort«)[100] die Schöpfung konstituieren und uns in der Erlösung Kunde bringen; der Verbindung zweier naturaler Dimensionen in Jesus Christus selbst entsprach die Vermittlung zwischen Gott und Schöpfung sowie zwischen Gott und menschlichem Erkennen[101] (in dem nach hellenistischer Auffassung das Sein selbst sich ent-birgt ((vgl. ἀ-λήθεια)) bzw. das Seiende den Intellekt quasi kausal imprägniert). Weil Jesus der Logos war, konnte er somit die Wahrheit Gottes und des durch ihn als Demiurg gestalteten Kosmos (und des Menschen) lehren[102]; *das Evangelium wird wesentlich zur Didaché* (der Sohn verkündet »die Kenntnis des Vaters«)[103] und Paideia, Jesus zum »einzigen Lehrer«[104].
Alle diese christologisch-soteriologischen Raster sind schon im Neuen Testament vorgebildet. Die altkirchliche Theologie hat hier, was die grundsätzlichen Ansätze angeht, nichts Neues gebracht. Sie zieht allerdings die im Neuen Testament erst angedeuteten hellenistischen Linien immer schärfer aus und verfestigt sie zu allseits mit den Mitteln

[97] Vgl. schon 1 Klem 36,2 (ed. Fischer 71): »Durch diesen (Jesus) blicken wir auf zu den Höhen der Himmel, durch diesen schauen wir in einem Spiegel sein (Gottes)... Antlitz, durch diesen wurden die Augen unseres Herzens geöffnet, durch diesen wächst unser unverständiger und verdunkelter Sinn ins Licht empor, durch diesen wollte der Herr uns kosten lassen von der unsterblichen Erkenntnis...«

[98] *Klemens v. Alex.*, strom. V (10) 63,8 (BKV, 2. Reihe, Bd. 19,174.175).

[99] Vgl. u. 166.

[100] Die Unterscheidung zwischen λόγος ἐνδιάθετος und λόγος προφορικός ist vielfach in der griechischen Philosophie vorgeprägt. Unmittelbar übernommen wurde sie seit *Justin* (vgl. u. 172.173) aus der stoischen und mittelplatonischen Tradition – mit allen Gefahren einer monistischen Deutung; vgl. hierzu *C. Huber*, Logos, in: LThK² 6, 1125.1126.

[101] Besser würde man sagen: Der soteriologisch notwendigen Forderung nach göttlicher Konstitution der sichtbaren Welt sowie nach göttlichem Wissen entsprach die Konstruktion dieser Christologie.

[102] Schon in der *Didache*, 10,1 (BKV 35,12) heißt es: »Wie danken Dir, heiliger Vater... für die Erkenntnis und den Glauben und die Unsterblichkeit, die du uns zu *erkennen* gabst durch Jesus.« Dieser Topos wird von jetzt an immer wieder aufgegriffen zur Interpretation des Erlösungswerks Jesu.

[103] *Irenäus*, adv. haer. IV 6,3.

[104] *Ignatius*, ad. Mag. 9,1 (ed. Fischer 167.169).

der hellenistischen Philosophie durchdachten und definierten Figuren. Was im Neuen Testament und z. T. in vergleichbar früher Literatur noch unmittelbare, wenn auch tendenziell hellenistische Erfahrungsartikulation, Bekenntnis war, wird jetzt immer grundsätzlicher als *Lehrinhalt* verstanden, der in gelehrter theoretischer Diskussion geklärt werden kann.

Auch hier muß allerdings festgestellt werden, daß die sich immer mehr stabilisierenden Topoi vielfältig gebrochen und korrigiert sind durch judenchristliche Interpretamente, die entweder synthetisch in das hellenistische Verstehen integriert oder auch einfach unverbunden nebengeordnet werden. Neben dem christologisch-soteriologischen Motiv des »Tausches«, also dem, was als Inkarnationssoteriologie und Präexistenzchristologie bezeichnet wird, findet sich beinahe immer eine – wenn auch oft kaum betonte, mehr aus der Tradition einfach rezipierte[105] – staurozentrische Soteriologie, die unter dem Stichwort »Kreuz« die Heilsbedeutung von Leben und Passion Jesu betont, und eine damit verknüpfte Erhöhungschristologie, die die Christusqualität Jesu als Resultat seines Gehorsams zum Vater sieht. Beide Ansätze, die – wenn man sie auf der gleichen Sprachebene vergleicht – einander ausschließen, werden bisweilen sogar, wie schon im Hebräerbrief[106], beinahe paradox zusammengeordnet[107]. Auch der Naturbegriff selbst bot Gelegenheit, ihn geschichtlich zu füllen (z. B. bei »Gott« im Sinne seines heilsgeschichtlichen Handelns, bei »Jesus« im Hinblick auf seine Predigt, Taten, sein Leiden und Sterben).

Vor allem aber darf nicht übersehen werden, daß selbst die reinste hellenistische Wendung »Jesus-christologischer« Soteriologie eine gewisse Kontinuität zur judenchristlichen Konzeption und damit eine Christianisierung des Hellenismus beinhaltet: *Die Vergöttlichung* des Menschen beruht (wie im jüdischen und judenchristlichen Gottesverständnis) *auf einer ungeschuldeten Aktivität Gottes sowie deren Vermittlung durch den faktischen Jesus*. Wenn alles auch auf der Ebene des Naturalen abläuft (statt geschichtlicher Sendung metahistorische Zeugung des Logos, Konstitution des Kosmos durch den Logos sowie seine Inkarnation), wird doch – in griechischem Gewande – die Überzeugung vom Heilshandeln Gottes in der Geschichte und – eschatologisch – in Jesus aufgegriffen und versucht, sie in sicher unangemessenen, *wohl aber damals einzig möglichen Begriffen* hellenistischen Christen zugänglich zu machen.

[105] So z. B. bei *Irenäus*: »Das Thema von Jesu Tod als Sühneopfer wird kaum berührt« (*P. Smulders*, a.a.O. 408); noch mehr gilt dies von den späteren alexandrinischen Theologen.

[106] Vgl. o. 128.

[107] Vgl. z. B. zur Haltung *Justins*: *P. Smulders*, a.a.O. 392.

2 Erster Durchgang: Die Theos-Anthropos (Gott-Mensch)-Problematik

Systematische Darstellungen der altkirchlichen Soteriologie und Christologie gibt es zur Genüge; hinzukommen eine Fülle von Monographien und Aufsätzen. Im folgenden sollen die Ergebnisse dieser Arbeiten nicht noch einmal dargeboten oder vertieft werden; vielmehr geht es darum, auf der Basis dieser Informationen und auch Durchblicke ein Verständnis der grundlegenden Entwicklung und ihrer Motivation zu gewinnen. Dies soll in *zwei »Durchgängen«* geschehen; *im ersten* geht es um die mehr formale Diskussion des Verhältnisses von Gottheit und Menschheit in Jesus Christus, in einem zweiten (ab S. 198) stehen die großen theologischen Traditionen selbst im Mittelpunkt. Dabei muß darauf verzichtet werden, vielen Verästelungen und Nebenwegen nachzugehen, die sicherlich nicht uninteressant wären. Mit dieser Beschränkung auf die fundamentalen Linien ist notwendig auch eine »Ver«-einfachung verbunden, die aber umgekehrt die Kausalitäten der Christologiegeschichte deutlicher hervortreten lassen kann.

2.1 Die Fragestellung

Die zunehmende Orientierung christlicher Predigt an den soteriologischen Hoffnungen des hellenistischen Kulturraumes (Stichwort: Theorie des »Tausches«) ließ die entsprechende Gott-Mensch-Christologie in den Vordergrund treten. Hierbei wurde das ursprünglich der unmittelbaren Erfahrungsverbalisation zuzuordnende Bekenntnis zum »Gott« Jesus zunehmend als Lehrinhalt begriffen.
Im gleichen Augenblick ergab sich aber aus der Gott-Mensch-Lehre ein denkerisches Problem. Sosehr sie soteriologisch festzuhalten war, so sehr warf sie schwierigste Fragen auf: Wie läßt sich von ein und demselben Jesus Göttlichkeit *und* Menschlichkeit aussagen? »Das Denken« der damaligen Zeit wurde unbestritten repräsentiert durch die hellenistische(n) Philosophie(n). Die Aufgabe der entstehenden Theologie war somit klar umrissen: Mit den Mitteln der (keineswegs einheitlichen) hellenistischen Philosophie(n) mußte sie das schon seit vorpaulinischer Zeit ausgebildete Bekenntnis durchdenken, problematisieren, absichern.

Nie wäre für hellenistisches Empfinden die Göttlichkeit Jesu hier eine so gravierende Denkschwierigkeit gewesen, wenn dieser Topos im Christentum rein griechisch verstanden worden wäre; »göttliche Männer« gab es in der hellenistischen Tradition zur Genüge, bis hin(bald) zum Kaiser als dominus ac deus. Aus den vorherigen Ausführungen aber sollte deutlich geworden sein, daß die christologische Aussage bei aller, z. T. weitreichenden Hellenisierung dennoch nicht einfachhin eine Einpassung in dieses Denken gebracht hat; das aus der geschichtsorientierten jüdischen Überlieferung erwachsene Christentum hat nicht nur synkretistische Brechungen, sondern selbst dort, wo keine »Beimengung« judenchristlicher Motive festzustellen ist, entscheidende Modifikationen bewirkt.

Der hellenistisch-*christliche* Gott wurde abgegrenzt gegen eine rein monistische Interpretation und gewann – wenigstens – eine in diesem Raum revolutionäre »Gegenständigkeit«; er ging somit nicht einfachhin auf in seiner immanenten kosmischen Ursächlichkeit. Infolgedessen konnte auch die Göttlichkeit Jesu nicht im üblichen Sinne als *eine* besondere oder auch *die* besondere Erscheinung des ihn immanent konstituierenden Göttlichen angesehen werden (obwohl manche stoisch beeinflußte Logos-Spekulation – von *Justin* bis *Athanasius*[1] – bisweilen in eine gefährliche Nähe zu solchen Gedankengängen kam). Erst diese christliche Modifikation des Hellenismus ließ das christologische Bekenntnis zu einer grundsätzlichen Schwierigkeit werden. Es erschien als eine Zuordnung von Unvereinbarem, wie schon der Philipperhymnus (2,6–11) mit seiner Gegenüberstellung von Göttlichkeit und Kénosis, der Johannes-Prolog mit der (jüdisch-griechisch-dualistischen) paradoxen Verbindung von Logos und Sarx ahnen ließ. In der Folgezeit, das deuten die Antithesen bei *Ignatius*[2] an, wird die Paradoxie grundsätzlicher und »philosophischer« empfunden und angegangen:

Wie kann Jesus (in einem »gegenständigen« Sinn) Gott und zugleich Mensch sein? Wie läßt sich von ihm Gottheit und Menschheit aussagen? Und zwar so, daß die ihm prädizierte Gottheit auch nicht die des Vaters schlechthin ist?

[1] Vgl. hierzu z. B. *W. Pannenberg*, a.a.O. 296, zu *Athanasius*: »Der göttliche Logos durchwaltet die ganze Welt, verleiht ihr Leben und Ordnung. Er beseelt gleichsam den Kosmos. In einzelnen Wesen kann sich die Kraft des Logos besonders konzentrieren, vor allem im Menschen, der ja im ausgezeichneten Sinne das Logoswesen, ζῷον λόγον ἔχον, ist. In Jesus Christus ist der Logos in höchster Konzentration verkörpert... Die Sarx ist nur sein Werkzeug, sein Organon.«

[2] Ad Polyk. 3,2 (ed. Fischer 219): »Harre auf den, der über der Zeit ist, den Zeitlosen, den Unsichtbaren, der unseretwegen sichtbar wurde, den Ungreifbaren, den Leidensunfähigen, der unseretwegen leidensfähig wurde...«, vgl. ad Eph. 7,2 (s. o. 114).

Es geht also um die Einheit von grundsätzlich Unvereinbarem, die Synthese der absoluten Antithesen von Schöpfer und Geschöpf, Gott und Mensch, Logos und Sarx. An dieser Problematik entzündete sich die folgende Diskussion bis Chalkedon, ihre Reizwörter waren die Katalysatoren für immer neue Denksysteme. Dennoch stellt diese christologisch-soteriologische Entwicklung nur die Oberfläche dar für die tieferreichende kulturgeschichtliche Fragestellung: Wie läßt sich mit den Mitteln des *kosmozentrischen* hellenistischen Denkens die eschatologische Geltung Jesu, also von konkreter Geschichte eines Menschen, aussagen und festhalten?
Diese grundlegende Schwierigkeit soll erst in Kapitel 2.2 erörtert werden, während die folgenden Abschnitte zunächst einmal die formal-systematische Seite der Auseinandersetzungen in einem kurzen Überblick darbieten.
Hierbei läßt sich die Geschichte der altkirchlichen Christologie in zwei grobe, sich vielfach überschneidende Abschnitte einteilen: Die Unmöglichkeit, begriffliche Lösungen für die Bestimmung der Einheit von Gottheit und Menschheit in Jesus zu finden, führte *in einer ersten Etappe* zu Versuchen, der vollen Schärfe des Problems aus dem Wege zu gehen: Wenn entweder die theós-Qualität oder die ánthropos-Aussage bestritten oder wenigstens abgeschwächt wurde, ließ sich das Paradox vermeiden oder abmildern. Die großkirchliche Reaktion bestand darin, demgegenüber immer wieder und mit großen Mühen auf dem vollen Umfang beider christologischer Aussagereihen zu bestehen; mit dem Konzil von Nizäa 325, in letzten Ausläufern mit dem Ersten Konzil von Konstantinopel 381, waren diese Bemühungen im Großen und Ganzen abgeschlossen: Gottheit und Menschheit Jesu Christi waren in einem umfassenden Sinn definiert. Von jetzt an konnte ein Theologe, wollte er großkirchliche Theologie betreiben, nur noch von dem geltenden Konsens ausgehen.
Umso radikaler aber stellte sich für *die zweite Epoche* das immer schon aufgegebene Problem, das in der Zeit vorher zu den Umgehungsversuchen und auch zu ersten Lösungsmodellen geführt hatte, wie *wahre* Gottheit und *wahre* Menschheit *in ein und demselben Herrn Jesus* verbunden seien. In voller begrifflicher Schärfe wird *die Frage nach der Einheit* aufgeworfen.
Diese christologische Einheit aber ließ sich recht locker oder ganz extrem vorstellen; die beiden großen »Schulen« in Antiochien (Nestorianismus) und Alexandrien (Monophysitismus) haben die Alternativen formuliert. Das Konzil von Chalkedon brachte schließlich einen vorläufigen Abschluß, indem es die gesamte vorherige Diskussion und ihre Ergebnisse noch einmal zusammenfaßte und auf den Begriff brachte.

2.2 Die erste Phase: Die Flucht aus der Schwierigkeit

2.2.1 Bestreitung bzw. Abschwächung der Gottes-Prädikation

Die Diskussion um die Göttlichkeit Jesu warf zugleich die Gottesfrage auf, insofern damit eine Jesus eigene, also ihm selbst zukommende »Qualität«, die nicht einfachhin Identität mit dem Vater bedeutet, behauptet schien, ja, aufgrund der hellenistischen Soteriologie sogar verlangt werden mußte. Damit aber schien der gleichzeitig vom Judentum überkommene Monotheismus in Gefahr, bitheistisch und (wegen der zunächst nur selten ausdrücklich diskutierten, aber doch ins Bekenntnis mitaufgenommenen Göttlichkeit des Geistes) tritheistisch aufgelöst zu werden. Wenn auch die Entstehung und Ausbildung der Trinitätslehre durchaus auch noch andere Wurzeln hat[3], ist sie doch forciert vorangetrieben worden durch den Glauben an die Gottheit Jesu. Mit anderen Worten: *Die Sicherung des christologischen Gottesbekenntnisses entfaltete sich vom zweiten bis zum vierten Jahrhundert schwerpunktmäßig als Trinitätsdiskussion; die Ausbildung der Trinitätslehre ist vor allem eine Funktion der auf hellenistischer Soteriologie beruhenden Christologie.*

Die Versuche, den mit der theós-Prädikation aufgegebenen trinitarischen und christologischen Problemen auszuweichen, konnten mehr judenchristlich und/oder syrisch oder hellenistischchristlich motiviert sein. Das unbestimmte Wort »mehr« soll andeuten, daß die in der Folgezeit entstehenden Denkmodelle nicht immer eindeutig kulturspezifisch zuzuordnen sind. Die synkretistischen Überschneidungen im hellenistischen Raum und wohl noch verstärkt in der Kirche, die ja programmatisch Gemeinschaft verwirklichen wollte, sind zahlreich; die Charakterisierung »judenchristlich« oder »heidenchristlich« kann also nur die Richtung angeben, woher die stärksten Motive für die jeweiligen Theoriebildungen kamen. Vor allem aber ist das Judenchristentum im Römischen Reich von jetzt an selber hellenisiert bzw. leben seine Ansätze vor allem als durch AT und NT vermittelte normative Anstöße fort; dies gilt besonders für den Raum der syrischen Theologie, aber auch für Aspekte der christologischen Soteriologie im gesamten großkirchlichen Kontext. So gibt es keine »reine« judenchristliche Christologie mehr[4] (nicht einmal z. B. im Ebionitismus),

[3] Vgl. hierzu den Exkurs 164–167.

[4] Außer acht bleiben in unserem Zusammenhang die Sonderentwicklungen im ostsyrischen Raum, weil sie die Geschichte der großkirchlichen Christologie nur wenig beeinflußt haben, sowie ein häretisches Judenchristentum, für das Beschneidung und Gesetz noch einmal soteriologisch relevant wurden, so daß hier keine eigentliche Jesus-Christologie gegeben ist.

wohl aber hellenistisch formulierte Christologie, die judenchristlich *motiviert* ist – ob mit oder ohne realen ethnischen Bezug in den Gemeinden.

Exkurs: Die Wurzeln des trinitarischen Denkens

Neben einer religionspsychologisch begründeten Affinität des Menschen zu triadischen Strukturen (in vielen Religionen gibt es Göttertriaden, vgl. zur näheren Umwelt des antiken Christentums das informative Buch von *Peter Gerlitz*, Außerchristliche Einflüsse auf die Entwicklung des christlichen Trinitätsdogmas. Zugleich ein religions- und dogmentgeschichtlicher Versuch zur Erklärung der Herkunft der Homousie, Leiden 1963) hat die christliche Trinitätslehre vor allem *zwei kulturgeschichtliche Wurzeln:* einmal im *jüdischen*, dann im *hellenistischen Denken.* Aus diesen Wurzeln erwuchsen förmliche zwei- oder dreigliedrige Gestaltformen des Göttlichen, *wenn und sobald sie miteinander verbunden wurden.*

(1) Schon die jüdisch-alttestamentliche Tradition kannte eine gewisse Differenzierung zwischen Gott selbst (Jahwe) und seinem Handeln in der Geschichte und im Kosmos (»Wort Jahwes«, »Geist Jahwes«, »Weisheit Jahwes« usf.). Diese Unterscheidung wurde wichtig, als der Gottesbegriff theologisch so weitergetrieben wurde, daß Jahwe gänzlich als der welt- und geschichtstranszendente Gott angesehen und es somit schwierig wurde, *ihn selbst* in Geschichte und Welt am Werk zu sehen; diese Aufgabe übernahmen das Wort, der Geist, bisweilen Engel usw. Dennoch blieben diese Differenzierungen *in die Einheit Jahwes* integriert, sie *hatten keine Auswirkungen auf den Gottesbegriff selbst.* Eine vergleichbare Differenzierung bei gewahrtem strengem Monotheismus darf wohl auch bei Jesus angenommen werden.

(2) Die griechische philosophische Tradition suchte nach den letzten Gründen der – leider – so pluralen sichtbaren Welt, besser noch: nach einem *einen*, alles tragenden Grund. Dieser mußte die *innerste Wirklichkeit von allem sein*, d. h. den pluralen Kosmos *immanent* konstituieren, ohne aber selbst wiederum plural zu werden, in Zweiheit zu verfallen.

Die in Teilen der vorsokratischen Tradition zunächst noch angenommene reduzierte Pluralität von Ursachen wird im Verlauf der weiteren Reflexion tendenziell immer deutlicher auf *eine* formale (innere) Kausalität hin konzentriert: den Logos der Welt, der alle Bewegungen und Gegensätze nach einem ehernen Gesetz regelt (*Heraklit*, später Stoa), das eine immer selbige Sein (*Parmenides*), *eine* letzte Idee (*Platon*), *einen* unbewegten Beweger (*Aristoteles*) usf. Daneben steht die materiale Kausalität der Hyle, Prinzip der Vielheit. Diese – tendenziell *eine* – Ursächlichkeit aber mußte *zwei Anforderungen genügen*: Sie mußte selbst – in monistischer Weise – letzte *Wirklichkeit der Welt* sein, zugleich aber *nicht an ihrer (materiellen) Pluralität teilhaben.* Dies führte im Lauf der Zeit dazu, die Ursächlichkeit schlechthin ganz als *eine* und *einfache* zu begreifen. Dann aber war schwierig zu erklären, wie sie noch zugleich *die immanente Realität der Welt* sein konnte; denn jede Veränderung hätte ihre notwendige Einheit aufgehoben. Die Frage war also, wie aus der *einen* letzten Wirklichkeit der *plurale Kosmos* werden konnte.

Spätestens seit Beginn der Kaiserzeit fängt die Philosophie an, neben der letzten Ursache eine *zweite* anzunehmen, die zwischen der ersten und der sichtbaren Welt vermittelt. Sie ist aus der ersten Ursache (aus »Gott«) hervorgegangen, ist ihr Abbild minderer Art und konstituiert dann (durch ihr Eingehen in die Materie) den Kosmos. Sie *ist* Logos der *Welt und* Abbild *Gottes.*
Auf diese Weise ist der Kosmos von *einem* Grund (»Gott«) getragen, und dieser selbst wiederum in seiner Einfachheit nicht tangiert. Anders gesagt: Der letzte Grund ist sowohl immanent wie transzendent gedacht, oder: der »Gottesbegriff« ist geprägt von einer *immanenten Transzendenz*[5].
Weil die immanente letzte Weltwirklichkeit notwendig *unpersönlich* gedacht wurde, konnte sie selbst nicht aktiv handeln; durch Aktivität wäre sie darüberhinaus verändert worden. Eine Schöpfungsvorstellung im biblischen Sinn kam also nicht in Frage.
Die Entstehung des Kosmos wurde – mehr oder weniger ausdrücklich – zunehmend im Sinne eines emanativen Hervorgehens aus dem Einen durch die Vermittlung einer zweiten, minderen Hypostase erklärt.
Die spätere neuplatonische Philosophie repräsentiert diese Differenzierung der göttlichen Sphäre am deutlichsten: Letzte Ursache und immanente Wirklichkeit von allem ist »das Eine«, aus ihm geht – in passiver Verursachung – der Nus (Geist) hervor, der das Eine nach außen vermitteln kann. Aber auch er, der Inbegriff aller (platonischen) Ideen, partizipiert noch so sehr an der Einfachheit des ersten Prinzips, daß er nicht unmittelbar zur Weltwirklichkeit werden kann. Diese Aufgabe übernimmt eine dritte Hypostase, die Weltseele (Psyché).
Ob nun »Gott« zwei- oder (wie im Neuplatonismus) dreifach strukturiert ist, auf jeden Fall verlangt die griechische und hellenistische Bemühung um *einen* Grund der *pluralen* Welt bzw. *die Notwendigkeit der Vermittlung zwischen dem Einen und dem Vielen* eine zweifache oder triadische Differenzierung.
Die hellenistische Philosophie war zugleich »Religion« für die Gebildeten und hat versucht, den Mythos der Volksreligion in vertiefter Form zu integrieren. So kommt es oft zu einer Identifizierung des letzten Prinzips mit den Obergöttern der jeweiligen Pantheen – das Eine ist Zeus oder Jupiter – und des zweiten Prinzips mit einem vergleichbaren Gott – z. B. kann Hermes, der als Bote der Götter Kunde von ihnen bringt, der Logos sein. So kann es in der popularisierten Philosophie auch zu einer gewissen – an sich dem Anliegen fremden – Personalisierung der Hypostasen kommen (und somit zu einem Wiederaufleben polytheistischer Strukturen)[6].
(3) Zweifache oder triadische Strukturen im eigentlichen Sinn erhielt der Gottesbegriff vor allem durch *das Zusammentreffen des jüdischen und christlichen Monotheismus mit dem hellenistischen Monismus.*
Die absolute Geschichts- und Welttranszendenz sowie Personalität Jahwes

[5] Vgl. von *Verf.*, Die Welt ist Gottes Schöpfung, bes. 39–41.
[6] Erst recht wurden diese Raster begünstigt, wenn in einer Kulturlandschaft wie etwa Ägypten noch Traditionen der alten Religion lebendig waren, in denen der oberste Gott immer schon zusammengedacht wurde mit einer zweiten Hypostase (seinem »Sohn«), die in der Geschichte (z. B. im Pharao) inkarnierte.

verstärkte den transzendentalen Charakter des letzten immanenten Seinsgrundes der Hellenisten und verlieh ihm eine (nicht-immanente) Gegenständigkeit, so daß im hellenistischen Judentum wie auch im hellenisierten Christentum die Einfachheit und Unveränderlichkeit Gottes radikalisiert wurde. Zugleich aber wurde festgehalten, daß dieser Gott durch seinen Willen und seine Aktivität die Welt geschaffen hat, in kreatürlicher Distanz, aber auch – das hellenistische Anliegen – so, daß die Welt seinen Stempel trägt; Gott sollte *transzendenter Schöpfer* (= jüdisch) *und immanenter Seinsgrund* (= hellenistisch) *sein*.

Für beide Eigentümlichkeiten bedurfte Gott einer vermittelnden Figur: für das (jüdische) Erschaffen (und auch: das Sprechen durch »Väter und Propheten«) *und* für die (hellenistische) immanente Konstitution, damit er nicht mit dem Hauch einer Pluralität in Berührung komme. Aus diesen Motiven heraus ist wohl *die frühjüdische Engellehre* entstanden, die bis ins zweite Jahrhundert hinein auch die christliche Theologie beeinflußt hat: Gott hat neben sich – als »Hände« (zum Erschaffen wie auch zum Wirken in der Geschichte) – zwei »Engel«.

Diese Konzeption wurde von *Philo* von Alexandrien vertieft durch die Übernahme des Logosbegriffs: Gott hat bei sich und in sich seinen eigenen Logos, der zum Zwecke des Außenwirkens Gottes aus ihm hervortritt. Vorstellungen dieser Art waren wohl einigermaßen verbreitet, wie der aus dem hellenistischen Judentum stammende *Johannesprolog* zeigt (der erst sekundär vom Vierten Evangelisten auf Jesus angewandt wurde): Der Logos war im Anfang bei Gott und selbst göttlich, und dann ist durch ihn alles geschaffen worden. Die »Engel« bzw. der Logos übernehmen die Funktion, Gottes Einfachheit mit der Pluralität der Schöpfung zu verbinden *und* Gott sowohl als (jüdisch) »echt« transzendente und (hellenistisch) immanent-transzendente Ursache der Welt deuten zu können. Der jüdisch-transzendente Gott und der hellenistisch-immanente Gott werden miteinander verknüpft[7]. Gott ist sowohl Schöpfer wie innerer Grund. *Monotheismus und Monismus werden durch den Logos miteinander verbunden.*

(4) Diese Raster wurden vom jungen Christentum, das in der Gottesfrage vor den gleichen Problemen stand, übernommen. »Daß der Schöpfer des Alls und Vater alles, was über dem Himmel ist, verlassen und auf einem kleinen Teil der Erde erschienen sei, wird niemand, der nur ein wenig Verstand hat, zu behaupten wagen« (dial. 60,2), meint *Justin*. Dafür bedurfte es des Logos; eines »zweiten«, minderen Gottes, damit der Schöpfer des All – durch ihn – einmal Schöpfer, zum anderen immanentes Prinzip der Welt werden konnte.

Zudem war das Christentum ganz zentral mit der Frage des Handelns Gottes in der Geschichte, *in Jesus*, befaßt; es wurde notwendig, den Gedanken der Schöpfungsmittlerschaft mit der Heilsmittlerschaft zu verbinden. Für beide Aspekte der Sinnfrage war nur *eine* Antwort möglich: Jesus Christus hat Schöpfung *und* Erlösung vermittelt. Die Verknüpfung Jesu mit dem Logosbegriff war zwangsläufig[8].

[7] Vgl. hierzu vom Verf., Die Welt ist Gottes Schöpfung, a.a.O. 41–43.

[8] Vgl. Ebd. 43–45.

Verstärkt wurde diese Entwicklung dadurch, daß – aus anderen Gründen – schon seit vorpaulinischer Zeit Jesus Christus als (»natural«) göttlich bezeichnet wurde. Diese christologisch-soteriologische Chiffre des hellenisierten Christentums mußte mit der Zeit auch »philosophisch« aufgearbeitet und mit dem ererbten Monotheismus in Beziehung gesetzt werden (später, im 4. Jahrhundert, geschah dasselbe noch einmal mit der Geistlehre).
In der Folgezeit hat somit gerade *die Christologie das Entstehen einer Binitäts-* (später: Trinitäts-)*lehre vorangetrieben*. Die Härte des Christusbekenntnisses, *alle* göttliche Richtigkeit in dieser Welt von Jesus vermittelt zu sehen, hat die Ausbildung einer späteren *systematischen* Lehre unausweichlich gemacht[9]. Das Christentum stand also (1) in der gleichen Situation wie das hellenistische Judentum, hatte aber (2) in der Christologie ein weiteres Motiv, binitarisch zu differenzieren; kultur- und theologiegeschichtlich war die Entwicklung eines binitarischen (später trinitarischen) Dogmas unausweichlich.
(5) Die zweifache, später auch dreifache Differenzierung des Gottesbegriffs war also kulturgeschichtlich notwendig für (hellenistische) Menschen, die sowohl – als Juden oder Christen – an den personalen monotheistischen Jahwe bzw. Vater Jesu glaubten, aber auch – als Hellenisten – sich sehnten nach einem letzten, sie zuinnerst tragenden göttlichen Sein. Sie »brauchten« den monotheistischen *und* den immanenten Gott (Logos). Wo diese kulturgeschichtlichen Motivationen fehlten – z. B. im syrischen, z. T. auch im westlichen Raum – entfiel auch die Notwendigkeit zu dieser *Komplizierung der Gottesvorstellung*; hier wurde *monarchianisch* gedacht, wobei ökonomische Zwei- und Dreiheiten einem strengen Monotheismus untergeordnet wurden (dynamisch oder modalistisch). In den stärker hellenisierten Regionen aber mußten die Spielarten des *Subordinatianismus* entstehen.
(6) Der Subordinatianismus barg aber die Gefahr eines bi- oder tritheistischen Denkens in sich, zudem widersprach er der Einfachheit der übergroßen Mehrheit der biblischen Gottesaussagen. *So rang sich die Kirche zu seiner Überwindung durch.* Das Homo-úsios des Konzils von Nizäa setzte einen ersten Meilenstein, obwohl es erst im Lauf der folgenden Generationen allmählich (und nur selten ganz konsequent) im Sinne einer *numerischen Selbigkeit* des göttlichen Wesens interpretiert wurde. *Wenn aber in Gott alles, was ist, eins ist* – sein Sein, sein Bewußtsein, sein Wille, sein Handeln nach außen –, *hat der Logos* (und der Geist) *seine ur-sprüngliche Funktionalität verloren*; er kann nicht mehr die ihm zugeschriebene Vermittlung übernehmen. Die trinitarische Differenzierung hatte ihren »Sitz im Leben« verloren, übrig blieben die trinitarischen *Begrifflichkeiten. Der Sieg des Monotheismus hatte die Dreiheit aporetisch gemacht*. Umgekehrt führte diese Ratlosigkeit häufig auch zu Versuchen, der Dreiheit doch noch einen Inhalt zu geben, so daß dann die Einheit problematisch wurde.

Es sei an dieser Stelle erlaubt, alle komplexen Motivationen für die Entstehung der jeweiligen Modelle zurückzustellen und nur ihre for-

[9] Vgl. hierzu meinen Artikel »Trinität« in: Meyers Enzyklopädisches Lexikon, Bd. 23, Mannheim/Wien/Zürich 1978, 709.710.

male Problematik typisiert hervorzuheben. Dann aber gab es vor Nizäa im wesentlichen *drei Systembildungen* hinsichtlich der Interpretation des *christologischen Gottesbegriffs*:
Erstens konnte dieser Begriff in einem strengen Sinn (negativ) als *nicht-natural* und (positiv) als heilsgeschichtlich aufgefaßt werden. Dies ist auf zweifache Weise geschehen: Späte Ausläufer eines noch lebendigen Judenchristentums bezeichneten Jesus als »bloßen Menschen«, westliche und vor allem syrische Theologie sah in Jesus den, den Gott zu sich erhöht und als seinen Sohn *adoptiert* hat[10]. Mit dieser Version war – für den Gottesbegriff selbst bzw. für die »trinitarische« Fragestellung – von selbst ein undifferenzierter »jüdischer« Monotheismus verbunden.
Zweitens konnte Jesus so als göttlich verstanden werden, daß diese »Qualität« zwar eine Größe war, die über ihn selbst (seine Menschennatur) hinausverwies, ohne daß aber dadurch etwas anderes als Gott selbst (= der Vater) in den Blick geriet; auf Jesus ruhte die Dynamis Gottes (= des Vaters) oder er war eine (geschichtliche) Erscheinungsform des einen Gottes (= des Vaters). Den Spielarten dieses sog. *Monarchianismus* ist gemeinsam, daß die von Jesus prädizierte Göttlichkeit *die des Vaters* ist (in späterer Redewendung: sie hat keine hypostatische Sonderheit). In ein solches christologisches Verständnis sind sehr stark judenchristliche Motive eingeflossen, diese haben die (andersartigen) Anliegen im Westen und vor allem in Syrien verstärkt. Die Ablehnung einer hypostatisch spezifischen Göttlichkeit Jesu Christi ließ sich – für die Rolle des Menschen Jesus – leicht mit adoptianischen Vorstellungen verknüpfen.
Zum dritten schließlich konnte die Gottesprädikation für Jesus einmal im Sinne einer wirklichen, naturalen Göttlichkeit und zugleich als real vom Vater zu unterscheidende und spezifisch Jesus zuzusprechende Größe aufgefaßt werden. Dieser Interpretation neigten alle in besonderer Weise hellenistischen Theologen zu; sie hat sich schließlich auch durchgesetzt.
Eine zweite, göttliche Natur Jesu Christi in (wie man später sagte) hypostatischer Besonderheit (innerhalb Gottes) warf schwierige Fragen auf in Bezug auf die Einheit Gottes (das binitarische oder trinitarische Problem) und auf die Prädizierbarkeit an den Menschen Jesus (Frage nach der christologischen Einheit). Diese Schwierigkeiten führten dazu, in Gott selbst zwei (bzw. drei) Differenzierungen zu treffen, die – weil sie »real« sein mußten – nach griechischem Verständ-

[10] Die Christologie des *Arius* gehört dieser Richtung zu, insofern er die Nichtgöttlichkeit des Logos (in einem physischen Sinn) lehrt; er greift allerdings gewisse Elemente der Zwei-Naturen-Lehre auf, weil er den Logos als eine eigene, über das Menschsein Jesu hinausgehende Natur betrachtet (vgl. dazu u. 2.2.1.3).

nis eine *seinsmäßige* Abstufung in Gott bedeuteten. Der Vater erschien als Gott schlechthin, alleine ursprünglich und gänzlich einfach; der Sohn oder Logos, der die Welt konstituiert hat und in Jesus Mensch geworden war, konnte nur ein vom Vater abgeleitetes, *minderes Sein* besitzen (der Geist oft noch einmal seinsmäßig darunterstehend). Die Gefahr des Bi- oder Tritheismus drohte, nur mühsam durch eine hierarchische Einheitsvorstellung abgeschwächt, nach der dem Vater die absolute Dominanz zukam, Sohn und Geist aber ihm untergeordnet waren. Den verschiedenen Spielarten des sog. *Subordinatianismus* gehörten die meisten altkirchlichen Theologen der Zeit vor (und z.T. auch noch nach) Nizäa an.

2.2.1.1 Die Bestreitung bzw. nicht-naturale Interpretation des theós(lógos)-Prädikats

Variante 1: Judenchristliche Bestreitungen

Für Christen, die aus dem Judentum herkamen, konnte die theós-Prädikation für Jesus wie ein Rückfall in polytheistische Denkweisen erscheinen, sobald diese im hellenistischen Sinn ganz bewußt eine eigenständige »Göttlichkeit« ausdrücken sollte. Von hierher wird verständlich, daß sich eine radikal judenchristliche Bestreitung der Göttlichkeit Jesu erst in nachneutestamentlicher Zeit entwickelte, als die entsprechenden Hoheitstitel nicht mehr unmittelbare Erfahrungsverbalisation waren, sondern von der Mehrheit der Christen grundsätzlich und »philosophisch« verstanden wurden.

Der Protest einiger judenchristlicher Kreise wollte diese Entwicklung aufhalten. Anknüpfend bei der ältesten Christologie zogen sie aus ihr ebenfalls »grundsätzliche« Konsequenzen und erhoben den »philosophischen« Gehalt der judenchristlichen Prädikationen (Messias, Menschensohn, Davidssohn usw.): *Jesus ist bloßer Mensch* (ψιλὸς ἄνθρωπος). Die »Neuerung« dieser These besteht darin, daß die Differenz zwischen juden- und heidenchristlichen Christologien, die schon in den vorpaulinischen Schichten des NT grundgelegt war, jetzt auf den (griechischen) Begriff gebracht bzw. formalisiert wurde. Von den Judenchristen, die Jesus als bloßen Menschen bezeichneten, sind vor allem die Ebioniten bekannt. In ihren Kreisen, wie auch in anderen »häretischen« judenchristlichen Strömungen konnte daneben auch die Auffassung vertreten werden, in Jesus habe ein Engelwesen Wohnung genommen[11].

Variante 2: Der Adoptianismus

Die theós-Prädikation für Jesus konnte für judenchristlich[12] oder antiochenisch *motivierte* Gruppen oder Theologen durchaus akzeptabel sein, wenn sie als Resultat der Annahme Jesu durch den Vater aufgrund seines Lebens und Sterbens aufgefaßt wurde. Die Gottesbezeichnung in dieser »Erhöhungschri-

[11] Zur frühjudenchristlichen Engellehre vgl. o. 166.

[12] Vgl. als Beispiel zur judenchristlichen Adoptionschristologie im 5. Gleichnis des Hirten des Hermas: *P. Smulders*, a.a.O. 396.397.

stologie« hatte dann natürlich nicht denselben Aussagewert wie der Gottesbegriff, der der hellenistischen Präexistenzchristologie zugrunde lag: Jesus wurde erst zum »Gott« *erhöht, er war es nicht schon immer*; die Erhöhung setzt seine Bewährung und die Annahme bzw. *Adoption* Jesu zum »Sohn Gottes« voraus. Dieses mehr geschichtlich-funktionale oder auch symbolische[13] Verständnis wirkte lange Zeit fort und wurde, bis zur Mitte des 3. Jahrhunderts, von einigen Richtungen in Rom und vor allem in der auf semitischem Untergrund aufruhenden antiochenischen Theologie noch im 4. Jahrhundert vertreten.

2.2.1.2 Die Bestreitung einer spezifischen (»hypostatischen«) Prädizierbarkeit des Gottestitels bzw. die Spielarten des Monarchianismus

Variante 1: Der dynamische Monarchianismus

Ab 190 ist die Lehre nachweisbar, daß Jesus nach dem Willen Gottes aus der Jungfrau als (bloßer) Mensch geboren wurde; bei der Taufe im Jordan – oder auch erst bei der Auferstehung – sei die Kraft Gottes über ihn gekommen, so daß er »göttlich« (theós) genannt werden kann. Diese Göttlichkeit Jesu aber wurde tendenziell, ganz eindeutig später bei *Paul* von Samosata (ab 260), im Sinne einer unpersönlichen Dynamis des einen (Vater-)Gottes verstanden. Dem System liegt ein strenger Monotheismus zugrunde, der eine ökonomische Zwei- oder Dreiheit einschloß: Der eine Gott handelt heilsgeschichtlich als Sohn (und Geist). Das Gottessohnprädikat für Jesus ist also keine ihm – in Unterschied zum Vater – zukommende »Qualität«, sondern die Kraft des Vaters selbst, den Jesus heilsgeschichtlich repräsentiert. Der Sache nach steht diese Auffassung dem Adoptionismus nahe.

Variante 2: Der Modalismus

Ebenfalls noch von judenchristlichem Interesse an einer uneingeschränkten Geltung des Monotheismus inspiriert ist eine andere Variante, die allerdings in allen ihren sprachlichen und systematischen Aspekten hellenistisch geprägt ist: Der Modalismus (oder modalistische Monarchianismus). Das judenchristliche Anliegen wird hier ganz in griechische Begrifflichkeit gewendet: Es gibt nur den einen Gott, der in Jesus erschienen ist. Bisweilen wird diese These ganz radikal formuliert: »In der Zeit wurde der Vater geboren und hat gelitten« (*Praxeas*, um 190)[14], so daß *Tertullian* diese Richtung als Patripassianismus qualifiziert[15]. Später bei *Sabellius* (frühes 3. Jh.) sind Vater, Sohn und Geist nur drei verschiedene Benennungen desselben Gottes. Jesus ist also »Gott«, ohne daß die Gottheit ihm spezifisch (in einer vom Vater »real« verschiedenen Weise) zuzueignen wäre.

[13] Für hellenistisch denkende Christen war eine funktionale Göttlichkeit keine reale; zum wirklichen Gottsein gehörten für sie die Assoziationen Sein, Einfachheit, Ewigkeit, Unveränderlichkeit, in bezug auf Jesus also: Präexistenz. Gott ist oder ist nicht, ein Werden zerstört die Geltung des Begriffes.

[14] Nach *Tertullian*, adv. Prax. 2 in.

[15] Adv. Prax. 2,29.

2.2.1.3 Der Subordinationismus

Im hellenistischen Denken war die Sphäre des Göttlichen auf vielfache Weise strukturiert und differenziert. Das letzte göttliche Einheitsprinzip wurde in der Kaiserzeit meist als uneingeschränkt einfach und unveränderlich aufgefaßt, so daß es selbst nicht nach außen tätig werden konnte, weil Aktivität ein Vorher und Nachher sowie Veränderung begründet hätte. So bedurfte es anderer Medien, die für es handeln konnten[16]. Diese Funktion übernahm eine *demiurgische Kraft*, die selbst aus Gott (in passiver Verursachung, meist Emanation) hervorgegangen ist und zum Bereich des Göttlichen gehört. Der Demiurg wurde verschieden benannt. Ein himmlischer Offenbarer oder Erlöser in der Gnosis, der Logos in der Stoa, der Nus im Neuplatonismus. Gelegentlich wurde der Demiurg selbst noch einmal zweigeteilt (z. B. in Neuplatonismus in Nus und Psyche (die Weltseele)).

Diese Differenzierung des göttlichen Bereichs, begünstigt durch den immer noch wirksamen Polytheismus der Volksreligion, lieferte Denkmöglichkeiten, die die Gottesprädikation für Jesus einerseits verständlich machen, andererseits aber eine (strukturierte) Einheit der göttlichen Dimension, verankert in einer Letztursächlichkeit des Vaters, aufrechterhalten konnten. Allerdings war diese Einheit in vielen Fällen latent oder sogar eindeutig bitheistisch und tritheistisch gebrochen.

Alle hellenistisch motivierten Denkversuche halten infolgedessen an der eigenständigen Göttlichkeit des Logos, im Unterschied zum Vater, fest und verstehen sie als einen zweite Dimension des Göttlichen (oft deutlich in Richtung eines »zweiten Gottes« (δεύτερος θεός)), die aber der ersten untergeordnet ist[17]; *sie sind somit alle subordinatianisch*[18], wenn auch in verschiedenen Varia-

[16] Vgl. o. 164–166.

[17] Vgl. z. B. *Justin*, dial. 56,4.

[18] Das Subordinatianismusproblem kann hier natürlich in seiner ganzen Differenziertheit nicht erörtert werden. Im Wesentlichen folge ich – in vereinfachter Darstellung – den Thesen der »liberalen Theologie« seit dem 19. Jahrhundert zur hellenistischen Provenienz des Subordinatianismus (als System). *Wolfgang Marcus*, Der Subordinatianismus als historiologisches Phänomen. Ein Beitrag zu unserer Kenntnis von der Entstehung der altchristlichen ›Theologie‹ und Kultur unter besonderer Berücksichtigung der Begriffe OIKONOMIA und THEOLOGIA, München 1963, bestreitet diese Herkunft. »Bei diesen geistesgeschichtlichen Vergleichen wurde klar, daß das Phänomen der Subordination nicht in hellenistischen Überlegungen der christlichen Botschaft, sondern in einer heilsgeschichtlich-ökonomischen Exegese der Schrift seinen Ursprung hat« (121). Daraus folgert er: »Als solcher aber ist er (der Subordinatianismus) in seinem Anliegen, seiner Tendenz und seinem Inhalt orthodox. Der Subordinatianismus lehrt keine *Wesens-*, sondern eine *prozessionale oder ökonomische Subordination des Sohnes* und des Geistes unter den Vater« (35). Abgesehen davon, daß das Interesse an der Frage der Orthodoxie Erkenntnisprozesse beeinträchtigen kann, ist an der These von *Marcus* wohl richtig, daß eine spezifisch *christliche* Strukturierung der Gottes*erfahrung* (Schema: »Gott an sich«, Schöpfung, Jesus Christus, Kirche oder Geist), also die Ökonomie, Basis für die Trinitätslehre (die *Marcus* einfach voraussetzt) ist und auch bleibt; von daher ist es auch selbstverständlich, daß subordinatianische Theologen gerade diese öko-

tionen, von denen im folgenden nur drei zentrale Typen genannt werden sollen.

Variante 1: Gnostischer Subordinatianismus
In den Spielarten der gnostischen Christologie wird Jesus als theós grundsätzlich als ein durch Emanation aus der absolut transzendentalen (guten) Gottheit hervorgegangenes, selbständiges himmlisches Gotteswesen aufgefaßt, das in diese Welt herabgestiegen ist, um die hier in die Materie »geworfenen« (*Theodot*) Seelen (durch Belehrung und Erkenntnis) zu befreien. Die Göttlichkeit (Jesu) ist separate zweite und zweitrangige Realität und doch monistisch eingebunden in den göttlichen Bereich.

Variante 2: Stoisch beeinflußter Subordinatianismus
Großkirchlich weit mächtiger wurde die stoisch inspirierte Logosspekulation. Der Logos, als inneres Wort schon immer beim Vater, konnte in Schöpfung (Demiurg) und Inkarnation (Erlösung) die Wirklichkeit Gottes nach außen vermitteln (durch Konstitution der Welt und der »Lehre«). Er selbst wurde meist, wenigstens als »nach außen wirkendes Wort« (λόγος προφορικός) – und *dieses* Wort ist inkarniert –, im Sinne einer zweiten, vom Vater zu unterscheidenden Realität verstanden. Der hiermit letztlich gegebene Bitheismus wurde subordinatianisch, oft – als »inneres Wort« (λόγος ἐνδιάθετος) – auch monistisch, wenigstens verbal, mit der Einheit des Göttlichen zu vereinbaren gesucht[19].

nomischen, in der Schrift vorgegebenen Motive und Anliegen artikulieren. Aber sie tun dies – eben – darüber hinaus in hellenistischer Sprache und damit auch in seinshaften Begriffen. Anders gesagt: Eine ökonomische Strukturierung Gottes ließ sich im neuen Umfeld nur *in ontischer Sprache* aufrechterhalten, ein ökonomischer Gottessohntitel mußte in naturaler Weise aufgefaßt (und deswegen dem Monotheismus gegenübergestellt) werden. Und somit ergab sich *auch* das Problem einer Wesenssubordination, wenn man dies *auch* als sprachliche Verlegenheit interpretieren *kann*. Auch *Marcus* schließt nicht aus – aber diese Konzession klingt verharmlosend –, »daß manche hellenistisch-kosmologischen Theorien(,) Formeln und Begriffe für dieses genuin-christliche Subordinationsschema geliefert haben« (121). Nur »Formeln und Begriffe«, wenn von einem »zweiten Gott« die Rede ist?

19 Schon die frühchristlichen Apologeten haben diese Modelle aus der Stoa und von *Philo* übernommen. Trotz der Selbigkeit des verwendeten Logosterminus (inneres-äußeres »Wort«) ist allerdings festzuhalten, daß es sich beidemale um völlig verschiedene Wirklichkeiten handelt. Zwar soll das äußere Wort die Wahrheit des inneren Wortes in Schöpfung und Erlösung vermitteln; so scheint eine Verbindung zu bestehen. *Seinshaft aber unterscheiden sie sich radikal*: Das innere Wort ist die Wahrheit Gottes selbst, das äußere dagegen *entsteht erst* mit dem Entschluß Gottes, nach außen zu handeln und ist somit »etwas anderes« und »ein anderer« als Gott, der Vater (*Justin*, z. B. dial. 56.61,1). Die Identität des äußeren mit dem inneren Wort ist also lediglich verbaler Art; der Sache nach ist das innere Wort Gott (der Vater) selbst und das äußere Wort eine von ihm verschiedene Größe: »Nun will ich versuchen, euch zu überzeugen, es steht unter dem Weltschöpfer noch ein anderer Gott und Herr...« (*Justin*, dial. 56,4 (BKV 33,85)), das Wort nämlich. Zwar ist es »göttlich« (θεός), aber nicht

Variante 3: Platonisch beeinflußter Subordinatianismus
Die Gottesprädikation für Jesus (und für den »Geist«) ließ sich leicht in mittel- und neuplatonische Verstehenskategorien einordnen. Seine Gottheit, emanativ aus dem Einen hervorgegangen vor aller Zeit, stellt ein erstes Zwischenglied zwischen dem Einen (Vater) und der Welt dar. Er gehört noch so sehr zur Wirklichkeit Gottes, daß er nicht selber den Kosmos konstituieren kann (als dessen immanentes Gesetz); hierfür ist eine zweite Mittlergestalt, die Weltseele, das Pneuma, notwendig. So stellt Jesus als theós durchaus eine zweite, vom Vater seinshaft abzuhebende, mindere Form der Gottheit dar, bleibt aber – durch die Subordination unter das oberste Prinzip – in das Eine integriert.

Resumée: Die (durch die Verbindung des jüdischen Monotheismus mit dem griechischen Gottesbegriff und) durch die Gottesprädikation für Jesus aufgegebene Denkschwierigkeit wurde auf einen *dreifache*, kulturbedingte Art zu lösen versucht, nachdem eine einfache Bestreitung der Göttlichkeit Jesu mit dem Verschwinden eines lebendigen Judenchristentums keine Basis mehr in den Gemeinden hatte: (1) Adoptianisch und/oder (2) monarchianisch mit allen Spielarten[20], sowie (3) subordinatianisch, wiederum mit allen möglichen Spielarten.
Im ersten Fall hat Jesus über sein Menschsein hinaus *keine zweite Natur*. Jesus war wirklich »Sohn Gottes«, aber eben im nicht-naturalen Sinn von Adoptivsohn. Gott (der Vater) hat Jesus aufgrund von Erwählung und Bewährung zu seinem Sohn angenommen und deklariert.
Im zweiten Fall besaß Jesus keine ihm höchstspezifisch zuzueignende Göttlichkeit, weil »Gott« im Sinne der Einzigkeit Jahwes gedacht wurde (später hätte man gesagt: Der »Sohn Gottes« hat keine *hypostatische* Besonderheit); infolgedessen ließ sich von ihm »Göttlichkeit« nur aussagen im Sinne einer von ihm wahrgenommenen heilsgeschichtlichen Repräsentation des Vaters (am radikalsten im Patripassianismus). Wenn man so will, wurde nicht die *Göttlichkeit* Jesu bestritten, wohl aber die Göttlichkeit *Jesu*. Mit dem Monarchianismus ließ sich auch gut ein adoptianisches oder symbolisches Verständnis der Gottesprädikation für Jesus verbinden.
In der dritten Linie konnte die Göttlichkeit Jesus wirklich prädiziert werden (später: in hypostatischer Besonderheit), dies allerdings schien nur denkbar zu sein unter der Annahme einer eigenen, vom Vater

»Gott« (ὁ θεός, vgl. dial. 60) und somit minderen Seinsranges. Der Subordinatianismus bleibt also bestehen. Vgl. auch dial. 127,1–4; 128,3–4; 129,4; apol. II 5 usf.

20 Adoptianismus und Monarchianismus sind zwar separate Systeme, gehören aber sachlich eng zusammen: Bei adoptianisch-heilsgeschichtlicher Interpretation des christologischen Gottestitels ergab sich keine Notwendigkeit zur zweifachen Strukturierung Gottes: Gott blieb unstruktuiert.

seinshaft abgehobenen und minderen Form des Gottseins, d.h. de facto bitheistisch. Die beiden (oft: drei) in ihrem Seinsrang voneinander verschiedenen Gottheiten wurden in einer völlig ungenügenden Hilfskonstruktion – lediglich durch die macht- und seinsmäßige Überordnung des Vaters – mit dem Monotheismus zu versöhnen gesucht.

Diese drei Grundtypen der Interpretation der Gottesprädikation für Jesus (und somit des binitarischen und trinitarischen Gottesglaubens) wurden lange Zeit, bis das Konzil von Nizäa sie grundsätzlich (wenn auch nicht immer faktisch) aufhob, in der Kirche vertreten. Die Mehrheit der Theologen dieser Epoche dachte subordinatianisch (und damit latent bitheistisch), aber auch der Monarchianismus und Adoptianismus hatten von Syrien über Kleinasien bis in den Westen (vor allem Rom) viele Anhänger.

Eine »Orthodoxie« im Sinne der späteren kirchlichen Trinitätstheologie gab es damals noch nicht. Wohl bemerkten verschiedene Theologen – sie wurden u. a. deswegen später als »frühkatholisch« bezeichnet – die Schwierigkeiten der jeweiligen Hypothesen und betonten etwa die Einzigkeit und Einheit Gottes (trotz subordinatianischer Konzeption) oder die wirkliche Gottessohnqualität Jesu (trotz eines Monarchianismus). Diese Aussagen hatten aber keinen Einfluß auf die ansonsten progagierte Lehre, sie korrigierten sie *lediglich verbal*; gerade aber dieser offensichtliche Zwang, unlogisch zu verfahren, zeigte das Ungenügen an den bisher entstandenen Entwürfen und ist wohl der Motor für eine weitere, darüberhinausgehende Geschichte.

2.2.2 Die Bestreitung bzw. Abschwächung des Menschseins Jesu

Das Problem der Vereinbarkeit von theós und ánthropos in Jesus Christus ließ sich vermeiden oder wenigstens entschärfen, wenn die Menschheit Jesu bestritten oder gemindert wurde. Naturgemäß sind Versuche solcher Art nicht aus dem Raum des Judenchristentums[21] oder des semitisch geprägten Hellenismus Syriens zu erwarten. Im Hellenismus aber waren Tendenzen wirkmächtig, die das endliche Menschsein generell für einen Sündenfall hielten oder wenigstens nur an seiner geistigen Dimension interessiert waren und Materie wie Leib keine oder nur eine negative (soteriologische) Bedeutung zumaßen. Auf diesem Boden konnten leicht Theorien gedeihen, die Abstriche am vollen Menschsein Jesu machten.

[21] Allerdings ist anzumerken, daß es schon um das Jahr 100 doketische Tendenzen auch in judenchristlich-gnostischen Kreisen gegeben zu haben scheint.

Hypothesen dieser Art wurden in der Folgezeit begünstigt und scheinbar neutestamentlich gerechtfertigt durch das Logos-Sarx(Wort-Fleisch)-Schema das Johannesprologs, das vor allem im Osten (außer im syrischen Raum) den wichtigsten Raster für die Christologie darstellte; im Westen und in Antiochien hatte das deus(verbum)-homo-Schema größere Bedeutung. Während Sarx im Johannesprolog (als vielleicht jüdisch-gnostisch, jedenfalls jüdisch-hellenistisch motivierte Antithese zum Logos) die Radikalität der Hinwendung Gottes zum elenden Menschen symbolisieren soll, insofern das Wort den (ganzen) Menschen *in seiner Tod- und Sündenverfallenheit (als Sarx)* angenommen hat, konnte »Fleisch« für hellenistisches Verstehen als *anthropologischer Teilbegriff* erscheinen: Der Mensch war zusammengesetzt aus Leib und Geist, bisweilen im Platonismus auch trichotomisch aus Leib, Vitalseele und Geist. Auf diesem Hintergrund mußte die Inkarnation beinahe zwangsläufig als Annahme eines menschlichen *Leibes* durch den göttlichen Logos, also nicht als *Mensch*werdung in einem umfassenden Sinn aufgefaßt werden, wobei es dann nicht mehr ganz abwegig war, auch die Leiblichkeit des Logos nur als ein äußeres Gewand für sein Wirken unter den Menschen anzusehen, nicht als einen wahrhaftigen Leib.

Variante 1: Doketische Bestreitungen des Menschseins
Vor allem aus orientalisch-gnostischen Bewegungen erwächst schon sehr früh eine Fülle von Versuchen, das Menschsein Jesu, besser: das Menschsein des inkarnierten Logos, überhaupt zu bestreiten: Der göttliche Offenbarer hat nur *zum Schein* bei der Fleischwerdung oder auch erst bei der Taufe eine Leibgestalt angenommen und diese vor oder während der Passion wieder verlassen. So wurde die Gottheit durch keine irdischen Berührungen befleckt und das Bekenntnis zum göttlichen Offenbarer und Erlöser Jesus konnte ohne Einschränkungen oder Denkschwierigkeiten gesprochen werden.

Variante 2: Anthropologische Verkürzungen
Eine Vielzahl von Theologen, die sich am hellenistisch aufgefaßten Logos-Sarx-Schema orientierten, reduzierten den Menschen Jesus auf seinen Leib und, allenfalls, seine Vitalseele; eine menschliche Geistseele wird entweder förmlich bestritten oder einfach verschwiegen und der Logos als Handlungsprinzip des »Fleisches« bezeichnet. Diese Anschauungen stellen eine latente Gefahr jeder hellenistischen Christologie dar.
Bisweilen wird diese Verkürzung ausdrücklich formuliert, am profiliertesten vielleicht – als späte Zusammenfassung dieses Denkens – im *Apollinarismus* des vierten Jahrhunderts[22]. Häufiger aber noch bestimmt dieser Raster das christologische Denken unterschwellig. Wann immer das Mysterium der Erlösung in der *Fleisch*-werdung gesehen; von Jesus als dem Leib, den der Logos

[22] Vgl. u. 188.

angenommen, gesprochen wird; eine *soteriologische* Reflexion der menschlichen Geistseele und ihrer Rolle nicht vorkommt (selbst wo man sie verbal anerkennt); das Verhältnis des Logos zu Jesus nach Analogie der Verbindung der menschlichen Seele mit ihrem Leib interpretiert wird usf.; überall dort ist das Menschsein Jesu tendenziell auf seinen Leib reduziert. Der Johannesprolog redete vom fleischgewordenen Wort. Die sich hieraus entwickelnde *Logos-Sarx-Christologie* in weiten Teilen des Ostens geriet notwendig in die Nähe einer wenigstens latenten, oft aber auch bewußten Verkürzung der Menschheit Jesu[23]. Selbst nach der kirchenamtlichen Abwehr in Chalkedon blieben diese Motive wirksam etwa im Monenergetismus und Monotheletismus[24] des ausgehenden Altertums oder in der Umdeutung der Lehre von der hypostatischen Union in der abendländischen Theologie im Sinne einer Ersetzung der menschlichen Personalität Jesu durch die des Logos[25]. Immer ist der Hauptgrund für diese anthropologische Verkürzung Jesu, daß sein »Menschsein« dann leichter mit seinem Gottsein verbunden gedacht werden und der Logos das einzige Handlungsprinzip in Jesus Christus sein kann.

2.2.3 Die doppelte Bestreitung: Der Arianismus

Über die inneren Beweggründe des arianischen Systems sowie seines Siegeszugs durch die damalige Kirche wird weiter unten zu verhandeln sein[26]. Hier mag es genügen, einige der *Inhalte* der Lehre des *Arius* zu benennen, um seinen Platz in der bisher skizzierten Geschichte zu bestimmen.

Arius versucht, die Schwierigkeit der Gott-Mensch-Christologie zu lösen durch eine doppelte Bestreitung: sowohl des vollen Menschseins wie der Gottheit. Das erstere, daß er die Geistseele Jesu leugnete, ist nur wahrscheinlich. »Bestimmt taten das die späteren Arianer, die... sich weigerten, in ihm eine Menschenseele... anzunehmen«[27]. Diese Wahrscheinlichkeit aber ist sehr groß, weil ja nach *Arius* der Logos selbst veränderlich war, sich bewähren konnte, d.h. unmittelbar Sub-

[23] Allerdings ist zu warnen davor, *jede* Verwendung der Logos-Sarx-Begrifflichkeit als eine Infragestellung oder Bestreitung des vollen Menschseins Jesu zu interpretieren, wie dies vor allem im katholischen Raum geschieht (z.B. *Jacques Liébart* und *Alois Grillmeier*). Dahinter scheint oft ein Interesse wirksam zu sein, von der »Fixierung« auf die beiden Kulturtraditionen Antiochiens und Alexandriens wegzukommen und auch, z.B. in Antiochien, das Logos-Sarx-Schema festzustellen. Hierbei wird übersehen, daß es auch eine unreflektierte Übernahme der johanneischen Termini in Predigt und Theologie geben kann, die erst dann, wenn ein entsprechendes Problembewußtsein entsteht, zu differenzierterer Sprache (und zur Aufgabe dieses Rasters) gezwungen werden (vgl. hierzu im einzelnen u. 211–214).

[24] Vgl. u. II 5.2.

[25] Vgl. u. 283.

[26] Vgl. u. II 3.1.3.

[27] *P. Smulders*, a.a.O. 426.

jekt geschichtlichen Handelns war. Bei diesem Ansatz hat eine eigene Menschenseele als Tätigkeitsprinzip keine Funktion mehr.
Seine alexandrinischen Gegner allerdings griffen diesen Punkt nicht auf, weil auch sie selbst mit einer Geistseele Jesu wenig anzufangen wußten. Umsomehr aber bekämpften sie seine Bestreitung des Gottseins des Logos: Für *Arius* ist der Logos nach dem Zeugnis des *Athanasius* lediglich »Geschöpf«, mit allen hieraus abzuleitenden Folgerungen: Er ist aus dem Nichts geschaffen, veränderlich und in seinem Wesen von Gott unendlich verschieden. Dennoch aber ist er uns weit überlegen, Gottes erstes Geschöpf. Durch ihn hat Gott uns erschaffen[28]. Dennoch bestreitet *Arius* nicht die Geltung des kirchlichen Bekenntnisses zu Jesus aber als »Sohn Gottes«; dieser Titel ist aber adoptianisch zu verstehen: Der Logos werde »durch die Teilnahme an der Gnade... wie alle anderen (Geschöpfe) bloß dem Namen nach Gott genannt«[29]. *Arius* hat gewissermaßen alle Hypothesen der Vergangenheit aufgegriffen: Es geht ihm um die durch keine Differenzierung zu gefährdende Einzigkeit und Einheit Gottes (Monarchianismus), die nur einen adoptianischen »Gottessohn« zuläßt. Darüberhinaus aber hat er auch die Logoschristologie[30] rezipiert, im Interesse seines Monarchianismus aber die Seinsdifferenz zwischen Gott und Logos unendlich gedacht. Weil dann aber der Logos nicht mehr die ihm im Subordinatianismus zugedachte Rolle der soteriologischen Vermittlung wahrnehmen konnte, fand diese These die heftigste Gegnerschaft der profiliert hellenistischen Theologen. So wird *Arius* zum Katalysator einer schließlichen Klärung dieser Fragen.

2.3 Die Sicherung des Gott-Mensch-Bekenntnisses

2.3.1 Die orthodoxe Reaktion

Für hellenistisches Verstehen war, wie geschildert, die Vereinbarkeit von theós und ánthropos in Jesus und damit die Denkbarkeit der eigenen Christologie überhaupt problematisch. Dies führte allerdings nicht auf Dauer dazu, sie zu revidieren oder zu korrigieren; denn auf der anderen Seite war ja gerade *diese* Christologie die unerläßliche Voraussetzung dafür, Jesus im eigenen Kulturraum als heilsrelevant aussagen zu können. Die Eigentümlichkeit der soteriologischen Ra-

28 Or.c. Arianos 1,5.
29 Ebd. 1,6 (deutsch: BKV 13,24)
30 In bester Tradition nimmt er in Gott eine mit ihm identische Weisheit bzw. ein Wort (das »innere Wort« der Logostheologie) an, von ihr unterscheidet er radikal das geschaffene Wort, das er aber – wie das überlieferte »äußere Wort« – wenigstens an dem Wort in Gott »teilhaben« läßt (vgl. *Ath.*, Or.c. A.1,5).

ster verlangte nach dem zwischen Endlichem und Unendlichem vermittelnden Gott-Menschen (Jesus). So blieb die hellenistisch-christliche Theologie eine »Gefangene« der eigenen kulturimmanenten Begrenzungen.
Die altkirchlichen Theologen waren also gezwungen, die Gott-Mensch-Christologie gegen alle Bestreitungen oder Verkürzungen zu verteidigen. Vor allem (nicht exklusiv) gilt diese Aussage für den Typos hellenistischer Theologie, wie er im Raum Kleinasiens, Griechenlands, und später in Alexandrien zu finden ist und schließlich in der Alten Kirche dominierend wurde; letzteres gilt wenigstens insofern, als eine Christologie unterhalb der Gott-Mensch-Titulatur zunehmend als nicht ausreichend und somit häretisch empfunden wurde. Weil hier aber das dynamische Interesse zentral der Vergöttlichung (des Menschen) galt und die menschliche Dimension weniger scharf reflektiert wurde, konnte die hellenistisch-syrische Theologie, in der judenchristliche Anliegen noch am ehesten tradiert wurden, ein wichtiges Korrektiv einbringen: Menschliche Natur war für sie ein Stück Geschichte, Freiheit, Bewährung, so daß der Begriff »Mensch« von einer allzu partiellen und statischen Interpretation im Sinne der Dicho- oder Trichotomie bewahrt wurde.
Alles in allem setzte sich mit der Zeit die Überzeugung durch, daß nur dann die hellenistische Erlösungssehnsucht durch Jesus erfüllt war, wenn der Logos *uneingeschränkt göttlich* ist und auch »den *ganzen* Menschen angenommen« hat, wie es ausdrücklich zum erstenmal bei *Origenes* formuliert wird[31]. Die Bestreitungen und Verkürzungen hatten also bewirkt, daß die theós- und ánthropos-Prädikationen im Gegenzug in ihrer vollen Reichweite überhaupt erst ins Blickfeld gerieten, durchdacht und dann auch verteidigt wurden.
Diese Verteidigung nun kann in der Epoche vor den drei Kappadokiern, was die Sicherung des Gottestitels angeht, und vor der Überwindung des Apollinarismus, was die reflexe Umschreibung des Menschheitsprädikats angeht, beides also in der Mitte des 4. Jahrhunderts, in ihren formulierten Ergebnissen keineswegs als »orthodox« bezeichnet werden, wie die Überschrift dieses Abschnittes nahelegen könnte. Es ist m. E. nicht übertrieben zu behaupten, *alle* großkirchlichen Theologen dieser Zeit hätten die Gottesprädikation so definiert, daß das Ergebnis entweder ein latenter oder ausdrücklicher Monotheismus undifferenzierter Art und somit die Aufhebung einer *eigenen*, Jesus prädizierbaren Göttlichkeit war (die Spielarten monarchianischen und adoptianischen Denkens) oder ein Subordinatianismus, der wegen seiner realen Unterscheidung zwischen der höheren Seins-

[31] Dial.Heracl. 7.

fülle des Vaters und der geringeren Qualifikation des Sohnes (und des Geistes) immer in der Gefahr des Bi- oder Tritheismus stand, der oft nur verbal durch ein Bekenntnis zur Einheit Gottes unterlaufen wurde. Nicht ganz so negativ ist die Bilanz der Sicherung der Menschheit Jesu, die vorwiegend im profiliert hellenistischen Raum zu kurzschlüssig umschrieben wurde.

Die Geschichte der altkirchlichen Theologie vor der Mitte des 4. Jahrhunderts ist also keineswegs »orthodox«, wenn der Maßstab für diesen Begriff von den Umschreibungen wahrer Gottheit und wahrer Menschheit an den abschließenden kirchenamtlichen Beschlußfassungen genommen wird. Wohl aber kann von einer »orthodoxen Reaktion« bei der Abwehr von Bestreitungen und Abschwächungen gesprochen werden, wenn die zunehmend bewußt verfolgten *Tendenzen* betrachtet werden, die den Fortgang der altkirchlichen Diskussion bis zu den großen Konzilien bestimmen. Die Tendenzen aber lagen in der Linie, Gottheit und Menschheit Jesu immer umfassender zu verstehen und begrifflich abzusichern, d. h. die seit neutestamentlicher Zeit gegebenen Begriffe.

Für den späteren Betrachter ist es einigermaßen erstaunlich, daß viele bedeutende Theologen mit den Ungereimtheiten ihrer Christologie, der Kluft zwischen Aussageabsicht und tatsächlich Ausgesagtem, leben konnten. Die es nicht konnten – sie wurden infolgedessen zu Häretikern erklärt –, waren Männer, die offensichtlich das von ihnen benutzte Vokabular auch zu Ende dachten: sei es den theós-Begriff, der – radikal gefaßt – nur eine monarchianische Identität Gottes zuließ, sei es die Hervorhebung einer unterschiedenen und eigenen theós-»Qualität« Jesu, die zum (latent bitheistischen) Subordinatianismus führen mußte, sei es die Menschenprädikation, die leicht – umgekehrt – zu einem adoptianischen Verständnis der Göttlichkeit Jesu verleitete. Kurz: wer einen dieser – unvereinbaren – Ansatzpunkte »beim Wort nahm« und systematisch reflektierte, wurde zum Häretiker.

Demgegenüber scheinen die Theologen, die nicht in Konflikt mit den schließlich obsiegenden großkirchlichen (und ihren eigenen) Tendenzen gerieten, dadurch gekennzeichnet zu sein, daß sie nicht so grundsätzlich (hellenistisch-philosophisch) dachten und eine von der kirchlichen Tradition vorgegebene compositio oppositorum aushielten, oft sogar ganz bewußt formulierten. »Gott kann sich ändern und doch bleiben, was er ist«, schreibt z. B. *Tertullian*[32]. So kann die Einheit Gottes bekannt und doch von einem in der Seinsmächtigkeit *höherstehenden* Vater geredet, die monarchianische Identität des Gottes-

[32] De carne Christi 3,5.

begriffs herausgestellt und dennoch eine (wie auch immer) unterschiedene Gottesqualität für Jesus beansprucht werden usw. Diese Paradoxien wurden auch durchaus empfunden und sogar begründet: mit dem Mysterium Gottes, der Trinität oder Christi. Die kulturgeschichtlich bedingte Aporie hellenistischer Christologie wurde zur sachlichen Aporie objektiviert, die im für menschliches Denken unerreichbaren Gegenstand der Theologie, in Gott und im Gott Jesus Christus, wurzelt – eine naheliegende Argumentation, die bis heute das Leben mit den Schwierigkeiten erleichtert.

2.3.2 Das Symbol von Nizäa

Die großkirchlichen Tendenzen zur Sicherung der Gott-Mensch-Christologie erreichten ihren ersten und entscheidenden Durchbruch im Konzil von Nizäa 325, in dem die in der altkirchlichen Christologie grundgelegten Aporien zu einer äußersten und radikalen Formulierung geführt haben. Die großartige Herausforderung fand eine ebenso großartige Antwort, vielfältig vorbereitet durch die jahrhundertelange Diskussion.
Die Leistung des Konzils besteht nicht in einer »Lösung« der Probleme. Vielmehr hat es die Anliegen der wichtigsten christologischen Bewegungen aufgegriffen und großkirchlich festgeschrieben, so daß diese sich – wenn auch eine »allgemeine« Rezeption der Beschlüsse noch einige Zeit auf sich warten ließ – mit dem Symbol[33] identifizieren und seine Sprachregelung als normativen und gemeinsamen Ausgangspunkt des Theologietreibens sehen konnten.
Die beiden großen soteriologischen Ansätze wurden miteinander verbunden: Die Theorie des Tausches wurde, wenn auch nicht mit allen Folgen, so doch in einem zentralen Bestandteil definiert: Der Sohn Gottes ist »wegen uns Menschen und um unseres Heiles willen herabgestiegen, Fleisch und Mensch geworden»[34], die gleiche soteriologische Bedeutung aber wurde auch dem Leiden, der Auferstehung und Himmelfahrt (sowie dem eschatologischen Gericht) zuerkannt. Inkarnationssoteriologie und staurozentrische Soteriologie sind nebeneinander geordnet.

[33] Zur Herkunft und Entstehung des Symbols vgl. *Ignacio Ortiz de Urbina*, Nizäa und Konstantinopel (Geschichte der ökumenischen Konzilien, hrsg. von *Gervais Dumeige* und *Heinrich Bacht*, Bd. I), *Mainz* 1964, 79–100; vgl. *John Norman Davidson Kelly*, Altchristliche Glaubensbekenntnisse. Geschichte und Theologie (aus dem Englischen übers. von *Klaus Dockhorn*), Göttingen ³1972, 205–259.

[34] D 125 (54).

Hierbei wurde, aufgrund der antiarianischen Zielsetzung, der Inkarnationssoteriologie und ihren Bedingungen, der Göttlichkeit und Menschheit Jesu, größeres Gewicht beigemessen als der Heilsbedeutung des Lebens und Sterbens Jesu. Die Menschheit Jesu, zwar auch in ihrer Integrität von *Arius* bestritten, aber in der Fixierung der alexandrinischen Gegner auf die theós-Frage nicht beachtet, wird mit Fleisch- und Menschwerdung festgeschrieben. Immerhin aber ist die Betonung der *Mensch*werdung (ἐνανθρωπήσαντα)[35] eine bewußte Erweiterung gegenüber dem während des Konzils diskutierten Symbol von Cäsarea, in dem nur von Fleischwerdung und dem »Unter-uns-Wohnen« des Logos die Rede war, und somit ein Bekenntnis zum vollen Menschsein Jesu.
Die größere Bemühung aber galt der christologischen Gottesprädikation: Einmal wird die Unterscheidung des Gottseins Jesu von dem Gottsein des Vaters, und damit das Recht der *christologisch-spezifischen* Zueignung des theós-Begriffs, gegen monarchianische Tendenzen stark hervorgehoben: Er ist der *Sohn, gezeugt, aus* dem Wesen des Vaters, Gott *aus* Gott, Licht *von* Licht; *der Sohn ist also nicht einfachhin der Vater*.
Zum anderen aber wird die volle und uneingeschränkte Göttlichkeit definiert, und hier lag die wichtigste Aussage für die aktuelle Situation: Der Sohn ist der Sohn *Gottes*, aus *dem Wesen des Vaters*, er ist *Gott* aus *Gott, Licht* vom *Licht, wahrer Gott* vom *wahren Gott*, gezeugt und *nicht geschaffen*, und vor allem: *eines Wesens (*ὁμοούσιος*) mit dem Vater*.
Das Symbol geht sachlich nicht über die neutestamentlichen Bekenntnisartikulationen hinaus. Die zentralen Begriffe (Sohn, Gott, Licht, gezeugt) sind dem Neuen Testament entlehnt. Das Weiterführende der Konzilsentscheidung besteht darin, diese Topoi auf dem Hintergrund der gelaufenen Diskussionen zu verdeutlichen: »Gott« heißt »wahrer« Gott, »Sohn Gottes« und »gezeugt« bedeutet: »nicht geschaffen«, »aus Gott«, »vom Licht«, »aus dem Wesen« des Vaters und, zuletzt, »homoúsios«[36]. Mit anderen Worten: das neutestamentliche christo-

[35] D 125 (54).

[36] Der Begriff homoúsios wurde nach I. *Ortiz de Urbina* a.a.O. 94, schon in gnostischen Schriften des 2. Jahrhunderts gebraucht und drang im 3. Jahrhundert »in das Vokabular der theologischen Schule von Alexandrien ein«, wo er eine recht große Bedeutung erlangen konnte; »dabei aber schloß dieser Begriff formell keine *numerische* Einheit der Substanz bei den als *homoousioi* qualifizierten Wesen ein«. *A. Adam*, Lehrbuch der Dogmengeschichte I, 225, vertritt mit Bezug auf ein Schreiben das *Eusebius* von Nikomedien an das Konzil (von *Ambrosius* bezeugt) die These, das »homoúsios« habe eine »besondere Nähe« zur syrischen Kirche (vgl. u. 203). Eine sehr detaillierte Genese des Begriffs bietet *J.N.D. Kelly*, a.a.O. 240–251.

logische Gottesbekenntnis wird mit hellenistisch-philosophischer Begrifflichkeit gegen verkürzende Interpretationen abgesichert.
Schließlich werden noch in einem Anhang die verschiedenen Aspekte der arianischen Grundthese von der Geschöpflichkeit des Logos verurteilt und die hypostatische und wesensmäßige Identität mit dem Vater hervorgehoben[37] (hierbei werden die Begriffe Hypóstasis und Usía noch synonym verwendet).
Die Absicht des Konzils war, die Geschichte der Bestreitungen und Abschwächungen des theós-ánthropos-Schemas zu beenden bzw. dieses in seinem mittlerweile vielfach problematisierten Bestand aufrechtzuerhalten. Dies ist zunächst nicht gelungen; erst bis zum letzten Drittel des 4. Jahrhunderts waren die Diskussionen, die die Kirche noch einmal beinahe zerrissen hätten, so weit vorangetrieben, daß von jetzt an der Begriff homoúsios zur zentralen Umschreibung der Göttlichkeit Jesu dienen konnte.
Das Symbol von Nizäa konnte die Denkschwierigkeit der hellenistischen Christologie nicht aufheben. Zwar hat es die Gottesprädikation für Jesus im Sinne einer vollen Geltung des Begriffes umschrieben und tatsächlich auch für großkirchliche Theologen fortan zumindest eine adoptianische[38] oder eine subordinatianische Interpretation der Göttlichkeit unmöglich gemacht; die unbelehrbaren Arianer, die das Homoúsios nicht akzeptierten (die Anhomöer), wurden häretisiert. Ebenso war abgewehrt (es gibt »Vater« *und* »Sohn« und – als Drittes wenigstens genannt – den Heiligen Geist) ein monadischer, unstrukturierter Gottesbegriff.
Nicht ebenso klar aber war die Umschreibung der »wahren« Göttlichkeit des Sohnes selbst. Von der späteren »jungnizenischen« Interpretation vor allem der Kappadokier her scheint das »homoúsios« eindeutig zu sein, im Symbol von Nizäa ist es dies keineswegs. Zweck des »homoúsios« war die Präzision der Göttlichkeit des Sohnes im Verhältnis zu der des Vaters. Sicherlich *konnte* der Begriff im Sinne einer numerischen Identität bzw. Selbigkeit des göttlichen Wesens (ταυτότης) verstanden werden; im Kontext der durch ihn »philosophisch«

[37] D 126 (54).
[38] Dennoch konnte auch hier die Göttlichkeit des Logos zwar – wie ein Dogma – rezipiert und gleichzeitig doch an einer »erworbenen« Göttlichkeit Jesu festgehalten werden. Ein Beispiel hierfür bietet der antiochenisch beeinflußte *Diodor von Tarsus* († vor 394): »Der Mensch, aus Maria geboren, ist Sohn *aus Gnade*; das Gott-Wort ist Sohn *von Natur aus*... Für den Menschenleib muß es genügen, die Sohnschaft, die Herrlichkeit, die Unsterblichkeit *aus Gnade* zu besitzen« (bei *Leontius*, contra Nest. et Eutych. 3, vgl. u. 214). Das Ergebnis ist eine verdoppelte Gottesprädikation, die nizenische Gottessohnschaft bleibt Formel, christologisch (in einer syrisch-hellenistischen Bewährungschristologie) »gebraucht« wird die adoptianische (vgl. u. 213).

abzusichernden neutestamentlichen anthropomorphen Bilder aber *lag eine andere Deutung näher*: Wie Vater und Sohn auch bei Menschen »gleichen Wesens« sind, der Sohn vom Vater »gezeugt« und »aus dem Wesen des Vaters« ist, konnte auch hier die Gleichwesentlichkeit als *»qualitative« Identität* (wobei das »nicht geschaffen« aus der Göttlichkeit resultiert) aufgefaßt werden, »die zwei verschiedenen Subjekten als äußeres Prädikat beigegeben wird«[39]. »Homoúsios« bleibt also, ohne nähere Bestimmung, nicht geschützt gegen die bitheistische Differenzierung der göttlichen Sphäre[40].

Wie die Konzilsteilnehmer selbst »homoúsios« verstanden haben, läßt sich nicht mehr rekonstruieren[41]. Wahrscheinlich gab es verschiedene Gruppen mit je anderer Auffassung, und ebenso muß vermutet werden, daß gerade die schillernde Mehrdeutigkeit die Einigung auf dieses Symbol ermöglichte[42].

[39] *Leo Scheffczyk*, Lehramtliche Formulierungen und Dogmengeschichte der Trinität, in: Mysterium Salutis, Bd. II, Einsiedeln, Zürich, Köln 1967, 176.

[40] Interessant ist in diesem Zusammenhang auch der Verweis auf die *Struktur* des Symbols (bei *I. Ortiz de Urbina*, a.a.O. 84): »Das Symbol ist also nicht etwa nach folgendem Schema komponiert:

	den allmächtigen Vater/
Ich glaube an einen Gott	den eingeborenen Sohn/
	den Heiligen Geist.

Das Schema sieht vielmehr so aus:

	an einen Gott-Vater/
Ich glaube	an einen Herrn Jesus Christus/
	an den Heiligen Geist.«/

Im Vordergrund des Interesses stand also nicht die Wahrung strenger monotheistischer Identität, sondern die triadische (genauer binarische) Reservierung voller Göttlichkeit des Sohnes neben dem Vater (und dem Geist). Deswegen zielt auch das Bekenntnis des ersten Satzes: »Wir glauben an einen Gott« nicht auf die Einheit Gottes schlechthin, sondern auf den Vater (vgl. *I. Ortiz de Urbina*, ebd. 86).

[41] Vgl. *K.N.D. Kelly*, a.a.O. 251. Immerhin aber läßt sich, mit *I.O. de Urbina*, a.a.O. 98, festhalten: »daß man vor Nizäa als *homooúsioi* Gegenstände qualifizierte, zwischen denen mit Sicherheit keine numerische Einheit bestand. Das gleiche war der Fall für die Zeit unmittelbar nach dem Konzil«. *De Urbina* findet allerdings im folgenden, 98–100, doch zur These: Zwar sei der Begriff homoúsios nicht im Sinne numerischer Einheit verstanden worden, aber das ganze Symbol enthalte den »Schluß«, »daß die Substanz des Sohnes ebendiese gleiche ›einzige Wesenheit‹ selbst ist, die dem Vater zugeschrieben wird« (99). Noch undifferenzierter wird diese Auffassung in vielen, vor allem katholischen, dogmatischen Handbüchern vertreten, so z.B. bei *L. Scheffczyk*, a.a.O. 175. Eine solche Behauptung erscheint unsachgemäß und konstruiert: Die verbale Nebeneinanderordnung von tradierten Formeln (z.B. der *eine* Gott Vater) mit einem der Sache nach offensichtlich unklaren Begriff (homoúsios) berechtigt noch nicht zur schlußfolgendern Synthese aus späterer Sicht; die damaligen Konzilsteilnehmer haben diese Systematik noch nicht besessen.

[42] So auch *A. Adam*, Lehrbuch der Dogmengeschichte I, 225.

2.3.3 Die letzten Auseinandersetzungen

2.3.3.1 Der Streit um das Homo-úsios (»gleichen Wesens«)

Die Diskussion um die genaueren Grenzen des theós-Begriffs der hellenistischen Christologie ging nach dem Konzil weiter; allein schon dieser Umstand zeigt, daß auch die Konzilsteilnehmer keine übereinstimmende Meinung in dieser Frage besessen hatten. Der Unterschied zu vornizenischen Auseinandersetzungen ähnlicher Art bestand darin, daß sich fortan die Theologen auf den Terminus homoúsios bezogen und diesen in ihrem Sinn auszulegen suchten. Eine Ausnahme bildete nur die das Symbol gänzlich ablehnende Gruppe der Anhomöer (Vertreter einer Unähnlichkeit zwischen Vater und Sohn) oder auch Heterusiasten (Vertreter einer Wesensverschiedenheit).
Im lateinischen Westen wurde homoúsios »in der Folgezeit eindeutig auf die numerische Substanzeinheit (gedeutet), während die... Orientalen es mehr nach der Seite einer nur generischen Wesensgemeinschaft interpretierten«[43]. An dieser Entwicklung wird deutlich, daß die Lateiner eine Rolle zu spielen beginnen für die schließliche »Problemlösung«; wie sie schon, wahrscheinlich, den Begriff homoúsios in das Konzil eingebracht hatten, haben sie jetzt die Waagschale zugunsten der später erfolgreichen Auffassung gesenkt.
Im Osten ging der Streit in den nächsten Jahrzehnten mit aller Heftigkeit weiter. Das Verhältnis zwischen Vater und Sohn wurde zwar als (generisch) gleichwesentlich anerkannt, was aber nicht aus-, sondern geradezu einschloß eine ebenso reale *Verschiedenheit.* Diese war allerdings nicht mehr von der radikalen Tiefe wie im Arianismus oder auch im Subordinatianismus, sondern in der gleichwesentlichen Verwandtschaft zwischen Vater und Sohn begründet: Der Vater ist ungezeugt, der Sohn gezeugt, beide sind einander (gleichwesentlich und darüberhinaus) *ähnlich.*

Dieses Ineins von Gleichwesentlichkeit und Ähnlichkeit (besser: Die Ähnlichkeit als Konsequenz aus der Gleichwesentlichkeit zweier nicht miteinander identischer Größen) wurde in verschiedenen Abstufungen vertreten. Die Homöer faßten es weniger grundsätzlich, bei »Ablehnung jeder metaphysischen Spekulation«[44], die *Homöusianer* oder »*Semiarianer*« machten aus ihrer Konzeption ein System. Beide Gruppen aber verbleiben in der Tradition subordinatianischen Denkens[45] und können die Gefahr bitheistischer Auslegung des Gottesbegriffs nicht vermeiden.

Die Vertreter einer numerischen Homoúsie dagegen mußten ihrerseits die strenge Identität Gottes so betonen, daß sie – wie zunächst z. B.

43 *L. Scheffczyk*, a.a.O. 176, A. 18.
44 *L. Scheffzcyk*, a.a.O. 177.
45 *L. Scheffczyk*, ebd.

Athanasius – immer in die Nähe eines modalistischen Verständnisses gerieten. Die Zweiheit bzw. mittlerweile auch ganz formal – durch die Pneumatomachen erzwungen – die Dreiheit in dem wesensidentischen Gott war nicht mehr hinreichend erklärbar.

Athanasius hat die Theorie des Tausches in einer profiliert griechischen Form vertreten, die die Geschichte Jesu in ihrer soteriologischen Funktion zurücktreten ließ[46]; »sie verstärkt auch die Tendenz, in Christus mehr die abstrakten Pole Gott und Mensch als die konkrete Wirklichkeit des Sohnes und seines Menschenlebens zu sehen«[47]. Infolgedessen muß es ihm ganz zentral um eine ungeschmälerte Interpretation des christologisch motivierten theós-Begriffs gehen, wie sie vom Homoúsios aus möglich war. In Gott gibt es nur *ein Wesen* (οὐσία) und *eine Hypostase*, beide Termini sind bei ihm austauschbar. Von daher war für ihn eine Erklärung schwierig, warum dann noch Vater und Sohn unterschieden werden und mit Jesus die Göttlichkeit des *Sohnes* verbunden wird[48].

Erst die Kappadokier schufen durch ihre Trinitätstheologie eine Möglichkeit, die christologische und (pneumatologische) Gottesprädikation umfassend (also »identisch« und doch unterscheidend) zu erfassen. In ihren Reflexionen gingen sie nicht von der Einheit des göttlichen Wesens, sondern von Vater, Sohn und Geist, also der Dreiheit aus, die *dann erst* in der Wesenseinheit zusammengefaßt wurden[49]. Das Interesse richtete sich also – christologisch – zuallererst auf die Reflexion der »eigenständigen« theós-Aussage für Jesus.

Basilius von Cäsarea verwendet für das, was in Gott eines ist, den Begriff οὐσία (Wesen), für die Besonderheit von Vater, Sohn und Geist den Terminus ὑπόστασις (lateinisch: subsistentia oder persona); seine berühmte Formel war: ein Wesen, drei Hypostasen (μία οὐσία, τρεῖς ὑποστάσεις). Der Fortschritt besteht nicht in einer sachlichen Problemlösung, sie war unmöglich (wenn in Gott alles, was real ist [= Wesen], streng einfach und identisch ist, worin bestehen dann die hypostatischen Besonderheiten? Wenn die Hypostasen aber reale Distinktionen erlauben, wie kann Gottes Wesen dann noch eines sein?); aber es war eine *Sprachregelung* gefunden worden, die es in Zukunft erlaubte, einmal genauer zu differenzieren und so Mißverständnisse zu vermeiden, zum anderen wenigstens verbal eine Ko- oder Inexistenz von Einheit und Dreiheit festzuhalten. *Basilius* will sicherstellen, daß der Logos (und der Geist)

[46] S. o. II. 1.3.2. Vgl. auch *Hermann Sträter*, Die Erlösungslehre des hl. Athanasius, Freiburg i. Br. 1894, z. B. 15.100.

[47] *P. Smulders*, a.a.O. 431.

[48] *L. Scheffczyk*, a.a.O. 178, meint zu den »modalistischen« Aspekten bei *Athanasius*: »In Wirklichkeit also lagen die Unzulänglichkeiten der Lehre des Athanasius nicht in sachlichen Unrichtigkeiten, sondern in der noch unsicheren Begrifflichkeit, die aber ein Merkmal des ganzen Zeitalters war.« Diese Aussage ist zutreffend, geht allerdings von der falschen Annahme aus, die spätere begriffliche Genauigkeit bei den Kappadokiern bringe mehr als einen eben terminologischen Fortschritt. Die Sache selbst aber bleibt auch bei ihnen ungelöst, sie wird lediglich exakter benannt.

[49] Vgl. *L. Scheffczyk*, a.a.O. 178.179, A. 21.

wirklich Gott ist, weil anders die den Menschen aufgegebene »Verähnlichung mit Gott« nicht geleistet werden kann. Dennoch aber bleibt seine Problemlösung in der Sache äußerst unbefriedigend. Offensichtlich stellt er sich Einheit und Dreiheit vor nach dem Modell von Gattung (*eine* Gottheit-Theótes) und Exemplar (die drei Hypostasen oder Prosopa); letztere sind eigenständige Größen, die in einer Gottheit eine untrennbare Gemeinschaft bilden. Deswegen ist *Basilius* nicht ganz ohne Grund der Vorwurf des Tritheismus gemacht worden. Dagegen wehrt er sich, indem er sein bisheriges System gewissermaßen wieder aufhebt und den Vater zum Prinzip der Gottheit macht, von dem der Sohn sie erst empfangen habe[50].

Diese die trinitarische und somit die christologische Gottesprädikation betreffende Terminologie wäre auch geeignet gewesen, das der hellenistischen Christologie aufgegebene Problem der Einheit von Gottheit und Menschheit in Jesus sprachlich zu fassen. Dennoch wurde sie von *Basilius* noch nicht auf diesen Sektor transferiert, ebensowenig von den beiden anderen Kappadokiern.

Für *Gregor von Nazianz* stand ebenfalls die Theorie des Tausches im Vordergrund. Ziel des Menschen ist es, Gott zu werden; und *Gregor* sehnt sich – in bester hellenistischer Tradition – danach, »die Sinne einschlummern zu lassen, vom Fleisch und der Welt loszukommen..., stets die göttliche Prägung tadellos und frei von den irdischen Eindrücken und Irrtümern zu halten, ... bis wir zur Quelle irdischen Glanzes gelangen...«[51]. Die damit notwendige Gott-Mensch-Christologie hat er »als eine Vereinigung von zwei statisch gedachten ›Naturen‹ aufgefaßt«[52], wobei dieser Begriff (φύσις) bei ihm noch nicht genau umrissen ist.

In der Trinitätslehre dagegen übernimmt er die Begrifflichkeit und auch die Unklarheiten des *Basilius*. Allerdings betont er im Lauf der Zeit stärker die Einheit des Wesens, um dem Vorwurf des Tritheismus zu begegnen. Überzeugend gelungen ist dieser Versuch nicht, wie sein – wenn auch ungern und mit Einschränkungen vorgebrachter – Vergleich der Trinität mit drei menschlichen Personen (Petrus, Paulus, Johannes) und ihrer generischen Einheit zeigt[53].

Gregor von Nyssa schließlich »spricht mit der größten Selbstverständlichkeit von der göttlichen und der menschlichen Natur...«[54]. In der trinitarischen Frage arbeitet er noch stärker die Wesenseinheit Gottes gegenüber den Personen heraus; den Vergleich des *Gregor* von Nazianz überspitzt er zur Aussage,

[50] Vgl. zu den Ungereimtheiten im System des *Basilius* das entsprechende Kapitel in *Karl Holl*, Amphilochius von Ikonium in seinem Verhältnis zu den großen Kappadoziern, Darmstadt 1969 (unveränderter reprografischer Nachdruck der Ausgabe Tübingen und Leipzig 1904), 122–158 (besonders die Passagen 142–153).

[51] Or. 20,1 (BKV 59,404).

[52] *P. Smulders*, a.a.O. 433.

[53] Vgl. auch das Ja und Nein zu Einheit und Dreiheit in Or. 20,5–7, das schließlich in die Aufforderung mündet, nicht zu genau nachzudenken, z. B. Or. 20,11 (weil die Aporie hellenistischer Denkformen als Mysterium Gottes verstanden wird). Vgl. auch *K. Holl*, a.a.O. 173–178.

[54] *P. Smulders*, a.a.O. 434.

daß auch drei menschliche Personen nur *einen* Menschen (generisch) konstituieren[55].

Mit den drei *Kappadokiern* ist die Geschichte der Verkürzung der christologischen theós-Prädikation wenigstens insoweit zu einem Ende gekommen, daß später keine großkirchlich bedeutsamen Bewegungen mehr diese Frage aufgegriffen haben. Die zunächst vorwiegend binitarische, dann trinitarische Auseinandersetzung hatte die Klärung gebracht, daß die neutestamentliche Gottestitulatur Jesus in einem umfassenden (homoúsios als numerisch wesens-identisch) und dennoch (hypostatisch) von der Gottheit des Vaters zu unterscheidenden Sinn zukam; das hellenistisch-»philosophische« Vokabular war geschaffen, daß dieses Bekenntnis »auf den Begriff« gebracht werden konnte. Das Erste Konzil von Konstantinopel konnte somit im Jahre 381 auf einen weithin verbreiteten Konsens Bezug nehmen. Allerdings ist dieser Konsens vorwiegend terminologischer Art: Wie aber der Sache nach Einheit und Dreiheit in Gott oder – für unsere Fragestellung – Identität und Besonderheit des Logos oder »Sohnes« des christologischen Bekenntnisses gegenüber dem Vater bzw. »Gott« oder »Gottheit« zu denken sei, bleibt unklar.

2.3.3.2 Die Integrität der menschlichen Natur

Die nachnizenischen Bestreitungen der vollen Menschheit Jesu haben vor allem zwei Wurzeln: eine arianische und eine alexandrinische. Schon *Arius* hatte mit großer Wahrscheinlichkeit die ánthropos-Prädikation verkürzt, weil der kreatürliche und somit veränderliche Logos selbst geschichtlich-handelndes Subjekt in Jesus war[56].
Eine andersartige Motivation für eine Verkürzung der Menschheit Jesu kam aus der alexandrinischen Theologie. Die Auseinandersetzung mit dem Arianismus hatte in diesem Raum die soteriologische Bedeutung der Gottheit des Sohnes – gemäß dem Prinzip des Tausches – noch stärker in den Vordergrund treten lassen; darüberhinaus taten sich die Theologen schwer, die notwendige Einheit von Gott und Mensch in Christus auf der »naturalen« Ebene in Sprache zu fassen, so daß die Interpretation der Einheit leicht auf Kosten der Menschheit Jesu gedacht wurde[57].

Athanasius vertritt leidenschaftlich sowohl das homoúsios von Nizäa wie auch sein profiliert natural gewendetes Tauschprinzip. »Infolge dieser Verschiebung hat *Athanasius* nicht das Bedürfnis, im menschgewordenen Sohn ein menschli-

[55] vgl. hierzu *K. Holl*, a.a.O. 218–220.
[56] Vgl. hierzu o. 2.2.3 und u. 3.1.3.
[57] Vgl. hierzu u. 3.2.

ches Handlungsprinzip, eine Menschenseele anzuerkennen. Wenn er diese auch nicht leugnet, so hat sie für ihn doch zunächst keine theologische Bedeutung.«[58]

Apollinaris von Laodizea hat dieses Desinteresse in anthropologische Formeln umgesetzt. Obwohl er in Syrien geboren und in seiner Geburtsstadt später Bischof wurde, hat er nicht, wie *Berthold Altaner* meint, den »christologischen Irrtum« des *Arius* übernommen[59]; das ist schon deswegen unmöglich, weil er – mit *Athanasius* – für die volle Göttlichkeit des Sohnes kämpfte[60]. Seine Theorie ist vielmehr, trotz seiner Herkunft, alexandrinisch motiviert; *Piet Smulders* nennt ihn zu Recht einen »Einzelkämpfer im antiochenischen Raum«[61]. *Apollinaris* verbindet die Wort-Fleisch-Formel mit der platonischen Anthropologie und kommt zu dem Schluß, daß die menschliche Dimension Christi einen Leib und eine Psyche umfasse, nicht aber eine Geistseele (Nus); die Stelle des menschlichen Geistes werde durch den göttlichen Logos selbst eingenommen. »Das Wort ist Fleisch geworden, aber einen menschlichen Geist (Nus), der dem Wandel und unreinen Gedanken unterworfen ist, hat es nicht angenommen; es ist vielmehr selbst ein göttlicher, unveränderlicher, himmlischer Geist (Nus).«[62]

Wie sehr diese Anschauungen – selbst bei bewußter Ablehnung des Apollinarismus – weiter wirkten, kann das Beispiel des von den Kappadokiern beeinflußten *Amphilochius* von Ikonium († nach 394) zeigen, der alles allzu Menschliche von Christus fernhalten will; »Jesu Todesangst und sogar sein Gebet zum Vater sind eine Art Schein-Erregungen, die den Teufel irreführen sollten.«[63]

Die alexandrinische Theologie, die auf der einen Seite zu Verkürzungen der Menschheit Jesu neigte, enthielt aber in sich auch die Motivation zur Überwindung dieses Manko. Zwar war ihr das antiochenische Anliegen, an der Heilsbedeutung der *Geschichte* Jesu und seines Kreuzestodes festzuhalten, fremd; aber auch die naturale Wendung des Tauschgedankens forderte ja geradezu – neben einer vollen Gottheit des Sohnes – einen ebensolche Menschheit, nicht die Geschichte Jesu, aber seine integre Menschen*natur* war Voraussetzung für die Stimmigkeit dieses Schemas[64]. Es gehört zu den großen Leistungen dieses Denkens, wenigstens auf der Ebene einer naturalen Orientierung schließlich doch die in ihm angelegten Defizite überwunden zu

[58] *P. Smulders*, a.a.O. 429.

[59] Patrologie. Leben, Schriften und Lehre der Kirchenväter, Freiburg [5]1958, 280.

[60] Vgl. *Altaner*, ebd.

[61] A.a.O. 426. Vgl. hierzu auch *Ekkehard Mühlenberg*, Apollinaris von Laodicea, a.a.O., z. B. 26.58.60.63.

[62] Ep. ad Dioc. 2,256 (deutsch nach *P. Smulders*, a.a.O. 427).

[63] Vgl. *P. Smulders*, a.a.O. 435.

[64] Schon *Origenes* hatte betont, »der ganze Mensch wäre nicht erlöst worden, wenn Gott nicht den ganzen Menschen angenommen hätte« (*Karl Rahner*, Jesus Christus, in: Sacramentum Mundi 2, 937). Dieser Argumentationstyp lebt jetzt neu auf.

haben. Zeichen für diesen Fortschritt ist die Anwendung des nizänischen Begriffs homo-usios auch auf die Menschheit Jesu Christi: er ist »gleichen Wesens mit uns.«[65]

Schon *Athanasius* war bald klargeworden, daß die Tauschvorstellung eine volle Menschennatur notwendig machte[66]. Er korrigierte seine ungeschützten früheren Aussagen (»er offenbarte sich selbst durch seinen Leib«)[67] und distanzierte sich vorsichtig von seinem Freund *Apollinaris*: »Denn da der Herr unseretwegen Mensch wurde, ist es unmöglich, daß sein Leib vernunftlos ist, und im Wort geschah die Rettung nicht nur des Leibes, sondern auch der Seele.«[68] Hier klingt schon an, was später die Überwindung des Apollinarismus herbeiführte, daß der »ganze Mensch« nur gerettet ist[69], wenn Jesus auch unverkürzt Mensch war[70].

Vor allem *Gregor* von Nazianz und *Gregor* von Nyssa haben diese Linie weiter ausgezogen[71]. *Gregor* von Nazianz sieht in der integren Menschennatur Jesu die Grundlage für die Erlösung im Sinne der Theorie des Tausches; er bekämpft die Auffassung, »daß nicht der ganze Mensch gerettet wurde, der ganz gefallen und verurteilt ist«[72], und versteht den Gott-Menschen als Einheit von zwei »Naturen«. Diese »orthodoxe« Begrifflichkeit schützte ihn allerdings

[65] Diese Redewendung scheint – kurioserweise – zum ersten Mal *Apollinaris* von Laodizea gebraucht zu haben (Vgl. *B. Studer*, Gott und unsere Erlösung im Glauben der Alten Kirche, a.a.O. 142).

[66] Vgl. hierzu *Johann Adam Möhler*, Athanasius der Große und die Kirche seiner Zeit, Frankfurt/M. [2]1973, 547; *H. Sträter*, a.a.O. 109ff.

[67] De incarn. 54, 3 (SCh 199,458); allerdings spricht der erste Teil des Satzes von der »*Mensch*werdung«, und die Gedankenfolge will erklären, daß wir Sichtbares brauchen, um den unsichtbaren Gott wahrnehmen zu können (vgl. 54,1). Dennoch: Durch die »Werke seines Leibes« (54,1) kann man erkennen, ob sie Werke eines Menschen oder Gottes sind (54,2).

[68] Tom. ad. Ant. 7 (PG 26,804).

[69] *Athanasius*, ep.ad. Epict. 7 (BKV 13,511): »der Heiland wurde vielmehr wirklich und wahrhaft Mensch, und dadurch wurde die Erlösung des ganzen Menschen bewirkt«.

[70] *A. Grillmeier*, a.a.O. 460.461, schließt bei *Athanasius* eine soteriologische oder theologische Funktion der Seele Christi aus; diese Aussage ist zutreffend für die Seele »als solche« (wenn man so sagen darf); dennoch aber ist zumindest die anthropologische *Ganzheit* Jesu und somit das *Vorhandensein* einer – ansonsten unbeachteten – Seele bei *Athanasius* durchaus *soteriologisch* begründet. Mehr *konnte* ein alexandrinischer Theologe nicht annehmen, weil jede darüberhinausgehende Funktion der Seele Jesu ein »antiochenisches« Christusbild herbeiführen würde.

[71] *Basilius* hat zu diesen Fragen keine eindeutige Stellung bezogen. Nach *Jacques Liébaert*, Christologie. Von der Apostolischen Zeit bis zum Konzil von Chalcedon (451), Handbuch der Dogmengeschichte, hrsg. von *Michael Schmaus* und *Alois Grillmeier*, Bd. III, Fasz. 1a, Freiburg, Basel, Wien 1965, 77, »war er wenig geneigt, eine wirkliche menschliche Psychologie in Christus anzuerkennen; seine Position nähert sich damit sehr derjenigen des Athanasius.«

[72] Or. 22,13 (PG 35, 1145 B).

nicht davor, das Menschsein Jesu faktisch doch zu verkürzen: »Für eine menschliche Geistestätigkeit Jesu ist bei Gregor kaum Raum«[73].
Erst bei *Gregor von Nyssa*, der ebenfalls von den beiden Naturen in Christus spricht, erscheint der Mensch Jesus auch in seiner geistigen Dimension ungeschmälert[74], und *Didymus* der Blinde († 398) reichert, obwohl Leiter der alexandrinischen Katechetenschule, die naturale Aussage sogar mit »geschichtlichen« Zügen an; die Seele Jesu ist mit unserer gleichen Wesens.

2.3.4 Der Abschluß der Bestreitungsgeschichte: Das Erste Konzil von Konstantinopel im Jahre 381

Das Erste Konzil von Konstantinopel war von Bischöfen der östlichen Regionen beschickt; seit Chalkedon ist es als ökumenisches Konzil anerkannt. Die christologische Einigung war (geistesgeschichtlich) beinahe problemlos, oder, wie es *Horst Dallmayr* journalistisch formuliert: »Was das Constantinopolitanum am augenfälligsten vom Nicaenum unterscheidet, ist die Negation: daß keine Glaubenskämpfe ausgetragen wurden«[75], wozu allerdings auch die tatkräftige Regie des Kaisers beigetragen hatte.
In der Frage der Interpretation des Homoúsios hatte sich die kappadokische Formel von der einen Wesenheit im Sinne numerischer Identität *und* der eigenen Hypostasie des Logos durchgesetzt, bei aller noch verbleibenden Unsicherheit hinsichtlich der genauen Abgrenzung beider Aspekte. Ebenso war die volle Geltung des Menschentitels gesichert, zu welchem Ergebnis vier Faktoren beigetragen hatten: (1) Die inneralexandrinische Entwicklung war so weit fortgeschritten, daß die integre Menschennatur als Konstitutivum der Tauschtheorie erkannt war; (2) die Überwindung des Arianismus hatte zugleich auch eine arianische oder eine – wie in Alexandrien – zwar anders motivierte, im Ergebnis aber ähnlich erscheinende anthropologische Verkürzung mit dem Stigma des Häretischen vorgesehen; (3) die antiochenische Theologie lehnte, von ganz anderen Ansätzen her, apollinaristi-

[73] *P. Smulders*, a.a.O. 433. Ähnliche Konsequenzen zieht *K. Holl*, a.a.O. 185.186; 192–195; vgl. vor allem 193.194: »Gregor hat freilich diese ganze Christologie nur aus Begriffen und Postulaten konstruiert, ohne sich auf die konkreten Tatsachen des geschichtlichen Bildes zu beziehen. Hauptsächlich gilt das von der Menschheit Christi. Sie ist ihm trotz der Bezeichnung ὁ ἄνθρωπος ein bloßer Begriff. Ideen, deren Entwicklung eine Belebung des Schemas ἄνθρωπος hätten bewirken können – wie die, daß Christus einen menschlichen νοῦς hat, dass er unser Hoherpriester ist –, hat Gregor nicht weiter verfolgt. Sie konnten bei ihm gegenüber dem überwiegenden Interesse an der Durchdringung der Menschheit durch die Gottheit nicht zur Geltung kommen«.

[74] Vgl. *K. Holl*, a.a.O. 221.230.

[75] *Horst Dallmayr*, Die großen vier Konzilien, München 1961, 122.

sche Momente ab; (4) schließlich hat auch die westliche Kirche, die immer schon das deus-homo-Schema bevorzugte, zu einer Lösung beigetragen[76].

Eine Aufzählung nannte noch einmal die schon überwundenen Ketzereien[77], lediglich der Apollinarismus scheint noch (in einer verlorengegangenen Ausführung) näherhin gewürdigt worden zu sein. Das Symbol selbst, falls die überlieferte Fassung, wofür vieles spricht, die Intentionen des Konzils richtig spiegelt[78], bringt in christologischer Hinsicht über das Bekenntnis von Nizäa hinaus einige Erweiterungen: Der Streit um das Homoúsios läßt sich noch erahnen in den Zusätzen (im folgenden in Anführungszeichen): gezeugt »vor allen Äonen« (womit – gegen jede subordinatianische Interpretation – die göttliche Ewigkeit der hypostatischen Differenzierung betont werden soll). Zur Menschheit Christi werden einige geschichtssoteriologische Einfügungen vorgenommen: Fleisch geworden »aus Heligem Geist und Maria, der Jungfrau«, »gekreuzigt *um unseres Heiles willen* unter Pontius Pilatus«, »begraben«, »sitzend zur Rechten des Vaters«, er wird »wieder«kommen »mit Macht«, »dessen Reich kein Ende nehmen wird«[79].

Jedenfalls markiert dieses ursprünglich regionale Konzil im Großen und Ganzen *das Ende der Geschichte der Fluchtversuche* aus dem Bekenntnis *zur Göttlichkeit* des *Menschen* Jesus. Von jetzt an wurde es für Theologen, die großkirchlich rezipiert werden wollten, unmöglich, der Denkschwierigkeit bzw. -unmöglichkeit dieses Schemas dadurch aus dem Wege zu gehen, daß einer der beiden Pole, Menschheit oder Gottheit bestritten, verkürzt, abgeschwächt wurde.

[76] Hier sind besonders die Aktivitäten des römischen Bischofs *Damasus* in den sechziger und siebziger Jahren zu nennen, vgl. *J. Liébaert*, a.a.O. 86.87.

[77] D 151 (85).

[78] Zur Herkunft des Symbols vgl. *I. Ortiz de Urbina*, Nicaenokonstantinopolitanisches Glaubensbekenntnis, in: LThK [2]7, 938–940; eine genauere Analyse findet sich in: *ders.*, Nizäa und Konstantinopel, a.a.O. 207–232. Vgl. *J.N.D. Kelly*, a.a.O. 294–327; *Kelly* kommt nach sehr differenzierten Erörterungen des gesamten Forschungsstandes zur »einzig befriedigenden Erklärung«, daß das Konzil das schon ältere Bekenntnis (das für ihn mehr als eine Erweiterung von Nizäa ist) akzeptiert habe, ohne sich hierbei »als Verkünderin eines neuen Bekenntnisses« zu verstehen (ebd. 321.322).

[79] D 150 (86). Eine genauere Auflistung der Abweichungen gegenüber Nizäa findet sich bei *Kelly*, a.a.O. 299–302.

2.4 Die zweite Phase: Die Diskussion um die Einheit von Gott und Mensch in Jesus Christus

2.4.1 Frühe Lösungsversuche in den ersten drei Jahrhunderten

Die ersten drei Jahrhunderte der christologischen Diskussion waren nicht ausschließlich gekennzeichnet durch die skizzierten Fluchtbewegungen, so sehr auch alle vornizenischen Theologen in irgendeiner Weise – vom späteren Ergebnis her betrachtet – die Gottheit oder/und Menschheit Jesu verkürzt interpretiert haben. Ebenso aber gilt, daß ein Großteil von ihnen *wenigstens die Tendenz* verfolgte, beide Prädikate *möglichst umfassend* in den Blick zu bekommen, ein Bemühen, das dann seit Nizäa zunehmend auch zu einer eindeutigen Begrifflichkeit führte.

Mit diesen Versuchen aber war notwendig verbunden eine Beschäftigung auch mit der *Einheitsfrage*. Zwar stellte sich das Problem noch nicht mit letzter Radikalität, weil die großkirchliche Diskussion von der Bestreitungsgeschichte beherrscht wurde und die beiden Prädikationen noch nicht präzise genug gefaßt waren. Dennoch aber gab es erste, auch begriffliche Ansätze.

Einige der in dieser Zeit entstehenden Denk- und Sprachmodelle greifen schon weit aus und scheinen, wie etwa die Formeln *Tertullians*, die spätere Lösung vorwegzunehmen. Die Modelle aber stellen erst anfängliche Versuche dar. Sie verbleiben zunächst noch unterhalb der Schwelle *grundsätzlicher* Intention, wie sie nur durch bewußte Auseinandersetzungen möglich und erzwungen wird.

In früher »nach«-neutestamentlicher Zeit scheinen die Theologen so gefangen zu sein von der soteriologischen Faszination des als göttlich geglaubten Jesus, daß die mit diesem Bekenntnis aufgegebene Problematik noch nicht so recht erfaßt wird. Zwar formuliert z. B. *Ignatius* von Antiochien seine mehrfach erwähnten Antithesen von göttlichen und menschlichen Prädikaten, und er eignet Gott Menschliches und Jesus Göttliches zu; für die Frage nach der Vereinbarkeit aber genügt es ihm zu sagen: »*Einer* ist Arzt, aus Fleisch zugleich und aus Geist, gezeugt und ungezeugt, im Fleisch (bzw. im Menschen) erschienener Gott…«[80]

Ähnlich sieht es bei Theologen der folgenden Zeit aus; bei ihnen allerdings entfaltet das Problem der Vereinbarkeit beider Prädikate eine mehr verdeckte Wirkung, insofern sie entweder die Menschheit Jesu (zumindest) vernachlässigen (z. B. *Justin*) oder die Gottheit adoptianisch oder monarchianisch oder subordinatianisch interpretieren.

[80] Eph. 7,2 (ed. Fischer, 147). Sicherlich spielt für das Fehlen eines weiteren Problembewußtseins bezüglich der Vereinbarkeit beider Prädikationsreihen auch eine Rolle, daß *Ignatius* die Göttlichkeit Jesu – im Sinne späterer antiochenischer Interpretation – auch als eine heilsgeschichtliche Erscheinungsweise Gottes in Jesus ansah.

Irenäus hat wohl als erster das Problem der Vereinbarkeit reflex aufgegriffen. Immer wieder betont er, daß der (trotz aller Hervorhebung der Einheit Gottes subordinatianisch aufgefaßte) Logos wirklich Mensch geworden ist und so »in sich« die Versöhnung bewirkt[81]. Das kann nur sein, weil in ihm der Sohn Gottes und der Mensch »ein und derselbe« sind[82]. Als Sohn Gottes von »göttlicher Natur«, als von der Jungfrau Geborener Mensch[83], ist er doch der eine Jesus Christus.

Darüberhinaus allerdings geht er nicht; worin die Einheit genau besteht, wird bei ihm nicht deutlich. Bisweilen klingen bei *Irenäus* Motive an, die einem späteren geschichtlichen Einheitsmodell entsprechen, nach dem erst die Hinwendung Gottes zum Menschen Jesus und dessen aktive Reaktion eine Einheit bewirken; mit folgendem Satz beschließt er seine Bücher gegen die Häresien: »... die Weisheit Gottes..., durch welche sein Geschöpf zur vollkommensten *Einverleibung* in seinen Sohn gelangt, so daß sein Sohn, das eingeborene Wort, hinabsteigt in das Geschöpf, d.h. in sein Gebilde, und von ihm aufgenommen wird. Und das Geschöpf hinwiederum *nimmt auf das Wort* und *steigt zu ihm empor*, indem es über die Engel sich erhebt, und so *wird* es nach dem Bild und Gleichnis Gottes«[84]. An anderer Stelle dagegen ist einfach von der Vereinigung[85] oder auch Vermischung[86] des Sohnes Gottes mit seinem Geschöpf durch die Menschwerdung die Rede.

Erst *Tertullian*, der in seiner Gotteslehre auf eigentümliche Weise zwischen Subordinatianismus und Monarchianismus schwankt, geht systematisch auf die Frage nach Einheit und Differenz ein; er ist Schöpfer der Redeweise von den zwei Substanzen, die in einer Person verbunden sind; diese Formel wurde seit rund 400 im lateinischen Westen quasi-kanonisch und diente dann zur Übersetzung des Ergebnisses von Chalkedon.

Dennoch ist in ihr keineswegs Chalkedon vorweggenommen. Weiterführend an ihr ist die Umschreibung von Gottheit und Menschheit mit den formalen philosophischen Begriffen Substanz (Natur) oder Seinsweise. Keine dieser beiden Substanzen hat sich bei der Vereinigung verändert, indem sie zu der anderen wurde[87], denn dann »wäre Jesus eine Substanz aus zweien..., eine Art von Gemisch... ein drittes Etwas« neben Gottheit und Menschheit. Worin aber die Einheit besteht, vermag *Tertullian* lediglich in einem Begriff, persona, auszudrücken, den er aber mit keinem näheren Inhalt füllt[88].

81 Adv. haer. V 14,1.
82 Adv. haer. I 9,3.
83 Adv. haer. III 21,4.
84 Adv. haer. V 36,3 (BKV Irenäus 2, 1912, 251.252); diese Ausführungen sind allerdings nicht ganz eindeutig, insofern sie zwar eine christologische Konzeption darstellen, vielleicht aber auch das ganze durch die Herabkunft des Logos gerettete Menschengeschlecht einschließen.
85 Z.B. adv. haer. III 18,1.
86 Adv. haer. III 16,6.
87 Die einmal gebrauchte Wendung, daß Gott sich »verwandelt« hat und doch blieb, was er ist (de carne Christi 3,5), ist unglücklich und soll – nach dem Zusammenhang – keine Veränderung des Wesens Gottes andeuten.
88 Vgl. die ganze Gedankenführung in adv. Prax. 27.

Piet Smulders kritisiert, »daß Tertullians Christologie keineswegs so reif war, wie diese Sätze vermuten lassen. Vor allem ist zweifelhaft, ob er mit der ›einen Person‹ die Subjektsidentität ausdrücken wollte«[89]. *Smulders* hat Recht, daß *Tertullian* dies mit dem Begriff persona nicht tut (*Smulders* hält die Subjekteinheit fälschlich für das Gebotene)[90], anders aber in seinen übrigen christologischen Ausführungen: *Alois Grillmeier* hat in ausgezeichneter Weise die Christologie des *Tertullian* dargestellt und kann zeigen, daß sehr wohl der Sohn Gottes »das einzige Subjekt der Menschwerdung und der Träger der göttlichen und menschlichen Wirklichkeit« ist[91], und das zugrundeliegende Einheitsmodell das »der stoischen Krasislehre (ist), die eine *mixtio* oder totale gegenseitige Durchdringung (*compenetratio*) von festen Körpern kennt, die dabei ihre je konnaturalen Eigenschaften bewahren«[92] (*Tertullian* stellte sich die geistige Substanz Gottes »wie auch der Seele« als einen unsichtbaren feinen Stoff, also nicht gänzlich immateriell, vor)[93]. *Tertullian* lehnte nur eine Vermischung zu einem dritten Etwas, nicht aber die gegenseitige, beinahe räumliche Durchdringung von Gottheit und Menschheit ab. Insofern hat er, ohne den Personbegriff hierbei zu gebrauchen, ein – höchst unvollkommenes – Einheitsmodell entwickelt.

Was aber soll dann die Verbundenheit der beiden Substanzen ›in una persona‹[94]? *Grillmeier* hebt richtig hervor, daß die Argumentation des *Tertullian* nicht auf die Frage nach der Einheit von Gottheit und Menschheit zielt, sondern auf die Abwehr des Monarchianismus des *Praxeas*, nach dem Gott (der Vater) sich mit dem Fleisch verbunden hat. *Tertullian* aber will sagen, daß *der Sohn* (nicht der Vater) sich mit der menschlichen Natur verbunden hat (in gegenseitiger Durchdringung, aber ohne sich zu einem dritten Etwas zu vermischen). »Das *coniunctum in una persona* darf also nicht so gedeutet werden, daß *in una persona* schon die Erklärung der Art und Weise sei, wie Gott und Mensch in Christus verbunden sind... *Tertullian* hat nicht darüber nachgedacht, ob der ›Mensch‹ in Christus ein eigenes ›Prósopon‹ habe. Er hat noch nicht die christologische Formel, wie sie später präzisiert wird: una persona in duabus naturis...«[95] Mit anderen Worten: So chalkedonisch die *tertulliansche* Formel auch klingen mag, bei ihm hat sie einen anderen Aussagegehalt. Sie ist deswegen auch in der Folgezeit ohne Einfluß gewesen; erst durch *Augustinus* wird sie in ihrem späteren Sinn ins Spiel gebracht.

Auch in der weiteren Theologiegeschichte wird das Problem der Vereinbarkeit von Gottes- und Menschenprädikation nicht entscheidend weitergedacht. Er-

[89] A.a.O. 415.

[90] Vgl. zu diesem Fehlschluß aus dem Symbol von Chalkedon u. 3.4.5.

[91] Jesus Christus im Glauben der Kirche, Bd. 1, Von der Apostolischen Zeit bis zum Konzil von Chalkedon (451), Freiburg/Basel/Wien 1979, 246.

[92] Ebd. 255 (*Grillmeier* bezieht sich hierbei vor allem auf *R. Cantalamessa*, La cristologia di Tertulliano-Paradosis 18, Freiburg/Schweiz 1962).

[93] Vgl. ebd. 243.255.

[94] Eine knappe Zusammenfassung des Forschungsstandes zur etymologischen, philosophie- und theologiegeschichtlichen Herkunft des Begriffs persona bietet *Grillmeier* ebd. 250–252.

[95] *A. Grillmeier*, ebd. 255.

wähnenswert sind noch die Vorstellungen des *Origenes*, der zwar ganz der »naturorientierten« alexandrinischen Mentalität zuzurechnen ist, dennoch aber eine beinahe »antiochenisch« klingendes Einheitsmodell entwickelt hat. Soteriologisch geht es *Origenes* um ein mystisch spezifiertes (neuplatonisch inspiriertes) Tauschprinzip: Die schon *vor* der Zeit aus dem Logos hervorgegangenen und durch einen vorgeschichtlichen Sündenfall auf die Erde gekommenen Seelen können durch die Vermittlung des Gott-Menschen Jesus Christus, für den er deswegen zwei »Naturen« postuliert, zu ihrem Ausgangspunkt, in ihre Heimat zurückkehren. Ihren mystischen Aufstieg zum (subordinatianisch gedachten) Logos, ihrem Urbild, vermögen die Seelen nur durch Teilhabe an Jesus Christus zu vollbringen. Bei diesem wird deswegen seine *menschliche Seele* wichtig, die ansonsten in der alexandrinischen Tradition eher unterschlagen wird: Sie ist wie die anderen Seelen *vor* der Zeit geschaffen, blieb aber dem Logos treu und in Liebe verbunden. Deswegen bestand und besteht zwischen dem Wort und der Seele (und *dadurch* auch dem Leib) Jesu eine wirkliche Einheit: »Denn sie (die menschliche Seele) hatte ihm vom Anfang der Schöpfung an immerfort untrennbar angehangen als der Weisheit und dem Logos Gottes..., hatte ihn ganz... aufgenommen und war ihrerseits in seinem Licht und Glanz aufgegangen. So wurde sie mit ihm von Anfang an *ein* Geist...«[96] Weil aber sowohl der Logos wie die Seele Geist sind und somit aktive Prinzipien, nimmt *Origenes* für Jesus Christus somit eine ›doppelte Personalität‹ an, wie ihm *Grillmeier*[97] und ähnlich (zunächst) *Smulders* (›moralische Einheit‹)[98] ankreiden (von einer falschen Interpretation von Chalkedon her). In Wirklichkeit aber bietet *Origenes* ein Einheitsmodell, wie es besser auf der Ebene hellenistischen Denkens nicht möglich war: Er bestimmt die Seele und den Logos zwar natural, aber eben als geistige, d.h. aktive und verstehende und zur Liebe fähige Wirklichkeiten; »Vereinigung des Logos mit dem logischen Wesen, das der Mensch ist, geschieht nicht zunächst in einer unbewußten Seinsschicht, sondern gerade in Bewußtsein und Liebe dieses Menschen.«[99] So hat *Origenes* durch seine vertiefte Interpretation des geistigen Seins eine »intersubjektive« Einheitshypothese vorgeschlagen, die später nicht aufgegriffen wurde, in der Gegenwart aber – z.B. in *Karl Rahners* »ontologischer« Deutung der Aussagen von Chalkedon[100] – wieder auflebt. Das Manko der Konzeption besteht aber darin, daß einmal die Verlagerung der menschlichen (seelischen) Aktivität Jesu *in den metahistorischen Raum* das Tun des *irdischen* Jesus zu einer bloßen Epiphanie transzendenter Zusammenhänge macht, zum anderen die alles beherrschende Rolle des Logos für eine autonome Leistung der Menschenseele Jesu keinen Platz läßt. So unterscheidet sich diese Lösung radikal von der späteren antiochenischen, wenn auch von hierher ein Brückenschlag möglich gewesen wäre[101].

[96] Orig., De princ. II 6,3. (deutsch: Origenes; Vier Bücher von den Prinzipien, hrsg., übers... von *Herwig Görgemanns* und *Heinrich Karpp* [Texte zur Forschung, Bd. 24], Darmstadt 1976, 363).

[97] A.a.O. 279.

[98] A.a.O. 420.

[99] *P. Smulders*, a.a.O. 421.

[100] Z.B.: Jesus Christus, a.a.O. 934–936; vgl. u. 227–229.

[101] Vgl. u. 233.

2.4.2 Die neue Situation

Seit Nizäa und, sich verstärkend, seit dem Konzil von Konstantinopel mußte die Theologie das Einheitsproblem grundsätzlicher angehen. Hierbei konnte sie auf terminologische Versuche des ersten Jahrhunderte zurückgreifen. Aber selbst wenn diese verbal wiederholt wurden, gewannen sie in der neuen Situation auch eine neue, vertiefte, grundsätzliche Bedeutung.

Das Bemühen galt der Notwendigkeit, den Einheitspunkt zwischen Gottheit und Menschheit bzw. den Inhalt der Kopula »ist« (im Bekenntnis: der Mensch ((Jesus)) »ist« Gott) so zu bestimmen, daß beide Pole, Gottheit und Menschheit, zum einen ihre Gültigkeit behielten und nicht wiederum, jetzt aber auf andere Weise, verkürzt wurden, sie aber zum anderen voneinander wirklich aussagbar blieben.

Die in der Folgezeit entstehenden Modelle sind den beiden großen theologischen Schulen Antiochiens und Alexandriens zuzurechnen. Die in ihnen entwickelten Alternativen, für die großkirchliche Aufmerksamkeit gipfelnd im Nestorianismus und Monophysitismus, sind nicht nur dadurch gekennzeichnet, daß die eine Richtung, Antiochien, die Einheit zwischen Gott und Mensch »lockerer«, mehr im Sinn eines Nebeneinanders verstand, die andere Seite, Alexandrien, sie ganz radikal faßte als ein Ineinander der beiden Naturen; vielmehr kamen hier noch einmal zwei gänzlich verschiedene soteriologische Traditionen zu Wort, die – bei aller Verwechselbarkeit des benutzten Vokabulars – wirkliche christologische Alternativen ausgebildet haben.

2.4.3 Methodischer Hinweis

Die mit der hellenistischen Christologie aufgegebene *formale* oder *systematische* Problematik, wie Gottheit und Menschheit in Jesus Christus zusammenzudenken sind, brachte *inhaltlich* verschiedene Hypothesen hervor. Hierbei bestimmte sich die konkrete Gestalt eines Deutemodells nach den kulturspezifischen Traditionen, die in bestimmten Kirchenregionen und so auch bei einzelnen Theologen wirksam waren. Dies ist schon in der bisher skizzierten ersten Phase der christologischen Diskussion, der Phase der »Fluchtversuche«, deutlich geworden, insofern die Bestreitungen bzw. Abschwächungen des Gottes- oder Menschenprädikats deutlich ihre Herkunft jeweils aus dem judenchristlichen oder semitisch-hellenistischen oder dem sonstigen hellenistischen Raum erkennen ließen.

In der zweiten Phase der Christologiegeschichte, der es ganz grundsätzlich um die gegenseitige Prädizierbarkeit von (mittlerweile umfassend definierter) Göttlichkeit und Menschheit in Jesus Christus ging, treten nun diese kulturspezifischen Traditionen noch stärker an die Oberfläche und bestimmen ganz eindeutig die jeweiligen Lösungsvorschläge. Dies hängt damit zusammen, daß sich mittlerweile geprägte und kohärente *theologische* Schultraditionen gebildet hatten, wie sie für die Zeit vorher – bei oft nur »sporadischem« Auftreten von Theologen in einer Kulturregion – noch nicht festzustellen sind. Vor allem die beiden »Schulen« von Alexandrien und Antiochien, und später auch der lateinische Westen, führen in den weiteren Diskussionen das Wort und entwickeln Hypothesen, die bei aller inhaltlichen Verschiedenheit und Divergenz zwischen den Theologien einzelner ihrer Vertreter dennoch von einem je ganz spezifischen Ansatz ausgehen und diesen durchhalten.
Deswegen scheint es didaktisch sinnvoll zu sein, in der weiteren Darstellung von diesen »Schulen« auszugehen und – jeweils mit kurzen Rückblenden auf die Zeit vorher – die Frage nach der Vereinbarkeit der christologischen Prädikationen von ihnen her aufzuzeigen.

3 Zweiter Durchgang: Die Kulturbedingtheit der christologischen Modelle

3.1 Die antiochenische Christologie

3.1.1 Die Lösungsstruktur

Die (west-)syrische Tradition gehörte zwar zum Bereich der hellenistischen Theologie und hat sich deren Vokabular und auch Denkweisen angeeignet. Dennoch aber war die semitische Komponente so wirkmächtig, daß ganz andere soteriologische Motivationen immer wieder zum Durchbruch kamen.

Soteriologisch aber ging es in der antiochenischen Überlieferung um die Begnadigung der »freien« menschlichen Natur durch Gott, die durch Entscheidungen und Taten der Menschen korrumpiert war. Die Heilshoffnung richtet sich deswegen auf eine Erlösung der »Geschichte« (in einem hellenistisch reduzierten Sinn)[1].

Entsprechend diesem Grundmuster hatte eine Inkarnationssoteriologie in diesem Raum wenig Wirkung. Vielmehr erschien das *Kreuz Jesu als Angelpunkt des Heils*: Weil der Mensch Jesus sich im Gehorsam bis zum Tode dem Vater gegenüber *bewährt* hatte, hat er unseren Ungehorsam überwunden und uns das Heil gebracht, oder – richtiger – von Gott her formuliert: Weil Gott sich uns in Jesus zugewendet und ihn aufgrund seiner Bewährung zum Christus erwählt (oder: durch seine Erwählung zur Bewährung angeleitet und provoziert) hat, sind auch wir von Gott angenommen.

Diese antiochenische Bewährungschristologie oder staurozentrische Soteriologie hat nicht nur dazu geführt, daß hier die Menschheit Jesu voll akzeptiert und die Logos-Anthropos- statt Logos-Sarx-Christologie etabliert wurde; vor allem hat die Menschen-Qualität nicht den abstrakten natural-statischen Charakter angenommen wie in Alexandrien, sie ist als in Freiheit handelnde Natur verstanden[2].

Die Lage der antiochenischen Theologie ist durch ihre Minderheitenposition innerhalb des östlichen Christentums gekennzeichnet. Sie war somit gezwungen, ihre Anliegen mit den Mitteln der immer domi-

[1] Vgl. hierzu o. 1.1.2.2.

[2] Vgl. *A. v. Harnack*, Lehrbuch der Dogmengeschichte, Bd. 2, Darmstadt 1964 (reprogr. Nachdruck von ⁴1909), 341: »Die vollkommene Menschheit hat ihr wichtigstes Characteristicum an der *Freiheit*. Dass Christus einen freien Willen besessen habe, wurde der Leitstern ihrer (der Antiochener) Christologie«.

nanter werdenden »rein« hellenistischen Theologie zu artikulieren bzw. vorsichtig und oft in verdeckter Sprache auszudrücken. Infolgedessen ist die Eigenart dieser Tradition vor allem in den ersten beiden Jahrhunderten nur sporadisch und an einigen Zwischentönen zu erkennen, später vermag sie zwar ein immer kohärenteres Profil zu gewinnen, muß dieses aber zugleich apologetisch rechtfertigen; nach Nizäa schließlich mußte sie völlig neue christologische Muster finden, um sich weder in der Großkirche zu isolieren noch die eigene Identität zu verlieren.

Konkret bedeutet dies: Auf der Basis der antiochenischen Soteriologie konnte Jesus als *der* Christus, als *der* Vermittler des Heils, wie es dort verstanden wurde, nur rezipiert werden, wenn er der Mensch war, der von Gott erwählt und dieser Erwählung durch seine Bewährung gerecht wurde; erst dann konnten auch die Christen, die die Nachfolge Jesu praktizieren, ihrer Annahme durch Gott gewiß sein.

Der Gottessohntitel und ihm vergleichbare Prädikate waren seit neutestamentlicher Zeit vorgegeben. Diese Termini wurden auch in Antiochien gebraucht, konnten dort aber nicht im Sinne einer Zwei-Naturen-Lehre interpretiert werden; denn Gottessohn, Logos, Herr wurde Jesus erst genannt *aufgrund seiner Bewährung und Annahme* durch Gott. Grundsätzlich also tendiert die *vornizenische* antiochenische Theologie zu einer *Erhöhungschristologie* bzw. immer deutlicher zu einer *adoptianischen Interpretation* des Gottessohntitels; selbst wenn (ohne förmliche Kritik) Aussagen im Sinne einer Zwei-Naturen-Lehre aus der großkirchlichen Theologie übernommen werden, bemüht man sich oft, diese so mit geschichtlichen Motiven anzureichern, daß das Leben Jesu seine soteriologische Funktion behält (vgl. u. 3.1.2).

Das Nebeneinander von adoptianischer und Zwei-Naturen-Christologie, ebenso von Monarchianismus und Subordinatianismus im Raum der Kirche wurde allerdings mit der Zeit immer problematischer, die antiochenische Theologie geriet unter Rechtfertigungsdruck. Von hierher ist es durchaus verständlich, daß ein Antiochener, der in Alexandrien sein Wirkungsfeld hatte und somit die Spannungen am eigenen Leib erfuhr, den Brückenschlag versuchte. *Arius geht es um die Versöhnung der Bewährungschristolgoe mit der Seinschristologie.* Weil er hiermit ein Gebot der Stunde erfüllte, hatte er zunächst einen durchschlagenden Erfolg; viele Christen und Theologen glaubten, endlich einen Ausweg aus dem Dilemma zu sehen. Die folgenden Auseinandersetzungen zeigten, daß diese Versöhnung nicht gelungen war (nicht gelingen konnte): »Gottessohnschaft« durch Bewährung und »wirkliches« Gottsein schließen sich aus (vgl. u. 3.13).

Entsprechend den Majoritäts- und Dominanzverhältnissen in der Kirche siegte die alexandrinische Christologie: In Nizäa wurde das

Gottessohnprädikat für Jesus endgültig im Sinne *einmal* einer vom Vater zu unterscheidenden Wirklichkeit, *zum anderen* voller und uneingeschränkter Göttlichkeit (homoúsios) festgeschrieben. Von jetzt an war auch in Antiochien, wollte man sich dort nicht von der Großkirche abspalten, eine (im weitesten Sinn) adoptianische Christologie nicht mehr möglich: »Gott« in dem mittlerweile definierten Sinn konnte der sich bewährende und von Gott deswegen (oder in voraussehender Erwählung) angenommene Jesus nicht »werden«; der gleichwesentliche Sohn war *schon immer*, was er ist. Kurz: Die soteriologisch in diesem Raum unverzichtbare Bewährungschristologie konnte keine Auswirkungen mehr auf das Verständnis der »Gottessohnschaft« haben.

Andererseits aber konnte die Bewährungschristologie auch nicht aufgegeben werden ohne kolonialistische Transkulturation; die Theologen, die zugleich Bischöfe und Seelsorger waren, wußten das. *So suchten sie nach Wegen, diese beizubehalten, ohne Nizäa in Frage zu stellen.* Hier bot sich nur ein Weg an: Wenn die Bewährung nicht mehr dazu führen durfte, Jesus als Gottessohn zu bezeichnen, dann konnte sie aber wenigstens die Ursache dafür sein, daß Jesus mit dem (von Ewigkeit seienden) Logos *verbunden* wurde und man mit Recht sagen konnte: Er »ist« Gott. Die Erwählung Jesu durch Gott und seine entsprechende Gehorsamstat bis zum Tod wurde als *Begründung der christologischen Einheit* angesehen. *Die Blickrichtung verschob sich also von der bewährungschristologischen Interpretation des Gottessohntitels zum bewährungschristologischen Verständnis der Kopula »ist«* (im Bekenntnis: Jesus ist Gottessohn).

Hierbei haben die Antiochener zwar in Treue zum Konzil eine Verbindung zwischen *Logos* und Jesus gelehrt; die hypostatisch eigenständige Göttlichkeit des Wortes aber blieb letztlich funktionslos, betont wurde immer die Einheit mit *Gott*. Mit anderen Worten: Das antiochenische Einheitsmodell ist von einer soteriologischen Struktur, die mit den Polen »erbarmender Gott« (Vater) und »angenommener Mensch« (Jesus) adäquater beschrieben wäre. *Das Festhalten am Logos erscheint wie eine bloß äußerliche Übernahme*, so daß *der Sache* nach – nicht: verbal – zwar nicht der Gottestitel selbst, wohl aber seine hypostatische Besonderheit und damit seine eigenständige christologische Qualität überflüssig wurden (vgl. 3.14).

3.1.2 Die antiochenische Christologie vor Nizäa

Die syrisch-hellenistische Theologie ist über längere Zeit nur bei wenigen Männern literarisch greifbar. Nach ihrer großartigen Intonation bei dem Bischof *Ignatius* von Antiochien († um 110) sind erst wieder

Theophilus († um 186), dann *Paul* von Samosata († nach 272), beide Bischöfe von Antiochien, wenn auch nur noch fragmentarisch zugängliche Zeugen; der letzte vornizenische Theologe, *Lukian* († 312), war Presbyter und Lehrer in Antiochien und gilt als Begründer der dortigen Exegetenschule; von ihm sind keine Schriften überliefert. Zuletzt wäre noch Bischof *Eustathius* zu nennen, der sein theologisches Wirken vor dem Konzil begonnen, aber erst nachher, in der arianischen Auseinandersetzung, eine deutlichere Statur gewonnen hat.
Diese recht sporadischen Beispiele aus weit auseinanderliegenden Zeiten und infolgedessen je spezifischen Problemsituationen lassen sich nur schwer oder gar nicht zu einer kontinuierlichen Tradition vereinigen. Zudem hat wohl erst eine längere christliche Geschichte die Eigenarten des dortigen theologischen Denkens – ähnlich wie im lateinischen Westen – stärker und profilierter aus dem Synkretismus des hellenistischen Christentums hervortreten lassen. Dennoch aber lassen sich einige wenige Motive, Assoziationen, Raster erkennen, die zumindest Schlußfolgerungen ermöglichen und Basis der späteren antiochenischen Christologie im eigentlichen Sinne sind.
(1) Bei aller Übernahme gesamthellenistischer Ansätze wird in Antiochien von Anfang an die soteriologische Erwartung an das Menschenschicksal geknüpft. Das hellenistische Stichwort »Vergöttlichung« gewinnt somit eine »geschichtliche« Füllung: Selbst *Ignatius*, der sich nicht von der Materie verführen lassen will, sieht als sein Ziel das *Menschwerden* an: »Laßt mich reines Licht empfangen! Dort (d. h. bei Gott) angekommen, werde ich Mensch sein«[3]. Der Weg dorthin führt durch die Stadien eines konkreten Lebens: »Die Gläubigen müssen, um zur Einheit mit dem Herrn und mit Gott zu kommen, den Weg ihres Herrn gehen, d. h. einen Erdenweg in einem Menschenleben«[4]. Soteriologisch hängt also alles ab von dem Versagen oder der Bewährung des Menschen. Dieser wird zwar hellenistisch als »Natur« verstanden, aber diese ist eine handelnde und freie Natur; nach *Theophilus* bestimmt der freie Wille sogar, ob die eigene Geistseele sterblich oder unsterblich sein wird[5].
(2) Dieses Denken hat auch Folgen für die Christologie. Zwar meldet sich – wie mehrfach erwähnt – in den Antithesen des *Ignatius* sowie in seiner Gegenüberstellung von Jesus Christus, »dem Menschsohn und Gottessohn«[6], die hellenistische Christologie zu Wort[7], und er kennt auch schon die sog. Idiomenkommunikation.

[3] Röm 6,2 (ed. Fischer 189).
[4] *P. Smulders*, a.a.O. 402.
[5] Ad Autol. 2,27.
[6] Eph 20,2 (ed. Fischer 159).
[7] Wie weit allerdings hier schon von einer Zwei-Naturen-Lehre gesprochen wer-

Von Anfang an aber kommt dem (konkreten) Menschsein Jesu, seinem Gehorsam, seinem Leiden und Sterben[8] große soteriologische Bedeutung zu. Jesus ist für *Ignatius* der »neue Mensch«[9], gewissermaßen das Modell für den Christen und dessen Menschwerdung: »Gott offenbart sich selbst, indem er einen Menschen geboren werden läßt, der ihm bis in den Tod gehorcht...«[10]

Die hier sich ankündigende Bewährungschristologie erscheint zunächst bei *Ignatius* noch ineins mit den (ebenfalls noch nicht voll ausgebildeten) Mustern der hellenistischen Christologie: Der göttliches Logos ist ›menschlich erschienen‹[11], Jesus Christus ist ›unser Gott‹[12]. Zwar gibt es auch bei ihm schon Reibungen: So ist sein Denken nach *A. Adam* »von den modalistischen Antrieben des syrischen Sprachdenkens erfüllt«[13], *P. Smulders* vermutet »einen Zusammenhang zwischen der Heilsmächtigkeit des Menschenlebens Jesu und den Bezeichnungen..., mit denen *Ignatius* ihn den Mund, das Wissen und die Gesinnung des Vaters nennt«[14]. Die Deutung aber dieser Spannungen ist schwierig; man kann *Ignatius*, der an anderer Stelle das Verhältnis zwischen »Gott und Christus... paradoxal« beschreibt, mit *Adam* »auf dem Wege zu dem Homoúsios-Begriff des Nicänums« sehen[15], oder wenigstens mit *Smulders* Fragezeichen setzen[16]. Vielleicht erklärt sich die Inkongruenz am besten mit der Annahme, daß hier – ähnlich wie im Hebräerbrief[17] – zwei Ansätze noch unversöhnt nebeneinander stehen und *Ignatius*, der sowohl hellenistisch wie aramäisch empfand, beiden Antrieben Rechnung getragen hat.

Auf Dauer war dieses Nebeneinander allerdings schwer erträglich. So entfaltete sich die syrische Christologie in der Folgezeit nach *zwei Richtungen*, die beide gemeinsam haben, daß sowohl die soteriologische Relevanz wie auch die Inhaltlichkeit der gängigen hellenistischen Christologie aufgegeben wurde: *Einmal* findet sich ein *Trend zur monarchianischen Interpretation* der Göttlichkeit Jesu Christi, so daß der Mensch Jesus den Vater heilsgeschichtlich – als »Sohn« – repräsentierte, zum anderen wird *der Gottessohntitel von vornherein adoptianisch aufgefaßt* (womit sich das trinitarische Problem erst gar nicht stellte).

den kann, ist umstritten. Vgl. z. B. – vorsichtig affirmativ – *A. Grillmeier*, a.a.O. 201, oder – kritisch – *P. Smulders*, a.a.O. 403.

8 Vgl. *Henning Paulsen*, Studien zur Theologie des Ignatius von Antiochien (Forschungen zur Kirchen- und Dogmengeschichte, Bd. 29), Göttingen 1978, 169–187 (Zur Christologie des Ignatius von Antiochien), vgl. bes. 180.181.

9 Eph 20,1

10 *P. Smulders*, a.a.O. 403.

11 Eph. 19,3.

12 Eph, Insir.

13 A.a.o. 134.

14 A.a.o. 402.

15 A.a.O. 134, ähnlich *R. Seeberg*, Dogmengeschichte I, 131.132.

16 A.a.O. 403.

17 Vgl. o. 128.

Bei *Theophilus* von Antiochien lassen sich die künftigen Strukturen der antiochenischen Theologie schon deutlicher fassen: Unser Heil verwirklichen wir durch Jesus Christus, den zweiten Adam, der gewissermaßen den Gang der Geschichte durch seinen Gehorsam umgedreht hat. Deswegen ist er – nur der *Mensch* Jesus wird so genannt – der »Sohn«. Der Gottessohntitel wird also adoptianisch interpretiert, er ist das Resultat der Bewährung. Gott selber denkt Theophilus zwar triadisch – er benutzt als erster das Wort trias –; aber die Dreiheit (Gott-Wort-Weisheit) ist monarchianisch verstanden[18]. Der Logos ist als inneres Wort in Gott (wohl mit ihm identisch); er tritt hervor als Enérgeia[19], als Kraft Gottes, die sogar in Jesus inkarniert ist.
Anscheinend hat sich in Westsyrien als Wirkung der spezifischen Soteriologie mit der Zeit sowohl ein Monarchianismus wie ein Adoptianismus herausgebildet. In der Mitte des dritten Jahrhunderts formuliert der Bischof *Paul* von Samosata beide Linien sehr pointiert: Der Logos ist eine mit dem Vater identische (homo-úsios!)[20] Kraft, durch die er nach außen wirkt. Diese ist überall in der Heilsgeschichte anzutreffen (z. B. in den Propheten), in Jesus aber in hervorragender Weise (wegen seiner Bewährung): »Jesus hat also in sittlicher Entwicklung sich innerlich von dem Geist Gottes durchdringen lassen und gelangte so zur Einheit des Willens mit dem Vater...«[21]. Deswegen wohnt der Logos in Jesus wie in einem Tempel und ist mit ihm eine ganz enge Verbindung und ein Miteinandersein eingegangen, so daß Jesus – und nur er – »Gott« genannt werden darf.
Offensichtlich hat sich hier die syrische, dem judenchristlichen Denken verwandte Mentalität in ihren beiden Hauptanliegen völlig durchgesetzt: Die Wahrung des Monotheismus, der eine hypostatische Besonderheit und damit spezifische christologische Prädizierbarkeit des Logos- oder Gottessohntitels unmöglich machte, zum anderen die Rezeption Jesu als Christus aufgrund seiner Bewährung und somit die heilsgeschichtliche Interpretation des Gottessohnprädikats.
In ähnlicher Weise hat man sich wohl wenig später die Christologie des Presbyters *Lukian* von Antiochien vorzustellen; leider fehlen greifbare literarische Zeugnisse. Aus seinem Schülerkreis sind eine Reihe antiochenischer Theologen, und auch *Arius*, hervorgegangen, deren Eigenart immerhin die Gewißheit

[18] Vgl. *Georg Kretschmar*, Studien zur frühchristlichen Trinitätstheologie (Beiträge zur historischen Theologie, hrsg. von *Gerhard Ebeling*, 21), Tübingen 1956, 27–61.

[19] *A. Adam*, a.a.O. 169, geht wohl in eine falsche Richtung, wenn er diese Enérgeia auch bei *Theophilus* als »selbständig wirkende Person« bezeichnet und ihn in einer Reihe mit subordinatianisch denkenden Theologen nennt. Das Reden von innerem und äußerem Wort kann für je verschiedene Systeme stehen. Zwar ist der Sprachgebrauch des *Theophilus* nicht einheitlich, gewichtiger aber sind die Gründe, die für eine monarchianische Interpretation sprechen. Vgl. hierzu *A. Grillmeier* a.a.O. 336 (bes. A. 40: Zitat von *M. Simonetti*); vgl. *R. Gögler*, Theophilos, in: LThk[2] 10,89.

[20] Dieser seit Nizäa kanonische Terminus wurde von einer Synode in Antiochien 269 häretisiert (vgl. *L. Scheffczyk*, a.a.O. 165; *G. Jouassard*, Paulos v. Samosata, in: LThK[2] 8,213).

[21] *R. Seeberg*, Dogmengeschichte I. a.a.O. 568.

verleiht, daß *Lukian* »antiochenisch« dachte. Für die des öfteren zu findende Vermutung, *Lukian* sei in der Logoslehre subordinatianisch gewesen[22] gibt es allerdings keine triftigen Gründe – es sei denn, man versteht fälschlich unter Subordinatianismus auch eine geschöpfliche Auffassung des Logos (etwa im Sinne des *Arius*). Sowohl von der antiochenischen Tradition wie von seinen Schülern her muß man aber vielmehr annehmen, daß *Lukian* daran interessiert war, den Logos nicht als eigenes (wenn auch minderes) *göttliches* Sein zu definieren, sondern entweder monarchianisch oder adoptianisch einen Subordinatianismus zu vermeiden.

Durch diese Interpretation soll nicht ausgeschlossen werden, daß *Lukian* auch von mittelplatonischen und vor allem origenistischen Einflüssen erfaßt war. Vielleicht hat er auch schon, wie später *Arius*, den Logos als eigenständiges und schöpfungsmittlerisches Wesen verstanden (also nicht mehr als »monarchianische« Äußerung Gottes selbst); damit wäre auch er schon einen entscheidenden Schritt über seine antiochenische Tradition hinausgegangen. Aber dennoch scheint sein soteriologischer Ansatz die Übernahme der subordinatianischen (also: *trinitarischen*) Logoslehre des *Origenes* unmöglich gemacht zu haben. Ebenso ist denkbar, daß *Lukian* und seine Schüler eine – unantiochenische – Logos-Sarx-Christologie vertreten haben; dies aber weniger aus »alexandrinischen« Motiven heraus, sondern deshalb, weil ein geschöpflich gedachter und somit veränderlicher Logos durchaus selbst das handelnde Subjekt der Bewährung Jesu (= antiochenisch) sein könnte.

Schließlich ist noch der Bischof *Eustathius* von Antiochien zu erwähnen, der in einer ersten, noch vor Beginn der Auseinandersetzungen um den Arianismus liegenden Phase, der hier untersuchten Zeitspanne zuzurechnen ist. Von ihm stellt *A. Grillmeier*, wenn auch wegen der Quellenlage »nur mit einem gewissen Vorbehalt«, fest, daß er »eine Form der Christologie (vertrat), die ganz unantiochenisch ist«[23] – mit Logos-Sarx-Schema und Idiomenkommunikation. »Wenn dem so ist, so müssen wir annehmen, daß der Bischof hier aus einer überkommenen Form von Christologie spricht, deren Vorhandensein auf antiochenischem Boden besonders interessant ist. Man kann auch noch darauf hinweisen, daß er den Titel ϑεοτόκος[24] unbedenklich gebraucht«[25]. Hierzu sind – für unsere Fragestellung – vor allem zwei Anmerkungen zu machen: Einmal ist es keineswegs verwunderlich, daß es *auch* eine solche Tradition in Antiochien gegeben haben kann, insofern diese Stadt sich selbstverständlich den Einflüssen der dominierenden großkirchlichen Theologie nicht entziehen konnte; so hatte ja z. B. *Paul* von Samosata in Antiochien in dem Presbyter *Malchion* einen Gegner gefunden, der eine alexandrinische und dem späteren Apollinarismus entsprechende Christologie vertreten hat, und eine Synode *in Antiochien* hat *Paul* verurteilt. Die spezifisch antiochenischen Denkmuster

[22] So z. B. *B. Altaner*, a.a.O. 190 (der zudem den streng monarchianischen Arianismus aus dieser subordinatianischen Wurzel herkommen läßt); *H. de Riedmatten*, Lukianos v. Antiocheia, in LThK² 6, 1212.

[23] A.a.O. 440.

[24] Deutsch: »Gottesgebärerin«; dieser Titel wurde später von den Antiochenern mit Mißtrauen betrachtet, vgl. u. 3.1.4.3.

[25] *Grillmeier*, ebd. 441.

haben sich nicht in einer abgeschirmten Enklave entfaltet, sondern brachen immer wieder als Modifikationen oder bisweilen Verneinung des gängigen Ansatzes hervor. Zum andern scheinen hier die *Eustathius*-Fragmente aus (möglicherweise) vorarianischer Zeit überstrapaziert; jedenfalls zeigt die zweite Phase der Theologie dieses Bischofs – auch nach *Grillmeier*, der deswegen eine scharfe Zäsur annehmen muß –, daß er gut antiochenisch dachte[26]. Liegt es aber dann nicht näher, die fragmentarischen früheren Aussagen von den späteren her zu exegesieren? Handelt es sich nicht – vor den Auseinandersetzungen – um halbwegs unreflektierte Aussagen, die erst im Gefolge der arianischen Kämpfe präzisiert und in ihrem genauen Inhalt durchdacht werden mußten? Zeigt nicht die spätere antiochenische Christologie des *Eustathius*, was er auch vorher schon – trotz einiger ja nicht nur »alexandrinischer«, sondern biblischer Vokabeln – meint? Niemand in Antiochien hat je z.B. den Johannesprolog abgelehnt; er wurde nur antiochenisch *interpretiert*, wenn man zu begrifflicher Genauigkeit gezwungen war. Den Bruch zwischen einem früheren und einem späteren *Eustathius* hat es wahrscheinlich nicht gegeben. So fragt auch *P. Smulders:* »Ob es nicht eher der Unterschied zwischen Volksglauben und gelehrter Polemik ist?«[27]

3.1.3 Der gescheiterte Brückenschlag des Arius

In der Großkirche wurde die unversöhnliche Divergenz zwischen syrischer Bewährungschristologie und der profiliert hellenistischen Christologie der naturalen Vermittlung zunehmend als Problem empfunden. Hierbei lastete der Druck zur Korrektur mehr auf der antiochenischen Theologie.

Dies hat vor allem ein Mann sehr stark empfunden, empfinden müssen, der als Antiochener, ein Schüler des *Lukian*, in Alexandrien tätig war: *Arius*. In seiner Christologie versucht er, zwischen beiden Ansätzen eine Brücke zu schlagen[28].

[26] Vgl. u. 212.213.

[27] A.a.O. 438, A. 78. Allerdings wäre es wohl besser, von einem Unterschied zwischen einfacher Repetition gängiger biblischer oder traditioneller Chiffren und theologischen Reflexion zu sprechen; denn der »Volksglaube« in Westsyrien ist wohl mehr von der Bewährungschristologie geprägt.

[28] Diese in der Forschung schon länger vertretene Interpretation wird durch eine Reihe neuerer Untersuchungen in Zweifel gezogen; meist versucht man, *Arius* vom mittelplatonischen oder jedenfalls alexandrinischen Denken her zu deuten (vgl. A.M. Ritter, a.a.O. 144–151; dort auch Literaturverweise). Diese Versuche kranken allerdings daran, daß sie entweder vordergründige literarische Abhängigkeiten oder die verwendeten Begrifflichkeiten in den Mittelpunkt stellen, die grundlegenden *soteriologischen* Motivationen aber nicht berücksichtigen. Kaum einmal wird die zentrale Aussage des *Arius* nach *Athanasius,* c.A. 1,5 (vgl. u. 207), gewürdigt

Seine Lehre gilt in der kirchlichen Tradition seit den Beschimpfungen durch *Athanasius* (»Hirngespinste«, lächerlich« etc.)[29] als Urketzerei und Angriff auf das Christentum. *Leo Scheffczyk* z. B. meint: »Indem er den Logos zu einem Mittelwesen zwischen Gott und Welt machte, gewährte er alten mythologischen Vorstellungen wieder Einlaß in das Christentum.«[30] Noch schärfer formuliert *Alois Grillmeier*: »Aus alldem wird noch einmal deutlich, wie Arius das Christusbild ›mythisiert‹ hat. Heute würde man sagen: Er machte aus Christus einen ›superman‹. Die ontologische Basis dafür war, daß in Jesus von Nazaret ein höheres Engelwesen inkarniert ist«[31]. Es gibt kaum einen Theologen, der so einhellig und so zu Unrecht verurteilt wurde und wird. Zwar mag das Ergebnis seiner Überlegungen nicht akzeptabel sein – das gilt aber mindestens ebenso z. B. für viele subordinatianisch und somit de facto bitheistisch denkende »Väter«; ehrenwert aber waren die *Motive* des *Arius*. Sein Fehler war, sensibler unter den Disparitäten gelitten zu haben als andere und somit etwas versucht zu haben, was scheitern mußte: *Die Schaffung einer gesamtkirchlichen Christologie*[32].

Sehen wir uns zunächst seinen Ausgangspunkt an: Er ist Antiochener und kann deswegen weder den antiochenischen Monarchianismus noch die Bewährungschristologie aufgeben. So versucht er aus dem Gottesbild jeden Hauch eines subordinatianischen Verständnisses auszuschließen[33]: Der Logos ist Geschöpf, aus dem Nichts geschaffen,

[29] Or.c.A. 1,6; passim. [30] A.a.O. 168. [31] A.o.O. 378.379.

[32] Vgl. *Paavo Snellman*, Der Anfang des arianischen Streites. Ein Beitrag zur Geschichte des Streites, Helsingfors 1904, 34: »So ist der Arianismus dogmengeschichtlich als ein und zwar der letzte Kompromiß zwischen der monarchianischen und der Logoschristologie zu betrachten.«

[33] *P.-Th. Camelot*, Areios, in: LThK² 1,829, schreibt »Die Lehre des A. (reios) ist reinster Subordinationismus.« Auch bei anderen finden sich vergleichbare Wertungen. Diese Meinung aber ist schlichtweg falsch, wenn denn unter Subordinatianismus eine binitarische oder trinitarische Konzeption zu verstehen ist, die *in Gott* verschiedene einander über- und untergeordnete Wirklichkeiten unterscheidet; dann aber hat die These von der *Kreatürlichkeit des Logos* einen strengen, undifferenzierten »jüdischen« Monotheismus zur Folge. Versteht man unter Subordinatianismus aber auch alle Lehren, bei denen die Geschöpfe – selbstverständlich – Gott untergeordnet sind, dann gibt es in der christlichen Theologie überhaupt nur Subordinatianismus. Vielleicht hat diese völlig unsachgemäße Charakterisierung des Arianismus aber einen halbrichtigen Kern, insofern ein Klima des Subordinatianismus, also einer seinshaften Unterordnung des Logos unter den Vater, den Gott schlechthin, die nochmalige Übersteigerung der Seinsminderung (so daß es sich schon nicht mehr um Subordinatianismus handelte) begünstigt hat. Möglicherweise war dies schon der Grund für die Meinung des *Hieronymus*, der (den von ihm verehrten) *Origenes* für die Quelle der arianischen Lehre hielt (ep. 84,3).

von Gott unendlich verschieden und hat einen zeitlichen Anfang[34]. Der Logos wird deswegen »wie alle anderen (Geschöpfe) bloß dem Namen nach Gott genannt.«[35]

Zum anderen war dieses »Wort« aufgrund seiner Geschöpflichkeit veränderlich und zur ethischen Leistung fähig: »durch seinen eigenen freien Willen bleibt es gut, solange es will«[36]. Dies hat es getan und kann so »durch Teilnahme an der Gnade« Gott genannt werden[37]. *»Gottessohn« ist der Logos aufgrund seiner Bewährung.*

Soweit die antiochenischen Anliegen. Darüberhinaus aber wollte *Arius* auch den Alexandrinern entgegenkommen, die ja soteriologisch einen naturalen Tausch ersehnten. Die alexandrinische Lösung, einen Menschen mit zweiter *göttlicher* Natur, konnte er nicht akzeptieren; dann hätte er Monarchianismus und Bewährungschristologie aufgeben müssen. So gibt er den Alexandrinern, was er gerade noch einräumen kann: Eine *»zweite Natur«* übermenschlicher Art, die zwar kreatürlich ist, *Gott aber seinshaft möglichst nahe kommt:* Das vornehmste Geschöpf höchster Seinsfülle und Vollkommenheit, so daß in Jesus Christus zwischen dem Fleisch und der – fast – göttlichen Sphäre eine naturale Vermittlung stattfinden konnte.

Wie aber sind beide Systeme miteinander zu verbinden? *Arius* tut dies mit einem fast genialen Konstrukt; die Schlüsselstelle für das Verständnis des Gesamtansatzes überliefert *Athanasius:* »Denn deshalb, sagt er (*Arius*) hat auch Gott, da er vorraussah, daß es (das Wort) gut sein werde, zum voraus ihm diese Herrlichkeit gegeben, die es als Mensch hernach auch durch seine Tugend erlangte, so daß es Gott wegen seiner Werke, die er vorhersah, schon in solchem Zustand entstanden sein ließ.«[38] Mit anderen Worten: *Das Vorherwissen Gottes ermöglicht es Arius, Bewährungs- und Seinschristologie zusammenzubringen.* Gott sieht im Voraus, daß (der Logos als) Jesus sich bewähren wird (= antiochenisch) und erschafft deswegen schon »im Anfang« die Logos-Natur in Herrlichkeit (= alexandrinisch). Die zweite himmlische Natur ist ein Resultat der (späteren) geschichtlichen Bewährung; der soteriologische Ansatz Antiochiens bleibt gewahrt, zugleich wird das alexandrinische Interesse an einer Seinspotenz, die unsere Grenzen nicht kennt, berücksichtigt.

Von diesem Versuch her scheint es auch folgerichtig zu sein, den Men-

[34] Nach *Ath.*, or c.A. 1,5.6; vgl. hierzu o. II, 2.2.3.

[35] Nach *Ath.*, or.c.A. 1,6 (BKV 13,24).

[36] Nach *Ath.*, or.c.A. 1,5 (BKV 13,24).

[37] Nach *Ath.*, or.c.A. 1,6 (BKV 13,24).

[38] Or.c.A. 1,5 (BKV 13,24); vgl. zur Urheberschaft des *Arius* für diese Lehre *A. Grillmeier*, a.a.O.337.378 (*Grillmeier* übersieht allerdings völlig die Bedeutung dieser Passage für das Gesamtsystem; vgl. auch 382–385).

schen Jesus auf seine Sarx zu reduzieren und auf eine Geistseele zu verzichten; denn ein wenn auch himmlicher, so doch geschöpflicher Logos kann nach der Inkarnation selbst Subjekt und Aktivitätsprinzip des Menschen sein, er kann sich verändern und bewähren. Dieses unantiochenische Fehlen einer Geistseele Jesu ergab sich aus der Absicht, den Alexandrinern eine naturale Vermittlung (Jesus ist der inkarnierte Logos) auf antiochenische Weise (der Logos ist geschöpflich und Resultat *seiner* Bewährung) zuzugestehen; selbst wenn es über diesen Aspekt noch nicht einmal indirekte Zeugnisse gäbe, müßte der Wegfall der Geistseele logisch gefolgert werden[39]. Darüberhinaus kam diese Version den pastoralen Absichten des *Arius* entgegen: Vordergründig konnte so das in Alexandrien beliebte Logos-Sarx-Schema ohne zusätzliche Deutung benutzt werden[40].

[39] *A. Grillmeier* hat in seinem sehr differenzierten *Arius*kapitel (ebd. 356–385) den Ansatz des *Arius* unzutreffend interpretiert: Er glaubt, daß die Schwierigkeit, einen ewigen Logos durch die Inkarnation mit der Sarx zu verbinden, zu diesem System geführt habe (ebd. 382–385). »Die Annahme des Fleisches ist also der Grund, im Logos eine Wandlung anzunehmen« (ebd. 384). Daran ist richtig, daß die Unvereinbarkeit der christologischen Doppelprädikation theós und ánthropos immer wieder zu Problemen geführt hat (vgl. unseren Abschnitt II 2) und wohl auch für spätere Arianer oder nach der Vermutung des *Athanasius* (*Grillmeier* bringt entsprechende Hinweise) motivierend sein konnte, *Arius* selbst aber ging es um die viel grundlegendere Frage der Versöhnung zweier soteriologisch-christologischer Ansätze, zweier kulturspezifischer Christentümer.

[40] Nach Abschluß meines Ariuskapitels stieß ich auf eine in ihren Detailuntersuchungen ausgezeichnete Studie: *Rudolf Lorenz*, Arius judaizans? Untersuchungen zur dogmengeschichtlichen Einordnung des Arius, Göttingen 1980. Diese Arbeit krankt allerdings *erstens* daran, daß die antiochenische Tradition zwar in einigen ihrer Vertreter, nicht aber als solche zu Wort kommt und eine »Christologie von unten« nur als judenchristliche erscheint. Zweitens analysiert der Autor ausschließlich *literarische* Abhängigkeiten, ohne die zugrundeliegenden Motivationen herauszuarbeiten. So kommt er zum Schluß, daß *Arius* Origenist gewesen sei, und zwar in einer »Spielart des Origenismus, die von Lukian her auf Arius gekommen ist« (224). Näherhin sei »nicht die Logos- und Trinitätslehre des Origenes, sondern seine Christologie (Inkarnationslehre) die Wurzel des Arianismus« (222) – hierbei ist der Begriff »Christologie« sehr einengend gebraucht. Die Verwendung origenes'scher Gedankengänge sei zwar sehr spannungsgeladen: Die Logoslehre des *Origenes* werde abgelehnt, dafür aber seine Lehre von einer präexistenten Seele Christi (vgl. o. 195) übernommen und diese als Logos bezeichnet; von daher erkläre sich auch, »warum Lukian und Arius den ›Logos‹ als Seele im seelenlosen Leib des Menschgewordenen betrachten« (223), also von der Inkarnationsvorstellung des *Origenes* abweichen (211). Immerhin aber wird eingeräumt, daß der »Origenismus Lukians und der Lukianisten... mehrfach gebrochen« sei (202). *Origenes* aber habe auch »Anknüpfungspunkte« geboten, judenchristliche Christologie – das Ausgehen ›von unten‹, vom Menschen Jesus her« – oder »die Engelchristologie« einzubauen (223).

Der Arianismus ist die Antwort auf eine Herausforderung, die der altkirchlichen Theologie seit neutestamentlicher Zeit aufgegeben war. Von daher erklärt sich auch, daß er begierig aufgegriffen wurde und sich wie ein Lauffeuer ausbreitete. Wenn er im Effekt tatsächlich mythologische Vorstellungen mit sich brachte, störte das viele Bischöfe und Theologen nicht; zu wirkmächtig war noch das heidnische Erbe. Es waren auch nicht diese Mythologeme, die zum Kampf gegen den Arianismus führten; eine auch nur oberflächliche Lektüre der altkirchlichen Autoren zeigt, daß hier die Hemmschwelle keineswegs niedrig lag. *Arius* und sein System fanden vielmehr erbitterte Gegner, weil seine Bereitschaft zum Aufgreifen spezifisch hellenistischer Sehnsüchte ihre Grenze fand im Beharren auf der antiochenischen Soteriologie; dem Logos konnte er das nicht einräumen, was z. B. in Alexandrien soteriologisch unabdingbar war: eine »richtige« (wenigstens subordinatianische) Göttlichkeit. Dann aber war das naturale Tauschprinzip im Letzten nicht mehr funktionsfähig; ging es doch darum, sich zu Gott erheben zu lassen durch den Gott-Menschen Jesus Christus. Die Alexandriner erkannten, daß hiermit *ihre* Erlösungssehnsucht und *ihre* Rezeption Jesu als Christus – trotz verbaler Annäherungen – nicht gedeckt war. Im Namen *dieses* Christentums stand deswegen z. B. *Athanasius* auf und führte einen Kampf, dessen Leidenschaftlichkeit verrät, daß er sich in allem, was für ihn der christliche

Selbstverständlich hat *Arius* Begrifflichkeiten und Raster der alexandrinischen Tradition, also auch und besonders des *Origenes*, übernommen. Aber er – und auch schon *Lukian*, wie *Lorenz* richtig herausstellt – haben diese Motive neu, anders verwendet, so daß sie eine *neue Instrumentaltität* besitzen. Niemand aber ist Origenist, der dessen für die Christologie (in unserem Sinn) unverzichtbare (trinitarische) Logoslehre ablehnt und – eine Beobachtung, die *Lorenz* erwähnt, aber nicht zureichend würdigt (127.223) – die »Bewährung« aus der vorzeitlichen Entscheidung (der Menschenseele Jesu nach *Origenes*) in den späteren Gehorsam *Jesu* (= des inkarnierten Logos) verlegt und *deswegen* den Logos zuallererst so hervorragend erschaffen sein läßt; ebenso ist die Erschaffung der sichtbaren Welt für *Arius* nicht, wie für *Origenes*, Folge des urzeitlichen Sündenfalls der Geister, sondern ursprüngliche Schöpfungsabsicht (auch dies sieht *Lorenz* richtig, 203). Dann aber hat das Systemdenken des *Origenes* keine Fortsetzung gefunden; *hier ist vielmehr syrisches Empfinden am Werk, das allerdings auf alexandrinische Anliegen eingeht und seine Formeln benutzt*. Daß am Ende manches, was über den in Jesus inkarnierten Logos gesagt wird, dem ähnelt, was *Origenes* von Jesu Seele meinte, ist nicht verwunderlich. Wie sollte es auch anders sein, nachdem der Logos – aus ganz anderen Beweggründen heraus – ihren Platz eingenommen hat? Die Überlegungen *Adolf von Harnacks* in seinem Lehrbuch der Dogmengeschichte, Bd. 2, a.a.O. ,221, geben das Konzept des *Arius* wohl immer noch zutreffend wieder: »*Hieraus folgt aber mit Evidenz, daß die Doctrin des Origenes nicht die Grundlage des Systems* (in Bezug auf die Christologie) bildet... Die arianische Lehre wurzelt im Adoptianismus...«

Glaube war, bedroht sah. Die Alexandriner, denen *Arius* entgegenkommen wollte, wurden seine heftigsten Widersacher[41]; er war gescheitert an der Unmöglichkeit der Aufgabe, die er sich gestellt hatte.

3.1.4 Die antiochenische Theologie nach Nizäa

3.1.4.1 Die Anfänge

Nach Nizäa mußte, wie schon ausgeführt, die antiochenische Theologie neue Wege gehen. Eine Bewährungssoteriologie und eine Bewährungschristologie, die sich in einem monarchianisch aufgehobenen Logosbegriff und im adoptianisch verstandenen Gottessohntitel niederschlug, waren nicht mehr möglich. Der Logos war seit Nizäa sowohl als *eigene* »Realität« (später: Hypostase) wie als *homoúsios* (in einem zunächst noch offenen Sinn) definiert, der sich in der Inkarnation mit dem Menschen Jesus verbunden hatte; somit war von einer Zwei-Naturen-Christologie auszugehen.

Um nun doch an der soteriologischen Funktion der Bewährung festhalten zu können, verlegte sich die antiochenische Theologie auf eine bisher immer nur am Rande behandelte Frage (die gleichzeitig auch in Alexandrien – in anderer Wendung – in den Vordergrund trat): *die Frage der christologischen Einheit. Hier war der Punkt, an dem man, ohne Nizäa zu verletzen, die Bewährung neu etablieren konnte*: Jesus »ist« der ewige inkarnierte Logos, weil er sich in Gehorsam bis zum Tod am Kreuz bewährt hat und ihm so verbunden wurde.

Das aber bedeutete, daß es weiterhin auf die geschichtliche »Leistung« des Menschen Jesus ankam; er mußte als integre, freie »Natur« gedacht werden, als vollverantwortliches menschliches Subjekt, um in Gehorsam und Liebe die einzigartige Nähe zu Gott realisieren zu können. Der Einsatz der antiochenischen Christologie gilt also der *Sicherung der integren Menschennatur* gegen alexandrinische und (aus anderen Motiven) arianische Verkürzungen. Dies ist so oft in allen Theologiegeschichten verhandelt, daß hier auf eine Darstellung dieses Aspekts verzichtet werden kann.

[41] Diese Feststellung schließt natürlich nicht aus, daß es bald eine Reihe von alexandrinisch beeinflußten Theologen gab, die ihrerseits Arianer wurden. Einmals sind in dem damaligen Synkretismus eine Reihe von »vermischten« Motivationen wirksam, zum anderen ist nicht jeder, der alexandrinische Theologumena übernimmt, auch schon zuinnerst ein Alexandriner; es können unter der Decke alexandrinischer Theologie durchaus andere Anliegen für ihn wichtig sein (vgl. z. B. den in Ostsyrien geborenen, aber von alexandrinischer Theologie beeinflußten Bischof *Eusebius* von Emesa (vgl. u. 211.212 usf.)

Auf eine zweite Folge, die mit dem neuen Thema der antiochenischen Christologie verbunden war, muß aber kurz eingegangen werden. Vor Nizäa kannte Antiochien eine adoptianische Tradition; nach dem Konzil aber ändert sich das Bild: »die charakteristische Christologie Antiochiens (scheint) aus der Sorge geboren und gewachsen zu sein, die wahre Gottheit Christi unangetastet aufrechtzuerhalten. Diese Antiochener sind begeisterte Verteidiger des Konzils von Nizäa«[42]. *Diese Umkehr ist erstaunlich.* Ihre theologische Folgerichtigkeit wird erst plausibel, wenn man ihre Hintergründe erkennt: In der bisherigen adoptianischen/monarchianischen Bewährungschristologie standen sich *zwei Subjekte* gegenüber: *Auf der einen Seite der gehorsame Jesus, auf der anderen Seite der ihn annehmende Gott. Nach Nizäa wurde diese Relation kompliziert:* Durch Bewährung und Annahme verbanden sich *nicht mehr einfach Gott und Jesus, sondern der (hypostatisch besondere) Logos und Jesus.* Was blieb den Antiochenern in dieser Situation übrig, wenn sie weder ihr altes Schema noch die Zugehörigkeit zur Großkirche verlieren wollten, als bei dem durch Nizäa vorgegebenen Bezugspunkt der Relation, dem Logos, *möglichst nur seine Gottheit hervorzuheben*? Indem sie sosehr die wahre Gottheit des Logos betonten, ihn möglichst mit Gott identifizierten, konnten sie ihre alte Denkfigur in ihrem Kern beibehalten; und so bevorzugten sie bei der Erörterung ihres Einheitsmodells auch weiterhin sprachlich *das Gegensatzpaar Gott und Mensch* (statt Logos-Mensch), was durch ihren Einsatz für ein umfassendes homoúsios auch als legitim erschien. Ob man sie deswegen, wie *Smulders* im obigen Zitat, für »begeisterte Verteidiger des Konzils von Nizäa« erklären darf? Auf jeden Fall ist die »Umkehr« vom Adoptianismus/Monarchianismus zu Nizäa keine eigentliche Wende, sondern *ein Durchhalten der bisherigen Raster unter neuen Bedingungen.*
Ein dritter Gesichtspunkt bleibt zu erwähnen: Eine wie auch immer zu denkende Einheit zwischen Gott und Mensch in Jesus Christus aufgrund der Bewährung und ihrer Annahme setzt den Verzicht auf eine naturale Vermischung beider »Naturen« voraus; in jedem anderen Fall wäre die Einheit ja eben schon natural gegeben und eine durch das Verhalten des Menschen bzw. Gottes hervorgerufene Einigung überflüssig. Deshalb ist antiochenische Christologie eine *Unterscheidungs-* und *Trennungschristologie.*

Das Interesse der syrischen Theologie an der Integrität der menschlichen Natur Jesu, an der wahren Gottheit des Logos, dem Gegenüber Gott-Jesus und der Trennung der Naturen soll nur kurz bei den frühesten Vertretern gezeigt werden. Der in Ostsyrien (Edessa) geborene *Eusebius* von Emesa übernimmt

[42] *P. Smulders*, a.a.O. 437.

zunächst von Alexandrinern und dann in Alexandrien selbst die dortige Christologie nach dem Logos-Sarx-Schema. Auch später bleibt er diesem Schema und seinen Gefahren (z.B. Vernachlässigung der Geistseele Jesu) verhaftet. Im Verlauf der Auseinandersetzungen um den Arianismus aber und im Gefolge seiner Begegnung mit antiochenischer Theologie wird er zum Trennungstheologen und findet – bei aller bleibenden Defizienz seiner Christologie[43] – »zu einer scharfen Unterscheidung des Gottes und des Menschen«[44]. Zwischen beiden gibt es eine Einheit, die schon stark in die Richtung einer »moralischen Einheit« weist (Einwohnung, Annahme) und eine nur mit starken Vorbehalten konzedierte Idiomenkommunikation erlaubt. Das Logos-Sarx-Schema erscheint bei *Eusebius* oft in der Wendung Pneuma-Sarx oder Dynamis-Sarx[45]; vielleicht verrät diese Wortwahl das Bestreben, den Logos möglichst weitgehend mit Gott schlechthin ineinszusetzen[46].

Eusebius kann vor allem den Prozeß verdeutlichen, wie sich syrische Anliegen trotz alexandrinischer Erziehung und Begrifflichkeit nach Nizäa Gehör verschaffen; wichtiger für die kommende Theologie wurde der Bischof *Eustathius* von Antiochien. Auch er ist ein Theologe, der *vor* den arianischen Kämpfen alexandrinisch klingende Chiffren benutzt[47]. In ihrem Gefolge aber wird er dann gezwungen, präziser auf den Begriff zu bringen, was ihn bewegt. Das Logos-Sarx-Schema tritt zurück zugunsten des Paares Gott-Mensch. Um dies zu können, kämpft er auf der einen Seite für die umfassende Göttlichkeit des nizenischen Logos, auf der anderen hebt er das integre Menschsein Jesu hervor; er greift die arianische Bestreitung der Geistseele Jesu an.

Weil in Jesus Christus Gott und Mensch in ihrer jeweiligen Integrität sich verbinden, hierbei aber auf eine scharfe Trennung der beiden Naturen Wert gelegt wird, schließt die Christologie des *Eustathius* die Vorstellung *von zwei sich gegenüberstehenden Subjekten* ein[48], ohne daß dies formell ausgesprochen würde.

[43] Vgl. hierzu *A. Grillmeier*, a.a.O. 453–457; inbezug auf die Trennung der beiden Bezugspunkte und das Einheitsmodell spricht auch *Grillmeier* von »typisch ›antiochenischen‹ Zügen« (456).

[44] *P. Smulders*, a.a.O. 438, A. 79.

[45] Vgl. *A. Grillmeier*, a.a.O. 454.

[46] Ob *Eusebius* tatsächlich den Begriff Sarx anthropologisch so partiell verstanden hat, wie *Grillmeier* (vgl. ebd. 454, A. 1) darlegt, muß offenbleiben. Wenn *Eusebius* den Tod Jesu mit der Trennung der (göttlichen) Dynamis vom »Fleisch« verbindet, muß das nicht unbedingt auf das Fehlen einer Geistseele hinweisen. Da er die Einheit nach dem Modell der »Einwohnung« göttlicher Kraft sieht, wäre auch denkbar, daß diese sich im Augenblick des äußersten Leidens des »Fleisches« (dem ansonsten die Leiden als tragendem *Subjekt* zugeschrieben werden) zurückzieht – vielleicht um dieses bei der Auferstehung wieder anzunehmen und zu verherrlichen. Wenn auch – dem Schema gemäß – eine ausdrückliche Reflexion der Seele fehlt, muß diese nicht ausgeschlossen sein.

[47] Vgl. hierzu o. 204.205.

[48] *A. Grillmeier* beobachtet richtig, wertet aber – von seinem Verständnis von Chalkedon her – falsch: »Die Unterscheidung der beiden Naturen wird so sehr betont, daß sie zu einer Trennung von Personen zu werden droht« (a.a.O. 444). Ähnlich *P. Smulders*, a.a.O. 438.

Für ihre dennoch festgehaltene Einheit läßt sich – negativ – sagen, daß auf jeden Fall eine seinshafte Verbindung ausgeschlossen ist; positiv hat *Eustathius* offensichtlich noch kein geglücktes Modell zur Verfügung: er wiederholt den traditionellen Topos von der Einwohnung Gottes im Menschen und nennt Jesus, »Gottesträger«. Vielleicht aber zeigt ein heilsgeschichtlicher Rückgriff des *Eustathius*, worin er diese Einwohnung sachlich begründet sieht: Auch in den Propheten wohnte schon Gott, in Jesus aber wohnt er dauerhaft. Diese Dauer des Einwohnens soll wohl die Unwiderruflichkeit der gott-menschlichen Einheit in Jesus Christus ausdrücken, der Vergleich mit den Propheten weist hin auf das Handeln im Auftrag Gottes und im Gehorsam Gott gegenüber, das die Propheten und Jesus gemeinsam hatten, das bei Jesus aber zu einer unauflöslichen Einheit führte. Zwischen den Zeilen kündigt sich hier das antiochenische Denken an.

3.1.4.2 Die Einheit zweier Subjekte in Bewährung und Gnade

Im folgenden kann vorausgesetzt werden, daß die antiochenische Theologie von dem Gegensatzpaar Gott – Mensch ausgeht, an der möglichst umfassenden Göttlichkeit des Logos und des Menschseins Jesu sowie an einer Vermeidung jeglicher naturaler Vermischung interessiert ist. Wie aber konnte dann die Einheit zwischen Gott und Mensch so ausgesagt werden, daß das Bekenntnis »Jesu *ist* (Sohn) Gott(es)« aufrechterhalten werden kann, bzw. was ist der »Inhalt« der christologischen Kopula »ist«?
Die komplexen Bemühungen um dieses Thema, meist in Auseinandersetzung mit der alexandrinischen Theologie geführt, sollen auf wenige Grundtypen reduziert werden, die die Eigenart der antiochenischen Christologie plausibel machen können[49].

Variante 1: Die »intersubjektive« Einheit von zwei Gottessöhnen
Eine frühe Einheitsvorstellung fügt einfach den nizenischen Gottessohn dem ererbten adoptianischen Gottessohn additiv hinzu. Die Gottessohn-Prädikation wird verdoppelt, um einerseits an der großkirchlich rezipierten göttlichen Hypostase des Logos festhalten, andererseits den Hoheitstitel auf die *Bewährung Jesu* zurückführen zu können. So hatte man beiden Instanzen Genüge getan: Nizäa *und* Antiochien. *Die Einheit* des (adoptianischen) Gottessohnes mit dem (natürlichen) Gottessohn beruht auf Bewährung und Gnade.

[49] Hierbei wird nur so viel an theologiegeschichtlichem Material herangezogen, wie zum Verständnis der Darlegung wichtig ist; für weitere Informationen wird auf die reichlich vorhandene Literatur hingewiesen.

Dieser Typos wird von dem in Antiochien geborenen und lange Zeit an der dortigen Exegetenschule lehrenden *Diodor von Tarsus*[50] († vor 394), der damit sicher eine breitere kirchliche Tradition wiedergibt, repräsentiert. Er unterscheidet zwischen einem (unbestrittenen) »Sohn von Natur aus« und einem »Sohn aus Gnade«, also aufgrund von Bewährung und deren Annahme: »Der Mensch, aus Maria geboren, ist Sohn aus Gnade; das Gott-Wort ist Sohn von Natur aus... Für den Menschenleib muß es genügen, die Sohnschaft, die Herrlichkeit, die Unsterblichkeit aus Gnade zu besitzen.«[51]

Von dieser Position aus sieht *Diodor* den *wesentlichen* »Sohn Gottes« und Jesus, den Sohn *aus Gnade*, als *zwei Subjekte* an. Er bekämpft die These, daß »der Leib und das Gott-Wort derselbe ist und nicht einer und ein anderer, sondern ein Zusammengesetzter..... ein einziger Sohn in beiden.«[52] Offensichtlich besteht die Einheit zwischen Jesus und Logos in der Annahme Jesu durch den Logos als Folge seiner Bewährung (wenn auch schon seit der Empfängnis durch Maria).

Dieses Modell wäre einfach das traditionell antiochenische, wenn anstatt Logos unmittelbar Gott (Vater) eingesetzt würde. Die Zeiten monarchianischer Interpretation der christologischen Gottesaussage waren allerdings vorbei, so daß die antiochenische Bewährungschristologie durch eine komplizierte Verdoppelung des Sohngottesbegriffs gerettet werden mußte.

[50] *J. Liébaert*, der in seiner historischen Untersuchung zur Christologie (a.a.O.) wie gebannt ist von der Alternative Logos-Sarx oder Logos-Anthropos, ist der Meinung, die Christologie des *Diodor* stehe wegen einer Bevorzugung des Logos-Sarx-Schemas nicht in der antiochenischen Tradition des *Eustathius*; »vielleicht müßte sie eher zur palästinensischen Theologie in Beziehung gesetzt werden« (a.a.O. 88). Durch die Blickverengung auf *eine* Detailfrage verkennt er den antiochenischen Argumentationsduktus bei *Diodor*. In ähnlicher Weise versucht *A. Grillmeier*, wegen des Logos-Sarx-Schemas und vor allem einer fehlenden theologischen Reflexion der Geistseele Jesu *Diodor* aus der antiochenischen Mentalität herauszulösen (a.a.O. 510–515). Zwar muß auch er einräumen, »daß die Mehrzahl der Ausdrücke in den Schriften Diodors der ›Wort-Mensch‹-Vorstellung entlehnt ist« (512). Dennoch aber sieht er das wesentliche Element in der Logos-Sarx-Rede. Ob es aber nicht auch eine »archaische«, volkstümliche Sprachtradition gibt, angestoßen durch den Johannesprolog und das hellenistische Umfeld Antiochiens, die erst im Gefolge theologischer Auseinandersetzungen sich zu größerer Präzision entwickelt? Jedenfalls ist bei *Diodor* »Fleisch« oder »Leib« oft so verwendet, daß der Sache nach »Mensch« stehen müßte. Das gilt z. B. gerade für die von *Grillmeier* als Beleg herangezogene Bemerkung des *Diodor* zu Lk 2,52 (Fragm. 36): Wenn »das Fleisch« an Alter und Weisheit wächst und die Weisheit »dem Körper« allmählich zugeteilt wird, handelt es sich offensichtlich um eine ungenaue, nicht-theologische Sprache; denn dem »Fleisch« im dichotomischen Sinn wird *Diodor* wohl kaum Weisheit zusprechen wollen. – Diese Deutung wird auch bestätigt z. B. durch den Sprachgebrauch *Theodors von Mopsuestia*, der explizit die menschliche Seele Jesu theologisch reflektiert und doch hin und wieder den Menschen Jesus einfach als »Leib« bezeichnet (vgl. u. 214–217).

[51] Bei *Leontius*, contra Nest. et Eutych. 3 (deutsch: *P. Smulders*, a.a.O. 439). Ähnliche Gedankengänge, wenn auch mit bewußter Ablehnung der Redeweise von zwei Söhnen finden sich bei *Theodor* von Mopsuestia.

Variante 2: Der Gott-Mensch als Vereinigung zweier Subjekte

Die Lösung *Diodors* war unzureichend, weil zwei Gottessöhne unbiblisch und untraditionell waren. Man merkte bald, daß man auf den adoptianischen Gottessohn ganz verzichten und mit dem Gegenüber Gott – Mensch auskommen mußte und sagte: Der Mensch Jesus »ist« der göttliche Logos auf eine Weise, daß keine Vermischung der beiden Naturen zustandekommt. Ihre Verbindung ist begründet im Gehorsam Jesu und seiner Erwählung und Annahme durch Gott. Nicht mehr *wird* Jesus durch seine Bewährung »*Sohn Gottes*«, sondern er wird durch sie *eins* mit ihm.

Bei *Theodor* von Mopsuestia († 428), der in Antiochien geboren, dort Schüler des *Diodor* war und längere Zeit als Mönch in der Nähe der Stadt lebte, findet sich dieser Typus deutlich ausgeprägt. Die Gott-Mensch-Christologie ist für ihn fester Ausgangspunkt. Sie ist motiviert durch die antiochenische Soteriologie[53], gegen *Apollinaris* muß er deswegen auf dem vollen Menschsein Jesu bestehen: »Der Seele Christi kommt eine wesentliche soteriologische Rolle zu, weil durch den freien Willen des aufgenommenen Menschen, der durch den Geist geheiligt... wurde, die Sünde erstmals besiegt worden ist.«[54] Aus den gleichen Gründen unterscheidet er scharf zwischen Gott und Mensch und lehnt auch die als Apollinarismus mißzuverstehende Redewendung »ein und derselbe« ab. »Ich sage, er ist mir konnatural, ich nenne ihn Gott... Der Mensch ist dem Menschen gleichwesentlich (consubstantialis), Gott aber ist Gott gleichwesentlich.«[55]

In Jesus Christus stehen sich *zwei Subjekte* gegenüber: »Er, der annahm, war nicht er, der angenommen wurde, und er, der angenommen wurde, war nicht er, der annahm; sondern er, der annahm, ist Gott, während er, der angenommen wurde, Mensch ist.«[56]. Oder: »... der Sohn der Maria soll nicht für Gott, das Wort, erachtet werden. Die Sterbliche nämlich gebiert einen Sterblichen der Natur.«[57]

Die Verbindung zwischen den beiden ist unaussprechlich[58]. »Wenn wir die Naturen unterscheiden, nennen wir die Natur Gottes, des Wortes, vollkommen und vollkommen sein Prosopon..., die Natur des Menschen aber (ebenso) vollkommen und gleichermaßen sein Prosopon. Wenn wir aber die Vereinigung (coniunctio) betrachten, sprechen wir *dann* von *einem* Prosopon.«[59] Diese »Ein-Personalität« wird schon einen Satz vorher bildhaft in ihrem Inhalt erläutert: »Wie nämlich von Mann und Frau gesagt wird, daß sie nicht mehr

[52] Fragm. 2 (deutsch: *P. Smulders*, a.a.O. 439).

[53] Vgl. hierzu *A. Grillmeier*, a.a.O. 615–617.

[54] *J. Liebaert*, a.a.O. 93.

[55] Aus De incarn. nach: Mansi 4,50 (220).

[56] Hom. Cat. 8,1 (deutsch: *P. Smulders*, a.a.O. 443).

[57] Aus den von *Cyrill* verurteilten Thesen *Theodors* (Echtheit?), nach Mansi 4,45 (219).

[58] Hom. Cat. 8,17.

[59] Aus de incarn. nach Mansi 4,29 (215); der gleiche Text als Fragm. VI (nach *Leontius*) bei *H. B. Swete*, Theodori Episcopi Mopsuesteni in Epistolas B. Pauli Commentarii 1880–1882, II 229.

Zweie sind, sondern *ein* Fleisch, so sollen wir auch vernünftigerweise gemäß dem Prinzip der Einheit sagen, daß es sich (in Jesus Christus) nicht um zwei Personen handelt, sondern um *eine* – natürlich bei Unterscheidung der Naturen.«[60]

An dieser Stelle wird die Sinnspitze der Ausführungen deutlich; die »personale« (griechisch: Prósopon) Einheit zwischen Gott und dem Menschen Jesus ist vergleichbar mit der ebenso gedachten Verbindung von Mann und Frau in der Ehe[61]. Diese Einheit aber ist, so könnte man interpretieren, eine liebende, ganzheitliche Zuordnung zweier Subjekte, die gerade in ihrer Einheit verschieden bleiben und sogar in ihrer jeweiligen Andersartigkeit bestätigt und erfahren werden. Sie ist begründet in Liebe, freier Entscheidung zueinander, der Annahme jeweils des anderen, oder – wie *Theodor* für das Verhältnis von Gott und Jesus sagt – im »Wohlgefallen«, vermittelt durch den Heiligen Geist (also Gnade)[62]«. Durch Gnade ist ›Sohn‹, der aus Maria Mensch ist, von Natur aus (Sohn) ist Gott, das Wort... Aber (es gibt) nicht zwei Söhne. Es möge dem Leib, der uns entstammt, Sohnschaft, Herrlichkeit und Unsterblichkeit genügen, weil er Tempel Gottes geworden ist.«[63]

Die Einheit beider Naturen in einem Prósopon[64] will also sagen: Wie Mann und Frau in ihrem Binnenverhältnis wie auch nach außen eine Einheit aufgrund gegenseitigen Sich-aufeinander-Verfügens darstellen, so verhält es sich auch in der Einheit der beiden Subjekte Jesus und Gott-Logos. Diese Einheit ist nur für denjenigen »bloß« moralisch, also »nicht wirklich«, für den alles »Geschichtliche«, also im freien Verhalten begründete, keine rechte Realität hat. Insofern ist es überflüssig, bei *Theodor* nach Hinweisen auf (einseitig verstandene) »Orthodoxie« zu suchen und hinter seinen Ausführungen Andeutungen in Richtung »realer« Einheit aufzuspüren. Für den Antiochener

[60] Ebd.

[61] Die Versuche *Grillmeiers, Theodor* eine – wie er sie versteht – »Orthodoxie« zuzusprechen (»*ein* Ich ist in beiden Naturen«, a.a.O. 625), führen nicht zu überzeugenden Ergebnissen. Wohl verwendet *Theodor* auch den Leib-Seele-Vergleich für das Verhältnis zwischen Logos und Jesus (4. Buch Adv. Apoll., fr., bei *Swete*, II 318.319); der ganze Zusammenhang aber macht deutlich, daß hierbei nicht an eine in Richtung Seinsanalyse (*so Grillmeier*, a.a.O. 629) zielende Einheitsinterpretation gedacht ist, sondern – im Gegenteil – an *Unterscheidung* der Naturen: Für *Theodor* sind Fleisch und Seele separate »Naturen« (sterblich-unsterblich/vernünftig-vernunftlos), die auch im konkreten Menschen getrennt bleiben (»die Seele ist eines, das Fleisch ein anderes«). Aus beiden wird der Mensch, ohne Vermischung, ohne physische Einheit. Kurz: Er verwendet das Leib-Seele-Bild völlig anders, als dies die alexandrinische Tradition tut.

[62] Vgl. *Rudolf Bultmann*, Die Exegese des Theodor von Mopsuestia, posthum hrsg. von *Helmut Feld* u. *Karl Hermann Schelkle*, Stuttgart, Berlin, Köln, Mainz 1984, 94: »Ohne Scheu stellt Theodor die Begnadigung, die Jesus erfahren hat, prinzipiell in eine Linie mit der Gnade, die andere Menschen auch erfahren.«

[63] Aus den von *Cyrill* verworfenen Thesen *Theodors* nach Mansi XI 4,44 (219). Ob diese Ausführungen authentisch sind, kann hier dahingestellt bleiben; jedenfalls geben sie der Sache nach die Meinung *Theodors* wieder.

[64] Vgl. zu diesem Begriff sowie zur Abgrenzung gegenüber Hypostasis bei *Theodor*: *A. Grillmeier*, a.a.O. 626–632.

genügten diese Ausführungen, um Jesus als menschgewordenen Gott bekennen zu können.
Hier ist die Bewährungschristologie bzw. staurozentrische Soteriologie voll aufrecht erhalten[65], allerdings nicht mehr in dem Sinn, daß die theós-Qualität selbst ein Resultat des Lebens Jesu ist; sie selbst ist mittlerweile einfachhin vorausgesetzt. Wohl aber schafft der *Gehorsam* Jesu, seine liebende Hingabe an den Willen des Vaters, die Grundlage für eine dem Verhältnis von Ehegatten vergleichbare »ewig unlösbare«[66] *Einheit* zwischen Logos und Jesus.
Im Rahmen dieser Theologie erscheint aber der »Logos« selbst wie ein lediglich rituell übernommener Begriff. Ihre Aussage wäre konsequenter, wenn sich ausschließlich Jesus und Gott-Vater, in liebendem Gehorsam und liebender Annahme, gegenüberstünden und eine Einheit bildeten. Die hellenistische Christologie ist keineswegs bestritten, aber in ihrem Grundanliegen entmächtigt; eine »Vergöttlichung« spielt soteriologisch keine Rolle, so daß die Verbindung Jesu mit dem *Logos* (statt mit dem Vater) letztlich funktionslos wird.

Variante 3: Die unzureichende Einheitsdefinition in gegenständlicher Sprache

Die Aussage dieser Variante ist sachlich identisch mit der als »Variante 2« geschilderten. Zur Umschreibung der Einheit zwischen Logos und Jesus werden aber nicht an der Geschichte sich orientierende Bilder, sondern Vergleiche aus der sachhaften Wirklichkeit gewählt, wie sie auch in Alexandrien unmittelbar verständlich waren. In dieser dritten Variante wird das antiochenische Einheitsmodell in einer ihm »fremden« unangemessenen Sprache ausgedrückt: mit den Mitteln kosmozentrischer Begriffe, wie sie auch in Alexandrien üblich waren.

Diese Variante hat eine alte Tradition: nach Kol 2,9 *wohnt* in Christus die Fülle der Gottheit. Es wäre seltsam, wenn dieses neutestamentliche Motiv nicht auch in den späteren theologischen Reflexionen verwendet worden wäre. Es begegnet in Alexandrien (z.B. *Origenes*, *Athanasius*), aber auch im syrischen Raum (*Paul* von Samosata, *Eusebius* von Emesa, *Eustathius* von Antiochien, *Diodor*, *Theodor* von Mopsuestia usf.). Es wird im Lauf der Zeit immer neu

[65] *P. Smulders*, a.a.O. 442, schreibt in Bezug auf *Theodor*: »Noch charakteristischer ist für Antiochien, daß diese scharfe Unterscheidung (der Naturen) nicht von einem positiven Interesse für das Menschliche der Person Jesu inspiriert wird, sondern vor allem von der Sorge, das Göttliche vor jeder Befleckung durch das Menschliche zu beschützen«. Genau umgekehrt verhält es sich in Wirklichkeit: Das ganze Interesse geht darauf, eine physische Einheitsvorstellung (die immer mit Vermischung verbunden ist) abzuwehren, um die soteriologische Relevanz des Lebens und Sterbens Jesu aufrechterhalten zu können. Die Meinung *Smulders* hat vielleicht darin ihre Wurzel, daß Antiochener gegen Angriffe von außen nur schlecht ihre am Menschen Jesus orientierte Bewährungschristologie ins Feld führen – diese war ja gerade angegriffen –, sondern viel leichter die Menschheit Jesu verteidigen konnten mit Hinweisen auf die Respektierung des Göttlichen.

[66] Hom. Cat. 8,17.

variiert und mit neuen Assoziationen angereichert: Gott oder der Logos wohnen in der Sarx oder im Menschen wie in einem Tempel, ziehen die Sarx oder den Menschen an wie ein Kleid usf.

In der nachnizenischen Diskussion sollen diese Bilder, sofern sie von antiochenischer Seite benutzt werden, einmal eine sehr enge Verbindung anzeigen (im Bild: räumliche Nähe sowie funktionale Hinordung des Tempels ((der Sarx)) oder des Kleides auf den Bewohner oder Benutzer), zum anderen eine Einheit naturaler Art ausschließen. Durch sie konnte aber der eigentümliche Inhalt der antiochenischen intersubjektiven Einheitsvorstellung nicht (vor allem, weil die Rolle der Sarx oder des Menschen rein sachhaft-objekthaft beschrieben wurde) ausgedrückt werden. Von den Gegnern der antiochenischen Theologie wurden deswegen bald die Schwachstellen dieses Redens aufgedeckt: Die christologische Einheit erschien als recht äußerlich, akzidentiell und beliebig. Aus einer Sprachverlegenheit geboren, verstärkten diese Vergleiche die Argumentation gegen ihre Vertreter.

Für *Johannes Chrysostomus* (†407) wird diese Variante zum zentralen Ausdruck seiner Christologie. In Antiochien geboren, Schüler des *Diodor* und lange Zeit Priester in seiner Heimatstadt, benutzt er stärker die klassische hellenistische Sprache. »Seine Formulierung des Menschwerdungsgeheimnisses ist... ohne spezifisch »antiochenische« Charakteristik im üblichen Sinn dieses Wortes«[67]. Wie alle antiochenischen Theologen aber will er die Unvermischtheit der beiden Naturen aufrechterhalten, ebenso ihre Einheit. Diese charakterisiert er als »ein Etwas«, ist sich aber der Aporie dieser Sprache bewußt: »Denn durch die *Vereinigung* und *Verbindung* ist das Gott-Wort und das Fleisch *ein Etwas*: nicht durch Vermischung oder Vernichtung der Wesen, sondern durch *eine unaussprechliche und unsagbare Vereinigung*.«[68] Oder: »Ein Gott, ein Christus... Wenn ich sage ›*ein*‹, meine ich Vereinigung, nicht aber Vermischung, als ob die eine Natur in die andere verwandelt worden sei; sondern sie ist damit vereinigt.«[69] *Johannes* greift also die »alexandrinische« Problematik und Sprachebene auf, weiß aber, daß die Vereinigung in diesen Begriffen ›unaussprechlich‹ ist, wenn – antiochenisch – an der Integrität der Naturen festgehalten wird.

Die Hilflosigkeit einer Einheitsdefinition auf dieser sachhaft-naturalen Ebene wird deutlich in der Verwendung der Bilder für das Fleisch als »Kleid« oder »Ort des Einwohnens« und »Zeltens« des Logos[70]. »Es ist keine Veränderung dieser unveränderlichen Natur (des Logos), sondern ein Zelten und Einwohnen. Und was wohnt, ist nicht dasselbe wie das Zelt, sondern etwas anderes, denn das eine wohnt im anderen.«[71] Einheit wird hier zu einer quasi räumlich vorgestellten Nähe zweier Naturen.

[67] *J. Liébaert*, a.a.O. 99.

[68] Hom. in Joh. 11,2 (deutsch: *P. Smulders*, a.a.O. 440.441).

[69] Hom.Phil. 7,2–3 (deutsch: *P. Smulders*, a.a.O. 441).

[70] Hierbei wird das johanneische Bild (Joh 1,14b) eigentümlich verschoben: Der Sarx gewordene Logos hat – nach dem Johannesprolog – »unter uns gezeltet«, jetzt aber »zeltet« der Logos *in der Sarx* (= Jesus).

[71] Vgl. A. 68.

Auch in dieser Variante antiochenischer Christologie wird nicht recht ersichtlich, wieso es ein eigener Logos sein mußte, der in Jesus Wohnung genommen hat; er wird vielmehr einfach vorausgesetzt. Mit großer Gewißheit spielte allerdings auch für *Johannes Chrysostomus* der Logos keine (im Unterschied zu Gott) eigenständige soteriologische Rolle, wohl aber die Einheit Jesu mit »Gott« (In einem »einzigen« Text wenigstens ist auch »von der Annahme des Menschen die Rede«)[72].

Nach *P. Smulders* »scheint die charakteristische Christologie Antiochiens aus der Sorge geboren und gewachsen zu sein, die wahre Gottheit Christi unangetastet aufrechtzuerhalten.«[73] Diese Aussage gilt m. E. nur insofern, als die Antiochener für ihre soteriologische Konzeption die Relation »sich bewährender Mensch« (Jesus) und »annehmender Gott« sowie eine Begründung der Einheit in »Gehorsam« auf der einen und »Gnade« auf der anderen Seite brauchten. Eine eigene Logos-Hypostase war letztlich in *diesem* christologischen System funktionslos, nachdem Nizäa sie als »wahres« Gott-Sein definiert hatte, so daß Jesus aufgrund seiner Bewährung *nicht mehr Gott werden, sondern nur noch mit ihm*, wie auch immer, *»vereinigt« werden konnte.* Wahrscheinlich war jetzt sogar die Homousie des Logos eine willkommene Begrifflichkeit, um nicht allzu betont vom Logos im Unterschied zum Vater reden zu müssen[74]. So wird sehr häufig – was wie Treue zu Nizäa aussehen konnte, aber anders motiviert war – dem Begriff Logos gleich »Gott« beigefügt: das Gott-Wort.
Die Antiochener waren also nicht so sehr Verteidiger der hypostatisch eigenständigen Gottheit *Christi*, sondern der gleichwesentlichen *Gottheit* Christi, wobei die Korrelation zwischen Gott (notgedrungen der Logos) und Christus (der sich bewährende Jesus) auf der Ebene eines, modern ausgedrückt, intersubjektiven Sich-Aufeinander-Verfügens und Einander-Annehmens gedacht bzw. – alexandrinisch-ontisch gewendet – als ein Nebeneinander zweier intakter Naturen ausgedrückt wurde.
Anders gesagt: Die Gottheit Jesu Christi wurde nicht geleugnet, im Gegenteil sogar im nizenischen Homoúsios verankert. Dennoch aber ist paradoxerweise *das tradierte hellenistische Gottessohnbekenntnis soteriologisch entmächtigt*, der Logos ist unbefragt rezipierter Bestandteil der etablierten Trinitätslehre, die selbst keinerlei christologische Funktion besaß.

[72] *J. Liébaert*, a.a.O. 99 (Er bezieht sich auf eine bei *Baur*, Johannes Chrysostomus 1,297, referierte Stelle aus Adv. Anomoeos hom. 7,6 (PG 48, 765); als weitere Stelle wäre allerdings zu nennen: In quatrid. Lazarum 1 (PG 50, 642).
[73] A.a.O. 437; vgl. auch zu *Theodor* von Mopsuestia o. 217.
[74] Selbst *Smulders* muß einräumen (a.a.O. 449), »daß in Antiochien die Logoslehre und die Bezogenheit jedes Menschen auf das Wort kaum mehr eine Rolle spielen«.

Was die Antiochener christologisch zu sagen hatten, ließe sich ohne Logos einfacher und ohne Minderung der ganzen Aussageabsicht formulieren: Der Mensch Jesus hat sich in Gehorsam und Liebe bis zum Kreuz so sehr Gott (dem Vater) hingegeben, daß dieser ihn, und mit ihm uns alle, angenommen hat; zwischen Gott und Jesus (und somit in geminderter Form – durch Jesus vermittelt – zwischen Gott und uns) besteht eine unauflösliche Einheit wie zwischen Mann und Frau, die »ein Fleisch werden«.
Als Résumée läßt sich also festhalten: *Die westsyrische Christologie blieb durch die verschiedenen Stadien hindurch dieselbe, wenn sie sich auch – mit Rücksicht auf die großkirchliche Entwicklung – je anders verbalisieren mußte: Wenn sich die Bewährungschristologie zunächst als monarchianische und/oder adoptianische Christologie konkretisierte, konnte sie dies auf dem Boden von Nizäa nur noch in der neuen Version eines intersubjektiven Einheitsmodells.* Der Grund für diese Traditionskontinuität ist zu suchen in der spezifischen westsyrischen Soteriologie, die anders nicht »getauft« werden konnten.

3.1.4.3 Der Nestorianismus

Die antiochenische Konzeption mußte zwangsläufig von der den Hellenismus in klassischer Form repräsentierenden alexandrinischen Tradition als häretisch empfunden werden. Sobald der relative Schutz, den das Eigenleben der syrischen Region einem Prediger oder Theologen bieten konnte, verlassen und somit beide Ansätze unmittelbar einander konfrontiert wurden, war der Konflikt, wie auch schon in der Vergangenheit, unvermeidlich. Die Auseinandersetzungen wurden noch verschärft durch kirchenpolitische Motive, die an dieser Stelle aber unbeachtet bleiben sollen.

Nestorius († 451) hatte das Unglück, zwischen die Mühlsteine zweier unvereinbarer Denksysteme zu geraten und den Streit auszulösen, als er im Jahre 428 Patriarch von Konstantinopel wurde. Geboren in Ostsyrien, war er später Mönch und Priester in Antiochien gewesen, wo er vielleicht Schüler des *Theodor* von Mopsuestia[75], auf jeden Fall aber in der Mentalität der antiochenischen Schule großgeworden war.
In der Hauptstadt fand er – neben anderen »häretischen« Gruppierungen – zwei Parteien vor, die sich heftig bekämpften. Die eine, wohl antiochenischer Prägung, bestritt radikal die Gottesmutterschaft Mariens, die andere, die einen starken Rückhalt vor allem in den von alexandrinischer Tradition beein-

[75] So z. B. *B. Altaner*, a.a.O. 302. Zweifel an der unmittelbaren Schülerschaft äußert z. B. *Pierre-Thomas Camelot*, Ephesus und Chalcedon (Geschichte der ökumenischen Konzilien, hrsg. von *G. Dumeige* und *H. Bacht*), Bd. II, Mainz 1963, 29, A. 1.

flußten Mönchskreisen hatte, hielt eben diese Gottesmutterschaft für eine conditio sine qua non des Christentums.

Diese Auseinandersetzung, sicherlich auch schon durch ein neues Interesse der Frommen an Maria angeregt, hatte vor allem christologisch-soteriologische Wurzeln: Hat Maria nur den »Menschen« oder den (späteren) »Christus« geboren, ist sie also Menschengebärerin (ἀνθρωποτόκος) bzw. Christusgebärerin (χριστοτόκος), oder aber war Jesus vom ersten Augenblick der Empfängnis an schon der inkarnierte Logos und Maria somit Gottesmutter (θεοτόκος)[76].

Nestorius bezieht sehr entschieden Stellung: »Hat denn Gott eine Mutter? Dann freilich verdienen die Heiden keinen Vorwurf, wenn sie den Göttern Mütter unterstellen«[77]. Oder noch schärfer und mit christologischer Zielrichtung, die Naturen nicht zu vermischen: »Nein, mein Bester, Maria hat nicht Gott geboren (denn was vom Fleisch geboren ist, ist Fleisch); nicht hat geboren das Geschöpf den, der nicht geschaffen werden kann; nicht hat der Vater aus der Jungfrau noch einmal Gott das Wort gezeugt...; nicht hat das Geschöpf den Schöpfer geboren, sondern den Menschen, der das Werkzeug der Gottheit war... vielmehr ist dem Wort Gottes ein Tempel gebildet worden...«[78] *Nestorius* greift also, um die beiden Naturen nicht vermengen zu müssen, auf das Einheitsmodell vom Einwohnen des Logos im Tempel Jesus zurück (vgl. o. »Variante 3«).

Wie also ist Maria zu nennen? An dieser Stelle bevorzugt *Nestorius*, um den Konflikt nicht noch zu verschärfen, anstatt »Menschenmutter« den Titel »Christusgebärerin«, weil der Name Christus den Mittler und also die Vereinigung von Gott und Mensch bezeichnet. Zwar lehnt er ausdrücklich und entschieden die Redeweise von zwei Gottessöhnen ab[79], der Sache nach aber wird die »Verdoppelung« *Diodors* aufgegriffen (vgl. »Variante 1«): Der Mensch Jesus und der göttliche Logos sind vereinigt in dem einen Christus, weder im Logos noch in der Menschheit, sondern in »der *Würde*«, »der Kraft«, »der Macht«, dem »Prosopon«[80]. Noch deutlicher: »Christus ist unteilbar in dem Christussein, er ist aber doppelt in dem Gott- und Mensch-Sein... Wir kennen

[76] Nach *P. Smulders* (a.a.O. 455, A. 23) findet sich θεοτόκος vielleicht schon bei *Hippolyt* und *Origenes* und wurde im Verlauf des 4. Jahrhunderts auch bei nichtalexandrinischen Predigern »Gemeingut«. – Sicherlich aber gehörte der Begriff in Alexandrien, wo er seit *Athanasius* auch in die Liturgie eindrang, zum festen Bestand, während er in Antiochien bisweilen, z. B. bei *Diodor* und *Theodor*, auf Vorbehalte stieß.

[77] Predigt gegen das theotókos, ACO I, 5, S. 30. Es bringt nicht viel, wenn man, wie *A. Grillmeier*, a.a.O. 643.644, die Polemik des *Nestorius* gegen den Begriff »theotókos« auf Unkenntnis der alten kirchlichen Tradition zurückführt und, zusammen mit seinen zeitgenössischen Gegnern, »als eine ungerechtfertigte Verwerfung eines legitimen (?) Kerygmas« und als einen ›ökumenischen Skandal‹ bezeichnet (643). Wichtig ist nur, daß dieser Topos in der Heimattradition des *Nestorius* offensichtlich ungebräuchlich war.

[78] 1. Predigt gegen theotókos, ACO I, 5, S. 30.

[79] Vgl. z. B. *A. Grillmeier*, a.a.O. 651.652.

[80] Vgl. *F. Loofs*, Nestoriana. Die Fragmente des Nestorius gesammelt, untersucht und hrsg., Halle 1905, 196.

nicht zwei Christus oder zwei Söhne..., nicht einen ersten und einen zweiten Christus, sondern einen und denselben...«[81]. *Nestorius* kann deswegen eine Verdoppelung der Sohnschaft vermeiden, weil er im Christustitel eine einfache Möglichkeit findet zu sagen, was er meint: Weil Jesus sich bewährt hat (und von Gott hierzu von Anfang an ausersehen war), ist er der Christus geworden und durch diese Würde mit dem naturalen Sohn, dem Logos, verbunden. Er unterscheidet also zwischen dem naturalen Sohn und Christus (und Jesus). Die Einheit in Christus ist Gnade und »ein freiwilliges Anhängen Jesu an das Wort«[82], also Bewährung; in dem »Christus« aber ist dann wirkliche[83] Einheit *in einem Prósopon* gegeben, so daß er sich gegen seinen Feind *Cyrill* zur Wehr setzen kann: »Aber nicht bloßer Mensch ist Christus, du Denunziant, sondern Mensch zugleich *und* Gott.«[84] *Nestorius* überwindet also für sich das bloße Nebeneinander von Gott und Mensch (»kein anderer war das göttliche Wort und kein anderer der Mensch«)[85], sie bilden eine reale Einheit in »Christus«, also in Bewährung und Gnade, und zwar so, daß Maria schon Christusmutter genannt werden kann, die Einheit also durch die Erwählung Gottes schon bei der Empfängnis gegeben war. Ja, wenn man den Begriff nur richtig versteht, darf man sogar – mit Einschränkungen – theotókos sagen[86].
Der Einheitspunkt selbst wird von *Nestorius* noch tiefer durchdacht und »auf den Begriff gebracht«. In einem Brief führt er dazu aus: »*Zwei Arten* von Zueignung (familiaritas, οἰκείωσις) nehme ich an: *die erste, ein natürliches Behaftetsein* mit den Leidenschaften, wie es zwischen Seele und Leib gilt; *die andere*, die gemäß einer geistigen Teilnahme, obwohl selbst nicht betroffen, zu einem anderen hin geschieht, (wegen einer gewissen Liebe) wie sie die Könige zu ihren eigenen (Bildern) haben.... Wenn wir aber die Schmach des Fleisches am Kreuz nach Art des Bildes des Königs auf Gott das Wort beziehen, so müssen wir sagen, daß die Schmach des Fleisches infolge einer freiwilligen Zuneigung auch die der Gottheit *ist*.«[87]

[81] *F. Loofs*, Nestoriana, 280.
[82] *P. Smulders*, a.a.O. 455.
[83] *P. Smulders*, a.a.O. 455, charakterisiert diese Einheit als »Seinseinheit« im Sinne *Cyrills* mit einem Verweis (vgl. ebd. A. 24) auf Passagen im Liber Heraclidis, in denen *Nestorius* seine christologische Prosoponvorstellung mit der synonymen trinitarischen Begrifflichkeit (*Smulders*: »also in ausgesprochen ontologischem Sinn«) vergleicht. Diese Argumentation überzeugt nicht: Noch abgesehen von der Frage, wie weit sich dieser Vergleich der Selbstrechtfertigung oder auch unklaren Begriffen verdankt, widerspricht ein »ontologisches« (womit *Smulders* »seinshaft« meint) Prosopon der ganzen Gedankenführung des *Nestorius*. Vgl. auch *P.-Th. Camelot*, Ephesus und Chalcedon, 31, zum Liber Heraclidis: »Vielleicht zeugt das Werk von einer gewissen Entwicklung in seinem Denken oder wenigstens in seiner Ausdrucksweise, aber die Grundtendenzen sind die gleichen geblieben. So bestreitet er doch noch immer, daß das *Theotókos* je von den Vätern gebraucht worden sei«. Vgl. u. 259.260.
[84] Zitiert im Brief des *Cyrill* gegen *Nestorius*, II 10, ACO I, 1,6, S. 47.
[85] *Loofs*, Nestoriana 224, vgl. 308. Diese Aussage aber ist zusammenzudenken mit der immer durchgehaltenen doppelten Subjekthaftigkeit von Jesus und Logos, vgl. *Ch. Pesch*, Nestorius als Irrlehrer, Paderborn 1921, 84ff.
[86] Nestorii ep.ad Coelestinum 2, ACO I, 2, S. 13.
[87] In: *Severus* von Antiochien, Contra impium Grammaticum II, 37 (CSCO 112, 227).

Diese faszinierenden Ausführungen kranken lediglich an einem Punkt; hätte *Nestorius* statt des Vergleichs von König und Königsbild den des Verhältnisses von Mann und Frau seines (möglichen) Lehrers *Theodor* gewählt, wäre noch deutlicher geworden, was er sagen will: Einheit kann nicht nur natural definiert werden – und das darf bei dem Gottmenschen nicht sein, will man nicht die Naturen vermengen –, sondern auch »intersubjektiv« (vgl. o. »Variante 2«): Zwei Subjekte verhalten sich frei und liebend aufeinander hin und bilden so eine wirkliche Verbindung[88] (*Nestorius* bevorzugt den Begriff συνάφεια, Zusammenhaften, vor dem Begriff ἕνωσις, Einheit)[89]. Vielleicht hat er das Bild auch bewußt gewählt, um die souveräne Rolle Gottes und die empfangende Position des Menschen, auch Jesu, im Heilsgeschehen zu betonen. *Nestorius* hat also in einer Umwelt, in der große Gruppen von alexandrinischer Mentalität bestimmt waren, noch einmal artikuliert, was bei ihm zu Hause eine gute Tradition hatte; wieso er die antiochenische Tradition »deformiert«[90] haben soll, ist nicht ersichtlich.
Das Motiv für den folgenden Streit sieht *P. Smulders* richtig in der Auseinandersetzung um die »Mitte des Heilsglaubens« und meint: »Für die antiochenische Tradition des Nestorius lag dieser Kern in der vollen Gottheit des Wortes«[91], die nicht durch eine allzu enge Verbindung mit der Menschheit in Gefahr gebracht werden durfte. Diese volle Gottheit sei in Antiochien, wie er an anderer Stelle ausführt, »absolut statisch« gedacht[92]. *Smulders* verkennt hier, wie in allen seinen Ausführungen zur antiochenischen Theologie[93], das wahre Anliegen dieser »Schule«: Es geht primär um die Aufrechterhaltung einer staurozentrischen Soteriologie bzw. einer Bewährungschristologie, die durch die hellenistische, vor allem alexandrinische Inkarnationssoteriologie und die entsprechende Logos-Sarx-Christologie bedroht war. Oberste soteriologische Leitidee war die Erlösung der freien menschlichen Natur von ihren sündigen Entscheidungen, ihrem Ungehorsam, ihrer Abwendung von Gott. Diese aber ist den Menschen zuteil geworden, weil sich Gott in Jesus Christus den Menschen radikal und irreversibel zugewendet hat. Jesus ist »der Christus« für uns, weil er von Gott von der Empfängnis an erwählt und angenommen wurde und sich in der Hingabe zu Gott bis zum Kreuz »bewährt« hat. *Horst Dallmayr* weist auf Stellen in den Schriften des *Nestorius* hin, »an denen er die Meinung ausdrückt, daß die Menschheit Christi sich die Teilhabe am göttlichen Logos durch sittliche Anstrengung, durch Leiden und Sterben allmählich habe verdienen müssen.«[94] Diese Stellen sind nicht besonders betont, weil

[88] Vgl. *Ch. Pesch*, a.a.O. 90: »daß nach Nestorius sowohl der Logos wie der Mensch Jesus vollständig in sich bestehende Wesen sind, die aber in gegenseitigem Erkennen und Wollen so eng miteinander verbunden sind…, wie wenn sie *ein* Wesen wären.«
[89] Vgl. *J. Liébaert*, a.a.O. 107.
[90] *J. Liébaert*, a.a.O. 109.
[91] A.a.O..456.
[92] Ebd. 448.
[93] A.a.O. 437–449.
[94] A.a.O. 183. Überhaupt hat der »Hobby-Theologe« *Dallmayr* in seinem vorzüglichen Buch die komplexen Traditionen und Motivationen sensibler wahrge-

sie selbst nicht umstritten waren, sie sind aber ein Hinweis auf den antiochenischen Hintergrund, auf dem alle Gebäude errichtet wurden. Die Erlösung durch den Christus Jesus aber ruht vor allem auf der gnadenhaften Initiative Gottes, der Jesus zu seiner Gehorsamstat erwählt hat; der Wahrung der Souveränität Gottes gilt die Hervorhebung der »vollen Gottheit«. Darüberhinaus aber wird in diesem Denkansatz die eigene Hypostase des Logos christologisch-soteriologisch funktionslos; die Korrelation Vater-Jesus würde vollauf die geforderten Bedingungen der antiochenischen Soteriologie erfüllen. Von *dieser* Christologie und ihrem Einheitsmodell aus ergibt sich keinerlei Postulat nach einer Zueignung des theós-Titels für Jesus auf eine Weise, daß diese »Qualität« eine ihm im Unterschied vom Vater zukommende Größe ist. Weil der Logos aber mittlerweile großkirchlich als »das« an Gott rezipiert war, »was« mit Jesus sich verbunden hat, mußten die Antiochener ein Interesse daran haben, seine Identität mit Gott schlechthin zu verteidigen; wenn das Gottsein des Logos im Gefolge des nizenischen Homoúsios herausgestellt wurde, konnte seine unbetonte hypostatische Besonderheit integriert werden: ein zweites Motiv für das Insistieren auf der »vollen Gottheit«.
Ein dritter Gesichtspunkt schließlich ergibt sich aus der polemischen Auseinandersetzung: Die antiochenische Verteidigungsposition mußte sich, um sich verständlich zu machen, der großkirchlich rezipierten, d. h. der herrschenden hellenistisch-alexandrinischen Terminologie bedienen (dieser Satz darf nicht als Kennzeichnung einer bewußten »Taktik« mißverstanden werden). Wie aber ließ sich ad hominem besser mit den Gegnern argumentieren als durch ein Eingehen auf ihre eigenen postnizenischen Anliegen? Von der Betonung der Homousie her konnte das antiochenische Konzept als Forderung der orthodoxen Christologie und Trinitätslehre aufgezeigt werden.

Letztlich läßt sich die antiochenisch-nestorianische Konzeption als eine neue Variante des Adoptianismus[95] in orthodoxem trinitarischem Gewand verstehen; obwohl der Logos ausdrücklich bekannt und sogar leidenschaftlich in seiner Göttlichkeit verteidigt wird, leben die alten adoptianischen Motive weiter und finden zu einer neuen Sprachwerdung auf dem Hintergrund der gelaufenen, in ihrer christologischen Funktion nicht mehr verstandenen trinitarischen Entwicklung. Nur dann muß eine adoptianische Bewährungslehre des *Nesto-*

nommen und dargestellt als viele professionelle Theologiegeschichtler. *A. Grillmeier*, a.a.O. 659, ist anderer Meinung: »Der aktive Teil ist die Gottheit Christi, der passive die Menschheit. Da ist kein Platz für irgendein *meritum*, ein Verdienst, aufgrund dessen der Mensch Jesus die Ehre der Sohnschaft verdienen würde.« Hieran ist richtig, daß für *Nestorius* Gott ganz der aktive Teil ist (vgl. auch den Vergleich mit der Zuordnung des Königs zu seinen Bildern) – insofern gibt es keinen Adoptianismus mehr; dennoch aber ist die (gottgewirkte) Übereinstimmung von »Absicht und Wollen« (*Loofs*, Nestoriana 224, 15) Basis der christologischen Einheit.

[95] Mit dieser These ist die *Struktur* der Argumentation gemeint, *nicht das konkrete System*; für dieses stellt *Smulders* richtig fest, daß es nicht adoptianisch ist (a.a.O. 445).

rius bestritten werden, wenn diese im traditionellen Sinn verstanden wird: »daß er sich allmählich die göttlichen Attribute verdiente«[96]: So konnte im 5. Jahrhundert nicht mehr gesprochen werden. Wohl aber »verdiente« sich Jesus die in seiner Christusqualität lokalisierte *Einheit* mit Gott deswegen, *weil Gott* ihn schon vom Mutterschoß an begnadet hatte – *eine adoptianische Konzeption auf neuer Ebene.* Diese Aussage soll nicht den Nestorianismus als »häretische« Bewegung charakterisieren, sondern lediglich die kulturgeschichtlich bedingten Strukturen dieser Christologie aufzeigen[97].

Aufgrund dieses paradoxen Sachverhalts verlief auch die jetzt beginnende Auseinandersetzung recht eigentümlich. Die alexandrinischen Gegner haben richtig empfunden (»*Cyrill* witterte schon richtig...«)[98], daß die tradierte Logos-Mensch- (bzw. Sarx)-Christologie mit der sie tragenden »naturalen« Vergöttlichungssehnsucht funktionslos zu werden drohte; wegen der antiochenisch-nestorianischen Hervorhebung der »vollen Gottheit« des Logos aber haben sie den wirklich entscheidenden Punkt nicht erkannt: *die Abkoppelung der trinitarischen Logos-bzw. theós-Qualität (Jesu) aus der Christologie und Soteriologie.* Vielmehr haben sie ihre eigenen Angriffe gerichtet auf das christologische Einheitsmodell, dessen Denkvoraussetzungen sie vielleicht geahnt, nicht aber begrifflich erfaßt hatten. Wie sie es verstanden, war die Einheit nicht »real« genug definiert, und so kämpften sie soteriologisch um die Geltung der »naturalen« Tauschtheorie, christologisch um die in Jesus Christus selbst geschehene Vermittlung zwischen Gott und Mensch durch eine »wirkliche« Einheit; für sie war die hypostatische Besonderheit der christologischen theós-Prädikation soteriologisch unabdingbar.

Exkurs: Die Einheit von Logos und Mensch als Einheit zweier Subjekte bzw. die Orthodoxie der antiochenischen Lösung

Die christologischen Einheitsmodelle (evtl. schon des *Eustathius*) des *Diodor, Theodor* und *Nestorius* wurden und werden als häretisch bezeichnet, weil in ihnen zwischen Logos und (begnadetem und sich bewährendem) Jesus ledig-

[96] *R. Leys*, Nestorianismus, in: LThK² 7, 886; der Sache, nicht dem verbalen System nach aber hat der fanatische Bischof *Eusebius* von Doryläum (der *Nestorius* und später auch *Eutyches* angezeigt hat) Recht, wenn er »aus Nestorius einen Schüler des Paulus von Samosata, der in Christus nur einen Menschen, purus homo, gesehen hatte, den Gott adoptiert oder wegen seiner Verdienste zur Würde der Gottessohnschaft erhoben hat« (*P.-Th. Camelot*, Ephesus und Chalkedkon, 31), gemacht hat.

[97] Zur späteren Entwicklung des *Nestorius* vgl. u. 259.260.

[98] *H. Dallmayr*, a.a.O. 183.

lich eine »moralische« oder »ethische« Einheit, eine Zuordnung des Willens oder des Verhaltens bestehen. »Diese ›willentliche‹ Zueignung ist, ob Nestorius es will oder nicht, in Wirklichkeit keine echte Zueignung. Hier trifft man auf seinen Irrtum....«, meint *J. Liébaert*[99].

An dieser Stelle soll nicht die neuere Diskussion um die Möglichkeit einer – vom späteren chalkedonischen Dogma her – »orthodoxen« Interpretation des Nestorianismus aufgegriffen werden. Es geht vielmehr um einen einzigen Aspekt: Ein Verstehen der Sprach- und Kulturtradition, die eine solche christologische Soteriologie hervorgebracht hat.

Dieses Verstehen aber wird dadurch erschwert, daß die in der Geschichte der alten Kirche dominierende und schließlich siegende profiliert hellenistische Christologie und Soteriologie einfachhin den Maßstab abgeben, was als »die« christliche Lehre aufgefaßt werden kann. Von daher ergibt sich notwendig die Feststellung, daß die »metaphysische Struktur der Menschwerdung, wie sie in der kirchlichen Aussage gegeben war«[100], von *Nestorius* nicht verifiziert wurde und er somit häretisch war.

Natürlich hat die syrische Tradition diese »metaphysische Struktur« nicht verstehen bzw. nur oberflächlich rezipieren können. Da es ihr nicht um »Vergöttlichung« und »naturale« Versöhnung, deswegen auch nicht um ihre christologisch-funktionale Implikation, einen metaphysischen Tausch, und um ihre christologisch-»statische« Bedingung, den in sich zwischen Logos und Sarx vermittelnden Christus, ging, konnte in diesem Denken die letzte Heilsbedeutung Jesu *so nicht* angeeignet werden. Antiochien mußte eigene Wege gehen, dabei aber auf den großkirchlichen Kontext Rücksicht nehmen und seine spezifische soteriologische Jesusrezeption in einer seltsam gebrochenen Weise zur Sprache bringen. Nachdem der Adoptianismus großkirchlich häretisiert und die Trinitätslehre etabliert war, konnte der eigene Ansatz nur noch in der Interpretation der *Verbindung* von Jesus und Logos zum Tragen kommen (und nicht mehr in einer spezifischen Deutung der christologischen Titel selbst).

Die hierbei erarbeitete Konzeption stellt eine beachtliche Alternative zur schließlich in Chalkedon definierten Lehre dar. Indem sich die Antiochener, gemäß ihrem Denken, an der freien Geistnatur des Menschen orientierten und von dort ihre Modelle ableiteten, konnten sie die Einheit von Jesus und Logos nur verstehen als eine Einheit zweier sich aufeinander hin verfügender Subjekte: Da dies auch schon die Struktur des Adoptianismus war, haben die syrisch-hellenistischen Theologen – trotz inhaltlicher Divergenz im einzelnen (Adoptianismus/Monarchianismus – nizenische Logoslehre) – eine beachtliche Kontinuität des Ansatzes durchgehalten.

Für alexandrinisch denkende Theologen (bis heute) erscheint eine solche Einheit nicht »real« genug, weil wirkliche Einheit auch irgendwo »seinshaft« verankert sein muß. Jesus »*ist*« nur dann »wirklich« der göttliche Logos, bzw. die Gott-Mensch-Christologie kann nur dann aufrechterhalten werden, wenn es

[99] *J. Liébaert*, a.a.O. 108.

[100] *A. Grillmeier*, Das scandalum oecumenicum des Nestorius in kirchlich-dogmatischer und theologiegeschichtlicher Sicht, in: Scholastik 36, 1961, 334f.

zwischen beiden Naturen ein gemeinsames »ontisches« Substrat gibt. Die heutigen wohlmeinenden Apologeten der antiochenischen Theologie versuchen deswegen, ein »seinshaftes« Einheitsverständnis in ihr aufzuweisen[101]. Nach dem bisher Gesagten muß das nicht sein. Die soteriologische Christologie der Antiochener ist schlichtweg anders, geht von anderen Verstehensvoraussetzungen aus und kommt somit auch zu anderen, nicht von Alexandrien her zu beurteilenden Ergebnissen.

Karl Rahner schreibt in einem anderen Zusammenhang: »Neben eine ›ontische Christologie‹, d. h. eine Christologie, die ihre Aussage mit Hilfe von Begriffen (›Natur‹) (›Hypostase‹) macht, die auch an sachhaften Wirklichkeiten abgelesen werden können, könnte grundsätzlich durchaus auch eine *ontologische Christologie* treten, d. h. eine solche, deren Begriffe, Verstehensmodelle usw. an streng ontologischen Wirklichkeiten und deren ursprünglicher Selbigkeit von Sein und Bewußtsein orientiert sind. *Grundsätzlich muß eine ontische christologische Aussage in eine ontologische übersetzbar sein*«[102].

Auf unsere Frage angewandt würde diese »Übersetzung« bedeuten: Einheit kann nicht nur »ontisch« gedacht und mit Begriffen gefaßt werden, die auch für die nichtmenschliche »naturale« Realität gelten; sie könnte vielmehr auch mit Modellen der ontologischen, also *menschlichen* Wirklichkeit erklärt werden. Der Mensch aber *ist, indem er sich versteht* (er hat einen »Logos« seines Seins), und er ist mit einem Partner dann zutiefst verbunden, wenn er sich ihm in freier Zuwendung erschließt, sich auf ihn hin und von ihm her begreift, wie es *Theodor* von Mopsuestia in seinem Vergleich von Mann und Frau, die ein Fleisch werden, oder *Nestorius* – nicht so gelungen – im Hinweis auf das Verhältnis eines Köngis zu seinem Bild ausgedrückt haben. Der Mensch *ist* eins mit einem anderen, wenn er sich *in Einheit versteht und vollzieht.*

Wenn eine Interpretation vom onto-logischen Sein her zur Explikation humaner, also auch religiöser Sachverhalte die größere Affinität besitzt, dann ist ein solches Einheitsverständnis intersubjektiver Art das radikalste, tiefste, angemessenste. Welche Einheit kann gültiger, ganzheitlicher, humaner sein als die liebende Selbstverfügung auf einen Partner hin und die Annahme durch ihn? Demgegenüber ist jede »physische Einheit« eine recht äußerliche Sache (»Nähe«, »Einwohnen«) *oder* führt zu einer (naturalen oder personalen) Destruktion[103] (Apollinarismus/Monophysitismus) einer der beiden Vergleichsgrößen oder auch beider. In der ontologisch aufgefaßten Einheit aber wird die Wahrung der jeweiligen »Natur« und ihre Eigenart nicht nur nicht problematisch, sondern sogar bestätigt und gefördert, wie die Einheit von Mann und Frau nicht zur Realisation von Mannweibtum, sondern eben von Männlichkeit und Weiblichkeit gerade in ihrer Differenz führt.

[101] Vgl. z. B. o. 222, A. 83; vgl. *A. Grillmeier*, Jesus Christus, a.a.O. 659: *Nestorius* »versucht auch, diese Einheit im ontischen Bereich zu verankern«.

[102] Jesus Christus, a.a.O. 935.

[103] Die später definierte »hypostatische Union« erscheint auf den ersten Blick als radikalere Einheitsform, weil hier der Logos das Subjekt auch des Menschen Jesus zu sein scheint. Daß dies eine Zerstörung dieses Menschen und gerade des Zentralsten an ihm; seiner Personalität, beinhalten würde – und so auch in Chalkedon nicht gedacht war – wir weiter u. II 4.4.5 erläutert.

Die Unterscheidung *Karl Rahners* bestätigt in philosophisch-abstrakter Überlegung, was eine kulturgeschichtliche Betrachtung ergeben hat. Weil es der antiochenischen Theologie soteriologisch um die *sittliche Vollendung (der freien Natur) des Menschen und seine Annahme durch Gott*, in einem hellenistisch reduzierten Sinn also um die »Geschichte« ging, mußte sie auch die soteriologisch gültige und bedeutsame Vereinigung von Gott-Wort und Jesus mit geschichtlichen Modellen, also onto-logisch, begreifen. Der göttliche Logos hat sich – in Gnade und Erwählung – dem Menschen Jesus verbunden, und dieser hat sich in liebendem Gehorsam bis zum Kreuzestod auf Gott hin und von Gott her verstanden – ein Einheitsmodell von großer humaner Adäquatheit. Die latent wirksame, bei *Diodor*, evtl. auch bei *Theodor* greifbare »Verdoppelung« des Sohn-Gottes-Begriffs oder ihre komplexe Neuauflage im Christus- und »Würde«-verständnis des *Nestorius*, haben ihre Wurzel im antiochenischen Einheitsmodell: Jesus wird der »Sohn Gottes« oder »Christus« genannt, weil er von Gott dazu erwählt wurde und sich als solcher bewährt hat. Mit anderen Worten: Jesus *ist* der Sohn Gottes, *weil Gott* (bzw. der mit ihm quasi identische Logos) *ihn, und weil Jesus sich so verstanden und angenommen hat. Hier entsteht gewissermaßen der judenchristliche Sohn- und Christustitel noch einmal von neuem*[104] aufgrund einer Verwandtschaft der Denkansätze.
Dennoch aber gibt es eine Differenz zur ursprünglichen judenchristlichen Christologie: Einmal war der »Sohn-Gottes«-Begriff mittlerweile schon besetzt und im Sinne der Homousie hypostasiert worden, weswegen die unnötige Doppelung entstehen mußte[105]. Zum anderen waren die Antiochener doch sosehr auch hellenistisch geformt, daß sie das intersubjektive Geschehen darüberhinaus als quasi »ontische« Qualität beschrieben haben: Erwählt- und Begnadetsein Jesus sowie seine Bewährung konnten als »Christus«- oder (zweite) »Sohn-Gottes«*qualität* objektiviert werden, zudem stellte sich die Selbstverfügung Gottes – ein Weg zur Integration der Trinitätslehre – »seinshaft« dar in seiner Logoseigenschaft. Mit diesen Hypostasierungen aber war man nicht recht glücklich, obwohl sie dazu verhalfen, mit der kirchlichen

[104] Daß es sich nicht um eine einfache Übernahme eines alten Verstehensmusters handelt, ergibt sich einmal in der Begründung der Titel in der christologischen Einheitsfrage, zum anderen in der komplizierten, beinahe polemischen Abgrenzung gegen den etablierten »naturalen« Sohnbegriff.

[105] Wieweit in späterer Zeit noch ein adoptianischer Gottessohnbegriff möglich war, läßt sich nicht mit Sicherheit sagen. Jedenfalls behaupten auf der Synode von Ephesus im Jahre 449 (vgl. u. 253.254) zahlreiche (manipulierte?) Zeugen von *Ibas*, Bischof von Edessa, er habe gesagt: »Ich beneide Christus nicht, daß er Gott geworden; denn ist er es geworden, bin ich es geworden; denn er ist von meiner eigenen Natur« (Akten der Ephesinischen Synode vom Jahre 449. Syrisch mit *Georg Hoffmanns* deutscher Übersetzung und seinen Anmerkungen, hrsg. von *Johannes Flemming* (Abhandlungen der Akademie der Wissenschaften in Göttingen, Philologisch-historische Klasse, Neue Folge, Bd. 15, Nr. 1, Unveränd. Nachdruck der Auflage Berlin 1917)), Göttingen 1970, 41.43.45). Nach einer Aussage im gleichen Prozeß aber hat *Ibas* den ewigen Logos anerkannt und nur *unterschieden* von Jesus (»ein anderer dieser, und ein anderer jener«, ebd. 45), so daß das *Gott-werden* im Sinne des *Eins-werden* des Menschen Jesus mit dem Logos aufgefaßt werden muß.

Tradition zurecht zu kommen. Der Schwerpunkt der Aussage lag vielmehr auf der Annahme des Menschen Jesus durch Gott (bzw. einen Logos, an dem vor allem seine Homousie mit Gott wichtig war); die soteriologischen Pole sind Gott und der Mensch Jesus, der Logos (als gesonderte Hypostase) ist christologisch funktionslos.

Die Eigenart der antiochenischen Christologie erweist sich als eine Folge kulturgeschichtlich bedingter soteriologischer Raster; ihre Inkonsequenzen und Ungereimtheiten sind aus den Zwängen eines Arrangements mit der mittlerweile schon mehrhundertjährigen hellenistischen Kirchengeschichte geboren. Das Ergebnis ist ein komplexes System, das aber in seinem Grundansatz eine beachtliche theologische Perspektive aufzeigen kann.

3.2 Die alexandrinische Christologie

3.2.1 Die Lösungsstruktur

Die alexandrinische Theologie repräsentiert das hellenistische Denken in profilierter Form. Deswegen ging auch die Christologie ganz andere Wege, wie schon hinreichend dargelegt wurde. Soteriologisch stand die »Vergöttlichung« des Menschen durch Jesus Christus im Vordergrund; Jesus war unter dieser Perspektive heilsrelevant, weil in ihm – funktional – der metaphysische Prozeß des »Tausches« verwirklicht war, in den sich die »Alexandriner« durch den Glauben einbezogen hofften (was sie im heiligen Mysterium der Eucharistiefeier schon lebendig erfuhren)[106]. Jesus mußte deswegen – »statisch« ausgedrückt – in sich selbst zwischen Gott und Mensch vermitteln, er mußte der Gott-Mensch sein, und zwar so, daß die Gottheit von ihm in einer spezifischen Weise prädiziert werden konnte (die eigene Hypostasie als Logos war christologisch-soteriologisch gefordert)[107].

Die Orientierung des Daseinsverständnisses an der »naturalen« Dimension und die Hoffnung auf »naturale Versöhnung« haben in Ale-

[106] In einem Lehrschreiben an *Nestorius* hat *Cyrill* auf diese mystische christologisch-soteriologische Erfahrung hingewiesen: Bei der Eucharistiefeier werden wir *teilhaft* des heiligen Fleisches Christi, das durch den Tod zur Unsterblichkeit, Aufnahme in den Himmel usw. gelangt ist. »Dieses Fleisch nun *nehmen wir* nicht als gewöhnliches Fleisch *entgegen*....., sondern als das wahrhaft lebenspendende..... Fleisch des Wortes« (ACO I 1,1 (36.37); vgl. auch anathema 11 (D 262 (123): τὴν...σάρκα ζωοποιὸν εἶναι.

[107] Allerdings läßt sich auch in Alexandrien beobachten, daß der Kampf um die Homousie des Logos, der mittlerweile *als trinitarisches Problem* ausgefochten wurde, sowie die zunehmende Konzentration auf die christologische Einheitsproblematik eine Loslösung der Frage nach der *hypostatischen Besonderheit* des Wortes (also auch einer eigenständigen christologischen Besonderheit des Theós-Titels) aus dem Kontext der Christologie begünstigt hat.

xandrien die Tendenzen verstärkt, auch die *Einheit* zwischen Logos und Mensch in Jesus Christus »natural«, d. h. mit seinshaften Begriffen zu definieren. Weil in diesem Denken nur das »real« war, dem auch eine ontische Wirklichkeit entsprach, mußten alle »geschichtlichen« Einheitsmodelle wie eine Aufhebung und Bestreitung der gottmenschlichen Einheit und somit der soteriologischen Grundaussage erscheinen. Nur dann war der Mensch Jesus zugleich auch Logos, wenn beide Naturen in einem »naturalen« Punkt zusammenkamen. Einheitsmodelle dieser Art hatten zur logischen Voraussetzung, daß sie nur auf Kosten einer der beiden Naturen denkbar waren. Seit den antiarianischen Kämpfen war allerdings die göttliche Natur, der Logos, so umfassend und radikal definiert, daß Einheit nur noch durch Minderung der menschlichen Physis möglich war. Die alexandrinische Theologie des 4. Jahrhunderts war infolgedessen gekennzeichnet durch eine Verkürzung, zumindest aber eine Vernachlässigung der vollen menschlichen Dimension Jesu[108], die christologische Einheit wurde beinahe durchgängig latent wohl ähnlich gedacht, wie *Apollinaris* es dann ausdrücklich formuliert hat[109].

Gleichzeitig aber gab es – oft bei denselben Theologen – auch eine Gegenströmung, die immer mächtiger wurde: Das System des Tausches war nur funktionsfähig, wenn auch eine integre Menschennatur mit dem Logos verbunden war. Bis zum Ende des 4. Jahrhunderts hatte sich infolgedessen, wenigstens bei den bedeutenderen Theologen, die Überzeugung durchgesetzt, daß Jesus in vollem naturalen Sinn Mensch war[110].

Jetzt aber wurde das alexandrinische Einheitsmodell aporetisch: Worin sollte denn die Einheit seinshaft gegeben sein, wenn andererseits jegliche Natur integer ist und eine »apollinaristische« Lösung ausscheidet? Um diese Schwierigkeit kreist die alexandrinische Theoriebildung bis zum »Abschluß« der Auseinandersetzungen in Chalkedon.

Jeder Denkversuch mußte in Zukunft davon ausgehen, daß zwei Naturen in Jesus Christus zusammenkamen. An dieser Stelle tastete man sich vor: »*Aus* zwei Naturen« wurde der eine Jesus Christus gebildet. Hieß das aber notwendig, daß auch nach der Einigung Jesus Christus »*in* zwei Naturen« existierte? Mit einer solchen Unterscheidung wäre das Problem aus der Welt geschafft und die tendenziell immer schon monistische hellenistische Soteriologie erfüllt. Unterschwellig hat sie das Denken der Alexandriner beflügelt: *Nach* der Inkarnation bildete sich aus Gottheit und Menschheit »die *eine Natur* des fleischgewordenen Wortes«.

[108] Vgl. hierzu o. II 2.2.2.
[109] Vgl. o. 188.
[110] Vgl. o. II 2.3.3.2.

Wenn aber dieses Schema explizit formuliert wurde, gab es Widerstände, vor denen man zurückschreckte: War doch damit der Gottmensch zu einer neuen (dritten) Vereinigungsnatur geworden über die zwei Herkunftsnaturen hinaus. Zumindest konnte die Aussage auf diese Weise verstanden werden, auch wenn sie formell so nicht gemeint war und nur – in begrifflicher Hilflosigkeit – ausdrücken sollte, daß über die beiden, voneinander ja unendlich verschiedenen und disparaten Naturen hinaus nach der Inkarnation ein drittes Etwas, ein irgendwie »seinshaftes« Substrat der Verbindung beider Dimensionen postuliert werden mußte; denn anders wäre, für Alexandriner, die Verschiedenheit und Zweiheit das letzte Wort gewesen.
Die Theologen suchten nach Begriffen, in denen sich Einheit ontisch fassen ließ, ohne zugleich von »einer Natur« sprechen zu müssen. Termini aus der Tradition der christologischen und trinitarischen Diskussion boten sich an: Usía (lat.: essentia, Wesen), Hypóstasis (lat.: substantia oder später subsistentia, »das zugrunde Liegende«), Prósopon (lat.: persona, »Rolle« »Maske«) schienen eine Vermeidung des Naturbegriffs zu ermöglichen.
Alle diese Vokabeln wurden wechselweise und mit wechselnden Inhalten benutzt. Nach herkömmlicher Auffassung hat diese terminologische Unsicherheit zu den unklaren Aussagen in der alexandrinischen Theologie geführt; »eine Sprachverwirrung um Begriffe wie Natur, οὐσία, Hypostase, πρόσωπον und Person« sowie eine zu späte Abgrenzung »vom Apollinarismus« wird als Hauptursache dafür angesehen, daß die Einheit in Christus nicht präzis gefaßt werden konnte[111]. Hier wird Ursache und Wirkung auf den Kopf gestellt: Die aporetische Aufgabenstellung, Einheit zwischen zwei Naturen »natural« definieren zu müssen, ohne gleichzeitig die Integrität beider Naturen anzutasten, mußte zur unklaren Begrifflichkeit führen; sie wurde auch durch die säuberlichen Festlegungen des späteren Symbols von Chalkedon nicht präziser[112].
Die alexandrinischen Einheitsmodelle sind also dadurch charakterisiert, daß das »*aus* zwei Naturen« vorausgesetzt wird, die Situation *nach* der Inkarnation aber nicht ebenso eindeutig mit »*in* zwei Naturen« beschrieben wird, hier vielmehr »seinshafte« Substrate mit variierender, auf jeden Fall aber »ontischer« Begrifflichkeit ausgesagt werden, um das Bekenntnis zu dem »*einen*« Herrn Jesus Christus aufrechterhalten zu können. Infolge von Widerständen werden hierbei im Laufe der Zeit *die* Termini ausgeschieden, die eine zu große Affinität zum Naturbegriff hatten (Natur, Wesen, im lateinischen Sprach-

[111] *P. Smulders*, a.a.O. 449.
[112] Vgl. u. II 4.4.5.

raum auch: substantia); rezipiert werden am Ende die »unbesetzten« Vokabeln Hypostasis (subsistentia) und Prósopon (persona); diese Feststellung greift aber der Entwicklung schon voraus.

3.2.2 Die alexandrinische Theologie vor Nizäa

Die alexandrinische Theologie etwa vom Ende des 2. Jahrhunderts an soll hier gewissermaßen *als Prototyp* eines profiliert hellenistischen Denkens verstanden werden, das schon vorher – in ersten *systematischen* Anfängen bei den frühchristlichen Apologeten – christologische Entwürfe hervorgebracht hat und auch im 4. und 5. Jahrhundert außerhalb des ägyptischen Raums, vor allem in Kleinasien und Griechenland, wirksam war; darüberhinaus hat die hellenistische Denkform den gesamten Mittelmeerraum beeinflußt[113].

Die Sehnsucht nach Vergöttlichung des Menschen war für dieses Denken von Anfang an prägend und wird dann auch in *Alexandrien* von *Klemens* und *Origenes* ausdrücklich verbalisiert. Infolgedessen entfaltete das soteriologische Prinzip des Tausches seine Wirksamkeit und lenkte die ganze spekulative Energie auf die Ausbildung einer Zwei-Naturen-Christologie[114]. Wie schon dargelegt, hat hierbei die Schwierigkeit, Gottheit und Menschheit in einem »Subjekt« zusammenzudenken, fast durchgängig zu subordinatianischen oder – seltener – modalistischen Verkürzungen des christologischen Gottesbegriffs sowie – oft bei denselben Theologen – zu (latent oder offen) doketischen oder sonstigen anthropologischen Abschwächungen der Menschheit Jesu geführt.

Das Problem der christologischen Einheit trat hierbei nicht gleich als separates Thema in den Vordergrund, sie wird aber in diesem Kulturraum, für den Alexandrien steht, immer implizit oder explizit als eine *ontische* Realität verstanden[115]. Hierbei besteht die verständliche Neigung, dieses letzte Einheitsprinzip im göttlichen Logos zu lokalisieren. Exemplarisch mag hier *Klemens* von Alexandrien stehen, der trotz des Bekenntnisses zur Menschennatur Jesu[116] den göttlichen Logos zum tragenden Grund auch des Menschen Jesus macht: »Der ›innere Mensch‹ in Christus ist aber der Logos, der zum physisch-

[113] Vgl. o. II 1.1.2.2.1.

[114] Vgl. o. II 1.3.2.

[115] Vgl. hierzu die Ausführungen über die hellenistische Problematik in II 2.2; 2.4.

[116] Diese Menschennatur erscheint allerdings an vielen Stellen – fast doketisch – verkürzt (z.B. kennt Jesus keine leiblichen oder seelischen Leidenschaften), auch ist die volle Realität der Sarx Jesu bisweilen problematisch.

allbeherrschenden Prinzip im Christusbild des Klemens wird... Die menschliche Seele kann zu keiner echten theologischen Bedeutung in solch einem Christusbild mehr kommen...«[117].

Eine Ausnahme von dieser Regel scheint nur *Origenes*[118] darzustellen, der – neben dem subordinatianischen Logos – die Seele Christi so hervorhebt, daß man beinahe von zwei Subjekten sprechen könnte[119]. Allerdings ist auch diese Position durch die Reprojizierung aller entscheidenden Aspekte aus der Geschichte in eine metaempirische Präexistenz dazu gekommen, daß Jesus Christus in seinem Leben keinerlei eigenständige Bedeutung hat; die Seele Christi ist vielmehr aufgrund ihrer – beinahe ewigen – Bindung an den Logos nur das Medium, durch das dieser in Jesus handelt, vergleichbar vielleicht dem Handeln des neuplatonischen Nous durch die – mindere – Weltseele.

3.2.3 Das Einheitsdenken im 4. Jahrhundert

Auch im 4. Jahrhundert bleibt die Richtung gewahrt, in der »alexandrinische« Theologen die Einheit zwischen – durch Nizäa als gleichwesentlich definiertem – Logos und Jesus suchen: nämlich im Sinne »wirklicher«, d.h. seinshafter Einheit.

Viele der von einem profilierten Hellenismus geprägten Theologen seit *Athanasius* haben sich unter dem Einfluß des Logos-Sarx-Schemas die Einheit in Jesus Christus, auf Kosten der Geist-Seele Jesu, zugunsten des Logos vorgestellt. Diese Beobachtung stützt sich nicht so sehr auf die ausdrücklichen Bestreitungen einer solchen Seele (wie im Apolli-

117 *A. Grillmeier*, a.a.O. 265.266.

118 Vgl. hierzu o. 195.

119 Anderer Meinung ist *A. Adam*, Lehrbuch der Dogmengeschichte I, 185: »der ewige Logos und der geschichtliche Jesus sind Eine Person«. Allerdings ist bei *Adam* die frühe Zueignung des Personbegriffs ohne weitere Einschränkung nicht näherhin begründet. Wenn er (186) meint: »Das Leben des geschichtlichen Jesus war... unwichtig... in ihm hatte ja der ewige Logos die Siege errungen...«, scheint die Einheit doch nach *Origenes* – auf dem Umweg über die imago-Theorie (der Logos ist Bild des Vaters, die menschliche Seele Bild des Logos) – als eine Art »naturaler Vermittlung« gedacht zu sein, so daß er deswegen als erster vom »Gottmenschen« (θεάνθρωπος) sprechen konnte. Diese »naturale Vermittlung« ist allerdings durch die in die Präexistenz projizierte Entscheidungssituation der Seele Jesu (die den vorzeitlichen Sündenfall nicht eingemacht hat) mit ›geschichtlichen‹ Motiven angereichert und führt zu intersubjektiven Einheitsaspekten: »Aus diesem Grunde – weil sie ganz im Sohn Gottes ist oder den Sohn Gottes ganz in sich aufnimmt – heißt diese Seele (Jesu) mit Recht...›Gottes Sohn‹..., ›Christus‹... Denn der Logos Gottes und die Seele sind noch eher *in einem Fleisch* als Mann und Frau...« (de princ. II 6,3 ((ed. *H. Görgemanns* u. *H. Karpp*, 365.)) – eine eigentümliche Variante des Mann-Frau-Modells.

narismus), sondern auf ein »Indiz«, nämlich das Ausklammern einer christologischen oder soteriologischen Reflexion der Seele Jesu. Selbst wenn explizite Einheitsdefinitionen fehlen, kann dieses oft auffällige Nichterwähnen zeigen, wie die Verbindung subkutan gedacht wurde – als Hinzutreten einer Sarx (bzw. noch einer psychischen Dimension) zum Logos, *der deswegen alleine die Einheitsfunktion »seinshaft« übernommen hat.* Diese Feststellung wird auch nicht durch gelegentliche, auf jeden Fall aber in das christologische System nicht integrierte »antiapollinaristische« Bekenntnisses zur Geistseele aufgehoben[120].

Es mag genügen, auf wenige Beispiele zu verweisen. *Athanasius* lehnt in seiner dritten Rede gegen die Arianer offensichtlich ein antiochenisches christologisches Modell, so wie er es verstand, ab, nach dem das Wort zu dem Menschen Jesus gekommen sei »wie in früheren Zeiten zu einzelnen Heiligen«, z. B. den Propheten. »Es ist aber *Mensch geworden* und *nicht zu den Menschen gekommen«*[121]. Im folgenden gibt er dann an, wieso er auf einer Mensch*werdung* des Logos bestehen muß; ohne sie »wäre der Mensch nicht vergöttlicht worden, und ferner wäre der Mensch nicht voll und ganz von den Schwächen des Fleisches befreit worden.«[122]
Dieses – soteriologisch notwendige – Fleisch*werden* Gottes erforderte eine *reale* Einheit von Logos und Fleisch. Dieses wirkliche Einssein aber konnte sich *Athanasius* nur ontisch vorstellen. »Der *Logos* ist der alles beherrschende und einheitliche Träger allen Seins und darum auch aller Aussagen in Christus.«[123]
In der Inkarnation hat sich der Logos dem menschlichen Fleisch verbunden *wie die Seele mit dem Leib*[124], konsequent kommt bei diesen Überlegungen eine menschliche Seele nicht vor, und der Tod Jesu brachte nicht – wie ansonsten bei Menschen – eine Trennung von Leib und Seele, sondern von Fleisch und Wort[125]. Infolgedessen ist der Logos auch Prinzip aller natürlichen und sittlichen Akte Jesu Christi, er ist also auch »physisches Vollzugsprinzip.«[126]

[120] *J. Liébaert*, a.a.O. 106, schreibt z. B. völlig zurecht von *Cyrill* von Alexandrien: »Fünf- oder sechsmal finden wir bei ihm vor 428 bestätigt, daß das Wort einen mit einer vernünftigen Seele ausgestatteten Leib angenommen hat. Diese Aussagen garantieren vollkommen ... für die Richtigkeit seines Glaubens (?); sie sind jedoch lakonisch und nur gelegentlich: sie finden sich nicht dort, wo Cyrill das Problem der Menschwerdung ex professo anschneidet.« Anderer Meinung ist *P.-Th.Camelot*, Ephesus und Chalćedon, 41,42.
[121] Kap. 30 (BKV, Bd. 13, 283).
[122] Kap. 33 (ebd. 287), vgl. auch or.c.Ar.1,42.
[123] *A. Grillmeier*, a.a.O. 478.479. Wenn *Grillmeier*, ebd., von einer klaren Herausstellung der »Einheit des Subjektes« bei *Athanasius* und von einer »Überlegenheit der alexandrinischen Formel über die antiochenische, die hier ihren schwachen Punkt hat«, redet, muß ihm widersprochen werden. Denn die unbezweifelbare Subjekteinheit des *Athanasius* ist – beim Wort genommen – monophysitisch und somit in keiner Weise »überlegen«.
[124] De incarn. passim (z. B. 17); or. 3c. Arian. 31 usf.
[125] Z. B. or. 3c. Ar. 57.
[126] *A. Grillmeier*, a.a.O. 466.

In der späteren Entwicklung hat sich *Athanasius*, ebenfalls aus soteriologischen Gründen, zu einer Anerkennung auch einer menschlichen Seele durchgerungen[127]. Dieser Schritt führte aber nicht zu einer Korrektur seines Systems, sondern nur zu einer mit ihm unverbundenen additiven Ergänzung[128]. So bleibt nur die Folgerung, daß *Athanasius* den Logos als *die* geistige Wirklichkeit betrachtete, die die Einheit Jesus Christi konstituiert. Der spätere Monophysitismus konnte sich – bei epigonenhaft wörtlicher Auslegung – durchaus auf ihn berufen.
Auch die späteren »alexandrinischen« Theologen suchen nach einem ontischen Einheitspunkt, obwohl die Berücksichtigung der menschlichen Seele Jesu Fortschritte macht und deswegen die Lösungen oft kompliziert werden. So betont z. B. *Gregor* von Nazianz sehr entschieden die Vollständigkeit und Einheit der Menschennatur. Gleichzeitig aber gilt: »Für eine menschliche Geistestätigkeit Jesu ist bei Gregor kaum Raum, und er neigt dazu, bei den entsprechenden Schriftstellen darüber hinwegzureden.«[129] Konsequent sieht deswegen *Gregor*, der Jesus Christus als *einen Jemand* verteidigt, diese Qualität allein im Logos verankert[130]; Jesus ist nach *Gregor* »mit der Gottheit verschmolzen und eins geworden, wobei der höhere Teil den Sieg davontrug, damit ich Gott werde, wie er Mensch geworden ist.«[131] Mit Gottheit und Menschheit kamen deswegen »nicht einer und ein anderer« zusammen, »sondern etwas und etwas anderes«[132]; gegen *Apollinaris* betont *Gregor*, daß zwei Naturen zusammenkommen und die menschliche eine Geistseele besitzt. Die Einheit *scheint* also auf den ersten Blick durch das am göttlichen Logos, was wir heute Personalität nennen würden, realisiert zu werden. Und so spricht *Gregor* von den zwei Naturen in einer Person[133].
Wie groß aber die Unsicherheit war und wie wenig hier schon von »Subjektidentität«[134] in einem modernen (Miß-)Verständnis gesprochen werden darf, zeigt ein anderer, an den eben genannten Text anschließender Versuch: Die zwei Naturen kommen »in *einem* Etwas (εἰς ἕν) zusammen[135]. Beim Wort genommen ist hier die gottmenschliche Einheit ein drittes Seiendes über die beiden Naturen hinaus, und darauf deutet auch das von ihm gebrauchte *Leib-*

[127] Vgl. o. 189.
[128] *Bei Athanasius* kündigt sich schon die spätere chalkedonische Lösung an, die ja ebenfalls in einer – aporetischen – Addition des Unvereinbaren besteht. Die Größe dieses Theologen besteht vielleicht gerade darin, daß er die Schwierigkeit der alexandrinischen Theologie nicht – wie *Apollinaris* – durch ein schlüssiges System eingeebnet hat.
[129] *P. Smulders*, a.a.O. 433; *Smulders* führt diese Eigentümlichkeit vor allem auf den statischen Naturbegriff Gregors zurück; grundlegender aber ist wohl, daß er sich unter der Notwendigkeit, Jesus Christus als *einen* Gottmenschen zu begreifen, kaum den Menschen als zweites aktives Geistzentrum vorstellen konnte.
[130] Vgl. *P. Smulders* ebd.
[131] Or. 29,19 (PG 36,100 A).
[132] Z. B. Or.37,2 (PG 36,285 A).
[133] Or. 37.
[134] So der Sache nach *P. Smulders*, a.a.O. 433.434.
[135] Or. 37,2 (PG 36, 285 A).

Seele-Bild als *Modell der Einung* von Logos und Mensch hin[136] (der Mensch aber ist nicht Seele und nicht Leib, sondern ein Drittes aus beiden). Für die Einigung nimmt er deswegen den Begriff »Mischung« in Anspruch[137]. Ort der Mischung ist die menschliche Seele, die sich sowohl dem Logos wie dem Fleisch verbindet[138]. »Denn die zwei sind eins durch Vermischung..., Gott ist Mensch geworden, und der Mensch ist vergöttlicht worden, oder wie man dies auch immer nennen mag.«[139] Der Gott-Mensch eine neue Physis? Soweit wollte *Gregor* sicher nicht gehen, ging es ihm doch darum, den Apollinarismus zurückzuweisen. Immerhin aber lehnt er ebenfalls eine »antiochenische« Lösung ab, daß der Logos in Jesus wie in einem Propheten wirksam gewesen sei; beide haben sich vielmehr »wesenhaft« (κατ'οὐσίαν) verbunden[140].
Dieser Ausdruck bezeichnet nach *K. Holl* sogar die zentrale Intention *Gregors*[141]. »Und wie Gregor das christliche Heilsziel rundweg als θεοῦσθαι (= vergöttlicht werden, der Verf.) bezeichnet..., so spitzt er auch die Christologie konsequent in diesem Sinne zu. Er spricht geradehin aus: die Menschheit Christi wird durch den Logos nicht nur verklärt, vergeistigt, sondern im strengen Sinn vergöttert.«[142] So ist die Menschheit Jesu »nur Objekt«[143], »ein blosser Begriff«[144].
Sein theologisches Anliegen richtete sich offensichtlich auf eine möglichst reale, also seinshafte Einheit. Daneben aber mußte er antiapollinaristisch auf der Integrität auch der Menschennatur betehen, ja, sogar die Funktion der Seele hervorheben. Die unlösbare Aufgabe führte notwendig zu schiefen Antworten.
Gregor von Nyssa geht einen Schritt weiter; er hat »weniger Mühe, Jesus wahrhaft menschliche Geistestätigkeit zuzuerkennen«[145]. Begrifflich kommt aber auch er nicht weiter: Er hält an der Einheit von präexistentem Logos und Jesus fest, er ist für ihn »derselbe«[146], begründet durch »Mischung«[147]. Diese Mischung führte geradezu zu einer »Absorbierung des Fleisches im Wort, ›wie ein Essigtropfen im Meer‹«[148]. Zugleich aber ist Christus auch einer und ein anderer[149], und nach *K. Holl* nähert er sich gelegentlich der Aussage von zwei Prósopa[150]. Diesen Widerspruch hat *Gregor* dadurch aufzulösen gesucht, daß

136 Ep. 101.
137 Vgl. *J. Liébaert*, a.a.O. 89.
138 Or. 2,23 (PG 35, 432C–433A).
139 Ep. 101 (PG 37, 180A).
140 Ep. 101 (PG 37, 180B).
141 A.a.O. 191.
142 Ebd. 192. Vgl. auch *Heinz Althaus*, Die Heilslehre des heiligen Gregor von Nazianz (Münsterische Beiträge zur Theologie, hrsg. von *B. Kötting* u. *J. Ratzinger*, Heft 34), Münster 1972, 140–142.
143 *K. Holl*, ebd.
144 Ebd. 193.
145 *P. Smulders*, a.a.O. 434.
146 Antirrh. adv. Apoll., passim.
147 Vgl. *J. Liébaert*, a.a.O. 91.
148 Adv. Apollin. 42,91 (PG 1221D.1223A).
149 Adv. Apoll. 42,86 (PG 45, 1221C).
150 A.a.O. 233.

er für die christologische Einheit *zwei Phasen* annimmt: Während des irdischen Lebens Jesu räumte er – wohl auch gezwungen durch das Neue Testament – dem Menschen Jesus eine gewisse Selbständigkeit ein, bis in die Nähe einer eigenen, von der des Logos abgehobenen Personalität. »Erst wenn in der Auferstehung die Schranken der irdischen Existenz bei der Menschheit durchbrochen sind, kann die Einigung perfekt werden... dann wird die Menschheit ganz zur Höhe der Gottheit erhoben.«[151] Dieser Kunstgriff erlaubte es *Gregor*, einmal den neuen Erkenntnissen über die Integrität der menschlichen Natur gerecht zu werden, zum anderen eine möglichst »reale« Einheit festzuhalten.

Nach *J. Liébaert* gilt für beide Kappadokier: »Ihre Lehre von der ›Mischung‹ der Naturen, von der Umformung der Menschheit in die Gottheit würde fast zur ›Ein-Natur‹ neigen, wenn dies durch diphysitische Formulierungen nicht ausgeglichen wäre.«[152] Man müßte hinzufügen: wenn dies nicht »verbal« ausgeglichen wäre durch nicht in das Einheitssystem integrierte theoretisch beigeordnete diphysitische Sätze.

Bei *Amphilochius* von Ikonium schließlich wird die Einheit wiederum so sehr dem Logos als Träger zugeeignet, daß die menschliche Dimension Jesu verkürzt wird[153]. Am meisten »orthodox« im Sinne des Symbols von Chalkedon war *Didymus* der Blinde[154]. Aber gerade weil er die Integrität der beiden Naturen *und* ihre untrennbare Einheit lehrt, wirkt seine formale Einheitsbestimmung hilflos: Der Logos hat, obwohl unveränderlich, in der Menschwerdung sich verändert und ein anderes Prósopon angenommen.[155]

3.2.4 Die Christologie Cyrills

Cyrill von Alexandrien († 444), der Vorkämpfer der alexandrinischen Christologie im Streit mit Antiochien, ist eine schillernde Figur, der man nur schwer gerecht werden kann. Er hat keine Winkelzüge, Intrigen und Tiefschläge ausgelassen, mit denen er seinen Gegnern, vor allem *Nestorius*, schaden konnte. Daneben war er aber sicher auch von tiefer »alexandrinischer« Frömmigkeit und echter Besorgnis um die richtige Lehre von Christus angetrieben. Ähnliches gilt für seine Theologie, die von beinahe »apollinaristischen« Ausführungen zu Aussagen kommt, die – ohne die früheren Thesen zu widerrufen – in die Nähe chalkedonischer Terminologie gelangen[156].

[151] *K. Holl.*, a.a.O. 234. [152] A.a.O. 89. [153] Vgl. o. 188.

[154] Vgl. o. 190.

[155] *P. Smulders*, a.a.O. 435.

[156] *A. Grillmeier* unterscheidet einen frühen *Cyrill*, der noch wenig von den Auseinandersetzungen um *Apollinaris* und die antiochenische Theologie wußte und sich eng an *Athanasius* orientierte (a.a.O. 605–609), und einen späteren *Cyrill*, der durch den Konflikt mit *Nestorius* zunächst apollinaristische Schriften las und zur Begründung heranzog, dann aber auch zu differenzierenden Aussagen kam (a.a.O. 673–686).

Die Spannungen innerhalb des christologischen Einheitsdenkens ergeben sich im Grunde aus der Schwierigkeit, mit Mitteln der alexandrinischen Raster zu einer Lösung zu kommen. Wie allen Alexandrinern geht es auch *Cyrill* soteriologisch vor allem um die »Vergöttlichung« des Menschen; infolgedessen ist die Einheit von Logos und Sarx in Christus sein wichtigstes Anliegen[157].
Die antiochenische Lösung der intersubjektiven Verbindung von Gott und Mensch mußte *Cyrill*, für den nur wirklich war, was auf der Ebene des »natural« Seienden gilt, wie eine Aufhebung des kirchlichen Jesus-Christus-Bekenntnisses erscheinen. In seinem Konflikt mit *Nestorius* kämpft er deswegen mit allen Mitteln um die Wahrung einer seinshaften Einheit. Zur Untermauerung seiner Thesen zog er Schriften hervor, »die unter den Namen des Athanasius und der Päpste Julius und Felix in Umlauf waren, in Wirklichkeit jedoch aus apollinaristischen Kreisen stammten.«[158]
Aus ihnen entnahm er sein Einheitsmodell: *Vor* der Inkarnation gab es zwei Naturen[159], nachher spricht er von einer »physischen Einheit« (ἕνωσις φυσική)[160] oder auch – von ihm sicherlich im gleichen Sinn verstanden – von einer »hypostatischen Einigung« (καϑ'ὑπόστασιν, μία ὑπόστασις) und – am meisten apollinaristisch – von der »einen Natur des fleischgewordenen Gott-Wortes« (μία φύσις τοῦ ϑεοῦ λόγου σεσαρκωμένη)[161].
Wie sehr *Cyrill* in dieser frühen Zeit an eine »naturale Verbindung« gedacht und sich nicht nur unglücklich ausgedrückt hat, zeigen einmal das von ihm für die Einheit bevorzugte Leib-Seele-Bild (das Wort hat sich dem Fleisch verbunden wie die Seele mit dem Leib)[162], zum anderen »seine fast völlige Indifferenz hinsichtlich das Apollinarismus«[163],

[157] Zutreffend und plastisch ist die Charakterisierung *Cyrills* durch *H. Dallmayr*, a.a.O. 151: »Wo Cyrill vom Gottmenschen handelt, tut er es nach Art eines Wüstenheiligen. Christus ist der Logos Gottes. Er hat Fleisch angenommen, damit wir Gott annehmen können. Letzteres geschieht vorzüglich in der Eucharistie, wo Brot und Wein zu Fleisch und Blut Christi werden und uns im Laufe eines Lebens mählich vergöttlichen. Wie immer sich das mit dem Menschsein Christi verhalten mag – es ist die Frage nicht so sehr; entscheidend ist das Gottsein, für uns entscheidend.«
[158] *J. Liébaert*, a.a.O. 110; vgl. *P. Smulders*, a.a.O. 453.454.
[159] Z.B. Scholia de incarn. (PG 75, 1381 A. 1385 C).
[160] 3.Anath., D 254 (115); vgl. ep.17,4.
[161] Eine Übersicht über alle Hypostasis- und Mia-Physis-Formeln: bei *A. Grillmeier*, a.a.O. 674, A. 2.
[162] Ep. 17,4, vgl. Lehrschreiben *Cyrills* an *Nestorius* (ACO I, 1,1).
[163] *J. Liébaert*, a.a.O. 110; dennoch wäre es nicht sachgerecht, ihn einfach als Apollinaristen zu bezeichnen. Auch in frühen Schriften (ad Theodos. 21) betont er die Annahme eines *vollständigen* Menschen, auch einer Seele, durch den Logos (vgl. hierzu *P. Smulders*, a.a.O. 454, A. 21). Diese Bekenntnisse aber

zum dritten seine Unterscheidung der Lage vor und nach der Inkarnation[164]. *J. Liébaert* meint zwar: »Was er seinen Gegnern vorwirft, ist nicht die Unterscheidung, sondern die Trennung der Naturen«, und er schließt daraus, daß er seine Formeln nicht starr »ontologisch« (= ontisch) gemeint habe[165]; da aber offensichtlich für *Cyrill* nur eine im Sein verankerte Verbindung das Postulat der Nicht-Trennung erfüllte, so daß es in Christus nur »ein einziges Attributionssubjekt und ein einziges Tätigkeitsprinzip« gab[166], muß er eine solche auch intendiert haben. Auch seine spätere Kampagne (438) gegen die antiochenische Theologie, vor allem gegen die längst verstorbenen *Diodor* von Tarsus und *Theodor* von Mopsuestia, macht deutlich, daß seine Motivation sich nicht geändert hat. Er hat also nicht nur ein »brüchige Terminologie«[167] benutzt, sondern auch sagen wollen, was er gesagt hat.

Wohl aber ist es richtig, daß *Cyrill daneben* und *parallel dazu im Laufe seiner weiteren Entwicklung*, und von der Polemik um seine Formeln gezwungen, auch diphysitische Aussagen gemacht hat. Zwei Jahre nach dem Konzil von Ephesus unterschreibt er ein von Antiochenern im Wesentlichen schon 431 vorgelegtes »diphysitisches« Unionssymbol; bald räumt er ein, und hier klingt schon die Sprache von Chalkedon an: »Die zwei Naturen kamen in einer unteilbaren Vereinigung zusammen, *ohne Vermischung und ohne Veränderung*«[168]. Diese Korrekturen aber lösen nichts[169], sie stellen vielmehr nur den aporetischen status quaestionis[170] wieder her, ohne ihn einfach zu vertuschen. Immerhin hielt er auch dann noch an seiner Überzeugung fest,

erscheinen als beinahe verbale Pflichttätigkeit; vgl. *A. Grillmeier*, a.a.O. 609: »Er vertritt also ein verbales Logos-Sarx-Schema, worin diese Seele eine *physische* Realität, aber keine *theologische* Größe ist.«

[164] Vgl. z. B. Lehrschreiben *Cyrills* an *Nestorius* (ACO I, 1,18,36): »denn der eine und einzige Christus ist nicht zwiespältig, wiewohl er *aus zwei*, und zwar verschiedenen Wesenheiten besteht, die aber zu einer unteilbaren Einheit verbunden sind, wie etwa der Mensch aus Leib und Seele besteht...«

[165] A.a.O. 111.

[166] *J. Liébaert*, ebd. 111.

[167] *P. Smulders*, a.a.O. 456.

[168] Ep. 45,6 (ACO I 1,6, S. 153).

[169] Vgl. *A. v. Harnack*, Lehrbuch der Dogmengeschichte II, 353: *Cyrill* war »Monophysit« und zugleich Gegner einer Naturenvermischung. »Man muß hier die *Behauptung* (vollkommene Menschheit, unvermischte Naturen) gelten lassen; denn vorstellbar ist... doch nichts«.

[170] *Cyrill* hat die Aporie empfunden und deswegen häufig von der ›unaussprechlichen und unbeschreiblichen‹ Vereinigung gesprochen (vgl. *P. Th. Camelot*, Ephesus und Chalcedon, 42, dort auch Belege). Er hatte aber deswegen nicht »mehr Sinn für das Mysterium... als Nestorius« (so *Camelot*, ebd.), sondern er hatte einfach von seinem Ansatz her *mehr Probleme* (die es *so* für Antiochener nicht gab).

seine Formel von der »einen Natur« widerspreche nicht der diphysitischen Aussage[171].

Kurz: *Cyrill* hat wohl bis zum Schluß den Einheitspunkt in Christus ontisch verstanden und in den Logos verlegt, hat aber mit der Zeit die damit im Grunde gleichzeitig gegebene Verkürzung der Menschheit Jesu – ohne sein Einheitsmodell zu korrigieren – verbal bestritten; auf der Ebene der alexandrinischen Theologie war die Frage nicht zu beantworten[172].

Die bedeutendste Leistung *Cyrills* aber bestand darin, daß er später noch die Fähigkeit aufbrachte, sich neue »antiochenische« Erwägungen anzueignen. Der Gehorsam Jesu bis zum Tod wird ihm *soteriologisch* bedeutsam: »Auch in Christus selbst ist die Natur des Menschen für sich betrachtet schwach; aber durch das Wort, das mit ihr vereinigt ist, wird sie zu gottwürdiger Entschlossenheit hinaufgeführt.«[173] Unter diesem Denkmodell kann er sogar sagen – was »alexandrinisch«

[171] Vgl. *P. Smulders*, a.a.O. 459.

[172] *A. Grillmeier* geht es in seinen *Cyrill*kapiteln (vgl. o. 237, A. 156) offensichtlich darum, den großen Alexandriner von möglicher Heterodoxie, so wie er sie versteht, reinzuwaschen. Wenn *Cyrill* im Laufe der Auseinandersetzungen dazu kommt, eine menschliche Seele einzuräumen (»Der Cyrill der nestorianischen Kontroverse kennt eine echte menschliche Psychologie Jesu Christi«, a.a.O. 677) und in vorsichtiger Form (die allerdings gerade *Grillmeier* sehr relativiert, 680–682) von zwei Naturen zu sprechen, darf daraus nicht der Schluß gezogen werden, hier bahne sich schon eine *sachliche* Korrektur der Mia-Physis-Formel an. Bewegt sich hier *Cyrill* nicht vielmehr nur in den Bahnen der alexandrinischen Theologie seit *Athanasius*, in der – im Sinne der Funktionsfähigkeit des Tauschprinzips – wenigstens *additiv* zur ebenfalls intendierten Seinseinheit in Jesus Christus die »Ganzheit« des Menschen und somit *das Vorhandensein* einer Geistseele angenommen wurde? Verändert hat sich gegenüber die athanasianischen Aussage lediglich die Problemlage. Durch die Abwehr des Apollinarismus auf der einen und die Auseinandersetzung mit der antiochenischen Theologie auf der anderen Seite mußte *Cyrill in seiner Zeit* dieser Anerkennung der Seele begrifflich exakter fassen: Die Seele ist »Prinzip der Selbstbewegung« des Menschen (*Grillmeier*, ebd. 676) usf. Was wie eine »menschliche Psychologie Jesu Christi« aussieht, ist nicht mehr als die Anerkennung einer Seele unter neuer, grundsätzlicher Fragestellung. Daß *Cyrill* hierbei nicht wesentlich über eine lediglich additive, d. h. das eigene Einheitsdenken nicht korrigierende Aussage hinausgeht, macht *Grillmeier* selbst deutlich, wenn er bei ihm nur eine Funktion der Seele inbezug auf »die *natürliche* Lebensmitteilung, welche der Leib Christi nötig hat« (677.678) feststellen kann und einräumt: »Cyrill sucht auch weiterhin die Verbindung von Logos und Sarx möglichst eng zu gestalten. Wie bei Athanasius – und auch bei Apollinaris – sehen wir im Christusbild Cyrills die göttliche Energeia des Logos unmittelbar dem Leibe zufließen« (677). *Grillmeier* spricht sogar von der »Wesens- und Seinshaftigkeit des ›Menschwerdens‹« (679), die *Cyrill* nicht aufgegeben habe (Das letzte Kapitel über den Weg *Cyrills* zur Vorstellung von einer Personeneinheit (682–686) kann noch weniger überzeugen).

[173] Comm. in Lk 22,39 (PG 72, 924 C).

unvollziehbar war –, daß das Wort gerade »durch die Vereinigung .. die Menschheit in dem bewahrte, was sie war.«[174]

P. Smulders hat diese Wandlung *Cyrills* ausgezeichnet dargestellt[175] und kommt zum Schluß, daß er jetzt »das Leiden des Gottmenschen, einschließlich des Widerstands seines Willens gegen den Tod, ernster zu nehmen« scheine »als die meisten anderen Autoren seit Irenäus«[176]. Leider aber hat *Cyrill* von dieser neuen Wertung her nicht mehr seine vorherigen, rein alexandrinischen Einheitsaussagen modifiziert. Konsequent weitergedacht wäre das Resultat die Etablierung einer menschlichen Subjektivität in Jesus – neben der des Logos – gewesen; eine solche Folgerung war den Alexandrinern sicher unmöglich.

3.2.5 Der Monophysitismus

Der Monophysitismus im eigentlichen Verständnis ist ein Produkt und eine letzte radikale Konsequenz der alexandrinischen und somit der hellenistischen christologischen Soteriologie[177] (Vergöttlichung durch Jesus Christus), allerdings so, daß die hierbei implizierten dialektischen Voraussetzungen (die beiden Pole Gottheit und Menschheit) der Faszination des Einheitsdenkens zum Opfer fielen. Der Blick war sosehr auf die (»monistische«) Verschmelzung des endlichen Menschen mit der unendlichen Gottheit gerichtet, daß in der Christologie nur noch die völlige Vereinigung beider Dimensionen in der *einen Natur des Gottmenschen* interessierte. Während aber in Alexandrien seit (*Origenes* und) *Athanasius* immer deutlicher bewußt wurde, daß Vergöttlichung und ihre christologische Bedingung, also die Theorie des Tausches, nur dann bestehen konnten, wenn zwei *integre* Naturen in Christus vereint waren – so schwer auch die Unversehrtheit der menschlichen Physis unter dem Zwang, Einheit ontisch zu

[174] Scholia de incarn. 9 (PG 75, 1380B).

[175] A.a.O. 459.460. M.E. mißdeutet *A. Grillmeier* den Stellenwert dieser Aussagen, indem er sie auf die Anerkennung einer menschlichen Seele bei Jesus Christus zurückführt. Hier allerdings kommt ein *neues Denken* auf, insofern es nicht um die (»ontischen«) Fähigkeiten der Geistseele Jesu geht, sondern um die *Heilsbedeutung* ihrer Akte (Gehorsam, Opfer etc.); zum erstenmal und in schüchternen Ansätzen ist der Mensch Jesus als ein heilsrelevant handelndes Subjekt wahrgenommen und nicht nur als eine ganz unter der Energeia des Logos stehende Sarx (wenn auch mit – leider nun einmal zur Definition gehörigen – Seele).

[176] Ebd. 460.

[177] Vgl. *A. v. Harnack*, Lehrbuch der Dogmengeschichte, Vol. 2, 397.398: »Der *Monophysitismus*... ist zweifellos der legitime Erbe der Theologie des Athanasius und der zutreffende Ausdruck des griechischen Christenthums.«

denken, gefährdet war –, entfiel jetzt die Fähigkeit, diese spannungsreichen antithetischen Aspekte mitzudenken, die Synthese des Antithetischen auszuhalten.

Sicherlich war die »monophysitische« Dynamik eine latente und oft auch sich offen artikulierende Triebkraft alexandrinischer Theologie; immer aber hatten großkirchliche Auseinandersetzungen und auch immanente Reflexionen zu differenzierteren Aussagen geführt. *Der Monophysitismus im technischen Sinn ist also zu verstehen als eine simplifizierende Konzentration auf das wichtigste hellenistisch-soteriologische Anliegen.*

Infolgedessen handelt es sich weniger um eine von theologischen Erwägungen motivierte Richtung, und ebensowenig sind aus ihr beachtenswerte systematische Entwürfe hervorgegangen. Der Monophysitismus ist – trotz allen hellenistisch-»spekulativen« Unter- und Überbaus – letztlich *eine Frömmigkeitsbewegung*, wie sie in spirituell engagierten alexandrinischen Kreisen, vor allem im Mönchtum, wohl schon länger wirkmächtig war und schließlich, mehr zufällig, von einem frommen Mönch, *Eutyches*, der großkirchlichen Öffentlichkeit bewußt gemacht wurde.

Dies geschah zu einer Zeit, in den vierziger Jahren des 5. Jahrhunderts, als die christologischen Systeme in Ost und West sich anzunäheren begonnen hatten[178]; *theologisch* war der Monophysitismus schon *unzeitgemäß*[179], und entsprechend rasch wurde er nach einigen Jahren in Chalkedon *theologisch* bewältigt. Damit aber war er nicht wirklich überwunden, eben weil er eine spirituelle Strömung darstellte, als solche hat er noch lange (bis heute?) in Ost und West fortleben können.

[178] Vgl. hierzu u. II 4.3.

[179] *P. Smulders*, a.a.O. 461–463, interpretiert die Unzeitgemäßheit des *Eutyches* anders. Er führt an, daß sich mittlerweile eine Art Konsens angebahnt habe: »Die Einheit des Gottmenschen liegt nicht auf der Ebene der Naturen, wo gefragt wird, was es ist, sondern auf der Ebene der Hypostase, wo gefragt wird, *wer* er ist« (462). Und er meint: »Aber am Fall Eutyches wurde klar, wohin die Terminologie der Anathema-Sätze des Cyrill führen konnte, nachdem einmal die Frage gestellt worden war, ob die Vereinigung auf der Ebene des *Was* oder des *Wer* zustande komme« (463). Diese Aussagen gründen in der oft zu greifenden Überzeugung von *P. Smulders*, daß die orthodoxe Lösung, die Lehre von der hypostatischen Union, im Sinne einer Subjektidentität zu verstehen sei. Daß dem nicht so ist, wird weiter unten (4.4) erläutert. Somit ist auch die Situation des *Eutyches* nicht durch diese Frage gekennzeichnet, sondern durch einen anderen Aspekt: Die Schulen hatten sich so einander angenähert, daß differenzierende und antithetische Kompromißformeln (etwa: unvermischt-ungetrennt) sich zu verbreiten begannnen. Demgegenüber erschien die monomane Einnaturformel wie ein archaisches Relikt, wenn auch von ungeheurer Wucht.

Die großkirchliche Aufmerksamkeit fand der Monophysitismus durch den um 378 in Konstantinopel geborenen *Eutyches* (sein Todesjahr ist nicht bekannt, wahrscheinlich um die Mitte der fünfziger Jahre des 5. Jahrhunderts). Schon früh wurde er Mönch, Priester und Archimandrit eines großen Klosters in Konstantinopel. Er war ein eifriger Bundesgenosse *Cyrills* im Kampf gegen den Nestorianismus.

Größeren Einfluß konnte er gewinnen, als sein Patenkind, der Eunuch *Chrysaphius*, 441 praktisch die Reichsregierung unter dem schwachen Kaiser Theodosius II. usurpiert hatte. *Eutyches* scheint die alexandrinische Kampagne gegen antiochenische Theologen verursacht oder wenigstens stark untersützt zu haben, so daß *Theodoret* von Kyros[180] 447 seine Schrift Eranistes gegen ihn verfaßte.

Dennoch hatte *Eutyches*, nach *Leo I.* ein »imprudentissismus senex«[181], wohl kaum eine systematische Lehre vertreten. »Die ganze Lehre des Archimandriten scheint lediglich in einer großen Furcht vor dem Nestorianismus und einem hartnäckigen und blinden Festhalten an den Formulierungen *Cyrills* bestanden zu haben.«[182] Er wäre deswegen trotz der Auseinandersetzungen, in denen er stand, auch nicht fixierbar gewesen und hätte nicht verurteilt werden können, wenn er nicht von einem fanatischen phrygischen Bischof namens *Eusebius* im Doryläum, der auch schon den *Nestorius* förmlich beschuldigt hatte, angezeigt worden wäre. *Eutyches* wurde vom Patriarchen *Flavian (Flabianos)* 448 vor die »endemische Synode« geladen; dort – und erst dort – war er gezwungen, seine Thesen zu explizieren und genauer darzulegen, was er meinte.

Und das war nicht viel. »Das einzige, was der Archimandrit vor der Synode zu sagen wußte, waren ein paar stereotype Formeln, die er mit der Hartnäckigkeit eines starrköpfigen Greises ständig wiederholte.«[183] Die Formeln waren im Wesentlichen eine vereinfachende und verkürzende Wiedergabe der *Cyrillschen* Ein-Natur-Formeln. Seine Aussage: »zwei Naturen vorher, eine Natur nachher«[184], was er nicht apollinaristisch verstanden wissen will[185]; der Logos hat sich mit einer *integren* menschlichen Physis verbunden, *nach der Einung* aber gibt es nur noch *die eine Natur* des Gottmenschen, in der allerdings die Menschheit »von der Gottheit aufgesogen (wird), so wie sich ein ins Meer fallender Honigtropfen darin auflöste.«[186]

Vor der Synode erklärte *Eutyches*: »Ich habe bisher über die Natur meines Gottes zu disputieren mir nicht angemaßt; aber daß er gleichen Wesens mit uns (ὁμοούσιος) sei, habe ich bisher, wie ich gestehe, nie gesagt. Bis auf den heutigen Tag habe ich nie gesagt, daß der Leib unseres Herrn und Gottes gleichen

[180] Vgl. u. 258.259.
[181] Ep. 28.29.35.
[182] *P.-Th. Camelot*, Ephesus und Chalcedon, 99.
[183] *Camelot*, ebd. 100.
[184] *J. Liébaert*, a.a.O. 120.
[185] Vgl. *J. Liébaert*, ebd.
[186] *P.-Th. Camelot*, Eutyches, in: LThK² 3,1214 (mit Verweis auf *Theodoret*, Eranistes 2). Auch dieser anstößige Vergleich hatte seine gute Tradition und war ähnlich schon von Gregor von Nyssa verwendet worden (vgl. o. 236).

Wesens mit uns sei. Wohl aber bekenne ich, daß die heilige Jungfrau wesensgleich mit uns und daß unser Gott aus ihr Fleisch geworden ist..... Wollt ihr, daß ich noch beifüge, sein Leib sei mit dem unseren gleichen Wesens, so tue ich's, aber ich nehme das wesensgleich nicht so, als leugnete ich, daß er der Sohn Gottes sei... Ich habe die Schriften der Heiligen Cyrill und Athanasius gelesen; vor der Vereinigung sprechen sie von zwei Naturen, nach der Vereinigung nur mehr von einer.«[187]
Eutyches interpretiert also das alexandrinische Einheitsmodell so, wie es nach der schlichten Logik auch enden müßte. Wenn sich zwei Seiende ontisch verbinden, entsteht ein neues Drittes, dessen Eigentümlichkeiten aber wegen der absoluten Dominanz des einen (des Logos) ganz sich von diesem herleiten, so daß das zweite, die Menschheit, quasi aufgesogen wird.
Deutlich klingt die Aporie einer Einung ontischer Art an: *Eutyches* hat Schwierigkeiten, die Homousie des »Leibes« zu bekennen und gleichzeitig an dem Sohn-Gottes-Prädikat für Jesus Christus festzuhalten[188].

In der profiliert hellenistisch-christlichen *spirituellen* Bewegung des Monophysitismus ist das christliche Heilsgeschehen am radikalsten in die hellenistische Soteriologie eingepaßt, weil für die Frommen die Hemmnisse differenzierten Denkens, das sich der Unangepaßtheit und Fremdheit der christlichen Konzeption bewußt blieb, entfielen. Zwar läßt sich mit einigem Recht bezweifeln, ob der arme siebzigjährige Mönch seine Antworten so grundsätzlich und »lehrhaft« gemeint hat, wie sie von seinen Gegnern, Theologen, aufgenommen wurden. Nachdem die Anschauungen aber nicht mehr nur die Spiritualität motivierten, sondern explizit formuliert waren, mußten sie, wenn sie nicht sofort verurteilt wurden, zu einer prinzipiellen Bedrohung des Christentums werden. Im Monophysitismus, als Theoriebildung verstanden, wird deutlich, was Hellenisierung der christologischen Soteriologie in letzter Konsequenz bedeutet; gemessen an ihm sind alle anderen Hellenisierungsversuche vielfältig gebrochen und lassen, wenn auch in sehr unangemessener kosmozentrischer Sprache, die zentrale christliche Aussage noch erkennen: daß alles Heil durch den Menschen Jesus, seine Lehre und Wirken vermittelt ist.

[187] ACO II, 1, 140–144.
[188] Vgl. *P.-Th. Camelot*, Ephesus und Chalcedon, 101: »Von zwei Naturen sprechen, war für den Archimandriten gleichbedeutend mit einer Ablehnung des Dogmas von der Einheit Christi und einem Bekenntnis zur Lehre des Nestorius.«

4 Die großkirchliche Lösung

4.1 Die Problemlage

Die unter den Stichworten Alexandrien und Antiochien einander konfrontierten Systeme waren in Denkansatz, Verstehensstruktur und Sprachtradition so verschieden, daß sie nicht einfach auf einen gemeinsamen Nenner gebracht werden konnten. Jede echte Lösung hätte, da es zwischen ihnen keine mittlere Position gab, nur darin bestehen können, daß eine der beiden Richtungen ihre gesamte Kulturtradition hätte aufgeben und sich kulturell transformieren müssen. Die Situation im 5. Jahrhundert war vergleichbar der Aufgabe, die mit dem Übergang von Juden- zu Heidenchristen gestellt war. Wie das Judenchristentum kannte die antiochenische Tradition eine Orientierung des Daseinsverständnisses an der »Geschichte«, wenn auch in einer hellenistisch gewendeten und deswegen nicht ganz so »reinen« Form. Die alexandrinische Mentalität faßte noch einmal die strukturellen Verstehensmomente des hellenistischen Christentums zusammen. Wenn auch beide Überlieferungen dem Hellenismus zuzurechnen sind und somit nicht ohne Kommunikationsmöglichkeiten waren, wurde die Lage doch – gegenüber der früheren Problematik – dadurch verschärft, daß die »antiochenischen Kirchen« einen beachtlichen Machtfaktor darstellten, während das Judenchristentum ganz von selbst im Laufe der Zeit in einen extremen Minoritätenstatus hineingewachsen war und schließlich keine Rolle mehr spielte. Eine »Lösung« in diesem Sinne einer Schrumpfung der syrischen Christenheit war zunächst nicht zu erwarten, vielmehr mußte man sich »zusammenraufen«.

Noch ein zweiter Umstand ließ eine Einigung beinahe undenkbar erscheinen: Mittlerweile war die theologische Reflexion innerhalb beider Überlieferungen so weit fortgeschritten, daß sie ihre eigenen Anliegen »auf den Begriff gebracht« hatten. Sie standen sich somit *in grundsätzlicher Art* gegenüber. Eine quasi unmerkliche, fast organische Assimilierung konnte sich nicht mehr ergeben, so wie in den Anfängen und den zahlreichen Stadien des Übergangs vom Juden- zum Heidenchristentum. Auch dort war ja schon, als die Ansätze *prinzipiell* formuliert wurden, die Kluft (etwa zwischen Ebionitismus und Inkarnationschristologie) unüberbrückbar geworden und nur durch Häretisierung der Minoritätengruppen aus der Welt geschafft worden. Eine Häretisierung aber der großen syrischen Kirche war unmöglich.

Dennoch wurde auch dieser Weg beschritten, wenigstens für große Teile der ostsyrischen Provinzen, in denen das syrische Element am wenigsten vom Hellenismus modifiziert war. Seit Ephesus wurden sie mehr und mehr aus der großkichlichen Gemeinschaft hinausgedrängt; um 500 trennte sich die persisch-nestorianische Kirche förmlich von der Reichskirche und so auch vom Patriarchat Antiochien. Die weitere Auseinandersetzung verlief vor allem zwischen der profiliert hellenistisch und der gemäßigt syrisch-hellenistischen Theologie »Westsyriens«.

Bei dieser Konstellation konnte eine »Lösung« nur in einem Formelkompromiß gesucht werden. Beide Parteien waren aufgefordert, extreme Formulierungen zu unterlassen, keine perfekten Systeme zu konstruieren, die ihnen halbwegs akzeptablen Begriffe der je anderen Seite aufzugreifen und mit eigenen Inhalten anzureichern. *Möglich war nicht eine Einigung in der »Sache«, wohl aber in der Sprache.* Wo man von dieser Regel abwich und *eine* Richtung *ihre* Theologie durchsetzen wollte (wie bei den Unternehmungen *Cyrills* z. B. in Ephesus 431 oder des *Disokur* ebendort 449), war das Scheitern zwangsläufig.

Die christologisch-soteriologischen Aussagen der nun beginnenden Zeit sind deswegen nicht mehr von der Prägnanz, »Originalität« und Dynamik der verflossenen Jahrhunderte. Sehnsucht nach einem Kompromiß verhinderte allzu spezifische Theoriebildungen. Die Christologie wird in ihrer Sprache »großkirchlicher«, die intendierte Sache ungreifbar (obwohl jetzt die Begriffe säuberlicher definiert, Hypostase von Physis, Usia von Prósopon unterschieden wurden). Gerade diese sprachliche großkirchliche Kommunikabilität aber hat andererseits einen innerkirchlichen Frieden insofern begünstigt, als jede Richtung die verwendeten Begriffe *mit ihren Inhalten* füllen konnte. *Die Theologien blieben verschieden*; durch die Übernahme aber der auch von der anderen Richtung genutzten Formeln konnte dieser Sachverhalt verdeckt bleiben und Konflikte vermieden werden. Umgekehrt aber bedeutet dieser Verzicht auf Schaffung und Gebrauch einer dem eigenen Denken optimal entsprechenden Ausdrucksweise auch den Verlust theologisch innovatorischer Dynamik.

Von dieser Problemlage her wird auch verständlich, warum die lateinische Theologie des Westens zum erstenmal entscheidend[1] zum Zustandekommen des Formelkompromisses beitragen konnte. Die westliche Kirche war bisher nicht nennenswert in die Diskussionen einbezogen; zumindest war ihr aufgrund ihrer ganz andersartigen kulturellen Tradition und deswegen auch Soteriologie die Leidenschaft fremd, mit der die östlichen Christen um diese Fragen stritten.

Zwar war auch der lateinische Raum soweit hellenisiert, daß die dorti-

[1] Zu früheren Initiativen vgl. o. 193.194.

gen Theologen – wenigstens gilt das für einige Vertreter – verstehen konnten, worum es ging, und so auch mitreden konnten; aber soteriologisch interessiert hat sie die Auseinandersetzung nicht – ihre Probleme waren anderer Natur[2]. Zudem hatten die Lateiner eine Vorliebe für die quasi juristisch festgelegte Formel, in ihr waren sie versucht, auch die Sache geregelt zu sehen. Alles das setzte die lateinische Theologie instand, an der schließlich bis Chalkedon erzielten Einigung mitzuwirken. Von ihrer »dritten« Position her konnte sie, ohne selbst immanent mitzudiskutieren und überhaupt die verschiedenen Denkansätze und ihre Verästelungen zu durchdringen, zum nüchternen Ausgleich wenigstens im Sinne eines *sprachlichen Minimalkonsenses* beitragen.

Die beiden divergenten christologischen Traditionen des Ostens waren allerdings nicht »gleichgewichtig«, und somit war auch nicht zu erwarten, daß die Einigungsformeln die Intentionen beider »Schulen« ausgewogen zur Sprache bringen würden. Vielmehr war die Theologie vom *Typos* der alexandrinischen Richtung großkirchlich dominierend: Einmal weil sie am klassischsten die – irgendwo doch gesamthellenistischen – Motivationen bewahrt hat und so in der ganzen Ökumene Christen faszinieren konnte, zum anderen weil die ersten fundamentalen großkirchlichen Einigungen in Nizäa und Konstantinopel wie Rammpflöcke den Weg zu einer hellenistischen Christologie irreversibel gemacht hatten, zum dritten, weil das ostsyrische Hinterland niemals so ganz in die großkirchliche Kommunikation einbezogen war und sein Gewicht nicht voll für Antiochien in die Waagschale werfen konnte.

Das Anpassungsdruck war deswegen für die antiochenische Theologie stärker. Im ägyptischen Raum wurde umgekehrt diese Notwendigkeit nicht so drängend empfunden, hier blieb man bis Chalkedon mit dem Kampf für die eigene Christologie beschäftigt. Dennoch trug auch die alexandrinisch *motivierte* Theologie zum Kompromiß bei, und zwar dort, wo die Notwendigkeit zur Einheit stärker als Herausforderung erlebt wurde: in und um Konstantinopel. Die spätere Lösung wurde also vorangetragen von antiochenischen und – vom Zentrum entfernt lebenden – »alexandrinischen« sowie westlichen Theologen.

Das Ungleichgewicht in diesem Prozeß hat sich auch auf die »Lösung« selbst ausgewirkt. Ganz global läßt sich sagen, daß sich die alexandrinischen Denkfiguren durchsetzten; mit ihren Mitteln kosmozentrischen Verstehens und Sprechens fand die Einigung statt. In diese aber war soviel Korrigierendes und Ergänzendes aus der antiochenischen Tradition eingebracht, daß ihre essentiellen Anliegen – soweit auf der fremden Sprachebene möglich – aufgegriffen waren.

[2] Vgl. o. II 1.1.2.3.

4.2 Der Anstoß des Doppelkonzils von Ephesus 431

Die Ereignisse in Ephesus 431 werden nicht nur heute ungünstig bewertet; schon die Zeitgenossen hielten sie für ein Unglück. Gerade aber das absurde Schauspiel zweier nebeneinander tagender und einander exkommunizierender »Synoden« hat in der Folgezeit den allgemeinen Wunsch nach einer Einigung übermächtig werden lassen, eine positive Wirkung e contrario.

Der Einigungsdruck lastete naturgemäß stärker auf der antiochenischen Partei, die nicht nur die Alexandriner, sondern Rom und schließlich den Kaiser gegen sich hatten. Von daher erklärt es sich, daß sie schon während der Sitzungen in Ephesus einen Kompromißvorschlag vorlegten[3], der die alexandrinischen Anliegen berücksichtigte: Sie erkannten eine »Einigung der Naturen« an und betonten sie, Maria wurde theotókos (Gottesgebärerin) genannt. Daneben aber hoben sie die Vollständigkeit der beiden Naturen auch *nach* der Inkarnation hervor, Jesus Christus ist in seiner Gottheit homoúsios mit dem Vater, in seiner Menschheit homoúsios mit uns, die Vereinigung geschah *ohne Vermischung*, die Menschwerdung wird als »Sich-Vereinigen des Logos mit dem Tempel« charakterisiert[4].

In Ephesus aber war die Partei *Cyrills* zu Zugeständnissen noch unfähig; erst zwei Jahre später, im April 433, hat *Cyrill* dieses Schriftstück mit einigen Erweiterungen unterschrieben. Die antiochenische Gruppe erkannte daraufhin, wenn auch nicht geschlossen, ihrerseits die Absetzung des *Nestorius* durch die *Cyrill*'sche Synode an.

Der 433 erzielte mühsame Kompromiß, der bei gutem Willen auch schon 431 zu erreichen gewesen wäre, berücksichtigt die fundamentalen *Essentials* antiochenischer Christologie, soweit sie sich in »alexandrinischer« Sprache ausdrücken lassen; die zweifache Homousie, die Integrität vor allem der Menschheit unter Einschluß einer Geistseele, Abwehr von Vermischung, Verwendung des Tempelbildes. Alles, was die syrischen Theologen aber *angetrieben* hatte, ist entfallen: Bewährungschristologie, soteriologische Relevanz des Gehorsams Jesu, Einigung durch »Annahme« (zwar wird von der »Annahme« des Tempels aus Maria gesprochen, hier scheint aber ein anderer Gedankengang ausgesprochen zu sein: die *Entgegennahme* des Tempels, des einen Substrats der Einigung, aus Maria).

Die Einigungsformel beinhaltet also einen Sieg der alexandrinischen Konzeption; wenn auch gebrochen durch einige ›conditiones sine qua

[3] Der Text stammt in seinen Grundzügen möglicherweise von *Theodoret* von Kyros, vgl. *P.-Th. Camelot*, Ephesus und Chalcedon, 66, A. 50; für »höchstwahrscheinlich« hält *P. Smulders*, a.a.O. 457, seine Autorschaft.

[4] ACO I 1,7, S. 70. Zum Text vgl. u. 251, A. 16.

non‹ der anderen Seite; diese aber waren für die Alexandriner nicht unannehmbar, da die bessere eigene Tradition ohnehin auf dem Wege zur Ausbildung dialektischer Formeln war (wirkliche seinshafte Einung – dennoch Integrität von Gottheit und Menschheit, ungetrennt und unvermischt), wenn diese Entwicklung auch durch die emotionsgeladene Kampagne der jüngsten Vergangenheit verdeckt wurde.
Dieses Symbol, verbunden mit der Anerkennung der Verurteilung des *Nestorius*, kann als einziges den Anspruch erheben, eine »ökumenische« Einigung zu spiegeln, wenn es auch erst *nach* den Konzilien von Ephesus angenommen wurde; es hat in der Folgezeit die weitere Entwicklung stark beeinflußt.
Die Dominanz des alexandrinischen Theologie wurde aber vor allem noch verstärkt durch einen anderen Aspekt: Es gibt keinen *historischen* Grund, die *Cyrill*'sche Teilsynode mit dem Prädikat »ökumenisch« zu belegen[5]. Dennoch hat die spätere Kirche sie als solche gewertet, umgekehrt die der Antiochener als illegales Gegenkonzil qualifiziert. Diese Rezeptionsgeschichte hat bewirkt, daß die Beschlüsse der alexandrinischen Partei anerkannt wurden.
Förmlich beschlossen wurde hier nur die Verurteilung des Nestorianismus. In die Konzilsakten eingegangen aber sind weitere, lediglich pauschal gebilligte Schriftstücke *Cyrills*. In diesen Texten kommt die *cyrill*'sche Christologie ungebrochen zur Geltung; für die Einigung wird die Formel »gemäß der Hypostase« (καθ' ὑπόστασιν)[6] verwendet und Maria theotókos genannt[7]. Die spätere »ökumenische« Anerkennung der Ergebnisse dieser Teilsynode hat somit die Tendenz verstärkt, die Einigung in der christologischen Auseinandersetzung auf dem Boden und mit den Mitteln der alexandrinischen Tradition zu versuchen.
Begünstigt wurde diese Entwicklung durch die Haltung Roms: Zwar hat es keinen unmittelbaren sachlichen Beitrag geleistet, aber doch die Lehren *Cyrills*, wenn auch in einer gemäßigten, nüchternen Form, global unterstützt; denn der Alexandriner konnte ihnen – im Unterschied zu den sensiblen Einheitsmodellen der Antiochener – die christologische Einheit in griffigen und knappen Formeln anscheinend präzise umschreiben.

Cyrill hatte schon 429 mit einem Osterfestbrief an die ägyptischen Bischöfe und einem Rundschreiben an die Mönche den Kampf gegen *Nestorius* eingeläutet. Durch geschicktes Vorgehen sicherte er sich die Unterstützung des

[5] *A. V. Harnack* (Lehrbuch der Dogmengeschichte, Bd. 2, 362. 363) und *R. Seeberg* (Lehrbuch der Dogmengeschichte, Bd. 2: Die Dogmenbildung in der alten Kirche [reprogr. Nachdruck von ³1923], Darmstadt 1974, 237) plädieren z. B. für die Legitimität der antiochenischen Synode.
[6] D 250 (111a). [7] D 251 (111a).

römischen Bischofs *Cölestin I.*, der offensichtlich von der ganzen Sache recht wenig verstanden hat.
In einem Brief an Klerus und Volk von Konstantinopel z.B. meint *Cölestin, Nestorius* erörtere die Naturen des Christus, »indem er ihn bald zu einem bloßen Menschen (solum hominem) macht, bald, je nachdem es ihm gut dünkt, Gemeinschaft mit Gott (societatem dei) zuschreibt.«[8] *Nestorius* hat wohl zu Recht vermutet, daß *Cölestin* »zu einfältig (sei)..., um in die Wesenskraft der Dogmen subtiler einzudringen.«[9] 430 ließ *Cyrill* von einer alexandrinischen Synode ein Schreiben an *Nestorius* billigen, das in zwölf Anathema-Sätzen gipfelte, die der Empfänger unterschreiben sollte.
Aber auch *Nestorius* blieb nicht ohne Unterstützung: Antiochenische Bischöfe unter Führung des *Johannes* von Antiochien pflichteten seinen Thesen (abgesehen von seinen etwas puristischen Vorbehalten gegen den *Begriff* theotókos) bei; einer der bedeutendsten Theologen dieser Gruppe, *Theodoret* von Kyros[10], verteidigte ihn, einer seiner Anhänger publizierte zwölf Anathematismen gegen *Cyrill.*
Kaiser *Theodosius II.* lud für den 7. Juni (Pfingsten) 431 ein Konzil nach Ephesus ein. *Cyrill* traf rechtzeitig mit über 40 Bischöfen seines Patriarchats und vielen Mönchen und Priestern ein; auch *Nestorius* war schon mit einigen gleichgesinnten Bischöfen anwesend, während die größere Zahl der »Antiochener«, vor allem der Patriarch *Johannes* und die syrischen Bischöfe, erst mit Verzögerungen nach Ephesus kam[11]. Auch die römischen Legaten waren noch unterwegs. Dennoch eröffnete *Cyrill* die Synode am 21. Juni, gegen den Einspruch zahlreicher Bischöfe und des kaiserlichen Vertreters, mit rund 150 Bischöfen vorwiegend seiner Richtung. *Nestorius* verweigerte seine Teilnahme. Die *Cyrill*'sche Synode bekräftigte den Glauben von Nizäa, verurteilte zuerst den *Nestorius* und später auch den Patriarchen *Johannes* von Antiochien; nur diese drei Initiativen können als förmlich verabschiedet gelten.
Darüberhinaus wurde ein Brief *Cyrills* über die Menschwerdung »verlesen und feierlich gebilligt«, so daß er wohl die »Anschauung« der Teilnehmer spiegelt. »Doch man kann nicht sagen, jeder Satz, jedes Wort dieses langen Textes sei ausdrücklich vom Konzil gebilligt worden.«[12] Ein weiterer Brief an *Nestorius* mit den beigefügten Anathematismen wurde verlesen, ohne daß *Cyrill* oder das Konzil dazu Stellung genommen hätten[13]. Er wurde in die Konzilsakten übernommen, aber »man kann nicht sagen, das Konzil von Ephesus habe die Anathematismen in gleicher Weise gebilligt wie den vorausgehenden Brief.«[14]
Als am 26. Juni *Johannes* von Antiochien ankam, lehnte er mit seiner Gruppe die Teilnahme an der Synode *Cyrills* ab und eröffnete ein eigenes Konzil mit etwa 50 Mitgliedern, das sofort u.a. die Absetzung des *Cyrill* verfügte und die

[8] ACO I,2, S. 15.
[9] *Irenaeus* Comes (†450), Tragoedia (ACO I,4, S. 25).
[10] Vgl. u. 258.259.
[11] Vgl. hierzu und zu folgendem vor allem *P.-Th. Camelot*, Ephesus und Chalcedon, 50–83.
[12] *P.-Th. Camelot*, ebd. 73.
[13] Vgl. ebd. 74.
[14] Ebd. 75.

Bischöfe der Gegenpartei exkommunizierte. Anfang Juli trafen die römischen Legaten ein und schlossen sich der Synode *Cyrills* und deren Beschlüssen an. »Ende Juni 431 bot somit Ephesus das peinliche Schauspiel zweier miteinander rivalisierender Konzilien, die sich gegenseitig exkommunizierten. Es kam zu Schlägereien und Krawallen.«[15] Die Synode unter Leitung des *Johannes* erarbeitete ein Symbolum[16], das durchaus eine Einigung hätte bewirken können, aber in der überhitzten Atmosphäre nicht zum Zuge kam.
Im August schließlich ließ der Kaiser durch einen neuen Vertreter u.a. *Nestorius* und *Cyrill* absetzen und forderte die Bischöfe auf heimzukehren. Nach letzten Verhandlungen löste *Theodosius* im September das Konzil auf; *Cyrill* konnte nach Alexandrien fliehen, *Nestorius* wurde verbannt[17].

Die verfahrene Situation ließ in der Folgezeit nun doch den Eindruck aufkommen, so könne es nicht weitergehen. Zwei Jahre später konnte somit auf der Basis des schon in Ephesus von der *Johannes*partei erarbeiteten Symbols einerseits und andererseits der Anerkennung der Verurteilung des *Nestorius* eine Einigung zwischen den Hauptkontrahenten *Cyrill* und *Johannes* erreicht werden. Der Text wurde um einen wichtigen Satz ergänzt, der ein Zugeständnis des *Johannes* wie auch einen terminologischen Verzicht des *Cyrill* brachte: »Von den Aussagen der Evangelisten und Apostel über Christus aber wissen wir, daß die Theologen die einen, wie *auf ein Prosopon* zielend, gemeinsam gebrauchen, die anderen aber, als *auf zwei Naturen* sich beziehend, trennen...«. Die Menschwerdung wird soteriologisch (»wegen uns und unsrer Erlösung«) begründet[18].

[15] Ebd. 62.

[16] ACO I,1,7, S. 70: »Wir bekennen also unseren Herrn Jesus Christus, den eingeborenen Sohn Gottes, als Gott vollkommen und als Mensch vollkommen, aus einer Geistseele und einem Leib, vor den Zeiten aus dem Vater der Gottheit nach, in den letzten Tagen geboren aus der Jungfrau Maria der Menschheit nach, eines Wesens mit dem Vater der Gottheit nach und eines Wesens mit uns der Menschheit nach; denn es ward eine Einheit zweier Naturen, und deshalb bekennen wir *einen* Christus, *einen* Sohn, *einen* Herrn. Gemäß dieser *Einigung ohne Vermischung* bekennen wir die heilige Jungfrau als Mutter Gottes, weil Gott das Wort Fleisch und Mensch geworden ist und von der Empfängnis an den Tempel mit sich vereinigt hat, den er aus ihr angenommen hat«.

[17] Die vor allem in der katholischen Literatur breit ausgetragene Diskussion darüber, welches Konzil nun das »rechtmäßige« war und welche Beschlüsse »als förmlich definiert« oder »Dogma« zu gelten haben (vgl. z.B. die Darlegung bei *Camelot*, a.a.O. 68–78), geht m.E. von späteren, römischen und katholischen Fragestellungen aus. Für unsere Problematik ist nur wichtig, daß die Notwendigkeit einer Einigung fortan ins großkirchliche Bewußtsein einging und diese Einigung aufgrund der Rezeptionsgeschichte von Ephesus auf dem Boden alexandrinischer Denkschemata – mit antiochenischen Minimalkorrekturen – gesucht wurde.

[18] ACO I,1,4, S. 8.9; vgl. D 273.

Die Einigung wurde nicht von allen Parteigruppen akzeptiert; *Cyrill* wurde vorgeworfen, er habe nestorianische Termini (z. B. das Tempelbild) hingenommen, viele »Antiochener«, allen voran *Theodoret* von Kyros, lehnten die Verurteilung des *Nestorius* ab.
Immerhin aber war ein grundsätzlicher Durchbruch erzielt worden zur Einigung selbst wie auch *zur Form* der Einheit, dem Formelkompromiß. Er läßt sich in seiner typischen Struktur so charakterisieren, daß die Antiochener künftig von zwei Subjekten nicht mehr *redeten* (wohl aber, wenn auch gebrochen durch die neuen Formeln, *dachten*) und darüberhinaus die Vokabel theotókos benutzten, die Alexandriner die bei der Gegenpartei *anstößigen Begriffe vermieden*[19] (wie der Monophysitismus bald zeigte, aber in ihrem Sinne *dachten*[20]).

4.3 Auf dem Weg zum Formelkompromiß

4.3.1 Letzte Rückschläge

Im Gefolge von Ephesus wurde die Notwendigkeit einer christologischen Einigung zwischen Antiochien und Alexandrien deutlich gesehen und führte auch zu beachtenswerten Fortschritten, die schließlich den Kompromiß von Chalkedon möglich machten.
Dennoch verlief diese Entwicklung nicht »organisch«, sondern führte noch einmal zu heftigen Erschütterungen. Die Unruhe ging hierbei von Alexandrien aus, dessen Tradition ja alles das zusammenzufassen schien, was hellenistische Christen von ihrem Glauben dachten und erwarteten. Vor diesem kulturgeschichtlichen Horizont fühlte sich die alexandrinische Theologie so sehr »im Recht«, daß sie wohl nur zum Einlenken gebracht werden konnte, wenn sie sich zuvor einmal mehr –

[19] Vgl. z. B. zu *Cyrill* bei *P.-Th. Camelot*, Ephesus und Chalcedon, 80: »Nun gebrauchte er nicht mehr umstrittene Ausdrücke wie ›die eine Natur‹, ›physische Vereinigung‹, ›der Hypostase nach‹ und machte keine Anspielungen mehr auf seine Anathematismen, zu denen er drei Jahre zuvor noch die Zustimmung des Nestorius hatte erzwingen wollen.«

[20] *P. Smulders*, a.a.O. 458, bemerkt zu einer (nach der Einigung) in Alexandrien mit Begeisterung aufgenommenen Predigt des Antiocheners *Paulus* von Emesa: »Sachliche Unterschiede gab es anscheinend kaum, sondern der Konflikt hatte sich auf einige Parolen zugespitzt«. *Smulders* hält die ganze Diskussion auch um Nestorianismus und Monophysitismus anscheinend für einen »Streit um Worte« und »Eigensinn« (ebd. 459). Diese These wird durch die ganze Geschichte sowie die Eigenart der jeweiligen Christologien absolut widerlegt. Hier wirkt sich bei *Smulders* noch einmal seine völlige Fehlinterpretation der antiochenischen Christologie aus (vgl. o. 233). *J. Liébaert* sieht die Sache richtiger, wenn er die immer neu aufbrechenden Streitigkeiten auf »schwerwiegende doktrinelle Verschiedenheiten« (a.a.O. 112) zurückführt.

für jeden sichtbar – »ins Unrecht« gesetzt hatte. Erst alexandrinische »Exzesse« führten somit die Wende herbei, die zu einer Mäßigung gezwungen hat.
In den zwanzig Jahren zwischen Ephesus und Chalkedon haben *zwei Kampagnen*, in denen Alexandrien über das Ziel hinausschoß, ein radikales Beharren auf den eigenen Ansätzen ökumenisch in Mißkredit gebracht. Einmal, in einer vorläufigen Form, der Feldzug des *Cyrill* und seiner Anhänger gegen die längst verstorbenen Bischöfe *Theodor* von Mopsuestia und *Diodor* von Tarsus im Jahre 438, zum zweiten und endgültig die Bewegung des Monophysitismus und die Aktivität des *Dioskur* von Alexandrien auf der ephesinischen »Räubersynode« 449.

(1) Die alexandrinische Kampagne gegen Theodor und Diodor im Jahre 438
Erst ein Jahr nach der Einigung zwischen *Cyrill* und *Johannes* hatten alle »antiochenischen« Bischöfe das Einigungssymbol unterschrieben. Wieder ein Jahr später gab es weiteren Konfliktstoff: Der neue Patriarch von Konstantinopel, *Proklus*[21] hatte auf Anfrage armenischer Bischöfe ein Lehrschreiben (Tomus ad Armenios) verfaßt, in dem er ohne Namensnennung einige Thesen des *Theodor* von Mopsuestia verurteilte. 438 nahm eine Synode in Antiochien unter Leitung des *Johannes* den Angegriffenen in Schutz (ohne die inhaltlichen Ausführungen des *Proklus* zu tadeln).
»Nun kam Cyrill wieder auf den Plan... und begann mit einer Kampagne gegen Theodor, in dem er von nun an den Vater des Nestorianismus sah... Außerdem brachte er auch Diodor von Tarsus in die Sache hinein, von dem bis dahin noch keine Rede war.«[22] Diese Initiative zeigt, daß die Vereinbarung von 433 keine Übereinstimmung in der Sache gebracht hatte; die alten Divergenzen bestanden wohl nach wie vor.
Ein heftiger Streit war die Folge; es drohte zum Bruch zu kommen, als eine neue antiochenische Synode jede posthume Verurteilung ihrer Schulhäupter zurückwies.
Soweit kam es allerdings nicht, weil *Cyrill* in zwei Briefen an *Proklus* und *Johannes* einlenkte: Zwar hielt er an seinen Vorwürfen fest, »sprach sich aber gleichzeitig gegen die Verurteilung eines Toten aus, zumal dieser im Osten so große Verehrung genieße... Cyrill selbst zog sich nach dieser Affäre endgültig aus den Kontroversen zurück.« *Liébaert* spricht zu Recht von einer großen Niederlage der Alexandriner[23].

(2) Die »Räubersynode« 449
Unvergleichlich negativer für das Ansehen Alexandrien war die Unterstützung, die der Mönch *Eutyches* und seine Lehre durch den Patriarchen *Dioskur* fand. *Dioskur* konnte den unter dem Einfluß des *Chrysaphius* stehenden Kaiser

[21] Vgl. u. 260.261.
[22] *J. Liébaert*, a.a.O. 117.
[23] Ebd. 118.

Theodosius[24], der sowieso dem Monophysitismus zuneigte, dazu bewegen, ein Reichskonzil nach Ephesus für das Jahr 449 einzuberufen. *Dioskur* leitete auf kaiserliche Anordnung die von rund 130 Bischöfen besuchte Synode. »Scharen von Klerikern« und von fanatisierten Mönchen, »Soldaten und Matrosen« aus Alexandrien haben »durch ihre Gegenwart, aber auch durch ihr Geschrei und sogar durch Schläge« die Teilnehmer unter Druck gesetzt[25]. So kam es zu einer förmlichen Bekräftigung des Monophysitismus, einer Rehabilitierung des *Eutyches* und einer Absetzung seiner Gegner; die letzten widerstrebenden Bischöfe wurden durch Einsatz von Soldaten zur Unterschrift gezwungen, Gegner des *Eutyches* mißhandelt[26].
Leo I. hat später, wohl stellvertretend für einen Großteil der öffentlichen Meinung, dieses Konzil ein latrocinium (Räubersynode) genannt[27]. Die extreme alexandrinische Richtung hatte sich so diskreditiert, daß viele, auch einsichtige alexandrinische Theologen sahen, daß es so nicht weitergehen konnte und eine Einigung in der Christologie auch von dieser Partei Kompromißbereitschaft erforderte. Diese Einigung gelang dann auch entsprechend schnell, als *Theodosius II.* 450 starb, und seine Schwester *Pulcheria* und ihr Mann *Markian* in der Regierung folgten; *Markian* berief 451 ein neues Konzil nach Chalkedon ein.

4.3.2 Perspektiven einer Einigung

Seit 433 hatten sich in der christologischen Diskussion die Bemühungen um eine Annäherung der Positionen verstärkt und auch allmählich zu Sprachregelungen geführt, die es bald, in Chalkedon, ermöglichen sollten, den Konflikt, wenigstens grundsätzlich, beizulegen. Angesichts dieser Entwicklung erscheinen die beiden oben geschilderten Versuche, noch einmal ausschließlich einer extremen »alexandrinischen« Lösung zum Durchbruch zu verhelfen, als »unzeitgemäß«; sie waren von daher zum Scheitern verurteilt, haben aber – e contrario – wohl doch zu einer endgültigen Bereinigung beigetragen.
Zunächst aber war im engeren Raum Ägyptens ein Abgehen von der eigenen Überlieferung nicht zu erkennen, sie wurde im Gegenteil sogar noch exklusiver und simplifizierter vertreten. Träger der *neuen* Entwicklung wurde deswegen die *antiochenische Theologie* (*Paulus* von Emesa, *Andreas* von Samosata, *Theodoret* von Kyrus), die deutlicher den Zwang zu einem Arrangement empfand, und *Konstantinopel* (*Proklus, Flavian*), das im eigenen Umkreis mit Christen und Theologen beider Schulrichtungen konfrontiert war und den Ausgleich su-

[24] Vgl. o. 243.
[25] *P.-Th. Camelot*, a.a.O. 118.
[26] Vgl. ebd. 117–124.
[27] Ep. 95 (ACO II,4, S. 51).

chen *mußte*, sowie *der Westen* (*Leo I.*), der als Nichtbetroffener beinahe von selbst in eine Vermittlerrolle hineinwuchs.

In welcher Weise bildete sich ein Konsens heraus? Folgende Aspekte lassen sich feststellen:

(1) *Die antiochenische Theologie verzichtet auf ihre höchstspezifischen Denk- und Artikulationsfiguren und läßt sich auf eine Sprache nach alexandrinischem »ontischem« Muster ein.*

Sie *spricht nicht mehr*, oder nicht mehr betont, von *»Bewährung«* des Menschen Jesus und seiner *»Annahme«* durch Gott (bzw. den Logos) und opfert so *das Reden* von der *»Einheit zweier Subjekte«*.

(2) *Mehr von der alexandrinischen Tradition geprägte Theologen in Konstantinopel und sonstwo vermeiden – als »Gegenleistung« – Einheitsmodelle latent oder offen monophysitischer Art* (»physische Einigung«, »ein Wesen«, »*aus* zwei Naturen«). Damit ermöglichen sie es den Antiochenern, ihr altes Anliegen, Gott und Mensch als eigenständige Größen auseinanderzuhalten, wenigstens in einer »ontisch gewendeten« Minimalform in die alexandrinische Sprache einzubringen und dem Kompromiß zuzustimmen. Die Wendung vom *»Unvermischt«* der *beiden* Naturen auch *nach* der Inkarnation sowie einer Unterscheidung (nicht Trennung) der naturalen Eigentümlichkeiten (Idiomata) beginnt sich durchzusetzen.

(3) Sprachliche Verlegenheit, wie denn eine Einheit trotz naturaler Integrität von Gottheit und Menschheit nach der Inkarnation bzw. das »Unvermischt-Ungetrennt« auf den Begriff zu bringen seien, führt zunächst einmal zur Ausscheidung eindeutig »naturaler« Termini, die dem »Unvermischt« unmittelbar widersprechen. Übrig bleiben, und auf diese konzentriert sich die Theologie immer mehr, zwei Begriffe, die in ihrer Bedeutung »offener« waren: *prósopon* und *hypóstasis*. »Prósopon« weckt zwar bei Alexandrinern zunächst ungute Erinnerungen, insofern der Begriff seit *Theodor* von Mopsuestia zum terminus technicus antiochenischer Einheitsvorstellungen geworden war; »hypóstasis« wiederum war den Antiochenern verdächtig, weil der Begriff, wie z. B. in den Anathematismen des *Cyrill*, weithin als Synonym für »naturale Einigung« verbreitet war (allerdings hatte ihn schon – und das erleichterte seine Rezeption – *Theodor* gleichbedeutend mit »prósopon« verwendet)[28].

Diese nicht so stark belasteten und auf jeden Fall *nicht unmittelbar* »naturalen« Termini – daß beide Parteien sie unterschwellig anders verstanden, leuchtet ein – wurden zunehmend zur Krücke, um aus der Schwierigkeit *wenigstens sprachlich* herauszufinden. Die »Naturen« konnten »unvermischt« bleiben, das »Ungetrennt« in der einen Hypo-

[28] Vgl. o. 216, A. 64.

stase oder dem einen Prósopon so verankert werden, daß beide Naturen von demselben aussagbar waren und ihm »real« zukamen. *Die lateinische Theologie* konnte diese Entwicklung begünstigen, da sie schon seit *Tertullian* über die Formel von zwei Naturen (Substanzen) und einer persona verfügte; persona wurde zur Übersetzung von prósopon, die lateinische Wendung von Hypostase blieb noch ungesichert: substantia und später subsistentia, weil substantia im Sinne von natura aufgefaßt werden mußte.

(4) Die christologische *Sprache* pendelte sich auf die genannten Formeln ein. Unbestimmt aber blieb, was denn nun z. B. hypostatische Einheit zweier integrer, unvermischter Naturen *bedeute*, wie sie *zu verstehen* sei. Zunehmend einig war man sich, daß prósopon (persona) und hypóstasis (subsistentia) *nichts Naturales* ansprechen durften. Was aber war dann ihr Inhalt, da sie ja eine »wirkliche« Einheit ausdrücken sollten[29]? Hier gab es keine Lösung, wohl aber eine Interpretations*tendenz*: Die beiden Naturen wurden ja *ein und demselben* Herrn Jesus Christus zugeeignet. *Was* nun von diesem einen Herrn ausgesagt wurde, Gottheit und Menschheit, bleibt absolut divergent und inkommensurabel; es wurde aber *demselben* prädiziert, Jesus Christus erscheint als *ein Attributionssubjekt* disparater Idiomata. Man begann, die Frage des »Was« (Natur) von der nach dem »Wer« (Prósopon-Hypostase) zu unterscheiden. Eingeräumt wurde – von den gemäßigten »Alexandrinern« – das Reden von »etwas und etwas anderem« (Gottheit und Menschheit), abgelehnt – zunehmend auch von den Antiochenern – die Formulierung »einer und ein anderer«. Wurden also die gesamten Begriffe im Sinne einer »Subjekteinheit« oder *einer »Personalität«* (natürlich der des göttlichen Logos) verstanden? So sieht es aus und so wird es in der Literatur weithin vertreten[30]. Dennoch und trotz der jetzt gebrauchten griffigen Unterscheidungen sind Fragen unausweichlich: Handelt es sich bei dieser Unterscheidung nicht doch wiederum um eine Verlegenheitslösung? Wenn die unvermischte Integrität zweier Naturen rezipiert wurde, wie sollte dann Einheit auf »alexandrinische Weise« bestimmt werden, nachdem die antiochenische »intersubjektive« Lösung fallengelassen war?

Der Rekurs auf *»ein und denselben«* Herrn Jesus Christus erscheint wie eine *Flucht zur uralten Formel*, an der man sich festklammern konnte. Diese Formel tritt jetzt zwangsläufig in den Vordergrund, ihr Subjekt beginnt sich abzuheben von den beiden, demgegenüber sachhaft-abstrakt erscheinenden Naturen; das lebendige Subjekt, Jesus Christus,

[29] Es ist selbstverständlich, daß diese in der Christologie mit einer neuen Funktion verwendeten Begriffe nicht gemäß späteren Festlegungen (etwa »Person« im Sinne geistiger Subjektivität) aufgefaßt werden dürfen, vgl. dazu u. II 4.4.5.

[30] Als Beispiel vgl. *P. Smulders*, a.a.O., 462.463.

dem beide zugeeignet werden, gewinnt eine neue Ausstrahlung, die vordem von den Spekulationen um Gottheit und Menschheit verdeckt war. M. a. W.: Das »Wer« des *einen* Jesus Christus tritt *zwangsläufig* hervor und wird unterschieden von dem »Was«.

Dennoch aber ist mit dieser Betonung des »Wer« etwas Neues gegeben, *die alte christologische Formel verändert sich.* Im Neuen Testament und auch in späteren christologischen Formeln wird *Jesus* bekannt als Messias, Gottessohn, Wort. *Jesus* ist das christologische Subjekt, dem die weitreichenden Prädikate zugesprochen werden. Jetzt aber bleibt von Jesus nur noch seine humana natura ansichtig, die sich als eigenes Prädikat aus dem Subjekt herauslöst; hinzukommt seine göttliche Qualität. *Das »Wer« ist also nicht mehr einfachhin das Subjekt Jesus, sondern ein Punkt, in dem sich Mensch (= Jesus) und Gott-Wort treffen; das christologische Subjekt hat sich »verschoben«* gewissermaßen aus Jesus heraus auf eine Dimension »zwischen« beiden Naturen. Dieser »ein-und-derselbe« ist nicht mehr einfachhin Jesus (der zudem noch Christus oder Gott ist), sondern Jesus Christus (der Mensch *und* Gott ist). Das Bekenntnis lautet nicht mehr: »(Der Mensch) Jesus ist Sohn Gottes«, sondern: »Derselbe (Jesus Christus) ist sowohl Gott wie Mensch« oder, noch schärfer pointiert: »Derselbe ist Logos und Jesus«.

Deswegen ist dieses »ein-und-derselbe« recht schwer zu fassen. Wer ist dieser »Wer«? In ihm, dem *einen* »Wer«, schienen zwar die göttlich- und menschlich-naturalen Attributionsreihen wie in ihrem Subjekt zusammenzulaufen (»Jesus Christus *ist* Gott *und* Mensch«), so wie wenn man sagt: »Petrus ist Fischer *und* Apostel«. Aber bei den zwei von dem *einen* Subjekt Jesus Christus ausgesagten Naturen handelt es sich um miteinander unvereinbare Prädikate und zudem um *geistige* Naturen, mittlerweile beide als integer explizit anerkannt; diese aber sind selber Subjekte, Personen im heutigen Sinn, und ein konkreter Mensch mit Geistseele verdiente den Namen Mensch nicht mehr, wenn man ihm eine eigene Personalität absprechen würde. Insofern konnte das »ein und derselbe« nicht ein *reales* Subjekt zur Grundlage haben, so sehr diese Redeweise *ein Attributionssubjekt* für die Prädikate Gottheit und Menschheit festhalten will. M. a. W.: *In der hellenistischen Christologie ist das grammatische Attributionssubjekt nicht identisch mit einem realen Subjekt.* Die Festschreibung der naturalen Integrität von Gott und Mensch *hebt logisch ein tatsächliches Subjektsein* (wie es in allen anderen »ist-Sätzen« vorausgesetzt wird) *auf*; die Sehnsucht nach einer realen Subjekteinheit ist nur apollinaristisch oder monophysitisch zu erfüllen.

Diese *Aporie* der hellenistischen Christologie wurde allerdings von vielen Theologen nicht begrifflich erkannt und durchgehalten; deswegen läßt sich hin und wieder die Tendenz feststellen, die mittlerweile »nicht-naturalen« Vokabeln Hypóstasis (subsistentia) und prósopon (persona) mit einem Inhalt zu füllen, der in Richtung eines *realen* »Wer« zu suchen ist. Diese Tendenz aber erweist sich als Flucht vor der Schwierigkeit, als begierig ergriffene Hilfskonstruktion, die – radikal durchdacht – nur eine andere Version des Monophysitismus bedeutet hätte[31]; aber radikal denken wollte niemand mehr, die christologische Auseinandersetzung fängt an, Ermüdungserscheinungen zu zeigen. Vielleicht aber wäre eine Diskussion um diese Frage doch noch aufgekommen, wenn nicht der Monophysitismus die letzten Energien mit Beschlag belegt und die Theologen auf ein mittlerweile antiquiertes Problem fixiert hätte, so daß viele – nachdem es in Chalkedon »überwunden« war – glücklich waren, sich auf die einleuchtende Formel zurückziehen zu können.

4.3.2.1 Die antiochenische Theologie

433 hält der antiochenische Legat *Paulus* von Emesa in Alexandrien eine Predigt[32], in der schon die künftige Lösung vorweggenommen ist: »Er legt dar, daß ›derselbe‹ ganzer Gott und ganzer Mensch ist, *ein* Sohn und *ein* Herr, und er schließt den Adoptianismus aus.«[33] Diese Konzeption ermöglicht den uneingeschränkten Gebrauch von theotókos.

Andreas von Samosata († vor 449) war ein Gegner der *Cyrill*'schen Anathemasätze und ein Freund des *Nestorius*, legte sich jedoch Mäßigung auf: »So bekennen wir *einen und denselben* Sohn, während die Naturen *unvermischt* bleiben; wir sagen nicht: einer und ein anderer – das sei fern –, sondern ein und derselbe«[34]. Seine Formel war nach *J. Liébaert*: »zwei Naturen, ein Prósopon[35]: weder Vermischung noch Trennung der Naturen, aber Unterscheidung der entsprechenden Eigentümlichkeiten.« Er akzeptiert die »Attribution aller Idiomata an eine einzige Hypostase oder ein Prósopon«[36].

Wichtig wurde vor allem der in Antiochien geborene und ausgebildete, syrisch sprechende und griechisch schreibende[37] *Theodoret*, ab 423 Bischof von Kyros († um 466). Ab 431 hat er literarisch gegen *Cyrill* und Ephesus und zugunsten des *Nestorius* Stellung genommen, 434 akzeptierte er das wohl von ihm 431 formulierte Einigungssymbol, ohne *Nestorius* zu verurteilen (erst in Chalkedon war er zu diesem Schritt bereit). Später bekämpfte er entschieden den Monophysitismus und verfaßte 447 eine Monographie »Eranistes« gegen *Eutyches*.

[31] Vgl. u. II 4.4.5. [32] Vgl. o. 252, A. 20. [33] *P. Smulders*, a.a.O. 458.

[34] PG 76, 361 D. Vgl. auch zur Umschreibung der Einheit ebd. 364 A: ἀσυγχύτως, ἀφράστως καί ἀχωρίστως.

[35] *Andreas* erwägt auch schon den Gedanken, Hypóstasis terminologisch mit Prósopon gleichzusetzen (vgl. *A. Grillmeier*, a.a.O. 701.702).

[36] *J. Liébaert*, a.a.O. 113.

[37] *P. Canivet*, Theodoretos, in LThK² 10,32.

In seiner Theologie hat *Theodoret* Wandlungen durchlaufen, die ihm gelegentlich den Vorwurf des Opportunismus einbrachten; richtiger sind sie wohl als Folge des auf den Antiochenern lastenden Einigungsdrucks anzusehen, der ihn dazu brachte, »die Ausdrucksweise der antiochenischen Christologie abzumildern«[38]. Diese Abmilderung bestand darin, daß er nach dem Eklat von Ephesus darauf verzichtet hat, das von ihm bis dahin bevorzugte antiochenische Einheitsmodell vom »angenommenen Menschen«[39] – bis auf eine Ausnahme – zu benutzen. Statt dessen sprach er jetzt von der »Menschheit« oder »menschlichen Natur«[40], die er mit dem Logos in einem Prósopon vereinigt sieht; den Begriff Hypostase lehnt er zunächst ab, weil er ihn wie *Cyrill* als »gleichbedeutend mit ›Natur‹« ansah. In späteren Texten aber hat er ihn als Alternative zu Prósopon akzeptiert[41]. Beide Naturen aber sind unvermischt, und die Eigenschaften müssen den jeweiligen Naturen zugeteilt werden, ebenso aber auch, »wenn wir vom Prósopon reden«, dem Christus[42].
Dennoch aber muß man sie so auseinanderhalten – eine Idiomenkommunikation lehnte er ab[43] –, daß der Begriff theotókos »nur mit dem erklärenden Zusatz angewandt werden könne: Maria sei nicht Mutter der göttlichen Natur«. Auch hier hat *Theodoret* später Großmut walten lassen[44]. Er kommt also der alexandrinischen Theologie weit entgegen, übernimmt ihre Sprache und auch Bilder (z. B. Einigung nach dem Seele-Leib-Schema)[45], hält aber an den inhaltlichen Positionen der eigenen Tradition fest.
An dieser Stelle sei auch hingewiesen auf die Weiterentwicklung der theologischen Ansichten des *Nestorius* in der Zwischenkonzilszeit, wie sie sich in den echten Teilen des Liber Heraclidis[46] findet. Grundsätzlich fügen sie sich ein in die skizzierte Bewegung zu einem Formelkompromiß: Der Sache nach bleibt *Nestorius* bei seinen früheren Thesen; er sucht aber die spezifisch antiochenischen Motive nicht in aller Schärfe zu formulieren (z. B. wird in der Bewährungschristologie noch stärker als früher[47] die Tat Gottes betont, so daß von

[38] *J. Liébaert*, a.a.O. 114.

[39] Nach *P.-Th. Camelot*, Ephesus und Chalcedon, 96, beschwerte sich 447 Dioskur über Theodoret »der in seinen Predigten zu Antiochien ›Christus gespalten‹ und die Existenz ›zweier Söhne‹ gelehrt habe«. Wenn es sich hier nicht nur um Verleumdung oder auch ein alexandrinisches Mißverständnis handelt, würde Theodoret also – trotz literarischer Zurückhaltung – in seinen Predigten die alte Christologie weiterverfochten haben. Einigung in der Formel bedeutet noch nicht Einigung in der Sache.

[40] Vgl. *J. Liébaert*, a.a.O. 114.

[41] Vgl. *J. Liébaert*, ebd. 114.115.

[42] Eranistes 2,3 (PG 83, 148 AB). *A. Grillmeier*, a.a.O. 698.699, kritisiert die Unklarheiten um den Prósopon-Begriff, der einmal das Unionsprósopon des Christus meine, hin und wieder (seltener) auch in Richtung auf die Person des Logos ziele; diese Divergenzen sind aber zwangsläufig, wenn Kompromisse gesucht werden.

[43] *P. Canivet*, a.a.O. 33; *P.-Th. Camelot*, Ephesus und Chalcedon, 95.

[44] *J. Liébaert*, a.a.O. 115.

[45] Ebd.

[46] Vgl. hierzu *A. Grillmeier*, a.a.O. 707–710.

[47] Vgl. o. 222.223.

hierher eine Inkarnationschristologie möglich wird) und ist bemüht, die christologische Einheit – für die er sogar den Begriff hypóstasis gelten lassen kann – möglichst »real« zu definieren[48].

4.3.2.2 Die »alexandrinische« Theologie in Konstantinopel

Wie schon ausgeführt, war die alexandrinische Theologie in ihrem Heimatland zunächst nicht zu Konzessionen fähig oder bereit. Wohl aber gab es in der Zwischenkonzilszeit alexandrinisch denkende Theologen fernab, die durchaus die Notwendigkeit einer Mäßigung erkannten. Vor allem trifft dies für den Raum Konstantinopel zu, in dem kirchlicher Friede nur möglich war, wenn es zu einer Aussöhnung zwischen den Parteien kam.
Schon in vornestorianischer Zeit hatte in Konstantinopel eine »maßvolle«[49] Theologie eine gute Tradition. Der Patriarch *Atticus* († 425) vertrat eine Christologie, die von *Athanasius* und den Kappadokiern beeinflußt war, daneben aber auch Motive und Modelle der antiochenischen Richtung aufgriff.
Der Patriarch *Proklus* († 446) knüpfte an diese Überlieferung an, obwohl er mit seinem Tomus ad Armenios Anlaß zu neuem Streit gegeben hatte[50]. Der Sache nach aber war seine Christologie von dem Versuch getragen, einen Ausgleich herbeizuführen. Er war schon 428 gegen *Nestorius* ein eifriger Verfechter des theotókos und übernahm von *Cyrill* den Begriff einer hypostatischen Einigung. »Ich... bekenne *eine* Hypostase des fleischgewordenen Wortes Gottes«[51]. Weil er aber die Einheit von »zwei Naturen in einer Hypostase«[52] vertritt, die Naturen also aus der Hypostase ausgrenzt und sie erst als »Endpunkt der Menschwerdung«, nicht als deren vorausgesetztes Subjekt ansieht, hat er hiermit einen Schritt zur antiochenischen, diphysitischen Christologie getan[53]. Ebenfalls in diese Richtung geht seine Übernahme der Redeweise

[48] Vgl. hierzu die detaillierten und informativen Darlegungen von *A. Grillmeier* a.a.O. 710–726, die nur einen Fehler haben: *Grillmeier* will *Nestorius* in Schutz nehmen und zeigen, daß er doch andeutungsweise »eine ontisch-substantielle Einheit« bzw. mehr als »eine akzidentielle oder moralische Einheit« (719), daß er »eine seinshafte Einheit (eine *unitas ontica*) in Christus sucht« (725); er bedauert, daß er hierbei an ein inadäquates »Begriffssystem« (725) geraten sei. Eine solche Apologetik hat *Nestorius* nur unter der Voraussetzung nötig, daß jede nicht-seinshafte Einheitsvorstellung von Übel sei. Anerkennt man aber die kulturspezifische Legitimität des antiochenischen Denkens, wird lediglich eins im Liber Heraclidis sichtbar: Die Zurückweisung der Unterstellung, die Einheit sei bei seinem Verfasser nicht »real« gemeint, sowie der Versuch, in terminologischen Fragen soweit wie möglich Konfliktstoffe zu vermeiden.

[49] Vgl. *J. Liébaert*, a.a.O. 102.

[50] Vgl. o. 253.

[51] Tomus ad Armenios 19 (ACO IV,2, S. 191).

[52] Sermo de dogmate incarnationis, zitiert nach *J. Liébaert*, a.a.O. 116.

[53] Vgl. hierzu genauer *J. Liébaert*, a.a.O. 116.117. Den im Tomus ad Armenios zu findenden Satz »unum de trinitate secundum carnem crucifixum« (vgl. *P.-Th. Camelot*, Proklos, in: LThK² 8,786) hat er wohl nicht selbst geprägt (vgl. *B. Altaner*, a.a.O. 303).

vom »vollen Menschen«[54]. *P.-Th. Camelot* ist zuzustimmen, wenn er meint: »Man darf die Bedeutung des *Tomus* des Proklus für die... Vorbereitung des Dogmas von Chalkedon nicht unterschätzen.«[55]
Sein Nachfolger *Flavian* († 449) war zur Auseinandersetzung mit *Eutyches* gezwungen. Gegen ihn formulierte er eine (schon fast chalkedonische) Formel, die er von der endemischen Synode in Konstantinopel 448, die den *Eutyches* verurteilte, approbieren ließ: »Wir glauben, daß Christus *nach* der Menschwerdung *aus* zwei Naturen besteht, in einer Hypostase und in einem Prósopon.«[56] Dieser Satz stellt eine Versöhnung vieler Ansätze dar: »Der Gedanke der Einigung ›in einer Hypostase und in einer Person‹ war wahrscheinlich von Proclus entlehnt. 'Eκ δύο φύσεων stammte von Cyrill, doch gab Flavian durch den Zusatz ›nach der Menschwerdung‹ dem Ausdruck einen diphysitischen Sinn.«[57] Der endgültige Formelkompromiß kündigt sich an.

4.3.2.3 Die lateinische Theologie

Den lateinischen Westen erreichten die Wogen der östlichen Auseinandersetzungen nur in schwachen Wellen, und das andersartige soteriologische Interesse verhinderte, daß sich noch etwas in Bewegung setzen konnte. Die christologischen Streitigkeiten wurden im Westen mehr *als* Literatur wahrgenommen, vom Hörensagen wußte man von den woanders ablaufenden Kämpfen. Lediglich die römischen Bischöfe wurden hin und wieder unmittelbar hineingezogen und mußten, wenn auch aus der Ferne, Stellung beziehen.
Es kann somit nicht verwundern, daß die westliche Theologie nicht voll in die Diskussion eingeschaltet war und auch keine originellen Thesen hervorgebracht hat. »In der Zeit um 400 findet man hier weder eigentliche Theologen der Menschwerdung noch, wenigstens vor Augustinus, eine wirklich ausgearbeitete Christologie.«[58] Gerade deswegen aber konnte der Westen in dem nach Ephesus einsetzenden Prozeß der Einigung eine nicht unwichtige Hilfestellung leisten.
Für *diese* Aufgabenstellung war die lateinische Theologie nicht schlecht gerüstet: Seit *Tertullian* besaß sie eine handliche Formel von den zwei Naturen in der Einheit der persona, die allerdings erst zur Zeit des *Augustinus* wieder aufgegriffen wurde[59]; von daher, und weil ihr an Vergöttlichung nicht viel lag, hatte sie auch im Gefolge der apollinaristischen Wirren die Integrität der menschlichen Natur fest-

[54] Z.B. Tomus ad Armenios 15 (ACO IV,2, S. 190).
[55] Ephesus und Chalcedon, 92.
[56] ACO II,1,1, S. 114. Vgl. auch ep. 22 an Leo I. (ACO II,1,1, S. 37): »Er (Eutyches) hat behauptet, daß unser Herr Jesus Christus *nach* seiner Menschwerdung nicht *aus* zwei Naturen in einer Hypostase und in einem Prósopon zu bekennen sei«.
[57] *J. Liébaert*, a.a.O. 121. [58] *J. Liébaert*, a.a.O. 96. [59] Vgl. o. 194.

halten können.[60]. Im übrigen rezipierte sie soviel von den östlichen Aussagen, wie mit diesem Formeln übereinstimmte.

Schon *Ambrosius* von Mailand († 397), der »zu dogmatischer Spekulation..., obgleich philosophisch gebildet, weder Zeit noch Neigung, aber wohl auch nicht die Kraft« hatte[61], repräsentiert den Typos dieser Theologie: Beide Naturen sind vollständig und verschieden, sie sind in der Einheit der Persona (»non varietate personae«) verbunden; die Bedeutung von persona ist in der Richtung von »non alter ex patre et alter ex Maria« zu suchen[62].
Im übrigen zeigt *Ambrosius* eine gewisse Unsicherheit im Gebrauch von persona[63]. Jesus habe »ex persona hominis« den Vater größer genannt[64]; daneben aber spricht der Bischof auch von der ›divina persona‹, die sich am Kreuz gezeigt habe[65]. Gibt es zwei personae[66]? Dies würde allerdings seiner sonstigen Verwendung von persona widersprechen.
Die Christologie des *Augustinus* († 430), der auch im Osten hoch angesehen war, ist keineswegs »originell«, wie *J. Liébaert*[67] meint, und nimmt in seiner Theologie auch keinen zentralen Platz ein, es scheint so, als habe sich *Augustinus* für sie nicht sonderlich interessiert. Wohl aber ist das, was er schreibt, naturgemäß von einer differenzierteren Reflexion getragen als bei anderen Lateinern, ansonsten aber bewegt er sich in traditionellen lateinischen Bahnen: Die beiden Naturen sind – unvermischt – in der persona geeint: »Idem deus qui homo..., non confusione naturarum, sed unitate personae.«[68] Das Verhältnis beider Naturen vermag er – vom natural gewendeten »Annahme«begriff her (susceptio, assumptio) – schön zu umschreiben: die Menschheit Christi »ipsa assumptione creatur«[69].
Worin aber die Einheit besteht, weiß er ebensowenig zu bestimmen wie alle anderen: Abgesehen vom im Westen traditionellen persona-Begriff rekurriert er auf das in Alexandrien ebenso traditionelle *Leib-Seele-Schema*: Persona hominis mixtura est animae et corporis... persona autem Christi mixtura est dei et hominis[70]. So drastisch wurde selbst in Alexandrien nur selten geredet.

[60] Vgl. für die Theologen *vor* der hier thematischen Zeit (*Hilarius* von Poitiers, *Hieronymus, Rufin* von Aquileja) z.B. *A. Grillmeier*, a.a.O. 580–593.
[61] *B. Altaner*, a.a.O. 341.
[62] Explan. Ps. 61,5 (CSEL 64,380); vgl. auch De excess. fratris sui Sat. 1,12 (PL 16,1350): »Etsi deus et homo diversitate naturae, idem tamen non alter in utroque...«.
[63] Vgl. *Helga Offermanns*, Der christologische und trinitarische Personbegriff der frühen Kirche. Ein Beitrag zum Verständnis von Dogmenentwicklung und Dogmengeschichte (Europäische Hochschulschriften, Reihe XXIII, Theologie, Bd. 58), Bern, Frankfurt a.M. 1976, 56–59.
[64] De fide 2,8,61.62 (CSEL 78,77.78).
[65] In Luc. 5,102 (SCh 45 bis, 220).
[66] Vgl. *H. Offermanns*, a.a.O. 66: »Bei ihm tauchen sogar hier und da in der Christologie duae personae auf...«.
[67] A.a.O. 96.
[68] Sermo 186,1 (PL 38,999).
[69] C. serm. Ar. 8,6 (PL 42,688).
[70] Ep. 137,11 (CSEL 44,110).

Sicher aber ist das Leib-Seele-Bild bei *Augustinus* doch von apollinaristischer Tendenz frei, weil er in seinem Vergleich die *neuplatonische* Anthropologie voraussetzt. Nach *E. Hendrikx* »ist der Mensch für ihn eine geistige Seele, die im Besitz eines Leibes ist.«[71] Von diesem anthropologischen Dualismus aus bleibt das Bild für eine diphysitische Interpretation offen[72]. An anderer Stelle wird diese sogar – beinahe »antiochenisch« – nahegelegt, etwa wenn er von der Einigung des Wortes mit dem »homo *ille*« (Jesus) in einer Person spricht[73]. Dennoch aber – beim Wort genommen – wäre Gott wenigstens der Lenker, die Bewußtheit und das Aktzentrum des Menschen Jesus, der dann recht passiv gedacht würde. In die gleiche Richtung deutet die Gegenüberstellung von »idem« (deus qui homo) und abgelehnter »confusio naturarum«; Einheit scheint bei der Frage nach dem »Wer« gesucht zu werden.
Das christologische Einheitsmodell des *Augustinus* weist gewisse Parallelen auf zu seiner Anthropologie und deren aus der Unvereinbarkeit von christlichem Schöpferglauben und neuplatonischem Monismus erwachsenen Spannungen: Wie der Mensch, der wesentlich geistige Seele ist, in seiner tiefsten Wahrheitserkenntnis, von göttlicher Illumination geleitet, auf vorgegebene ewige Ideen verwiesen ist (ein Moment monistischer Einheitssystematik) und andererseits doch in kreatürlicher Differenz dem »personalen« Schöpfergott gegenübersteht (der zentrale Aspekt des biblischen Gottes- und Menschenverständnisses), so ist auch Jesus Christus quasi »monistisch«, man verzeihe den Ausdruck, mit dem Wort geeint und doch von ihm kreatürlich verschieden (»ipsa assumptione creatur«). Die Ansätze der verschiedenen Traditionen sind nicht in ein System gebracht, sondern werden einander antithetisch beigeordnet, *verbal* korrigiert eine Aussage die andere: Wo Einheit vorgestellt werden soll, bedient sich *Augustinus* des Neuplatonismus und »alexandrinischer« Motive, wo die Differenz festgehalten werden soll, klingt es biblisch und »antiochenisch«. *So kann nur jemand reden, der nicht unmittelbar, sondern beinahe nur literarisch an dem Problem interessiert ist.*
Was aber ist die »persona«? Auf jeden Fall erscheint sie als ein *Produkt* der Inkarnation: »*accedit* homo deo et *fit* una persona«[74]. Wie aber steht es dann mit der trinitarischen persona des verbum, die ja von Ewigkeit her da ist und von *Augustinus* in der Trinitätslehre gründlich reflektiert wurde?
Da bleibt *Augustinus* nur noch zu behaupten, »daß die Annahme des Menschen die Zahl der göttlichen Personen nicht vermehrt«; das bedeutet aber nicht, wie *J. Liébaert* glaubt, daß die persona Christi die des Wortes ist[75],

[71] Augustinus, in: LThK² 1,1097.

[72] Vor allem ist zu beachten, daß nicht Jesus Christus, sondern seine »persona« eine »mixtura« ist. Die christologische Person ist von daher auch in keinem Fall die trinitarische Person, sondern ein Resultat der Inkarnation.

[73] Ep. 187,40 (CSEL 57,117).

[74] Sermo 293,7 (PL 38,1332).

[75] *J. Liébaert*, a.a.O. 97. Diese Auffassung durchzieht wie ein roter Faden auch die Untersuchung von *H. Offermanns*, a.a.O. 59–74. Obwohl sie aber die verschiedenen Phasen der Entwicklung Augustinus nachzeichnet, sind alle für diese Meinung angeführten Belege falsch, d.h. von einem späteren Verständnis her interpretiert. Auch *Ekkehard Mühlenberg*, Dogma und Lehre im Abendland.

sondern vielmehr, daß *Augustinus* versucht – wiederum –, eine logische Unstimmigkeit wenigstens *verbal* aufzulösen: Die christologische Person *wird* erst durch die Inkarnation, sie fügt aber der persona des Wortes keine neue hinzu. Allerdings wäre es ziemlich unverständlich, wenn *Augustinus* bei seinem christologischen persona-Begriff nicht an die trinitarischen personae gedacht hätte, mit deren Bestimmung er sich so intensiv auseinandergesetzt hat. In seiner Trinitätslehre aber ist er ganz von der *Einheit* Gottes gebannt, so daß ihm – trotz aller eingängigen Vergleiche bis hin zur »Psychologie« – die Realität der personae problematisch ist[76]; er faßt sie auf als »relationes«. Der Begriff relatio schien ihm wohl deswegen als besonders glücklich, weil er nach hellenistischer Tradition kein *eigenes* Sein (wie z. B. Substanzen oder Qualitäten) signalisiert, *Relationen also auch die schlechthinnige Seinseinheit Gottes nicht tangieren*[77]. Auf der anderen Seite aber »ist« eine relatio auch *nicht Nichts*, sie hat – scholastisch ausgedrückt – weder ein »esse«(Substanz) noch ein »esse

Erster Abschnitt: Von Augustinus bis Anselm von Canterbury, in: *C. Andresen* (Hrsg.), Handbuch der Dogmen- und Theologiegeschichte, Bd. 1, a.a.O. 478.479, vertritt die These (mit Verweis auf einige Texte, die das scheinbar nahelegen): »diese zweite Person des trinitarischen Gottes nimmt eine menschliche Natur oder einen Menschen zu sich auf. Der aufgenommene Mensch hat also keine eigene Personalität...« (478). Auch hier wird rein »positivistisch« interpretiert, ohne genaue Rückfrage nach dem ganzen Zusammenhang wie nach dem möglichen Verständnis von persona (»Personalität?«) bei *Augustinus*. Hier ist vielmehr *Basil Studer*, Gott und unsere Erlösung im Glauben der Alten Kirche, a.a.O. 222, zuzustimmen: »Jedenfalls sagt er (*Augustinus*) nie, die zweite Person der Trinität habe die Menschheit Jesu angenommen und diese damit auch zur Person gemacht.« Vgl. o. A. 72.

[76] *Augustinus* geht es – gut neuplatonisch – um die strenge Einheit Gottes; wegen des ebenfalls ernstgenommenen biblischen Monotheismus kann er aber eine Dreiheit in Gott nicht – wie im Neuplatonismus – im Sinne realer emanativer Dreiheit akzeptieren. Vgl. hierzu *B. Studer*, Gott und unsere Erlösung im Glauben der Alten Kirche, a.a.O. 220: »reservierte Haltung gegenüber dem Wort persona...«. »Diese Zurückhaltung gegenüber *persona* als trinitarischem Terminus erklärt sich damit, daß für ihn *persona* keine Beziehung beinhaltet. *Persona* müßte zum Ausdruck bringen, was Vater, Sohn und Geist unterscheidet, und das ist nur ›relativ‹ ... *Persona* erweist sich jedoch vielmehr als ›absoluter‹ Begriff. Anders gesagt: Augustinus identifiziert *persona* mit dem Ich... In diesem ›subjektiven‹ Sinn entspricht indes *persona* besser dem *einen* Gott als den einzelnen Dreien... In der einzigen Gottheit gibt es nämlich nicht drei Ich...«.

[77] Ein Tisch bleibt (substantiell) ein Tisch, gleich in welcher »Relation« z. B. zu einem Raum, etwa dem Eßzimmer, er sich befindet (in der Ecke, in der Mitte, draußen); ebenso bleibt er in seinen Qualitäten (z. B. hölzern, aus Metall o. ä.) von diesen Relationen unberührt. Für Substanz und Akzidentien eines Tisches sind seine Relationen äußerlich. Anders bei onto-*logischen* (= sich verstehenden) Seienden; dort sind sie keineswegs äußerlich, sondern »verändern« das jeweilige Subjekt (z. B. durch Liebe, Vaterschaft, Haß o. ä. wird *das Sein* eines Menschen tangiert). Aber der »kosmozentrisch« denkende *Augustinus* wandte auf Gott den »ontischen«, nicht den »onto-logischen« Relationsbegriff an. Dann aber ist er geeignet, die Dreiheit in Gott so zu umschreiben, daß sie die Einheit des Seins nicht betrifft.

in«(Qualität), wohl aber ein »esse ad« (aliud). Von daher ließ sich an der Wirklichkeit der göttlichen relationes, sprich personae, begrifflich festhalten, ohne das einfache Sein Gottes tritheistisch strukturieren zu müssen. M.a.W.: *Augustinus* bringt – auf hellenistische Weise – den biblischen Monotheismus zur Geltung, ohne – wenigstens begrifflich – die ihm vom fertigen Dogma vorgegebene Drei-Personalität aufgeben zu müssen[78].

Wenn *Augustinus* einen solchen *relationalen Personbegriff* auch in der Christologie gedacht hätte, würde verständlich, wieso er die persona Jesu Christi durch die Inkarnation konstituiert – und nicht einfach als persona verbi vorgegeben – sieht: die persona des Gottmenschen wäre die – die jeweiligen »Naturen« in ihrem Sein integer belassende – *relatio des homo ille zum Verbum*, oder – für den Theozentriker *Augustinus* besser umgekehrt: – *das Verbum begründet in seiner zugleich schöpferischen Inkarnation (Annahme) eine relatio von homo und deus*.

Wenn dies so zutrifft, wäre im persona-Begriff einmal die antiochenische Christologie in »alexandrinischer« Sprache aufgegriffen. Zum anderen würde er keineswegs – was aber *Augustinus* formell nicht gesagt und wohl auch nicht bemerkt hat – mit dem synonymen trinitarischen Terminus kollidieren: Die persona verbi ist eine gottimmanente relatio zum Vater, die persona Christi aber die externe Relation deus(verbum)-homo. Die Anwendung einer strukturell gleichartigen persona-Vorstellung auf zwei verschiedene Wirklichkeiten führte dann zu einer Doppelung der »persona« (die lediglich verbal wieder aufgehoben wird).

Dennoch aber ist die Konzeption des *Augustinus* auch nicht einfachhin »antiochenisch«. Seine theologische Anthropologie hat, wie ausgeführt, die Folge, in der mixtura von Gott und Mensch dem ersten Glied (Gott), entsprechend dem Seele-Leib-Schema, *eine absolute Dominanz* zu geben, so daß von dort, nicht vom persona-Begriff her, die Eigenständigkeit Jesu (auch seiner – im modernen Sinn – »Personalität«) »alexandrinisch« minder bewertet ist.

Die Darlegungen haben vielleicht deutlich gemacht, daß die lateinische »Zwei-Naturen-eine-persona-Formel« keineswegs als solche die Frage löst; je differenzierter das Denken eines Theologen, umso problematischer und aporetischer wird ihr Inhalt. Wenn sie doch zur späteren Lösung beigetragen hat, dann im Sinne eines Formelkompromisses.

Auf diese Weise wurde sie schließlich von dem römischen Bischof *Leo I.* († 461) eingebracht[79]. *Leo* war sicherlich ein informierter Theologe; aber man tut ihm kein Unrecht, wenn man ihm eine größere systema-

[78] Es würde an dieser Stelle zu weit führen, die Konzeption von »De trinitate« ins Einzelne gehend darzulegen. Der Verf. beabsichtigt, dies in Kürze in einer Monographie zur altkirchlichen Trinitätslehre nachholen zu können.

[79] Nach Abschluß des folgenden Leo-Kapitels ist ein sehr gründliches Buch erschienen: *Herbert Arens*, Die christologische Sprache Leos des Großen. Analyse des Tomus an den Patriarchen Flavian (Freiburger theologische Studien 122. Bd.), Freiburg, Basel, Wien 1982 (716 S.). Diese Studie bietet einen umfassenden Einblick in das (immanente) Denken *Leos*.

tische oder spekulative Differenziertheit abspricht. Wenn seine christologischen Darlegungen dennoch zu einer Art von »klassischen« Dokumenten wurden, dann deshalb, *weil sie den Formelkompromiß vorangetrieben haben* und dieser für die folgende Kirchengeschichte der normative Bezugspunkt wurde. Die Christologie *Leo's* ist vor allem in einem Lehrschreiben an den Patriarchen von Konstantinopel, *Flavian*, dem berühmten »tomus ad Flavianum«[80], enthalten und geschichtlich wirksam geworden. Der umfangreiche Brief, »bestehend aus Auszügen oder kurzen Zusammenfassungen von Predigten Leos«[81], hat vor allem den Zweck, gegen *Eutyches* die Integrität der Naturen, insbesondere der menschlichen, auch nach der Einigung und diese selbst als nicht-natural und dennoch »real« aufzuzeigen.

Leo vermag diese Aufgabe zu erfüllen, weil er als Lateiner, also Outsider in der ganzen Auseinandersetzung, keine Bedenken hat, die soteriologischen und christologischen Motive der jeweiligen Schulen so nebeneinander zu stellen, als seien sie nicht Ausdruck radikal disparater Ansätze, sondern lediglich einander ergänzende Formulierungen für »die Wahrheit«, die schon »Täuflinge auf der ganzen Welt bekennen.«[82]

So greift *Leo* die klassische hellenistische Inkarnationssoteriologie und -christologie auf: Die »zeitliche Geburt« des »ewigen Sohnes« war »ganz auf die Erlösung der verblendeten Menschheit ausgerichtet. Durch ihre Kraft sollte der Tod besiegt und der Teufel überwunden werden, der das Reich des Todes regierte.« Wir partizipieren an diesem Sieg, weil er, »den weder die Sünde beflecken noch der Tod festhalten konnte«, »unsere Natur angenommen« hat[83]. Er ist »der *eine* Mittler zwischen Gott und den Menschen«, weil er »einerseits sterben und andererseits nicht sterben konnte«[84]. Und immer wieder variiert er die Antithesen von Sterblichkeit und Unsterblichkeit, Gottesgestalt und Knechtsgestalt, »wahrer Gott« und »wahrer Mensch«[85].

Von daher ist die Gott-Mensch-Christologie soteriologisch unabdingbar, »weil das eine ohne das andere *uns nicht hätte zum Heile gereichen können*, und es wäre gleich gefährlich gewesen, den Herrn Jesus Christus entweder nur für Gott zu halten, ohne ihm die Menschheit zuzu-

[80] ACO II,2,1, S. 24–33; im folgenden deutsch nach der bei *P.-Th. Camelot*, Ephesus und Chalcedon, 251–259, im Anhang abgedruckten Übersetzung (zitiert: *Camelot*, Texte...).

[81] *J. Liébaert*, a.a.O. 121.122.

[82] Tomus 1 (*Camelot*, Texte 252).

[83] Ebd. 2 (*Camelot*, Texte 252).

[84] Ebd. 3 (*Camelot*, Texte 254).

[85] Vgl. ebd. 3 (*Camelot*, Texte 254.255).

schreiben, oder nur für einen Menschen, ohne an seine Gottheit zu glauben.«[86]

Daneben aber, und ohne eine Spannung zu empfinden, verwendet *Leo* auch die staurozentrische Soteriologie und eine entsprechende Christologie: Immer wieder betont er, daß Jesus »gekreuzigt und begraben«[87] und der Tod »um des Heiles der Welt willen« erlitten wurde[88]; Jesus hat somit unsere »Schuld« bezahlt und uns – nach einem ›geheimen Plan‹ (soteriologisches Modell vom »gefoppten Teufel«)[89] – der Macht des Teufels entrissen, der uns zur Sünde verführt hat[90]. Von hierher wurde eine Christologie notwendig, die Gott einen Gnadenplan und Erbarmen[91] und dem Menschen Jesus die *Möglichkeit zu einer verdienstvollen Tätigkeit* einräumte: »Denn jede der beiden Naturen tut in Gemeinschaft mit der anderen, *was ihr eigen ist*: Das Wort wirkt, was des Wortes ist, und das Fleisch verrichtet, was des Fleisches ist.«[92] Sowohl der göttlichen wie der menschlichen »Natur« muß also ein je eigenes *Tätigkeitsprinzip* zugestanden werden, aus dem der Mensch auf die ihm spezifische Art leiden und sterben[93], die menschliche »*Natur*(!) von Nägeln durchbohrt am Kreuzesholz« hängen konnte[94] (daß in diesem Schema die Korrelation »Gott-Jesus« statt »Wort – menschliche Natur«, genügen würde, braucht nicht noch einmal hervorgehoben werden; das »Wort« spielt auch bei *Leo* keine eigenständige Rolle – trotz Repetition der trinitarischen Aussage).

Zwischen beiden Ansätzen sieht *Leo* keine Divergenz. Im Gegenteil begründen sie sich gegenseitig: Die Inkarnation erfolgte nicht nur, um uns unsterblich zu machen, sondern »um unsere Schuld zu bezahlen«[95]. In dem Gegensatzpaar Sterblichkeit – Unsterblichkeit klingt hier auch das »geschichtsorientierte« Motiv »Tod und Auferstehung« mit, und in der »zeitlichen Geburt« des »ewigen Sohnes« ist schon die Überwindung von Sünde und Tod in »Kreuz und Auferstehung« mitgedacht.

[86] Ebd. 5 *Camelot*, Texte 257).

[87] Z.B. ebd. 5 (*Camelot*, Texte 256).

[88] Ebd. 5 (*Camelot*, Texte 257).

[89] Vgl. hierzu *H. Keßler*, a.a.O. 13.14. *Herbert Arens*, a.a.O. 428–432, versucht, Leo von den Unzuträglichkeiten des listigen Vorgehens Gottes frei zu sprechen. Natürlich vermeidet Leo die Primitivitäten der populären Vorstellungen, er argumentiert »theologischer«; dennoch aber bleiben die Schwächen bestehen.

[90] Tomus 3 (*Camelot*, Texte 254).

[91] Vgl. ebd. 3.4.

[92] Ebd. 4 (*Camelot*, Texte 255).

[93] Vgl. ebd. 4 (*Camelot*, Texte 256).

[94] Ebd. 5 (*Camelot*, Texte 258).

[95] Tomus 3 (*Camelot*, Texte 254).

Verbindendes Glied zwischen beiden Konzeptionen scheint eine dritte, lateinische Konzeption zu sein: Das Bild vom »gefoppten Teufel« wird in lateinischer Abwandlung verwendet: Durch »List« hat der Teufel uns verführt und unter seine Herrschaft gebracht, weil Gott durch die Sünde des Menschen, »*wie es seine Gerechtigkeit erforderte*, seine Einstellung dem Menschen gegenüber geändert« hatte[96]. Die gleiche Gerechtigkeit forderte offensichtlich eine ›Bezahlung der Schuld‹, die durch einen geheimen Plan Gottes[97] ins Werk gesetzt wurde.
Hier kommt lateinisch-juridisches Denken soteriologisch zur Geltung, das sich zwar auf neutestamentlich-judenchristliche und antiochenische Motive berufen konnte, diese aber – kulturgeschichtlich bedingt – neu interpretierte: Das Erlösungswerk in Christus zielt darauf ab, »*den ersten Plan* seiner Liebe zu uns (d. h. den Schöpfungsplan) durch eine noch geheimnisvollere Heilstat *zu vollenden.*«[98] Die neue Heilstat korrigiert also nicht den Plan, der alte Plan wird lediglich vollends realisiert. *Römisches Ordnungsdenken, dem »Heil« die Restauration des göttlich gerechten und auferlegten Plans bedeutet, kommt zum Zug*[99].
Von diesem Ansatz aus aber war ein neues Verständnis der Gott-Mensch-Christologie möglich, *das zwar die alten Motivationen entmächtigte, ihre Vokabeln aber in juridischer Uminterpretation belassen* und somit die Gegensätze aufheben konnte: *Jesus Christus mußte Gott und Mensch sein, damit er die Bezahlung der Schuld gemäß Gottes verpflichtendem Heilsplan leisten konnte.* Die Gerechtigkeit Gottes *erforderte* die Bezahlung und somit den Kreuzestod des Menschen, dieser aber konnte nur mehr als eine der üblichen selbstverschuldeten Katastrophen sein, weil Jesus eben nicht nur Mensch, sondern auch Gott war und somit der Sünde und dem Tod enthoben: »Denn *wir* könnten den Urheber der Sünde und des Todes nicht überwinden, wenn nicht *jener unsere Natur angenommen und zu der seinigen gemacht hätte, den weder die Sünde beflecken noch der Tod festhalten konnte*« (weil er ja der »ewige Sohn« war)[100].
Hier klingt schon die spätere *Anselm'sche* christologische Soteriologie[101] an: Jesus Christus muß zugleich Gott und Mensch sein, damit er juridisch die Wiederherstellung der ursprünglichen göttlichen Ordnung vermitteln kann. *Gottheit und Menschheit sind juridisch conditio sine qua non einer forensischen Rechtfertigung.*

[96] Ebd. 3 (*Camelot*, Texte 254).
[97] Ebd.
[98] Ebd. 3 (*Camelot*, Texte 254).
[99] Zur zentralen Stellung des ordo-Gedankens bei *Leo* vgl. *Herbert Arens*, a.a.O. 436–442.
[100] Ebd. 2 (*Camelot*, Texte 252).
[101] Vgl. u. III 5.4.

Eine sich so begründende Gott-Mensch-Christologie ist *unendlich weit entfernt von einer »Vergöttlichungschristologie« Alexandriens*[102], für die im Mysterium Christi der Glaubende in die unendlichen Tiefen Gottes hineingezogen wird. Die mit dieser Konzeption zusammenhängenden Topoi werden von *Leo* deswegen nur aufgegriffen, soweit sie nicht allzu spezifisch sind: Von »Vergöttlichung« ist nicht die Rede, wohl aber z. B. von der Vermittlung der »Unsterblichkeit«; diese aber gehört zu den »Gaben Gottes«, die dem Menschen sowieso schon nach dem ersten Heilsplan zustanden[103] (sie ist also nicht einfach ein Synonym für Göttliches, wie in Alexandrien).

Ebenso aber unterscheidet sich *Leo*'s Auffassung von der antiochenischen, trotz schematischer Übereinstimmung: *Es geht nicht um Bewährung und Annahme, sondern um die juridisch korrekte, der Gerechtigkeit Gottes entsprechende Durchführung eines metahistorischen Planes Gottes (des ius divinum)*. Noch weniger kam eine »Einigung zweier Subjekte« in Frage, weil sie die juridisch geforderte Prädizierbarkeit der Tätigkeit an *einen* Bezugspunkt und somit die Anrechenbarkeit des gott-menschlichen Werkes aufgehoben hätte. Wenn also *Leo* hervorhebt, daß Gottheit und Menschheit das je Ihre wirken müssen, kam er verbal den antiochenischen Anliegen entgegen, besaß aber selber ganz andere Motivationen.

Kurz: *Die Christologie Leo's ist eine dritte, lateinische Position, getragen von den Formeln der Gott-Mensch-Christologie, aber mit ganz anderen Inhalten*. Er ist somit in der Lage, die östliche Terminologie in ihren maßvollen Ausdrucksformen zu übernehmen und, ohne ihre Motivationen und Aporien überhaupt zu ahnen, scheinbar miteinander zu versöhnen; weil das »Lateinische« dieser Christologie von den östlichen Theologen in der Hitze der Auseinandersetzungen nicht wahrgenommen wurde, konnte der Tomus ad *Flavianum* den auch im Orient schon weit fortgeschrittenen Weg zum Formelkompromiß weitertreiben.

Was die abstrakte Begrifflichkeit angeht, hält sich *Leo* an die westliche Tradition seit *Tertullian* und übernimmt vor allem Formulierungen des *Augustinus*. Zwei Naturen – eine Person, damit ist für ihn die Sache erledigt. Von seinem soteriologischen Ansatz her muß er auf

[102] *A. Grillmeier*, a.a.O. 740.741, begründet seine These, daß die Zweinaturenlehre bei *Leo* »zu einer Lehre von der Vergöttlichung des Menschen« wurde (740), in keiner Weise überzeugend (es sei denn – aber das sagt er nicht – er meint eine göttliche Rechtfertigung).

[103] Vgl. Tomas 3 (*Camelot*, Texte 254): Der Teufel hat den Menschen »der Gaben Gottes und der Unsterblichkeit beraubt«; der Mensch war »in einer so hohen Würde erschaffen« und hatte sie durch die List des Teufels verloren; diese Ursprungsausstattung galt es wiederherzustellen.

einer Zueignung der Tätigkeiten und Eigenschaften an die jeweiligen Naturen[104] und somit auf einer Unterscheidung beider bestehen (gegen jeden Monophysitismus), andererseits aber auch ihre Einheit in der persona betonen.
Was persona genauerhin ist, läßt sich schwer bestimmen: Negativ ist sie ein nicht-naturaler Einheitspunkt, positiv aber doch so real, daß man – richtig verstanden – sagen kann, »der Sohn Gottes sei gekreuzigt und begraben worden«[105]. Weil *Leo* auch der menschlichen Natur ein eigenes Tätigkeitsprinzip zugesteht (das wir heute »Person« nennen würden)[106], andererseits aber die persona (Christi; wie verhält sie sich zur persona des verbum?) dennoch eine Idiomenkommunikation begründet, ist sie so etwas wie »das letzte Attributionssubjekt«[107], ohne aber eindeutig auch ein reales Subjekt einzuschließen[108].
M. a. W.: Die Formel bietet auch bei *Leo* nicht viel mehr als Begriffe, die letztlich aporetisch bleiben.

4.4 Das Symbol von Chalkedon 451[109]

4.4.1 Die Einigung

Der locus classicus der gesamten späteren Christologie, das Symbol von Chalkedon, verdankt seine Entstehung sowie die Durchsetzung seiner zentralen Formel »*in* zwei Naturen« massivem kaiserlichem Eingreifen[110]; es ist zudem nicht aus einer differenzierten themati-

[104] Ebd. 4 (*Camelot*, Texte 256): »Aber es ist sicher nicht Sache einer und derselben Natur, mit tiefem Mitleid den verstorbenen Freund (*Lazarus*) zu beweinen und ihn... durch den bloßen Befehl seiner Stimme wieder ins Leben zu rufen«.
[105] Ebd. 5 (*Camelot*, Texte 256).
[106] Vgl. *A. Grillmeier*, a.a.O. 745: »Aber der Christus Leos als Mensch in freier Entscheidung vor Gott.« Vgl. 746.
[107] *J. Liébaert*, a.a.O. 122.
[108] Sätze wie: »Denn derselbe, der wahrer Gott ist, ist zugleich waher Mensch« (Tomus 4, *Camelot*, Texte 255) scheinen mehr in Richtung eines realen Subjektes zu zielen; dennoch aber werden sie durch Ausführungen zum Tätigkeitsprinzip jeder Natur relativiert.
[109] Die Fülle der Literatur zum Konzil von Chalkedon ist beeindruckend. Da im folgenden nur die Titel ausdrücklich herangezogen werden, die für den Gang der Überlegungen wichtig sind, soll für eine vertiefte Auseinandersetzung mit diesem Konzil vor allem auf das zum 1500. Jahrestag von *A. Grillmeier* und *H. Bacht* herausgegebene Sammelwerk »Das Konzil von Chalkedon. Geschichte und Gegenwart«, 3 Bde., Würzburg 1951–54 (^{4}1973) hingewiesen werden.
[110] Vgl. z. B. *Peter Stockmeier*, Das Konzil von Chalkedon, in: *Josef Blank/Gotthold Hasenhüttl* (Hrsg.), Glaube an Jesus Christus, Düsseldorf 1980, 113.114.

schen Diskussion des Konzils und auch nicht des »Redaktionskomitees« hervorgegangen: Letzteres hat verschiedene Texte kompiliert, das Konzil sie ohne Sachdebatte verabschiedet.
Staatlicher Druck und theologische Ermüdungserscheinungen – vorbereitet durch die Entwicklung seit Ephesus – *haben einen Formelkompromiß ermöglicht, ohne die verschiedenen christologischen Ansätze selbst einander anzunähern oder sie gar zu versöhnen.* Das Symbol war aber, wegen der Verwendung quasi-kanonischer Topoi der verschiedenen Richtungen, wenigstens zur Erreichung eines sprachlichen Minimalkonsenses geeignet, der in der Folgezeit die Christologie zu normieren begann.

Mit dem Regierungswechsel in Konstantinopel war der Weg zu einer Einigung frei und der Einfluß des Monophysitismus eingedämmt[111]. Gegen den Willen *Leo's I.*, der befürchtete, daß die Streitigkeiten wieder neu aufleben könnten, berief der neue Kaiser *Markian* für den 1. September 451 ein Reichskonzil nach Nizäa ein, das er zum 8. Oktober nach Chalkedon verlegte[112].
An dem Konzil nahm eine größere Zahl von Bischöfen teil als bei den bisherigen Reichssynoden, *P.-Th. Camelot* spricht von »dreihundertfünfzig bis dreihundertsechzig«; nur fünf aber stammten aus dem Westteil der Kirche (drei römische Legaten und zwei Afrikaner)[113]. Sie konnten aber, wegen des Ansehens, das damals Rom und vor allem *Leo I.* besaßen, einen größeren Einfluß ausüben.
Die Teilnehmer hatten keineswegs die Absicht, ein Einigungssymbol aufzustellen. Sie beschäftigten sich vielmehr mit einer kirchenpolitischen Bereinigung der Landschaft: *Flavian* wurde posthum rehabilitiert, *Dioskur* abgesetzt, und in der Folgezeit wurden »personelle Fragen«[114] geregelt. Damit wollte man sich begnügen. Lediglich der Kaiser forderte energisch, die Glaubensfragen zu klären.
»Die Bischöfe lehnten dieses Ansuchen mit der Begründung ab, daß der Glaube durch die dogmatischen Bekenntnisse, die man vorgelesen habe, schon hinreichend definiert sei: durch die Symbole von Nicaea und Konstantinopel, den 2. Brief Cyrills an Nestorius, den Brief mit der Einigungsformel des Jahres 433 und schließlich den ›Tomus ad Flavianum‹«[115].
Der Grund für die ablehnende Haltung der Konzilsteilnehmer war die immer noch bestehende theologische Uneinigkeit. »Es ging um die Frage, ob man sagen müsse ›aus zwei Naturen‹ oder ›in zwei Naturen‹«[116]. An diesem Sachverhalt zeigt sich, daß eigentlich noch nichts geklärt war. Hielt man an der

[111] Vgl.o. 254.
[112] Vgl. hierzu *P.-Th. Camelot*, Ephesus und Chalcedon, 129–136; *P. Stockmeier*, a.a.O. 107.108.
[113] *P.-Th. Camelot*, ebd. 135.
[114] *P.-Th. Camelot*, ebd. 146.
[115] *J. Liébaert*, a.a.O. 124.
[116] *P.-Th. Camelot*, Ephesus und Chalkedon, 148.

ersten Formel fest, ließ sich auch eine extreme alexandrinische Christologie bis hin zum Monophysitismus aufrechterhalten; für die »Antiochener« und die westlichen Vertreter war die Redewendung unannehmbar. In der zweiten Alternative sah auch die gemäßigte alexandrinische Gruppe einen Bruch mit der Christologie *Cyrills*.

Selbst als die kaiserlichen Kommissare insistierten und darauf hinwiesen, daß die Verurteilung des *Dioskur* gegenstandslos sei, wenn es bei »aus zwei Naturen« bliebe, antwortete der Patriarch von Konstantinopel, *Anatolius*: Nicht wegen des Glaubens ist Dioskur abgesetzt worden, sondern weil er den Erzbischof Leo exkommuniziert hat und weil er dreimal vorgeladen wurde und nicht gekommen ist.«[117] Die personalpolitische Flurbereinigung war also nur scheinbar ein Ausdruck wirklicher Einigung. Vor allem aber zeigen das Bemühen um eine Vermeidung der thematischen Diskussion und der Rekurs auf schon vorliegende und wahrhaftig doch divergente Texte, daß kaum noch ein Bischof daran glaubte, in den strittigen Fragen weiterzukommen. Man hatte Angst, sie von Neuem aufzurühren. Nach den Auseinandersetzungen der Vergangenheit, die die Kirche oft bis an die Grenze ihrer Identität gespalten hatten, waren viele des Streits müde geworden.

Der Kaiser gab nicht nach, und das Konzil mußte sich nun doch mit einer dogmatischen Definition befassen. Jetzt allerdings waren wohl gerade die allgemeinen Ermüdungserscheinungen der Grund dafür, daß relativ schnell eine Einigung zustande kam, wenn nicht in der Sache, so doch in den Formeln. Ein Formulierungsvorschlag, den *Anatolius* vorlegte, wurde abgelehnt, das Konzil setzte einen »Redaktionsausschuß« mit rund zwanzig Mitgliedern ein, auch dieser nahm seine Arbeit nur nach Intervention des Kaisers und seiner Kommissare auf, die die Bischöfe auf die Formel *Leos* »in zwei Naturen« festlegte.

»Als sie (die Kommissionsmitglieder) wieder in die Basilika zurückkehrten, hörten die Bischöfe sitzend und ohne ein Wort zu reden, die feierliche Definition an... Die Bischöfe begrüßten in der ihnen vorgelegten Definition begeistert den Glauben der Väter und der Apostel... Sie beantragten, sogleich mit der Unterschrift zu beginnen.«[118]

Aber erst in der folgenden sechsten Sitzung wurde im Beisein des Kaiserpaares das neue Symbol förmlich verabschiedet. »Dann gab es einen Beifall ohne Ende für Markian, den neuen Konstantin, den neuen David, und für die erlauchte Kaiserin, für diese beiden Hüter des Glaubens und der Rechtgläubigkeit...«[119]

4.4.2 Der Formelkompromiß

Die klassische Bedeutung des Glaubensbekenntnisses von Chalkedon ist darin begründet, daß in ihm eine Sprachregelung gefunden wurde,

[117] ACO II1,2, S. 124.

[118] *P.-Th. Camelot*, Ephesus und Chalcedon 151.152. Vgl. hierzu *Monald Goemans*, Chalkedon als »Allgemeines Konzil«, in: *A. Grillmeier*, *H. Bacht* (Hrsg.), Das Konzil von Chalkedon, Bd. 1, 272.

[119] *Camelot*, 253.

in der sich alle Parteien, soweit sie überhaupt zur Mäßigung bereit waren, wenigstens *in fundamentalen und minimalen Anliegen*, repräsentiert sahen. Daß dem Konzil eine solche »Lösung« geglückt ist, kommt keineswegs, wie schon ausgeführt, von seiner theologischen Kompetenz her; *vielmehr war die Entwicklung an einem Punkt angelangt, wo sachlich nichts mehr zu sagen und lediglich noch aus halbwegs rezipierten vorkonziliaren Formulierungen ein Schlußdokument zusammenzustellen war.*
Die Texte, die in dem neuen Symbol verwendet wurden, sind allesamt schon »Kompromißtexte« der ephesinischen und nachephesinischen Zeit, die ihrerseits wiederum die im Prinzip konsensfähigen Topoi aus den vorherigen Diskussionen verwendet hatten. Das Symbol von Chalkedon ist also so etwas wie *ein Formelkompromiß aus Kompromißformeln, ein Kompromiß aus Kompromissen.*

Das »Redaktionskomitee« hat der Synode in der fünften Sitzung folgende Texte vorgelegt (ich folge hier der Gliederung bei *J. Liébaert*)[120]:
(1) Eine Vorrede[121] »im weitschweifigen und umständlichen Stil der byzantinischen Kanzlei«[122] mit dem Bekenntnis zu Nizäa und Konstantinopel, zum 2. Brief *Cyrills* an *Nestorius*, zur Einigungsformel von 433 und zum Brief des *Leo* an *Flavian.*
(2) *Die dogmatische Definition* in drei Teilen:
(a) »Eine Aufzählung der durch das Konzil verurteilten Irrlehren[123]: Trennung Christi in zwei Söhne; Lehre von der Leidensunfähigkeit des Sohnes; Lehre von der Vermischung der zwei Naturen; die These, nach welcher die Menschheit Christi himmlischen Ursprungs oder von einer anderen Natur ist als die unsrige; die These von den zwei Naturen vor der Einigung und der einen Natur nach der Einigung.«[124]
(b) *Das Symbol selbst*[125]
(c) *Die Erklärung des Anathema*[126] über alle, die die Formel nicht annehmen.

Das Symbol ist das Herzstück der Konzilsentscheidung.
Es lautet: (vgl. S. 274)

Das Symbol ist eine perfekte Kompilation verschiedener Texte, die für die jeweiligen Parteien akzeptabel waren[127]:

120 A.a.O. 125.
121 ACO II,1,2, S. 126–129, vgl. D 300.
122 *P.-Th. Camelot*, Ephesus und Chalkedon, 155.
123 ACO II,1,2, S. 129, Z. 16–22.
124 *J. Liébaert*, a.a.O. 125.
125 ACO II,1,2, S. 129–130; vgl. D 301.302 (148).
126 ACO II,1,2, S. 130; vgl. D 303.
127 Die folgende Darstellung bezieht sich auf die Synopse der Texte bei *P.-Th. Camelot*, Ephesus und Chalcedon, 156–159; vgl. auch *Ignacio Ortiz de Urbina*, Das Glaubenssymbol von Chalcedon – sein Text, sein Werden, seine dogmatische Bedeutung, in *A. Grillmeier/H. Bacht* (Hrsg.), Das Konzil von Chalcedon,

Das Symbol von Chalkedon[128]

(1)	1 Ἑπόμενοι τοίνυν τοῖς ἁγίοις πατράσιν	Sequentes igitur sanctos patres	Folgend also den heiligen Vätern
	2 ἕνα καὶ τὸν αὐτὸν ὁμολογεῖν υἱὸν	unum eundemque confiteri filium	einen und denselben Sohn zu bekennen,
	3 τὸν κύριον ἥμον Ἰησοῦν Χριστὸν	dominum nostrum Iesum Christum	unseren Herrn Jesus Christus,
	4 συμφώνως ἅπαντες ἐκδιδάσκομεν	consonanter omnes docemus	lehren wir alle übereinstimmend.
(2)	5 τέλειον τὸν αὐτὸν ἐν θεότητι	eundem perfectum in deitate	Vollkommen (ist) derselbe in der Gottheit,
	6 καὶ τέλειον τὸν αὐτὸν ἐν ἀνθρωπότητι	eundem perfectum in humanitate	und vollkommen (ist) derselbe in der Menschheit,
	7 θεὸν ἀληθῶς καὶ ἄνθρωπον ἀληθῶς	deum vere et hominem vere	wahrhaft Gott und wahrhaft Mensch,
	8 τὸν αὐτὸν[129] ἐκ ψυχῆς λογικῆς καὶ σώματος	eundem[129] ex anima rationali et corpore	derselbe[129] (ist) aus Geistseele und Leib,
	9 ὁμοούσιον τῷ πατρὶ κατὰ τὴν θεότητα	consubstantialem patri secundum deitatem	gleichwesentlich mit dem Vater der Gottheit nach
	10 καὶ ὁμοούσιον ἡμῖν τὸν αὐτὸν κατὰ τὴν ἀνθρωπότητα	et consubstantialem nobis eundem secundum humanitatem	und gleichwesentlich mit uns der Menschheit nach,
	11 „κατὰ πάντα ὅμοιον ἡμῖν χωρὶς ἁμαρτίας“	„per omnia nobis similem absque peccato“	„in allem uns ähnlich außer der Sünde“ (Hebr 4,15);
	12 πρὸ αἰώνων μὲν ἐκ τοῦ πατρὸς γεννηθέντα κατὰ τὴν θεότητα	ante saecula quidem de patre genitum secundum deitatem	vor aller Zeit zwar aus dem Vater gezeugt der Gottheit nach,
	13 ἐπ' ἐσχάτων δὲ τῶν ἡμέρων τὸν αὐτὸν δι' ἡμᾶς καὶ διὰ τὴν ἡμετέραν σωτηρίαν[130]	in novissimis autem diebus eundem propter nos et nostram salutem[130]	(ist) in den letzten Tagen aber derselbe um unserer und unseres Heiles willen[130]
	14 ἐκ Μαρίας τῆς παρθένου τῆς θεοτόκου κατὰ τὴν ἀνθρωπότητα	ex Maria virgine dei genitrice secundum humanitatem	aus Maria, der Jungfrau, der Gottesgebärerin, der Menschheit nach (geboren),
	15 ἕνα καὶ τὸν αὐτὸν Χριστὸν υἱὸν κύριον μονογενῆ	unum eundemque Christum filium dominum unigenitum	ein und derselbe Christus, Sohn, Herr, Eingeborener (wird)
(3)	16 *ἐν δύο φύσεσιν*	*in duabus naturis*	*in zwei Naturen*
	17 ἀσυγχύτως ἀτρέπτως ἀδιαιρέτως ἀχωρίστως γνωριζόμενον	inconfuse immutabiliter indivise inseparabiliter agnoscendum	unvermischt, unverändert, ungeteilt und ungetrennt erkannt;
	18 οὐδαμοῦ τῆς τῶν φύσεων διαφορᾶς ἀνῃρημένης διὰ τὴν ἕνωσιν	nusquam sublata differentia naturarum propter unitionem	keineswegs (wird) die Verschiedenheit der Naturen aufgehoben wegen der Einigung,
	19 σωιζομένης δὲ μᾶλλον τῆς ἰδιότητος ἑκατέρας φύσεως	magis salva proprietate utriusque naturae	sondern vielmehr (bleibt) die Eigentümlichkeit jeder Natur gewahrt,
	20 καὶ *εἰς ἓν πρόσωπον καὶ μίαν ὑπόστασιν* συντρεχούσης	et *in unam personam atque subsistentiam* concurrente	und läuft *in ein Prósopon und eine Hypostase* zusammen.
	21 οὐκ εἰς δύο πρόσωπα μεριζόμενον ἢ διαιρούμενον	non in duabus personas partitum seu divisum	(Wir bekennen) nicht einen in zwei Prósopa geteilten oder getrennten,
(4)	22 ἀλλ' ἕνα καὶ τὸν αὐτὸν υἱὸν μονογενῆ	sed unum et eundem filium unigenitum	sondern einen und denselben eingeborenen Sohn,
	23 θεὸν λόγον κύριον Ἰησοῦν Χριστόν,	deum verbum dominum Iesum Christum	Gott, Wort, unseren Herrn Jesus Christus,
	24 καθάπερ ἄνωθεν οἱ προφῆται περὶ αὐτοῦ	sicut ante prophetae de eo	wie früher die Propheten von ihm
	25 καὶ αὐτὸς ἡμᾶς Ἰησοῦς Χριστὸς ἐξεπαίδευσεν	et ipse nos Iesus Christus erudivit	und er selbst, Jesus Christus, uns gelehrt
	26 καὶ τὸ τῶν πατέρων ἡμῖν παρέδωκε σύμβολον.	et patrum nobis symbolum tradidit.	und das Symbol der Väter uns überliefert hat.

Zeile 2–6 sind der Einigungsformel entnommen, der 433 sowohl *Johannes* von Antiochien wie *Cyrill* zugestimmt hatten. Änderungen:
Einschub »ein und derselbe« (die Redeweise der christologischen Verlegenheit, wie sie sich seit *Ephesus* eingebürgert hatte)[131]; aus »Gott« und »Mensch« wurde »Gottheit« und »Menschheit«.
Z. 7 stammt aus dem Tomus ad *Flavianum*, Z. 8–14 aus dem Unionssymbol von 433[132], wobei der Text umgestellt und besser geordnet wurde. Änderungen:
Z. 11: Einschub von Hebr. 4,15; Z. 14 Ergänzung von »theotókos«; Einfügung der Z. 15.
Z. 16–17 bieten Formeln, »die sowohl zum Vokabular Cyrills als auch Theodorets gehörten«[133], aber auch bei *Leo* zu finden sind[134].
Z. 18 findet sich im 2. Brief des *Cyrill* an *Nestorius* und im Schreiben *Flavians* an *Leo I.*: Änderung: Einfügung von οὐδαμοῦ.
Z. 19–22 wurden aus dem Lehrschreiben *Leos* an *Flavian* übernommen, wobei zu dem von *Leo* verwandten Begriff persona aus dem Brief *Flavians* an *Leo* der Terminus Hypostase und aus Brief 51 des *Theodoret* die Z. 21 eingefügt wurden. Änderungen in Z. 21.22: »διαιρούμενον (getrennt, zerrissen)« und »eingeborener Sohn« wurden ergänzt.
Der hymnische Schluß (Z. 23–26) ist Werk der Redaktionskommission, es gibt aber in der Vergangenheit ähnlich klingende Formeln.

4.4.3 Form und Inhalt

Das Glaubensbekenntnis von Chalkedon ist meisterhaft, ja geradezu klassisch konstruiert, wie vielleicht kein anderes kirchliches Symbol: Anfang und Schluß entsprechen sich; der Schlußteil aber steigert in Feierlichkeit und Eindringlichkeit die Motive der Einleitung. Im eigentlichen Corpus des Symbols (Teil 2 und 3) folgen, in einem ersten Abschnitt (Teil 2), zweigliedrig (erst essential, dann funktional) die

Bd. 1, 389–418. Auf eine traditionsgeschichtliche Herleitung der einzelnen Topoi (über die unmittelbaren Quellen hinaus) kann hier verzichtet werden, da sie durch die vorherigen Kapitel schon hinreichend erläutert sind.

128 Griechische und lateinische Fassung (bei Änderung der Großschreibung und Zeichensetzung) nach ACO II, 1, 2, S. 129.130 (griech.) und ebd. II, 3, 2, S. 137, 138 (latein: von *Rufinus*) (D 301.302 (148)). Die deutsche Übersetzung versucht, die Parallelität der Satzglieder aufrechtzuerhalten; deswegen mußte der *eine* Satz des Symbols in selbständige Sätze zergliedert werden.

129 Dieses τὸν αὐτόν kann sachlich und formal auch dem vorhergehenden Satzteil zugeordnet werden.

129 Z. 13 kann auch in zwei Glieder geteilt werden; dann wäre Z. 13: ἐπ' ἐσχάτων δὲ τῶν ἡμέρων, Z. 14: τὸν αὐτὸν δἰ ἡμᾶς... (so z. B. A. *Grillmeier*, a. a. O. 755).

131 Vgl. o. 256–258.

132 *P.-Th. Camelot*, a.a.O. 157, führt diese Zeilen – fälschlich – auf das Lehrschreiben *Leos* zurück (anders als *de Urbina*, a.a.O.), obwohl er ebd. 158 den ersten Teil des Symbols fast vollständig dem Unionssymbol zuschreibt

133 *P.-Th. Camelot*, a.a.O. 159.

134 *Ortiz de Urbina*, a.a.O. 394.

Konsensformeln der vorherigen Auseinandersetzungen und, in einem zweiten (Teil 3), die fortan verbindliche formale Terminologie. Die Sprache des Bekenntnisses ist ungeheuer »dicht«, jede Formel spiegelt in sich das Resultat differenzierter und langwieriger Diskussionen.

Eine solche »Klassizität« war wohl erst in dem Augenblick möglich, in dem nicht mehr so sehr um die Sache als – eben – um einen sprachlichen Konsens gerungen werden mußte (wenn man von der extremen alexandrinischen Partei absieht, die aber bei der Redaktionsarbeit schon ausgeschlossen war). Wie die ersten Schritte in einen neuen Kunststil zwar die Schönheit und den Reiz des Werdenden, des Versuchs, besitzen, in vielem aber noch ungekonnt und unausgewogen sind, und wie ein solcher Stil gerade dadurch zu einer klassischen Gestalt findet, daß Material und Formen mit der Zeit sicher beherrscht werden und das Augenmerk sich ganz auf die Reflexion der *Komposition* richten kann, so ist *mit Chalkedon die Phase der originellen*, aber einseitigen Entwürfe, der grandiosen und oft gewaltsamen *Systembildungen vorbei, es geht jetzt um die gekonnte Handhabung der Sprache und Formeln*, die zu einer Synthese zusammengefaßt werden mußten; man wußte, wie alle »Klassiker«, »was geht« und »was nicht geht«, und bescheidet sich mit den Möglichkeiten des »Materials«, mit dem man sicher umzugehen weiß[135].

Gerade der Umstand, daß das Symbol von Chalkedon die hellenistische Christologie in eine klassische und – in dieser Hinsicht – nicht mehr zu übertreffende Gestalt gebracht hat, begrenzt auf der anderen Seite allzu hohe Erwartungen »in der Sache«. *Klassizität und innovatorischer Versuch schließen sich aus. Die christologische Reflexion bringt keinen inhaltlichen Fortschritt; das »Neue« ist vielmehr die Form*, in diesem Fall die Formeln bzw. die sichere Handhabung, Fixierung, Abgrenzung und Komposition der Formeln.

In einem ersten Teil (Z. 1–4) erklärt das Symbol, wie es verstanden werden will: als Resümee der bis dato gelaufenen christologischen Diskussion (»folgend den heiligen Vätern... lehren wir alle übereinstimmend«), und gibt das Generalthema an: es geht um »*einen und denselben* Sohn, unseren Herrn Jesus Christus« (Z. 2.3); dieses Thema von »ein und demselben« klingt in allen folgenden Akkorden wieder auf (vgl. Z. 5.6.8.10, feierlich noch einmal in Z. 15.22). Genau das war ja der status quaestionis: Wie kann an diesem *einen* Herrn so

[135] Diese These ist durch die exakten Einzelanalysen von *A. de Halleux* (La définition christologique à Chalcédoine, in: RevThéolLoúv 7,1976,3–23.155–170) voll bestätigt. Die meisterhafte Komposition der verschiedenen Textelemente zu einem grandiosen Ganzen ist für ihn der Grund, als eigentlichen Redaktor (innerhalb des Komitees) *Basilius* von Seleukia anzunehmen, der sich schon vor Chalkedon mit dem Entwerfen von Konsensformeln versucht hatte.

festgehalten werden, daß er weder zu zweien wird, noch zu einem Mischwesen aus Gottheit und Menschheit erklärt werden muß.
Mit dieser Fragestellung greift das Konzil exakt das Problem der hellenistischen Gott-Mensch-Christologie von allem Anfang an auf, das zunächst – bis Nizäa und Konstantinopel – zu einer Bestreitungsgeschichte entweder von Gottes- oder Menschenprädikation und nach deren großkirchlicher Beendigung zu zunächst zwei und mittlerweile, durch den Impuls der westlichen Theologie, zu drei Einheitsmodellen geführt hatte: wie ist die Prädizierbarkeit von Gottheit und Menschheit an ein und denselben zu denken, wenn alle Implikationen (Gottheit, Menschheit, Einheit) beim Wort genommen werden bzw. wenn alle Teile der christologischen Formel »Jesus ist Gottessohn« (also Subjekt, Prädikat und Kopula) gelten sollen?
In einem zweiten Teil (Z. 5–15) wird in einem ersten Abschnitt (Z. 5–11) in statisch-essentialen Formeln der Konsens beschrieben, wie er sich durch die Mäßigung der Antiochener, die Verurteilung der extrem alexandrinischen Partei und die Interessen der römischen Theologie festhalten ließ: Gottheit und Menschheit sind von demselben Jesus Christus *ohne Einschränkungen* auszusagen, er ist gleichwesentlich mit dem Vater *und* mit uns, wobei die beiden Dimensionen unterschieden (»der Gottheit nach« – »der Menschheit nach«), aber nicht getrennt werden (»derselbe«); derselbe ist »wahrhaft Gott« und »wahrhaft Mensch«, d. h. wohl: er besitzt nicht nur die abstrakten Naturen (Gottheit/Menschheit), sondern realisiert sie konkret, wozu auf der Ebene des Menschseins auch die Geistseele (das Prinzip von Subjektivität und Freiheit, wie wir heute sagen würden), gehört – nur *eine* Minderung seines konkreten Menschseins gibt es: er war ohne Sünde.
Ein zweiter Abschnitt (Z. 11–14) beschreibt das gleiche noch einmal in funktionalen Chiffren: Vor aller Zeit der Gottheit nach gezeugt, ist derselbe der Menschheit nach geboren aus Maria, so daß diese theotókos genannt werden kann (sie hat den Menschen geboren, der zugleich Gott ist). Das alles ist geschehen – und hier klingt die soteriologische Basis der hellenistischen Christologie an – *um unseres Heils willen.* Z. 15 schließlich prädiziert all das noch einmal feierlich von ein und demselben Christus und leitet gleichzeitig zum dritten Teil über.
Der dritte Teil (Z. 16–21) bringt das vorher Ausgesagte und damit das Ergebnis von mehrhundertjährigen Auseinandersetzungen »auf den Begriff« und repräsentiert die eigentliche »Leistung« des Konzils: Was Gott und Mensch, Gottheit und Menschheit betrifft, soll unter dem Terminus »Natur« (Physis) zusammengefaßt, die nicht-naturale und doch reale Einheit beider Wirklichkeiten mit der Vokabel Prósopon (persona) und Hypóstasis (subsistentia) benannt werden. In diesen Zeilen wird die extreme alexandrinische Position am schärfsten zurückgewiesen: Das Reden von *einer* Natur, *einem* Wesen wird untersagt; Jesus Christus ist *»in«* zwei Naturen; diese Abgrenzung wird noch verschärft durch »unvermischt« und »unverändert« (Z. 17) und die Vertiefung beider Aussagen in Z. 18.19. Dennoch aber soll zwischen beiden Naturen – und hier wird das alexandrinische Anliegen aufgegriffen – eine »letzte« Einheit bestehen, so daß nur von »ein und demselben« und einem »ungeteilt« und »ungetrennt« gesprochen werden kann; Z. 21 lehnt das Reden von zwei geteil-

ten oder auch nur getrennten Prósopa (gedacht ist wohl an die beiden in der antiochenischen Tradition beheimateten Prósopa) ab. Auch terminologisch kommt die Definition den Alexandrinern entgegen, insofern wenigstens noch der Begriff ὑπόστασις[136], auf den sich *Cyrill* in seiner späteren Phase zurückgezogen hatte, dem Prósopon beigeordnet wird; aber durch die vorherigen Zeilen ist jedes naturale Verständnis von Hypóstasis abgelehnt. Das eine Prósopon und die eine Hypóstasis sind nach Z. 20 das Ergebnis des Zusammenkommens der beiden Naturen, also *Produkt der Inkarnation.*
Der letzte Teil (Z. 22–26) greift noch einmal die Anliegen des ersten Teils (das Symbol als Quintessenz des christologischen Glaubens und das Generalthema von dem *einen* Christus) in einem hymnischen Schlußakkord auf.

4.4.4 Sieg und Korrektur der hellenistischen Christologie

Die Christologie von Chalkedon ist nicht leicht zu bestimmen. Später hat man ihr Spezifikum auf die kurze Formel von der »hypostatischen Union« zwischen Gott und Mensch in Jesus Christus gebracht. Was aber die einzelnen Richtungen, die sich in der fünften und sechsten Sitzung des Konzils mit dem Bekenntnis wenigstens so identifizieren konnten, daß sie keinen diametralen Widerspruch zu ihrer Überzeugung empfunden haben, an Assoziationen und Vorstellungen mit den einzelnen Begriffen verbunden haben, bleibt unklar: Haben sich z. B. die Alexandriner für die Beifügung von hypóstasis so stark engagiert, weil sie in dieser Vokabel doch noch etwas »Seiendes« als Einheitspunkt gerettet sahen? Was dachten sich die Antiochener, wenn nicht nur Gott*heit* und Mensch*heit*, sondern Gott und Mensch – mit gewahrter Eigentümlichkeit jeder Natur – in einem Prósopon geeint erklärt wurden? Oder welche Raster wurden in der kleinen westlichen Gruppe wirksam, wenn sie auf der integren Gottheit und Menschheit in demselben Jesus Christus bestanden?
Man muß vermuten, daß die Christologien der Konzilsteilnehmer sehr verschieden waren und es auch blieben. Sie zu analysieren, würde nicht weiterführen als zu den Ansätzen der vergangenen Schulbildungen. Dennoch aber hat der neue Formelkompromiß diese nach wie vor divergenten Konzepte nicht unberührt gelassen; die »alten« Auffassungen mußten sich der »neuen« Sprachregelung bedienen, und von daher waren gewisse Marksteine oder Wegpfosten gesetzt, die die Systembildungen kanalisierten und für wenigstens minimale Übereinstimmungen sorgten. Worin aber bestehen diese Minimalia?

[136] Wieso *P. Stockmeier*, a.a.O. 115 (im Anschluß an *A. de Halleux*, a.a.O. 167), die These aufrechterhalten kann, daß der Begriff Hypotase »in der vorchalkedonischen Christologie kaum eine Rolle gespielt hat«, ist mir – angesichts der alexandrinischen Entwicklung vor allem seit *Cyrill* – unerfindlich.

Weithin wird in der Literatur die Meinung vertreten, daß in Chalkedon »der Anteil Roms und Antiochiens sicher überwiegend gewesen« ist[137]. Grundsätzlich aber verhält es sich umgekehrt: Seit Ephesus wurde die antiochenische Theologie mehr und mehr zu Kompromissen gezwungen; vor allem mußte sie sich gänzlich auf die »alexandrinische« Sprache, Soteriologie und Christologie einlassen.
So verrät auch das Symbol von Chalkedon *keinen Anklang mehr an eine Soteriologie nach dem Schema »Bewährung« und »Annahme«*, in dem ja – in hellenistisch zurückgenommener Gestalt – die Heilsbedeutung von Geschichte überhaupt und konkret von Geschichte (»Leistung«) Jesu ausgesprochen war. Ausdrücklich abgelehnt wird die Möglichkeit zweier Attributionssubjekte[138].
In das Bekenntnis eingegangen ist vielmehr die alexandrinische Soteriologie, die den Typos der hellenistischen Mentalität am reinsten verkörpert: »um unserer und unseres Heils willen« (Z. 13) ist der vor aller Zeit gezeugte Sohn aus Maria geboren worden (Z. 12–14). *Das Heil wird uns vermittelt durch die Menschwerdung Gottes:* Das *Raster des Tausches* ist hier, wie schon seit Nizäa, großkirchlich festgeschrieben. Eine solche Soteriologie aber hat zur Bedingung ihrer Möglichkeit die Gott-Mensch-Christologie, und zwar so, daß beide Dimensionen auch »realiter« von demselben Jesus Christus prädizierbar sind, realiter aber heißt für Alexandriner, und auch hierin repräsentieren sie »den« Hellenismus, »seinshaft«.

137 So zum B. *J. Liébaert*, a.a.O. 127, vgl. 126; *R. Seeberg*, Lehrbuch der Dogmengeschichte, Bd. 2, 265.

138 Zwei Attributionssubjekte gehören allerdings auch nicht – wie ein gängiges Mißverständnis meint – zur originären antiochenischen Christologie. Das spätere ἄλλος καὶ ἄλλος (einer und ein anderer) wäre in vornizenischer »adoptianischer« Zeit im Sinne eines Gegenüber des »Vaters« zu dem als »Sohn« angenommenen Jesus verstanden worden; Nizäa erst hat die Antiochener gezwungen, den »Sohn« als eine von Jesus unabhängig existierende Größe vorauszusetzen und deswegen das eine ἄλλος auf den gleichwesentlichen Logos (statt auf den Vater) zu beziehen. Wie aber ausgeführt, hatten sie immer die Tendenz, den Logos möglichst weitgehend mit »Gott« schlechthin in eins gehen zu lassen, um ihr altes Schema von zwei sich gegenüberstehenden Subjekten beibehalten zu können, die miteinander eng verbunden sind. Erst wenn sie in der Auseinandersetzung speziell das Verhältnis Logos-Jesus aufgreifen mußten, kamen sie in die Gefahr, die sich gegenüberstehenden *realen* Subjekte Gott und Jesus, also das ἄλλος καὶ ἄλλος, im Sinne zweier *christologischer* Attributionssubjekte zu verstehen (vgl. o. II 3.1). Die gleiche Schwierigkeit, die in Alexandrien dazu führte, dem *logischen* Attributionssubjekt ein *reales* zu unterlegen (μία φύσις), brachte die Antiochener hin und wieder dazu, ihre zwei *realen* Subjekte auch zu *logischen* Attributionssubjekten der Christologie zu machen. Doch zeigt das dauernde Bemühen, trotz zweier Subjekte *ein* Prósopon zu denken, sowie die spätere Überwindung der Formel von ἄλλος καὶ ἄλλος, daß die christologische Einheit – so problematisch sie auch ist – nicht aufgegeben werden sollte.

Geschichtsorientierte Einheitsmodelle, wie sie Antiochien hervorgebracht hat, erschienen im jetzt herrschend gewordenen »ontischen« Verstehen als Aufhebung der Einheit. Wenn auch das antiochenische Prósopon aufgegriffen ist, so durchzieht doch das ganze Symbol der Wille, einen möglichst realen Einheitspunkt festzuhalten: im Begriff hypóstasis, der Ablehnung von zwei Prósopa, dem »ungetrennt« und »ungeteilt«, vor allem aber in der Verve, mit der immer wieder das »ein- und derselbe« hervorgehoben wird.
Noch nicht einmal die Betonung der Integrität von Gottheit und Menschheit beinhaltet einen Sieg Antiochiens[139], wenn auch von dort wie vom Brief *Leo's* aus ein starker Druck ausging; das in Alexandrien favorisierte Prinzip des Tausches war anders ohnehin nicht aufrechtzuerhalten, und differenziert denkende Theologen hatten dies erkannt und – wie *Origenes, Athanasius* oder *Cyrill* – ausdrücklich formuliert, so schwer auch dann der Einheitspunkt zu definieren war. Anders gesagt: Der Monophysitismus war zwar spezifisch »alexandrinisch«, verkürzte aber und vereinfachte dessen Grundlage so, daß diese Christologie sich selbst aufheben mußte; über dem *Motiv*, »Vergöttlichung«, wurde dessen *Ausgangspunkt* unterschlagen. Somit war in der *guten* alexandrinischen Tradition als Perspektive grundgelegt, daß die Integrität auch der menschlichen Natur und damit auch ein nichtnaturales Verständnis der christologischen Einheit sich durchsetzen würden. Die christologische Soteriologie von Chalkedon ist also durch und durch *in Denkansatz, Sprache, Problematik und Problemlösungspotential »alexandrinisch« und somit klassisch hellenistisch*[140].
Dennoch aber haben die Antiochener auf *dieser* Basis, auf die sich einzulassen sie gezwungen waren, durchaus eigene Anliegen einbringen und auch durchsetzen können, zuletzt mit Hilfe der lateinischen Theologie, die zwar andere Motivationen hatte, aber zu scheinbar gleichlautenden Folgerungen kamen; diese Einflußnahme erfolgte in einem Augenblick, als gerade der Monophysitismus eine große Gefahr darstellte, so daß sie – mit seiner Überwindung – einen durch-

[139] So sieht es z. B. *A. v. Harnack*. Lehrbuch der Dogmengeschichte, Bd. 2, 397. Dies wäre aber nur dann der Fall, wenn der integren Menschennatur, besonders der Geistseele, auch eine *soteriologische* Funktion (über das bloße Vorhandensein hinaus) zuerkannt worden wäre: also ihrem Tun, Gehorsam, Kreuz.

[140] Aus den Arbeiten von *A. de Halleux* (a.a.O.) und seiner – zumindest plausiblen – Hypothese über den Redaktor des Symbols, *Basilius* von Seleucia, folgert auch *A. Grillmeier* a.a.O. 758, »daß die Formel ›ein und derselbe, erkennbar in zwei Naturen, nicht getrennt und geteilt in zwei Personen...‹ nicht antiochenischer, nicht römischer, sondern cyrillianischer Herkunft ist... Damit verengt sich auch der Anteil Leos an der DC« (= an dem endgültigen Text der Definitio Chalcedonensis).

schlagenden Erfolg bewirkt zu haben schien. Aufgrund dieser Situation werden in der Literatur die antiochenischen und westlichen Korrekturen oft überbewertet, die Verurteilung des Monophysitismus und ergo der Durchbruch zu diphysitischem Denken werden zu eindimensional den Syrern und Römern zugeschrieben.
Sicherlich hat das harte Insistieren dieser beiden Gruppen mit kaiserlicher Unterstützung dazu beigetragen, die Integrität der beiden Naturen (bei der Menschheit: mit Geistseele) auch *nach* der Inkarnation, also das »Unvermischt«, durchzusetzen. Damit aber wurde »lediglich« ein Ziel realisiert, das auch für die alexandrinische Soteriologie unabdingbar war, in der Polemik der Kämpfe des 5. Jahrhunderts aber verdeckt zu werden drohte: das *Vorhandensein* einer Menschennatur auch *nach* der Inkarnation (nicht aber deren *aktive* soteriologische Bedeutung).
Für Alexandrien fremd und für Antiochener und – aus anderen Gründen – für Lateiner typisch aber war die Einbringung des »wahrhaft Gott und wahrhaft Mensch« (Z. 7) aus dem Tomus des *Leo*. An dieser Stelle scheint bewußt das Gewicht der Aussage auf das *konkrete* Gottsein und das konkrete Menschsein gelegt, in Abhebung oder wenigstens Präzision gegenüber Gott*heit* und Mensch*heit* (Z. 5.6). Die syrische Theologie sprach immer schon Jesus eine menschliche »Natur« in dem Sinne zu, daß eine frei und gehorsam sich realisierende Existenz impliziert war, der Römer *Leo* redet (zwar) von der menschlichen »Natur«, diese hing aber, von Nägeln durchbohrt, am Kreuze[141]. Beide sehen also als Pole der Einigung nicht nur »Naturen« im alexandrinischen Verständnis, sondern konkret den Gott und den Menschen Jesus.
Daß die – nach Z. 5. und 6. für Alexandriner überflüssige – Hervorhebung von theós und ánthropos Mißverständnisse abwehren sollte, wird vollends in Z. 18 und 19 deutlich: die Unterschiedenheit und die Eigentümlichkeit jeder Natur bleiben gewahrt. Diese Aussage ist zwar in einer Form (in der Sprache ontischer »Vorhandenheit«) eingebracht, daß auch die Gegenpartei ihr zustimmen konnte; *der Sache nach aber wird hier auch nach der Einigung ein spezifisches und unvermischtes Tätigkeitsprinzip für jede »Natur« postuliert*[142].
Der Beitrag Antiochiens und Roms kann also so beschrieben werden, daß er in einer gänzlich alexandrinischen Christologie einmal deren immanente Komplexität (das Implikat zweier vollständiger Naturen)

[141] Vgl. o. 267.
[142] Nach *A. v. Harnack*, Lehrbuch der Dogmengeschichte, Bd. 2, 398, machen diese Sätze »aus *einem* Subjekt factisch zwei«; er wertet dies als »einen Abfall von dem alten Glauben«.

bewußt macht und wieder erhebt, zum anderen – eine echte Weiterführung – den Naturbegriff konkretisiert und in Richtung auf ein ontologisches, d.h. sich selbst vollziehendes Sein zuspitzt.

4.4.5 Die christologische Aporie

Das Symbol von Chalkedon zieht gewissermaßen die Bilanz aus der ganzen Geschichte hellenistischer Christologie. Worin besteht seine Aussage? Es greift die hellenistisch-christliche Soteriologie auf: Die Annahme einer menschlichen Natur durch Gott ist um unseres Heils willen geschehen; nicht gesagt, aber notwendig gemeint: damit wir »vergöttlicht« werden können. Kurz: Jesus ist deswegen *der* Christus, weil er in sich zwischen Gott und Geschöpf »seinshaft« vermittelt und wir im Glauben an Jesus in dieses Mysterium einbezogen werden.
Nach mehrhundertjährigen Diskussionen und den vorherigen ökumenischen Einigungen konnte jetzt festgehalten werden: In *diesem* Sinn kann Jesus nur der Christus sein, wenn er auf der einen Seite wirklich (homoúsios) und ihm spezifisch zuzuschreiben (hypostatisch) Gott *und* wirklich (homoúsios, mit Geistseele und durchgehaltener menschlicher Eigentümlichkeit) Mensch ist und zum anderen beides ebenso wirklich »ein und demselben« prädiziert werden kann.
Damit aber blieb die Frage, wie dieses *Unvereinbare zu vereinbaren* sei. Das antiochenische Modell von der Einheit zweier Subjekte war schon abgelehnt, das eine echte Alternative und Problemlösung hätte darstellen können; lediglich kann es in ganz verborgener Form hinter den Korrekturen von Z. 7.18.19 erahnt werden. Eine vereinfachte alexandrinische Denkfigur von einer irgendwie ontischen und zumindest quasi-naturalen Einheit wurde zurückgewiesen. Beide Möglichkeiten schieden also aus.
Worin aber bestand nun die Einheit in Christus, wenn sie *erstens* real (seinshaft, nicht »geschichtlich«) und *zweitens* dennoch »nicht-natural« sein sollte? Hierfür bietet das Symbol einige Begriffe an: »Ungeteilt« und »ungetrennt« sind nur negative Umschreibungen von »Einheit«; »ein und derselbe« rekurriert – ein Indiz der Verlegenheit – auf die Ausgangsproblematik; nur prósopon (persona) und hypóstasis (subsistentia) kommen für eine genauere Bestimmung in Frage.
Genau hier aber wird es problematisch: Was beide Begriffe (und ihre lateinischen Äquivalente) bedeuten, wird nicht gesagt. Prósopon darf, nach allem, was gelaufen war, und hervorgehoben durch die Beifügung von hypóstasis, nicht einfach antiochenisch verstanden werden, obwohl es aus dieser Tradition übernommen ist (auch das lateinische persona führt, wie Untersuchungen der westlichen Theologie ergeben,

nicht weiter[143]); hypóstasis[144] kann, nach der vorausgegangenen Diskussion und der Betonung des »integer« und »unvermischt«, nicht so gedacht werden, als fehlten dem Menschen Jesus und dem »Sohn« irgend etwa an ihrer »Physis«. So viel kann festgehalten werden. Aber eine *positive* Bestimmung wird nicht gegeben und – so muß man hinzufügen – *kann* auch nicht gegeben werden, außer daß alle Begriffe »wirkliche« Einheit meinen und »wirklich« nicht antiochenisch und nicht alexandrinisch aufgefaßt werden darf[145].

In der späteren Wirkgeschichte des Chalkedonense bis heute wird allerdings doch ein positiver Inhalt dessen, was »hypostatische Union« bedeutet, erhoben: Die christologische Einheit wird gesucht bei der Frage nach dem »Wer«, nicht der Frage nach dem »Was«, ausgehend von der durchgehaltenen Differenzierung von »ein und derselbe« und dem sachhaft klingenden Naturbegriff. Diese Interpretation wird noch verstärkt durch die Vorherrschaft des persona-Terminus (statt prósopon, hypóstasis oder subsistentia) in der abendländischen Tradition; dort aber hat persona seit *Boëthius*[146] eine Konkretisierung der Bedeutung erfahren, die in Chalkedon noch nicht zugrunde gelegt werden darf: »Persona« wird zu dem, was im modernen Verständnis Person meint: Aktzentrum, Subjektivität, Personalität, Selbstbewußtsein, schöpferisches Tätigkeitsprinzip.

Wollte Chalkedon dem Menschen Jesus eine menschliche Personalität und Subjektivität absprechen? Wollte das Konzil sagen: Zwei »Washeiten«, also sachhaft aufgefaßte Naturen, vereinigen sich in einer Subjektivität, und zwar in der von Ewigkeit her bestehenden des Logos? Oder anders gesagt: Wurde der personale Logos Mensch, indem er sich in seiner Personalität eine zweite, eben die menschliche Natur verbunden hat, die ihrerseits keine menschliche Personalität besaß? In dieser Konkretion wurde das Ergebnis von Chalkedon seit dem Mittelalter verstanden.

[143] Vgl. o. II 4.3.2.3.

[144] Hypóstasis wird in Chalkedon ausschließlich *christologisch* verwendet und mit dem gleichlautenden trinitarischen Terminus nicht in Beziehung gesetzt. Er kann deswegen auch nicht von dorther definiert werden.

[145] *A. Grillmeier*, a.a.O. 763, macht es sich zu einfach: »Es ist nicht die Aufgabe von Konzilien, Metaphysik zu lehren, sondern der Verkündigung der Kirche zu dienen, welche die Offenbarung... zum Inhalt hat.« Deswegen hält er das Dogma auch ohne begriffliche Definition von Person oder Hypostase für »ganz klar« (762); er fordert, zur Interpretation die Aussagen der Bibel heranzuziehen (763.764) – ohne aber darzulegen, welchen Erkenntnisfortschritt das *für diesen Fall* brächte.

[146] *Boëthius* definierte in dem Opusculum contra Eutychen et Nestorium III 4.5 (PL 64, 1343 C): »Persona est naturae rationalis individua substantia«. Damit wird persona zum Individualität des onto-logischen, d.h. geistigen Seienden (vgl. u. 294).

Noch abgesehen von der Schwierigkeit der Trinitätstheologie, die göttlichen »Personen« so in Analogie zur menschlichen Personalität zu verstehen, daß die des Logos »im Falle Menschwerdung« mit einer menschlichen Person (Jesu) konkurrieren und diese verdrängen oder ersetzen müßte, läßt auch die Analyse des Symbols von Chalkedon eine solche Lösung nicht zu. Hier wären vor allem folgende Gesichtspunkte zu nennen:

(1) Zur Zeit des Konzils von Chalkedon wurden der persona-Begriff[147] und seine Äquivalente theologisch nur innerhalb der trinitarischen und christologischen Tradition gebraucht, in ersterer zur Umschreibung einer irgendwie realen Dreiheit in Gott trotz dessen absolut undifferenzierter, einfacher Einheit, in letzterer zur Benennung von Einheit trotz unvermischter Zweiheit. Ein Verständnis im Sinne der späteren Definition des *Boëthius* muß für diese Zeit ausgeschlossen werden. Deswegen kann ihr Inhalt nur aus dem jeweiligen theologischen Kontext erschlossen werden.

(2) Die antiochenischen und westlichen Korrekturen verbieten eine Schlußfolgerung der genannten Art; sie insistieren auf dem *konkreten* Gott- und Menschsein Jesu (z. B. Z. 7: »wahrhaft Mensch« in Korrelation zu Z. 6: »vollkommen in der Menschheit«; vgl. Z. 18.19), heben den trotz Einigung bleibenden Unterschied zwischen Gott und Mensch, Schöpfer und Kreatur hervor (Z. 18) und betonen die unangetastete Eigentümlichkeit jeder Natur (Z. 19), also der Tendenz nach ein eigenes Tätigkeitsprinzip auch des Menschen.

(3) Selbst wenn der Mensch Jesus nicht in seinem konkreten (geschichtlichen) Menschsein (z. B. in seinem Gehorsam, Kreuz usf.) als soteriologisch bedeutsam erklärt, sondern lediglich auf alexandrinische Weise die »Vorhandenheit« einer vollkommenen Menschennatur (mit Geistseele) definiert wird, gehört nicht auch dann eine (modern verstanden) menschliche Personalität zu dieser Integrität dazu? Der Hellenismus kannte noch keine eigene begriffliche Reflexion dessen, was wir heute – seit *Boëthius* – Person nennen. Das heißt aber keineswegs, daß er diese in seiner Anthropologie unterschlagen hätte. Weil Sprache und Denken »kosmozentrisch« waren, erfaßten die »Griechen« die Personalität des Menschen – gewissermaßen verdeckt – unter dem Begriff »Geistseele«; sie ist Sitz aller Aktivität, der Freiheit, des Denkens und Wollens, sie lenkt den Leib wie ein Wagenlenker, ist leitendes Prinzip, macht die Würde des Menschen aus, erhebt ihn über alle anderen kosmischen Seienden usw. Wie ließe sich »Geistseele« als bloß sachhaft, als nicht-subjekthaft denken?

Der Versuch der hellenistischen Christologie, die Einheit zwischen

[147] Zu seiner lateinisch-theologischen Vorgeschichte vgl. o. 193.194.

dem ewigen Gottessohn und Jesus ganz radikal zu denken, so, daß der Logos handelndes Prinzip im Menschen (im Fleisch) und dessen innerste Wirklichkeit ist, hatte ja dazu geführt, die Geistseele Jesu zu bestreiten. Wer zu Jesus Christus betete, sprach zum göttlichen Logos; wer Jesus nachfolgte, wandelte auf dem Weg, den der Logos im Fleisch gewiesen hatte; wer sich Jesus in Glaube und Taufe verbunden hatte, wurde eins mit dem Logos und in die Abgründe des Göttlichen hineingezogen.

Die Logos-Sarx-Christologie, der Apollinarismus, die Mia-Phýsis- und Mia-Hypóstasis-Formeln wollten alle begrifflich fassen, daß die letzte Wirklichkeit Jesu Christi der Logos selbst ist, und deswegen war eine Integration der Geistseele Jesu schwierig. Anders gesagt: Die Haupttriebfeder für die Bestreitungen oder – bei verbaler Anerkennung – das Nichtbeachten der Geistseele war der Versuch, dem Menschen Jesus eine letzte menschliche Autonomie, einen Selbststand, das, was wir heute seine menschliche Personalität nennen, abzusprechen.

Das Symbol nun räumt nicht nur eine unverkürzte Menschennatur Jesu Christi, mit Geistseele, ein, sondern *betont sie ganz eindringlich* gemäß der antiochenischen, westlichen und – wenigstens der differenzierteren – alexandrinischen Tradition: Das »*in* zwei Naturen« (Z. 16) stellt programmatisch den (nicht ganz freiwilligen) neuen Konsens heraus, Z. 6.7.8.17.18.19 präzisieren diese Aussage mit den Sprachmitteln älterer Einigungsformeln; darüberhinaus muß die ideologische Zielrichtung des ganzen Konzils beachtet werden: es geht um die Zurückweisung des Monophysitismus.

Alles das macht deutlich: *Das Symbol lehnt jede Beschneidung des vollen Menschseins Jesu ab*, implizit wird Jesus somit auch – unter den »kosmozentrischen« Chiffren »Geistseele«, »Eigentümlichkeit«, »integre Natur« usf. – die allerwichtigste menschliche »Eigentümlichkeit« zugesprochen, nämlich – im modernen Sinn – Person zu sein[148]. *Karl Rahner* meint sogar, daß der Mensch Jesus aufgrund seiner Einheit mit dem Logos menschliche Personalität in höchstem Maße besessen habe: *»Daher ist die ›menschliche Natur‹ Christi die eigenständigste, freieste und* (im Horizont einer modern verstandenen ›Per-

148 Vgl. *A. Grillmeier*, Vorbereitung des Mittelalters. Eine Studie über das Verhältnis von Chalkedonismus und Neu-Chalkedonismus in der lateinischen Theologie von Boëthius bis zu Gregor dem Großen, in: *H. Bacht/A. Grillmeier* (Hrsg.), Das Konzil von Chalkedon, a.a.O. Bd. II, 795. *Grillmeier* weist auf die Schwierigkeit hin, persona wie *Boëthius* auch in der christologischen Formel als individuelle Substanz zu betrachten. »Denn auch nach chalkedonischer Lehre ist die Menschennatur Christi als eine *substantia individualis rationalis* zu bezeichnen. Das ist die Folgerung aus der Ablehnung des Apollinarismus und Eutychianismus.«

sonalität‹) ›personalste‹.«[149] Dies alles gilt trotz der in Z. 21 ausgesprochenen Ablehnung von zwei – nämlich *christologischen* – Prósopa.

4. In Z. 20 heißt es, daß die beiden Naturen in *ein* Prósopon und *eine* Hypostase »zusammenlaufen«. Da im Text keinerlei Prósopon und keine Hypostase gewissermaßen »als solche« vorgestellt werden, erscheint an dieser Stelle der christologische Einheitspunkt *als Produkt der Inkarnation*. Wäre es dem Konzil nicht ein Leichtes gewesen zu sagen – nach der jahrhundertelangen trinitarischen Diskussion –, daß die menschliche Natur zur göttlichen dazugekommen sei und in der Hypostase des Logos mit ihr verbunden worden sei? Oder daß die Person des Logos eine zweite, menschliche Natur angenommen habe? Offensichtlich sind Prósopon und Hypostase *rein christologisch* gebraucht als Benennung des Einheitspunktes, der es ermöglicht, von dem einen Jesus Christus sowohl Gottsein wie Menschsein auszusagen. Dieser Einheitspunkt aber hat *vor* der Inkarnation noch nicht bestanden, er wird gedacht als Resultat des Zusammenlaufens beider Naturen.

Trifft dies zu – und ich sehe nicht, wie man Z. 20 anders interpretieren könnte –, dann konkurriert der *christologische* Prósopon- und Hypostasebegriff nicht mit dem *trinitarischen* und, so muß man hinzufügen, mit dem (modernen) allgemein-menschlichen. Nichts scheint dann dagegen zu sprechen, in Jesus Christus den »personalen« Logos und den personalen Jesus (wobei »personal« in beiden Fällen nicht das gleiche ist!) in der Einheit *einer* (anderen, »dritten«) »Person« zusammenzudenken. Die Abwehr einer Teilung Jesu Christi in »zwei Prósopa« (Z. 21) schließt dann nur ein zweites *christologisches* Prósopon aus, das die Redeweise von »einem und demselben« aufheben würde, nicht aber ein Prósopon des Menschen Jesus und ein »Prósopon« des Logos.

Damit steht die hellenistische Christologie wieder – und jetzt in aller Schärfe – vor dem Problem: In Gott (Sohn) und Mensch Jesus stehen sich zwei vollständige »Naturen«, d. h. auch: *zwei Subjekte* gegenüber. Läßt man sie in ihrer Integrität bestehen, kann »wirkliche« Einheit alexandrinisch-hellenistisch nicht definiert und nicht gedacht werden. Prósopon und Hypóstasis sind *Verlegenheitsbegriffe*, glücklich gewählt, um jedes »naturale« und – im modernen Sinn – auch »personale« Einheitsverständnis abzulehnen, *einen positiven Inhalt aber haben sie nicht. Die hellenistische Christologie endet mit Chalkedon in der*

[149] Jesus Christus, a.a.O. 948. Ähnlich noch einmal *ders.*, Grundlinien einer systematischen Christologie, in: *Karl Rahner/Wilhelm Thüssing*, Christologie – systematisch und exegetisch, a.a.O. 57.58.

Aporie; prósopon und hypóstasis legen die Aporie terminologisch exakt fest, sie sind aporetische Vokabeln.
Somit ist auch *jegliche* hellenistisch-christologische Formel aporetisch, weil sie – im Gefolge der »naturalen« Vergöttlichungssoteriologie – Jesus als Christus eine *zweite Natur* zulegen mußte. Dies wäre unproblematisch geblieben, wenn die Christologie völlig in das hellenistische Denken eingepaßt worden wäre; dieses ist latent oder offen *monistisch.* In einem monistischen (pantheistischen) Verstehen aber macht es keine Schwierigkeiten, sich »göttliche Männer« vorzustellen, weil hier *das Göttliche eben zu den naturalen Konstitutiven jegliches Seienden* (in verschiedener gradueller Abstufung) *gehört*; dann aber ist die menschliche Natur ohnehin in ihrer innersten Wirklichkeit göttlich, und alle Seienden sind einander wesenhaft verwandt (durch z. B. Emanation oder den ein- und -selben Logos, der alles konstituiert). *Die hellenistische Christologie aber ist – trotz der Übernahme der hellenistischen Raster – dem Hellenismus nicht gänzlich zum Opfer gefallen*, sondern hat gerade in seinen zentralsten Teilen das christlich-jüdische Erbe nicht verraten; vor allem wurde – gegen alle Anfechtungen – die ungeheure Kluft zwischen Schöpfer und Kreatur aufrechterhalten, die »Gegenständigkeit« sowohl Gottes wie des Menschen, die sich beide nicht in das All-Eine des Göttlichen nivellieren.
Wenn also jetzt die – hellenistisch motivierte – göttliche Qualität des Menschen Jesus – *auf jüdisch-christliche Weise* – nicht als innerste Wirklichkeit auch der Menschennatur gedacht werden konnte, sondern schließlich im »Unvermischt« radikal unterschieden wurde, dann wurde die Prädizierbarkeit beider Attributionsreihen an »ein und denselben« Jesus Christus bzw. die innere Möglichkeit der Kopula »ist« in der Formel »Jesus ist Gottessohn« aporetisch.
Nachdem alle Versuche gescheitert waren, dem Problem aus dem Wege zu gehen, nachdem ein »fremdes« (antiochenisches) Einheitsmodell abgelehnt war, nachdem die alexandrinische Alternative, dem »ist« einen realen Sinn bzw. *dem logischen* Attributionssubjekt ein *reales* Subjekt zu unterlegen, in die Sackgasse geführt hatte, will Chalkedon dennoch auf keinen Fall die christologische Einheit (in zwei Prósopa) auflösen; das hätte das Ende eines christlichen Hellenismus oder eines hellenistischen Christentums bedeutet.
Mit großem Pathos wird das Thema von »ein und demselben« und dem »Ungetrennt«, also von dem *einen* Attributionssubjekt für die disparaten christologischen Aussagereihen variiert. Gleichzeitig aber wird in den Detailaussagen (Vollständigkeit der Natur usw.) jegliche greifbare Einheit widerrufen. Und so kommt jetzt eine Dynamik zur Vollendung, die schon seit Beginn der alexandrinischen Nebeneinanderordnung der Aussagen von »wirklicher« Einheit und der Integrität

der Naturen (seit *Origenes* und *Athanasius*) angelegt war und sich in der ersten Hälfte des 5. Jahrhunderts deutlicher formuliert hat: *Die Trennung von logischem und realem Attributionssubjekt* bzw. der Verzicht auf eine inhaltliche Füllung der Kopula »ist«. *Das Resultat also ist: An dem logischen Attributionssubjekt wird festgehalten, ohne daß diesem so, wie in aller sonstigen Wirklichkeit, ein reales Subjekt entspräche*[150].

Karl Rahner versucht, aus dieser Weg-losigkeit herauszufinden: »Die Anhypostasie der menschlichen ›Natur‹... darf nicht dahin mißverstanden werden, als gehöre zu ihr selbst als solcher und ihr innerlich nicht ein – im modernen Sinn ›personales‹ – Aktzentrum von endlichem Selbstbewußtsein und geschaffener Freiheit, das Gott ›unvermischt‹ kreatürlich gegenübersteht. Die Übereignung dieses Aktzentrums an den göttlichen Logos hebt seine Eigenart nicht auf... *Die Freiheit der Kreatur... vollendet sich in ihrer restlosen Übereignung an Gott.*«[151] An dieser Stelle definiert *Rahner* die hypostatische Einheit als eine Übereignung menschlicher freier Personalität Jesu an Gott (man müßte – mit den Antiochenern – hinzufügen: »und deren *Annahme* durch Gott«). Von daher plädiert er im folgenden für eine »ontologische« Christologie oder gar »Bewußtseinschristologie«[152], in der sich Einheit adäquater beschreiben lasse (»in Kategorien..., die in besonderer Weise Einheit und Verschiedenheit in gleicher Radikalität verständlich machten.«)[153]

Der Weg, den Rahner hier aufzeigen will, ist gangbar und eröffnet Perspektiven. Allerdings – und das muß deutlich gesehen werden – ist er sachlich ein Rückgreifen auf die antiochenisch-nestorianische Alternative[154], – die in Chalkedon nicht mehr zur Debatte stand. Vielleicht oder sicher haben syrische Konzilsteilnehmer die Formel für sich so ausgelegt. Der Text selber aber kennt diese Möglichkeit nicht, die ihr zugrundeliegende Soteriologie spielt keine Rolle mehr, Chalkedon bleibt in der Frage nach der christologischen Einheit weglos.

150 Diese Aporetik darf auch nicht, wie sehr beliebt, mit dem Hinweis auf den Geheimnischarakter der Selbstoffenbarung Gottes in Jesus Christus beiseitegeschoben und »bewältigt« werden. An dieser Aporetik ist nichts Mysteriöses, sie ist vielmehr logisch stringent und *mußte* sich aus den Implikationen der hellenistischen Christologie ergeben.

151 Jesus Christus, a.a.O. 948.

152 Ebd. 950 (vgl. hierzu o. Exkurs 225–229).

153 Ebd. 950.

154 Auch in einem zweiten Aspekt deckt sich *Rahners* These mit dem antiochenisch-nestorianischen Modell: Für ihn steht ebenso vom definierten Dogma her die hypostatische Besonderheit des Logos fest, so daß die »Übereignung an Gott« *wenigstens verbal* eine solche an den Logos ist. Wieso es diesen aber – als göttliche Hypostasierung des Gehorsams Jesu? – geben muß, bleibt trotz seiner interessanten Erklärung (ebd. 949) *christologisch* unverständlich.

4.4.6 Die Genialität der Einigungsformel

Das Symbol von Chalkedon ist m. E. *eine der bedeutendsten Schöpfungen der menschlichen Religionsgeschichte*. Diese Eigenschaft war keineswegs die Leistung eines im ganzen doch eher des Streitens müde gewordenen Konzils, sondern letztes, ja äußerstes Résümée einer mehrhundertjährigen Reflexionsgeschichte. Diese war mittlerweile bis zu einem Punkt vorgetrieben worden, daß auf der Ebene hellenistischen soteriologischen Verstehens die Sache ausdiskutiert war, die gefundenen Konsensformeln festgehalten und zu einem harmonischen Gebäude zusammengefaßt werden konnten; auch diese kompositorische Harmonie war seit Ephesus verschiedentlich vorgebildet worden (z. B. in der Einigung von 433, in den Formeln *Flavians* und *Leos*).

Die Aufgabe, die der hellenistischen christologischen Soteriologie gestellt war, erwies sich als unlösbar: Die absolute Heilsrelevanz eines Momentes *faktischer Geschichte*, d. h. das Christussein *Jesu*, auf den Horizont hellenistischer »naturaler« Soteriologie hin, in der die Geschichte nichts und das Seiende alles bedeutete, zu artikulieren. Eine unangemessenere Sprach- und Verstehensweise zur christologisch-soteriologischen Interpretation Jesu ist kaum vorstellbar: Mit naturalen, ontischen, kosmozentrischen Rastern mußte das (für dieses Denken: »bloß«) Faktische und Zufällige als heilbringend dargestellt werden. Die von hierher zwangsläufige Gott-Mensch (Logos-Sarx)-Christologie mußte das Unvereinbare verbinden: Menschheit und Gottheit, Unendlichkeit und Endlichkeit, Schöpfer und Kreatur, Zufall und Notwendigkeit.

Das Grandiose an der Geschichte der altkirchlichen Christologie ist nun, daß die aufgegebene Schwierigkeit zwar zu zahlreichen Fluchtversuchen geführt hat, dennoch aber schließlich immer wieder die Herausforderung angenommen wurde: Weder von der hellenistischen Soteriologie wurden grundlegende Abstriche gemacht, noch wurde die Bindung all dieser Heilserwartungen an Jesus aufgehoben. Im Dienst des naturalen Tauschprinzips, für das Jesus eine unverzichtbare Funktionalität besitzen mußte, wenn er *der* Christus der »Griechen« sein sollte, wurde (1) sein Gottsein umfassend reflektiert als wahres Gottsein im Sinne numerischer Identität mit dem Vater und als hypostatisch ihm dennoch spezifisch prädizierbare Größe, (2) zugleich sein Menschsein als wahres Menschsein mit Leib und Geistseele, also in unserem heutigen Sprachgebrauch mit Personalität, auch *nach* der Einigung bestimmt, und (3) alles das auf *ein grammatisches* Attributionssubjekt bezogen, ohne zugleich der Versuchung nachzugeben, eine reale Subjekthaftigkeit zu definieren.

Die Christologie blieb also im Ergebnis ohne Abstriche (soteriologisch) »hellenistisch« *und* (Jesus-christologisch) »christlich«. Hierbei wurde klassisch hellenistisches Denken und Sprechen, ohne durch »ein Drittes«, quasi von außen, relativiert zu werden[155], so an die Grenze des durch sie Aussagbaren geführt, daß sie sich selbst aufgehoben haben. Immanent hellenistisch-christologische Reflexion wurde bis zum Äußersten vorangetrieben, an einen Punkt, in dem sie gewissermaßen umschlägt in eine neue Qualität: *Trotz Kanonisierung spezifisch hellenistischer Schemata und Topoi hat diese Christologie in der Sache aufgehört, hellenistisch zu sein.* Anders gesagt: *Gerade die terminologische Festschreibung der Aporie ist die Genialität der Einigungsformel.* Sie verhindert ein Einpassen des Christentum in den Mythos, ohne die mythischen Denkvoraussetzungen (etwa »kritisch«) zu verlassen: *eine »Entmythologisierung« mit mythosimmanenten Mitteln.*

4.4.7 Das Ende der hellenistisch-christologischen Denkbewegung

Die Motivation, innerhalb eines bestimmten Ansatzes die christologische Reflexion voranzutreiben, kann durch verschiedene Ursachen zum Erlöschen kommen. Diese Entwicklung tritt auf jeden Fall dann ein, wenn eine neue Kultur zum Träger der christologischen Geschichte wird. Schon die sich bis zum 5. Jahrhundert profilierende Theologie des Westteils der Kirche hatte neue soteriologische Aspekte in den Vordergrund treten lassen, wie die Christologie *Leo's I.* gezeigt hat. Als wenige Jahre nach Chalkedon das Weströmische Reich zusammenbrach (endgültig 476), verlagerte sich im Westen das Zentrum christlicher Aktivität aus dem Mittelmeerraum nach Norden, die allmählich entstehende abendländische Kultur trat das Erbe an. Obwohl das Abendland von der antiken Tradition geprägt war und sie sich sogar bewußt, allerdings durch die Vermittlung ihrer lateinischen Ausprägung, angeeignet hat, werden in der Zukunft ganz andere kulturspezifische Antriebe (keltisch-germanisch-lateinischer Art) wirkmächtig. Neue soteriologische Horizonte prägen das Denken, so daß zwar die hellenistische Christologie rezipiert wurde, aber nichts mehr in Bewegung setzen konnte; ganz andersartige christologische Perspektiven werden sichtbar. Das Symbol von Chalkedon wird zum sakrosankten, allenfalls mit Sorgfalt gepflegten Inventar der neuen Theologie; die wirklichen Diskussionen verliefen auf neuen Bahnen.

[155] Dennoch aber haben »dritte« (syrische und lateinische) Positionen die Offenhaltung der Aporie begünstigt.

Aber auch im Ostteil der Kirche war eine *weiterführende* christologische Auseinandersetzung beendet; wohl gab es noch sehr viel Streit, der allerdings *theologisch* irrelevant war, es ging um die Durchsetzung der chalkedonischen Christologie gegen vor-konziliare, also schon antiquierte Positionen. Von einer syrisch-antiochenischen Theologie gingen keine neuen Impulse aus, weil ihre Eigenart zunehmend im Schmelztiegel des (schrumpfenden) Oströmischen Reiches nivelliert wurde. Auf dem Boden dieses Konzils aber war – trotz eines Fortdauerns hellenistischer Mentalität – *keine Entwicklung mehr möglich. Was hellenistisch gesagt werden konnte, war gesagt*; die Grenzen dieses soteriologisch-christologischen Schemas waren ausgelotet.
Die Klassizität und Genialität der Einigungsformel beruhten ja gerade darin, *daß über sie hinaus auf der gleichen Sprachebene*[156] *keine Entwicklung mehr möglich war*. Wie ein zu klassischen Formen ausgereifter Kunststil stilimmanent nur noch flamboyante Verästelungen, Verfeinerungen im Detail, Spielereien, wenn auch oft von großer Gefälligkeit, zuläßt, so hatte auch die östliche Christologie keine Innovationen mehr vor sich. Nicht nur die politischen Schwierigkeiten des Oströmischen Reiches sind der Grund für die Immobilität seiner Theologie, soweit sie sich auf Chalkedon bezog, sondern vor allem das Fehlen einer christologischen Perspektive und Offenheit. Die byzantinische Kirche konnte nichts anderes mehr tun, als ihr klassisches Erbe treu zu bewahren und zu vollziehen. Über tausend Jahre hinweg hat sie dies – mit latent monophysitischem Einschlag, wie wohl schon die gemäßigten Alexandriner in Chalkedon – praktiziert; die spätere Minoritätensituation der griechischen Kirche in islamischen Reichen hat diese Ausprägung zementiert. Daß dabei noch christliche Gestaltformen von großer Schönheit und religiösem Reichtum entstanden sind, widerlegt diese Feststellung nicht.

[156] *P. Smulders*, a.a.O. 475, schreibt in seiner »Schlußbewertung« zum weiteren Gang der christologischen Diskussion nach dem Dritten Konzil von Konstantinopel (vgl. hierzu u. 5.3): »Nicht nur Platzmangel zwingt uns, diese Skizze mit dem Dritten Konzil von Konstantinopel zu schließen. Nach ihm haben sich in der Christologie keine Entwicklungen mehr gezeigt, deren Bedeutung man mit jenem Glaubensringen vergleichen könnte, das wir bis heute verfolgt haben.« Diese Aussage ist unzutreffend, wie die folgenden Teile unserer Studie zeigen können: Die Auseinandersetzungen um die Christologie gingen mit unverminderter Heftigkeit weiter, allerdings – und das ist der Sachverhalt, den *Smulders* richtig beobachtet, aber falsch deutet – auf anderen Sprachebenen und vor dem Horizont andersartiger Soteriologien. Das von *Smulders* als Ende der christologischen Entwicklung gewertete Phänomen ist lediglich das Ende der hellenistischen Christologie. Das Gott-Mensch-Schema war ausdiskutiert.

5 Letzte Ausläufer der christologischen Auseinandersetzungen in der östlichen Kirche

Nach dem Konzil von Chalkedon gingen die Streitigkeiten im Ostteil der Kirche zunächst einmal weiter[1]. Dennoch handelt es sich hierbei im Grunde um *vor*konziliare Problematiken, die deswegen ihre Wirksamkeit behielten, weil einmal die offen monophysitischen Bischöfe, die bisweilen ganze Regionen repräsentierten, vor der Einigung auf das Symbol von den Verhandlungen ausgeschlossen wurden und somit nicht in den Kompromiß integriert waren; zum anderen hatten auch viele der nicht so extremen »Alexandriner« mit ihrer Zustimmung zum Symbol nicht auch gleich ihre wenigstens latent monophysitischen Neigungen überwunden. Entsprechend diesen beiden Differenzierungen haben in der Folgezeit monophysitische Gruppen den frontalen Kampf gegen das Symbol von Chalkedon aufgenommen, gemäßigte Vertreter dagegen versuchten, mit den Mitteln dieser Formel ihren eigenen Tendenzen zum Durchbruch zu verhelfen. Einig waren sich beide Gruppen in der Überzeugung, daß Chalkedon, so die radikalere Partei, die Einheit in Christus in nestorianischem Sinn aufhebe oder wenigstens, so die gemäßigte Richtung, gefährde, und deswegen ergänzungsbedürftig sei.

5.1 Der Monophysitismus nach Chalkedon[2]

Theologiegeschichtlich brachte der Monophysitismus keine nennenswerten Entwicklungen mehr hervor, kirchengeschichtlich aber blieb er eine mächtige Bewegung. Zwar zerfiel er in verschiedene Richtungen, war aber in der Ablehnung von Chalkedon einig. Für kurze Zeit konnten Monophysiten die Patriarchenstühle von Jerusalem, Antiochien und Alexandrien besetzen. Namentlich unter dem Kaiser *Basiliskus* († 476) gewannen sie die Oberhand. Der Kaiser verurteilte den Tomus ad Flavianum und das Glaubensbekenntnis von Chalkedon, fünfhundert Bischöfe haben das Anathema unterschrieben.

[1] Einen guten und knappen Überblick über die Abläufe gibt *Karl Stürmer*, Konzilien und ökumenische Kirchenversammlungen. Abriß ihrer Geschichte (Kirche und Konfession, Veröffentlichungen des konfessionskundlichen Instituts des Evangelischen Bundes, Bd. 3), Göttingen 1962, 54–68.

[2] Vgl. zum folgenden *K. Bihlmeyer/H. Tüchle*, Kirchengeschichte I, 286–289.

Unter Kaiser *Zeno* († 491) einigten sich die Patriarchen von Konstantinopel und Alexandrien auf eine indirekt gegen Chalkedon gerichtete Formel, die als *Henotikón* 482 vom Kaiser zum Gesetz erhoben wurde; in ihrem Gefolge kam es 484–519 zu einem ersten Schisma zwischen Ost- und Westkirche (Akazianisches Schisma, benannt nach Patriarch *Akazius* von Konstantinopel). Erst seit Kaiser *Justin* († 527) und vor allem unter *Justinian* († 565)[3] konnte Chalkedon wieder ein wenig an Boden gewinnen (»Neuchalkedonismus«)[4], 519 wurde eine Einigung mit dem römischen Bischof *Hormisdas* unterzeichnet (Formula oder Libellus Hormisdae), der Monophysitismus aus dem großkirchlichen Verband herausgedrängt; vor allem in Ägypten, aber auch in Armenien, Syrien und Mesopotamien bildeten sich monophysitische Kirchen, die bald unter islamische Vorherrschaft kamen, von der Kommunikation mit Byzanz weithin abgeschnitten waren und sich zum Teil bis heute ihr Eigenleben bewahrt haben.

5.2 Der Weg zum Monoenergetismus und Monotheletismus

Für Theologen, die aus der alexandrinisch-*cyrill*'schen Tradition kamen, war die Formel von Chalkedon zwar akzeptabel; sie schien ihnen aber nicht hinreichend die Einheit des Gottmenschen, wie sie sie dachten, gegen antiochenische Mißdeutungen zu sichern. Dieses Mißvergnügen an Chalkedon äußerte sich z. B. im sog. *Dreikapitelstreit* ungefähr in der ersten Hälfte des 6. Jahrhunderts, in dem (neben *Origenes*) die drei antiochenischen Schulhäupter *Theodor* von Mopsuestia, *Theodoret* von Kyros und *Ibas* von Edessa wegen ihrer christologischen Auffassung angegriffen und, auf dem *Zweiten Konzil von Konstantinopel* 533, verurteilt wurden[5]; wegen dieses Verdikts kam es zu großen Spannungen mit der Westkirche und, als Papst Vigilius († 555) die Beschlüsse unter Druck billigte, auch zwischen Mailand sowie Aquileja einerseits und der römischen Kirche andererseits.
Vor allem aber ging es der von der *Cyrill*'schen Tradition geprägten Richtung darum, die hypostatische Einheit näherhin *so zu bestimmen, daß sie einen angebbaren Inhalt hatte*. Schon im 6. Jahrhundert hatte der gemäßigt-monophysitische Patriarch *Severus* von Antiochien († 518), im Rückgriff auf das zur Kennzeichnung der Einheit von Logos und Sarx gebräuchliche Leib-Seele-Modell, die Meinung vertreten, in Jesus Christus könne es nur *eine Enérgeia* und *einen Willen* gegeben haben; da dieser Bischof allerdings Chalkedon nicht anerkannte, wurden seine Gedanken innerhalb der Orthodoxie zunächst nicht aufgegriffen.

[3] Vielleicht ist es kein Zufall, daß die beiden Kaiser aus Tauresium in Makedonien stammten; dort waren damals die lateinische Sprache und auch Christologie verbreitet (vgl. *S. Helmer*, Der Neuchalkedonismus, Diss. Bonn 1962, 120 ff.).
[4] Vgl. hierzu vor allem *S. Helmer*, a.a.O.
[5] D 421–438 (213–228), vor allem: D 434–438 (224–228).

Die neuchalkedonische Richtung akzeptierte die diphysitische Lehre des Konzils von Chalkedon, versuchte aber, sie mit der *Cyrill*'schen Tradition zusammenzubringen. Im Jahr 512 schrieben Bischöfe aus dem unteren Donauraum einen Brief (Epistula Orientalium) an Papst *Symmachus*, in dem sie sich zum Tomus Leonis und zum Symbol von Chalkedon bekennen; gleichzeitig aber greifen sie auch *cyrill*'sches Gedankengut auf. Ihre Formel: Jesus Christus ist *aus und in* zwei Naturen.
Dieser Brief war für den römischen Staatsmann, Philosophen und Theologen *Boëthius* († 524) Anlaß, zu dem Problem literarisch Stellung zu nehmen (Opusculum contra Eutychen et Nestorium). Seine Absicht ist es, die orientalischen Bischöfe gegen vereinfachte Ablehnung im Westen in Schutz zu nehmen und die Orthodoxie ihrer Formel aufzuzeigen.
Boëthius ist Römer und insofern von westlichen Fragestellungen bewegt, die auch in seinem Traktat gelegentlich anklingen. Daneben aber ist er ganz von der neuplatonischen, z. T. auch der aristotelischen Tradition geprägt; mit den Mitteln dieses antiken Bildungsgutes geht er an die antike Fragestellung heran. Aber er tut es *wie ein Mann des beginnenden Mittelalters*: Die Definitionen der Vergangenheit, hier vor allem Chalkedon, sind für ihn unverrückbare Inhalte des Glaubens; diese gilt es, mit der Vernunft zu untersuchen.
Von seinen gelehrten Distinktionen wurde vor allem seine Persondefinition wichtig: »persona est naturae rationalis individua substantia«[6]. Hiermit erklärt er Person(alität) als zur *Substantialität* geistiger Seiender gehörig, die Individualität ist nicht – wie beim vor-geistigen Sein – *das Produkt akzidentieller Bestimmungen* oder der Verbindung des Geistes mit der Materie. Diesen Personbegriff identifiziert er auch mit dem chalkedonischen Parallelbegriff Hypóstasis.
Die beiden (geistigen) Naturen, Logos und Mensch, sind in Jesus Christus also »substantial« geeint. Hiermit hat *Boëthius*, trotz seines Bekenntnisses zur diphysitischen Aussage von Chalkedon, diese der Sache nach monophysitisch interpretiert, da dem Menschen Jesus das Personsein nicht zukam, das er aufgrund seiner rationabilis natura humana besitzen müßte[7].
Boëthius scheint selbst bemerkt zu haben, daß sein Personbegriff zumindest in der Anwendung auf die Trinität problematisch war; in seinen späteren theologischen Schriften greift er nicht auf ihn zurück. In der Christologie aber hat er – im lateinischen Mittelalter – eine ungute Wirkgeschichte hervorgerufen.
Die Versuche des Lateiners *Boëthius* wurden in der zeitgenössischen Diskussion im Osten nicht aufgegriffen. Hier bezog man sich im 7. Jahrhundert wieder auf die Formeln des *Severus* vom Antiochien. Sie schienen nicht gegen Chalkedon zu verstoßen, vielmehr geeignet zu sein, »innerhalb der (neu-)chalkedon[ischen] Orthodoxie«[8] die latent monophysitischen Anliegen zur Sprache

[6] Vgl. o., 283, A. 146.

[7] Gegen die nestorianische Annahme zweier Personen in Jesus Christus hebt er den substantialen oder Seinscharakter der Einheit noch schärfer hervor: » esse enim atque unum convertitur, et quodcunque unum est est« (IV, PL 64, 1346 A.) Weil aber Jesus Christus *einer* ist und überhaupt *ist*, muß er deswegen *eine* Person sein.

[8] *H. Rahner* und *A. Grillmeier*, Monotheletismus (Monenergetismus), in: LThK^2 7, 571.

bringen zu können. Unter dieser Hinsicht kamen sie auch den Interessen der oströmischen Kaiser entgegen, die auch aus politischen Gründen daran interessiert sein mußten, die monophysitischen Kirchen wieder zu integrieren
In Chalkedon war die leib-seelische Integrität und Unvermischtheit der menschlichen Natur Jesu auch nach der Einigung definiert worden. Damit war grundsätzlich jegliche Verkürzung der menschlichen Dimension Jesu zugunsten einer quasi-naturalen Einheit abgewehrt. Zur Präzision war noch hinzugefügt, daß jede Natur ihre Eigenheit behält. War aber damit auch schon verwehrt zu sagen, daß in dem Gottmenschen nur *eine*, vom Logos getragene, *Wirksamkeit* (Enérgeia) und nur *ein Wille* (Thélema) gegeben waren? Zumindest der Wortlaut schien diese Begriffe nicht direkt auszuschließen, so daß die christologische Einheit auf diese Weise „realer" gedacht werden konnte bzw. überhaupt, wie in allen Spielarten des Monophysitismus, einen Inhalt bekam.
Neben der latent monophysitischen Motivation spielte aber in dieser Zeit, wenigstens bei einigen Theologen, ein *zweiter Gesichtspunkt* eine Rolle. Der Begriff hypóstasis und seine Äquivalente waren in Chalkedon ausschließlich *christologisch* verwandt worden: Die Naturen laufen in einer Hypostase usf. zusammen. Mittlerweile aber war die Entwicklung weitergegangen, die Theologie war nicht mehr so originell und gewann ein (epigonenhaftes) Interesse an Summarien und Zusammenfassungen, erste »Scholastiker« kündigten sich an (wie *Boëthius* und *Maximus Confessor*).
In dieser Situation wurde das christologische Einheitsvokabular unmittelbar in Beziehung gesetzt zu dem gleichlautenden trinitarischen. Wenn es in Jesus Christus nur *ein* Prósopon und *eine* Hypostase gibt, diese Begriffe trinitarisch aber die »Eigentümlichkeit« auch des Logos bezeichneten, mußten sie jetzt genauer zusammengebracht werden. *Zwangsläufig wurde die Hypóstasis des Gottmenschen als die des Logos begriffen.* Damit aber ist sie *nicht* mehr ein *Produkt* der Einigung, sondern *deren ewige Voraussetzung*, und dem Menschen Jesus mußte – bei aller naturalen Integrität – zumindest eine eigene Hypostase abgesprochen werden[9].

[9] Der früheste und zugleich wirkmächtigste Beitrag in dieser Richtung ist die Formel des *Leontius* von Byzanz († 543) von der ›*Anhypostasie*‹ der menschlichen Natur Jesu Christi und ihrer ›Enhypostasie‹ im Logos. Vgl. hierzu vor allem *Werner Elert*, Der Ausgang der altkirchlichen Christologie. Eine Untersuchung über Theodor von Pharan und seine Zeit als Einführung in die alte Dogmengeschichte. Aus dem Nachlaß hrsg. von *W. Maurer* u. *E. Bersträßer*, Berlin 1957, 144. *Das Zweite Konzil von Konstantinopel 553* hat offensichtlich ähnliche Vorstellungen wie *Leontius* gehegt (z. B. D 424 ((216)). *Alfred Adam*, Dogmengeschichte I, a.a.O. 365, schließt daraus: »Die Persönlichkeit des Gottmenschen war in der göttlichen Person des Logos gegründet«. Hier scheint aber der Begriff ›Hypóstasis‹ allzu weitgehend interpretiert zu sein; darüberhinaus redet das Konzil in der oben angegebenen Passage zwar von *einer*, aber einer ›zusammengesetzten Hypostase‹ (κατὰ σύνθεσιν ἤγουν καθ' ὑπόστασιν) und wehrt außer den zwei Hypostasen oder Prósopa auch die monophysitische und apollinarische Vermischung ab. Auch *Adam* schließt (ebd.) im folgenden nicht aus, daß trotz dieses starken Einheitsgedankens eine menschliche Persönlichkeit Jesu zu denken sei.

Ein *dritter Aspekt*: Hypostase (Prósopon, persona) wurde trinitarisch und christologisch in genau umgekehrtem Sinn gebraucht: Im ersten Fall kennzeichnete sie die Verschiedenheit neben und in naturaler Einheit, im zweiten Einheit bei naturaler Zweiheit. In einem Punkt aber trafen sich die beiden Verwendungsweisen: *Jedesmal sollte Hypostase eine höchstspezifische Wirklichkeit nicht-naturaler aber dennoch realer Art indizieren.* Was lag näher, als diesen Begriff und seine Äquivalente, vor allem persona, als das zu begreifen, was zu einer abstrakt-statisch gedachten Physis noch hinzukommen kann: die Individuation. Die Definition des *Boëthius* war auf diesem Hintergrund beinahe zu erwarten, und man darf vermuten, daß nicht nur er in diese Richtung gedacht hat, sondern auch andere, selbst ohne literarische Abhängigkeit von *Boëthius*, ähnliche Assoziationen mit den genannten Begriffen verbunden haben. Darauf deutet z. B. die Begründung hin, die *Theodor* von Pharan (erste Hälfte des 7. Jh.) für seine Christologie angibt: Die Seele Christi wird vom Logos als Hypostase *bewegt*, so daß es in ihm nur *eine Enérgeia* gibt[10]. Offensichtlich ist die Unionshypostase die Hypostase des Logos, und diese wird als Sitz freier subjektiver Aktivität verstanden.

Viertens schließlich scheint die griechische Vergöttlichungssehnsucht weiterhin alle christologischen Versuche zu motivieren. Dies mag besonders die mönchische Bewegung der »Christusgleichen« im 6. Jahrhundert zu zeigen, die im Gefolge *origenistischer* Vorstellungen annahmen, daß am Ende alle, die Erlösten und die Verdammten, ja sogar ›alle Dinge und Wesen in die göttliche Natur‹, näherhin »in die Personhaftigkeit Christi« hineingenommen werden[11]; die monophysitische Sehnsucht verschärfte sich zu einem Verlangen nach hypostatischer Einheit vor allem im göttlichen Logos. In diesem Klima war es nicht leicht, bei den nüchternen Aussagen von Chalkedon stehenzubleiben.

Diese Entwicklungen, verbunden mit deren latent monophysitischen Intentionen und in einem vom Monophysitismus geprägten Klima, ließen den *Monenergetismus* wie eine durchaus legitime *Interpretation* der christologischen Einheit erscheinen, wie sie in Chalkedon begrifflich definiert, aber unzureichend begründet wurde. Der Gottmensch war deswegen eine Hypostase, weil die göttliche Subjektivität des Logos das einzige Tätigkeitsprinzip der „vollständigen" menschlichen Natur war.

Als *Monotheletismus* ging die Überlegung noch einen Schritt weiter und fragte, worin sich denn konkret die monenergetische Aktivität in Jesus Christus vollzogen hat. Die „normale" griechische Antwort hätte apollinarisch oder monophysitisch ausfallen müssen. Da diese Schlußfolgerungen verwehrt, die Integrität der menschlichen Physis und auch die Geistseele (und somit ein

Eher läßt sich mit *Karl Stürmer* feststellen – trotz der verbalen Ablehnung einer Vermischung –: »Das lief auf eine Vermischung der göttlichen und menschlichen Natur hinaus« (a.a.O. 61), wenn auch der Rückbezug des Prosopon- und Hypostasisbegriffs auf die gleichlautenden trinitarischen Termini (D 426 ((217)) später anders verstanden werden mußte. Das Konzil selbst aber läßt noch kein Personverständnis im Sinne des *Böethius* erkennen.

[10] Vgl. hierzu *H. Rahner/A. Grillmeier* a.a.O. 572.

[11] *A. Adam*, Dogmengeschichte I, a.a.O. 364.

eigenes menschliches Erkennen) dogmatisiert waren, blieb für diese Frage nur noch der „Wille" übrig; zwar gehört auch er gemeinhin im Hellenismus zur Geistseele, aber er war nicht in der Formel aufgeführt.

Zusammenfassend läßt sich also festhalten: Der *Monenergetismus* war das Einheitsmodell, das unter der Voraussetzung der Ablehnung apollinarischer und monophysitischer Systeme die alte Motivation noch auffangen konnte; der *Monotheletismus* versucht, diese *eine* gottmenschliche Wirklich- und Wirksamkeit „ontisch" zu untermauern, zu konkretisieren und ihren „Ort" zu lokalisieren. Der Monotheletismus ist der letzte Ausläufer der schon in Chalkedon für aporetisch erklärten Versuche, Einheit zwischen Gott und Mensch in Christus ontisch-natural zu begreifen, und insofern geistesgeschichtlich schon überholt[12].

Bei dem christlichen Neuplatoniker *Dionys Pseudo-Areopagites* war schon die Formel zu lesen, daß in Jesus Christus eine neue »theandrische Energie« wirkte[13]. Dieser Terminus wurde vom Patriarchen von Konstantinopel, *Sergius* († 638), aufgegriffen und durch die Betonung der Einheit verschärft: Christus besitzt «*eine* gottmenschliche Energeia«[14]. Nach Widerständen seitens des streng chalkedonischen Theologen *Sophronius*, später Patriarch von Jerusalem, verzichtet *Sergius* zunächst auf diese Formulierung. Der Kaiser *Heraklius*, der seine Unionsbemühungen unterstützte, publizierte 638 eine *Ekthesis* (Dekret), die großenteils von *Sergius* stammte. Nach ihr soll nicht mehr von *einer* Wirksamkeit die Rede sein; stattdessen aber von ›*einem* Willen‹ Jesu Christi, »weil niemals das geistbeseelte Fleisch aus eigenem Antrieb und gegen das mit ihm in einer Hypostase geeinte göttliche Wort seine eigene natürliche Bewegung hervorgebracht hat, sondern nur wann, wie beschaffen und wie groß Gott das Wort wollte«.[15]

Zahlreiche Bischöfe des Ostens akzeptierten die Formel, *Sergius* legte sie auch dem Papst *Honorius* I. dar, der ihr zustimmte.

5.3 Das Dritte Konzil von Konstantinopel 680/681

Der Monotheletismus stellte für viele östliche Theologen ein plausibles Modell dar. Es gab allerdings auch Widerstände: *Sophronius* von Jerusalem († 638) sah in ihm eine Aufhebung des Symbols von Chalkedon, und vor allem *Maximus Confessor* († 662) trug zu seiner theologischen Überwindung bei. Seine Einwände griffen noch einmal die soteriologische Basis der Gott-Mensch-Christologie auf; *P. Smulders* faßt seine Überlegungen zusammen: »Wenn die menschliche Freiheit Jesu nichts als das passive Instrument seines göttlichens Willens ist, ohne eigene Bewegung, dann hat der Gottmensch gera-

[12] Vor allem hatte er gegen sich die lateinische Theologie, die sich am Tomus ad Flavianum orientierte, nach dem jede Natur das ihrige wirkt; vgl. o. 267.

[13] Brief an *Caius* (PG 3, 1072 C).

[14] Unionsformel mit monophysitischen Bischöfen von 633 (Mansi XI 565 D).

[15] *Mansi* X 996C.

de das nicht angenommen, was im Menschen der Ort des Aufstandes wie des Gehorsames gegen Gott ist.«[16]

Maximus konnte vor allem im Westen seine Meinung durchsetzen. Der neue römische Bischof *Martin* († 655) griff seine Thesen auf und ließ sie von einer römischen Synode 649 bestätigen: »Wer... nicht bekennt, daß *zwei Willen* des einen und selben Christus in Übereinstimmung vereint sind, ein göttlicher und ein menschlicher,... der sei verurteilt«; nur so wirke Christus unser Heil[17]. Ebenso seien in Christus »zwei Wirksamkeiten, eine göttliche und eine menschliche, miteinander geeint.«[18]

Für das Jahr 680 berief der Kaiser *Konstantin IV.* ein Reichskonzil ein. Daraufhin veranstaltete Papst *Agatho* († 681) »zur Vorbereitung des Konzils«[19] im gleichen Jahr eine römische Synode, die noch einmal die Gedankengänge *Leo's I.* aufgriff und aus ihnen die Zweiheit des Willens ableitete: »Wie wir bekennen, daß er zwei Naturen oder Substanzen, d.h. Gottheit und Menschheit, unvermischt, ungeteilt und unveränderlich besitzt, so auch, was sich von daher konsequent ergibt, daß er zwei natürliche Willen und zwei natürliche Wirksamkeiten hat.«[20]

Das *Dritte Konzil von Konstantinopel 680/681* (das sog. Trullanum) konnte unter die Auseinandersetzungen einen Schlußstrich ziehen: Die Vertreter des Monotheletismus, darunter auch Papst *Honorius*, werden verurteilt; in der 18. Sitzung wird ein christologisches Symbol[21] verabschiedet, in dem neben der Bekräftigung von Chalkedon zwei Willen und zwei Wirksamkeiten in Jesus Christus definiert werden[22]. Diese sind – natural – absolut eigenständig (»sein menschlicher Wille wurde nicht, da er vergöttlicht wurde, aufgehoben, sondern vielmehr gerettet«)[23] und doch eng miteinander geeint. Diese Einigung aber wird jetzt so verstanden, daß die beiden Willen » nicht gegensätzlich« sind: »der menschliche Wille ist folgend, und nicht widerstrebend und widersetzlich, sondern vielmehr sich unterwerfend (unterworfen) seinem göttlichen und allmächtigen Willen.«[24] Ähnliches wird im folgenden Abschnitt über die zweifache Enérgeia ausgeführt[25].

Was ist nun das Ergebnis dieser letzten größeren Auseinandersetzung auf dem Boden der hellenistischen Christologie? Ganz allgemein läßt sich feststellen, daß das Symbol von Chalkedon gegen eine geistesgeschichtlich (nicht zeitlich) vorkonziliare Bewegung wieder voll in

[16] A.a.O. 470; vgl. und *R. Seeberg*, Dogmengeschichte II, a.a.O. 294.295; vgl. *W. Elert*, a.a.O. 244ff.
[17] Canon 10 (D 510 (263)).
[18] Canon 11, (D 511 (264)).
[19] *P. Smulders*, a.a.O. 471.
[20] D 548 (288).
[21] D 553–559 (289–293).
[22] D 556–557 (291–292).
[23] D 556 (291).
[24] Ebd.
[25] D 557 (292).

Kraft gesetzt wird[26]. Monenergetismus und Monotheletismus werden als Widerspruch zu seiner Lehre erkannt; die beinahe »schlitzohrige« Argumentation mit »Willen« und »Enérgeia«, so als seien hier Aspekte angesprochen, die nicht unter den Begriff der »integren Natur« und der ›gewahrten Eigentümlichkeit‹ jeder Natur fallen, wird zurückgewiesen. Die Aporetik der christologischen Einheitsaussage wird voll wiederhergestellt.

P. Smulders glaubt dennoch, daß das *Trullanum* gegenüber Chalkedon eine Weiterführung gebracht habe. Er weist darauf hin, daß das neue Symbol aus dem *Tomus ad Flavianum* den Satz, daß beide Naturen in Gemeinschaft miteinander das ihnen Eigentümliche wirken (»das Wort wirkt, was des Wortes ist, und das Fleisch führt aus, was des Fleisches ist«)[27] zitiere, es aber nicht dabei belasse, sondern weitergehe. Er beruft sich auf Formulierungen des Symbols, in denen das Fleisch »Fleisch des Logos« genannt wird, der Wille des Fleisches »des Logos eigener Wille« usf.[28] Daraus schließt er, daß die bei *Leo I.* gegebene »Symmetrie« zwischen beiden Naturen zu einer Asymmetrie zugunsten der Prävalenz des Logos korrigiert sei: »Einerseits durchbrechen sie (die Konzilteilnehmer) das symmetrische Schema, das gewissermaßen einen chalkedonsichen Nestorianismus hätte andeuten können... Zwischen Gottheit und Menschheit besteht im Gottmenschen eine Asymmetrie. Das (!) Göttliche ist die Person des ewigen Wortes selbst..., das Menschliche ist das Empfangende und Annehmende...«[29]. Noch schärfer: »auch im Menschenleben Jesu ist das handelnde Subjekt der göttliche Sohn selbst.«[30]

Diese Interpretation hat viel mit den latent monophysitischen christologischen Überzeugungen späterer Zeiten zu tun, nichts aber mit dem

[26] Vgl. auch *A. Grillmeier*, Vorbereitung des Mittelalters, a.a.O., 792, A. I: »Es sei noch einmal darauf hingewiesen, daß durch den Neu-Chalkedonismus keineswegs das *Dogma* von Chalkedon verändert worden ist. *Theologiegeschichtlich* gesehen bedeutet er freilich ein Zurückgreifen auf den vorchalkedonischen Stand der Christologie. Er bringt terminologische und theologische Nuancen, die von Chalkedon bewußt ausgeschaltet waren und die nur auf dem Boden einer rein griechisch-alexandrinischen Überlieferung verstanden werden konnten.« Im folgenden nennt er den Neu-Chalkedonismus eine »epigonenhafte Synthese«.

[27] D 557 (292), vgl. D 294 (144).

[28] D 556 (291), in der Übersetzung von *Smulders*, a.a.O. 472.473: »Denn wie sein Fleisch das Fleisch des Gott-Wortes heißt und ist, so heißt und ist auch der natürliche Wille des Fleisches der eigene Wille des Gottwortes. So sagt Er selbst: Ich bin aus dem Himmel herabgestiegen, nicht um meinen eigenen Willen zu tun, sondern den Willen des Vaters... Damit nennt er den Willen des Fleisches seinen eigenen Willen, weil auch das Fleisch sein eigenes Fleisch geworden war.«

[29] A.a.O. 473.

[30] A.a.O. 474.

Dritten Konzil von Konstantinopel. Einmal korrigieren die Konzilsteilnehmer nicht das Zitat aus *Leo's* Brief, sondern führen es als Bekräftigung ihrer zuvor gemachten Aussagen zum Fleisch und fleischlichen Willen des Logos an. Zum anderen hätten weder *Leo I.* noch die Teilnehmer von Chalkedon etwas gegen die neuen Formulierungen gehabt: Auch für sie war die Einheit in der persona bzw. in hypóstasis und prósopon so, daß der Logos wirklich Mensch geworden und somit die Menschheit Jesu, also auch der Wille, die *Menschheit des Logos* war. Im Brief *Leo's I.* heißt es z. B.: »Denn wir könnten den Urheber der Sünde und des Todes nicht überwinden, wenn nicht jener (der ewige Sohn) unsere Natur angenommen und *zu der seinigen gemacht* hätte.«[31] Deswegen könne man sagen, »der Sohn Gottes sei gekreuzigt und begraben worden.«[32] Und ebenso unstreitig dürfte sein, daß weder *Leo* noch Chalkedon die beiden Naturen in der Einigung für gleichgewichtig, »symmetrisch«, angesehen haben; die Gottheit des Logos war vielmehr so »asymmetrisch« dominant, daß man nur in einem gewaltsamen Kraftakt die Integrität und den Spielraum der menschlichen Natur aufrechterhalten konnte.

Das aber war gerade die Leistung des christologischen Konsenses, trotz der alles beherrschenden Gottheit des Wortes die Einigung in persona oder hypóstasis sich *nicht* auf Kosten des Menschen vorzustellen. Und genau diese Leistung wird vom Dritten Konzil von Konstantinopel wiederholt und – in bezug auf einen Detailaspekt, der vorher noch nicht explizit formuliert war – durchgesetzt. M. a. W.: Wenn das *Trullanum* das Symbol von Chalkedon wörtlich zitiert und darüberhinaus mit aller Deutlichkeit gegen ein tendenziell monophysitisches Einheitsmodell die Faktizität und Integrität zweier Willen festhält und *dann* sagt, der menschliche Wille sei der des Logos, ist jedes Mißverständnis im Sinne von *Smulders* ausgeschlossen: Die Aporetik von Chalkedon ist noch einmal etabliert, auf der klassischen hellenistischen Sprachebene hat keinerlei Weiterführung stattgefunden.

Wohl aber gab es einen »Fortschritt« in einer *anderen* Richtung: In vorsichtiger Weise wird das Einheitsdenken Antiochiens und des Westens aufgegriffen, für die, aus je verschiedenen Gründen (Bewährung oder juridische Anrechenbarkeit), die »willentliche« Gehorsamsleistung Jesu bis zum Tod am Kreuz soteriologisch eine Rolle spielten. Das neue Symbol konstatiert nicht nur die Aporetik der Einigung auch der beiden Willen und Wirksamkeiten *gemäß ontischem Denken*, sondern betont darüberhinaus eine *Einheit moralisch-willentlicher*

[31] Tomus ad Flavianum 2 (*Camelot*, Texte 252).
[32] Ebd. 5 (*Camelot*, Texte 256).

Art: »der menschliche Wille ist folgend, und nicht widerstrebend und widersetzlich, sondern vielmehr sich unterwerfend seinem (des Logos) göttlichen und allmächtigen Willen.«[33] Die natural nicht zu bestimmende christologische Einheit wird mit den »geschichtlichen« Kategorien von Herrschaft und Unterwerfung, beinahe könnte man sagen: Sendung und Gehorsam, umschrieben[34].
Die Teilnehmer des *Trullanum* haben offensichtlich einen ähnlichen Ausweg gesucht, wie er immer dann ins Auge gefaßt wird, wenn die Weg-losigkeit des hellenistischen Ansatzes nicht häretisch überspielt wird. Ein konkretes Motiv zu diesem Schritt ist sicher darin zu sehen, daß die von den Monotheleten propagierte *naturale* Einheit des gottmenschlichen Willens nicht nur zur Ablehnung provozierte, sondern auch dazu, eine positive Verhältnisbestimmung zu versuchen; für einen solchen Versuch waren »Wille« und »Wirksamkeit« besser als die in Chalkedon debattierten »Naturen« geeignet, sprechen sie doch naturale »Vermögen« an, die auf Entscheidung und Tätigkeit angelegt und somit für »Griechen« der Ort sind, wo »Geschichte« natural beheimatet ist. Darüberhinaus hat sicher der starke römische Einfluß – Antiochien war als Kulturlandschaft kaum noch von Bedeutung – solche Ausführungen begünstigt.
Das Dritte Konzil von Konstantinopel hat somit für die Geschichte der alt-christlichen Christologie zwei wichtige Funktionen wahrgenommen: (1) Auf der Ebene der klassischen Gott-Mensch-Christologie stabilisiert es in einer Detailfrage das Symbol von Chalkedon, (2) darüberhinaus *sanktioniert* es zum ersten Mal großkirchlich die Ansätze eines tendenziell antiochenischen und faktisch römischen Einheitsdenkens[35] (wenn auch auf dem Boden von Chalkedon), das sich bisher nur via negationis (im Gedanken der unvermischten naturalen Integrität) hatte Geltung verschaffen können – eine späte Wiedergutmachung. In diesem zweiten Gesichtspunkt greift das Trullanum über Chalkedon hinaus und kann einen eigenständigen Platz in der christologischen Diskussion beanspruchen.
Interessant ist, daß bei der Verwendung dieses Einheitsmodells, und sei es in vorsichtigen Anklängen, *die hypostatische Besonderheit des*

[33] D 556 (291).
[34] Zur Ehrenrettung sei angefügt, daß *P. Smulders*, a.a.O. 474, auch diesen Aspekt betont. Aber die neue Bedeutung des vollmenschlichen Gehorsams wird bei *Smulders* dadurch verdeckt, daß er hinter ihm das *eine* göttliche Logossubjekt (im Sinne heutiger Auffassung von Personalität) sieht.
[35] Die lateinische Christologie war ja, wie ausgeführt, nur funktionsfähig, wenn die menschliche »Natur« das Ihre wirkt und somit eine echte Bezahlung der Schuld seitens des Menschen vorliegt; anders wäre die Anrechenbarkeit des Kreuztodes für uns Menschen problematisch.

Logos – wiederum – problematisch wird: In der Formel soll u. a. die Übereinstimmung des göttlichen Willens (des Logos) und des menschlichen Willens aufgezeigt werden; das Konzil zitiert zum Beleg Joh 6,38, in dem der gehorsame Wille *Jesu* dem *des Vaters*, der ihn (Jesus) gesandt hat, gegenübergestellt wird[36]. Offensichtlich haben die Teilnehmer die (willentliche) Einheit zwischen Logos und Jesus so verstanden, daß sie – ohne eine Reibung zu empfinden und interpretieren zu müssen – »Vater« und »Jesus« sagen konnten[37].

[36] D 556 (291).

[37] Diese Beobachtung gilt allerdings nur für diesen spezifischen Begründungsraster. Im übrigen steht zu vermuten, daß die hypostatische Besonderheit des Logos eher – latent tritheistisch – überbetont gedacht wurde, entsprechend der harten Formulierung des Zweiten Konzils von Konstantinopel (D 424 [216]) : εἷς τῆς ἁγίας τριάδος – »einer aus der heiligen Trinität«; diese Formel wird jetzt wiederholt (D 558 [292]).

6 Resümee

Die Geschichte der Christologie bis Chalkedon (oder zum Dritten Konzil von Konstantinopel) ist angetrieben von den Problemen, die schon durch die beiden Typen des Bekenntnisses im Neuen Testament, ja schon in der vorpaulinischen Zeit, aufgegeben waren.
Eine judenchristliche Christologie, die – im Detail sehr variantenreich – die Heilsfunktion Jesu in einer (gottgewollten) geschichtlichen Rolle begründet sah, verlor bald ihre lebendige Basis in den Gemeinden. Infolgedessen waren die schrumpfenden Gruppen, die ihre christliche Identität wahren und ihr ererbtes Konzept nicht aufgeben wollten, im Zuge der Auseinandersetzungen mit hellenistisch christlichen Majoritäten gezwungen, ihren Glauben prinzipieller und abgrenzender zu formulieren (Stichwort: Jesus als »bloßer Mensch«); sie schieden somit aus der Großkirche aus. Eine zweite Gruppe, vor allem aus dem Diaporajudentum – also die Mehrheit –, ließ sich soweit auf die neuen Verstehensbedingungen ein, daß sie im Lauf der Zeit in den sich bildenden Großgemeinden aufging; hierbei hat sie einmal einen wichtigen Dienst der Vermittlung geleistet, zum anderen eine Fülle von »geschichtorientiertem« Material und ebensolchen christologischen Motiven eingebracht und durch schriftliche Fixierung im Neuen Testament und frühen nachneutestamentlichen Schriften für die Zukunft normativ bewahrt.
Bald aber fanden sich keine relevanten Christengruppen mehr, die ihren Glauben an Jesus als Christus *unmittelbar und erschöpfend* mit Hilfe judenchristlicher Raster ausdrücken konnten; lediglich in Syrien, einem verwandten, aber doch auch fremden kulturellen Zusammenhang, wirkten diese Motive stärker nach. Die weitere Geschichte ist dann zunehmend vom hellenistischen Christentum geprägt.
Die hellenistische Christologie – auch sie in sich sehr vielgestaltig – konnte sich allerdings niemals ganz »rein« entfalten. Dies wurde verhindert durch die Rückbindung des Bekenntnisses an Jesus, an das Alte Testament und die bald kanonisierten neutestamentlichen Schriften, wie auch die schon früh erfolgende Selbstverpflichtung auf die (alte) Tradition. Insofern blieben die Impulse und Topoi der judenchristlichen Christologie wirkmächtig und haben zumindest dazugeführt, daß die neuen Modelle durch sie angereichert, modifiziert, in einer exzessiven Form verhindert wurden.

Durch diese Brechungen hindurch aber hat sich das neue Denken Raum geschaffen und die Heilsfunktion Jesu in seiner »seinshaften Vermittlung« zwischen Gott und Welt/Mensch lokalisiert. Schon in vorpaulinischer Zeit sich ankündigend, verlief die Geschichte der Christologie zunehmend deutlicher auf dieser Schiene einer Zwei-Naturen-Lehre.

Der »Fortschritt«, den die altkirchliche Diskussion gegenüber den neutestamentlichen Anfängen brachte, ist vor allem in einer umfassenden, *systematischen Reflexion und begrifflichen* Ausarbeitung der Implikationen dieser Christologie zu sehen: was (christologisches) Gottsein (»wahres«, wesensselbiges sowie hypostatisch »gesondertes« Gottsein), was Menschsein (»wahres«, mit uns wesensgleiches Menschsein) heißt und worin dann noch eine gemeinsame Prädizierbarkeit beider Aussagen an »ein-und-denselben« möglich ist. Diese Auseinandersetzungen führten schließlich in Chalkedon zu einem aporetischen Ergebnis; an der Vorstellung einer »seinshaften Vermittlung« wurde festgehalten, – und zugleich wurde sie verneint.

Innerhalb der hellenistischen Christologie haben sich darüberhinaus *zwei abweichende »Varianten«* herausgebildet: Die *antiochenische* Christologie rezipiert Jesus als Christus, insofern sie ihn aufgrund von Erwählung und Bewährung zunächst – *vor*nizenisch – in einem adoptianischen Sinn »Gottessohn« nennt, um später – *nach* Nizäa – *die Einheit* zwischen Jesus und dem (thetisch vorausgesetzten) Gott-Wort in Annahme und Gnade zu begründen. Die *lateinische* Christologie wiederum ordnet den Christus Jesus in ein metahistorisches Ordo-Schema ein und sieht in ihm – wobei sie die östliche Zwei-Naturen-Lehre übernimmt – den gott-menschlichen Restaurator der von Gott aufgegebenen Weltordnung und den juridischen Rechtfertiger. Die beiden letzten Richtungen sind allerdings mehr als bloße »Varianten« der hellenistischen Christologie, obwohl sie deren Sprache und Konsensformeln benutzen; im Grunde handelt es sich um ganz andere, *neue* Christologien, *die trotz verbaler Übereinstimmung den hellenistischen Ansatz aufheben.* Hierbei können sie sich durchaus ebenfalls auf eine Fülle von biblischen Motiven – weithin judenchristlicher Provenienz-berufen, die sie dann allerdings gemäß ihren andersartigen Fragestellungen mit neuen Vorstellungen und Assoziationen verbinden.

Diese beiden christologischen Traditionen, die antiochenische und die lateinische, haben am Ende vermeiden helfen, daß die hellenistische (»alexandrinische«) Christologie dem ihren Sehnsüchten naheliegenden Logos-Sarx-Schema, dem Apollinarismus oder dem Monophysitismus bis hin zum Monotheletismus zum Opfer gefallen ist. Obwohl die Soteriologie des (»naturalen«) Tausches und die auf ihm beruhen-

de Zwei-Naturen-Christologie nicht aufgegeben wurden, hat der diphysitische oder trennungschristologische Vorbehalt verhindert, daß ein seinshaft umschreibbarer Einheitspunkt behauptet wurde.
Die Entwicklung bis zum Ende des siebten Jahrhunderts hat mit der Überwindung des Monenergetismus und Monotheletismus den aporetischen Status von Chalkedon wenigstens in der großkirchlichen Formel festgeschrieben, darüberhinaus aber auch dem christologischen Einheitspunkt (»Subjekt«) Ansätze einer geschichtlichen Inhaltlichkeit (wieder)gegeben.
Damit ist über die bloße naturale Aporetik hinaus ein Weg gewiesen, wie die Einheit von Gott(-Wort) und Jesus verstanden werden könnte: als Übereinstimmung des allmächtigen auf der einen und des sich unterwerfenden Willens auf der anderen Seite. Zusammen mit der Vernachlässigung der hypostatischen Besonderheit des Logos (die in *diesem* Schema, wie verschiedentlich deutlich wurde, keine rechte Funktion hat) bzw. seiner uninterpretierten Parallelisierung mit dem Vater läßt sich »am Ende«, gut neutestamentlich, das Gegenüber und die Einheit von Vater und Jesus hinter allen schwierigen Formeln erahnen. Ist zum guten Schluß zwar die komplizierte Formelsprache beibehalten, ihr aber ein einfacher Sinn unterlegt worden?
Vielleicht hätte der Weg zu diesem Ergebnis führen können. Aber die tatsächliche Geschichte verlief anders: Das Dritte Konzil von Konstantinopel hat zwar den Monenergetismus und Monotheletismus verurteilt, nicht aber eine Christologie, die der Sache nach in den gleichen Kontext gehört, aber sich sprachlich anders entfaltet hat: Die Christologie des *Boëthius*.
Diese wollte mit ihrem neuen Verständnis der christologischen »persona« etwas den östlichen Richtungen Vergleichbares erreichen: Sie wollte aus dem christologischen »logischen« Subjekt ein »reales« Subjekt machen. Die tendenzielle Übereinstimmung des *Boëthius* mit Monenergetismus und Monotheletismus wurde aber im Osten nicht wahrgenommen, weil der Autor lateinisch schrieb, und im Westen interessierte die Frage zunächst nicht bzw. nur dann, wenn man »politisch« zur Reaktion gezwungen war.
So kam es, daß die Auffassung des *Boëthius* zunächst keine Rolle spielte, später aber im Westen als unverdächtige Interpretation von Chalkedon aufgenommen werden konnte. Für lange Jahrhunderte wurde deswegen nicht die Formel des Trullanum, sondern die von ihr verurteilte Meinung geschichtlich siegreich. Obwohl kirchenamtlich abgewiesen, konnte sich der »Monenergetismus« im Gewande der boëthianischen Persondefinition durchsetzen.
Dieser Gang der Dinge ist seit dem Aufkommen einer historisch-kritischen Forschung zunehmend deutlicher erkannt worden, trotz aller

Versuche, dem offensichtlichen Einfluß der jeweiligen Kulturtradition nur einen geringen Platz zuzugestehen, um die Inhalte der christologischen Formeln weitestgehend *als solche* auf positive Offenbarung zurückführen zu können. Die Entstehung der verschiedenen Christologien wird in ihrer Gesetzmäßigkeit allerdings erst voll durchsichtig, wenn man *die Soteriologie als konstitutive Antriebskraft* begreift.

Diesem Zweck dienten die bisher angestellten Überlegungen. Sie sollten nicht das in der einschlägigen Literatur vielfach und oft bei weitem detaillierter dargebotene Material einmal mehr erörtern, sondern anhand dieses Materials aufzeigen, daß *die jeweiligen soteriologischen Erwartungen die verschiedenen Christologien hervorgebracht haben*. Es sollte deutlich gemacht werden, daß auf der Basis der kulturbedingten soteriologischen Hoffnungen gerade *diese* Christologien mit *diesen* Inhalten, Problemen, Ergebnissen und Aporien entstehen *mußten*. Juden, Hellenisten, Syrer und Römer *konnten* Jesus als *ihren* Christus, d.h. als *den* Vermittler des von ihnen ersehnten Heils, nicht anders rezipieren und ihr Bekenntnis verbalisieren, als von ihm – in den verschiedenen christologischen Titeln, Rastern, Motiven – eben die prinzipiell (wenn auch *noch nicht* faktisch) herbeigeführte Erfüllung ihres Systems auszusagen.

Damit erweisen sich alle christologischen Prädikate als *kulturbedingt* und, weil diese Kulturen zeitlich und sachlich dem Christentum vorausliegen, *als vor- und außerchristlich*. Sie können deswegen *nicht als solche* inneres und bleibendes Moment jeglicher – auch späterer – Christologie sein, wenigstens dann nicht, wenn die das Christentum tragenden Kulturen wechseln. Dies gilt zwar nicht unbedingt für die Vokabeln selbst: Es ist durchaus denkbar, daß Topoi wie »Menschensohn«, adoptianischer oder hypostatischer Gottessohn, Restaurator oder Rechtfertiger usf. sprachlich beibehalten werden. Neue Kulturen aber werden – wie z.B. die syrische oder die lateinische Theologie gezeigt haben – die überkommenen Begriffe mit neuen andersartigen Inhalten füllen und ihnen bisher unbekannte Funktionen zuweisen[1].

[1] Zu den systematischen Folgerungen aus diesen Beobachtungen der Christologiegeschichte vgl. u. Teil V.

Teil III: Grundzüge der christologischen Soteriologie im Mittelalter

0 Vorbemerkung

Schon die Darstellung der altkirchlichen Christologie mußte sich auf einige Grundlinien beschränken und konnte keineswegs auch nur andeutungsweise die Fülle der religionsgeschichtlichen, soziologischen, kirchenpolitischen und auch theologiegeschichtlichen Faktoren ansprechen, die damals eine Rolle gespielt haben. Dies gilt erst recht für die weitere Entwicklung.

Den wenigen Jahrhunderten der altchristlichen Zeit folgen jetzt anderthalb Jahrtausende, in denen eine komplizierte und differenzierte theologische Diskussion zu mannigfaltigen christologischen Entwürfen führte; epochale Umwälzungen, etwa von der Antike zum Mittelalter, vom Mittelalter zur Neuzeit, von der Neuzeit zur Moderne lassen die Kontinuität des Denkens problematisch werden, die neuzeitliche Entstehung verschiedener konfessioneller Christentümer die Gegensätze grundsätzlicher in Erscheinung treten.

Die christologische Entwicklung in diesem Zeitraum auch nur so, wie in Teil I und II, zu erörtern, würde den hier gesetzten Rahmen sprengen, so reizvoll diese Aufgabe auch wäre. Deswegen kann der im folgenden gebotene Durchblick nur noch fragmentarischer sein als die bisherige Darstellung. Nur so viel soll – als Resümee zahlreicher Studien, Seminar- und Vorlesungsveranstaltungen – erwähnt werden, daß ein gewisses Verständnis der neuen Fragestellungen möglich und die Gesetzmäßigkeit erkennbar wird, die die Geschichte der Christologie weitergetrieben hat. Auf eine detaillierte Auseinandersetzung mit den einzelnen Entwicklungsschritten, Schulen, Theologen wie auch mit der Sekundärliteratur wird verzichtet; lediglich als Beispiele sollen einige Modelle vorgestellt und diskutiert werden.

1 Das abendländische Mittelalter

1.1 Die neue Situation

Mit dem Beginn des Mittelalters verlagerte sich der Schauplatz der politischen, kulturellen wie auch christlichen Aktivitäten zunehmend aus dem Mittelmeerraum nach Norden; lediglich im Osten konnte Byzanz, wenn auch seit dem 7. Jahrhundert immer mehr bedrängt durch den dynamisch sich ausbreitenden Islam, die antiken und altkirchlichen Traditionen noch längere Zeit aufrechterhalten.

Träger der neuen Kultur und des Christentums wurden vor allem keltische und germanische Stämme, die erst allmählich zu großräumigeren politischen Organisationsformen fanden. Der neue Raum war dünn besiedelt, die meisten Menschen wohnten in kleinen Dörfern oder Gehöften, eine schlichte Agrarwirtschaft prägte das Leben. Die größeren Städte waren weit verstreut, und die meisten von ihnen erreichten noch über tausend Jahre lang kaum die Größe eines heutigen Dorfes. Das Christentum, bisher getragen von einer differenzierten Stadtkultur rund um das Mittelmeer, mußte mit ganz neuen Gegebenheiten fertig werden und neue Seelsorgsformen entwickeln.

Die Christianisierung Europas war ein langwieriger Prozeß. Gallien wurde noch in der Antike von orientalischen und lateinischen Christen missioniert. Eine Reihe von germanischen Stämmen hatte, ebenfalls noch in antiker Zeit, das Christentum in seiner arianischen Form angenommen; mit der Zeit aber konnte sich die »katholische« Gestalt durchsetzen.

Eine zentral gesteuerte Mission in heutigem Sinn gab es nicht; die Christianisierung wurde im frühen Mittelalter vorangetrieben durch das Mönchtum. Hierbei blieben die Versuche längere Zeit recht sporadisch und die Ergebnisse oberflächlich.

Die Wege der Missionsbewegung sind verschlungen. In Südgallien erlebten die Klöster mitten in den Wirren der Völkerwanderung eine Blüte. Nach traditioneller Auffassung wurde von ihnen aus Irland missioniert. Viele Indizien aber deuten darauf hin, daß die irische Kirche *von ägyptischen Mönchen* gegründet und »daß die Christianisierung Irlands und die Bildung der irischen Mönchskirche unter Umgehung des kontinentalen Raums und damit unabhängig von der römischen Kirchen- und Klosterform erfolgt ist«[1]; dieses keltisch-ori-

[1] *Gert Hummel*, Geschichte und Wesen der iroschottischen Mönchskirche, in: Die Karawane (Ludwigsburg) 25, 1984, Heft 1, 15; dort auch Belege.

entalische Christentum breitete sich dann auch in Schottland und Wales aus (iro-schottische Kirche). Seit dem 6. Jahrhundert entfaltete es eine beeindruckende missionarische Dynamik in England und auf dem Festland (bis nach Oberitalien). Hier geriet die ›keltisch-irische Mönchskirche‹ bald in einen Konflikt mit der ›kontinentalen Episkopalkirche‹[2] lateinischer Prägung, der im Lauf der Zeit immer heftiger wurde und schließlich, mit der angelsächsischen Mission, zugunsten der römischen Form entschieden wurde. Seit den Wikingereinfällen im 9. Jahrhundert gerät zunehmend auch Irland selbst in den Einflußbereich der lateinischen Kirchenverfassung, irische »Sonderbräuche« werden bekämpft, im 12. Jahrhundert versetzt schließlich der Zisterzienserorden »Irlands alter Mönchskirche vollends den Todesstoß«[3].

Diese Darstellung nach *Gert Hummel* ist vielleicht ein wenig plakativ. Andere Autoren sehen den Einfluß der Latinität wie auch des lateinischen Christentums schon in der Frühzeit Irlands am Werk (selbst wenn die östlichen Motive nicht bestritten werden)[4]. Richtig aber ist, daß das keltische Christentum von seinem Ursprung her andere Prägungen mitbekommen hat und somit in vielem eine fruchtbare Alternative anbieten konnte und auch faktisch wurde.

Trotz der konstitutiven Bedeutung der iroschottischen Kirche für die Christianisierung Zentraleuropas *blieb bei der Konkurrenz zweier Christentümer zuletzt die lateinische Ausprägung siegreich*. Hierzu hat beigetragen, daß die »Festlandkelten« seit ihrer Einbeziehung ins Römische Reich, also schon *vor* ihrer Christianisierung, einer umgreifenden *Romanisierung* ausgesetzt waren und sich ihr geöffnet hatten; die Taufe *Chlodwigs* war ein weiterer wichtiger Schritt in diese Richtung;

[2] *G. Hummel*, ebd. 29.

[3] *G. Hummel*, ebd. 39.

[4] *Michael Richter*, Irland und Europa: Die Kirche im Frühmittelalter, in: *Próinséas Ní Chatháin* u. *Michael Richter* (Hrsg.), Irland und Europa. Ireland and Europe. Die Kirche im Frühmittelalter/The Early Church, Stuttgart 1984, 412, geht auf die »deutlichsten Parallelen im östlichen Mittelmeerraum« ein, die für die frühe keltische Kirche kennzeichnend seien; er hält es sogar durchaus für möglich, daß solche östlichen Einflüsse direkt, ohne den Umweg über den Kontinent, nach Irland kamen. Daneben aber will er auch schon für die frühe Zeit »mit den stärksten Einflüssen auf Irland durch die nächsten Nachbarn... rechnen, also aus Gallien und Spanien« (411), und sieht die Versuche, auch »in Irland eine Bischofskirche zu errichten«, schon im 5. Jahrhundert gegeben (414.415); erst im 8. Jahrhundert habe die Bischofskirche (wieder) an Einfluß verloren (415). »Freilich, ob Mönchs- oder Bischofskirche, das Christentum war nach Irland auf verschiedenen Wegen gelangt, aber in jedem Fall aus Gebieten, die nachhaltig römisch geprägt waren. Diese Ausprägung zeigt sich am deutlichsten in der Sprache,« eben der lateinischen Umgangssprache, die schon früh auch in der irischen Kirche benutzt wurde (415).

die Ausbreitung des benediktinischen Mönchtums vom 8. Jahrhundert an brachte klassische lateinische Ordnungsvorstellungen zum Zuge; vor allem aber die Romorientierung der angelsächsischen Kirche und Mission (besser: Kirchenreform) hat den Ausschlag gegeben. Die Missionare, besonders *Bonifatius*, waren hierbei begünstigt durch fränkische Herrscher. Die lateinische Kirchenverfassung und römischen Ordnungsvorstellungen erschienen diesen hilfreich für ihre Absichten. Vielleicht auch waren die Affinitäten zwischen germanischer und lateinischer Mentalität stärker und haben mit der Zeit die irischen Formen zurücktreten lassen.
Spätestens seit dem 8. Jahrhundert jedenfalls ist die Entscheidung für die lateinische Gestalt des abendländischen Christentums gefallen, sinnenfällig dokumentiert in der Kaiserkrönung *Karls* des Großen im Jahre 800 in Rom. Zunehmend gewinnt auch das germanische Bevölkerungselement eine – zumindest politische – Dominanz; die Führungsschichten (Adel) sind selbst in romanischen Ländern weithin fränkischer und sonstiger germanischer Herkunft.
Im Lauf der folgenden Jahrhunderte entsteht auf dieser Basis (eines lateinisch-»germanisch« reformierten, orientalisch-»keltisch« grundgelegten Christentums) eine sehr komplexe, spannungsgeladene Synthese, die universale christliche Kultur des fortgeschrittenen Mittelalters.

1.2 Die Wurzeln der neuen Kultur

Die keltische und germanische Bevölkerung kannte, wie gerade neuere Untersuchungen zeigen, beachtliche eigene Kulturtraditionen. Diese haben durchaus die Kraft besessen, die neu entstehenden Formen mitzuprägen. So wurde z. B. das Mönchtum im iro-schottischen Bereich auf eine durchaus keltische Weise rezipiert. Wenn ein Clan das Christentum angenommen hatte, gründete der Clan-Führer ein Kloster (oder mehrere) für seine Stammesangehörigen; in ihm blieb er die entscheidende Instanz. Diese Clan-Klöster existierten naturgemäß – wie die Stämme selber – unabhängig voneinander. Umgekehrt kam die benediktinische Regel, die die Angelsachsen mitbrachten, den germanischen Rechtsauffassungen entgegen. Der Abt wurde – wie der Stammesführer – gewählt und übte seine Führerschaft nach Anhörung des Rates der Freien, hier der Mönche, aus. In beiden Fällen sind die antiken Motive auf kulturspezifische Weise angeeignet und modifiziert worden, und ähnlich verliefen die Adaptionsprozesse auch sonst. Dennoch war die keltische und germanische Kultur dem Denken der

Antike weit unterlegen. Das große Kulturgefälle führte dazu, daß das Abendland zunächst einmal *in die Schule ging* und die überlegenen Traditionen sich anzueignen versuchte. Hierbei übernahm vor allem die lateinische und christliche Version der antiken Kultur die Rolle des Lehrmeisters wie auch des Vermittlers der griechischen und hellenistischen Literatur.
Wie weit dieser Prozeß der Aneignung ging, mag die sprachliche Entwicklung zeigen. Die spätantiken Formen des Vulgärlateins verdrängten allmählich die keltische Sprache, die schließlich nur noch in wenigen abgeschiedenen Regionen lebendig blieb, fast völlig; bis – grob gesagt – zur ersten Jahrtausendwende entstanden die regionalen Ausprägungen des Romanischen. Die germanische, später (vor allem) deutsche Sprache konnte sich halten, aber sie war noch bis in die Neuzeit hinein nur selten – das gleiche gilt für die romanischen Volkssprachen – Medium auch des literarischen und gebildeten Ausdrucks. Diese Funktion übernahm das sog. Mittellatein, das aus der spätantiken Hochsprache gewachsene Latein der Gebildeten des Mittelalters. Dieses ›einzigartige Phänomen‹, »daß das Abendland für seine erste Buchliteratur viele Jahrhunderte hindurch eine fremde Sprache benötigte«[5], erklärt sich durch den Vorgang der umfassenden Rezeption der (lateinischen) Antike; daß hierbei das »in erheblichem Umfang« auch als Umgangssprache benutzte Latein[6] nicht nur museal erhalten, sondern auch gegenüber seiner klassischen Basis verändert wurde, ist selbstverständlich[7].
Die Rezeption der antiken Kultur war ein mühsamer Vorgang. Nach den Wirren der Völkerwanderung war ein Großteil der christlichen und »heidnischen« Literatur verloren und im Abendland unbekannt. Die Klöster, die in einem immer dichteren Netz Europa überzogen, waren die Stätten, an denen das Bildungsgut verfügbar war, immer neu abgeschrieben und vermittelt wurde. Ihre Ausstattung an Büchern war aber – für heutige Begriffe – minimal. Z. B. besaß das berühmte Kloster St. Gallen, dessen Bücherkatalog erhalten ist, zu Beginn des 9. Jahrhunderts nicht mehr als 400 Bücher, immer noch mehr als die meisten anderen Klöster. Nur wenige Bücher aber aus der Antike waren darunter, einige »heidnische« (*Cicero, Horaz, Terenz, Ovid*, ja sogar *Sophokles*) und altkirchliche Autoren; der Rest waren Bibeln, Psalterien, Antiphonarien, Legendensammlungen, Arzneibücher, Sammlungen von römischen, alemannischen und salischen Ge-

[5] *Karl Langosch*, Lateinisches Mittelalter. Einleitung in Sprache und Literatur. Darmstadt [4]1983, 7.
[6] *Karl Langosch*, ebd. 40.
[7] Vgl. hierzu vor allem den Abschnitt »15. Charakteristik« bei *Karl Langosch*, ebd. 40–45.

setzen, Wörterbücher. Kurz: Die Antike wurde über lange Zeitstrekken anhand von spärlichem Material rezipiert.
Schon früh fing man an, altkirchliche Texte in lockerer Form thematisch zu ordnen und zu Florilegien und Sentenzenbüchern zusammenzustellen, so daß die Bekanntschaft mit *Augustinus* z. B. nur selten auf der Ganzlektüre eines Buches oder gar aller Schriften beruhte, sondern auf einer Reihe von einzelnen Zitaten. Es ist im Nachhinein erstaunlich, wie viel dennoch vom »Geist« bestimmter Autoren auf diese Weise angeeignet wurde.
Mit der Zeit wurde immer mehr antike Literatur bekannt und verbreitet. Hierbei überwog im Raum der Philosophie das Werk *Platons*, während die meisten Schriften des *Aristoteles* erst im Hochmittelalter – durch die Vermittlung des Islam und des Judentums (über Spanien und Sizilien) – bekannt wurden; im Raum der Theologie waren vor allem lateinische Schriftsteller, besonders *Augustinus*, aber auch *Leo I.*, *Gregor I.* und andere, literarisch verfügbar.

1.3 Die Prägung des mittelalterlichen Denkens

Dem oben geschilderten Befund entspricht auch die theologische Eigenart des Mittelalters: Es ist vor allem vom *Platonismus* und *Neuplatonismus* geprägt (die neuplatonische Tradition wurde noch einmal durch die Übersetzung der Werke des *Dionysius Pseudo-Areopagites* durch *Johannes Scottus Eriugena* vorangetrieben). Dieser Platonismus ist schwer zu bestimmen. *Werner Beierwaltes* schreibt: »Der Sinn dessen, was man in der Philosophie und Theologie des Mittelalters ›Platonismus‹ zu nennen pflegt, ist so vielgestaltig, daß er sich einer strikten, nicht-formalen und nicht-literarischen Definition entzieht. Es können lediglich bestimmte platonische und neuplatonische Elemente herausgestellt werden, die für mittelalterliches Denken in je verschiedener Weise konstitutiv geworden sind. Die Schwierigkeit des Phänomens ›Platonismus im Mittelalter‹ liegt besonders darin, daß sich in ihm Alt-Platonisches und Neu-Platonisches nahezu ohne Übergang durchdringen und daß dieses Neu-Platonische selbst ... mannigfaltige Umformungen erfahren hat...«[8] Man muß hinzufügen, daß *Platon* und der Neuplatonismus durch die Brille *christlicher Aneignung* (vor allem: durch *Augustinus* und *Pseudo-Dionysius*) verstanden wurden. Theologiegeschichtlich konkretisierte sich der Platonismus im *Augustinismus*. Neben der Philosophie und Theologie lebte

[8] Vorwort in: Platonismus in der Philosophie des Mittelalters, hrsg. von *Werner Beierwaltes*, Darmstadt 1969, VII.

der Platonismus auch in einer Tradition humanistischer Bildung und in grundlegenden Konzeptionen der Naturerklärung.
Plakativ läßt sich die platonische Grundeinstellung des Mittelalters vielleicht so charakterisieren, daß es ganz »von oben« her dachte. Die letzte Wirklichkeit, auf die der Mensch ausgerichtet ist, ist die geistig-göttliche hinter und in allen sichtbaren Dingen oder – wie *Tullio Gregory* es für den »Neuplatoniker« *Johannes Scottus Eriugena* beschreibt – »das intelligible Universum, also die Gesamtheit der göttlichen Ideen oder primordialen Ursachen«[9]. Dieses prägt mit seiner lichten Harmonie den lebendigen Zusammenhang des sich entfaltenden Kosmos[10]. Wie bei *Platon* und *Augustinus* ist »die Seele der wahre Mensch«[11], und sie ist mit ihrem Erkenntnisstreben vor allem auf die ewigen Wahrheiten ausgerichtet. Der menschliche Verstand erkennt die *wichtigsten* Zusammenhänge nicht durch Wahrnehmung der sinnlichen Welt, sondern »deduktiv«, »von oben« her – durch Erinnerung (memoria) an seine wahre Heimat oder durch Illumination seitens Gottes und seiner Gnade.
Um die Wende zum 13. Jahrhundert konnten dann die Werke des *Aristoteles* immer größeren Einfluß entfalten. Diese, in der Antike niemals als ein grundlegender Bruch zu *Platon* empfunden, wurden jetzt Anlaß zu einer Revolutionierung des Denkens, wenn auch – vor allem im Bereich der Theologie – zentrale platonische Raster nicht aufgegeben wurden. Die wichtigste Wende läßt sich charakterisieren – wiederum plakativ – als Abwendung von der deduktiven Methode (die allerdings im Bereich der Theologie weiterhin beherrschend blieb) zugunsten der sog. induktiven Methode oder der »Hinwendung zur (empirischen) Erscheinung« (conversio ad phantasma): Die ewigen Wahrheiten sind *nicht mehr unmittelbar* Gegenstand unseres (illuminierten) Denkens; Objekt ist vielmehr die sichtbare Realität, das phantasma, in dem wir die ihm innewohnende ideale Wirklichkeit (die Formen) aufspüren und dann auf deren letzte Prinzipien *schließen* können. Handelnder im Erkenntnisvorgang ist allein der menschliche Intellekt. Dieser vor allem im Dominikanerorden verbreitete Aristotelismus – im Franziskanerorden blieb das platonische Denken stärker – führte mit der Zeit zu einem neuen Interesse an den empirischen Dingen; er ist die Basis für eine intensivierte Naturbeobachtung und schließlich der Anfänge der Naturwissenschaften.

[9] Vom Einen zum Vielen (Zur Metaphysik des Johannes Scotus Eriugena), in: *Werner Beierwaltes* (Hrsg.) Platonismus, a.a.O. 349.
[10] Vgl. hierzu die Ausführungen von *Clemens Baeumker*, Der Platonismus im Mittelalter, im von *Werner Beierwaltes* hrsg. gleichnamigem Buch, a.a.O., vor allem 30–36.
[11] *Clemens Baeumker*, ebd. 38.

1.4 Die »Scholastik«

Die dünne agrarische Besiedlung, das Fehlen einer eigentlichen Stadtkultur bis ins Hochmittelalter hinein, die Notwendigkeit, Bildung als Rezeption des antiken Erbes zu betreiben und differenzierte Gedanken in einer Fremdsprache auszudrücken, führten dazu, daß die Theologie der Folgezeit eine Sache der *Schulen* war, zunächst der Kloster- und Kathedralschulen, vom Hochmittelalter an der Universitäten und Ordensschulen.

Die Theologie des Mittelalters war *Schulwissenschaft, Scholastik*. Nennenswerte theologische Auseinandersetzungen in der Bevölkerung fanden nicht statt, ganz anders als in den Christengemeinden der altkirchlichen Zeit. Erst mit dem Aufkommen einer Stadtkultur im Gefolge der Kreuzzüge, vor allem in Oberitalien und Südfrankreich, gab es eine erste Teilnahme der Bevölkerung an theologischen Fragestellungen. Die Armutsbewegung, deren alternative Lebensmodelle durchaus theologisch begründet wurden, breitete sich in den beiden bald häretisierten Hauptrichtungen der Katharer und Waldenser aus; die kirchliche Antwort auf ihre Anliegen war – positiv – die Entstehung der Bettelorden, vor allem der Franziskaner und Dominikaner, und – negativ – die Einrichtung der Inquisition.

Erst seit dieser Zeit wurden – auch – theologische Bestrebungen Sache der Christen selbst, in regional sehr unterschiedlichen Maßen, und flackerten von Zeit zu Zeit auf (z. B. die Bewegung der Hussiten in Böhmen), wurden aber immer wieder unterdrückt, bis sie sich in der Reformation zu Beginn der Neuzeit teilweise durchsetzen konnten. Bis dahin aber und selbst dann noch für weiteste Teile der Christenheit blieb Theologie eine Schulangelegenheit, ihre Streitigkeiten Sache von Fachleuten; eine nennenswerte Resonanz in der Bevölkerung läßt sich nicht feststellen. Verstärkt wurde diese Separierung der Theologie durch das mittelalterliche Feudal- und Zunftwesen; der Stand bestimmte die – lebenslange – Aufgabenzuweisung und Tätigkeit, und der Schuster blieb bei seinen Leisten.

Viele Theologen besaßen allerdings durchaus einen unmittelbaren oder wenigstens mittelbaren Kontakt zur Seelsorge (z. B. der theologische Lehrer künftiger Franziskanerprediger) und damit auch zum Denken des Volkes. Man darf durchaus vermuten, daß die Theologie nicht gänzlich an dem Denken, den Sorgen und Problemen der damaligen Menschen vorbeiging; anders hätte sie ihre hohe gesellschaftliche Stellung weder erringen noch behaupten können. Auch hat die Rekrutierung des – seit dem Hochmittelalter zunehmend zölibatären – Klerus aus »normalen« Familien (also nicht aus dem »Pfarrhaus«) immer wieder dem allgemeinen Empfinden Einlaß verschafft. Dennoch aber hat die Separierung der Theologie an Klöster und später Universitäten die Ausbildung eigener – beinahe esoterischer – Denk- und Sprachtraditionen begünstigt, die nur dem Insider verständlich waren.

Diese Eigentümlichkeiten des Mittelalters sind nicht in allen Regionen oder Epochen in gleichem Maße ausgeprägt. Z. B. hat sich die Antike »wie ein nie abgebrochener Strom durch das christliche Italien geschlungen, unterirdisch im Mittelalter, um im Italien der Renaissance dann ans Tageslicht zu treten«. Italien sei deswegen weniger »von der kirchlichen Kultur des Mittelalters ergriffen« worden[12]. Auch Spanien kennt im frühesten Mittelalter ein Fortleben antiken Denken[13]. Diese und ähnliche regionalen Besonderheiten müssen im folgenden unberücksichtigt bleiben.

Die theologische Entwicklung im Mittelalter hat verschiedene Stadien durchlaufen. Die Zeit des Frühmittelalters kann man, mit *Martin Grabmann*, als »Vorscholastik« bezeichnen[14] (ab 7./8. bis zur ersten Hälfte des 11. Jahrhunderts); damals bildete sich allmählich der Schulbetrieb aus und fand zu ersten festen Formen. Während dieser Epoche kam es schon zu einem bedeutenden Höhepunkt des theologischen Geschäfts während der sogn. Karolingischen Renaissance.

Das Hochmittelalter wird in zwei theologische Etappen untergliedert: Einmal die *Frühscholastik* (2. Hälfte 11. und das 12. Jahrhundert); die theologische Wissenschaft wird selbständiger und schafft eigenständige Entwürfe, es kommt zu ersten bedeutenderen Schulbildungen (z. B. die Schulen von Chartres und von St. Viktor in Paris). Zum anderen die *Hochscholastik* (13. und frühes 14. Jahrhundert), die eigentliche Blütezeit der Theologie im Mittelalter.

Das Spätmittelalter deckt sich wiederum mit der *Spätscholastik* (14. und 15. Jahrhundert), sofern nicht schon neue Ansätze (z. B. Humanismus, Renaissance) ein gänzlich andersartiges Denken ankündigen. In der Spätscholastik gerät die mittelalterliche Theologie in eine Krise, ihre alten Sicherheiten wanken, die Methoden greifen nicht mehr. Eine neue Zeit kündigt sich an.

12 *Theodor Steinbüchel*, Christliches Mittelalter, Darmstadt 1968, 43; vgl. auch *Franz Overbeck*, Vorgeschichte und Jugend der mittelalterlichen Scholastik. Eine kirchenhistorische Vorlesung. Aus dem Nachlaß hrsg. von *C. A. Bernoulli* (unveränderter reprograph. Nachdruck von Basel 1917), Darmstadt 1971, 142.143.

13 Vgl. z. B. *F. Overbeck*, ebd. 141.142.

14 Die Geschichte der katholischen Theologie seit dem Ausgang der Väterzeit, (unveränderter Nachdruck von [1]1933), Darmstadt [2]1961, Erster Abschnitt, 1. Kapitel, »§ 1. Die Zeit der Vorbereitung (Vorscholastik)«, 25–29.

Die theologische Entwicklung des Mittelalters. Ein Überblick

Epochen der Theologie/Geschichtsepochen	*Philosophische Einflüsse*
Dionysius Areopagites, um 500; Boëthius, † 524; Maximus Confessor, † 662	
„Vorscholastik"/Frühmittelalter	*Augustinismus/Platonismus/Neuplatonismus* ↓
(ab 7./8. s) Beda Venerabilis, † 735 *Karolingische Renaissance*: Johannes Scottus Eriugena, † 877/Gottschalk, † 867/9. Dialektiker/Antidialektiker	
Frühscholastik/Hochmittelalter	
(2. Hälfte 11. s./12. s) Anselm v. Canterbury, † 1109; Petrus Abaelard, † 1142 *Schule von Chartres* (Kathedralschule): Bernhard Thierry; Bernard Silvestris; Gilbert de la Porrée; Wilhelm v. Conches; Nikolaus v. Amiens; Johannes v. Salisbury; → Alanus ab Insulis, Zist., *Schule von St. Viktor* (Klosterschule/Augustinerchorherren): Wilhelm von Champeaux; Hugo, † 1141, Richard, † 1173; Adam; Gottfried; Walter; Thomas Gallo von Vercelli Bernhard v. Clairvaux, † 1153; Petrus Lombardus, † 1160	
Hochscholastik	*Aristotelesrezeption* *Arabisch/jüdische Philosophie* ↓ ↓
(13. s./frühes 14. s.) *Universitäten*: Paris (ab 1200); Oxford; Bologna; Padua; Neapel (ab 1224) *Studienhäuser* der Orden, vor allem: Franziskaner, Dominikaner, Augustinereremiten; Karmeliten *„Pariser Schule"*: Wilhelm von Auxerre; Philippus Cancellarius, Wilhelm von Auvergne	

Franziskanerschule	*Dominikanerschule*	*Schule von Oxford*
(Ältere) Alexander v. Hales, † 1245; Johannes de Rupella, † 1245	*(Ältere)* Roland von Cremona, † 1259 u. a.	Robert Grosseteste, † 1253, Franziskaner; Roger Bacon, † 1292, Dominikaner; Thomas von York, † 1260, Franziskaner
(Mittlere) Bonaventura, † 1274; Raimundus Lullus, † 1316	—— ——	
(Jüngere) Johannes Duns Scotus, † 1308 → Skotisten	Albertus Magnus, † 1280; Thomas von Aquin, † 1274; Aegidius Romanus, † 1316 (Augustinereremit)	
Artisten u. Averroisten		*Weltklerus*
Siger von Brabant, † 1284 u. a. (→ Johannes von Janduno, Marsilius von Padua, 14. Jh.)		Gerhard von Abbatisvilla, † 1272; Heinrich von Gent, † 1293; Gottfried von Fontaines, † 1306
Mystik		

Spätscholastik/Spätmittelalter

(frühes 14. s./15. s.)
Durandus von S. Porciano, † 1334, Wilhelm Okkham, † 1349, Johannes Wyclif, † 1384, Johannes Hus, † 1415, Nikolaus von Kues, † 1464

1.5 Die abendländische These[15]

Das Mittelalter, und damit das Abendland, stand von Anfang an unter einer *gewaltigen Herausforderung*: das so überlegene Erbe der Antike sich zu eigen zu machen. »Das christlich-europäische Mittelalter unterscheidet sich von der Ungebrochenheit anderer ›Mittelalter‹ durch eine schon von Anfang an angelegte Gespaltenheit seiner Kultur, welche darin begründet ist, daß jene Gemeinschaft, welche dem Mittelalter seine Religion brachte, die Kirche, nicht mit dieser Zeit geboren, sondern das Ergebnis und Erbe der Endstufe der vorausgegangenen, der antiken Kultur war«[16]. Dies allerdings kennzeichnet seine Situation noch nicht hinreichend; gab und gibt es doch überall in der Welt kulturelle Vermittlungsprozesse, in denen eine höher entwickelte Kultur in einen Raum mit weniger differenzierten Traditionen übergreift (z. B. Vermittlung des griechischen Denkens in den Westen des Mittelmeerraums oder der europäischen Kultur nach Afrika usw.).

Die Eigentümlichkeit der abendländischen Ausgangsposition wird erst durch einen zusätzlichen Aspekt deutlich: *Die Begegnung mit der Antike ereignet sich als Begegnung mit dem Christentum, die Rezeption der Antike war ein Moment der Rezeption des christlichen Glaubens.* Dieser aber trat den germanischen und keltischen Populationen mit dem Anspruch entgegen, (1) *göttliche Offenbarung* zu sein, mehr noch (2) – aufgrund der lateinischen Ausprägung des Christentums –: *ewiges göttlich-autoritatives Gesetz*, das vom Menschen in *Gehorsam* anzunehmen ist.

Der christliche Glaube aber, der in der Mission verkündet wurde, war nicht mehr einfachhin der Glaube an eine letzte Sinnerfüllung und -verheißung in Jesus Christus, war auch nicht nur Rezeption von Altem und Neuem Testament, sondern wurde repräsentiert *durch das Gesamt der altkirchlichen Überlieferung*. Christlicher Glaube: das war Nizäa und Chalkedon, das war die Trinitätslehre und die Christologie und die Gnadenlehre, das war: *Irenäus, Origenes* und – immer wieder – *Augustinus*. Wenn also im Mittelalter von der *fides* (Glaube) die Rede ist, ist die jahrhundertelange altchristliche Dogmenentwicklung gemeint, Ausdruck *objektiver* Offenbarung, und in dieser hatten, wenn auch von wesentlich minderer Geltung, die »heidnischen« grie-

[15] Ansätze zu den im folgenden dargelegten Gedanken finden sich am ehesten bei *Ferdinand Christian Baur*, Lehrbuch der christlichen Dogmengeschichte (unveränderter reprogr. Nachdruck von ³1867, Darmstadt 1968, 198–200; 221–223 usf.

[16] *Alfred von Martin*, Kultursoziologie des Mittelalters, in: Handwörterbuch der Soziologie, Stuttgart 1931, 371.372.

chischen und lateinischen Schriftsteller und Philosophen ihren – propädeutischen – Platz.
Der frühe Abendländer konnte nicht realisieren, daß die altkirchlichen Dogmen ihrerseits kulturbedingte Aneignungsversuche des Glaubens darstellen, weil er – aus keltischem und germanischem (bald auch: lateinischem) Denken herkommend – ganz andere Rezeptionsmuster mitbrachte. Die altkirchliche Theologie schien ihm so von ganz anderer Art zu sein als sein eigenes Denken, eben *Niederschlag göttlicher Offenbarung*.
Durch das Zusammentreffen der Vermittlung einer überlegenen Kultur *und* gleichzeitig *dieser* Kultur *als* Ausdruck göttlicher Offenbarung und auctoritas wurde die Herausforderung an das Abendland ins Gigantische übersteigert. Die fides – und somit diese Kultur – begegneten mit dem Anspruch *göttlicher Absolutheit*; die Forderung nach Rezeption entsprach dem ewigen göttlichen Willen.
Der mittelalterliche Mensch empfand sich dieser göttlichen fides gegenüber, die sich in so schwierigen, ja unverständlichen theologischen und dogmatischen Formulierungen niedergeschlagen hatte, *auf sich selbst zurückgeworfen*; er empfand sich als (bloßes) *Subjekt*. Er realisierte das Unzureichende seines (bloßen) *Denkens*, seines Intellekts, der kaum den Wortlaut der geoffenbarten Sätze verstehen, geschweige denn seine Tiefen ausloten konnte.
Kurz: Er war auf seinen *subjektiven Intellekt* zurückgeworfen, dem die göttliche, objektive, autoritative fides, garantiert von der geistgeleiteten Kirche, gegenüberstand (diese fides wurde zudem – spätestens seit *Pseudo-Dionys* – als »übernatürlich«, also prinzipiell die Möglichkeiten des Denkens überschreitend, angesehen). *Dort objektive fides*, hier Subjekt und Intellekt – das waren die durch den kulturellen und missionarischen Vermittlungsprozeß vorgegebenen Pole.
Die fides aber *mußte* der Abendländer rezipieren, und somit ergibt sich zwangsläufig die *Aufgabenstellung* der mittelalterlichen Theologie, wie sie zuerst, zu Beginn der Frühscholastik, *Anselm* von Canterbury ausdrücklich formuliert hat: *fides quaerens intellectum*, der Glaube verlangt nach Einsicht, oder: der menschliche, subjektive Verstand ist aufgerufen, den Glauben und seine Geheimnisse sich anzueignen, soweit er es vermag.
Hierbei war die fides selbst eine unumstößliche, göttlich vorgegebene Größe; der Verstand des Menschen konnte nur demütig versuchen, in sie einzudringen, nicht aber: sie etwa kritisch in Frage zu stellen[17].

[17] Wenn man so will, kann man auch unter diesem Aspekt das Mittelalter schon mit der Theologie des lateinischen Westens seit etwa 400 beginnen lassen. Auch für *Augustinus* schon gehören die Ergebnisse der östlichen Trinitätsdiskussion und Christologie zu den fest vorgegebenen Glaubensmysterien, die selbst nicht

Die Aufgabe, den altkirchlichen Glauben (und die zu ihm hinführende »heidnische« antike Literatur) sich anzueignen, vollzog das Abendland in verschiedenen Schritten, die den theologiegeschichtlichen Epochen entsprechen: In der *»Vorscholastik«* ging es zunächst um ein – beinahe – technisches Sammeln und Tradieren des Glaubens- und Wissensstoffes, um das Erlernen des Lateinischen sowie der grammatischen, rhetorischen und logischen Regeln. In dieser vorwiegend rezeptiven Epoche kommt es aber – vor allem im Gefolge der »karolingischen Renaissance« – zu ersten bedeutenden und erstaunlich eigenständigen theologischen Entwürfen (vor allem ist hier *Johannes Scottus Eriugena*, † 877, zu nennen). Gegen Ende dieser Zeit entsteht eine Auseinandersetzung, die auch noch in die Frühscholastik übergreift: Zwei (Schul-)Parteien, Dialektiker und Antidialektiker bzw. Traditionalisten, stehen einander gegenüber; die ersteren pochen auf die (modern ausgedrückt) »Autonomie« ihres (subjektiv betätigten) Intellekts, die Antidialektiker vertreten die absolute Dominanz der Glaubenstradition, der fides. Die für das Abendland konstitutive Prämisse, der Konflikt zwischen fides und intellectus, tritt zum erstenmal gesellschaftlich in Erscheinung.
Die *Frühscholastik* bereitet die »reife« Gestalt scholastischen Denkens vor: fides und intellectus werden als spannungsgeladene Pole zueinander in eine synthetische Beziehung gebracht, und zwar so, daß dem Denken hierbei durchaus ein großer Raum zugestanden wird, obwohl der Primat der fides unangefochten gilt. Hierbei werden die Gewichte verschieden gesetzt: Für *Anselm* von Canterbury († 1109), den »Vater der Scholastik«, führt der Glaube den Verstand – wenn man so will – »problemloser« an, obwohl auch er versucht, so (voraussetzungslos) zu denken, als ob es die Offenbarung nicht gäbe (er kommt aber selbstverständlich durch sein Denken zu den vom Glauben her vorgegebenen Ergebnissen); dagegen sieht der eigenwillige *Petrus Abaelard* († 1142) in dem genannten Bezugsfeld viel mehr Dissonanzen, Widersprüche und Schwierigkeiten, die er auch festhalten will (aber auch er zieht die fides niemals grundsätzlich in Zweifel). Am Ende dieser Periode, gleichzeitig der Übergang zur nachfolgenden Epoche, schafft *Petrus Lombardus* († 1160)die klassische *literarische* Ausdrucksform des scholastischen Denkens: In seinen Sentenzenbüchern (Sententiarum libri IV) sammelt er – thematisch geordnet – autoritative Texte der Glaubenstradition und verknüpft sie mit Interpretationen; fides und intellectus werden literarisch einander gegenübergestellt und miteinander kombiniert. So gut wie alle späteren Theologen haben diesen Sentenzenkommentar als eine Art von Schulbuch benutzt und ihrerseits wieder – mehr oder weniger originell – kommentiert.

mehr in Frage gestellt werden, in die er aber mit den Mitteln des Verstandes eindringen will (Vgl. *Richard Reitzenstein*, Antike und Christentum. Vier religionsgeschichtliche Aufsätze, Sonderausgabe, Darmstadt 1963,67: Für Augustinus zählen »nur *ratio* und *auctoritas*«). Ähnliche Voraussetzungen hat die Theologie des *Boëthius* oder des *Maximus Confessor*; auch hier läßt sich schon die Polarität von fides und intellectus aufweisen. Dieser Spannungsbogen war mit der Vermittlung der östlichen Theologie in einen zwar verwandten, aber doch von anderen Bedingungen geprägten Kulturkreis gegeben. Er wurde aber im Mittelalter radikal verschärft durch das intensiv erlebte Kulturgefälle.

In der *Hochscholastik* schließlich kommt die *ungleichgewichtige Synthese* zu ihrer vollkommenen Gestalt; Glauben und Wissen werden – unter selbstverständlicher Führung des Glaubens – zu gewaltigen theologischen Gebäuden zusammengeführt. Bester literarischer Ausdruck dieses Denkens ist – neben den Sentenzenkommentaren – die Summenliteratur, die nach Art einer gotischen Kathedrale die erkennbare Wirklichkeit transparent macht auf das Geheimnis der fides hin oder umgekehrt die Welt des Glaubens denkerisch durchdringt; die Untersuchung einzelner Fragestellungen in den Quaestiones gleicht der Detailarbeit der Steinmetze bei der Ausgestaltung des Doms.

In dieser Zeit ist das Denken seiner selbst bewußt und sicher geworden, so daß es sich nicht scheut, auch die schwierigsten Glaubensgeheimnisse zu erörtern. Ja, es erkämpft sich sogar im Bereich der Philosophie einen gewissen Freiraum im Anschluß an *Aristoteles* und das Postulat der conversio ad phantasma. Das geht so weit, daß *Thomas* von Aquin († 1274) für eine gewisse Freiheit der Philosophie von der Theologie plädiert und auf dem Recht besteht, im Bereich des Denkens auch zu von der fides abweichenden Ergebnissen kommen zu können; gegen Angriffe frommer Eiferer schreibt er an seinen Ordensgeneral: »Ich sehe nicht (ein), inwiefern es die Glaubenslehre betrifft, wie die Worte des Philosophen (*Aristoteles*) ausgelegt werden«[18]. Dennoch aber verbleiben die Hochscholastiker im Grundansatz fraglos bei der Priorität der vorgegebenen fides.

Schon im Hochmittelalter ziehen neue Kräfte herauf: Die Philosophie versucht, sich stärker vom Glauben zu emanzipieren, die Rechtswissenschaften beziehen sich neben dem kanonischen auch auf das römische Recht, in der Mystik artikuliert sich das Subjekt auf persönlichere Weise, »nationale« Egoismen nagen an der Einheit des Imperium, für den Staat werden neue, von der fides »autonome« Begründungen (Volkssouveränität) gesucht. In der *Spätscholastik* kommen diese Tendenzen zum Durchbruch, die mittelalterliche Synthese von Glauben und Wissen zerfällt. Die Philosophie, das Denken, verliert die Stütze im Glauben und fängt deswegen an, an sich selbst zu zweifeln (Nominalismus), die Theologie ihrerseits verzichtet weithin auf die denkerische Durchdringung des Glaubens, die sich durch exzessive und bloß formale Anwendung der Methoden zur flamboyanten Spielerei entwickelt hatte. Die Theologie zweifelt an der Möglichkeit, überhaupt denkerisch zu Gott vorzustoßen (Gott – der ganz andere, der Willkürgott, dessen Willen das Denken nicht erreichen kann), und will sich mehr praktisch an der Offenbarung, vor allem der Bibel, orientieren, in der die Gebote Gottes für die konkrete Lebensgestaltung zu finden sind (Biblizismus).

Die Zeit ist gekommen für eine große Umwälzung, die Antithese zur mittelalterlichen These. Mit Beginn der *Neuzeit* emanzipieren sich – ein allmählicher, dennoch gewaltsamer Vorgang – Subjekt und Intellekt von der vorgegebenen Autorität der fides, im »cogito ergo sum« des *Descartes* wird das bisherige

[18] Responsio ad Magistrum Joannem de Vercellis de articulis XLII (übersetzt nach dem Abdruck des lateinischen Zitats bei *Martin Grabmann*, Mittelalterliches Geistesleben. Abhandlungen zur Geschichte der Scholastik und Mystik, München 1926, 309).

Koordinatensystem auf den Kopf gestellt, und findet die Revolution ihre schlagwortartige Formulierung; in der »Kritik der reinen Vernunft« *Kants* wird die schöpferische Kraft der subjektiven Vernunft später auf den Begriff gebracht. In der Reformation befreit sich das Subjekt von der Autorität der Kirche, die Wissenschaften lösen sich von der Herrschaft der Theologie usf. Wie ein Kind, das einer übermächtigen Vaterfigur gegenüberstand (und daran nicht zerbrach), löst sich das Abendland von der göttlich-autoritativen Vorgegebenheit der fides, die gewaltige Herausforderung fand eine gewaltsame Antwort (die allerdings immer noch – in der Gegnerschaft – die Fixierung auf die abendländische These verrät)[19].

Diese Darlegungen mögen verständlich machen, daß *die Geschichte des Abendlandes eine Emanzipationsgeschichte von Intellekt und Subjekt* gewesen ist, über verschiedene Etappen des Lernens, der versuchten und vollendeten Synthese, des Zerfalls der Synthese bis hin zur Antithese (Vielleicht ist die »Moderne« dadurch gekennzeichnet, daß der antithetische Charakter der erreichten subjektiven und intellektuellen Autonomie entfällt). Die dem Abendland in den Schoß gelegte Problematik erklärt auch – darüberhinaus – den spezifischen abendländischen Intellektualimus (bis heute).
Von daher besteht auch die Leistung der mittelalterlichen Theologie *weniger in der inhaltlichen Lehrentwicklung* – so wie in der Antike. Hier hat die Bindung an die – altkirchliche – fides im Prinzip nicht mehr zugelassen als verschiedene, kulturspezifische Varianten der Aneignung sowie die scholastische, d. h. schulmäßige Ordnung, Systematisierung und Differenzierung der ererbten Traditionen; diese waren allesamt einer fremden, eben der hellenistischen Kultur und dem in ihr heimisch gewordenen Christentum entsprungen und *selbst nicht Ausdruck des eigenen Zugangs zum Glauben*, sie blieben Sache der Schule, ihre Rezeption war nur durch die Verknüpfung mit dem Autoritätsgedanken möglich. Das mittelalterliche Christentum hatte keine Chan-

[19] Es ist ein verbreiteter Irrtum, den Beginn der Neuzeit auf Renaissance und Humanismus zurückzuführen. Zwar verstärkten diese Strömungen die Kenntnis der Antike und brachten durchaus neue Formen; aber erstens fallen sie keineswegs aus dem Strom der Beschäftigung mit der Antike im Mittelalter grundsätzlich heraus und zweitens haben sie den Geist der Kritik – bei genauerem Hinsehen – nicht entscheidend vorangetrieben. Dieser Durchbruch ist vielmehr aus den spezifischen mittelalterlichen Bedingungen zu erklären. Lediglich in einem Punkt scheint es einen tieferen Zusammenhang zwischen neuzeitlichem Denken und Renaissance/Humanismus zu geben: Die neuzeitliche Antithese zur tradierten fides (und ihren Implikationen, vor allem: der Kirche) *brauchte in ihren Anfängen noch eine neue, andere Autorität, auf die sie sich stützen konnte.* Diese Funktion übernahm die »heidnische« Antike – eine Instanz, die aus der mittelalterlichen Tradition heraus eine gewisse Legitimität mit sich brachte. *Dieser Gebrauch* des Rückgriffs auf die Antike aber ist selbst Ergebnis der *mittelalterlichen* Problemgeschichte. Vgl. u. 434.435.

ce, den Glauben auf spontane, originäre Weise zu rezipieren – die autoritative Vermittlung war vorgegeben –, und konnte so kaum eine inhaltliche Dogmenentwicklung zustande bringen. Die Ansätze der wirklich eigenen Rezeptionsmuster sind somit *nur verdeckt* gegeben – unter dem Mantel nicht nur fremdsprachlicher Aussagen, sondern fremdkultureller Denkfiguren.
Die eigentliche theologiegeschichtliche Leistung aber verlief auf dem Felde der *formalen Problematik von fides und intellectus.* Hier erkämpften sich Subjekt und Intellekt ihren Raum. Hierfür geben allerdings die theologiegeschichtlichen Epochen nur die ungefähren Entwicklungsschritte an. Quer durch das Mittelalter aber finden sich einzelne Gestalten, deren Problembewußtsein weit ihrer Zeit vorauseilte und die – in einigen Punkten – schon (fast) neuzeitliche Positionen vertraten, von *Johannes Scottus Eriugena* über *Petrus Abaelard* bis hin zu *Nikolaus* von Kues. Dennoch aber blieben auch sie Menschen des Mittelalters und haben seine Bedingungen nicht überspringen können.

1.6 Die neuen soteriologischen Fragestellungen

1.6.1 Die lateinische Grundfigur

Was Menschen in einem »letzten« Sinn befürchten und erhoffen, kann nicht verordnet werden; jede Kultur kennt ihre spezifische Art, die Sinnfrage zu stellen. Will das Christentum von den Menschen einer Kultur rezipiert werden, muß es ihre Frage so aufgreifen, daß seine Verkündigung Jesu Christi als *die* Antwort verstanden wird. Dieses Gesetz hatte sich schon in der Antike als wirkmächtig erwiesen.
Im Mittelalter missionierte die Kirche vor allem die ethnischen und kulturellen Gruppen der Kelten und Germanen (und Slawen)[20]. Man könnte jetzt also – in Parallele etwa zur Hellenisierung des Christentums – so etwas wie eine Keltisierung oder Germanisierung des Glaubens erwarten. So einfach allerdings verlief die Geschichte nicht.
Zwar brachten beide Bevölkerungsgruppen geformte kulturelle Traditionen mit sich, anders aber als in der Antike ist die auf dieser ethnischen Basis entstehende Kultur mit einem überragenden Fremdelement konfrontiert worden: der – verkürzt gesagt – christlichen Latinität bzw. dem lateinischen Christentum (und durch seine Vermittlung dem gesamten altkirchlichen Christentum). Dieses Element wurde

[20] Die slawische Mission und die Kirchen des östlichen Europa sollen hier unberücksichtigt bleiben, um die Untersuchung nicht allzusehr ausweiten zu müssen.

nun nicht einfachhin als fremd abgestoßen, sondern in die neue Kultur Europas integriert, es konstituiert erst recht eigentlich das Abendland.

Weil die sich bildende abendländische Kultur nicht eine Fortentwicklung von Germanen- und Keltentum, sondern allenfalls eine keltische und germanische Aneignung des lateinischen Christentums gebracht hat[21], fand hier – aufgrund von Kulturgefälle und Missionierung – ein *Transformationsprozeß* statt, der so weit ging, daß auch die soteriologischen Raster der lateinischen Antike *zuinnerst* angeeignet wurden. Bis in die Neuzeit (und z.T. die Moderne) hinein, die unter dieser Hinsicht eben »abendländisch« geblieben ist, geht es soteriologisch *um die Rechtfertigung des Sünders auf eine lateinische Art:* Die Menschen leiden daran, daß ihr Leben bis in die Tiefe hinein ungerecht ist, weil sie von Anfang an und immer neu die göttlich auferlegte Ordnung zerstört haben; durch ihre Auflehnung gegen Gottes Willen, gegen sein Gesetz, sind sie dem Gericht verfallen. »Gott« als Bezugspunkt der eigenen religiösen Identität erscheint ganz als metaempirische rechtsetzende Kraft, als absoluter Wille, als Inbegriff der Gerechtigkeit. »Erlösung« wird in diesem Kontext ansichtig als Aufhebung des Zustandes der Ungerechtigkeit, als Rechtfertigung, die aber so beschaffen sein muß, daß einmal die rechtlichen Bedingungen (Bestrafung, Bezahlung der Schuld, Gerechtigkeitsverlangen Gottes usw.) erfüllt werden und zum anderen die ursprüngliche Ordnung – allenfalls noch ein wenig besser – wieder aufgerichtet wird.

Dieser Raster hat viele Ähnlichkeiten mit judenchristlichen, z.B. paulinischen Gedankengängen und konnte somit auch mit den Worten biblischer Autoren verbalisiert werden; dennoch aber kommt hier Neues zum Tragen[22]: Der Wille Gottes ist nicht die unmittelbare geschichtliche Anforderung an Israel (wie z.B. im mosaischen Gesetz oder in der Umkehrpredigt der Propheten) oder die Jüngergemeinden, sondern ist ein metahistorisches Datum, die lex aeterna; ihr Ergebnis ist ein Ordo, der in der Geschichte bloß seine zeitliche Erscheinung findet. Auch die Sünde tangiert ewige Ordnungen, so daß jede mögliche Heilsperspektive ihre »metaphysische« Wiederherstellung erfordert.

In dieser lateinischen Soteriologie begegnen wir der Grundfigur der abendländischen religiösen Fragestellung. Von daher wird verständlich, daß (die hellenistische) Christologie und Trinitätslehre z.B. nur

[21] Lediglich die irische und bald iroschottische Kirche und ihre Mission brachten *eigene* soteriologische Muster hervor (vgl. u. 4). Diese aber konnten sich nicht halten und wurden später von der lateinischen Tradition zurückgedrängt.

[22] Vgl. o. Teil II 4.3.2.3.

schulmäßig aufgegriffen und diskutiert wurden; was das Mittelalter wirklich beschäftigte, waren die Themen der Gnaden- und Sakramentenlehre, also die Gebiete, die schon in der lateinischen Theologie des 4. und 5. Jahrhunderts in den Vordergrund getreten waren. Beide haben es mit der Rechtfertigung und ihren Vermittlungsmechanismen zu tun.

Schon für die Zeit bald nach *Augustinus* stellt *Alfred Adam* fest: »Die Gnadenlehre Augustins beherrschte das theologische Denken jener Zeit, so daß weithin die Botschaft von der zugeteilten Gnade Gottes als die Mitte des christlichen Glaubens galt... Als dunkler Hintergrund des augustinischen Systems zeichnete sich mehr und mehr die Prädestinationslehre ab und trat zu dem sich verfestigenden Semipelagianismus in deutlichen Widerspruch«[23]. Diese Problematik und die Diskussion ihrer immanenten Schwierigkeiten und Spannungen beherrschte auch die folgenden Jahrhunderte.

Im Rückblick erscheint so das lateinisch-*antike* Christentum schon *als Beginn des Mittelalters*, in dessen Verlauf seine Anliegen fortdauerten. Diese Zuordnung läßt sich auch von der Stellung der westlichen Theologie noch *während* der altkirchlichen Zeit begründen. Zwar gehörte der lateinische Westen zum Großraum des Hellenismus; dennoch aber ist diese Zugehörigkeit von dem Augenblick, in dem sein Proprium deutlicher in den Vordergrund trat, problematisch. Aufgrund der gänzlich anderen Soteriologie waren dem Westen die im Osten entstandenen christologisch-soteriologischen Rezeptionsmuster fremd. Er hat sie nur beinahe pflichtgemäß (*Alfred Adam:* »als mitgehende und verstehende Zustimmung«)[24] akzeptiert, nicht aber in ihnen seine eigenen Fragen wiedererkannt. So ist schon damals im Westen die Übernahme der spezifisch hellenistischen Topoi mit dem Autoritäts- und Gehorsamsgedanken verknüpft worden.

Sowohl das antik-lateinische wie das mittelalterlich-lateinische Christentum mußte infolgedessen versuchen, den Glauben an Jesus als *ihren* Heilsmittler auf eine Weise zu formulieren, daß seine unverzichtbare soteriologische Funktion deutlich wurde. Dies konnte allerdings nur so geschehen, daß hierbei die autoritativ übernommenen östlichen Sprachmuster benutzt wurden. *Die eigenen Anliegen konnten sich also keine völlig neue Sprache schaffen*, die vorgegebenen Formeln mußten benutzt und mit ihrer Hilfe Neues ausgesagt werden. Die lateinische Christologie beider Epochen kann also nur verdeckt unter dem gemeinsamen Mantel altkirchlicher, vor allem chalkedonischer Sprache aufgespürt werden.

[23] Lehrbuch der Dogmengeschichte, Bd. 2, a.a.O. 22.
[24] Ebd. 15.

1.6.2 Die keltische und germanische Variante

Den neuen Völkern war mit ihrer Christianisierung aufgegeben, sich die lateinische (-hellenistische) Gestalt des Glaubens als ein autoritativ vorgegebenes System anzueignen. Mit der Zeit haben sie diese Aufgabe erfüllt, »übererfüllt« sogar, indem sie *diese* fides verinnerlicht haben.

Dennoch haben sie in diesen Rezeptionsvorgang ihre eigenen Bedingungen und Voraussetzungen miteingebracht – wenigstens als Variante des überlieferten Erbes. Von vornherein muß man erwarten, daß die Eigenheiten der je spezifischen Kulturtradition am deutlichsten in den ersten Jahrhunderten des Mittelalters zutage treten. Die allmähliche Entstehung der mittelalterlich-universalen Kultur ließ sie dann zunehmend zurücktreten und ihre Konturen verschmelzen. Dennoch haben sie weitergewirkt und sind sicherlich ein Faktor bei der späteren Ausbildung »nationaler« Mentalitäten, wie sie sich im »deutschen« *Luther* oder im »romanischen« *Calvin* (mehr als) erahnen lassen.

Unverständlicherweise sprechen die wenigen Theologiegeschichten, die auf diese Vorgänge eingehen, meist lediglich von der »Wechselwirkung des lateinischen und des germanischen Geistes«[25]. Die Einflüsse der keltischen Tradition bleiben unberücksichtigt, obwohl sie von *Pelagius* über *Johannes Scottus Eriugena* bis hin zu den frühscholastischen Schulen von Chartres und St. Viktor mit Händen zu greifen sind.

1.6.2.1 Das keltische Denken

Die *keltischen Denkweisen* sind nur sehr schwierig zu bestimmen. Sehr früh schon wurden die Kelten romanisiert, und auch in den verbleibenden Sprachinseln hat das Christentum die schriftlichen Zeugnisse über die alte Kultur, z. B. das von christlichen Mönchen in Irland aufgezeichnete Mythenmaterial, beeinflußt. Zwar gibt es eine Reihe von Berichten antiker Autoren über Kelten und Keltentum, naturgemäß haben aber auch sie die Verhältnisse durch ihre eigene Brille gesehen. So bleibt das reichlich vorhandene archäologische Material auf eine seltsame Weise stumm.

Die indoeuropäische Kultur der Kelten hat sich etwa um 500 aus der älteren Urnenfelder-, dann Hallstattkultur entwickelt[26], und über

[25] So *R. Seeberg*, Dogmengeschichte III, 5; auch *A. Adam* übergeht in seiner Dogmengeschichte 2, 15–18, die Kelten.

[26] *Lancelot Lengyel*, Das geheime Wissen der Kelten, enträtselt aus druidisch-keltischer Mystik und Symbolik (übers. von Franz.: Le Secret des Celtes, 1969), Freiburg i. B. ²1981, 19, nimmt die Zeit zwischen 950 und 700 v. Chr. an. Andere Autoren reden schon vom 13./12. Jahrhundert an von Kelten. Die Divergenz in

weite Gebiete Europas, ja bis nach Kleinasien (Galatien), ausgebreitet. Römische und griechische Autoren schildern uns die Kelten als recht unzivilisierte bäuerliche Menschen. Die Archäologie allerdings zeigt uns differenzierte Gesellschaften mit beachtlichen handwerklichen und künstlerischen Traditionen.

Eine große Rolle spielten die Druiden (»die Vielwissenden«), von *Cäsar* als eine Art von Wanderpriestern dargestellt. Sie genossen hohes gesellschaftliches Ansehen und wurden auch zur Regelung von Rechtsstreitigkeiten herangezogen. Ihr nach langer Ausbildung erworbenes Wissen durfte nicht an Außenstehende weitergegeben, also auch nicht aufgeschrieben werden. Die spätere, relativ problemlose Missionierung Irlands sowie das Fehlen von Martyrien dort scheint ein Hinweis zu sein, daß das junge Mönchtum in diesen Kreisen Anklang gefunden und sich aus ihnen rekrutiert hat.

Die Kelten brachten von ihrer indogermanischen Wurzel schon bestimmte religiöse Auffassungen mit[27]. Dennoch haben sie ein eigenständiges System ausgebildet. Schon auf den ersten Blick fällt die übergroße Zahl von Göttern auf. Rund 400 Namen sind noch überliefert. Manche von ihnen hatten sicherlich nur eine lokale oder temporäre Funktion; etwa 70 aber könnten überregionale, vielleicht sogar gemeinkeltische Bedeutung besessen haben.

Allein diese Zahlen lassen vermuten, daß die einzelnen Gottheiten wohl kaum *als Individuen* von großer Bedeutung waren (Vergleichbar etwa der vedischen oder auch der sumerischen oder ägyptischen Religiosität), sondern mehr mannigfaltige Erscheinungen des Göttlichen repräsentierten. So ist auch oft unklar, ob es sich bei den einzelnen Namen immer um je verschiedene Individuen handelt oder oft nicht nur um verschiedene Bezeichnungen bestimmter Götter. Der (ein?) Hauptgott Lug z. B. kann Esus oder Teutates genannt werden; letztere figuruieren ansonsten aber auch als selbständige Größen[28].

Gerade diese Unbestimmtheit, die wenigstens in einigen genauer bekannten Fällen zur Vermischung von ansonsten eigenständigen Göttern oder auch – umgekehrt – zur Verselbständigung einzelner Aspekte einer Gottheit zu neuen Göttern führte, verrät eine nur schwache Personalisierung des Gottesgedankens.

Nach *Françoise Le Roux-Guyonvarc'h* kann man nicht eigentlich von

den Zahlenangaben hängt davon ab, ob man die Vorgängerkulturen schon als »keltisch« versteht oder erst die Angehörigen der Latènekultur so bezeichnen will (so benannt nach einer wichtigen Fundstätte in La Tène in der Schweiz).

27 Vgl. hierzu den Abschnitt »Das indoeuropäische Erbe« bei *Mircea Eliade*, Geschichte der religiösen Ideen, II. Von Gautama Buddha bis zu den Anfängen des Christentums, Freiburg, Basel, Wien 1979, 126–130.

28 Nach *Hermann Noelle*, Die Kelten, Bergisch Gladbach ²1980, 168, verhält es sich umgekehrt: Lug war nichts anderes »als eine Modifikation des Teutates«.

einem Pantheon, einem Götterhimmel, sprechen: »Die ›Götter‹ sind eher als metaphysische Konzepte zu fassen, die zu einer monotheistischen Tendenz gehören«[29] (unter ›monotheistisch‹ ist hier allerdings das zu verstehen, was wir bisher ›monistisch‹ oder ›pantheistisch‹ genannt haben!). »Im Grunde sind die keltischen Götter unfaßbare Mächte«, schreibt *Hermann Noelle*, »die bald hier, bald dort vortreten, aber viel weniger in ihrer Gestalt als in ihrer Wirkung.«[30]

Die Götter scheinen also vorwiegend Konkretionen oder spezielle Epiphanien des all-einen Naturprozesses zu sein, der selbst das eigentlich Göttliche repräsentiert[31]. Vielleicht ist diese Auffassung der Götter, mehr als Wirkmächte nach dem Modell eines lebendigen Naturgeschehens, der Grund dafür, daß die Kelten ihre Götter nicht – oder erst in der Spätzeit, angeregt durch hellenistische Einflüsse – menschengestaltig darstellten. Allenfalls wächst ein menschliches Gesicht aus einem Stück Holz heraus oder endet in einer Fülle ornamentaler Linien. Von dem Gallier *Brennos* wird berichtet, daß er in Delphi laut gelacht habe, als er die menschengestaltigen Götterbilder sah[32].

Die *Schöpfungsvorstellungen* der Kelten sind recht komplex und nur schwer aus einer Fülle symbolischer Daten zu erarbeiten[33]. Das erste und wichtigste Prinzip ist das einer naturalen Fruchtbarkeit[34], durch die eine spannungsgeladene Bewegung in Gang gesetzt wurde. Für die Menschen gilt die Vorstellung, »daß der Stamm oder das Volk als Ganzes... seinen Ursprung von einem in der Unterwelt verweilenden Urahnen herleitet«[35]. Umstritten sind ihre *Zukunftserwartungen*. Zumindest für die breite Bevölkerung scheint ein langdauerndes (wie lange? »ewig«?) jenseitiges Glück im Vordergrund gestanden zu haben – darauf deuten Textzeugen wie auch die Art der Bestattung und der Grabbeigaben hin –; antike Autoren aber berichten auch von dem Glauben an eine Seelenwanderung, der besonders in druidischen Kreisen verbreitet gewesen sein soll. »Vor allen Dingen suchen die Druiden davon zu überzeugen«, schreibt *Cäsar*, »daß die Seelen nicht vergehen und nach dem Tod von einem Körper in einen anderen wandern.«[36] Vielleicht gehen die in der Literatur zu findenden Plädoyers

[29] Keltische Religion, in: Handbuch der Religionsgeschichte, Bd. 1, a.a.O. 249.

[30] Die Kelten, a.a.O., 162; vgl. *L. Lengyel*, a.a.O. 212.

[31] Ähnlich auch *Kurt Goldammer*, Die Religion der Kelten, in: *Friedrich Heiler*, Die Religionen der Menschheit in Vergangenheit und Gegenwart, Stuttgart ²1962, 547.

[32] Vgl. *F. Le Roux-Guyonvarc'h*, a.a.O. 275.

[33] Die beste Darstellung gibt das Buch von *L. Lengyel*, a.a.O.

[34] Vgl. ebd. 309.

[35] *Jan de Vries*, Keltische Religion (Die Religionen der Menschheit, hrsg. von *Christel Matthias Schröder*, Bd. 18), Stuttgart 1961, 81.

[36] Bellum Gallicum VI 14.

für die Richtigkeit der einen oder anderen Variante zu sehr von heutigen Voraussetzungen aus, nach denen sich die jeweiligen Aussagen gegenseitig ausschließen; es ist aber nicht unvorstellbar, daß beide miteinander (in verschiedenen sozialen Gruppen?) koexistierten, wie es auch etwa beim Übergang von den rigvedischen zu den späteren brahmanischen Konzepten in Indien angenommen werden muß. Wie es auch sei, auf keinen Fall haben die Kelten den Tod als eine alles entscheidende Zäsur betrachtet, eher als einen Wandel in den Formen des Lebens.

Der mehr oder weniger latente, nur oberflächlich (in Göttern) »personalisierte« Monismus der Kelten unterscheidet sich allerdings von dem antiken dadurch, daß hier weniger das *statische* Sein oder die *statische* Gesetzlichkeit im Vordergrund stehen als die göttliche Natur im Sinne eines *lebendigen, organischen Prozesses*, als ein Werden und Vergehen und Wiederneuwerden. *L. Lengyel* faßt die keltische Mentalität so zusammen, »daß *Gott Bewegung* ist, was impliziert, daß ebenso *Schöpfung und letzten Endes auch Existenz Bewegung ist*«[37], oder er spricht von einem »sich in Bewegung befindenden Universum«, so daß es eine »unausweichliche Schicksalsgemeinschaft aller Erscheinungen« gebe[38]. Offensichtlich sahen sich auch die Menschen in dieses Werden hineingenommen, aus ihm hervorgebracht und sich selbst als vorübergehende Gestaltform des Lebendigen. Mit dieser Anschauung scheint auch der Mythos übereinzustimmen, den *Cäsar* von einem Gott, den er als Dis-Pater (vgl. Jupiter) bezeichnet, überliefert; dieser erscheint als eine Art von Vater, von dem alle abstammen, *und* als Totengott, zu dem alle zurückkehren[39]. Auch die keltischen Feste spiegeln das Werden und Vergehen der Natur, der Opferkult diente dazu, die Welt »in Gang zu halten«[40]; insbesondere die nicht seltenen Menschenopfer sollten aus dem Tod neues Leben entstehen lassen (eine Vorstellung, die sicherlich die mittelalterliche Deutung des Todes Jesu beeinflußt hat).

Alois Dempf hat in seinem Buch über die »Metaphysik des Mittelalters«[41] den keltischen Hintergrund des *Johannes Scottus Eriugena* untersucht und spricht von einem »Lebensgefühl gentilizischer Gebundenheit in die Blutsgemeinschaft« und dem »Lebensgrund« als dem »dunklen Schoß aller Individuen«[42]. Er kennzeichnet dieses Den-

[37] A.a.O. 358; vgl. auch 364: »Die Essenz des Universums ist kosmogonische Bewegung. Sie umfängt Götter und Menschen und alles was ist.«.

[38] Ebd. 205.

[39] Bellum Gall. IV 18, 1.2.

[40] *H. Noelle*, a.a.O. 181.

[41] München/Wien 1971 (Nachdruck von München und Berlin 1934).

[42] A.a.O. 38.

ken als »organologischen Naturalismus«[43], als »panvitalistischen Naturalismus«; die Natur sei als »natura naturans«[44] vorgestellt. *L. Lengyel* sieht ebenfalls die Gesellschaft als zentralen Faktor, »in der der Einzelmensch nichts als ein Glied im Gefüge des Stammes war«[45].

So ungenau das keltische Denken aufgrund der schlechten Quellenlage zu greifen ist, so mächtig hat es in der Folgezeit weitergewirkt. Wenn auch nicht exakt umschrieben werden kann, wie auf diesem Hintergrund »der« Kelte »Heil und Unheil« erlebt und gedeutet hat, muß *die soteriologische Frage doch in den Kontext dieses organischen Monismus* eingebettet gewesen sein; seine Hoffnung auf ein Weiterleben z. B. »klammert sich an den Beweis der beobachteten zyklischen Erneuerung der Natur«, so daß der Mensch »an dieser ewigen Wiedergeburt teilhaben« könne[46].

Im Christentum begegneten die Kelten (bzw. die romanisierten Kelten) einem Geschichtsdenken, das dem ihren entgegengesetzt war, das aber in seiner mittlerweile fixierten *Theologie* nicht wenige Ansatzpunkte bot, an denen sich die eigene Position bestätigen konnte – vor allem stoisches, platonisches und erst recht neuplatonisches Gedankengut. Der Kelte *Johannes Scottus Eriugena* hat den christlichen Neuplatoniker *Dionysius Pseudo-Areopagites* übersetzt, und beinahe zwangsläufig dienten neuplatonische Raster dazu, in Reibung mit der biblischen Ausage, Gott als dynamisch-fruchtbares Urprinzip der Welt und die Entstehung der Welt als eine Art von lebendiger Selbstentfaltung Gottes zu begreifen – so bei *Johannes* und auch in der Schule von Chartres[47]. Und für *Duns Scotus* steht die Potentialität des Werdens und das Sein-Können des Menschen im Vordergrund.

Was allerdings auf den ersten Blick wie eine bloße Neuauflage antiker Sprachmuster aussieht, stellt in Wirklichkeit einen Bruch mit der Tradition dar. Das neue keltische Denken »stellt ... die Antike in Frage, machte mit ihren Werten tabula rasa und schuf einen Ausgangspunkt für eine neue Zivilisation[48]. Diese Einflüsse reichten im Verlauf der Geschichte weit über die ethnische Basis hinaus und wurden ein konstitutives Moment der abendländischen Kultur; nicht zuletzt hat die iro-schottische Missionierung Zentraleuropas dazu beigetragen, daß keltische Motive auch außerhalb des eigenen Siedlungsgebietes heimisch wurden.

[43] Ebd. 34.
[44] Ebd. 32.
[45] A.a.O. 319.
[46] *L. Lengyel*, a.a.O. 359.
[47] Vgl. hierzu vom *Verf.*, Die Welt ist Gottes Schöpfung, a.a.O. 62.63.
[48] *L. Lengyel*, a.a.O. 362.

1.6.2.2 Das germanische Denken

Schon vor und dann neben der keltischen entwickelten sich die germanischen Kulturen im nördlichen Mittel- und in Nordeuropa und breiteten sich im Lauf der Zeit über weite Gebiete Europas aus. Eine Fülle von Stämmen, die bald drei größeren Gruppen (Nord-, Ost- und Westgermanen) zugeordnet werden können (?), lassen sich nur recht ungenau unter einem Sammelbegriff zusammenfassen.
Ihre religiösen Vorstellungen sind nicht leicht zugänglich, weil schon recht früh die Begegnung mit dem Römischen Reich und, von rund 400 bis etwa zum Jahre 1000 n. Chr., die Christianisierung eine authentische Entwicklung und auch eine authentische literarische Tradition verhindert haben. Erst seit der Zeitenwende etwa befassen sich antike Autoren (vor allem *Cäsar* und *Tacitus*) mit den Germanen, das archäologische Material wie auch Runeninschriften oder Bildsteine geben nur fragmentarische Auskunft, Zeugnisse aus der Zeit der Christianisierung bieten einige wenige Einblicke. Lediglich aus dem Norden, aus Island, gibt es – recht spät – in den beiden Edden umfangreichere Dokumente des Lied- und Mythenguts; diese lassen allerdings vor allem das nordgermanische Denken deutlicher hervortreten, und sind nicht frei von christlicher Interpretation. So müssen »Versuche, eine urgermanische oder gemeingermanische Religion zu rekonstruieren, ...immer hypothetisch bleiben.«[49]
Der (nord-)germanische Götterhimmel wird von zwei verschiedenen Gruppen beherrscht, den älteren Wanen und den jüngeren Asen; beide Geschlechter leben keineswegs unproblematisch zusammen. Die *Wanen* (der Wortstamm ist mit dem lateinischen »Venus« verwandt)[50] haben es vor allem mit der Fruchtbarkeit zu tun, und in den ihnen zugehörigen Vorstellungen schimmern mutterrechtliche Assoziationen durch; unter ihnen nahmen der Fruchtbarkeitsgott Frey(r) und seine Schwester und Gemahlin Freya eine zentrale Stellung ein. Zu den eindeutig vaterrechtlich geprägten *Asen* gehören die wichtigsten halbwegs gemeingermanischen Gottheiten: Odin (Wotan), Donar (Thor), Ziu (Tyr); diese konnten die Wanen teilweise zurückdrängen, haben sich aber auch mit ihnen vermischt, so daß nicht mehr bei jedem Gott die Gruppenzugehörigkeit eindeutig ist.
Die plausibelste Erklärung für diese beiden Göttergeschlechter wie auch ihre Prägung scheint das vorgeschichtliche Aufeinandertreffen und Verschmelzen einer »männlichen, vaterrechtlichen Welt der hir-

[49] *Lennart Ejerfeldt*, Germanische Religion, in: Handbuch der Religionsgeschichte, Bd. 1, a.a.O. 277; weniger pessimistisch urteilt *Mircea Eliade*, a.a.O. 138.
[50] Vgl. *L. Ejerfeldt*, a.a.O. 285.

tenkriegerischen Völker«[51] indogermanischer Herkunft mit dem »Altbauerntum Eurasiens«[52] zu sein – eine allerdings nicht unumstrittene Deutung[53]. Auf jeden Fall tragen die »zahlreichen Muttergöttinnen der Germanen«[54] wie auch die noch greifbaren Überlieferungen über die Entstehung von Welt, Göttern und Mensch Züge, wie wir sie auch aus den frühen Ackerbaukulturen in anderen Regionen kennen[55]. Nach der in beiden Edden überlieferten Völuspá[56] treten (nach der Version der Edda des *Snorri Sturluson*) Kosmos und Götter nach dem Modell organischen Werdens ins Dasein, »als ein natürlicher Prozeß..., als ein Zusammenfließen und eine Vereinigung der Gegensätze Hitze und Kälte, Licht und Dunkelheit.«[57] Der Name des Riesen Ymir, der als erstes entsteht und aus dem die Götter dann den Kosmos formen, bedeutet »Zwitter«[58] – er trägt noch die beiden Pole geschlechtlichen Daseins in sich.

Auch die Götter gehen aus diesem organischen Prozeß hervor[59], dann aber sind sie es – besonders die Asen –, die das titanische Werk des Ordnens vollziehen, in immer neuem Kampf mit den Mächten des Chaos, symbolisiert vor allem durch die Midgardschlange, die den Lebensraum der Menschen, midgard, umgibt. Am Ende wird es zu einem totalen Zusammenbruch der Welt (Ragnarök) kommen, bei dem auch die Götter vergehen; in einem letzten Kampf töten sich Thor und Midgardschlange gegenseitig. Eingeleitet wird das Ende durch den Tod des Gottes Baldr, der auch in Verbindung steht zu der nach der Katastrophe entstehenden neuen Erde. Es ist allerdings unklar, wie weit diese Schilderungen der Völuspá schon von Motiven der christlichen Eschatologie geprägt sind.

Strukturell scheint »die« germanische Religiosität und damit auch das Selbstverständnis *von zwei entgegengesetzten Polen* bestimmt gewesen zu sein. *Auf der einen* Seite war das Bewußtsein sehr stark, daß Götter,

[51] *Franz Rolf Schröder*, Die germanische Religion, in: Die Religionen der Erde. Ihr Wesen und ihre Geschichte, begründet von *Carl Clemen*, 2. Bd., München 1966, 104.

[52] Ebd. 105.

[53] Vgl. *L. Ejerfeldt*, a.a.O. 284.285; vgl. auch *Mircea Eliade*, a.a.O. 141.142. *Emil Nack*, Germanien. Länder und Völker der Germanen, Wien, Heidelberg ²1977, 109 hält die Wanen für süd-, die Asen für nordgermanisch.

[54] *F. R. Schröder*, a.a.O. 104.

[55] Vgl. hierzu *F. R. Schröder*, ebd. 98–105.

[56] Vgl. zu dem Mythos vom *Verf.*, Die Welt ist Gottes Schöpfung, a.a.O. 26.27.

[57] *L. Ejerfeldt*, a.a.O. 310.

[58] *F. R. Schröder*, a.a.O. 100.

[59] Vgl. hierzu auch: *Wolfgang Golther*, Handbuch der germanischen Mythologie (unveränderter Nachdruck der revidierten Ausgabe von 1908), Stuttgart o. J. (1984?), 502–525.

Welt und Menschen aus dem organischen Prozeß der (anfänglich chaotischen) Natur hervorgegangen sind; es ist für unsere Frage gleichgültig, ob man diese *monistische Komponente* für ein altes Erbe vorgeschichtlicher Bauernkulturen oder auch für ein Resultat der germanischen Tradition selbst hält. Sie wird jedenfalls bestätigt auch durch den starken Schicksalsglauben, der die Menschen und sogar die Götter umfaßt – auch sie unterliegen einem ihnen auferlegten Geschick; ebenso ist das gemeingermanische guda (= Gott) »in vorchristlicher Zeit formal ein neutrum pluralis, das in der ältesten christlichen Sprache in ein masculinum singularis verändert wurde, während die ältere Form als Bezeichnung für die heidnischen Götter beibehalten wurde«[60] – ein Zeichen für die Dominanz des Prinzips apersonaler Göttlichkeit über die Individualität der Götter. Monistisch ist auch der Umstand, daß nach manchen Mythen die Menschen nicht geschaffen, sondern von den Göttern gezeugt oder aus Naturphänomenen einfach gewachsen sind[61]. Auch findet sich im germanischen Volksglauben die Vorstellung von einer Wiedergeburt und Seelenwanderung[62], wodurch die geschichtliche Einmaligkeit des Menschen nivelliert wird. Bis hierhin ähnelt das germanische dem keltischen Verstehen.

Auf der anderen Seite aber spielen die Götter *als Individuen* und *als Handelnde* eine offensichtlich größere Rolle als bei den Kelten. Vor allem sind »die Asen als Einzelwesen viel deutlicher differenziert« als die Wanen[63].

Götter aus diesem Geschlecht haben große Macht über die Welt, den einzelnen wie auch über das Gemeinwesen. Wenn sie auch »keine Vorbilder sittlichen Handelns waren«[64], hatte doch das ethische Verhalten der Menschen mit ihnen zu tun. Verfehlungen waren vor allem Verstöße gegen ein (sachhaftes) Normensystem, aber *auch* Verletzung von (personal empfundener) Pflicht und Treue den Göttern gegenüber.

Die Germanen unterschieden sich – von Einzelmomenten abgesehen – in ihrem ökonomischen, gesellschaftlichen und kulturellen Niveau nicht wesentlich von den Kelten. Auch bei ihnen stehen Sippe und Stamm im Vordergrund; »gentilizisches« Denken[65] dürfte ihnen nicht fremd gewesen sein. Dennoch aber fällt bei ihnen ein gewisser »Perso-

[60] *L. Ejerfeldt*, a.a.O. 282.
[61] Vgl. *W. Golther*, a.a.O. 525–527.
[62] Vgl. ebd. 96.
[63] *R. L. M. Derolez*, Götter und Mythen der Germanen (übers. aus dem Holländischen, Roermond 1959), Wiesbaden 1963, 75.
[64] *R. L. M. Derolez*, a.a.O. 81, vgl. auch 225–258.
[65] Vgl. o. 329.

nalismus« auf. Nach *R. Seeberg* charakterisiert den Germanen »das starke Bewußtsein der Persönlichkeit, ihres Wertes und Rechtes«[66]. Er fährt fort: »Damit hängt das lebhafte Gefühl der persönlichen Freiheit und Ehre zusammen... Hierdurch aber wird die Persönlichkeit zu einem sittlichen Faktor.«[67]
Diese Formulierungen stehen sicher unter dem Einfluß des Persönlichkeitskults des 19. Jahrhunderts wie auch einer Glorifizierung der germanischen Kultur – dies gilt noch mehr für weitere Ausführungen *Seebergs* im selben Kapitel –. Es bleibt aber wohl richtig, daß »personale« Elemente im germanischen Leben eine gewisse Rolle spielten; die Begriffe Treue, Ehre, Führer, Gefolgschaft, Verrat usf. waren emotional stark besetzt. Dieser Aspekt führte auch dazu, daß die soziale Gruppierung nicht *nur* blutsmäßig und organisch gedacht wurde, sondern als Gemeinschaft von Individuen, von Freien, personal-voluntative Züge erhielt. Es scheint im germanischen Raum (zumindest in der Literatur) denkbar, daß – wie im vor 700 entstandenen Hildebrandlied – im »Zwiespalt zwischen Heldenehre und Sippengefühl... die erstere« siegt[68]: Hildebrand erschlägt seinen Sohn.
Kurz gefaßt vereinigt also das germanische Denken monistische *und* personale Tendenzen. Beide Schwerpunkte scheinen nicht miteinander versöhnt zu sein, sondern in einem konflikt- und spannungsreichen Verhältnis zu koexistieren. Einmal gibt es den organologischen Untergrund (Wanen, Fruchtbarkeitskult) und das sachhafte Geschick, daneben aber auch Beziehungen zu persönlichen Gottheiten und deren mächtigem Willensentscheid.

1.6.2.3 Das Weiterwirken keltischen und germanischen Denkens

Trotz der Romanisierung der Kelten und der Christianisierung beider Populationen haben die jeweiligen heimischen Traditionen ihre Einflüsse entfaltet. In einigen Bereichen sind sie auch schon einigermaßen erforscht. Die Auswirkungen der germanischen Rechtsanschauungen, des »Eigenkirchenwesens«, des Herrschaftsdenkens auf das Mittelalter sind bekannt, ähnliches gilt für einige Folgerungen z. B. der iro-schottischen Mission auf ethische Normen, asketische Lebensführung oder das Bußinstitut.
Für die große Theologie aber werden solche Einflüsse meist abgelehnt. *Alfred Adam* ist repräsentativ für die herrschende Meinung: »Einigermaßen frei von germanischen Einwirkungen blieb die Ent-

[66] Dogmengeschichte III, 3. Bd. a.a.O. 15.
[67] Ebd. 16.
[68] *E. Nack*, a.a.O. 226.

wicklung der Theologie, da die fest geprägte Berifflichkeit der lateinischen Kirchensprache ihren Weg im Mittelalter bestimmte.«[69]
Sicherlich ist es richtig, daß die lateinische Kultur und Theologie selbst der zentrale Faktor der mittelalterlichen Kultur wurden. Dennoch aber haben Kelten- und Germanentum in ihrer Rezeption eigene Schwerpunkte eingebracht. Die Missionierung prägte oft zunächst einmal das »offizielle« Leben und Denken, »aber nur langsam wurde das Leben auf dem Hof, in der Familie und im Geschlecht von der neuen Kultur berührt.«[70]
Von dorther aber rekrutierte das Christentum seinen Klerus und seine Mönche. Bevor sie in den Kathedral- und Klosterschulen einem mühsamen und oft gewaltsamen Erziehungsprozeß unterworfen wurden, hatten sie zuhause vielleicht schon den Kampf zwischen Thor und Midgardschlange auf Jesus Christus und den Teufel übertragen, hatten entsprechend ihrem Königtum den Christus rex verehrt[71] und sein Kreuzesopfer mit den germanischen »Königsopfern«[72] oder gar mit dem Schicksal Baldrs in Beziehung gesetzt; ähnlich muß es sich im keltisch geprägten Bereich verhalten haben.
Im Lauf der Jahrhunderte wird die Kenntnis der eigenen Mythentradition verdrängt worden sein. Aber auch dann bleiben Aneignungsmechanismen wirksam, die nicht von heute auf morgen überfremdet werden konnten. Im folgenden soll versucht werden, einige dieser kulturspezifischen Varianten aufzuzeigen.
Mehr als einzelne inhaltliche Vorstellungen aber hat die keltische bzw. germanische *Denkform* ihren Einfluß entfaltet. Sie wurde *als solche* damals nicht reflektiert, wirkte aber fort im grundsätzlichen Verständnis von Gott-Welt-Mensch, so daß alle Termini der antiken und christlichen Tradition neue, andere Bedeutungschwerpunkte erhielten. Sie war konstitutives Moment des »Intellectus«, des subjektiven Bemühens um ein Verständnis des überkommenen Erbes.
Hierbei soll darauf verzichtet werden, eine Art von »Ahnenforschung« zu betreiben und darüber nachzudenken, ob etwa *Bernhard* von Clairvaux als Angehöriger des Adels stärker von seiner fränkisch-germanischen Herkunft geprägt war als seine einfachen romanischen Landsleute oder *Thomas* von Aquin mehr der lombardischen als der neapolitanischen Wurzel zuzurechnen ist. Die Überlegungen sollen sich vielmehr auf einige wenige Beispiele stützen, die einen Eindruck von den jeweiligen Kultureinflüssen geben können.

[69] Lehrbuch der Dogmengeschichte, Bd. 2, a.a.O. 18.
[70] *L. Ejerfeldt*, a.a.O. 316.
[71] Vgl. auch die Verbindung des Gedankens der »Gefolgschaft« mit der Nachfolge im Heliand.
[72] Vgl. hierzu *L. Ejerfeldt*, a.a.O. 335.336.

2 Die Formen mittelalterlicher Christologie

2.1 Die Christologie auf dem Boden von Chalkedon[1]

Die antike Christologie hat in Chalkedon ihren klassischen Abschluß gefunden. Die Formel des vierten allgemeinen Konzils gehörte für das Abendland zum festen Kernbestand des mit der Christianisierung angenommenen Glaubens, der niemals in Frage gestellt wurde; interpretiert wurde sie von den Gedankengängen *Leos* her.
Der entstehenden »Schulwissenschaft« erwuchs somit eine wichtige Aufgabe der immer neuen und vertieften Interpretation des christologischen Erbes. Die Theoriebildungen sind oft geistreich und intellektuell beeindruckend, wenn auch von vornherein keine historisch-kritische Auslegung erwartet werden darf; meist verfügte das Mittelalter nur über die Formeln, während die Hintergründe und Motivationen unbekannt waren. Dennoch aber blieb die Auseinandersetzung mit den tradierten Lehren weithin eine akademische Angelegenheit, nur selten schlug sich in ihnen auch das nieder, was die Christen damals wirklich bewegte. »Das religiöse Leben wurde von anderen Fragen und Gedanken geleitet«[2].
Diese »anderen Fragen« haben sich zwar auch auf die scholastische Weiterentwicklung von Chalkedon ausgewirkt, aber sie sind dort nur verdeckt als Motivationen für bestimmte Aussagen und unter dem Deckmantel chalkedonischer oder wenigstens antiker Sprache zu erahnen. Dies hat dazu geführt, daß die mittelalterliche Christologie weithin als eine Nachwirkung oder gar Fortführung der altkirchlichen Problemstellungen angesehen wird.
Der lateinischen Interessenlage, die schon in Chalkedon eine wichtige Rolle gespielt hatte, entsprach die *Betonung der vollen Menschheit Jesu.* Weil aber durch die eigenwillige Rezeptionsgeschichte des Dop-

[1] Eine knappe Zusammenfassung der mittelalterlichen Christologie bietet der Artikel »Christologie« (von *A.M. Ritter, L. Scheffczyk, R. Haubst, H.M. Biedermann, R. Manselli, L. Hödl*) in LMA 2, 1922–1936). Gründlicher und immer noch besser die christologischen Abschnitte in: *R. Seeberg*, Lehrbuch der Dogmengeschichte, 3. Bd.; a.a.O. Viele Details bietet *Artur Michael Landgraf*, Dogmengeschichte der Frühscholastik 2. Teil. Die Lehre von Christus, Regensburg, Bd. I, 1953, Bd. II, 1954.

[2] *R. Seeberg*, Dogmengeschichte 3,7.

pelkonzils von Ephesus und durch das fünfte »Ökumenische« Konzil von 553 im Westen auch »die Orthodoxie des cyrillischen Monophysitismus«[3] bzw. »die ›griechisch-kyrillische‹ Interpretation des Chalkedonense«[4] galt, ergab sich hier ein Konflikt, der im Mittelalter zu divergenten Problemlösungen führte.

In der ersten Linie entwickelte sich in Spanien während des letzten Drittels des 8. Jahrhunderts ein sog. *Adoptianismus*. Die Bischöfe *Elipandus* von Toledo und vor allem *Felix* von Urgel nannten den Menschen Jesus – in Anlehnung an die mozarabische Liturgie[5] – den Adoptivsohn, der vermittels der Gnade seine Würde verdient habe; »Gott« kann er nur *genannt* werden, ähnlich wie die Propheten, aber sie überragend[6].

Dieser »Adoptianismus« unterscheidet sich allerdings von der ebenso bezeichneten antiken Theorie dadurch, daß der ewige hypostatische »Sohn Gottes« nicht bestritten wird[7]; der Adoptionsbegriff soll lediglich die Würde bzw. das Verdienst des Menschen Jesus charakterisieren. Streng genommen werden also – wie bei *Diodor* von Tarsus – *zwei Gottessohnbegriffe* verwendet, so daß in Jesus Christus der Sache nach *zwei Subjekte* einander verbunden sind.

Trotz ihrer schnellen Überwindung durch die fränkische Kirche und die Machtpolitik *Karls des Großen* bleiben ähnliche Ideen auch weiterhin wirksam, bis hin zu der pointierten Formulierung des *Petrus Cantor* († 1197): »Christus est duo«[8]. Aber auch die Christusmystik des *Bernhard* von Clairvaux oder die Jesusnachfolge der hochmittelalterlichen Armutsbewegung oder die Brautschaft mit Jesus in der Frauenmystik verraten die Tendenz, die menschliche Gestalt Jesu als eigenständige Größe zu sehen. Man könnte sogar fragen, ob nicht sogar manche »monophysitisch« erscheinende Aussagen aus der deutschen Theologie, z. B. der Brüder *Gerhoh* und *Arno von* Reichersberg (12. Jahrhundert), die in der Menschheit Jesu unmittelbar die Gott-

3 *R. Seeberg*, ebd. 58.

4 *L. Scheffczyk*, Christologie. B. Lateinischer Westen: Christologie nach Chalkedon, in: LMA 2, 1924.

5 Man »sang... in der Liturgie von dem Leiden und dem Fleische des adoptierten Menschen« (*Friedrich Wiegand*, Dogmengeschichte des Mittelalters und der Neuzeit, Leipzig 1919, 4).

6 Auch diese christologische Theorie ist *soteriologisch* motiviert: »*Felix von Urgel*... erklärt, daß wir, nur wenn der Sohn adoptiert ist, auch unserer Adoption sicher sein können... Für unser Heil hängt alles ab... von seiner Menschheit« (*F. Wiegand*, a.a.O. 5).

7 Vgl. auch *E. Mühlenberg*, a.a.O. 514. Dies übersehen z. B. *R. Manselli*, Christologie. D. Christologische Häresien, in: LMA 2, 1934, und *W. Heil*, Adoptianismus, in LMA 1, 162.163.

8 Vgl. *L. Scheffczyk*, Christologie, a.a.O. 1926.

heit erblicken, nicht unbeholfene Versuche darstellen, die Ausrichtung auf den Jesus der Geschichte (auf theologisch falsche Weise) zu legitimieren.

Für die Entwicklung der offiziellen Doktrin wurde aber eine *zweite Linie* wirksamer, der es vor allem – »cyrillisch« – um die *Betonung der Einheit* in Jesus Christus ging. Bisweilen führte sie, wenigstens verbal, zu einer Neuauflage monophysitischen Vokabulars; meist allerdings versuchte sie auf dem Boden von Chalkedon eine Definition der Einheitspunkte mit Hilfe der Begriffe Hypóstasis (subsistentia) und besonders persona, die in Anlehnung an *Boëthius* definiert wurde.

Tendenzen, die schon in den nachchalkedonischen Jahrhunderten[9] wirksam waren, führten im Gefolge des Adoptianismusstreits zu einer starken Hervorhebung der christologischen Einheit. Der Hoftheologe *Karls des Großen*, *Alkuin* († 804), warf den Spaniern vor, wie *Nestorius* zwei Personen und zwei Söhne in Jesus Christus zu postulieren; es gebe aber nur *eine* Person, und zwar die des ewigen Sohnes. Mit der Inkarnation sei eine Personalität des Menschen Jesus unmöglich geworden.

Die Meinung *Alkuins* war von Chalkedon her geprägt. Anders aber als auf jenem Konzil führte sie durch die Übernahme des (späteren) Personverständnisses des *Boëthius* zu einer verhängnisvollen Entwicklung: Das Mittelalter sah sich – im Bemühen um vermeintliche Rechtgläubigkeit – gezwungen, in Jesus Christus eine *reale Subjekteinheit* anzunehmen, dem Menschen Jesus infolgedessen eine eigene Personalität abzusprechen, ihm eine bloß sachhafte menschliche Natur zuzugestehen oder die Anhypostasie dieser Natur zu lehren (was auch immer das heißen mag)[10].

[9] Angestoßen durch die problematischen Wendungen des Zweiten Konzils von Konstantinopel 553 (vor allem: »unus de sancta Trinitate«, D 424 (216), vgl. o. 302, A. 37 u. 295, A. 9) haben eine Reihe von *Kirchenversammlungen in Toledo* Formulierungen benutzt, die die »persona« Jesu Christi nicht mehr als Ergebnis der Einigung vorstellen, sondern als deren ewige Voraussetzung. Während die vierte Synode von Toledo im Jahre 633 nur ausführt, daß »unus de sancta trinitate« Mensch geworden sei (D 485), heißt es in der elften im Jahre 675 schon sehr kraß: »Gott das Wort nahm nämlich nicht die Person eines Menschen, sondern seine Natur an, und er nahm auf in die ewige Person der Gottheit die zeitliche Substanz des Fleisches« (D 534 ((283)). Allerdings heißt es einige Zeilen vorher, daß der eine Christus auch perfectus homo sei. Ob hier persona schon in der Wendung des *Boëthius* verstanden wurde, muß hier offen bleiben. Wenn ja, müßte die Person des Verbum tritheistisch im Sinne einer substantialen Individualität verstanden worden sein.

[10] Schon bei *Alkuin* lassen sich die Motive deutlich erkennen: Er faßt die »Person« als substantiell, so daß die göttliche Person des Sohnes bei der Menschwerdung eine substantielle Einheit begründet; vgl. hierzu *Vincent Serralda*, La philosophie de la Personne chez Alcuin, Paris 1978 (z.B. 231–243).

Diese Auffassung führte gelegentlich zu recht radikalen Formulierungen, die durch neuplatonisches (und keltisches) Einheitsdenken noch gefördert wurden (seit *Johannes Scottus Eriugena*); im sog. Nihilianismus wird die Menschheit Jesu und seine menschliche Selbständigkeit vollends entmächtigt (eine von *Petrus Lombardus* referierte Position).

Aber selbst wenn nihilianistische Konzepte förmlich mißbilligt werden, bleibt die Bestreitung einer menschlichen Personhaftigkeit Jesu bestehen. Kein Theologe des Mittelalters, der sich an der Formel von Chalkedon orientiert, vermag sie so zu erläutern, daß hierbei eine Verkürzung des Menschseins Jesu vermieden wird. Selbst bei größtem Interesse an der menschlichen Dimension Jesu Christi bleibt diese im Letzten doch eine Art Organ oder ein instrumentum (so *Thomas* von Aquin) der einen göttlichen Person des Logos.

Dieser »Monopersonalismus«, zudem in einem bedeutenden Teil der mystischen Tradition mit großer Innigkeit gepflegt und oft – wiederum – zu monophysitischen Gedankengängen ausgeweitet, stellt wohl die schlimmste Verirrung der mittelalterlichen Christologie dar[11].

Hinter diesen Entwicklungen, die im einzelnen zu schildern eine umfängliche Monographie erfordern würde, standen nach gängiger Auffassung im Grunde die alten Fragestellungen der antiken Christologie: Hier nestorianische, dort cyrillische Konzeption, vermischt mit lateinischen Motiven. Richtig ist, daß diese Probleme auch tatsächlich aufgegriffen und mit beeindruckender scholastischer Intellektualität verhandelt wurden.

Aber sie wurden nur »in der Schule« diskutiert. Wo mehr als schulmäßiges Interesse sichtbar wird, spielen spezifisch mittelalterliche Intentionen mit hinein, keltische und germanische Anliegen. Weil diese auf dem Gebiet der formelhaft fest gefügten Christologie aber nur sehr vermittelt und indirekt ausgesprochen werden konnten, haben sie sich auf anderen Gebieten ein Ventil geschaffen.

2.2 Neue Christologien

Der autoritativ vorgegebene Raster des chalkedonischen Symbols ließ keine nennenswerte Entfaltung der mittelalterlichen ›Christologie‹ zu;

[11] Vgl. auch *F. Wiegand*, a.a.O. 6 (zur Entwicklung seit *Alkuin* u. a.): »In einer für die christologische Entwicklung verhängnisvollen Weise schob sich vielmehr die alexandrinische Mystik in den Vordergrund, während der Gedanke an die geschichtliche Persönlichkeit des Erlösers zurücktrat«.

die Formel ›Zwei-Naturen-eine-Person‹ engte wie eine Gefängnismauer jede originäre Bewegung ein.
Dennoch aber konnte das damalige Christentum nicht die Aufgabe umgehen, auch selbst zu sagen, warum und inwiefern es Jesus als *seinen* Christus rezipierte. Es *mußte* sich artikulieren, und allein schon seine starke gesellschaftliche Faszination, sein »Erfolg«, läßt vermuten, daß es diese Herausforderung bewältigt hat. Nur – eben nicht in den Bahnen der traditionellen Christologie, und dennoch aber auch nicht so, daß die Innovationen wie eine Aufhebung der ererbten fides erscheinen konnten.
Es blieb nichts übrig als auszuweichen auf *andere Felder, in denen freier argumentiert werden konnte.* Schon in der antiken lateinischen Theologie treten neue Fragestellungen in den Vordergrund, die im Osten kaum eine Rolle gespielt hatten: Das Interesse konzentrierte sich auf die sog. Gnaden- und auch Sakramentenlehre. In diesen Gebieten ging es – unter je verschiedenen Vorzeichen – darum, wie der Mensch (nach lateinischer Vorstellung) sein »Heil« verwirklichen, wie die durch die Sünde zerstörte Ordnung wieder hergestellt werden kann; es ging um Schuld und Vergebung, um Gerechtigkeit und Barmherzigkeit Gottes, um Bezahlung der Schuld und die Bedingungen ihrer Aufhebung.
Schon in der Christologie *Leos* hatten sich diese leitenden Motive angekündigt, obwohl sie sich selbst noch als Beitrag zur östlichen Diskussion verstanden hatte. Erst recht treten sie dort deutlicher hervor, wo man sich scheinbar nicht, oder wenigstens nicht unmittelbar, auf die hellenistische christologische Diskussion bezog. So vermag es *Augustinus*, in seiner Erbsünden- und Gnadenlehre ein spezifisch *lateinisch-christliches soteriologisches Konzept* zu entwerfen, das für die westliche Welt plausibel war und bald konstitutiv wurde für die Theologie des Mittelalters.
Dieses Modell hatte *dem Anschein nach* ein anderes Thema als die – östlich verstandene – »Christologie«[12]. Und doch konnte innerhalb seiner Mechanismen die exklusive oder wenigstens singuläre Heilsbedeutung Jesu, also *sein Christussein*, auf eine dem Westen angemessene Art erläutert und begründet werden. Für eine Kultur, der nichts an »seinshafter« Entgrenzung zum Göttlichen hin, an »Vergöttlichung«,

[12] So meint *Alois Grillmeier*, Die Wirkung des Heilshandelns Gottes in Christus, in: Mysterium Salutis, Bd. III, 2, Einsiedeln, Zürich, Köln 1969, 383, daß im »abendländischen Verständnis«, so schon bei *Augustinus*, »die Schau der Wirkung des Heilshandelns stark von der Christologie gelöst und in die ›Gnadenlehre‹ verlegt« werde. Eine solche Feststellung wäre nur dann richtig, wenn unter ›Christologie‹ ausschließlich die östliche Christologie verstanden werden dürfte.

lag, der infolgedessen die inneren Beweggründe der hellenistischen Christologie fremd waren, bot sich auf diese Weise eine Möglichkeit – vielleicht war es die einzige Möglichkeit –, Jesus als *ihren* Christus zu rezipieren.

Insofern ist z. B. die Erbsündenlehre nicht bloß eine eigenwillige und fragwürdige Darstellung von Unheils- und Heilsgeschehen in der Welt, sondern vor allem eine Form, besser: *die Form westlicher Christologie.* Diese Erbsündenchristologie hat verhindert, daß das Christentum im lateinischen Westen ein Fremdkörper blieb; sie hat die Inkulturation des Christentums erst möglich gemacht. Sie blieb in der Folgezeit für das Abendland bestimmend, weil dieses aufgrund seiner eigentümlichen Konstitution wesentlich von der lateinischen Mentalität geprägt war. Die Erbsündenchristologie (und die damit verbundene Gnaden- und Sakramentenlehre) hat die innere Aneignung Jesu als Christus verbalisiert und bewirkt.

Die Latinität kann allerdings »nur« als *zentrales* Moment der abendländischen Kultur angesehen werden; sie ist nicht schon das Ganze. Hinzu traten keltische, germanische und spezifisch mittelalterliche bzw. neuzeitliche Motive. *Infolgedessen wurde das lateinische Grundmuster vielfältig abgewandelt* und unter neuen Verstehensbedingungen angeeignet. Beeindruckende »Christologien« sind in der Folgezeit entstanden, obwohl sie nicht *als* Diskussion von Chalkedon auftreten. Dennoch haben sie indirekt und verdeckt, auch diese – im vorherigen Abschnitt skizzierte – Entwicklung beeinflußt.

Die These, nach Chalkedon habe es keine wesentliche christologische Geschichte mehr gegeben, ist also falsch. Sie trifft nur dann zu, wenn unter »Christologie« ausschließlich eine Zwei-Naturen-Christologie und die mit ihr gegebenen Probleme von Einheit und Differenz verstanden werden. *Begreift man aber unter Christologie* – richtiger – *jeglichen Versuch, die Heilsrelevanz Jesu mit den Mitteln einer der verschiedenen Kulturen in Sprache zu fassen, dann ist die Geschichte der Christologie mit Chalkedon keineswegs zu Ende gekommen.* Abgeschlossen war lediglich *eine bestimmte Art*, eben die hellenistische, dieses Problem zu artikulieren[13]. Alles andere wäre auch höchst verwunderlich.

Von diesem Ansatz her erscheint die Christologie bis Chalkedon als nichts anderes als *eine* (in sich pfluriforme) kulturbedingte Möglichkeit, Jesus als Christus zu verstehen. Aufgrund ihres Alters und erst recht durch die Konstitution des Abendlandes (wodurch sie als Summe der christologischen »fides« erschien) erhielt zwar »Chalkedon« größtes Gewicht, und seine Formeln blieben sakrosankt; trotzdem

[13] Vgl. o. 290.291.

aber *mußte* die Geschichte weitergehen, *und sie ging weiter*. Neue Motivationen und neue Modelle wurden entworfen, die zwar die Formelsprache von Chalkedon benutzten, sie aber in einen völlig veränderten semantischen Kontext eingebaut haben. Trotz verbaler Kontinuität entstanden christologische Entwürfe, die in der Sache innovatorisch sind; trotz der Verwendung identischer Formeln kam es zu völlig neuen Ansätzen. Einige Grundlinien dieser neuen Versuche sollen im folgenden aufgezeigt werden.

3 Die christologische Basis: Die Rechtfertigungschristologie des lateinischen Westens in der ausgehenden Antike[1]

3.1 Die Rechtfertigungschristologie

Der lateinische Westen gehörte in der Antike zum Einflußbereich des Hellenismus. Dennoch hat er nie ganz seine eigene kulturelle Prägung (vgl. o. Teil II 1.1.2.2.(3) verloren und deswegen nur in sehr eingeschränktem Maß an den östlichen Diskussionen teilgenommen; ein sichtbarer Ausdruck für diese Andersartigkeit sind z. B. die geringe Anfälligkeit des Westens für östliche Häresien (Arianismus, Apollinarismus, Monophysitismus) oder auch das Fernbleiben westlicher Bischöfe bei den großen Konzilien – von Vertretern Roms (des westlichen Patriachats) abgesehen, das ohnehin bis zur Verlagerung der Reichsregierung nach Konstantinopel eine weithin von der griechisch sprechenden Beamtenschaft und Elite dominierte Gemeinde war.
Wo aber und sobald die westlichen Gemeinden ihr eigenes Leben entfalten konnten und eine lateinische Theologie entstand – um das Jahr 200 in Nordafrika und seit der Mitte des 4. Jahrhunderts auch in Rom

[1] Hier und im folgenden soll der Begriff »Rechtfertigung« in einem ganz allgemeinen, untechnischen und unpräzisen Sinn gebraucht werden zur Charakterisierung der Lösungsstruktur jeglicher ethisch gewendeten Soteriologie. Ihre *Basis* ist immer die Erfahrung des Unheils als eines *ethischen Versagens* und des *Sündigseins*, ihr Ziel ist Heil als *ethische Erlösung* (Gerechtigkeit, Heiligkeit). Auch der *»Mechanismus«*, der zur Problemlösung führt, bewegt sich auf ethischen Gleisen: Die Sündigkeit kann nur in Gerechtigkeit aufgehoben werden nach einer stellvertretenden (sittlichen) Leistung (Jesu Christi), die die Defizite begleicht (Hingabe, Opfer, Bezahlung, Loskauf, Genugtuung usf.)
Die »Rechtfertigungschristologie« bezieht sich auf Jesus Christus, vor allem sein Leiden und Sterben, und die hier verankerte Heilsbedeutung Jesu (in der katholischen Theologie meist als »objektive Erlösung« bezeichnet), aber auch auf die »Rechtfertigung des einzelnen« durch das Kreuz Christi. *Beide* Problemkreise sollen mit der genannten Chiffre gekennzeichnet werden. Der Gebrauch des Rechtfertigungsbegriffs soll ebensowenig schon eine Vorentscheidung sein für ein juridisches Verstehen (forensische Gerechtsprechung der Menschheit bzw. des einzelnen) oder für eine »ontische« Interpretation (innere Heiligung, Gnade, Wiedergeburt u. ä.). Er ist *grundlegender* gemeint als die späteren Differenzierungen durch theologische Schulen oder die neuzeitlichen Konfessionen. Er soll nur die »Logik« einer primär ethisch-praktischen soteriologischen Jesusrezeption benennen: Es geht um »Rechtfertigung«, was auch immer im einzelnen darunter verstanden wird.

und im übrigen Westen –, zeigte sich sofort, daß die spezifischen lateinischen Denkweisen und Interessen wirkmächtig waren[2]. Obwohl die östliche theologische Begrifflichkeit und auch die kirchlichen Konsensformeln ins Lateinische übersetzt wurden und mit ihren Mitteln die eigenen Anliegen formuliert wurden, ergaben sich gänzlich neue Perspektiven (vgl. o. Teil II 4.3.2.3).

In Grundzügen sah das lateinisch-westliche Denken so aus: Wie im Osten geht es auch hier um das »Heil« des Menschen. »Sag meiner Seele. Dein Heil bin Ich (Ps 34,3). Und also sag es, daß ich's höre«, betet *Augustinus*[3] († 430).

Nicht heil ist der Mensch – und hier kommt ein anderer Ansatz, die römische Salus-Vorstellung, zum Tragen –, weil er von der Kindheit bis zum Tod *Sünder* ist. Nach *Tertullian* ist das Böse seit Adam »gleichsam etwas Natürliches im Menschen geworden«[4]; das Leiden an der schlimmen ethischen Verfaßtheit und Schuld des Menschen zieht sich wie ein roter Faden durch die Literatur der lateinischen Theologen. Der Mensch ist so korrupt, daß er sich – trotz zunächst angenommenen freien Willens – nicht selbst bessern kann. »Denn viel und groß ist dies mein Krankes, ja viel und groß; aber größer ist Deine (= Gottes) Macht, es zu heilen«[5]. Gott allein kann das Heil bewirken[6].

[2] Dabei muß beachtet werden, daß Nordafrika, wo die lateinische Theologie ihren Ursprung und ihre Blüte hatte, erstens weniger als jede andere Provinz vom Hellenismus beeinflußt war, zum andern, daß die dortige Kultur auch innerhalb des Lateinischen eine besondere, unverwechselbare Ausprägung besaß. Die hier angesiedelten römischen Soldaten und Kolonisten haben sich mit der phönizischen Bevölkerung und den afrikanischen Berbern vermischt, so daß nicht nur ein eigener Menschenschlag, sondern auch eine eigene Mentalität entstand (die sich öfters auch in Spannungen oder gar Feindschaft zu Rom äußerte). Für unsere Fragestellung ist vielleicht interessant, daß hier durch den hohen Anteil von Soldaten und Juristen auch unter den Christen juridisch-praktische Aspekte stark in den Vordergrund rückten, daß darüberhinaus aber auch ein – wohl »unrömischer« – Hang zur ethisch-praktischen Radikalität anzutreffen ist (der sich im Rigorismus etwa *Tertullians*, des Ketzertaufstreits oder der Donatistenbewegung zeigte). Vgl. hierzu *Carl Schneider*, Geistesgeschichte des antiken Christentums, München 1954, 635–642.

[3] Confessiones I, 5 (Übers. v. *Joseph Bernhardt*: Augustinus, Confessiones, Bekenntnisse, lateinisch und deutsch, München 1955, 19).

[4] *R. Seeberg*, Dogmengeschichte 1, 397.

[5] *Augustinus*, Confessiones X 43 (ed. *J. Bernhardt*, a.a.O. 599).

[6] Vgl. *Karl Kühner*, Augustin's Anschauung von der Erlösungsbedeutung Christi im Verhältnis zur voraugustin'schen Erlösungslehre bei den griechischen und lateinischen Vätern (Diss.), Heidelberg 1890, 27: *Augustinus* unterscheide sich von den »morgenländischen Vätern« durch »die Wendung vom Physischen und Intellektuellen zum Religiösen und Ethischen«, er beziehe »die Erlösung vor allem auf die Sünde..., die Wiederherstellung und Befreiung unter religiösen und ethischen Gesichtspunkten...«

Die Sünde des Menschen aber ist anders aufgefaßt als die Sünde in jüdischer oder judenchristlicher, anders auch als in der antiochenischen Theologie. Zwar entspringt sie dem geschichtlichen Handeln des Menschen; sie ist aber vor allem deswegen Sünde, weil sie gegen den vom göttlichen Willen der Welt auferlegten *Ordo* verstößt; sie ist *Ungehorsam* und *Aufruhr* gegen ein ewiges Gesetz. Deswegen kann es auch nicht nur darum gehen, »umzukehren« und es anders, besser zu machen. Die göttliche Ordnung muß wiederhergestellt[7] werden, und das übersteigt die schwachen Kräfte des sündigen Menschen; denn diese Wiederherstellung erfordert – sie muß ja »ordentlich« gemäß der ewigen iustitia dei erfolgen – eine *Bezahlung der Schuld*[8]. Daß Gott unter Umgehung dieses Grundsatzes einfach verzeihen könnte, scheint schwer denkbar.

Erst nach der juridisch korrekten Regelung ist die gestörte Ordnung restauriert, der Mensch gerechtfertigt und somit erlöst. Das erhoffte Heil des Lateiners besteht in dieser grundlegenden »Sanierung« der durch die Sünde des Menschen tangierten metahistorischen rechtlichen Zusammenhänge. Zwar klingt hin und wieder auch das Thema von der erstrebten Gottähnlichkeit des Menschen an; von Bedeutung aber ist die Inkarnation nur als der *Weg* zum Heil, insofern am Ende Sünde und Tod überwunden werden. Überhaupt stehen weniger die Menschwerdung, als Leiden und Tod Jesu im Vordergrund[9].

Die Christen, denen ihre religiöse Frage nach Heil und Unheil *in dieser Konkretion* erfahrbar ist, mußten deswegen auch Jesus Christus in seiner Funktion für sie an dieser Stelle einordnen. Er mußte sie von *diesem* Unheil erlösen und ihnen *dieses* Heil vermitteln; anders wäre er nicht als *ihr* Christus zu rezipieren gewesen.

»Wen hätte ich finden können, der mich aussöhnte mit Dir (= Gott)? Sollte ich Engel darum angehen?«, fragt *Augustinus*. Er fährt dann fort: »Der Mittler zwischen Gott und den Menschen mußte etwas haben, das ihn Gott, und etwas, das ihn den Menschen ähnlich

[7] Schon bei *Tertullian* tritt die Funktion der Heilsgeschichte zurück zugunsten des Gedankens einer *Wiederherstellung* der ursprünglichen Ordnung; in der späteren lateinischen Theologie wird dieser Gedanke noch stärker vertreten.

[8] Vgl. *Basil Studer*, unter Mitarbeit von *Brian Daley*, Soteriologie. In der Schrift und Patristik (Handbuch der Dogmengeschichte, hrsg. von *M. Schmaus, L. Scheffczyk* und *M. Seybold*, Bd. III, Fasz. 2a), Freiburg, Basel, Wien 1978, 85: Schon bei *Tertullian* findet sich »die Terminologie, die später dazu dienen wird, das Heilswerk Christi als *satisfactio* und *meritum* zu umschreiben«. Hier melde sich »zum ersten Male die lateinische Sprache und die römische Mentalität.«

[9] Vgl. hierzu auch *Gisberg Greshake*, Der Wandel der Erlösungsvorstellungen in der Theologiegeschichte, a.a.O. 83–94. Allerdings erscheint es ein wenig fragwürdig, die *lateinische* Soteriologie schwerpunktmäßig bei *Anselm* von Canterbury zu erheben.

machte...« Der wahre Mittler Jesus Christus »ist zwischen die sterblichen Sünder und den unsterblichen Gerechten getreten, - sterblich gleich den Menschen, gerecht gleich Gott, auf daß er, weil der Sold der Gerechtigkeit das Leben und der Friede ist, durch die gottverbundene Gerechtigkeit für die gerechtfertigten Gottlosen den Tod vernichtige... Denn nur insofern er Mensch ist, ist er Mittler; sofern er aber das Wort ist...« So ist Jesus Christus der «einzige Freie unter den Todverhafteten« (Ps 87,6), er ist »der Sieger und das Opfer«, »Priester« und »Opfergabe«[10]. Erst ein solcher Mittler konnte auf angemessene Weise für unsere Schuld zahlen, im Kreuzestod hat er die Sünde getilgt.

Hier ist die östliche Zwei-Naturen-Christologie übernommen; sie ist aber *nicht mehr selbst* das eigentliche soteriologische Datum[11], sondern mehr »Mittel zum Zweck«. Es geht vielmehr um das von Gottes Gerechtigkeit her notwendige Erlösungsgeschehen, dessen juridische Bedingungen Gottheit und Menschheit unseres Heilsmittlers sind; sie sind »conditio sine qua non einer forensischen Rechtfertigung«[12]. Es ist möglich, aber rein spekulativ und deswegen müßig, sich vorzustellen, wie eine lateinische Christologie auf der Basis judenchristlicher oder vornizenisch-antiochenischer Theologie ausgesehen hätte; sicherlich wären dann andere Sprachmuster und Raster benutzt worden, um die Unverzichtbarkeit Jesu Christi für das eigene Heil, das Christus-Sein Jesu, zu begründen. Als die lateinische Theologie seit dem späteren 4. Jahrhundert aus älteren Ansätzen heraus die Grundgestalt ihrer Christologie zu formulieren begann, waren die Weichen schon anders gestellt; die Zwei-Naturen-Christologie war – als medium – unausweichlich.

Vielleicht aber zeigen einige Gedankengänge des *Augustinus*, wie eine solche Rechtfertigungschristologie auch anders hätte aussehen können: »Die Versöhnung kam zustande, weil das Opfer Christi ganz vollkommen war. Diese Vollkommenheit selbst beruht auf zwei Tatsachen: Einerseits was das Opfer ohne Makel: von einem heiligen und gerechten Priester dargebracht... Auch wenn dieser Priester aus der massa damnata stammte... Andererseits war dieser Tod völlig frei...«[13]

[10] Confessiones X 42.43 (ed. *J. Bernhardt*, a.a.O. 595–597). Vgl. auch de trin. XIII 10, 13–15, 19.

[11] Es ist im Grunde selbstverständlich, daß alle lateinischen Theologen so weit auch vom hellenistischen Denken beeinflußt waren (wie z. B. *Augustinus* durch den Neuplatonismus usf.), daß hin und wieder auch Motive und Raster der östlichen Theologie übernommen werden. Aber die Schwerpunkte liegen anders.

[12] Vgl. o. 268

[13] *Basil Studer*, Soteriologie, a.a.O. 169. dort auch Belege. *Studer* weist auch in

Gisbert Greshake gibt – neben der Reflexion der rechtlich richtigen Erlösung im Kreuzestod Jesu Christi – einen zweiten Grundzug der lateinischen Soteriologie an: »nämlich wie denn nach dieser grundsätzlichen Wiederherstellung des ordo der *einzelne* Anteil an der Vergebung der Schuld und am Recht-Sein vor Gott erhält.«[14] Daraus entstehe der Gnadenstreit im Sinne einer Frage nach der subjektiven Aneignung der objektiven Erlösung[15].
Diese Beobachtung ist falsch, soweit sie auf einer In-eins-Setzung abendländischer und antik-lateinischer Mentalität beruht; erst das Mittelalter bringt die Differenz von objektiver fides (und Erlösung) und subjektiver Aneignung (auch der Erlösung) voll zum Tragen. *Greshake* aber belegt die Frage nach der subjektiven Seite weithin an *Anselm* von Canterbury[16].
Richtig daran ist aber, daß die praktisch-ethische Dimension des lateinischen Denkens auch schon in der Antike das Subjekt ein wenig hervortreten läßt; es geht ja um die Frage auch nach seinem Verhalten angesichts der Wiederherstellung in Christus. Es gibt also eine *erste, aber noch nicht grundsätzliche Aufmerksamkeit* für dieses Problem[17]; erst das Mittelalter zieht diese Linie aus.

3.2 Die Erbsündenchristologie

Die Eigenart des lateinischen Denkens brachte es mit sich, daß es sich sehr stark mit dem Gegensatz und Zusammenhang von »Sünde und Gnade« befaßte. Einerseits forderte das ius divinum, der göttliche Wille, die Durchführung seiner Gesetze; der Blick wurde so auf die Lebens*praxis* gelenkt. Nicht umsonst hat *Benedikt* von Nursia († 547?), gewissermaßen als Resumée klassischer christlicher Latinität und somit als Mitgift für das entstehende Abendland, neben das Gebet als ebenbürtige zweite Aufgabe die *Arbeit* – auch die Feld- und Handarbeit – gesetzt. Wie das antike Rom nach göttlichem Plan über die Welt herrschen sollte, so sollte der (lateinische) Christ nach dem Schöpfungsauftrag der Bibel das »dominium terrae« realisieren. Auf der anderen Seite aber ist alles menschliche Tun von Sünde und Auf-

seiner neuesten Schrift (Gott und unsere Erlösung im Glauben der Alten Kirche, a.a.O. 213–215) richtig darauf hin, daß *Augustinus* neben der Begründung der Mittlerschaft Jesu Christi in seinem Gott- *und* Menschsein eine *zweite* Aussagereihe kennt, derzufolge der *Mensch* Jesus (als solcher) Mittler ist.

14 Der Wandel der Erlösungsvorstellungen in der Theologiegeschichte, a.a.O. 89.
15 Vgl. den ganzen Zusammenhang 89–94.
16 Vgl. o. III 1.5, vgl. u. III, 6.
17 Vgl. z.B. das o. 344 angegebene Zitat aus den Confessiones I, 5.

ruhr verdorben, und nur die rechtfertigende Gnade Jesu Christi kann dem Menschen dazu verhelfen, dem göttlichen Auftrag zu entsprechen.
Ein nur schwer lösbarer Konflikt durchzieht so die lateinische Theologie: Wie lassen sich die praktische Erfüllung des Willens Gottes durch die Menschen und die alleinige Heilsvermittlung durch Jesus Christus vereinbaren?
In der Erbsündenlehre werden diese Fragen »gelöst« und in ein umfassendes und geschlossenes System gebracht. Ansätze zu dieser Lehre (mehr eine »Erbübellehre«)[18] finden sich schon früh bei *Tertullian*[19] und werden später auch von der unmittelbar voraugustinischen Tradition aufgegriffen[20], *Augustinus* aber hat ihr erst ihre vollendete Gestalt gegeben[21] und vor allem ihre christologische Zielsetzung herausgestellt. *Die Erbsündenlehre stellt die Grundform der lateinischen Christologie dar, insofern sie auf dem Hintergrund der lateinischen Soteriologie die alleinige Heilsvermittlung durch Jesus Christus umfassend begründet.*

Die altkirchliche ethische Predigt stellte den Gläubigen Tugend- und Lasterkataloge vor, die eine Mischung zeitgenössischer Normen mit alt- und neutestamentlichen Vorstellungen repräsentieren. Nicht nur das: Auch in die *Begründung* christlicher Ethik sind weithin heidnische Motive eingeflossen, näherhin vor allem der Zusammenhang von (ethischer) Leistung und (irdischem bzw. himmlischem) Lohn; plakativ gesagt, sollten die Christen gut sein, damit sie in den Himmel kommen. Der Wille des Menschen wurde grundsätzlich als frei betrachtet.
Diese Lohn-Leistungs-Ethik stand der Sache nach in einem Widerspruch zur ansonsten – in der Christologie – behaupteten Heilsmittlerschaft Jesu Christi. Dieser Konflikt wurde aber in der östlichen Kirchenhälfte nur selten bemerkt, weil ethische Fragen zwar – in der praktischen Gemeindearbeit – nicht umgangen werden konnten, aber angesichts des göttlichen Mysterions unseres Erlösers verblaßten und nur wenig intellektuelle Bemühung auf sich lenkten. Die soteriologische Funktion Jesu Christi, der in sich zwischen der Welt des Endlichen und des Unendlichen vermittelte, war so zentral in Denken und Emotion gesichert, daß sie durch die ethische Verkündigung nicht gefährdet werden konnte. Die Alternative Heil oder Unheil trat für die Ethik zurück[22].

[18] So z.B. *Urs Baumann*, Erbsünde? Ihr traditionelles Verständnis in der Krise heutiger Theologie (Ökumenische Forschungen, hrsg. v. *Hans Küng* und *Joseph Ratzinger*, II, Soteriologische Abteilung, Bd. II), Freiburg, Basel, Wien 1970, 26. Diese Erbübellehre »brachte alle physischen und moralischen Übel: Tod, Unwissenheit, Schwäche, Konkupiszenz mit der Adamssünde in Verbindung, ohne freilich die Möglichkeit der Gotteserkenntnis und der freien Wahl zwischen Gut und Böse ernsthaft in Zweifel zu ziehen.«
[19] Vgl. z.B. *R. Seeberg*, Dogmengeschichte 1, 397–399.
[20] Vgl. z.B. *R. Seeberg*, Dogmengeschichte 2, 327–378.
[21] Vgl. vor allem *Urs Baumann*, a.a.O. 24–44.

Es muß hier davor gewarnt werden, die ethische Verkündigung der östlichen Kirche einfachhin mit den griechischen Begriffen Paideia oder Mimesis (Nachahmung) zu identifizieren (so *Gisbert Greshake*)[23]. Zwar haben die griechischen Theologen an ihrem göttlichen Erzieher auch ethische Appelle abgelesen. Wie könnte es auch anders sein bei einer als normativ rezipierten neutestamentlichen Jesustradition? Dennoch aber sind Paideia und Mimesis grundsätzlich Erziehung zur *Gott*ähnlichkeit und Nachahmung *Gottes* (mit tendenziell seinshafter Ausprägung), die von der Ethik allenfalls sekundiert werden; letztere aber kann nicht zur »physischen« Versöhnung führen und erscheint als lediglich pflichtgemäß übernommen. Deswegen ist auch die Kritik von *Raymund Schwager*[24] an *Greshake* zutreffend, wenn er ihm vorwirft, bei den griechischen Vätern die »physische Erlösungslehre« (und anderes) übersehen zu haben[25]. Diese aber etabliert die alleinige Heilsrelevanz Jesu Christi (z. B. nach dem »Modell des Tausches«), während die alltägliche ethische Predigt hiervon unberührt bleibt.
Anders aber sah die Sache im lateinischen Westen aus. Hier lag den Menschen ohnehin wenig an (tendenziell seinshafter) Vergöttlichung; es ging ihnen um die Erfüllung des göttlichen Willens und die juridisch korrekte Wiederherstellung des göttlich auferlegten Ordo, der durch die Sünde des Menschen zerstört war. Wo Denken und Emotion um *diese* Frage kreisten, lag es nahe, auf der einen Seite die praktischen Implikationen des göttlichen Auftrags, also die Ethik, sehr stark hervorzuheben, ebenso aber auch *auf dieser Ebene* die Heilsnotwendigkeit Jesu Christi zu verankern. Der Konflikt zwischen unreflektierter Lohn-Leistungs-Ethik (»Du kommst in den Himmel, wenn du gut bist«) und Christologie (»Du kommst in den Himmel nur durch Jesus Christus«) war unausweichlich.
Es möge gestattet sein, die einzelnen voraugustinischen Versuche wie auch die Entwicklung des *Augustinus* selbst, der in seiner frühesten (christlichen) Zeit die (wenn auch nicht ganz unvorbelastete) Möglichkeit des Menschen, frei

[22] Zwar findet sich auch im Osten häufiger die Ansicht, daß wir seit Adam (nicht: durch Adam) Sünder sind. Die Sünde aber wird nicht primär als etwas gesehen, das uns das Gericht Gottes zuzieht, sondern sie macht uns sterblich und verstärkt in uns die Macht der Sarx zuungunsten des Geistes. »Man denkt nicht daran, daß wir durch die Sünde verdammlich werden, sondern daß sie unser Wesen korrumpiert« (*R. Seeberg*, Dogmengeschichte 2, 338).

[23] Gnade als konkrete Freiheit. Eine Untersuchung zur Gnadenlehre des Pelagius, Mainz 1972, 173–192. In seinem Vergleich zwischen der Theologie der griechischen Väter und der des *Pelagius* (184–192) hebt allerdings auch er hervor, daß »sich der Lateiner mehr praktischen Fragen der konkreten Lebensführung und der politisch-rechtlichen Gestaltung des Gemeinwesens« zuwende (187). Hierbei handelt es sich allerdings m. E. um mehr als ein ›bestimmtes qualifizierendes Vorzeichen‹ (ebd.) der Paideia-Vorstellung, es ist ein andersartiger soteriologischer Zugang.

[24] Unfehlbare Gnade gegen göttliche Erziehung, a.a.O., 265–269.

[25] Diese Lehre entmächtigt darüberhinaus nach *Schwager* auch schon die einfachhin griechische Geltung des paideia- und Mimesisgedankens bei den östlichen *Theologen*. Weniger berücksichtigt er den geringen Stellenwert der Ethik als solcher bzw. der Einbeziehung von Ethik in die Paideiavorstellung.

zwischen Gut und Böse zu wählen, vertreten hat, zu übergehen[26]. Es genügt anzumerken, daß *Augustinus* im Verlauf seines Wirkens, sicherlich angeregt durch seine Seelsorgserfahrungen in der Hafenstadt Hippo wie auch durch seine manichäische Vergangenheit und die von hierher überkommene Einschätzung der Macht der Sünde, im Gefolge von Römerbriefstudien zu der Überzeugung kam, der Mensch selber sei von sich aus unfähig, durch sein freies ethisches Tun sein Heil zu wirken; nur Gott durch Jesus Christus könne ihn erlösen.

Im Konflikt mit den Theorien des *Pelagius*[27] und seiner Freunde entfaltete dann *Augustinus* mit Berufung vor allem auf Röm 5,12–21 (das ihm in mißverständlicher Übersetzung und in einer fehlerhaften Abschrift vorlag)[28], die Erbsündenlehre; in einer späteren Lebensphase hat er sie noch einmal – pessimistisch – verschärft.

Augustinus hatte offensichtlich *Pelagius* so verstanden – und er hat damit, fälschlich, die *Pelagius*-Interpretation bis heute geprägt –, als sei die Erlangung des Heils grundlegend eine Sache des freien menschlichen Wollens und Tuns. Wer den Willen Gottes erfüllt, wie er für *Pelagius* vor allem in der Bergpredigt vorlag, findet zum Heil, wer dies nicht tut, verfällt der Verdammnis. Prinzipiell also schien der Mensch selbst sein eigener Heilsmittler zu sein. Zwar räumte *Pelagius* ein, daß wir alle seit Adam, in dem wir – typologisch – gesündigt haben, unter der Macht der Sünde stehen, so daß es uns schwer fällt, Adam nicht zu imitieren und gut zu sein. Da kann uns Jesus Christus, das positive Kontrast-Modell zu Adam, helfen, leichter das Gute zu wählen. Indem wir Jesus Christus nachahmen, gelingt es uns *besser*, in den Himmel zu kommen.

Für *Augustinus* schien hier die soteriologische Rolle Jesu, also das Christusbekenntnis, in Frage gestellt, wenn nicht bestritten zu sein. Wieso war Jesus dann noch *absolut* heilsnotwendig als unser einziger Mittler? In der Erbsündenlehre versucht er nun zu begründen, wieso es sich anders verhält:

Als Folge der Auseinandersetzung mit *Pelagius* hat *Augustinus* seine Sünden- und Gnadenlehre präziser formuliert. Adam, der erste Mensch, besaß von Anfang an einen eigentümlich »doppelten Status«: Er war Geschöpf Gottes und somit gut; darüberhinaus aber war

[26] Vgl. *Julius Gross*, Entstehungsgeschichte des Erbsündendogmas. Von der Bibel bis Augustinus (Geschichte des Erbsündendogmas Bd. I) München, Basel 1960, 264–269.

[27] Vgl. hierzu u. III 4.2.

[28] Das paulinische ἐφ'ᾧ = »auf Grund der Tatsache, daß« = »weil« (Röm 5,12) war in der Vulgata-Übersetzung mit dem auch relativisch zu lesenden »in quo« wiedergegeben; so kam der Tod nicht mehr auf uns, »weil« wir alle gesündigt haben, sondern wir haben *in Adam* gesündigt und so den Tod auf uns gezogen. Zudem fehlte im Bibeltext des *Augustinus* in Röm 5,12 an einer Stelle das Subjekt mors (zum Prädikat pertransiit), so daß er an dieser Stelle peccatum ergänzen konnte (die Sünde ging auf alle über). Vgl. hierzu z. B. *Herbert Haag*, Biblische Schöpfungslehre und kirchliche Erbsündenlehre (Stuttgarter Bibel-Studien 10), Stuttgart 1966, 66–68.

er von einem »indumentum gratiae«[29] umgeben, bzw. er hatte von Gott eine »prima gratia«[30]. Durch diese Gnade war er Bild Gottes, der Leib gehorchte dem Willen und war selbst unsterblich, und vor allem war der menschliche Wille in einem umfassenden Sinn frei; er besaß nicht nur eine (mehr psychologische) Wahlfreiheit, sondern war positiv auf die Erfüllung des göttlichen Willens hingeordnet und konnte wahrhafte Verdienste erwerben.

Dieser doppelte Status ist gewissermaßen »von hinten her« konstruiert, damit *Augustinus* zeigen kann, was Adams Schuld (ein wenig biblisch, mehr römisch: die superbia[31], die Auflehnung gegen Gott) bewirkt hat: Adam verlor die – ungeschuldete – gratia prima, zurück blieb er als bloße creatura. Das Bild Gottes war zerstört, der Geist unwissend, der Leib sterblich, die concupiscentia gewann die Oberhand über seinen Willen, dieser war nicht mehr wirklich frei zum Guten – ein vor Gott heilswirksames Verdienst war ihm unmöglich –, er blieb allenfalls in einem psychologischen Sinn (unterhalb der Schwelle soteriologischer Relevanz) wahlfrei. Wäre Adam gewissermaßen »von Natur aus« mit allen jetzt verlorenen Vollkommenheiten ausgestattet gewesen, Gott hätte sie ihm nicht gänzlich nehmen können.

Die Sünde Adams aber war nicht nur seine persönliche Schuld, sondern in ihm haben wir alle gesündigt und sind so zu einer Masse von Verdammten geworden. Wie ist dies zu erklären, obwohl doch ansonsten – auch nach *Augustinus* – Schuld in persönlicher Entscheidung begründet ist?

Hier bietet er eine Reihe von verschiedenen Vorstellungen an, die keineswegs einfachhin zusammenpassen. Nach *Urs Baumann* entstammt ein erstes Motiv der ›manichäischen Vergangenheit‹ des *Augustinus*: »eine enge, mehr als zufällige Verwandtschaft mit dem gnostisch-manichäischen Urmenschenmythos und dem manichäischen Begriff der Sündenmasse... In diesem Denken ist Adam der ideale Urmensch statisch-mythischen Denkens, das Lichtwesen, das durch seinen Fall von der Höhe herabstürzt und in unzählige Individuen und Funken zerstiebt. Ein zweiter Erlöseradam (Christus) sammelt die Splitter aus der Welt wieder auf...[32] Wir alle waren jener erste Mensch, »omnes *ille* unus homo fuerunt.«[33]

[29] De civ. dei XIV, 17 (PL 41,425).

[30] Corrept. et grat. 11,31 (PL 44,935); diese prima gratia ist nicht mit dem gleichlautenden scholastischen Begriff identisch (prima will hier diese Gnade – zeitlich und sachlich – von einer zweiten Gnade, der Erlösungsgnade, unterscheiden).

[31] In Joh 25,16; de civ. dei XIV, 13 (PL 41,420).

[32] A.a.O. 36 (dort auch Belege). *Urs Baumann* lehnt eine Interpretation des »in Adam« im Sinne der biblischen »korporativen Persönlichkeit« ab. »Das ›in Adam‹ bei Augustinus aber schließt ein geschichtliches Verständnis aus, es gilt *absolut*« (37).

[33] Pecc. mer. et rem. I, 10,11 (PL 44,115).

Aus der zwiespältigen Funktion der Konkupiszenz, die nach *Augustinus* einerseits Sünden*strafe*, bisweilen aber auch zugleich *Sünde* ist (und so bei den Neugeborenen schon wirksam), ergibt sich nach *Urs Baumann* ein zweites Motiv, das der »juridischen Vererbung« oder der juridischen »Imputation«. »Die Konkupiszenz wird von Gott *wegen* der Ungehorsamstat Adams den Adamskindern als Schuld zugerechnet (imputiert) oder um der Gehorsamstat Christi willen nicht angerechnet.«[34]
Ein drittes Motiv leitet sich ab aus der »Rolle der Fortpflanzung«, näherhin der Fleischeslust oder Begierde, die die Fortpflanzung begleiten und das Denken und den Willen dominieren[35].
»Eine letzte Vorstellung entnimmt Augustin dem römischen Rechtsleben: Durch die erste Sünde verfiel der erste Mensch dem Teufel, der ihn zu seinem *Sklaven* machte. Nach antikem Recht werden die Kinder von Sklaven selbst wieder als Sklaven geboren und sind Besitz ihres Herrn, in unserem Fall des Teufels. Der Sünde kann darum keiner entkommen.«[36] Besser würde man vielleicht von einer Verbindung rechtlicher und ›biologistischer‹ Vorstellungen sprechen: »ex olivae semine non nisi oleaster exoritur«[37].

Aus alledem folgt, daß wir in Adam unser Heil verwirkt haben und dadurch auch keine Chance mehr haben, mit den Mitteln des eigenen Willens und Bemühens aus der Sünde herauszukommen; »die Sünde (wird) zu einer Notwendigkeit.«[38] Diese Lehre war neu, sie fügt sich keineswegs bruchlos in die bisherige Tradition ein, trotz aller Anklänge, die man im Nachhinein finden kann.
Urs Baumann und andere sehen den wichtigsten Grund für diese neue Lehre darin, daß *Augustinus* die für ihn beherrschende »Grunderfahrung des Ungenügens vor Gott« und der »Ungeschuldetheit seiner Erwählung« habe objektivieren wollen[39]. Dieses Motiv spielt sicherlich eine Rolle und prägt vor allem die weiteren Ansichten über die Zueignung der Gnade Gottes an die von ihm Erwählten. Für das eigentliche Erbsündensystem aber wichtiger ist etwas anderes: *Augustinus geht es um die Rettung und Aufrechterhaltung des Christusbekenntnisses.*
Die alleinige Heilsbedeutung Jesu Christi schien ihm bei *Pelagius* in Frage gestellt zu sein. Auf diese Infragestellung antwortet er – in immer neuen Versuchen und Begründungszusammenhängen – mit der

34 Ebd. 39.
35 Ebd. Dabei war dieses Vererbungsmotiv für *Augustinus* nicht unproblematisch: Einfach wäre es, wenn alle Menschenseelen aus der Urseele Adams stammen (Generatianismus); ist aber jede Einzelseele unmittelbar von Gott erschaffen (Kreatianismus), wie kann sie dann schuldbeladen sein? »*Augustin* hat diese Alternative nie zu entscheiden versucht« (*U. Baumann* ebd. 40).
36 *Urs Baumann*, a.a.O. 40.
37 Nupt. II 34,58 (PL 44, 471).
38 *R. Seeberg*, Dogmengeschichte 2, 508.
39 A.a.O. 41.

Hervorhebung einer gewissermaßen *»objektiven« Heilsnotwendigkeit Jesu Christi* und seines Kreuzestodes. Gerade deshalb entfaltet er seine Lehre auch im Anschluß an die Adam-Christus-Typologie in Röm 5, und alle Aussagen über die Adamssünde sollen nichts anderes, als *die Einzigkeit unserer Chance, dennoch gerettet zu werden, in Jesus Christus zu verankern*. Nur weil er, der Sohn Gottes und Mensch, am Kreuz für unsere Schuld bezahlt hat, können Gnade und Taufe uns das Heil erschließen. Ja, mehr noch: Sie führen das Heil für die Erwählten unausweichlich herbei, weil Gottes Gnade unwiderstehlich ist[40].

Wie aber hätte sich *auf praktisch-juridisch-ethischer Ebene* die Heilsnotwendigkeit Jesu Christi anders oder besser »objektiv« begründen lassen als durch das Modell *Augustins*? Wenn Jesus unser einziger Heilsmittler sein soll, weil er, Gott und Mensch, für unsere Schuld eingestanden ist, so blieb doch die Frage, *warum es überhaupt eines solchen Erlösers bedurfte*. Warum genügte nicht ein gutes Exemplum Jesus (*Pelagius*), warum nicht unsere äußerste Bemühung, gut zu sein? Ja, forderte nicht gerade die (lateinische) Gerechtigkeit Gottes, nur den zu verdammen, der selber schuldig geworden ist?

Die Erbsündenlehre transponiert die Kontingenz (und somit auch Revidierbarkeit) ethischen Verhaltens (des Adams) auf die höhere Ebene des göttlichen Ordo, den es zerstört, sie steigert die Faktizität der Tat (Adams) zur Objektivität juridischer Geltung, die individuelle Entscheidung zum Fatum der Menschheit. Sie will zeigen, daß infolgedessen *unser* ethisches Verhalten und dessen Bedingung, der freie Wille, aufgrund dieser objektiven Ordnungszusammenhänge *absolut unfähig sind zum Guten*, d. h.: sie verbleiben unendlich weit unterhalb der Schwelle soteriologischer Relevanz. Nur Jesus Christus konnte die Barrieren durchbrechen und eine Ordnung (wieder) herstellen, in der das Gute möglich wird.

Die Erbsündenlehre liefert somit die negative Basis oder Folie, auf der die Christologie für lateinische Menschen und *ihre* Heilsvorstellungen plausibel wird und internalisiert werden kann. Ohne sie bleiben die *positiven* Erläuterungen zur Erlösung durch Jesus Christus im Letzten

[40] *R. Seeberg* weist richtig auf den Unterschied zwischen der Gnadenausstattung Adams (gratia prima) und unserer Erlösungsgnade hin: Die erste Gnade habe bewirkt, daß Adam gerecht sei, *wenn er wolle*; durch die Erlösungsgnade aber geschieht, *daß der Mensch überhaupt will* (Dogmengeschichte 2, 501, mit Verweis auf corrept. et grat. 11,31). »Die Paradiesesgnade scheint ... gedacht zu sein im neuplatonischen Sinn als eine übernatürliche intellektuelle Erleuchtung, die Erlösungsgnade ist dagegen auf Grund des christlichen Voluntarismus die Überwältigung des bösen Willens durch den allwaltenden Liebeswillen« (Ebd. 502).

unbegründet. Die Erbsündenlehre trägt und untermauert das Christusbekenntnis.

Deswegen zielt auch eine Kritik an der Erbsündenlehre ein wenig an der Sache vorbei, die an deren Unzuträglichkeiten Anstoß nimmt: An dem fürchterlichen Gott, der wegen *eines* Menschen *alle* straft und in jedem Fall eine *Bezahlung* nötig hat; an den unbiblischen und mythischen Implikationen; an den latent manichäischen Auffassungen; an der (von dem heutigen Wissen über die Hominisation her gesehenen) Unmöglichkeit, einem ersten Menschen eine Entscheidung von solcher Tragweite einzuräumen usf. Alle diese kritischen Anmerkungen sind berechtigt; sie übersehen aber die zentrale *Instrumentalität der Erbsündenlehre für die lateinische Christologie.*

In dieser Instrumentalität für die Möglichkeit einer autochthonen kulturellen Rezeption des Jesus-Christus-Bekenntnisses für den lateinischen Westen ist die Erbsündenlehre unverzichtbar. Sofern das entstehende Abendland vom lateinischen Erbe zuinnerst geprägt ist – bis heute –, stellt sie die bedeutendste christologische Mitgift der Antike für die neue Kultur dar. Welche Heilsbedeutung wäre Jesus Christus z. B. im Mittelalter noch verblieben, wenn die iro-schottische Mönchsethik oder eine germanische Lohn-Leistungs-Ethik nicht immer wieder – wenn auch, wie die Notwendigkeit der Reformation am Ende des Mittelalters zeigt, keineswegs genügend – gebrochen und von innen her entmächtigt worden wäre durch die Erbsündenchristologie?

Alljährlich preist die lateinische Kirche im *Exsultet*[41] der Osternacht Jesus Christus, »der an unserer Statt dem ewigen Vater Adams Schuld eingelöst und den Schuldbrief der alten Sünde mit seinem frommen Blut gelöscht hat«. Ja, Adams Schuld wird sogar als »certe necessarium« besungen, damit sie »durch den Tod Christi gesühnt« werde. Und als letzte Steigerung: »O felix culpa, quae talem ac tantum meruit habere redemptorem« – O glückselige Schuld, die eines so beschaffenen und so gewaltigen Erlösers gewürdigt wurde.

Diese beinahe anstößige – und im Mittelalter auch bisweilen als anstößig empfundene (und weggelassene) – Formulierung läßt auf lateinische Weise den innovatorischen Charakter des durch Jesus Christus vermittelten Heils erkennen. Sie mag uns ahnen lassen, wie von der Erbsündenlehre her das Christussein Jesu zuinnerst angeeignet wur-

[41] Herkunft und Alter des Exsultet sind umstritten, aufgrund der theologischen Implikationen ist eine vor-augustinische Entstehung (z. B. Abfassung durch *Ambrosius*) unwahrscheinlich. Vielleicht deuten der liturgische Ort (Darbringung der Osterkerze) sowie die starke Betonung des »Königtums« Gottes und Jesu auf fränkische Wurzeln. Literarisch ist es zum erstenmal bezeugt im Sacramentarium Gallicanum aus dem 7. Jahrhundert (*Joseph Lechner*, Liturgik des Römischen Ritus, begründet durch *Ludwig Eisenhofer*, Freiburg [6]1953, 157).

de. Wie hätte das Abendland das Christusbekenntnis rezipiert, hätte es nicht dieses Modell gegeben?
So ist es nicht verwunderlich, daß diese Lehre zu einem zentralen und immer neu reflektierten und modifizierten Topos der abendländischen Theologie wurde: Von den semipelagianischen Streitigkeiten über die Beschlüsse der Synode von Orange 529 und die scholastischen Bemühungen bis hin zum Dekret von Trient; aber auch die reformatorische Theologie hätte weder ihr Thema noch ihre Problemlösung »gefunden« ohne die Basis dieser Tradition, und bis heute wird für viele die Heilsnotwendigkeit Jesu erst auf ihrem Hintergrund verständlich.

3.3 Logische Ergänzungen: Die Prädestinations- und die Gnadenlehre

3.3.1 Zur Prädestinationslehre

Die Erbsündenchristologie umschreibt, warum und wie Jesus der (lateinische) Christus ist. Aber sie tut es nur *grundsätzlich* für die ganze Welt und die ganze Geschichte.
Wie aber steht es mit *meinem* Heil? Wir hatten gesehen, daß diese Frage nach der subjektiven Partizipation in der lateinischen Antike zwar noch nicht in der formalisierten Art des Mittelalters, aber doch bewußter gestellt wird als etwa in der östlichen Antike. Grund hierfür ist die juridisch-ethisch-praktische Basis der soteriologischen Fragestellung, in die der einzelne – als Subjekt ethischen Verhaltens – einbegriffen war[42].
Von diesem Horizont aus hätte *eine* Antwort nahegelegen: Der einzelne nimmt an der Erlösung in Jesus Christus teil, wenn er glaubt und sich taufen läßt, wenn er sittlich gut ist, wenn er in und mit der Kirche und ihren Sakramenten lebt[43].
Dieser Weg aber war versperrt. Zwar hat seine Nähe zur lateinischen Mentalität dazu geführt, daß er immer wieder gegangen und gepredigt wurde; vor allem war er für die Pastoral sehr brauchbar. Noch nicht einmal *Augustinus* ist gänzlich von vergleichbaren Anklängen frei. Dennoch aber gilt, daß er zumindest bei genauerer theologischer Reflexion verboten war.
Zwei Gründe sprachen gegen diese Antwort: Die Erbsündenchristologie beruhte ja gerade darauf, daß ein heilsrelevantes Handeln der Menschen seit Adam unmöglich war. Die alleinige (ethisch-juridische) Heilsmittlerschaft Jesu impliziert ein völliges Verdikt über die

[42] Vgl. o. 347.
[43] Vgl. u. III 3.4.

menschliche Geschichte; der allein uns von der Sünde erlösende Jesus braucht auf der anderen Seite Menschen, die Sünder und *nur* Sünder sind, also nichts zu ihrem Heil beitragen können.
Deswegen kann die subjektive Teilnahme an der Erlösung nicht durch unsere ethischen Entscheidungen verursacht sein; rechtfertigender Glaube und Taufe sind nicht unsere Leistung. Auch das von *Augustinus* eingeräumte Mitwirken mit der Gnade *nach* der Rechtfertigung kann seine Kausalität nicht im Menschen allein haben.
Ein zweites Motiv ist die lateinische Verankerung allen geschichtlichen Handelns in einem voluntaristischen Ordo. Geschichte ist nicht autonom; in ihren Abläufen spiegelt sich vielmehr ein ewiges fatum. Von daher scheint es lateinischen Christen schwer vorstellbar, daß die salus animarum von zufälligen Entscheidungen der einzelnen abhängen könnte.
Beide Motive verstärkten sich und führten dazu, auch *das Heil des einzelnen als eine von Ewigkeit her vorbestimmte Größe anzusehen; die Prädestinationslehre schließt jede Form der Mitwirkung des einzelnen aus, rettet somit die alleinige Heilsmittlerschaft Jesu* (auf lateinischer Basis) *vor jeder Abschwächung durch synergistische Vorstellungen und verankert das Heil des einzelnen zugleich in ewigen Ordnungsgefügen*[44].

Es ist wohl nicht falsch zu sagen, eine Prädestinationslehre im eigentlichen Sinn sei erst durch *Augustinus* entwickelt worden. Dieses Theologumenon hat viele Wurzeln: Schon im Alten Testament wird die *Macht* Jahwes hervorgehoben, der erwählt und verstockt; das Neue Testament, vor allem die paulinischen Briefe, legt großes Gewicht auf die Gnadenhaftigkeit der Erlösung und die entscheidende Bedeutung des Heilswillens Gottes; dennoch aber bleibt eine menschliche Verantwortung bestehen.
In nachneutestamentlicher Zeit verbinden sich griechische Moira-Vorstellungen mit dem heilsgeschichtlichen Denken (auch hierfür gibt es Ansätze im NT); Heilsplan und Heilswillen Gottes werden (bei den einzelnen Theologen auf verschiedene Weise) stärker hervorgehoben; dennoch bleibt es – von *Justin* bis *Origenes*, vom antiochenischen Bewährungsdenken bis zum hellenistisch-christlichen Mimesis-Gedanken – bei einer (im Letzten aber ungeklärten) Mitverantwortung des einzelnen für sein Heil. Auch die im lateinischen Westen stark in den Vordergrund gestellte Ethik – oft bis hin zum Rigorismus (vgl. *Tertullian*) – ist additiv mit der göttlichen Heilsursächlichkeit verbunden.
Augustinus hat seine Prädestinationslehre erst nach dem pelagianischen Streit in einigen Spätschriften formuliert[45]. Gemäß der schon fertigen Erbsündenlehre können wir Menschen zu unserem Heil nichts beitragen; die menschliche

[44] Weil der einzelne in seiner Heilsfrage weniger aus Christus als auf den prädestinierenden Gott verwiesen wurde, ist hiermit allerdings – umgekehrt und ungewollt – eine Entmächtigung des Kreuzes verbunden; vgl. hierzu u. III 7.2.

[45] Z. B. De correptione et gratia, De praedestinatione sanctorum, De dono perseverantiae.

Natur bietet lediglich die *Möglichkeit*, gerettet zu werden[46]. Ob ein einzelner Anteil an der Erlösung durch Jesus Christus erhält, ist im prädestinierenden Willen Gottes von Ewigkeit her festgelegt, und wen Gott retten will, der kommt auch zu diesem Ziel. Die Wahl Gottes ist völlig frei, sie ist in keiner Weise bedingt etwa durch das Vorherwissen Gottes um die Lebensentscheidungen eines Menschen.

Dieser »positiven Prädestination« Würde logisch eine »negative Prädestination« entsprechen: Gott bestimmt auch die Verworfenen zur Hölle. Diesen Schluß aber hat *Augustinus* zu umgehen versucht; nicht Gott ist für die Verlorenen Ursache ihres Schicksals, sondern die eigene Sünde *und* die Sünde Adams (im Fall der ungetauft sterbenden Kinder nur die Erbsünde). Sie gehören weiter zur massa damnationis und erleiden ihre Strafe zu Recht. Doch würden sie ihr entgehen, *wenn* Gott sie erwählt hätte, so daß zumindest faktisch der Nicht-Prädestination die entscheidende Ursächlichkeit zukommt[47].

Durch die Prädestinationslehre wird das Heil des einzelnen in ewigen Gründen verankert (ähnlich verlegt auch die Erbsündenlehre die Kausalität für unsere Schuld in mythische, uns völlig unzugängliche Vergangenheiten und Ordnungen). Diese Ent-Geschichtlichung des Unheils- und Heilsgeschehens[48], obwohl an das geschichtliche Kreuz gebunden) wird von *Augustinus* noch verstärkt durch eine eigentümliche Überlegung zur Zahl der Geretteten: Vor der Erschaffung der Welt hat sich ein Teil der Engel von Gott losgesagt und ist zur Hölle gefahren. Gott prädestiniert nun so viele Menschen aus der massa damnationis zum Heil, wie er braucht, um die ursprüngliche Zahl der Engel wiederherzustellen[49]. Damit hat *Augustinus* den lateinischen Ordnungs- und Restaurationsgedanken auf die Spitze getrieben und das konkrete Heil geschichtlichen Menschen vollends in Kausalitäten verankert, die mit ihnen wahrhaftig nichts mehr zu tun haben.

Kurz: Die Bestimmung des Christusseins Jesu durch (und als) seine von den Sünden erlösende Funktion macht erstens die Ausbildung einer Lehre notwendig, die *alle sonstige Geschichte* für apriori und grundlegend (von Adam her) sündhaft und unheilvoll erklärt (Erbsündenlehre), zweitens muß erklärt werden, wie der einzelne – der ja selbst nicht das geringste beitragen kann – an diesem Heil partizipiert. Letzteres leistet »objektiv« die Prädestinationslehre. Sie ist eine Folge *dieser*, der lateinischen Christologie.

[46] De praed. sanct. 5.6.

[47] Warum Gott solche Nicht-Prädestinierten überhaupt schafft, läßt sich nicht näher begründen (ep. 186,7,23 (= CSEL 57,63): »quia voluit«); immerhin redet *Augustinus* an einigen Stellen auch davon, daß die Nicht-Erwählten gerechterweise zur Strafe »*prädestiniert*« seien (z. B. ep. 204,2; enchir. 26,100 usf.) Die »negative Prädestination« liegt ihm also nicht ganz fern.

[48] Vgl. *E. Kähler*, Prädestination III. Dogmengeschichtlich, in: RGG 5, [3]1961, 484: »Die P.(rädestination)slehre Augustins entwertet letztlich die Geschichte: ihr Ablauf ist nichts weiter als der Vollzug einer jenseitigen Entscheidung.«

[49] Vgl. *Augustinus*, Enchiridon (oder: De Fide, spe et caritate) 61 (Schlußsatz). 62 (16. Kap.).

3.3.2 Zur Gnadenlehre

Die Verankerung des Heils des einzelnen in der ewigen Prädestination Gottes ließ eine weitere Frage dringlich werden: Auf welche Weise, mit welchen Mitteln wirkt Gott konkret die salus animarum?
Die Antwort der östlichen Theologie mußte ausscheiden, daß wir alle im Gottmenschen Jesus Christus am göttlichen Logos partizipieren, der in uns eine immer umfassendere Gottähnlichkeit bewirkt und uns zu Gott hinführt[50]. Nicht mehr steht die ungeheure Dynamik der in Jesu Christus grundgelegten und von ihm an uns durchgeführten Vergöttlichung im Vordergrund, sondern die einmalige Rechtfertigung im Kreuz Christi und der durch sie ermöglichte Heilsratschluß Gottes bestimmen das Denken. Der einzelne ist eingespannt zwischen eine objektive juridische Grundlegung seines Heils (Kreuz Christi) und den ihn – ebenso objektiv – prädestinierenden Gott.
Die »Systemlücke« wird geschlossen durch die Ausbildung der lateinisch-abendländischen *Gnadenlehre*. Ansätze hierzu lassen sich schon in der frühesten lateinischen Theologie, bei *Tertullian*, wahrnehmen, vollends etabliert wird die Gnadenlehre durch *Augustinus*[51]. Mittels der Gnade läßt Gott den einzelnen, wenn er ihn erwählt hat, Anteil nehmen an der Rechtfertigung durch Jesus Christus. Die Ausbildung der Gnadenlehre, die dann im Mittelalter immer weiter verfeinert wurde, war zwar – auf dem Hintergrund der Rechtfertigungschristologie – logisch zwingend, andererseits aber führte sie, wie auch schon die Prädestinationslehre, zu einer weiteren Entmächtigung der Christologie (die ja gerade »objektiv« etabliert werden sollte). Zwar ist alle Gnade: Gnade Jesu Christi, und das per-Christum aller Begnadigung

[50] Vgl. *G. Greshake*, Der Wandel der Erlösungsvorstellung in der Theologiegeschichte, a.a.O. 89: »Mit dieser Fragestellung (nach dem Heil des einzelnen, *Verf.*) treffen wir auf ein Moment, das in der östlichen Paideia-Konzeption zwar gelegentlich durchscheinen kann, aber im Grunde keinen Platz hatte... In der griechischen Patristik ist das – wenn man so will – objektive Tun Christi eo ipso Gottes Handeln am Menschen. Es gibt kein zunächst nur »transsubjektives«, objektives Handeln Christi, das dann in einem weiteren, wenn auch nur gedanklichen Schritt subjektiv dem einzelnen appliziert werden müßte. Denn die Anthropologie ist im Osten immer schon umfangen vom quasi-kosmologischen Geschehen der Makro- und Mikrokosmos durchdringenden und damit auch die Freiheit des einzelnen immer schon unterfangenden Logos-Pädagogie. Anders im Westen...«

[51] Vgl. *G. Greshake*, ebd. 91: »Bei Augustinus wird unübersehbar deutlich, wie das kosmologische Erlösungsmodell zerbricht und eine neue epochale Erfahrung beginnt, nämlich die Erfahrung der Gebrochenheit und Hilflosigkeit des Subjekts, das sich radikal Gott gegenübergestellt versteht und Sicherheit, Geborgenheit und Hoffnung allein in der inneren Begnadung = Befreiung seines Selbstseins durch Gott findet.«

wird aufrechterhalten. »Und doch tritt Christus nicht eigentlich qualifizierend in das eigentliche intime Liebesverhältnis zwischen Gott und Mensch ein. Ja, es läßt sich zeigen, daß die Gnadenlehre spätestens ab Augustin theozentrisch konzipiert ist.«[52]
Erbsünden- und Rechtfertigungschristologie auf der einen, Prädestinations- und Gnadenlehre auf der anderen Seite repräsentieren das Ganze der neuen christologisch-soteriologischen Basis[53]*; alle Teile gehören zusammen und bedingen sich gegenseitig.* Nichts könnte schadlos wegfallen, ohne das Gebäude selbst zum Einsturz zu bringen. Ebenso können schon leichte Akzentverschiebungen innerhalb der einzelnen Teile die Harmonie des Zusammenklangs gefährden. M.a.W.: Die lateinisch-abendländische Christologie ist ein recht kompliziertes und rational anspruchsvolles Gebilde und kann nur mühsam gegen alle an ihm angelegten zentrifugalen Kräfte zusammengehalten werden.

3.4 Volkstümliche juridische Christologien

Schon das Neue Testament deutet an einigen Stellen Jesu Werk mittels juridisch verstandener alttestamentlicher Opferterminologie. Jesus ist der Hohepriester (Hebr 4,14ff), gibt sein Leben als ›Lösepreis für die vielen‹ (Mk 10,45 = Mt 20,28, 1 Tim 2,6) und hat uns ›losgekauft‹ (Röm 3,24) von aller Ungerechtigkeit (Ti 2,14) oder der Knechtschaft des Gesetzes (Gal 3,13), der Finsternis (Kol 1,13) oder des Todes (2 Tim 1,10). Das Blut Jesu wurde vergossen zur Vergebung der Sünden (Abendmahlsberichte, Röm 5,10, Kol 1,20).

Diese und ähnliche Assoziationen wurden natürlich auch in der Folgezeit aufgegriffen und weiterentwickelt. *Irenäus* führt aus, daß Jesus uns losgekauft (adv. haer. III 16,9, V 14,3usf.), *Tertullian*, daß er satisfactio geleistet (vgl. 345, A. 8), *Justin*, daß er die Dämonen besiegt hat, und bei *Origenes* begegnet zum erstenmal die Lehre vom ›gefoppten Teufel‹: Der Teufel hat durch unsere Sünde ein Eigentumsrecht an uns. Jesus hat uns von dieser Herrschaft befreit, indem er sich als Lösepreis gegeben hat. Das war notwendig, weil Gott das Eigentumsrecht des Teufels anerkannte: »Er bietet dem Teufel die Seele Jesu als Lösepreis an. Weil jedoch diese ganz unschuldig war, konnte der Teufel auch den Lösepreis nicht behalten. Er verlor so nicht nur alle seine Sklaven, sondern auch den Erlöser«[54]. Der Teufel habe sich aber dabei getäuscht[55], weil er die Todesherrschaft über Jesus nicht aufrechterhalten konnte. *Gregor von Nyssa* hat später diesen Topos übernommen[56].

[52] *G. Greshake*, ebd. 91.
[53] Ekklesiologie und Sakramentenlehre (vgl. u. 3.5) ruhen auf dieser Basis auf.
[54] *Basil Studer*, Soteriologie, a.a.O. 72.
[55] Von gnostisch-dualistischen Anstößen her hat die Theologie schon lange vor *Origenes* »das Thema des Nicht-Wissens der Mächte«, d.h. der Dämonen, entfaltet (*Basil Studer*, ebd.).
[56] Or. catech. 22ff.

Angestoßen durch neutestamentliche Motive kennt also auch die griechische Theologie juridische Erwägungen, die sich um den Opfertod Jesu Christi ranken. Allerdings waren sie im Osten nicht zentral und wurden überstrahlt durch die Inkarnationschristologie[57].

Anders wurde dies erst im Westen, beginnend mit (ein wenig: 1 Klem und *Irenäus*) *Tertullian*. Hier werden diese Raster zum beherrschenden Ausdruck der populären Christologie. »Die Gerechtigkeitsterminologie der Schrift erfährt in der abendländischen Entwicklung einen Bedeutungswandel dadurch, daß die Einzeltermini in einen anderen Denkrahmen gestellt und mit den Prinzipien der menschlichen Rechtsverhältnisse begriffen werden: Wiedergutmachung der Ehrverletzung und Befriedigung des erzürnten Gottes v.(om) Menschen aus durch menschl.(iche) Leistung. Im Übergang von der Patristik z.(um) MA (Mittelalter) wird die Erlösung Christi einseitig nach lat.(einischer) juridischer Denkweise aufgefaßt...«[58]
Dieser Bedeutungswandel ist durchgängig festzustellen. Er führt dazu, daß soteriologisch ganz der Sühnetod Jesu in den Vordergrund rückt (Menschwerdung und auch Auferstehung treten zurück)[59]. Dieser wird als Sieg Jesu über Teufel und Tod, als Genugtuung, Opfer, Rekonziliation und Loskauf von der Macht der Dämonen verstanden. Selbst *Augustinus* übernimmt den Topos vom »gefoppten Teufel« und geht so weit, »das Kreuz oder den Tod (Jesu) mit einer Mausefalle (muscipula)« zu vergleichen[60], in der sich der Teufel verfangen habe; auch im Tomus Leonis ist dieser Raster festzustellen[61].
Christologisch ist von Bedeutung, daß zwar die Gott-Mensch-Christologie beibehalten wird; aber »Christus« ist Jesus für die lateinische Bevölkerung dadurch, daß er der uns loskaufende, für uns sühnende und bezahlende Jesus ist. So hat er uns der Macht des Teufels entrissen und das Heil gebracht. »Ipse ergo peccatum, ut nos iustitia« (*Augustinus*)[62].
Wenn die lateinische Christologie grundlegend als Rechtfertigungschristologie, die Erbsündenlehre des *Augustinus* als eine Art von »objektiver« theologischer Begründung für die Notwendigkeit Jesu Christi für *diese* Rechtfertigung zu charakterisieren ist, so liefert die lateinisch-juridisch aufgefaßte »Gerechtigkeitsterminologie« mit ihren volkstümlichen, ja oft derben Mustern das Material, das diese Chri-

[57] Vgl. auch *Gisbert Greshake*, Der Wandel der Erlösungsvorstellungen in der Theologiegeschichte, a.a.O. 75.76.
[58] *F. Lakner*, Satisfaktionstheorien, in: LThK² 9,341.342.
[59] Vgl. *Basil Studer*, Soteriologie, a.a.O. 166.
[60] *Basil Studer*, ebd. 168 (mit Hinweis auf serm. 130,2).
[61] Vgl. o. 267.
[62] Enchir. 41 (CCL 46,73). Vgl. hierzu *Martin Luther*, vgl. u. 483.

stologie bei der Masse der Gläubigen existentiell verankern konnte. Die mittelalterlichen, z.T. heute noch lebendigen Passionsspiele können hierfür anschauliche Beispiele liefern[63]. Nicht zufällig ist hier der Stoff zu finden, der dann später immer neu theologisch verfeinert und aufgearbeitet wurde (z.B. durch *Anselm* von Canterbury u.a.).

3.5 Die ekklesiologische und sakramentale Dimension der Christologie

Basil Studer überschreibt einen Abschnitt zur lateinischen Soteriologie mit »Die ekklesiologische Dimension«[64]. Er will darlegen, daß das Heilswirken Jesu die zur Kirche berufene Menschheit zum Ziel hat und in der Kirche vermittelt wird. »Verbum caro factum est, ut fieret caput ecclesiae«[65].

Er führt dies vor allem aus am Beispiel des *Augustinus*, für den »die Mittlerschaft Christi im vollem Sinne sich erst in der Kirche realisiert«[66], man müßte hinzufügen: und in ihren Sakramenten – so offen dieser Begriff und auch die Sache zunächst noch sind. »In ihr wird nämlich die Menschheit zum Opfer, das Christus Gott darbringt, zur Gemeinschaft, die in Christus ganz Gott gehören wird... So sammelt sie als Gottesstaat auf Erden die Menschen vom Anfang bis zum Ende der Geschichte, damit sie einst mit den Engeln das regnum Christi bilden.«[67]

Jesus Christus vermittelt das Heil durch die Kirche und alles, was dazugehört: durch die regula fidei, die traditio, den Bischof, das Wort und die Sakramente. Auch in der östlichen Theologie hatten die Auseinandersetzungen mit der Gnosis und anderen häretischen Strömungen dazu geführt, die ekklesialen Gegebenheiten stärker zu reflektieren und als normativ zu empfinden. Aber erst im lateinischen Westen,

[63] Vgl. hierzu *Rolf Steinbach*, Die deutschen Oster- und Passionsspiele des Mittelalters. Versuch einer Darstellung und Wesensbestimmung nebst einer Bibliographie zum deutschen geistlichen Spiel des Mittelalters (Kölner Germanistische Studien), hrsg. von *P. Böckmann*, Bd. 4), Köln, Wien 1970; *Wolfgang F. Michael*, Das deutsche Drama des Mittelalters (Grundriß der germanischen Philologie 20), Berlin, New York 971; *Rolf Bergmann*, Studien zu Entstehung und Geschichte der deutschen Passionsspiele des 13. und 14. Jahrhunderts (Münsteraner Mittelalter-Schriften 14), München 1972. Einige Hinweise gibt auch *Rainer H. Schmid*, Raum, Zeit und Publikum des geistlichen Spiels. Aussage und Absicht eines mittelalterlichen Massenmediums, München 1975.

[64] A.a.O. 171.

[65] *Augustinus*, En.Ps. 148,8 (CCL 40,2171).

[66] A.a.O. 171.

[67] Ebd. 173.

beginnend schon bei (dem griechisch schreibenden Kleinasiaten) *Irenäus* von Lyon, erst recht in Nordafrika seit *Tertullian*, werden diese Vermittlungsstrukturen und ihre Notwendigkeit stärker als juridisch-heilsverbindlich aufgefaßt: extra ecclesiam nulla salus, heißt es in Nordafrika; wer nicht recht und gültig getauft ist, ist kein Christ (Ketzertaufstreit/Donatistenstreit); die »Priesterweihe« muß gültig vollzogen werden (Donatistenstreit), der wahre Glaube muß sich an der übereinstimmenden Tradition aller Kirchen (*Vinzenz* von Lérins), besonders solcher mit apostolischer Sukzession (*Irenäus*/*Tertullian*) orientieren, die (heilsnotwendige) Verbindlichkeit von Glaubensregel und Tradition tritt deutlich hervor, kurz: »ego vero evangelio non crederem, nisi me catholicae ecclesiae commoveret auctoritas«[68] – »wahrlich, ich würde dem Evangelium nicht glauben, wenn mich nicht die Autorität der universalen Kirche dazu bewegte.« Im lateinischen Westen treten also aufgrund der andersartigen Mentalität die kirchlichen Vermittlungsfiguren stärker ins Bewußtsein. Selbst neuplatonisch beeinflußte Theologen wie *Augustinus* bleiben ihrer heimatlichen Tradition verhaftet und verstehen sie – tendenziell – als heilsnotwendig. Damit aber stellt sich das Problem nach der »Vermittlung des Vermittlers«[69]: Wird die alleinige Heilsmittlerschaft Jesu Christi nicht gefährdet durch die Heilsnotwendigkeit von allerlei kirchlichen Vollzügen?

Diese Gefahr scheint allerdings damals wenig Beachtung gefunden zu haben. Sie schien auch erst gar nicht zu entstehen, insofern Christus als Haupt der Kirche (mit allem, was sie an Struktur und Vollzügen ausmacht) aufgefaßt wurde; Kirche erscheint so als das Medium, durch das Jesus Christus seine Heilsvermittlung konkret der Menschheit zuwendet. Die (beginnende) Ekklesiologie ist ein Aspekt der Christologie; in Glaubensregel, Amt, Sakrament und communio begegnet der lebendige Jesus Christus.

Das Abendland hat die Christologie in dieser Form ererbt; die ekklesiologische Dimension der Christologie wird im Verlauf des Mittelalters immer stärker entfaltet und schließlich im Spätmittelalter und in der Reformation problematisiert. Die Kirchen der Reformation versuchen, die beiden Bereiche auseinanderzuhalten[70].

[68] *Augustinus*, c.ep. Manichaei quam vocant Fundamenti (CSEL 25,1,197); vgl. zur Interpretation dieser Stelle vom *Verf.*, Die theologische Begründung des neutestamentlichen Kanons in der alten Kirche, Düsseldorf 1972, 265.266, 290.291.

[69] Vgl. hierzu o. I 3.4.

[70] Vgl. hierzu u. IV, 1.5.

4 Keltische Modifikationen der Christologie

4.1 Vorbemerkung

Der keltische Bevölkerungsteil, schon früh weitgehend romanisiert, hat sein Empfinden und Denken in die entstehende abendländische Kultur eingebracht. Von vornherein ist anzunehmen, daß die keltischen Motive und Raster in der frühen Zeit, vor allem in der irischen und iroschottischen Tradition, deutlicher zu Tage traten, während sie im Zuge der fortschreitenden Bildung einer universalen abendländischen Tradition einerseits mehr in die neue »Einheit« hineinwuchsen, andererseits aber auch über ihre ethnische oder regionale Basis ausstrahlten und – von ihr unabhängig – ein Moment an ihr wurden.
Leider gibt es kaum Untersuchungen über (z. B.) den »Volksglauben« der früh christianisierten Kelten und Romanen, und auch die beachtlichen theologischen Impulse sind nur wenig im Hinblick auf ihre keltische Eigenart untersucht. So bietet z. B. die gründliche Untersuchung von *Gisbert Greshake* zu *Pelagius*[1] keinerlei Hinweis auf mögliche keltische Einflüsse; *Alois Dempf* ist zu verdanken, daß er diesen Aspekt in der Theologie des *Johannes Scottus Eriugena* berücksichtigt hat[2], ausführlicher wird die Dissertation von *Ulrich Rudnik*[3] auf diese Frage eingehen. Auch an dieser Stelle können nur wenige Hinweise gegeben werden.
Jedenfalls dürfte deutlich werden, daß der Strom keltischer Tradition von *Pelagius* über *Eriugena* und die Schule von Chartres bis hin zu *Duns Scotus* mächtig gewirkt und auch die Gestalt der abendländischen Christologie mitgeprägt hat.
Grundsätzlich ist die keltische Weltanschauung von einem dynamischen Monismus geprägt; alles geht aus von dunklen Urgründen, entfaltet sich in einem lebendigen Prozeß in die Vielfalt der Formen und kehrt schließlich zum Anfang zurück. Auch die vom Christentum vermittelte absolute Transzendenz (und Personalität) Gottes hat dieses organologische Denken nicht gänzlich aufheben können.
Die »keltische« Christologie mußte nun versuchen, Jesus in diesem Geschehen seinen Platz und seine Funktion zuzuweisen, damit er als Christus rezipiert werden konnte. Sie bewerkstelligte dies mit den Mit-

[1] Gnade als konkrete Freiheit, a.a.O.
[2] Metaphysik des Mittelalters, a.a.O. 32–51.
[3] Das System des Johannes Scotus Eriugena.

teln normativ tradierter antiker christologischer Sprachmodelle, so daß die eigene Motivation nur unter der fremden Verkleidung erahnt werden kann.

4.2 Vermutungen zu Pelagius bzw. die Exemplum-Christologie

Pelagius hat nach 380 in Rom versucht, die weltstädtischen und oft laxen Christen aufzurufen zu einer ernsteren Jesusnachfolge, die er im Sinne der sich damals verbreitenden mönchischen Ideale verstand; später lebte und wirkte er in Nordafrika und im Osten, gegen 422 (oder einige Jahre später) scheint er gestorben zu sein. Seine Zeitgenossen überliefern, daß er aus Britannien, so *Augustinus*, oder aus Irland, so *Hieronymus*, stammt[4]. Man darf also durchaus anneh-

[4] *A. Spindeler*, Pelagius, in LThK² 8,251. Die biographischen Zeugnisse sind zu dürftig, um ihn mit letzter Gewißheit als Kelten bezeichnen zu könne. *Georges de Plinval*, Pélage. Ses écrits, sa vie et sa réforme. Etude d'histoire littéraire et religieuse, Lausanne, Genève, Neuchâtel, Vevey, Montreux, Berne, Bâle 1943, schließt aus der »physionomie grecque de son nom« (60) – von griech.: pélagos = Meer –, daß der Vater »un homme d'ascendance méditerranéenne« (61) gewesen sei, einer von den vielen, die im Gefolge der römischen Besatzung nach Britannien geschwemmt wurden (eine Herkunft aus Irland lehnt er für *Pelagius* – nicht schlüssig – ab, vgl. 57.58). Vom Vater vermutet er aufgrund der Anklänge an die Medizin in den Schriften des *Pelagius* (61,A.2) sogar, er sei Arzt gewesen und in Britannien seßhaft geworden. Immerhin hält er es für wahrscheinlich, daß er »une femme de la region« geheiratet habe (61). Für die spätere Konzeption des *Pelagius* weist er unmittelbar keltische oder gar druidische Einflüsse zurück (59); den Ansatz des *Pelagius* will er eher damit erklären, daß er aus einer christlichen Familie stammte und somit in seiner heidnischen Umwelt besonders auf ein beispielhaftes Leben verpflichtet war (61.62). Diese Hypothese hat ihre Schwächen; einmal meint *Plinval*, in Irland habe es damals noch keine Christen gegeben, was nach der neueren Forschung unzutreffend sein dürfte. Zum anderen könnte der mediterrane Namensgeber ja auch der Großvater gewesen sein (was den Einfluß von Vorfahren »regionaler Herkunft« verstärken würde), drittens ist die Ethik des *Pelagius* keineswegs eine Lohn-Leistungs-Ethik, wie sich immer deutlicher zeigt. Wohl ist richtig, daß keine direkten Verbindungslinien von einer druidischen Ethik (?) zu der des *Pelagius* aufgezeigt werden können. Dennoch aber scheinen die im folgenden dargelegten Eigentümlichkeiten des pelagischen Systems eine Verwandtschaft zur *keltischen Denkform* zu verraten. Ob diese von keltischen Eltern, (nur) einer keltischen Mutter oder auch einfach von der Umwelt übernommen wurde, soll hier nicht diskutiert werden (Auf keinen Fall aber genügt es, keltische Einflüsse deswegen abzulehnen, weil *Pelagius* nicht der »nature idéaliste, rêveuse et imaginative des Celtes« entsprach, vgl. ebd. 59).
Gert Hummel, a.a.O. 11, urteilt unbefangener, und der Sache nach wohl richtiger: »Wichtig aber ist, daß die Lehre dieses Iren (!) sehr gut in den Zusammenhang

men, daß er von keltischen Traditionen – wenigstens – mitgeprägt war.
Die jüngere Forschung hat gelehrt, *Pelagius* differenzierter zu sehen, und das einseitige Urteil des *Augustinus* über ihn als weithin unzutreffend aufgezeigt. In der gesamten Literatur aber wird die Eigenart seiner Denkform wie auch seiner Lehre ganz von der Antike her erklärt, deren Tradition – vor allem der lateinischen – er tatsächlich verpflichtet ist. Nirgends taucht der Verdacht auf, bestimmte Besonderheiten seines »Systems« könnten sich von Motiven herleiten, die aus einer ganz anderen Richtung kommen – eben aus der keltischen Kultur. Genau diesem Verdacht aber soll hier – in skizzenhafter Kürze – nachgegangen werden. Allerdings können die Ergebnisse nur Mutmaßungen bleiben, weil einmal das Keltentum selbst zu wenig erforscht ist, zum anderen die Textzeugnisse des *Pelagius* ganz von dem zu seiner Zeit üblichen lateinisch-theologischen Vokabular geprägt sind.

Pelagius[5] geht aus vom allgemeinen Heilswillen Gottes und seiner Gerechtigkeit. Daraus folgt für ihn, daß jeder Mensch von Natur aus frei sein muß zum Guten wie zum Bösen; in seiner freien Willensentscheidung wurzelt somit Heil und Unheil. So begründet er seine »mönchische« Forderung nach ernsthafter Jesusnachfolge.
Allerdings ist die freie Entscheidung nicht unvorbelastet. Zwar hat Gott bei der Erschaffung des Menschen sein Bild in ihn hineingelegt. Seit der Sünde Adams aber sind wir alle beeinflußt durch sein negatives Beispiel (exemplum); zwar wird nicht das – unzerstörbare – grundlegende Vermögen des freien Willens aufgehoben, aber es wird diesem äußerst schwer, *beinahe* unmöglich, das Gute zu wählen. »Die Tat Adams übt eine wirkliche kausale Effizienz aus, freilich keine determinierende«[6].
Pelagius unterscheidet drei heilsgeschichtliche Phasen: In der Zeit von der Erschaffung des Menschen bis zum Gesetz des Moses greift das Böse »wie eine Epidemie« um sich[7]; die schlechte Gewohnheit (consuetudo) führt dazu, daß nur wenige ein gerechtes Leben führen können.

eines streng asketischen Mönchtums paßt, wie wir es um diese Zeit in Irland bezeugt habe. Pelagius entstammt einer Schule, die fraglos auf eine recht ansehnliche Tradition zurückblicken kann.«
Hermann J. Vogt, Zur Spiritualität des frühen irischen Mönchtums, in: *Heinz Löwe* (Hrsg.), Die Iren und Europa im früheren Mittelalter, Stuttgart 1982, 26, meint, *Pelagius* sei »wohl nicht Ire, auf jeden Fall aber gaelischer Abstammung gewesen«; er vermutet sogar, daß *Pelagius* auch später noch »Kontakte zu seiner Heimat aufrechterhalten« (ebd.) und seine Lehre dort noch längere Zeit Anhänger gefunden habe (ebd. 27).

5 Die folgenden Darlegungen stützen sich im wesentlichen auf das Buch von *Gisbert Greshake*, Gnade als konkrete Freiheit, a.a.O.

6 Ebd. 83.

7 Ebd. 88.

Deswegen gab Gott durch Mose Israel das Gesetz (zweite Epoche), um es von dem alleinigen Leitbild Adams zu lösen und ihm ein besseres, das ursprüngliche Bild, vor Augen zu stellen. Dieses Gesetz aber war nur eine Art von Zwischenlösung, weil Israel auch durch Zwang und Furcht zum Guten bewegt werden sollte[8]. Mit Jesus Christus wird die dritte, die endgültige Epoche eingeleitet; durch ihn wird das Joch des Gesetzes aufgehoben und allen Menschen *ein neues exemplum* gegeben, das sie nun nachahmen sollen (imitari). »Und weil jetzt die Fülle des Heils da ist, weil alles andere Heilsangebot sich als unzureichend erwies, gibt es in dieser Zeit nur Heil in Christus, im Glauben an ihn. Gäbe es noch heute andere Heilswege, wäre Christus überflüssigerweise in den Tod gegangen«[9].
Die Heilsnotwendigkeit Jesu Christi ist eine doppelte: einmal, wenn man so will, in die Vergangenheit hinein, werden durch seine Gnade alle schon begangenen Sünden *ohne jedes Verdienst* vergeben. Diese Gnade brauchten alle; denn Gott »fand niemanden in dieser Welt, der seiner Barmherzigkeit nicht bedürfte, und dem das Geschenk der Befreiung nicht der Mensch Christus Jesus, Mittler zwischen Gott und den Menschen..., bringen mußte.«[10] Zustimmend zitieren *G. Greshake*[11] und *R. Schwager*[12] die Beurteilung durch *F. Loofs*: »Das ›sola fide‹ (iustificari...) hat vor Luther keinen so energischen Vertreter gehabt als Pelagius«[13], und *Greshake* formuliert noch schärfer: »Pelagius ›war kein Pelagianer, ja nicht einmal ein Semipelagianer.«[14] Allerdings wirkt Gott nicht ohne uns, das unverdiente Gnadengeschenk kann abgelehnt oder angenommen werden. »Aber all dies ist... nicht in dem Sinne gemeint, daß wir selbst uns den Glauben erwirken können...«[15]
Die Gnade Christi wirkt allerdings noch in eine andere Richtung, nach vorne, in die Zukunft hinein. Auf *dieser* Ebene ist Christus die *imago* oder das *exemplum*, das uns zum Guten hinzieht; die Gnade realisiert sich in der *imitatio* Christi. Diese Imitatio geschieht in Freiheit, nicht wie unter dem Gesetz durch Zwang (vor allem gegen diese zweite Aussagereihe richtete sich die Kritik des *Augustinus*, dem hier die alleinige Heilsmittlerschaft Jesu Christi als nicht hinreichend »notwendig« erschien).

Die Auseinandersetzung um die Gnadenlehre ist im lateinischen Westen nur vordergründig eine Frage »nach Verdienst und Strafe, Erlösung und Belohnung des *einzelnen*«, wie *Greshake* am Beispiel schon des *Tertullian* aufzeigt[16]. In Wirklichkeit ging es hierbei um die *alleini-*

[8] Ebd. 98.
[9] Ebd. 100.101 (mit Zitat von Gal 2,21 bei *Pelagius*, Expositiones XIII epistularum Pauli, hrsg. v. *A. Souter*, Pelagius's Expositions of thirteen epistles of St. Paul II, Cambridge 1926, 317).
[10] Liber de induratione cordis Pharaonis 34, zitiert nach der Übers. bei *G. Greshake*, a.a.O. 102; dort weitere Belege aus *Pelagius*-Texten.
[11] Ebd.
[12] A.a.O. 259.
[13] Art. Pelagius und der pelagianische Streit, in: RE^3 15,753.
[14] A.a.O. 103.
[15] Ebd. 107.
[16] Ebd. 191.

ge soteriologische Bedeutung Jesu, also sein Christussein, *für* diese und *in* dieser Kultur unter den Voraussetzungen ihres Denkens.
Die heilsmittlerische Funktion Jesu Christi ist bei *Pelagius* unproblematisch hinsichtlich der je schon geschehenen Sünden. Umstritten ist – seit *Augustinus* –, ob sie auch »nach vorne hin« zureichend und ernsthaft genug gesehen wird, wenn Christus als (»bloßes«) exemplum den an ihn Glaubenden in die Imitatio ruft, die dieser frei ergreifen und verwirklichen soll.
Gisbert Greshake ist der Meinung, daß *Pelagius* mit dieser Vorstellung die urgriechische Paideia- und Mimesissoteriologie fortgeführt habe, gemäß der die »fundamentale Gnade... die den Kosmos durchdringende Logos-Pädagogie« ist[17]. *Raymund Schwager* kritisiert diese These[18], weil *Greshake* hierbei nicht die »korrigierenden Elemente«[19] der *christlich*-griechischen Soteriologie berücksichtigt habe (Stichwort: »physische Erlösungslehre«)[20], nach der die Mimesis Gottes oder des Logos, anders als im »heidnischen« Griechentum, auf der *zuvor* geschehenen Herablassung Gottes bzw. der Menschwerdung Gottes aufruht.
Das ist richtig; allerdings sieht *Greshake* bei *Pelagius* nicht einfachhin eine Neuauflage der östlichen Raster, sondern ihre Fortführung *unter lateinischen Verstehensbedingungen*, so daß die »mehr praktischen Fragen der konkreten Lebensführung«[21] in den Vordergrund traten. »*Pelagius* versucht noch einmal die griechische Theologie zu repristinieren, aber auf römischen Boden, d.h. unter anderen Voraussetzungen. Diese eigentümliche Verschmelzung von griechischer und lateinischer Tradition ›scheint ein theologisches Signum des Pelagius auszumachen‹«[22]. Hier wäre noch zu ergänzen, daß durch dieses Interesse an der Praxis auch die judenchristlichen ethischen Implikationen des Neuen Testaments ein stärkeres Gewicht bekommen; schon die östliche Mimesis wurde durch sie biblisch korrigiert, jetzt aber gewinnt die imitatio viele Aspekte der neutestamentlichen »Nachfolge Jesu«.
Durch die lateinische Anwendung des Topos der imitatio aber entstehen die Probleme. Auch *Augustinus* hat nach *Wilhelm Geerlings* die exemplum-imitatio-Vorstellung übernommen[23], aber er kam zu ei-

[17] 189; vgl. auch 276: »die dem pelagischen Denken zugrunde liegende Denkform von der *mimesis* als dem kosmologischen Grundgesetz, von der *göttlichen Durchwirkung des Kosmos* und der *Korrelation von Makro- und Mikrokosmos*«.
[18] Vgl. o. 349.
[19] A.a.O. 266.
[20] Ebd. 267.
[21] A.a.O. 187.
[22] Ebd. 192; *Greshake* zitiert *T. Bohlin*, Die Theologie des Pelagius und ihre Genese, Uppsala/Wiesbaden 1957, 108.
[23] Vgl. sein Buch: Christus Exemplum, Studien zur Christologie und Christusverkündigung des Augustinus, Mainz 1978; vor allem 3. Kapitel, 146–284.

nem ganz anderen Ergebnis: »Augustinus hat in seiner Gnadenlehre radikal mit dem antiken Paideia-Gedanken gebrochen«[24]. Wie aber führte bei dem einen die lateinische Rezeption von Paideia-Mimesis zu deren »Repristination«, bei dem anderen zum Bruch mit ihr?
Die einfachste Antwort auf diese Frage wäre: *Augustinus* war halt orthodox, *Pelagius* dagegen ein Häretiker. Diese Lösung scheint allerdings versperrt zu sein, weil die neuere Literatur *Pelagius* bescheinigt, daß er das Solus-Christus durchaus festhält oder – wenigstens – festhalten will, allenfalls habe er sich ungeschickt ausgedrückt. Das heißt aber doch: *Pelagius* hat auch im Kontext seiner lateinisch gewendeten Rezeption von Paideia-Mimesis das Christusbekenntnis in vollem Umfang durchhalten wollen.
Diese Fragen scheinen sich zu lösen – dahin geht meine Vermutung –, wenn man eine *weitere Tradition* berücksichtigt, die sein Denken bestimmt haben könnte, *die keltische*. Berücksichtigt man ihren Einfluß, müssen auch die von *Augustinus* in den Vordergrund gestellten Argumentationsdefizite keine wirklichen Defizite sein, sondern könnten sich als Ausdruck einer vollgültigen (biblischen-hellenistischen-lateinischen-keltischen) Christologie erweisen[25].

Für diese Interpretationsmöglichkeit seien nur einige wenige Hinweise gegeben, wobei für *Pelagius* selbst die gründliche Arbeit von *Greshake* herangezogen wird.

– Der Hellenismus und auch die östliche Theologie kennen – trotz Hervorhebung des Einheitsgedankens – durchaus dualistische Assoziationen: Den Konflikt zwischen Geist und Materie, Seele und Leib, Gut und Böse. Die Anfänge des Mönchtums sind ebensowenig von solchen Motiven frei. Bei *Pelagius* fällt nun auf, daß er gegen alle dualistischen Strömungen »die Einheit von Altem und Neuem Testament, von Schöpfungs- und Erlösungsordnung, von Natur und *universaler* Gnade« betont und sich polemisch mit allen Arten von dualistischen Richtungen auseinandersetzt[26]. So hätte er sich wohl nie mit den Dualitäten der augustinischen Gnadenlehre befreunden können: dem Gegenüber von bloßer Natur und nur natürlich freiem Willen sowie Gnade und erlöstem Willen auf der anderen Seite. Obwohl *Pelagius* hellenistisches *und* mönchisches Gedankengut übernommen hat, ist er in diesem Punkt gewissermaßen *untypisch*. Vielleicht erklärt sich diese Besonderheit von seiner heimatlichen Tradition her, für die ein dynamischer Monismus kennzeichnend ist[27].

[24] Ebd. 213.
[25] Anderes gilt wohl für seine Epigonen, von denen sich auch *Pelagius* teilweise distanzierte. Sie haben *Pelagius* auf »lateinische Weise« rezipiert und somit verfälscht.
[26] *Greshake*, a.a.O. 53.
[27] Vgl. o. III 1.6.2.1. Allerdings kennt auch die keltische Religiosität, wenigstens in manchen Phasen oder auch in Einzelzügen gewisse dualistische oder wenigstens gegensätzliche Elemente (vgl. *Lancelot Lengyel*, a.a.O. 308–312).

– Die Basis der Anthropologie und Christologie des *Pelagius* ist der *Bildgedanke*. Gott hat den Menschen nach seinem Bild oder auch als Abbild des Urbildes Christus geschaffen – ein Zeichen für »seine Verwurzelung im Denken der Antike«[28]. Aber, so *Greshake*: »Die Gottebenbildlichkeit des Menschen wird nicht statisch-ontologisch, sondern eher dynamisch-praktisch verstanden. Das Bild-Sein besteht ›im Akt‹, es bedeutet: ›Gott nachahmen‹«[29]. Oder: »Der Mensch ist Bild Gottes, aber in der Weise, daß er es in einem fortschreitenden Prozeß durch sein Leben und Handeln verwirklichen muß.«[30]

Wieso damit *Pelagius* »ganz in der Linie der griechischen Väter« steht[31], bleibt unerklärt[32]; denn die griechische εἰκών-Vorstellung kennt andere Gewichtungen, das Bild-Sein des Menschen ist in seinem statischen Sein begründet, das es (mit Hilfe der Paideia) zu *erkennen* und zu verwirklichen gilt – das ethische Verhalten kann allenfalls die Erkenntnisbemühung sekundieren oder erschweren. Das Bild-sein selbst aber ist das Vorgegebene, beherrschend ist nicht das Bild-werden wie bei *Pelagius*, gefordert wird nur das Erkennen sowie ein Leben entsprechend dem vorgegebenen Sein[33].

Bei aller praktisch-ethischen Wendung ist aber das lateinische Denken keineswegs vom Gedanken dynamischer Entwicklung beherrscht. Zwar vermag sein Einfluß zu erklären, wieso *Pelagius* das Bildsein des Menschen *stärker ethisch als ontologisch* begreift. Der metahistorisch begründete Ordo, die lex divina, der der Mensch in seinem Tun durch pietas zu entsprechen hat, könnte allenfalls dazu anleiten, aus der Imago-Qualität des Menschen auf intensivere Weise ethische Konsequenzen zu ziehen oder Pflichten aus ihr zu begründen (etwa nach dem Prinzip: agere sequitur esse). Nicht aber würde damit *der Bildgedan-*

[28] Vgl. *Greshake*, a.a.O. 55.
[29] Ebd.
[30] Ebd. 58.
[31] Ebd. 55.
[32] *Greshake* scheint sich so aus dieser Schwierigkeit helfen zu wollen, daß er die praktisch-ethische Kontur des lateinischen Denkens auf den *einzelnen* (ebd. 191, zu *Tertullian*) bezieht; weil aber der einzelne einen ethischen Prozeß durchläuft, scheint dann eine Dynamisierung denkbar. Hier bleibt aber doch fraglich, ob die Konzentration auf das Individuum tatsächlich schon so viel stärker ist als im Osten. Aber abgesehen davon, daß diese Frage nach dem einzelnen bei dem Lateiner *Augustinus* zu dessen umso stärkerer Einbindung in den *objektiven Ordo* (Bezahlung der Schuld, Prädestination) führt, scheint *Pelagius* selbst – bei allen Appellen auch an den einzelnen zur Nachfolge – nicht ganz frei zu sein von »gentilizischen« (keltischen) Assoziationen: Gott hat »nur *eine* Liebe..., die gleichermaßen allen gilt« (*Greshake*, ebd. 56), und: »Aus dem, was Gott *an einer* Person tut, kann man schließen, was Gott am ganzen Menschengeschlecht tut« (liber de indur. cordis Pharaonis 22; übers. von *Greshake*, a.a.O. 56).
[33] Natürlich kennen auch antike Autoren den Gedanken, das imago-Sein verpflichte zum ethischen Tun; vgl. hierzu die Abschnitte »Die ethische Relevanz der Gottähnlichkeitslehre« in: *Peter Schwanz*, Imago Dei als christologisch-anthropologisches Problem in der Geschichte der Alten Kirchen von Paulus bis Clemens von Alexandrien, Halle 1970,136. 164–166. Immer aber tritt das Verhalten *zum Bildsein hinzu*, konstituiert dieses aber nicht zuinnerst.

ke selbst so verändert, daß der Mensch nicht mehr einfachhin imago *ist*, sondern erst im Prozeß *wird* (oder werden soll).
Hier scheint *Pelagius* beeinflußt zu sein vom keltischen Naturdenken (leider gibt *Greshake* keine Hinweise auf kosmologische Vorstellungen), für das Gott, Welt, Mensch *einen* schöpferischen Werdegang darstellen. Könnte nicht die »keltische Denkweise, derzufolge Existenz etwas dynamisches ist, und die zur griechischen Auffassung, die sie statisch sieht, im Gegensatz steht«[34], hier Pate gestanden haben?
– Von diesem Denken her gewinnt auch der Begriff imitatio eine vertiefte Bedeutung. Sie ist nicht etwas, was zu dem gegebenen (Bild-) Sein noch hinzukommt als dessen Folge, sondern *sie bringt erst das Bildsein zur Realität*, sie ist der Prozeß der Selbstwerdung, an dessen Ende dann der Schöpfungswille Gottes erfüllt ist. Das Bildsein vollzieht sich in der imitatio, umgekehrt ist diese erst die Wahrheit des Bildes.
– Die Sünde Adams hat die menschliche Wirklichkeit radikal verändert. Er hat als erster überhaupt gesündigt und damit ein negatives Bild oder Exempel aufgerichtet[35]. Dieses Exempel nun verleitet die Menschen zu sündigen. Damit ist nicht irgendein negativer Einfluß gemeint, der auf alle wirkt; »dies ist nicht in jenem harmlosen Sinne zu verstehen, wie es eine karikierende Pelagius-Interpretation tut.«[36]
»Zwar besitzen alle (Menschen) die gleiche ›Natur‹... Aber nunmehr finden sie nicht mehr nur in sich selbst das Bild Gottes vor, das auf die Nachahmung Gottes hin final dynamisiert ist, sondern durch die Sünde Adams ist ein *neues normatives* Bild (exemplum, forma) aufgerichtet, das... eine werbende, drängende, provozierende Kraft ausübt.«[37]
Diese drängende Kraft ist so mächtig, daß sich ihr fast keiner entziehen kann; selbst die neugeborenen Kinder sind schon von ihr betroffen. *Pelagius* hält aber daran fest, daß sie das ursprüngliche Bild Gottes im Menschen (besser: die Anlage oder Fähigkeit oder Zielsetzung des Bildes Gottes) nicht gänzlich zerstört; wohl aber ist dieses überlagert, so daß fast keiner die Sünde vermeiden kann. »Während das Bild Gottes den Menschen auf die Nachahmung Gottes und Verähnlichung mit ihm hindrängt, ohne ihn deswegen zu determinieren, so drängt auch das Bild des sündigen Adams zur Nachahmung in der Sünde, gleichfalls ohne deswegen determinierende Kraft auszuüben«[38]. Dieses Minimum an Freiheit scheint *Pelagius* unabdingbar zu sein, weil ansonsten der ethisch-dynamische (=lateinisch-keltisch) gemeinte Bildgedanke keine Basis mehr hätte.
– In der Heilsgeschichte versucht Gott, das »Bild Christi (oder auch: Gottes)«, das »durch die Wirksamkeit des *Bildes Adams*, verletzt, erdrückt, vergessen ist,« wiederherzustellen[39]. Zunächst gibt er das Gesetz als »wirkmächtigen

[34] *Lancelot Lengyel*, a.a.O. 187.
[35] »Exemplum und forma sind... bei Pelagius... bedeutungsgleich mit ›imago‹« (*G. Greshake*, a.a.O. 83, A.14).
[36] *Greshake*, ebd. 83.
[37] *Greshake*, ebd. 82.83.
[38] *Greshake* ebd. 84.
[39] Ebd. 95.

Appell« und »provozierende Macht«, das »den Menschen gleichsam neugebiert«[40]. Aber es kann die Übermacht der bösen Gewohnheit nicht brechen. Zuletzt sandte er dann Jesus Christus, der zunächst einmal die schon begangenen Sünden – anders als das Gesetz – tilgt und das neue exemplum für die Glaubenden wird.

Ist die alleinige Heilsmittlerschaft Jesu Christi zureichend artikuliert, wenn er, gegen Adam und über das Gesetz hinaus, die Vergebung der Sünden und ein neues exemplum (imago) bringt? Bleibt dann das Heil nicht doch grundsätzlich an den freien Willen des Menschen geknüpft, der durch das positive Beispiel lediglich *leichter* das Gute wählen kann? So sah es *Augustinus*. Nach lateinischen Kriterien wäre auf diese Weise die Heilsnotwendigkeit Jesu Christi tatsächlich nicht »absolut«, nicht genügend »objektiv« begründet im göttlichen ordo.
Anders aber sieht es aus nach *Pelagius*; erst Jesus Christus setzt hier – so die Interpretation *Greshakes* – »den Menschen wieder in die *aktuelle* Ur-Möglichkeit der Freiheitsnatur ein«, erst das Evangelium »eröffnet ... das, worauf der Mensch im tiefsten aus ist, nämlich die ›geheimen Schätze der Natur‹«[41]. Das Beispiel Jesu bietet nicht nur einen pädagogischen Appell, sondern legt das seit der Sünde Adams verdeckte Bildsein des Menschen frei und macht es zu einer konkreten Möglichkeit.
Hier scheinen *keltische Raster* ihre Wirksamkeit zu entfalten, nach denen »Gott« im Prozeß einer organisch und vital sich entfaltenden Natur zu finden ist und jedes Werden das im Schoß der Natur[42] dynamisch Angelegte realisiert. Setzt man diesen Hintergrund voraus, wie er besser und präziser bei *Johannes Scottus Eriugena*[43] zu greifen ist, könnten einmal die spezifischen pelagischen Varianten des biblisch-griechisch-lateinischen Ansatzes, zum anderen die Heilsnotwendigkeit Jesu Christi plausibel werden. In einem *prozessualen Denken* ist die Relevanz Jesu Christi hinreichend festgeschrieben, weil er auf eine zweifache Weise die Heilsmöglichkeit des Menschen begründet: Er ist der Schöpfer, der das Bild des Vaters (oder sein eigenes) von Anfang an in den Menschen hineinlegt, ihm also ursprünglich die ›Schätze der Natur‹ mitgibt, und er ist der Erlöser[44], der das seit Adam verschüttete Potential wieder konkret erschließt und ihre Verwirklichung ermög-

[40] Ebd.
[41] Ebd. 113 (*Pelagius*-Zitat aus ad Demetriadem 6).
[42] Interessant ist auch, daß *Pelagius* in dem vorherigen Zitat von den ›Schätzen der Natur‹ redet; dieser Begriff scheint in seiner Sprache recht zentral zu sein. Leider ist sein Werk De Natura nur noch in wenigen Fragmenten zugänglich.
[43] Vgl. u. III 4.3.
[44] Die Einheit von Schöpfer und Erlöser hat *Pelagius* stark betont (vgl. *Greshake*, 129.131.132).

licht. »Redemit nos, non emit, quia ante *per naturam ipsius* fueramus.«[45] Jesus Christus bildet zuallererst den Samen, wenn man so will, und schafft die Möglichkeit, den Mißwuchs des Organismus zu korrigieren, so daß dieser wieder *wird, was er ur-sprünglich sein sollte.* In diesem (lateinisch-ethisch-angereicherten) organisch-evolutiven keltischen Modell wird die Unverzichtbarkeit Jesu Christi für unser Heil (auf dem Hintergrund des griechischen Bildgedankens) also ganz radikal verankert. *Pelagius* hat das für jede Christologie zwingende Solus-Christus für sich in einem »absoluten« Sinn festgeschrieben. Ebenso aber wird verständlich, daß für ein nicht-organologisches lateinisches Denken dieser Entwurf häretisch erscheinen mußte; wenn ausschließlich in den Kategorien eines statisch-ethischen Ordos gedacht wird, bleibt Jesus Christus in einem letzten Punkt relativierbar, dort wo der Mensch sein fundamentales Bildsein nicht verliert und frei ist.

Von diesem Ansatz her werden auch die Schwerpunkte verständlich, die sich in der Anwendung der *östlichen* Christologie bei *Pelagius* ergeben: »In der pelagischen Christologie (!) konzentriert sich alles auf den *Menschen* Jesus Christus, der als wirkmächtiges Leitbild die Menschen in seine Nachfolge ruft und sie dadurch auf den Weg des Heils führt.«[46] Auch der Kreuzestod Jesu erscheint deswegen kaum – oder nur formelhaft – als Verdienst, das die objektiven Ordo-Zusammenhänge verändert und uns »innere« Gnade zugänglich macht; er ist vielmehr konkretes Beispiel für uns[47].
Zudem aber ist Christus Gott, wobei die »Sinnspitze über die Gottgleichheit ... in der Aussage von der ›una operatio‹ des Vaters und des Sohnes« liegt[48]. Vater und Sohn sind ein und dasselbe Bild (Gottes), so daß der »Sohn« beinahe funktionslos wird. Aber »darüber, daß doch der Vater selbst Fleisch hätte annehmen können, reflektiert Pelagius nicht«[49], das war zu seiner Zeit nicht mehr möglich, die östliche Formelsprache war fest vorgegeben; der Sache nach wäre es aber wohl auch ohne diese Differenzierung abgegangen: Gott ist der Ursprung der »Natur«, diese soll in einem evolutiven Prozeß das in ihr grundgelegte »Bild« dynamisch verwirklichen[50]. Deutlicher begegnen ähnliche Gedanken bei *Johannes Scottus Eriugena.*
Die Einheit zwischen Gott(-Sohn) und Jesus, dem beispielhaften Menschen, erklärt *Pelagius* sowohl nach dem Homo-assumptus-Schema wie nach dem Leib-Seele-Bild. Einerseits ist der angenommene Mensch Jesus »Mittel, Ge-

[45] *Pelagius*, Expositiones XIII epistolorum Pauli (zitiert nach *Greshake*, a.a.O. 126).
[46] *G. Greshake*, a.a.O. 129.
[47] Ebd. 126–128.
[48] Ebd. 129.
[49] Ebd. 132.
[50] Eine Funktion hätte der »Sohn« in diesem Denken nur dann, wenn er mit der das Bild Gottes tragenden Natur (bzw. mit der Menschheit) gleichgesetzt würde; dann wäre die Natur der sein Bild dynamisch realisierende Gott = Sohn.

fäß, Wohnung, Gewand,«[51] andererseits hat sich der Sohn mit dem Menschen verbunden wie die Seele mit dem Leib. Diese grundsätzlich unvereinbaren Einheitsmodelle, aus der Antike übernommen, werden aber vereinbar bei einem *auch* keltisch empfindenden Mann: Die ganze Schöpfung und erst recht der Mensch tragen das Bild Gottes in sich und verwirklichen es fortschreitend; so wie die Seele den Leib dynamisch prägt, so das Bild Gottes den Menschen, in reiner Form: Jesus, weil Gott (-Sohn) ihn angenommen hat.

Unter der Annahme, daß bei *Pelagius* seine keltischen Traditionen nicht gänzlich verschüttet waren, wäre vieles an seiner Theologie verständlicher. Bestimmte Ungereimtheiten gerade hinsichtlich des Versuchs, dem Christusbekenntnis eine umfassendere Geltung zu verschaffen, wären auflösbar. Natürlich bleiben auch dann eine Reihe von Aussagen spannungsgeladen; aber das darf nicht anders erwartet werden bei einem Mann, der soviele einander fremde Überlieferungen in sich vereinigt und ihr Vokabular miteinander verbindet. Auch in der weiteren Geschichte der Christologie muß mit ähnlichen komplexen Vermittlungsprozessen gerechnet werden, weil immer die je früheren Epochen der Traditionsbildung, vor allem ihre »gesamtkirchlichen« Einigungsformeln, normativ gesetzt werden und sich *neue Denkansätze in alter Sprache* (disparatester Art) ausdrücken müssen.
Wenn mögliche keltische Einflüsse, so schwer sie definierbar sind, angenommen werden, ist die Christologie des *Pelagius* »orthodox«, insofern die alleinige Heilsmittlerschaft Jesu festgehalten wird. Trotz der »lateinischen« Anfeindungen und Überlagerungen lebt sie – vorsichtig – in der späteren keltisch-christologischen Überlieferung weiter. Zwar schob sich mit der Zeit das lateinische und lateinisch-germanische Denken in den Vordergrund; die Rechtfertigungs- und Erbsündenchristologie setzten sich durch. Aber überall dort, wo z. B. die Erbsündenlehre zwar nicht formell bestritten, aber in ihrer Bedeutung übergangen oder wenigstens gemindert wird (von *Johannes Scottus Eriugena* über *Abälard* bis *Duns Scotus*), so daß der Mensch noch ein (wenigstens minimales) Vermögen zum Guten hat, scheinen »pelagische« Motive ihre Kraft zu entfalten. Ähnliches gilt für die Askese und Bußpraxis der iro-schottischen Mönche, die sie in ihrer Mission auf das Festland vermittelten und die – in lateinisch gebrochener Form – die weitere Geschichte des Christentums beeinflußt haben. Man muß vermuten – auch wenn direkte literarische Zeugnisse nicht vorliegen –, daß Jesus in dieser Tradition auf eine Weise als Christus rezipiert wurde, die von *Pelagius* nicht weit entfernt ist.

[51] Ebd. 132.

4.3 Die prozessual-organologische Christologie des Johannes Scottus Eriugena

In der Konzeption des *Johannes Scottus Eriugena* († vor 880), eines der größten Denker des Mittelalters[52], werden manche Momente, die bei *Pelagius* nur als Hinweise auf keltisches Denken mehr erahnt werden können, deutlich greifbar. Hier begegnet uns ein Ire, der trotz vielfältiger Beeinflussung durch die lateinische und griechische Antike – vor allem durch *Augustinus, Gregor von Nyssa, Dionysius Pseudo-Areopagites* und *Maximus Confessor* – einen eigenwilligen keltischen Entwurf geschaffen hat: »Es kann kaum einen so völligen Szenenwechsel geben als den vom Karthago, Mailand und Rom Augustins nach dem Irland und Paris Eriugenas, ... zu dem Dunkel der *natura naturans*, in der Eriugena Gott und die Welt suchte.«[53]

Eriugena ist etwa zwischen 800 und 815 in Irland oder Wales geboren und dort auch ausgebildet worden. Kurz nach 840 kam er – wohl als Wanderlehrer – nach Frankreich und wurde von *Karl dem Kahlen* zum Leiter oder Mitglied seiner Hofschule (schola palatina) nach Laon (?) berufen. 851 hat er auf Bitten *Hinkmars* von Reims eine Stellungnahme zur Prädestinationslehre des Mönchs *Gottschalk* verfaßt (De divina praedestinatione), in der er eine doppelte Prädestination des Menschen ablehnt und dem freien Willen eine große Rolle zuerkennt; eine gewisse Verwandtschaft zu Motiven des *Pelagius* ist unverkennbar[54]. Trotz der Verurteilung seiner Lehre auf Synoden von Valence 855 und Langres 859 bleibt er Leiter oder Mitglied der Schule.
Eriugena brachte aus Irland die Kenntnis der griechischen Sprache und auch einiger Literatur mit; de praedestinatione scheint aber noch wenig von griechi-

[52] Eine knappe Einführung in Leben und Denken bietet *Gangolf Schrimpf*, Johannes Scottus Eriugena, in: *Martin Greschat* (Hrsg.), Mittelalter I (Gestalten der Kirchengeschichte, Bd. 3) Stuttgart, Berlin, Köln, Mainz 1983, 113–122; dort auch (122) Quellen und Literatur. Eine äußerst detaillierte Literaturübersicht (mehr als 500 Titel) bietet: *Mary Brennan*, A Bibliography of Publications in the Field of Eriugenan Studies 1800–1975, in: Studi Medievali, ser. 3, 18, 1977, 401–477.

[53] *Alois Dempf*, a.a.O. 32.

[54] Vgl. *G. Hummel* a.a.O. 35: »Zum Erstaunen seiner Freunde widerspricht Johannes ... Augustinus These von der zweifachen Vorherbestimmung ... Gut irischer Tradition entsprechend und Pelagius auf einem neuen Streitfeld zu Ehren bringend sagt er, daß ein solches Denken die dem Menschen von Gott geschenkte Gnade der Freiheit ... in den Schmutz tritt.« *H.J. Vogt*, a.a.O. 50, kommt zwar nach der Untersuchung früher irischer Zeugnisse zum Ergebnis, daß das dortige Mönchtum »nicht pelagianisch, sondern ganz augustinisch gesinnt war.« Doch geht diese Aussage auf eine traditionelle Interpretation des *Pelagius* und zugleich auf eine Engführung dessen, was »augustinisch« ist, zurück (Wesentliche Implikate der Rechtfertigungschristologie sind nicht aufzuspüren). Auch *Michael Richter*, Irland und Europa: die Kirche im Frühmittelalter, a.a.O. 413, berichtet von pelagianischen Auffassungen im frühen Irland.

schen Gedanken beeinflußt[55]. Bald aber dringt er tiefer in diese Welt ein und übersetzt Schriften des *Pseudo-Dionys*, *Maximus Confessor* und *Gregor* von Nyssa ins Lateinische.
866 schreibt *Eriugena* sein Hauptwerk *De divisione naturae* (Periphyseon), »dieses ungeheure Gebäude, errichtet mit den Begriffsmitteln der letzten radikalen Periode griechischer Philosophie.«[56]
Das Denken des Eriugena soll hier nur soweit skizziert werden, daß die »Kulturbedingtheit« seiner Christologie deutlich wird[57].
In den fünf Büchern von De divisione naturae[58] versucht er einen Gesamtentwurf zu bieten, in dem Gott und Welt, Anfang und Ende, Philosophie und Theologie miteinander verbunden werden. Der Begriff »natura« dient ihm zur Kennzeichnung alles dessen, was ist und nicht ist. Er gliedert die »Natur« in vier prozessuale Stufen: Eine *erste Natur* »schafft und wird nicht geschaffen« (natura quae creat et non creatur); sie ist Gott, die höchste, alles übersteigende Ursache, von der wir nur erkennen können, daß sie ist, nicht was sie ist (negative Theologie). Gott ist so sehr überseiend, daß er mit Recht auch als »Nichts« bezeichnet werden[59] und noch nicht einmal er sich selbst erkennen kann[60]. Würde er nicht nur erkennen, daß er ist, sondern was er ist, wäre er ein »etwas« und somit endlich.
Die Aussagen des *Eriugena* über die erste Natur entsprechen in etwa denen des *Plotin* über »das Eine«[61], und demgemäß ist Gott für ihn eine absolute Monas. Dies aber kollidiert mit dem als festes Traditionsstück überlieferten trinitarischen Dogma, und so betont er – daneben – die trinitarische Struktur Gottes[62]. Im Sinne des Neuplatonismus wäre auch eine »Auslagerung« einer zweiten und dritten göttlichen Dimension (Nus und Psyché) aus »Gott schlechthin« in den weiteren Emanationsprozeß, also in die zweite oder dritte Natur, denkbar gewesen. Diese Möglichkeit aber blieb *Eriugena* versperrt, obwohl manches, was er über die Funktion des Wortes für die zweite und des Geistes für die dritte Natur sagt, in diese Richtung geht[63]. Der christliche Schöpfungsglaube und Gottesbegriff aber verboten eine Assoziation von Wort und Geist mit einem »Geschaffensein«. So muß *Eriugena* beide in den ansonsten monadisch gesehenen Gott verlegen, so daß zwei Reihen kollidierender Aussagen entstehen: Gott ist einfachhin der eine, andererseits aber ist er auch dreifach; die

55 Vgl. *A. Dempf*, ebd. 33.
56 *A. Adam*, Dogmengeschichte 2,29.
57 Für genauere Informationen verweise ich – neben der im folgenden benutzten Literatur – besonders auf die von mir betreute Dissertation von *Ulrich Rudnik*, Das System des Johannes Scottus Eriugena, a.a.O.
58 PL 122, 441–1022; übers. von *Noack Ludwig*, Über die Einteilung der Natur (mit einer Schlußabhandlung), Leipzig 1870.
59 3,19.
60 2,28.
61 Vgl. o. 141.142, vgl. hierzu vom *Verf.*, Die Welt ist Gottes Schöpfung, a.a.O. 51.52.
62 Vgl. *Johannes Huber*, Johannes Scotus Eriugena. Ein Beitrag zur Geschichte der Philosophie und Theologie im Mittelalter, München 1861, 195.
63 *Tullio Gregory*, Vom Einen zum Vielen a.a.O. 349, sieht die Ineinsetzung von Wort und Welt der Ideen unproblematischer.

Funktion von Vater, Sohn und Geist wird so beschrieben (z. B. Vater: Letztursächlichkeit; Sohn: konkrete Weltursächlichkeit und -gestaltung; Geist: lebenspendende Kraft bei der Welterhaltung), daß sich eine neuplatonische Trias oder (wenigstens) eine Art von Subordinatianismus ergeben müßte – aber alle diese Strukturen werden wieder, verbal, in der strengen Einheit Gottes aufgehoben. So kann *diese* Trinitätsauffassung nicht mehr das leisten, was sie – ursprünglich-geleistet hat; weil aber *Eriugena* die Vermittlung von dem absolut überseienden Gott zur Welt hin braucht, konstruiert er die zweite und dritte Natur, die noch einmal traditionelle Funktionen von Nus und Psyche anklingen lassen, obwohl diese auf der anderen Seite, in Wort und Geist, schon *innerhalb* des »Einen« (erste Natur) aufgehoben sind. Anders herum gesagt: Weil die ursprüngliche Funktion der Trinitätslehre[64] auf Grund des Einheitsgedankens für Gott wie auch seiner Abgrenzung als Schöpfer von aller Kreatur nicht mehr aufrechterhalten werden konnte, muß *Eriugena* sie gewissermaßen neu erfinden; so kennt er trinitarische Aussagen für die erste Natur, die erst in der zweiten und dritten Natur zu einer Realität finden[65].
Eine *zweite Natur* (natura quae creatur et creat) ist geschaffen und selbst schöpferisch; es handelt sich um den Inbegriff der platonischen Welt der Ideen (im Neuplatonismus: Nus; dieser aber mußte jetzt als »Wort« in der ersten Natur verbleiben). Sie ist selbst hervorgegangen aus dem göttlichen Wort, also »geschaffen«, ist aber dennoch gleichewig mit Gott. Zwar beruhen die Ideen auf dem »Willen« Gottes, dieser Wille aber schafft *notwendig* (er ist also weniger personal gedacht als im Sinne eines ius divinum) – eine lateinisch – voluntaristische Korrektur des Neuplatonismus. Gott geht der Welt nicht zeitlich voran, sondern nur im Sinne des Vorausliegens der Ursache gegenüber der Wirkung[66]. Im göttlichen Wort sind die Ideen eins und ganz einfach; sie unterscheiden sich erst, wenn sie aus ihm heraustreten:[67]
Diese Ideen (Güte, Wesenheit, Leben, Vernunft... Wahrheit... Größe... Einheit... Vollkommenheit)[68] sind Gedanken Gottes und selber causae primordiales für die sichtbare Welt. Gott schafft sie aus sich selbst, und »in die Prinzipien der Dinge herabsteigend schafft er gleichsam sich selbst und beginnt, in Etwas zu sein.«[69]
Die *dritte Natur* ist der sichtbare Kosmos: Engel, Menschen und körperliche Welt (natura quae creatur et non creat); sie ist geschaffen und selbst nicht schöpferisch. Sie entsteht dadurch, daß unter dem Einfluß des Hl. Geistes (im Neuplatonismus; die Weltseele; diese aber muß jetzt als »Geist« in der ersten Natur verbleiben) die Ideen als causae primordiales ihre Wirkung entfalten. »Die Entstehung der sinnlich wahrnehmbaren Welt« wird von *Eriugena* als ein

[64] Vgl. o. Exkurs.
[65] Der Sache nach lehnt *Eriugena* eine immanente Trinität ab; er interpretiert sie als Folge *unserer* unzulänglichen Erkenntnis. Daneben aber braucht er »Vermittlungsfiguren« vom überseienden monadischen Gott zur Welt hin.
[66] 2,21.
[67] 3,1.
[68] 3,1.
[69] 3,23 (PL 122,689).

»›Fall‹ in Raum und Zeit« angesehen, die »mit der Sünde Adams verbunden« ist und nur provisorisch bleibt[70] (sie wird am Ende wieder aufgehoben). Ursache und Wirkung repräsentieren hierbei nur, wenn man so will, verschiedene Aggregatzustände; im Letzten aber sind sie identisch[71]. Weil der (aristotelische) Substanzbegriff nicht dem empirisch wahrnehmbaren Sein, sondern den Ideen zukommt, kann »das Einzelding nicht mehr als Substanz bezeichnet werden«; Substantialität besitzt deswegen allein »Gott, der Schöpfer der Ideen, die seine eigenen Gedanken sind, als höchste Substanz (*summa substantia*)«[72].

Die dritte Natur umfaßt alles Sein, das aus Materie und Form besteht[73], die Materie selbst aber ist im Grunde unkörperlich und entsteht aus dem Zusammen von (selbst wiederum unkörperlichen) Qualitäten und Quantitäten[74]. Die Form selbst ist das Unwandelbare und Unvergängliche, die Akzidentien aber sind vergänglich und wandelbar; die Verschiedenheit der Individuen oder Exemplare einer Form beruht also nur auf der Verschiedenheit der Akzidentien[75].

Die sichtbare Welt gliedert sich in drei Bereiche: An der Spitze stehen die Engel; sie haben eine einfache, immaterielle Körperlichkeit. Von diesem Bereich am weitesten entfernt ist die Welt der körperlichen Dinge, der Mensch steht in der Mitte zwischen beiden. In seinem Denken gleicht er dem Engel, aber er empfindet auch wie das vernunftlose Tier und lebt wie die Pflanze[76]. Er repräsentiert so im Kleinen den ganzen Kosmos.

Der Mensch war ursprünglich engelgleich: er hatte eine Seele und einen geistigen unsterblichen Leib[77]. Vor allem war er *Bild Gottes*, auch seiner trinitarischen Dimension. Diese Gottesebenbildlichkeit ist unverlierbar[78]. Alle späteren individuellen Menschen waren in dem ersten Menschen keimhaft enthalten[79]. Der paradiesische Zustand des Menschen bedeutet, daß er noch nicht aus der Welt der Ideen hervorgetreten war[80]. Der erste Mensch war geschlechtslos, und ohne Sünde wäre die Vervielfältigung des Menschen auf geistige Weise und in *einem* Akt geschehen[81].

Der Mensch aber sündigte, indem er sich von Gott abkehrte und den Dingen und sich selbst zuwandte[82]. Deswegen sank er aus seinem Idealstand herab, wurde mit einem materiellen Leib versehen[83] und pflanzt sich – in zwei Geschlechter geteilt – nach Art der Tiere fort[84]. Vor allem aber hat er die Erkenntnis Gottes und (somit) seiner selbst verloren[85].

In der *vierten Natur* schließlich kommt die ganze Bewegung zu ihrem Ziel; sie schafft nicht und ist nicht geschaffen (natura quae nec creat nec creatur) und ist wiederum identisch mit Gott (der ersten Natur). Gott ist also Anfang, Mitte

[70] *Tullio Gregory*, a.a.O. 349.
[71] 3,8.
[72] *A. Adam* Dogmengeschichte 2,27.
[73] 3,14. [74] 1,53. [75] 3,27.
[76] 3,37. [77] 2,23. [78] 5,6.
[79] 2,25. [80] 2,9. [81] 2,6.
[82] 2,25. [83] 4,12. [84] 2,23.
[85] 4,9.

und Ziel (»est igitur principium, medium et finis«)[86], die ganze Schöpfung kehrt zu ihm zurück, und es wird Gott alles in allem sein.

Das System des *Eriugena* ist keineswegs auf einen einfachen Nenner zu bringen. Es birgt in sich viele, unversöhnbare Spannungen; meist beruhen sie auf der Notwendigkeit, monistisches Denken mit christlichen Dogmen zu verbinden: Gott ist die letzte Substantialität des gesamten Seins; dennoch aber wird sein »Über-Sein«, seine Transzendenz, festgehalten. Alles fließt – mit Notwendigkeit – aus dem einen Urgrund hervor, diese Emanationslehre aber wird – wenigsten verbal – durch kreatianistische Aussagen ergänzt. Am Ende kehrt alles zu Gott (oder: Gott zu sich selbst) zurück, was eine Hölle ausschließt; dennoch aber muß *Eriugena* die Möglichkeit der Verdammnis einräumen. Die ökonomischen Funktionen von Vater, Sohn und Geist würde er gerne im vornizenischen oder neuplatonischen Sinn aufgreifen; aber er muß an der mittlerweile etablierten immanenten Trinitätsauffassung festhalten, die keine separate operatio ad extra einer der drei Hypostasen zuläßt – so muß *Eriugena* die zweite und dritte Natur gegenüber dem schlechthin einen (eben »trinitarischen«) Gott abgrenzen *und* sie zugleich der Sache nach doch als trinitarische Entfaltungen begreifen.
Unumstritten entfalten in der Theologie des *Johannes Scottus Eriugena* antike Raster ihre Wirkung (näherhin Motive des *Augustinus, Gregor von Nyssa, Maximus Confessor* und vor allem *Pseudo-Dionys*). Noch kaum aber wurde beachtet, daß hier eine eigentümliche Version dieser Traditionen vorliegt, die mehr ist als eine individuell bedingte Variante. Schon *R. Seeberg* hatte das Neue bemerkt: »Es ist eine Emanationslehre, die der neuplatonischen Formel verwandt ist, aber sie an Einheit und Lebendigkeit übertrifft.«[87]
Alois Dempf ist der Hinweis auf die keltische Denkform des *Eriugena* zu verdanken[88], nach der er die antiken Anstöße, vor allem den Neuplatonismus, auf eine eigentümliche Weise verarbeitet hat. Für diese Denkform ist grundlegend »sein blutsmäßiges Heidentum, das in einem panvitalistischen Naturalismus der allgemeinsamen und einen substantialen Form als der eigentlichen Wirklichkeit aller Erscheinungen und alles Werdens gestaltet wird«. Dieser Vitalismus aber wurde »völlig durchgeistigt von der römischen Spiritualität«[89] und –

[86] 1,11 (PL 122, 451).
[87] *Dogmengeschichte* 3, 57, Anm. 7.
[88] Leider ist dieser Hinweis in der späteren Literatur nirgends verfolgt worden; entweder wurde er nicht gelesen, oder man hat seine Thesen als Verbeugung vor der nationalsozialistischen Ideologie – er redet auch gern vom »nordischen« Menschen, das Buch ist 1934 in erster Auflage erschienen – verstanden.
[89] A.O. 32.

so müßten wir hinzufügen – in vielen Punkten wenigstens verbal korrigiert durch christliche Dogmen und findet seine Artikulationsmuster vor allem im Neuplatonismus.
Diese christlichen Korrekturen des evolutiven, dynamischen Monismus des großen Kelten scheint *A. Dempf* ein wenig beiseitezuschieben[90]. Vielleicht hat er Recht: Würde man diese christlichen Aussagen beim Wort nehmen, müßte das gesamte System *Eriugenas* zusammenstürzen. Mit anderen Worten: Sie haben keinen nennenswerten Einfluß auf den *Gesamtentwurf* gehabt, dieser bleibt keltisch-neuplatonisch-lateinisch.
Läßt man sie einmal außer acht, muß man *A. Dempf* zustimmen, daß bei *Eriugena* »die Vertauschbarkeit Gottes mit der Welt, der *Pantheismus* als *Pankosmismus* gegeben« ist[91]. Oder in des Kelten eigenen Wendungen: Gott und Geschöpfe sind »non duo a se ipsis distantia..., sed unum et id ipsum«[92]. An anderer Stelle: »ipse namque omnium essentia est, qui solus vere est«[93]. Oder: »Kannst du etwa bestreiten, daß Gott und Geschöpf eines sind?«[94]

[90] So auch *Joseph Bernhart*, Die philosophische Mystik des Mittelalters. Von ihren antiken Ursprüngen bis zur Renaissance (unveränd. reprogr. Nachdruck der Ausgabe München 1922), Darmstadt 1966,89, der *Eriugenas* »areopagitisches Philosophieren... als seine einzige und genügende Religion« bezeichnet.
[91] A.a.O. 35; vgl. auch ebd. 40: »Trotz der symbolischen Redeweise besteht kein Zweifel, daß hier eine *reine Immanenzlehre* vorliegt, die Identität des Absoluten und der Welt gelehrt wird, die in der Entwicklung zu ihrer Vollendung der werdende Gott ist... Es liegt also ein *Pankosmismus* der Entwicklung der Urbilderkraft des ewigen Lebens vor...«. Vgl. hierzu auch *Joseph Koch*, Augustinischer und Dionysischer Neuplatonismus und das Mittelalter, in: W. *Beierwaltes* (Hrsg.), Platonismus in der Philosophie des Mittelalters, a.a.O. 335: »Die Schöpfung besagt ja für den Iren kein Kausalverhältnis, sondern eine Manifestation Gottes, eine Theophanie« (Präziser müßte man sagen: es gibt keine Wirkursächlichkeit).
[92] 3,17(PL 122,678).
[93] 1,3 (PL 122,443).
[94] De div. nat. 2,2 (PL 122,528). *Werner Beierwaltes*, Eriugena. Aspekte seiner Philosophie, in *H. Löwe* (Hrsg.), Die Iren und Europa im früheren Mittelalter, a.a.O. (2 Teilband), 799–818, versucht, *Eriugena* gegen den Vorwurf des Pantheismus zu verteidigen. Einmal unterscheide er zwischen dem Schaffen Gottes als ewig (»ein *einziger simultaner* Akt« (811)) und dem Geschehen in der Welt und der »Welt-Zeit«, »die als Quasi-Zeit die Bewegtheit der Trinität... verdeutlichen soll« (810), zum anderen hebe er die radikale Transzendenz Gottes hervor: Gott bleibe »trotz des Hervorgangs in kategoriale welthafte ›pluralitas‹ er SELBST oder absolut« (812); *Beierwaltes* spricht von der »differenziert durchgehaltene(n) Dialektik von Immanenz und Transzendenz« (818). Beide Aussagen sind m.E. identisch und berücksichtigen lediglich verschiedene Aspekte (Zeit bzw. Pluralität) desselben endlichen Seins im Verhältnis zu Gott. Sie beweisen aber nicht, was sie beweisen sollen: den Nicht-Monismus des *Eriugena*; denn *jeder* Monismus (Pantheismus) lebt von der »Dialektik von Imma-

Nach *Dempf* wird »das *Leben statt des Geistes* die eigentliche Konstante der Wirklichkeit«[95], was seinen Grund habe in der keltischen »Vitalität der primitiven Geborgenheit des Individuums in der *gens*, dem ewigen Stamm der Blutsgemeinschaft«[96]. So ist der »Lebensgrund...der dunkle Schoß aller Individuen... Alle Substanzen sind im Urkeim virtuell und als unveränderliche Prototypen enthalten«[97] (Könnte nicht von hierher – Jahrhunderte nach *Pelagius* – auch die konstitutive Kraft des bei der Schöpfung in uns hineingelegten Bildes Christi und seine konkrete Verwirklichung als Exemplum in der Erlösung verständlich werden?).
Dieses neu ins Christentum tretende Daseinsverständnis vermag dann Gott nur zu begreifen »als den werdenden Gott in der Weltentwicklung«[98] – ein ›organologischer Pantheismus‹[99]. Der überseiende und zunächst sich selbst unerkennbare Gott entfaltet sich – ewig und notwendig – in einem lebendigen generativen Prozeß über die *samenhaften* Urbilder (Ideen) und die sichtbare Welt bis zu seinem Endzustand, in dem er sich »in und mit der Menschennatur im Deifikationsprozeß vollendet und dann erst der wahrhaft ewige in der Endvollendung nach dem Abschluß des Weltprozesses ist.«[100] Gott ist »erumpens in omnia visibiliter«[101], er bricht eruptiv aus sich heraus und manifestiert sich in das All hinein, er *schafft sich selbst* »durch die Realität«[102], er selbst durchläuft einen Werdevorgang, bei dem er aus dunklen Urgründen heraus auf dem Weg über die akzidentelle Pluralität am Ende zu sich selbst (zurück)findet; offensichtlich denkt sich *Eriugena* diese

nenz und Transzendenz«. Bloßes Stehenbleiben bei Pluralität und Zeitlichkeit macht nicht den Monismus aus, dieser behauptet im Gegenteil für Zeit und Vielheit gerade, daß sie *nicht* das einzige und letzte sind, was man über Welt sagen kann; er postuliert *einen* letzten tragenden Grund für *alle* Vielheit, »transzendiert« diese also auf eben diesen Grund hin (»Gott« im Sinne von »das Göttliche«). Die Aussage, daß alles göttlich oder (jenseits der empirischen Pluralität) eines sei, läßt sich nur aufrechterhalten bei gleichzeitiger Annahme der Welt-Transzendenz dieses Prinzips; anders wäre nur Vielheit. Zwar ist nicht in jedem Monismus die Transzendentalität des Grundes so radikal gedacht wie etwa bei *Plotin* oder bei *Eriugena*, aber deswegen wird die pantheistische Struktur keineswegs aufgehoben (Dies geschieht eher durch die verbalen christlichen Korrekturen, die von *Eriugena* – ohne wirkliche Integration in sein System – beigefügt werden).

[95] A.a.O. 37.
[96] Ebd. 36.
[97] Ebd. 38.
[98] *A. Dempf*, a.a.O. 40.
[99] So die Überschrift eines Kapitels bei *Dempf*, ebd. 40.
[100] *A. Dempf*, ebd. 40.
[101] De div. nat. 3,18 (PL 122,680).
[102] *Tullio Gregory*, a.a.O. 363.

vierte Natur zwar als Rückkehr zu Gott, zum Anfang, aber wohl doch auch als einen Fortschritt gegenüber der ersten Natur.

Wie sieht nun die *Christologie* aus auf dem Hintergrund dieses keltisch-lateinischen Systems in neuplatonischer Sprache? Auf welche Weise läßt sich die Heilsnotwendigkeit Jesu, also sein Christussein, von hierher bestimmen?

Adams Sünde hat uns alle betroffen. Im Menschen ist die ganze dritte Natur durch die Sünde geschädigt, weil er wie ein Mikrokosmos alles in sich trägt. »Die ganze sinnlich wahrnehmbare Welt steht im Dienst des sündigen Menschen: Ohne die Sünde wäre der Mensch in seinem reinen idealen Sein, in einer idealen Welt geblieben.«[103]

Das Bild Gottes, das er in sich trägt, ist aber nicht gänzlich verloren (vgl. *Pelagius*); deswegen strebt er (und in ihm die ganze Welt) danach, zu Gott, von dem er ausgegangen ist, zurückzukehren[104]. Hier allerdings verbindet sich keltisches Entwicklungsdenken mit lateinischem (und biblischem) Voluntarismus: *Diese* Rückkehr ist *nicht nur* organologisch gedacht, sie wird – *auch* – getragen von der *Freiwilligkeit* des Menschen, es ist »bewußte Rückkehr«[105].

Dieses Ziel aber wird verdunkelt und der Weg zu ihm verhindert durch die Sünde, deren übermächtige consuetudo den Menschen beherrscht. Es bedurfte des Erlösers Jesus Christus, um die ursprüngliche Dynamik wieder freizusetzen:

»Als Gott also steigt das Wort[106] Gottes, in welchem Alles ursächlich gemacht ist und besteht (= subsistiert), gemäss seiner Gottheit zu den Wirkungen der in ihm bestehenden (= subsistierenden) Ursachen herab, nämlich in diese sinnliche Welt, indem er die menschliche Natur annimmt[107], in welcher alle sichtbare und unsichtbare Creatur befasst (= enthalten) ist... (Er tut dies aus) keiner anderen Ursache..., als um die Wirkungen der Ursachen, die es nach seiner Gottheit ewig und unveränderlich bei sich hat, nach seiner Menschheit zu erlösen und in ihre Ursachen zurückzuführen, damit sie darin in unaussprechlicher Vereinigung ebenso wie die Ursachen aufgehoben bleiben sollen«[108].

Nach *Tullio Gregory* ist die »Rückkehr allen Seins« eine »*restauratio* oder *adunatio naturarum in Christo*.«[109]

[103] *Tullio Gregory*, a.a.O. 361.
[104] De div. nat. 5.3.
[105] *A. Dempf*, a.a.O. 48.
[106] Wie bei *Pelagius* (vgl. o. 372) scheint das »Wort« in seiner hypostatischen Sonderheit mehr pflichtgemäßt beigefügt zu sein; die Betonung liegt auf »Gott«.
[107] Vgl. auch hierzu *Pelagius* (372.373.).
[108] De div. nat. 5,26 (deutsch nach: *Ludwig Noack*, a.a.O. 248.249; Ergänzungen in Klammern vom *Verf.*).
[109] A.a.O. 361.

Die *christliche* Wendung dieser – auch – keltischen Christologie besteht darin, daß die (freie) Entwicklung nur durch eine *eigene Aktivität Gottes*, der ersten Natur, wieder auf ihr ursprüngliches Ziel ausgerichtet wird. Wäre Gott nicht Mensch geworden, gäbe es keine Rückkehr zu ihm; hätte Gott nichts unternommen, liefe alles in die falsche Richtung. Hier wird das organologische Denken christlich gebrochen und zwar so, daß es dann – zu Ende gedacht – zutiefst aporetisch[110] würde; denn wie läßt sich der ganze Entwurf aufrecht erhalten, wenn Gott als Handelnder eingeführt wird[111]?
Diese Aussage hat keinen Platz in *Eriugenas* System, und dennoch dient sie dazu, auf seinem Hintergrund die absolute Heilsnotwendigkeit Jesu Christi zu etablieren; »notwendiger« konnte sie von einem »Kelten« nicht verbalisiert werden.
Indem Gott Mensch wurde, hat er damit die gesamte Menschheit – und Welt – wieder zu ihrem Ursprung und Ziel befreit. Mit seiner Menschwerdung deckt er das verschüttete Wissen des Menschen um sein innerstes, dynamisch zu realisierendes Sein wieder auf (so vor allem in De praedestinatione). In seiner Auferstehung ist die menschliche Natur wieder in ihren anfänglichen, geistigen Zustand verwandelt[112] und mit Gott eins geworden[113].

Die Rückkehr zu Gott vollzieht sich – für den Menschen und die Welt – in verschiedenen Stufen, die hier nicht interessieren. Schwieriger ist die Frage, was mit den Bösen geschieht. Sicherlich hätte *Eriugena* eine Apokatástasis tōn pántōn, eine Wiederherstellung von allem, bevorzugt; das konnte er aber zu seiner Zeit nicht zu behaupten wagen, und so hält er an der Höllenperspektive fest. Aber er windet sich: Die von Gott stammende und in ihm subsistierende menschliche Natur kehrt in ihren ursprünglichen Zustand zurück. Nur der freie Wille, der das Böse hervorgebracht hat, wird bestraft. Damit aber wird nichts gestraft, was von Gott ist, also *nichts, was ist*; der böse Wille ist nämlich im Letzten ein Nichts[114], weil alles, was ist, von und in Gott – also gut – ist.

»Die Grundidee seines (des *Eriugena*) Systems ist die Idee der Emanation und eines kosmisch-theogonischen Processes.«[115] Der Endzustand müßte so aussehen, daß alles samenhaft Angelegte (und freiwillig Ergriffene) zur höchsten Entfaltung und Vollkommenheit findet und der Anfang vollendet wird. So spricht *Eriugena* auch von der

[110] Damit steht *Eriugena* nicht allein: Vgl. zur Aporetik der hellenistischen Christologie (z.B. zum Symbol von Chalkedon) o.II 4.4.5).
[111] Diesen Gesichtspunkt beachtet *A. Dempf* in seinen Untersuchungen, a.a.O. nicht.
[112] De div. nat. 5,20.
[113] Ebd. 5,8.
[114] 5,31.
[115] *J. Huber* a.a.O. 127.

»vierten Natur«; sie bringt die Deifikation des Menschen und in und durch ihn der gesamten »dritten Natur«.
Hier liegt nun die nächste Schwierigkeit: Das keltisch-griechische (organologisch-emanative) Denken würde ein »Gott alles in allem« erfordern, in dem alle vorherigen Aggregatzustände, also auch die menschlichen Individuen, in den lebendigen Monismus aufgehoben sind. Der Christ *Eriugena* aber darf diese These nicht vertreten. So lehrt er nur für einige Auserwählte eine vollkommene Vergöttlichung[116], die meisten aber scheinen auch im Endzustand des Zurückgekehrt- und Einsseins mit Gott in ihrer Individualität weiter zu bestehen. Allerdings bleiben hier unbeantwortete Fragen: Worin besteht diese Individualität, wenn alles, was ist, in Gott subsistiert? Gilt für sie nicht die gleiche Feststellung wie für das Böse und den bösen Willen, daß sie – nichts ist? Auch hier also scheint *Eriugena* dem Konflikt zwischen seiner Denkform und den christlichen Lehren durch ein positives Nebeneinander der Aussagereihen entgehen zu wollen; eine Versöhnung beider Ansätze ist nicht gelungen, und kann wohl auch nicht erreicht werden.
In der sog. Karolingischen Renaissance, zur Zeit einer ersten großen kulturellen Blüte, meldet sich in *Johannes Scottus Eriugena* ein Denker und Theologe zu Wort, der den Großen der Antike kongenial ist: Er bringt eine neue Kulturtradition im Christentum zu Wort, die bisher – vielleicht von *Pelagius* abgesehen – keinen literarischen Niederschlag gefunden hatte und lediglich in der keltischen Bevölkerung, das wäre eine eigene Untersuchung wert, lebendig war. Die Rezeption Jesu als Christus erforderte hier neue christologische Artikulationsmuster. Sie konnten allerdings nicht unmittelbar und spontan entstehen, weil der christliche Glaube in seiner *antiken Gestalt* angenommen wurde; seine lateinische und – gerade durch *Eriugena* breiter erschlossene – griechische Reflexion partizipierten an seiner Normativität. Also lag es nahe, ja es war zwangsläufig, daß sich die neue – keltische – Tradition und die ihr eigene Anschauung mit Hilfe schon vorgegebener antik-christlicher Sprachmodelle verbalisierte, zumal eine eigene vorchristliche literarische Überlieferung fehlte. Deswegen konnte und kann in der Forschung das Gesamtsystem *Eriugenas* leicht als – vor allem – neuplatonisch-emanativ interpretiert werden; dabei wird allerdings die *Vitalität* und *lebendige Prozessualität* übersehen: Es geht *nicht primär um Stufungen des Seins*, sondern *um die Dynamik des Werdens*.
Von vornherein muß also erwartet werden, daß die Motive der üblichen östlichen Zwei-Naturen-Christologie und auch der lateinischen Erbsündenchristologie verwendet werden. Aber ihre Übernahme ist

[116] 5,39.

alles andere als eine Wiederholung[117], die neuen soteriologischen Mechanismen führen – trotz verbaler Identität – zu einer *völlig neuen Christologie*[118]. Weil sich »die« christianisierten Kelten als Teil eines lebendigen Prozesses der Selbstentfaltung Gottes (der Natur) verstanden und von daher auch ihre Heils- und Unheilsperspektive deuteten, mußte Jesus Christus in diesem Geschehen (das dadurch der Sache nach aufgehoben wurde) seine unverzichtbare Instrumentalität besitzen. Weil »die« keltischen Menschen ihr Unheil erfuhren als eine Entfernung und Diastase von ihrem lebendigen Ursprung und dem in ihm grundgelegten Keim (durch die Sünde Adams und die mit ihm anhebende böse consuetudo), sehnten sie sich danach, mit ihrer ganzen gens (und der sichtbaren Welt) zum Anfang zurückzufinden; der Ursprung war auch das Ziel, das es dynamisch (vgl. *Pelagius*) anzustreben galt. Jesus Christus, der in die Wirkungen herabgestiegene Gott, gab uns wieder das Wissen um unsere Natur *und* Aufgabe und wird, um es mit der Greshake'schen Interpretation des *Pelagius* auszudrücken, zur konkreten Gnade, zum lebendigen Apell an unseren freien Willen. Jesus Christus ist – als Gott (oder Wort) – Ursprung und Substantialität allen Seins, als Mensch Repräsentant und Inbegriff der Menschen, als Gottmensch unsere und Gottes Epiphanie.

Auch damals schon wurde durchaus wahrgenommen, daß *Eriugenas* System keineswegs eine Neuauflage der antiken Theologie brachte: »Sitzt da doch ein solches Scheusal und Ungeheur, das schon längst den Ohren der Gläubigen ferngehalten gehörte, stellt wissenschaftliche Erörterungen an, trägt so viele Unrichtigkeiten an Irrtum zusammen, so viele Schmähungen gegen den Glauben an die Wahrheit, und wird von keinerlei Wachsamkeit der Hirten der Kirche deswegen zurechtgewiesen oder gar verjagt«. Dieses Urteil eines Zeitgenossen, eines Diakons *Florus* aus Lyon (851/5)[119], verrät die ärgerniserregende innovatorische Kraft des Denkens bei *Eriugena*.

[117] *A. Adam*, Dogmengeschichte 2,28, schließt aus den christologischen Ausführungen des *Eriugena* (z. B. aus einem Satz wie: »Christus est nostra epiphania« (5,38 = PL 122, 1003): »Hier ist das abschließende Ergebnis der griechischen Theologie, vor allem das Maximus Confessor, übernommen«. Diese These ist zutreffend für die Übernahme *begrifflicher* Motive; der gesamte *Zusammenhang* aber erweist die Theologie des *Eriugena* als *ungriechisch*. Auch wäre noch zu prüfen, ob das oben in Klammern angeführte Zitat so einfachhin, wie es *Adam*, ebd., tut, übersetzt werden darf: »Christus ist unsere Gottesoffenbarung«. Christus ist *unsere* Epiphanie, heißt es wörtlich, er ist also die Epiphanie dessen, was *wir sind*, die konkrete Erscheinung unseres Urbildes ((vgl. *Pelagius*)) – das natürlich ((ein zweiter Schritt)) in Gott *ist*). Im übrigen benutzt *Eriugena* an vielen Stellen auch den Begriff theophania, was er hier nicht tut.

[118] In ihr hebt er stärker auf die *Einheit* zwischen Gottheit und Menschheit ab, als es, wie er sagt, »die Lateiner« tun (vgl. PL 122, 1018).

[119] Zitiert nach *G. Schrimpf*, a.a.O. 113.

4.4 Spuren keltischer Christologie bis zur Hochscholastik

Je weiter die Zeit fortschritt, umso stärker wuchs die Latinisierung (und Hellenisierung) des Abendlandes. Keltische Ansätze und erst recht keltische Ausgestaltungen der Christologie mußten zurücktreten. Dennoch ist es erstaunlich, mit welcher Hartnäckigkeit sich dieses Denken behauptete. Noch über lange Jahrhunderte entfaltete es seine Macht.

Wie schon vorher ist es nur indirekt zu erschließen; je mehr das Schrifttum der Antike bekannt, bearbeitet und rezipiert wurde, umso mehr wurden sein Vokabular und auch seine Raster zum Vehikel des eigenen Daseinsverständnisses. Dies gilt zunächst besonders für platonische und neuplatonische Artikulationsmuster, vom 12. Jahrhundert an auch für den Aristotelismus.

Man *kann* also durchaus auf diese *antiken* Traditionen verweisen, wenn die Weltanschauung in der folgenden Zeit auf »drei Grundgedanken« zurückgeführt wird: »die Emanationslehre, die Lichtmetaphysik, und die stoisch-neuplatonische Vorstellung von einem den Kosmos durchwaltenden Zusammenklang.«[120] Diese Vorstellungen wurden mehr und mehr mit dem christlichen Schöpfungsglauben verknüpft[121]; durch die Verbindung mit dem *personalen* Gott als Anfang und Ziel[122], auf lateinische Weise vor allem als *Wille* gesehen, ergab sich ein spannungsgeladenes Gesamtkonzept: »Die Welt ist Ausgang von Gott durch dessen personal-schöpferische Willenssetzung, ihre Dynamik ist die Rückkehr zum Geist-Gott, sie ist selbst eine geschlossen-lebendige Bewegung«[123].

Auffallend aber ist, daß in der Folgezeit der Gedanke eines *dynamischen Entwicklungsprozesses*, einer ›lebendigen Bewegung‹ so stark ist.

120 *Clemens Baeumker*, Der Platonismus im Mittelalter, a.a.O. 30.

121 Immerhin aber findet sich auch noch »der vulgäre Pantheismus um das Jahr 1200, der sich an die Namen Amalrich von Bena und David von Dinant(e) knüpft« und von *Eriugena* beeinflußt ist (*J. Bernhart*, a.a.O. 92; vgl. 120.121). Diese Tendenzen hielten nach *Bernhart* auch weiterhin an: »Monismus und Pantheismus sind das ganze Mittelalter hindurch, bald mehr, bald weniger öffentlich, wirksam« (ebd. 120). Konkret aber handelt es sich hierbei nicht, wie *Bernhart* annimmt, um einen ›menschlichen Grundtrieb‹, sondern um das Weiterwirken keltischer und germanischer Traditionen, die sich mit den Mitteln des antiken Monismus artikulierten (Von »Grundtrieb« kann allenfalls in dem Sinne gesprochen werden, daß wohl die große Mehrheit der Kulturen auf dieser Erde mehr oder weniger deutlich monistische Motivationen kennen).

122 Vgl. z. B. *Petrus Abaelardus*, Dialogus inter Philosophum, Iudaeum et Christianum, Textkritische Edition von *Rudolf Thomas*, Stuttgart – Bad Cannstadt 1970, 128 (2.302): »beatitudo (Dei) tam principii quam finis«.

123 *Theodor Steinbüchel*, Christliches Mittelalter, a.a.O. 68.

Auch *Clemens Baeumker* konstatiert, daß nicht »substantiale Entfaltung seines (= Gottes) Wesens«, sondern »dynamische Ausstrahlung« im Mittelpunkt der Reflexion steht; er spricht von ›*einem* Strom des Lebens‹ und dem ›ineinandergreifenden, fließenden Leben der Natur‹[124]. Das sind – gegenüber *Platon* und *Plotin* – andere, *neue* Schwerpunkte, die sich am besten durch die Einflüsse der keltischen – und ein wenig auch der nicht ganz unähnlichen germanischen – Naturauffassung erklären lassen.
Immer dann also, wenn in der mittelalterlichen Theologie die platonische Teilhabe- oder die neuplatonische Emanationsvorstellung (beide wenigstens verbal gebrochen oder gemildert durch den christlichen Schöpfungsbegriff) in *der* Weise abgewandelt wird, daß der *lebendige Vorgang selbst* im Vordergrund steht, scheint sich keltisches Denken auszuwirken[125].
Dieser – christlich-personal gefüllte – hellenistisch-lateinisch-keltische »Monismus« fließt wie ein mächtiger Strom weiter. In der frühmittelalterlichen »Schule von Chartres« (z. T. auch in der Schule von St. Viktor) beeinflußt er die Theologie sosehr, daß sie des Pantheismus bezichtigt wurde, und wirkt bis in die Hochscholastik hinein.

Nach *Thierry* von Chartres († 1155) z. B. hat Gott zwar alles aus dem Nichts geschaffen, der Sohn aber besitzt die »Formalursächlichkeit«, Zielursache ist der Geist; der im Letzten *eine* Gott kam in Bewegung, zeugte den Sohn und brachte den Geist als Einheitsband hervor, weil »die göttliche Einheit nicht unfruchtbar sein kann«[126]. In Gott aber sind – in Einheit – die Ideen aller geschaffenen Dinge einbegriffen, so daß sich sein Wesen in den Kreaturen spiegelt. Durch die Erschaffung sind der Welt »Keimkräfte« eingepflanzt, durch die eine »Evolution«, eine lebendige Entwicklung in Gang kommt[127].

124 A.a.O. 30.31.

125 In der Literatur wird immer wieder die Bedeutung dieses Gesichtspunktes übersehen. In der von uns angesprochenen mittelalterlichen Tradition wird eben nicht nur der Neuplatonismus (näherhin *Pseudo-Dionys*) neuaufgelegt, auch nicht dieser Neuplatonismus in lateinischer Abwandlung (vermittelt durch *Augustinus* und *Boëthius*) weitergepflegt (so die These von *Marie-Dominique Chenu*, Die Platonismen des XII. Jahrhunderts, in: *W. Beierwaltes* [Hrsg.], Platonismus in der Philosophie des Mittelalters, a.a.O. [z. B. 298–307], sondern es tritt – gegen oder über diese Wurzeln hinaus – der *dynamische* Gedanke in den Vordergrund.

126 *Josef Koch*, Augustinischer und Dionysischer Neuplatonismus und das Mittelalter, a.a.O. 337.

127 *Nikolaus M. Häring*, Die Erschaffung der Welt und ihr Schöpfer nach *Thierry* von Chartres und *Clarenbaldus* von Arras, in: *W. Beierwaltes* (Hrsg.), Platonismus in der Philosophie des Mittelalters, a.a.O. 188.189; hierbei muß die »Formalursächlichkeit« im platonischen (nicht im aristotelischen) Sinn verstanden werden, ist also – in Verbindung mit dem biblischen Schöpfungsglauben – der Sache nach »Exemplarursache« (vgl. ebd. 174.175, A.64).

Alle diese Aussagen sind, wie *N.M. Häring* wohl zu Recht betont[128], durch den Gedanken der absoluten Transzendenz Gottes (dessen trinitarische Struktur allerdings problematisch bleibt) hinreichend gegen einen Pantheismus abgesichert. Weshalb aber haben *Thierry* und andere Theologen dieser Schule ein – platonisches – Vokabular benutzt, das nur schwer mit den christlichen Schöpfungs- und Gottesaussagen zu vereinbaren und somit mißverständlich war? Warum taucht bei ihnen immer wieder der Gedanke einer lebendigen Entwicklung auf? Auch die von den Leuten von Chartres im Universalienstreit vertretene Position scheint – über den platonischen Ideenrealismus hinaus – keltisch-organologische Assoziationen zu verraten. »Arten und Gattungen sind demnach ewige göttliche Ideen, die sich in dem Individuum darstellen, oder in dem wandelbaren Individuum wird *eine* unwandelbare Natur offenbar«[129]. Und klingt nicht keltisches Gattungsdenken an, wenn *Johannes* von Salisbury († 1180 in Chartres) »die individuelle Existenz als einen besonderen *status* der *res universalis*... bezeichnete«[130]. Ganz radikal erscheinen solche Gedanken bei *Wilhelm* von Champeaux, dem Begründer der Schule von St. Viktor (wenigstens in seiner ersten Lehrphase).
Es würde zu weit führen, diese Linien durch die Jahrhunderte zu verfolgen; ein letzter Hinweis mag genügen. Viel später hat der Franziskanertheologe *Johannes Duns Scotus* († 1308) eine eigentümliche Gestalt der Philosophie und Theologie geschaffen, die in der Literatur oft als Ankündigung modernen Denkens (z.B. »Verwandtschaft der Philosophie Heideggers«)[131] verstanden wird. Dies ist wohl insofern zutreffend, als keltische Motive wesentlich zur Entstehung auch der Moderne beigetragen haben; historisch korrekter müßte man allerdings bei *Duns Scotus* vor allem einen Einfluß eben dieses keltischen Denkens konstatieren.
Auch er entwirft ein Gesamtsystem, in dem zunächst einmal Gott alles in sich einschließt; trotz der unbestrittenen Transzendenz und Personalität Gottes »teilen« alle Geschöpfe mit ihm das selbige Sein. Die Differenz zwischen Gott und der Welt ist *modal* zu verstehen, wenn auch die Modalitäten von Gegensatzpaaren wie endlich-unendlich oder möglich-notwendig bestimmt sind. Gott wird – in biblisch-lateinischer Weise – als *schöpferischer Wille* bestimmt, der alle Dinge ins Dasein gerufen hat; dies hat er nicht auf dem Umweg über allgemeine Wesenheiten bewerkstelligt, die erst durch die Verbindung mit der Materie zu Individuen werden, sondern Gott will unmittelbar die Idividuen. Diese spezifizieren sich – gegenüber Gott – dadurch, daß »ihr Kennzeichen...die Möglichkeit« ist[132], untereinander unterscheiden sie sich durch den Grad ihrer Potentialität. *A. Adam* stellt richtig fest, daß hier »ein neues Denkprinzip dargeboten (ist), ein Denkprinzip, das als Weltprinzip verstanden war. Für die Einzeldinge bedeutete dieses neue Prinzip: Das Einzelne ist nicht mehr in einem dunklen Zwang gefangen, sondern es lebt in der freien

128 A.a.O. 203–206.
129 *R. Seeberg*, Dogmengeschichte 3, 152.
130 Ebd. 153.
131 *A. Adam*, Dogmengeschichte 2, 121.
132 *A. Adam*, ebd. 117.

Sphäre der Möglichkeit... alles Sichtbare (ist) eingefügt in die zufällige Welt des geschichtlichen Werdens.«[133]

Sind hier nicht Motive des keltischen dynamischen Denkens in biblisch-lateinisch-griechischer Gestalt – und bei zureichender Unterscheidung Gottes von aller Kreatur – noch einmal neu formuliert? Wird nicht die Dynamik des Weltwerdeprozesses durch den Begriff der »Möglichkeit« philosophisch übersetzt, lebt nicht in der Auffassung des Menschen als Sein-Können ein Stück keltischer Anthropologie fort (und greift zugleich weit in die Moderne aus), ist nicht die Konzeption des Individuellen auf dem Hintergrund des universalen (und univoken) Seins eine Variation des alten Rasters von einem Stamm in vielen sich entwickelnden Individuen?

Selbstverständlich soll nicht die Konzeption des *Duns Scotus* als schlichtweg keltisch charakterisiert werden[134]; immerhin gehört er einer Zeit an, in der schon eine großartige – aber spannungsgeladene – universale Kultur entstanden ist, und er ist vor allem einer der scholastischen Theologen der Franziskanerschule – ein sehr bedeutender. Wenn es deswegen auch unmöglich ist, seine Anschauungen unmittelbar oder etwa gar literarisch mit seinen keltischen Wurzeln zu verbinden, so läßt ein Blick auf – *auch* – diese Tradition Motive und Konturen seiner Theologie deutlicher hervortreten.

Wenn nach »keltischen«Modifikationen der *Christologie* gefragt wird, geht es nicht um den Aspekt, der gemeinhin darunter verstanden wird: die scholastischen Versuche, die altkirchliche Christologie (über die Vermittlung vor allem durch *Augustinus* und *Boëthius*) zu interpretieren. Gefragt wird vielmehr danach, auf welche Weise die alleinige Heilsmittlerschaft Jesu Christi für solche Theologen ansichtig wurde. Hierbei können keine abgeschlossenen Untersuchungsergebnisse, sondern mehr Hinweise für eine noch zu leistende Forschung gegeben werden.

Grundsätzlich erschien die Heilsnotwendigkeit Jesu Christi im Kontext von Sünde und Gnade – die lateinisch (-biblische) Mitgift; wie in der gesamten Antike wurde der Mensch als »Bild Gottes« verstanden – das hellenistische Erbe –, wobei aber dieses Bildsein nicht nur dem

[133] Ebd.

[134] *Heribert Mühlen*, Die abendländische Seinsfrage als der Tod Gottes und der Aufgang einer neuen Gotteserfahrung, Paderborn ²1968, 23.24, hebt zu Recht die neuen Motive hervor, die bei *Duns Scotus* eine Rolle spielen und eine Entwicklung »auf die moderne Profanität hin« (24) darstellen. Durch die »Eigenständigkeit der geschaffenen Ursachen« trete »zugleich auch die unendliche Distanz der Welt zu Gott in Erscheinung« (ebd.). Dieser neue geistesgeschichtliche Schritt aber läßt sich durchaus so verstehen: *Duns Scotus* hat die biblische Transzendenz Gottes sowie den biblischen Schöpfungsbegriff voll rezipiert. Das dynamische (keltische) Denkmodell läßt sich somit nur noch auf die geschaffene Welt anwenden, Gott selbst ist nicht mehr, wie teilweise noch im 12. Jahrhundert, in diesen Prozeß des Werdens integriert, sondern steht als sein Urgrund ihm gegenüber – durch die Klammer des einen esse mit ihm verbunden.

Sein, sondern auch dem Willen Gottes entsprang (lateinischer Voluntarismus) und meist als eine noch auf Zukunft hin zu verwirklichende Größe gesehen wurde. Die Bildqualität ist ein Art von Keim, der – ethisch – entwickelt werden, oder die (gesetzte) Möglichkeit, die ergriffen werden muß (*Duns Scotus*)[135]. Von *Pelagius* über *Johannes Scottus Eriugena* bis in die Hochscholastik läßt sich also diese eigentümliche Verwendung des Bildgedankens feststellen.

Für die Frühscholastik ist *Augustinus* der wichtigste Lehrer. Seine Erbsündenlehre gehört – mit späteren Modifikationen – zum selbstverständlichen Überlieferungsgut. So ist das Bildsein des Menschen durch die Sünde Adams in Mitleidenschaft gezogen, erst der Kreuzestod Jesu Christi konnte uns erlösen. Eine förmliche Bestreitung dieses Rasters oder ein unmittelbares Anknüpfen bei *Pelagius* kamen nicht in Frage.

Dennoch erstaunt es, wie stark »pelagische Motive« unter der Decke einer Anerkennung der »Erbsündenchristologie« fortwirkten (oder: aus vergleichbaren Anliegen heraus neu und in neuer Gestalt auftauchten). So hat der 1079 bei Nantes geborene *Peter Abaelard* († 1142) sogar die erbsündliche Situation der neugeborenen Kinder – verbal – anerkannt, der Sache nach aber – von verschiedensten Überlegungen her – die »Realität der Erbsünde« aufgehoben[136]. Deswegen mußte Jesus Christus mit seinem Tod auch nicht die Schuld bezahlen, und der Teufel hatte kein Anrecht über uns. Jesus ist für *Abaelard* vor allem (natürlich als menschgewordener Gott) Erfüllung der Ethik (»veram ethicam consummavit«)[137] und »Lehrer und Vorbild treu bis zum Tod«[138], Erlösung ist vor allem »Belehrung und sittliche Besserung«[139]. »Abälards eigentliche Meinung ist, daß Christus auf psychologischem Wege die menschliche Gesinnung wandelt«[140]. Wie soll man hierbei nicht an *Pelagius* erinnert werden, wenn natürlich auch neue, spezifisch mittelalterliche Gesichtspunkte eine Rolle spielen[141]. Andere Theologen, in Chartres oder St. Viktor, haben prononcierter an augustinisch-lateinischen Rastern festgehalten. Aber die Tendenz

135 Vgl. *A. Adam*, Dogmengeschichte 2,119: »Weil der Mensch in seiner Seele *imago Dei*, also nach Wille, Erinnerung und Einsicht ein Spiegelbild der göttlichen Trinität ist, kann er in der Betrachtung seines eigenen Wesens zur Erkenntnis Gottes *via eminentiae* aufsteigen, das heißt auf dem Wege der Überhöhung der vorgefundenen Schöpfungsprinzipien, bis er in den Bereich des Schöpfers gelangt.«

136 Vgl. hierzu *R. Seeberg*, Dogmengeschichte 3, 238.239.

137 Dialogus (ed. *R. Thomas*, 88 [1255.1256]).

138 Vgl. *R. Seeberg*, ebd. 239, vgl. die ganze differenzierte Darlegung 239–243.

139 Ebd. 237.

140 Ebd. 242.

141 Vgl. hierzu u. III 6.

läßt sich beobachten, die Erbsünde nicht als die totale Katastrophe zu sehen, die das »Bild Gottes« in uns gänzlich zerstört. Die Keimkräfte bleiben noch als Entwicklungspotential bestehen. Noch *Duns Scotus* schwächt z. B. *Augustinus* mit dessen eigenen Mitteln ab: lediglich die Gnadenausstattung des Menschen ging verloren, nicht aber wurde seine Natur zerstört[142] Der Grundgedanke für die Rezeption der Heilsbedeutung Jesu schein somit zu sein, daß er als inkarniertes Wort (oder Gott) *und* als exemplarischer Mensch gewissermaßen das uns eingepflanzte Bild noch einmal *zu seiner realen Möglichkeit* befreit hat. Je weiter die Zeit voranschreitet, werden allerdings die sozusagen »objektiven« lateinisch-soteriologischen Daten ebenfalls erwähnt, sie stellen aber wohl kaum den Kern der »christologischen Soteriologie« dar.

Duns Scotus verspürt anscheinend die Notwendigkeit, sein (in unserem Sinne) christologisches Denken gegen »pelagianische« Mißdeutungen abzusichern. Weil das Heil letztlich in der – durch Jesus Christus provozierten – freien Entwicklung des Menschen gründet[143] (was christologisch als nicht hinreichend angesehen werden könnte), versucht er die »christologische Suffizienz« durch einen zweiten Gedankengang zu sichern: Für Gott gibt es keine Zeit, also sieht er »gleichzeitig«, wer sich für das Gute entscheiden wird, und erwählt diese Menschen zum Heil. Er verbindet also die ewige prädestinierende Erwählung Gottes (durch die Gnade Jesu Christi) mit Hilfe dieses Konstrukts mit dem in der Zeit ablaufenden freien Willen des Menschen[144], er verknüpft, wenn man so will *Augustinus* und *Pelagius*.

Grundsätzlich also läßt sich, trotz immer umfassenderer Rezeption der altkirchlichen und antiken Tradition, die Tendenz feststellen, Jesus Christus eine unverzichtbare Instrumentalität für unser Heil *im Kontext einer von Gott in die Welt hinein ausgehenden und zu ihm zurückstrebenden Bewegung zuzuschreiben*. Um dies ausdrücken zu können, bedient man sich so gut wie aller Motive, die aus der Tradition überkommen waren: Der Zwei-Naturen-Christologie, des imago-Gedankens, der augustinisch-lateinischen Sünden- und Gnadenlehre, biblischer Assoziationen. Diese Motive aber werden *so* gebraucht, daß sie – trotz ihres nie gänzlich zerstörbaren Kapitals an eigener Aussage –

[142] Vgl. *A. Adam*, Dogmengeschichte 2,120: »Die Sünde liegt dann in der gestörten Beziehung zu Gott, nicht in dem gnadenlosen Zustand der Naturbegabung«. Und die Inkarnation wäre »uns auch zuteil geworden…, wenn es keinen Sündenfall gegeben hätte« (*Martin Anton Schmidt*, Dogma und Lehre im Abendland. Zweiter Abschnitt: Die Zeit der Scholastik, in: *C. Andresen* (Hrsg.), Handbuch der Dogmen- und Theologiegeschichte, Bd. 1, a.a.O. 695).

[143] Selbst für den ersten Rechtfertigungsakt nimmt *Duns Scotus* »die Möglichkeit einer Vorbereitung aus natürl. (ichen) Kräften« an (*J. Auer*, Rechtfertigung, V., Dogmengeschichte, in: LThK^2 8, 1040).

[144] Vgl. hierzuzu *A. Adam*, ebd. 2,120.

den Platz und die Funktion des Christus Jesus in diesem lebendigen Prozeß durchsichtig machen. Der Mensch empfindet, daß er sich seinen eigenen Wurzeln entfremdet hat, und er strebt danach, sie wieder aufzufinden und ihren ethischen Anspruch nach vorne hin zu realisieren, um schließlich zurückzukehren zu seinem lebendigen Ursprung und damit zu sich selbst. Hierbei bedarf er Jesu Christi, der ihm als Beispiel und Lehrer zu sich selbst und zu Gott den Weg weist. Als sichtbar gewordener Inbegriff aller Wahrheit und Güte richtet er einen herrscherlichen Anspruch an die Menschen[145].

[145] Wir haben uns – leider nur sehr fragmentarisch – auf einige wenige Gesichtspunkte und Literatur bezogen. Ein Rekurs auf die Kunstgeschichte könnte die vorgetragenen Gedanken noch verdeutlichen. Ist der die Apsis vieler romanischer Kirchen beherrschende Pantokrator wirklich nur die »Neuauflage« eines byzantinischen Motivs oder nicht vielmehr Ausdruck der oben skizzierten Christologie? Sind nicht die gotischen Kathedralen in Frankreich zu Stein geronnene Darstellungen der dynamischen Bewegung der Welt zu ihrem Ziel? Usf.

5 Germanische Ausprägungen der Christologie

5.1 Die Motive

Anders als die keltischen Motive werden germanische, später deutsche oder angelsächsische (usf.) Einflüsse auf die Theologie gelegentlich in der Literatur erwähnt. Es ist bekannt, daß vor allem in den ersten Jahrhunderten nach der Christianisierung weniger der am Kreuz uns erlösende Jesus faszinieren konnte, »sondern der heldische Himmelskönig, der seine Gefolgsleute zu den Waffen ruft, sie segnet und Erfolg verheißt«[1]. Schon bei dem »Apostel der Goten«, Bischof *Wulfila* (Ulfilas), †382, der das Christentum in seiner arianischen (homöischen) Version angenommen und mit seiner Bibelübersetzung das erste literarische Werk in einer germanischen Sprache geschaffen hat, spielen die Raster von Treue, Ehre und Gefolgschaft für die Christologie eine Rolle. Ähnlich verhält es sich mit dem um 850 entstandenen sächsischen (-fränkischen) Epos Heliand; auch hier hat der Gefolgschaftsgedanke einen zentralen Platz, somit also eine recht persönliche, auch gemüthafte Bindung an den »Heiland«. Bis ins hohe Mittelalter hinein bevorzugt die religiöse Kunst die Darstellung des Jesus rex, er erscheint auch am Kreuz »als Hoherpriester und Weltenkönig« und nicht als der Leidende[2]. Petrus, der Himmelspförtner, fand große Verehrung[3], weil er auch einmal mit dem Schwert dreinschlagen konnte. Diese in der Kirchengeschichte mit den germanischen Populationen neu auftretenden Raster werden allerdings meist als mehr folkloristische Ausgestaltungen der im übrigen auf antiker Basis aufruhenden Christologie angesehen. In Wirklichkeit aber haben sie letztere sehr stark modifiziert.

Grundsätzlich läßt sich feststellen, daß in dieser Tradition der römische *Ordo-Gedanke stärker aufgegriffen* wurde als im Keltentum (vgl.

[1] *Karl Kupisch*, Kirchengeschichte, Bd. II, Stuttgart, Berlin, Köln, Mainz 1974, 74.
[2] *Hermann Fillitz*, Das Mittelalter I (Propyläen Kunstgeschichte, Bd. V), Berlin o.J. (1984)?), 51.
[3] Vgl. *Johannes Haller*, Das Papsttum. Idee und Wirklichkeit, Bd. I, Die Grundlagen (rowohlts deutsche enzyklopädie, hrsg. von *E. Grassi*, Bd. 221/222), Reinbek, 1965, 277–298.

auch die politische Neugestaltung Europas als Weiterführung des Römischen Reiches). Die Überzeugung von einem (Menschen und Göttern) auferlegten Geschick oder einem allwaltenden Gott konnte die unabänderliche Gültigkeit des herrscherlichen ius divinium noch verstärken.
Daneben aber war das *personale Element* wirkmächtig und vertiefte sich noch durch die kirchliche Verkündigung eines persönlichen Gottes und des Gottmenschen Jesus. Von daher entsprang der ewige Ordo dem personalen Willen Gottes – wie schon in der christianisierten Latinität (Voluntarismus). Über die lateinische Wurzel hinaus aber war man diesem himmlischen König und Herrn Gefolgschaft schuldig, jede Verfehlung war eine Verletzung der Ehre Gottes, eine Beleidigung, ein Verrat eines Freien an seinem Führer (eine Gedankenreihe, die durch das sich ausbildende Feudalsystem noch fester etabliert wurde). Gerade diese Verknüpfungen ließen eine emotionale oder gemüthafte Schicht im Verhältnis zu Gott und Jesus Christus hervortreten.
Außer diesen beiden Aspekten, die auf den vorchristlichen germanischen Monismus und Personalismus zurückgehen[4], findet sich auch eine starke Verwurzelung im Familien-, Sippen- oder Stammesdenken. Hierdurch war auch die keltische Mentalität nicht gänzlich fremd, »organologische« Raster konnten auch im ehemals germanischen Raum Verbreitung finden; sie standen allerdings nicht im Vordergrund des Interesses.
Auf diesem Hintergrund nun sollte Jesus als Christus rezipiert werden, was nur möglich war durch eine Veränderung oder andere Gewichtung seiner soteriologischen Funktion.

5.2 Jesus Christus als unser ewiges Geschick

»Germanische« Einflüsse sind also nicht eindimensional zu bestimmen. Je nach dem Aspekt der Tradition, der für einen Theologen prägend war, trat das eine oder andere Motiv stärker hervor. Grundsätzlich aber wurde das Heilswerk Jesu Christi *in einen schicksalhaften, ewigen ordo eingebunden* und von dorther seine Funktion bestimmt. Ganz radikal erscheint diese Interpretation bei dem frühesten »deutschen« Theologen, dem sächsischen Grafensohn *Gottschalk* (Godescalc) von Orbais († 867/69). Für ihn war das zentrale Datum des christlichen Glaubens die sog. doppelte Prädestination; er bildete aus Erwägungen des *Augustinus* ein System, innerhalb dessen auch die Heils-

[4] Vgl. hierzu o. III 1.6.2.2.

bedeutung Jesu, also sein Christussein, umschrieben wurde. Von diesem Konzept vermutete schon *R. Seeberg*: »Vielleicht klangen Töne des Schicksalsglaubens der heidnischen Vorfahren in ihm nach.«[5]

Der Zeitgenosse des *Eriugena* hat es in seinem Leben nicht leicht gehabt. Von *Rhabanus Maurus* wurde er gegen seinen Willen zum Mönch gemacht und im Benediktinerkloster Fulda festgehalten; schließlich wurde er Priester und Lehrer im Kloster Orbais. Nach einer Romreise predigte er in Oberitalien und auf dem Balkan vor allem über die Prädestination. Er wurde daraufhin mehrfach verurteilt und gefoltert; die letzten zwanzig Jahre bis zu seinem Tod hielt ihn Bischof *Hinkmar* von Reims in harter Kerkerhaft in Hautvillers gefangen.
Gottschalk verfügt über die zu seiner Zeit üblichen Bildungsgüter. Seine Trinitätslehre weist ihn als platonischen oder »wenigstens platonisierenden« Theologen[6], unter dem Einfluß des *Augustinus*, aus. »Il y a donc dans l'être une unité profonde«, so daß alle Seinsstufen – durch Teilhabe – miteinander verbunden sind[7].
Dieser Seinseinheit korrespondiert, und darauf liegt der Hauptakzent seiner Lehre, das eine und unveränderliche *Geschick*. *Gottschalk* übernimmt die augustinische Erbündenlehre als Basis seiner Reflexion, konzentriert sich aber vor allem auf die Aussagen seines Gewährsmannes zur Prädestination. Durch diese Isolierung »wurde die Prädestination selbst aber etwas anderes, wenngleich Gottschalk sich im Ausdruck ganz an Augustin anschloß«[8].
Nach dem Fall Adams war die ganze Menschheit eine Masse von Verlorenen, Gott aber wählte aus ihnen – vor Erschaffung der Welt – die aus, die er durch die Gnade Christi retten wollte. Damit bestimmte er die restlichen – zu Recht, wegen ihrer Sünden – zum ewigen Tod[9]. Diese Prädestination nun ist nicht begründet auf einem Vorherwissen Gottes, weil bei Gott ›Wissen‹ zusammenfällt mit ›Wollen‹ und dieses mit ›Schaffen‹[10]. Anders auch wäre Gottes Entscheidung abhängig von seinen Geschöpfen, seine Prädestination wäre, wenn man so will, aposteriorisch bedingt und Gott nicht mehr der absolut Unveränderliche – und darauf kommt des *Gottschalk* an[11].

[5] Dogmengeschichte 3,65. Diese Meinung wird, allerdings ohne Angabe von Gründen, bestritten von *Knut Schäferdiek*, Gottschalk der Sachse (Gottschalk von Orbais, 806/08–866/70), in: TRE, Bd. XIV, 109.
[6] *Jean Jolivet*, Godescalc d'Orbais et la trinité. La methode de la théologie a l'époque Carolinienne (Etudes de philosophie médiévale, Directeur: *Etienne Gilson*, XLVII), Paris 1958, 179.
[7] Ebd. 180. In der Trinitätslehre vertritt er die – von *Jolivet* als »aspect nominaliste« (ebd. 177.178) bezeichnete – Auffassung, daß vor allem die drei Personen real sind (»la nature divine partagerait le sort des termes universels«, 178) und das allervollkommenste Konkrete (homo, deus) zugleich die essentia ausschöpft (perfectus homo – humanitas, deus – deitas, ebd.). Seine Formel: »deitas una et trina« (vgl. ebd. 178.179).
[8] *F. Wiegand*, a.a.O. 11.
[9] Fragment (PL 121, 368).
[10] Confessio prolix. (PL 121, 351).
[11] Vgl. Fragment (PL 121, 368): »ipse incommutabilis deus... incommutabiliter praedestinavit...« usf.

Diese tiefe Überzeugung von einem unverrückbar feststehenden Geschick hat auch die Rezeption Jesu als Christus nicht unberührt gelassen. Zwar sind wir – gut lateinisch – gerechtfertigt durch den Tod Jesu Christi, aber: *er ist nicht für alle gestorben* (»neque pro eis ullo modo crucifixus fuit«), sondern nur für die Auserwählten[12]. Offensichtlich hat hier eine aus germanischen Wurzeln stammende und den lateinischen Ordo-Gedanken radikalisierende Schicksalsvorstellung dazu geführt, *Jesus nur innerhalb ihrer Grenzen* als heilsbedeutsam wahrnehmen zu können; mehr scheint nicht möglich gewesen zu sein, obwohl *Gottschalk* gelegentlich auch abmildernde Formulierungen gebraucht und später anscheinend eine Kompromißformulierung der Synode von Quierzy (Carisiacum) im Jahre 853[13] akzeptiert hat. Seine Lehre aber setzte ihn auf der anderen Seite instand, sein übles Leben zu ertragen, sie war ihm Trost – und *als Evangelium* verkündete er sie seinen Adressaten –, auf diese Weise konnte er seine Existenz gänzlich in Jesus Christus festmachen.
Christologische Gedanken dieser Art tauchen auch in der weiteren Geschichte von Zeit zu Zeit auf, die Sehnsucht nach unverrückbarer, nicht bedingter Heilsgewißheit (»Heil« auf der lateinischen Ebene von Rechtfertigung) bleibt in der abendländischen Tradition wirkmächtig. Wie anders als durch Prädestination (der Erwählten) läßt sich für ethisch-soteriologisches Denken eine solche Gewißheit begründen?

5.3 Die »Personalisierung« der Heilsfunktion Jesu

Der starke Schicksalsglaube scheint *ein* Erbteil zu sein, das aus der germanischen Tradition überkommen ist. Daneben aber gab es, zunehmend stärker, eine Hervorhebung der freien, verantwortlichen Mitwirkung des Menschen.

Dieser Zusammenhang wird nicht widerlegt durch die Ausführungen von *Gangolf Schrimpf*, Der Beitrag des Johannes Scottus Eriugena zum Prädestinationsstreit, in: *Heinz Löwe* (Hrsg.), Die Iren und Europa im früheren Mittelalter, a.a.O. (2. Teilband), 822–824. Nach ihm ist für *Gottschalk* der Mensch immer »Objekt fremder Mächte« (ebd. 824), im Falle des guthandelnden Menschen: Gottes, im negativen Fall aber (nicht Gottes, sondern): seiner Triebe (ebd.). Diese Exkulpierung Gottes für die bösen Handlungen des Menschen gelingt allerdings nicht ganz, weil einmal »Gott schon vor der Erschaffung der Welt im einzelnen festgelegt hat, wen er aus dem Kreis der Verworfenen herausnimmt«, damit ist »unvermeidlich auch festgelegt..., wer ein Verworfener bleibt« (ebd. 823). Zum anderen zielt die Ineinssetzung von Vorherwissen und Vorherbestimmung ebenfalls auf eine letzte Verantwortung Gottes ab.

[12] Fragment (PL 121, 367; vgl. auch ebd. 365.372).
[13] D 621–624 (316–319).

Gottschalk repräsentiert nur *eine* Dimension »germanisch« inspirierter Rezeption Jesu Christi. Schon zu Lebzeiten fand er, wie sein Schicksal drastisch zeigt, Widerspruch gerade bei fränkischen Theologen (z. B. *Rhabanus Maurus*, *Hinkmar* von Reims). Sie nahmen Anstoß an der doppelten Prädestination (allenfalls bestimmte Gott diejenigen zur *Verdammnis* – er prädestiniert also nur die *Strafe* –, um deren Sünde er im voraus *weiß*), an der nur partiellen Heilsbedeutung Jesu, an der fehlenden Verantwortlichkeit des Menschen für seine ewige Bestimmung, an der Unmöglichkeit, die kirchliche Pastoral dann noch aufrechtzuerhalten.

Gottschalk fand auch Verteidiger, vor allem *Ratramnus* von Corbie. Diese hielten die doppelte Prädestination für richtig, modifizierten sie aber – wie die Gegner *Gottschalks* – so, daß Gott nur die Sünde *vorhersehe* und die Sünder deswegen zu ihrer Strafe, der Verdammnis, prädestiniere. *R. Seeberg* hält die Gegner wie die Verteidiger für Semipelagianer und ihre Positionen sachlich für übereinstimmend (»ein Streit um Formeln«)[14].

Die Konzeption beider ist im Ergebnis (Semipelagianismus) wohl richtig chrakterisiert; die Motive aber scheinen andere zu sein. Im Vordergrund steht – bei allem Beibehalten eines strengen Prädestinationsgedankens – das Interesse an einem größeren Freiraum und einer Verantwortung des Menschen. *Ratramnus* z. B. will das Gute, das wir tun, Gott *und* uns zugleich zuschreiben[15], und das Sündigen sei für die Verlorenen nicht notwendig, sondern frei gewählt[16] (ähnlich *Hinkmar* von Reims). Dieses Anliegen wird aber nicht, wie in der »keltischen« Theologie, mit dem dynamisch-organologischen Bildgedanken begründet; im Hintergrund scheint eher die Verantwortung des Freien gegenüber Gott, dem König der Welt[17], zu stehen.

Noch profilierter tritt die grundlegende Bedeutung des personalen Wollens, von Gefolgschaft und freier Gemeinschaft Jahrhunderte später bei einem englischen Theologen hervor, *Gerhard* von York († 1108). Sein Denken ist voluntativ und optimistisch: Gott ist König der Welt, er hat die Welt erschaffen und regiert sie mit herrscherlichem Willen; die Menschen hat er zur Freiheit bestimmt. Voluntativ gesetztes Schicksal wie voluntative Freiheit des Menschen sind bei *Gerhard* miteinander verbunden. »Das Lebensgefühl hinter dieser Konstruktion ist ja die sittliche und aristokratisch freie *cooperatio* der Brüder

[14] A.a.O. 3, 69.

[15] De praedest. I (z. B. PL 121,15.16.).

[16] Ebd. II (PL 121, 79): »non autem aliquem ad peccatum cogit«; (ebd. 80) »non necessitate aliqua constringat eos ad poenam«. Dennoch könne das Vorherwissen Gottes zugleich auch Prädestination genannt werden, weil im Vorherwissen (anders wäre es kein »Wissen«, sondern falsch) alles unabänderlich festgelegt sei (vgl. ebd. 79). Die Möglichkeiten des Menschen bleiben faktisch sehr begrenzt!

[17] *Ratramnus*, de praedest. I (PL 121, 13.15). Überhaupt wird Gott auffallend oft als König bezeichnet, der mit seiner Providenz »universa moderatur et regit« (ebd. I ((a.a.O. 13)); die ganze Welt ist sein Staat (ebd. a.a.O. 34). Die hiermit verbundenen Assoziationen scheinen in der *Karl dem Kahlen* gewidmeten Schrift über *Augustinus* hinauszuführen und fränkische Motive zu verraten.

mit dem Herrn, der Peers mit dem Führer«, und Ziel der umgedeuten Erlösung sei »die Teilnahme am Reich in der königlichen Gewalt«[18]. Dieser Bischof, »sicher einer der geistig bedeutendsten Männer seiner Zeit«[19], der im Investiturstreit die Sache seines Königs gegen den Papst und desen Gewährsmann *Anselm* von Canterbury vertrat, kann exemplarisch die andere, zweite Komponente germanischer (hier: normannischer) Mentalität verdeutlichen. Es gibt den bestimmenden Willen des himmlischen Königs, daneben aber hängt auch alles ab von freier Gefolgschaft und der freien Gemeinschaft mit Jesus Christus; durch ihn hat Gott, der König, die Welt erschaffen und in ihm uns ›erlöst‹, d.h. zur Freiheit befreit. *Von Natur aus* ist der Mensch ›Bild des Wortes‹, durch Jesus Christus wird er in der Geschichte zur similitudo geführt. *Gerhard* ist überzeugt, daß die uns vorherbestimmte Freiheit zu ihrem verantworteten Gebrauch im Dienst des höchsten Königs genutzt wird.
Die Weltordnung und der Ablauf der Dinge entsprechen einerseits dem herrscherlichen Willen Gottes, auf der anderen Seite aber, und diese Vorstellung steht faktisch wohl im Vordergrund, wirken die Menschen an der Verwirklichung mit.
Die Heilsnotwendigkeit Jesu ist der Sache nach die eines allerhöchsten Königs, der uns zu seiner freien Gefolgschaft und Gemeinschaft bestimmt; alles andere, was dieser Theologe selbstverständlich nie bestritten hat: antike Christologie oder Erbsündenlehre, spielt keine konstitutive Rolle oder wird lediglich – wie etwa die Gottessohnschaft – dazu benutzt, die intendierte Aussage zu untermauern.
Sicherlich begegnen wir bei *Gerhard* einer – vielleicht schlichten – Theologie, die das Denken und Empfinden vieler Christen damals spiegelte. Diese Christologie mag unbefriedigend sein, sie war aber wohl für ihre Rezipienten »suffizient« und diente ihnen dazu, auf ihre Weise Jesus als Christus zu bekennen.

5.4 Der notwendige und freie Christus. Die Christologie des Anselm von Canterbury

Ein drittes und letztes Beispiel soll die aus germanischer Tradition herkommende Modifikation der Christologie aufzeigen. Es handelt sich zugleich um das wohl wirkmächtigste christologische Modell,

[18] *A. Dempf*, a.a.O. 55.
[19] *A. Schmitt*, Gerhard von York, in: LThK ²4, 723; vgl. *A. Dempf*, a.a.O. 54: »So bedeutungslos aber *Gerhard von York*, äußerlich gesehen, für die abendländische Geistesgeschichte geblieben ist, so wichtig ist er für ihr Verständnis.«

das, wenn man so will, in der Mitte steht zwischen den Entwürfen *Gottschalks* und *Gerhards*.
Anselm von Canterbury (∗1033/34 in Aosta, †1109) stammt aus langobardischem Adel und war ein bedeutender Philosoph und Theologe, der später, 1093, Primas von England und dort in den Investiturstreit verwickelt wurde.
In seiner Theologie – soweit sie für unsere Frage interessant ist – greift er die Erbsündenchristologie des *Augustinus* auf, ist also gänzlich geprägt von der antik-lateinischen Christologie. Dennoch aber scheint sie ihn nicht zufriedengestellt zu haben. Er variiert sie in entscheidenden Punkten und schafft so eine *systematische Satisfaktionschristologie*.

Diese in der Literatur vielfältig bearbeitete Konzeption soll hier nur in einigen Aspekten dargestellt werden, die sich vor allem aus seiner Schrift »Cur deus homo«, »Warum Gott Mensch geworden ist« (abgeschlossen 1098)[20], ergeben. Mit ihr will er in typisch mittelalterlicher Manier apriorisch[21] begründen, daß unsere Erlösung nicht anders denn durch den Gottmenschen möglich war. *Basis* seiner Thesen ist die *Rezeption des lateinischen Ordo-Gedankens*. Nach dieser von Ewigkeit her feststehenden Ordnung verläuft die ganze Geschichte. Auch Sünde und Erlösung gehören zu ihr, und sie ist so metahistorisch begründet, daß sogar die Erwählung der Geretteten – er greift eine augustinische Vorstellung auf[22] – nur die Zahl der von Gott abgefallenen Engel ergänzen soll (2,16). Es handelt sich im Letzten also um ein Geschehen, das sich über unseren Köpfen und von uns unbeeinflußt abspielt.
Gott ist das höchste Sein und als solches radikal von der Kreatur geschieden. Dennoch spiegelt das geschöpfliche Sein in seinen verschiedenen Stufen Gottes Wirklichkeit. Diese durch den christlichen Schöpfungsglauben gebrochene platonische Vorstellung ist darüberhinaus verbunden mit voluntaristischen Zügen: Gottes Wille begründet die Weltordnung, die zugleich und vor allem ethisch geprägt ist. Der Ordo wurzelt also im personalen Wollen Gottes, dieser »ist der Herr und König der Welt, dessen Wille den gesamten Weltlauf bestimmt.«[23]
Auch die Unheils- und Heilsgeschichte läuft »ordentlich« ab[24]. Adam hat gesündigt, in ihm wir alle. Eine Erlösung ist (apriori) nur möglich, wenn unse-

[20] Im folgenden zitiert nach der lateinisch-deutschen Ausgabe, besorgt und übersetzt von *Franciscus Salesius Schmitt*, Darmstadt ³1956.
[21] Vgl. Praefatio (ed. *Schmitt*, 2): »remoto Christo, quasi numquam aliquid fuerit de illo…, quasi nihil sciatur de Christo.«
[22] Vgl. o. III 3.3.1.
[23] *R. Seeberg*, Dogmengeschichte 3, 223.
[24] Vgl. *G. Greshake*, Der Wandel der Erlösungsvorstellungen in der Theologiegeschichte, a.a.O. 86.87: »Durch das Versöhnungsopfer Christi wird also *rechtmäßig* die *Rechts*ordnung zwischen Gott und Mensch wiederhergestellt… Obgleich Anselm endgültig von der Idee der Lösegeldzahlung an den Teufel abrückt, steht doch dieser Gedanke von der Erlösung als gerechtem, richtigem Verfahren im Mittelpunkt auch seiner Soteriologie.«

re Schuld *bezahlt* wird. In ›Cur deus homo‹ (1,12) verfaßt *Anselm* ein eigenes Kapitel zu der Frage, ob es Gott gezieme, die Sünde durch bloßes Erbarmen, ohne alle Bezahlung der Schuld, nachzulassen. *Anselm* ist überzeugt, daß dies nicht richtig wäre: »sie non punitur, inordinatum dimittitur« (»wenn sie – die Sünde – nicht bestraft wird, wird sie ungeordnet erlassen«). Und: »Gott aber geziemt es nicht, etwas in seinem Reiche ungeordnet zu belassen.«[25] Deswegen gehöre es auch nicht zur Freiheit oder Güte Gottes, »den Sünder ... ungestraft zu lassen.«[26]

Deswegen mußt Gott *Genugtuung*, satisfactio, geleistet werden, damit er sündige Menschen zum Ersatz für die gefallenen Engel in sein Reich aufnehmen kann (1,19)[27]. Diese kann aber der Mensch von sich aus nicht leisten (1,20), weil die Sünde zu groß ist. Andererseits aber kann er ebenfalls nicht erlöst werden, wenn er nicht selbst bezahlt.

In diesem Dilemma gibt es ausschließlich *eine* Lösung, und diese hält *Anselm* für (apriorisch) zwingend: Nur ein Gott-Mensch kann die geforderte Genugtuung bringen (2,6). Der Erlöser muß Gott sein, weil nur er »für die Sünde des Menschen etwas Größeres« leisten kann. »Es darf sie (die Satisfaktion) aber niemand leisten außer dem Menschen. Sonst leistete nicht der Mensch Genugtung ... Necesse est ut eam faciat deus-homo«[28].

Soweit sie bisher dargelegt wurde, ist die Konzeption *Anselms* gut lateinisch und findet sich der Sache nach auch bei *Leo I.* und *Augustinus*. Lediglich hinter der ehernen, voluntaristisch-ethischen Radikalisierung des Ordo-Motivs könnte man *Gottschalk'*sche Anliegen vermuten, ebenso in einer gewissen germanisch-dinglichen und quantitativen Auffassung des Rechtfertigungsvorgangs als »satis«-factio[29].

Damit ist allerdings nur die Basis des *Anselm'*schen Systems beschrieben. Er hat *darüberhinaus* diesen Grundraster für die christologische Rezeption Jesu *eigentümlich variiert*.

Die Rückbindung des Ordo an den *personalen* Willen Gottes entspricht zwar der christlichen Wandlung dieser Vorstellung schon in der Antike, tritt aber bei *Anselm* viel ausgeprägter hervor. Die Ordnung ist gesetzt von Gott, ihm hat sich jede andere, personale voluntas zu unterwerfen[30].

Sich dem Willen Gottes zu unterwerfen, ist für Engel und Menschen »das Geschuldete« (debitum), das eingelöst werden muß[31]. »Dies ist die alleinige und ganze *Ehre, die wir Gott schulden* und die Gott von uns fordert ... Wer diese

[25] Ed. *Schmitt*, 42.43.

[26] Ebd. 45.

[27] Vgl. 1,19 (ed. *Schmitt*, 68): »Non ergo decet deum hominem peccantem sine satisfactione ad restaurationem angelorum assumere perditorum«.

[28] Ed. *Schmitt*, 96.97.

[29] Auch diesen Begriff aber hat *Anselm* der lateinischen Tradition entnommen: *Tertullian* schon hatte ihn für die Buße verwendet, *Ambrosius* und *Hilarius* dehnten seine Geltung auf das gesamte Erlösungsgeschehen aus (Jesus hat mit seinem Tod Genugtuung geleistet).

[30] Cur deus homo 1,11 (ed. *Schmitt*, 40): »Omnis voluntas rationalis creaturae subiecta debet esse voluntati dei«.

[31] Ebd.

schuldige Ehre Gott nicht erweist, nimmt Gott, was ihm gebührt (quod suum est), *und entehrt Gott; und das heißt* ›sündigen‹ (deum exhonorat; et hoc est ›peccare‹)«[32].
Sünde ist *auch* Ungerechtigkeit, Verstoß gegen einen sachhaften Ordo oder das Gesetz; vor allem aber ist sie die Verletzung eines persönlichen Pflicht- und Treueverhältnisses Gott gegenüber, dessen Eigentum wir sind[33]. Das Gesetz erscheint als persönliche Willenskundgebung Gottes, so daß immer *er* verletzt wird, wenn sein Gesetz übertreten wird. Entfaltet hier nicht die Vorstellung von einem König und seinen Gefolgsleuten, die ihm persönlich verpflichtet sind, seine Wirkung? Gott wird durch die Sünde entehrt, und wir – die »Knechte des einen Herrn«[34] – verstoßen gegen unsere Verpflichtung zum Gehorsam. Aus diesem Grund ist auch die Wiedergutmachung der Sünde nicht einfachhin eine sachliche »satis«-factio, etwa die Erstattung eines Schadens, sondern es ist ein »Mehr« verlangt, die Wiederherstellung der Ehre: »wenn jemand das ungerecht Entwendete einlöst, muß er das geben, *was von ihm nicht gefordert werden könnte, wenn er nichts Fremdes geraubt hätte.* So *muß also jeder, der sündigt, Gott die geraubte Ehre einlösen, und das ist die Genugtuung, die jeder Sünder Gott leisten muß«*[35]. Erst dadurch können wir unsere *ursprüngliche Bestimmung*, »nur Gottes Knecht« zu sein[36], erreichen.
Diese »Personalisierung« der juridisch-soteriologischen Raster läßt sich noch an weiteren Verschiebungen der Argumentation erkennen. *Anselm* referiert durchaus die traditionelle Begründung für unsere Unfähigkeit, durch eigene Leistung von unseren Sünden freizukommen: Die »Menschennatur« – und somit wir alle – hat in Adam gesündigt, »weil sie in den ersten Menschen enthalten war«[37]. *Wichtiger* aber ist für ihn ein anderer Gedankengang, und er taucht in immer neuen Wendungen in ›Cur Deus homo‹ auf: Wir können *deswegen* keine Genugtuung für unsere Sünden leisten, *weil wir alles, was wir Gott anbieten können, ihm ohnehin schulden*[38]. Wir sind Knechte Gottes, alles ist sein Eigentum und gehört ihm: »Im Gehorsam aber was gibst du Gott, was du nicht schuldest, dem du... alles, was du bist und hast und kannst, schuldig bist?«[39]
Hier scheinen biblische und »lateinische« Gedanken mit *Rechtsanschauungen* des Lehnswesens vermischt, so vielfältig dessen Ausprägungen auch z. Zt. *Anselms* gewesen sein mögen. Dem Gesprächspartner *Anselms* bleibt nur noch einzuräumen: »dann habe ich nichts, was ich für die Sünde erstatten könnte«[40].

[32] Ebd. (ed. *Schmitt* 40.41); vgl. 1,15; 1,22; 2,15 usf.
[33] Vgl. auch 1,7 (ed. *Schmitt*, 23): »Da aber der Teufel oder Mensch nur Gott gehört; welche Rechtssache sollte Gott mit seinem Eigentum führen?«
[34] Ebd. 1,20 (ed. *Schmitt*, 73).
[35] Ebd. 1,11 (ed. *Schmitt*, 41).
[36] Ebd. 1,5 (ed. *Schmitt*, 19).
[37] Ebd. 1,18 (ed. *Schmitt*, 63).
[38] Vgl. z. B. ebd. 1,20.
[39] Ebd. (ed. *Schmitt*, 73).
[40] Ebd.

Anselm entwickelt noch einen zweiten Gedankengang, mit dem unsere Unfähigkeit zur Satisfaktion aufgewiesen werden soll. Im Mittelpunkt steht hierbei die *Größe der Schuld*; denn nach ihr bemißt sich das Maß der geforderten Genugtuung[41]. Er geht aus von »einer einzigen so kleinen Sünde, wie es ein einziger Blick gegen den Willen Gottes ist,«[42] und postuliert, daß selbst dies eine unermeßliche Schuld mit sich bringe. Sein Gesprächspartner muß zugeben: »Wenn ich die *Handlung selber* erwäge, sehe ich, daß sie *etwas ganz Geringfügiges* ist; betrachte ich aber, was es heißt: gegen den Willen Gottes, so erkenne ich, daß es etwas sehr Schweres und mit keinem Schaden Vergleichbares ist«, und *Anselm* bestätigt: »So schwer sündigen wir, sooft wir mit Wissen etwas noch so Geringfügiges gegen den Willen Gottes tun, denn stets stehen wir vor seinem Angesichte und stets befiehlt er uns, nicht zu sündigen.«[43] Eine ähnliche Argumentation wird vom Gesprächspartner *Anselms* an anderer Stelle noch einmal für eine Sünde gegen Jesus Christus benutzt: »Quoniam pecctum quod in personam eius fit, incomparabiliter superat omnia illa, quae extra personam illius cogitari possunt.«[44] Nicht die *sachliche* Verfehlung und ihre *sachliche* Gewichtigkeit spielen eine Rolle, sondern die durch sie tangierte personale Relation zu Gott. Und hierbei *bemißt sich die Größe der Schuld nach dem Adressaten* des Handelns bzw. nach der Bedeutung des Gesetzgebers. Ein solches Denken entspricht den feudalen Ordnungen, in denen die Mißachtung eines Höhergestellten oder gar des Königs schwerer wog als das gleiche Delikt gegenüber dem »Mitknecht« (conservus)[45].
Darüberhinaus erfordert, wie dargelegt, eine Satisfaktion nicht nur Bezahlung, sondern ein »Mehr«, *aliquid maius*[46], weil Gott eine Schmach (contumelia) zugefügt wurde[47]. Alles das erweist die Aussichtslosigkeit für den Menschen, aus eigener Kraft zum Heil zu finden.
Nur der Gott-Mensch kann alle die genannten Probleme lösen. Über die lateinischen Raster hinaus besteht seine »Leistung« als Mensch nicht nur darin, daß er gerecht ist und damit das tut, was er Gott schuldet, sondern gerade in dem »Maius«, dem freiwilligen Kreuzestod zur Ehre Gottes (»dare vitam suam, sive ponere animam suam, sive tradere se ipsum morti ad honorem dei«)[48]; damit hat er – weil der Tod nicht sein (erbsündliches) Schicksal war[49] – über seine Schuldigkeit hinaus gehandelt und uns ein *»Beispiel«* gegeben[50]. Auch im »Werk« Jesu Christi wird somit eine »personale« Dimension wichtig.

[41] Vgl. 1,21 (ed. *Schmitt*, 76): »Patet quia secundum quantitatem peccati exigit deus satisfactionem«.
[42] Ebd. 1,21 (ed. *Schmitt*, 75).
[43] Ebd. 1,21 (ed. *Schmitt*, 77).
[44] Ebd. 2,14 (ed. *Schmitt*, 120).
[45] Ebd. 1,20 (ed. *Schmitt*, 72.73).
[46] Ebd. 1,21 (ed. *Schmitt*, 76); vgl. 2,11.
[47] Ebd. 1,22 (ed. *Schmitt*, 78).
[48] Ebd. 2,11 (ed. *Schmitt*, 114); vgl. 1,9; 2,10 usf.
[49] Vgl. 2,2; 2,10; 2,11.
[50] Ebd. 2,18 (ed. *Schmitt*, 145).

Der freiwillige Tod des Gottmenschen sprengt sachlich den Bedeutungsgehalt von ›satisfactio‹; er vermag unendlich viel mehr und überwindet alle Sünden[51]. Somit erschließt er den aus der Sündenmasse Erwählten den Zugang und die Zugehörigkeit zum ewigen Gottesstaat, in dem alle Gefolgsleute mit ihrem König, alle erlösten Knechte mit Gott vereint sein werden.

Unser Erlöser mußte zugleich Gott sein. Über die traditionellen Begründungen hinaus wird dies noch damit erläutert, daß wir ansonsten nicht in unsere ursprüngliche Bestimmung eingesetzt würden. Seinem Gesprächspartner sagt *Anselm*: »Siehst du nicht ein, daß, welche Person auch den Menschen vom ewigen Tode erlösen würde, dieser Mensch mit Recht als *deren Knecht* erachtet würde? Wenn es so wäre, dann wäre er keinesfalls in die Würde eingesetzt worden, welche er haben sollte, falls er nicht gesündigt hätte; denn dann wäre der, *der nur Gottes Knecht... sein sollte*, der Knecht dessen, der nicht Gott wäre...«[52]

Neben diesen »personalistischen« Zügen läßt *Anselm*, wenn auch mehr am Rande, bestimmte Aspekte eines primitiven Stammes- und Sippendenkens erkennen: Adams Schuld ist deswegen unsere Schuld, weil er der Stammvater der Menschheit ist[53]; Frucht und Lohn des Todes Christi beerben wir Menschen gerechterweise »als seine Eltern und Brüder«[54].

Viele der von *Anselm* verwendeten Motive mögen biblische oder antike Parallelen kennen; sie werden aber von ihm zu einem *kohärenten System* verarbeitet, das offensichtlich von einem gewissen Ungenügen an der lateinischen Rechtfertigungschristologie, vor allem an deren sachhaft-juridischen Implikationen, ausging. Die *anselm'schen* Korrekturen lassen sich charakterisieren als eine personale Vertiefung des lateinischen Ansatzes, wobei das Schema Gott–Knecht, Wille und Ehre Gottes – Schuldigkeit des Knechtes, Verletzung der Ehre – Wiederherstellung der Ehre eine große Rolle spielt; der Mensch Jesus konnte uns nur erlösen, weil er als Knecht das einzige freiwillig hingab, was er Gott – aufgrund seiner Sündenfreiheit – nicht schuldete, sein Leben. »Germanische« und näherhin »feudale« Muster scheinen sich hier ausgewirkt zu haben.

Das System des *Anselm* ist beachtlich. Auch andere haben die Unzulänglichkeiten der von *Augustinus* her überkommenen Raster bemerkt: Wieso Gott eine Bezahlung oder Genugtuung braucht, wieso er nicht einfach aus Barmherzigkeit verzeihen kann, warum er den

[51] 2,14.

[52] Ebd. 1,5 (ed. *Schmitt*, 19).

[53] Zwar ist für *Anselm* Sünde, auch Erbsünde, eine willentliche Entehrung Gottes. Die Sünde Adams aber betrifft uns deswegen, weil wir von Adam abstammen. Sogar der Erlöser muß ein Nachkomme Adams sein, damit uns seine Genugtuung überhaupt zugerechnet wird: »Wenn er (Gott) aber einen neuen Menschen, nicht aus dem Geschlechte Adams, schafft, wird er nicht zum Menschengeschlecht gehören, das von Adam abstammt... Also wie von Adam und Eva die Sünde auf alle Menschen fortgepflanzt wurde, so darf niemand außer ihnen selber oder wer aus ihnen abstammt, für die Sünde der Menschen Genugtuung leisten« (1,8; ed. *Schmitt*, 101).

[54] Vgl. 2,19 (ed. *Schmitt*, 151).

Tod seines eigenen Sohnes einforderte usf. Für *Abälard* z. B. sind diese – bleibenden[55] – Schwächen der Rechtfertigungschristologie Grund genug, sie und die sie tragende Erbsündenlehre der Sache nach, nicht verbal, abzulehnen[56]. *Anselm* aber *sieht* diese Defizite *und sucht sie aufzufangen*, ohne die überlieferte »fides« in irgendeinem Punkt in Frage zu stellen.

Das Ergebnis ist ein Konzept, in dem alle Einzelaspekte dieser Tradition mit apriorischen Vernunftgründen als necessitates aufgezeigt werden sollen. Die apriorischen Gründe besitzen allerdings – was *Anselm* zu seiner Zeit nicht bemerken konnte – recht »aposteriorische« Wurzeln: den Schicksalsglauben wie den »Personalismus« des Schemas »König – Gefolgschaft«, das Sippendenken wie den mittelalterlichen Feudalismus. Innerhalb dieser Bedingtheiten aber vermag er zu beantworten, warum unser Heil gerade auf diese und keine andere Weise von Jesus Christus vermittelt wurde, besser: werden *mußte; warum Jesus unser Christus ist* und nur er es sein konnte.

Das (germanische) Schicksalsdenken offenbart sich in der Leidenschaft, mit der die römische Ordo-Vorstellung und die auf ihr begründete Erbsündenchristologie (einschließlich der Beschränkung des Heils auf die Erwählten)[57] rezipiert und noch verhärtet werden. Die zweite Komponente germanischen Verstehens wirkt sich aus bei der »Personalisierung« aller Vorstellungen. *Hier melden sich also soteriologische Motive zu Wort, die sich zwar mit den Mitteln der antiken Überlieferung artikulieren*, deren Inhalte sogar als »notwendig« begründen sollen, *sie aber verändern.* In allen Ausführungen findet sich die lateinische sachhaft-juridische Sprache; in zentralen Teilen aber wird »Erlösung« entsachlicht und personal vertieft.

Üblicherweise wird das hier vorgestellte Konzept *Anselms* als eine *»soteriologische«* Lehre auf der Basis der klassischen, chalkedonischen Christologie angesehen, also als eine zur Christologie hinzukommende Größe. *In Wirklichkeit geht es um eine neue, mittelalterliche Christologie*, nämlich um die Frage, inwiefern Jesus unser Christus ist – und dies notwendig ist. Offensichtlich genügten zur Beantwortung weder Chalkedon noch *Augustinus*; was für die griechische oder die antik-lateinische Fragestellung völlig zureichend die Heilsbedeutung Jesu umschrieb – die Zwei-Naturen- bzw. die Erbsündenchristologie –, konnte dies jetzt nicht mehr leisten. Die hellenistische

[55] Wer mit einer gewissen Überheblichkeit auf diese mittelalterlichen Erklärungsversuche blickt, möge doch einmal in seinen eigenen Worten erklären, wieso der Kreuzestod Jesu das uns erlösende Opfer war bzw. wieso wir einen gekreuzigten Jesus als Christus brauchen.

[56] Vgl. o. 389.

[57] In diesem Punkt geht *Anselm* nicht über *Gottschalk* hinaus.

Christologie wurde, ähnlich wie schon bei *Leo I.* oder *Augustinus*, als Baustein verwendet, der Jesus als allein rechtfertigenden Christus »konstruierte«; auch und vor allem die lateinische Christologie wurde in Gänze (als »fides«) übernommen, erschien aber dem mittelalterlichen Theologen nicht hinreichend »objektiv« *und* nicht »personal« (vielleicht: nicht gemüthaft) genug zu sein. Durch seine Modifikationen der antiken Erbstücke und die Art ihrer Verwendung verändert er sie. Sie sind *nicht mehr in sich selbst* Momente der christologischen Soteriologie, sondern *ihre Voraussetzungen und Bedingungen*. Zwar können sich die neuen Motive – vor allem: »Selbsthingabe«, »Verletzung wie Ermöglichung freien Dienstes«, »Verletzung der Ehre Gottes wie ihre personale Versöhnung«, zugleich aber auch die unbedingte »Objektivität« des ganzen Geschehens – nicht ungehindert entfalten, durch die Gitterstäbe der antiken Vorgaben aber läßt sich die neue Christologie erkennen. Jesus ist – für *Anselm* – insofern und deswegen (notwendig) der Christus, weil er *die von uns Menschen verletzte (Gefolgschafts) Treue und die Schmach des obersten Königs mehr als gutgemacht und uns somit einen neuen, freien und hingebenden Dienst nach dem Beispiel Jesu Christi ermöglicht hat, damit wir eines Tages in das himmlische Königreich Gottes gelangen.*

5.5 Ausblick

Die bisher dargebotenen Beispiele sollen genügen, um den neuen Typos von Christologie zu charakterisieren, der vor allem in der Theologie aus »germanischer« Tradition wirksam wurde. Leicht ließe sich diese Linie fortführen; man könnte zeigen, daß etwa bei *Albertus Magnus* († 1280) oder selbst bei *Thomas* von Aquin († 1274)[58] vergleichbare Motive wirksam waren - bis hin zu *Martin Luther* u. a. Diese Anstöße zu neuen Modifikationen der Christologie verbreiteten sich bald auch über ihre ethnische Basis hinaus und wurden zu *konstitutiven Momenten* der europäischen Kultur. Wie die keltischen Motive wurden sie aufgehoben – in der doppelten Bedeutung dieses Wortes – in der entstehenden spannungsgeladenen Tradition.

[58] Vgl. u. 412.413.

6 Ein neuer Ansatz der abendländischen Christologie

6.1 Der Aufbruch des Subjekts

Die Christologie des abendländischen Mittelalters war, so haben wir gesehen, von einer zweifachen Struktur: Einmal wurde in den Schulen und später Universitäten die chalkedonische Formel – in der Interpretation des Westens und vor allem des *Boëthius* – tradiert, interpretiert, problematisiert und spekulativ durchdrungen. Zum anderen aber forderte die abendländische Eigenart ihr Recht und suchte Jesus mit den Mitteln der je eigenen Traditionen, der lateinisch-keltischen wie der lateinisch-germanischen, als Christus zu bestimmen; Basis für diese Versuche war die lateinische Rechtfertigungschristologie, in die ihrerseits wieder die hellenistische Christologie als Baustein verwoben war. Darüberhin aber kündigt sich im Mittelalter auch *ein völlig neuer Zugang zu Jesus als Christus* an, der zunächst nur in Anfängen und unter der Decke der beiden anderen Strömungen wirksam werden konnte, sich aber in der Neuzeit stärker entfaltete.

Dieser Neusatz hat seinen Ursprung in dem neuen *subjektiven Denken*: Zum einen forderte das der mächtigen »objektiven« Glaubenstradition der Kirche gegenübergestellte und auf sich geworfene Subjekt sein Recht und stellte die Frage nach seiner – subjektiven – Erlösung[1]; mehr und mehr rückte das Problem in den Vordergrund, wie der *einzelne* teilhat an der Heilszusage Gottes in Jesus Christus. Zum zweiten läßt sich im Mittelalter der Versuch feststellen, die eigene Existenz *unmittelbar in Jesus* festzumachen, wenn man so will: unter Umgehung der ansonsten zwischengeschalteten kirchlichen Vermittlung. Eine *mystische* Begegnung mit Jesus sowie eine *einfache* und oft wörtlich verstandene *Jesusnachfolge* »transzendieren« den erratischen Block der christologischen Tradition. Beide Tendenzen vereinigen sich in ihrer Dynamik und führen – ununterscheidbar – zu einer Jesusfrömmigkeit, die einen eminent christologischen Versuch darstellt, auf eine neue, andere Weise ihn als Christus zu rezipieren.

Wie schon oben ausgeführt[2], stand »der« abendländische Mensch zu Beginn des Mittelalters vor einer gewaltigen Herausforderung: Mit

[1] Dies ist der Gesichtspunkt, den *G. Greshake* (anhand mittelalterlicher Theologen!) auf das lateinische Christentum (generell) zurückführt, vgl. o. 347.

[2] Vgl. III 1.5.

der Annahme des lateinischen Christentums war er mit einem Glauben konfrontiert, der mit dem Anspruch göttlicher *Offenbarung* und gehorsamheischender ewiger *Autorität* auftrat; zugleich war dieser Glaube nicht mehr einfachhin der neutestamentliche Glaube an Jesus Christus, die »fides« war vielmehr das *Gesamt der Bibel und der altkirchlichen Tradition*. Ein gewaltiges, ungeheuer differenziertes, kaum zu begreifendes Gebäude an Sätzen, Formeln, Konzilsbeschlüssen, theologischen Schriften stand vor den jungen Menschen, die – aus keltischen und germanischen Traditionen kommend – an Kloster- und Kathedralschulen den Glauben und zugleich die Bildung sich aneigneten.

Dem entstehenden Abendland war somit eine schwierige Aufgabe in die Wiege gelegt – und diese kennzeichnete seine Geistes- und Theologiegeschichte –: Mit den Mitteln der Vernunft mußte sich der gläubige einzelne die Geheimnisse der christlichen Überlieferung aneignen, in sie eindringen, sie ordnen, ihre Widersprüche versöhnen, aus allen Teilen ein Ganzes machen. *Anselm von Canterbury* hat die Aufgabe zutreffend auf den Begriff gebracht: *fides quaerens intellectum*: der – objektive, göttlich-autoritative – Glaube (der antiken Kirche) fordert den – subjektiven, zum Gehorsam verpflichteten – Intellekt heraus, ihn zu begreifen. Ein wenig läßt sich diese Struktur schon im antiken lateinischen Westen nachweisen, der – mit einem nicht unähnlichen Gefühl der Fremdheit – der östlichen Theologie gegenüberstand. Jetzt aber wird *das Erleben der Diastase zwischen Subjekt und Glaubensvorgabe* unausweichlich.

Dieser Kontrast stellte sich nicht nur den Theologen dar. Auch der einfache Christ erlebte ihn handgreiflich. Anders als der urbane Christ der Antike war der mittelalterliche Bauer, Knecht, Korbflechter einer mächtigen, fremden Institution konfrontiert, wenn er sich religiös betätigen wollte. Er ging zur Sonntagsmesse, die in lateinischer Sprache von – in seinen Augen – hochgebildeten Klerikern mit geheimnisvollen Riten vollzogen wurde; die Segnung von Weihwasser, des Kuhstalls, die Spendung der Sakramente erfolgte in einer unverständlichen Sprache. Er erfuhr seine Sinnfrage verwaltet und kanalisiert von einer Kirche, die – im Besitz des Wissens und göttlicher Offenbarung und im Verbund mit den Mächtigen – schon das Richtige will. Wie anders konnte er sich selbst erleben denn als Subjekt, dessen Denken, Fühlen und Wollen erst dann »in Ordnung« ist, wenn er sich der Führung der Kirche anvertraut? Aber andererseits war er eben dadurch *auch* auf sich selbst zurückgestoßen und empfand die Spannung, in der er zur Kirche und ihren Forderungen stand.

Diese Gespaltenheit wird im Mittelalter prinzipiell *synthetisch* überwunden; erst in der Neuzeit vermag das Subjekt, sich freizumachen

von der Kirche, ihren Traditionen und Institutionen. Aber unter der Decke der gehorsamen Unterordnung finden sich Zeiten, in denen sich auch schon im Mittelalter der Anspruch des Subjekts und seines Intellekts deutlicher artikuliert: z. B. in den Diskussionen der Dialektiker mit den Traditionalisten zu Beginn der Frühscholastik, in der Rezeption des islamisch vermittelten Aristoteles oder im Nominalismus der Spätscholastik. Allerdings führte dieses Aufbegehren niemals dazu – das ist ein Kennzeichen des Mittelalters –, sich über die göttlich garantierte fides hinwegzusetzen; selbst die »subjektivste« Theologie eines *Abälard* etwa oder die höchstpersönliche Jesusmystik eines *Bernhard* von Clairvaux stellten die kirchliche Tradition nicht grundsätzlich in Frage. Zur eigenen Vergewisserung brauchte man das Halteseil der fides, um nicht ins Bodenlose zu fallen; gerade etwa *Bernhard*, aber auch *Abälard*[3] betonen um so stärker den absoluten Verpflichtungscharakter des kirchlichen Glaubens. Immerhin aber ist von diesen Versuchen geblieben, daß das gesamte Mittelalter zunehmend die Frage nach dem *einzelnen* (Christen) stellt, bis sie in der Frage *Luthers*, wie »ich« den gerechten Gott finde, oder im »cogito ergo sum« des *Descartes* sich vollends Raum verschafft.
Das Mittelalter läßt es also nicht damit bewenden, die »objektiven« Daten der Erlösung in Jesus Christus hinzustellen und zu reflektieren. Dem »Griechen« mag die Zwei-Naturen-Christologie eine suffiziente Artikulation seiner soteriologischen Problematik gewesen zu sein; weithin gilt dies auch noch für die Rechtfertigungschristologie des *antik*-lateinischen Westens, obwohl hier – aufgrund der ethischen Basis dieser Theologie – der einzelne Mensch nicht gänzlich vernachlässigt werden konnte. Im Mittelalter aber geht es immer stärker auch um die *Teilnahme des einzelnen Christen an diesem objektiven Heilsgeschehen*; die soteriologische Frage war erst zureichend beantwortet, wenn auch gesagt wurde, wie der Mensch daran partizipieren kann.

6.2 »Objektivierende« Antworten auf die subjektive Frage bzw. das Auswuchern kirchlicher Vermittlung

Dem auf sich selbst zurückgeworfenen und sich deswegen zunehmend empfindenden Subjekt mußten von Seiten der Kirche und ihrer Theo-

[3] Vgl. z. B. *Rudolf Thomas*, Der philosophisch-theologische Erkenntnisweg Peter Abaelards im Dialogus inter Philosophum, Judaeum et Christianum (Untersuchungen zur allgemeinen Religionsgeschichte, begründet vom *Carl Clemen*, Neue Folge, hrsg. *Gustav Mensching*, Heft 6), Bonn 1966, 200–202.

logie Angebote gemacht werden, die seiner Fragestellung entgegenkamen.
Beginnend in der lateinischen Antike, radikal sich verstärkend im Mittelalter, mußte so ein System entstehen, das dem einzelnen die Mittel zur Verfügung stellte, die ihm eine subjektive Partizipation an dem durch Jesus Christus ein für allemal »objektiv« vermittelten Heil ermöglichten.
Folgerichtig bildete sich aus den Grundlagen, die schon *Augustinus* gelegt hatte, im Verlauf des Früh- und Hochmittelalters die Sakramentenlehre heraus. Die schließlich auf die Zahl »sieben« festgelegten Sakramente wurden (in unterschiedlicher Weise) als »heilsnotwendig« aufgefaßt, wenn auch – in der hohen Theologie – in einer von der Heilsnotwendigkeit Jesu Christi abgehobenen Weise (sie sind »nur« necessitate *medii* notwendig). Für die Mehrheit der Priester und Gläubigen aber war ein Zugang zu dem durch Jesus Christus geschenkten Heil faktisch nur durch die Sakramente möglich; *ihre vordergründige Präsenz konnte die Gestalt des einzigen Mittlers in den Hintergrund treten lassen.* Die salus animarum wurde durch die Teilnahme an der Sakramentenpraxis konkret gewährleistet, und der einzelne konnte sich am Grad und an der Intensität seiner diesbezüglichen Aktivitäten eine Heilsvergewisserung suchen; die Erlösung in Jesus Christus geriet in die Gefahr, lediglich ein theoretischer Überbau, eine letzte kausale Herleitung dieser Praxis zu werden.
Die Sakramente waren aber nur die Kernstücke der vielfältigen »heiligen Handlungen«, »heiligen Riten« und sonstiger kirchlicher Angebote für die individuelle Heilsvergewisserung. Sakramentalien, Ablässe, Heiligen- und Reliquienverehrung, Wallfahrten und Prozessionen, Meßstipendien und fromme Stiftungen eröffneten dem Christen eine Fülle von Möglichkeiten.
Vor allem aber trat *die Kirche selbst als* gnädige, aber auch übermächtige *Heilsinstitution* in den Vordergrund des Bewußtseins. Wer aus ihrer Gemeinschaft herausfiel, war verloren; wer sich ihr und ihren ehrfurchtgebietenden Institutionen gehorsam unterwarf und ihre Gnadenmittel annahm, konnte seines Heiles einigermaßen sicher sein. »Extra ecclesiam nulla salus«, dieser Spruch des *Cyprian* von Karthago gewann im Mittelalter eine neue, auf den einzelnen gewendete Bedeutung; er drohte, das »extra Jesum Christum nulla salus« zu verdunkeln. Die Kirche war die »nächste«, ja hautnahe Heilsmittlerin, Jesus Christus der ferne Gründer, der nur durch das Wort und das Sakrament der Kirche zu einer lebendigen Gegenwart und Verheißung für den einzelnen werden konnte.
So absurd es erscheinen mag: Gerade die Ausbildung einer »objektiven« Sakramentenpraxis und -lehre sowie die wachsende Bedeutung

der Heilsinstitution Kirche haben ihren Grund im mittelalterlichen »Subjektivismus«, der nach *Partizipation* am Heil und nach *Vergewisserung* verlangte.

6.3 Subjektive Heilszugänge: Mystik und radikale Praxis

Die Sinnsuche des Subjekts war offensichtlich mit den kirchenamtlichen und scholastischen Antworten nicht zufriedengestellt. Neben den theologischen entstanden aus anderen Wurzeln literarische und künstlerische Traditionen, die *neue Wege für die Individuen* – auch die Frauen – suchten. Die Lieder der Troubadoure wie der höfischen Minnesänger hatten die »*wahre Liebe*« zum Thema, die auf eine neue Weise verwirklicht werden sollte, nämlich dadurch, daß diese Dichtung »nicht das Bild einer schlechthin verehrungswürdigen Institution, der Ehe, verwendet, sondern das ihres Gegensatzes, des Ehebruchs«[4]. Parallel dazu wurde den Menschen der – höchstpersönliche – *Tod* zu einem Problem wie niemals zuvor; seit dem 12. Jahrhundert kann man eine fast manische Besessenheit von diesem Thema – das später in den Totentanzdarstellungen seinen künstlerischen Niederschlag gefunden hat – feststellen. Diese Ausrichtung auf den Tod hat wenig zu tun mit einem christlichen »Sein zum Tode«, einem gelassenen oder auch angstvollen Leben auf dieses Ende zu; vielmehr gewinnt diese Perspektive grelle, drastische Züge, der Sensenmann bedroht vor allem durch sein plötzliches, unerwartetes Eingreifen, das den Menschen mitten in der Sünde treffen kann. Vielleicht waren Pestepidemien der konkrete Anlaß. Jedenfalls treten immer wieder Haufen von Leuten auf, die sich geißeln und in Raserei geraten angesichts des Gedankens an den Tod, der so plötzlich mitten ins volle Leben hineinbrechen und alle – ohne Ansehen oder Person und des Standes – hinwegraffen kann (ein »demokratisches« Element in der damaligen Feudalgesellschaft). Auch außerhalb der Kreise, die wahnartig von der Vorstellung ›Tod, Gericht, Hölle‹ ergriffen waren, läßt sich ein sehr intensives Bewußtsein feststellen, jederzeit vor Gott stehen und sich verantworten zu müssen. Diese Fixierung ist der Hintergrund vieler Heiligenviten, aber auch von Ordensgründungen (z. B. der Kartäuser).

Die Kultivierung einer ganz persönlichen »wahren Liebe« in manchen Gesellschaftsschichten wie die verbreitete persönliche Todesangst las-

[4] *Mircea Eliade*, Geschichte der religiösen Ideen, III/1: Von Mohammed bis zum Beginn der Neuzeit, Freiburg/Basel, Wien 1983, 105.

sen sichtbar werden, daß *in dieser Zeit das Individuum zunehmend in die soteriologische Frage einbegriffen wurde*. Dem konnte auch die Theologie nicht ausweichen. Allerdings fielen ihre Antworten meist »objektivistisch« aus: Der einzelne wird erlöst, weil (und wenn) er zu den von Ewigkeit her Prädestinierten gehört, weil er an den »objektiven« Gnadenmitteln der Kirche, vor allem den Sakramenten, partizipiert, weil er sich willig leiten läßt von der »objektiven« Heilsinstitution Kirche. Daneben aber bot die Theologie auch Möglichkeiten der subjektiven Mitwirkung: in der keltisch beeinflußten Tradition die dynamische Realisierung des in jedem Menschen von Gott angelegten guten Keims, in der germanischen Linie die freie Gefolgschaft dem himmlischen König gegenüber.

Diese Antworten aber erschienen vielen als unzureichend. Das Subjekt suchte eigene, höchstpersönliche *und* persönlich *erfahrbare* Heilszugänge, sowohl ratinaler wie emotionaler Art. Aus diesem Grund entsteht neben einer »rationalen« Theologie eine wirkmächtige *mystische Tradition*, in der einzelne eine *unvermittelte Erfahrung* Gottes und seiner rechtfertigenden Gnade anstreben. Zwar hat auch diese Mystik auf antike, vor allem neuplatonische Vorbilder zurückgegriffen und sich mittels ihrer vorgegebenen Sprachmuster verbalisiert[5]: Wie in der tendenziell monistischenMystik des Neuplatonismus (ähnlich in anderen monistischen Religionen) findet der Mensch zu »Gott«, indem er sich aus der bunten Mannigfaltigkeit der Welt und der Geschichte zurückzieht, die »Wüste« der nicht-gegenständlichen Meditation durchläuft, um schließlich zu einer Art von transpersonaler ekstatischer Vereinigung mit der Gottheit zu finden. Dieser Raster ist im Grunde unchristlich, weil es nach christlichem Ansatz auf die radikale Hingabe gerade an das – besser: den – Konkrete(n), den Nächsten bzw. Gott ankommt. Deswegen wurden in dieses Modell auch eine Reihe »christlicher« Korrekturen eingebracht: Meditation wie Vollendung wurden *auch* gedeutet als vollkommene Liebe, als Begegnung mit dem *personalen* Gott und Jesus oder – vor allem in der Frauenmystik[6] – als Brautschaft oder Hochzeit mit dem himmlischen Bräutigam Christus[7].

[5] Vgl. hierzu *Joseph Bernhart*, Die philosophische Mystik des Mittelalters, a.a.O., (bes. die Kapitel I und III).

[6] Vgl. hierzu den Überblick bei *Martin Grabmann*, Mittelalterliches Geistesleben, a.a.O., 469–488.

[7] Interessant ist auch, daß die ganz persönliche mystische Erfahrung nach einem »intimen« Sprachmedium verlangte, der Muttersprache. In der Mystik fand die Muttersprache ein Einlaßtor in die Theologie. Ähnliches gilt auch für den zweiten »subjektiven« Weg, die radikale Praxis. Hier kommt es zu ersten Übersetzungen der Bibel in die Volkssprache (*Waldes* ließ die Bibel ins Provençalische übersetzen).

Neben der Mystik gab es einen *zweiten Weg*, auf dem »der« mittelalterliche Mensch »subjektiv« tätig sein und erfahrbare Heilsgewißheit gewinnen konnte: durch Abtötung, völligen Verzicht, kurz: durch *radikale Praxis*[8]. Hierbei hat sicherlich auch die *mönchische Wurzel des abendländischen Christentums* ihren Einfluß entfaltet, zusammen mit der ethisch-juridischen Ausrichtung des lateinischen Denkens. Für diese Epoche ist es jedenfalls klar, daß der vollkommene Mensch der ist, der im Angesicht des jederzeit drohenden Todes nur noch auf diesen Augenblick hin lebt und von allem sich abkehrt, was ihn dabei behindern könnte. Am besten läßt sich dies ablesen an der Geschichte der mittelalterlichen Ordensgründungen, die von Mal zu Mal die vita apostolica immer radikaler begreifen: Von Cluny und Gorze über Zisterzienser und Kartäuser bis zur hochmittelalterlichen Armutsbewegung. Auch ein *Typ des mittelalterlichen Heiligen* gehört in diese Linie, von *Bernhard* von Clairvaux über *Bruno* von Köln, von *Elisabeth* von Thüringen bis zu *Franziskus* usf.; gerade solche Heilige konnten eine große gesellschaftliche Ausstrahlung gewinnen.

Auf beiden Wegen versuchte das auf sich zurückgeworfene Subjekt einen persönlichen soteriologischen Weg zu finden, der *jenseits* der von der Scholastik angebotenen Modelle lag. Natürlich waren diese Wege nicht für jedermann gangbar. Aber sie machen – in excessu – deutlich, wie das Denken auch vieler ihrer Zeitgenossen strukturiert war; in abgeschwächter Form finden sich deswegen Anklänge zu beiden Möglichkeiten auch bei den scholastischen Theologen, die neben und ineins mit ihrer akademischen Lehre *auch* Mönche und Mystiker waren, aber nicht wagen konnten, ihre »objektiven« soteriologisch-christologischen Systeme aufzugeben. Im Gegenteil, sie hielten sich um so stärker an ihnen fest. *Friedrich Wiegand* nennt z. B. *Bernhard* einen »Neuerer«. »Aber im dunklen Gefühle, wie sehr er selbst seine eigenen Wege geht, klammert er sich mit aller Kraft an das alte Dogma und tritt mit Entschiedenheit für das unbedingte Ansehen der Papstkirche ein«[9]. Dies gilt für alle *kirchlichen* Gestalten, nicht allerdings für die (vor allem unterschichtbestimmten) Protestbewegungen: für Flagellanten, Spiritualen und die häretisierte Armutsbewegung. Diese Kräfte aber wurden stärker und fanden im Spätmittelalter, etwa in den Gestalten *John Wycliff* und *Johannes Hus*, Advokaten, die ihre Moti-

[8] Ein dritter Weg, in dem sich die Subjektivität ihr Recht verschaffen wollte, wird hier vernachlässigt, da er kaum unmittelbare christologische Implikationen hatte: das Denken selbst bzw. der Konflikt zwischen subjektivem Intellekt und der objektiven und kirchlich garantierten fides.

[9] A.a.O. 32; vgl. auch *R. Seeberg*, Dogmengeschichte 3, 238 (zu *Abälard*): »Auch hier klammerte sich der religiöse Subjektivismus an das Objektive und Sichere«. Vgl. auch *J. Bernhart*, a.a.O. 97–110.

ve auch theologisch begründeten: mit einem kirchenkritisch gemeinten Schriftprinzip[10], der Ablehnung eines heilsrelevanten Priestertums, kurz: mit einem »autonomen« Zugang des Subjekts zu Gott. Die subjektive – mystische und radikal-praktische Komponente beeinflußt aber die Ausprägungen auch der Scholastik und verstärkt dort Züge, die durch die keltischen bzw. germanischen Varianten gegeben waren. So ist in der ersten Variante z. B. bei *Abälard* die eigentliche »Leistung« Jesu nicht sein Leiden und Sterben selbst, sondern die vollkommene Liebe, die ihn dazu befähigt hat[11]; diese begründet seinen Rang als exemplum für uns[12], er stößt auch uns an zu lieben. Und beinahe zweihundert Jahre später bestimmt *Johannes Duns Scotus* als Ziel des Menschen die Liebe zu Gott (und nicht, wie bei *Thomas*, die Gottesschau). In der zweiten, germanischen Linie finden sich z. B. bei *Anselm* »subjektive« Züge und verbinden sich mit seiner tieferen Wertung des Personalen, insofern auch bei ihm Jesus Christus durch seine freiwillige Tat für Gott »liebenswert« wird[13], und das gesamte apriorische System wird durch eine Reihe persönlicher Beiklänge abgemildert. Ähnlich verhält es sich bei *Thomas*, falls man ihn in diese Tradition einreihen darf, mehr noch bei anderen »deutschen« Theologen.

Vielleicht kann der Weg von *Anselm* zu *Thomas* von Aquin den Einfluß des neuen Denkens innerhalb der Schultheologie verdeutlichen:
Auch für *Thomas* wird Jesus als Christus ansichtig auf dem Hintergrund der Frage nach unserer Rechtfertigung. Ganz aber kann er die apriorischen necessitates des *Anselm* nicht mehr anerkennen. Wie schon *Abälard* (und andere) lehnt auch er einen Gott ab, der nicht ohne Bestrafung vergeben kann. Allerdings räumt er ein, daß dieser von Gott gewählte Weg der angemessenste war. Aber er war nicht notwendig, und somit erscheint Gott ein wenig mehr als freies Subjekt.
Vor allem aber betrifft nach *Thomas* die satisfaktorische Leistung Jesu – die er sich im übrigen ähnlich wie *Anselm* vorstellt – die Vergebung aller Sünden und so den Erlaß der *ewigen Strafe*, die wir uns durch die Sünde zugezogen haben; zur *wirklichen Versöhnung* zwischen Gott und Mensch aber gehört mehr, nämlich *Liebe*[14]. Das *freiwillige* Leiden Jesu ist *Ausdruck äußerster Liebe* und hat so Gott mit uns versöhnt (ein Gedanke, der bei *Anselm* schon in Ansätzen erkennbar ist).
Diese Liebe hat auch uns erlöst, weil Jesus das Haupt der Menschheit ist und

[10] Auch *diese* Verwendung der Schrift hatte schon einen Vorläufer: *Waldes* hatte schon die Bibel ins Provençalische übersetzt und gegen die Feudalkirche benutzt (vgl. o. 410, A. 7).
[11] Kommentar zum Römerbrief (PL 178,836.832f.).
[12] Ebd. (PL 178,836).
[13] Vgl. *R. Seeberg*, Dogmengeschichte 3, 236.
[14] Vgl. S th III q 49 a 3 (Edition *P. Caramello*, Tertia pars et Supplementum, Marietti 1956, 282).

uns als seine Glieder bewegt und lenkt – ein Niederschlag »gentilizischen« Daseinsverständnisses[15]. Insofern ist für *Thomas* dieses »intersubjektive« Gottesverhältnis gewissermaßen ein »objektives Datum« geworden.
Der einzelne aber gewinnt an dieser objektiven Erlösung nur Anteil, wenn er – angestoßen durch Jesu exemplum und die Gnade – auch selber Liebe praktiziert. »Das Leiden Christi ist eigentliche Ursache für die Vergebung der Sünden..., insofern es zur Liebe provoziert... (und) uns erlöst.«[16]
Hierbei sind objektive und subjektive Erlösung (wir *sind* erlöst – wir müssen uns *provozieren* lassen zur Liebe) nicht recht vermittelt: »Das Leiden Christi gewinnt seine Wirkung in jenen (Menschen), denen daran Anteil gegeben wird durch Glauben und Liebe sowie durch die Sakramente des Glaubens. Deswegen sind zur Hölle verdammt, die nicht auf die besagte Weise mit der Passion Christi verbunden werden...«[17] Glaube, Liebe und sakramentale Praxis bringen den einzelnen stärker ins Spiel, durch den Gattungsgedanken werden sie aber auf die Tat Christi, des Hauptes seiner Glieder, zurückgeführt. Das Subjekt meldet seine Frage an, diese aber wird synthetisch mit der »objektiven« Antwort verbunden.

Diese subjektive Präzisierung der Heilsfrage hat die Christologie nicht unberührt gelassen; Jesus ist nicht nur *der* Erlöser *der Welt*, sondern er soll sein – in Anfängen – *»mein« Christus*, sei dies nun unter dem Modell des »Bildes« oder »exemplum« oder der »keimhaften Anlage« oder unter dem des Verhältnisses von Herrn und Knecht zur Sprache gebracht. Zu einer »Revolution« des christologischen Ansatzes aber führt diese Fragestellung erst in Verbindung mit einer zweiten Entwicklung außerhalb der etablierten christologischen Systeme.

6.4 Jesusmystik und Jesusnachfolge oder: die Heilsunmittelbarkeit Jesu

Für das Mittelalter kennzeichnend (wenn auch oft übersehen) ist ein *Rekurs auf Jesus jenseits der christologischen Formeln*. Damit soll nicht behauptet werden, es habe eine Art Jesu-logie statt einer Christo-logie gegeben; die tradierten christologischen Raster und Modelle wurden keineswegs bestritten, vielmehr gläubig bekannt. Aber – und das ist das Wichtige – sie spielten in diesem Fall keine besondere Rolle bzw. waren mehr Nebensache. Selbst wenn Jesus ganz selbstverständlich als uns rechtfertigender Gottessohn geglaubt wurde, stand mehr

[15] S th III q 49 a 1: »sicut si homo per aliquod opus meritorium quod manu exerceret, redimeret se a peccato quod pedibus commisisset« (ed. *Caramello*, III, 280), vgl. auch ebd. a 3.
[16] S th III, q 49 a 1, (ed. *Caramello*, III, 280).
[17] S th III q 49 a 3 (ed. *Caramello*, III, 282).

seine menschliche, konkrete Existenz im Vordergrund. Jesus mit seinen Worten und Taten, vor allem aber mit seinem Leiden und Sterben wurden unmittelbarer Bezugspunkt des suchenden, sich nach Erlösung sehnenden Menschen (allerdings auf der – lateinischen – Basis des sich als Sünder empfindenden Menschen).

Wie es zu diesem Rekurs kommen konnte, läßt sich nicht eindeutig bestimmen. Sicherlich spielten mehrere Faktoren eine Rolle: Die Kompliziertheit der scholastischen christologischen Aussagen, die ja ein spannungsgeladenes Mit- und Ineinander verschiedenartigster Traditionen repräsentierten; die schulmäßige, wenig zu Herzen gehende Art der damaligen theologischen Literatur wie ihrer Popularisierung in der Predigt; die Sehnsucht nach einem »einfachen« Zugang zu unserem Erlöser; vor allem aber das Verlangen des subjektiven Empfindens, das eine *eigene, erlebbare* Antwort brauchte.

Welche Gründe auch wirksam gewesen sein mögen, Tatsache ist, daß immer wieder Strömungen, in denen die Subjektivität sich Raum verschaffte, zugleich auch *einen unverstellten, direkten Zugang zu Jesus suchten*. Vor allem in den beiden Traditionen der Mystik und der radikalen Praxis wird seine Gestalt zum zentralen Orientierungspunkt. Beide Entwicklungen, die neue Subjektivität wie der Rekurs aus Jesus, verbanden sich[18] und entfalteten mit der Zeit eine immer stärkere Dynamik, bis sie im »Solus-Christus« *Luthers* gipfelten[19].

Die mystische Tradition des Abendlandes kennt, wie schon ausgeführt, auch andere Wurzeln. Seit *Bernhard* von Clairvaux († 1153) kommt eine förmliche *Jesusmystik* hinzu. Diese scheint keineswegs allein von ihm »erfunden« zu sein. Auch schon vor ihm gibt es ein starkes Interesse am Heiligen Land, den Stätten, an denen Jesus gewirkt hatte. Trotz der schwierigen Umstände waren Wallfahrten dorthin keineswegs selten, und die Resonanz der Kreuzzugspredigt zeigt (neben anderen Motiven), daß dieses Interesse breite Volksschichten erfassen

[18] Die beiden Traditionen sind aber nicht einfachhin identisch, so als könne man z. B. die arme Jesusnachfolge eines *Franz* von Assisi ausschließlich als Konsequenz seiner Treue zu Jesus interpretieren. Der Jesus des Neuen Testaments läßt durchaus auch andere Formen einer ernsthaften Nachfolge zu. Das Mittelalter wählte aber *in seinen Reformbewegungen immer* den *einen* Weg radikaler Praxis; hierfür sind Gründe maßgebend, die sich nicht ausschließlich von Jesus her zwingend ergeben.

[19] Damit soll keineswegs gesagt werden, »solus Christus« könne einfachhin mit »solus Jesus« übersetzt werden; natürlich war Jesus für *Luther*, wie für das Mittelalter, der menschgewordene Gottessohn und – vor allem – der Rechtfertiger. Basis des ›Solus-Christus‹ ist also die juridisch gewendete Heilsfrage. Dennoch enthält dieses »solus Christus« mehr an geschichtlicher »Jesuanität« und befähigt *Luther*, wenigstens einen Teil der traditionellen Systeme zu ent-mächtigen und als Menschenwerk zu bezeichnen.

konnte. Vielleicht war auch die Frömmigkeit der einfachen Bevölkerung, die mit Chalkedon oder *Augustinus* wenig anfangen konnten, unmittelbarer auf Jesus ausgerichtet, auf seine Lehre, seine Wunder, seine Passion, als die der fremdartig erzogenen Elite.

Auf diesem Hintergrund eröffnet die Mystik *Bernhards* auch »theoretisch« eine *neue Unmittelbarkeit zu Jesus als Christus*. Durchdrungen vom Bewußtsein der Sünde, aber auch überzeugt davon, daß Jesus unserem Willen helfen kann, von ihr loszukommen, sieht er die Rettung durch eine dreistufige Annäherung an seinen Erlöser, durch »drei Küsse«, also durch stark subjektive (intersubjektive) Vollzüge. »Der Mensch küsst Jesu Füsse, indem er sich in Jesu Leiden versenkt und Gottes Liebe wie seine eigene Sünde in ihm erkennt. Was er bisher nur der Kirche glaubte, erfährt er nunmehr persönlich; so wird er bekehrt. Er küsst Jesu Hände, indem er ihnen Vorbild und Kraft zu den guten Werken der Liebe und Demut entnimmt... Der Christ küsst Jesu Mund. Mit diesem Liebeskusse, dem Ausdruck seliger Vereinigung, gelangt er in Ekstase zum Anschauen der Gottheit selbst.«[20] »haec mea subtilior, interior Philosophia, scire Jesum, et hunc crucifixum«, predigt *Bernhard*[21].

Hier steht auf einmal wieder Jesus selbst im Mittelpunkt, er wird auf eine höchstpersönliche Weise[22] als *Christus des einzelnen* erlebt. Wer ihn auf diese Weise erfährt und mit ihm eins wird, hat zum einen seine subjektive Heilsfrage »gelöst«, zum anderen werden alle komplexen christologischen Systeme für ihn »transzendiert«; ebenso bedarf er nicht mehr der kirchlichen Legitimation.

Die weitere Mystik des Mittelalters kennt eine breite Rezeption neuplatonischer, später auch aristotelischer Muster. Immer aber bleibt von jetzt an – bisweilen nur korrektiv, oft aber ganz zentral (wie z. B.

[20] *F. Wiegand*, a.a.O. 32.

[21] sermo super Cant. 43,4 (S. Bernardi Opera, Vol. II: Sermones super Cantica Canticorum 36–86, ed. *J. Leclercq, C.H. Talbot, H.M. Rochais*, Romae 1958, 43).

[22] Vgl. auch Sermo super Cant. 9,7 (S. Bernardi Opera, Vol. I: Sermones s. Cant. 1–35, ed. *J. Leclerq* u.a., Romae 1957, 46: »Während die Braut (= der Christ, Verf.) vom Bräutigam (= Jesus, Verf.) spricht, ist jener... plötzlich da, gewährt ihre Bitte, gibt einen Kuß und erfüllt an ihr das Wort der Schrift: Du hast ihm seines Herzens Wunsch erfüllt und hast ihm nicht vorenthalten, worum seine Lippen baten (Ps. 20,3). Das bekräftigt er (probat) auch dadurch, daß er ihre (der Braut) Brüste füllt. Der heilige Kuß hat nämlich eine solche Wirkung, daß in der Braut sogleich... die Empfängnis eintritt, wobei ihre Brüste anschwellen und gleichsam zum Beweis von Milch zu strotzen beginnen. Wer sich bemüht, oft zu beten, der weiß, was ich sage...« (Zitiert nach der Übers. bei *Ulrich Köpf*, Bernhard von Clairvaux in der Frauenmystik, in: Frauenmystik im Mittelalter, hrsg. von *Peter Dinzelbacher* u. *Dieter R. Bauer*, Ostfidern bei Stuttgart 1985, 56.57).

in der Frauenmystik)[23] – *die soteriologische Reduktion auf Jesus* eine unverzichtbare Komponente. Diese Mystik wird auf verschiedenste Weise in den Klöstern gepflegt und ist keineswegs eine Randerscheinung des kirchlichen Lebens. Ihrerseits hat sie auf vielfältige Weise auch die scholastischen christologischen Systeme mit Aspekten des Lebens und der Gestalt Jesu bereichert. Daneben aber barg sie einen nicht ungefährlichen *Sprengstoff* in sich für die etablierte kirchliche Tradition; eine Reihe von Mystikern hatte es deswegen nicht leicht mit ihren kirchlichen Oberen.
Der unmittelbare Rückgriff auf Jesus findet sich auch in der Tradition, der es um die »*radikale Praxis*« geht. Gerade auf diesem Feld entsprachen sich der praktische Versuch der Heilsvergewisserung und die Armuts- und Kreuzesgestalt des Lebens Jesu. Beide bestätigten und steigerten sich in ihrer Dynamik. Die schon geschilderte Überlieferung fand gerade in der Gestalt Jesu ihre auch *kirchlich-gesellschaftliche Legitimation*. So sind alle Reformversuche des mönchischen und klösterlichen Lebens, der »Typos« des »eigentlichen«, d. h. ernsthaft auf die christliche Bestimmung ausgerichteten Menschen usf. immer neu begründet in Jesus. Praktische Radikalität des Subjekts – ob es dies für sich allein versuchte oder sich in Gruppen organisierte – wurde realisiert als Nachfolge Jesu; umgekehrt gewinnt die Nachfolge Jesu (die ja auch anders denkbar wäre) Züge der Radikalität[24].
Eine sich je neu überbietende Linie führt, um nur einige Beispiele zu nennen, von den ersten Reformversuchen der cluniazensichen (und der gregorianischen) Reform über Zisterzienser und Kartäuser hin zur Armuts- und Spiritualenbewegung des Hochmittelalters, von einem einfachen und frommen zu einem strengen, bald exzessiv asketischen Leben, von der freiwilligen Armut des einzelnen bis hin zur auch kollektiven Armut in der von *Franziskus* intendierten Bruderschaft oder in der erhofften Mönchs- und Geistkirche der Spiritualen. Der arme, leidende, gekreuzigte Jesus steht im Mittelpunkt, an ihm orientiert

[23] Vgl. hierzu: Frauenmystik im Mittelalter, a.a.O. (vgl. A. 22).

[24] Wer sich von dieser Radikalität eine Vorstellung machen will, mag sich die karge Sachlichkeit der zisterziensischen Baukunst ansehen – am reinsten vielleicht erhalten im nordburgundischen Fontenay, der zweiten Klostergründung *Bernhards* –, die fehlenden Heizmöglichkeiten in den Klöstern oder ihre Dormitorien. Er kann die selbstquälerischen Bestimmungen über Schlafen, Fastenzeiten, Essensvorschriften, Bekleidung, Bußübungen usf. nachlesen. Erst recht gilt das alles von den beinahe gleichzeitig entstanden Kartäuserklöstern oder später von der Konzeption des *Franziskus*. Jesus kann für diese Praktiken nur sehr indirekt als Maßstab gelten, wichtiger erscheint die ungeheure Dynamik des mittelalterlichen Subjekts, mit aller Gewaltsamkeit sich des Heiles zu vergewissern (Vielleicht handelt es sich hier um einen Grundzug des Abendlandes überhaupt, der auch in säkularisierten Formen weiterlebt).

sich die eigene Lebensführung. In der armen Jesusnachfolge sucht und findet der heimatlose Mensch Geborgenheit, das hin und her gerissene Subjekt seinen Halt und seine Heilsgewißheit.
Jesusmystik und radikale Jesusnachfolge haben sich oft, angefangen von *Bernhard* bis zu *Franz* von Assisi u. a., *miteinander verbunden*. Sie gewährten dem suchenden Individuum eine beachtliche Selbständigkeit und auch Souveränität gegenüber der Kirche und ihren Systemen. Der unmittelbare Rekurs auf Jesus beinhaltet, zumindest tendenziell, zugleich auch eine Kritik an der so ganz anders lehrenden und lebenden Kirche und führte zu nicht wenigen Reibungen. Ein *alternatives Gegenmodell* stand im Raum, das nicht leicht zu integrieren war. Dennoch aber führte die Dynamik dieser Alternative nur selten zur direkten Konfrontation, vor allem bei einigen »Mystikern«, Frauen und Männern, und besonders in der häretisierten Armutsbewegung des Hoch- und Spätmittelalters[25]. Im Großen und Ganzen aber bleibt die mittelalterliche These der objektiven Vorgabe, der »fides«, bestehen, und man fügt sich ein in das synthetische Bemühen. Aber es läßt sich beobachten, und dies ist wichtig, daß die trotz allem angestrebte Synthese von fides und intellectus, von autoritativer Offenbarung und subjektiver Aneignung *bewußt und in* (mehr oder weniger) *freiwilliger Unterordnung* vollzogen wird. Das ist etwas anderes als das selbstverständliche Aufwachsen in der kirchlichen Tradition, etwas anderes als die ungefragte Rezeption ihrer Modelle. Die *bewußte* Unterordnung der subjektiven Vernunft und Praxis, wie sie schon *Abälard*, auf seine Weise auch *Bernhard*, vornahmen, wie sie bei *Hildegard* von Bingen oder Meister *Eckhart* oder *Franz* von Assisi erscheint, *trägt in sich schon die Möglichkeit, es auch anders zu machen*. Diese Konsequenz wurde allerdings praktisch erst – anfanghaft – in den häretischen Teilen der Armutsbewegung oder etwa bei den Hussiten in Böhmen vollzogen; die Neuzeit brachte auch hier erst die Wende.

[25] Z. B. stellen die auf *Franz* von Assisi und auf *Joachim* von Fiore sich stützenden Spiritualen des Franziskanerordens ein ›revolutionäres Programm‹ auf (*Ernst Benz*, Ecclesia spiritualis, Stuttgart 1964, 253), und *Petrus Olivi* nennt gelegentlich die konkrete Kirche eine Kirche des Satans, die Hure von Babel oder das Tier aus dem Abgrund, der Papst ist der Antichrist (vgl. *E. Benz* ebd. 307; vgl. auch *Karl Balthasar*, Geschichte des Armutsstreites im Franziskanerorden bis zum Konzil von Vienne [Vorreformationsgeschichtliche Forschungen, Bd. VI], Münster 1911, 147). Radikale Jesusnachfolge und mystische Jesusunmittelbarkeit (wie es bei *Franz* durch die Stigmatisierung, so sahen es die Spiritualen, bestätigt war), verliehen auch nach außen eine von der Kirche unabhängige Autorität (*Franz* als ›neuer Mensch‹, ›neuer Führer‹, ›zweiter Christus‹ in der Spiritualenbewegung; vgl. *Ernst Benz*, Die Geschichtstheologie der Franziskanerspiritualen des 13. und 14. Jahrhunderts nach neuen Quellen, in: ZKG 52, 1933, 90–121 [bes. 93–96]).

6.5 Eine neue Christologie?

Der subjektive Rekurs auf Jesus ist ein eminent christologischer Versuch. Basis dieser Christologie ist wiederum die Soteriologie, eine *neue Form* der Heilsfrage. Der angesichts der übermächtigen fides auf sich zurückgeworfene Mensch verlangt nach *subjektiver Heilserfahrung*; Seine Sinnfrage schien mit den Systemen der »objektiven» christologischen Soteriologie nicht zureichend beantwortet zu sein.
So läßt sich auch in der scholastischen Theologie feststellen, daß die Frage der Partizipation des einzelnen am Heil und deren Modalitäten in den Vordergrund rückt, wenn sie auch – noch einmal – »objektiv« gelöst wurde. Durch die Prädestination, aber auch durch Sakramentenempfang, kirchlichen Glauben und Gemeinschaft, durch die kirchlichen Gnadenmittel bis hin zu Ablässen und vorgeschriebenen guten Werken kann der Christ Anteil gewinnen an der ein für allemal in Jesus Christus geschehenen Erlösung. Diese Antworten gehen zwar auf die subjektive Heilsangst ein, tun es aber eben – »objektiv«. Das scheint nicht genügt zu haben, die Christen – oder viele von ihnen – scheinen auch nach »subjektiven« Lösungen, verlangt zu haben. Das heißt aber: nach subjektiv *erfahrbarer* Antwort.
Ein Weg bot sich an, die unzureichenden objektiv-christologischen Angebote zwar nicht zu bestreiten oder zu umgehen, aber doch zu »transzendieren«: eine soteriologische Unmittelbarkeit zu Jesus, dem Erlöser der Welt *und* des einzelnen. In der mystischen Tradition und in der radikalen Nachfolge schien *Jesus als je eigener Christus* erfahrbar zu werden. Wer Jesus auf diese Weise tief zuinnerst begegnete, sich mit ihm vereinigte, wer auf so handgreifliche Weise auf alles verzichtete und in die Kreuzesnachfolge eintrat, fand seine Heilsfrage beantwortet. Jesus war *für das Subjekt und auf subjektive Weise* als Christus gefunden und angeeignet[26].

[26] Man mag vielleicht fragen, was denn daran so anders sei als bei den Versuchen zur Nachfolge Jesu, wie sie etwa im Mönchtum seit seiner Entstehung in Ägypten oder in der antik-christlichen Mystik zu finden sind. Doch sind damals sowohl die asketischen Bemühungen des Mönchs wie auch mystische Erfahrungen soteriologisch getragen von der Sehnsucht nach »Vergöttlichung«, deswegen nach einer Vollkommenheit, die sich von den Befleckungen des Materiellen löst. Es ging um die Mimesis Gottes oder des Logos, nicht eigentlich um Nachfolge Jesu. Zwar spielen antike Motive, z. B. die Leib- und Frauenfeindlichkeit, auch im Mittelalter eine große Rolle. Die zentrale Motivation aber ist eine andere.

Subjektive soteriologische Erfahrungen mit Jesus sind der Natur der Sache nach nur sehr schwer zu einem christologischen System zu objektivieren. Dieser Versuch müßte sogar ihr zentrales Anliegen erschweren. Dennoch aber blieb diese neue Form der Christologie nicht einfachhin unmitteilbar, bloß auf individuelle Erfahrung beschränkt. Dagegen spricht einmal die gesellschaftliche Faszination von Mystikern und Heiligen, ebenso wie die Tatsache, daß diese neue Subjektivität sich in kirchlichen Orden und »unkirchlichen« Bewegungen einen *sozialen Ausdruck* verschaffte. Wenn z. B. die Bruderschaft des *Franziskus* in wenigen Jahren zu einem Orden mit mehreren tausend Mitgliedern in ganz Europa heranwächst, muß diese Lebensform – sosehr sie durch die explosive Verbreitung auch wieder verfälscht wurde – einem sozialen Bedürfnis entsprochen und sie selber eine »Sprache« gefunden haben, die sozial vermittelbar war.

Diese »Sprache« aber bleibt, bei aller gesellschaftlicher Vermittelbarkeit, »subjektiv«: Jesus ist der, den ich küsse und in dessen vergebende Liebe ich mich hineinversenke, er ist der Bräutigam oder das Licht meiner Seele, er ist der Herr oder Bruder, dessen armes Leben ich teilen will. Die neue Christologie verzichtet auf objektivierende »Ist-Sätze«. Für diesen Bereich griff man auf die scholastischen Systeme zurück, wobei der Schwerpunkt – wie in der gesamten abendländischen Geschichte – auf dem uns von unseren Sünden erlösenden, uns rechtfertigenden Christus liegt. Die lateinische soteriologische Basis bleibt die Klammer, durch die alle Christologien, die »objektiven« wie die »subjektiven«, miteinander verbunden sind: Jesus hat am Kreuz für unsere Sünden Genugtuung geleistet *und* ist (auf eben diesem Gebiet) auch *mein* Christus. Auch der »unmittelbare« Zugang zu Jesus als Christus ist »vermittelt« durch die abendländische Gestalt der Soteriologie.

7 Resümee

7.1 Eine spannungsgeladene Synthese

Das Mittelalter ist im Unterschied zur landläufigen Meinung keineswegs eine geschlossene, in ruhigen Bahnen verlaufende christliche Epoche. Vielmehr handelt es sich um rund tausend Jahre, in denen vor allem zwei Kulturen, die keltische und die germanische (und die slawische), das Erbe der christlichen und vorchristlichen Antike antraten. Hierbei waren sie – je in sich durchaus nicht einheitlich – einer gewaltigen Herausforderung ausgesetzt, der sie sich mit der Annahme des Christentums stellten. Das Ergebnis ist eine komplexe Kultur, von inneren Spannungen zerrissen und doch (noch) nicht auseinanderfallend.

Die christliche Latinität ist – je später umso mehr internalisiert – die Grundlage dieser Epoche. Soteriologisch geht es also den Menschen um ihre Sündigkeit, durch die Gottes ewige Ordnung gestört ist; Heil ist die Befreiung von der Sündenlast und die Wiederherstellung der Ordnung.

Jesus wird als Christus innerhalb dieses Rasters wahrgenommen; seine unverzichtbare Funktion gewinnt er im Kontext dieses Rahmens. Das bevorzugte Modell zur Begründung seiner christologischen Qualität ist näherhin die augustinische Erbsündenlehre.

Die beachtlichen intellektuellen Bemühungen um die »chalkedonische« Christologie haben deswegen auf der einen Seite lediglich »scholastischen« Charakter; sie sind Sache der Schulen und Universitäten und nicht selbst Vehikel der eigenen Sinnfrage. Auf der anderen Seite aber wird die antike Christologie – als vorgegebene fides ohnehin nicht in Zweifel zu ziehen – *instrumental* genutzt, um mehr noch als schon bei *Leo I.* und *Augustinus* die alleinige Heilsvermittlung durch Jesus Christus spekulativ zu verankern, ihn als einzig möglichen, sogar apriorisch zu postulierenden Erlöser zu begründen.

Die *keltisch*-lateinisch-christliche Tradition kennt allerdings eigene Zugänge zu Jesus als Christus, die auch ohne eine Erbsündenlehre auskommen (*Pelagius*) oder ausgekommen wären (*Johannes Scottus Eriugena, Petrus Abaelard*); hier liefert eine prozessual-organologische Weltanschauung andere Möglichkeiten einer Christologie, die aber – je später umso mehr – von der lateinischen Grundfigur überlagert wurde.

Der *germanisch*-lateinisch-christliche Überlieferungsstrang orientiert sich stärker an der lateinischen Christologie. Aber auch er bringt neue Schwerpunkte ein, die allerdings in sich disparat sind. Zum einen wird, beginnend mit *Gottschalk*, der schicksalhafte, von Ewigkeit her prädestinierende Charakter des in Jesus erschlossenen Heils hervorgehoben, zum anderen gewinnen personale Züge eine große Bedeutung. Beide Gesichtspunkte sind widersprüchlich und lassen sich – auf der gleichen Ebene – nicht miteinander versöhnen.
Unabhängig von diesen, wenn man so will, »konkreten« Traditionen war das Mittelalter von einer *formalen* Problematik bewegt, dem spannungsreichen Gegen- und Miteinander von objektiver Offenbarung sowie objektivem Heilsgeschehen und deren subjektiver Aneignung. Aus diesem intensiv empfundenen »Bruch« entstand die (intellektuelle und) soteriologische Sehnsucht des Menschen nach subjektivem *und* subjektiv *erfahrbarem* Heil.
Diese Fragestellung bewirkte verschiedene Antworten. »Objektive» Lösungen bot die Prädestinationsvorstellung an, an die man sich hoffnungsvoll klammern konnte; vor allem aber bot die Kirche als gottgewollte Heilsinstitution eine Fülle von Mechanismen an, mit deren Hilfe der einzelne sich des Heils (bzw. Jesu als *seines* Christus) versichern konnte: Wer den kirchlichen Glauben ohne Wenn und Aber akzeptierte, in ihrer Gemeinschaft verblieb, ihre Sakramente und sonstigen Angebote wahrnahm, ihre ethischen und kirchlichen Regeln beachtete, überwand damit seine subjektiven Ängste. Gerade die Kehre des Denkens zum Subjekt hin (auch hier liegen die Anfänge schon im antik-lateinsichen Raum) brachte also einen Ausbau der ekklesialen Dimension der Christologie mit sich. Das Heil wird vermittelt durch Jesus *und* seine Kirche; das Problem der »Vermittlung des Vermittlers«[1] wird unausweichlich aufgeworfen.
Diese Lösungen besaßen allerdings *ein* Defizit, es mangelte ihnen an *subjektiver Erfahrung* Jesu als des je eigenen Christus. Aus diesem Grund brachte das Mittelalter eine gänzlich andere, neue christologische Tradition hervor, in der sich das Subjekt – in mystischer Erfahrung oder durch radikale Praxis – *unmittelbar* an (dem uns rechtfertigenden) Jesus orientierte.
Es wäre also falsch, von »der« Christiologie des Mittelalters zu sprechen. Viele Ansätze und Traditionen entfalteten ihre Wirkung und brachten verschiedene »Typen« hervor, wenn sie auch oberflächlich durch eine normative christologische Sprachtradition und den Willen zur Synthese zusammengehalten wurden. Recht betrachtet, war auch nur auf diese Weise möglich, daß das Mittelalter bei allen Divergenzen eine umfassend christlich geprägte Epoche wurde. Eine erzwungene

[1] Vgl. o. I 3.4.

Einheitschristologie hätte vielen die Rezeption Jesu als ihres Christus erschwert bzw. die Kirchengemeinschaft zerstört. Allerdings waren viele Sprengsätze vorhanden, die im Lauf der Zeit, beginnend im Spätmittelalter, zu einem Auseinanderfallen der religiösen (und politischen) Einheit führen mußten.

7.2 Die Widersprüchlichkeiten der mittelalterlichen Christologie bzw. die bleibende Aporie der lateinischen Rechtfertigungschristologie

An dieser Stelle sollen nicht noch einmal detailliert die Probleme, die innerhalb der verschiedenen Traditionsstränge auftraten, diskutiert werden. Lediglich der für das gesamte Mittelalter (wenn auch in den keltisch beeinflußten Theologien weniger) kennzeichnende Grundansatz soll kurz erörtert werden: die lateinische Rechtfertigungschristologie, der zufolge Jesus deswegen als unser »notwendiger« Heilsmittler rezipiert wurde, weil er uns am Kreuz von der Sünde Adams und unseren Sünden erlöst hat.
Dieser Satz sagt sich leicht, und er wird bis heute gedankenlos wiederholt. Dabei ist er nicht weniger aporetisch als etwa – auf ganz anderen Gebieten – die chalkedonische Christologie. Die Schwierigkeiten sind vielfältig; nur einige grundlegende Problemkreise sollen genannt werden: (1) die Problematik der mythischen Voraussetzung; (2) Die unvornehme Radikalität der Erbsündenchristologie bzw. die Entwertung der menschlichen Geschichte, (3) Die Entmächtigung der Geschichte Jesu bzw. des Kreuzes, (4) Die Vernachlässigung des Subjekts, (5) Probleme um das Prinzip der »Stellvertretung«.

(1) Die Problematik der mythischen Voraussetzung

Jesus (bzw. sein Kreuzestod) kann nur dann als (auf ethisch-juridischem Gebiet) »objektiv« heilsnotwendig und allein heilsmittlerisch angesehen werden, wenn er in einen *die Geschichte übergreifenden* Ordnungsrahmen eingegliedert wird. Zuvor muß ja erklärt werden, daß erstens Gott unsere Schuld nur vergeben kann oder will *nach einer adäquaten Gegenleistung* (Bezahlung, Opfer, Lösepreis, Genugtuung usf.), zweitens *wir Menschen keinerlei Fähigkeit besitzen*, von uns aus irgendetwas zur Versöhnung mit Gott beizutragen.
Das einzige Modell, das in der bisherigen Geschichte plausibel machen konnte, wie und warum allein Jesus unser Rechtfertiger (für das

Abendland: = Christus) ist, ist die Erbsündenlehre[2]. Sie geht davon aus, daß Gott nur durch den Opfertod Jesu Christi mit uns versöhnt werden konnte, weil wir alle in Adam gesündigt und somit jegliche Möglichkeit heilsrelevanten Wollens und Handelns verloren haben. Erst durch die Passion wird diese Situation gewendet.

Voraussetzung *dieser* abendländischen Rezeption Jesu als Christus muß also ein metahistorisches Gefüge sein, in dem das Verhältnis von Gott und Mensch im ethisch-juridischen Sinne verstanden wird (Schuld-Bezahlung), die geschichtlich einmalige Tat eines Menschen, Adams, und das ebenso einmalige Kreuz auf die Ebene objektiver Geltung erhoben werden und überhaupt eine ewige Ordnung, gegen die zunächst durch die Sünde verstoßen und die dann durch das Opfer Jesu wiederhergestellt wird, im Vordergrund steht.

Lassen wir heutige Erwägungen beiseite, daß die Erbsündenlehre unbiblisch, im Gottesbild unchristlich und angesichts der naturwissenschaftlichen Erkenntnisse zur Hominisation unvollziehbar sei. Auch das Mittelalter hatte seine Probleme[3], obwohl es den Raster – weil er *seiner* soteriologischen Frage entsprach – nicht aufgeben konnte.

In der »keltischen« Tradition trat die ethisch-juridische Fixierung ein wenig zurück, die menschlichen Möglichkeiten wurden positiver beurteilt und Jesus somit auch andere Weisen der Heilsvermittlung (des Christusseins) eingeräumt. Es ist deutlich zu spüren, daß man bisweilen auf die Erbsündenchristologie am liebsten verzichtet hätte (oder sie wurde erst nach völliger Umdeutung akzeptabel, wie bei *Eriugena*).

In der »germanisch« beeinflußten Theologie findet sich meist eine umfassende Rezeption der lateinischen Ordnungsvorstellungen, verstärkt noch durch die Überzeugung von einem ewigen Geschick, das über uns waltet. Der »Personalismus« dieser Überlieferung aber nahm *auch* Anstoß an der sachhaften Objektivität, so daß selbst *Anselm*, der sie apriorisch begründen will, »personale« Assoziationen einführt (Untreue Adams, Ehrverletzung Gottes, Liebe Jesu usf.). Erst recht geschieht dies in der Linie des sich deutlicher artikulierenden mittelalterlichen Subjektivismus.

[2] Andere Vorstellungsreihen, wie sie z. B. hinter der paulinischen Christologie stehen, überzeugen auch nur innerhalb ihres »Sitzes im Leben« und wurden *so* vom Mittelalter nicht übernommen.

[3] In ›Cur deus homo‹ legt *Anselm* seinem Gesprächspartner eine Reihe dieser Bedenken in den Mund (z. B.): »Es fragt sich nämlich, warum Gott den Menschen nicht anders retten konnte... Denn es scheint Gott nicht zu entsprechen, daß er den Menschen auf diese Weise errettete, noch wird offenbar, was dieser Tod (Jesu) zur Rettung der Menschen vermöchte. Es wäre ja verwunderlich, wenn Gott sich so sehr am Blute eines Unschuldigen ergötzte oder seiner bedürfte, daß er nur nach dessen Tötung dem Schuldigen verzeihen wollte oder könnte.« (1,10,ed. *Schmitt*, 37.39).

Alle diese Motive führten dazu, daß die »Notwendigkeit« *dieses* Erlösungsweges problematisiert wurde. Vor allem wollte man nicht Gott so denken, als könne er erst nach einer Bezahlung vergeben, und auch Jesu Werk sollte personalere Züge tragen. So hält *Anselm* an der »objektiven« Notwendigkeit – trotz aller eingebrachten Korrekturen – fest, *Bonaventura* kann die Wahl des Weges der Satisfaktion nur noch im positiven Willensentschluß Gottes verankern, es eben so und nicht anders zu machen (grundsätzlich hätte unsere Erlösung auch anders geschehen können), und *Thomas* von Aquin schließlich betont, daß die Satisfaktion am Kreuz nicht notwendig, sondern nur »angemessen« war; die Ursache für diese Angemessenheit liegt für ihn *außerhalb* des Schemas »Schuld-Bezahlung«, nämlich in einer Art *göttlicher Pädagogik*, die uns – anhand der angeforderten blutigen Satisfaktion – die Größe der Schuld wie auch seiner vergebenden Liebe vor Augen führen will[4].

Mit anderen Worten: Selbst zu einer Zeit, als die kulturellen Bedingungen eine Rechtfertigungschristologie verlangten, waren deren Implikationen keineswegs unproblematisch. Eine vertiefte Reflexion zwang dazu, sie in zentralen Aspekten beinahe wieder aufzuheben.

[4] *Thomas* versucht in seiner Summa theologica, sich von verschiedenen Seiten an die Sache heranzuarbeiten (III q.46, a.1–4, ed. Caramello III, 255–260). Er möchte das satisfaktorische Leiden so weit wie möglich als notwendig erscheinen lassen, hält aber an der grundsätzlichen Nicht-Notwendigkeit fest. Für die Angemessenheit (convenientia) führt er viele Gründe an. Einmal scheint ihm eine Erlösung durch die Passion angemessen im Hinblick auf Barmherzigkeit und Gerechtigkeit Gottes (conveniens fuit et misericordiae et iustitiae eius, III q 46, a 1 ad 3), zudem habe Gott es so gewollt (ebd. a 2). Diese Gründe aber führen nicht über *Anselm* (lediglich ist die »Notwendigkeit« durch »Angemessenheit« ersetzt) und *Bonaventura* hinaus. Die entscheidenden Motive scheinen in a 3 genannt: Durch das Leiden erkennt der Mensch, wie sehr ihn Gott *liebt* (per hoc homo cognoscit quantum deus hominem diligat), uns ist ein *Beispiel* gegeben (quia per hoc dedit nobis exemplum obedientiae, humilitatis, constantiae, iustitiae et ceterarum virtutum in passione Christi ostensarum, quae sunt necessariae ad humanam salutem), wir sollen im Blick auf das Kreuz die *Kraft zum Widerstand* gegen die Sünde gewinnen (quia per hoc est homini indicta maior necessitas se immunem a peccato conservandi), schließlich entspreche es der Würde des Menschen (ad maiorem dignitatem), daß so, wie er vom Teufel besiegt und getäuscht wurde, auch der Mensch wiederum den Teufel besiege. Im Ergebnis ist also der Weg zum Heil über die Genugtuung am Kreuz deswegen in höchstem Maß angemessen, weil Gott uns auf diese Weise wachrütteln will. Die Angemessenheit ist begründet *in der erzieherischen Absicht Gottes*. Zu beachten ist hierbei, daß Passion und Kreuz Jesu nicht etwa *als geschichtliche Daten* diese Funktion haben, sondern *als satisfaktorische Leistung*. Anders gesagt: Das Kreuz zeigt uns deswegen die Liebe Gottes, lehrt uns Tugenden, schreckt uns von der Sünde ab, weil *diese Art der »Bezahlung«* durch den Gott-Menschen uns die Augen öffnet für die Größe unserer Schuld wie der Liebe Gottes.

(2) Die unvornehme Radikalität der Erbsündenchristologie bzw. die Entwertung der menschlichen Geschichte

Jesus sollte auf ethisch-praktisch-juridischem Gebiet der *einzige* Heilsmittler sein. Dieses Bekenntnis, daß er und nur er uns von unseren Sünden erlöst hat, war im gleichen Augenblick, in dem die metaphorische Sprache des Neuen Testaments verlassen und »objektiv« geredet wurde, nur *auf einer negativen Folie* aufrechtzuerhalten: alle anderen menschlichen Bemühungen auf eben diesem ethischen Sektor mußten einem totalen Verdikt verfallen und für – soteriologisch – grundsätzlich irrelevant erklärt werden. Das Licht konnte nur als einziges leuchten, wenn ringsherum alles Dunkelheit war. So sagt die Erbsündenlehre, daß wir in Adam alle Fähigkeiten heilsbedeutsamen Wollens und Handelns verloren und zu Recht das ewige Strafurteil Gottes verdient haben; nur durch den Opfertod Jesu Christi wird uns wieder der Zugang zu Gott eröffnet. Aber auch *nach* unserer Rechtfertigung, die unseren Willen zum Guten befreit und uns die Fähigkeit zur Mitwirkung im Guten gibt, bleibt unser Bemühen im Letzten getragen und angestoßen von der Gnade Christi. So gibt es nur *eine* Kausalität für alles Gute: das Kreuz Christi (genauer: die mit ihm erbrachte Satisfaktion).

Um diese Aussagen vollziehen zu können, ist einmal eine »gentilizische« Identifikation aller Menschen mit Adam und aller Geretteten mit Jesus Christus, dem Haupt seiner Glieder, erforderlich (so daß die von uns praktizierte Liebe, wie bei *Thomas*, die Liebe Jesu Christi *ist*), zum anderen muß man bereit sein, *um des Christusbekenntnisses willen am Menschen selbst nichts Gutes mehr zu lassen*. Dieses Unwerturteil über Mensch und Geschichte mag in der antiken lateinischen Theologie noch mehr in objektiven Daten (Erbsünde, sachlicher Verstoß gegen einen ordo) begründet gewesen sein. Spätestens im Mittelalter bringen der germanische »Personalismus« und der beginnende »Subjektivismus« höchstpersönliche, existenzielle Assoziationen in den Sündenbegriff ein, die für die seelische Gesundheit gefährlich werden konnten. Der »vollkommene« Christ mußte zuvor und grundsätzlich sich selbst für nichts erachten, bis zum Exzess demütigen, um sich ganz von Jesus Christus ergreifen zu lassen. So bleibt es auch in der Neuzeit noch in allen christlichen Strömungen, die diese Gedankengänge weiterführen (von *Luther* und *Calvin* bis zur dialektischen Theologie *Karl Barths*).

Diese Form der Christologie hat dazu geführt, daß die mittelalterliche (und z.T. auch neuzeitliche) Predigt auf eine *Stabilisierung und Radikalisierung des Sündenbewußtseins* hinarbeitete[5], was gelegentlich zu

[5] Diese Sündenpredigt war nicht nur – wie in der Literatur oft angenommen – ein

pathologischen Erscheinungen führte (und führt). Man glaubte, ohne diese Basis die alleinige Heilsfunktion Jesu nicht deutlich machen zu können.

Die Entwertung alles Menschlichen, zu der diese lateinisch-mittelalterliche Mentalität zwang, ist nicht nur – im *Bonhoeffer'schen* Sinn – unvornehm[6]. Sie bringt auch ihre eigenen Schwierigkeiten mit sich. Wenn man sich mit den »edlen Gestalten« des Heidentums vor und außerhalb des Christentums beschäftigt und sie nicht so einfach der Hölle verfallen lassen wollte, konnte man sie nur in die eigene Theorie integrieren, indem man auch sie in die Gnade Jesu Christi, des Hauptes nicht nur der Kirche, sondern der Menschheit, hineinstellte. Vor allem aber war die Grundlage dieser Christologie die völlige *menschliche Ohnmacht* und ein Unwert- und Unmündigkeitsgefühl, das die »Frohe Botschaft« in ihr Gegenteil zu verkehren droht und ein unbefangenes Ergreifen der eigenen Möglichkeiten erschwert[7].

Noch deutlicher wird die totale Irrelevanz der Geschichte, wenn die mythische Erwägung ins Feld geführt wird – von *Augustinus* an quer durchs Mittelalter –, daß die Erlösungsabsicht Gottes sich letztendlich nur darauf bezieht, die Zahl der gefallenen Engel wieder (durch erlöste Menschen) zu ergänzen. Dann hat unsere Teilnahme am Heil nichts mehr mit uns, mit unserem konkreten Lehren zu tun. Es scheint gleichgültig zu sein, ob man – wie *Gottschalk* – Jesu erlösenden Tod ausdrücklich auf die Geretteten beschränkt oder ihn verbal – wie z. B. *Anselm* – auf »alle« bezieht – und dann faktisch doch nur die genannte Absicht und Zahl als Kriterium ins Feld führt. In beiden Fällen sind – da der Mensch zu seiner Rechtfertigung nichts beitragen kann – sowohl die Liebe Gottes (der ja niemand widerstehen kann) wie der Kreuzestod Jesu von partikulärer Relevanz. Er hat auch nur recht

Zeichen von »Werkfrömmigkeit« oder auch des Herrschaftsanspruchs der Kirche, die alle zur Teilnahme an ihren Leben aufrufen wollte, sondern vor allem eine Konsequenz dieser Christologie.

6 Vgl. hierzu, wenn auch in anders gelagerten Zusammenhängen, *Dietrich Bonhoeffer*, Widerstand und Ergebung (hrsg. von Eberhard *Bethke*), München 1970, 357.377–379.

7 Bei diesen Erwägungen muß beachtet werden, daß hier keineswegs der Gnadencharakter der Erlösung in Jesus Christus problematisiert werden soll. Es entspricht allgemein-menschlicher, erst recht christlicher Erfahrung, daß wirkliche Sinnerfüllung nicht »machbar«, sondern immer »Geschenk« ist. Besonders gilt dies für Sinnerfahrungen, die dem zwischenmenschlichen, also personalen Bereich, entstammen. Freundschaft, Liebe, Treue, Vergebung usf. sind nicht das Resultat von Leistung, noch weniger läßt sich dies für die »Freundschaft mit Gott« behaupten. Das Mittelalter aber hat den Gnadencharakter des Heils eben nicht mit personalen und positiven Kategorien umschrieben, sondern innerhalb des Rasters »Schuld-Bezahlung«, also juridisch-objektiv, begründet. Dann aber hat die Positivaussage als Voraussetzung das Verdikt über den Menschen.

Ein Artikel in Blick

Schneider aus Hongkong liefern Massanzüge zu Spottpreisen

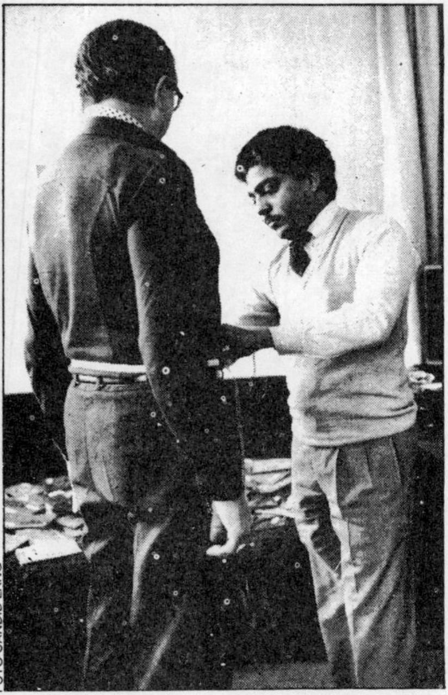

● Im Hotelzimmer nimmt Schneider Chetan Bijalani Mass.

Massgeschneidertes für wenig Geld – das gibt es noch! Möglich machen es Schneider aus Hongkong, die regelmässig die Schweiz besuchen und Kleider-Aufträge entgegennehmen.

Chetan Bijalani, einer dieser «Fliegenden Schneider», kommt jedes Jahr dreimal für acht Tage nach Zürich und Basel. Im Hotelzimmer nimmt er Mass. Geschneidert wird dann in Hongkong.

Auf dem Hotelbett liegen Stoffmuster ausgebreitet. Die Auswahl ist riesig und besteht ausschliesslich aus britischen Stoffen.

Acht bis zehn Kunden bedient Herr Bijalani pro Tag. «Die meisten sind Stammkunden oder solche, die durch Mundpropaganda zu mir kommen. Werbung brauche ich keine zu machen», erzählt er.

Kein Wunder, bei diesen Preisen. Zwei Seidenanzüge gibt's für 695 Franken (bei uns kostet einer allein mindestens 1000 Franken).

Einziger Nachteil: Eine Anprobe kann nicht stattfinden. Trotzdem sind alle Kunden, die BLICK befragte, zufrieden, wenn sie nach sechs bis acht Wochen per Post ihre Anzüge bekommen.

Inge Hess

NEUE INFORMATIONEN

urch Ihre Erstbestellung wird Ihr Name automatisch auf unsere ersandliste gesetzt. Wir informieren Sie frühzeitig von dem Besuch nseres Vertreters in Ihrer Nähe; ein kurzer Besuch wird Ihnen die elegenheit geben, sich von unserem Vertreter massnehmen zu lassen. it über 6000 importierten Stoffmustern für Anzüge, Sportjacken, äntel, Oberhemden etc. besuchter zwei- bis dreimal jährlich verchiedene Grosstädte in Ihrer Gegend. Bitte machen Sie von diesem ersönlichen Service Gebrauch. Jeder Besuch unseres Vertreters genaue Daten, Stadt und Name des Hotels) wird Ihnen frühzeitig ngekündigt.

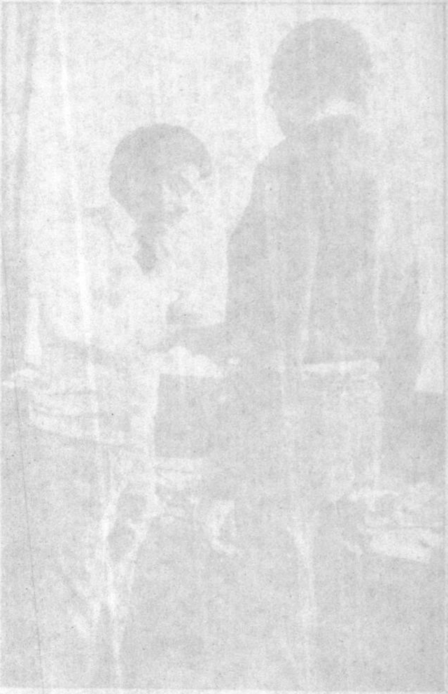

indirekt mit uns Menschen und der Sünde Adams zu tun. Zwar erscheint dann Jesus und seine Satisfaktion als notwendiger oder angemessener Weg, wie man aus einer massa damnata die aus anderen Welten vorgegebene Zahl von Erlösten rekrutieren kann. Ist er aber dann eigentlich – *unser* Christus? Dienen Menschwerdung und Kreuz nicht ganz anderen Absichten als *unserer* Erlösung? Am Ende des Weges wird der »Willkürgott« des Spätmittelalters sichtbar, der jenseits unserer Köpfe und ohne Rücksicht auf all unser Mühen und Werkeln seine eigenen Ziele verfolgt.

(3) Die Entmächtigung der Geschichte Jesu bzw. des Kreuzes

Die mittelalterliche Theologie redete immer wieder vom Kreuz, die gotischen Künstler überboten sich in den Darstellungen des Schmerzensmannes. Dennoch aber muß bedacht werden, daß nicht Kreuz oder Tod Jesu »als solche« im Vordergrund stehen, sondern der *Opfertod* und die *satisfaktorische* Leistung am Kreuz. Nicht das Kreuz als »geschichtliches Vehikel« eines in der Geschichtsperspektive aufleuchtenden Heils ist gemeint, sondern die mit ihm vollzogene Bezahlung, Wiedergutmachung, Rechtfertigung, die Befreiung aus der Herrschaft Satans usf. Bisweilen erscheint das Kreuz wie ein Pfand im Handelsgeschäft zwischen Gott und uns.
Solange das Kreuz als (apriorisch) »heilsnotwendig« erachtet wird (wie bei *Anselm*), wurzelt seine Bedeutung in metahistorischen Rechtsverhältnissen; wenn man es (wie *Bonaventura*) nur im positiven Willensentscheid Gottes verankert, ist die soteriologische Bedeutung des Kreuzes (und Jesu) wiederum metahistorisch festgemacht; wenn es als »angemessener Weg« bezeichnet wird (wie bei *Thomas*), durch den Gott uns erzieherisch beeinflussen will, ist wiederum Gottes Ratschluß Basis dieses Heilsweges.
Kurz: Die Bemühung mittelalterlicher Theologen um eine »objektive« Begründung der Rechtferigungschristologie zwingt den Blick immer wieder vom Kreuz und von der Geschichte weg in die Metaphysik. Die Heilsmittlerschaft Jesu Christi gewinnt den Charakter eines bloß »instrumentalen« Mittels, mit dem ewige Pläne durchgeführt werden. *Als geschichtliche Phänomene* verlieren Jesus und das Kreuz an Bedeutung, heilsbegründend ist ein mythisches Deutesystem, mit dessen Akzeptanz alles steht und fällt.
Diese Ent-mächtigung der Geschichte und des ansonsten als zentral behaupteten Kreuzestodes wird noch deutlicher in einem weiteren Aspekt: Die Passion hat uns *grundsätzlich* vor Gott gerechtfertigt. Heißt das, daß *alle* Menschen daran teilnehmen? Natürlich nicht, davon war man im Mittelalter überzeugt. Je nach Optimismus und Pessi-

mismus eines Theologen variieren die Vermutungen, ob fast alle, viele oder gar nur wenige, ob fast alle Christen oder auch einige Heiden gerettet werden. Auf keinen Fall konnte man, auch als Christ nicht, seines Heils sicher sein.
Die wichtigste Brücke zwischen »objektivem« und »subjektivem« Heil, zwischen dem »ein-für-allemal« des Kreuzes und den einzelnen waren für das Mittelalter die Prädestinations- und die Gnadenlehre. Sie füllte das Defizit aus, das die Erbsündenchristologie offen ließ. Das aber bedeutete, daß der einzelne seinen Blick über das Kreuz Jesu ausweiten mußte auf den ewigen Ratschluß Gottes hin; dort war über sein *persönliches* Heil entschieden (sei die Entscheidung – »semipelagianisch« – aufgrund des Vorherwissens Gottes oder auch einfach durch seinen Willen gefallen). *Die Erlösung am Kreuz erschien für den einzelnen nur als unerläßliche Generalkondition*, für ihn selbst aber war sie letztlich nicht heilsentscheidend.
Mit anderen Worten: Die Rechtfertigungschristologie zwang auch vom einzelnen her – konsequent durchdacht – zu ihrer eigenen Aufhebung auf den Heilswillen Gottes hin. Ist dann aber Jesus auch der »Christus« *des einzelnen*? Ganz scharf formuliert wäre die Gnadenwahl Gottes unser »Christus«, das Kreuz ihre juridische Bedingung.

(4) Die Vernachlässigung des Subjekts

Schon bisher ist verschiedentlich auf die Schwierigkeit verwiesen worden, die ein Totalverdikt über die menschliche Geschichte und eine Ent-mächtigung der Geschichte Jesu für den einzelnen hatte. Gerade aber die ethisch-juridische christologische Rezeption lenkte die Aufmerksamkeit zwingend auf eben diese konkrete Seite menschlicher Existenz und auf die Frage: Ist denn auch mein Leben »in Ordnung«, bzw. was kann und muß ich tun? Schon in der lateinischen Antike stellte sich somit das Problem der »subjektiven« Erlösung, beantwortet mit dem Hinweis auf die Prädestination: Gott allein entscheidet – nachdem das Kreuz Jesu die rechtliche Möglichkeit hierzu geschaffen hat – über Heil und wenigstens indirekt, Unheil des Menschen, der Beschluß wird vollzogen durch das Geschenk oder die Verweigerung von Gnade.
Diese Antwort der scholastischen Theologie wurde nur von wenigen als zureichend und tröstlich betrachtet. Die »keltische« Tradition versuchte, stärker die Aufgabe der Mitwirkung an der Vervollkommnung des in uns angelegten »Bildes« hervorzuheben; aber auch die »germanischen« Einflüsse führten zu einer stärkeren Betonung der freien Kooperation der Menschen mit ihrem Herrn Christus. Erst recht scheint in der mystischen und radikal-praktischen Linie der Stellenwert der

Bemühungen des einzelnen gewachsen zu sein. Und die offizielle kirchliche Pastoral tat ein Übriges, die »Heilsnotwendigkeit« sakramentaler und ethischer Praxis der Christen in den Vordergrund zu stellen[8]. Spätestens zum Ausgang des Mittelalters führten alle diese Faktoren dazu, daß eine überbordende »Werkfrömmigkeit« die Heilsängste des einzelnen auffangen mußte, denen – noch einmal – weder mit dem Hinweis auf die »objektive« Erlösung in Jesus Christus noch auf die Prädestinationsvorstellung adäquat begegnet werden konnte. *Der einzelne verlangte nach »näherer« und »handgreiflicher« Heilsperspektive*, je weiter weg die theologischen Antworten plaziert wurden. Die Aporie des abendländischen christologischen Ansatzes führte zur Korruption der Kirche.

Die mittelalterliche Theologie hat die Probleme durchaus gesehen und Lösungen gesucht, mit denen sich »objektive« und »subjektive« Erlösung, »objektiver« und »subjektiver« Christus verbinden ließen. Die angebotenen Modelle aber sind nicht überzeugend. Sie sind »gentilizisch«, wie bei *Thomas*, der die mythische Ineinssetzung von Adam und uns auch auf Jesus Christus und uns überträgt, so daß *seine* Gottesliebe von ihm als Haupt auch *auf uns*, seine Glieder, überströmt. Dieses Modell kann zwar die *von uns* praktizierte Liebe als Liebe *Jesu Christi* und ihn – trotz der Heilsrelevanz *unserer Liebe* – als einzigen Heilsmittler begreifen; offen aber bleibt doch die bange Frage des Individuums: Gehöre auch ich zu denen, die von der Liebe Christi umgetrieben sind, und – wenn ja oder nein – warum? Hier bleibt wiederum nur der Verweis auf die Prädestination.

Oder man fügt einfach den »objektiven« Aussagen additiv und komplementär andere Gedankengänge hinzu, die uns selbst eine größere Verantwortung für unser Heil einräumen: Wir sollen »mitwirken« mit der Gnade, glauben, die Sakramente empfangen, gute Werke tun. Fast immer stehen aber solche Motive unverbunden neben dem Prädestinationsgedanken, *die eine Aussagereihe müßte* – konsequent durchdacht – *die andere aufheben.*

Oder: In der mystischen Tradition wie in den Versuchen radikaler Armutsnachfolge scheinen alle anderen – ansonsten nicht bestrittenen – Konzepte irrelevant zu werden gegenüber der Suche nach unmittelbar erfahrbarem und somit auch existenziell garantiertem Heil; da

[8] Diese Linie bestimmte die alltägliche Pastoral. Sie konnte sich auf die – im Mittelalter sehr einflußreichen – Lehren des Papstes *Gregor I.* stützen, der trotz der Repetition augustinischer Gedankengänge in Jesus Christus vor allem das exemplum für ein bußfertiges und kirchliches Leben sah. »Faktisch treten in der Doctrin Gregor's der Tod Christi und die Busse als zwei gleichwerthige Grössen neben einander« (*Adolf von Harnack*, Lehrbuch der Dogmengeschichte, 3. Bd.: Die Entwicklung des kirchlichen Dogmas II/III (unveränd. reprograph. Nachdruck von Tübingen ⁴1910), Darmstadt 1964, 260.261).

dieses aber ebenfalls juridisch-ethisch im Kreuzestod Jesu verankert wird, bleibt auch hier das Verhältnis zwischen dem einzigen Christus und der eigenen Bemühung unvermittelt.

Oder: Ein letztes Modell der Versöhnung von subjektiver Heilsangst und objektiver Erlösungslehre spielt erst seit dem Spätmittelalter eine größere Rolle. Die Erfahrung des auf sich selbst zurückgeworfenen Subjekts scheint den tradierten *Inhalt* der Rechtfertigung in Frage zu stellen, daß wir nämlich durch die Rechtfertigung in Jesus Christus auch innerhalb umgewandelt, ja neugeschaffen werden (so seit *Augustinus*)[9]. Dies läßt sich leicht annehmen, solange über *den* Menschen und *seine* Erlösung in Christus reflektiert wird; schwierig aber wird es, wenn nicht mehr »der« Mensch, sondern je das »Ich« in den Vordergrund tritt (»Bin *ich* denn wirklich innerlich umgestaltet, ein Heiliger und Gerechter?«). *Das Subjekt erfährt sich anders, als Sünder trotz Glauben und Taufe*. Wenn es dennoch an seiner Partizipation an der Erlösung festhalten, mit aller Kraft darauf setzen will, kann die Rechtfertigung nach seiner subjektiven Erfahrung *keine innere Umwandlung* zur Folge haben; sie muß vielmehr *forensisch* verstanden werden, als Recht-sprechung im juridischen Sinne: Gott rechnet uns im Blick auf Jesus Christus unsere Sünde nicht an (non imputari). Dieser forensische Aspekt gehörte von allem Anfang, von Paulus, an zum Rechtfertigungsverständnis, war aber durch das Mittelalter hindurch zurückgetreten[10]. Seit dem Spätmittelalter (z.B. *Wilhelm* von Okkham, †1349) gewinnt er größere Bedeutung und wird schließlich bei *Luther* zur »Bedingung der Möglichkeit«, trotz der subjektiv erfahrenen Sündenrealität auch ganz persönlich an der objektiven Erlösung festhalten zu können (»Simul peccator et iustus«). Wie anders als durch einen forensischen Rechtfertigungsbegriff wäre dies denkbar? Die persönliche Erfahrung scheint weitergehende Konsequenzen von Rechtfertigung zu desavouieren.

(5) Probleme um das Prinzip der »Stellvertretung«

Ein letzter Gesichtspunkt ist schon verschiedentlich angeklungen: Wie kann unsere Rechtfertigung durch das *stellvertretende* Leiden Jesu Christi herbeigeführt werden? Wieso und inwiefern verändert

[9] Vgl. de spir. et lit. 26,45 (der Sünder wird gerecht), sermo 177,5 (Rechtfertigung als Neuschöpfung) usf.

[10] Diese Anschauung hat allerdings auch ältere mittelalterliche Wurzeln (die aber bei der weiteren Entwicklung nicht im Vordergrund standen): Z.B. war *Hugo* von St. Viktor der Meinung, daß die corruptio (durch die Erbsünde), die auch im Getauften bleibe, nicht nur Sünden*strafe*, sondern echte *culpa* sei; diese werde lediglich dem Getauften nicht zur Sünde angerechnet (imputari).

sich *unsere* un-heile Lage durch die Tat Jesu Christi? Wie kann *er* uns von *unseren* Sünden erlösen?
Auf das mythische System, das hinter diesen Vorstellungen steht, wurde schon verwiesen. Aber auch der rein formale Aspekt der »Stellvertretung« ist recht problematisch, zumal er gleich noch »verdoppelt« vorkommt (Adam-Christus).
Schon *Augustinus* hatte es nicht leicht, das »in Adam« zu begründen. Das Mittelalter übernimmt seine ganz spezifischen Begründungen (manichäischer Urmenschenmythos u. ä.) nicht. Im Wesentlichen hat es zwei Lösungsvorschläge, die mit und ineinander vorkommen: 1. Eine »gentilizische« oder biologisch-vitalistische Interpretation, nach der wir alle in unserem Stammvater Adam und ebenso auch in Jesus Christus, dem zweiten Adam und Haupt seines Leibes, gewissermaßen enthalten sind. Deswegen ist in ihren Entscheidungen und Taten auch über uns mitentschieden. 2. Eine rechtliche Argumentation, derzufolge diese Entscheidungen und Taten uns juridisch angerechnet werden. In Bezug auf Adam ist diese Begründung nur schlüssig, wenn er als Ur-Mensch (vgl. 1) verstanden wird; die zweite Argumentation ruht in der ersten. Für Jesus Christus aber kann die Sache auch anders erklärt werden: Sein Kreuzestod wird *uns* angerechnet, eben weil er der (einzige, erste) *Mensch* war, der Gott vollkommene Genugtuung geleistet hat (was er wiederum nur konnte, weil er das inkarnierte Verbum ist). Mehr erforderte das Rechtfertigungsschema nicht, als daß (irgend-) ein Mensch Satisfaktion leistet.
Beide Modelle erklären die innere Möglichkeit der »Stellvertretung« (im Bösen wie im Guten) recht unbefriedigend. Das ethisch gewendete »Heil«, um das es dem Mittelalter geht, ist ja seinerseits *verankert in der geschichtlichen Freiheit des Menschen.* Die angebotene Lösung verzichtet – notwendig – auf eine Er-lösung auf eben diesem Feld. Sowohl Schuld wie Vergebung sind – quoad nos – biologistisch oder juridisch »gesetzt«, sie haben mit unseren Entscheidungen und unser Ethik nichts zu tun.

*

Mit anderen Worten: Eine Rezeption Jesu und ein Bekenntnis zu ihm als Christus auf der Basis der lateinisch-mittelalterlichen Rechtfertigungssoteriologie birgt in sich unlösbare Spannungen. Auf der einen Seite gibt es keine zufriedenstellende Antwort auf die Frage, wieso unsere Rechtfertigung *ausschließlich* durch Jesu satisfaktorisches Leiden vermittelt werden kann; alle Versuche des Mittelalters, dieses Zentrum seines Christusbekenntnisses argumentativ oder gar »objektiv« zu begründen, bleiben unbefriedigend, führen meist der Sache nach von Jesus als dem entscheidenden Heilsdatum weg in die Richtung metahistorischer Ordnungszusammenhänge. Auf der anderen Seite bleibt in diesem Raster, der den Blick wie von selbst auf das praktisch-ethische Verhalten *aller* Menschen richtet, beinahe unsagbar, wieso die Tat eines einzelnen, Jesu Christi, das (ethisch-praktische) Heil aller (oder vieler) herbeigeführt hat. Eine Herausstellung der Exklusivität der Heilsmittlerschaft Jesu entwertet alles vorausgegangene und weitere menschliche Bemühen zu grundsätzlicher soteriologischer Irrelevanz; räumt man aber dem Menschen (der Kirche, den einzelnen) – synergistisch – gewisse Möglichkeiten der Mitwirkung ein, ist sogleich die im christologischen Bekenntnis ausgesprochene singuläre Stellung Jesu Christi bedroht.

Wieder anders gesagt: Wer seine Unheilssituation, wie der Abendländer, primär darin erfährt, daß seine Existenz von Sünde geprägt ist und er somit nicht dem (ethischen) Willen Gottes enspricht, muß sein *Heil* in einer Änderung dieser Lage suchen[11]. Wer – Christ geworden – diese Wende nicht von sich selbst, sondern ausschließlich durch Jesus (der deswegen *sein* Christus ist) erhofft, hat es nicht leicht, die Möglichkeit wie Notwendigkeit dieser Perspektive zu erklären. Er muß – sich und anderen – sagen, wieso nur Jesus – stellvertretend – sein Heil herbeiführen kann. Wie anders als durch das Schema einer grundsätzlichen *juridischen* Schuldverhaftung, die nur durch die Tat *eines* Mittlers aufgehoben (gutgemacht) werden kann, sollte sich *diese* Christologie begründen lassen? Von der lateinischen Antike bis zu *Luther* und gegenwärtigen Theologien erfordert der Satz: »Jesus hat uns von unseren Sünden erlöst« diesen »Background« an rechtlicher Metaphysik (Anders ließe sich nicht mehr sagen als: »Angestoßen durch Jesu Lehre und Leben, durch sein Beispiel, habe ich die Hoffnung auf einen sünderliebenden Gott«). Mit diesem Hintergrund aber treten die genannten Unzuträglichkeiten einer *juridischen* Fixierung des Menschen auf seine Sünden (woher, wieso?) und des damit gegebenen Gottesbildes, der Entmächtigung des geschichtlichen Jesus usf. auf.

Das Dilemma scheint unaufhebbar zu sein. Wie schon – unter ganz anderen Vorzeichen – für die östlich-antike gilt auch für die abendländische Christologie: Auf *dieser* Sprach- und Vorstellungsebene ist das Problem nicht zu lösen. Bis heute fehlt ein abendländisches »Chalkedon«, das aus *dieser* Christologie ein klassisches, wenn auch notwendig aporetisches Resümee gezogen hätte. Dazu hatte das Mittelalter nicht die Kraft. Mit Beginn der Neuzeit entluden sich die Spannungen und führten zu verschiedenen Christentümern, die sich gerade an dieser, im letzten christologischen Frage, voneinander trennten.

[11] Selbstverständlich gehört in allen Kulturen auch die ethische Dimension zu den Momenten der religiösen Frage. In der lateinisch-abendländischen Tradition rückt allerdings dieser Aspekt ganz in den Vordergrund und überlagert alle sonstigen Perspektiven.

Teil IV: Grundzüge der christologischen Soteriologie in Neuzeit und Moderne

1 Die Rechtfertigungschristologie der Neuzeit

1.1 Die abendländische Neuzeit

1.1.1 Die große Antithese: Die Emanzipation von Subjekt und Intellekt

Der abendländischen Geschichte war eine kostbare, aber auch gefährliche Mitgift in die Wiege gelegt worden: Das äußerst komplexe theologische und philosophische Erbe des antiken Christentums. Alles, was in den ersten Jahrhunderten der christlichen Geschichte gedacht, geschrieben und beschlossen wurde, galt als »der Glaube«, der mit der Missionierung anzunehmen war. Mehr noch: diese »fides« trat – in lateinischer Weise – auf mit dem Anspruch *letzter, göttlicher, objektiver Autorität*, der man Gehorsam schuldete.
Angesichts dieser Vor-gabe empfand sich der – kulturell zunächst unterlegene – mittelalterliche Mensch auf sich selbst zurückgeworfen; er realisierte sich als »bloß« subjektiv und seine Erkenntnis als »bloßes« Denken. Die Polarität und der Konflikt von fides auf der einen und Subjekt sowie Intellekt auf der anderen Seite waren grundgelegt[1].
Das Mittelalter hat diese Spannung *grundsätzlich synthetisch* zu versöhnen gesucht. Unter der Decke dieses Bemühens aber zeigten sich schon früh Risse und Verwerfungen. Seit der Vorscholastik lassen sie sich feststellen, treten mit der zunehmenden Fähigkeit zu differenziertem Denken deutlicher hervor und führen schließlich in der Spätscholastik beinahe zum Zerfall der ohnehin immer schwer erkämpften Harmonie. Erst recht konnte das Subjekt *außerhalb* der scholastischen

[1] Vgl. o. III 1.5.

Theologie sein Recht zunehmend behaupten; in Mystik, radikaler Praxis und einem immer größer werdenden Freiraum des Denkens (der Philosophie) schaffte es sich Raum.

Mit dem Ende des Spätmittelalters war der Weg bereitet für den Durchbruch: *Subjekt und Intellekt wagten die Antithese zur mittelalterlichen Voraussetzung.* Sie begehrten auf gegen die übermächtigen Autoritäten, *die gewaltige Herausforderung hatte eine gewaltsame Antwort provoziert*[2]. *Die Emanzipation von Subjekt und Intellekt war auf den Weg gebracht.* Das ›Cogito-ergo-sum‹ stellte das bisherige Denken auf den Kopf (oder, wenn man so will, auf die Füße), das Subjekt versuchte, sich die ›Freiheit eines Christenmenschen‹ zu verschaffen.

Die Neuzeit kann nur vom Mittelalter her verstanden werden. Nur so wird ihr angestrengter antithetischer (»protestantischer«) Charakter verständlich, nur durch diesen Rückblick läßt sich begreifen, warum in der abendländischen Neuzeit wie nirgends sonst in der Geschichte die radikale Subjektivität des Denkens bzw. das nach sich selbst fragende Subjekt in den Vordergrund tritt. »Wie finde *ich* den gnädigen Gott« – diese subjektive Wendung ist für die weitere Geschichte des Christentums – in allen Konfessionen – maßgebend.

Der Zerfall der mittelalterlichen Synthese bzw. des mittelalterlichen Universalismus hatte natürlich schon früher – und ungleichzeitig in den verschiedenen Bereichen – begonnen. Jetzt aber treten die vielfältigen Widersprüche und Spannungen offen zutage, Philosophie, Rechtswissenschaften und die sich ausbildenden Naturwissenschaften emanzipieren sich zunehmend von der Vorherrschaft des Glaubens, die »Nationalstaaten« lösen sich immer mehr von der normativen Klammer des Imperiums, das gesellschaftliche Leben von den althergebrachten consuetudines.

So ungleichzeitig diese Prozesse verliefen, so groß waren auch die regionalen Unterschiede, und ebenso kennt die Geschichte der Neuzeit ein immer neues Auf und Ab von Emanzipation und nochmaliger Regression. Auf die Reformation folgte z. B. im Protestantismus die erdrückende Phase der Orthodoxie, abgelöst von Aufklärung und Pietismus, Supranaturalismus und der »Versöhnungstheologie« des 19. Jahrhunderts usf. Im katholischen Raum waren die Wellenbewegungen schwächer, aber immerhin auch vorhanden. Auch die Verbreitung neuzeitlichen Denkens in der Bevölkerung ist verschieden, erst in

[2] Man mag – mit guten Gründen – den Weg zur Emanzipation oder die Geschichte der (subjektiven) Freiheit für einen Vollzug der im Christentum angelegten Impulse halten. Dennoch ist ihre – beinahe gewaltsame – Realisation ein spezifisch abendländischer Vorgang, der auf die besonderen kulturgeschichtlichen Vermittlungsbedingungen zurückzuführen ist.

der ›Moderne‹ scheint es zunehmend – aufgrund der demokratischen Entwicklung sowie der allgemeinen Bildung und durch die Medien – einigermaßen verbreitet zu sein.
Die Emanzipation von Subjekt und Intellekt hatte also mit Beginn der Neuzeit *nur grundsätzlich* eine neue qualitative Stufe erreicht, ohne schon faktisch und umfassend und für alle realisiert zu sein. Die Forderung aber stand im Raum und entfaltete ihre Wirkung.
Die neue Selbstbehauptung aber war zunächst noch recht zaghaft. Die Dominanz von Glaube und Kirche(n) blieb – wenn auch in vielfach reduzierter Form – noch lange Zeit bestehen. Die aufklärerischen Versuche, sich gänzlich freizuschwimmen, waren auf kleine elitäre Zirkel beschränkt und gewannen erst – in neuer Gestalt –, im Bürgertum und in den sozialen Bewegungen seit dem 19. Jahrhundert, eine Basis in breiteren Bevölkerungsschichten.
Zunächst bedurfte die Emanzipation auch noch einer Stütze. Sie fand sie im Bezug auf die – auch im Mittelalter hochgeschätzte – heidnische Antike (Humanismus, Renaissance)[3] oder auch, religiös, in der Bibel. Die neugewonnene Subjektivität mußte sich noch an Autoritäten anlehnen und wird schon allein von daher zunächst nicht radikal vollzogen. Auch unter diesem Gesichtspunkt dauerte es seine Zeit, bis – etwa im modernen Kanon der Wissenschaften oder in Gesellschaft und Politik – die Wende vollends zum Durchbruch kam.
Deswegen ist auch die Freiheitsgeschichte, die von Anfang an dem Abendland aufgegeben war, mit Beginn der Neuzeit keineswegs abgeschlossen. Das Beharren auf und die Durchsetzung der Antithese waren *eine immer neue Aufgabe*, die in nicht wenigen gesellschaftlichen Gruppen oder in vielen Regionen auch heute noch auf ihre Realität wartet.

1.1.2 Der reformatorische Protest

In den Kontext dieses Versuchs zur Emanzipation ist auch die Reformation einzuordnen. Das seiner selbst bewußt gewordene Subjekt begehrt auf gegen die übermächtigen ekklesialen Vorgegebenheiten, ge-

[3] *Sigrid Hunke*, Glauben und Wissen. Die Einheit europäischer Religion und Naturwissenschaft, Düsseldorf, Wien 1979, bezweifelt in ihrer Einleitung zu Recht die gängige These, die Renaissance selbst sei auslösender Faktor für die Entstehung der Neuzeit gewesen (11 – 14). Auch sie sieht die Wurzeln der Neuzeit tief im Mittelalter; die Berufung auf die Antike habe vielmehr dem neuzeitlichen Denken nur »wiederum Autoritäten« eingebracht (12). Sie weist darüberhinaus darauf hin, daß die italienische Renaissance gänzlich anders zu werten sei, insofern hier die Tradition des antiken Denkens nicht so stark von mittelalterlichen Rastern überlagert war. Vgl. o. 322, A. 19.

gen die Normativität der Tradition, gegen die heilsmittlerische Rolle der Kirche und ihrer Institutionen. Hierbei kam ihr die Kirche selbst zu Hilfe, weil sie sich selbst und somit auch die von ihr postulierte Synthese durch ihre Praxis desavouiert hatte; schon lange vor *Luther* hatte sie in der Öffentlichkeit Legitimitätseinbußen erlitten. Mit der Forderung ›solus Christus‹, ›sola fides‹, ›sola scriptura‹ meldet das Subjekt seinen Anspruch an, *unvermittelt durch alle möglichen Instanzen* seinen Zugang zum Heil in Jesus Christus zu finden.

Dieser reformatorische Protest ist vielfältig, wie sich gezeigt hat, in der mittelalterlichen Kirchengeschichte vorgeprägt; insofern resultieren auch die reformatorischen Kirchen aus dieser Tradition. Sie stellen keinen völligen Neubeginn dar; neu an ihnen ist *das selbstbewußte Beharren* auf dem (beinahe schon ererbten) Protest *und ihr gesellschaftlicher Erfolg*, der sie als »zeitgemäße« Erscheinungen erweist.

Die reformatorische Antithese wurde nicht nur formal erhoben. *Inhaltlich* vollzog und legitimierte sie sich im Rückgriff auf die und mit den Begrifflichkeiten vor allem der paulinischen Polarität von »Gesetz und Evangelium«; von hierher versuchte sie, Sachkriterien zu gewinnen. Diese Verwendung paulinischer Gedankengänge darf allerdings nicht als eine Art von Repristination des Paulus bzw. einfachhin als »schriftgemäß« charakterisiert werden. Vielmehr werden die neutestamentlichen Raster herangezogen, um eine gänzlich neue, der Bibel unbekannte Fragestellung zu beantworten. Paulus ist allenfalls zum (zufälligen?) Katalysator einer neuzeitlichen Bewegung geworden[4].

Die Reformation nahm in Deutschland ihren Anfang. Vielleicht hat hierbei mitgewirkt, daß trotz aller Latinisierung des Denkens die deutsche Sprache – und damit auch wohl ein entsprechendes Empfinden – nicht untergegangen war, anders als bei den romanischen Völkern. Dies würde auch den hohen Stellenwert der deutschen Sprache im Vollzug der Reformation erklären: Die Muttersprache als das »intime« Vehikel des sich artikulierenden Subjekts war in Deutschland gänzlich verschieden von der amtlichen kirchlichen Sprache.

1.1.3 Kontinuität und Innovation bzw. die Entstehung der Konfessionen

Der reformatorische Protest sprengt allerdings keineswegs die »abendländische These« auf, und insofern verbleibt er in der Kontinuität der mittelalterlichen Tradition. Damit ist gemeint, daß das Gegenüber von »objektiver Offenbarung« und »Subjekt« weiter besteht,

[4] Vgl. u. 504, A. 219.

wenn auch letzteres – antithetisch – gegen die ekklesialen Vermittlungsinstanzen der objektiven Vorgabe aufbegehrt. Diese verändert ihre inhaltliche Bedeutung, *steht aber selbst nicht in Frage.*
Offenbarung und Erlösung bleiben »objektiv« vorgegeben und werden noch in keiner Weise als Konsequenzen der subjektiven Heilsfrage begriffen. Insofern hat die Reformation die subjektive und kritische Wende des Denkens nicht bis zum Ende vollzogen. »Ernst Troeltsch hat die Ansicht vertreten, daß die Reformation in manchem noch dem Mittelalter zuzurechnen sei, nämlich insofern, als sie daran festgehalten habe, daß dem Menschen in der Religion stets eine objektive Größe gegenüberstehe. Zwar sei diese Größe nicht mehr dieselbe wie im Mittelalter... Aber die Neuzeit beginne doch noch nicht mit der Reformation. Eher könne man sagen, daß die Reformation den Anbruch der Neuzeit für längere Zeit aufgehalten habe«, so faßt *Bernhard Lohse* die Thesen von *Troeltsch* kurz zusammen[5].
Man könnte hinzufügen, daß die offiziellen Theologien aller neuzeitlichen Konfessionen bis heute von dieser abendländischen Voraussetzung ausgehen[6].
Der reformatorische Protest richtete sich also nicht gegen die objektiv und autoritativ gesetzte »fides« schlechthin, sonder nur *gegen einige oder auch (fast) alle geschichtlichen Vermittlungsstrukturen*, die für den mittelalterlichen Menschen an der Objektivität der erlösenden Offenbarung teilhatten. Die aus der Reformation hervorgehenden

[5] Epochen der Kirchengeschichte, Stuttgart 1963, 158.159 (ohne Angabe der Quelle; gemeint ist: *Ernst Troeltsch*, Protestantisches Christentum und Kirche in der Neuzeit (Die Kultur und Gegenwart, Ihre Entwicklung und ihre Ziele, hrsg. von *Paul Hinneberg*, Teil I, Abt. IV; Die christliche Religion mit Einschluß der israelitisch-jüdischen Religion, I. Hälfte: Geschichte der christlichen Religion, Berlin u. Leipzig 1906, 254–269). Vgl. *Troeltsch*, ebd. 268: die »Bindung der erlösenden Gotteserkenntnis an eine absolute objektive suprarationale Autorität und eine diese Autorität handhabende Kirchenanstalt von nicht minder suprarationalem Charakter«. Dadurch habe die Reformation »eine zweihundertjährige gewaltige Nachblüte des *Mittelalters*« gebracht (265).

[6] Noch einmal muß zum besseren Verständnis hervorgehoben werden, daß für die christliche Antike des Ostens die göttliche Offenbarung bzw. der Logos Gottes in Jesus Christus gewissermaßen *unmittelbar* ansichtig waren; die entsprechenden Aussagen resultierten aus einem unbefragt geltenden mythischen Denken und sind sein eigenes (subjektives) Produkt. Dies wurde anders mit der Vermittlung *dieser* Traditionen *in einen anderen Kulturkreis*, zunächst – in Anfängen – in den lateinischen Westen, dann ins Abendland (also in einen neuen, *anderen mythischen Kontext)*. Durch diesen Vermittlungsprozeß erschien die (altkirchliche) fides als eine *fremde*, nur aufgrund der hinter ihr stehenden göttlichen Autorität zu rezipierende Größe. Erst diese Situation ließ die Offenbarung als autoritativ und objektiv vorgegeben erscheinen. Dieses *formale* Schema blieb auch in der neuzeitlichen Kirchengeschichte in Kraft, wenn auch die inhaltlichen Implikationen – je nach Konfession – wechselten.

Kirchen tun dies auf unterschiedliche Weise, woraus sich die verschiedenen konfessionellen Konkretionen herleiten[7]:
Der *Calvinismus* versucht, gewissermaßen *alle* geschichtlichen Vermittlungsfiguren zu bestreiten und verlegt das Heil schlechthin in die absolute Objektivität Gottes; in seinem prädestinierenden Ratschluß ist alles entschieden. Selbst Leben und Tod Jesu scheinen nicht so sehr eine eigene (geschichtliche) soteriologische Funktion zu besitzen, sondern vor allem das Dekret Gottes *kundzutun* (festgelegt ist alles schon »vorher«); auch die Schrift ist »nur« Deklaration des ewigen Willen Gottes. Erst recht verlieren alle weiteren ekklesialen Vermittlungen an Heilsbedeutung, ein Mitwirken des einzelnen Christen an seinem Heil ist ausgeschlossen (Mit dieser Auffassung kontrastiert allerdings auf seltsame Weise die radikale kirchliche und ethische Praxis des Calvinismus). Alles ist in der Ewigkeit Gottes verankert, der der einzelne un-vermittelt konfrontiert wird, das ›absolute Decret‹ scheint »jede reale Heilsvermittlung überflüssig zu machen«[8].
Demgegenüber gibt es in der lutherischen Tradition »nur« eine *Reduktion*, keine totale Bestreitung der geschichtlichen Vermittlungen. Zwar ist der ewige Heilswille Gottes vorausgesetzt, aber Jesus Christus besitzt eine eigenständige soteriologische Bedeutung, die Bibel, die Schriftpredigt und die Sakramente haben eine Funktion im Heilsgeschehen. Selbst der altkirchlichen Glaubensentwicklung wird eine gewisse Normativität eingeräumt; lediglich die späteren, mittelalterlichen Bildungen werden ganz radikal als »Menschenwerk« abgelehnt. Zwar werden mit der Zeit »synergistische« Momente, wie sie *Philipp Melanchthon* gelten lassen wollte, aus dem Luthertum ausgeschieden; aber immerhin läßt der rechtfertigende *Glaube des einzelnen* diesen selbst nicht gänzlich außerhalb des Heilsgeschehens.
Im *Katholizismus* der Neuzeit schließlich führt die reformatorische Bestreitung im Gegenzug dazu, die auch im Mittelalter schon gegebenen geschichtlichen, insbesondere ekklesialen Vermittlungsgestalten an der Objektivität des göttlichen Heilswillens partizipieren zu lassen. Das gegenreformatorische »Dennoch« gibt diesen Instanzen sogar – über das Mittelalter hinaus – eine neue qualitative Bedeutung[9]. So

[7] Vgl. zum folgenden *Ferdinand Christian Baur*, Lehrbuch der christlichen Dogmengeschichte, a.a.O. 272–284 (die Ausführungen zum Katholizismus sind allerdings recht polemisch und einseitig).

[8] *F. Chr. Baur*, ebd. 282.283.

[9] *F. Chr. Baur*, a.a.O. 280, meint: »Das ganze System der Abhängigkeit des Einzelnen von einer ihn in seinem Wollen und Thun schlechthin bestimmenden Macht, das der Katholicismus in seiner Lehre von der Kirche aufstellt, knüpft der Calvinismus an sein absolutes Decret. Wie dort in der Kirche, so liegt hier in dem Decret alles Seligmachende und Heilbewirkende.« Diese Sätze schildern die katholische Position nicht zutreffend. Auch hier liegt die letzte Entscheidung, wenn

treten Sakramente, Lehramt, Tradition, Amt, Heiligenverehrung usf. erst recht soteriologisch in den Vordergrund. Der Katholizismus der Neuzeit ist nicht eine bloße Weiterführung mittelalterlicher Kirchlichkeit; er ist vielmehr zur »Konfession« geworden.
Diese grundlegenden Charakterisierungen geben natürlich nicht die ganze komplexe Fülle der jeweiligen Konfessionalitäten wieder; sie sprechen lediglich »letzte« formale Differenzierungen an. Alle Zwischentöne, auch alle über diese drei »Grundtypen« hinaus sich bildenden Kirchenformen bleiben außer acht. Immerhin aber werden zentrale Verschiedenheiten deutlich, von denen her sich viele Einzelaspekte der konfessionellen Theologiegeschichten begreifen lassen.
Wie aber kommt innerhalb dieser jeweiligen Ansätze der eigentliche neuzeitliche Impuls zur *Emanzipation des Subjekts* zu seinem Recht? Grundsätzlich läßt sich sagen, daß *das Ziel verfehlt* wurde. Zwar konnte, wiederum grundsätzlich, das Abschütteln bestimmter oder gar (fast) aller geschichtlichen Vermittlung von Heil durchaus von manchen Zwängen befreien zur ›Freiheit eines Christenmenschen‹, zwar konnte das unvermittelte oder reduziert vermittelte Gegenüber des Subjekts zu Gott dem Christen zu bedeutsamer Souveränität verhelfen – eine solche Entwicklung läßt sich durchaus beobachten. Aber auf der anderen Seite hat die – je verschiedene – Rücknahme der geschichtlichen Vermittlung auch *die jenseitige Objektivität und Vorgegebenheit ins Unermeßliche wachsen lassen.* Die damit gegebene *absolute Ohnmacht des geschichtlichen Subjekts* aber konnte auch zu seiner faktischen Zerstörung führen. Es blieb ihm nur noch – im Luthertum – vertrauend zu glauben oder sich – im Calvinismus – anhand von Kriterien, die außerhalb des Heilsgeschehens (der Rechtfertigung) liegen, eine subjektive Gewißheit über den ewigen Ratschluß Gottes zu verschaffen (was mit der Zeit zur Verlagerung der zentralen subjektiven Aktivitäten auf Felder jenseits des Christlichen führte; der ethische, später der »weltliche« Erfolg wird zur Heilsvergewisserung angestrebt).
Ähnlich zweideutig erscheint der neuzeitliche Katholizismus. Ihm wird – nicht ganz zu Unrecht – vorgeworfen, die subjektive Wende nicht mitgemacht zu haben und so den einzelnen gänzlich in »objektive« Ordnungen zu nivellieren[10]. Aber *erstens* hatte die neuentstande-

man so will, im Dekret Gottes; allerdings vollzieht sich dieses Dekret in der Geschichte und kennt – soteriologisch normativ – ekklesiale Vermittlungen, deren Heilsrelevanz aber *unterhalb* derjenigen des Dekrets liegt (wenn sie auch vom einzelnen vielleicht »näher« erfahren werden).

[10] Vgl. *F. Chr. Baur*, a.a.O. 277: »Im Gegensatz gegen das protestantische Prinzip des freien, von der Auctorität sich emancipirenden Selbstbewusstseins... konnte die katholische Kirche nur das reine Auctoritätsprinzip sanctioniren«.

ne konfessionelle Pluralität zur Folge, daß auch das Katholisch-*Werden* oder *-Bleiben*, zunächst für die meisten nur prinzipiell, je später umso mehr aber faktisch, eine *»Wahl«* bzw. eine *bewußte Entscheidung* des Individuums zur Voraussetzung hatte[11], so daß das »autoritäre System« nur soweit Autorität hatte, wie der einzelne sie ihm einräumte – eine grundlegende Entmächtigung ekklesialer Allmacht und eine Stärkung der Autonomie des einzelnen[12]. *Zum anderen* muß man sehen, daß die Fülle der (soteriologisch-normativen) *geschichtlichen* Vermittlungsinstanzen auch eine »gnädige« Befreiung aus der totalen soteriologischen Ohnmacht des Subjekts mit sich bringen konnte; die Gefahr, angesichts des allgewaltigen und allein heilsentscheidenden Gottes seelisch zu verarmen oder gar zu verhungern, war nicht so groß wie im Protestantismus und ließ eine Fülle bunter und oft fröhlicher oder gelassener Selbstverwirklichung entstehen.

Kurz: Alle konfessionellen Gestaltformen sind in ihren Wirkungen *ambivalent* für das neuzeitliche Grundanliegen, die Emanzipation des Subjekts. Diese Feststellung soll hier nicht hinweisen auf die (leider »ökumenische«) Verfestigung der Lehrsysteme und der Gemeinde-

Ebd. 280: »Das ganze System der Abhängigkeit des Einzelnen von einer ihn in seinem Wollen und Thun schlechthin bestimmenden Macht, das der Katholicismus in seiner Lehre von der Kirche aufstellt...« Noch negativer sind – trotz des versöhnlichen Tons – manche heutigen Charakterisierungen (vgl. z. B. *B. Lohse*, Epochen der Dogmengeschichte, a.a.O. 170).

11 *Niklas Luhmann*, Die Organisierbarkeit von Religionen und Kirchen, in: *J. Wössner* (Hrsg.), Religion im Umbruch. Soziologische Beiträge zur Situation von Religion und Kirche in der gegenwärtigen Gesellschaft, Stuttgart 1972, 256, begründet diesen Umstand mit »der neuzeitlichen Entwicklung des Gesellschaftssystems. Die steigende Komplexität der Gesellschaft und jene Überproduktion abstrakter Möglichkeitsentwürfe durch Sonderperspektiven führen dazu, daß jeder gefestigte Zustand nun *als Selektion* erscheint. Die überlieferte Gestalt der Kirche wird, auch ohne sich selbst zu ändern, gleichsam von außen her als eine unter anderen Möglichkeiten *kontingent gesetzt* (man könnte auch sagen: positiviert)... Eine der Konsequenzen ist, daß die Möglichkeit von Eintritt und Austritt in Kirchen unter dem Gesichtspunkt der *freiwilligen Annahme ihres Programms* ideologisch gefordert und politisch-rechtlich gewährleistet wird«. (Hervorhebungen von mir).

12 Der Jesuitenorden ist sicherlich wie kein anderer eine radikale Konkretion des *neuzeitlichen* Katholizismus. Wer ihn und seine Konzeption ein wenig kennt, weiß um die zentrale Bedeutung der bewußten »Entscheidung« oder »Wahl«, die ihrerseits selbst absurde Formen des Gehorsams oder der Systembejahung trägt. Da gibt es keine geschichtlichen, ekklesialen Vermittlungsfiguren bis hin zur programmatischen Affirmation des Papsttums, die am Subjekt vorbei gelten könnten. Dieses ist vielmehr in angestrengter Weise angesprochen, in den Exerzitien soll es seine Wahl je neu bestätigen und ihre Folgen internalisieren. Anders also als bei früheren Orden geht es für das Individuum nicht nur um die Wahl eines besonderen christlichen Weges innerhalb der Kirche; das ›Gesamtsystem katholische Kirche‹ steht vielmehr zur Wahl an.

zwänge in *allen* Konfessionen (je nach Epoche und Region auf unterschiedliche Weise), sondern auf den *neuzeitlich-christlichen Grundansatz aller Konfessionen*, dem zufolge dem Subjekt göttliche Objektivität gegenübersteht. Zwar ist *der Ausgangspunkt* radikal *subjektiv*. Insofern aber die Antithese sich nur auf die geschichtlichen Implikationen der These bezog, *sie bestritt oder reduzierte oder affirmativ wählte*, nicht aber ihre formale Struktur aufhob, blieb die These bestehen. Die neuzeitlich-*christliche* Emanzipationsgeschichte verlief *anti*-thetisch oder bewußt *syn*thetisch, der Vor-gegebenheit verhaftet und auf sie fixiert. Deswegen sind alle Kirchen der Neuzeit »Konfessionen«, weil sie, kämpferisch und sich von anderen Wegen abgrenzend, ihre je verschiedene Position im Hinblick auf die These definieren mußten. Erst mit der Erkenntnis, *daß auch die These subjektiv* (= kulturgeschichtlich) *bedingt ist*, gerät eine gelassene, nicht mehr dem »Anti« verpflichtete Autonomie des Subjekts in den Blick. Dieser Schritt – mit ihm endet die Neuzeit, die »Moderne« fängt an – ist zuerst außerhalb des Christentums vollzogen worden; innerhalb der Kirchen wird es schwerfallen, über eine anderthalbjahrtausendalte Denkfigur hinauszuwachsen.

1.2 Der christologisch-soteriologische Neuansatz

1.2.1 Die subjektive Wendung der Soteriologie

Von Beginn an war der abendländische Mensch auf seine Subjektivität verwiesen. Schon im Mittelalter (beginnend in der lateinischen Antike) stellte sich ihm deswegen die Frage nach der subjektiven Partizipation an der »objektiven« Erlösung am Kreuz; die Theologie bot hierfür verschiedenste Modelle an. Darüberhinaus aber suchten viele Christen nicht nur nach lehrmäßigen Antworten, sondern auch nach *subjektiv erfahrbarer* Heilsvergewisserung; Mystik und radikale Jesusnachfolge boten Wege an. Im Spätmittelalter verschärften sich alle diese Tendenzen[13].

Die Reformation schließlich stellte die Heilsfrage des Subjekts vollends und grundsätzlich in den Vordergrund: sie wurde zum Angelpunkt der Religiosität. Wie finde *ich* zum Heil – darum geht es den Reformatoren und bald auch dem neuzeitlichen Katholizismus.

Anders als bei den Umbrüchen in der Antike oder zu Beginn des Mittelalters (anders auch als in der Gegenwart) traten mit der Neuzeit

[13] Vgl. o. III, 6.

keine fremden Kulturtraditionen in das Christentum ein[14]. Die epochale Zäsur zwischen Mittelalter und Neuzeit blieb eine innereuroäpische Angelegenheit. Insofern gelten auch jetzt noch *die soteriologischen Raster des Abendlandes; weiterhin ist die juridisch-ethische Wendung der Heilsfrage bestimmend.*

»Unheil« ist die Situation des Menschen, weil er Sünder ist und bleibt, weil er die von Gott auferlegte Ordnung verletzt und gegen Gottes Gebot handelt. »Heil« ist nur vorstellbar als Gerechtigkeit, als Erlösung von den Sünden; »Heil« ist der *gnädige* Gott, der unsere Schuld vergibt. Auch der Erlösungsmechanismus bleibt abendländisch: für unsere Schuld muß Sühne geleistet werden (im Kreuz Jesu Christi). »Darumb hatt uns gott geben tzum ersten eynen menschen, der für unss alle der gotlichen gerechtigkeyt aller ding genugthet«, schreibt *Luther*[15].

Die übernommenen »objektiven« Ordnungsvorstellungen wirken weiter: Seit Adam ist es »dem« Menschen unmöglich, gerecht zu leben; die Reformation radikalisiert (existentiell) sogar die diesbezüglichen Assoziationen: der Mensch ist seit Adam von Natur aus »verderbt«, und die katholische Kirche erhebt in Trient die Erbsündenlehre auf die Ebene eines formellen Dogmas. Das Heil, die Gerechtigkeit, wird erst zugänglich nach einer gewissermaßen »objektiven« Bereinigung dieser Lage; Heil ist die Wiederherstellung der Ordnung[16].

Aber innerhalb dieses Rahmens treten personalistische Motive in den Vordergrund; *die lateinisch-abendländische Rechtfertigungschristologie wird radikal subjektiv gewendet.* Die Ordnungszusammenhänge sind nur der Hintergrund, auf dem sich der einzelne mit seiner bangen Frage wiederfindet, sie interessieren nur wenig »als solche«. Wie finde *ich* das Heil, ich, der ich in dieser Situation lebe und von ihr geprägt bin, der ich den persönlichen Gott verletzt habe?

[14] Die mit dem Kolonialismus seit Beginn der Neuzeit eingeleitete Begegnung mit den Kulturen Amerikas, Asiens und Afrikas wurde in den ersten Jahrhunderten nur selten positiv aufgegriffen und führte zu keinerlei Korrekturen am »europäischen« Dogma; erst »die Moderne« scheint hier neue Perspektiven aufzuzeigen (vgl. u. IV 3).

[15] WA 10,I,1,123; vgl. auch 10,I,1,720,18. *Luther* greift alle möglichen juridischen Motive auf, bis hin zum ›Abkauf‹ (vgl. 10,I,1,470,18).

[16] *Marc Lienhard*, Martin Luthers christologisches Zeugnis. Entwicklung und Grundzüge seiner Christologie (gekürzte, von *Robert Wolff* übers. französ. Habil-Schrift »Luther, Témoin de Jésus-Christ«, Paris 1973), Göttingen [1]1980, 200 (zur Galatervorlesung von 1531): »Aber der Historiker muß feststellen: Luther hat die Weltgeschichte als einen unaufhörlichen Kampf angesehen, in dem Satan versucht, der guten Schöpfung Gottes Schaden zuzufügen. Dieser Kampf findet seinen besonderen Ausdruck in dem Streit, den Satan gegen Christus führt, der gekommen ist, die Geschöpfe Gottes zu erlösen und die *zerfallene Ordnung wiederherzustellen*« (Hervorhebung von mir).

In der Tradition der »germanisch-deutschen« Linie wie auch des mittelalterlichen Subjektivismus, beide aber exzessiv verstärkend, werden bei *Luther* »Sünde und Schuld... als persönliche Beziehungen beschrieben«[17]. Die Sünde richtet sich »nicht gegen ein unpersönliches Gesetz, sondern gegen den heiligen Gott.«[18] Deswegen ist zwischen Gott und Mensch »nichts anders denn eytel zorn und feyndschafft«[19]. Dieser Zorn betrifft vor allem den *einzelnen* Menschen; die Sünde, für die Jesus Christus gestorben ist, ist »meine Sünde«[20]. Auch für das Heil gelten die alten Vorstellungen: »Das Heil des Menschen besteht in der Versöhnung mit Gott und in der Befreiung von Sünde, Tod und Teufel«[21]. Aber alles wird subjektiv und im persönlichen Empfinden verankert: »So ich das erkenne (daß Gott uns liebt), so muss ich yhn (Jesus) liebhaben, Dann ainem solchem man muss ich hold sein... Item do erkenne ich den freuntlichen willen und die höchste liebe des vaters, die kain hertz empfinden kan: also ergreyff ich den got, wo er am waychsten ist und dencke: Ey das ist got, Ey so is gots willen und wolgefallen, das der Christus das vor mich thut«[22].

Trotz aller – romanischen – Vorliebe für Ordnungen und Gesetze geht es auch *Calvin* im Letzten um die subjektive Heilsfrage und Heilsvergewisserung, und auch die Gnadenstreitigkeiten im neuzeitlichen Katholizismus (vom spanischen Gnadenstreit zwischen Molinisten und Thomisten bis hin zum Jansenismus) sowie Frömmigkeit und Mystik sind von der neuen Subjektivität geprägt.

Diese Konzentration auf das Subjekt wurde verstärkt und existentiell bedrängend durch die sich seit dem Spätmittelalter noch steigernde Heils*angst*, die oft beinahe pathologische Formen annahm. Oder auch umgekehrt: Die für uns heute oft schwer begreifliche Heilsangst ist ein Zeichen schon für die »subjektive Wende«, die ja den einzelnen auf sich selbst zurückstieß, ihn den festen Halt objektiver Vorgegebenheiten verlieren ließ (vgl. Nominalismus, »Willkürgott« u.ä.). Zu einem nicht geringen Teil resultiert sie auch aus der mit der abendländischen Christologie von Anfang an notwendig verbundenen Predigt von der Sündigkeit des Menschen (Jesus ist unser Christus, weil nur er uns von der Schuld erlösen konnte – *wir* sind seit Adam unfähig zum Guten). Sobald diese Predigt nicht mehr nur objektive Ordnungszusammenhänge ansprach, sondern – zunehmend – auf die einzelnen als Individuen abzielte, umso bedrohter und ohnmächtiger mußten sie sich

[17] *Marc Lienhard*, a.a.O. 137.
[18] Ebd.
[19] WA 10,III,127,5.
[20] WA 10,I,2,221,24.
[21] *M. Lienhard*, ebd. 118.
[22] WA 10,III,154,18.

empfinden[23]. Die Angst ließ die Menschen nach allen Strohhalmen greifen, die sie dem Heil näherzubringen schienen; vor allem eine exzessive »Werkgerechtigkeit« oder sakramentale Praxis (vgl. z. B. den frühen *Luther*), Ablässe, Wallfahrten und Heiligenverehrung boten sich für eine subjektive Heilsvergewisserung an.
Die Reformation – grundsätzlich aber auch bald die katholische Rechtfertigungslehre – versuchte, sowohl die Heilsangst wie auch objektivierende Scheinsicherheiten zu überwinden.
In all diesen Phänomen zeigte sich, daß es soteriologisch nicht mehr genügte, von Welt und Menschheit, von *der* Sünde und *der* Erlösung zu sprechen. Es ging in Zukunft um die *je eigene* Sündigkeit und die *je eigene* Erlösung, die nicht mehr nur eine Spezifikation des Allgemeinen sind; sie werden zum Zentrum, von wo aus erst alles andere seinen Sinn empfängt.
Die im Mittelalter grundgelegte, jetzt endlich erkämpfte *Subjektivität des Denkens und Fragens ist der hermeneutische Schlüssel, von dem her sich die Veränderungen und neuen Gewichtungen der ansonsten fortgeltenden abendländischen soteriologischen Denkfiguren erschließen lassen.*

R. Seeberg vertritt die These, das im Mittelalter von der ihm fremden lateinischen Gestalt überlagerte germanische Christentum habe in der Reformation *Luthers* gewissermaßen zu sich selbst gefunden und »die romanische Religionsstufe« überwunden[24] – im Rückbezug auf *Paulus* und, eigentümlicherweise, *Augustinus*. Diese These ist insofern richtig, daß jetzt viele Eigentümlichkeiten des »deutschen Geistes« (was das auch im einzelnen sein mag) ungehinderter sich artikulieren können. Die *zentrale* »Neuerung« aber ist grundsätzlich *nicht* der *deutsche* Personalismus, sondern – wie ein Vergleich auch mit den anderen neuzeitlichen Konfessionen zeigt – *die neue Subjektivität*, die aus *gemein-abendländischen Wurzeln* herkommt; diese hat sich allerdings bei *Luther* – das unterscheidet ihn – *mit spezifisch deutschen Motiven verbunden*[25].

1.2.2 Die drei zentralen Aspekte neuzeitlicher Christologie

Der neuzeitliche Christ empfand sich – stärker als der mittelalterliche Mensch, der sich noch von übermächtigen Objektivitäten gehalten

[23] Vgl. o. 425–427.

[24] Lehrbuch der Dogmengeschichte, Vierter Band, erster Teil (= Dogmengeschichte 4, 1): Die Entstehung des protestantischen Lehrbegriffs (unveränd. photomech. Nachdruck von Leipzig ^{4}1933), Darmstadt ^{6}1959, 6 (vgl. auch 4–7).

[25] Daß die lateinische »Religionsstufe« nicht gänzlich abgelegt wird, zeigen einmal die Fortdauer des *Augustinismus* (vgl. auch *Seeberg*, ebd. 7) und vor allem die der juridisch-ethisch-soteriologischen Raster.

sah – auf sich selbst zurückgestoßen. In dieser ihn beängstigenden Situation streckte er sich aus nach dem Heil in Jesus Christus, das entsprechend den weiterhin fortgeltenden abendländischen Traditionen vor allem in der Rechtfertigung gesehen wurde. Wie im lateinisch geprägten Mittelalter ist Jesus *deswegen* der Christus, weil er die seit Adam allmächtige Sünde und den Teufel überwindet, mit seinem Tod unsere Schuld büßt, uns von Satan, Tod und Sünde erlöst und Gerechtigkeit bringt. Diese »Rechtfertigungschristologie« geht aber von einem neuen »Ort« aus: Dem radikal nach sich selbst fragenden und *sein* Heil und *seine* Heilsgewißheit in den Mittelpunkt stellenden Subjekt.

Die Neuzeit bringt also *keine gänzlich neuen inhaltlichen Assoziationen* in die Christologie ein, wie etwa zu anderen Zeiten die antiochenische oder lateinische oder keltische Christologie. *Die »Neuerung« ist vielmehr in einem »formalen« Moment zu sehen: in der Subjektivität des Fragens und auch – der Antwort,* d.h. der soteriologischen Rezeption Jesu (= in der Christologie). Jesus wird in der Neuzeit – plakativ gesagt – als *mein* Christus, Erlöser, Rechtfertiger verstanden. Christologie wird zentral zur *subjektiven Rechtfertigungschristologie*[26].

Wie sich aber schon die soteriologische Subjektivität auf dem Hintergrund der »objektiven« lateinischen Tradition entfaltete, von ihr sich *formal* abhob und zugleich sie in sich integrierte, so setzt auch die »subjektive Christologie« die lateinische Rechtfertigungschristologie voraus, unterscheidet sich von ihr und – integriert sie. Die Korrektur an den ererbten Formen, etwa an der *Anselm*'schen Satisfaktionschristologie, resultieren im Wesentlichen aus den neuen subjektiven Gesichtspunkten, während der »Mechanismus« selbst im Großen und Ganzen beibehalten wird.

Die subjektive soteriologische Aneignung Jesu entfaltet sich vor allem in den neuzeitlichen Rechtfertigungslehren (1). In ihnen wird die soteriologische Funktion Jesu, also sein Christussein für den einzelnen (und in und mit ihm: der Welt), beschrieben. Sie sollen im folgenden *als erste* kurz dargestellt werden.

Darüber hinaus (2) muß auf die *neuzeitliche Verwendung und Interpretation der altkirchlichen Christologie* eingegangen werden. Alle Konfessionen haben sie anerkannt und weitertradiert. Wie für das Mittelalter gilt auch jetzt, daß *diese* antike Form der Christologie zwar ein

[26] *Karl Barth*, Die Kirchliche Dogmatik, Bd. IV, Erster Teil: Die Lehre von der Versöhnung, Zürich ³1975, 579, meint: »Das Problem der Rechtfertigungslehre ist für jeden, der sich mit ihr beschäftigt, erstlich und letztlich das Problem des Faktums seiner eigenen Rechtfertigung.« Dies ist sicher zutreffend, in ganzer Ernsthaftigkeit gilt diese subjektive Fragestellung aber vor allem für die *neuzeitliche* Theologie und für »jeden«, der sich auf *diese* Weise mit ihr beschäftigt.

ehrfürchtig behandeltes Erbe darstellt, aber »als solche« nicht mehr die Gemüter bewegte; ihre Pflege war weithin auch jetzt eine Sache der »Schule«. Immerhin aber wurden die neuen soteriologischen Motive einmal mit den Sprachmustern und Bausteinen der antiken Christologie verbalisiert, zum anderen wurde diesen damit eine neue Instrumentalität zugewiesen.

Ein letzter Gesichtspunkt (3) bleibt schließlich zu berücksichtigen: Der neue Anspruch des Subjekts verlangte auch nach *subjektivem Zugang* zum einzigen Heilsmittler Jesus Christus. Deswegen stieß es sich – auch hier liegen die Anfänge im Mittelalter – am Anspruch der Kirche, die ihrerseits eine Heilsanstalt sein wollte und mit ihren mächtigen Instanzen und Institutionen zwischen den einzelnen und Jesus Christus bzw. Gott trat. Aufgrund der Subjektivität auch des christologischen Denkens mußte dieser Anspruch problematisch werden; *die Ekklesiologie wird zu einem Thema der neuen Christologie*.

Die hier angesprochenen drei Aspekte der neuzeitlichen Christologie gehören eng zusammen. Die Rechtfertigungschristologien werden formuliert mit den Mitteln der antiken Christologie, die man noch nicht einmal hypothetisch aus ihnen herauslösen könnte; die Interpretation der altkirchlichen Christologie gewinnt ihre Kontur von den verschiedenen Neuansätzen her und die Einstellung zur soteriologischen Rolle der Kirche gehört zuinnerst zur jeweiligen Rechtfertigungschristologie dazu. Methodisch aber mag die Herauslösung dieser Gesichtspunkte die Motivationen deutlicher hervortreten lassen.

1.3 Die »subjektive« Rechtfertigungschristologie

Für alle neuzeitlichen Konfessionen steht die Rechtfertigung des (einzelnen) Sünders im Mittelpunkt der Rezeption Jesu als (ihres) Christus. Wie schon ausgeführt, wird in diese subjektive Fragestellung auch das Ganze von Welt und Geschichte integriert, in je verschiedener Weise. Im Endergebnis mögen diese »neuen« Christologien – von Einzelheiten abgesehen – gar nicht so sehr verschieden sein von früheren Modellen[27]. Anders aber ist, daß der einzelne und sein Verhältnis

[27] *Hans Küng*, Rechtfertigung. Die Lehre Karl Barths und eine katholische Besinnung. Mit einem Geleitbrief von Karl Barth, Einsiedeln 1957, 23, stellt z. B. zu *Martin Luther* fest: »Man findet zwar bei ihm kaum einen theologischen Satz, der nicht auch bei manchen spätmittelalterlichen Theologen nachzuweisen wäre«. Erst recht gilt dies, wenn man die Tradition seit *Augustinus* einbezieht. Vgl. auch *A. Adam*, Dogmengeschichte 2, 265.

zu Jesus Christus nicht bloß konkrete Varianten einer allgemeinen Ordnung oder eines Geschehens sind, sondern im Vordergrund stehen; das Allgemeine tritt erst *danach* in den Blick, obwohl seine Raster (z. B. die Rechtfertigungschristologie) schon den einzelnen zuinnerst bestimmen.
Diese Fragestellung gilt allerdings erstens *nur grundsätzlich*; daneben gibt es immer *auch* konventionelle Formulierungen, die durchaus mittelalterlich klingen. Zum zweiten trifft sie auf die verschiedenen Konfessionen, auf Epochen ihrer theologiegeschichtlichen Entwicklung und ebenso auf verschiedene Theologen in unterschiedlicher Weise zu. Es möge erlaubt sein, die Untersuchung im folgenden nur auf die *drei Haupttypen* der neuzeitlichen Konfessionen zu beschränken; eine Analyse der Christologie bei *Zwingli* oder anderen Reformatoren, in der anglikanischen Kirche oder etwa bei den »Schwärmern« könnte nur inhaltliche Varianten aufzeigen, ohne daß sich eine neue, andere »Logik« der Christologie ergäbe.

1.3.1 Die Rechtfertigungschristologie Martin Luthers

Im folgenden soll nicht die Theologie *Luthers* detailliert geschildert, sondern lediglich sein Grundansatz charakterisiert werden, soweit er für unsere Frage von Bedeutung ist. Hierbei können die spannungsreiche Komplexität seines Denkens wie auch die Stadien seiner Entwicklung nicht berücksichtigt werden[28].
Luther ist geprägt von den Motiven der lateinisch-mittelalterlichen Rechtfertigungschristologie. Diese Art der christologischen Rezeption Jesu hatte zur Voraussetzung ein *totales Verdikt* über den Menschen und seine Möglichkeiten, weil nur so die alleinige Heilsmittlerschaft Jesu Christi auf ethisch-juridisch-praktischer Ebene festgehalten werden konnte (Erbsündenlehre usf.)[29]. Entsprechend dem kulturgeschichtlichen Progreß zur realisierten Subjektivität des Menschen hat *Luther* diese Denkfigur *für seine eigene Person internalisiert,* er sieht die Sünde vor allem als *seine* Sünde und *sich selbst* als Sünder (und so auch alle anderen Menschen).

[28] Für eine genauere Information soll – neben den Darstellungen der Theologiegeschichten (vor allem: *R. Seebergs*) – vor allem auf zwei Monographien verwiesen werden: *Dorothea Vorländer*, Deus incarnatus. Die Zweinaturenchristologie Luthers bis 1521 (Untersuchungen zur Kirchengeschichte, Bd. 9), Witten 1974, und *Marc Lienhard*, a.a.O. Beide Untersuchungen verstehen allerdings unter »Christologie« die klassische Christologie, trotz aller Betonung des engen Zusammenhangs von Christologie und Soteriologie bei *Luther*.
[29] Vgl. o. III 3.2 u. 7.2.

Erst diese subjektive Annahme der eigenen Sündigkeit ist die Voraussetzung dafür, auch ganz existentiell nichts von sich[30] und alles von Gott bzw. Jesus Christus zu erwarten; nur auf dieser Basis kann Jesus Christus unser *einziger* Heilsmittler sein, weil wir sonst auf uns selbst (Werke) setzen würden. »Alles was in uns ist, darf keinen Halt bieten, damit wir uns an das halten, was außer uns ist, damit wir das ›extra nos i.e. in Christo‹ leben«, beschreibt *Hans Joachim Iwand* diese Grundlage[31]. Der Mensch muß ganz klein, ja ein Nichts und ein Nichtswürdiger werden, damit Gott in Jesus groß und würdig handeln und uns – sola gratia – rechtfertigen kann: »Eine solche Rechtfertigung kommt aber erst dann zustande, wenn der Mensch sich vor Gott demütigt und bekennt, daß er ein Sünder ist, und Gottes Barmherzigkeit und Gnade anruft. Er schreibt sich dabei nur Sünde, Lüge, Torheit, Untauglichkeit und Verdammnis zu, Gott aber all das, was gut ist.«[32]

Aufgrund der abendländischen christologisch-soteriologischen Tradition bringt der erste entschiedene Schritt in die Subjektivität zunächst einmal die Erfahrung völliger Ohnmacht und Sündigkeit eben dieses Subjekts, eine Erfahrung, die auch existentiell von Ängsten begleitet war. Eine positive soteriologische Antwort konnte deswegen nur im extra-nos des Heils in Jesus Christus gefunden werden. Er allein ist unsere Rettung. »Wenn der Mensch durch das Gesetz zerknirscht wird und sich als Sünder erkennt, kann er nur durch den Glauben aufgerichtet werden. Er soll allein auf das Kreuz Christi schauen und nicht auf das Gesetz oder auf seine eigenen Werke.«[33]

Der soteriologische Ausgangspunkt erfordert es, daß das Heil durch Jesus Christus rechtlich-ethischer Natur und im Kreuz verankert ist. Die uns geschenkte Rechtfertigung wird von *Luther* mit allen denjenigen Begriffen beschrieben, die auch bisher in der abendländischen Tradition vorkamen: Jesus Christus hat sich als Priester Gott geopfert, ihn somit versöhnt und Genugtuung geleistet[34], er hat uns dem

[30] *E. Troeltsch*, Protestantisches Christentum und Kirche in der Neuzeit, a.a.O. 268, spricht von »der aufs höchste gesteigerten Lehre von der Erbsünde, die alles Christliche vom Außerchristlichen isoliert, die Gegenwart Gottes in der Schöpfung und den natürlichen Gütern wieder entwertet...«

[31] Rechtfertigungslehre und Christusglaube. Eine Untersuchung zur Systematik der Rechtfertigungslehre Luthers in ihren Anfängen (unveränd. reprogr. Nachdruck von Leipzig ¹1930), Darmstadt ²1961, 107.

[32] *Bengt Hägglund*, Geschichte der Theologie. Ein Abriß (Schwedische Originalausgabe »Teologins Historia. En Dogmhistorisk Översikt«, Lund, o.J., übers. von *Alfred Otto Schwede*), München 1983, 173.

[33] *B. Hägglund*, ebd. 175.

[34] Z.B. WA 10,I,1,718: »... durch seyn priesterschafft beschirmet er uns fur allen sunden und gottis tzornn, tritt fur uns und opffert sich selb, gotte tzu vorsunen...«

Teufel[35] abgekauft – *Luther* übernimmt sogar das Motiv vom gefoppten Teufel –, Teufel und Tod besiegt usf. Entsprechend der »personalistischen« Sicht wird allerdings auch das »Werk« Jesu Christi stärker als im Mittelalter »personalisiert«. Zum einen ist Jesus zwar der gerechte Mensch und ohne Sünde, aber er ist auch in unsere Sündenwirklichkeit eingegangen. Schon in der Zeit vor 1517 betont *Luther*, »daß er (Christus) auch mit der Sünde der anderen solidarisch sein konnte. Er war auch so sehr Mensch, daß er am Kreuz das Verlassensein erlitt. Zum physischen Leiden tritt... das moralische Leiden hinzu, das durch die Erfahrung des Zornes Gottes gekennzeichnet ist.«[36] Diese Linie verstärkt sich später in der Theologie Luthers: *Christus ist für uns zur Sünde geworden*[37]. Zum anderen stellt der Reformator die freiwillige Liebe sowohl Gottes (»dann got ist ein glüender backofen foller liebe«)[38] wie auch Jesu Christi immer wieder heraus[39], wobei er, wie die Tradition, Probleme hatte zu erklären, wieso gerade dieser blutige Weg der Genugtuung erforderlich war; und ebenso war, wie in der lateinischen Tradition, diese Rechtfertigung in Jesus Christus nur möglich, weil er Gott und Mensch zugleich war[40].
Jesus ist vor allem aber der Rechtfertiger oder Christus des *einzelnen*, der in ihm sich festmachen und vor Gott gerecht sein kann. »›Für dich, für dich‹ – das sind die Schlüsselworte, die Luthers Verkündigung von Christus bestimmen«[41]. Oder, in den Worten *Luthers*: »Um meinetwillen (propter me) ist Christus gestraft und geschlagen worden, damit ich heilig und in Frieden sei.«[42]
Zu dieser Rechtfertigung in Jesus Christus konnte der einzelne Mensch nichts beitragen, und auch nachher – als Gerechtfertigter –

[35] Zur zentralen theologischen Funktion des Teufels im Konzept *Luthers* vgl. *Hans-Martin Barth*, Der Teufel und Jesus Christus in der Theologie Martin Luthers (Forschungen zur Kirchen- und Dogmengeschichte, Bd. 19), Göttingen 1967.

[36] *M. Lienhard*, a.a.O. 67; vgl. auch ebd. 136: »Im System Anselms geht Christus nicht wirklich in die sündige Situation der Menschheit ein, er macht die Erfahrung des Zornes Gottes nicht, und er kämpft nicht, sondern er vollzieht die geforderte Leistung.« Hier scheinen allerdings die »personalen« Züge auch des *Anselm*'schen Systems ein wenig unterbewertet zu sein, zum anderen bleiben Spannungen zu der auch von *Luther* angenommenen Sündelosigkeit Jesu.

[37] Vgl. u. 483.484.

[38] WA 10 III 56,2.

[39] Auch für diese Sicht bietet die mittelalterliche Überlieferung, wie schon dargestellt, positive Ansätze.

[40] Vgl. u. IV 1.4.

[41] *M. Lienhard*, a.a.O. 135 (mit Verweis auf *J. K. Siggins*, Martin Luther's Doctrine of Christ, Yale Publications in Religion 14, New Haven, London 1970, 110f.).

[42] Wa 40, III, 720, 20.

erfährt er sich als Sünder. Zwar wird nach *Luther* durch die Taufe die Schuld der Erbsünde aufgehoben, sie bleibt aber dennoch im einzelnen Menschen weiterhin real; ihre Folgen, vor allem die Konkupiszenz, wirken fort und sind selbst Sünde. Kein Mensch kann sich dieser seiner Realität entziehen, er bleibt Sünder – auch als Gerechtfertigter (simul peccator et iustus).

Deswegen kann die Rechtfertigung nicht anders aufgefaßt werden denn als ein *juridischer Vorgang*, durch den Gott uns – um des Kreuzes Christi willen – unsere Sünden nicht zur Verdammnis *anrechnet* und seinen Zorn von uns abwendet. Diese forensische Auffassung erscheint als Konsequenz von subjektiv internalisierter Erbsündenlehre und ebensolchem Sündenbewußtsein bzw. einer subjektiv internalisierten abendländischen Christologie, die das Ausschließen eigener ethischer Wege zum Heil bzw. das »solus« im Christusbekenntnis radikal auf das Subjekt anwendete[43] – während das Mittelalter, *bei aller Hervorhebung der alleinigen Heilsmittlerschaft Jesu Christi*, im Vorfeld der Rechtfertigung gewisse Konvenienzgründe für die Gnadenwahl Gottes in Bezug auf den einzelnen nicht ausschließen wollte (z. B. merita de condigno ((oder congruo)) oder eine natürliche Vorbereitung) und für die Gerechtfertigten synergistische Perspektiven kannte.

Die Zueignung (Imputation) des Kreuzes Jesu Christi an uns wird von *Luther* wie eine Befreiung von aller Last erfahren; der Mensch kann frei sein von Heilsängsten und dem Zwang des Gesetzes, die Forderung nach guten Werken erstickt ihn nicht mehr. Der Glaube an die – im Grunde ja recht äußerliche – juridische Anrechnung wird *mit subjektiver Innerlichkeit* angeeignet: als beatum commercium, seliger (oder fröhliche) Tausch (oder Wechsel). Schon (am 8. 4.) 1516 schreibt *Luther* in einem Brief: »Tu, Domine Jhesu, es iustitia mea, ego autem sum peccatum tuum; tu assumpsisti meum, et dedisti mihi tuum.«[44]

Wie aber kann *der einzelne* an dieser Rechtfertigung in Jesus Christus partizipieren? Hier übernimmt *Luther* im Wesentlichen zwei Modelle,

[43] Diese Auffassung von Rechtfertigung begründet sich mit paulinischen Gedankengängen, in denen die Erlösung in Jesus Christus dem Heilsweg des jüdischen Gesetzes entgegengestellt wird; aber sie werden jetzt *grundsätzlicher*, allgemeiner verstanden entsprechend der neuzeitlichen Problematik. Überlegungen des Paulus, die zu seinem Grundansatz in einer gewissen Spannung stehen (vgl. das Schlagwort *Rudolf Schnackenburgs*: »R.[echtfertigung] durch den Glauben u. Gericht nach den Werken« ((Rechtfertigung, IV. Bibl.-theol. Problematik, in: LThK ^{2}8,1036)) treten zurück). Vgl. auch z. B. *H. Küng*, Rechtfertigung, a.a.O. 25: »Luther und der jüngere Melanchthon übertrieben, wenn sie in Paulus nur den Lehrer der Rechtfertigung sahen.«

[44] Brief an *Georg Spenlein*, WA Br. 1,35,25.

die – auf biblischen Motiven aufruhend – die abendländische Christologie von Anfang an bestimmten: *Prädestination* (und Gnade) sowie *Glaube*[45].

Die Erlösung beruht, grundsätzlich wie auch für den einzelnen, auf der Gnade, dem Gnadenwillen Gottes, der trotz seines Zornes und der Feindschaft zwischen ihm und den Menschen die Versöhnung in seinem Sohn herbeiführt. Er allein ist es auch, der den einzelnen, der ja nichts beitragen kann und dessen Wille – soteriologisch – unfrei ist, unfehlbar zum Heil bestimmt. Er wirkt in ihm den rechtfertigenden Glauben bei denen, die er retten will. Auch hier bleibt aporetisch, wieso es dann zur Verdammnis einiger (vieler?) kommen kann. Zwar hält *Luther* dies für eine gerechte Bestrafung der betroffenen Sünder; wieso Gott sie aber nicht, wie andere, – allmächtig und prädestinierend – zum Glauben bewegt hat, bleibt dunkel. So ist das Heil des einzelnen ganz Tat Gottes; wie auch schon seit *Augustinus* erscheint in *dieser Überlegung* das Kreuz Jesu Christi als eine Art allgemein-juridischer Bedingung, die nur die Grundlage für »Heil überhaupt« schafft, nicht aber die Entscheidung für den je einzelnen gebracht hat. In *diesem* Gedankengang ist die Rolle Jesu als Christus *des einzelnen* (wie auch in der Tradition vorher) problematisch[46].

[45] Die beiden Motive entsprechen zwar der gesamten abendländischen Tradition seit *Augustinus*, gerade aber in der *»deutschen«* Theologie findet sich immer wieder das spannungsreiche *Nebeneinander* einer absoluten Normierung durch Gott *und* stark betonter personaler (und emotional besetzter) cooperatio (vgl. o. III 5). Beide Aspekte greift *Luther* auf: Gott ist allmächtig und bestimmt, was ist und geschieht – in Schöpfung und Erlösung; *Luther* erfährt sich von dieser Allursächlichkeit gehalten – dies gilt besonders, für den Bereich der Erlösung, durch die Prädestination. Eine heilsrelevante Mitwirkung muß er von seinem Ansatz her allerdings ausschließen; der (von Gott geschenkte) Fiduzialglaube aber ist gewissermaßen der letzte, aber auch zugleich allerpersönlichste und intimste Ort, an dem der einzelne seine (noch einmal: gottgegebene) Antwort spricht, Subjekt und Person also sich vollziehen (Daneben kennt *Luther* – *nach* der Rechtfertigung – eine Mitwirkung am Werk Gottes). Nicht in der theologischen Wertung, wohl aber für den faktischen existentiellen Vollzug kommt also die Person zu ihrem Recht. Dennoch ist es kaum möglich, in dieser (theologiegeschichtlich) späten Zeit die Behandlung einzelner Motive (hier: Prädestination und Glaube) in eine bestimmte ethnische Tradition hineinzustellen, da diese *Traditionen* sich im Verlauf der Universalisierung abendländischer Kultur gewissermaßen selbständig gemacht und allgemein verbreitet haben (vgl. die Vorstellung von der Allwirksamkeit Gottes z. B. in der franziskanischen und spätmittelalterlichen Theologie). Grundlegend ist die Theologie *Luthers* »neuzeitlich« (d.h. subjektiv auf lateinisch-mittelalterlicher Basis), aber mit stark deutscher Konkretisierung.

[46] Allerdings ist anzumerken, daß *Luther* diese Konzeption nicht systematisch durchhält: »Für die Gestaltung der einzelnen Lehren hat die Prädestinationsidee als solche kaum Bedeutung« (*R. Seeberg*, Lehrbuch der Dogmengeschichte, Vierter Band, Zweiter Teil: Die Fortbildung der reformatorischen Lehre und

Anders aber sieht es aus bei der Reflexion des rechtfertigenden *Glaubens* des einzelnen. Er ist zwar Geschenk des prädestinierenden Gottes, ohne alle Prädisposition des einzelnen in ihm gewirkt. Aber dieser Glaube ist auch und ganz ein *Vollzug des Subjekts*, das sich auf Jesus Christus verläßt (Fiduzialglaube), in ihm seinen Halt sucht und findet und seines Heils gewiß wird. Hier kommt der einzelne als einzelner zu seinem Recht: »Das ist der glawbe, wilcher auch alleyne der Christlich glawbe heyst, wenn du glewbist on alles wancken, Christus sey nit allein S. Petro unnd den heyligen eyn solcher man, tzondernn auch *dyr selbs, ia dyr selbs mehr denn allen andernn*. Es ligt deyne selickeyt nicht daran, das du glewbist Christus sey den frummen eyn Christus, tzondernn das er *dyr eyn Christus und deyn sey*.«[47] Der richtige Glaube »ist für den Christen der Glaube, daß Christus für ihn persönlich geboren ist und für ihn das Heilswerk vollbracht hat.«[48] Für diesen Glauben gebraucht *Luther* oft den Begriff der Erfahrung, experientia, die durch das Wort Gottes unser Herz ergreift: »So ich gleich hundert jar von gott predigt, wie er so freüntlich, süss unnd miltsam sey, den menschen helff, und doch das nit durch die erfarung geschmeckt hab, so ist noch alles nichts.«[49] Diese Erfahrung verleiht die Gewißheit der Rechtfertigung durch das innere Zeugnis des Geistes.

Der Glaube aber bringt zugleich auch eine Neuschöpfung und Wiedergeburt des Sünders, einmal weil Christi Gerechtigkeit uns zugerechnet wird, aber auch weil sie uns verändert zum Guten hin. Hier scheint der Ort zu sein – die Aussagen *Luthers* sind nicht immer ohne Spannungen –, an dem die Rechtfertigungsvorstellung die forensische Dimension überschreitet. Die juridische Zurechnung des Opfers Jesu Christi bleibt zwar die Grundlage, zugleich aber schafft sie die Möglichkeit für eine *wirkliche Heiligung* des Menschen auch in guten Werken. »Und so treibt Christus Adam von Tag zu Tag mehr und mehr aus.«[50] Nach *R. Seeberg* versteht *Luther* darunter »eine reale sündentilgende Gerechtmachung, bei der wir passiv sind und Gott aktiv ist, und in *diesem* Sinn ist es *Gottes* oder *Christi Gerechtigkeit*«. Aber wir müssen diese gläubig annehmen, »und daher ist diese Gerechtigkeit auch eine *Gerechtigkeit des Glaubens*.« Aus ihr – selbst wieder Tat Gottes – resultiert eine ›zweite Gerechtigkeit, d. h. der aktiven Lebensgerechtigkeit,

die gegenreformatorische Lehre ((im folg.: Dogmengeschichte 4, 2)), unveränd. photomech. Nachdruck von Leipzig ³1920?, Darmstadt ⁵1959, 581). Aus diesem Grund kann *Luther* in anderem Zusammenhang der Christologie ein größeres Recht einräumen.

[47] Adventspostille (zu Mt 21,1–9), WA 10,I,2,24.25.

[48] *M. Lienhard*, a.a.O. 143.

[49] WA 12,634,8–11.

[50] WA 2,146,32.

die sich in guten Werken darstellt‹[51]. Letztere aber sind eine – gottgewirkte – *Folge* der forensischen Rechtfertigung und des Glaubens, sie haben selbst *keine soteriologische Bedeutung*: »Non iusta faciendo iustus fit, sed factus iustus facit iusta.«[52] Obwohl aber der Mensch durch den »Glauben an die Genugtuung Christi für ganz und gar gerecht gilt« und darüberhinaus »die Sünde immer mehr abnimmt und die Gerechtigkeit zunimmt«, bleibt er doch »seiner fleischlichen Natur nach durch und durch Sünder«, oder: »Er ist ›alter Mensch‹ und gleichzeitig ›neuer Mensch‹. Es sind in ein und derselben Person ›duo toti homines et unus totus homo‹«[53].
In solchen Überlegungen, die bei *Luther* zwar nicht immer mit Reinheit durchgehalten sind, aber doch in einer gewissen Kohärenz auftreten, wird die Schwierigkeit deutlich, dem Subjekt zu seinem Recht zu verhelfen, da gerade die subjektiv internalisierte abendländische Rechtfertigungschristologie dies unmöglich zu machen schien. Der vertrauende Glaube und auch die persönliche Heiligung geben ihm eine gewisse Rolle und Bedeutung, die aber sogleich auch theologisch widerrufen werden muß: Glaube und Heiligung sind Gottes oder Christi »Werk«, weil der (einzelne) Mensch nur Sünder ist.
Die Rechtfertigungslehre *Luthers* repräsentiert zweifellos *seine* Art, Jesus als *seinen* Christus zu rezipieren; *es handelt sich hierbei um Christologie*. Selbst *Marc Lienhard*, der in seiner ausgezeichneten Studie über die Christologie *Luthers* diesen Begriff für die antike Christologie reserviert, meint: »Die Tatsache, daß Luther bald die Rechtfertigung durch den Glauben, bald Christus selbst (oder die »fides Christi«) als die Mitte des Glaubens bezeichnet, zeigt deutlich, daß dies die beiden Seiten ein und derselben Wirklichkeit sind. Die Rechtfertigung durch den Glauben ist nur eine bestimmte Art, die Christuswirklichkeit auszudrücken, und umgekehrt kann man nicht wirklich von Christus reden, ohne die Rechtfertigung durch den Glauben in Betracht zu ziehen. Christus ist ja gerade *als* der Erlöser, der allein mein Heil verwirklicht und Glauben fordert, die Mitte der Schrift...«[54]
Luthers Rechtfertigungschristologie hat mit den gleichen Schwierigkeiten zu tun wie die traditionelle[55], darüberhinaus aber bringt sie neue Probleme mit sich, die sich aus der Mittelpunktstellung des einzelnen ergeben: Wie kann das Individuum zur Geltung kommen, wenn eine – schon eintausend Jahre alte – ethisch-juridisch-praktisch verstandene alleinige Heilsmittlerschaft Jesu vor allem subjektiv ge-

51 Dogmengeschichte 4,1, a.a.O. 297.
52 WA 2,492,21.
53 *B. Hägglund*, a.a.O. 177.
54 A.a.O. 201.
55 Vgl. o. III 7.2.

wendet wurde und somit eben die Ohnmacht und *bleibende* Sündigkeit des einzelnen zur Voraussetzung hatte? Wie konnte die beeindruckende, sich von ekklesialen Bevormundungen befreiende[56] und letztentscheidende Selbstbetätigung des einzelnen im rechtfertigenden Glauben durchgehalten werden, wenn sie im gleichen Augenblick aus christologischen Gründen wieder bestritten werden mußte: Der Glaube ist Handlung Gottes und Christi, die »Selbst«-betätigung ist Tat eines anderen, alle Autonomie ist Heteronomie (Christonomie)? Wie konnten das (»bloß«) geschichtliche Subjekt wie auch das (»bloß«) geschichtliche Kreuz soteriologische Bedeutung haben, wo doch alles im metahistorischen Heilswillen Gottes festgemacht ist[57]?

[56] Vgl. u. IV 1.5 (1).

[57] Hier scheint die Unstimmigkeit *Luthers* (wie auch *Calvins*) eine doppelte zu sein: *Einmal* ist zwar *ein* »objektives« Datum, die Sünde Adams, völlig zu *unserer eigenen Wirklichkeit* (bis hin zu unserer ›verderbten Natur‹) geworden; vorgängig zu jeder (ohnehin soteriologisch nicht mehr »freien«) Entscheidung ist der einzelne ein Sünder und Gegenstand des Zornes Gottes. Das *andere* »objektive« Datum, die Erlösung am Kreuz, hat aber – *vor* der Rechtfertigung des einzelnen – keinerlei vergleichbare Auswirkungen auf das Subjekt. Müßte nicht logisch aus der Wirksamkeit des einen auf die des anderen geschlossen werden? Wenn Gott uns die Sünde des einen zur Verdammnis anrechnet, wieso die ja noch gewaltigere Tat des anderen nicht zum Guten? Sicher nicht zur Rechtfertigung des einzelnen, aber doch wenigstens so, daß unsere »Situation« auch vorgängig zur eigenen Rechtfertigung nicht mehr so völlig gnadenlos ist wie die ohne Kreuz Christi? Oder vom Subjekt her gesehen: Wenn die (objektiv geschehene) Rechtfertigung uns erst subjektiv zukommt im Glauben, dürfte dann nicht auch die Sünde Adams erst unsere werden durch unsere eigene Schuld? Hier werden zwei immer wieder aufeinander bezogene Größen je anders bewertet. *Zum andern* müßte zumindest gefragt werden, ob die – von der eigenen Sündigkeit ausgehende – soteriologische Hoffnung tatsächlich *umgreifend genug* ins Auge gefaßt ist, wenn die Perspektive ihrer Realisierung (fast) nur unter dem Gesichtspunkt der juridischen Nichtanrechnung aufscheint. Liegt nicht die Sehnsucht nach *auch* ein wenig *eigener Güte* und *Nicht-mehr-nur-Sünder-Sein* in der Tendenz jeglicher – ethischer – Soteriologie? Auch dann bliebe – grundsätzlich und am Anfang und am Ende – noch genug, was Gott gratis und imputativ vergeben muß, da es (auch ethisch) sinnvolle Existenz nicht gibt (sonst brauchte es keine Soteriologie und keine Christologie). M.a.W.: Ohne Hoffnung auf Vergebung ohne eigenes Verdienst (= Nichtanrechnung der Schuld) wäre menschliches Leben weder Gott noch den Mitmenschen gegenüber auszuhalten. Aber gehört nicht zu jeder soteriologischen Hoffnung *auch* die Möglichkeit, sich selbst nicht grundsätzlich und immer völlig negieren zu müssen? *Luther* (und *Calvin*) haben zwar diesen Aspekt durchaus berücksichtigt: Wir sind Sünder *und* Gerechte (aufgrund der Gerechtigkeit Christi); der alte Adam wird ausgetrieben – aber dieser Progreß darf in keiner Weise (im Unterschied zur Sünde Adams) auch ein wenig uns selbst realiter zugehören. Wieder anders: Ist die Rechtfertigung dann wirklich *unser geschichtliches Heil*? Um der Geltung *dieser* Christologie willen durfte offensichtlich die soteriologische Hoffnung des Subjekts nur partiell und mit komplizierter theologischer Begründung aufgegriffen werden.

Natürlich werden auf diese Fragen auch Antworten versucht; aber sie befriedigen nur, solange sie nicht bis zum Ende durchgedacht werden. So bleibt der gewaltsame Durchbruch zu einer neuen Subjektivität im soteriologisch-christologischen Geschehen an die – von manchen ekklesialen Mechanismen befreite – »Objektivität« der »fides« (im mittelalterlichen Sinne) gebunden und wird von ihr gebrochen. Damit soll allerdings nicht geleugnet werden, daß die angestrengte reflexive und emotionale Spannung, in die das Subjekt hineingestellt wurde – zwischen totaler Selbstverurteilung und erlöster Heilsgewißheit in Jesus Christus –, zu einer faszinierenden Form differenzierten *höchstpersönlichen* Christseins geführt hat, die es so in der Geschichte bisher nicht gegeben hat.
Vor allem aber mag deutlich geworden sein, daß die neue Rechtfertigungschristologie *Martin Luthers* vor allem *kulturgeschichtlich* bedingte Wurzeln hat. Die neuzeitliche subjektive soteriologische Fragestellung *mußte* zu einer gewandelten Gestalt der traditionellen abendländischen christologischen Figuren führen; *Luther* hat die dem Christentum gestellte Aufgabe genial und mit beeindruckender existentieller Ergriffenheit vorangetrieben und entscheidende Lösungsmodelle formuliert.

1.3.2 Die Rechtfertigungschristologie des Johannes Calvin (Jean Cauvin)[58]

1.3.2.1 Die neuzeitlich gewendete romanische Theologie

Der Theologie *Calvins* wird im allgemeinen eine strengere Systematik und größere innere Kohärenz zugeschrieben als der *Luthers*. Diese Auffassung trifft wohl zu für die Binnenbetrachtung, obwohl die innere Stimmigkeit des Ganzen und seiner Teile auch viele Aporien aufwirft. Fragt man aber nach den kultur- und theologiegeschichtlichen Wurzeln des großen Entwurfs, so sieht die Sache anders aus; viele Motivstränge laufen in ihm zusammen und sind – beinahe ununterscheidbar – miteinander verbunden.
Zunächst einmal kommt *Calvin*, wie auch *Luther, aus der lateinischen Tradition* her. Mehr aber als *Luther* ist er, der Romane, mit ihr verbunden; vielleicht erklärt sich von hierher auch seine größere Nähe zum Humanismus.
Gott ist für *Calvin* vor allem imperativer Gesetzgeber, Souverän und Herr; sein Wille bestimmt schlechthin alles. Er hat von Ewigkeit her der Schöpfung und den Menschen einen Ordo eingestiftet und auferlegt, der vor allem sittlich

[58] Leider verbleibt im hier gesetzten Rahmen keine Möglichkeit, *Calvins* Theologie detailliert und in ihrer Entwicklung darzustellen; hierfür sei der Leser auf die übliche Literatur verwiesen. Vieles muß deswegen mehr Denkanstoß und Frage bleiben und kann nicht im einzelnen nachgewiesen werden.

verstanden wird. Die Bestimmung des Menschen ist vor allem juridisch-ethischer und praktischer Natur, er muß gehorsam sein, sich unterwerfen und das Gesetz erfüllen. Der Fall Adams hat Schuld über die Menschen gebracht, aus der sie selbst nicht mehr herausfinden können. Nur Gottes Wille vermag ihnen zu helfen, und so ist das Erlösungswerk von Ewigkeit her miteingeplant. Gott aber kann - wie bei *Anselm* – nur seinen Zorn überwinden und Gnade walten lassen, wenn für die Schuld auf rechtlich-ordentliche Weise Genugtuung geleistet wurde. Dies geschieht – aufgrund des Ratschlusses Gottes – durch den Gottmenschen Jesu Christus, der in seiner Menschheit Satisfaktion leistete, indem er gehorsam war, den Sühnetod erlitt und damit unsere Strafe auf sich nahm; weil er zugleich Gott war, hat er damit Tod, Sünde und Dämonen besiegt: »*Calvin* sieht also die objektive Versöhnung als die Voraussetzung der realen Umwandlung der sündigen Menschheit an«[59].

Diese Genugtuung *rechnet Gott uns Sündern an* und kann uns infolgedessen jetzt seinen (schon von Ewigkeit her vorhandenen) Heilswillen, der zugleich das Heil und – im gegenläufigen Fall – das Unheil des Sünders allein bewirkt, bekanntgeben. Durch die Imputation der Gerechtigkeit Christi, die uns im – allein gottgewirkten – Glauben konkret zukommt, entfaltet dann der Geist Gottes in uns seine Wirksamkeit. Er führt uns zur Wiedergeburt und einer immer umgreifenderen Heiligkeit, die vor allem in der Einhaltung des Gesetzes Gottes, wie es im Alten und Neuen Testament uns kundgemacht wurde, besteht – also in unseren guten Werken. Nicht letztere aber sind für unser Heil relevant, sondern allein die Anrechnung des Todes Jesu Christi. Ohne diese forensische Rechtfertigung ist all unser Bemühen umsonst: »sola fide non tantum nos sed opera etiam nostra iustificari«[60].

Nach der Rechtfertigung spielt das Gesetz, auch das – unter anderen Gesichtspunkten negativ gewertete – alttestamentliche Gesetz, eine beherrschende Rolle. *Calvin* hat darüberhinaus generell eine Vorliebe für Ordnungen, bis hin zur Regelung aller möglichen Fragen des christlichen und gemeindlichen Lebens.

Wie in der gesamten lateinischen Tradition ist – neben der Erbsündenlehre – die Prädestinationsvorstellung wichtig; sie tritt bei *Calvin* – ausdrücklich als doppelte Prädestination, zur Seligkeit oder Verdammnis – ganz in den Vordergrund und wird zur *zentralen soteriologischen Größe*: Heil und Unheil des einzelnen sind von Ewigkeit her in Gott beschlossen, ohne daß diese Entscheidung irgendetwas mit uns selbst, unseren Ängsten und Bemühungen zu tun hätte. Wen Gott retten will, den rettet er, und umgekehrt. Die Frage nach der Gerechtigkeit dieser Zusammenhänge, wie auch anderer Schwierigkeiten, hält *Calvin* für unzulässig, weil sie Gottes Willen zu »hinter«-fragen unternimmt; seine Antwort ist – im Anschluß an *Augustinus*[61] – ein trotziges »quia voluit« (deus).

[59] *R. Seeberg*, Dogmengeschichte 4, 2, 589.

[60] Institutio religionis christianae (= Inst., im folgenden nach der Ausgabe in: Corpus Reformatorum ((CR)), Bde. 29 u. 30, Brunsvigae 1863 und 1864), Ausgabe von 1559, III 17,10 (CR 30,598).

[61] Vgl. o. 357, A. 47.

Durch die Rechtfertigung in Christus wird nach dem Willen Gottes in uns (bzw. den Erlösten) ein Gnadenstand herbeigeführt, der dem entspricht, was Gott Adam vor der Sünde zugedacht und verheißen hat: »Calvin aber hat von seinen Anfängen an die Urstandstheologie als Darlegung des Gnadenstandes aufgefaßt.«[62]

Dieses hier nur ungenau skizzierte System entspricht in seinen Modellen und Rastern gänzlich der lateinisch-abendländischen Tradition, – es gibt nichts Neues –; allerdings sind sie – als Bausteine – anders verwendet, gewichtet und zusammengefügt, so daß die bisherige(n) Theologie(n) völlig verändert werden. Welche Motive haben diese Veränderungen bewirkt?

Hier ist an erster Stelle auf den Einfluß deutscher Reformatoren hinzuweisen, auf *Martin Bucer* und – vor allem – *Martin Luther*. Schon früh lernte *Calvin* Schriften *Luthers* kennen; er blieb auch später davon »überzeugt, daß er die Lehrgrundlage mit Luther gemeinsam habe, und zwar in der Auffassung nicht nur von der Rechtfertigung, sondern auch von Prädestination und Abendmahl.«[63]

Über die näheren Umstände seiner Wende zur Reformation – 1533/34 – ist nicht viel bekannt. Aber es würde wohl zu weit führen, seine »plötzliche Bekehrung« ausschließlich auf den literarischen Einfluß *Luthers* zurückzuführen; *Calvins* soteriologisches Suchen und Fragen muß wohl von einer Art gewesen sein, daß ihn *Luthers* Verkündigung einer (imputativen) Rechtfertigung allein aus dem Glauben unmittelbar getroffen hat. M. a. W.: Er muß sich wohl in einer ähnlichen Problemlage befunden haben.

Mit dieser Vermutung sollen keineswegs biographische oder psychische Ähnlichkeiten behauptet werden, die es – wahrhaftig – nicht gab. Die beiden Männer waren grundverschieden. Wohl aber zeigt die später niedergeschriebene Theologie *Calvins*, daß er – geistes-, kultur- und theologiegeschichtlich – mit *Luther* den *neuzeitlichen Ansatzpunkt* der religiösen Fragestellung teilte. Wie *Luther* und viele Zeitgenossen, denen die Reformation wie eine Befreiung erschien, hatte auch *Calvin* wohl die lateinisch-abendländische Soteriologie so radikal *subjektiv* internalisiert, daß er *sich selbst* ganz persönlich und radikal als Sünder sehen mußte; auf sich als Sünder zurückgeworfen und zugleich doch die soteriologische Hoffnung des Subjekts nicht aufgebend, empfand auch er wohl – wiederum wie viele damals – die forensische Rechtfertigung aus dem Glauben wie eine Lösung, besser: »die« Lösung. Der Zwang, »die Werke«, die Sakramente und alle »objektiven« Heilsvermittlungen der Kirche als soteriologisch relevant anzusehen, entfiel.

Diese subjektive Wende des Denkens und Empfindens ist – wie das literarische Werk *Calvins* zeigt – nicht nur von *Luther* »übernommen«; es ist auch *sein* eigener Ausgangspunkt, von dem her er denkt. »Der Mensch hat nichts und Gott hat alles«, könnte man mit *R. Seeberg* diese Basis umschreiben[64].

Zwar hat diese neue Subjektivität nicht, wie bei *Luther*, zu einer auch nur ähnlichen Originalität der Sprache geführt; bei *Calvin* artikuliert sich das Sub-

[62] *A. Adam*, Dogmengeschichte 2, 344.
[63] *A. Adam*, ebd. 342.
[64] Dogmengeschichte, 4, 2, 601.

jekt *nur verdeckt*, verborgen hinter »objektiveren« Formulierungen, dem »Wir« der Gemeinde oder der Menschen und dem legalistischen Interesse, zudem ist das Hauptwerk (Institutiones) in lateinischer Sprache verfaßt. Aber es läßt sich durchaus erkennen, daß immer die subjektive Frage im Hintergrund steht.

Auch die Ausgestaltung der weiteren Theologie zeigt in diese Richtung. Eine ungeheure Dynamik entfaltet die Sehnsucht nach – natürlich subjektiver – *Heilsgewißheit*. Nicht nach Heil selbst, weil darüber ja von Ewigkeit her für jeden einzelnen positiv oder negativ entschieden ist; aber der einzelne möchte Gewißheit erlangen, zu welcher Kategorie er gehört, zu den Erlösten oder Verdammten, und als Kriterien boten sich Glaube und Werke an. Der Glaube aber ist – ganz subjektiv – mehr »im Herzen«[65] angesiedelt als im Gehirn und im Denken, gewissermaßen an der intimsten Stelle. Die (noch einmal: soteriologisch irrelevanten) »Werke« aber oder auch die »realis vitae sanctitas«[66] bis hin zum Fleiß im Beruf geben uns weitere Gewißheit über unsere Erwählung; *ein breites Feld der subjektiven Verwirklichung und Leistung eröffnet sich* – gewissermaßen eine (ungeheuer dynamische) *ethische Leistungsmentalität auf neuer Ebene: ohne Heilsrelevanz*, weil alles von Gott entschieden ist, *aber keineswegs ohne »Lohn«*, sie führt zur subjektiven Heilsvergewisserung[67].

Calvin ist also *neuzeitlicher Theologe*, sein subjektiver Ausgangspunkt läßt ihn die Grundthesen *Luthers* rezipieren. Aber er tut es auf *seine* Art, entsprechend den *romanischen* Verstehensweisen. Über seine starke Prägung durch das *lateinische* Erbe wurde schon gesprochen, und von hierher ergeben sich auch Bedeutungsverschiebungen innerhalb der mit *Luther* gemeinsamen Basis. Das sündige Subjekt steht, mehr als bei *Luther*, unmittelbar dem gesetzgebenden und Gesetzestreue fordernden *göttlichen Willen* gegenüber und versagt. Es realisiert radikal auf der einen Seite die Allgewalt des göttlichen Souveräns, auf der anderen die Notwendigkeit von Unterwerfung und Gehorsam. »So ist der Ansatz des Ganzen das Gesetz der Majestät Gottes und das Bewußtsein eines unendlichen Abstandes zwischen dem Schöpfer und dem Geschöpf«, schreibt *Alfred Adam*[68].

Vielleicht ist hier der Grund zu suchen dafür, daß der Blick *Calvins* auch im Erlösungsgeschehen sogleich über den uns rechtfertigenden Christus hinausschweift auf den göttlichen Willen hin; nur dort ist unser Heil festgemacht (selbstverständlich: nachdem Jesus Christus die juridische Richtigkeit gewährleistet hat). Die stellvertretende Genugtuung Jesu Christi wird uns zwar zugerechnet, das übernimmt *Calvin* von *Luther*. Während aber letzterem sich somit

[65] Inst. (1559) III 2,7.

[66] Ebd. (1559) III 3,1 (CR 30,434).

[67] Es ist sicher nicht ganz falsch zu vermuten, daß die – wenn auch grundlegende, aber theologisch komplizierte – Differenz zwischen »Heil« und »Heilsgewißheit« während der weiteren Geschichte des calvinischen Kirchentums in der Handlungsmotivation einfacher Christen bisweilen undeutlich wurde.

[68] Dogmengeschichte 2,343; die Unendlichkeit Gottes war allerdings m. E. nicht primär, wie *A. Adam*, ebd., meint »rational empfunden«, sondern resultierte aus der stärkeren Latinität *Calvins*, für die zunächst einmal ein ius divinum oder eine lex aeterna der Orientierungspunkt ist.

die Nähe Gottes in Jesus Christus erschließt, in dem Gott uns »am weichsten« erscheint[69], konzentriert sich *Calvin* auf Gottes heilmachenden Willen und seinen uns zum Guten treibenden Geist.

»Die Grundlage der heiligen Lehre besteht aus zwei Teilen: der Erkenntnis Gottes und unserer selbst«, dieser erste Satz *Calvins* aus der frühesten Fassung der Institutio (1536)[70] umschreibt sein Anliegen. Zwar könnte der Satz von jedem Christen (und vielen Menschen) so gesprochen sein; bei *Calvin* aber gibt er programmatisch die Pole an, um die sein Denken kreist: der gesetzgebende Gott und der Gehorsam schuldige einzelne (Erkenntnis Gottes ist vor allem Erkenntnis seines Willens, Selbsterkenntnis ist Erkennen seiner ethischen Pflicht und des Versagens, der Sünde).

Der subjektive soteriologische Ansatz ist also bei *Calvin* deutlicher noch als bei *Luther* mit lateinischen Assoziationen verbunden, aus denen sich die andersartigen Schwerpunkte seiner Theologie ergeben. *Allerdings erklärt diese Verschiebung noch nicht alles.* Der Romane *Calvin* scheint nicht nur von der Latinität geprägt zu sein, sondern auch von Denkfiguren *aus der keltischen Tradition.* Hierzu möchte ich allerdings nur einige wenige Hinweise vorlegen, die nicht viel mehr als vorsichtige, mit vielen Fragezeichen zu versehende Vermutungen erlauben.

Auffallend am Entwurf *Calvins* ist *eine fast »monistische«* – man verzeihe das Wort – *Kohärenz* von Gott, Mensch, Welt. Am Anfang steht – der vor allem als Wille empfundene – Gott, aus dessen ewigem – gesetzlichem – Ratschluß Welt und Geschichte entstehen und bis ins Kleinste bestimmt werden. Da es keine Kausalität außerhalb Gottes geben kann, ist auch Ziel und Zweck der ganzen Bewegung, die mit der Schöpfung entsteht und in der Erlösung gipfelt, die Ehre und Verherrlichung Gottes: »... totum mundum hoc fine condidisse, ut gloriae suae theatrum foret«[71]. Nach Sündenfall und Erlösung gehen die Geretteten auf ein Ziel zu, das ewige Leben; die radikale Ausrichtung auf diesen Punkt schließt zugleich eine Geringschätzung von Welt und Geschichte ein[72]. Zwar gibt es – anders z. B. als bei *Johannes Scottus Eriugena* – zwischen Gott und Schöpfung eine ungeheure Kluft, *was jeden wirklichen Monismus aufhebt.* Aber immerhin reicht die Verbindung beider – trotz dieser absoluten Diastase – so weit, *daß Gottes Wille reale Ursache ist für alles, was ist und geschieht.* »Zwar gab Gott dem Menschen die Fähigkeit der Fortpflanzung, aber doch läßt *er* die Kinder geboren werden. Und kein Windstoß erhebt sich *nisi speciali dei iussu*«, schreibt *R. Seeberg* über *Calvins* Ansichten[73]. Er legt dann im einzelnen dar, daß die Vorstellung von einer allmächtigen Providenz und Allwirksamkeit Gottes bei *Calvin* von Anfang an bestimmend war, während die Lehre von der (doppelten) Prädestination erst im Lauf der Auseinanderset-

[69] Vgl. o. 443. Natürlich kennt auch *Luther* ähnliche Gedanken zur Prädestination; aber sie sind in seiner Theologie nicht radikal durchgehalten, vgl. o. 451, A. 45.

[70] CR 29,27.

[71] De aeterna dei praedestinatione (1552), CR 36,294.

[72] Z. B. Inst. (1559) III, 9,1.2.

[73] Dogmengeschichte 4, 2, 572.

zung um Sünde und Gnade in den Vordergrund trat[74]. »So hängt die Prädestinationslehre auf das engste zusammen mit der Auffassung der allwirksamen Providenz bei Calvin. Ja, sie ist eigentlich nur ein Spezialfall der letzteren oder deren Anwendung auf die empirische Tatsache, daß es Sünder gibt, die glauben... und andere, die nicht glauben...«[75]

Durch Gottes Willen sind der Welt nicht nur, wie im lateinischen Denken, Ordnungen oder ein göttliches Gesetz auferlegt, sondern es ist und geschieht nichts, was Gott nicht positiv gewollt hat (»nicht nur... die allgemeine Bewegung der Welt..., sondern auch das Spezielle und Einzelne«)[76]. Selbst die Sünde Adams, unsere Sünde sowie die Verdammnis der Nicht-Geretteten will Gott von Ewigkeit her; weder Adam noch wir Sünder konnten anders handeln. Am Ende aber dient alles – auch Sünde und Verdammnis – der Ehre Gottes.

Bei solchen Überlegungen drängt sich beinahe von selbst der Vergleich auf zu *Eriugena*, nach dem in Welt und Geschichte (der »dritten Natur«) die Wirkungen der causae primordiales sich entfalten und diese Wirkungen nur in Gott Substantialität besitzen[77], auch ein Blick auf bestimmte Anschauungen des *Duns Scotus*[78]. Die mögliche Vergleichbarkeit beruht *in einem auffallend radikalen Einheitsdenken*, das allerdings bei *Calvin* nichts »Seinshaftes« mehr an sich hat – zwischen Schöpfer und Kreatur gibt es nur noch Distanz[79] –; es handelt sich vielmehr um einen *willentlichen, juridischen, normativen »Monismus«*[80]. Von Anfang bis zum Ende herrscht letztlich nur *ein* Prinzip, der Wille Gottes, der die Welt als sein Theater zur Darstellung seiner Glorie will und diese am Ende verwirklicht. »Ist nun aber Gott der von allem unabhängige, aber alles bestimmende Wille, so kann er auch keinen anderen Zweck haben, als sich selbst in allem durchzusetzen.«[81] D.h. Gott verwirklicht sich selbst nicht mehr, er »wird« nicht mehr in Welt und Geschichte – wie bei *Eriugena*–, aber er realisiert in ihr seinen Willen.

Der Monismus *Eriugenas* brachte ihm das Problem ein, wie der christliche Schöpfungsglauben und die Kreatürlichkeit des Endlichen aufrechterhalten werden können; eine Lösung gelang ihm nur verbal. Der *willentliche* »Monismus« *Calvins* warf die Schwierigkeit auf, inwiefern bei dieser konkret realisierten Allwirksamkeit Gottes noch ethische Verantwortung seitens des Menschen gedacht werden kann; denn Adam und wir sollen ja Sünder sein, also Schuld tragen an unserem – gottgewollten – Versagen. Auch hier scheint eine Lösung nur verbaler Natur angeboten zu sein: Gott hat es so – wirksam –

[74] Ebd. 572.573;580.581.
[75] Ebd. 580.
[76] *R. Seeberg*, ebd. 572.
[77] Vgl. o. III 4.3.
[78] Vgl. o. 387.388.
[79] Das war schon der Fortschritt z. B. des *Duns Scotus* gegenüber *Eriugena*, vgl. o. 387.
[80] Dieser Begriff ist im Zusammenhang mit der Theologie *Calvins* unglücklich; er soll hier nur analog und typologisch aufgefaßt werden.
[81] *R. Seeberg*, Dogmengeschichte 4, 2, 576.

gewollt, wir aber sind trotzdem schuldig; die Sache selbst aber bleibt aporetisch.

Der Wille Gottes ist zudem nicht – wie im lateinischen Denken – statische Gesetzmäßigkeit; zwar ist er von Ewigkeit her und unveränderlich, aber er wirkt jedes Detail *im konkreten Werde- und Geschichtsprozeß* »in continuo actu«[82]. *Er entfaltet sich gewissermaßen im Werden und Handeln*; alle Entwicklungen und Geschehnisse haben einen ewigen Grund, den Willen Gottes. Deswegen haben auch weder Welt noch Geschichte eine eigenständige Bedeutung; selbst die mit dem Christentum von Anfang an gegebene letzte soteriologische Geltung eines Stücks Geschichte, nämlich der Jesu Christi, scheint (im doppelten Sinn des Wortes) »aufgehoben« in ihre tragende Kausalität, den ewigen Ratschluß Gottes. Ist nicht hier Welt- und Geschichtswirklichkeit im letzten gesehen (nicht als Wirkung des Seins, aber) als Wirkung des Willens Gottes, der sich in diesen Wirkungen entfaltet und – nach Schöpfung, Sündenfall und Erlösung – seine Vollendung, die gloria dei, findet (besser: will und herbeiführt)[83]? Ein *Anklang* an die prozessuale Weltanschauung der keltischen Tradition, gemäß der eine Entwicklung der Selbstentfaltung Gottes von einem Anfang ausgeht und wieder bei ihm endet? Seinshaft-organologische Assoziationen sind zwar mittlerweile undenkbar geworden (und würden *Calvins* System pervertieren), bestimmte Raster aber könnten – auf der juridisch-ethischen Ebene – fortgewirkt haben.

Auch darüberhinaus gibt es Motive, die bei *Calvin* – z. T. anders, z. T. mehr als bei *Luther* – an die Tradition keltischer Theologie erinnern:

So verwendet Calvin den Gedanken vom Menschen als »Bild Gottes« – in vorwiegend rechtlicher Wendung. Der Mensch war ursprünglich so geschaffen, daß er den Willen Gottes erfüllen konnte. Durch die Sünde Adams, die wir ererben, ist zwar unsere Natur schlecht und korrupt geworden[84], aber *das Bild Gottes wurde doch nicht ganz zerstört, sondern nur verschüttet und verdeckt*. So besitzt der Mensch noch den Willen als Anlage, aber seine Freiheit zum Guten ist verloren[85]. Er hat auch noch eine religiöse Anlage, eine natürliche Neigung zum Dienst an Gott und eine natürliche Gotteserkenntnis[86]. »Ein Anknüp-

[82] Inst. (1559) I 16,3 (CR 30,146). Vgl. auch *R. Seeberg*, Dogmengeschichte 4, 2, 579: »Für Calvin ist die Prädestination nicht eine abstrakte Idee, die über der Wirklichkeit schwebt, sondern sie ist die beherrschende innere Ursache in der Entwicklung des wirklichen Lebens und seiner Zustände«.

[83] Auch die Wiedergeburt wird als »Lebensprozeß« gesehen, der allmählich voranschreitet (vgl. *A. Adam*, Dogmengeschichte 2, 349). Vgl. auch *Wilhelm Neuser*, Dogma und Bekenntnis in der Reformation: Von Zwingli und Calvin bis zur Synode von Westminster, in: *C. Andresen* (Hrsg.), Handbuch der Dogmen- und Theologiegeschichte, Bd. 2: Die Lehrentwicklung im Rahmen der Konfessionalität, Göttingen 1980, 252, zur *Dynamik* in Glaube und Heiligung (»Die Begriffe Fortschreiten (profectio), Fortschritt (progressus), je mehr und mehr (magis ac magis) zeigen es an«).

[84] Vgl. Inst. (1559) II 1,8 (CR 30, 182): »naturae nostrae pravitas et corruptio, in omnes partes diffusa«; vgl. III 14,1 (CR 30, 564): von Kopf bis Fuß findet sich am Mensch nichts Gutes mehr.

[85] Vgl. ebd. II 3,5.

[86] Vgl. *R. Seeberg*, Dogmengeschichte 4, 2, 571.

fungspunkt, den die Botschaft der Rechtfertigung vorfindet, ist gegeben, und Calvin nennt ihn 1536 *interior animi affectus* (eine innere Regung des Gemüts), in der letzten Ausgabe der *Institutio* von 1559 aber *religionis semen*, also ›Keim der Gottesverehrung‹...«[87] Alle diese Anlagen sind zwar durch die Sünde derart korrumpiert, daß sie von sich aus ihre ursprüngliche Bestimmung, geschichtlich die Ehre Gottes zu realisieren, nicht wahrnehmen können. Dazu bedurfte es des Gottmenschen, der einerseits Genugtuung leistet (die nur angerechnet wird), andererseits aber uns auch zur Heiligung führt. So kann der Mensch, wenn er zu den Erwählten gehört, in seinem Gehorsam Gottes Willen und Gesetz gegenüber – allein aus Gnade – das in ihm angelegte Bildsein verwirklichen[88] (conformes fieri imagini filii sui)[89].

Dies alles – hier wären noch weitere Gesichtspunkte zu nennen – ist natürlich keine »keltische« Theologie. Das soll nicht behauptet werden. Dennoch aber scheint ein Blick auf diese Tradition manche Eigentümlichkeit und manches Motiv in der Theologie *Calvins* verständlich zu machen, in denen er sich sowohl von *Luther* wie auch von lateinischen Denkformen abhebt. Schon *R. Seeberg* hat die »romanische« Prägung der Theologie *Calvins* herausgestellt[90] (Stichwort: Legalismus, präzise Ordnung der Gedanken, juridische Vorstellungen u. ä.); dabei aber hat er Gesichtspunkte angesprochen, die den *lateinischen* Anteil des romanischen Denkens charakterisieren. Das dazugehörige keltische Erbe fand bisher keine Berücksichtigung. Dennoch scheint es am besten die starke Hervorhebung der Einheit von Gott, Welt, Mensch zu erklären, von Anfang, (vorübergehendem) Entwicklungsprozeß und Ziel, in dem der Anfang (der ewige Ratschluß sowie der Urstand) zu seiner neuen Wirklichkeit findet. Diese vom allmächtigen und bis in die kleinste Verästelung wirksamen Willen Gottes getragene Einheitsvorstellung aber ist nicht statisch, sondern von ungeheurer ethisch-praktischer Dynamik und stellt am Ende (durch die Tat Gottes) das ursprünglich im Menschen angelegte Bild wieder her.

In diesem doppelten Sinn darf man m. E. die Theologie *Calvins* als eine *romanische Konzeption* begreifen, die aber *neuzeitlich-subjektiv gewendet* und deswegen für die (ebenfalls neuzeitlichen) reformatorischen Thesen *Luthers* offen war. Diese Kehre des soteriologischen Fragens aber hat *Calvin*, angestoßen durch *Luther*, dazu gebracht, die in *seiner* Tradition vorgegebenen Motive *neu zu ordnen* und *zu gewichten*, so daß – gewissermaßen aus alten Bausteinen, keine einzige Vorstellung ist neu – ein eigenwilliges, kohärentes System entstand[91]. Daß es Aporien in sich birgt, hat es mit allen zu Ende gedachten Ansätzen gemeinsam.

[87] *A. Adam*, Dogmengeschichte 2, 344.

[88] Allerdings würde der Mensch auch dann – ohne imputative Rechtfertigung – noch den Tod verdienen.

[89] Inst. (1559) III 22,10 (CR 30,697).

[90] Z.B. Dogmengeschichte 4, 2, 557.558.

[91] *R. Seeberg*, ebd. 559, meint: »Allerdings neu oder originell ist kaum etwas in dem religiösen Verständnis Calvins. Hier liegt seine Schranke. Er ist ein heller und scharfer, aber kein schöpferischer Geist gewesen, ein Organisator, aber kein Entdecker.« Diese These ist m. E. falsch; sie beruht wohl vorwiegend auf

1.3.2.2 Die soteriologische Bedeutung Jesu Christi

Die abendländische Rechtfertigungschristologie hatte von Anfang an, spätestens seit *Augustinus*, ein nicht unerheblichen Defizit: Die Frage des einzelnen nach *seinem* Heil war mit ihren Mitteln allein nicht zureichend zu beantworten. Diese Christologie war ja nur funktionsfähig unter der Annahme völliger ethisch-juridisch-praktischer Unfähigkeit des Menschen zum Guten (Stichwort: Erbsünden- und Gnadenlehre), so daß das Heil ausschließlich durch die Genugtuung am Kreuz zugänglich wurde. Wie aber partizipierte der einzelne am Kreuz Christi, woher entschied sich, wer gerettet und wer schließlich verdammt wurde?

Diese »leere Stelle« machte eine zweite Vorstellung zwangsläufig: Gott selbst ist es, der durch seine Prädestination (und vermittels seiner Gnade) das Heil wirkt. So bestand schon von *Augustinus* an die Gefahr, die Rolle Jesu Christi so zu interpretieren, daß er nur die »Bedingung der Möglichkeit« dafür geschaffen hat, daß Gott – rechtens – den Menschen Rechtfertigung und Gnade zuwenden kann[92]. Die Heilsrelevanz Jesu als *des* geschichtlichen Vermittlers drohte zurückzutreten.

Solange aber der einzelne sich noch einigermaßen bruchlos in »objektive« Ordnungen einpaßte (lateinische Antike) oder wenigstens, trotz erlebter Diastase, sich ihnen, intellektuell und willentlich, synthetisch verband (Mittelalter), blieb diese Gefahr für die Christologie verborgen, wenn sie auch latent wirksam war. Darüberhinaus werden, glücklicherweise (?), nicht alle soteriologischen Ansätze zu Ende gedacht, so daß eine gnädige Nicht-Systematik die Widersprüche nicht ins Bewußtsein hebt.

Mit der subjektiven Wende des neuzeitlichen Denkens mußte das anders werden. Die Probleme treten schon bei *Luther* auf; sie werden bei ihm allerdings zu keiner ernsthaften Bedrohung, weil er seine – durchaus den *calvin*'schen entsprechenden – Prädestinationsvorstellungen in der Christologie weithin unberücksichtigt läßt[93]. Bei *Calvin* allerdings treten die Schwierigkeiten deutlich hervor, weil er aufgrund seines oben beschriebenen Ansatzes *die Allwirksamkeit und Prädestination zum beherrschenden soteriologischen Deuteraster* erhebt.

dem Vergleich mit *Luther*, mit dessen Priorität, menschlicher und sprachlicher »Originalität«. Da konnte der »Romane« nicht mithalten – nach deutschem Empfinden. Tatsächlich aber hat *Calvin* mit den Mitteln *seiner* Tradition – durchaus vergleichbar der lutherschen Leistung – einen eigenen, keineswegs epigonenhaften Entwurf geschaffen.

[92] Vgl. o. III 7.2.

[93] Vgl. o. 451, A. 45.

Die Prädestination ist »das ewige Dekret Gottes, durch das er bei sich selbst bestimmt hat, was er will, daß es mit jedem Menschen geschehe. Nicht alle nämlich werden zu den gleichen Bedingungen geschaffen, sondern den einen wird das ewige Leben, anderen die ewige Verdammnis vorbestimmt.«[94] Der *einzelne* ist für *seine* Heilsfrage ganz an Gott verwiesen, *jenseits aller Geschichte ist von Ewigkeit her über sein Los entschieden*. Zwar wird ein Rest geschichtlicher Soteriologie aufrechterhalten, insofern die Sünde (Adams und unsere eigene) *unsere Schuld* ist. Aber ist diese Beteuerung mehr als verbal, wenn Adam nach dem Ratschluß Gottes nicht anders konnte als sündigen und wenn auch wir keine Chance haben, es sei denn, Gott erwählt uns? Aber ob er dies tut oder nicht, liegt allein bei ihm und ist von Ewigkeit her festgelegt; wir können dazu nichts beitragen.

Welche Heilsrolle aber hat dann Jesus Christus wahrzunehmen? Inwiefern ist er dann noch *der* Heilsmittler – grundsätzlich und auch des einzelnen? Nach Gottes ewigem Ratschluß waren Sünde und Erlösung schon immer beschlossen. Gott ließ seinen Sohn Mensch werden, um nicht auf unordentliche Weise, unter Verzicht auf seine Gerechtigkeit, seinen ewigen Heilswillen zu realisieren[95]. Hier werden die lateinischen, insbesondere *anselm*'sche Raster aufgegriffen, aber in der durch *Luther* in den Mittelpunkt gestellten forensischen Interpretation.

Diese (beinahe traditionelle) Christologie basiert auf der antiken Christologie und verwendet sie – wie in der gesamten lateinischen Theologie – als Baustein für die Rechtfertigungschristologie. Letztere aber erscheint ebenfalls seltsam entmächtigt zugunsten der allein (für das Subjekt) entscheidenden Prädestination; sie wird zur bloßen juridischen Bedingung dafür, daß Gott uns (einigen, vielen?) vergibt. *Auch die Rechtfertigungschristologie wird nur noch* – diese Gefahr ließ sich schon seit *Augustinus* erkennen – *als Baustein verwendet*, ein äußerst komplexer Zusammenhang. Die antike Christologie ist »Bedingung der Möglichkeit« der Rechtfertigungschristologie, letztere wieder »Bedingung der Möglichkeit« für unser Heil.

Inwiefern aber ist *Jesus* unser Christus, unser Heilsmittler? Die Frage, ob Gott uns auch anders hätte erlösen können, hält *Calvin* für unzulässig. Wie *Augustinus* und *Bonaventura*[96] kann er nur positivistisch

[94] Inst. (1559) III 21, 5 (CR 30, 683).

[95] Diese juridischen Vorstellungen wirken bis heute weiter, vgl. *Karl Barth*, Kirchliche Dogmatik, Bd. IV, 1, a.a.O. 580: »Wie *kann*, wie *darf* das sein, daß es zwischen dem heiligen Gott und dem sündigen Menschen einen – aus Gnaden, aber *von Rechts wegen*, und das völlig und genugsam – geschlossenen *Frieden* geben soll?«

[96] Vgl. o. 424.

am »quia voluit« (deus) festhalten: Für uns gibt es keinen anderen Weg, weil Gott es so beschlossen hat, eine weitere Stringenz (etwa: geschichtlicher Art) wird zurückgewiesen. *So ist die Heilsmittlerschaft Jesu Christi* grundsätzlich (für das gesamte – von Gott schon ewig gewollte – Heilsgeschehen »objektiv«) wie auch erst recht für den einzelnen äußerst *problematisch*[97].

Calvin sieht die Funktionen Jesu Christi dreigeteilt: Er ist unser Hoherpriester, unser Prophet und König. Auch unter dieser Hinsicht bleiben Fragen: *Hoherpriester* ist Jesus Christus, weil er, wie schon beschrieben, Sühne geleistet hat. Ebenso wichtig aber ist sein *Prophetenamt*: Er verkündet der Welt den Heilswillen Gottes. In dieser Funktion aber scheint Jesus Christus einmal das mitzuteilen, was von Ewigkeit her feststeht; er hat eine mehr »deklaratorische« Aufgabe. Zum anderen gewinnt man bei *Calvin* den Eindruck, daß er diese Aufgabe faktisch und unmittelbarer der von Gott inspirierten Heiligen Schrift, ihrem Text und Wortlaut, zuweist. *Alfred Adam* spricht die hiermit gegebene christologische Verschiebung an: »Calvin hat das gesamte Wort Gottes mit der Heiligen Schrift gleichgesetzt..., während Luther Christus selbst als das unmittelbare Wort Gottes verstand, infolgedessen in der Heiligen Schrift die ergänzende Bestätigung fand.«[98] Eine weitere Aushöhlung der Christologie? Das dritte Amt Jesu Christi als *König* weist ihn als Herrscher aus, der die Erwählten und die Kirche leitet. Hierbei kommt es – für die forensisch Gerechtfertigten – zu einer wirklichen Heiligung des Lebens und einer Vereinigung mit Christus in einer unio mystica, bei der wir Christus anziehen und seinem Leib eingegliedert werden[99]. Obwohl bei diesem Prozeß der Geist Gottes (unmittelbar) uns treibt, alles Gute seinen Grund im

[97] *Karl Barth* z.B. folgt in seinen Motiven durchaus *Calvin*, wenn es für ihn in seiner Theologie vor allem um Gott und die Glorie Gottes geht. *Hans Küng*, Rechtfertigung, a.a.O. 98, nennt es eine Anfrage oder einen Vorwurf *Barths* an die Katholische Rechtfertigungslehre, Gott aus dem Zentrum gerückt zu haben. »Ist er nicht in die Funktion der simplen, nun einmal unumgänglichen Ermöglichung der Gerechtmachung des Menschen zurückgebunden?« Diese Frage bleibe hier dahingestellt. Führt aber nicht im *calvin*'schen System die ausschließliche und alles andere aufsaugende Betonung Gottes und seiner Ehre umgekehrt dazu, *Jesus Christus* zu einer ›simplen, nun einmal unumgänglichen Ermöglichung der Gerechtmachung des Menschen‹ zu erklären, die der Sache nach längst beschlossen und nur dadurch ›unumgänglich‹ ist, weil Gott dies so wollte? Oder soll man sagen: weil vom lateinischen Denken geprägte Menschen gezwungen waren anzunehmen, daß Gott es so wollte (wollen mußte)? Waren die Christen der ersten Jahrhunderte, deren christliche Existenz nur am Rande von Rechtfertigungsgedanken geprägt war, die kein so totales Verdikt über den Menschen aussprechen mußten, weniger auf Gott konzentriert?

[98] Dogmengeschichte 2, 344.345.

[99] Z.B. Inst. III 11,10.

ewigen Willen Gottes hat und auch alttestamentliche Normen die Heiligung inhaltlich bestimmen, scheint auf dieser Ebene eine Heilsfunktion Jesu Christi noch am ehesten gegeben zu sein (»donec Christus *noster* fiat«)[100].

Kurz: Der Ansatzpunkt *Calvins* und sein mit präziser Konsequenz durchstrukturiertes System lassen sie Christologie ein wenig verblassen; die alleinige Kausalität Gottes läßt die soteriologische Bedeutung aller Sekundärfaktoren zurücktreten, die Geschichte wird aufgesogen von der Ewigkeit. So legt die Konsequenz des *Calvin*'schen Systems Aporien offen, die der abendländischen Christologie von Beginn an immanent waren.

1.3.3 Die Rechtfertigungschristologie des neuzeitlichen Katholizismus

1.3.3.1 Was ist katholisch? bzw. das Rechtfertigungsdekret von Trient

Schon das Mittelalter kannte die Fragestellungen, die mit der Reformation in den Mittelpunkt gerückt waren. Deswegen lagen in der Tradition auch Ansätze möglicher Problemlösungen vor. Diese aber waren durchaus unterschiedlich je nach den theologischen Schulen, aus denen sie erwachsen sind. Andere Schwerpunkte kannte die lateinische, andere die romanische Theologie, andere die Dominikaner- oder die Franziskanertheologie[101]; oft widersprechen sich die Aussagen, ebenso oft aber mischten sich auch die Motive. Das Spätmittelalter hatte darüberhinaus neue, eigenwillige Weiterbildungen gebracht. Weil die *luther*'schen Fragen bisher nicht selbst im Zentrum des Interesses und der Diskussion gestanden hatten, konnte man mit dieser Offenheit und den Divergenzen leben. Es bestand keine Notwendigkeit zu Lehrentscheidungen; »die« (mittelalterlich-)katholische Rechtfertigungslehre gab es nicht (Die Schulstreitigkeiten konnten so auch in dieser – auf die wesentlichen Linien beschränkten – Untersuchungen außer Acht gelassen werden).

Was also war »katholisch«, wo findet man die »katholische« Antwort auf die reformatorische Herausforderung»? *Luther* und, später, *Calvin* haben keine kongenialen Widerparte im katholischen Lager gefunden, der Chor der katho-

[100] Ebd. (CR 30, 540).

[101] So hat z. B. die Dominikanertheologie – im Anschluß an *Thomas* von Aquin – die mit der Rechtfertigung geschenkte Gnade als eine »seinshafte« Wirklichkeit, als eine durch Gottes Macht geschaffene »Heiligkeit«, angesehen, während die franziskanische Skotistenschule die Rechtfertigungsgnade im Willen verankerte und als Liebe interpretierte – diese bringt keine ontische Veränderung, gerechtfertigt sind wir durch die (ebenfalls willentliche, liebende) Annahme durch Gott (Akzeptatio; im Spätmittelalter z. T. Imputatio). Daneben finden sich stark augustinische Strömungen mit sehr starker Hervorhebung der ausschließlichen Aktivität Gottes im Rechtfertigungsgeschehen, andere betonen – bis hin zu semipelagianischen Anklängen – die Notwendigkeit der Mitwirkung des Menschen. Usf.

lischen Kontroverstheologen ist vielstimmig und den Gegnern nicht gewachsen.

Der Katholizismus der *Neuzeit* wurde recht eigentlich erst gesammelt – soll man sagen: geschaffen? – durch das *Konzil von Trient* (1545–63), erst dort wurden seine Grundlagen gelegt. So ist auch das aus schwierigen Diskussionen hervorgegangene und Anfang 1547 verabschiedete Rechtfertigungsdekret (Decretum de iustificatione) durchaus eine *Neuschöpfung*; in ihm ist – natürlich aus den Motiven der mittelalterlichen Tradition – die neuzeitlich-katholische Rechtfertigungslehre grundgelegt. Im folgenden soll es stellvertretend den katholischen Grundansatz charakterisieren.

Das Rechtfertigungsdekret ist nicht ein Wurf aus einem Guß, wie manche Schrift *Luthers*. Es handelt sich um ein Papier, das aus *Gremien*diskussionen erwachsen ist, in denen immer neue Vorlagen kontrovers besprochen, durch Gutachten, Sondervoten, Abstimmungen gebilligt oder ergänzt wurden. Die klägliche Gruppe von Konzilsmitgliedern (zuletzt in dieser Sitzungsperiode 64 Bischöfe und 7 Ordensobere) mit teilweise geringen theologischen Kenntnissen und erst recht uninformiert über die reformatorische Theologie, mußte auf theologische Berater zurückgreifen; bei diesen wie auch den Konzilsteilnehmern selbst wirkten die mittelalterlichen Schultraditionen nach, vor allem die skotistische und die thomistische Theologie; einige vertraten beinahe pelagianische Ansichten, andere – vor allem aus dem Augustinerorden – wurden als Kryptolutheraner angegriffen und zweie gar förmlich denunziert. Darüberhinaus griffen die politischen Instanzen und Rom in den Ablauf der Verhandlungen ein, wobei deren Interessen sich mit je neuen Machtkonstellationen veränderten; der schmalkaldische Krieg schien einen Abbruch oder eine Translation des Konzils an einen anderen Ort nahezulegen[102].

Wenn man all dies berücksichtigt, darf kein Dekret erwartet werden mit systematischer Gliederung, scharfer Herausarbeitung der Fragestellung und ebensolcher Antwort. Es ist vielmehr das Ergebnis eines mühsamen Kompromisses, die einzelnen Passagen lassen noch die divergenten Interessen ahnen – es ist *kein* »klassischer« Kompromiß, vergleichbar etwa dem Symbol von Chalkedon, entstanden. Umso erstaunlicher aber ist – wenigstens aufs Ganze gesehen – das Resultat, von dem *Adolf von Harnack* urteilt: »Das Decret über die Rechtfertigung, obgleich ein Kunstproduct, ist in vielerlei Hinsicht vortrefflich gearbeitet; ja man kann zweifeln, ob die Reformation sich entwickelt hätte, wenn dieses Decret auf dem Lateranconcil am Anfang des Jahrhunderts erlassen worden und wirklich in Fleisch und Blut der Kirche übergegangen wäre«[103].

[102] Wie mühevoll der Weg zur Formulierung des Rechtfertigungsdekrets war, zeichnet die gründliche Darstellung *Hubert Jedins* nach: Geschichte des Konzils von Trient, Bd. II: Die erste Trienter Tagungsperiode 1545/47, Freiburg 1957, 139–268.

[103] Dogmengeschichte, 3, 711. Im folgenden schränkt *Harnack* sein positives Urteil ein wenig ein und sieht das Dekret als eine »Folge der Reformation«, weswegen man es nicht überschätzen dürfe: »Es ist aus einer Situation entsprungen, die sich für die römische Kirche so niemals wiederholt hat und nicht mehr wiederholen wird.«

Die kollektive (begrenzt internationale) Autorschaft läßt, selbstverständlich, höchstpersönliche, aber auch ethnisch-kulturell gefärbte Formulierungen innerhalb des Dekrets nicht zu. Begriffe und Motive der mittelalterlichen Tradition werden so verwendet, daß die sie ursprünglich – an ihrem ersten »Sitz im Leben« – tragenden Beweggründe keine erkennbare Rolle mehr spielen. Vielleicht kann man die *Harnack*'sche Bezeichnung des Dekrets als »Kunstprodukt« so interpretieren, daß bei seiner Entstehung keine konkret geprägten kulturellen und theologischen Motivationen von Bedeutung waren; in Trient haben sich Bischöfe und Theologen aus verschiedenen Ländern (sehr stark war der Anteil der von der Reformation nicht unmittelbar betroffenen Italiener) und ebenso verschiedenen Schulen versammelt, um der – in der ersten Sitzungsperiode vor allem: deutschen – Reformation »die« katholische Lehre entgegenzusetzen.
Ihre Situation wurde noch erschwert dadurch, daß die Formulierung der neuzeitlichen Fragestellungen wie auch entsprechender Antworten vor allem von der Sprachgewalt *Martin Luthers* beherrscht war; dem konnte kein zeitgenössischer katholischer Theologe etwas entgegensetzen. Diese »Sprachführerschaft« (des »Häretikers«) machte es unmöglich, für die katholische Antwort seinen Duktus zu übernehmen. *Also wandte man sich – auf der Suche nach Orientierung – zurück, zurück in die als klassisch und heil empfundene Epoche des Hochmittelalters, der Scholastik.* Hier fand man, vor allem bei *Thomas* von Aquin, sicheren Halt und – eben – die gemeinsame Sprache und vorformulierte Lösungsmodelle. Aufgrund dieser Zwänge kommt es in der Folgezeit in der katholischen Theologie ganz allgemein zu einer *Wiederbelebung der Scholastik*, und das Konzil von Trient im besonderen mußte seine Lehre mittels scholastischer Terminologie artikulieren. Diese – historisch unausweichliche – sprachliche Repristination hat weder dem Dekret noch der katholischen Kirche insgesamt gutgetan. Sie ist – zusammen mit den anderen schon genannten Bedingtheiten – auch der Grund für die Tradition negativer Kritik des Dekrets in der evangelischen Theologie[104].
Unter der Decke aber dieser alten, objektivierenden Sprache geht es in dem Dekret *um die neuzeitliche Frage nach der Rechtfertigung des einzelnen.* Zwar wird gemäß alter Methode *lehrhaft* über ihn verhandelt, von homo oder homines ist die Rede; wie wird »der Mensch« gerechtfertigt – eine blasse Übersetzung des »Wie finde *ich* den gerechten Gott«, aber immerhin eine Übersetzung[105].

[104] Die Palette der Kritik ist bunt. *R. Seeberg* z. B. hält die in Trient beschlossene Konzeption für das glatte Gegenteil der reformatorischen: »Der Gegensatz zu der evangelischen Lehre ist wirklich, wie es die Absicht war, allseitig durchgeführt« (Dogmengeschichte 4, 2, 779). Andere stellen Übereinstimmungen fest, halten jedoch viele Einzelheiten für kirchentrennend. Selbst *Wilhelm Dantine*, Das Dogma im tridentinischen Katholizismus, in: *C. Andresen* (Hrsg.), Handbuch der Dogmen- und Theologiegeschichte, Bd. 2, a.a.O., läßt sich in seinen – im Ganzen recht sachlichen – Ausführungen von diesem mittelalterlichen Sprachgebrauch zu Schlüssen verleiten, die wohl zu weit reichen (bes. 454–461).

[105] Diese Konzentration der Rechtfertigungsfrage auf den einzelnen (den Men-

Erst die Reformation hat dazu gezwungen, diese Frage formell in den Mittelpunkt zu stellen. Aber der Verlauf der Theologiegeschichte seit den Anfängen des Mittelalters zeigt, daß der Durchbruch zur Subjektivität historisch unausweichlich war und – natürlich mit regionalen Ungleichzeitigkeiten und Verschiebungen - ganz Europa zu erfassen begann. *Diese Entwicklung ist wohl die tiefere Ursache für die neuzeitliche Wende auch des katholischen Problembewußtseins, die Reformation war »nur« der Anlaß.*
Trotz aller Mißlichkeiten haben die Diskussionen von Trient doch noch zu einem erstaunlichen Dokument geführt, das viele Wünsche nicht erfüllt, im Großen und Ganzen aber die reformatorische Herausforderung beantwortet und auf keinen Fall grundsätzlich kirchentrennend ist[106].

1.3.3.2 Die Heilsfunktion Jesu Christi

Das Trienter Dekret hat die Rechtfertigung des einzelnen zum Thema und geht – in schulmäßiger Selbstbegrenzung – *nicht näherhin* auf die größeren Zusammenhänge ein, die traditionsgemäß hierbei eine Rolle spielen: Gott und seine Prädestination, Gestalt und Werk Jesu Christi. Dennoch bieten diese Raster einen festen Hintergrund für die Aussagen, so daß sie ohne deren Voraussetzung keinen Sinn ergäben.

Nach mühevollen Debatten und trotz verbliebener Vorbehalte einer Reihe von Teilnehmern wurde das Rechtfertigungsdekret am 13. 1. 1547 einstimmig (von 59 Bischöfen) verabschiedet. In seiner formalen Gestaltung hat es eine Neuheit aufzuweisen: Es besteht nicht nur, wie in der bisherigen Praxis üblich, aus Canones mit Verurteilungen von gegnerischen Positionen (»Wer behauptet, ..., der sei ausgeschlossen« (anathema)), sondern bietet zuvor den Versuch einer *positiven Darlegung* der katholischen Lehre (in »Kapiteln«).

schen) brachte dem Konzil sogar viel Kritik ein, weil es nicht zugleich die größeren Zusammenhänge von Gotteslehre, »Christologie«, Rechtfertigung (oder Erlösung) am Kreuz einbezogen habe. Aber wie anders sollte eine Diskussion in Gremien, die sich zudem noch aus scholastisch gebildeten Männern zusammensetzten, anders zu einem Resultat kommen als durch strenge thematische Beschränkung? Das Manko dieser schulmäßigen Engführung nicht nur der Problematik, sondern auch der inhaltlichen Gesichtspunkte hat allerdings – wirkgeschichtlich – oft zu einer gewissen Isolierung der Rechtfertigungslehre von den größeren Zusammenhängen geführt.

106 In der neueren Theologie werden die Übereinstimmungen von katholischer (tridentinischer) und reformatorischer Rechtfertigungslehre klarer erkannt und deutlicher betont. Die beste und weitestgehende Untersuchung hat *Hans Küng* schon 1957 vorgelegt (Rechtfertigung, a.a.O.). Er vergleicht die Rechtfertigungslehre von *Karl Barth* mit der katholischen (insbesondere tridentinischen) und sieht keinerlei Divergenzen. *Karl Barth* bestätigt ihm in einem Brief, daß er seine, *Barths*, Rechtfertigungslehre richtig dargestellt habe, und meint, wenn die *Küng*'sche Charakterisierung der katholischen Lehre zutreffend sei, »dann muß ich gewiß zugeben, daß meine Rechtfertigungslehre mit der ihrigen (= der katholischen Kirche) übereinstimmt« (ebd. 11.12).

Das Dekret[107] ist in lockerer Weise dreifach gegliedert[108]: Ein *erster Teil* (die Kapitel 1–9; ihnen entsprechen die canones 1–17) befaßt sich grundsätzlich mit der Rechtfertigung des Sünders und ihren Implikationen, der *zweite* (Kapitel 10–13; canones 18–26) »handelt von der sogenannten zweiten Rechtfertigung, das heißt vom Wachstum der Rechtfertigungsgnade durch die Beobachtung der Gebote Gottes«[109], der *dritte* (Kapitel 14–16; canones 27–33) spricht über den möglichen Verlust der Rechtfertigungsgnade und die Versöhnung im Bußsakrament sowie über die Bedeutung der Verdienste[110].

Das Dekret geht aus von der Unfähigkeit des Menschen, nach der Sünde Adams aus eigenen Kräften zum Heil zu gelangen (Kap. 1). Deswegen sandte Gott seinen Sohn Jesus Christus, daß er uns erlöse und alle zu Söhnen Gottes ›adoptiert‹ (Gal 4,5) werden (Kap. 2). Jesus Christus ist zwar ›für alle gestorben‹ (2 Kor 5,15), aber nur die empfangen die Wohltat seines Todes, denen das Verdienst seines Leidens mitgeteilt wird (Kap. 3). So ist die Rechtfertigung zu verstehen als »translatio ab eo statu, in quo homo nascitur filius primi Adae, in statum gratiae et ›adoptionis filiorum‹ (Röm 8,15) Dei« (D 1524, (796)). Diese translatio sei ohne Taufe oder das Votum zur Taufe unmöglich (Kap. 4). (Auch) Erwachsene können nichts dazu beitragen, daß es zur Rechtfertigung kommt; sie beginnt vielmehr durch die göttliche Berufung, eigene Verdienste gibt es vorher nicht (»nullis eorum exsistentibus meritis« (D 1525 (797)). Erst die Gnade Gottes befähigt sie zur freien Zustimmung und Mitwirkung, indem er durch den Geist ihr Herz anrührt. So bleibt der Mensch nicht ganz untätig (»neque homo ipse nihil omnino agat«, ebd.), er könnte auch die Gnade ablehnen; aber ohne sie könne er zur Rechtfertigung nichts tun (Kap. 5). Kap. 6 spricht über Art und Weise der – gottgewirkten – Vorbereitung auf die Rechtfertigung.

Auf diese Vorbereitung folgt die Rechtfertigung selbst (Kap. 7). Sie ist »nicht nur Vergebung der Sünde, sondern auch Heiligung und Erneuerung des inneren Menschen durch die freiwillige Annahme der Gnade und der Gaben, wodurch der Mensch aus einem Ungerechten ein Gerechter wird...« (D 1528 (799)). Dann folgt eine scholastische Auflistung aller bei der Rechtfertigung wirkenden Faktoren: *Ziel* ist die Ehre Gottes und Christi sowie das ewige Leben; *Wirkursache* ist der barmherzige Gott; *Verdienstursache* ist die Genugtuung Jesu Christi am Kreuz; *instrumentale Ursache* ist die Taufe; *einzige innere Ursache* (»unica causa formalis«, ebd.) ist die Gerechtigkeit, mit der Gott uns gerecht macht, so daß wir »*Gerechte* genannt werden und sind« (»nominamur et sumus«, ebd.). Durch die Rechtfertigung werden den Menschen zugleich Glaube, Hoffnung und Liebe eingegossen. Daß wir durch den Glauben

[107] Abgedruckt in D 1520 (792a) – 1583 (843).

[108] Vgl. hierzu z. B. *R. Seeberg*, Dogmengeschichte 4, 2,774, oder *H. Jedin*, a.a.O. 260–262.

[109] *H. Jedin*, ebd. 261.

[110] *Josef Neuner – Heinrich Roos* (zitiert: *Neuner-Roos*), Der Glaube der Kirche in den Urkunden der Lehrverkündigung, neu bearbeitet von *Karl Rahner* und *Karl-Heinz Weger*, Regensburg [10]1979, S. 497, bietet eine etwas differenziertere Einteilung; der Begriff »zweite Rechtfertigung« wird hier auf das Bußsakrament (im Unterschied zur »ersten Rechtfertigung« in der Taufe) bezogen.

gerechtfertigt werden (Röm 3,22), soll man (Kap. 8) so verstehen, daß der Glaube »Fundament und Wurzel aller Rechtfertigung« sei; »gratis« sei die Rechtfertigung, weil nichts von unserer Seite irgend eine Kausalität besitze (»quia nihil eorum, quae iustificationem praecedunt, sive fides, sive opera, ipsam iustificationis gratiam promeretur«, D 1532 (801)).

Ein bloßer Fiduzialglaube und die darauf beruhende Heilsgewißheit werden sehr polemisch abgelehnt (vgl. die Kapitelüberschrift: »Contra inanem haereticorum fiduciam«, D 1533 (802)), nicht aus Mißtrauen gegen Gottes Verheißung, sondern wegen des »Blicks auf sich« und die eigenen Schwächen (Kap. 9).

Die Gerechtfertigten können in der Gnade wachsen durch Mitwirkung an der Gnade durch ihre guten Werke (Jak 2,22) und werden »mehr gerechtfertigt« (Kap. 10). Jeder Gerechtfertigte muß die Gebote halten. Er kann es auch mit Gottes Hilfe, wenn auch für den Gerechtesten (zumindest) leichtere Sünden unvermeidbar sind. Der Gerechte muß sich mühen, damit er zum Ziel kommt (mit Verweis auf 1 Kor 9,24.26.27 und 2 Petr 1,10), und auf keinen Fall seien alle guten Werke immer auch sündig (Kap. 11).

Noch einmal wird eingeschärft, daß niemand sich vermessen darf, das Geheimnis der Prädestination zu ergründen und sich mit Sicherheit für vorherbestimmt zu halten (Kap. 12). Man solle auf die Gabe der Beharrlichkeit mit sicherer Hoffnung vertrauen, ohne sich in falscher Sicherheit zu wiegen (Kap. 13).

Dann geht es um diejenigen, die nach der Rechtfertigung durch ihre Sünden wieder aus ihr herausfallen. Sie können »aufgrund der Verdienste Christi« im Bußsakrament Vergebung erlangen. Die Verpflichtung zum Bußsakrament wird eingeschärft, ebenso aber die »satisfactio«[111] durch Fasten, Almosen, Gebete und andere geistliche Übungen (Kap. 14). Die Rechtfertigungsgnade könne nicht nur durch den Unglauben verloren gehen, sondern auch »durch jede andere Todsünde«, was biblischer Aussage entspreche (Kap. 15).

Schließlich geht es (in Kap. 16) um die Theologie der Verdienste: Für die Gerechtfertigten, die – recht und schlecht – bis zum Ende ausharrten, ist das verheißene ewige Leben sowohl *Gnade Gottes durch Jesus Christus* wie *Lohn für ihre Verdienste*. Jesus Christus läßt in die Gerechtfertigten unaufhörlich seine Kraft einfließen – als Haupt in seine Glieder (Eph 4,15) oder als Weinstock in die Rebzweige (Joh 15,5). Diese »virtus bona opera eorum semper antecedit« (D 1546 (809)), sie begleitet sie und folgt ihnen; denn »ohne sie können sie auf keine Weise Gott wohlgefällig und verdienstlich sein«. »So wird weder unsere eigene Gerechtigkeit behauptet als unsere eigene, die aus uns selbst kommt, noch die Gerechtigkeit Gottes verkannt und zurückgewiesen; denn die Gerechtigkeit wird ›unsere‹ genannt, weil wir durch sie, die uns innewohnt, gerechtfertigt werden, dieselbe (Gerechtigkeit) ist aber die Gottes, weil sie uns von Gott eingegossen wird durch das Verdienst Christi« (D 1547 (809)). Deswegen aber dürfe sich keiner rühmen, sondern nur den Herrn, weil er will,

[111] An dieser Stelle kann »satisfactio« unmöglich in dem Sinn gebraucht sein, wie der Begriff auf den Kreuzestod Jesu angewandt wird; gemeint ist der terminus technicus der Bußtheologie.

»daß seine eigenen Geschenke ihre (der Menschen) Verdienste sind«. Die 33 Canones folgen den oben skizzierten Überlegungen, formulieren diese aber einmal negativ, zum anderen in größerer Schärfe und Polemik.

Offensichtlich ist in dem Dekret die Frage nach der *Rechtfertigung des einzelnen* in Anlehnung an die Beispiele der Erwachsenentaufe und des Bußsakramentes verhandelt. Trotz dieser methodischen Engführung, die zur thematischen Beschränkung und inhaltlichen Orientierung an der scholastischen Tradition hinzukommt, ist insgesamt doch eine beachtliche Konzeption erkennbar, die *so* vor der Reformation zumindest *kein Gemeingut* war. Sie soll hier nur so weit – in aller Kürze – bedacht werden, wie sie für unsere Frage von Bedeutung ist.

Zunächst einmal kann man einen gesamt-abendländischen (oder: westlichen) Konsens feststellen: Die ersten beiden Kapitel legen dar – zwar recht knapp (offensichtlich wurde das nicht als umstrittener Gegenstand aufgefaßt), aber hinreichend deutlich –, daß die Menschen im Gefolge der Sünde Adams unfähig sind zum (soteriologisch relevanten) Guten; sie sind schuldig und Söhne des Zornes (Eph 2,3). Deswegen sandte Gott seinen Sohn, damit er uns loskaufe und wir zu Söhnen adoptiert werden. Er ist durch den Glauben unser Erlöser[112] und der der ganzen Welt.

Diese allgemeinen Feststellungen gelten nach Meinung des Konzils auch – die neuzeitlich formalisierte Frage – *für den einzelnen*. Auch er ist ganz und radikal von der Sünde erfaßt, so daß er aus Eigenem nichts zu seinem Heil beitragen kann[113]. Zwar hat die Sünde Adams den menschlichen Willen nicht »unfrei« gemacht; seine Freiheit aber schließt in keiner Weise die Möglichkeit ein, das soteriologisch bedeutsame Gute zu wählen: »Wer behauptet, der Mensch könne ohne die zuvorkommende Eingebung und Hilfe des Heiligen Geistes glauben, hoffen, lieben und büßen, wie es notwendig ist, damit ihm die Gnade der Rechtfertigung zuteil wird, der sei ausgeschlossen« (Canon 3)[114].

Es gibt keinen einzigen Aspekt im ganzen Dekret, der von dieser Grundüberzeugung abweicht; auch Verdienste gibt es nur als Geschenk, und selbst die konventionelle Aufzählung von Bußwerken in Kapitel 14 steht unter diesem Apriori. Es erscheint als rein terminologische Frage, ob man den Willen des Menschen nach dem Sündenfall (soteriologisch) »unfrei« nennt oder »frei, aber unfähig zum (soteriologisch

[112] Zwischen den Begriffen Erlösung und Rechtfertigung darf kein grundsätzlicher Widerspruch gesehen werden; vgl. *H. Küng*, Rechtfertigung, a.a.O. 224.

[113] Mancher Diskussionsbeitrag während der Beratung läßt erkennen, daß diese Aussage nicht ganz selbstverständlich war.

[114] *Neuner-Roos*, a.a.O. 513; vgl. auch can. 2 (D 1552 (812)) und Kapitel 5 (s. o.).

relevanten) Guten«. Nur in einem Punkt scheint es eine von der Reformation abweichende Position zu geben: Der Wille ist wenigstens noch frei zum (soteriologisch bedeutsamen) Bösen, er kann Gottes Gnade ablehnen (»posse dissentire, si velit«)[115]. Ob es sich allerdings um einen wirklichen Dissens handelt[116], muß m. E. offenbleiben: Einerseits setzt auch das Dekret die – zwar nicht selbst thematisierte – Prädestination voraus[117], zum anderen halten auch die Reformatoren an der Schuldhaftigkeit der Sünde fest (selbst *Calvin*, der in härtesten Worten auch Sünde und Verdammnis auf das »schauerliche Dekret« Gottes zurückführt)[118]. Die Verbindung beider Aussagereihen

[115] Can 4 (D 1554 (814)). In can. 6 wird ausdrücklich die These abgelehnt, Gott wirke die bösen Taten auf eine Weise, wie er die guten wirkt (den Verrat des Judas ebenso wie die Berufung des Paulus); für den Bereich des Bösen wird die traditionelle Überzeugung von einem bloßen »Zulassen« wiederholt (D 1556 (816)). Can. 17 scheint die Verantwortung des Menschen noch stärker herauszustellen: »Wer behauptet, die Rechtfertigungsgnade werde nur den zum Leben Vorherbestimmten zuteil, alle übrigen Gerufenen aber würden zwar gerufen, ohne aber die Gnade zu empfangen, da sie durch göttliche Macht zum Bösen vorherbestimmt seien, der sei ausgeschlossen« (D 1567 (827)) = *Neuner-Roos* 835 (S. 516)). Dies ist aber nur *eine* Gedankenreihe. *Daneben gibt es eine zweite, gegenläufige,* nach der auch die Zugehörigkeit zu den Verdammten – wenigstens indirekt – *auf Gottes Bestimmung* zurückgeführt wird: In Kap. 7 heißt es, daß »niemand gerecht sein kann, wenn ihm nicht die Verdienste des Leidens unseres Herrn Jesus Christus mitgeteilt *werden* (communicantur)« (D 1530 (800)). Noch deutlicher ist Kap. 3: »Obwohl jener (Christus) wahrhaft ›für alle gestorben ist‹ (2 Kor 5,15), *empfangen* dennoch *nicht alle* die Wohltat seines Todes, *sondern nur die, denen das Verdienst seiner Passion mitgeteilt wird*« (D 1523 (795)). Das klingt wieder anders; es läßt Gottes Anteil am Zustandekommen des schlechten Ergebnisses größer erscheinen.

[116] *A. Adam*, Dogmengeschichte 2, 376, hat das Dekret falsch verstanden: »wenn er (der Wille) auch selbst nicht fähig ist, das Heil zu erwerben, so bleibt er doch imstande, das Wirken Gottes anzunehmen oder abzulehnen.« Das letztere ist – vielleicht – richtig, die Annahme aber der Gnade beruht nach eindeutiger Konzilsaussage auf der zuvorkommenden Gnade (»liberum hominis arbitrium a Deo motum et excitatum«, can. 4 (D 1554 (814)); vgl. Kap. 1 u. 5). Auch can. 7 ist kein Einwand: er bestreitet, daß »alle Werke« *vor* der Rechtfertigung »vere esse peccata vel odium Dei mereri« (D 1557 (817)). Damit ist nicht behauptet, es gebe soteriologisch relevante gute Werke; abgelehnt wird nur ein – unvornehmes und außerhalb des Christentums auch unverständliches – Totalverdikt.

[117] Kap. 12: Niemand dürfe in das Geheimnis der Prädestination so weit eindringen wollen, daß er behaupten könne, »se omnino esse in numero praedestinatorum« (D 1540 (805)). Die »Zahl der Vorherbestimmten« ist offensichtlich – mit der dazugehörigen Kausalität – ein festes Stück des dogmatischen Erbes; lediglich die unmittelbare Prädestination zum Bösen wird zurückgewiesen (can. 6 u. 17). Der Prädestinationsgedanke steht offensichtlich auch hinter dem ersten Satz des Kap. 3 und hinter dem Zitat 1 Kor 12,11 (das Maß, das »der heilige Geist den einzelnen zuteilt, wie er will«) in Kap. 7.

[118] Inst. (1559) III 23,7.

bleibt aporetisch (wie in der Antike die Einheit von Logos und Jesus), von welcher Seite und mit welchem Vokabular man sich auch dem Problem nähert[119].

Die aus eigenen Kräften unüberwindbare Sündhaftigkeit des (einzelnen) Menschen kann nur durch die Initiative Gottes durch Jesus Christus gewendet werden, die keinerlei Voraussetzungen seitens des Menschen kennt. Wenn man so will, ist damit die Rechtfertigung des einzelnen *christologisch suffizient* umschrieben – in ökumenischer Übereinstimmung im Sinne des ›solus Christus‹. Umgekehrt erscheint Jesus *deswegen als unser Christus, weil er allein (die Welt und) uns rechtfertigt.*

Das Kapitel 7 umschreibt die soteriologische Funktion Jesu als Sündenvergebung, aber auch als Heiligung und Erneuerung des inneren Menschen; die Rechtfertigung durch das Kreuz Christi kennt also *zwei Aspekte.*

Der erste Gesichtspunkt ist die Sündenvergebung ohne jegliche Vorleistung, also ein *juridischer* Vorgang der *Anrechnung* (Imputation). Daß das Konzil »Sündenvergebung« statt »Anrechnung« bevorzugt, ist einmal aus der kontroverstheologischen polemischen Situation zu verstehen, zum anderen aus dem Rückgriff auf die scholastische Theologie; diese kennt zwar – von ihren Anfängen her – die »Sache«, nicht aber den Begriff der Imputation (er tritt erst in der Spätscholastik hervor). Der canon 11 aber legitimiert – wenn auch mit Einschränkungen – auch diesen Terminus: »Wenn einer sagt, die Menschen würden gerechtfertigt durch bloße Anrechnung der Gerechtigkeit Christi *oder* durch bloße Sündenvergebung, wobei Gnade und Liebe ausgeschlossen werden..., der sei ausgeschlossen«[120]. Hier werden ausdrücklich »Sündenvergebung« und »Anrechnung« gleichgesetzt; *die »Anrechnung« wird keineswegs abgelehnt*, lediglich ihre *exklusive* Geltung (»*sola* imputatione«). »Verurteilt ist nämlich nur die extrinsezistische Aus-

[119] Das Trienter Dekret versucht ein Modell, in dem einmal Gott exkulpiert wird, zum anderen die – wenigsten negative – Verantwortlichkeit des Menschen vermittelbar ist, drittens die positive Heilsfunktion Jesu Christi nicht beeinträchtigt wird. Die Folge ist allerdings eine gewisse Reduzierung der All-Wirksamkeit Gottes (die man aber wohl – das sagt der Text aber nicht – aufgefangen dachte nach dem Vorbild mittelalterlicher Erklärungen: Gott wirkt auch beim bösen Akt dessen Sein und Realität, die negative Qualifizierung aber ist Tat des Menschen). Umgekehrt betont die Theologie der Reformatoren – *Calvin* in aller Härte – die Kausalität und damit Verantwortung Gottes auch für das Böse, hier nun mit der Folge, daß einmal Gott recht fürchterlich gedacht werden muß (was mit Hinweis auf den Geheimnischarakter entschärft werden soll), zum anderen daß die menschliche Verantwortung für seine Sünde *nur verbal* aufrechterhalten werden kann.

[120] D 1561 (821).

schließlichkeit«[121], so daß bis hierhin wiederum ökumenische Übereinstimmung besteht. Auch an anderen Stellen kennt das Dekret Aklänge an die Imputation[122].

Der reformatorische Zentralbegriff hätte durchaus klarer und deutlicher aufgegriffen werden können, eine recht profilierte Gruppe von Konzilsteilnehmern war auch dafür eingetreten, und frühere Textvorlagen gingen mehr auf dieses Erfordernis ein. Dennoch ist die Imputation, bei aller Vorsicht – aber nicht Ablehnung – dem Begriff gegenüber, *der Sache nach* das konstitutive Element des Rechtfertigungsvorgangs[123]. Die *stellvertretende* Tat Christi ist ohne die Vorstellung juridischer Anrechnung nicht denkbar[124].

Anders (oder besser: anders gewichtet) als in der Reformation ist der *zweite Gesichtspunkt*: die Rechtfertigung schenkt Heiligkeit und erneuert den Menschen innerlich. Gott *spricht* den Menschen nicht nur gerecht, er *macht* ihn auch gerecht. Ist hier eine entscheidende Differenz zu *Luther* oder *Calvin* festzustellen?

Auch sie sehen durch die Tätigkeit des Geistes im (forensisch) Gerechtfertigten von Tag zu Tag mehr den alten Adam ausgetrieben und Christus in uns wachsen. Allerdings bemühen sie sich angestrengt, diese wachsende Heiligkeit ganz als Tat Christi oder des Geistes zu

[121] *H. Küng*, Rechtfertigung, a.a.O. 215.

[122] Vgl. das Zitat von Gal 4,5 (Adoption zu Söhnen) in Kap. 2; die Communicatio des Verdienstes der Passion an die (durch Prädestination) Geretteten (Kap. 3); der Begriff »translatio« und das Zitat von Röm 8,15 (Adoption) in Kap. 4; can. 10 betont, daß die »iustitia Christi« uns rechtfertigt; in Kap. 7 heißt es, daß wir »Gerechte *genannt* werden *und* sind« (D 1529 (799)).

[123] *R. Seeberg*, Dogmengeschichte 4, 2, 770 (771), A. 1, meint, die Konzilsleitung habe »jede Form der Anerkennung der im Glauben ergriffenen imputierten Gerechtigkeit zu unterdrücken« beabsichtigt. Jedenfalls bietet die Endfassung des Dekrets keine Handhabe dafür, daß dies gelungen sei; auch für den einzelnen bleibt die »Sündenvergebung« durch die Rechtfertigung (per Christum) grundlegend. Auch *W. Dantine*, a.a.O. 456, orientiert sich allzu eng an einigen polemischen Redewendungen, wenn er die Versuche, »neben die ›eingegossene‹ Gerechtigkeit eine ›angerechnete‹ (iustitia imputata) zu stellen«, für gescheitert erklärt.

[124] Nun ist und bleibt das bloß juridische Anrechnungsmodell human unbefriedigend, wenn es auch dem Stellvertretungsgedanken der lateinischen Christologie von Anfang an inhärent war. Deswegen hatte die lateinische und lateinisch-mittelalterliche Tradition nach Alternativen oder wenigstens Ergänzungen weniger positivistischer Art gesucht und sie im Wesentlichen in »gentilizischen« Rastern (mit biblischen Worten verkleidet) gefunden (vgl. o. 430–432). Auch das Trienter Dekret greift diese Überlegungen auf und fügt sie *ergänzend* dem Imputationsgedanken hinzu: Die Menschen würden nicht in Ungerechtigkeit geboren, »wenn sie nicht aus dem Samen Adams gezeugt wären« (Kap. 3, D 1523 (795)); Jesus Christus ist der ›zweite Adam‹, der uns durch das Bad der Wiedergeburt erlöst (Kap. 4); dann läßt er als Haupt (seines Leibes, Kap. 7) seine Kraft in die Glieder strömen und als Weinstock in die Zweige (Kap. 16).

bezeichnen, die unsere Wirklichkeit als Sünder im Letzten nicht verändert (wir bleiben Sünder). Auch das Konzil von Trient hebt scharf hervor – davon gibt es nicht die geringste Abweichung –, daß diese innere Umwandlung ganz Tat des rechtfertigenden Gottes (durch Jesus Christus) ist; das recht*sprechende* Wort Gottes wird als Gerechtigkeit *schaffendes* Wort gesehen (wenn er uns zu Kindern adoptiert, so *sind* wir es auch) – die *alleinige* Heilsmittlerschaft Jesu Christi wird fest etabliert, eine andere Instanz oder einen anderen Zugang zum Heil gibt es nicht.

Anders aber als die beiden genannten Reformatoren nennt das Dekret die uns geschenkte Gerechtigkeit auch *unsere* Gerechtigkeit[125], weil wir sie *freiwillig annehmen*[126]. Hier liegt wohl ein wichtiger Unterschied zur Konzeption der Reformatoren vor: die – auch nach ihrer Meinung – geschenkte Gerechtigkeit ist nicht nur die Gottes oder Christi, sondern sie wird – anders als bei ihnen – auch uns zu eigen[127]. Und das heißt: wir nehmen sie an und wirken mit. Noch einmal: Selbst hierbei wird nicht der – westlich-ökumenische – Konsens durchbrochen zugunsten eines Synergismus; unser Ja zur Rechtfertigung und unsere »Werke« sind radikal gottgewirkt: »So wird also *unsere eigene* Gerechtigkeit *nicht* hingestellt *als eine eigene, die aus uns stammt...* Denn diese Gerechtigkeit heißt die *unsere*, weil wir durch sie, die uns innerlich anhaftet, gerechtfertigt *werden*. Dieselbe aber ist *Gottes*, weil sie uns *von Gott um des Verdienstes Jesu Christi willen* eingegossen wird.«[128]

Dieser Gedanke wird immer neu variiert. Unsere »Verdienste« sind Geschenke des Herrn[129], bis hin zu – der Sache nach – *Calvin*'schen Überlegungen (daß Gott nicht nur uns, sondern auch unsere Werke rechtfertigt)[130]: Jesus Christus gießt uns seine Kraft ein, die den »guten Werken immer vorausgeht, sie begleitet und ihnen folgt, und *ohne die sie auf keinen Fall Gott angenehm und verdienstlich sein können.*«[131]

125 Kap. 16.
126 Kap. 12.
127 Allerdings kennen auch die Reformatoren ähnliche Gedankengänge, vgl. etwa *Calvin*: »donec Christus *noster* fiat« (vgl. o. 466, A. 100).
128 Kap. 16 (D 1547 (809)), *Neuner-Roos*, a.a.O. 816 ((S. 512)). Bei *Neuner-Roos* ist im letzten Satz ein den Inhalt verfälschendes »auch« ((»sie ist aber *auch* Gottes«) eingefügt). So muß man auch can. 10 verstehen, der die Rechtfertigung ganz auf Christi Gerechtigkeit zurückführt, aber bestreitet, daß wir »per eam ipsam formaliter« gerecht seien (D 1560 (820)).
129 Kap. 16 (D 1548 (810)).
130 Vgl. o. 456, A. 60.
131 Kap. 16 (D 1546 (809)). Es ist wohl unstatthaft, diese klaren Aussagen zugunsten eines ›Gesamteindrucks‹ (?) zurücktreten zu lassen, »daß diese aufgrund

Theo-logisch und christo-logisch besteht also Übereinstimmung, die Differenz ist anthropologisch-soteriologischer Natur. Von den Anfängen der Rechtfertigungschristologie in der ausgehenden lateinischen Antike wurde die – christologisch geforderte – alleinige Heilskausalität in Jesus Christus rezipiert, aber *auch* in einem Punkt als unbefriedigend empfunden: Der Mensch mußte sich selbst, seinen freien Willen, sein Tun und Streben für soteriologisch irrelevant erklären[132]. Schloß aber die Hoffnung auf – ethisch gewendetes – Heil nicht auch ein, daß der Mensch sich verändern, bessern, mitwirken kann (was aber christologisch nicht sein durfte)? Aus diesem Ungenügen sind im Mittelalter immer wieder alternative Praktiken aufgekommen (»Sakramentalismus«, »Werkgerechtigkeit«, Synergismus), die aber zugleich das – abendländisch gewendete – Christusbekenntnis bedrohten. Dagegen waren die Reformatoren aufgestanden und haben die Christologie reetabliert; das »solus Christus« wurde so in den Mittelpunkt gestellt, daß der Mensch seine Sündigkeit niemals übersteigen und nur forensisch gerechtfertigt werden konnte (›simul peccator et iustus‹). Diese zeitgeschichtlich notwendige Zuspitzung hat aber auch ihre Defizite[133], die nur mühsam durch die dann doch irgendwo zulassene »Heiligung« (»Werke«) aufgefangen wurden.
Das Trienter Dekret versucht dieser anthropologisch-soteriologischen Dimension mehr Recht einzuräumen. Die kontroverstheologische Polemik hat hierbei bewirkt, daß *unnötig viel* von freier Zustimmung, Mitwirkung und Verdiensten geredet wird. Diesen Fehler hat schon der General der Augustinereremiten und Konzilsteilnehmer *Girolamo Seripando* während der Beratungen bemerkt; er notierte in sein Tagebuch (Ende 1546): »Viel wirksamer bekämpfen wir sie (die Lutheraner), wenn wir nicht so weitherzig und freigebig im Erheben der guten Werke sind, an denen heutzutage im christlichen Volk erstaunlicher Mangel herrscht, karg dagegen und sparsam im Predigen der Gnade Gottes, deren Reichtümer uns im Überfluß zuteil werden«[134]. Dieses immer neue Hervorheben der Mitwirkung des Menschen hat zu vielen Mißinterpretationen geführt – in der katholischen Moraltheologie und in der evangelischen Kritik. Dabei muß gesehen werden, daß abgesehen von der historisch verständlichen, aber dennoch

von Gnade gewirkten Werke ihrerseits wieder verrechenbare Mitursache eigener Wirkungen seien« (so *W. Dantine*, a.a.O. 460). Vgl. *H. Küng*, Rechtfertigung, a.a.O. 258: »So bedeutet das tridentinische cooperari keinen Synergismus, in dem Gott und Mensch an einem Strick ziehen. Es ist keineswegs so, als ob die Rechtfertigung *teils* von Gott und *teils* vom Menschen käme.«

132 Vgl. o. III 7.4.

133 Vgl. o. 454, A. 57.

134 Zitiert nach *H. Jedin*, Geschichte des Konzils von Trient, II, a.a.O. 239.

falschen Überreaktion im Grunde hierbei ein nicht unwichtiges Moment christlicher Hoffnung zu seinem »Recht« gekommen ist. Dieses »Recht« aber wird aus christologischen Gründen *zugleich wieder* im Letzten *aufgehoben*. Die Rechtfertigung ist voraussetzunglos geschenkt, alle Mitwirkung, die die Rechtfertigung *unsere* werden läßt, ist von Gott oder Jesus Christus gewirkt, unser Bemühen um gute Werke kann uns zwar wachsen lassen in der Gnade, das Maß (mensura) aber auch für die je eigene Gerechtigkeit bestimmt der Geist, wie er will[135]. Deswegen: »absit tamen, ut christianus homo in se ipso vel confidat vel glorietur et non in Domino.«[136] Auch dieser Lösungsversuch kann somit aus den Aporien der Rechtfertigungschristologie nicht herausfinden.
Eigentlich handelt es sich also um eine *Differenz der Gewichtung, der Betonung* des einen oder des anderen Gesichtspunktes. Trient spricht unbefangen von der inneren Umwandlung des Menschen, die Reformation mit vielen Vorbehalten. Die christologischen Essentials sind in allen Fällen gewahrt.

Die Schwerpunktverschiebung aber hatte durchaus Folgen für die weitere Ausgestaltung der Rechtfertigungslehre, von denen nur einige wenige genannt werden sollen:
1. Das Mit- und Ineinander von Gerechtsprechung und Gerechtmachung mußte zu einem anderen Verständnis des rechtfertigenden *Glaubens* führen: »Denn der Glaube vereint uns, wenn nicht Hoffnung und Liebe hinzukommen, nicht in vollkommener Weise mit Christus noch macht er uns zum lebendigen Glied seines Leibes.«[137] Und die Liebe bewährt sich in den Werken. Zurückgewiesen wird nicht ein »sola fide« schlechthin, sondern ein »sola fide«, das die – gottgeschenkte – cooperatio ausklammert[138]. Ebensowenig wird der Fiduzialglaube schlechthin abgelehnt, sondern nur die These, »fidem iustificantem nihil aliud esse quam fiduciam« bzw. *allein* durch die fiducia würden wir gerechtfertigt[139].
2. Das »simul peccator et iustus« kann nach dem Gesagten nicht im *luther*'schen Sinne eines bleibenden Dualismus von forensischem Gerechtsein und eigener realer Sünde (allerdings gemildert durch die auf die Rechtfertigung folgende »fremde« Heiligkeit) verstanden werden. Die Rechtsprechung ist (göttlich-schöpferische) Gerecht*machung*, so daß der Mensch wirklich gerecht *ist* (Dies verhindert aber nicht je neue Sünde und Schwäche, die im –

[135] Kap. 7 (D 1529 (799)).
[136] Kap. 16 (D 1548 (810)).
[137] Kap. 7 (D 1530 (800)).
[138] Can. 9 (D 1559 (819)).
[139] Can. 12 (D 1562 (822)); vgl. can. 13. *H. Küng*, Rechtfertigung, a.a.O. 256, zieht ein Resümee: »Es dürfte klargeworden sein, wie auch nach katholisch-tridentinischer Lehre dem Sünder bei der Rechtfertigung nichts zu tun bleibt, als sein ganzes Vertrauen auf den Herrn zu werfen.«

allzu leicht supponierten – Extremfall auch zum Verlust der Rechtfertigung führen kann). Aber auch hierbei besteht *sachlich* kein Widerspruch zum Denken *Luthers*: Auch nach dem Trienter Dekret ist unsere (sich in Liebe betätigende) Gerechtigkeit gottgewirkt, in allem, was sie gerechtmacht. Wenn wir auch mitwirken, ohne die Gnade Gottes wäre das alles nichts, und wir blieben Sünder.

3. Das Miteinander von Imputation und innerer Umwandlung bezieht aber vor allem das *ganze menschliche Leben* in die Reflexion ein. Die forensische Rechtfertigung im (Fiduzial-)Glauben scheint *alles* wie *in einem Punkt* zu entscheiden; weder das Leben vorher noch das weitere Bemühen oder Versagen hat mit diesem grundlegenden Akt etwas zu tun und irgendeine Heilsrelevanz. Nach dem Rechtfertigungsdekret aber werden wir durch die Gerechtigkeit Christi wirklich gerecht. Die Gerechtigkeit Christi muß von uns ergriffen und in Liebe vollzogen werden. Zwar bleibt auch hierbei *alle soteriologische Relevanz christologisch verankert*, wir können weder eine Disposition einbringen noch nach der Rechtfertigung Verdienste erwerben, die nicht aus dem Kreuz Jesu Christi ihre Kraft beziehen; unsere Mitwirkung ist Tat Gottes. Aber es rückt die Mitwirkung in den Blickpunkt und somit das Menschenleben. So erscheint die Rechtfertigung als eine Größe, die *auf das Leben als ganzes* bezogen wird: von vorbereitenden – gottgewirkten – Akten über den – gottgewirkten – rechtfertigenden Glauben und den sich im folgenden – gottgewirkt – in Liebe betätigenden Glauben bis hin zum Tod[140]. Erst dann ist die Rechtfertigung in vollem Sinne geschichtlich realisiert (oder verwirkt).

Dieser Blick auf das ganze Leben ist auch bei den Reformatoren gegeben; dort aber tritt es in seinem Stellenwert völlig hinter dem grundlegenden Rechtfertigungsakt zurück. Im Trienter Beschluß erhält die gesamte geschichtliche Existenz eine – geschenkte – soteriologische Bedeutung, die Rechtfertigung erscheint nicht mehr beinahe ausschließlich als punktueller Akt, sondern realisiert sich in geschichtlicher Dynamik.

4. Auch die *Glaubensgewißheit* wird nicht in der *luther*'schen Interpretation übernommen. Kapitel 9 ist sogar überschrieben: »Contra inanem haereticorum fiduciam.«[141] Es bestreitet aber keineswegs, daß der Mensch allein auf die Gerechtigkeit Jesu Christi vertrauend setzen soll – worauf sonst, nach allem Gesagten? –, sondern nimmt polemisch Stellung gegen ein *Sich-Brüsten* und *Sich-Beruhigen* mit der Sicherheit der Sündenvergebung (eine Karikierung der Intentionen *Luthers*). Abgelehnt wird die »absoluta certitudo«, gefordert aber wird, »in Gottes Hilfe *die sicherste Hoffnung* (firmissimam spem) zu setzen.«[142]

Nun wird der Unterschied zwischen *Luthers* Glaubensgewißheit und der genannten firmissima spes recht schwer praktisch dingfest zu machen sein, da

140 Dieser Blick auf das ganze Leben war die Voraussetzung für den methodischen Aufbau des Dekrets anhand der *Vorbereitung* der Erwachsenentaufe, der Taufe selbst, des christlichen Lebens mit Bewährung (Gnade der Beharrlichkeit) und Sünde (Bußsakrament).

141 D 1533 (802).

142 Kap. 13 (D 1541 (806)).

erstere im konkreten Leben immer wieder angefochten und letztere nicht weit von einem – zwar angefochtenen, aber – abgrundtiefen Vertrauen entfernt sein dürfte. Theologisch aber begründet sich die katholische Differenz *aus dem Blick auf das ganze Leben.* Kapitel 9 betont, daß an Gottes Barmherzigkeit, Christi Verdienst (und der Kraft der Sakramente) kein Zweifel erlaubt sei, aber im Hinblick auf die eigene Schwäche (eine gewisse) Angst geboten sei; diese aber wird (Kapitel 13) wieder gemindert durch das Vertrauen in Gottes Treue, der den Gerechtfertigten die Kraft der Beharrlichkeit schenkt.

Alles in allem läßt sich feststellen, daß das Konzil von Trient die neuzeitliche Rechtfertigungslehre, aus Motiven der bisherigen abendländischen Tradition, so weitergeführt hat, daß alle Formen eines (soteriologisch relevanten) Synergismus ausgeschlossen wurden. *Zu diesem Ergebnis hat grundlegend beigetragen die auch in (Teilen) der katholischen Kirche erfolgte subjektive Wende.* Durch die radikale Aufmerksamkeit für den einzelnen konnten bisherige Nachlässigkeiten des Redens (verdeckt pelagianischer oder semipelagianischer Art) nicht mehr toleriert werden. Zwar kannte das Mittelalter, angehend in der lateinischen Antike, ebenfalls die subjektive Fragestellung, aber sie wurde im allgemeinen so von der synthetischen Eingliederung in das »objektive« Erlösungsgeschehen beherrscht, daß die genannten Nachlässigkeiten in Bezug auf den einzelnen nicht so recht auffielen[143]; denn »objektiv« war ja die einzige Heilsmittlerschaft Jesu hinreichend definiert, und prinzipiell galt dies auch für den (objektiv) prädestinierten einzelnen. Jetzt aber, *konkret provoziert durch die Reformation*, mußten die bisher am Rande verhandelten Probleme in den Mittelpunkt rücken; *die primär subjektiv gewendete Rechtfertigung mußte christologisch suffizient formuliert werden.*

Das ist gelungen. *Das »solus Christus« ist – wie in den Kirchen der Reformation – auch im Hinblick auf den einzelnen festgeschrieben worden. Das Rechtfertigungsdekret von Trient formuliert die neuzeitliche, »subjektive« Gestalt der Rechtfertigungschristologie für den entstehenden Katholizismus.*

Der »Sitz im Leben« dieses Konzils hat es mit sich gebracht, daß einmal aus Gründen kontroverstheologischer Polemik so empfundene oder auch tatsächliche Engführungen *Luthers* (die sich ebenfalls aus seiner Situation und Polemik ergaben) im Gegenzug besonders herausgestellt wurden; obwohl hierbei die zentralen christologischen Erfordernisse nicht beiseitegeschoben wurden, legten sich in der Wirkgeschichte Mißverständnisse nahe. Zum anderen haben die – in

[143] Das ist ein ähnliches Phänomen wie die Nicht-Aufmerksamkeit des hellenistischen Christentums für die christologische Problematik der ethischen Verkündigung, vgl. o. 348.349.

Bezug auf eine konkrete kulturspezifische Tradition – »ortlose« und zudem noch gremiale Entstehung des Dekrets sowie der historisch erzwungene Anschluß an die Scholastik einen Entwurf verhindert, der der »Wucht« der reformatorischen Konzeptionen ebenbürtig ist; die Blässe des »Kunstprodukts« aber hat umgekehrt auch dazu beigetragen, geniale Einseitigkeiten zu vermeiden. Das katholische »Sowohl-als-auch« ging aber nicht soweit, daß die entschiedene Anwendung der Rechtfertigungschristologie auf den einzelnen wieder aufgehoben worden wäre. So hat auch *diese* katholische Christologie mit den üblichen Aporien der abendländischen Rechtfertigungschristologie im allgemeinen und zusätzlich mit den Schwierigkeiten, die aus ihrer subjektiven Sinnspitze entstehen, im besonderen zu tun.

1.4 Die neuzeitliche Verwendung der altkirchlichen Christologie

Allen neuzeitlichen Konfessionen ist gemeinsam die Rezeption der altkirchlichen Christologie (hellenistischer Ausprägung). Jesus Christus ist Gott und Mensch in der Einheit der Person. Zwar gab und gibt es unter ihnen Diskussionen, die sich mit dieser Christologie stellten; ob die Einheit und Nähe der Naturen zueinander im Vordergrund stehen solle (so etwa *Luther*), oder das Unvermischt der Naturen, die »nur« in der einen Person zusammenkommen, stärker hervorzuheben sei (z. B. ›*Zwingli*‹ und – wieder anders – *Calvin*), usf. Das soll hier nicht interessieren.
Im folgenden geht es um den *grundsätzlichen Ansatz*, aus dem heraus die antike Christologie angenommen und damit auch neu interpretiert wurde. Dieser Ansatz aber ist die *subjektive Rechtfertigungschristologie*. Dies gilt für alle neu entstehenden Ausprägungen des Christentums. Niemand aber hat die Subjektivität so sprachgewaltig formuliert wie *Martin Luther*; was bei anderen nur verdeckt bleibt hinter »objektiven« Aussagen, tritt bei ihm deutlich hervor. An seinem *Beispiel* soll deswegen das *Typische* des neuzeitlichen Zugangs zur Gott-Mensch-Christologie aufgezeigt werden.
W. Maurer hat die These vertreten: »Die Rechtfertigungslehre des jungen Luther ist nicht Wurzel, sondern Frucht, nicht gestaltendes Prinzip, sondern letzte Konsequenz seiner Theologie. Sie ist gewachsen aus einem neuen Verständnis der großen altkirchlichen Dogmen der Trinität und der Christologie. Sie ist damit das Ergebnis eines Rückgriffs, den der junge Luther hinter die Scholastik auf die alt-

kirchliche Vätertheologie vorgenommen hat.«[144] Hier werden die Dinge auf den Kopf gestellt, es sei denn, man verstehe unter den altkirchlichen Vätern vor allem *Augustinus*; denn wo sonst als in der *lateinischen* Überlieferung gab es eine Begründung der Zwei-Naturen-Christologie, der Inkarnation usf. vom Rechtfertigungsgeschehen her?

Genau dies aber ist der Zugang *Luthers* zur altkirchlichen Christologie; sie dient als ganze und in jedem ihrer Einzelaspekte zur Begründung der Rechtfertigung auf dem Hintergrund der Sündenverfallenheit des Menschen. *Luther* steht *grundlegend in der Tradition lateinisch-abendländischer Rezeption der antiken Christologie*. Im Großen Katechismus von 1529 schreibt er zum zweiten Artikel des Glaubensbekenntnisses: »Nemlich/das er (der Sohn Gottes)mensch worden/... auff das er der sunden herr were/darzu gelidden/gestorben und begraben/das er für mich genug thete/und bezalete was ich verschuldet habe...«[145] Chalkedon ist hier mit *Augustinus* und *Anselm* verschmolzen, die Inkarnation mit der Satisfaktion am Kreuz.

Von den Anfängen *Luthers* bis zum Schluß zieht sich *diese* Rezeption der altkirchlichen Christologie wie ein roter Faden durch sein Werk. Er sieht die antike Christologie durch die Brille der abendländischen Rechtfertigungschristologie; erstere gewinnt durch letztere ihre Funktionalität. Der wahrhafte Gott wurde wahrhaft Mensch, um für unsere Schuld genug zu tun, so daß uns sein Werk angerechnet werden kann; die Inkarnation geschieht um des Kreuzes willen.

Damit soll nicht bestritten werden, daß *Luther* nicht auch, im Sinne des »Zurück-zu-den-Quellen«, altkirchliche Gedankengänge oder Motive gelegentlich »originalgetreuer« aufgreift. Beherrschend werden sie aber niemals, sie bleiben umfangen und eingebettet in das Bekenntnis zu Jesus Christus, der uns gerechtfertigt hat. So hat *Luther* auch von daher mit der ererbten Schwierigkeit zu schaffen, wieso es für diesen Raster eines hypostatisch besonderen »Sohnes« Gottes bedarf. Zwar hält er, wie das Jahrtausend vor ihm, am Bekenntnis zum Sohn Gottes fest, wo er aber seine »Sache«, die Rechtfertigung erläutert, bedarf er nur des Miteinanders von *Gott* und *Mensch*. So »riskiert Luther modalistischen Schein« und«theopaschitischen Schein«[146].

[144] Die Anfänge von Luthers Theologie, in ThLZ 77, 1952, 4 (vgl. den gesamten Artikel 1–12); ähnlich *M. Lienhard*, a.a.O. 31: *Luther* sei »zur Inkarnationstheologie der alten Kirche zurückgekehrt.«

[145] Zitiert nach: Luthers Werke in Auswahl. Unter Mitwirkung von *Albert Leitzmann* hrsg. von *Otto Clemen*, Vierter Band: Schriften von 1529 bis 1545, Berlin [6]1967, 55.

[146] *Hermann Dembowski*, Einführung in die Christologie. Mit einem Beitrag von *Wilhelm Breuning*, Darmstadt 1976, 135; auch *M. Lienhard*, a.a.O. 130, will *Luther* zwar nicht als »Partripassianer« bezeichnen, sondern »eher als einen

Die eigentliche Besonderheit ist zu suchen *in der subjektiven Wende der Rechtfertigungschristologie* und somit auch der durch sie vermittelten und in sie eingebauten antiken Christologie. »Ich gleube das Jhesus Christus warhafftiger Gottes son/sey *mein* Herr worden«, heißt es im Großen Katechismus[147]. Und »mein Herr« bedeutet, »auf daß ich sein eigen sei.«[148] Oder: »quod Jesus Christus Dei filius *pro me* passus et mortuus sit, ut *me* a peccato et a morte liberaret.«[149]
So ist auch die Zwei-Naturen-Christologie *im »Pro me« der Rechtfertigung* begründet. Gott wurde Mensch, um *uns* (je mich) zu rechtfertigen. Menschwerden bedeutet deswegen nicht nur die Annahme einer menschlichen Natur, sondern vor allem Eingehen in unsere (je meine) Sünde: »Das traditionelle Dogma wird in dem Sinn vertieft, daß Luther sich nicht damit begnügte, ›Gott und Mensch‹ zu sagen, sondern daß er sagt: ›Gott und Sünde‹.«[150] Die antike Christologie dient also dazu zeigen zu können, daß Gott selbst aus übergroßer Liebe *in die Sünde* hinabgestiegen ist: »das kannst du dir so vorstellen«, schreibt *Luther* zum Verhältnis von Gnade und Sünde, »daß die Gnade oder die Gabe Gottes zur Sünde geworden (eingesündet) ist, und die Sünde zur Gnade geworden (eingegnadet).«[151]
Hier begegnet uns *das antike Tauschprinzip* (»Gott wurde Mensch, damit wir Gott werden«) *in seiner subjektiven ethisch-juridischen Wendung* (»Gott wurde Sünder, damit ich gerecht werde«).
Wie *Luther* die Bedingung einer ethisch-rechtlich konzipierten abendländischen Christologie, das Sündersein, höchstpersönlich internalisiert hatte, so wendet er auch die »objektiven« Chiffren dieser Christologie ins Subjektive. Überspitzt ausgedrückt: Gott wird Mensch und damit im Menschen zum Sünder, er nimmt die Strafe auf sich, wodurch die Sünde innerlich aufgehoben und überwunden wird[152]. Hier

›Deipassianisten‹. Vgl. auch *A. Adam*, Dogmengeschichte 2, 270: *Luther* habe kein Interesse für die »Logosspekulation« gehabt; »Jesus Christus ist der Deus revelatus«.

147 Zum zweiten Artikel des Glaubensbekenntnisses (Luthers Werke in Auswahl IV, a.a.O. 54). Vgl. auch auf der folgenden Seite: »Und dis alles (Inkarnation und Tod) darumb/das er mein HERR wurde«. Hier scheinen auch spezifisch *deutsche* Motive mitzuschwingen.

148 Erklärung *Luthers* zum zweiten Artikel des Glaubensbekenntnisses im kleinen Katechismus, in: Die Bekenntnisschriften der evangelisch-lutherischen Kirche, hrsg. im Gedenkjahr der Augsburger Konfession, 1930, Göttingen [5]1963, 511.

149 WA 40,I, 168, 22.23.

150 *M. Lienhard*, a.a.O. 110.

151 Wider den Löwener Theologen Latomus, in: Martin Luther, Ausgewählte Werke, hrsg., von *H.H. Borcherdt* und *G. Merz*, Ergänzungsreihe, Bd. 6 (übers. von *Robert Frick*) München [3]1961, 135.

152 *Luther* konnte deswegen die Rechtfertigungsformel in Jesus Christus umkehren: »Christus ist *simul iustus et peccator*« (*A. Adam*, Dogmengeschichte 2,

geht *Luther* über *Anselm* hinaus; wenn die chalkedonische Christologie vorher in die »objektive« Rechtfertigungchristologie eingearbeitet war als deren »objektive« Bedingung, wird sie jetzt in die subjektive Wende einbezogen.

Zu *diesem* (seinem) Christus sucht *Luther* einen ebenso subjektiven – durch »objektive« Instanzen unvermittelten – Zugang; er findet ihn, durch das Wort, im Glauben. In ihm erfährt er die Verbindung zu Christus. »Und in dieser Verbindung vollzieht sich ein Tausch: der Sünder wird gerecht. Seine Sünde wird ›eingegnadet‹. Und als ›eingegnadete‹ Sünde ist sie überwunden, sie hat keine Macht mehr.«[153]

Diese Rezeption von Chalkedon lebt einmal also von den Polen »gerechter und gnädiger Gott« und (für mich) »zur Sünde gewordener Mensch«, zum anderen von der Erfahrung unvermittelter *Nähe des Subjekts zu Jesus Christus*[154]. Von hier aus ergeben sich auch die Spannungen, unter denen die Luther'sche Interpretation der altkirchlichen Formeln stand. Der Reformator hat zwar diese Christologie übernommen: Zwei Naturen in der Einheit der Person. Und gemäß abendländischer (Fehl-)Deutung hat er Jesus eine eigene menschliche Personalität abgesprochen und ihre Stelle durch die göttliche Person einnehmen lassen: »Christus homo, id est, persona divina, quae suscepit humanam naturam.«[155]

Aber dieser - traditionelle – »Monopersonalismus« genügte ihm nicht. Der gnädige Gott sollte noch unmittelbarer dem zur Sünde gewordenen Menschen verbunden sein, so daß ganz allein *er* der Handelnde ist. *Gott selbst* leidet und sühnt für uns. Bisweilen scheint die Dominanz Gottes so weit zu gehen, daß die – von *Luther* an anderen Stellen verteidigte – Trennung der Naturen *monophysitisch* vermischt wird[156]. Ja, gelegentlich wird die Menschheit Jesu gar *doketisch* ver-

271). Vgl. *Uwe Gerber*, Christologische Entwürfe, a.a.O. 25.26: »Jesus Christus ist seiner göttlicher Natur nach der iustus, seiner natura humana nach der peccator: simul iustus et peccator, wobei aber gerade nicht ein konstatierbarer Habitus, sondern der ›fröhliche Tausch‹ gemeint ist: daß nämlich dieser gerechte Christus von sich aus in Freiwilligkeit dem Menschen die Sünde abnimmt, ihm dafür die iustitia aliena Dei in der remissio peccatorum zurechnet als eines forensisch-effektiven, synthetischen Handelns Gottes pro nobis« (Dort auch Belegstellen).

153 *H. Dembowski*, a.a.O. 136; vgl. den gesamten Gedankengang 134–137, in dem diese Zusammenhänge sehr gut dargelegt sind. Die enge Verbindung zwischen Christus und Sünder hat *Luther* auch im Bild von Braut und Bräutigam, zwischen denen ein Eigentumstausch stattfindet, ausgedrückt (vgl. ebd. 137).

154 Im Glauben bilden der einzelne und Christus »quasi unam personam« (WA 40 I, 285,5).

155 WA 39,II, 117,35.36.

156 Vgl. *M. Lienhard*, a.a.O. 237: »Es kann sein, daß er (*Luther*) selbst in mancher Hinsicht zum Monophysitismus neigt«.

kürzt: Die göttliche Person trägt unser Menschsein »ut albus significat hominem sustentantem albedinem.«[157] Diese Tendenzen werden noch verstärkt durch die Sehnsucht *Luthers* nach unvermittelter Nähe zu Jesus Christus. Wenn man das Menschsein ganz ernst faßte, war Jesus jetzt im Himmel und uns nur durch die Schrift und das Wort nahe. *Luther* wollte mehr; von daher ließ er die Menschheit Jesu Christi recht weitgehend an göttlichen Attributen teilhaben. Vor allem im Abendmahlsstreit mit *Zwingli*, der auf einer sauberen Trennung der beiden Naturen in Christus insistierte, entwickelt *Luther* seine Lehre von der realen Präsenz des (mit dem historischen identischen) Fleisches Christi; diese hat die Teilnahme auch der menschlichen Natur an der Ubiquität, der Allgegenwart, Gottes zur Voraussetzung. Realpräsenz und Ubiquität des irdischen Leibes haben die Funktion, uns hier und jetzt in Wort und Sakrament mit dem Gottmenschen zu verbinden, damit wir gerechtfertigt werden[158]. *H. Dembowski* sieht diese Auffassungen in der subjektiven Rechtfertigungserfahrung begründet: »Damit ist... die Menschheit Jesu Christi selbst, als wirkliche Menschheit direkt und nicht nur indirekt über die Person mit der Gottheit verbunden... Die menschliche Nähe Gottes in Jesus Christus ist heilsame Nähe, sie ist Gnade, die Sünde überwindet. Sie ist heilsame Nähe, die jedermann persönlich gilt. Sie ist Nähe für dich und mich.«[159]

So gewinnt das Dogma von Chalkedon eine neue, neuzeitlich-subjektive Funktionalität. In Jesus Christus erkennt man nach *Luther* die Liebe Gottes zu uns Sündern: »Darnach steyge ich weyter am sun auffhyn zum vater und sehe das Christus got sey und hab sich in meinen todt, in mein sünde, in mein ellende gesteckt, und gibt mir auch sein hulde.«[160] Gott wird im Jesus der Geschichte und im gegenwärtigen Jesus Christus zum unmittelbaren, liebenden und rechtfertigenden Gegenüber »für dich und mich«. Deswegen sind auch *Cyrill*'sche oder gar doketische Motive keineswegs eine Neuauflage oder Weiterführung einer antiken Diskussion; wie die griechische

[157] WA 39, II, 10,31; vgl. auch die Ausführungen *M. Lienhards*, a.a.O. 131–134, zur ›gefährlichen Nähe zum Doketismus‹ in seiner Exegese des Philipperhymnus (2,6–11).

[158] *M. Lienhard* zu diesem Problem: »Man fragt sich dann, wie der Doketismus vermieden werden kann. Wird der menschlichen Natur, und zwar schon bei der Inkarnation, eine göttliche Eigenschaft mitgeteilt, so unterscheidet sie sich von unserem Menschsein.« *Lienhard* geht sogar noch weiter und fragt, »inwieweit das durch die Einheit von Gott und Mensch in Jesus Christus gebildete konkrete Ganze nicht eine neue Wirklichkeit ist, als ob die Person Jesu Christi eine Art dritter Entität wäre, die zu den zwei Naturen hinzukommt, als ob ein neues ›Wesen‹ aus dieser Einheit hervorginge« (179).

[159] A.a.O. 135.

[160] WA 10, III, 154,19–155,1.

Zwei-Naturen-Lehre völlig integriert ist in das subjektiv gewendete lateinische Rechtfertigungsschema, so haben auch die genannten Motive in dieser neuen Fragestellung ihren Ursprung.
Die wenigen Hinweise mögen genügen, die Art der Verwendung der hellenistischen Christologie bei *Luther* aufzuzeigen; *Luther* soll hier zugleich exemplarisch die *Eigentümlichkeit aller neuzeitlichen Aneignung* der Lehre von der hypostatischen Union sichtbar machen: *Allen Reformatoren und auch der katholischen Theologie gemeinsam ist die subjektive Wendung der Rechtfertigungschristologie des Mittelalters, in die Chalkedon als Baustein eingearbeitet war.*
Natürlich gab es Unterschiede. *Zwingli* z.B. dachte streng diphysitisch, auch *Calvin* legte auf das Unvermischt eine größere Betonung als *Luther*, teilte aber mit ihm den mittelalterlichen »Monopersonalismus«; die katholische Theologie unterscheidet sich in dieser Frage kaum von *Calvin*.
Diese Differenzierungen sind historisch interessant, sie verraten auch viel über die jeweilige soteriologische Motivation; aber ihre Einzelanalyse führt in unserer Frage nicht weiter.
Wie auch schon bei den vorherigen kulturbedingten Zäsuren erweist sich wiederum die Macht des neuen soteriologischen Ansatzes. Zwar fand mit der Neuzeit keine fremde, bisher unbekannte Tradition Einlaß ins Christentum; alles verblieb im Binnenraum des Abendlandes. Der binnenkulturelle Umbruch zum Subjekt kam zudem nicht plötzlich, er hatte vielfältige, tief in die Vergangenheit ragende Wurzeln. Als er sich aber ereignete, mit ungeheurer Wucht, war niemand auf ihn vorbereitet. Die lateinische Kirche zerbrach in ihrer Einheit.
Obwohl »inhaltlich« alles beim Alten blieb – kein Motiv der Theologie der Reformatoren ist neu –, hat man die vorgegebenen Überlieferungen wie Bausteine benutzt, um etwas Neues aus ihnen zusammenzusetzen. Die verwendeten Bausteine – die antike Christologie und die mittelalterliche Rechtfertigungschristologie – waren allerdings kein »Rohmaterial«, sondern vielfältig behauen und bearbeitet; bisweilen wurden – um im Bild zu bleiben – sogar ganze Mauerstücke benutzt. So behielten sie auch in den neuen Gebäuden oft noch »in sich und für sich« ihre Gestalt, aber ihre Sinngebung und Funktion empfingen sie von dem neuen Ganzen her, in das sie eingebaut waren[161].

[161] Bilder sind verführerisch. In der gängigen Interpretation der Christologiegeschichte wird die antike Christologie eher als das *Fundament* bezeichnet, auf dem alle späteren Modelle errichtet wurden. Fundament aber war Chalkedon nur für die *sprachliche* Gestalt, in allen Modellen wurde mit seinen Begriffen gearbeitet. Für die »Sache« aber, d.h. die Rezeption Jesu als Christus in einer bestimmten Kultur, ist »Fundament« des Gebäudes *die jeweilige kulturgedingte Soteriologie*.

So ist es selbstverständlich, daß auch die – festgefügte – Lehre von der hypostatischen Union ihr Eigengewicht in den neuen Gesamtkonzepten entfalten konnte; dennoch aber war ihr eine ganz neue Funktion und eine neue Instrumentalität zugewiesen. Die ursprünglich für ihr Zustandekommen verantwortlichen Motivationen spielten keine Rolle mehr. Eine neue Fragestelltung hatte sich ihrer bemächtigt. *Chalkedon ist* – trotz mehr oder weniger »orthodoxer« Repetition – *nicht mehr Chalkedon*[162].

1.5 Der einzige Heilsmittler Jesus Christus und die Heilsmittlerschaft der Kirche

Wie schon erwähnt[163], rückte mit der Reformation ein Thema in den Vordergrund, das bisher – von »subjektiven« Bewegungen des Mittelalters abgesehen – kein unmittelbar *christologisches* Interesse gefunden hatte: *Die Kirche als Heilsinstitution.* Sie schien den »freien Zugang« des Subjekts zu seinem Christus zu versperren und fand deswegen in der Reformation radikale Kritik: »Angeklagt war ein Heilsbetrieb in der römischen Kirche«, schreibt *Wilhelm Breuning*, »der die Stellung des einzigen Mittlers zwischen Gott und den Menschen verdunkelte.«[164] Wie war es dazu gekommen?

162 Man kann sich die Differenz neuzeitlichen und hellenistischen Christentums veranschaulichen. Man stelle sich vor, ein alexandrinischer Theologe des 3. Jahrhunderts würde mit einem – z. B. lutherisch geprägten – Christen des 16. Jahrhunderts konfrontiert. Sie könnten sich kaum verstehen. Der erstere sieht in der ganzen Welt und in sich selbst den Logos am Werk; ein Samenkorn dieses Logos empfindet er als seine eigene tiefste Wirklichkeit. In vielen großen und edlen Gestalten auch des Heidentums hat dieser Logos Gestalt angenommen. Zugleich aber erfährt er seine Endlichkeit, Begrenztheit, sein Nichtwissen und seine Sterblichkeit; er fühlt sich durch die Materie behindert, sein eigenes Sein zur vollen Wirklichkeit zu bringen. So sehnt er sich nach »Vergöttlichung«. Diese scheint ihm vermittelt zu werden durch Jesus Christus, den fleischgewordenen Logos, der das Beste in ihm selbst aufdeckt und zur Entfaltung bringt. – Der letztere Christ aber bekennt sich ganz und radikal und höchstpersönlich als Sünder, der den Zorn und die Feindschaft Gottes auf sich gezogen hat; für Welt, Geschichte und sich selbst kennt er nur ein vernichtendes Urteil. Er blickt auf Jesus Christus, der an seiner Stelle seine Schuld bezahlt hat, und wirft sein ganzes Vertrauen auf ihn. So kann er gewiß sein, dem Zorn Gottes zu entgehen und – obwohl Sünder bleibend – wenigstens forensisch gerechtfertigt zu werden.

163 Vgl. o. IV 1.2.2.

164 Christologische Bemühungen in der katholischen Theologie, in: *H. Dembowski*, Einführung in die Christologie, a.a.O. 192. Leider hat *Breuning* aus dieser wichtigen Erkenntnis keine Konsequenzen gezogen und behandelt in seinem

Das in seiner Heilsangst auf sich zurückgeworfene Subjekt konnte sich nicht mehr, wie im Mittelalter, an den ekklesialen Objektivitäten der fides festmachen; die Kirche mit allen ihren Richtigkeiten (Lehramt, Tradition, Sakramente, Ethik, Institutionen) war, spätestens im Spätmittelalter, problematisch geworden. Der Christ verlor zunehmend seine kirchliche Geborgenheit, bei der Suche nach subjektivem Heil schien die Kirche nicht mehr zureichenden Halt zu gewährleisten; Jesus Christus *allein* konnte dem einzelnen Orientierung und Hilfe bieten.

Zwar entspricht es der Aussage aller Christologie, das Heil des Menschen in Jesus, und in keiner anderen Instanz, festzumachen. Von recht frühen (»frühkatholischen«?) Schichten des Neuen Testaments an über die alte und mittelalterliche Kirche aber setzte man voraus, daß Jesus als Christus in Gemeinde und Kirche gegenwärtig ist und in ihrer Tradition und in ihren Sakramenten (heilsmittlerisch) begegnet (Das Problem der »Vermittlung des Vermittlers«)[165]. Schon die recht früh im Mittelalter realisierte Diastase des Subjekts gegenüber einer objektiven fides hat aber mit der Zeit auch zu einem Erleben des Auseinandertretens von Jesus Christus und Kirche geführt (obwohl es meist synthetisch überwunden wurde); die »subjektiven Bewegungen« des Mittelalters, Mystik und Jesusnachfolge, hatten zu einer Verschärfung dieser Polarität geführt; in diesen Bewegungen findet sich eine »Transzendierung« von Kirche bzw. auch schon radikale Kirchenkritik[166], umgekehrt auch ein Eingreifen von kirchlichen Instanzen gegen diese Phänomene.

Mit Beginn der Neuzeit aber wird vollends die (abgeleitete) soteriologische Legitimität der Kirche problematisch; das »solus Christus«, »sola fides« und »sola scriptura« der Reformation wird gegen die (konkrete) Kirche gewendet. Die »subjektive Christologie« *mußte* die überlieferte Ekklesiologie in Frage stellen[167]. Anders gesagt: *Die Ekklesiologie wurde zu einem zentralen christologischen Thema.* Die Kirchen der Reformation waren überzeugt, eine soteriologisch relevante »Vermittlung des Vermittlers« durch die Kirche widerspräche der Einzigkeit der Heilsmittlerschaft Jesu Christi und sei eine Aufhebung oder Abschwächung des Christusbekenntnisses; die katholische Kirche versuchte eine Verbindung von Christologie und Ekklesiologie, indem sie die (sekundäre) Heilsrolle der Kirche bejahte. In *allen* Varianten des neuzeitlichen Christentums aber mußte dezidiert *zu dieser*

Beitrag (ebd. 191–211) lediglich die neuzeitlich-katholische Rezeption der antiken Christologie.

[165] Vgl. o. I 4.4; III 3.5; 6.2.

[166] Vgl. o. III 6.3–5.

[167] Vgl. o. III 6.

Frage Stellung genommen werden, negativ oder positiv, so daß auch die katholische Affirmation – die »Wahl« dieser Variante[168] – eine Form subjektiver Christologie ist; die verschiedenen neuzeitlichen Kirchen wurden zu *Konfessionen*[169].
Die neuzeitlichen Konfessionen unterscheiden sich somit im Letzten aufgrund ihrer – *so verstandenen* – Christologie, sie repräsentieren spezifische Ausprägungen der Christologie unter Berücksichtigung ihres Verhältnisses zur Ekklesiologie.
Oder, wiederum anders formuliert: Da *alle* Kirchen insofern noch zum Mittelalter gehören, als sie prinzipiell von der »Objektivität« der fides (von Offenbarung und Erlösung) ausgehen[170], also die subjektive Kehre des neuzeitlichen Denkens (»kritische Wende«) nicht bis zu Ende mitgemacht haben, geht es ihnen um die Frage, in welchem Maß »geschichtliche Instanzen« an der Objektivität des Heils partizipieren. Gibt es im Grunde keinerlei soteriologische Bedeutung von Geschichte und liegt alles im ewigen Heilsplan Gottes begründet, oder besitzen Jesus Christus und der Glaube (des einzelnen) eine geschichtlich soteriologische Funktion, gehört auch die Heilige Schrift und das »Wort« dazu oder partizipieren gar die Kirche, ihre Tradition und ihre Sakramente vermittlerisch am göttlichen Heil? Wie vermittelt sich der objektive Heilswille Gottes in diese Geschichte hinein? Bloß deklaratorisch (in Jesus Christus) oder christologisch (»allein«) in Jesus oder auch christologisch-ekklesiologisch (Jesus Christus in der und durch die Kirche)?
Mehr eigentlich als die – gar nicht so unterschiedlichen – Varianten der neuzeitlichen Rechtfertigungschristologie führten die je verschiedenen Schlußfolgerungen, die aus ihnen für die Rolle der Kirche gezogen wurden, zur Bildung von Konfessionen. Es würde zu weit führen, an dieser Stelle die jeweiligen Ekklesiologien detailliert darzulegen. Nur einige Hinweise sollen sichtbar machen, daß es auf diesem Feld *um die Geltung des Christusbekenntnisses* ging.

1) Zur Ekklesiologie Luthers

Als *Martin Luther* immer radikaler seine Existenz als sündig erfuhr, war er nicht – um es salopp zu sagen – Heide, sondern Christ. Mehr noch: Er war

[168] Vgl. o. 440.441.

[169] Erst der reformatorische Protest bescherte also der Kirche selbst theologische Aufmerksamkeit; vgl. *J. Ratzinger*, Kirche, III. systematisch, in: LThK ²6,173.174: »Der ma. [mittelalterliche] locus de ecclesia ist nicht die Theologie im eigentlichen Sinn, sondern die Kanonistik... Die theol. Summen enthalten... keine Ekklesiologie... Die Reformation brachte insofern eine bedeutsame Wende, als die Lehre von der K. [Kirche] nun aus der Kanonistik in die Theologie zurückkehrte.«

[170] Vgl. o. IV 1.1.3.

Mönch und praktizierte die von Kirche und Orden angebotenen »Heilsmittel« – Sakramente, ethische Normen, Bußübungen, »Werke« usf. Nichts von alledem schien ihm Halt und Sicherheit zu geben. Seine reformatorische Grunderfahrung ließ ihn die (soteriologisch) Nutzlosigkeit all dessen erkennen, und er suchte Heil nur noch in der Rechtfertigung durch Jesus Christus bei Gott. Erst dieser »christologische« Durchbruch befreite ihn von seiner Heilsangst, er konnte sich als Sünder für gerechtfertigt halten und die Sklaverei des »Gesetzes« abschütteln.

Das Thema Kirche kam also nicht additiv zu seiner Rechtfertigungserfahrung hinzu, es war vielmehr ein inneres Moment an ihr. Das Sich-Verlassen *allein* auf Jesus Christus schien keine Zwischeninstanzen mehr zu ermöglichen, die Reduktion der subjektiven Aktivitäten *allein* auf den (gottgeschenkten) Glauben hob die Bedeutung weiteren Werkelns auf, die Konzentration auf die Gnade *allein* schloß andere Normativitäten aus. Die konkrete Kirche als Heilsanstalt verblaßte, ja wurde als negativ empfunden angesichts des allein notwendigen Glaubens an Jesus Christus.

Diese in der »subjektiven Rechtfertigungschristologie« wurzelnde Problematisierung der (konkreten) Kirche war nicht neu. Schon in der Mystik und in der Tradition radikaler Jesusnachfolge (spätestens seit der Armutsbewegung des Hochmittelalters) gab es ähnliche Erfahrungen[171]. Für seine Kritik konnte *Luther* auf ältere Raster zurückgreifen.

Natürlich konnte und wollte er nicht die Legitimität von Kirche überhaupt bestreiten; dagegen sprach die Heilige Schrift und die einhellige Tradition. Aber diese Kirche muß – entsprechend seiner reformatorischen Grunderfahrung – gänzlich *christologisch begründet* (im *Luther*'schen Sinn), sie muß »creatura verbi«[172] sein. »Das ganze Leben und die Wirklichkeit der Kirche ist im Wort Gottes verankert,«[173] auf keinen Fall ist sie »Mutter des Wortes.«[174] Eine *solche* Kirche besteht aus Sündern, die allein durch Jesus Christus gerechtfertigt sind. In der Gerechtigkeit Christi ist sie auch heilig und wahr. Was für uns selbst gilt, betrifft sie aber ebenso: in ihrer geschichtlichen Erscheinung und Wirklichkeit ist sie Sünderin. Zudem gehören zur konkreten Kirche nicht nur die Gerechtfertigten, sondern wohl auch andere, die nur äußerlich Mitglieder sind. Deswegen greift *Luther* die alte (aus dem hellenistischen Denken kommende) Unterscheidung auf zwischen der ecclesia spiritualis oder invisibilis[175] und einer ecclesia visibilis. Letztere ist die Gemeinschaft von Gerechten und Ungerechten[176], ein corpus permixtum.

Zwar kennt auch die »unsichtbare« Kirche durchaus sichtbare Phänome: Die Verkündigung des Wortes, die Sakramente, und wie im einzelnen Gerechtfertigten bewirkt auch der Heilige Geist eine »fremde« Heiligung. Aber alles das ist nur vermischt mit der sündigen Wirklichkeit gegeben.

[171] Vgl. o. III 6.

[172] WA 6, 560, 36–561, 1.

[173] WA 7, 721, 12.13: »tota vita et substantia Ecclesiae est in verbo dei«.

[174] WA 42, 334, 12: »Ecclesia enim est filia, nata ex verbo, non est mater verbi.«

[175] Vgl. WA 4, 81, 13: »Omnis structura eius (ecclesiae Christi) est intus coram Deo invisibilis«.

[176] WA 4, 129, 8.

Der *konkreten* Kirche aber ist Widerstand zu leisten, wenn sie sich anmaßt, die alleinige Heilsrelevanz Jesu zu verdunkeln; dann ist sie auch nicht mehr die wahre Kirche, sondern widerchristlich. In den Schmalkaldischen Artikeln (1538) läßt *Luther* den Papst zum Christen sagen: »Wenn du gleich an Christum gleubest/und alles an im hast/was zur seligkeit not ist/ So ists doch nichts und alles umbsonst/wo du mich nicht fur deinen Gott heltest/mir unterthan und gehorsam bist.«[177] Das Insistieren der (konkreten) Kirche auf Gehorsam gegebenüber ihren Lehren und ihrem Amt, auf der Heilsnotwendigkeit von Sakramenten und sonstigen kirchlichen Angeboten sowie eines Lebens entsprechend ihren Normen erschien *Luther*, angesichts seiner Rechtfertigungserfahrung, als unchristlich.

In der Konsequenz seiner Christologie muß er jede Zwischeninstanz ablehnen; die wahre Kirche ist anders: »Denn es weis/Gott lob/ein Kind von sieben jaren/was die Kirche sey/Nemlich/die heiligen gleubigen un die Scheflin/die ires Hirten stim hören. Denn also beten die Kinder/Ich gleube eine heilige Christliche Kirche. Diese heiligkeit stehet nicht inn Korhemden/blatten/ langen röcken/und andern iren Ceremonien/durch sie/uber die heilige schrifft/ ertichtet/Sondern im wort Gottes und rechtem glauben.«[178]

Mit anderen Worten: Diese Entmächtigung der »real existierenden« Kirche durch *Luther* war ein Erfordernis seiner Christologie, nur durch die Unmittelbarkeit des einzelnen zu Christus und Gott konnte der rechtfertigende Glaube *allein* an Christus bestehen. Hier war kein Platz mehr für irgendeine sekundäre »Vermittlung des (einzigen Heils-)Mittlers« Jesus Christus.

Dadurch ergab sich allerdings eine Schwierigkeit: Zwar ist Jesus Christus, der ja auch in seiner menschlichen Dimension an der Ubiquität Gottes partizipiert, auf geistliche Weise unseren Herzen unmittelbar präsent. Aber er ist dennoch nicht un-vermittelt; wir wissen von ihm nur, weil er vor langer Zeit auf dieser Erde weilte. Gerade diese Rückbindung des »erhöhten« Herrn an den irdischen Jesus war ja von Anfang an der Grund für eine immer umfassendere Ausbildung von Tradition, Schrift und allerlei sonstigen ekklesialen Vollzügen. Faktisch ist Jesus Christus durch die Kirche, durch Verkündigung und Sakrament (welche wiederum der institutionellen Sicherung bedürfen) dem einzelnen Christen vermittelt.

Luther hat dieses Problem nicht übersehen. Er versucht eine Lösung, indem er einmal, wie gerade ausgeführt, an all diese kirchlichen Vermittlungen ein inneres Kriterium anlegt: Sie sind (heils-)relevant, solange sie Christus treiben. *Ihre faktische Unverzichtbarkeit darf nicht zu einer auch soteriologischen Unverzichtbarkeit werden.* Zum zweiten unternimmt *Luther* eine – auch reale – Reduktion der zu seiner Zeit überbordenden kirchlichen Vollzüge: Nur »Wort« und (die zentralen) Sakramente sind notwendig. Notwendig allerdings nicht *als ekklesiale* Tätigkeiten, sondern weil in ihnen *unmittelbar Jesus Christus* handelt. Die »Überlieferung der Kirche« wird zum »Wort Jesu Christi« oder zur »Predigt«, die »Sakramente der Kirche« werden zu »Sakramenten Jesu

[177] 4. Artikel (Luthers Werke in Auswahl IV, a.a.O. 302).
[178] Artikel »Von der Kirchen« (Luthers Werke in Auswahl, ebd. IV 318.319).

Christi«. Drittens schließlich glaubt *Luther*, auch ein geschichtliches Kriterium gewonnen zu haben, an dem sich die Christlichkeit von Wort und Sakrament messen muß: Die Heilige Schrift. Er kannte noch nicht ihre – erst seit der Aufklärung entdeckte – ekklesiale Konstitution und Gestalt und führte sie auf die Inspiration durch den Geist zurück. So hatte er einen Maßstab in der Hand (der in Anfängen schon seit der Armutsbewegung und dann recht deutlich im Spätmittelalter in ähnlichem kirchenkritischen Sinn benutzt wurde), um konkret beurteilen zu können, wo *allein* Christus verkündet wird und wo nicht. Diese auch geschichtliche Reduktion auf die apostolische Zeit ließ deswegen alle späteren Traditionen als »Menschensatzungen«[179] erscheinen[180].
Die Ekklesiologie, das Schriftprinzip, die Begründung von Wort und Sakrament gehören somit zur subjektiven Rechtfertigungschristologie *Luthers*[181]. Erst diese ekklesialen *Auswirkungen* oder *Implikationen* seines christologischen Ansatzes – weniger dieser selbst – machte die Trennung von der »alten« Kirche und die Entstehung neuer Kirchen notwendig.

(2) Zur Ekklesiologie Calvins
Johann Calvin übernimmt von *Luther* die Unterscheidung von unsichtbarer und sichtbarer Kirche. Aber er gründet die erstere – entsprechend seiner Gesamtvorstellung – unmittelbarer in Gottes prädestinierendem Heilswillen (den er durch Jesus Christus und die Heilige Schrift offenbar gemacht hat). Die wahre Kirche ist also die Gemeinschaft der Prädestinierten.
Wie bei *Luther* läßt sich diese »unsichtbare« Kirche auch in der Geschichte erkennen an der evangelischen Predigt und an der schriftgemäßen Sakramentenpraxis. *Calvin* aber hat darüberhinaus »ein drittes Merkmal für die wahre Kirche...: die schriftgemäße Ordnung ihrer Verfassung. Und hier liegt der eigentliche Unterschied zum Luthertum, das die Fragen der Ordnung stets unter die Norm der Zweckmäßigkeit gestellt hat.«[182]
Von daher gewinnt die (neu konzipierte) Kirche[183] einen hohen Stellenwert; es ist von großer Bedeutung für den einzelnen, sich ihren Ämtern zu unterwerfen, ihre (vom Alten und Neuen Testament inspirierten) Ordnungen einzuhalten, nicht aus ihr herauszufallen. Ohne sie gibt es (nach dem Willen Gottes für die

[179] Vgl. Schmalkaldische Artikel, letztes Kapitel (Werke in Auswahl IV, 320): »Das die Papisten sagen/ Menschen satzungen dienen zu vergebung der sunden/ oder verdienen die seligkeit/ das ist unchristlich und verdampt/ Wie Christus spricht/ Vergeblich dienen sie mir.«

[180] Über die trinitarischen und christologischen Traditionen der alten Kirche urteilte *Luther* nicht so heftig, sondern er hielt sie weithin für biblisch – obwohl er selbst in seiner Rechtfertigungschristologie viel unmittelbarer vom Mittelalter geprägt war.

[181] Vgl. *A. Adam*, Dogmengeschichte 2, 256: »Die Lebensgrundlage dieser Gesamtanschauung [von Kirche, d. Verf.] ist mit der Rechtfertigungserkenntnis Luthers untrennbar verbunden. Nur in ihr gewinnt seine Kirchenauffassung Leben und inneren Zusammenhang.«

[182] *A. Adam*, ebd. 357.

[183] Die *frühere* Kirche hatte diese Funktion wegen ihres Ungehorsams der Schrift gegenüber verloren – konkret durch das Papsttum, so daß die antike Kirche, die noch kein Papsttum kannte, besser beurteilt wird.

Prädestinierten) keinen Zugang zum Heil[184]. Hier ist zwar immer die – im Grunde unsichtbare – Kirche der Prädestinierten gemeint, aber sie hat doch recht viel an »Sichtbarkeit« gewonnen[185], und so sichtbar wurde auch die Kirchenzugehörigkeit in Genf und anderen frühen calvinischen Gemeinden aufgefaßt.
Gewinnt hier nicht die (»calvinische«) Kirche mit ihrer Lehre, ihren Sakramenten, ihren ethischen und gemeindlichen Ordnungen eine *soteriologische* Funktion? Im praktischen Verständnis trifft dies m.E. zu, für den theologischen Begründungsmechanismus aber nicht, weil »das Heil« selbst allein im prädestinierenden Willen Gottes (durch die Rechtfertigung am Kreuz) begründet ist. Das Leben in Gemeinde und Kirche vollzieht nur – als Tat des Geistes – die erfolgte forensische Rechtfertigung und erweist sie als wirklich. Wie kam es zu dieser – darf man so sagen? – »praktisch-soteriologischen« Verschiebung gegenüber dem Ansatz *Luthers* (der ja im theoretischen Teil, wenn auch mit anderen Schwerpunkten, beibehalten wird)? Wahrscheinlich ist ein Grund in dem ethisch-voluntativen »Monismus«[186] *Calvins* zu suchen, für den ja der Wille Gottes – wer könnte ihm widerstehen? – gewissermaßen unfehlbar im (forensisch) Gerechtfertigten auch die Heiligung hervorbringt, die sich zudem vor allem im Halten von Geboten dokumentiert; diese Heiligkeit ist deswegen erkennbar, nicht gänzlich unsichtbar, sie kann und muß sich also auch sozial (in Kirche) darstellen. Einen zweiten Grund führt *Alfred Adam* an; er meint, für *Calvin* habe ganz der Gedanke der Unterscheidung von zum Heil oder zur Verdammnis Prädestinierten im Vordergrund gestanden, wodurch die Gemeinschaft der Prädestinierten, die (unsichtbare) Kirche, »einen sehr viel festeren Umriß« erhalten habe. »Die begriffliche Unterscheidung zwischen Unsichtbarkeit und Sichtbarkeit der Kirche erweist sich vor dieser Abgrenzung als zweitrangig.«[187] Von daher wäre dann wohl auch die fehlende Scheu *Calvins* zu begreifen, von der in seinem Sinn praktizierenden (sichtbaren) Kirche so zu reden, als sei sie die unsichtbare und als gebe es den Riß zwischen spiritueller und konkreter Kirche nicht auch in ihr.
Jedenfalls aber gilt auch für *Calvin* der Grundsatz, daß seine Ablehnung der Katholischen Kirche und ihrer »heilsmittlerischen« Instanzen aus seiner – gegenüber *Luther* anders akzentuierten – Rechtfertigungschristologie begründet ist und die Neukonzeption von Kirche sich ebenfalls aus ihren Eigentümlichkeiten herleitet.

(3) Ekklesiologische Schwerpunkte des Konzils von Trient
Eine vergleichbare Kohärenz von Rechtfertigungskonzeption und Ekklesiologie läßt sich im neuzeitlichen Katholizismus nicht feststellen. Es ist schon erstaunlich, daß das Konzil von Trient eigentlich kein Wort über die »Theologie der Kirche« fand, obwohl doch gerade sie umstritten war. Statt dessen

[184] Inst. (1559) IV,1,4.
[185] Vgl. hierzu auch *W. Neuser*, a.a.O. 256–260.
[186] Vgl. o. IV 3.2.1.
[187] Dogmengeschichte 2, 356.357.

beschäftigte man sich mit ekklesiologischen Einzelthemen, vor allem der Sakramentenlehre und dem Verhältnis von Schrift und Tradition. Aber auch bei den Sakramenten nahm den größten Raum die Erörterung der einzelnen Sakramente ein, während wenig über ihre grundlegende Theologie gesagt ist (lediglich 13 canones mit einem kurzen Proömium)[188]. Unter dem Weihesakrament wird zwar einiges ausgeführt zum kirchlichen Amt, das doch wahrhaftig kontroverse Thema Papsttum aber kommt nicht vor. War es für die Teilnehmer noch zu sehr, wie im Mittelalter, ein Aspekt der Kanonistik, und noch nicht der eigentlichen Theologie oder des Bekenntnisses (zu dem es erst durch die reformatorische Bestreitung wurde)[189]?
Erst das auf Trient folgende Erste Vatikanische Konzil 1869/70 sollte das Defizit nachholen und die katholische Ekklesiologie formulieren, einschließlich des mittlerweile ins Zentrum des Bewußtseins gerückten Primats. Nur letzterer wurde – in der pointierten Form eines universellen Jurisdiktions- und Lehrprimats – definiert, die abschließende Beratung des Kirchenthemas wurde durch den Ausbruch des deutsch-französischen Krieges (glücklicherweise?) verhindert[190].
So hat schließlich erst das dritte neuzeitlich-katholische Konzil, das Zweite Vatikanische, 1962–1965, »die« katholische Ekklesiologie näherhin umschrieben.
An was soll sich diese Untersuchung also halten? Weil die späteren Entscheidungen z. T. wieder von ganz anderen Fragestellungen und Situationen ausgehen, soll auch für diese Frage das Konzil von Trient die Bezugsgröße sein. Dabei muß allerdings immer beachtet werden, daß es keine katholische Ekklesiologie als Antwort auf die reformatorische Herausforderung geschaffen hat; lediglich einige Perspektiven lassen sich erschließen.
Grundsätzlich dokumentiert allein schon die Verabschiedung der Trienter Dekrete den Anspruch der Versammlung, den Gläubigen verbindliche Lehren vorzulegen; die canones werden mit einem »anathema sit« abgeschlossen gegen jeden, der Abweichendes zu vertreten wagt. Die höchstamtlich definierte Lehre hat also nach Meinung des Konzils irgendeine Art von Heilsrelevanz. Ähnliches gilt für die Vollzüge, die in der Kirche in Gebrauch sind: die sieben Sakramente, sogar Ablaß und Amt. Alle haben sie, in je verschiedener Weise, mit dem »Heil« der Menschen zu tun.
Über Art und theologische Begründung dieser »Heilsnotwendigkeit« von Kirche und Kirchlichem wird nichts gesagt; noch nicht einmal Anklänge lassen sich finden an entsprechende Diskussionen des Mittelalters. Soviel aber läßt sich festhalten: *Allein heilsentscheidend für den Menschen ist die iustificatio durch das Kreuz Christi* (Rechtfertigungsdekret), die zugleich im Menschen den Glauben bewirkt, der sich – wiederum Tat Gottes (*und* zugleich Verdienst) – in Liebe betätigen soll. *An dieser Grundaussage wird an keiner Stelle der Konzilaussagen gerüttelt*. Das Dekret über Schrift und Tradition vom 8.4.1546 z. B.

[188] D 1600–1613 (843a–856).
[189] Vgl. hierzu vom *Verf.*, Braucht die Kirche einen Papst? Umfang und Grenze des päpstlichen Primats, Düsseldorf, Mainz 1973, 80–83.
[190] Vgl. Ebd. 99–106.

will zwar alt- und neutestamentliche Schriften *und* die Traditionen annehmen, schränkt letztere aber ein auf *diejenigen, die von Jesus selbst oder den Aposteln* unter dem Diktat des Geistes *stammen* (also im engeren Sinn »apostolische« Traditionen),[191] damit die puritas Evangelii, das auf Jesus Christus zurückgeht, bewahrt werde[192]. Und selbst noch das Dekret über Heiligen-, Reliquien- und Bilderverehrung vom 3.12.1563 hebt zwar den Nutzen (»bonum atque utile est«) all dieser Übungen hervor, spricht aber im gleichen Satz von unserem Herrn Jesus Christus, »qui *solus* noster redemptor et salvator est«[193]. Jesus Christus also ist unser einziger Erlöser im Sinne der imputativ *und* real wirksamen Rechtfertigung. Auch wird – wenn auch oft verdeckt hinter einer scholastisch-objektiven Begrifflichkeit und allerlei »objektiven« kirchlichen Heilsangeboten – diese Rechtfertigung primär subjektiv-neuzeitlich verstanden; so sieht auch *Alfred Adam* zutreffend durch das Konzil »das heilsverlangende Ich ganz in den sakramentalen Rahmen der Kirche hineingenommen.«[194] Alle objektiven Vermittlungsfiguren heben diesen subjektiven Fragehorizont nicht auf.

Diese Subjektivität der Rechtfertigung in Jesus Christus aber führt – und hier liegt das unterscheidende Merkmal zu den reformatorischen Ansätzen – inhaltlich-geschichtlich zu *keinerlei Bestreitung* ekklesialer Zwischeninstanzen; das »katholische Ich« will sich in seinem Zugang zum allein rechtfertigenden Jesus Christus offenbar nicht als durch die Kirche behindert ansehen[195]. Die neuzeitliche und durch die Reformation ins Bewußtsein gehobene Problematik ist offensichtlich sogar Anlaß, sich bewußt für diesen Weg zu entscheiden und die ekklesialen Vermittlungen als richtig, d. h. zur Rechtfertigung gehörig, zu bekennen.

So hat zwar das Konzil in seinem Dekret zum Schrift-Traditions-Problem alle christliche Normativität an Jesus Christus rückgebunden, im gleichzeitig verabschiedeten Dekret über die Vulgata und die Schrift*interpretation* aber dennoch eben diese Auslegung, wenigstens in dogmatisch und ethisch relevanten Fragen auf den Sinn (sensus) verpflichtet, »quem tenuit et tenet sancta mater

[191] Der ganze Duktus des Dekrets greift die reformatorische Forderung nach einer puritas evangelii auf; die Differenz liegt darin, daß das Konzil – nach harter Diskussion – auch (mögliche) echt »jesuanische« und echt »apostolische« Traditionen nicht ablehnen will. Von der *späteren* kirchlichen Tradition (die im Zweiten Vatikanum, in einer Mißinterpretation von Trient, »apostolisch« genannt wird) ist hier nicht die Rede. Somit reduziert das Konzil alle christliche Autorität auf Jesus und die Apostel (nicht auf die Kirche). Vgl. hierzu vom *Verf.*, Was muß der Katholik glauben (II). Über die Prinzipien der katholischen Wahrheitsfindung, in: imprimatur 16, 1983, 106–109.

[192] D 1501 (783).

[193] D 1821 (984).

[194] Dogmengeschichte 2, 378.379.

[195] Zwar kennt das Konzil neben der theologischen Auseinandersetzung mit den Reformatoren ein zweites großes Thema: die Reform der Kirche an Haupt und Gliedern. Es gab also durchaus »katholisches« Leiden an der konkreten Kirche. Aber dieses Leiden sollte nur durch Reform, nicht durch theologische Bestreitung oder prinzipielle Korrektur behoben werden.

Ecclesia, cuius est iudicare de vero sensu et interpretatione Scripturarum sanctarum.«[196]

Die Rechtfertigung ist allein Tat Gottes durch Christus (er verursacht auch unsere freie Zustimmung), dennoch ist sie gebunden – wenn das Evangelium öffentlich verkündet ist – an die Taufe oder wenigstens das »Votum« (Verlangen) nach der Taufe[197], und so ist *auch* die Taufe »heilsnotwendig« (»necessarium ad salutem«)[198], ja, auch die anderen Sakramente – oder wenigstens das Votum nach ihrem Empfang – sind »heilsnotwendig« (»ad salutem necessaria«), und der Glaube allein genügt nicht (wenn auch nicht alle Sakramente für jeden einzelnen notwendig sind)[199]. Oder: Obwohl sich Jesus Christus in seinem Kreuzestod endgültig und für immer dem Vater dargebracht und so ewige Erlösung geschenkt hat, hinterließ er ein Opfer zu seinem Gedächtnis, und dieses ist dann doch ein richtiges »Opfer«, in dem die Kirche, zeichenhaft, noch einmal opfert[200]. Oder: Obwohl alle Sakramente – mit dem unzulänglichen Mittel der Behauptung einer Einsetzung durch Jesus Christus – christologisch begründet werden sollen, wird doch die erst junge *kirchliche* Festlegung auf sieben Sakramente dogmatisiert[201]. Usf.

Man könnte diese Struktur des »Sowohl-als-auch« durch viele weitere Hinweise belegen. Durchgängig liegt den Beschlüssen die Überzeugung zugrunde, daß der *Kirche und ihren Vermittlungsangeboten eine »Heilsnotwendigkeit« oder wenigstens »Heilsnützlichkeit«* zukomme. Offensichtlich hat das Konzil hierin nicht nur keinen Widerspruch zu der ebenso durchgängigen These von der alleinigen und konstitutiven Heilsmittlerschaft Jesu Christi gesehen, sondern aus letzterer sogar die ekklesialen Notwendigkeiten resultieren lassen. So begründet es etwa die Unverzichtbarkeit der Taufe mit Joh 3,5[202], einem vermeintlichen Wort Jesu, oder führt die Eucharistiefeier (auch den Opfercharakter) auf Jesus Christus zurück[203] usw.

Darüber, *wie* die beiden Aussagereihen zusammenpassen, wird nichts gesagt, eben weil es keine thematische Diskussion um die Ekklesiologie gab. An einzelnen Stellen lassen sich vielleicht Ansatzpunkte für die weitergehende Reflexion finden, wenn etwa über die »Einsetzung des allerheiligsten Meßopfers« gesagt wird: Jesus Christus hat beim letzten Abendmahl »seiner Braut, der Kirche, ein *sichtbares* Opfer *(wie es die Natur der Menschen erfordert)* zurückgelassen, wodurch dasjenige (Opfer), das einzig am Kreuz vollzogen werden sollte, gegenwärtig gesetzt würde (repraesentaretur), sein Gedächtnis bis zum Ende der Zeiten fortdauere und seine heilsame Wirkung zur Vergebung unserer täglichen Sünden *angewendet* würde (applicaretur)«[204]. Hieraus ließe sich

[196] D 1507 (786).
[197] D 1524 (796).
[198] D 1618 (861).
[199] D 1604 (847); vgl. 1608 (851).
[200] D 1740.1741 (938). Vgl. D 1751 (948): »offeri Deo verum et proprium sacrificium«.
[201] D 1601 (844).
[202] D 1524 (796).
[203] D 1740.1741 (938).
[204] D 1740 (938).

schließen, daß man der Überzeugung war, das historisch einmalige Kreuz (gerade als solches und nur so soteriologisch relevantes) bedürfe der weiteren geschichtlichen Vermittlung, die deswegen nicht heilsirrelevant sein könne; oder es läßt sich ablesen, daß anthropologische Einsichten eine »sichtbare« (sakramentale) Vermittlung des Kreuzesopfer und der Sündenvergebung begründen. Ähnliches kann man aus der Betonung der »Heilsnotwendigkeit« der Sakramente folgern; verurteilt wird, wer behauptet, »ohne sie oder das Votum nach ihnen erlangten die Menschen *nur durch den Glauben* (per solam fidem) von Gott die Gnade der Rechtfertigung«[205]. Hier wird nicht das Prinzip »sola fide« in Frage gestellt, sondern die Sakramente – oder im Rechtfertigungsdekret die Taufe[206] – gewissermaßen als geschichtliches Vehikel eben dieses Glaubens behauptet; vielleicht darf man auch aus der jeweiligen Beifügung des »Votum nach den Sakramenten« (oder der Taufe) herleiten, daß der fides zuinnerst eine Dynamik innewohnen müsse, sich auch sinnenhaft-gesellschaftlich (sakramental) darstellen zu wollen, so daß sie dann erst zu ihrer vollen Wirklichkeit findet (das Votum nach der Taufe z. B. ist ein Moment der fides; die Taufe selbst deren »gesellschaftliche« Realität).
Aber alles das sind Folgerungen aus kargen Andeutungen. Schon das Mittelalter hatte die Heilnotwendigkeit von Glauben und Sakramenten durch verschiedene Theorien zu vereinbaren gesucht, von denen sich keine allgemein durchsetzen konnte[207]. Trient nimmt zu keiner von ihnen Stellung und behauptet einfach: so muß es sein – ohne eine Begründung zu geben. So wie die Texte sind, bleibt es bei einem positivistisch gesetzten Miteinander von alleiniger Heilsvermittlung durch Jesus Christus und dennoch (oder deswegen?) *auch* notwendiger kirchlicher Vermittlung zu Jesus Christus hin. Wir begegnen hier ähnlich dialektischen Aussagereihen wie etwa, im Rechtfertigungsdekret, in bezug auf die Rechtfertigung allein durch Jesus Christus, die aber zugleich auch *unsere* (angeeignete) Rechtfertigung ist und echte »Verdienste« ermöglicht.
Anders gesagt: Die faktisch unumgängliche geschichtlich-gesellschaftliche »Vermittlung des Vermittlers« wird auch von der neuzeitlich-katholischen (subjektiven) Rechtfertigungschristologie im letzten *theologisch entmächtigt*, insofern unser Heil *allein durch Jesus Christus* vermittelt ist – insofern besteht ökumenische Übereinstimmung. Diese Grundaussage aber führt nicht zum Versuch, die ekklesialen Vermittlungen zu bestreiten oder zu umgehen; sie

[205] D 1604 (847).
[206] D 1524 (796).
[207] *Karl Rahner*, Sakrament, V. Systematik, in LThK ²9,227.228, faßt die verschiedenen Ansätze in der mittelalterlichen (und nachtridentinischen) Theologie zu drei Bündeln zusammen: »a) *Direkte physische Instrumentalkausalität*« (»als Instrumente der Menschheit Christi«), »b) Unmittelbar *›moralische‹ Wirksamkeit*« (»Die S.e ›bewegen‹ als Handlungen Christi u. durch ihre objektive Würde Gott unfehlbar zur Bewirkung der Gnade«), »c) *Mittelbare Wirksamkeit*« (Die Sakramente wirken nicht unmittelbar, sondern mittelbar, indem sie im Menschen eine Disposition wirken, »auf Grund derer Gott als alleinige Wirkursache die Gnade gibt«). Die neuere Theologie suche eine Lösung in einer vierten Richtung, der *»Symbolkausalität«*.

werden vielmehr affirmativ aufgenommen und bekräftigt und auf die Eigentümlichkeit einer in die Geschichte hinein ergangenen und in der Geschichte (»die Natur des Menschen«) fortwirkenden Erlösung in Jesus Christus zurückgeführt. Sie alle bleiben wiederum *christologisch begründet*: Jesus Christus hat die Sakramente eingesetzt; weil Gott in ihnen handelt, wirken sie »ex opere operato«; die zu verehrenden Heiligen sind heilig durch die Gnade Jesu Christi usf. Aber sie gewinnen im Vollzug eine – gewissermaßen abgeleitete – Eigendynamik, die nicht immer in der Praxis – gerade das war ja ein Anlaß für den reformatorischen Protest - den einzelnen auf seinen alleinigen Rechtfertiger Jesus Christus hindrängt. Die Gefahr einer gewissen medialen Verselbständigung von Kirche bleibt weiterhin – obwohl theologisch bestritten – eine »katholische Gefahr«[208].

Von Anfang an bekennen alle christologischen Formeln die Heilsmittlerschaft Jesu. Gerade die Rückbindung der Soteriologie *an den Jesus der Geschichte* – und nicht an ein Theorem – hat *weitere geschichtliche Vermittlungsfiguren* notwendig gemacht: Gemeinden und Kirche entstanden, in denen die Traditio Jesu als Christus in Predigt, Lehre, Ethik, sozialer und zeichenhafter Darstellung gepflegt und institutionell gesichert wurde. Immer mehr ekklesiale Vermittlungsstrukturen eröffneten den Menschen den Zugang zu Jesus Christus oder – die Ambivalenz alles Geschichtlichen – erschwerten ihn zugleich.
Die Entstehung von Kirche (mit allen Folgen) *ist eine Konsequenz des christlichen Glaubens an Jesus Christus*. Sie ist *faktisch* unvermeidbar, wenn die Kontinuität zum Christus *Jesus* aufrechterhalten werden soll. So haben es wohl über weite Strecken der Kirchengeschichte die Gläubigen empfunden und erkannten in dieser »Vermittlung des Vermittlers« kein großes Problem; die Kirche partizipierte am Heilswerk des einzigen Christus und besaß eine im Christusbekenntnis »aufgehobene« (im Doppelsinn des Wortes) soteriologische Bedeutung.
Diese halb bewußte, halb unreflektierte Vermittlungsfunktion der

[208] *A. Adam*, Dogmengeschichte, 2, 378, meint: »Im Tridentinum aber ist der Mensch durch die Forderung der ständigen Mitwirkung so stark auf sich selbst gestellt, daß er nach anderen Stützen Ausschau halten muß; er selbst kann diesen hohen Anforderungen kaum jemals und jedenfalls nicht auf die Dauer Genüge tun. Diese Stützen aber lagen in den Sakramenten bereit...« Diese Ansicht ist *so* wohl kaum zutreffend, wenigstens nicht für Trient (Daß die *Praxis* oft so aussehen kann, steht auf einem anderen Blatt; aber das gilt auch für die Kirchen der Reformation). *Adam* scheint die grundlegende Rückbindung der Heilsvermittlung (auch der »Verdienste« oder Sakramente) an Jesus Christus nicht wahrnehmen zu wollen. Eher könnte man Trient so interpretieren: Der Mensch wäre mit einem abstrakten Satz (man verzeihe mir) von der Rechtfertigung ein Leben lang ziemlich allein gelassen. Deswegen soll sich dieser Glaube immer wieder zeichenhaft-gesellschaftlich verifizieren und existentiell verankert werden durch die Verkündigung der Kirche, die Sakramente und die Lebenspraxis.

Kirche *rückte mit der subjektiven Wende der Neuzeit in dem Mittel-punkt* der Aufmerksamkeit. Die Subjektivität der jetzigen Rechtfertigungschristologie erzwang eine Antwort auf die Frage, welchen soteriologischen Stellenwert zwischen dem einzelnen und Jesus Christus (bzw. Gottes Prädestination durch Jesus Christus) die *faktisch unverzichtbare* Kirche innehat. Dabei durfte das grundsätzliche Solus-Christus nicht gefährdet werden; eine *autonome* soteriologische Funktion mußte ausgeschlossen werden (und wurde von *allen* neuzeitlichen Kirchen ausgeschlossen).

Mit diesem christologischen Grundsatz war aber das Problem noch nicht aus der Welt; denn die Kirche gab es ja weiterhin, und wenigstens ihre zentralen Vollzüge (Verkündigung, Sakrament usf.) mußten auch in Zukunft praktiziert werden. Wie paßte ihre faktische Funktion mit dem genannten Grundsatz zusammen?

Die Konfessionen sind gewissermaßen die sozialen Erscheinungsformen der je verschiedenen Einstellung zur faktischen »Vermittlung des Vermittlers«. Vielleicht darf man *Luthers* Position so beschreiben: Er lehnt jegliche soteriologische Relevanz der Kirche ab[209]; die Vermittlungsinstanzen, die er nicht umgehen kann, »*ent-kirchlicht*« er, d. h. er *interpretiert* sie nicht-ekklesiologisch trotz ihres *tatsächlichen* ekklesialen Charakters: Die Schrift begründet er in der Inspiration (nennt aber auch schon ein »inneres Kriterium«: sie muß Christum treiben), Predigt und Sakrament werden rein christologisch verstanden.

Das Konzil von Trient bezieht die Gegenposition. Es fügt additiv oder synthetisch die ekklesialen Vermittlungen zum voll aufrechterhaltenen Solus-Christus hinzu und bekennt sich zu ihrer soteriologischen Funktion. Die Kirche bleibt »Heilsanstalt«, allerdings nicht eigenen Rechts, sondern getragen und konstituiert allein von Jesus Christus. Wenn man so will, werden nicht einzelne ekklesiale Vermittlungsfiguren christologisch rückgebunden, sondern die Kirche als ganze, und auf diesem Umweg sind die Einzelvollzüge mitlegitimiert.

Calvin liegt keineswegs in der Mitte zwischen beiden. Aber sein Ansatz führt ihn dahin, daß er – in Bezug auf die »Papstkirche« – *Luthers* Wertung teilt, die »schriftgemäß« konstruierte Kirche der Prädestinierten allerdings zu einer wichtigeren (soteriologischen) Funktion kommen läßt – theologisch zwar, für die Heilsfrage selbst, entmächtigt, faktisch aber, für Heilsgewißheit und (fremde) Heiligung, nicht ohne Bedeutung.

Alle drei Positionen sind im Grundansatz, dem Solus-Christus, übereinstimmend; sie unterscheiden sich in ihrer je verschiedenen Einord-

[209] Dies gilt auch für die »unsichtbare Kirche«; sie wird zwar sehr positiv gewertet, spielt aber keine vermittlerische Rolle.

nung der Kirche. Keine der Antworten befriedigt. Jede hat ihre Vorzüge und auch ihre Schwächen.
Die *luther'sche* Konzeption z. B. kann das Solus-Christus stärker zum Leuchten bringen als die katholische, bei der die Gefahr besteht, trotz aller Verankerung (und damit Heteronomie) der Kirche in Jesus Christus den einzelnen für alle konkreten Vollzüge (Sakramente, Lehre, Schriftinterpretation usf.) zunächst an die Kirche zu verweisen, die *faktisch* somit eine gewisse (existentiell keineswegs geringfügige) Macht gewinnt.
Umgekehrt ergibt sich etwa bei *Luther* die Frage, ob es so arg viel nützt, die Tatsache der ausschließlich ekklesialen Vermittlung Jesu Christi in den Hintergrund zu verdrängen und so zu tun, als könne man bei Schrift, Predigt und Sakrament theologisch von ihrer kirchlichen Gestalt absehen. Seit der Aufklärungszeit z. B. ist das Neue Testament und sein Kanon zunehmend als »Geschöpf der Kirche« und die Schrift somit als ein »corpus permixtum« wie die Kirche erkannt worden (Kanonfrage)[210], ähnlich wird man den Umstand nicht übersehen können, daß auch »das Wort« (die Predigt) nie einfachhin »schriftgemäß« ist, sondern – auch in lutherischen Kirchen – geprägt von ekklesialer Tradition[211].
Vereinfacht gesagt: Die *eine* Tradition *räumt dem Faktischen einen theologischen Platz ein*, mit der Gefahr ihrer – widerchristlichen – Verselbständigung, die *andere negiert oder entwertet das Faktum theologisch* und riskiert, die Bedingungen des eigenen Zugangs zu Jesus Christus mit einem »Als ob« zu übergehen und mit der Emphase des reformatorischen Wortes über die qualvolle Realität hinwegzugehen[212].

[210] Vgl. hierzu *Ernst Käsemann*, Das Neue Testament als Kanon. Dokumentation und kritische Analyse zur gegenwärtigen Diskussion, Göttingen 1970. Vgl. vom *Verf.*, Woher nimmt die Bibel ihre Autorität? Zum Verhältnis von Schriftkanon, Kirche und Jesus, Düsseldorf 1970.

[211] Damit soll nicht nur eine hermeneutische Selbstverständlichkeit angesprochen sein, sondern gefragt werden, ob eine aus dem Jesus-Christus-Bekenntnis notwendig resultierende Faktizität außerhalb der *theologischen* Reflexion verbleiben darf.

[212] Vielleicht darf an einem *Beispiel* die Gefahr dieser Emphase verdeutlicht werden. *Ernst Käsemann* (Das Neue Testament als Kanon, a.a.O. 406) meint: »Man muß mit einem Satz sagen können, was Christum treibet, oder man wird überhaupt nichts zu sagen haben.« Dieser Satz aber ist für ihn der von der »Rechtfertigung des Gottlosen«; sie ist der »Kanon im Kanon…, das Kriterium zur Prüfung der Geister« (ebd. 405). Wenn man auch nur ein wenig berücksichtigt, welche – *nach*neutestamentlichen – Voraussetzungen und Implikationen dieser Satz hat (lateinische Rechtfertigungschristologie, subjektive Wende etc.), wird deutlich, wie sehr hier die ekklesialen Vermittlungen einfachhin negiert oder als nicht-existent behandelt werden (obwohl dieser Satz *ohne*

Groß aber scheint die Macht des Faktischen zu sein. Trotz aller verschiedenen Ekklesiologien blieb es in der Neuzeit bei einer geradezu verblüffenden *Ähnlichkeit des Kirchenbetriebs* in allen Konfessionen; einige anfängliche Unterschiede wurden mit der Zeit sogar wieder nivelliert (z. B. wurde der Verzicht auf ein bischofsähnliches Amt in der lutherischen Tradition mit der Abschaffung der Landesherren 1918 in Deutschland wieder rückgängig gemacht). Zwar differiert die Zahl der sogenannten »Sakramente«, die entsprechenden kirchlichen Vollzüge aber gibt es weiterhin (z. B. Ordination oder Einsegnung der Ehe), wenn sie auch nicht unter dem scholastischen Ordnungsbegriff »Sakrament« firmieren. Die »Predigt« hat in allen Konfessionen einen zentralen Stellenwert, und ihre Inhalte unterscheiden sich – wenigstens heute – nicht immer konfessionsspezifisch, sondern nach anderen Kriterien. Die Kirchenorganisation kennt erhebliche Varianten. Aber ob sie nun papal, episkopal, presbyterial oder mehr synodal konzipiert ist, ob die Landeskirchen – wenigstens juridisch – autonom oder (beinahe) »Provinzen« einer Weltkirche sind, so verläuft doch die Seelsorge in allen Konfessionen nach vergleichbaren Rastern. Der einzelne Christ findet sich überall als Mitglied einer Gemeinde, die faktisch – welche Rechte man ihm auch theoretisch zuerkennen will – von einem Pfarrer (unter je verschieden starker Beteiligung irgendwelcher Gremien) geleitet wird; seine Predigt hört er sich an und besucht die von ihm veranstalteten Gottesdienste. Zudem weiß er sich als zu einem Bistum oder einer Landeskirche gehörig, und damit sind schon die Grenzen der normalen Erfahrung von Kirche erreicht.
Mit diesen Anmerkungen sollen nicht die gravierenden Unterschiede überspielt werden; es ist keineswegs gleichgültig und hat auch praktische Folgen, ob man z. B. einem kirchlichen oder gar päpstlichen Lehramt Kompetenzen einräumt oder nicht, ob man sich als Mitglied einer Gemeinschaft von Auserwählten fühlt und sich dieses Umstandes vergewissern will oder ob man sich da gar nicht so sicher ist, aber doch darauf vertraut, von Gott angenommen zu sein, usw. Dennoch aber »funktioniert« die vom einzelnen Christen in allen Großkirchen erlebte »Kirche« (von der durch die Medien vermittelten einmal abgesehen) mit zum Verwechseln ähnlichen Mechanismen und spielt auch für ihn eine durchaus vergleichbare (»soteriologische«) Rolle.

diese Tradition so nicht hätte gesprochen werden können). Vgl. hierzu meine Kritik in der Buchbesprechung in: ThR 69, 1973, 100–104. M.E. hilft bloßes Nicht-zur-Kenntnis-Nehmen theologisch nicht weiter.

1.6 Die bleibende Aporie der neuzeitlichen Rechtfertigungschristologie

Schon die vorneuzeitlichen Christologien des Abendlandes auf der Basis einer ethisch-juridischen Erlösungsvorstellung bargen viele unlösbare Spannungen in sich[213]. Diese rückten aber damals noch nicht so recht ins Bewußtsein, weil unter dem Deckmantel der »objektiven« Lehre allerlei Milderungen und Inkonsequenzen subjektiver und ekklesialer Art möglich waren, mit denen man das System erträglich machte. Erst die subjektive Wende zwang dazu, konsequent zu sein und die Spannungen auszutragen. *Drei Faktoren* sind es vor allem, die das Bekenntnis zu Jesus als dem Christus in der Neuzeit mit Problemen belasten:

An erster Stelle ist der Umstand zu nennen, daß das Christussein Jesu nur unter dem Modell *lateinisch-abendländischer Rechtfertigungschristologie* denkbar und rezipierbar war. Diese Art der Rezeption Jesu als Christus richtet einmal ihr Interesse völlig auf das ethische und rechtliche »Heil«, das Gut- und Richtigsein des Menschen – natürlich in der Geschichte –, muß ihm aber zugleich jegliche soteriologische Fähigkeit bestreiten. Dadurch entstand ein radikales Gegenüber von *allein gutem Jesus Christus und nur sündiger Welt und Geschichte*[214]. Dieses Konzept wurde offensichtlich erst mit der Zeit radikal zu Ende gedacht, obwohl seine latente Wirksamkeit schon durch das Mittelalter verfolgt werden kann. Allmählich mußte auch die Rolle des *einzelnen* und der *Kirche* in Bezug auf diesen dialektischen Raster reflektiert werden. Weder der einzelne noch die Kirche konnten (autonom) etwas zum Heil beitragen. Durch die soteriologische Ausblendung aller über Jesus Christus hinausgehenden »Vermittlungen« konnte zudem keine Antwort mehr gegeben werden auf die Frage, woran sich denn – angesichts des allein heilsrelevanten Jesus – unser je persönliches Heil entscheidet; hier blieb logisch (abgesehen von einer Apokatastasis tōn pántōn, einer Erlösung *aller*) nur eine *Verlagerung der Ursächlichkeit ins Jenseits der Geschichte*, in den prädestinierenden Heilswillen Gottes und das *sola-gratia*, übrig. Dadurch verliert die Geschichte – außer der Geschichte Jesu Christi – ein weiteres Mal an Bedeutung.

213 Vgl. o. III 7.

214 Man vergleiche etwa die Logoschristologie Alexandriens, um sich den Unterschied zu verdeutlichen; den Alexandrinern war es selbstverständlich, daß der in Jesus inkarnierte Logos auch in allem anderen Seienden »samenhaft« anwesend und wirksam ist. Anders gesagt: Das Bekenntnis zu Jesus als inkarniertem Logos schloß keineswegs seine – heilswirksame – Tätigkeit auch sonstwo, erst recht im Christen und in der Kirche, aus.

Ein zweiter Faktor ist die mit der Konstitution des Abendlandes aufgerichtete *These von der Objektivität der fides*, also des Gesamts von Offenbarung und Erlösung[215]. Aufgrund dieser These wurde die – zunächst wohl vor allem zur Ausfüllung eines logischen Defizits aufgekommene[216] – Prädestinationslehre im Mittelalter *in ganz radikaler Form* etabliert; sie kam zudem einer Eigentümlichkeit der germanischen Tradition entgegen. An dieser »Objektivität«, d.h. Geschichts- und Welttranszendentalität der Rechtfertigungsentscheidung, partizipierte – wenn auch keineswegs ohne Reibung, wie die Spekulationen über die »Notwendigkeit« gerade *dieser* Form von Erlösung im Mittelalter zeigen – *ein* »Stück Geschichte«, nämlich das Werk Jesu Christi, und – aufgrund nicht leicht errungener Synthese – die Kirche Jesu Christi mit *ihren* Vermittlungsmechanismen. Aber auch das Mittelalter tat sich schon schwer, diese Synthese zu begründen; zuletzt, im Spätmittelalter wurde sie beinahe nur noch positivistisch aufrechterhalten. *Die Neuzeit schließlich verblieb bei der abendländischen Voraussetzung von Objektivität*[217] und radikalisierte sie, konfrontierte mit ihr die Geschichte: Jesus Christus, Individuum und Kirche – und hatte Schwierigkeiten, alles miteinander zu verbinden.
Ein *dritter Faktor* ist durch den zweiten gewissermaßen hervorgerufen: Angesichts der allgewaltigen Objektivität sah sich der Mensch auf sich als Subjekt zurückgeworfen. Im Mittelalter hat er sich zwar weithin in die an der göttlichen Objektivität teilhabenden ekklesialen Vermittlungsfiguren eingepaßt – trotz verschiedentlicher und zum Ende hin immer radikalerer subjektiver Bewegungen. In der Neuzeit schließlich hat der *Durchbruch zur Subjektivität* (auch) des soteriologischen Fragens bewirkt, daß einmal die Rechtfertigungschristologie – einschließlich ihrer Voraussetzung, der Sündigkeit aller Geschichte außer der Jesu Christi – endgültig auf den einzelnen Christen angewandt wurde; damit waren alle Formen eines – bis dato in der Theologie nicht gänzlich und in der Praxis beinahe überhaupt nicht überwundenen – Synergismus hinfällig, zugleich mußte hiermit die soteriologische Rolle der Kirche fraglich oder gar bestritten werden, weil die so empfindenden einzelnen auch Mitglieder der Kirche waren[218]. Zum anderen verschob die jetzt erst in den Blickpunkt rückende *totale* sote-

[215] Vgl. o. III 1.5.
[216] Vgl. o. III 3.3.
[217] Vgl. o. IV 1.3.
[218] Damit soll gesagt werden, daß *Kirchenmitglieder*, die in einem frommen Leben *kirchliche* Ratschläge befolgen (Meßbesuch, häufige Beichte, Bußübungen, Wallfahrten usw.) und sich dennoch zugleich ganz radikal als Sünder erfahren, die nichts zu ihrem Heil beitragen können, damit zugleich und notwendig auch Kirche problematisieren.

riologische Entmächtigung aller Geschichte, einschließlich des Subjekts und der Kirche, den entscheidenden Bezugspunkt für die Heilsfrage vollends ins Jenseits der Geschichte. Durch letztere Entwicklung erscheint dann bisweilen sogar die Rechtfertigungschristologie selbst, obwohl sie den wichtigsten Anstoß für diese Tendenz gegeben hatte, in Frage zu stehen; das Werk Jesu Christi erscheint bisweilen nur als geschichtlicher Vollzug oder gar nur Deklaration ewiger Entscheidungen (die Plausibilität dieser Vorstellungen kann nur mittels mittelalterlicher mythischer Raster – Erbsünde, Satisfaktion – notdürftig begründet werden).

Die Konfessionen der Neuzeit sind gewissermaßen als Spätfolge einer mit der Rechtfertigungschristologie und der Eigentümlichkeit der abendländischen Kultur grundgelegten Problematik anzusehen[219]. Im Gefolge der *subjektiven* Aneignung *dieser* Form der Christologie werden jetzt ihre immanenten Brüche und Aporien radikal vollzogen.

Die Konfessionen beantworten die Fragestellung *prinzipiell (westlich-) ökumenisch*: Das Heil des einzelnen Menschen ist von Ewigkeit her im prädestinierenden Willen Gottes entschieden. Dieser Heilswille aber bedarf der Vermittlung Jesu Christi (allein), erst durch seinen Tod hat er die (von Gott selbst aufgestellten und auch selbst gewährleisteten) Bedingungen erfüllt, daß die Gnade in die Geschichte vermittelt wird. Im *Grad der Betonung* der einen oder anderen Komponente, der metahistorischen Objektivität *oder* der christologischen Vermittlung, unterscheiden sich die Konfessionen, aber *nicht im Grundsatz*. Auch das Konzil von Trient geht von der Prädestination aus, und umgekehrt wird bei *Calvin* die »Notwendigkeit« des Kreuzes Christi trotz der alles bestimmenden Prädestination festgehalten (»quia voluit«).

Alle sind sich einig, daß es neben dem Willen Gottes und der Rechtfertigung in Jesus Christus *keinerlei autonome*, noch so geringfügige *sote-*

[219] Vgl. hierzu den Abschnitt »Die mittelalterlichen Grundlagen des Protestantismus« in dem Beitrag: Protestantisches Christentum und Kirche in der Neuzeit von *E. Troeltsch*, a.a.O. 254–266. Zu *Luther* meint er (254), er gehe »in Bahnen, die die mittelalterliche Entwicklung vorgezeichnet hat.« Die Reformation sei (257) »keine einfache Erneuerung des Urchristentums... Die Berufung auf das Evangelium und seine Geltendmachung gegen kirchliche Fortentwicklungen und Entstellungen war ihr Rechtstitel. Aber dieser Rechtstitel war nichts neues; er war nur die Isolierung und Herausgreifung eines Grundelementes des bisherigen Systems... so ist doch darum der Geist der Reformation selbst keineswegs der des Urchristentums oder einfach des Neuen Testamentes...« Die Reformatoren hätten (258) »ausschließlich den Paulinismus« erneuert. »Das aber ist der augustinisch-katholische Geist... Der reformatorische *Gnadenbegriff* ist eine mittelalterlich-augustinische, nicht eine unmittelbar paulinische Idee«. Usf.

riologischen Faktoren in der Geschichte gibt. Sie unterscheiden sich in der Radikalität des Urteils über die Geschichte: Vor allem für *Luther* gibt es nur Sünde und Verderbtheit, das Konzil von Trient, geht nicht so weit und hält wenigstens »Gutes« (Nicht-Sünde) unterhalb der Schwelle soteriologischer Relevanz für möglich (was das auch heißen mag).

Alle sind sich einig, daß es auch *nach* der Rechtfertigung keinen autonomen Beitrag des Menschen zu seinem Heil geben kann; die auf die Rechtfertigung folgende Heiligung ist Tat Gottes durch Christus. Wieder aber gibt es Unterschiede bei der Beurteilung der – von Gott bewegten – Zustimmung und Mitwirkung des Menschen; handelt es sich bei den Reformatoren – auch bei *Calvin*, trotz der enormen Dynamik auf das Handeln hin – und grundsätzlich auch in Trient um eine »fremde« Gerechtigkeit, will das Konzil sie *auch* zu »unserer« Gerechtigkeit werden lassen.

Selbst in der Ekklesiologie gibt es eine prinzipielle Übereinstimmung: Alles, was Kirche zu Kirche Jesu Christi macht (»unsichtbare Kirche« bei *Luther* und *Calvin*; die – auch sichtbare – Kirche, ((aber nur)) *insofern* sie »Heilsinstitut« ist, im Katholizismus), ist Tat Gottes durch Jesus Christus. Auch sie hat keinerlei *autonome* heilsmittlerische Funktion.

Die Differenzen beziehen sich auf die Frage, welche ekklesiale Gegebenheiten am Solus-Christus wie an der Objektivität von Gottes Heilswillen *partizipieren*: Bei den beiden hier vorgestellten Reformatoren sind es die inspirierte Schrift, Schriftpredigt (Wort) und Sakrament (jeweils noch einmal in verschiedener Gewichtung), die trinitarischen und christologischen Dogmen der Antike; alles andere ist nach *Luther* »Menschenwerk«, während bei *Calvin* später die – zwar prinzipiell unsichtbare – Kirche der Prädestinierten auch in ihren sichtbaren Ordnungen einen größeren Stellenwert gewinnt. Das Konzil von Trient hat die Kirche positiver gewertet, bejaht auch – über Schrift (und apostolische Traditionen) hinaus – spätere kirchliche Bildungen und räumt ihnen einen Platz im Heilsgeschehen ein, wobei aber damit nicht die radikale Rückbindung allen Heils *allein* an Jesus Christus aufgehoben sein soll.

Kurz: Der Unterschied zwischen den Konfessionen besteht darin, wie sie mit dem Problem der Geschichte (und des einzelnen sowie der Kirche in ihr) und der – faktisch unabdingbaren – »Vermittlung des (einzigen) Vermittlers« auf den Hintergrund der subjektiven Rechtfertigungschristologie und der damit gegebenen Verlagerung des Heilsentscheides über den *einzelnen* in den Willen Gottes theologisch zurecht kommen. Soll deswegen alle Geschichte – außer der Jesu Christi – soteriologisch irrelevant oder sogar Sünde sein, soll auch die ekkle-

siale Gestalt der Vermittlung Jesu Christi soteriologisch nichts oder doch etwas (und wenn ja: was?) bedeuten?
Keine der neuzeitlichen Konfessionen hat auf diese Fragen eine befriedigende Antwort gegeben. Das ist nicht ihre Schuld. Der Grund ist darin zu suchen, daß die mit der Rechtfertigungschristologie aufgegebenen Fragen nicht lösbar sind, wenn man sie zu Ende denkt, und alle möglichen Antworten in die Aporie führen müssen. *Auf einer anderen Ebene gilt hier die gleiche Feststellung wie für die hellenistische Christologie*. Leider gab es bisher kein, Chalkedon vergleichbares, neuzeitliches interkonfessionelles Konzil, in dem der aporetische Status quo in eine klassische Gestalt gebracht worden wäre. Wahrscheinlich wird es eine solche Versammlung auch nie mehr geben können, weil die geschichtliche Entwicklung über die neuzeitlich-abendländischen Fragestellungen hinauszuwachsen beginnt und neue soteriologische Horizonte nur noch ein historisches Interesse an dieser noch jungen Vergangenheit zulassen.

1.7 Ausblick

Die folgenden Jahrhunderte bis zum Übergang zur Moderne (aus älteren Anfängen schließlich im 19. Jahrhundert) werden für *unsere* Frage von *zwei Faktoren* bestimmt: Die soteriologische Rezeption Jesu wird von der großen Mehrheit der Christen und Theologen weiterhin nach den vorgegebenen konfessionellen Mustern der *subjektiven Rechtfertigungschristologie* vollzogen. *Daneben* gibt es – beginnend schon im 16. Jahrhundert, in der Aufklärung und im deutschen Idealismus sich verstärkend – ein Aufgreifen der alten abendländischen Problematik, nämlich der Frage nach der *Vermittlung von »Objektivität«* (Gottes, der Offenbarung, der Prädestination) und ihrer geschichtlichen Erscheinung (in Jesus Christus, Schrift, Kirche, Christentum überhaupt) mit »neuzeitlichen Mitteln«, also mit den Mitteln der »subjektiven Vernunft«[220]. Im Kontext dieser Problematik wird auch Jesus in einer Weise als Christus zu fassen gesucht, die das alte Rechtfertigungsschema teilweise hinter sich läßt.
Es wäre reizvoll, würde aber die Zielsetzung (und auch den Umfang)

[220] Diese »Mittel« sind in der frühen Neuzeit weithin philosophische (zunehmend von der erkenntnistheoretischen Problematik geprägte) Methoden; mit der Aufklärung findet darüberhinaus historisch-kritisches Denken Einlaß in die Theologie; im 19. Jahrhundert schließlich entsteht – in Ansätzen – die ganze Palette von Kultur-, Geistes-, Sozial- und Naturwissenschaften, deren Erkenntnissen und Methoden sich die Theologie immer weniger entziehen kann.

dieser Studie überschreiten, den verschlungenen Wegen der Christologiegeschichte unter diesen beiden Gesichtspunkten nachzugehen, zumal die neuzeitlichen christologischen Entwürfe meist das Signum einer bisher ungewohnten persönlichen Originalität der Autoren tragen; die neuzeitliche Subjektivität wirkte sich auch auf die produzierte Literatur aus (lediglich im katholischen Raum führte die obligatorische Einpassung in die offizielle Doktrin zu einer meist langweiligen und blassen Literatur). Doch will sich diese Arbeit auf die epochalen Zäsuren beschränken, so daß für diese Fragen auf die entsprechende Literatur verwiesen werden soll[221].

Bei einer Untersuchung der weiteren Geschichte der neuzeitlichen Rechtfertigungschristologie müßten, wie schon in der Reformationszeit, drei Gesichtspunkte berücksichtigt werden: *Einmal* die Fortdauer wie auch die z. T. nicht unwesentlichen Veränderungen der Rechtfertigungschristologie selbst, die (*zweitens*) daraus resultierenden Versuche, die altkirchliche Christologie aus diesem Kontext zu verstehen (oder auch zu bestreiten) sowie (*drittens*) der kirchlichen Vermittlung einen Platz zuzuweisen.

Bei einer solchen detaillierten Untersuchung würde sich zeigen, daß die jeweiligen geistigen Strömungen in den folgenden Jahrhunderten die ihnen entsprechenden Christologien (im genannten dreifachen Sinn) hervorgebracht haben. Aber ebenso könnte aufgewiesen werden, daß sie *grundsätzlich* in den Bahnen der »subjektiven Rechtfertigungschristologie« verbleiben, bei aller Kritik oder oft auch Bestreitung oder Verfremdung einzelner Aspekte. *Uwe Gerber* resümiert zutreffend die Zeit von der Reformation bis 1900: »Überblickt man den zurückgelegten Weg, so scheinen sich die Fragestellungen und Intentionen verschiedenster christologischer Entwürfe in jeweils anderen Erfahrungs- und Reflexionshorizonten zu wiederholen.«[222] Die sich immer auf neuer Stufe wiederholenden Fragestellungen sind für *Gerber* schon in den nachreformatorischen Richtungen zu erkennen; diese selbst aber sind wiederum ›Auffächerungen‹ der reformatorischen Theologie[223]. Sie bleibt also in der evangelischen Theologie die Basis, von der ausgegangen wird; daß es sich so verhalten konnte, hat – wie auch in der bisherigen Geschichte – seinen Grund darin, daß bei allen Sprüngen und Neubrüchen der folgenden geschichtlichen Entwick-

221 Einen vorzüglichen und detaillierten Einblick in die evangelische Theologie bis etwa 1900 (dort auch weitere Literatur) bietet *Uwe Gerber*, Christologische Entwürfe, a.a.O., Bd. I. Wesentlich knapper: *H. Dembowski*, a.a.O. 143–191 (für die evangelische Theologie), und *W. Breuning*, Christologische Bemühungen in der katholischen Theologie, ebd. 191–219.

222 Christologische Entwürfe I, a.a.O. 298.299.

223 Ebd. 299

lung dennoch eine grundlegende Kontinuität des soteriologischen Fragens wirksam war.
Auch in der katholischen Theologie blieb die eigene, von Trient grundgelegte subjektive Rechtfertigungschristologie bestehen. Die katholischen Bemühungen verliefen aber stärker in konventionellen Bahnen. Die normative Verpflichtung auf die höchstamtlichen Formulierungen von Trient zwang dazu, die mit ihnen aufgeworfenen Fragen zu diskutieren: Wie lassen sich Prädestination (durch Jesus Christus) mit der ebenfalls behaupteten freien Mitwirkung so verbinden, daß beides gilt (Gnadenstreitigkeiten des 16. und 17. Jahrhunderts)? Wie verhält sich das Miteinander von Solus-Christus und Kirche? Bei letzterer Frage kommt es, wahrscheinlich aus Gründen der kontroverstheologischen Abgrenzung und der Verdächtigung aller alternativen Vorstellungen im Binnenraum als »protestantisch«, zu einer recht massiven Hervorhebung der ekklesialen Vermittlungen. Lediglich die gewaltsamen Aufbrüche subjektiven Denkens in der neuzeitlichen Mystik, aber auch im Bañezianismus und Jansenismus (vielleicht sogar in »subjektivistischen« Frömigkeitsformen wie der Herz-Jesu-Verehrung), scheinen den subjektiv-christozentrischen Momenten zu größerem Recht verholfen zu haben. Aber sie wurden immer wieder im amtskirchlichen Sinn diszipliniert und kanalisiert. Zwar finden sich auch schon in den Theologien aller Kirchen, beginnend mit der Aufklärung, *neue soteriologische Motive*, die nicht mehr in das Rechtfertigungsschema hineingehören; sie wurden aber zunächst nicht gesellschaftlich relevant und verbreiteten sich nur in kleinen Eliten. Erst mit dem 19. Jahrhundert können sie eine verbreitete Resonanz gewinnen und werden für größere Teile der Gesellschaft bestimmend (Diese neuen Entwicklungen sollen im folgenden Abschnitt behandelt werden). Zunächst aber gelten weithin, nur hier und da angefochten, die ererbten Raster.
Die bestimmende Form der Rezeption Jesu als Christus ist die Rechtfertigung des (einzelnen) Sünders – in weiten Teilen der Kirchen bis heute. Hierbei ergaben sich immer wechselnde Schwerpunkte: Katholische Theologie wie die Epoche der lutherischen und calvinistischen Orthodoxie verstärkten die Momente des Objektiven in dieser christologisch-soteriologischen Rezeption, wogegen sich die (subjektivistische) Mystik auflehnte. Die Orthodoxie (in allen Konfessionen) konnte die Sehnsüchte des Subjekts nicht hinreichend berücksichtigen und führte zu zwei »subjektiven« Reaktionen: einmal zu einer mehr gemüthaften subjektiven Bewegung, dem Pietismus (»Jesus Christus als mein Heiland«)[224], zum anderen einer mehr intellektuellen Sub-

[224] *H. Dembowski*, a.a.O. 149.

jektivität in der Aufklärungstheologie[225]. Schon recht früh wurden auch die mythischen Voraussetzungen der Rechtfertigungschristologie, vor allem Erbsündenlehre und Satisfaktionstheorie, kritisiert, ohne daß aber dadurch – für die große Entwicklung – diese selbst ihre Wirksamkeit eingebüßt hätten.
Von dieser Basis aus wird auch die antike Lehre von der hypostatischen Union (»Christologie« im traditionellen Verständnis) weiterhin in allen Konfessionen interpretiert. Hierbei standen in den evangelischen Kirchen die gegensätzlichen Auffassungen *Luthers* und *Calvins* im Vordergrund; diese wurden teilweise als kirchentrennend empfunden, bis mit der Zeit die *calvin'sche* diphysitische Konzeption an Boden gewinnen konnte. Daneben entfalteten die Motive der jeweiligen neuzeitlichen Epochen ihre Wirkung und führten zu neuen Schwerpunkten[226].
Neben und in eins mit dieser Diskussion war die Theologie, vor allem im evangelischen Raum, mit einem *zweiten Thema* befaßt, das zu den aporetischen Grundlagen des abendländischen Christentums von Anfang an gehörte[227]: *Wie lassen sich Objektivität der Offenbarung und deren geschichtliche Erscheinung in Jesus Christus vermitteln*[228]? In welchem Maß partizipiert Jesus Christus an der Objektivität des ewigen Heilsratschlusses, bzw. kann man angesichts der geschichtlichen Erscheinungsform der Offenbarung und Erlösung in Jesus Christus überhaupt von »objektiver Geltung« reden? Oder später: Inwiefern kann man das – geschichtliche – Christentum als absolute Religion bezeichnen[229]?

[225] Die Aufklärung bringt allerdings auch neue, im folgenden Abschnitt zu behandelnde Gesichtspunkte, ein.
[226] Vgl. z. B. *U. Gerber*, Christologische Entwürfe I, a.a.O. 302.303: »Wurde also in der Reformationstheologie und noch in der Orthodoxie nach dem ›neuen Dogma‹ des personalen Beieinanders von dem feststehenden ›vere Deus – vere homo‹ in Jesus Christus gefragt, so wurde von der Übergangstheologie bis zum Rationalismus vom ›feststehenden‹ Gottes-Begriff (= vere Deus) her nach dem ›vere homo‹ gefragt (Anhypostasie-Lehre), und ab Schleiermacher bis etwa 1914 wurde dann nach dem ›vere Deus‹ des ›feststehenden‹, mindestens jeglichen Doketismus ausschließenden ›vere homo‹ gefragt, bis sich die Zeit nach dem Ersten Weltkrieg als Epoche der ›Wiederentdeckung der Gottheit Gottes‹, dann nach dem Zweiten Weltkrieg wieder die Rückfrage nach dem ›historischen Jesus‹, nach dem ›vere homo‹, gefallen lassen mußte.«
[227] Vgl. o. III 1.5; 7.2 (3); IV 1.6.
[228] *Diese* Fragestellung ist zu unterscheiden von dem »Verlust der Geschichte«, den *Thomas Pröpper* in der neuzeitlichen Philosophie feststellen will (Vgl. u. 516, A. 8), wenn beide Motive sich auch oft unlösbar miteinander verbunden haben. Das *hier* angesprochene Problem bleibt auch in der Konzeption *Pröppers* noch bestehen, obwohl er dem »Verlust der Geschichte« zu entgehen sucht (vgl. u. 542, A. 62).
[229] Diese Frage ist nicht einfachhin nur eine – geschichtlich gewendete – Neuaufla-

Diese Problematik wird schon im 16. Jahrhundert bei den Sozinianern aufgegriffen. »Bei *Fausto Sozini* (1539–1604) zeigt sich bereits die Spannung zwischen historischer Einmaligkeit der positiv-biblischen Offenbarung Gottes in Jesus und der ewigen Präsenz des Wirkens Gottes durch den Erhöhten bzw. den Hl. Geist, also – mit Lessing – zwischen ›zufälliger Geschichtswahrheit‹ in Gestalt des Menschen Jesus und ›ewiger Vernunftwahrheit‹ in Gestalt des Wirkens des summus Deus in dieser Welt.«[230] Diese Fragen werden in der Aufklärungstheologie ganz radikal gestellt und führen auf je neuen Ebenen – zu immer neuen Lösungsversuchen.

Die Diskussion dieser – dem Ansatz nach mittelalterlichen – Problematik hält bis in dieses Jahrhundert, z. T. bis in die Gegenwart, an. Die Lösungsmodelle lassen sich nach *drei Schwerpunkten* gruppieren: *In einer Richtung* (1) geht man ganz sicher von der Objektivität Gottes und seines Heilswillens aus und läßt – in je verschiedenem Umfang – die geschichtliche Offenbarung in Jesus Christus daran partizipieren. In der Theologie unseres Jahrhunderts wird dieser »Umfang« z. B. recht weit gefaßt bei *Karl Barth* (und im Katholizismus), der zumindest in der frühen Phase seiner Dialektischen Theologie Jesus Christus und Schrift (aufgrund positivistischer Setzung) an der »Objektivität« teilhaben läßt; eine extreme Reduktion dieses »Umfangs« liegt z. B. vor bei *Rudolf Bultmann*, der alle Inhalte einer Entmythologisierung unterwirft, aber am (wiederum positivistisch gesetzten) »Daß« des Gekommenseins Jesu (von »Gott«) unbeirrt festhält (In anderer Variation findet sich dieses thetische »Daß« bei gleichzeitiger Säkularisierung der Inhalte auch in der angelsächsischen »Gott-ist-tot-Theologie« oder bei *Dorothee Sölle*). *In einer anderen Richtung* (2) geht man aus von der Geschichte (oder der Geschichtlichkeit) des Christentums, problematisch wird dann dessen »Objektivität«; es erscheint als eine oder gar die bedeutendste Religion, Jesus als ein oder gar der bedeutendste Religionsstifter (bzw. Promotor der Humanität). In die-

ge der hellenistisch-christlichen Fragestellung nach der Vermittlung (dem Einheitspunkt) zwischen Endlichem und Unendlichem (nachdem durch den Einfluß des christlichen Gottes- und Weltverständnisses monistische Lösungen nicht mehr in Frage kamen). Damals war der Ausgangspunkt – Gott und Mensch – selbst nicht problematisiert; er war selbstverständlich. Dem Abendland aber war der eine Pol, Gott und sein Heilswirken, in nie dagewesener Radikalität als objektive, Unterwerfung fordernde Vorgabe hingestellt worden, durch keine geschichtliche Plausibilität vermittelt. Auch die Rezeptionsraster (Erbsünde, Rechtfertigung durch Jesus Christus usf.) waren nicht *eigenen* Versuchen entsprungen, sondern mit der Christianisierung vorgegeben. Von daher gewann diese Polarität den Charakter einer beinahe unvermittelbaren (nur gehorsam hinzunehmenden) Dialektik.

230 *U. Gerber*, Christologische Entwürfe I, a.a.O. 47.48.

ser letzten Richtung kommen allerdings schon gänzlich neue soteriologische Muster zu Wort, die im folgenden Abschnitt erörtert werden sollen. Sie gehören aber *auch* noch zur hier angesprochenen Tradition, insofern ihre Theologie *antithetischen*, bisweilen sogar polemischen Charakter (gegen die Setzung der »Objektivität«) hat und in dieser Antithetik ihre Verhaftung auf die mittelalterliche Alternative deutlich macht. *Eine dritte Richtung* schließlich versucht, beide Ansätze in einem Gesamtsystem zu vermitteln (z. B. *Hegel, Schleiermacher* oder, in der Gegenwart, *Karl Rahner*). Versuche dieser Art sind allerdings bisher nicht recht gelungen und haben sich zumindest gesellschaftlich (= kirchlich) nur in geringem Maß vermitteln lassen[231].
Diese Bemühung um die Vermittlung von Objektivität und Geschichte durchzieht die nachreformatorische Neuzeit bis heute in einer ständigen, aber unregelmäßigen Wellenbewegung. Gerade die Diskussion dieses Vermittlungsproblems hat andererseits die Theologie geöffnet für die Rezeption neuer soteriologischer Motive, manches von ihnen hat schon hier Einlaß gefunden. Insofern aber die Polarität von »Objektivität« und »Geschichte« (einschließlich des Subjekts und der subjektiven Vernunft) eine Mitgift ist, die aus den Anfängen des abendländischen Christentums stammt[232], muß m. E. auch die Diskussion dieser »kulturbedingten« – *und somit keineswegs dem Christentum von Anfang an und für immer immanenten* – Alternative noch als ein letzter Ausläufer mittelalterlichen Problembewußtseins angesehen werden; weil die Kirchen die subjektive, kritische Wende der Neuzeit nicht gänzlich mitvollzogen haben und so dem Mittelalter verhaftet blieben[233], ist der Bestimmung des Christusbekenntnisses unter *dieser* Alternative wohl keine Zukunft beschieden. Für die Mehrheit der Christen aller Konfessionen war sie in dieser Zuspitzung wohl auch nur selten eine Schwierigkeit (was ein wenig allerdings – ebenfalls in allen Konfessionen – an der bis heute, wenn auch in unterschiedlichen Graden, mittelalterlich-synthetischen Denkweise der meisten Christen liegen mag). Deswegen sollen die knapen Anmerkungen an dieser Stelle genügen, um auf die Fragestellung aufmerksam zu machen.
Von diesen Bemühungen blieb natürlich die Christologie nicht unberührt. Wenn entweder die (»apriorische«) Notwendigkeit Jesu und das mythische Begründungssystem (Erbsünde, Satisfaktion) oder die

[231] Eine Ausnahme ist vielleicht die Theologie *Karl Rahners*, die im Katholizismus einen »Ort« besitzt, in dem das synthetische Denken eine lange Tradition hat. Hier werden gerne Überlegungen aufgegriffen, die das als unzureichend empfundene bloße Nebeneinander zweier Aussagereihen ein wenig mehr miteinander verbinden und wechselseitig begründen.

[232] Vgl. o. III 1,5.

[233] Vgl. o. IV 1.13.

»Objektivität« von Gottes Offenbarung in Zweifel standen, wurde die Rechtfertigungschristologie wie auch die Zwei-Naturen-Christologie (die man ja im Abendland unter diesen Vorzeichen sich angeeignet hatte) problematisch. Im Zuge *dieser* Fragestellung ergibt sich dann, vom 16. Jahrhundert bis heute, eine immer neue Relativierung oder auch förmliche Bestreitung der Rechtfertigungschristologie (inklusive ihrer antiken Bausteine)[234]. Andere soteriologische Motive werden wirksam, mit deren Mitteln die Funktion Jesu neu, meist weniger »absolut«, begründet wird (vgl. den nächsten Abschnitt).
So bringen die folgenden Jahrhunderte ein faszinierendes Auf und Ab immer neuer christologischer Versuche[235], bei denen sich die Motivknäuel oft untrennbar miteinander vermischen. Weil sie aber – wenigstens grundsätzlich – in der abendländischen und, genauer, neuzeitlichen Fragestellung verbleiben, sollen sie hier nicht im einzelnen untersucht werden. Bisweilen aber meldeten sich auch schon unter der Dekke dieser Diskussionen Problemhorizonte, die eine epochale Umwälzung ankündigen: Das Aufkommen völlig neuer Soteriologien, deren gemeinsames Kennzeichen es ist, das »Heil« nicht mehr ganz selbstverständlich mit dem Begriff »Gott« zu verbinden.

[234] Vgl. *U. Gerber,* Christologische Entwürfe I, a.a.O. 48: »Ist dabei die Trinitätslehre – und mit ihr die überkommene Zwei-Naturen-Lehre – destruiert, dann läßt sich konsequent... der homo Jesus Nazarenus als irdischer Lehrer, als Vorbild und menschliches Exempel der ewigen Willens- und Denkwahrheit Gottes ausgeben.«

[235] Als ein Hinweis auf diese Veränderungen mag das Zitat von *Uwe Gerber* (vgl. o. 509, A. 226) dienen.

2 Neue christologisch-soteriologische Entwürfe in der Moderne

2.1 Das Ende der Neuzeit?

Welche Wandlungsprozesse lassen sich in der Christologie des 19. und 20. Jahrhunderts erkennen? Diese Frage wäre leicht zu beantworten durch eine problemgeschichtliche Deskription der aufeinanderfolgenden Theologen oder Schulen. Beinahe unmöglich aber erscheint es, schon jetzt – gewissermaßen noch im laufenden Prozeß – die Veränderungen zu erkennen und die Zusammenhänge zu überschauen, die zu ihnen geführt haben. Dabei sollen zunächst noch die Neubrüche ausgeklammert werden, die durch die weltweite Mission und die Begegnung mit ganz fremden Kulturen auf das Christentum zukommen (vgl. u. Abschnitt 3): Aber auch ohne ihre Berücksichtigung können die folgenden Ausführungen nicht mehr bieten als vorsichtige Vermutungen.

Ist die Neuzeit zu Ende? Die Antwort auf diese Frage wird von den jeweils herangezogenen Gesichtspunkten abhängen. In vielen Bereichen dauert sie sicherlich fort. Unser westliches gesellschaftliches, staatliches und kulturelles Leben basiert auf der »subjektiven Wende« und den daraus resultierenden Idealen. Ebensowenig sind die soteriologischen Motivationen der Neuzeit ein Stück der Vergangenheit; *große Teile der Christenheit werden von ihnen bewegt und rezipieren Jesus nach ihren Mustern als Christus.*

Dennoch läßt sich in der Geistesgeschichte Europas (und von Europa geprägter außereuropäischer Kulturen) *unter dem Gesichtspunkt unserer Fragestellung eine epochale Umwälzung* erkennen. Man könnte sich ihr vielleicht unter dem Stichwort vom *»Verlust der abendländischen These«* annähern. Damit ist gemeint, daß die für das Mittelalter und die bisherige Neuzeit konstitutive Voraussetzung von der Gehorsam heischenden Objektivität Gottes, seines Heilswillens, seines Wirkens *beginnt, keine Rolle mehr zu spielen.* Keine Rolle spielen heißt: sie bewegt und fasziniert soteriologisch nicht mehr, es scheint nicht mehr so zu sein, daß die eigenen »letzten« Hoffnungen sich auf diese rechtfertigende »Objektivität« beziehen und von ihr her unser sündig-unheiles Dasein definieren.

Die hier angesprochene Zäsur aber ist noch radikaler. Sie ist nicht nur ein Bruch der *abendländischen* Kontinuität, sondern reicht weiter.

Nicht nur der gesetzgebende Gott als übermächtige »Objektivität« steht in Frage, sondern auch die ganz selbstverständliche Erfahrung einer letzten, alles tragenden, sinnstiftenden (aber transzendenten) Mitte von Welt und Geschichte, die in *allen* bisherigen Kulturen mit dem Wort Gott oder ähnlichen Begriffen (mana, Götter, Weltordnung) benannt wurde. Diese mythische Gottesbeziehung war es ja, die ihrerseits selbst noch einmal die abendländische These getragen und erhalten hat. Obwohl also die Zäsur ein Produkt abendländischer Geschichte ist, ist sie im Ergebnis *ein Bruch mit der gesamten bisherigen Religionsgeschichte*. Vielleicht darf man diesen Prozeß als *Übergang von mythischen zum kritischen Verstehen bezeichnen*[1].

Hierbei muß beachtet werden, daß der Durchbruch zu einer Bestreitung *Gottes schlechthin* seine Wurzel in einer *falschen Alternative* hat. Für die Antike etwa war Gott (wie auch immer verstanden) das selbstverständliche Woraufhin jeder Daseinsinterpretation, Gott resultierte aus dem *eigenen* Verstehen von Mensch und Welt (worüber sich allerdings der antike Mensch nicht – kritisch - im Klaren war). Dem Abendländer – ein wenig schon beginnend mit der Vermittlung des Christentums in die lateinische Kultur der Antike – aber war eine eigenständige Artikulation seiner soteriologischen Erfahrung verwehrt, mit der Missionierung übernahm er als göttliche Vorgegebenheit die »fides«, d. h. die gesamte, *ihm fremde* altkirchliche Glaubensüberlieferung, die er zunächst nicht verstehen konnte, sondern – zusätzlich noch nach lateinisch-voluntaristischen und juridischen Rastern – gehorsam rezipieren sollte. Dieser »Objektivität« stand er als »Subjekt« gegenüber. *So blieb im Abendland mit Gott der Gedanke der voluntativen Objektivität verbunden, er wurde für ein Implikat des christlichen Gottesbegriffs gehalten.* Nach langer Emanzipationsgeschichte brachte die Neuzeit die »subjektive Wende«, die sich von dieser vorgegebenen Objektivität befreien wollte; aufgrund der *mehr als tausendjährigen Verknüpfung dieser Denkfigur mit dem christlichen Gottesbegriff* wurde letzterer nun zugleich mit ihr bekämpft. Der Autonomie des Subjekts schien nicht nur eine »von außen« vorgegebene »objektive« Offenbarung, sondern auch der Gottesglaube selbst im Wege zu stehen (die falsche Alternative).

Die neuzeitlichen Kirchen blieben ihrerseits bei der These von der Objektivität. Damit haben sie die Chance verpaßt, differenzierend in die Diskussion einzugreifen und *aufzuzeigen, daß Gott auch »subjektiv«, in »kritischer Wendung«, denkbar ist*. Dieses »neuzeitliche« kirchliche Versäumnis führte – nach Anfängen schon in der Aufklä-

[1] Vgl. hierzu vom *Verf.*, Dogma, Hierarchie und kritisches Bewußtsein, in: *Walter Weymann-Weyhe* (Hrsg.), offene Kirche, Düsseldorf 1974, 15–42.

rungszeit – schließlich in der Moderne dazu, gewissermaßen das Kind mit dem Bade auszuschütten[2], d.h. hier: die Perspektive Gott zugleich mit seiner »objektiven Setzung« (also »Nicht-Subjektivität«) zu bestreiten – und daraus auch existentiell die Konsequenzen zu ziehen.

»Gott« hat jetzt seine Selbstverständlichkeit eingebüßt. *Für das Christentum erschreckend, werden letzte soteriologische Hoffnungen nicht mehr, wie von selbst, mit dem Begriff Gott verknüpft*, erst recht nicht – die abendländische »objektive Setzung« – mit dem Recht wollenden, sprechenden und durchsetzenden Gott, und umgekehrt wird die eigene Unheilssituation nicht mehr unbedingt von Gott her verstanden – Unheil z.B. als Sündigsein (im Abendland) oder als Endlichsein (in der Antike). Natürlich gibt es weiterhin das soteriologische Problem; der Mensch erfährt sich als un-heil und streckt sich aus nach »Heil«. *Beide Erfahrungen aber werden – weithin – a-theistisch gedeutet*, nicht im kämpferischen Sinn, aber so, daß Gott hierbei keine Rolle spielt[3]. Dieses »Nicht-Kämpferische« ist ein Spezifikum der neuen Entwicklung. Zwar zwingt die gesellschaftlich-politische Vorherrschaft der Kirchen oft noch *faktisch* zur polemischen Auseinandersetzung, aber das »a-theistische« Denken will selbst nicht mehr anti-thetisch sein wie etwa noch der Atheismus des 18. Jahrhunderts. Von diesem sagt der Positivist *Auguste Comte* († 1857), daß er zwar inhaltlich zu anderen Schlüssen komme als der Monotheismus, gelegentlich sei er aber nichts anderes als eine Form des Pantheismus und somit eines abstrakten Fetischismus[4]. *Comte* lehnt jede Gemeinsamkeit (»toute solidarité«) mit dem Atheismus entschieden ab[5]. Dieser stelle nur eine

[2] *Johann Baptist Metz*, Erlösung und Emanzipation, in: *Leo Scheffczyk* (Hrsg.), Erlösung und Emanzipation, a.a.O. 127, entfaltet diesen Gesichtspunkt anhand des Problems der menschlichen Leidensgeschichte und kommt zu einem vergleichbaren Resümee: »Diese konkrete Leidensgeschichte war bekanntlich die Crux jeder Theodizee, *solange Gott selbst als Subjekt der Geschichte angesehen wurde, und sie war schließlich einer der entscheidenden Anstöße dafür*..., Gott selbst in den neuzeitlichen Geschichts- und Freiheitstheorien aus der Mitte der Geschichte abzuberufen und anstelle des Deus Salvator den Homo Emancipator zum unversalen Geschichtssubjekt zu erheben« (Hervorhebung von mir). Das heißt: Gerade die thetische Voraussetzung Gott ließ ihn problematisch werden und führte zu seiner gänzlichen Bestreitung.

[3] Vgl. *H. Dembowski*, a.a.O. 179, zu neuen soteriologischen Fragestellungen: »Unmittelbar kommt in diesen Fragen Gott nicht vor«.

[4] Vgl. hierzu *Henri Kardinal de Lubac*, über Gott hinaus. Tragödie des atheistischen Humanismus (aus dem Franz. übers. von *E. Steinacker*), Einsiedeln 1984, 114.

[5] Système de politique positive ou traité de sociologie, instituant la Religion de l'Humanité (4 Bde. 1851–1854) [Oeuvres d'Auguste Comte, Tome VII, Paris 5e édition o.J., Réimpression anastalthique, Paris 1969], 1,46 (VII,46).

ungenügende Emanzipation dar: »...l'athéisme ne constitue qu'une émancipation très insuffisante, puisqu'il tend a prolonger indéfiniment l'état métaphysique.... Les athées persistants peuvent donc être regardés comme les plus inconséquents des théologiciens, puisqu'ils poursuivent les mêmes questions...«[6]. Ähnlich argumentiert bisweilen auch *Karl Marx*, der über den antithetischen Atheismus hinausgewachsen sein will[7].

Der »moderne« Atheismus ist anderer Art, eben nicht mehr anti-thetisch. *Praktisch ist er vor allem vollzogen in der Säkularisierung der Soteriologie*[8], die wiederum die Rezeption Jesu als Christus nicht un-

[6] Ebd. 1,46.47.48 (VII, 46.47.48).

[7] »Der Atheismus...hat keinen Sinn mehr, denn der Atheismus ist eine Negation des Gottes und setzt durch diese Negation das Dasein des Menschen; aber der Sozialismus bedarf einer solchen Vermittlung nicht mehr.. Er ist positives, nicht mehr durch die Aufhebung der Religion vermitteltes Selbstbewußtsein des Menschen...« (Nationalökonomie und Philosophie, Vorrede ((1844)), in: *Karl Marx*, Die Frühschriften, hrsg. von *Siegfried Landshut*, Stuttgart 1964,248).

[8] *Thomas Pröpper* kommt in seiner ausgezeichneten Studie (Erlösungsglaube und Freiheitsgeschichte. Eine Skizze zur Soteriologie, München 1985) zu anderen Begründungen. Für ihn ist die Neuzeit gekennzeichnet durch einen »Primat der Vernunft«, der »die Geschichte um ihre entscheidende Bedeutung für die Bestimmung des Menschen bringen« mußte (51.52). Als Beispiel für dieses Denken zitiert er *Lessing*: »Zufällige Geschichtswahrheiten können der Beweis von notwendigen Vernunftwahrheiten nie werden« (51; = *G.E. Lessing*, Über den Beweis des Geistes und der Kraft: Werke, Bd. 8, *hrsg. von H.G. Göpferl*, München 1979, 12). Nach einigen weiteren Hinweisen auf neuzeitliche Philosophen folgert *Pröpper*: »Der neuzeitliche Verlust der Geschichte als der Stätte eines von Gott kommenden Heils mußte folgerichtig zur *Säkularisierung* der Soteriologie führen« (56).

Diese Beobachtung ist m. E. falsch. Der »Verlust der Geschichte« in der Philosophie ist *keineswegs spezifisch neuzeitlich*. Die neuzeitliche philosophische Tradition, auf die *Pröpper* sich vor allem bezieht, führt unter dieser Hinsicht vielmehr *die Eigentümlichkeit philosophischen Denkens von seinen griechischen Anfängen her* fort; immer schon ging es ihm um »allgemeine«, »seinsmäßige«, »notwendige«, auf jeden Fall »über-geschichtliche« Wahrheiten. Eine Philosophie, deren zentraler Bezugspunkt die Geschichte – und nicht das Seiende – ist, hatte es bis in die Moderne hinein noch nicht gegeben (von schütteren Anklängen, wie etwa bei *Duns Scotus*, abgesehen), weder in der Antike, noch im Mittelalter.

Was sich mit der kritischen oder subjektiven Wende änderte, ist etwas anderes: *Bisher* waren Metaphysik und damit »Gott« unproblematisch, darüberhinaus hatten christliche Philosophen keinerlei Hemmungen, auch die »geschichtliche Wahrheit« des Christentums »apriorisch« zu begründen (vgl. z.B. *Anselm* von Canterbury) – aufgrund der prästabilisierten Harmonie von Schöpfer und Kreatur, Sein und Denken, Denken und Glauben. *Jetzt* aber wurde metaphysisches Denken und somit der Zugang zu »Gott« zunehmend schwieriger oder der Vernunft gänzlich unmöglich, die Emanzipation des Subjekts schloß die Verweigerung der genannten Synthese von Offenbarung und Erkennen ein. Deswegen, und nur deswegen, mußte Geschichte als »bloße Geschichte« erscheinen, während die Vernunft *ihr altes Geschäft*, allgemeine, notwendige, übergeschichtliche

berührt lassen kann, insofern diese bisher *immer* mit dem Monotheismus verknüpft war.
Vielleicht zeigt die Situation, die der Religionsunterricht an den Schulen heute vorfindet, die Veränderungen der Soteriologie am deutlichsten an. Sie kann eine Art von Indikator sein: der Religionslehrer muß schneller reagieren als ein Pfarrer, der seine gewohnte Verkündigung bei schwindendem Publikum fortsetzen und sich so selbst täuschen kann. Zwar sehen die Lehrpläne und auch die – amtskirchlich zu genehmigenden – Schulbücher immer noch die Vermittlung der Rechtfertigungschristologie, und in ihrem Kontext auch der in ihr verarbeiteten antiken Christologie vor; doch die Behandlung dieser Thematik wird meist zu einer Art scholastischer Pflichtübung, die Kinder und Jugendlichen werden davon nicht bewegt. Will ein Religionslehrer Jesus *so* vermitteln, daß er seinen Adressaten (oder wenigstens einem Teil von ihnen) etwas bedeuten kann (zum »Christus« wird), dann muß er auf andere Motivationen zurückgreifen. Nur auf dem Hintergrund der soteriologischen Fragen der Kinder und Jugendlichen und mit ihren Mitteln kann eine solche Vermittlung gelingen. Diese neuen Schwerpunkte bestimmen schon weithin die Praxis des Religionsunterrichts und auch – trotz behördlicher Zensur – Teile der Unterrichtsmaterialien.
Nun könnte man vielleicht einwenden, daß es gerade in diesem Jahrhundert – etwa in der Theologie *Karl Barths* –, sogar zu einer starken Hervorhebung Gottes (»Epoche der ›Wiederentdeckung der Gottheit Gottes‹«)[9] gekommen sei. Das ist richtig, aber diese Bemühung trägt den Charakter eines trutzigen Dennoch an sich. Sie ist Re-aktion, Aufbegehren gegen eine Entwicklung, die übermächtig zu werden

Wahrheiten zu reflektieren, weiter betrieb, wenn auch: in subjektiver Wendung (Parallel zur Geschichte, die »bloße« Geschichte wurde, verlor konsequent auch das Seiende seine bisherige »Tiefendimension« und wurde zum »Ding an sich«). Anders gesagt: Weil das emanzipierte Subjekt die atike Metaphysik als naiv und die mittelalterliche Synthese von (geschichtlich angestoßenem) Glauben und Denken als vorkritische Heteronomie realisierte, *weil also »Gott« problematisch geworden war, mußte eine säkularisierte Soteriologie entstehen* und – zugleich – die soteriologische Relevanz eines geschichtlichen Datums (Jesus Christus oder Christentum) als unvermittelbar erscheinen. *Die Säkularisierung der Soteriologie ist die Folge der Emanzipation des Subjekts* und des damit verbundenen Verlusts einer theozentrischen oder theonomen Anthropologie, Geschichts- und Seinsinterpretation. Blickt man nicht nur auf die Implikationen der *neuzeitlichen Erkenntniskritik* und die mit ihr gestellten philosophischen Fragen, sondern auch auf die (aus ihr resultierende) *moderne Soteriologie*, muß man vielmehr – gegen *Pröpper* – feststellen, daß sie in einem neuen Sinn *»geschichtsorientiert«* ist (vgl. u. 554–560); auf etwas anderes als Geschichte soteriologische Hoffnung zu setzen, war gerade jetzt *nicht mehr möglich* – was sonst sollte es noch geben außer ihr?
[9] *U. Gerber*, Christologische Entwürfe I, a.a.O. 303.

droht. Deswegen war das Ergebnis auch eine *dialektische* Theologie, die sich nicht eigentlich zu den neuen kulturellen Strömungen hin vermitteln konnte. *Gegen* die anders laufenden soteriologischen Prozesse stellte sie – noch einmal – gewaltsam die (dann im letzten positivistische) These; ihre Rezeption setzte eine Abwendung voraus von den eigenen Denkmustern, es führt keine Brücke zu Gott[10]. So verhält es sich auch mit allen späteren Versuchen in diesem Jahrhundert, gewissermaßen fraglos von Gott auszugehen und Theologie wie Christologie »von oben« zu konzipieren – immer ist mit ihnen eine angestrengte Reaktivierung von Anschauungen der Vergangenheit und ein Moment des Ungleichzeitigen verbunden (in extremen Formen z.B. in der Lefèbvre-Bewegung im katholischen oder in der Bewegung »Kein anderes Evangelium« im evangelischen Raum). So zeigen die konkreten Konturen auch der auf den traditionellen Ansätzen beruhenden Versuche einmal mehr, daß *eine neue Epoche* angebrochen ist, in der erstens, die Verbindung der kulturbedingten soteriologischen Erwartungen mit Gott, zum anderen besonders das gehorsame Ausgehen von einer juridisch-ethischen Objektivität problematisch ist oder wird.

In *diesem* Sinn scheint die abendländische Neuzeit zu Ende gegangen zu sein oder zu Ende zu gehen (von anderen – allgemein-kulturellen – Gesichtspunkten soll hier nicht die Rede sein). Die »Moderne« bringt also kein grundsätzlich neues Verstehen ein, sie ist vielmehr *Vollzug* der neuzeitlichen Wende (oder der Aufklärung) und, vor allem, *gesellschaftlicher* Vollzug dieser Wende. Immer größere Gesellschaftsgruppen lassen den Glauben an Gott hinter sich und orientieren sich »säkular«[11].

Dieser Übergang von der Neuzeit in die Moderne ist nicht genau zu datieren, wie auch schon nicht die früheren Zäsuren, über deren prinzipielle Geltung Einigkeit besteht; es handelt sich immer um allmähliche *Prozesse*, Ansätze des neuen Denkens reichen weit in die Neu-

[10] So vor allem in der 2. Auflage des Römerbriefkommentars (1921) von *Karl Barth*.

[11] Allerdings bleiben die Strukturen und Motive dieser Säkularität in vielem vom Christentum geprägt. Vgl. *Ernst Troeltsch*, Die Bedeutung des Protestantismus für die Entstehung der modernen Welt (Historische Bibliothek, 24. Band), Neudruck der Ausgabe 1911, Aalen 1963, 22: »Man darf sich darüber nicht täuschen lassen durch alle Kirchen- und Christentumsfeindschaft der Gegenwart, durch allen naturalistischen oder ästhetischen Pantheismus. Die heutige Welt lebt so wenig wie irgendeine andere von der Konsequenz; geistige Mächte können herrschen, auch wenn man sie bestreitet. Ohne den religiösen Personalismus, welchen Prophetismus und Christentum uns eingeimpft haben, wäre die Autonomie, der Fortschrittsglaube, ...ganz unmöglich.«

zeit[12], einige Wurzeln bis ins Mittelalter zurück. Besonders deutlich kündigte sich die neue Epoche in der kritischen Wende der Philosophie der Neuzeit an sowie in den historisch-kritischen Arbeiten seit der Aufklärung, aber auch in den sich allmählich entwickelnden »autonomen« Methoden und Thesen der Naturwissenschaften (aber auch in der fortschreitenden Lösung des politischen und gesellschaftlichen Lebens von der Vorherrschaft der Kirchen).

Für die Christologie resultierten aus diesen »vormodernen« Versuchen eine Reihe von zwar unzulänglichen und einseitigen, aber doch die neue Zeit vorankündigende Interpretationen, und zwar im Hinblick *auf die beiden Themen* der neuzeitlichen Rezeptionsgeschichte: die subjektive Rechtfertigungschristologie *und* die Vermittlung von Absolutheit und Geschichtlichkeit des Christentums (bzw. Jesu Christi). Jesus erscheint als ein – oder gar der – (meist, aber nicht bei jedem Autor) gottgesandte Lehrer der Moral (oder auch Religion), dessen Person, gegenüber seiner edlen Lehre, oft keine Bedeutung hat.

Hier kündigt sich schon eine *völlig neue soteriologische Rezeption Jesu* an. Dennoch werden die Bedingungen der Neuzeit noch nicht überschritten: *Einmal* halten fast alle Autoren doch noch an der selbstverständlichen Annahme eines letzten Bezugspunktes der Soteriologie, Gott, fest, wenn auch oft nicht mehr eindeutig am christlich-personalen Gott (Deismus, Pantheismus); die meisten verbleiben sogar bei einer abendländischen Gottesvorstellung und verbinden mit ihm »Objektivität« *und* ethisch-juridische Rechtsetzung (mit der Folge der Einschätzung auch Jesu Christi als »bloß« geschichtlich und von sich selbst als »Sünder«, jedenfalls als moralisch Versagende und auf Unterweisung Angewiesene) – auch die polemisch-antithetischen Äußerungen verraten noch eine Verhaftung auf die »These«. *Zum andern* aber blieben diese Versuche auf kleine, elitäre Zirkel beschränkt, *das sogn. Volk* wurde von ihnen erst allmählich erreicht. Dennoch zeigt die

[12] So hat z. B. schon 1670 *Spinoza* in seinem Tractatus theologico-politicus gerade die These vom Gehorsam fordernden Gott (den er für ein Kennzeichen der jüdischen und christlichen Religion hielt) angegriffen und eine freie und philosophische (= subjektive) Reflexion Gottes verlangt (die bei ihm zu einem Monismus führte). Vgl. z. B. Kap. 13, in dem *Spinoza* von der Schrift sagt, »daß sie nur Gehorsam von den Menschen fordert und bloß den Ungehorsam, nicht die Unwissenheit verdammt... Wenn nun einer sagt, es sei nicht nötig, Gottes Attribute zu verstehen, man müsse sie vielmehr einfach und ohne Beweis glauben, so redet er offenbaren Unsinn: Denn unsichtbare Dinge, die Objekte bloß des Geistes sind, können mit keinen anderen Augen gesehen werden als durch Beweise...« (Opera, Werke, lateinisch und deutsch, hrsg. von *Günter Gawlick* und *Friedrich Niewöhner*, Bd. 1 Darmstadt 1979, 415.419). Andere, wie etwa Mitglieder einer Richtung der französischen Aufklärung, gingen einen Schritt weiter und vertraten einen Atheismus (z. B. *Denis Diderot*, † 1784; *Julien de la Mettrie*, † 1751; *Paul-Henri Holbach*, † 1789 u. a.).

antikirchliche Wendung, die z. B. die französische Revolution nahm, nicht nur ein Aufbegehren gegen die unerträgliche politisch-gesellschaftliche Stellung der Kirche, sondern auch, daß manche der neuen Ideen auch im Bürgertum »angekommen« waren.
Erst im Verlauf des 19. Jahrhunderts werden *nennenswerte Teile der* Bevölkerung von dem Umbruch ergriffen; im *Bürgertum* und bald in der *Arbeiterschaft* werden, auf je verschiedene Weise und mit verschiedenen Inhalten, soteriologische Motive wirksam, die ohne die »Arbeitshypothese Gott«[13] auskommen. Das heißt keineswegs, diese Gruppen hätten »die Religion« hinter sich gelassen; denn sie werden, wie bisher auch, von soteriologischen, also »religiösen« (in formalem Sinn)[14] Horizonten geprägt. Auch kann man etwa den Marxismus als »Religion« bezeichnen, wenn man so will, als eine Art »Gegenreligion« der Proletarier gegen die »Religion« der herrschenden Burgeoisie. Aber diese »Religion« bzw. *Soteriologie ist säkularistisch*, ihre Zielsetzungen greifen nicht über Welt und Geschichte hinaus[15]. Unter den politischen und gesellschaftlichen Bedingungen, die weithin noch von der Macht der christlichen Tradition geprägt waren, behielten diese Bewegungen zwar einen kämpferisch a-theistischen Charakter; im Staatsmarxismus der Zweiten Welt verhält es sich so bis heute, was seine abendländische Herkunft und Wurzel verrät. Aber inhaltlich steht dieser Kampf nicht im Vordergrund, sondern die Faszination der neuen Ziele.
Gleichzeitig entfaltet sich im 19. Jahrhundert der ganze Kanon der (von der Theologie) autonomen Wissenschaften, die industriellen Wirtschaftsprozesse und – allmählich – die Ausbildung pluralistischer Staats- und Gesellschaftsformen entfalten zusätzlich ihren Einfluß. Zwar verlief die Entwicklung keineswegs organisch; Konvulsionen und Erschütterungen suchten Europa heim, die in zwei Weltkriegen ihren Niederschlag fanden. Im Großen aber setzte sich im 20. Jahrhundert – für unsere Fragestellung – der gezeichnete Trend fort, so daß man heute wohl für die Majorität der Menschen in der westlichen Welt eine weitgehende Säkularisierung ihres Denkens und Wollens supponieren muß[16].
An dieser Stelle konnten nur wenige Gesichtspunkte[17], und dies bei-

[13] Vgl. *Dietrich Bonhoeffer*, Widerstand und Ergebung, a.a.O. 356.
[14] Vgl. o. Einführung 1.2.
[15] Daß es sich strukturell und formal doch anders verhält und der Aspekt der Transzendentalität doch eine Rolle spielt, soll weiter unten (IV 2.2.2 und 2.2.3) zur Sprache kommen.
[16] Vgl. das obige Beispiel »Religionsunterricht«, 517.
[17] Weitere Fragestellungen (z. B. ob wir einer »nachbürgerlichen« oder »postmodernen« Gesellschaft und so auch Kirche/Theologie entgegengehen) sollen hier ausgeklammert werden, weil ihre Erörterung zu umfangreich ausfallen müßte.

nahe nur impressionistisch, miteinander verwoben werden. Vielleicht aber ist doch deutlich geworden, daß *die Säkularisierung der soteriologischen Fragen und Erwartungen in der Gesellschaft eine einschneidende Zäsur* ist, nicht nur gegenüber der Neuzeit oder der ganzen abendländischen Tradition, sondern zugleich gegenüber der bisherigen religiösen Menschheitsgeschichte überhaupt. Dieser Umschwung ist wohl ganz ein Produkt der eigentümlichen abendländisch-christlichen Geschichte, nur aus ihren Wurzeln und Motiven verständlich und – er ist noch auf dem Weg. Wie weit er die Zukunft bestimmt und auch in außereuropäischen Kulturen auf Dauer Fuß fassen kann, läßt sich gegenwärtig nicht sagen. Vieles spricht dafür, daß dieser Prozeß nicht umkehrbar ist und – wenigstens auf lange Sicht – die weitere Geschichte bestimmen wird[18].

2.2 Soteriologische Perspektiven in der Moderne

2.2.1 Traditionelle und säkularisierte Soteriologie

Bei der Betrachtung der Menschheitsgeschichte läßt sich nicht übersehen, daß der kulturelle Prozeß immer schneller, sprunghafter und differenzierter verläuft. Viele Entwicklungsstadien koexistieren heute infolgedessen neben- und miteinander, oft sich gegeneinander abschottend, oft sich beeinflussend und gegenseitig steigernd.

So hat der Übergang zur Moderne viele Gesichter, und er hat bei weitem nicht alle Bevölkerungsgruppen oder gesellschaftlichen Institutionen erfaßt. Nicht wenige europäische Staaten behielten noch längere Zeit ihre absolutistischen oder wenigstens monarchischen Regime bei, die katholische Kirche steigerte – der staatlichen Entwicklung hinterherhinkend – ihre hierarchische (= feudale) Struktur mit der Definition von Primat und Unfehlbarkeit (1870) zu einem radikalen Absolutismus hin, die evangelischen Kirchen verblieben, wo es noch möglich war, unter der Leitung der weltlichen Obrigkeit (teilweise, wie etwa in England oder Schweden, bis heute).

Der Aufbruch in eine neue Zeit erfolgte also ungleichzeitig, ja er rief erst recht *konservative Reaktionen* hervor und verlieh ihnen eine ungeheure Dynamik. In der katholischen Kirche setzten sich beharrende Bewegungen und Mentalitäten durch und führten zu einer beeindruk-

[18] Damit soll nicht ausgeschlossen werden, daß z. B. außereuropäische Kulturen mit ihrer vor-kritischen Mentalität irgendwann und auf lange Zeit politisch und kulturell dominant werden. Aber die Sachzwänge der – einmal etablierten – Wissenschaften, von Technik und Industrie sowie *das Wissen* um diese europäische Entwicklung werden ihre Wirkung entfalten.

kenden Blüte des kirchlichen Lebens (in voraufgeklärten und kontroverstheologischen Formen), alle Versuche zeitgenössischen Theologietreibens wurden durch die amtlich geförderte Neuscholastik und die Zensur erstickt. Auch in den anderen Konfessionen darf die Blüte einer kritischen Universitätstheologie nicht über den konservativen Zuschnitt der Gemeinden und der Gemeindepastoral hinwegtäuschen. Im 19. Jahrhundert entsteht ein »Neokonfessionalismus, der die schmerzhaften Trennungskonflikte des 16. Jahrhunderts in einer nochmals entstellenden Weise reproduzierte«[19].
Es muß nicht eigens betont werden, daß in diesen neokonfessionalistischen Bewegungen an den alten Rechtfertigungssoteriologien konfessionellen Zuschnitts – bis heute – festgehalten wird.
Obwohl sie im 19. Jahrhundert und bis zur Mitte dieses Jahrhunderts die dominierenden Kräfte im gesellschaftlichen Leben waren, tragen sie das Signum der Re-aktion an sich; ihr Erfolg beruht auf dem Widerspruch gegen die neuen Strömungen und auf der Angst vor dem Verlust all dessen, was man bisher – soteriologisch – für richtig hielt. Diese Angst zwang zur gesellschaftlichen und geistigen Abschottung, die nirgendwo so konsequent verfolgt wurde wie in der katholischen Kirche; exemplarisch soll hier auf die amtlichen Verlautbarungen *Pius' IX.* verwiesen werden, der so gut wie alle zeitgenössischen Phänomene verurteilt, oder die »antimodernistischen« Aktivitäten Pius' X.
Auch die ererbte Rechtfertigungssoteriologie mußte deswegen vor allen modernen Anfragen geschützt werden; sie funktioniert nur im Binnenraum einer sich abgrenzenden Tradition, die zugleich mit der alten Sache auch die alte Sprache und die alten theologischen Methoden und Argumentationsmuster propagiert. In extremer Form gilt dies für den Katholizismus, aber auch in den anderen Konfessionen gibt es vergleichbare Erscheinungen (vgl. die Prägung der Gemeinden durch *Luthers* Kirchenlied, Bibelübersetzung und Predigtsprache). All dies zeigt, daß *diese* Gestalt der Rechtfertigungssoteriologie – trotz ihres Erfolges in der Moderne – auf der bewußten, oft kämpferischen Konservierung alter Mentalitäten aufruht.
Die Angst der traditionellen Kreise ist durchaus verständlich; zu gewaltig war der Umschwung, den die neuen Strömungen brachten. Und weil auch diese zunächst Mühe hatten, sich gegen die Macht der überlieferten Denkweisen und auch gegen die traditionellen Herr-

[19] *Heinrich Lutz*, Zwischen Habsburg und Preußen. Deutschland 1815–1866, Berlin 1985, 126. *Lutz* vermutet sogar, »daß diesem Prozeß des 19. Jahrhunderts mehr Gewicht zukommt als dem eigentlichen Trennungsvorgang des 16. Jahrhunderts« (ebd. 126.127); vgl. den ganzen Abschnitt »Die Kirchen zwischen Erneuerung und Neokonfessionalismus« (ebd. 121–131).

schaftssysteme zu behaupten, war die beiderseitige Polemik und Ablehnung historisch zwangsläufig.
In *zwei* gesellschaftlichen Gruppen bildeten sich zuerst neue soteriologische Schwerpunkte heraus, und zwar in den Gruppen, die zuerst ihren sozialen Ort in den Kirchen als Problem empfanden: Einmal das *Bürgertum*, das aufgrund seiner Bildung und zunehmenden Selbstbestimmung über traditionelle Denkmuster hinauszuwachsen begonnen hatte, zum andern die *Arbeiterschaft*, die in ihrer Situation von der traditionellen Pastoral im Stich gelassen worden war. In beiden »Klassen« scheint die überkommene Soterologie immer weniger rezipierbar geworden zu sein (Der im 19. Jahrhundert noch weithin *politisch* dominierende Adel scheint geistesgeschichtlich nur dann noch eine Rolle gespielt zu habe, wenn er sich bürgerlichen Idealen zuwandte).
Auch für Antike, Mittelalter und Neuzeit muß man voraussetzen, daß die soteriologischen Perspektiven je anders aussahen bei Sklaven oder Freien, bei Bauern oder Adel usf. Bisher aber scheint doch in den ja recht allgemeinen und symbolischen Rastern und Motiven der jeweiligen Soteriologien eine gesamtgesellschaftliche Übereinstimmung möglich und tatsächlich gewesen zu sein. Im 19. Jahrhundert (für das Bürgertum« lassen sich schon ältere Vorläufer in der Aufklärung erkennen) ändert sich dieser Sachverhalt. Soteriologische Figuren bilden sich aus, die zumindest ihrer Herkunft nach »klassenspezifisch« zu nennen sind.
Das Bürgertum war die geistig beweglichste gesellschaftliche Gruppe, deren Denken deswegen keineswegs einheitlich war; dies zeigt allein schon die Vielzahl der aufeinander folgenden philosophischen Richtungen, die aus ihm entstanden sind, wie auch der Umstand, daß Angehörige dieser Schicht auch der Arbeiterschaft zur Artikulation ihres Selbstverständnisses verhalfen (*Ludwig Feuerbach*, *Karl Marx* usf.). Gesellschafts- und parteipolitisch hatte der Liberalismus im Bürgertum seine Basis.
Einigermaßen gemeinsam aber dürfte – aufgrund der Vorarbeiten der Aufklärung und des kritischen Idealismus – ein *Desinteresse an der christlichen Soteriologie* (außer bei den bewußt kirchlichen Teilen des Bürgertums) festzustellen sein, das sich häufig zu der Überzeugung verdichtete, der Glaube an Gott, ein metaphysisches Denken oder überhaupt die Annahme einer transzendentalen Perspektive seien unvernünftig bzw. unmöglich oder sinnlos. Die in der Moderne bestimmenden philosophischen Entwürfe – wenige Ausnahmen bestätigen die Regel[20] – gehen bei aller Pluralität der Ansätze und Systeme von

[20] Immer wieder einmal gab es – neben den Neuscholastikern – Philosophen, die

der Voraussetzung aus, unsere Erkenntnis oder auch wir selbst seien auf diese Welt und Geschichte beschränkt; eine darüber hinaus reichende Perspektive wird abgelehnt und – vor allem – vermag nicht mehr zu faszinieren. Die Entwicklung der Naturwissenschaften, besonders der Biologie seit *Charles Darwin* († 1882), stützte dieses Immanenzdenken. Auch die (überspitzt gesagt) »bürgerliche« Theorie für die Arbeiterklasse, der Marxismus, geht von vergleichbaren Voraussetzungen aus.

Diese Unfähigkeit des Menschen, über Welt und Geschichte hinaus – auf »Gott« hin – zu schlußfolgern, wird prinzipiell *erkenntnistheoretisch* oder *-kritisch* begründet, wobei die Akzente in den einzelnen Schulen je anders gesetzt werden. Deswegen versuchen sie meist auch nicht, über Möglichkeit oder Unmöglichkeit Gottes zu diskutieren, weil diese Fragestellung gegenstandslos sei. Oder wie der französische Positivist *Auguste Comte* sehr griffig formuliert: »Die gesunde Philosophie beseitigt zwar gründlich alle notwendig unlösbaren Fragen: indem sie aber ihre Ablehnung begründet, vermeidet sie in Bezug auf sie irgendetwas zu leugnen, was in Widerspruch zu jenem systematischen Außergebrauchkommen stünde, durch das allein alle wirklich undiskutierbaren Meinungen verlöschen ... Zweifellos hat niemand jemals die Nichtexistenz Apollos, Minervas usw. logisch bewiesen, noch die der orientalischen Feen oder der verschiedenen poetischen Schöpfungen, was den Menschengeist keineswegs daran gehindert hat, unwiderruflich die alten Glaubenssätze aufzugeben, als sie endlich aufgehört hatten, seiner Gesamtlage zu entsprechen«[21]. Jetzt aber habe der Mensch eine Stufe erreicht, in der er über den Gottesglauben hinausgewachsen sei.
Wie schon im Zitat von *Comte* erkennbar, wird – mehr oder weniger ausdrücklich – von dieser neuen erkenntnistheoretischen Stufe her auch eine Geschichtstheorie abgeleitet. Zumindest läßt sich durchgängig feststellen, daß das neue Philosophieren als Bruch mit der vorherigen Geschichte empfunden wird, die noch naiv, mythisch oder vorkritisch dachte. Schon *J. Kant* hat die frühere Zeit als Epoche der Unmündigkeit verstanden; aber »Aufklärung ist der Ausgang des Menschen aus seiner selbstverschuldeten Unmündigkeit«[22]. *Auguste Comte* hat schon 1822 in seinem »Dreistadiengesetz« diese Auffassung in ein System[23] gebracht. Die Menschheit habe zuerst eine *theologische* oder *fiktive* Periode durchlaufen (zunächst einen primitiven Fetischismus,

versucht haben, in gewendeter Form Anliegen der früheren Metaphysik aufzugreifen. Sie und ihre Schulen sind aber untypisch für die moderne Philosophie, sie blieben Randerscheinungen.

[21] Discours sur l'esprit positif (1844) 32 (aus der französisch-deutschen Ausgabe – Titel der Übersetzung: »Rede über den Geist des Positivismus« –, übers., eingeleitet u. hrsg. von *Iring Fetscher*, Hamburg 1956, 89).

[22] Beantwortung der Frage: Was ist Aufklärung? (1783), in: Werke, Bd. 9, hrsg. von *Wilhelm Weischedel*, Darmstadt 1968, 53.

[23] Veröffentlicht im Discours zur l'esprit positif, Erster Teil, Erstes Kapitel (ed. *I. Fetscher*, 5–41).

dann Polytheismen, schließlich den Monotheismus); danach sei eine *metaphysische oder abstrakte Phase* gefolgt[24], schließlich sei jetzt das positive oder reale Stadium angebrochen.
Dieses Dreistadiengesetz hat eine große Verbreitung gefunden; nach *H. de Lubac* kennt es heute ›jeder französische Abiturient‹[25], und noch gegenwärtig werden von ihm bedeutende Werke inspiriert wie z. B. die vorzügliche Studie von *Willy Obrist*, Die Mutation des Bewußtseins. Vom archaischen zum heutigen Selbst- und Weltverständnis[26]. Aber auch wo es nicht förmlich übernommen wurde, gibt es exemplarisch das neue Selbstbewußtsein weiter Kreise und namentlich der Philosophen wieder.
Die marxistische Religionskritik, von *Ludwig Feuerbach* († 1872) über *Karl Marx* († 1883) bis heute, geht von vergleichbaren Voraussetzungen aus: Erkenntnistheoretisch gibt es keinen Brücke zur Transzendenz; alle Aussagen über Gott beruhen somit auf Projektionen des Menschen, der in ihnen Trost für sein eigenes Mängelwesen findet: »Was der Mensch nicht wirklich ist, aber zu sein wünscht, das macht er zu seinem Gott«[27]. Nach *Karl Marx* »macht« der Mensch die Religion, »die Religion (ist) das Selbstbewußtsein und das Selbstgefühl des Menschen, der sich selbst entweder noch nicht erworben und (oder?) schon wieder verloren hat.«[28]

Alle diese Ansätze lehnen also eine soteriologische Perspektive auf Gott hin ab. Da sich aber die Menschen weiterhin als »unheil« erfahren und eine ungeheure Dynamik zum »Heilwerden« entfalten, sollen die jetzt entstehenden soteriologischen Motive und Systeme keinen Transzendenzbezug, ja noch nicht einmal eine Offenheit für Transzendenz besitzen; *die Soteriologie ist säkularisiert*, »Heil« kann nur im Rahmen von Welt und Geschichte begriffen werden.
Trotz alle Divergenzen im einzelnen stimmen bürgerliche und marxistische Soteriologien neben der negativen Basis, ihrer Säkularisierung, auch in der fundamentalen (positiven) Zielsetzung überein: *Nicht mehr Gott, sondern der Mensch ist das Woraufhin der Soteriolo-*

[24] Die zweite Phase lebt ganz von der ersten, bringt nur sekundäre und systematische Fortschritte, im Grunde ließe sie sich auch als einen Zustand der ersten Phase auffassen (so daß dann nur zwei Stadien festzustellen wären).

[25] A.a.O. 95.

[26] Bern, Frankfurt a. M., Las Vegas 1980.

[27] *Ludwig Feuerbach*, Vorlesungen über das Wesen der Religion, 25. Vorlesung: Gott als Wunscherfüller, in: Sämtliche Werke, hrsg. von *Wilhelm Bolin* u. *Friedrich Jodl*, Bd. 8, Stuttgart ²1960, 293. Vgl. auch *ders.*, Das Wesen des Christentums (Text nach Leipzig ³1849), Stuttgart 1969, 400: »Wir haben bewiesen, daß der *Inhalt* und *Gegenstand* der Religion ein durchaus menschlicher ist, bewiesen, daß das *Geheimnis der Theologie* die *Anthropologie*, des göttlichen Wesens das menschliche Wesen ist.« Vgl. »Anhang«, ebd. 413: *»Das Bewußtsein des unendlichen Wesens ist nichts anders als das Bewußtsein des Menschen von der Unendlichkeit seines Wesens«* usf.

[28] Zur Kritik der Hegelschen Rechtsphilosophie, Einleitung (1843), in: *Karl Marx*, Die Frühschriften, a.a.O. 207. 208.

gie. Natürlich nicht der Mensch, wie er ist, sondern wie er sein könnte, wenn er sich selbst in richtiger Weise verwirklicht. *Für die neuen Soteriologien ist der Mensch zum Gott geworden.*

Auch hier sollen nur einige exemplarische Hinweise gegeben werden, die sich beliebig vermehren ließen. *Auguste Comte* bezeichnet die Menschheit – in Übernahme religiöser Terminologie – als das »neue höchste Wesen«[29]. Durch die ›religion de l'Humanité‹ entsteht »une active communauté d'amour et de foi entre tous les membres de notre espèce.« Herz und Geist werden ergriffen und ordnen die Individuen ein in eine aktuelle, aber auch sukzessive Kontinuität der Generationen[30]. Wer die menschliche Harmonie stört und nicht in ihren großen Progreß assimilierbar ist, verbleibt, so könnte man religiös interpretieren, in Sünde und Unheil; er ist eine Last[31] oder ein Parasit[32], für den es keine Rettung gibt. Wer aber der Menschheit und ihrer Vervollkommnung dient, der hat damit sein Heil realisiert.
Abgesehen von der bewußt religiösen Sprache *Comtes* bleiben auch andere moderne Philosophen und philosophische Schulen bei dieser Soteriologie. Immer ist der Mensch das Ziel aller Bemühungen; die unheile Situation soll überwunden werden auf einen besseren, anderen, neuen Menschen (bei *Friedrich Nietzsche* gar einen Übermenschen) hin. Inhaltlich bedeutet dieses Ziel das Anstreben, Verwirklichen oder Erhoffen von *Humanität* (was das auch im einzelnen heißen mag). Auch die marxistische Soteriologie stimmt mit dieser Zielsetzung überein[33].

Im Grundansatz sind also die soteriologischen Versuche der Moderne gar nicht so arg unterschiedlich; sie alle sind (von den genannten Ausnahmen abgesehen) a-theistisch, setzen den Menschen an die Stelle, die traditionell Gott innehatte, und entwerfen sich auf einen Men-

[29] Système de politique positive, passim (z.B. 1,329.330; 4,33 usf.)
[30] Ebd. 2,71 (Oeuvres VIII, Paris 1970,71); vgl. 1,411 usf.
[31] Z.B. ebd. 1,411.
[32] Z.B. ebd. 4,58.83
[33] Vgl. *L. Feuerbach*, Vorwort zur ersten Gesamtausgabe (1846) in: Sämtliche Werke, Bd. 2, Stuttgart ²1959,411: »Ich negire Gott. Das heisst bei mir: Ich negire die Negation des Menschen, ich setze an die Stelle der illusorischen, phantastischen, himmlischen Position des Menschen ... die sinnliche, wirkliche, folglich nothwendig auch politische und sociale Position des Menschen.« Nun ist aber die Wirklichkeit des Menschen äußerst miserabel; soteriologisch geht es deswegen darum, ihn nach der Ablegung seiner Illusionen zur Selbstverwirklichung und Beseitigung der unheilen Zustände zu befreien. Ähnlich sieht es aus bei *Karl Marx*, der aber stärkeres Gewicht auf die – »soteriologisch« notwendigen – Veränderungen der sozialen Bedingungen legt: »Die Kritik der Religion endet mit der Lehre, daß der Mensch das höchste Wesen für den Menschen sei, also mit dem kategorischen Imperativ, alle Verhältnisse umzuwerfen, in denen der Mensch ein erniedrigtes, ein geknechtetes, ein verlassenes, ein verächtliches Wesen ist« (Zur Kritik der Hegelschen Rechtsphilosophie, a.a.O. 216).

schen hin, der sich selbst, d.h. sein Menschsein, seine Humanität, realisiert.
Von jetzt an aber trennen sich die Wege an der Frage, wie dieser angezielte Mensch sein und worin die Humanität bestehen soll. Hier kommen, wenigstens in den Anfängen, *klassenspezifische Gesichtspunkte* zu Wort. *Für das Bürgertum steht meist die individuelle Selbstverwirklichung im Vordergrund*, sei sie wirtschaftspolitisch gedacht (Kapitalismus), gesellschaftspolitisch (in Richtung demokratischer Selbstbestimmung oder nationaler Verwirklichung) oder auch »ethisch« (Menschwerdung des Menschen, Humanität, Autonomie, Freiheit, »Eigentlichkeit« usf.) verstanden. *Im Marxismus* wird das »Unheil« des Menschen vor allem in *ökonomischen oder auch gesellschaftlichen Unrechtsstrukturen* gesehen, dementsprechend richtet sich die *Hoffnung auf eine Veränderung dieser Verhältnisse*, die man selbst, bzw. die Arbeiterklasse, in die Hand nehmen und vorantreiben muß; am Ende wird als soteriologisches Ziel eine *klassenlose oder herrschaftsfreie Gesellschaft* erwartet.
Die beiden Grundtypen säkularisierter Soteriologie haben in der Folgezeit eine Reihe von »Mischfiguren« ausgebildet; in ihnen kommen, in je verschiedener Gewichtung, Motive aus den beiden Wurzeln zum Tragen (dem entspricht die prinzipielle und auch in der offiziellen Politik verfolgte Öffnung der »Klassen« zueinander bzw. die allmähliche Einebnung von Klassenunterschieden in den westlichen Gesellschaften; in der kommunistischen Welt werden ohnehin alle – von wenigen Klassenfeinden abgesehen – wenigstens nominell und offiziell zur Arbeiter- (und Bauern-)Klasse gezählt). Die (ehemals) bürgerliche Selbstverwirklichungssoteriologie wird mit sozialen Motiven angereichert (aus dem Kapitalismus wird die soziale Marktwirtschaft, die Durchsetzung individueller Freiheitsrechte wird mit sozialstaatlichen Motiven verbunden, die *Selbst*verwirklichung in das grundlegende »Mitsein« eingebunden). Umgekehrt haben große Teile der marxistischen Tradition versucht, die Blickverengung auf die ökonomische Seite aufzubrechen und die gesellschaftliche Problematik umfassender zu sehen (nicht alle Unrechtsverhältnisse sind ökonomischer Herkunft, deswegen richtet sich die Sehnsucht auf eine *alle* Dimensionen des Gesellschaftlichen umgreifende Befreiung).
In manchen marxistischen Richtungen werden auch »individualistische« Gesichtspunkte mit in die Reflexion einbezogen und die Fähigkeit zur Selbstverwirklichung im Prozeß der gesellschaftlichen Veränderungen berücksichtigt (Schlagwort: Freiheitlicher Sozialismus). Diese Aufnahme von Motiven der je anderen Tradition führt dazu, daß bisweilen die Zuordnung einer bestimmten Schule nicht mehr in jedem Fall eindeutig ist. Die »kritische Theorie« von *Th. W. Adorno*

und *M. Horkheimer* z. B. will »die Emanzipation des einzelnen und der Gesellschaft« vorantreiben; »ihr übergreifendes Ziel ist die Entwicklung einer praktikablen Sozialtheorie der permanenten Emanzipation«[34].

Drei weitere soteriologische Neuansätze sollen noch genannt werden, die erst in den letzten Jahren Konturen gewonnen haben: *Einmal* die *ökologische Bewegung*. Sie geht von der Negativerfahrung aus, daß die menschliche Kulturgeschichte, vor allem das industriell-technische und atomare Zeitalter, die Natur, aus der wir kommen und die unsere Heimat ist, zunehmend zerstört. Dieser Prozeß soll aufgehalten und in eine andere Richtung gelenkt werden, so daß in Zukunft Mensch und Natur wieder in eine Harmonie zueinander gebracht werden. Ziel also ist eine neue Form des Menschseins, das auf Ausbeutung der Ressourcen und auf die Realisation alles Machbaren verzichtet. *Zum anderen* wäre hinzuweisen auf die *Friedensbewegung*, die den gegenwärtigen Zustand des atomaren Gleichgewichts des Schreckens bei gleichzeitig an anderer Stelle in der Welt geführten konventionellen Kriegen für unerträglich hält und eine Gesellschaft anstrebt, in der auf Gewalt und sogar auf die Verteidigung gegen Gewalt verzichtet wird. Weil aber bisher noch nicht abzusehen ist, ob es sich in beiden Bewegungen um kurzlebige Varianten der schon erwähnten »Humanismen« handelt oder ob sich hier dauerhaftere Motivationen zeigen, soll diese Linie nicht weiterverfolgt werden.
Drittens schließlich bringen die *feministische Bewegung und Theologie* neue Schwerpunkte auch soteriologischer Art ins Christentum ein, die wohl mit der Zeit eine dauerhafte Veränderung des überkommenen Denkens bewirken werden. Diese aber haben m. W. bisher nicht zur Ausbildung neuer *christologischer* Modelle geführt[35]; sie passen sich vielmehr – kritisch und sensibel korrigierend – in andere Konzepte ein: sowohl in die traditionellen wie die modernen (»humanistischen«) wie die befreiungstheologischen Ansätze.

Zusammenfassend kann man festhalten: *Die Soteriologien der europäischen* (im weiteren Sinn) *Moderne* – außerhalb der Kirchen – *sind also durch das Fehlen oder auch (meist) die förmliche Bestreitung Gottes*

[34] *Gottfried Bitter*, Erlösung. Die religionspädagogische Realisierung eines zentralen theologischen Themas, München 1976, 35.

[35] Dennoch wird ein *Ungenügen* daran empfunden, daß das Christentum sich nicht nur auf *Gott, den Vater*, ausrichtet, sondern auch eine *»Sohnes*religion« ist. »Die Vorstellung, daß ein Mann von einem Mann erlöst wird, muß ja andere Konsequenzen haben als die Vorstellung, daß eine Frau von einem Mann erlöst wird... Erst wenn mit absoluter Selbstverständlichkeit sich die Vorstellung im Bewußtsein und in der Seele des Mannes festgesetzt hat, von einer Frau vertreten und erlöst werden zu können und zu müssen, erst dann wird die Gleichwertigkeit der Geschichte auch im religiösen Raum Platz gegriffen haben« (*Sigrid Großmann*, Weibliche Religiosität – Gott oder Göttin, in: Fiscella Theologiae, Beiträge aus dem Institut für Evangelische Theologie der Universität Saarbrükken für Prof. em. Dr. Ulrich Mann zur Vollendung seines 70. Lebensjahres, Saarbrücken 1985, 8.15). Vgl. auch *Hans Schwarz*, Christologische Forschung in nordamerikanischer Theologie, in NZsysTh 25, 1983, 36–38.

gekennzeichnet; einzige und letzte Bezugsgröße ist der Mensch, dessen unheile Situation auf eine bessere Zukunft hin verändert werden soll. Als dieser neue Mensch nimmt er die soteriologische Stelle ein, die traditionell mit Gott verbunden wurde[36].

Die inhaltlichen Assoziationen dieser »Humanismen« sind *in ihren Ursprüngen* klassenspezifisch verschieden: Bürgerliche Wertvorstellungen, die vor allem auf die Selbstverwirklichung zielen, koexistieren mit marxistischen Rastern, denen es vor allem auf ökonomische oder, allgemein, gesellschaftliche Veränderungen ankommt. Beide Ansätze nähern sich *im Lauf der Zeit* aber einander an, korrigieren sich gegenseitig und übernehmen Motive der je anderen Tradition.

Gegenwärtig läßt sich hierzulande ein einigermaßen verbreiteter Konsens, der auch große Teile der Kirchen erfaßt hat, feststellen, daß Individuum und Gesellschaft ein Maximum ökonomisch-gesellschaftlicher Gerechtigkeit *und* individueller Selbstverwirklichung (so schwer beides auch immer zu vermitteln sein mag) anzielen sollen. Die Übereinstimmung betrifft die *Perspektive einer umfassenden gesellschaftlichen und individuellen Emanzipation.* Man muß sich allerdings darüber im Klaren sein, daß dieser Konsens nur formal und minimal ist – was in pluralistischen Gesellschaften auch nicht anders erwartet werden darf – und die inhaltliche Füllung dessen, was Emanzipation sein soll, von den verschiedenen gesellschaftlichen Gruppen je verschieden, wie oben beschrieben, vorgenommen wird.

2.2.2 Der soteriologische Charakter der säkularisierten Hoffnung

Bis zur »kritischen Wende« waren alle soteriologischen Hoffnungen aller Kulturen fraglos mit dem Begriff Gott (oder seinen vor- und frühgeschichtlichen Äquivalenten) verknüpft. Für unsere Fragestellung ist es zunächst einmal unerheblich, ob mit diesem Terminus mehr personale (Polytheismus, Monotheismus) oder mehr apersonal-sachhafte Vorstellungen (Monismen der verschiedensten Art) assoziiert waren[37]; diese »Inhaltlichkeit« der Gottesvorstellung hängt davon ab,

[36] Natürlich ging es auch den früheren monotheistischen Soteriologien um den Menschen: z.B. um *seine* Vergöttlichung, *seine* Rechtfertigung usf. Letzter Adressat der Hoffnung war aber Gott, während der Mensch jetzt nur noch von sich selbst etwas erwarten darf.

[37] Die Dualismen, die letztlich den Konflikt zwischen Kultur und Natur, zwischen personaler Gottheit und sachhaften Gründen ins Bewußtsein bringen, sind für *unsere* Betrachtung der personalen Tradition zuzurechnen, weil sie sich soterio-

woran sich eine Kultur stärker orientiert: an Natur oder Geschichte[38]. Immer war bisher die gemeinsame Grundlage aller soteriologischen Erfahrung, daß Welt und Geschichte »unheil« sind – worin auch immer man dieses Unheil konkret gegeben sah (Endlichkeit, Sünde usf.) – und von ihnen kein »Heil« zu erwarten sei. Wenn Menschen dennoch auf eine letzte Positivität ihres Daseins setzten – und dies tun sie trotz aller Negativerfahrung faktisch immer –, so wurde sie nur sichtbar oder denkmöglich »jenseits« von Welt und /oder Geschichte (aber: *für* Welt und Geschichte). *Aller soteriologischen Erfahrung wohnt also ein Moment des Verwiesenseins auf Welt- und/oder Geschichtstranszendenz inne, das traditionell mit dem Begriff Gott umschrieben wurde.* Als allgemeinste gemeinsame Bestimmung des Begriffs Gott in allen Religionen, die ihn (oder Äquivalente) benutzen, läßt sich die Struktur: »Nicht-Welt« und »Nicht-Geschichte« festhalten (obwohl »Gott« die Welt konstituiert und/oder in der Geschichte handelt).

Diese gemeinsame Basis aller religiösen Tradition schien mit der »kritischen Wende« fraglich zu werden. Die Aufklärung brachte die ersten förmlichen Bestreitungen Gottes (wenn auch zumeist »nur« des christlichen Gottes), mit der Moderne treten erste, auch in dynamischen gesellschaftlichen Gruppen rezipierte Soteriologien auf, die grundsätzlich auf Gott (in jeder Ausprägung des Begriffs) verzichten wollen. Wichtiger noch als die (meist erkenntnistheoretisch begründete) Bestreitung Gottes ist die Tatsache, daß *tatsächlich* und *gesellschaftlich* soteriologische Hoffnungen ohne »Gott« *funktionieren* und sich auf einen künftigen Menschen und/oder eine künftige Gesellschaft richten.

Handelt es sich dann aber noch um wirkliche »Soteriologie«? Sicher könnte nicht mehr dieser Begriff benutzt werden, wenn sich »letzte« Hoffnungen ausschließlich auf binnengeschichtliche Ziele richteten: z. B. auf den Sturz einer Diktatur, die Etablierung eines demokratischen oder sozialistischen Systems, auf gleiche Bildungschancen für alle oder den Abbau klassenspezifischer Benachteiligung, auf Wohlstand und Rechtssicherheit für alle oder die Gleichberechtigung der Frau. Alles dies ist in der Geschichte »machbar«, wenn es auch vielleicht Perspektiven eines individuellen Menschenlebens überschreitet. »Kategoriale« Zielsetzungen dieser Art können zwar eine ungeheure persönliche und gesellschaftliche Dynamik freisetzen, aber sie wären nicht als »soteriologisch« zu bezeichnen.

logisch für den Sieg *dieses* Poles entschieden (z. B.: Am Ende wird der gute Lichtgott und Erlöser der Menschen den Kampf gegen den bösen Gott der materiellen Welt gewinnen). Das gegenläufige Ziel strebten die Dualismen im indischen Raum an.

[38] Vgl. o. Einführung, 1.3; 1.4.

Zu einer soteriologischen Erfahrung gehört *mehr*: »Das Ganze« von Welt und Geschichte wird in ihr problematisiert und, in der Hoffnung, ein »Lösung« für dieses Ganze ersehnt. Dann aber liegen die Ziele nicht mehr im Bereich des »Machbaren«, sie gewinnen eine Struktur, die *jede denkbare geschichtliche Realisation*, jeden möglichen »Fortschritt« selbst noch einmal *in Frage stellt und* – auf Hoffnung hin – *übersteigt*.

Genau *dieses »transzendentale« Moment aber ist eine Eigentümlichkeit auch der modernen säkularisierten Entwürfe*. Zwar legt ihre konkrete Umschreibung des jeweiligen soteriologischen Topos immer wieder seine – allzu schnelle – Vermischung (und Verwechslung) mit binnengeschichtlich erreichbaren Zielen nahe. *Der Sache nach aber weisen sie über diesen Horizont hinaus*, sie sind – wie auch die Diskussion innerhalb dieser Traditionen ergibt – so umfassend angelegt, daß eine geschichtliche Realisierung auszuschließen ist; *sie sind »u-topisch«*, d.h. sie haben in der Geschichte keinen »Ort« und werden ihn nie besitzen. Weder der humane Mensch der Zukunft (aller Spielarten) in den bürgerlichen Soteriologien, noch die klassenlose oder gar herrschaftsfreie Gesellschaft der marxistischen Tradition ist in der Geschichte realisierbar. Anfängliche pubertäre Optimismen, ein naiver Fortschrittsglauben, sind in sich zusammengestürzt. Die höchst zivilisierte bürgerliche Kultur Europas brachte Weltkriege, Faschismus und – in Deutschland – den Nationalsozialismus hervor, die Errichtung einer »klassenlosen Gesellschaft« muß sich mit einem ärmlichen, bedrükkenden und waffenstarrenden »realen Sozialismus« begnügen. »Die Emanzipation verendet an sich selbst«[39].

Mit dieser miserablen Wirklichkeit aber sind nicht die Hoffnungen selbst erledigt, sondern nur pubertäre Haltungen, die mit ihnen verbunden waren; denn *sie selbst waren von Anfang an der Sache nach »transzendental«*, d.h. *alle* möglichen Teilrealisationen übersteigend, angelegt. So bleibt die Hoffnung auf den besseren Menschen und die bessere Gesellschaft bestehen; die bisherige Negativerfahrung läßt den transzendentalen Aspekt sogar deutlicher hervortreten[40].

Bei diesen »humanistischen« Entwürfen handelt es sich also um echte *Soteriologien*. In ihnen finden sich die gleichen *Struktur*merkmale wie auch in den religiösen Soteriologien. Der Unterschied erscheint – von hierher gesehen – als beinahe nur terminologisch, ob nämlich die Transzendentalität mit dem Begriff »Gott« angesprochen wird oder nicht. *Damit ist allerdings eine tiefere Differenz verbunden*: Die Be-

[39] *Hans Keßler*, Erlösung als Befreiung, a.a.O. 100.

[40] Vgl. hierzu, als Beispiel, die entsprechende Diskussion innerhalb des Marxismus, wiederum als Beispiel: *Ernst Bloch*, Das Prinzip Hoffnung, 3 Bde, Frankfurt a.M. 1959.

zeichnung Gott verlegt das Schwergewicht der Aussage eben auf die transzendentale Verwiesenheit jeglicher Soteriologie. Die solchermaßen auch terminologisch religiöse Konzeption ist *einmal in der Gefahr*, das »Für-Welt-und-Geschichte« der – transzendentalen – Hoffnung zu überspielen (»Verströstung auf das Jenseits«) und für die Handlungsmotivierung binnengeschichtlich beliebig zu werden (Rechtfertigung jeglicher Praxis und Gesellschaftsordnung durch Religion), *zum andern aber bietet sie auch die Chance*, offen zu sein für jede kulturgeschichtliche »Füllung« der soteriologischen Raster (hellenistisch, lateinisch oder, z. B. in der Gegenwart, marxistisch). Umgekehrt legt die terminologisch säkulare Tradition das Gewicht auf die konkreten kulturgeschichtlich bedingten »Füllungen« (in der Moderne: bürgerlicher oder marxistischer Prägung) und vernachlässigt den – durchaus vorhandenen – transzendentalen Charakter. Hieraus ergibt sich *einmal*, daß die Soteriologie konkreter erscheint (»konkrete Utopie«), *daneben* aber ist sie auch stärker auf die Bedingungen fixiert, aus denen sie hervorgegangen ist (ihre Variabilität auf längere Zeiträume hin scheint nicht groß zu sein, es sei denn, sie entkleidet sich aller anfänglichen Konkretheit auf die Formalien »Mensch« und »Gesellschaft« hin), und steht in der Gefahr, konkrete Ziele fälschlich für die Erfüllung auszugeben sowie – eine Nebenwirkung der Konkretheit – andere, *auch* zur soteriologischen Problematik gehörende Fragen auszuklammern (z. B. Tod, Gültigkeit des Individuums, Krankheit, Leid, Schuld).

2.2.3 Nihilismus und Monismus

Die im vorherigen Abschnitt behauptete »Transzendentalität« jeglicher, also auch der säkularisierten Soteriologie bedarf einer Ergänzung oder Vertiefung. Zwar ist es richtig, daß gerade diese Form von Soteriologie »a-theistisch« ist, somit also den geschichtlichen Raum überschreitende Perspektiven ausschließen und eben »konkrete« Utopien entwerfen will. Diese Absicht aber – hier scheint die conditio humana sich auszuwirken – kann nicht durchgehalten werden; die »transzendentale Fragestellung« jeglicher menschlicher Soteriologie fordert zur Stellungnahme heraus.
Diese aber fällt keineswegs einheitlich aus. Der Grund ist in dem Umstand zu suchen, daß die säkularisierten Entwürfe einerseits gänzlich und radikal der jüdisch-christlichen »Geschichtsorientierung« des Denkens entsprungen und verpflichtet sind[41] – man kann sie zu Recht als »säkularisiertes Christentum« bezeichnen –, andererseits aber den

[41] Vgl. o. 516, A. 8 (zur gegenläufigen These *Thomas Pröppers*).

einzigen, *diese* Hoffnung tragenden Grund, einen personalen Gott, ablehnen.

Sowohl die aus der bürgerlichen Freiheitsgeschichte erwachsene, mehr das Individuum berücksichtigende Chiffre von einem neuen Menschen und einer neuen Menschlichkeit wie der aus der Emanzipationsbewegung der Arbeiterklasse resultierende Topos von einer klassenlosen oder herrschaftsfreien Gesellschaft sind aus dem Horizont des christlichen Geschichtsdenkens erwachsen. Niemals hätten sie in monistischen Kulturen entstehen können, und wenn sie dorthin transferiert werden –Beispiel für die erste Tradition: Indien, für die zweite: China – verändern sie mit der Zeit völlig ihren Charakter. *Wenn sich aber eine äußerste Hoffnung auf Gültigkeit von Geschichte*, unter welchem Aspekt auch immer, *richtet, bedarf sie zu ihrer Stütze, von Anfang an wie auch heute, der »Absicherung« durch einen »personal« vorgestellten Gott*, bei dem diese – nach aller Erfahrung eben doch leider immer wieder scheiternde und im letzten belanglose – Geschichte »aufgehoben« sein soll.

Diesen Weg aber wollen die modernen Soteriologien nicht beschreiten, trotz aller notwendig »transzendentalen« Züge ihrer Entwürfe. Was bleibt übrig? Da eine positive Perspektive versperrt war, mußte die Antwort negativ ausfallen. *So sehr die Geschichte »letzter« Orientierungspunkt des menschlichen Selbstverständnisses sein sollte, eine »allerletzte« Gültigkeit – wenn man so sagen darf – kann für sie nicht behauptet werden.* Im »Allerletzten« also muß alle Geschichte für sinnlos erklärt werden. Wie in den traditionellen Soteriologien läßt sich auch jetzt eine »metaphysische Antwort« nicht vermeiden; die Bestreitung von Metaphysik ist selbst wieder Metaphysik[42].

Die »inhaltlichen« Aussagen zu dieser »allerletzten Nicht-Gültigkeit« von Geschichte aber fallen nach zwei Richtungen hin aus: *Erstens* findet sich ein *Beharren auf der geschichtlichen Grundorientierung des* Daseinsverständnisses. Verbunden mit der a-theistischen Perspektive konnte in *dieser* Tradition nur der Nicht-Sinn von Geschichte, also eine *Entsoteriologisierung der Soteriologie*, herauskommen – eine »nihilistische« Tendenz[43], die sich von *Friedrich Nietzsche* bis zu *Jean Paul Sartre* (und anderen) verfolgen läßt.

Von vornherein muß beachtet werden, daß ein völlig eindeutiger »Nihilismus« wohl kaum jemals realisierbar ist. Die Bestreitung jeglichen Sinns von und für

[42] Dieses Dilemma glaubt der Agnostiker zu vermeiden. Aber auch die Behauptung, weder positiv noch negativ über den Sinn der Geschichte nachdenken oder reden zu können, läßt diese selbst *faktisch* sinn-los – nicht bloß sinn-offen.

[43] Der schillernde Begriff »Nihilismus« soll hier und im folgenden nur *untechnisch* gebraucht werden zur Kennzeichnung von soteriologischen Entwürfen, die der Geschichte keinerlei Perspektive auf Gültigkeit belassen.

Geschichte ist somit meist verbunden mit durchaus *auch* anzutreffenden Einschränkungen oder partiellen Positivitäten. Das gilt auch für *Friedrich Nietzsche* († 1900), der sich selbst als ›den ersten vollkommenen Nihilist Europas‹ betrachtet[44]. Er sieht den Nihilismus begründet im Tod Gottes und der Nichtigkeit einer moralischen Ordnung. Dieser Negativaussage entspricht auf der anderen Seite ein »aktiver Nihilismus« (eine »gewalttätige Kraft der Zerstörung«),[45] dessen Prinzip der Wille zur Macht ist. Dieser nihilistische Horizont scheint allerdings, im sozusagen vorletzten Bereich, durchaus positive (soteriologische) Möglichkeiten zu eröffnen: Wer diese Perspektiven auszuhalten vermag, kann ein »Ideal der *höchsten Mächtigkeit* des Geistes, des überreichsten Lebens« verwirklichen[46].
In der Gegenwart werden formal vergleichbare Positionen von *Jean Paul Sartre* († 1980) vertreten, der zunächst wohl der bürgerlichen (auf individualistische Züge setzenden) Tradition nahesteht, später sich dem Marxismus nähert. Er gehört ganz in die Linie der Geschichtsorientierung hinein: Der Mensch ist nicht ein An-Sich, das einfach ist, was es ist, sondern ein Für-Sich, das werden muß, was es ist. Schlüsselbegriff ist somit für ihn die Freiheit: »il (l'homme) est tout entier et toujours libre ou il n'est pas«[47]. Wenn der Mensch seine Freiheit wissend und tätig ergreift, realisiert er die vollkommenste Form des Seins – wenn man so will: eine radikale Soteriologie der freien und tätigen Selbstverwirklichung (»à se faire, au lieu d'être«)[48].
Diese Freiheit des Menschen aber wäre aufgehoben, wenn es Gott gäbe; »rien ne lui vient du dehors, ni du dedans non plus«, er kann nichts empfangen oder annehmen. Nur so ist die Freiheit umfassend. Aber deswegen gilt für die menschliche Realität auch: »Elle est entièrement abandonnée, sans aucune aide d'aucune sorte«. Sie hat das Nichts zur Voraussetzung: »la liberté coincide en son fond avec le néant qui est au cœur de l'homme«[49]. Hier erscheint ebenfalls im »Allerletzten« die Nichtigkeit des ansonsten soteriologisch angezielten Menschen, die erstere ist sogar Bedingung der Möglichkeit für die menschliche Freiheit – ein Versuch, beide Perspektiven miteinander zu vermitteln.
Diese beiden Philosophen sollen hier (ohne daß auf ihr Denken im einzelnen eingegangen werden kann) exemplarisch für eine Linie eigentümlicher säkularer Soteriologie stehen, die sich – mutandis mutatis – auch bei anderen findet. Sie entspricht einem häufig anzutreffenden Denken in der Moderne und hat auch in der (»belletristischen«) Literatur ihre Spuren hinterlassen.

[44] Wille zur Macht, Vorrede 3 (Sämtliche Werke in zwölf Bänden, Bd. IX, ausgewählt und geordnet von *Peter Gast* unter Mitwirkung von *Elisabeth Förster-Nietzsche*, Stuttgart 1964,4). *Nietzsche* sieht diesen Nihilismus als unausweichlich an: »Was ich erzähle, ist die Geschichte der nächsten zwei Jahrhunderte. Ich beschreibe, was kommt, was nicht mehr anders kommen kann: *die Heraufkunft des Nihilismus*« (ebd., Vorrede 2, Werke Bd. IX, 3).
[45] Ebd. Erstes Buch, I 23 (Werke IX, 21).
[46] Ebd. Erstes Buch, I 14 (Werke IX, 17).
[47] L'être et le néant. Essai d'ontologie phénoménologique (1943), Paris 1957, 516.
[48] Ebd.
[49] Ebd.

In einer zweiten Linie wurde die – bis zu den »vorletzten« soteriologischen Chiffren (Mensch, Gesellschaft) festgehaltene – Geschichtsorientierung *verlassen* und, für die *»allerletzte«* Antwort, auf die *andere* Möglichkeit zurückgegriffen: auf eine *Orientierung an Natur oder Kosmos*. In einer eigentümlichen Verschiebung »kippt« das soteriologische Denken um. Das heißt: In der *äußersten* Perspektive erscheint Geschichte nur als vorübergehendes Epiphänomen einer all-einen »Natur«; sie ist somit selbst soteriologisch ent-mächtigt zugunsten des neuen Horizonts. Für hier und jetzt setzt man auf die Geschichte, blickt man über sie hinaus, verliert sie jede Relevanz angesichts der »Natur«.

Diese »allerletzte« Reduktion und damit Aufhebung der Geschichte in das All-Eine findet sich bei den Vorläufern der Moderne noch in Form eines *mythischen Monismus* (Beispiel: *Spinoza*), später auch in einer *organologischen Mystifizierung* der Menschheit (*August Comte*). Die seit Mitte des 19. Jahrhunderts bis heute vorherrschende Form aber ist – beeinflußt durch neue Erkenntnisse der Naturwissenschaften – ein *materialistischer Monismus*, demzufolge die Menschheit und ihre Geschichte zufällige Produkte materieller Prozesse sind, deswegen als solche auch keinen Bestand haben und irgendwann in die Materie zurückfallen. In dieser monistischen Tradition gibt es auch seit dem 19. Jahrhundert eine gewisse Offenheit für die Rezeption *östlicher* (wiederum mythischer) *Monismen* (Taoismus, Buddhismus, Hinduismus) oder gar *frühgeschichtlicher Monismen* (vgl. etwa die Faszination, die heute von indianischer Naturfrömmigkeit u. ä. ausgeht).

Nur einige Hinweise sollen das Gemeinte verdeutlichen. Mit der Renaissance und ihrem Rückgriff auf die Antike und somit auch die griechisch-hellenistische Gottesvorstellung waren – im Abendland immer latent vorhandene – monistische Motive wieder verstärkt ins Spiel gebracht worden; vor allem findet sich – jenseits der theoretischen Aussagen – eine fromme Emphase gegenüber der herrlichen Natur und dem sie tragenden unendlichen Göttlichen. Diese Emphase ist sicherlich der Hintergrund für die auch in der philosophischen Tradition der Neuzeit entstehenden Monismen. Schon *René Descartes* († 1650) formulierte eine Substanzdefinition, die – beim Wort genommen – als alleinige Realität nur noch die göttliche Substanz zugelassen hätte: »Unter Substanz können wir nur ein Ding verstehen, das so existiert, daß es zu seiner Existenz keines anderen Dinges bedarf; und eine Substanz, die durchaus keines anderen Dinges bedarf, kann man nur als eine *einzige* denken, d. h. als Gott«[50]. Da er aber Christ sein will, gesteht er auch den Geschöpfen – gegen seine Definition – eine gewisse Substantialität zu.

[50] Prinzipia philosophiae (1644) I 51 (zitiert nach: Die Prinzipien der Philosophie, mit einem Anhang, übers. und erläutert von *Artur Buchenau*, Hamburg 1955, 17).

Diese christliche Korrektur entfällt bald in einem Teil der philosophischen Tradition: Schon der holländische Occasionalist *Arnold Geulincx* († 1669) geht einen Schritt weiter, *Benedictus de Spinoza* († 1677) schließlich lehrt einen eindeutigen Pantheismus, in dem die Dualität von Gott und Welt und auch die Individualität des Menschen aufgehoben wird. Dieser Monismus unterscheidet sich vom materialistischen Monismus, ob in der Sache oder nur in der religiösen und emotional besetzten Sprache, bleibe dahingestellt; jedenfalls redet *Spinoza* von diesem monistischen Gott in religiösen Wendungen. Dieser Gott liebt sich und wir sollen ihn lieben. Aber unsere Gottesliebe ist zugleich die Liebe, mit der die Natur sich selbst liebt. Das höchste soteriologische Ziel ist die Einheit unseres Geistes mit Gott, mit der ganzen Natur[51], wobei offenbleibt, wie dieses Ziel frei ergriffen werden kann, obwohl alles Geschehen nach Notwendigkeit verläuft.

Ideen dieser Art haben weite Verbreitung gefunden (vgl. *Goethe*) und auch die »Aufklärung« beeinflußt. Diese neigte zwar bisweilen dazu, das Problem »Gott« dadurch aus der Welt zu schaffen, daß er »deistisch« interpretiert wurde; damit hatte man die Hände frei für eine vernunftgemäße Ergründung und ethische Fundierung der Welt und des Menschen. Wo man aber weiter dachte, erschien dieses beziehungslose Nebeneinander von Gott und Welt als unbefriedigend, der Rückgriff auf einen Pantheismus konnte diese Spannung aufheben. So hat sich z. B. *Gotthold Ephraim Lessing* († 1781) in seiner späteren Zeit vom Deismus ab- und einem Monismus zugewandt. Auch der Idealismus des *Friedrich Wilhelm Joseph Schelling* († 1854) und die Anschauungen *Arthur Schopenhauers* († 1860) sind vom Monismus nicht weit entfernt.

Dieser Monismus findet sich bei *Auguste Comte* in anderer Version, in einer Mythisierung der ›Gattung‹ Mensch, in deren Strom und ›ständiges Fortschreiten‹ (»progression continue«) der einzelne eingebettet ist[52]. Der Geist des Positivismus sei unmittelbar sozial, schreibt *Comte*. »Pour lui, l'homme proprement dit n'existe pas, il ne peut exister que l'Humanité«[53]. Nur in der

[51] So vor allem in seinem Hauptwerk: Ethica ordine geometrico demonstrata von 1677. Vgl. z. B. ebd. Pars Prima, 13. Lehrsatz: »Die schlechthin unendliche Substanz ist untheilbar«; 14. Lehrsatz: »Ausser Gott kann es keine Substanz geben und läßt sich keine begreifen«; 15. Lehrsatz: »Alles, was ist, ist in Gott, und nichts kann ohne Gott seyn oder begriffen werden«; 18. Lehrsatz: »Gott ist die immanente, nicht aber die vorübergehende Ursache aller Dinge« usf. (Zitiert nach: Spinoza, Opera, Werke. Lateinisch und deutsch, 2. Bd., hrsg.: von *Konrad Blumenstock*, Darmstadt ³1980, 105.107.121). Vgl. Pars Quinta, 15. Lehrsatz: »Wer sich und seine Affecte klar und bestimmt erkennt, liebt Gott...«, 19. Lehrsatz: »Wer Gott liebt, kann nicht danach streben, daß Gott ihn wieder liebe« (»Beweis: Wenn der Mensch danach strebte, würde er begehren..., dass Gott, den er liebt, nicht Gott wäre...«); 35. Lehrsatz: »Gott liebt sich selbst mit unendlicher verstandesmässiger Liebe«; 36. Lehrsatz: »Die verstandesmäßige Liebe des Geistes (des Menschen, Verf.) zu Gott ist Gottes Liebe selbst, womit Gott sich selbst liebt...« usw. (Spinoza, Opera, a.a.O. 527.529.545).

[52] Discours sur l'esprit positif 56 (ed. *J. Fetscher*, 156.157). Wieweit hier noch die im romanischen Raum eingeschmolzenen keltischen, organologischen Raster eine Rolle spielen, bleibe dahingestellt.

[53] Ebd. (ebd. 154).

Gattung könne das Individuum sein Leben (über den Tod hinaus) verlängern, so daß es »sich möglichst vollständig in sie einzugliedern« habe[54]. Gelegentlich kann – innerhalb dieser allgemeinen Menschheit – auch das *Vaterland* in den Vordergrund treten, so daß auch die Möglichkeit *nationalistischer Soteriologien* in dieser Tradition eröffnet ist[55]. Jedenfalls häuft *Comte* auf die immer fortschreitende Menschheit alle möglichen traditionell-religiösen Vokabeln[56] und möchte gar eine Alternativreligion zum Katholizismus begründen, die dem Kult der Menschheit dienen soll (mit 9 Sakramenten und 84 Festen, mit Amtsstruktur und Ritus).

Kurz: Ein breiter Strom eines mythisch verklärten Monismus verschiedener Ausprägung reichte aus der Neuzeit in die Moderne, bestimmt auch heute noch den soteriologischen Horizont vieler »Intellektueller« und scheint die Basis noch der emphatischen Zuwendung zur Natur etwa in (Teilen) der ökologischen Bewegung zu sein.

Anders aber als die primitiven, die antiken oder die östlichen Pantheismen kennt *dieser* neuzeitliche und moderne Monismus zwar eine *religiöse Sprache, aber nur säkulare Inhalte*; Natur oder Menschheit stehen im Vordergrund, und diese assoziieren sich zunehmend mit Vorstellungen, die aus den Naturwissenschaften, der Psychologie und Soziologie übernommen wurden. Deswegen steht er in einer größeren Nähe zu dem ebenfalls recht früh entstandenen *materialistischen Monismus*, und die Grenzen zwischen beiden sind nicht immer leicht zu bestimmen.

Schon im 17. Jahrhundert finden sich erste Formen eines neuzeitlichen Materialismus. *Pierre Gassend* (†1655) und *Robert Boyle* (†1691) greifen antike Motive (Epikureismus, Atomismus) auf und versuchen, sie mittels naturwissenschaftlicher Erkenntnisse zu begründen; verschiedene Vertreter des Empirismus (z.B. *Thomas Hobbes*, †1679, später *David Hume*, †1776) und der Aufklärung (z.B. *Denis Diderot*, †1784, *Julien de la Mettrie*, †1751) bringen vor allem erkenntnistheoretische Erwägungen mit ein.

Aber erst im 19. Jahrhundert wird der Materialismus ein *verbreitetes Phänomen*, auch in Deutschland, wo bisher die Philosophie *J. Kants* und des Idealismus solche Ansätze überlagert hatte. In drei Traditionen wurde der Materialismus profiliert vertreten: *Einmal* unter Naturwissenschaftlern, die durch die Fortschritte vor allem der Physik und der Biologie zu dieser Schlußfolgerung kamen (ein naturwissenschaftlicher Kongreß in Göttingen 1854 wurde von dieser Vorstellung beherrscht). Aus diesen Anstößen entwickelte sich, *zweitens*, eine Art von vulgärem Materialismus. Eine *dritte Linie* stellt der Materialismus der Hegelschen Linken dar. *Ludwig Feuerbach* und auf andere (praktische, historische) Weise *Karl Marx* dachten materialistisch, ohne jedoch die hiermit aufgegebenen Probleme zu diskutieren. Erst *Friedrich Engels* (†1895)

[54] Ebd. (ebd. 157)

[55] *Comte* zitiert bewundernd den ›heroischen‹ Ausspruch des ›großen Danton‹: »Périsse ma mémoire, pourvu que la patrie soit sauvée!« (Système de politique 4,50 (Oeuvres X, Paris 1970,50)).

[56] »Religion de l'Humanité« heißt es im Titel von Système de politique positive (vgl. o. 515, A. 5).

hat diese Impulse philosophisch vertieft und den sogn. dialektischen Materialismus geschaffen, der bis heute in der Zweiten Welt Staatsdoktrin ist.
Alle diese Formen des materialistischen Monismus koexistieren bis in die Gegenwart hinein miteinander und übernehmen Motive der je anderen Tradition. Schon in der Neuzeit verbanden sie sich zudem noch mit Vorstellungen aus den jetzt einer größeren Öffentlichkeit bekanntwerdenden östlichen Monismen. So sieht *A. Schopenhauer* die Nähe seines Daseinspessimismus zum Monismus der Upanishaden und des Buddhismus, *F. Nietzsche* kennt den Gedanken von einer ewigen Wiederkehr (anscheinend aus der Antike übernommen), der ihm Symbol der totalen Sinnlosigkeit ist. Erst recht hat die Erforschung des seit dem 19. Jahrhundert breiter erschlossenen religionsgeschichtlichen Materials zu zunächst mehr akademisch-spielerischen, infolge der in *diesem* Jahrhundert wachsenden weltweiten Kommunikation und der Koexistenz verschiedener Kulturen auch zu ernsthaften Übernahmen monistischer Denkweisen aus anderen Religionen geführt.
In den USA, vor allem – aber nicht nur – an der Westküste, immer mehr aber auch in Europa finden östliche religiöse Formen Zulauf, und noch mehr verbreiten sich die dahinter stehenden Monismen. Der Grund ist wohl in ihrer formalen Nähe zum materialistischen Monismus (und seiner scheinbaren »Rationalität«) zu sehen, der selbst zwar nicht aufgegeben werden soll, dessen Kälte aber nach einer religiösen Vertiefung ruft. Wer von naturwissenschaftlichem Denken herkommt, mag darüberhinaus in diesen Systemen vielleicht eher eine Antwort sehen als in dem – als anthropomorph empfundenen – Monotheismus; Anhänger ökologischen Denkens vermuten hier – wie auch in frühgeschichtlichen Monismen – eine bessere Basis für ihre Sorge um die Natur.
Als Resultat bleibt, daß aus neuzeitlichen Wurzeln die Moderne eine Wiederbelebung monistischen Denkens verschiedenster Spielarten und Mischungen hervorgebracht *und popularisiert* hat. Diese soteriologischen Konzepte entfalten ihren Einfluß bis in die christliche Theologie hinein[57].

Alle diese Monismen gelten *in Bezug auf den äußersten soteriologischen Horizont* des Fragens; *für hier und jetzt aber* – gewissermaßen im *vorletzten Bereich – sollen die geschichtlichen Soteriologien bestehen bleiben.* Im Unterschied zu den ›nihilistischen‹ Antworten, die ja die Geschichtsorientierung nicht aufgeben, greifen sie für den *Gesamthorizont* auf die konträre Orientierung an der »Natur« zurück. Deswe-

[57] Dieses Einwirken monistischen Denkens ist nicht erst in der Theologie der Gegenwart festzustellen, sondern schon im 19. Jahrhundert. So ist schon bei *Friedrich Schleiermacher* († 1834) der Gegensatz von Gott und Kreatur (Welt und Geschichte) nivelliert. »Gott und Welt werden letztlich als identisch verstanden. Ein pantheistischer Zug kennzeichnet seinen Standpunkt« (*B. Hägglund*, a.a.O. 276). Dies hat sich auch auf seine Christologie ausgewirkt, in der die geschichtlichen Faktoren (z. B. Kreuzestod) in ihrer soteriologischen Relevanz zurücktreten gegenüber der in Jesus Christus erscheinenden »Einheit von Göttlichem und Menschlichem« (*B. Hägglund*, ebd. 279).

gen muten sie in ihren Verbalisationen nicht so negativ an wie die erste Tradition, und vor allem in ihren alten (neuzeitlichen) und heutigen (östlichen) mythischen Varianten vermögen sie manche positive Perspektive und somit Hoffnung freizusetzen – anders auch als der bloß materialistische Monismus. Dennoch aber werden diese Aussagen in aller Regel ebenfalls als negativ-resignativ realisiert, weil und insofern *unser* (modern-europäischer) *Ausgangspunkt* des soteriologischen Fragens *unausweichlich die Geschichte* ist. Im Hinblick auf diese aber, d. h. auf »Gültigkeit« von Individuum, Personalität, Gesellschaft, auf letzte Relevanz von Handeln und Ethik und Intersubjektivität fallen monistische Erklärungen ›nihilistisch‹ aus, solange *wir* nicht in frühere Formen eines stammes- oder sippenverbandlichen Bewußtseins zurückfallen (Das scheint auch der Grund dafür zu sein, daß etwa im Ostblock – auch nach vielen Generationen marxistisch-materialistischer Indoktrination – die traditionelle Religion fortlebt).
So kann also auch die moderne säkularisierte Soteriologie nicht nur nicht auf »Transzendentalität« (vgl. den vorherigen Abschnitt) verzichten; darüberhinaus muß auch sie – wenn man so will – »metaphysische« Aussagen machen. Weil ein bloßer Nihilismus nur selten durchzuhalten ist, sind die monistischen Systeme weiter verbreitet; sie »erklären« mehr als die bloße Negation von Sinn und sind damit intellektuell plausibler – ein ganz zentraler Aspekt des soteriologischen Fragens ist ja die Sehnsucht nach rationaler Erklärung. Diese leisten die Monismen, führen aber zugleich – notwendig – zur Aufhebung der ansonsten fortgeltenden geschichtlichen Soteriologie; alle geschichtlich-soteriologische Dynamik auf einen neuen Menschen und eine neue Gesellschaft wird auf einen resignativen Horizont hin relativiert. *Die Aporetik jeder säkularen Soteriologie besteht also darin, daß sie das, woraufhin sie den Menschen entwirft, im gleichen Akt in seiner Gültigkeit bestreiten muß.* Nur Geschichte soll noch für uns relevant sein, diese aber kann es zugleich eben nicht sein, da sie keinerlei Perspektive jenseits ihrer selbst kennt, von der her sie ernst zu nehmen wäre.

2.2.4 Christliche und säkulare Soteriologie

Die negative Reaktion des Christentums auf die neuen Raster ist zunächst einmal verständlich, zumal die Protagonisten der neuen Zeit ihre Vorstellungen im Konflikt mit den immer noch gesellschaftlich dominierenden Kirchen polemisch entfalteten. Alles schien bedroht zu sein, wovon das Christentum lebt; Abwehr und Abgrenzung waren geboten.

Erst im Lauf der Zeit war eine differenziertere Betrachtung möglich und auch – notwendig, weil die neuen Motive, seien sie mehr bürgerlicher oder mehr marxistischer Prägung, in Teilen der Kirchen Einlaß fanden; so machten Seelsorger immer deutlicher die Erfahrung, daß ihre traditionelle soteriologische Predigt an den Adressaten vorbeiging, weil diese offensichtlich von anderen Horizonten geprägt waren. Es brauchte seine Zeit, bis die neuen Soteriologien auch in die Theologie Einlaß fanden. Parallel aber zu einem ganz dezidierten Protest (*Sören Kierkegaard*, † 1855, Dialektische Theologie im Evangelischen Raum, antimodernistische Umtriebe im Katholizismus) kam es *in diesem Jahrhundert zu einer fortschreitenden Übernahme der säkularen Topoi.* Entsprechend der bürgerlichen Prägung der Kirche, vor allem der evangelischen, finden sich zuerst Motive *dieser* Tradition im theologischen Vokabular. Als soteriologisches Ziel erschien eine neue, eine radikal neue Menschlichkeit oder ein neues Menschsein, wobei die hierbei hervorgehobenen Aspekte oder Schwerpunkte dieser Humanität noch einmal entsprechend den verschiedenen philosophischen oder gesellschaftlichen Strömungen variierten (z. B. Selbstverwirklichung, »Eigentlichkeit«, Freiheit, Emanzipation, oder – in der späteren Versöhnung bürgerlicher mit sozialer Tradition – Mitsein, Proexistenz für andere, usf.). Im angelsächsischen Raum mit seiner (aus calvinischer wie aus angelsächsischer Mentalität resultierenden) Ausrichtung des Christentums auf Praxis und Pragmatik gewinnt die anzuzielende neue Humanität profiliert praktisch-ethisch-soziale Züge (vgl. die amerikanische »Gott-ist tot-Theologie«)[58].

Etwas später erst kam es auch zu einer allmählichen Rezeption marxistischer Soteriologie; ein Christentum, das nicht (primär) auf gesellschaftliche Veränderung, Aufhebung der Klassenschranken, Unrechtsstrukturen oder auch des Privatbesitzes hinwirkt, wurde als überflüssig empfunden, und so schien der Versuch geboten zu sein, marxistische soteriologische Topoi auch in die christliche Tradition zu übernehmen.

In der Gegenwart vermischen sich, synkretistisch, bürgerliche und marxistische Raster sowohl in der Gesellschaft wie in den Kirchen, so daß klare Trennungslinien nur selten möglich sind; allenfalls lassen sich Schwerpunkte ausmachen (so ist z. B. die Befreiungstheologie in Lateinamerika stärker – aber nicht ausschließlich – marxistisch geprägt, die »politische Theologie« in Deutschland aber – trotz Übernahme marxistischer Raster – mehr der bürgerlichen Tradition zuzurechnen). Daneben bleiben die neuzeitlich-christlichen Soteriologien,

[58] Die Betonung der sozialen Wirklichkeit und Effektivität hat aber in Amerika andere Bedeutungszusamenhänge als im Marxismus; es geht immer um das soziale Handeln *des Individuums*.

vor allem in den Amtskirchen und den sich um sie gruppierenden Kreisen, weiterhin wirkmächtig.
Die Übernahme säkularer Soterologie geschah und geschieht auf sehr verschiedene Weise. Gelegentlich – aber selten – *ersetzt* sie einfachhin die ererbten monotheistischen Soteriologien, so daß sich ein völlig säkularisiertes Christentum ergibt[59]. Im anderen Extrem findet sich eine einfache *Addition*: Das ganze traditionelle Glaubensgebäude wird (im Grundansatz oder auch in allen Einzelteilen) beibehalten, die neuen bürgerlichen (so im Letzten z. B. bei *Dietrich Bonhoeffer, Paul Tillich* oder *Karl Rahner*) oder auch marxistischen Topoi (so z. B. bei vielen lateinamerikanischen Befreiungstheologen) treten hinzu[60]. Versuche einer Vermittlung bleiben meist rein verbal[61]. Gelegentlich aber reicht hier das Eingehen auf eine Säkularisierung aller bisherigen christlichen Tradition so weit, daß nur noch der formale Umstand festgehalten wird, *daß* Gott ist und sich offenbart hat, während alle *Inhalte* als Produkt menschlicher (»subjektiver«) Reflexion dieses Datums erscheinen (so z. B. in je verschiedener Art bei *Rudolf Bultmann*, in großen Teilen der »Gott-ist-tot-Theologie« oder, in vielem, in *Paul Tillichs* paradoxaler Theologie).

[59] Vgl. z. B. *Gottfried Hornig*, Lehre und Bekenntnis im Protestantismus, in: *C. Andresen* (Hrsg.), Handbuch der Dogmen- und Theologiegeschichte, Bd. 3: Die Lehrentwicklung im Rahmen der Ökumenizität, Göttingen 1984, 285. Er verweist auf die Diskussion um die Frage, »ob die neutestamentliche Formel ›Gott ist die Liebe‹ umkehrbar sei. Wo solche Umkehrung bejaht oder sogar gefordert wurde, erstrebte man nicht nur eine stärkere Betonung der christlichen Nächstenliebe, sondern zugleich auch eine spürbare Reduktion des herkömmlichen Redens von Gott. In der Konsequenz ergab sich dann eine Beschränkung der Gottesrede auf das Gelingen von Mitmenschlichkeit, auf die Erfahrungen gegenseitigen Vertrauens und Angenommenseins«.

[60] Es muß wohl nicht eigens betont werden, daß die aufgeführten Namen nur *Beispiele* darstellen, deren Ansätze und Theologie durchaus verschieden sind; auch sind sie keineswegs ganz eindimensional nur dieser »synthetischen« Theologie zuzurechnen, sondern kennen alle *auch* Versuche einer echten Vermittlung. Im Letzten aber verbleiben sie – und dies sollen die Namen veranschaulichen – bei der Rezeption *beider* soteriologischen Traditionen, wobei oft *beide* positiv gewertet werden.

[61] Ganz bewußt hat *Friedrich Gogarten* eine Versöhnung von modernem und traditionellem Denken versucht. Sein Beispiel mag verdeutlichen, wie wenig diese Synthese in den meisten Fällen gelungen ist. *Hermann Fischer*, Systematische Theologie in: *Georg Strecker* (Hrsg.), Theologie im 20. Jahrhundert. Stand und Aufgaben, Tübingen 1983,367, zieht richtig folgende Bilanz: »Damit mündet Gogartens Säkularisierungstheorie, die den Zusammenhang von christlichem Glauben und verweltlichter, moderner Welt nachweisen wollte, dann doch in die Konstruktion zweier Bereiche aus, die relativ unverbunden nebeneinanderstehen. Jedenfalls ist eine innere, substantielle Zusammengehörigkeit von Werken, die sich an der Vernunft zu orientieren und zu legitimieren haben, und christlichem Glauben nicht erkennbar.«

Schließlich gibt es noch den Versuch einer *kritischen Rezeption* säkularer Soteriologie in das Christentum bzw. einer Verbindung der beiden soteriologischen Traditionsstränge miteinander. Dieses Unternehmen ist schwierig und bisher noch nicht recht gelungen[62]. Eine Versöhnung der »allerletzten« soteriologischen Horizonte, von Monismus und Monotheismus, läßt sich bis zur Stunde nicht erkennen, wohl aber eine mögliche Korrelation von Monotheismus einerseits und den »vorletzten« (aber in der Moderne »eigentlich« intendierten) soteriologischen Topoi auf der anderen Seite. Anders gesagt: Die Perspektive individueller und/oder gesellschaftlicher Emanzipation läßt sich mit dem Monotheismus zusammendenken, nicht aber der weithin mit diesen Zielen verknüpfte Monismus (und ebenso natürlich nicht eine »nihilistische« Antwort).

Werden säkulare und christliche Soteriologien (aller möglichen Varianten) in Beziehung zueinander gesetzt, korrigieren und verändern sie sich gegenseitig. Das Christentum muß seine erkenntnistheoretischen Voraussetzungen überprüfen, die »kritische Wende« nachvollziehen und seine auf den Menschen konzentrierte Soteriologie von der Last ihrer geschichtlich gewachsenen anti-emanzipatorischen Mechanismen reinigen; es müßte vermitteln können, wieso die von ihm gepredigte Erlösung eine »Befreiung« und Humanisierung ist, sowohl für den einzelnen wie für die Gesellschaft.

Umgekehrt wäre die Frage an die säkularen Soteriologien zu richten, ob eine Beschränkung des Horizonts auf die Geschichte (bei aller utopischen »Transzendentalität«) oder auch die »allerletzte« Einbettung der Geschichte in religiöse oder materialistische Monismen nicht

[62] Bedenkenswerte Beiträge finden sich in *Leo Scheffczyk* (Hrsg.), Erlösung und Emanzipation, a.a.O. Zu empfehlen ist auch die Lektüre von *Thomas Pröpper*, a.a.O., der Möglichkeiten einer Vermittlung von ›Erlösungsglaube und Freiheitsgeschichte‹ (so der Titel) aufzeigen will (vgl. vor allem die »Systematische Skizze«, 88–129). Allerdings geht *Pröpper* von zwei Voraussetzungen aus, die ihn auf halbem Weg stehenbleiben lassen: Einmal von einem recht positivistischen Offenbarungsbegriff, der einen Zugang zu Gott und Gott in Jesus Christus »von unten« unmöglich macht. Zum anderen (damit zusammenhängend) von einem apriorischen Vorbehalt gegenüber der Säkularisierung: *»Säkularisierte Soteriologie aber bedeutet Moral«* (ebd. 56). Von daher muß er Ansätze einer wirklichen Vermittlung von christlicher und säkularer Soteriologie, Offenbarung und Anthropologie, wie etwa bei *Karl Rahner* (vgl. ebd. 58, A. 106), kritisieren. Hier müßte doch genauer gefragt werden, ob der Erlösungsgedanke (im eigentlichen Sinn) nicht doch ein Postulat der Anthropologie sein kann, ob eine säkulare Soteriologie nicht doch offen sein kann (oder gar: muß) auf »Gott« hin, ob säkulare Soteriologie wirklich nur »Moral« sein kann oder nicht auch das geschichtliche Scheitern von moralischer Bemühung und die Perspektive auf Erlösung ins Kalkül einbeziehen müßte. Vorschnelle Antithesen sind wenig hilfreich und beenden das Gespräch, bevor es begonnen hat.

den gesamten soteriologischen Ansatz und Impetus seinerseits wieder desavouiert und aufhebt. Woher denn soll Geschichte irgendeine wirkliche Relevanz erhalten, wenn die einzig denkmögliche Perspektive – ein (kritisch gewendeter) Monotheismus – ausgeschlossen wird (Nur in Phasen pubertärer emotionaler Aufbrüche – etwa eines unkritischen Fortschrittsglaubens oder unkritischer Erwartung einer heilen Gesellschaft nach Abschaffung des Kapitalismus – konnte eine Täuschung über diese Zusammenhänge entstehen)? Oder: Welche soteriologische Perspektive bleibt den zahllosen (fast allen?) Individuen, die weder ein irgendwie bedeutsames Menschsein realisieren (*Auguste Comte* nennt sie »Parasiten« und »Last«)[63] oder auf dem Weg zu einer klassenlosen oder herrschaftsfreien Gesellschaft in Armut und Unfreiheit ihr Leben verbringen, von den Gefängnisinsassen, Gefolterten und Gefallenen nicht zu reden? Welche Hoffnung kann den Kranken und Sterbenden vermittelt werden? Usf.
Immerhin ist seit einiger Zeit die Phase der bloßen Konfrontation säkularer und christlicher Soteriologien im Abklingen. Das Gespräch hat begonnen, alle Seiten scheinen im Prozeß dieser Auseinandersetzung Defizite der eigenen wie auch Vorzüge der anderen Tradition zu registrieren. Dennoch wäre es wohl falsch, noch einmal die Ausbildung einer alle möglichen Gesellschaften und Gruppen überspannenden Synthese zu erwarten. Der Pluralismus der Ansätze wird bleiben; vielleicht aber sind – wie etwa zwischen den verschiedenen Mentalitäten im antiken Christentum – gewisse sprachliche, und damit auch fundamental-sachliche, Minimalkonsense denkbar (Vielleicht ist die Formulierung der Menschenrechte schon ein erstes Indiz für die künftige Richtung).

2.3 Die soteriologische Funktion Jesu bzw. die Christologie in der Moderne[64]

Noch niemals sind so viele »Christologien« publiziert worden wie in der Moderne. Sie adäquat auf wenigen Seiten darzustellen, ist deswegen sowie wegen der Vielzahl der Ansätze, der literarischen, konfes-

[63] Vgl. o. 526.
[64] In diesem Abschnitt soll auf die Angabe auch exemplarisch ausgewählter »Christologien« irgendwelcher Autoren verzichtet werden. Eine solche Auswahl müßte – wenn nicht ein ganzes Buch daraus werden sollte – unzureichend und gewaltsam sein. Zum anderen müßte die dann zwangsläufige Zuordnung noch lebender Autoren zu einzelnen der im folgenden typisierten Linien (ohne daß sie von mir detailliert begründet werden könnte) unnötige Streitereien provozieren.

sionellen, schulmäßigen Bedingtheiten und unter Berücksichtigung der mehr oder weniger großen Originalität der Autoren unmöglich. Im folgenden sollen nur einige Perspektiven aufgezeigt werden, Wegweiser, die den Wanderer durch dieses Dickicht geleiten sollen – in der Hoffnung, daß er nicht in Holzwegen stecken bleibt.

Für die gesamte moderne christologische Bemühung geht es um *zwei Fragen*: *Erstens* hat die Verkündigung Adressaten vor sich – und Prediger in den eigenen Reihen –, die von den modernen Soteriologien zunehmend mehr geprägt sind. Es gilt also, Jesus auf eine Weise als soteriologisch relevant, als Christus, aufzuzeigen, daß er unter den neuen Bedingungen rezipierbar wird. Die Situation ähnelt der Schwierigkeit des Übergangs etwa von judenchristlicher zu hellenistischer Christologie, ist aber von wesentlich radikalerer Art, insofern die neuen »humanistischen« Raster dezidiert a-theistisch sein wollen. Auch von der Seite der Kirche her ist der Übergang ungleich erschwert, als sie auf eine beinahe zweitausendjährige christologische Tradition zurückblickt, die nach heftigsten Kämpfen formuliert, gelebt und gebetet wurde und wird. So notwendig also eine neue Bestimmung der soteriologischen Funktion Jesu ist, bringt sie nicht auf der anderen Seite einen Bruch mit der ganzen bisherigen Tradition, und werden sich nicht unzählige Christen in ihrem Glauben verraten fühlen?

Eine *zweite Fragestellung* führt darüberhinaus zur Komplizierung – und dadurch auch zu einer unnötigen Verschärfung: Das Reden von Gottes Offenbarung und Heilswirken in Jesus Christus war z. B. in Judenchristentum und hellenistischer Antike, auf je andere Weise, *spontaner* Ausdruck der eigenen (individuellen und gesellschaftlichen) soteriologischen Erfahrung, so wenig auch dieser Sachverhalt kritisch (erkenntnistheoretisch) reflektiert und bewußt war. Wie schon mehrfach angesprochen[65], veränderte sich diese Situation im abendländischen Mittelalter (anfangend in der lateinischen Antike): Dort wurde die gesamte (altkirchliche) »fides« – eben weil sie nicht der eigenen Erfahrung entsprach – als autoritativ vom göttlich-rechtsetzenden Willen vorgelegt erfahren. Sie war »objektive« Vorgabe, der das Subjekt entsprechen sollte – was es nach der neuzeitlichen subjektiven Wende nicht mehr wollte.

Dieser Raster von »Objektivität hier, Subjektivität da« gehört keineswegs unaufhebbar zur monotheistischen Soteriologie und Christologie. Die Philosophie und die historisch-kritische Forschung der Neuzeit hatten die »Subjektivität« allen Redens von Gott aufgezeigt. Die Kirchen aber hatten diese Herausforderung nicht aufgenommen, sondern nur als Unglaube abgewehrt; sie haben die Chance versäumt, den

[65] Vgl. z. B. o. III 1.5;

Glauben an einen personalen Gott-durch-Jesus-Christus »kritisch gewendet« zu versuchen.
So steht in der Moderne auch dieses Problem noch im Raum und verbindet sich jetzt mit der Schwierigkeit, die Möglichkeit des Gottesglaubens angesichts säkularer Soteriologien aufzuzeigen. So wird die »Frage nach Gott« (gerade in der Christologie) zusätzlich befrachtet mit der falschen abendländischen Alternative. Vorkritisch wird die »Objektivität« meist auf Gott selbst bezogen und somit für unaufgebbar gehalten, obwohl sie doch im mittelalterlichen Ansatz *unser Reden* von Gott (die altkirchliche fides) betraf. Deswegen erscheinen moderne soteriologische Zielsetzungen als Bestreitung der »Objektivität Gottes« oder »bloß relativ« (und so doppelt falsch), als sei nicht auch unsere Hoffnung auf den Vater Jesu »relativ« und aus der *Geschichte* (Jesu und Israels und der Menschheit) gewonnen.
Unter diesen Vorzeichen halten viele eine säkulare Christologie für unvereinbar mit dem ererbten Glauben; andere, die es doch damit versuchten, saßen trotz ihrer »Modernität« der falschen Alternative auf und glaubten, mit der »Objektivität« auch gleich Gott selbst als Perspektive des Menschen aufgeben zu müssen[66]. Dazwischen gibt es alle möglichen Varianten. Im Wissen um die Fragwürdigkeit eindeutiger Bestimmungen angesichts dieser komplexen Lage sollen doch im folgenden bestimmte *»Typen« von Christologie* genannt werden.

(1) Die subjektive Rechtfertigungschristologie

Einmal findet sich eine *Fortsetzung der neuzeitlich-konfessionellen Rechtfertigungschristologien.* Da geht es weiterhin um die schon bekannten soteriologischen Fragestellungen der Rechtfertigungsproblematik, für die Jesus eine unverzichtbare Funktion eingeräumt wird; wie bisher ist in diese Modelle die antike Christologie integriert. Diese Form der Christologie wird zugleich als »objektiv« (= geoffenbart) und jeder Anfrage unzugänglich angesehen.
Dennoch wäre es ungenau, von einer bloßen »Fortsetzung« zu sprechen. *Drei Veränderungen* lassen sich – sehr vereinfacht – beobachten: *Erstens* fließen in die Repristinationen *apologetische* Überlegungen ein. Nach der gelaufenen Geschichte wird es nicht mehr als ganz selbstverständlich empfunden, von Erbsünde und Sünde, von stellvertretender Erlösung am Kreuz, von Prädestination und Rechtfertigung zu handeln. Darüberhinaus scheint auch »die abendländische These« von einer göttlichen Objektivität von Offenbarung und Erlösung als Problem empfunden zu werden. Die eigene Position wird so – in der Abwehr möglicher Alternativen – umso bewußter und z. T. polemisch

[66] Vgl. o. 513–515.

vertreten. *Zweitens* aber zwingt diese Situation dazu, die eigene Meinung *fundamentaltheologisch* zu begründen; eine Reihe »zeitgenössischer« (auch soteriologischer) Fragestellungen werden auf diese Weise notwendig mit eingebracht, so daß sich Sprache und Argumentationsduktus – gegenüber dem traditionellen Vorgehen – ändern können[67]. Das kann so weit gehen, daß gelegentlich nicht exakt zu bestimmen ist, ob nicht – trotz des Rekurses auf die traditionelle Christologie – diese schon verlassen ist.

Drittens hat die Herausforderung durch die Moderne die Kirchen und ihre Theologien ein wenig zusammenrücken lassen. Angesichts der gemeinsamen Bedrohung alles dessen, was immer richtig war, verlieren die konfessionellen Differenzen an Bedeutung. Auch die Christologie dieses Typs wird oft mit einer *ökumenischen Tendenz* betrieben, die Rechtfertigungslehre wird nur noch selten als kirchentrennend angesehen (es sei denn, die Kirchenämter glaubten von Zeit zu Zeit, um ihres konfessionalistischen Quietismus willen noch einmal die – leider – noch nicht bereinigten Unterschiede in »zentralen Glaubensfragen« hervorheben zu müssen).

Diese ökumenische Dynamik betrifft auch das Problem der »Vermittlung des Vermittlers«, also die soteriologische Rolle der Kirche: Die katholische Theologie internalisiert deutlicher die Geschichtlichkeit und Geschichte der Kirche, ihrer Dogmen und Ämter und weiß, daß sie nicht selten den (soteriologischen) Zugang zu Jesus Christus nicht gerade erleichtert hat; in den evangelischen Kirchen wächst anscheinend das Empfinden, eine unvermeidliche Realität wie das (auch sichtbare) Kirchesein nicht außerhalb der theologischen Reflexion lassen zu dürfen (Stichwort »Christus als Gemeinde existierend«)[68].

[67] Aufgrund der forschungsgeschichtlichen Dominanz der biblischen (z.T. auch althistorischen) Wissenschaften in der Theologie wird darüberhinaus die Rechtfertigungschristologie mit biblischen und altkirchlichen Motiven angereichert. Ein aktuelles Beispiel für diese Art apologetischer, fundamentaltheologisch argumentierender, zugleich mit biblischer und altkirchlicher Sprache angereicherten Christologie bietet der – im wesentlichen von *Walter Kasper* verfaßte – Katholische Erwachsenenkatechismus (Das Glaubensbekenntnis der Kirche, hrsg. von der Deutschen Bischofskonferenz, Bonn 1985) in seinem christologischen Teil (143–217). Von ähnlicher Struktur: *Joseph Ratzinger*, Einführung in das Christentum. Vorlesungen über das Apostolische Glaubensbekenntnis, München [4]1968, 153–272.

[68] Diese Formel ist das Zentrum der Aussage in *Dietrich Bonhoeffer*, Sanctorum Communio, Berlin 1930; vgl. ebd. 109: »Gottesgemeinschaft gibt es nur durch Christus, dieser aber ist nur gegenwärtig in seiner Gemeinde, daher es Gottesgemeinschaft nur in der Kirche gibt.« Es ist wohl überflüssig zu erwähnen, daß diese enge soteriologische Beziehung von Christus und (auch sichtbarer) Kirche nicht ohne Kritik geblieben ist; dennoch kann sie exemplarisch Tendenzen innerhalb der protestantischen Ekklesiologie charakterisieren.

(2) Eine gänzlich säkulare »Christologie«

Radikal entgegengesetzt sind christologische Versuche, die völlig auf die säkularen soteriologischen Raster eingehen[69] und die Heilsfunktion Jesu von dort her zu umschreiben suchen. Sie verzichten einmal auf die abendländische Voraussetzung einer von außen geschehenen Offenbarung und Erlösung (ein mittelalterlich – neuzeitliches Problem), zum anderen auf die Verbindung der Rolle Jesu mit der Perspektive Gott (die säkularistisch-moderne Konsequenz). Beides ist nicht das gleiche, weil ja die mit Jesus bisher immer verbundene monotheistische Soteriologie auch in »kritischer Wendung«, d. h. »von unten« oder »subjektiv« begründet – also nicht als Resultat jenseitiger Setzung –, beibehalten werden könnte.

Diese Version gibt es in verschiedenen Varianten, die den beiden soteriologischen Grundfiguren bürgerlicher oder marxistischer Tradition bzw. irgendwelchen eklektischen Verbindungen beider zugeordnet werden können. Ob Jesus hierbei als Vertreter der Entrechteten und Appell zur Befreiung oder als subversiver Brandstifter[70], ob er als Inbegriff von Humanität oder individueller und/oder sozialer Emanzipation, ob er – in Verbindung beider Aspekte – als Katalysator herrschaftsfreier und dialogischer Liebe, eines Seins-für-andere oder wie auch immer gesehen sind: Solange diese Modelle »säkular« (was ihren »transzendentalen«, als »utopisch« aufgefaßten Charakter[71] nicht ausschließt) verstanden werden, solange eine Perspektive zum »Vater Jesu« ausgeschlossen bleibt, partizipiert Jesus an der nihilistischen oder monistischen Entsoteriologisierung der Geschichte[72]. Von einer »Christologie« im wirklichen Sinn kann nicht gesprochen werden; innerhalb der »vorletzten« Geltung von Geschichte überhaupt läßt sich eine »letzte« Geltung Jesu nicht behaupten. Anders herum gesagt: Ohne die Möglichkeit einer Perspektive auf den »personalen« Gott bleibt die Relevanz der Geschichte *und* Jesu ohne Basis. Es ist gleichgültig, ob Jesus in *diesem* Kontext als *der* oder *ein* bedeutender Mensch angesehen wird (letzteres bringt nur eine zusätzliche Nivellierung innerhalb des Vorläufigen).

[69] Vgl. zu solchen Versuchen *J. B. Metz*, Erlösung und Emanzipation, a.a.O. 124: »Eine Theologie der Erlösung ist nicht etwa dann kritisch, wenn sie die ›kritische Theorie‹ übernimmt, sich ihr ein- oder (vermeintlich) überordnet. Sie bliebe dann in unkritischer Manier bewußtlos gegenüber der Totalität des Ansatzes neuzeitlicher Emanzipationsgeschichte«.

[70] Vgl. hierzu *Dietrich Wiederkehr*, Glaube an Erlösung. Konzepte der Soteriologie vom Neuen Testament bis heute, Freiburg, Basel, Wien 1967, 119.120.

[71] Vgl. o. IV 2.2.2.

[72] Vgl. o. IV 2.2.3.

(3) Kompromißchristologien

Einen Kompromiß zwischen den beiden ersten Wegen versuchen Theologen, die sowohl ganz aus der christologischen Tradition ihrer Kirchen kommen als auch die Herausforderung durch moderne Soteriologien wahrnehmen. Sie möchten beidem gerecht werden, bestimmen die Heilsfunktion Jesu von beiden Seiten her und bemühen sich um eine mehr oder weniger gelungene Verbindung aller Aspekte. An den Rändern vermischt sich dieser christologische Typos mit (den Rändern) der erst genannten Richtung. Mit ihr teilt er auch die abendländische Voraussetzung der »Objektivität« des Heilsgeschehens.
Er geht also aus von einer von außen gesetzten Offenbarung und Erlösung *und* deutet diese nach dem Modell der subjektiven Rechtfertigungschristologie, auf der anderen Seite rezipiert er bürgerliche und/oder marxistische Soteriologie. Hierbei können divergenteste christologische Formen entstehen:

– Die traditionelle Christologie kann so dominierend sein, daß die Hereinnahme »moderner« Topoi mehr als eine Art von Missionsversuch erscheint (vgl. (1)). Da kann die Rechtfertigung durch Jesus Christus als die wahre Emanzipation oder Befreiung des Menschen (»Die anderen Formen der Knechtschaft wurzeln... letztlich in der Knechtschaft der Sünde«)[73], die Menschwerdung Gottes zum Zwecke der Erlösung als Appell zum vollen (= »heiligen«) Menschsein, zur Selbstverwirklichung (die nur in der Gnade gelingen kann) gedeutet werden usf. Bestimmend bleibt bei diesem Typos unbefragt die traditionelle Christologie, die aber – soweit dies ohne Schaden möglich ist – wenigstens mit »modernen« Topoi oder auch mit moderner Sprache angereichert und so vermittlungsfähiger wird.

– Die bürgerliche oder marxistische Soteriologie kommt ernsthaft zu Wort und wird der traditionellen Aussage hinzugefügt. Hier werden die neuen soteriologischen Fragestellungen als zentrale christologische Motivation realisiert: Jesus ist mein Christus, weil er mich zu meinem Menschsein oder zur »Eigentlichkeit« befreit oder weil er in seiner radikalen Pro-Existenz für andere unseren Egoismus überwindet; er ist unser Christus, weil er für die Entrechteten eingetreten ist, Klassenschranken überwunden, sich Herrschaftsstrukturen nicht gebeugt hat. Dies kann so weit gehen, daß – wie bei *Dietrich Bonhoeffer* – aller Offenbarungspositivismus überwunden und Jesus un-religiös[74]

[73] Instruktion der Kongregation für die Glaubenslehre über einige Aspekte der »Theologie der Befreiung« vom 6.8.1984, IV, 2 (Verlautbarungen des Apostolischen Stuhls, Nr. 57, hrsg. vom Sekretariat der Deutschen Bischofskonferenz, 8).

[74] Wobei »Religion« allerdings – im Gefolge *Karl Barths* – zwar nicht faktisch, aber doch grundsätzlich aus Christentum und Offenbarung ausgegliedert wird –

interpretiert werden soll, oder – wie in Großteilen der Befreiungstheologie – säkulare Zielsetzungen, manchmal bis hin zum Klassenkampf, von Jesus Christus abgeleitet werden. Solange aber alle Normativität für Existenz und Handeln ganz selbstverständlich von Jesus Christus hergeleitet wird, solange er ungefragt der inkarnierte Gott ist, der uns am Kreuz erlöst hat, bleiben beide Ansätze im Letzten unvermittelt. Zwar korrigieren sie sich durchaus in Einzelheiten, aber *die Grundmotivation* dieser »modernen« Christen, die neuen soteriologischen Impulse gerade mit Jesus Christus zu verbinden, sich gerade an ihn zu halten, *wurzelt in der traditionellen Christologie.*

– Moderne Raster prägen so sehr die Rezeption Jesu als Christus, daß die ebenfalls verwendeten traditionellen Motive (z. B. Kreuz und Auferstehung) bis zur Unkenntlichkeit umgedeutet werden. Bisweilen bleibt nur noch die formale Objektivität übrig, die keinerlei *inhaltliche* Vermittlung mehr kennt. In dieser Linie wird der Wucht der Religionskritik, den Ergebnissen der kritischen Wende und den soteriologischen Neuansätzen inhaltlich weithin entsprochen. Jesus Christus erscheint ganz als Anstoß – etwa in der existentialphilosophischen Tradition –, unsere »Eigentlichkeit« zu realisieren oder uns selbst oder unser Mit-Sein zu verwirklichen, in der mehr an der Gesellschaft sich orientierenden Soteriologie ist er der Prototyp des Kampfes für gerechtere oder herrschaftsfreie Strukturen. Hier können die traditionellen Aussagen der abendländischen und der antiken Christologie völlig ent-mythologisiert bzw. auf moderne Verstehensweise hin interpretiert werden. Solange aber – wie z. B. bei *Rudolf Bultmann* oder auch in der amerikanischen »Gott-ist-tot-Theologie« (außer vielleicht bei *William Hamilton*) – ganz unverrückbar alle diese Soteriologie *mit Jesus* verknüpft wird (wodurch *inhaltlich* durchaus eine »moderne Christologie« entsteht), bleibt eine letzte, formale, »von außen« vorgegebene Begründung der Christologie bestehen. Der Sache nach ist dieses »von außen« eben der traditionelle Christusglauben, der somit alle anderen Aussagen tragen muß, obwohl er selbst nicht in das System eingebaut wird. Anders gesagt: Daß *Jesus* der Christus ist, wird selbst nicht befragt, sondern thetisch vorausgesetzt. Säkular formuliert werden nur die christologischen Prädikate (Jesus ist der »Emanzipator«, »Befreier« etc.). Somit bleibt die mythische Tradition die Voraussetzung dafür, *daß* auf *Jesus* alle möglichen säkularen soteriologischen Topoi bezogen werden; die »Entmythologisierung« oder »Säku-

ein apologetisches (und unzutreffendes) Ausweichen vor der außerchristlichen Religionskritik (»Offenbarung« hat dann mit »Religion« nichts zu tun und wird durch eine »religionslose« Interpretation selbst nicht betroffen).

larisierung« wird mit dem »Mythos«, der im Kern bestehen bleibt, bloß additiv hinzugefügt[75].

(4) Die Vermittlung von Christusbekenntnis und Moderne
Eine letzte Variante von Christologie ist mehr eine Möglichkeit oder Perspektive. Zwar gibt es Ansätze in dieser Richtung bei nicht wenigen Theologen, aber noch keine halbwegs gelungenen Entwürfe. In dieser Linie geht es darum – sollte es darum gehen –, eine *wirkliche Vermittlung* zu suchen zwischen der »Sache« der bisherigen Christologiegeschichte und den neuen, wohl nicht mehr umkehrbaren soteriologischen Mustern.
Voraussetzung für ein Gelingen ist *einmal* das gelassene, unangestrengte (nicht polemische) Hinter-sich-lassen der abendländischen These; dies ist nicht »modernistischer« Unglaube, sondern die Erkenntnis der Kulturbedingtheit dieses Ausgangspunktes (Erst das Insistieren auf dieser These hat ja den Gottesglauben insgesamt – durch die hierdurch provozierte subjektive Emanzipation – problematisch gemacht, auch einen Gottesglauben »von unten«, der im Grunde keiner Emanzipation im Wege steht). *Zum anderen* müssen ebenso alle bisherigen Christologien – im Sinne der »kritischen Wende« – als »subjektiv« und geschichtlich hervorgebracht erkannt werden.
Diese *Voraussetzungen* resultieren aus einer Rezeption der *neuzeitlichen Emanzipationsgeschichte*. Erst *nach* ihrer Realisation scheint eine *»moderne« Christologie* möglich zu sein. Sie müßte sich dem Sachverhalt stellen, daß – je später je mehr – »Mensch« und »Gesellschaft« die einzigen allgemein vermittelbaren soteriologischen Ziele darstellen (mit welchen Schwerpunkten auch immer), zugleich sollte sie die »allerletzte« Perspektive auf einen »personalen« Gott als *notwendiges Implikat* dieser »humanistischen« Soteriologie aufzeigen, wenn denn diese sich nicht selbst – in »Nihilismus« oder Resignation – aufheben soll. Eine Christologie dieses Typs könnte die Christusqualität Jesu aufscheinen lassen in seinem fundamentalen und zu Identifikation und Nachfolge herausfordernden (individuellen *und* gemeinschaftsstiftenden) Menschsein, das *selber* (nicht »von außen«, sondern »als solches«) eine »letzte« Hoffnung auf Gültigkeit vermittelt[76] (Vgl. Teil V dieser Arbeit).

*

[75] Hierbei kann diese »Addition« theologisch unbemerkt bleiben, wie bei *R. Bultmann*, oder auch ganz bewußt empfunden werden, wie z. B. in der Erfahrung des christologischen Paradoxes bei *Paul Tillich* (vgl. zu *Tillich: H. Fischer*, Systematische Theologie, a.a.O. 370.371).

[76] Ansätze eines solchen Vermittlungsversuchs finden sich bei nicht wenigen Theologen. Als *Beispiel* mag die Konzeption *Karl Rahners* dienen, der die Christolo-

Keine dieser verschiedenen Richtungen kann ihre Sache unbelastet von der Vergangenheit betreiben und gewissermaßen neu anfangen. Alle müssen und wollen ihre Rezeption Jesu als Christus formulieren im Hinblick auf eine zweitausendjährig normative Tradition. Selbst eine völlig säkularistische Christologie ist bemüht, die eigene Aussage als richtige – in diesem Fall: kritische oder moderne – *Interpretation* der herkömmlichen Aussagen zu begründen. Umgekehrt ist keine der neuen Linien einfachhin nur eine Wiedergabe der früheren Christologien, selbst die traditionellsten Versuche kommen nicht umhin –wie schon dargelegt –, auf einen modernen Fragehorizont hin zumindest apologetisch zu argumentieren.

Zugleich haben sich die Schwerpunkte verlagert für das Verständnis dessen, *was* denn an der traditionellen Christologie wichtig und zu wahren sei. Hierzulande steht immer noch im Vordergrund die *Rechtfertigungschristologie*; dies gilt vor allem – von ihrem Anfang und Ansatz her – für die Theologie der reformatorischen Tradition. In diesem Kontext spielt eine neue, moderne Interpretation dieses ererbten Musters die zentrale Rolle, ebenso die Frage nach der Funktion der Kirche, während die altkirchliche Christologie allenfalls als Begründungszusammenhang interessiert.

Zunehmend aber läßt die exegetische Bemühung um das Neue Testament sowie die Beschäftigung mit der Alten Kirche auch *andere christologische Topoi* in den Vordergrund treten. Gelegentlich kann hierbei die Rechtfertigungschristologie an den Rand gedrängt und alles auf die Frage konzentriert werden, ob und wie für modernes Denken noch die Zwei-Naturen-Lehre oder wenigstens noch die apokalyptische Christologie (Auferstehung) aufrechterhalten werden kann. Neben dem *formalen* Typos einer Christologie muß also jeweils auch berücksichtigt werden, *welchen Bezugspunkt innerhalb* der traditionellen Christologie sie gewählt hat, von dem her und auf den hin sie

gie von der Anthropologie her begründen will (Vgl. *Arno Schilson, Walter Kasper*, Christologie im Präsens. Kritische Sichtung neuer Entwürfe, Freiburg, Basel, Wien 1974, 83, zu *Rahner*): »Christologie hingegen stellt sich dar als Auslegung eines einmalig vollendeten und geglückten Menschseins«. Dieser Ansatz aber wird nicht durchgehalten bzw. mit der thetisch vorausgesetzten »Christologie von oben« kombiniert (Vgl. *Schilson/Kasper*, ebd. 82): »In Jesus Christus tritt also in Erscheinung, was als innerste Möglichkeit in jedem Menschen angelegt ist und was doch nur in ihm verwirklicht wurde: ›von oben‹ die bleibende innerste Zuwendung Gottes zur Welt und zum Menschen in seiner gnadenhaft geschenkten Selbstmitteilung, ›von unten‹ her die restlose und endgültige Annahme dieser Selbstzusage Gottes in freiem Gehorsam …«. Vgl. hierzu auch vom *Verf.*, Impulse zu einer »Christologie von unten« bei Karl Rahner, in: Wagnis Theologie. Erfahrungen mit der Theologie Karl Rahners, hrsg. von *Herbert Vorgrimler*, Freiburg, Basel, Wien 1979, 259–273.

»modern« interpretiert. Hieraus ergeben sich zusätzliche Akzentverlagerungen und Sprünge, die eine Zuordnung einzelner Versuche und auch das Gespräch der Theologen untereinander erschweren.
Die christologische Literatur der letzten 100 Jahre kann so nur in Ausnahmefällen – z. B. bei konsequent traditionalistischen oder auch »modernistischen« Entwürfen – einigermaßen zutreffend einem der möglichen Typen zugeordnet werden. Die große Mehrzahl der Publikationen ist der ersten und der dritten hier genannten Variante zuzurechnen; in ihnen finden sich aber auch Motive und Ansätze der anderen Linien, sie überlappen und überschneiden sich meist bei ein und demselben Autor. Man muß vermuten, daß es sich bei der Rezeption Jesu als Christus seitens der Gläubigen aller Kirchen im europäischen Kulturraum (im weitesten Sinn) nicht anders verhält.
Die Schwierigkeit der gegenwärtigen Diskussion ist wohl darin begründet, daß die Kirchen schon versäumt haben, sich den *neuzeitlichen* Problemen zu stellen und eine wirklich neuzeitliche christologische Tradition auszubilden. Dies gilt besonders für die katholische Kirche und Theologie, aber auch für die evangelischen Kirchen; dort hat zwar die Theologie erheblich intensiver die neuzeitlichen Fragestellungen aufgearbeitet, die Verkündigung in den Gemeinden aber blieb davon weithin unberührt.
Zugleich mit dieser »Nacharbeit« in bezug auf die »kritische Wende« muß die christologische Tradition versuchen, Jesus als Christus plausibel zu machen im Hinblick auf die *modernen Soteriologien*, die von Kopf und Herz der Menschen zunehmend Besitz ergreifen. Wenn Jesus Christus nur rezipiert werden könnte aufgrund einer kulturellen Repristination, also einer rückschreitenden kulturellen Transformation der Adressaten der Verkündigung, hätte die Christologie ihre Dynamik eingebüßt.
Beide Aufgaben zusammen können nicht gelöst werden ohne erhebliche Erschütterungen vor allem des traditionellen Denkens, und es wird sicher seine Zeit brauchen, bis einigermaßen akzeptable oder gar »klassische« Formen gelungen sind. Man kann nur hoffen, daß der Weg dorthin nicht wiederum – wie in früheren Epochen des Aufeinandertreffens verschiedener Kulturen – durch Fanatismus und Verketzerung jeweils Andersdenkender gezeichnet wird.
Von vornherein steht zu vermuten, daß auch mögliche neue Christologien säkularer Prägung, wie die der Vergangenheit, ihre *Aporien* aufweisen werden; die bisherigen Versuche sind schon hinreichend von ihnen geprägt. Die Aporetik wird wahrscheinlich *einmal* in der Vermittlung von säkularen, also »humanistischen« soteriologischen Topoi mit der Perspektive Gott zu suchen sein. Eine Neuauflage der Gott-Mensch-Aporie der hellenistischen Christologie, neuzeitlich-er-

kenntniskritisch und modern-soteriologisch gewendet? *Zum andern* wird es schwierig sein, »säkular«, also »von unten«, die in allen Christusbekenntnissen behauptete Singularität Jesu zu vermitteln (ohne also *für diese Frage* neuerlich auf die mythische Setzung zurückzugreifen).

3 Der Einbruch fremder Kulturen in das Christentum

3.1 Eine neue Situation

Bis in die Neuzeit hinein läßt sich zur Not die Geschichte des Christentums beschreiben als Geschichte des mittelmeerischen (Antike) und des europäischen Christentums (Mittelalter und Neuzeit). Zwar bringt diese Betrachtung eine Vereinfachung mit sich. Nicht unwichtige Kirchen wurden in dieser Untersuchung nicht in die Reflexion einbezogen: z. B. die griechische Kirche des Mittelalters und der Neuzeit, die Kirchen im mesopotamischen (bis Indien reichenden) und ägyptischen Raum; die Kirche Äthiopiens, die mächtige russische Kirche und die anderen Kirchen der slawischen Völker wurden nicht erwähnt.
Diese Reduktion des zur Untersuchung herangezogenen Materials hat aber eine gewisse sachliche Berechtigung, insofern in ihm die dynamischste Geschichte und die epochalen Umwälzungen repräsentiert werden, die die bisherige Entwicklung hervorgebracht hat.
In der jüngeren Vergangenheit und gegenwärtig zeichnen sich aber *gänzlich neue Perspektiven* ab, die in der Zukunft die Geschichte der Kirche und ihrer Christologie prägen werden. Die weltweite christliche Mission hat zu großen »Erfolgen« (was hier rein zahlenmäßig gemeint ist) geführt: Die große Mehrheit der Christen lebt schon heute außerhalb Europas, und diese Relation wird sich auch weiterhin zuungunsten Europas verstärken.
Die Anfänge dieser weltweiten Mission reichen in die frühe Neuzeit zurück. Die Entdeckung Amerikas sowie der Schiffahrtswege nach (und um) Afrika und Asien führte zu einer immer umfassenderen Kolonisation der außereuropäischen Welt. Mit den Kolonisatoren kamen die Missionare. Im Lauf der Jahrhunderte haben sie soviel erreicht, daß es heute in vielen Ländern christliche Mehrheiten, in den meisten anderen mehr oder weniger starke, auf jeden Fall sehr aktive christliche Minoritäten gibt; lediglich in islamischen Staaten vermochte das Christentum – aus vielerlei Gründen – kaum Fuß zu fassen bzw. konnten altansässige christliche Minderheiten (wie etwa in Ägypten) nicht expandieren.
Die meisten heutigen Christen kommen (wenigstens teilweise) aus nichteuropäischen Kulturtraditionen her. Sie bringen somit ganz ande-

re Verstehensweisen, Erfahrungen, Erinnerungen, Sozialisationsformen und soteriologische Fragestellungen und Hoffnungen in das Christentum ein. Umbrüche haben begonnen, deren volle Wucht aber erst in der Zukunft sichtbar wird. Diese Umbrüche sind nicht minderer Art als der Übergang etwa vom judenchristlichen zum hellenistisch-christlichen Denken. Sie werden aber die Kirche(n) aus zwei Gründen vor weitaus größere Zerreißproben stellen: Einmal handelt es sich nicht um *eine* neue Kultur, die Einlaß ins Christentum findet, sondern um eine Vielzahl von uralten mächtigen Traditionen, die untereinander noch einmal sehr verschieden sind, so daß viele je spezifische Tranformationen erforderlich sind; zum anderen ist die europäische Form des Christentums von äußerst geformter, ja verhärteter Art – und tritt zudem in einer Pluralität konfessioneller Ausprägungen und selbst krisengeschüttelt vor die neuen Adressaten

Diese Situation bringt eine gewaltige Herausforderung mit sich, und die kirchliche Reaktion wird zwischen zwei extremen Möglichkeiten lavieren müssen: auf der einen Seite kann eine Einpassung des Christentums in die neuen Kulturen soweit führen, daß die christliche Identität (worin sie auch gesehen werden mag) undeutlich und auf jeden Fall eine kirchliche, wenigstens minimale Einheit bedroht wird; auf der anderen Seite könnten die Amtskirchen versucht sein, die christliche Identität mit ihrer europäischen Gestalt gleichzusetzen, diese den außereuropäischen Christen aufzuzwingen und somit – auf Dauer – eine dynamische Mission und ein Heimischwerden des Christentums in den anderen Kulturen unmöglich zu machen.

Die Größe der Herausforderung und auch der Gefahren für den Bestand des Christentums ist noch zu wenig bewußt geworden. Der Grund dafür ist in der tatsächlichen Überlegenheit (nicht unbedingt der Kultur, aber doch) der neuzeitlichen und modernen europäischen Zivilisation und Technik zu suchen. Damit verbunden war bis in dieses Jahrhundert das Empfinden, in Europa die bisher höchste und vollkommenste Form des Menschseins realisiert zu haben und noch weiteren ungeahnten Fortschritten entgegenzugehen. Von daher leitete man das Recht ab, die ganze Erde zu kolonisieren, zu erziehen und, wie man glaubte, zu »zivilisieren«. Die Kolonialgeschichte gründet in diesem Gefühl der Überlegenheit.

Die Missionare teilten diese Überzeugung und übertrugen sie auf das Verhältnis von (europäischem) Christentum und nichtchristlichen Religionen. Letztere repräsentierten nichts als Aberglauben und Heidentum, das es auszurotten galt; die unermeßlichen Reichtümer der fremden Kulturen gerieten nicht in den Blick und wurden nicht als Chance oder Anknüpfungspunkte wahrgenommen. Die Missionare gehörten darüberhinaus meist nicht gerade zu den Europäern, die den Prozeß der Aufklärung durchlaufen hatten. So verbreiteten sie – gefördert durch die Kolonialmächte – ein voraufgeklärtes, abendländisches, zudem konfessionalistisches Christentum[1]. Damit sollen nicht der großartige Idealismus der Missionare bestritten und ihre oft unsäglichen Entbehrungen geringgeachtet werden; Tatsache aber bleibt, daß die »Missionarstheologie« für eine positive Würdigung der außereuropäischen Kulturtraditionen keinen Raum bot – wie immer: abgesehen von wenigen Ausnahmen (z. B. *Bartolomé de Las Casas*, †1566, *Matteo Ricci*, †1610, u. a.). Wer je enger mit nichteuropäischen Christen zu tun hat, wird immer wieder betroffen feststellen, wie tief verletzt sie sich fühlen durch die Art der europäischen Mission.

Heribert Rücker schreibt zur Missionarstheologie in Afrika – und diese sah in anderen Kontinenten nicht viel anders aus –: »Afrika war nur ein anderer Name für Nicht-Europa, afrikanische Religionen waren Nicht-Christentum und a priori Antichristentum. Der Afrikaner stellte nicht viel mehr als die Antithese zum Bezugspunkt des wahren Menschseins dar, und als Maß seiner Teilnahme am Menschsein galt seine Nähe zur Kultur Europas. Der ihn bezeichnende Wortschatz lebte von der Negation. In europäischen Augen galt seine Religion als Aberglaube, Götzendienst, Teufelsspuk, Magie, Fetischismus, Animismus, Polytheismus, Ahnenanbetung oder als Ausgeburt von Unaufgeklärtheit und blühender Einbildungskraft, sein Denken als prälogisch, sein Leben als primitiv, er selbst als Kannibale. Ansonsten wurde er gewöhnlich als leeres Blatt angesehen, als ob man aus ihm erst einen Menschen machen müsse. Als ›Heide‹ behielt er den Leumund des Hinterwäldlers und Exoten. Die fatale Gleichsetzung von Christentum und Zivilisation konnte ihn nur als ›unzivilisiert‹ beurteilen«[2].

Seit wenigen Jahrzehnten gibt es in den außereuropäischen Kirchen eine gegenläufige Bewegung, eine *Rückbesinnung auf die Werte der eigenen Kulturtradition*, die auch – nicht zuletzt durch die Bemühungen der europäischen Wissenschaften – immer gründlicher erforscht werden. Nach Lage der Dinge gingen die ersten Anstöße oft von europäischen Missionaren (und Forschern) aus, mittlerweile aber haben sich autochthone christliche Eliten herausgebildet, die sich gegen die

[1] Vgl. z. B. *Bénézet Bujo* (Professor für Moraltheologie in Kinshasa/Zaire), Welche Theologie braucht Afrika? Mit Inkulturation allein ist es nicht getan, in: Herder-Korrespondenz 37, 1983, 75, zur katholischen Mission: »Ein doppeltes Erbe also belastet uns noch heute: das Koloniale und das Tridentinische. Man hielt es beispielsweise für selbstverständlich, uns den Katechismus so zu lehren, wie dies in Europa oder Nordamerika üblich war …« Nicht anders haben sich die protestantischen Missionare verhalten.

[2] »Afrikanische Theologie«. Darstellung und Dialog, Innsbruck, Wien 1985, 25.

Übernahme eines »importierten« und kolonialistisch auferlegten Christentums zu wehren beginnen. Sie unterscheiden zwischen »dem Evangelium« oder dem »eigentlichen« Christentum und seiner europäischen (eben »importierten«) Gestalt und versuchen eine umfassende Neuinterpretation und neue Formen der christlichen Praxis in allen Bereichen.

Die offizielle Mission mußte auf diese Entwicklung eingehen und übernahm, wenigstens prinzipiell, das Programm zuerst einer »Adaptation« oder Akkomodation, dann einer »Inkulturation« des Christentums. Doch scheinen die Missionsstrategen diese Tendenzen auf eher sekundäre und harmlose Epiphänomene ritueller, praktischer oder theologischer Art beschränken zu wollen[3]. Lediglich die sich allerorten – meist aus protestantischen Wurzeln – bildenden unabhängigen Kirchen, Sekten und Bewegungen können freier vorgehen, und unter den oft irrationalen Formen, die die Verbindung von Christentum und heimischer Tradition bei ihnen findet, läßt sich vielleicht die Richtung erahnen, der auch die große Entwicklung folgen wird. Gegenwärtig aber sind die europäischen Kirchen – dies gilt vor allem für die katholische, mit gewissen Einschränkungen aber auch für die evangelische Mission – noch im Stande, die Linie zu bestimmen; sowohl personell wie finanziell sind die meisten außereuropäischen Kirchen auf die Hilfe der Europäer und Amerikaner angewiesen. Wie lange aber diese neue Gestalt des Kolonialismus – ein Kolonialismus der Patronage und des Geldhahns – sich noch aufrechterhalten läßt, weiß niemand. Umso sicherer aber ist, daß es nicht auf Dauer so weitergehen wird, und der Pendelausschlag wie auch neuerliche Kolonialismusvorwürfe werden umso heftiger ausfallen.

»Inkulturation« kann ein Doppeltes bedeuten: Den Vorgang einer Aneignung des Christentums von ganz neuen *Verstehensbedingungen* her *und* die Übernahme *konkreter* vor- und außerchristlicher religiöser *Traditionen* zur Artikulation von einzelnen christlichen Überzeugungen. Der erstgenannte Gesichtspunkt ist in der Diskussion noch kaum in seiner Bedeutung aufgegriffen, obwohl er die grundlegende Schwierigkeit anspricht. Dies hängt damit zusammen, daß die außereuropäischen Christen selbst zur Zeit daran interessiert sind, Entsprechungen, Ähnlichkeiten oder Übereinstimmungen ihrer Kultur mit dem Christentum herauszustellen; auch die Missionsstrategie legt dies heute nahe. Diskutiert wird deswegen vor allem der zweite Gesichtspunkt, und viele sehen – fälschlich – in ihm den Kern der Inkultura-

[3] Vgl. zu der gesamten Entwicklung den Beitrag ›Von den Missionen zu den jungen Kirchen‹ von *J. Bruls*, in: Geschichte der Kirche, hrg. von *L. J. Rogier, R. Aubert, M.D. Knowles*, Bd. V/2, Einsiedeln 1977, 163–212.

tionsproblematik[4]. *Dann* aber erscheint »Inkulturation« oft als ein Versuch, lediglich kosmetische Korrekturen am europäischen Christentum anzubringen, weil viele konkrete Traditionen, die man für bestimmte Einzelaspekte (z.B. zur Verdeutlichung der Christologie) heranzieht, in den jetzigen außereuropäischen Gesellschaften *nicht mehr gelebt werden und nur noch antiquarische Bedeutung haben* (wie etwa ein Wotanskult für uns). »Eine derartige Theologie wäre eine schlechte Medizin, die nur noch versuchen würde, Leichen zum Leben zu erwecken... Und wer die Theologie so betreibt, ist schon längst einem ästhetischen Christentum verfallen, das zwar affektiv ist, aber kaum effektiv«[5].

Damit ist ein Phänomen angesprochen, das den Vermittlungsprozeß sehr viel komplizierter macht als eine »bloße« Integration andersartiger Traditionen. *Letztere sind oft nicht mehr das, was sie vor der Kolonialzeit waren*; eine Entwurzelung und auch (teilweise) Europäisierung hat in den außereuropäischen Ländern Fuß gefaßt, die zwar wohl kaum so tiefreichend ist, daß das grundlegende Daseinsverständnis des Afrikaners, Indios, Inders usf. aufgehoben wäre – wohl aber haben einzelne, vorher mächtige Traditionen keinen gesellschaftlichen »Ort« mehr. Ihre Wiederbelebung wäre rein akademisch oder folkloristisch, deswegen aber auch harmlos und nicht viel mehr als eine bunte Garnierung des im Grunde fortdauernden europäischen Christentums (Dies sieht natürlich in den einzelnen Kontinenten oder Ländern je verschieden aus).

Darüberhinaus aber ist das Bewußtsein der Menschen außerhalb der westlichen Welt mit *neuen, vorher unbekannten Problemen* konfrontiert, die mittlerweile zu inneren Momenten ihrer »Kultur« zu werden beginnen. Hier wäre hinzuweisen auf (die Erinnerung und) die Fortdauer des Kolonialismus, Imperialismus und der erfahrenen grenzenlosen Überheblichkeit der europäischen Politik und auch des europäischen Christentums, auf die Unterdrückung und die Armut der Massen, die aus ihren gewachsenen Sozialisationsformen und ökonomischen Systemen herausgerissen wurden usf.

Die »Situation« des Christentums in der sogn. Dritten Welt ist also äußerst schwierig zu bestimmen. Vereinfacht ausgedrückt müssen wohl *drei* (untereinander in den jeweiligen Regionen wieder je anders zu gewichtende) *Faktoren* unterschieden werden: *Erstens* ein oft kaum gebrochenes kulturbedingtes Verstehen (im weitesten Sinn), das notwendig zu spezifischen Formen und Strukturen der Rezeption des Christentums führen *muß*, wenn dieses dort heimisch (»inkulturiert«)

[4] So z.B. *B. Bujo* in seinem oben genannten Artikel (556, A.1)

[5] *B. Bujo*, a.a.O. 76.77.

werden soll; *zweitens* eine Fülle altehrwürdiger Traditionen und religiöser Modelle, von denen nicht wenige durch die Kolonialgeschichte, die Rezeption europäischer Lebensart, Wissenschaft, Politik, Wirtschaft, Religion usf. ihre ursprüngliche (oder auch jedwede) Funktion verloren haben (so daß sich nur wenige für das Ziel einer »Inkulturation« noch eignen); *drittens* schließlich die gesellschaftlichen, ökonomischen und politischen Unrechtsstrukturen.

Diese (sich im einzelnen wandelnde) »Situation«, lange Zeit überdeckt durch die europäische Dominanz, wird notwendig die künftige Geschichte des Christentums bestimmen. Das Christentum wird sein Gesicht verändern.

Zwar ist nicht abzusehen, daß europäische Kultur und europäisches Christentum verdrängt oder gar vergessen werden. Sie werden einen wichtigen Beitrag leisten für die Prägung künftiger Gesellschaften und »Christentümer«. Die Übermacht aber der nichteuropäischen Kontinente und Menschenmassen und auch die Differenziertheit und das Alter vieler außereuropäischer Kulturen machen die Annahme beinahe unvollziehbar, es lasse sich noch einmal ein ähnlicher Vermittlungsprozeß erreichen wie bei der umfassenden christlichen Latinisierung von Kelten und Germanen (und westlichen Slawen) im Prozeß der Bildung des Abendlandes. Eher muß man vermuten, daß in nicht wenigen Großräumen sowohl europäische Kultur wie Christentum nicht weniger radikal transformiert werden als das Judenchristentum im hellenistischen Christentum.

Zwar werden keine »rein« asiatischen, afrikanischen usf. Kirchen und Theologien entstehen, weil einmal der Einfluß Europas in die Konstitution der neuen Kirchen eingegangen ist und zudem die Möglichkeiten weltweiter Kommunikation heutzutage gänzlich isolierte Entwicklungen in einer bestimmten Weltregion wohl nicht mehr zulassen. Bevor aber in irgendeiner Zukunft eine Art von universaler Weltkultur sich herausbilden kann, wird wohl für lange Jahrhunderte noch das Beharrungsvermögen der kontinentalen Kulturtraditionen übermächtig sein und zu tiefgreifenden Veränderungen von Kirche und Theologie führen.

Bei diesem Prozeß werden sicherlich europäisch erzogene christliche Eliten eine Vermittlerfunktion übernehmen können –vergleichbar der Rolle des antiken Diasporajudenchristentums. Darüberhinaus aber muß vor allem *die europäische Theologie selbst helfen*, indem sie ihre eigenen Bedingungen kritisch reflektiert. Sie muß lernen, ihre eigenen Raster und Modelle nicht mit dem Evangelium selbst zu identifizieren und so »Freiheit von sich selbst« zu ermöglichen, damit den neuen Kirchen nicht ›unnötige Lasten‹ auferlegt werden, die auf längere Sicht zu einem Bruch führen müßten. Sie sollte das paulinische »dum

Christus annuntietur« (Phil 1,18) in kritischer Wendung neu etablieren.
Meine Untersuchung soll nicht zuletzt hierzu einen kleinen Beitrag leisten.

3.2 Ansätze zu neuen christologischen Soteriologien außerhalb der »Westlichen Welt«

3.2.1 Methodische Vorbemerkung

Schon bisher war es notwendig, die komplexe Christologiegeschichte auf wenige Linien zu reduzieren, um die Strukturen und Gesetzmäßigkeiten sichtbar werden zu lassen, die ihre Bildung vorangetrieben haben und treiben. Immerhin aber verlief die zweitausendjährige Geschichte in einem überschaubaren Raum (Mittelmeer und Europa), und es konnte ein gewisses Verständnis der antiken und der abendländischen Entwicklung vorausgesetzt werden.
Die künftige Kirche aber wird in allen Kontinenten präsent sein, und diese Zukunft hat schon begonnen; erste Ansätze auch neuer christologischer Rezeptionsmuster lassen sich schon erkennen. Bei ihnen handelt es sich aber *einmal* nur um erste Versuche, deren volle Durchführung noch aussteht, so daß ihre Eigentümlichkeiten noch nicht so leicht zu fassen sind. *Zum anderen* müßte eine Vielzahl oft gänzlich voneinander unabhängiger Kulturen und aus ihnen resultierender Soteriologien berücksichtigt werden. Jede von ihnen liegt selbst noch einmal in einer beinahe unübersehbaren Zahl von regionalen und ethnischen Ausprägungen vor, so daß selbst eine fragmentarische Darstellung und Reflexion eigene Monographien erforderlich machen würde.
Diese Aufgabe kann auf den wenigen Seiten, die hier zur Verfügung stehen, nicht geleistet werden. Im folgenden sollen deswegen nur einige wenige Problemfelder genannt werden, die notwendig für die Gestaltwerdung der Christologie berücksichtigt werden müssen, wenn die christliche Theologie – wie man seit den siebziger Jahren dieses Jahrhunderts sagt – »*kontextuell*«, d. h. im geschichtlichen Kontext der jeweiligen »Situation«, betrieben wird.
Drei Gesichtspunkte müssen vor allem angesprochen werden, die weltweit für unsere Fragestellung von Bedeutung zu sein scheinen: *Zum ersten* die Rezeption Jesu als Christus in die latent oder offen von einem *monistischen Grundverständnis* geprägten Kulturen Asiens, Afrikas und – soweit sie noch eine eigenständige Rolle spielen – der Indios Mittel- und Südamerikas; *zweitens* – anhand einiger Beispiele –

neue christologische Formulierungsversuche mit den Mitteln autochthoner Traditionen; *drittens* die Vermittlung des Christusbekenntnisses unter den Bedingungen der »Dritten Welt« (Befreiungstheologie, Schwarze Theologie usf.)[6].

3.2.2 Die Rezeption Jesu in den außereuropäischen monistischen Kulturen

3.2.2.1 Der Umbruch in der Soteriologie[7]

Die Kulturen, in die hinein das Christentum in aller Welt vermittelt wurde und wird, sind äußerst vielgestaltig und haben je ihre eigene, meist uralte Geschichte. Die Unterschiede zwischen ihnen sind gewaltig, jede für sich besitzt eine unverwechselbare Individualität. Dennoch soll für sie eine *fundamentale Ähnlichkeit struktureller Art* behauptet werden: Sie alle kennen ein latentes oder offenes monistisches Verstehen, demzufolge alle plurale Wirklichkeit von einer letzten göttlichen Einheit getragen und umfangen ist. Nur in diesem formalen, beinahe gänzlich inhaltsleeren Sinn kann bei ihnen von einer Übereinstimmung gesprochen werden; in allen konkreten Ausprä-

[6] Ein vergleichbarer Problemaufriß findet sich bei dem »Befreiungstheologen« (und einem der »Begründer« kontextueller Theologie) *Sergio Torres* (∗1929). Auf einer internationalen Konferenz »Theology in the Americans« 1975 in Detroit führte er aus: »Was westliche Theologie genannt wird, ist im großen und ganzen, wenn auch nicht exklusiv, europäische Theologie. Demgegenüber müssen die Theologen Asiens, Afrikas und der beiden Amerikas ihrerseits versuchen, in ihren je eigenen Kontexten Theologie zu betreiben. So berücksichtigt die Befreiungstheologie Lateinamerikas die politischen und sozio-ökonomischen Verhältnisse des Kontinents. Die schwarze Theologie reflektiert den Rassismus und die Unterdrückung der Schwarzen und Farbigen in den Vereinigten Staaten und in Südafrika. Die afrikanische Theologie beachtet die kulturellen Traditionen ihres Kontinents, die asiatische den Kontext der großen Weltreligionen. Die europäische Theologie hat noch viel zu wenig die Situation des säkularisierten Menschen des zwanzigsten Jahrhunderts in die theologische Reflexion einbezogen« (so nach: Theologen der Dritten Welt. Elf biographische Skizzen aus Afrika, Asien und Lateinamerika, hrsg. von *Hans Waldenfels*, München 1982, 46). Ähnlich wird die Aufgabe der christlichen Theologie außerhalb Europas auch umschrieben in dem Aufsatz von *Catalino G. Arevalo*: Was ist kontextuelle Theologie?, in: Den Glauben neu verstehen. Beiträge zu einer asiatischen Theologie (Theologie der Dritten Welt, hrsg. vom Missionswissenschaftlichen Institut Missio unter der Leitung von *Ludwig Wiedenmann*, Bd. 1), Freiburg, Basel, Wien 1981, 20–34.

[7] Im folgenden werden die beispielhaft angeführten Religionen nur so weit charakterisiert, wie es für unsere Fragestellung erforderlich ist. Auf eine differenzierte Darstellung sowie auf die Diskussion der entsprechenden Literatur muß hier verzichtet werden. Für eine vertiefte Information wird auf die einschlägige Literatur verwiesen.

gungen differieren sie wenigstens so oder noch radikaler, wie sich nach unserer bisherigen Untersuchung etwa der hellenistische, lateinische oder keltische Monismus unterscheiden (allerdings entstammen letztere alle der indo-europäischen Tradition und kennen so noch eine Kontinuität zu dem gemeinsamen Ursprung).
Grundlage dieses Monismus ist – wie immer – ein Daseinsverständnis, das sich primär an der »Natur« orientiert und deswegen der Geschichte und allen aus ihr resultierenden Phänomenen (Ethik, Personalität, Gültigkeit des Einmaligen usf.) eine geringe, keine oder gar nur eine negative soteriologische Bedeutung zumessen kann. »Heil« wird in diesem Denken vor allem ansichtig im Ausblick auf eine letzte naturale Einheit, in der alle Disparitäten und Entzweiungen der geschichtlichen Existenz aufgehoben und somit – wiederum natural – versöhnt sind.
Wie auch in vielen anderen Kulturtraditionen läßt sich dieser Monismus nicht immer in »reiner Gestalt« durchhalten; er vermischt sich und koexistiert mit Momenten auch »geschichtsorientierter« Existenz. Diese artikulieren sich durch Ausbildung von Polytheismen, einer »heilsrelevanten« Ethik, der Vorstellung eines individuellen Weiterlebens nach dem Tode usf. Diese Aspekte aber werden niemals bestimmend, sie bleiben grundsätzlich eingebettet und entmächtigt in der fundamental-monistischen Anschauung.

3.2.2.2 Die Monismen Asiens und ihre Auswirkungen auf die Christologie

Diese monistische Soteriologie prägt die Kulturen *Asiens*, soweit sie nicht von Christentum oder Islam verdrängt wurden (der »Panentheismus« der Sikh-Religion in Indien versucht, islamischen Monotheismus und indischen Monismus miteinander zu verbinden). Die beiden großen religiösen Traditionen z. B. des *indischen Subkontinents*, Hinduismus und Buddhismus, sowie *Chinas*, Taoismus und Konfuzianismus, sind in je unterschiedlicher »Reinheit« von monistischem Denken geprägt. Diese Traditionen sollen hier – *stellvertretend* für Asien – kurz vorgestellt werden. Diese *exemplarische* Vorgehensweise darf nicht dahingehend mißverstanden werden, als seien die religiösen Traditionen etwa Japans, Indonesiens oder anderer Länder nicht ebenso wichtig.

(1) Der indische Subkontinent

Der heutige Hinduismus kennt zwei Ursprungskulturen und -religionen: Einmal die *vedische Religion* der indoeuropäischen Eroberer und Herrenschicht, die sich im Verlauf von tausend Jahren (1500 bis 500 v. Chr.) von einem bunten (rigvedischen) Polytheismus, in dem allerdings die Souveränität der personalen Götter durch die Weltordnung rita sowie die Macht des priesterlichen Kultes eingeschränkt war, zum reinen Monismus der Upanishaden (oder: Vedanta = ›Ende den Veden‹) gewandelt hatte; zum zweiten die ältere *Indus-* oder *Harappa-Kultur* der nicht-arischen einheimischen Bevölkerung, die auch nach ihrer Überlagerung durch die Religion der Eroberer fortbestand. Sie war im wesentlichen agrarisch geprägt und kreiste um das Motiv der Fruchtbarkeit der Natur, in deren Geschehen und immerwährenden Zeugungsprozeß sich auch der Mensch eingegliedert sah.

Beide Traditionen haben sich etwa seit der Mitte des letzten vorchristlichen Jahrtausends zum »Hinduismus« verschmolzen. Diese Religion mit ihrer zweieinhalb Jahrtausende alten Geschichte (und ihrer mehr als tausendjährigen Vorgeschichte) ist nicht einfach zu charakterisieren; sie kennt kein »Dogma« und keine kirchenähnliche Organisation und stellt ein faszinierendes Mit- und Ineinander verschiedenster religiöser Überzeugungen und Praktiken dar, die kanonische, die quasi-kanonische und sonstige religiöse Literatur ist äußerst reichhaltig und vielgestaltig. Gleichzeitig finden sich primitiv-religiöse Formen, Magie und Aberglauben neben gemeinindischen oder regional und lokal spezifizierten Polytheismen, die selbst wiederum im Lauf der Geschichte im Vishnuismus und Shivaismus zu henotheistischen Konzentrationen der Gottesvorstellung führten (Verehrung nur oder vor allem Vishnus oder Shivas); daneben entfalten verschiedenste Vedanta-Schulen, in denen der Upanishaden-Monismus und die entsprechende Soteriologie oft in extremer Weise auf den Begriff gebracht werden, ihre Wirksamkeit vor allem unter Gebildeten; auch hinter den zahlreichen Formen der Yoga-Tradition steht eine monistische Anschauung.

Allein schon die mehr oder weniger friedfertige Koexistenz all dieser pluralen Traditionen – der Vedanta-Schüler geht auch in den Tempel Vishnus, der Vishnugläubige praktiziert auch Yoga oder verehrt irgendeine lokale Gottheit usf. – und die gerühmte religiöse Toleranz des Inders machen deutlich, daß die Pluralität nicht als reale Verschiedenheit betrachtet wird, sondern als je eigentümliche Konkretion des all-einen Göttlichen; die jeweilige Ausprägung ist nicht »als solche« wichtig, die Relevanz des Konkreten ist aufgehoben in einem prinzipiellen Monismus. Dies gilt selbst für die henotheistischen Strömungen und die in ihnen zu findende Verwandtschaft zu christlichen soteriologischen Topoi (z. B. den Gedanken der Liebe (Bhakti) zu Vishnu und der begnadenden Erlösung durch Vishnu gemäß der *Bhagavadgita*[8], dem indischen »Neuen Testament«); sie alle sind unterfangen von *dem* indischen monistisch-soteriologischen Weg, und in ihn münden auch alle reflexen und begrifflichen Vertiefungen der indischen Religionspraxis ein.

[8] Die Bhagavadgita ist Teil des (6. Buchs des) sehr umfänglichen Sanskrit-Epos Mahabharata. Ihre Gottesvorstellung ließe sich vielleicht genauer als Panentheismus, also eine Verbindung von (personalem) Theismus und Monismus, bezeichnen. Hierbei bleibt allerdings, trotz aller warmherzigen und Liebe provozierenden personalen Züge, der Monismus bestimmend; (der personale) Gott Vishnu (in der Gestalt des Krishna) ist Inbegriff des ganzen Weltalls und aller Götter, die nur verschiedene Gestaltwerdungen des Gottes darstellen (vgl. 11. Gesang).

Wie bei allen Monismen fasziniert auch im Hinduismus das all-eine Göttliche, Grund und Wirklichkeit von Welt und Mensch, und eben deshalb geht es auch soteriologisch *um die Selbstaufhebung des Menschen in Gott hinein* (wenn man so will, könnte man – hellenistisch – von »Vergöttlichung« sprechen). Aber der *soteriologische Ausgangspunkt* scheint anders zu sein. Die Unheilserfahrung setzt z. B. nicht ein bei der Realisation seinshafter Begrenztheit (wie im Hellenismus) oder dem Verstoßen gegen ein willentlich-rechtliches Einheitsprinzip (wie in der lateinischen Tradition), sondern bei der *geschichtlichen Existenz* und ihrem Zentrum, dem »*Selbst*« (Atman) des Menschen.

Soteriologisch also geht es dem Inder – mehr oder weniger ausdrücklich, mehr oder weniger intensiv – um die *Aufhebung des Atman in das all-eine Göttliche*, das Brahman. Erst in ihm findet es seine Ruhe, hat alle Zweiheit der geschichtlichen Existenz hinter sich gelassen und ist eins geworden mit allem. Dieses Ziel muß jeder Mensch allein und für sich anstreben (»Selbsterlösung«), weil ein monistischer Gott nicht tätig werden kann[9], und es kann nur erreicht werden dadurch, daß die Ursachen für den Zwang, geschichtlich existieren zu müssen (das Karma), entfallen[10]. Nicht also durch Tun, durch sittliches Handeln findet das Selbst zu Gott, sondern durch die Aufhebung der Geschichte. Von ihr muß es sich innerlich lösen, vorbereitend durch Vermeidung von Bösem (durch das man sich selbst auf Geschichte fixiert) und ein sich-nicht-bindendes Gutsein – auf dieser Ebene gibt es eine Entsprechung von hinduistischer und christlicher (oder islamischer) Ethik –, endgültig aber durch den *Rückzug aus der Geschichte* auf das Selbst *und* die Selbstentgrenzung auf das All-Eine hin. Wer sich bei seinem Tod noch nicht gänzlich von allen Bindungen gelöst hat, muß wiedergeboren werden in einer neuen Existenz nach Maßgabe seiner noch vorhandenen Verhaftung an die Geschichte[11]; diesem verhängnisvollen Kreislauf kann nur entrinnen, wer die völlige Freiheit des Selbst realisiert hat; dann kann er mit den Upanishaden sprechen: ›Ich bin das All‹.

Wie in allen monistischen Soteriologien ist der einzelne auf sich selbst verwiesen. Was er aber dennoch braucht, ist das richtige *Wissen* um die Zusammenhänge; nur dann kann er sich richtig verhalten. *Lehre* und *Wissen* stellen (vergleichbar den hellenistischen Vorstellungen) die »Restbestände christologischer Vermittlung« von Heil dar.

Auch der *Buddhismus* ist nicht leicht zu fassen, kennt doch auch er eine zweieinhalb Jahrtausende alte Geschichte, in deren Verlauf er sich in verschie-

[9] An dieser Stelle kennen theistische Strömungen im Hinduismus gewisse »barmherzige« Korrekturen in Hinblick auf eine »Fremderlösung« oder jedenfalls Hilfe für den Menschen; diese reichen aber nie so weit, daß das monistische Prinzip in Frage gestellt würde (vgl. auch hierfür die Bhagavadgita).

[10] Auf dieser Überzeugung beruht die – auch soziale und politische – Stabilität des Kastensystems, insofern der Inder die Zugehörigkeit auch zur elendesten Kaste auf Ursachen zurückführt, die er selbst in seiner früheren Existenz verschuldet hat. Einen revolutionären Marxismus findet man deswegen vor allem z. B. in Kerala, einem stark von Christen geprägten Bundesstaat.

[11] Diese Ursache ist in dem sogn. Karma(n) zu sehen, gewissermaßen die Summe der Lebensbilanz eines Menschen; solange er noch Karma(n) besitzt, muß er wiedergeboren werden.

dene Richtungen und regionale Ausprägungen aufgespalten hat. Dem Konzept Buddhas selbst steht der sogn. Therawada- oder Hinayana-Buddhismus (»kleines Fahrzeug«, weil seine strenge Soteriologie nur für wenige, vor allem die Mönche, realisierbar ist) am nächsten; seine soteriologischen Raster sind auch die tragende Basis der anderen Versionen des Buddhismus, auch wenn diese sich in der konkreten Verwirklichung bisweilen bis zur Unkenntlichkeit von ihnen abzuheben scheinen[12].

Der Buddhismus ist in polemischer Auseinandersetzung mit der vedischen Religion entstanden, setzt aber den Upanishaden-Monismus und seine Soteriologie voraus und radikalisiert sie. Die Radikalisierung ist wohl vor allem in einer noch leidenschaftlicheren Erfahrung des mit Geschichte und Personalität verknüpften Unheils zu sehen. Diese führt dazu, umgekehrt die monistischen Elemente erst recht zu verstärken: Die Individualität wird zu einer Scheinwirklichkeit erklärt, und an »Gott« wird vor allem der Gesichtspunkt in den Vordergrund gerückt, der das in ihm gegebene Erlöschen aller *individuellen* Existenz beinhaltet; das Nirvana, das der buddhistische Mönch anstrebt, ist keineswegs das »Nichts«, sondern eben ein »Zustand« nicht-individuellen Seins, in dem der Mensch – der ja nur scheinbar individuell existierte – zu seiner »eigentlichen« Seinsweise findet. Das Nirvana ist somit ein Zustand höchsten ekstatischen Glücks (und wird verglichen mit dem als überindividuell erfahrenen Glück eines Geschlechtsakts oder eines tiefen Schlafs).

Im übrigen entspricht der Heilsweg den Rastern der Upanishaden, er ist allerdings – als soteriologisch relevante *Lehre* – stärker systematisiert und reflektiert. In der Rede (Buddhas) von Benares werden die »vier edlen Wahrheiten« zusammengefaßt: 1. Die Wahrheit vom Leiden, der zufolge alle Existenz als solche mit Leid verknüpft ist; 2. die Wahrheit von der Entstehung des Leidens: Der Durst, d. h. der Wille zum Existieren und die Bindung an die Geschichte und Existenz, ist Ursache des Leidens, weil er zu Existenz und Wiedergeburt führt; 3. die Wahrheit von der Aufhebung des Leidens: Der Durst selbst muß aufgehoben werden durch Leidenschaftslosigkeit, Sich-Lösen von dem Willen zum Leben und aller Bindung; 4. Die Wahrheit vom Weg zur Aufhebung des Leidens, der als achtgliedriger Pfad geschildet wird, der von einer einfachen, negativ begründeten Ethik (Vermeidung von Bindung durch Leidenschaft und Böses) über die Loslösung von allem und die Meditation zu einem Zustand der

[12] So besitzt z. B. der sogn. Mahayana-Buddhismus (»Großes Fahrzeug«, weil es »allen« eine Heilsperspektive gibt) den Gedanken einer gewissen Fremderlösung, insofern Menschen, die eigentlich mit Recht ins Nirvana eingehen können, darauf für einige Zeit verzichten und den Schwächeren Gnade zukommen lassen. Der einfache Gläubige kann zu ihnen, den sogn. Boddhisatvas, beten und auf Hilfe hoffen. Oft rückt auch der – immer festgehaltene – Endzustand, das Nirvana, in recht weite Ferne, so daß ein lange dauerndes glückliches jenseitiges Leben in den Vordergrund tritt und die Hoffnungen auf sich zieht. Die Boddhisatvas sind im Lauf der Zeit mit den regionalen hinduistischen Göttern verschmolzen, so daß der Mahayana gelegentlich kaum von einem bloßen Polytheismus zu unterscheiden ist. Noch mehr verfremdet erscheint der Buddhismus im sogn. Vajrayana (»Diamantfahrzeug«), und auch der Buddhismus in China oder Japan kennt nicht unwesentliche Varianten.

Versenkung, d.h. des Einsseins mit »Gott«, führt. Wer dies erreicht, ist ein Buddha; jeder Grund für eine nochmalige Wiedergeburt ist entfallen, das Leid ist überwunden.

Der Gegensatz dieser beiden auf dem indischen Subkontinent zentralen soteriologischen Traditionen zum Christentum ist gewaltig. Die Erfahrung der Negativität von Geschichte, die auch im Christentum der Predigt vom Kreuz zugrunde liegt, führt nicht wie in diesem zur umso entschlosseneren Hoffnung auf ihre erlöste Gültigkeit (Königsherrschaft Gottes, Auferstehung, neue Erde, Rechtfertigung usf.), sondern zur Sehnsucht nach ihrer Aufhebung; statt um die erbarmende Initiative des personalen Gottes geht es um Selbsterlösung; an die Stelle selbstentäußernder Liebe und somit *Bindung an den anderen*, den »Bruder«, Jesus, Gott, tritt die Lösung aller Bindungen; das Selbst findet nicht im anderen erst seine volle Realität, im Rückzug auf sich selbst will es vielmehr diese Realität (die im Buddhismus von Anfang an keine war) aufheben.
Die Vermittlung des Christentums in diesen soteriologischen Horizont hinein bringt Schwierigkeiten mit sich, die von radikalerer Art sind als bei der antiken »Heidenmission«. Über die übliche Problematik jedes Monismus hinaus ist hier *Geschichte nicht nur irrelevant, sondern ein Unwert*. Die Verkündigung einer letzten Gültigkeit von Geschichte, aller Geschichte und der sie tragenden Individuen, verankert im Bekenntnis zur eschatologischen Geltung Jesu, dürfte in diesem Kontext auf schwer zu überwindende Barrieren stoßen. Man darf vermuten, daß die Mission bei denjenigen Gruppen, die diese Soteriologie völlig verinnerlicht haben (z. B. bei indischen Vedanta-Schülern oder bei Hinayana-Mönchen), nur in Ausnahmefällen Erfolg haben kann.
In der hinduistischen oder buddhistischen *Bevölkerung* sind die geschilderten soteriologischen Figuren ebenfalls vorhanden, aber mehr im Sinne einer *Grundanschauung*, die von vielen Momenten der stärkeren und wohl auch positiven Bindung an die Geschichte (Mensch, Beruf, Leistung, Genuß usf.) gebrochen ist. Zwar kann diese Anschauung jederzeit aus ihrer Latenz erwachen und unmittelbar virulent werden, aber dennoch finden sich für die christliche Predigt viele Anknüpfungspunkte.
Mit der Annahme des Christentums aber sind nicht die jahrtausendealten soteriologischen Raster einfachhin überwunden[13]. Sie entfalten

[13] Vgl. hierzu auch den Überblick von *Richard V. de Smet*, Die Theologie in Indien, in: Bilanz der Theologie im 20. Jahrhundert, Perspektiven, Strömungen, Motive in der christlichen und nichtchristlichen Welt, hrsg. von *Herbert Vorgrimler* und *Robert van der Gucht*, Bd. I, Freiburg, Basel, Wien 1969, 405–421.

vielmehr ihre Wirksamkeit und prägen auch die Christologie. *Horst Bürkle* weist z. B. für Indien auf »das vorchristliche hinduistische Erbe als ein eigenständiger Verstehenshorizont« hin[14]. Dieser ist notwendigerweise geprägt von einer monistischen Gotteserfahrung, die auch in der Rezeption Jesu bestimmend wird: »Es hängt mit der Grundstruktur indischer Frömmigkeit zusammen, daß *ursprüngliche Identitätserfahrung* und *Partizipation des einzelnen im Ganzen der geheimnisvollen Gotteswirklichkeit* auch zu einer Schlüsselerfahrung indischer Christusnachfolge wird. Nicht die historische Verifizierbarkeit, nicht das dogmatisch astreine Gedankengebäude, sondern die *präsentische Erfahrung der verwandelnden Gotteskraft* bestimmt Leben und Lehre« (Hervorhebung vom Verf.)[15].
Es erstaunt deswegen keineswegs, daß die Christologie in Indien oder in buddhistisch geprägten Kulturen die abendländische Rechtfertigungschristologie mehr pflichtgemäß übernimmt; allerdings gibt es eine gewisse Nähe zum *Ausgangspunkt* dieser Christologie: dem (ethischen) Verdikt über die Geschichte[16], während die positive Konsequenz der Erlösung weniger die Rechtfertigung der Geschichte als die (quasimonistische) Präsenz Gottes, also die erlösende Aufhebung von Geschichte, ist.
Eine größere Affinität zum »indischen« Denken (im weitesten Sinn) besitzt die hellenistische Christologie der Alten Kirche; die Inkarnationschristologie bietet Sprachmodelle an, die unmittelbarer der eigenen Mentalität entsprechen. Mittels der Logosvorstellung läßt sich die Anwesenheit Gottes in aller Welt- und Geschichtswirklichkeit denken. Nach dem indischen Theologen *Amalorpavadass*, für den die Inkarnation das Zentrum des Christentums ist, lebt die ganze Schöpfung im Logos oder in Gott, und »Gott offenbart sich selbst auf vielfache Weise den verschiedenen Völkern der Erde. Samenkörner seines Wor-

[14] Gegenwärtige Christuserfahrung: Aiyadurai Jesudasen Appasamy, Indien, in: Theologen der Dritten Welt, a.a.O. 115.

[15] Ebd. Dies gilt auch für andere Bereiche, vgl. ebd. 118: »Entsprechend ist für Appasamy auch das Sakrament primär Kommunion mit dem gegenwärtigen lebendigen Christus. Er ist ›die himmlische Speise für seine Bhaktas‹. Die geschichtliche Dimension der Einsetzung ... rückt in den Hintergrund angesichts des im präsentischen Geschehen sich vollziehenden Mysteriums«. Christuserfahrung sei »ein gegenwärtiger Partizipationsvorgang«, der Tod Jesu, gefolgt von neuem Leben, wiederhole sich in den Seelen und führe zu einer »mystischen Union«.

[16] Diesen Zusammenhang scheint *H. Bürkle* verkannt zu haben, wenn er – unter Berufung auf jesuitische Missionare des 16. Jahrhunderts – Affinitäten zwischen der bhakti-Tradition und der lutherischen Gnadenlehre feststellt (ebd. 117). Diese Verwandtschaft bezieht sich nur auf den Ausgangspunkt – das negative Urteil über Geschichte –, nicht aber auf das soteriologische Ziel.

tes finden sich in allen Religionen und in allen irdischen Wirklichkeiten«[17]. Deshalb solle man auch indische religiöse Schriften in der Kirche benutzen. Offensichtlich tritt die urchristliche bindende Kraft der Geschichte, des Faktischen, zurück zugunsten einer Auffassung, der gemäß alles Konkrete nur Epiphänomen oder Epiphanie des einen Göttlichen ist.

Auch für Christen aus der buddhistischen Tradition ist Gott vor allem zugänglich in der Tiefe des eigenen menschlichen Seins. Tendenziell zumindest kann Jesus nur als Christus rezipiert werden, wenn er – als Logos – als die eigentliche eigene Wirklichkeit begegnet, die es zu erkennen und aufzudecken gilt.

Weil die alten religiösen Traditionen Asiens keine Aufklärung durchlaufen haben und die europäische Aufklärung nur von kleinen Eliten rezipiert wurde und wird, *etablieren sich durch die Inkulturation des Christentums wohl von neuem vorkritische theologische und christologische Muster*. Vielleicht führen sie aufs Ganze gesehen zu einer *Renaissance* antiker Christologie, allerdings mit einigen neuen Schwerpunkten; hier wäre insbesondere die Negativwertung von Geschichte (und geschichtlicher Individualität) zu nennen, die sich auf bestimmte *Motive der lateinischen Tradition* stützen könnte. Aus diesen Bausteinen könnte – in scheinbarer Kontinuität – eine neue eigentümliche Gestalt der Christologie, ein drittes Etwas, entstehen, das jetzt allerdings erst in zaghaften Ansätzen vorliegt.

(2) China

Auch der zweite große Kulturraum des Fernen Ostens, China, ist traditionell von monistischen Grundeinstellungen geprägt. Die beiden großen religiösen Traditionen Chinas, Taoismus und Konfuzianismus, prägen diesen Raster auf je spezifische Weise aus. Beide sind etwa um die Mitte des ersten vorchristlichen Jahrtausends aus der, ihrerseits schon mehr als tausendjährigen, chinesischen Reichsreligion hervorgegangen.

Äußerlich gesehen handelt es sich bei dieser *Reichsreligion* um einen Polytheismus mit zwei Gruppen von Gottheiten: »Naturgottheiten« und (aufgrund ihrer Bedeutung in den Himmel versetzte) Ahnengeister. Beide Gruppen wurden ursprünglich streng unterschieden, und man betete vor allem zu den Ahnen; später aber wurden sie auch miteinander in Beziehung gesetzt und vermischt. An der Spitze des Pantheons stand Shang-ti (später meist: T'ien), der Himmel. Er sowie die anderen »Naturgottheiten« sind mehr Symbole für kosmische Kräfte, der Gedanke der Personalität war nicht stark ausgebildet, gelegentlich verschwimmen sie auch zu *einer* kosmischen Kraft, die unter dem Namen »Himmel«, bald auch als »Tao« angeredet wird.

Diese letztlich *eine* kosmische Gesetzmäßigkeit durchwirkt alles: Himmel, Erde und Unterwelt, wie auch schon die ganze Welt durch das Aufeinandertref-

[17] Nach: *Arnulf Camps*, Theologie der Inkulturation: Duraisamy Simon Amalorpavadass, Indien, in: Theologie der Dritten Welt, a.a.O. 132.

fen von kosmischen Kräften (Chaos und Blitz) entstanden ist[18]. Die göttliche Ordnung läßt sich – durch ein reich ausgeprägtes Orakelwesen – ergründen und in einem gewissen Umfang durch kultische Manipulationen lenken. Vor allem aber muß man sich an die vorgegebenen Regeln halten, wenn die Ordnung des Universums nicht gestört werden soll. So kennt schon die chinesische Reichsreligion eine starke Ausrichtung auf das Einhalten von gesellschaftlichen Regeln (bis hin zur Etikette) und auch Ethik. Diese Ethik aber kennt keinen personalen Adressaten, es gibt keine personale Schuld, sondern nur Verstöße gegen die gesellschaftliche und so auch kosmische Ordnung; es gibt »Verbrechen«, aber keine »Sünde« (Diese Einstellung hat sich bis in den heutigen Staatsmarxismus hinein erhalten).

Taoismus und Konfuzianismus ruhen auf dieser latent oder bisweilen schon offen monistischen Basis auf und stellen so etwas wie logische Weiterführungen mit je verschiedenem Schwerpunkt dar. *Im Taoismus rückt ganz das Einheitsprinzip selbst in den Mittelpunkt des soteriologischen Interesses, der Konfuzianismus* hat dieses – mehr spekulativ-mystische – Interesse verloren und *richtet den Blick auf* das, was dann noch »übrigbleibt«, *die Gesellschaft und die Spielregeln ihres* (und damit des Kosmos) *Funktionierens.*

Der Taoismus hat seinen Namen nach dem Buch ›Tao teh King‹, das von einem anonymen ›alten Meister‹ (= Laotzu = Laotse) um 400 v. Chr. verfaßt wurde. Im Zentrum steht das Tao (»Gott«, Weg, Logos, Sinn). Es ist der Ursprung, die innerste Wirklichkeit und das Ziel allen mannigfaltigen Seins. Man kann es mit keinem Namen fassen, ein Geheimnis, das sich jedem Zugriff entzieht. Es ist und ist nicht: »Beides [Sein und Nichtsein, Verf.] ist eins dem Ursprung nach/und nur verschieden durch den Namen.«[19] Man erkennt es durch Nichterkennen. Aus ihm ist alles hervorgegangen und zu ihm kehrt alles zurück. Dort erst ist Ruhe und die Bestimmung des Menschen erfüllt.

Dorthin findet der Mensch, indem er sich aus der Geschäftigkeit zurückzieht – allerdings soll er für sein leibliches Wohl durchaus sorgen –, leer wird[20] und zu einem inneren Schauen findet. Dann wächst er über seine individuellen Bedingtheiten hinaus. »In dieser Stellung ist er aber sozusagen eine kosmische Potenz«[21].

Der Taoismus – in seiner späteren Geschichte durch vielerlei Einflüsse depraviert (bis hin zur Verehrung Laotses als Gott und zur Ausbildung eines Kirchenstaates mit einem »Erbpapsttum«) – ist in seiner ursprünglichen Gestalt in den Grundanschauungen durchaus Upanishaden und Buddhismus vergleichbar (so hat auch der nach China importierte Buddhismus seine Lehre mit den Begriffen der Tao-Tradition übersetzt). Es fehlt ihm aber – neben einzelnen, aber zentralen Rastern wie etwa dem von einem Kreislauf der Exi-

[18] Vgl. hierzu vom *Verf.*, Die Welt ist Gottes Schöpfung, a.a.O. 28.

[19] Laotse, Tao te king. Das Buch des Alten vom Sinn und Leben (Die Philosophie Chinas), übertragen und erläutert von *Richard Wilhelm*, Düsseldorf, Köln ([1]1957) 1976, 41.

[20] Vgl. Tao te king, ebd. 89: »Es gibt keine größere Sünde als viele Wünsche./ Es gibt kein größeres Übel als kein Genügen kennen./ Es gibt keinen größeren Fehler als haben wollen«.

[21] *R. Wilhelm*, in: Laotse, ebd. 31.

stenz – vor allem das tief empfundene Leiden an der Geschichte. Zwar werden die konkrete Mannigfaltigkeit, die gesellschaftliche Wirklichkeit, die Individualität ebenfalls negativ erfahren – wie in allen Monismen –; aber sie werden, bevor diese Negativität allzu bestimmend wird, recht bald als vorübergehende Epiphänomene des all-einen Tao erkannt – und hingenommen. Die Reaktion des Weisen auf diese Erkenntnis ist die Konzentration seiner Existenz auf das Tao und die mystische Rückkehr zu und die Identifikation mit ihm. Es ist eine, wenn man so will, »weisheitliche« Verhaltensweise, ein wenig in bezug auf das geschichtliche Leben resignativ, aber nicht von solcher existentiellen Tiefe, daß ein pragmatisches Verhalten im Leben ausgeschlossen wäre.

Wenn der Taoismus vor allem die mystische, das Einheitsdenken in den Mittelpunkt stellende Folge der damaligen chinesischen Religionsgeschichte repräsentiert, so zieht der *Konfuzianismus* gänzlich die *pragmatische* Konsequenz. Die letzten Gründe der Welt sind nicht zu erkennen, und da wir noch nicht mal mit diesem Leben zurechtkommen, warum sollten wir uns über den Tod und ein Leben nach dem Tod den Kopf zerbrechen[22]. *Kung fu-tzu* (Konfutius), der »Meister Kung« († 479 v. Chr.), lebte zur Zeit einer politisch-gesellschaftlichen Krise der traditionellen aristokratischen Ordnung und der Feudalstaaten in China. Diese Krise will er von dem Punkt her bewältigen, an dem der Mensch selbst etwas bewirken kann. Dies ist die Wiederherstellung der früheren aristokratischen Gesellschaftsordnung mit ihren zahlreichen Regeln der Über- und Unterordnung. *Konfutius* wendet sich an den einzelnen und versucht, ihn zu einem entsprechenden Verhalten zu motivieren. Später, nach Etablierung eines zentralistischen Staates in der Ch'in-Zeit (Ende des 3. Jahrhunderts v. Chr.) wurden alle früheren Schriften, die die Feudalordnung begünstigten, vernichtet und in der folgenden Zeit im Sinne des Kaisertums neu geschrieben, so daß die Lehren des *Konfutius* nicht mehr ganz exakt auszumachen sind.

Oft wird bestritten, daß der Konfuzianismus überhaupt als »Religion« zu bezeichnen sei. Aber immerhin war *Konfutius* der Meinung, daß die Erfüllung der gesellschaftlichen und ethischen Regeln auch dem Willen des Himmels entspreche; auf jeden Fall aber ist auch der resignative Verzicht auf »transzendentale« Spekulation oder auf Kult und Gebet und die daraus resultierende Bescheidung mit der Gesellschaft eine Art religiöser Entscheidung, ein soteriologischer Weg. Er läßt sich unter den Begriff des jên (Sittlichkeit, humanitas) zusammenfassen. Seine Verwirklichung ist durch keinerlei Unfähigkeit des Menschen gebrochen, der den freien Willen besitzt und so die (restaurativen) Normen einhalten kann. Tut er es, gewinnt er damit zwar kein ewiges Leben (darüber kann keine Aussage gemacht werden), aber er trägt zur Blüte der Gesellschaft und des Universums bei und – nicht zuletzt – verwirklicht seine

[22] Vgl. Kungfutse, Gespräche. Lun Yü (Die Philosophie Chinas), übertragen und erläutert von *Richard Wilhelm*, Düsseldorf, Köln (^{1}1955) 1976, 115: »Gi Lu fragte über das Wesen des Dienstes der Geister. Der Meister sprach: ›Wenn man noch nicht den Menschen dienen kann, wie sollte man den Geistern dienen können!‹ (Dsi Lu fuhr fort): ›Darf ich wagen, nach dem (Wesen) des Todes zu fragen?‹ (Der Meister) sprach: ›Wenn man noch nicht das Leben kennt, wie sollte man den Tod kennen‹?«

eigene humanitas. Diese religiöse Abstinenz hat allerdings nicht verhindern können, daß später allerlei kosmologische Spekulationen in den Konfuzianismus Einlaß fanden und *Konfutius* selbst in Tempeln verehrt wurde.
Die heutige religiöse Situation der Bevölkerung ist nur schwer zu umschreiben. Dem weitaus größten Teil der Chinesen wird, in der Volksrepublik China, der Marxismus als offizielle Doktrin aufgezwungen. In Taiwan und bei chinesischen Bevölkerungsgruppen in anderen asiatischen Ländern leben »reichsreligiöse« Vollzüge fort, unter denen der Ahnenkult eine wichtige Rolle einnimmt; in eins damit ist konfuzianisches Gedankengut weit verbreitet. Der Taoismus selbst kennt – bei aller Faszination, die er auf westliche Intellektuelle ausübt – nur in kleineren Gruppen eine lebendige Tradition. Dennoch aber ist der in ihm radikal formulierte Monismus prägend für die religiöse Grundgestimmtheit; diese wird verstärkt durch die buddhistischen Motive, die auch in die chinesische Kultur eingegangen sind. Man muß vermuten, daß in ähnlicher Weise auch unter der offiziell marxistischen Decke in der Volksrepublik China die jahrtausendealten Überzeugungen weiterleben.

Bis zur kommunistischen Machtergreifung standen die christlichen Kirchen Chinas – trotz aller positiven Bemühungen um eine Inkulturation – doch noch sehr stark unter dem Einfluß der europäischen Missionarstheologie, so daß aus dieser Zeit keine allzu beachtenswerten theologischen Beiträge zu unserer Frage vorliegen. Weil heute chinesische Theologen aller christlichen Konfessionen nur außerhalb der Volksrepublik unabhängig literarisch tätig werden können, sind ihre Versuche auch von anderen Einflüssen geprägt; vor allem buddhistische Motive spielen eine nicht geringe Rolle und – nicht zuletzt – der in ihrer Situation erzwungene Blick auf »Asien« insgesamt; diese Theologen können deswegen kaum als Beispiele einer »reinen« Synthese chinesischer und christlicher Mentalität herangezogen werden.
Was sie publizieren, ähnelt in vieler Hinsicht den Versuchen, wie sie im Christentum in hinduistischer oder buddhistischer Gesellschaft entstanden sind. Dazu hat sicher beigetragen, daß der chinesische Monismus strukturell von ähnlicher Art ist[23]. Auch er kennt das Leiden an der Pluralität und Geschichte, wenn dieses auch meist nicht so grundsätzlicher Art ist wie in der buddhistischen Tradition, und auch die Ethik des Konfuzianismus (an der die christliche Verkündigung anknüpfen kann) ist positiver gestimmt.
Der evangelische Theologe *Choan-Seng Song* aus Taiwan hat ein Buch mit dem Titel »Third Eye Theology« publiziert, in dem er sich gegen die »flache« Theologie des Westens wendet und eine Theologie mit einem »dritten Auge« (ein Begriff aus dem Zen-Buddhismus) fordert;

[23] Vgl.hierzu auch: *A.B. Chang Ch'un-Shen*, Dann sind Himmel und Mensch eine Einheit. Bausteine chinesischer Theologie (Theologie der Dritten Welt, hrsg. von Missionswiss. Institut Missio unter der Leitung von *Ludwig Wiedemann*, Bd. 5), Freiburg, Basel, Wien 1984, 75–80.

dieses soll »die verborgenen und nicht so offenen Wege Gottes« wahrnehmen: »Theologie mit einem dritten Auge ist eine Theologie der Menschwerdung Gottes in Christus«[24]. Hierbei dient *Song* der antikchristologische Topos dazu, Gedanken zu formulieren, die gänzlich neue Fragestellungen anzeigen: »Ich persönlich neige immer mehr dazu anzunehmen, daß eine theologische Entgleisung ersten Ranges von jenen Theologen hervorgerufen wurde, die Gottes Heil auf eine besondere Nation und auf die christliche Kirche beschränkt haben... Die Menschen in Asien möchten wissen, wie die Fesseln des Leidens zerbrochen werden können. Sie sehnen sich danach, Heil in der Gegenwart... zu erfahren. Muß es nicht eine direkte Beziehung zwischen ihrem Leiden und Gottes Leiden in Jesus Christus geben?«[25]
In diesem Zitat klingen die drei wesentlichen neuen Motive auf: (1) Überwindung des Leidens und zwar (2) im präsentisch erfahrbaren Gott, der (3) in allen pluralen Konkretionen von Welt und Geschichte und Religion zu finden ist. Der letztgenannte Gesichtspunkt zeigt besonders deutlich, daß »Geschichte« noch mit asiatisch-monistischen Assoziationen gedacht wird. Sehr entschieden plädiert *Song* gegen die Fixierung von Heil auf eine bestimmte Geschichte; er beruft sich aufs Neue Testament: die Juden als Hüter ihrer Geschichte hätten Jesus gekreuzigt, ein römischer Hauptmann aber ihn zuerst als Gottes Sohn er- und bekannt, und auch Paulus sei durch Jesus Christus von den Zwängen seiner jüdischen Tradition befreit worden[26].
Dieser »tolerantere« Umgang mit der bindenden Kraft des Geschichtlich-Faktischen läßt ein Grundverständnis durchschimmern, demgemäß Gott die immanente Wirklichkeit aller Konkretionen ist. Eine darauf aufbauende Christologie muß Mühe haben, über den inkarnierten Gott hinaus auch noch die soteriologische Relevanz *Jesu* im Auge zu halten. Auf jeden Fall tendiert der Weg über das Leiden Jesu und das eigene Leiden unmittelbar *auf Gottes Präsenz* hin – und *nicht auf eine Rettung der leidvollen Geschichte selbst*.
In einem ähnlichen Sinn plädiert auch der katholische Theologe *A. B. Chang Ch'un-shen*, Taiwan, für eine Rezeption taoistischer und konfuzianischer (und buddhistischer) Motive in die Christologie: »Die ›Himmel-Mensch-Einheit‹ hat Jesus Christus zum Fundament.«[27] Vor allem formuliert er sehr bewußt, daß nach der chinesisch-christlichen Eigentümlichkeit der Weg zu Gott, bei dem er den Begriff der

[24] So die Zusammenfassung nach: *Justus Freytag*, Theologie mit einem dritten Auge: *Choan-Seng Song*, Taiwan, in: Theologen der Dritten Welt, a.a.O. 141.
[25] *Ch.-S Song*, Third Eye Theology, zitiert nach: *J. Freytag*, a.a.O. 146.
[26] Vgl. hierzu *J. Freytag*, ebd. 147.
[27] A.a.O. 87.

Personalität[28] als Problem empfindet, wenigstens nicht ausschließlich geschichtlich-personal vollzogen wird: »Die Erfahrung der *einen* Quelle aller Dinge geschieht nicht über einen ›Du-Ich-Verkehr‹, sondern ist eine Erleuchtung über die alle Welt erfüllende Kraft der Gottheit.«[29]

Die hier ganz knapp skizzierten religiösen Traditionen sollen *stellvertretend* für ganz Asien – soweit es nicht von Christentum und Islam geprägt ist – die radikale Wendung, ja Umkehr des soteriologischen Horizonts exemplifizieren, innerhalb dessen sich christliche Mission vollziehen muß (Hierbei sind historische Krisen, wie die Zerschlagung z. B. der dynamischen Kirchen Chinas [allein die katholische Kirche hatte damals etwa dreieinhalb Millionen Mitglieder] durch den Sieg der Kommunisten nicht berücksichtigt).

Natürlich können die heutigen Kulturen Asiens nicht einfachhin retrospektiv beschrieben werden. Sie alle haben, früher oder später, einen Europäisierungsprozeß mitgemacht, zunächst »bürgerlicher«, in jüngerer Zeit in großen Gebieten auch marxistischer Art; die heutigen ökonomischen Realitäten zwingen sie dazu, allein schon aus Gründen des Überlebens auch weiterhin Anschluß an die wissenschaftliche, technische und wirtschaftliche Entwicklung der Ersten und Zweiten Welt zu behalten. Alle Länder Asiens werden von mehr oder weniger großen Eliten geführt, die – im weitesten Sinn – als europäisiert bezeichnet werden können.

Dennoch darf nicht erwartet werden, daß die religiösen Traditionen, die meist älter sind als das Christentum, ihre prägende Kraft verloren haben; das scheint noch nicht einmal dort der Fall zu sein, wo von Staats wegen alle Religion unterdrückt und die Gesellschaft nach europäisch-marxistischem Muster organisiert und ideologisiert wird (Der Marxismus wird in Asien ebenso einem Transformationsprozeß unterworfen werden wie das Christentum).

Mit anderen Worten: Die monistische soteriologische Grundorientierung wird wohl – wenigstens für lange Jahrhunderte – weiterhin wirksam sein. Hier wird also die christliche Mission vor einem ähnlichen Vermittlungsproblem stehen wie zu Beginn der altkirchlichen Zeit. Diese Schwierigkeit stellt sich je anders dar: In China etwa lassen sich leichter Anknüpfungspunkte sehen, die für den Taoismus nicht gänzlich von denen des Hellenismus verschieden sind, in der konfuzianischen Tradition aber mehr bei der Ethik ansetzen könnten. Tiefer aber scheint der Graben, der überbrückt werden muß, in der hinduisti-

[28] Hierbei problematisiert er allerdings fälschlich den *trinitarischen* Personbegriff, der ja im Grunde nichts mit der von ihm gemeinten Personalität *Gottes* gemein hat.

[29] A.a.O. 90.

schen und vor allem in der buddhistischen Gesellschaft zu sein, insofern hier die Negativwertung für alles Geschichtliche besonders ausgeprägt ist (allerdings kennt der Hinduismus auch viele, wenigstens äußerliche Anknüpfungspunkte in den weit verbreiteten oberflächlichen Theismen).
Alles in allem darf erwartet werden, daß speziell die abendländische Form des Christentums als besonders fremd empfunden wird und seine *hellenistische Gestalt nähere Vermittlungsmodelle* anbieten kann. Diese Nähe zu altkirchlichen Topoi wird auch dadurch erleichtert, daß die Masse der Bevölkerung in Asien keinerlei Aufklärungsprozeß durchlaufen hat, so daß die Sprache des Mythos zwar anders, aber von vergleichbarer Struktur ist. Wie es allerdings in den marxistischen Staaten Asiens aussehen wird, wenn sie über längere Zeiträume einer marxistischen Religionskritik ausgesetzt sind, läßt sich nicht voraussagen. Möglicherweise verbinden sich die traditionellen mythischen Monismen mit dem materialistischen Monismus des Marxismus und finden so zu einer Stabilität, die sie für eine christliche Missionierung schwer zugänglich macht.
Auch in Asien bestätigt sich also die Regel, daß neue soteriologische Horizonte auch neue Christologien hervorbringen. Sie sind erst in Andeutungen zu erahnen, werden aber in der Zukunft mit wachsender Unabhängigkeit und der Ausbildung einer eigenen Tradition schärfere Konturen ausbilden. Wie auch bei den bisherigen Umbrüchen wird sich die neue Rezeption Jesu als Christus mit den Mitteln der vorgegebenen Christologiegeschichte artikulieren und ihre Elemente als Bausteine verwenden. Schon jetzt gehen die dortigen Theologen so vor; die Verwendung überlieferter Begrifflichkeit darf allerdings nicht über die tatsächlichen Verwerfungen hinwegtäuschen.

3.2.2.3 Die afrikanische Kultur und die Christologie

Der afrikanische Kontinent ist keineswegs nur von Schwarzen besiedelt. Der Norden hat eine mehrheitlich arabische Bevölkerung, daneben aber gibt es zahlreiche »Weißafrikaner«, die Berber; in nicht wenigen Teilen Afrikas leben Asiaten, vorwiegend Inder, sowie Europäer, letztere sind besonders im Süden konzentriert. Im folgenden soll ausschließlich von *Schwarzafrika*, also den Zonen südlich der Sahara, die Rede sein (In einem gewissen Sinn gehören auch die infolge des Sklavenhandels außerhalb Afrikas lebenden Negerminoritäten in diesen Zusammenhang).
Das Christentum hat schon eine alte Geschichte in Afrika. Von der ägyptischen und nordafrikanischen Kirche und Theologie hat es wesentliche Prägungen empfangen. Mit der islamischen Eroberung aber

wurde diese Geschichte abrupt beendet; seitdem ist das Christentum in Nordafrika verdrängt, in Ägypten zur politisch bedeutungslosen Minorität geworden, die äthiopische Kirche hat keinerlei missionarische Ausstrahlung entfaltet. Für den Großteil Afrikas beginnt deswegen die christliche Geschichte im 15. und 16. Jahrhundert, als Portugiesen an der West- und Ostküste kolonisierten und missionierten; eine systematische Mission wird allerdings erst seit rund 150 Jahren betrieben.

Die zahlenmäßigen Erfolge der Mission, die sich vor allem in den nördlichen Gebieten einer starken Konkurrenz seitens des Islam ausgesetzt sieht, sind beeindruckend. In einigen Staaten stellen die Christen schon die Bevölkerungsmehrheit, in den anderen bilden sie mehr oder weniger starke, auf jeden Fall aber sehr dynamische Minoritäten. Mehr noch als in anderen Kontinenten, außer in Nordamerika oder Australien, waren die Europäer überzeugt, hier auf eine »primitive« Bevölkerung gestoßen zu sein, die noch keinerlei nennenswerte Kultur und Religion hervorgebracht habe. Dieser Eindruck war falsch. Wenn es auch nicht zu einer autochthonen Entwicklung von Schrift gekommen war, sind die afrikanischen Kulturen doch vielfältig und differenziert; in manchen hatte sich auch schon das Bewußtsein einer alten Geschichte[30] ausgebildet, deren Zusammenhang in mündlicher Überlieferung, oft in Form vielhundertjähriger Stammbäume, kommemoriert wurde.

Auf jeden Fall aber hat diese alte Kulturgeschichte die Menschen in Afrika stark geprägt und ein ganz *eigenes, unverwechselbares Daseinsverständnis* hervorgebracht, das sich vor allem in den Religionen niedergeschlagen hat. Die Anschauung von Gott, Welt, Mensch ist in Afrika, trotz der Vielzahl von Kulturen und Kulturstufen, von Rassen und Sprachen, von einer erstaunlichen Einheit[31], deren Ursachen noch unbekannt sind. Zunächst wurde sie von Kolonialmächten und Missionaren nicht beachtet und ein umfassender Prozeß der Europäisierung eingeleitet. Seit einigen Jahrzehnten aber gibt es eine Gegenbewegung zu einem schwarzen Bewußtsein hin, das die eigene Identität im Anschluß an die afrikanische Tradition sucht. Diese Entwicklung verstärkt sich weiterhin dynamisch, sie wird auch zu einer neuen, afrikanischen Gestalt von Kirche und Theologie führen.

[30] Vgl. hierzu: *Ernst Gerhard Jacob*, Grundzüge der Geschichte Afrikas (Grundzüge, Bd. VII), Darmstadt 1966.

[31] Vgl. *John S. Mbiti*, Afrikanische Religion und Weltanschauung (aus dem Engl. übers. von *W. F. Feuser*), Berlin, New York 1974, 37.38: »Es ist bemerkenswert, daß es trotz der großen Entfernungen ... genügend gemeinsame Glaubenselemente gibt, die es uns gestatten, die afrikanischen Gottesvorstellungen in kontinentaler Gesamtschau als Einheit zu behandeln«.

Die Eigenart afrikanischer Religion(en) läßt sich nur schwer skizzieren. Da gibt es einmal die Schwierigkeit, das bunte Material aus verschiedenen Kulturen[32], ethnischen Gruppen und einer großen Zahl von Stämmen – heute durch die staatliche Grenzziehung oft willkürlich geteilt –, (etwa 700) Sprachen und Dialekten zu sammeln; da es keine schriftlichen Dokumente gibt, muß für die vergangenen Jahrhunderte auf Beobachtungen von Europäern und heute auf Traditionen zurückgegriffen werden, die nicht mehr in jedem Fall unberührt sind von der Begegnung mit Europa.

Schwieriger noch ist der Forschungsstand selber; es zeichnet sich noch keinerlei Konsens in der Analyse und Beurteilung der afrikanischen Religion ab. Zwar sind die früheren Thesen von einem afrikanischen Animismus oder bloßen Ahnenkult heute überwunden. Immer aber spielen noch bestimmte Interessen[33] oder auch europäisch-christliche Aprioris[34] eine große Rolle. Alle aber stimmen darin überein, daß die afrikanische Religion eine unverwechselbare Identität besitzt, die ihr – trotz zahlreicher, wenigstens struktureller Gemeinsamkeiten mit anderen Religionen – einen eigenständigen Rang sichert.

Nach den äußerlichen Phänomenen läßt sich die afrikanische Religion leicht skizzieren: In ganz Schwarzafrika ist der äußerste Bezugspunkt *ein* Gott, sowohl Schöpfer wie letzte Wirklichkeit von allem. Unter ihm gibt es meist einige oder auch viele Götter, die in der Regel mit irgendwelchen Naturkräften in Beziehung stehen und spezialisierte Aufgaben wahrnehmen. Wiederum unter diesen Göttern beginnt das Reich der Geister, wobei die Grenzen zwischen beiden Sphären nicht immer genau zu ziehen sind. Diese Geister, gelegentlich noch einmal untergliedert, sind bisweilen eigens als solche geschaffen worden, darüberhinaus zählen zu ihnen aber auch die Seelen der Toten, sobald sich kein Lebender aus ihrer Familie noch ihres Namens und ihrer Persönlichkeit erinnert; vorher – »bis zu fünf Generationen« – gehören sie noch mehr dem Bereich der Lebenden zu und können, mit *J. S. Mbiti*, als »Lebende-Tote«[35] bezeichnet werden.

Die Götter und Geister unterhalb Gottes haben offensichtlich keine eigenständige Bedeutung, sondern werden als eine Art Epiphanie oder Wirkung Gottes

[32] *E. G. Jacob*, a.a.O. 19–22, unterscheidet mit der älteren Forschung fünf bzw. sechs größere Kulturen, die vom Stadium des Jägers und Sammlers bis hin zu Ackerbau- und/oder Viehzüchterkulturen reichen. Letzteren gehört die größte Zahl der Schwarzafrikaner zu (vgl. ebd. 15).

[33] Im Gegenzug gegen frühere Abwertungen versuchen afrikanische Forscher, die Ebenbürtigkeit und Übereinstimmung des afrikanischen Gottesglaubens (oder der Ethik usf.) mit europäischen und christlichen Standards aufzuzeigen. So bietet z. B. *J. S. Mbiti*, a.a.O. 36–48, ein Kapitel »Die Natur Gottes«, in dem er die in Europa üblichen »Eigenschaften« Gottes auch für Afrika nachweist: Gott ist allwissend, allgegenwärtig, allmächtig, transzendent, freundlich, barmherzig, gut.

[34] Diesen Vorwurf muß man vor allem der ansonsten ausgezeichneten Studie *H. Rückers*, a.a.O., machen, der die afrikanische Religion transzendental-philosophisch reflektieren will (vgl. Einleitung) und – vor allem – von einem vorkritischen christlichen Offenbarungsbegriff ausgeht (vgl. u. 579, A. 51).

[35] *J. S. Mbiti*, a.a.O. 104.

betrachtet (sie können allerdings auch schädlich und böse sein). Für die Menschen sind sie, das gilt – vor allem, aber nicht nur – für die eigenen Ahnen, *Vermittler* zu Gott hin, so daß Gebete und Opfer, die an sie gerichtet sind, im Letzten auf Gott zielen.

Dieses System wird in der Literatur als eine Art von Polytheismus mit Hochgottglauben oder als ein Polytheismus im Übergang zur Monolatrie oder auch als eine Art von Monotheismus bezeichnet[36].

Die Übereinstimmungen in der Forschung gehen heute noch ein Stück weiter. »Der Mensch ist ein religiöses Wesen in einem religiösen Weltall«[37], diese Überzeugung wird von den meisten geteilt. Diese Welt ist eine *Einheit*, nicht des Seins, sondern des *Lebens*. Dieses Leben geht auf Gott zurück, der sich *in der Welt als wirklich erweist und doch transzendent ist*. Es würde hier zu weit führen, auf die verschiedenen Interpretationen des afrikanischen religiösen Systems einzugehen, dessen hermeneutischer Schlüssel nach *J.S. Mbiti* z.B. der Zeitbegriff[38], nach *H. Rücker* aber das symbolische Denken ist[39]. An dieser Stelle soll es vielmehr um die grundsätzliche religionstypische Charakterisierung dieser Religion gehen, um die soteriologische Rezeptionsstruktur, auf die das Christentum trifft, hervortreten zu lassen.

Obwohl der Verf. diese Religion nur aufgrund (widersprüchlicher) sekundärliterarischer Vermittlung kennt, soll doch die These aufgestellt werden, *daß auch die afrikanische Religion in den Bereich der Monismen gehört*.

»Das afrikanische Wissen von Gott drückt sich in Sprichwörtern, kurzen Aussagen, Liedern, Gebeten, Namen, Mythen, Legenden und religiösen Handlungen aus«[40]. Diese mündlich tradierten Quellen sind aufgrund der je verschiedenen »Sitze im Leben« und der verschiedenen Formen sehr mißdeutbar. Wer z.B. ein ägyptisches Schöpfungslied auf den Gott Ptah liest und immanent exegesiert, wird leicht – wenn er daran ein Interesse hat – sehr starke Übereinstimmungen mit dem biblischen Gott entdecken. So ist auch in afrikanischen Gebeten von Gott als »Vater«, »Häuptling«, »Urheber«, »Baumeister«, »König« usf. die Rede, die Schöpfungsmythen schildern ihn als Ursache der Weltentstehung; und immer wieder werden von Gott Aussagen gemacht, die ihn als transzendent erscheinen lassen. Was liegt näher, als ihn – bei allen assoziativen Unterschieden – als transzendenten Schöpfer und König anzusehen[41]?

Dieser Gott aber »durchwirkt« das Weltall[42], »Gott ›ist‹ Welt bzw. sich als Welt zeigende Wirklichkeit, das Leben...«, die Welt ist seine Manifestation[43], »alle Naturereignisse und Naturkräfte (stehen) mit Gott in engem Zusammenhang[44].

[36] Vgl. die Bibliographie zum Gottesbegriff und zu Ahnen und Geistern bei *H. Rücker*, a.a.O. 254–256.

[37] *J.S. Mbiti*, a.a.O. 19.

[38] Ebd. 18–36.

[39] A.a.O. Teil 2 (passim).

[40] *J.S. Mbiti*, a.a.O. 37.

[41] Vgl. *H. Rücker*, a.a.O. 134. »Daraus folgt die grundsätzliche und unbedingte Einheit, Gutheit und ›Vaterschaft‹ des afrikanischen Gottes«.

[42] *J.S. Mbiti*, a.a.O. 59. [43] *H. Rücker*, a.a.O. 134. [44] *J.S. Mbiti*, a.a.O. 60.

Daraus folgert *J. S. Mbiti*: »Gott ist also gleichzeitig transzendent und immanent«,[45] während z. B. *H. Rücker* jeden Gedanken monistischer Art ausschließen will: »Eine pantheistische Identifikation des Schöpfers mit seiner Schöpfung ist ausgeschlossen. Pantheismus ist in Afrika nicht beheimatet.«[46]
Genau das aber ist die Frage. Hier scheinen einige Begriffe allzu oberflächlich gebraucht zu sein: *Jeder* Monismus (oder auch: welt*immanente* Gottesvorstellung) ist *notwendig mit dem Gedanken der Transzendenz verbunden*, insofern das die Welt tragende Prinzip *eines* sein soll[47]. Immanenz heißt nicht, bei bloßer Pluralität stehen zu bleiben, sondern auf den letzten Grund zu reflektieren; und Pantheismus bleibt nicht beim »Pan« stehen, sondern blickt auf *das* Göttliche in ihm; dieses kann aber, sosehr es die Wirklichkeit von allem (Pluralen) *ist*, nur – weil *eines* – in einer Nichtdeckung mit der Welt gedacht werden (So ist auch das *Plotin*sche immanente »Eine« transzendent); es handelt sich um eine *immanente Transzendenz*, Gott ist fern *und* nah.
So aber scheint der afrikanische Gottesbegriff strukturiert zu sein, und gerade in dieser Eigentümlichkeit ist auch die Ursache dafür zu sehen, daß die Welt – wie *Rücker* richtig feststellt – Symbol Gottes ist[48]; *in ihr* erscheint Gott als letzte lebendige Wirklichkeit. Neben der immanenten Transzendenz gibt es eine andere, eine »echte« Transzendenz, die *der* Gottesvorstellung eignet, die nicht aus der Erfahrung der Welt, sondern aus der Geschichte gewonnen ist; *nur in ihr gibt es das Gegenüber nach dem Modell personaler Beziehung*, hier gibt es »den anderen«, der in Bezug auf mich »echt transzendent« ist. Eine solche Implikation aber kennt das afrikanische Gottesbild *nicht*, eben weil dieser Gott nicht primär in der Geschichte, sondern im Weltall und im Menschen als Teil oder Mitte dieses Weltalls erscheint; »die Menschheitsgeschichte (ist) eigentlich eine anthropozentrisch oder mikrokosmisch gesehene Geschichte des Weltalls.«[49] Der Mensch ist »Schmuck des Universums« und »Samenkorn des Universums«[50]. Deswegen ist die eine Transzendenz nach dem Modell der Geschichte, die mit Assoziationen der Personalität verbunden ist, dem afrikanischen Gott fremd; wenn er in Gebeten und Liedern auch König oder Vater genannt wird, handelt es sich hierbei um Anthropomorphismen, die nicht beim Wort zu nehmen sind (so konnte das neuplatonische »Eine« auch mit Zeus oder Vater angesprochen werden).

[45] A.a.O. 36.
[46] A.a.O. 134.
[47] Vgl. o. Einführung 1.4.
[48] *H. Rücker*, a.a.O. 137, meint zwar: »Sowohl pantheistische Identifikation wie deistische Trennung verneinen das Symbol«. Der erste Teil der Aussage aber ist insofern unzutreffend, als kein Monismus (Pantheismus) einfachhin Gott mit der Wirklichkeit identifiziert, sondern das Verhältnis wesentlich komplizierter sieht: Es ist immer zugleich Identifikation und Nichtidentität. Man vergleiche den stark ausgeprägten Bild-Gedanken im hellenistischen Monismus.
[49] *J.S. Mbiti*, a.a.O. 59.
[50] *O. Bimwenyi-Kweshi*, Alle Dinge erzählen von Gott. Grundlegung der afrikanischen Theologie (Theologie der Dritten Welt, hrsg. vom Missionswissenschaftlichen Institut Missio unter der Leitung von *Ludwig* Wiedenmann Bd. 3), Freiburg, Basel, Wien 1982, 169.

Weil der afrikanische Gott ein immanent-transzendenter, also ein monistischer Gott ist, wird überall seine *Präsenz* und zugleich auch *Ferne* erfahren[51]. Aufgrund seiner latenten monistischen Struktur vermag er auch zu koexistieren mit Göttern, die ja nichts anderes als seine Epiphanien und Wirkungen sind. Ebenfalls wird von hierher verstehbar, daß sich der Afrikaner in seinen Gebeten und Kulthandlungen lieber an die Seelen der Toten oder Geister und Götter insgesamt wendet als an Gott (bzw. er wendet sich an Gott durch Vermittlung der Geister); tragen sie doch konkrete, personale oder wenigstens quasi-personale Züge. Allerdings geht die Gebets- und Kultpraxis von der Überzeugung aus, daß durch die Ahnen oder sonstige Geister Gott zur Hilfe bewegt werden kann; vor allem spendet er dann den Regen, aber auch anderes. Dies müßte – zu Ende gedacht – ein monistisches Gottesbild korrigieren oder gar aufheben. Aber ähnliche anthropomorphe Inkonsequenzen finden sich in der Alltagspraxis aller Monismen, lediglich die jeweiligen theologisch-konsequenten Eliten lehnen sie ab; solche aber sind aus der afrikanischen Religion nicht erwachsen.
Wie nicht anders zu erwarten, unterscheidet sich dieser afrikanische Gott in den inhaltlichen Assoziationen sehr stark von den Gottesvorstellungen der Alten Welt. Er hat auch mit dem »Heil« der Menschen zu tun: er schenkt und ermöglicht das Leben, durch das der Mensch einer »kosmischen Lebensgemeinschaft«[52] zugehört, deren Normen er wie die des Lebens[53] nicht verletzen darf. Entsprechend seiner monistischen Struktur aber wird dieser Gott in Bezug auf das »Heil« nicht selbst tätig, eine Erlösungsvorstellung gibt es nicht. Und ebenfalls in Übereinstimmung mit dieser Eigenart blickt der Mensch auf eine »Zukunft«, in der er allmählich *den Tod der Individualität* erleidet: Nach dem (empirischen) Tod bleibt er noch unserem Leben verbunden, solange seine Familie und Freunde seiner gedenken. »Wenn jedoch der letzte Mensch, der den Verstorbenen kannte, gleichfalls stirbt«, verliert er diesen Kontakt. »Erst jetzt gilt er im Hinblick auf die Familienbande als völlig tot«. Solange aber noch irgendwo seines Namens gedacht wird, befindet er sich »im Stande

[51] Nach *H. Rücker*, a.a.O. 142, erfährt der Afrikaner in allen Phänomenen der Welt Gott; für diese Erfahrung lehnt er den Offenbarungsbegriff ab. »Wo jede Erfahrung ›Offenbarung‹ sein kann, wird der Offenbarungsbegriff aber sinnlos«. Diesen will er nur für die biblische Offenbarung reservieren (die er recht offenbarungspositivistisch versteht). Über Begriffe kann man streiten. Die entscheidende Differenz ist auch hier wieder zu suchen in der anderen Art des Zugangs zu Gott. Nicht Erfahrung und Offenbarung sind zu kontrastieren, sondern: ›Erfahrung in den Phänomenen des Weltalls‹ (= monistische Selbstoffenbarung des letzten Grundes) und ›Erfahrung in der Geschichte‹ (= geschichtlich-personales-biblisches Offenbarungsmodell).

[52] *H. Rücker*, a.a.O. 138 (mit Berufung auf *E. B. Jdowu*, The Predicament of the Church in Africa, in: *C. G. Baëta*, Christianity in Tropical Africa, London 1968, 434).

[53] Vgl. *H. Rücker*, ebd. 148: »Einen eigenen Komplex ›Moral‹ gibt es in Afrika nicht, weshalb man lange Zeit geglaubt hat, der Afrikaner lebe ohne Moral Das Gegenteil ist der Fall...«. Es gehe um »Konsonanz und Meidung der Dissonanz mit den Gesetzen des Lebens. Die Ausrichtung des Verhaltens zugunsten des Lebens ist... ethisch gut«.

persönlicher Unsterblichkeit«[54]. Ist auch diese Zeit vorüber, ist das Sterben »abgeschlossen«. »Aber die Totenseelen entschwinden nicht völlig aus der Existenz: sie treten nunmehr in den Stand der *kollektiven Unsterblichkeit* hinüber. Dies ist der Zustand der Geister... Der Geisterstand ist mithin die letzte Bestimmung des Menschen in der afrikanischen Seinslehre«[55].

Die Spannweite und der Reichtum afrikanischer Religion können hier noch nicht einmal angedeutet werden. Aber schon die wenigen Hinweise können eines deutlich machen: daß die Rezeption des Christentums in diesen Kulturen und die sich bildende afrikanische Theologie »nicht ein Thema oder Kapitel unter anderen im Rahmen einer ›universalen Theologie‹ ist. Vielmehr geht es hier um *eine andere Art und Weise des Theologietreibens*«[56].
Die monistischen Züge der afrikanischen Religiosität werden auch hier eine neue Renaissance der *altkirchlichen* Christologie bzw. wenigstens ihrer formalen Struktur hervorbringen; diese habe eine Affinität zu – nach *O. Bimwenyi-Kweshi* – »theandrischen« Momenten der afrikanischen Erfahrung und Sprache[57]. In diesen Raster können spezifische afrikanische Motive am ehesten eingetragen werden: Es geht nicht – wie in der Antike – um eine naturale Vermittlung, sondern darum, »zu trinken aus dem Strom des Lebens, der Gottes ist«[58]. Das *Leben* rückt in den Mittelpunkt, zugleich werden die *kosmischen* und *gemeinschaftszentrierten Aspekte* dieses Lebens hervorgehoben. In der Schlußerklärung der Panafrikanischen Konferenz von Dritte-Welt-Theologen (1977) heißt es unter Punkt 2: »Für die Afrikaner besteht Einheit und Kontinuität zwischen dem Schicksal der einzelnen Menschen und des Kosmos. Die afrikanische Anthropologie und Kosmologie sind optimistisch. Der Sieg des einzelnen ist auch der Sieg des Lebens im Kosmos. Das Heil des einzelnen ist in der afrikanischen Theologie auch das Heil des Universums. Im Mysterium der Menschwerdung nimmt Christus die volle Menschheit und den ganzen Kos-

[54] *J.S. Mbiti*, a.a.O. 32.

[55] Ebd. 34.

[56] *O. Bimwenyi-Kweshi*, a.a.O. 173.

[57] A.a.O. Vgl. das 2. Kapitel: Theologische Sprache als »the-andrische« Sprache, 30–73, besonders Abschnitt II. 3: Das doppelte Fundament der afrikanischen theologischen Sprache, a) Das »the-ische« Fundament, b) das »andrische« Fundament (56–67).

[58] So Rev. *Sintim-Misa* auf der Panafrikanischen Konferenz von Dritte-Welt-Theologen in Accra 1977 (zitiert nach: *Amba Oduyoye*, Ibadan, Christliches Engagement im heutigen Afrika – Aufgaben einer werdenden afrikanischen Theologie. Panafrikanische Konferenz von Dritte-Welt-Theologen, Accra, Ghana, 17.–23. Dezember 1977, in: Herausgefordert durch die Armen. Dokumente der Ökumenischen Vereinigung von Dritte-Welt-Theologen 1976–1983 ((Theologie der Dritten Welt, Bd. 4)), Freiburg, Basel, Wien 1983, 50.

mos an.«[59] In der eben zitierten Erklärung findet sich *kein Hinweis auf Rechtfertigung oder Kreuz*[60] – die abendländischen Motive –, ebensowenig auf die *geschichtliche* Rolle *Jesu*[61], obwohl gerade letzteres von der Dritte-Welt-Problematik her nahegelegen hätte. Dieses Nicht-Vorkommen in der – zugegeben: kurzen – Erklärung scheint aber symptomatisch zu sein; in den neuen soteriologischen Rastern spielen andere Motive eine größere Rolle: Es geht um – menschlich-kosmisches – *Leben* und die *präsentische Erfahrung*. »Wenn wir den rettenden Herrn freudig preisen und unsere Probleme teilen, werden wir der wirklichen Gegenwart des fleischgewordenen Jesus inne, der uns tröstet und Hoffnung gibt«[62] (Hierbei steht »Jesus« einfachhin für »Logos«).

Die Erklärung dieser ökumenischen Konferenz ist sicherlich (noch) nicht repräsentativ für »das« afrikanische Christentum, in dem die koloniale und neokoloniale Bevormundung durch die Kirchen der westlichen Welt noch recht stark ist. Letzteres gilt auch für die Christologie: »Die wenigen publizierten christologischen Gedankengänge stammen von abendländisch geschulten Theologen«, stellt *H. Rücker* fest[63]. Deswegen lassen vielleicht die zahlreichen Unabhängigen Afrikanischen Kirchen – trotz der Unausgegorenheiten, die in ihnen zu finden sind – deutlicher schon erkennen, wohin der Weg, auch aufs Ganze gesehen, führen wird. Bei ihnen aber steht ganz der *Inkarnationsgedanke* im Mittelpunkt. Jesus ist für sie »das Symbol Gottes«[64], weil er Leben schenkt und heilt; »der heilende Jesus (gilt) als Gott.«[65]

Auch für Afrika läßt sich nicht prognostizieren, wieweit die Begegnung mit Europa, die dort z. Zt. eher negativ gewertet wird, auf die Dauer nicht doch die tradierten Vorstellungen radikal verändern oder auch in einem neuen Synkretismus gewissermaßen synthetisch »auf-

[59] Zitiert nach: Herausgefordert durch die Armen, a.a.O. 60.

[60] Vgl. *H. Rücker*, a.a.O. 212: »Das wirkliche Novum, das der christliche Glaube nach Afrika bringt, ist die Frohe Botschaft, daß Gott auch im Kreuz ist. Ein ›erlösendes Leiden‹ hat man im traditionellen Afrika nicht gekannt«.

[61] Die neuerdings sich bildende »Ahnenchristologie«, der zufolge Jesus unser Urahn ist und die fälschlich als afrikanische Version der paulinischen Adam-Christus-Typologie (Röm 5,12–21) aufgefaßt wird, bringt nur scheinbar »geschichtliche« Motive ins Spiel. Jesus ist hierbei unser Urahn nicht, weil in ihm die Geschichte zu ihrer Fülle gefunden hat, sondern weil in ihm das göttliche *Leben* vollkommen und *heilend* inkarniert ist.

[62] Vgl. Schlußerklärung der Panafrikan. Konferenz, In: Herausgefordert durch die Armen, a.a.O. 55.

[63] A.a.O. 171.

[64] *H. Rücker*, a.a.O. 171.

[65] Ebd. 173; *Rücker* plädiert für die – afrikanische – Legitimität dieses christologischen Zugangs.

heben« wird (im Doppelsinn des Wortes). So meint z. B. *J. S. Mbiti*, der für den afrikanischen Zeitbegriff das Fehlen der Dimension der Zukunft feststellt: »Die Afrikaner sind dabei, die Zukunftsdimension der Zeit zu entdecken... Im säkularen Bereich drückt sich die Hinwendung zur Zukunft in nationaler Planung für die wirtschaftliche Entwicklung, in politischer Unabhängigkeit und im Ausbau des Erziehungswesen aus.«[66] Damit wäre, durch westlichen und christlichen Einfluß, ein Einlaßtor für geschichtliches Denken eröffnet. Dennoch muß erwartet werden, daß die alten Raster auch in der kulturellen Transformation noch ihre Wirksamkeit entfalten und somit auch eigentümliche Varianten der Christologie hervorbringen.

3.2.2.4 Die Relikte der großen indianischen Kulturen Amerikas

Die Ureinwohner Amerikas, die Indianer bzw. Indios (daneben gibt es im äußersten Norden noch Eskimos), haben im Verlauf ihrer langen Geschichte beachtliche Kulturen hervorgebracht. Seit ihre mongolischen Vorfahren rund 40000 v. Chr. (?) über die Behringstraße in immer neuen Schüben nach Süden vorgedrungen sind, haben sie eine von der Alten Welt isolierte Entwicklung durchgemacht, die gerade deswegen religionswissenschaftlich von großem Interesse ist. Hierbei ergab sich ein Kulturgefälle von Norden nach Süden; während die nordamerikanischen Indianer weitgehend auf der Stufe von Jägern und Sammlern sowie einfachen Pflanzerkulturen stehen blieben, kam es in Mittel- und Südamerika zur Ausbildung von Ackerbaukulturen. Aus ihnen sind – etwa ab 1000 v. Chr. – in beiden Regionen erste Hochkulturen entstanden, deren (gewaltsam herbeigeführtes) Endstadium die spanischen Entdecker und Eroberer im 16. Jahrhundert vorfanden: in Mittelamerika das aztekische Großreich und die Maya-Kultur, im Süden vor allem das mächtige Reich der Inka.
Die Eroberer in Nord und Süd haben diese Kulturen vernichtet und die – auf mindestens 20 Millionen geschätzte – Zahl der indianischen Bevölkerung mehr als dezimiert. Europäische Einwanderer, Negersklaven und in jüngerer Zeit auch asiatische Immigranten nahmen ihren Platz ein. Neben einer nicht näher definierbaren Zahl von Mischlingen wird heute der Anteil an reinrassigen Nachkommen der Ureinwohner für ganz Amerika auf etwa 3% geschätzt; in den USA und Kanada leben sie (rund 1 Million) meist in Reservaten, in Mittelamerika (rund 4 Millionen) konzentrieren sie sich vor allem auf Guatemala und Mexiko, in Südamerika (rund 10 Millionen) vor allem in den Andenstaaten.

[66] A.a.O. 35.

Allein schon diese Zahlen zeigen an, daß heute und auch für die absehbare Zukunft die Einflußmöglichkeiten der Indios nicht sehr groß sein werden. Über lange Jahrhunderte und auch heute noch wurden und werden sie dominiert von den vor allem aus Europa stammenden Bevölkerungsgruppen; sie waren »Objekte« der christlichen Mission und Seelsorge, und selbst die neue Aufmerksamkeit und auch Solidarität, die sie in der Befreiungstheologie und ihren Basisgemeinden finden, hat meist den Charakter betreuender Fürsorge; die Befreiungstheologie hat ihren Ursprung und Ort bei den armen Nachkommen der Eroberer.

Zwar haben Kultpraktiken und auch religiöse Überzeugungen der vorkolumbianischen Kulturen unter der Decke des iberischen Katholizismus weiterleben können; in den Anden wurden auf Maria die Funktionen der altandinen Erdgöttin Pachamama übertragen oder der Wettergott Illapa mit dem spanischen Nationalheiligen Santiago identifiziert, in einer blühenden Heiligenverehrung und einem bunten Prozessionswesen konnten alte Bräuche eine neue Heimat finden. Es wäre eine Untersuchung wert, ob nicht sogar der stark auf Solidarität, Gemeinschaft und Gesellschaft ausgerichtete Charakter der Befreiungstheologie noch ein Erbteil in sich trägt aus der Vergesellschaftung des Lebens etwa im Inkastaat[67].

Wahrscheinlich finden sich *im Katholizismus Lateinamerikas viele Momente der alten Indioreligionen.* Diese aufzuspüren ist religions- und theologiegeschichtlich interessant. Für *unsere* Fragestellung aber nach (kulturell) nicht-europäischen soteriologischen Rezeptionsmustern für die Christologie können dabei keine großartigen Ergebnisse erwartet werden[68]. Die Übermacht der nichtindianischen Bevölkerung ist zu groß, mehr als kleine, regional sehr begrenzte Modifikatio-

[67] Ein anderes Beispiel: Wenn in der aztekischen Religion der Rhythmus der Jahreszeiten, der Erfolg der Landwirtschaft und das Wohlergehen der Gesellschaft von der Einhaltung eines strengen rituellen Kalenders oder die Kraft der Sonne von Menschenopfern abhing, wenn die kosmische Ordnung durch die Opferbereitschaft der Menschen (der Gesellschaft) den Göttern gegenüber gewährleistet wurde, wird hier eine enge Korrelation von Gott und Welt, Gott und Gesellschaft deutlich.

[68] In jüngerer Zeit machen in Lateinamerika religiöse Bewegungen von sich reden, deren Mitglieder meist der katholischen Kirche angehören, aber sich daneben zu eigenen Kultfeiern oder spiritistischen Sitzungen treffen. Dabei handelt es sich um Gruppen, in denen afrikanische und indianische religiöse Traditionen, die unter der Decke des Katholizismus weiterpraktiziert wurden, miteinander zu neuen synkretistischen Formen verschmelzen (in die auch christliche Motive einfließen); am bekanntesten sind die verschiedenen afro-brasilianischen Kulte. Sie sollen hier trotz ihrer wachsenden Verbreitung unberücksichtigt bleiben, insofern in ihnen von einer vollen Rezeption des Jesus-Christus-Bekenntnisses nicht die Rede sein kann.

nen sind kaum denkbar. Sie werden im Christentum Lateinamerikas die Tendenzen verstärken, zwischen Mensch, Gesellschaft, Welt und Gott, im Sinne der präkolumbianischen Hochkulturen, eine stärkere Einheit und auch ein intensiveres Bedingungsverhältnis zu sehen.

3.3 Neue christologische Modelle außerhalb der westlichen Welt

Im vorherigen Abschnitt wurde hingewiesen auf die fundamental andersartigen soteriologischen Rahmenbedingungen für die Verkündigung Jesu als Christus. Die wenigen Hinweise auf uralte religiöse Traditionen sollten zeigen, daß sich in der Zukunft neue Christologiegeschichten ausbilden werden.
Diese werden aber nicht nur von den andersartigen *Verstehensstrukturen* geprägt sein, sondern auch von zahlreichen *konkreten soteriologischen Modellen*, die in den jeweiligen Kulturen beheimatet sind. Dies geschieht seit einiger Zeit in Asien und Afrika, so daß schon ein recht *buntes Material christologischer Neuversuche* vorliegt.
Allerdings läßt sich gegenwärtig noch nicht absehen, ob solche Interpretationen Jesu als Christus von vorchristlichen soteriologischen Topoi her künstliche Produkte sind, mit denen – in der Regel westlich ausgebildete – Theologen die missionarische Effizienz verbessern wollen oder ob sie »wie von selbst« zum Rezeptionsmuster wurden und deswegen Bestand haben werden. Erst im Lauf der Zeit wird sich dies herausstellen, einfach durch ihre weitere Verwendung oder das Außer-Gebrauch-Kommen.
Diese Arbeit wäre überfordert, wollte sie auch nur einen einigermaßen repräsentativen Überblick versuchen. Vielmehr sollen nur einige wenige Beispiele zeigen, welche Palette von Möglichkeiten auf uns zukommt.

In der *indischen* Tradition finden sich Anknüpfungspunkte für das Christentum begreiflicherweise vor allem in den theistischen, oft henotheistischen Strömungen des Vishnuismus und Shivaismus. In der aus der vishnuitischen Richtung stammenden Bhagavadgita[69] tritt zu dem »normalen« indischen Heilswegs der (selbsterlösenden) Einheit mit der Allgottheit eine neue Perspektive hinzu: der Weg der Bhakti, der erlösenden und begnadenden Liebe Gottes; zwar bleibt auch er eingebettet in das monistische Grundschema, aber er setzt neue Akzente. *Horst Bürkle* stellt in einem Aufsatz den anglikanischen Theologen *A. J. Appasamy* vor[70], der den christlichen Glauben und besonders

[69] Vgl. o. 563, A. 8.
[70] A.a.O. 115–128.

Jesus Christus mit den Mitteln der *Bhakti-Tradition* zu fassen sucht. Jesus wird hierbei ganz *der in innerer Erfahrung gegenwärtige Christus, der seinen Bhaktas an seiner Göttlichkeit Anteil gibt*. Hierbei werden die verschiedenen Aspekte der Bhakti-Lehre auf Jesus Christus angewendet.
Bei dieser neuen christologischen Figur, die auch von nicht wenigen anderen indischen Theologen vertreten wird, läßt sich nicht vermeiden – es scheint sogar intendiert zu sein –, daß auf Jesus Christus Vorstellungen übertragen werden, die dem Gott Vishnu und seiner Avatara[71] Krishna galten. Der Mensch Jesus gerät hierbei in den Blick als (eine der?) Verkörperung(en) des (zwar mit personalen Zügen angereicherten, aber im Letzten doch) Allgottes. Die wichtigste Reaktion des Christen ist »ehrfürchtige Anbetung«[72]. Die historische Gestalt Jesu tritt zurück bzw. ist vor allem Anlaß zur Wendung des Blicks in die eigene Seele hinein: »Sein historischer Tod, gefolgt von neuem Leben, wiederholt sich fortwährend in den Seelen der Bhaktas«[73].
Am schwierigsten stellt sich vielleicht eine Rezeption buddhistischer Raster in die Christologie dar, zu unterschiedlich sind die soteriologischen Wege. Aber allein schon die weite Verbreitung, die etwa zen-buddhistische Praktiken im Christentum des Westens finden, zeigt auch hier die Möglichkeit von synkretistischen Versuchen an; sie können zudem an die christliche, vor allem im Mönchtum gepflegte meditative und mystische Tradition anknüpfen, die ihrerseits recht deutlich ihrer hellenistisch-monistischen Herkunft verpflichtet ist[74].
So finden sich schon – vereinzelt – auch christologische Neuversuche, die allerdings zunächst noch mehr am Rande des Christentums angesiedelt sind; aber man darf vermuten, daß viele Christen aus buddhistischen Umgebungen ähnlich denken. Der japanische evangelische Theologe *Seiichi Yagi* hat neue Wege versucht[75].
Generell geht es ihm um *Überwindung aller Zweiheit*, er sucht eine Wirklichkeit, in der die »Subjekt-Objekt-Spaltung« auf *Integration* und *Ganzheit* hin überwunden wird[76]. »Das Ganze enthält den Einzelnen in sich, und der Einzelne spiegelt das Ganze in sich. Ich bin ich, indem sich das Ganze in mir spiegelt, und ich bin weder bloßer Einzelner noch das Ganze.«[77] Diesem »Durchbruch durch objektivierendes Denken hindurch« entspreche »ethisch

[71] Der Allgott Vishnu hat sich häufiger – und regional verschieden – in bestimmten mythischen Gestalten verkörpert oder »inkarniert« (Avatara), so daß er in ihnen auf »menschlichere Weise« verehrt werden kann.
[72] *H. Bürkle*, a.a.O. 119.
[73] *A.J. Appasamy/B.H. Streeter*, The Sadhu, London 1921 (zitiert nach *H. Bürkle*, a.a.O. 118).
[74] Vgl. o. III 6.3/6.4.
[75] Vgl. hierzu *Ulrich Luz*, Zwischen Christentum und Buddhismus: Seiichi-Yagi, Japan. Christliche Theologie im Kontext buddhistischen Denkens, in: Theologen der Dritten Welt, a.a.O. 161–178.
[76] *U. Luz*, a.a.O. 169.
[77] *S. Yagi*, Das Ich bei Paulus und Jesus – zum neutestamentlichen Denken, in: Annual of the Japanese Biblical Institute V. Tokio 1979, 139 (zitiert nach: *U. Luz*, a.a.O. 169).

der Durchbruch durch den Egoismus hindurch«, worin sich Christentum und Buddhismus entsprächen[78].

»Christus kann diese Grunderfahrung vermitteln«. Deswegen müsse man zwischen Christus in Jesus und Christus in mir grundsätzlich unterscheiden: »Dieses ist das Gültige, jener ist der Einzelne; dieses ist das Wahre, jener ist das Geschichtlich-Partikuläre; dieses wirkt schöpferisch und erschließt Verstehen, jener wirkt als Vergangener überhaupt nicht und kann sogar dann, wenn er zum bloßen Starren des Menschen in die Vergangenheit führt, Verstehen der Sache, die in ihm geschah, verhindern. Die Sache des Neuen Testaments ist bleibend, Jesus aber ist vergangen, sofern es ihm nicht gelingt, das Bleibende an ihm neu erscheinen zu lassen.«[79] Die »Sache des Neuen Testaments« scheint hier tendenziell buddhistisch verstanden zu sein, Geschichte und Konkretion treten in der Christologie zurück.

Neben dieser recht radikal inkulturierten Form finden sich im buddhistischen Kontext andere Versuche, die mehr auf die Mahayana-Traditionen[80] zurückgreifen, die immerhin einen (abgeschwächten) Erlösungsgedanken kennen. Hier wird schon in der Gestalt Buddhas selbst dieser Aspekt deutlich, weil er nicht ins Nirwana überging, als er die Vollkommenheit erreicht hatte; vielmehr verzichtete er für eine gewisse Zeit darauf, um anderen Menschen seine Erkenntnis mitzuteilen und ihnen damit eine Heilschance zu geben. Auch später haben dies große Männer immer wieder praktiziert und wurden so zu Boddhisatvas für die anderen. In diesem Schema läßt sich leichter eine Parallele zu Jesus Christus finden; er mag als eine Art Boddhisatva oder auch Buddha erscheinen, der für uns dieses Leben zu Ende führte und so auch uns Heil vermittelt hat. Bei Versuchen dieser Art werden in die Christusqualität Jesu Assoziationen eingetragen, die der vorher genannten Version ähneln.

Auch die *chinesischen* Kirchen kennen Versuche, Jesus als Christus gemäß ihren ererbten Rastern zu begreifen. Der katholische Theologe *A.B. Chang Ch'un-shen* sieht in Jesus Christus die Einheit des Himmels (»Gottes«) mit der Erde begründet und nennt ihn den »*Himmel-Menschen*« (oder auch mit der Tao-Tradition: den Gipfelmenschen)[81]. Diese Funktion kann Jesus Christus wahrnehmen, weil in ihm »der Eintritt Gottes in die Geschichte der Menschheit seinen Höhepunkt erreicht.«[82] *Chang Ch'un-shen* ist zwar vorsichtig, und erläutert sein Anliegen, indem er im Wesentlichen Thesen eines nicht-christlichen Autors referiert: »Ob dieser Versuch, mit der Kategorie der Einheit die biblische Kategorie der Person gültig zu ergänzen, gelungen ist, müssen die chinesischen Christen und die Gesamtkirche beurteilen. Alles bisher Gesagte soll als Versuch gelten.«[83] Aber er läßt deutlich seine Sympathie für diesen

[78] Vgl. *U. Lutz*, ebd. 169.170.

[79] So eine Zusammenfassung der Thesen *Yagis* bei *U. Lutz*, a.a.O. 170.171.

[80] Vgl. o. 565, A. 12.

[81] Dann sind Himmel und Mensch eine Einheit, a.a.O. 86.87. [82] Ebd. 86.

[83] Ebd. 88. Noch vor der kommunistischen Machtergreifung hat der anglikanische Theologe *T.C. Chao* Jesus im Sinne des Konfuzianismus als den ethisch vollkommenen Menschen (chün-tzu) bezeichnet. Vgl. Winfried Glüer, Christliche Theologie in China. T.C. Chao, 1918–1956, Gütersloh 1979.

Versuch erkennen. Sollte eine solche Himmel-Mensch-Christologie sich durchsetzen können (natürlich: als »Interpretation« der Zwei-Naturen-Lehre), bringt sie auf jeden Fall das chinesische Einheitsdenken und die mit ihm verbundenen Assoziationen mit ein.
Andere Rezeptionsmuster greifen die in der Reichsreligion und in der einfachen Bevölkerung im Mittelpunkt stehende *Ahnenverehrung* auf und reihen Jesus Christus, Abendmahl und vergleichbare Phänomene in diesen Kontext ein; auf dieser Ebene scheint fast von selbst eine Übertragung stattzufinden. Auch hier steht der Gedanke der Einheit von Lebenden und Verstorbenen, von Himmel und Erde sehr stark im Vordergrund.
Alle diese Versuche stecken noch in den Anfängen und sind noch nicht fest etabliert. Weil im »Reich der Mitte« selbst die Kontinuität gewaltsam unterbrochen war und erst seit wenigen Jahren eine leichte Lockerung der harten Religionspolitik Pekings festzustellen ist, konnten neue Wege nur außerhalb der Volksrepublik versucht werden, dort wo die alte Kultur nicht eine so gewaltige Macht darstellt. Erst mit dem Beginn einer freien Entfaltung des Christentums auch auf dem Festland wird die Transformation auch der Christologie deutlicher hervortreten.
In *Afrika* schließlich gibt es eine Reihe von Versuchen, die (vor allem: Zwei-Naturen-)Christologie in überlieferte Figuren einzupassen: Eine zentrale Bedeutung im Leben des Afrikaners spielen (z. T. spielten?) die verschiedenen *Initiationsriten*, mit denen der Weg von männlichen und weiblichen Jugendlichen ins Erwachsenendasein begleitet wird. Es lag nahe, die Erwachsenentaufe als eine Initiation in den Glauben zu verstehen. Seit einiger Zeit plädiert eine Reihe von Theologen dafür, auch Jesus Christus von dieser Tradition her verständlich zu machen. Der katholische *Bischof Anselme Titianma Sanon* (∗1937) aus Burkina Faso (Obervolta) hat sich mit der Evangelisation der Stammesinitiation literarisch befaßt[84]. Er schlägt vor, Jesus als »Meister der Initiation« zu vermitteln; Jesus könne so bezeichnet werden, weil er selbst in seine Tradition initiiert worden sei[85]. »Jesus, unser Initiationsmeister? Ja! Und auf welche vollendete Weise! Jesus ist unser Initiationsmeister, weil er uns nach Art der erfahrenen Initiationsmeister die höchsten Werte in Form von Symbolen aufgezeigt hat.
Diese Werte sind: die Gottes- und Nächstenliebe, Anbetung und Fürbitte... Diese absoluten Lebenswerte werden uns verständlich gemacht durch vertraute Symbole: durch den Baum des Kreuzes, das Wasser der Taufe, das Brot und das gemeinsame Familienmahl...

[84] Das Evangelium verwurzeln. Glaubenserschließung im Raum afrikanischer Stammesinitiationen, mit einer Einführung von *René Luneaũ* O.P. (Theologie der Dritten Welt, hrsg. vom Missionswissenschaftlichen Institut Missio unter der Leitung von *Ludwig Wiedenmann*, Bd. 7), Freiburg, Basel, Wien 1985.

[85] Hierbei wird allerdings die *geschichtliche* Zugehörigkeit zur jüdischen Tradition gleich wieder ein wenig abgeschwächt: »Jesus lebt eine menschliche und kulturelle Erfahrung, die ihn befähigt, sich auch anderen menschlichen und kulturellen Erfahrungen zu öffnen. Sein inkarniertes Menschsein dient sozusagen als Vermittlung für sein erlösendes Menschsein« (ebd. 113.114; wie oft in Afrika, steht »Jesus« einfach für das, was man richtiger wohl »Logos« nennen müßte).

Verwachsen mit diesen Symbolen treten wir ein in die Welt der Werte Christi, in die Welt der Teilhabe und der Gemeinschaft...
Hüten wir uns, diesen Initiationsweg allein gehen zu wollen...«[86] Ähnlich sieht die Argumentation auch bei anderen Theologen aus, die dieses Modell vorschlagen.
Noch wichtiger scheint die Einordnung Jesu Christi in die *Ahnenverehrung* zu sein. Wie schon die Ahnen zu Gott hin vermittelt haben, wird Jesus hier als *Urahn der Menschheit* zu dem Vermittler schlechthin. Diese Ahnen-Christologie ist vor allem im Raum der Unabhängigen Afrikanischen Kirchen verbreitet, findet aber auch viele Anhänger in den offiziellen Kirchen: »Jesus als ›Urahn‹ meint, daß Jesus ganz und gar für das Leben der heutigen Afrikaner einstehe, den Weg zum Leben kenne, das Leben wünsche, der Weg zu Gott sei. Ahnen-Christologie ist ein Versuch einer Umsetzung klassischer Christologie in die Sprache des Zentrums afrikanischer symbolischer Realität.«[87]
Daneben gibt es noch weitere Modelle, die nur erwähnt werden sollen: Jesus wird als eine Art Häuptling[88] der Kirche oder der Menschen rezipiert oder zu den afrikanischen Opferriten in Beziehung gesetzt.
Allen Versuchen gemeinsam ist, daß Jesus in symbolischer und mittlerischer Relation zum Leben und zu Gott steht und so für seine Gläubigen eine ›heilende‹ Funktion besitzt.

Diese wenigen Hinweise sollen genügen. Obwohl keines der genannten Beispiele aus den verschiedenen Kulturräumen schon eine große Verbreitung gefunden oder sich gar durchgesetzt hat, obwohl durchaus die Möglichkeit besteht, daß in dem einen oder anderen Fall »Leichen zum Leben erweckt«[89] wurden, weil die jeweiligen Traditionen ihren konkreten »Sitz im Leben« verloren haben und nicht mehr »kontextuell« sind, können sie doch eine Ahnung entstehen lassen, daß die Geschichte der Christologie keineswegs zu Ende ist; vielleicht hat sie erst begonnen.
Alle möglichen neuen Christologien werden auf den bisherigen Stufen aufbauen. Aber sie verfahren in der Wahl dessen, was ihnen an der bisherigen Geschichte wichtig erscheint, selektiv. Auswahlkriterium hierfür ist der eigene kulturbedingte soteriologische Horizont, in dem die tradierten Stücke frei zum Aufbau neuer Figuren benützt werden. Diese neuen Modelle aber werden dann zu *der* (jeweiligen) Christologie, in der die Gläubigen sich wiederfinden und zugleich sich provoziert fühlen zur Nachfolge.

[86] Ebd. 118.119.
[87] *H. Rücker*, a.a.O. 172.
[88] Literaturangaben bei *H. Rücker*, a.a.O. 171, A. 3.
[89] Vgl. o. 558, A. 5.

3.4 Die Befreiungstheologien und ihre Christologie

3.4.1 Was ist Befreiungstheologie?

Die Situation – und somit »Kultur« – der Völker in der Dritten Welt ist, wie schon angesprochen, nicht nur von ihren ererbten religiösen Traditionen geprägt, sondern auch von den oft miserablen gesellschaftlichen, ökonomischen und politischen Verhältnissen, in denen sie leben[90]. Diese werden meist als Folge der kolonialen und imperialen Aktivitäten Europas in der Neuzeit sowie des heute noch fortdauernden Neokolonialismus der Westlichen Welt interpretiert, insofern diese die gewachsenen gesellschaftlichen, ökonomischen und politischen Systeme zerstört, zum Massenelend geführt haben[91] und – nach der Dependenztheorie[92] – weiterhin von dieser Zerstörung profitieren und sie aufrechterhalten.

Es ist kein Zufall, daß diese Situation zunächst bei verelendeten »Europäern« in Lateinamerika als unrecht bewußt wurde; sie zogen auch die Konsequenzen und wollen diese Lage verändern und sich von ihr befreien, und sei es mit revolutionärer Gewalt. Ebenso naheliegend war es, daß zum Zwecke der Analyse und der Veränderung dieser Verhältnisse auf eine Ideologie zurückgegriffen wurde, die aus Europa überkommen war und dort aus irgendwo vergleichbaren Problemen entstanden war, nämlich der Marxismus.

Das Leben in derart tiefreichenden Unrechtsstrukturen bringt notwendig auch eine *Veränderung der soteriologischen Erwartungen* mit sich. Befreiung und revolutionäre Veränderung der Verhältnisse müssen ins Zentrum der Reflexion treten. Eine christliche Verkündigung, die zu dieser Erwartung nichts beiträgt, sie übersieht und nicht ihrerseits motiviert, geht an den Menschen vorbei. Genau dies aber war die Realität der kirchlichen Seelsorge in Lateinamerika: Sie funktionierte nach europäischen (meist spanischen und portugiesischen) Mustern – nur (noch) schlechter –, sie war eng verknüpft mit den herrschenden

[90] Vgl. o. 558.

[91] Vielleicht müßte über die konkreten historischen Zusammenhänge hinaus berücksichtigt werden, daß die Hauptursache in der Ungleichzeitigkeit menschlicher Entwicklung zu suchen ist. Mit dem Durchbruch zur Moderne, zu Wissenschaften und Technik in *einer* Kultur war deren weltweite Dominanz fast zwangsläufig verbunden. Die Gesellschaften in anderen Kulturen wurden mit dieser Herausforderung konfrontiert, als sie noch nicht zu dieser neuen Lebensform bereit waren. Der Kolonialismus ist so etwas wie der, oft zerstörerische, Vollzug dieses Vermittlungsprozesses.

[92] »Sie besagt, daß die Unterentwicklung Lateinamerikas nicht eine Vorstufe zur Entwicklung ist, sondern die Folge der Entwicklung der entwickelten Staaten … die andere Seite der Medaille, deren eine der Reichtum der USA und Westeuropa ist« (*Claus Bussmann*, Befreiung durch Jesus? Die Christologie der lateinamerikanischen Befreiungstheologie, München 1980, 19).

politischen und gesellschaftlichen Schichten und diente zur Legitimation ihrer Rolle. Die Folgen lassen sich statistisch ablesen: Fast alle Lateinamerikaner (85 bis 90 Prozent) sind getaufte Katholiken, aber nur zwei Prozent von ihnen praktizieren auch.
Seit den sechziger Jahren dieses Jahrhunderts regen sich in der Kirche Lateinamerikas Gruppen, die sich mit dieser Lage nicht abfinden wollen. Sie entdecken, daß nach dem Evangelium die Ausbeutung der Massen[93] eine zynische Beleidigung Gottes darstellt und Jesus ein ganz anderes Modell vom Leben, nämlich der Gemeinschaft gerade mit den Schwachen und der Befreiung aller Menschen, verwirklicht hat. Sie schließen sich zu solidarischen Gruppen, Basisgemeinden, zusammen und finden zunehmend Theologen, die diese neue Sicht und Praxis des Christentums programmatisch vertreten.
Der Name ›Befreiungstheologie‹ hat sich seit den Veröffentlichungen des Theologen *Gustavo Gutierrez Merino* aus den frühen siebziger Jahren eingebürgert; sie fand eine immer weitere Verbreitung und wurde in vielen ihrer Motive auf der Zweiten Vollversammlung des lateinamerikanischen Episkopats in *Medellin*, Kolumbien, im Jahre 1968 quasi kirchenamtlich rezipiert. Zur Zeit geht Rom allerdings wieder stärker auf Distanz zur Befreiungstheologie, wenn auch formal nur die Versionen, die die marxistische Analyse und die Forderung nach Klassenkampf übernehmen, verurteilt wurden.
Das neue Bewußtsein führt bei vielen Christen und Theologen zu einer veränderten soteriologischen Perspektive. Es geht um eine umfassende Befreiung von allen möglichen Unrechtsstrukturen, was auch immer im einzelnen an Vorstellungen damit verbunden wird. Für Menschen mit einer solchen soteriologischen Dynamik aber kann Jesus nur als ihr Christus rezipiert werden, wenn er ihnen eine neue Freiheit sichtbar macht und sie zum befreienden Handeln motiviert. »Jesus ist der Christus« heißt in diesem Kontext: *Jesus ist der Befreier* (libertador). Die Entstehung einer neuen Christologie ist mit der veränderten Situation zwangsläufig verbunden.
Die Befreiungstheologie hat sich von Lateinamerika aus *in vielen Kirchen der Dritten Welt* verbreitet; denn überall dort finden sich Verhält-

[93] Diese wird – gemäß weiter verbreiteten Vorstellungen – auch in der Befreiungstheologie in folgenden Aspekten gesehen: Analphabetismus (ein Phänomen, an dem analphabetische *Europäer* bzw. mit der europäischen Kultur konfrontierte Menschen leiden), Machismo, Rassismus, politische und militärische Repression, ökonomische Ausbeutung (durch ungerechte Bodenverteilung und Kapitalbesitz); letztere wird meist auf das kapitalistische System zurückgeführt (besser würde man vielleicht sagen: auf den *lateinamerikanischen* Kapitalismus, der sich – anders als in den USA, vergleichbar aber den Verhältnissen in Europa zu Beginn der Industrialisierung – auf der Basis eines rigiden Feudalsystems entwickelt und dessen Ungleichheiten radikal verstärkt hat).

nisse, die denen in Lateinamerika vergleichbar sind. Sie sind aber nicht in allem gleich – viele Länder kennen z.B. keinen unmittelbar erfahrbaren Rassismus –, und so entstehen *weltweit verschiedene Formen der Befreiungstheologie*, die über die je verschiedene Situation auch die andersartigen ethnischen und kulturellen Traditionen widerspiegeln. Dennoch gleichen sich die soteriologische Grundstruktur und auch die von hierher sich konturierende Christologie.
Eine eigentümliche Variante stellt die sogn. *Schwarze Theologie* dar, die heute vor allem bei den Schwarzen in den USA und in Südafrika zu finden ist. Hier verbindet sich die Befreiungssoteriologie mit der Sehnsucht nach einer Emanzipation der Negerbevölkerung in einem (durch die Repression aufgezwungenen) rassistischen Sinn; konsequent steht auch der »schwarze Christus« im Mittelpunkt des Glaubens.

3.4.2 Die Befreiungschristologie in Lateinamerika

Für die Masse der Armen und viele unter ihnen tätige Priester und Theologen ist, wie ausgeführt, »Befreiung« das entscheidende soteriologische Motiv. In diesem Punkt kommen sie mit denjenigen überein, die nicht mehr vom Christentum geprägt sind. Sie alle haben als Ziel vor Augen eine politische Befreiung der unterdrückten Klassen und Völker, eine ökonomische Befreiung aus der Armut, eine Befreiung des Menschen aus der Unwissenheit usf. Die Durchsetzung dieses Ziels, so glauben sie, darf nicht an irgendwelche Fachleute delegiert werden, die dann nur eine neue Herrschaft ausüben, sondern muß von jedem einzelnen und allen gemeinsam getragen sein. Zur Analyse der Unrechtssituation und auch für die Methode der Veränderung werden – mehr oder weniger deutlich – Momente der marxistischen Doktrin übernommen.
Nur wenige Befreiungstheologen – kaum einer von ihnen ist hier im Westen literarisch greifbar – bleiben an dieser Stelle stehen. Sie sind Christen, und sie begreifen die erhoffte Befreiung umfassender, auf Gott hin. Ein Dualismus von Profan- und Heilsgeschichte wird zwar abgelehnt: »die Teilnahme am Befreiungsprozeß des Menschen ist schon in gewisser Weise Heilswerk.«[94]
Diese Einheit steht – in der gegenwärtigen Lage – oft so im Vordergrund, daß bisweilen der Verdacht einer totalen Identifizierung aufkommen konnte. Dennoch halten fast alle Befreiungtheologen einen »eschatologischen Vorbehalt« aufrecht[95], der ein umfassenderes Ver-

[94] *Gustavo Gutierrez*, Theologie der Befreiung, München-Mainz ⁸1985, 71.
[95] Vgl. R. *Frieling*, Befreiungstheologien (Studien zur Theologie in Lateinamerika), Göttingen 1984, 15.

ständnis von Befreiung anzeigt. Stellvertretend soll *G. Gutierrez* zu Wort kommen: »Irdischer Fortschritt oder... Befreiung des Menschen und Wachstum des Gottesreiches sind ausgerichtet auf die voll gültige Gemeinschaft der Menschen mit Gott und der Menschen untereinander. Beide haben ein und dasselbe Ziel... Das Wachsen des Reiches ist ein Prozeß, der sich geschichtlich *in* der Befreiung vollzieht... Das Reich nimmt Gestalt an in geschichtlichen Befreiungsversuchen, weist auf ihre Grenzen und Doppeldeutigkeiten hin, kündigt ihre letztgültige Vollendung an und treibt sie wirksam bis zur Schaffung der vollen Gemeinschaft. Wir identifizieren nichts.«[96] Im geschichtlichen Befreiungsprozeß beginnt also schon und stellt sich dar die Verwirklichung des Gottesreiches[97], ohne daß dieses damit schon gekommen wäre; es bleibt eine – in bezug auf alle Geschichte – eschatologische Größe, die »zukünftige Fülle«[98].
Dieser Ausrichtung auf eine eschatologische Dimension entspricht das *sachlich-inhaltliche* Verständnis von Befreiung, die so umfassend gedacht wird, daß ihre Realisation den Rahmen der Geschichte sprengen würde; sie ist »der Ausdruck für das Utopische im menschlichen Herzen: für die vollständige Befreiung von allen Elementen, die diese Welt fremd machen und brandmarken: Leiden, Schmerz, Hunger, Ungerechtigkeit, Trennung und Tod, und zwar nicht nur für den Menschen, sondern für die ganze Schöpfung.«[99]
Ähnliche Aussagen, wenn auch in je verschiedener Gewichtung, finden sich bei fast allen Befreiungstheologen. Ihre Soteriologie ist, mit anderen Worten, *auf Gott* bzw. das *Reich Gottes* als Inbegriff umfassender Befreiung gerichtet; der »transzendentale« Charakter der Perspektive ist gewahrt, ohne daß deswegen die soteriologische Relevanz der *geschichtlichen* Befreiung gemindert wäre.
Diese Eigentümlichkeit wird noch dadurch vestärkt, daß diese Christen und Theologen *aus einem Katholizismus voraufgeklärter Prägung* kommen. Zwar haben nicht wenige der Theologen in Europa studiert; manche von ihnen handhaben sicher die historisch-kritische Exegese und viele kennen die hiesigen Diskussionen in der katholischen Theologie. Wie aber auch letztere sind sie kaum beeinflußt von der säkularen Wendung der Moderne und besitzen ein mythisches Verständnis von christlicher Offenbarung.

[96] Theologie der Befreiung, a.a.O. 171.
[97] Vgl. *Leonardo Boff*, Erfahrung von Gnade: Entwurf einer Gnadenlehre, Düsseldorf 1978, 223: »Der Prozeß menschlicher Befreiung ist die geschichtliche Konkretisierung der Befreiung durch Gott«.
[98] *L. Boff*, Rettung in Jesus Christus und Befreiungsprozeß, in: Concilium 10, 1974, 425.
[99] L. Boff, ebd. 420.

Der befreiungstheologische Ansatz führt konkret zu einer umfassenden Neuinterpretation biblischer und traditioneller Topoi: Das Schöpfungswerk Gottes findet erst seine Wirklichkeit durch die befreiende geschichtliche Praxis der Menschen, als Bild Gottes sind sie zur Teilnahme an der Schöpfung berufen, das Exodus-Motiv wird zum Symbol des Ausbruchs aus der Knechtschaft, Sünde ist nicht nur persönlich zu verstehen, es gibt auch eine strukturelle Sünde usf. Trotz des mythischen Ausgangspunktes führt die geschichtlich-konkrete Füllung von theologischen Motiven zu säkular klingenden Umschreibungen.

Jesus wird auf diesem Hintergrund zuallererst und ganz als unser Befreier rezipiert; der Befreiungsprozeß ist der »Sitz im Leben« für das Jesus-Christus-Bekenntnis. Jesus Christus ist Mitte und Ziel der Befreiung. »Seine befreiende Tat macht das Zentrum der geschichtlichen Entwicklung der Menschheit aus. Deshalb ist der Kampf für eine gerechte Gesellschaft im eigentlichen Sinn Bestandteil der Heilsgeschichte.«[100] Hierbei wird die enge Reduktion des Befreiungsbegriffs, wie er in marxistischen Bewegungen Lateinamerikas üblich ist, vermieden zugunsten einer umfassenden, »multidimensionalen« Befreiung durch Jesus, die eben *auf Grund dieser sachlichen Weite auch die Möglichkeiten der Geschichte sprengt und einen transzendentalen Horizont eröffnet; der »eschatologische Vorbehalt« ist begründet in einem sachlichen, humanen Vorbehalt*: »Die geschichtlich-politische Befreiung ist eine Dimension der multidimensionalen totalen – also auch eschatologischen – Befreiung des Menschen und der Menschheit von allen Unterdrükkungen. Die Möglichkeit zu einer solchen totalen Befreiung ist nur dem Sohn Gottes eigen, Jesus, der vom Vater alle Herrschaft bekommen hat. Der Herr aber hat seinen Geist in uns gesandt, damit wir die Befreiung der Unterdrückten ›hier und jetzt‹ auf dieser Erde bis zu seiner Wiederkunft fortsetzen.«[101]
Diese neue Christologie, in der Jesus in einem geschichtlich-eschatologischen Sinn unser Befreier ist, will die christologische Tradition der Kirche aufnehmen, vollziehen und zu ihrer Wahrheit bringen. Deswegen begründet sie sich und drückt ihr Anliegen aus mit den Mitteln dieser Tradition.
Aufgrund der Prägung Lateinamerikas und seines Christentums durch Europa steht im Vordergrund die *Rechtfertigungschristologie*, oder – nach katholischem Sprachgebrauch – die Erlösung von unseren Sünden durch das Kreuz Jesu Christi. Dieser »Baustein« wird in der Regel – entsprechend dem neuen Ansatz – so interpretiert, daß die strukturellen Ungerechtigkeiten in der Geschichte im Kreuz gewisser-

[100] *G. Gutierrez*, Theologie der Befreiung, a.a.O. 161.
[101] *M. Manzanera*, Theologie der Befreiung. Ansatzpunkt-Ziel-Methode, in: *H. Bettscheider* (Hrsg.), Theologie und Befreiung, St. Augustin 1174, 65.66.

maßen ad absurdum geführt wurden. Im Namen von Gesetz und Ordnung, also strukturellem Unrecht, wurde Jesus hingerichtet; er aber hat das Kreuz nicht bloß erduldet, sondern angenommen, somit alle Machtansprüche und menschliches Herrschenwollen aufgegeben und zu einer äußersten Freiheit gefunden, die in der Auferstehung zu ihrer Darstellung gelangt. So könnte man das Kreuz Christi den »paradoxalen Höhepunkt«[102] des Befreiungsprozesses nennen, in dem alle unrechten Machtansprüche entlarvt und überwunden sind.
Wie schon in der abendländischen Christologie wird die antike Christologie als »Bedingung der Möglichkeit« für eine so verstandene Befreiung benutzt; nur der »Sohn Gottes« konnte eine totale Befreiung herbeiführen[103]. Konsequent wird auch die inhaltliche Bedeutung des Menschwerdens Gottes, wie etwa bei *Martin Luther* (Gott wird eingesündet)[104], auf die neue Soteriologie hin interpretiert: »Der Kern der biblischen Botschaft besteht... in der Zuwendung Gottes zu den Armen. Jesus Christus ist der *Zum-Armen-gewordene-Gott*, weil er ein armes Leben führt... Jesus war arm, weil er unter Armen geboren wurde und dort leben wollte, weil er sein Evangelium in erster Linie an die Armen richtete und die Reichen, die die Armen bedrohen und herabsetzen, schalt und weil er vor dem Vater selbst arm im Geist war.«[105] *Gott wird ein Armer, damit die Armen frei werden* – so sieht die befreiungstheologische Version des antiken Tauschprinzips aus.

3.4.3 Die Befreiungstheologie in Afrika und Asien

Es würde an dieser Stelle zu weit führen, die Rezeption der Befreiungstheologie in Schwarzafrika und Asien detailliert zu schildern; zudem ist die Quellenlage unbefriedigend, und nur anhand von Informationen recht zufälliger Art ließe sich ein impressionistisches Gemälde – mit vielen weißen Flächen dazwischen – anfertigen.
Die Befreiungstheologie hat von Lateinamerika auf Asien und Afrika übergegriffen, so viel läßt sich sagen. Darüberhinaus kann man feststellen, daß sie sich vor allem dort ausbreitet, wo schon die Mehrheit der Bevölkerung christlich ist, wie etwa auf den Philippinen, oder wo doch recht beachtliche und dynamische christliche Minoritäten zu finden sind, wie in einem Großteil Schwarzafrikas oder auch im indischen Bundesstaat Kerala.

[102] *K. Kertelge*, Jesus als Befreier, in: *H. Bettscheider* (Hrsg.), Theologie und Befreiung, a.a.O. 97.
[103] Vgl. das Zitat von *M. Manzanera*. Vgl. o. 593.
[104] Vgl. o. 483.
[105] *G. Gutierrez*, Die historische Macht der Armen, München, Mainz 1984, 19.

Die Befreiungstheologie kann dort Widerhall finden – wenn auch oft zunächst nur in kleinen Kreisen –, weil meist die gesellschaftlichen, politischen und wirtschaftlichen Verhältnisse sehr ungerecht sind und denen Lateinamerikas vergleichbar. Das Massenelend ist der dortige »Kontext« für die christliche Verkündigung.
Befreiungstheologie und -christologie bleiben bei der Rezeption strukturell mit dem lateinamerikanischen Ausgangspunkt gleich. Die andersartigen Traditionen und Mentalitäten führen aber zu *kulturspezifischen Abwandlungen*[106]. Mit allem Vorbehalt kann man für *Schwarzafrika* feststellen, daß dort rassistische Momente im Befreiungsprozeß kaum eine unmittelbare Rolle spielen, obwohl man sich solidarisiert mit dem Kampf der Schwarzen in den USA und Südafrika. Hier tritt ein *anderer Aspekt* in den Vordergrund: der Kampf gegen europäische, oder, wie es in der Schlußerklärung der Konferenz von Accra 1977 heißt, »nordatlantische« theologische Bevormundung: »Die afrikanische Theologie muß daher die vorfabrizierten Gedanken der nordatlantischen Theologie verwerfen und sich selbst auf der Basis des Volkskampfes gegen die Herrschaftsstrukturen definieren.«[107]
Weniger polemisch hat Bischof *Peter Kwasi Sarpong* aus Kumasi in der Diskussion das gleiche Anliegen formuliert: Die Afrikaner hätten dafür zu sorgen, »daß afrikanisches Christentum afrikanisch ist.«[108]
Für die Schwerpunkte, die beim Befreiungsprozeß gesetzt werden, bringt dies eine stärkere Hervorhebung der Befreiung der »*Gemeinschaft*« (was nicht ganz dasselbe ist wie die lateinamerikanische »Gesellschaft«) und – für den Begriff selbst – des *heilen Lebens*; auch mit diesem Letzteren ist eine andere Dimension ins Spiel gebracht als die geschichtlich-gesellschaftliche Befreiung, nämlich ein Aspekt des Kosmischen. Diese Gesichtspunkte werden in der afrikanischen Befreiungschristologie auch in das Bild vom uns befreienden Jesus eingetragen.
In *Asien* ist man sich deutlicher bewußt, daß zwar viele gesellschaftliche Verhältnisse denen Lateinamerikas ähneln, sie sich aber auch stark unterscheiden. Man will nicht, wie bisher europäische, jetzt lateinamerikanische Theologie einfach übernehmen. In diese Richtung gingen eine Reihe von Meinungsäußerungen auf der Asiatischen Theologischen Konferenz in Sri Lanka 1979. Die Delegierten aus Indien und Sri Lanka waren der Meinung: »Für sie könne Theologie nicht befreiend sein, wenn sie lediglich eine Neuauflage des lateiname-

[106] Vgl. hierzu *Georg Evers*, Rezeption mit Korrektur. Wirkungen der Befreiungstheologie in Afrika und Asien, in: Herder Korrespondenz 39, 1985, 476–480.
[107] Herausgefordert durch die Armen, a.a.O. 60.
[108] Ebd. 49.

rikanischen Modells und ihnen damit nicht weniger fremd wäre, als das zuvor vom Westen übernommene Modell.«[109]
In der Schlußerklärung dieser Konferenz wird das Massenelend in Asien deutlich geschildert und zur Befreiung aufgerufen. Entsprechend den asiatischen Traditionen, in denen alles Heil bei dem *einzelnen* selbst und seiner *geistigen Umwandlung* anfängt, wird diese gesehen in ihren »gesellschaftlich-politischen wie auch in seelisch-geistigen Aspekten«. Oder, wie es lapidar heißt: »Die Befreiung aller Menschen ist sowohl gesellschaftlich als auch persönlich.«[110]
Im folgenden heißt es dann: »Die Traditionen der großen Religionen Asiens scheinen Befreiung in zwei Bedeutungen zu verstehen: Befreiung von Selbstsucht im einzelnen Menschen und in der Gesellschaft. Diese religiösen Überlieferungen enthalten eine starke Motivation für persönliche Lebensänderung.«[111]. Dieser – gegenüber dem lateinamerikanischen Ausgangspunkt – wahrhaftig andere Akzent soll auch nach Meinung der Konferenz in der asiatischen Befreiungstheologie bestimmend sein. Die »Beteiligung am Kampf der Massen« erfordere »die Entwicklung einer entsprechenden Spiritualität«, um »inmitten der aktiven Beteiligung am Kampf des Volkes zu einem vertieften inneren Frieden zu finden.«[112]
Daß diese Spiritualität, die den inneren Frieden bringt, der Tendenz nach im Sinne einer *inneren Lösung von Geschichte*, an die doch der Kampf geradezu bindet, zu suchen ist, liegt auf der Hand. *Ein wahrhaft paradoxes Rezeptionsmuster*, das sich wahrscheinlich nur aus der ungeheuren Last der Verhältnisse erklären läßt, die dazu zwingt, etwas zu tun, was der eigenen Mentalität gar nicht entspricht (Noch radikaler ist dieses Kontrastverhalten zur eigenen Tradition bei den marxistisch-revolutionären Bewegungen Asiens ausgeprägt).
In dieser eigentümlichen Befreiungssoteriologie nimmt konsequent Jesus die Funktion wahr, sowohl zum Engagement an die Geschichte, die Armen, wie auch zur Überwindung der Geschichte auf Gott hin zu provozieren. *So scheint diese asiatische Befreiungschristologie einen wichtigen Dienst zu leisten für eine Verstärkung des Elements soteriologischer Heilsrelevanz von Geschichte (und damit angemessener Rezeption Jesu Christi), die ohne sie allzu schnell »auf Gott hin« aufgehoben werden könnte.*

[109] *Aloysius Pieris* S.J., Colombo, Asiens Kampf um volle Menschlichkeit – unterwegs zu einer relevanten Theologie, in: Herausgefordert durch die Armen, a.a.O. 66.
[110] Ebd. 69.
[111] Ebd. 74.
[112] Ebd. 76.

3.4.4 Schwarze Theologie und Christologie

Um das Bild abzurunden, sei eine letzte Version der Befreiungstheologie angeführt. Sie ist beheimatet in den Ländern, in denen die schwarze Bevölkerung, meist die Mehrheit, von den Weißen unterdrückt und diskriminiert wurde; heute gilt dies vor allem noch für Südafrika und – wenn auch in wesentlich geringerem Maße und mit der Tendenz zu weiterer Verbesserung – für die USA.

Diese Situation ließ als ersten und wichtigsten Inhalt der Befreiung die Überwindung des menschenunwürdigen Rassismus erscheinen, und zwar nicht im Sinne eines Prinzips, sondern konkret als Emanzipation *der Schwarzen*. Es entstand ein ›Schwarzes Bewußtsein‹ (Black Consciousness), das ausging vom humanen Wert des Schwarzseins, sowie ›Schwarze Macht‹ (Black Power), die die rassistischen Strukturen der Gesellschaft ändern wollte. Auch Christen wurden von dieser Bewegung erfaßt; unter ihnen entstand die sogn. Schwarze Theologie (seit etwa 1970 in Südafrika). »Schwarze Theologie ist die theologische Reflexion schwarzer Christen im Blick auf die Situation, in der sie leben, und im Blick auf ihren Befreiungskampf. Schwarze fragen: Was bedeutet es, an Jesus Christus zu glauben, wenn man schwarz ist und in einer Welt lebt, die von weißen Rassisten kontrolliert wird? Wie soll man verstehen, daß diese Rassisten sich selbst auch Christen nennen?«[113] So müssen nicht nur die Schwarzen befreit werden, sondern auch das Evangelium, das von Weißen in rassistischem Sinn gepredigt wurde. »Gott wird fragen: ›Schwarzer, wo warst du, als der Weiße mein Evangelium verwarf und zur Zerstörung schritt?‹«[114].

Der befreiende Gott steht auf der Seite der unterdrückten Schwarzen, und nur in dieser Perspektive kann auch Jesus als Christus angenommen werden: »Schwarze Theologie... ist ein Schrei zu Gott um der Menschen willen. Sie glaubt, daß in Jesus die totale Befreiung aller Menschen gekommen ist.«[115] Dieser Jesus Christus aber muß ein anderer sein als der der Weißen[116]. Bald trat sogar die Vorstellung vom

[113] *Allan A. Boesak*, Unschuld die schuldig macht. Eine sozialethische Studie über Schwarze Theologie und Schwarze Macht (engl. Originaltitel: Farewell to Innocence, übers. von *Renate Sundermeier*), Diss., Hamburg 1972, 1.2.

[114] *M. Buthelezi*, Rettet den weißen Bruder, in: Lutherische Monatshefte 13, 1974, 83.

[115] *A.A. Boesak*, a.a.O. 10.

[116] Vgl. *Vincent Harding*, Black Power and the American Christ, in: *Floyd B. Barbour* (Hrsg.), The Black Power Revolt, Boston 1969, 86 (deutsch nach: *A.A. Boesak*, a.a.O. 48.49): »... wir sind diesem (weißen) Jesus zuerst auf den Sklavenschiffen begegnet. Wir hörten, wie sein Name gepriesen wurde, während wir zu Tausenden starben, in stinkenden Löchern unter Deck angekettet... Als wir von den Decks sprangen und von den Haien gefressen wurden, sahen wir seinen Namen, der in die Seite des Schiffsrumpfes eingeritzt

schwarzen Messias auf, was manche im wörtlichen Sinn verstanden: Für sie »war Jesus buchstäblich schwarz, von einer schwarzen Frau in der schwarzen Nation Israel geboren.«[117]
Im übrigen trägt Jesus Christus ähnliche Züge wie in der Befreiungstheologie generell; auch hier stehen im Mittelpunkt Kreuz und Auferstehung Jesu. »Die ›Schwarze Theologie‹ übernimmt wesentliche Prinzipien der ›afrikanischen Theologie‹«, wozu *H. Rücker* vor allem »das symbolische Bewußtsein afrikanischer Tradition« rechnet[118]. Dennoch ist sie durchaus von ihr wie auch von einer afrikanischen Befreiungstheologie, zu der sie allerdings eine größere Nähe besitzt, zu unterscheiden. Die gewichtigste Differenz ist wohl eine *radikale Einbeziehung der Geschichte*[119], vor allem der eigenen Unterdrückungsgeschichte seit Beginn der Kolonialzeit, in die Soteriologie, so daß auch sie wohl in Afrika einen Beitrag leistet zu einer angemessenen, also auch auf die Geschichte Jesu[120] gegründeten Christologie in Afrika.

3.4.5 Ausblick

Die Situation der Christologie außerhalb der Westlichen Welt ist zur Zeit davon geprägt, daß es noch, über die Amtskirchen und Amtstheologien, eine starke Fixierung auf die europäische Form der Christologie gibt, wobei allerdings deren letzter – auch hierzulande noch keineswegs bewältigter – Entwicklungsschritt zur Moderne nur selten berücksichtigt wird. Die Geltung dieser abendländischen Gestalt wird aber zunehmend bestritten und als eine Art von neokolonialistisch auferlegtem Import kritisiert. In eins mit dieser Kritik geht die Suche nach neuen Wegen.
Grundsätzlich lassen sich die neuen Versuche als *kontextuelle Theologie* beschreiben, insofern sie die gegenwärtige Realität in der Dritten

war. Als unsere Frauen in den Kabinen vergewaltigt wurden, müssen sie die großen heiligen Bücher auf den Regalen gesehen haben...«

117 *A.A. Boesak*, a.a.O. 49.

118 A.a.O. 226.

119 *H. Rücker*, a.a.O. 226, meint: Die Schwarze Theologie »hebt sich jedoch von anderen afrikanischen Theologien in auffallender Deutlichkeit dadurch ab, daß sie die Ausrichtung am Leben durch einen expliziten Offenbarungsglauben relativiert weiß...« Damit ist – im Sprachgebrauch *Rückers* (vgl. o. 579, A. 51) – ausgesagt, daß das Motiv des Lebens zurücktritt zugunsten des Motivs der Geschichte (= Offenbarung in Geschichte).

120 Vgl. *James Cone*, God of the Oppressed, New York 1975, 115 (deutsch nach: *A.A. Boesak*, a.a.O. 48): ...»daß es kein Wissen von Jesus Christus heute gibt, das dem widerspricht, was er gestern war, das heißt seinem historischen Auftreten im Palästina des ersten Jahrhunderts. Jesu Vergangenheit ist der Schlüssel zu seiner heutigen Wirksamkeit...«

Welt berücksichtigen. Diese ist geprägt von drei Aspekten: Einmal von den fundamentalen Umbrüchen des Daseinsverständnisses, mit dem das Christentum in Afrika und Asien (und bei den amerikanischen Indios) konfrontiert und in dessen Horizont hinein es Jesus als Christus vermitteln muß; zweitens von dem reichhaltigen Angebot an soteriologischen Motiven und Rastern aus den Religionen Asiens und Afrikas; drittens schließlich von dem Massenelend in den meisten Staaten der Dritten Welt.
Die Verkündigung Jesu als Christus kann nicht auf Dauer in imperialistischer Manier die Übernahme europäischer Rezeptionsmuster erzwingen. Das konnte nur vorübergehend gelingen, solange nämlich die christliche Mission mit dem kolonialistischen Herrschafts- und Zivilisationsmechanismus verknüpft war und dieser tatsächlich funktionierte. Mittlerweile aber ist in allen Völkern der Dritten Welt ein Bewußtsein der eigenen Identität und des Wertes der eigenen Traditionen im Wachsen begriffen, das auch an den dortigen Christen nicht vorübergeht. Sie werden, je später umso mehr, das Christentum auf ihre Weise praktizieren wollen.
Bisher sind die theologischen Neuansätze nur in relativ kleinen Kreisen – gemessen an der jeweiligen Zahl der Christen – verbreitet (Das gilt selbst für die Befreiungstheologie in Lateinamerika). Diese aber repräsentieren die geistige Elite und haben jetzt schon eine Art von »Wortführerschaft« in ihrer Heimat inne. Sie nehmen aller Voraussicht nach die zukünftige Entwicklung schon vorweg.
Die Neubrüche der Christologie können z. Zt. nur erahnt werden. Aber das jetzt zur Verfügung stehende Material reicht schon aus, die Linien zu schließen, die ihre Geschichte kennzeichnen werden. Wie auch bei allen vorherigen Innovationen wird es keine ganz neue christologische Sprache geben, die für jeden sichtbar die Zäsur anzeigt. Vielmehr artikulieren sich neue Christologien mit den Mitteln der vorherigen Modelle, biblische und traditionelle Vokabeln werden benutzt. Aber diese gewinnen, wiederum: wie auch in der bisherigen Geschichte, eine neue Instrumentalität und werden Teile neuer Gebäude.
Grundsätzlich bringt die monistische Struktur der asiatischen und afrikanischen (sowie indoamerikanischen) Traditionen Probleme für das Jesus-Christus-Bekenntnis mit sich, deren konkrete Auswirkungen sich noch nicht erkennen lassen; wahrscheinlich werden sie nicht eine Neuauflage der antiken Fragestellung darstellen, sondern sich mehr in der Richtung einer *Relativierung der Geschichte* und somit *auch des geschichtlichen Jesus* (und vermutlich auch des Christentums insgesamt) auswirken: Handelt es sich bei dem Heilsgeschehen durch Jesus um ein Paradigma oder auch nur einen kontingenten Fall des

Heilsgeschehens, das sich (bleibend) in allen Religionen vollzieht, oder ist die christologische Rückbindung des Heils an den Jesus der Geschichte beim Wort zu nehmen[121]?
In diesem Zusammenhang sind die Befreiungstheologien – so schlimm die Ursachen für ihre Entstehung, die miserablen gesellschaftlichen Verhältnisse, auch sind – als eine große Chance, als ein Glücksfall für die tradierte »Sache« der Christologie zu begreifen. Sie als einzige können eine – je autochthone, d. h. nicht durch die Mission von außen herbeigeführte – »Vergeschichtlichung« der Soteriologie bewirken und dadurch auch die eschatologische Relevanz von Geschichte, in diesem Rahmen: auch oder besonders der Geschichte Jesu, denkmöglich machen. Die Kirchen sollten diese Chance nicht selbst zerstören.

[121] In dieser Frage könnte es zu einer Konvergenz mit ähnlichen – aber anders motivierten – Probleme der modernen europäischen Christologie kommen (vgl. o. 552.553).

Teil V: Systematische Folgerungen

Die folgenden Ausführungen setzen die Kenntnis des geschichtlichen Durchblicks (Teil I bis IV) voraus; nur gelegentlich wird noch einmal auf einzelne Abschnitte verwiesen.
Damit dieser Teil nicht zu einer eigenen Monographie auswuchert, wird darauf verzichtet, Sekundärliteratur heranzuziehen und zu diskutieren. Dieser Verzicht ist mir nicht leichtgefallen, weil gerade die Auseinandersetzung mit der heutigen christologischen Literatur den Anstoß für diese Untersuchung gegeben hat.

0 Die Grenzen der vorliegenden Untersuchung

Diese Studie versucht, nur einige der wichtigsten Entwicklungslinien der Christologie darzustellen und diese von ihren kulturbedingten soteriologischen Fragestellungen her zu begreifen. Jede weitergehende Bemühung hätte das Unterfangen ins Uferlose ausweiten müssen. Dennoch soll nicht verschwiegen werden, daß diese Eingrenzung auch Nachteile mit sich bringt. *Die geschichtliche Realität ist bei weitem komplexer, als sie hier dargestellt werden konnte*. Es muß nicht noch einmal betont werden, daß sich z. B. auch in der hellenistisch-christlichen Christologie Traditionsstücke ethischer oder geschichtlicher oder staurozentrischer Prägung finden[1], bei Lateinern und im Mittelalter solche der Vergöttlichungschristologie usf. Die Vereinfachung schien aber *gerechtfertigt zu sein, um die fundamentalen »Kausalitäten«*

[1] Vgl. z. B. *Basil Studer*, Gott und unsere Erlösung im Glauben der Alten Kirche, a.a.O. 147 (zu *Athanasius*): »Ohne Zweifel übernimmt Athanasius in seiner durch und durch soteriologischen Theologie aus der Tradition eine ganze Reihe von verschiedenen Themen: den Tod Jesu als Loskauf, das Sühneopfer für die vielen, den Sieg des Kreuzes, den Triumph über den Teufel, die Vorbereitung des Weges zum Himmel, die *pax christiana*... usw. Doch läßt sich ungeachtet dieser Mannigfaltigkeit von traditionellen Themen seine Soteriologie auf die einfache Antithese: Menschwerdung – Vergöttlichung zurückführen.«

hervortreten zu lassen (Dieser Umstand sollte durch das oben, S.15, abgedruckte Motto – einen Satz des *Augustinus* – verdeutlicht werden).

Die Beschränkung auf wenige, allerdings bedeutsame Traditionen führt dazu, eine Fülle von »christologischem Material« nicht detailliert einbringen zu können, angefangen vom Neuen Testament bis zu den sich gegenwärtig abzeichnenden Perspektiven. Was alles noch wichtig gewesen wäre, kann noch nicht einmal erwähnt werden: Von der Christologie der neutestamentlichen Überlieferungsschichten, Quellen und Schriften, von den aus der alt-ägyptischen religiösen Überlieferung ausgehenden Einflüssen auf die alexandrinische Theologie, von den beinahe zahllosen Autoren, die im Verlauf von zweitausend Jahren mit unserem Thema befaßt waren, konnte nur andeutungsweise die Rede sein.

Erst recht verblieb kein Raum, näherhin auf die christologischen Auffassungen der *»einfachen Christen«* in den jeweiligen Epochen und Kulturen einzugehen – soweit diese schon ansatzweise erforscht sind. Gegenstand der Studie ist lediglich die *literarische* theologische Tradition, von der nur ganz ungenau – aufgrund ihrer Einbettung in die soziale Realität ihrer Kulturen – vermutet werden soll, daß sie nicht so gänzlich anders struktuiert ist als der sogn. Volksglaube[2]. Immerhin läßt die *gesellschaftliche* Relevanz der kirchlichen Verkündigung und ihrer Theologie darauf schließen, daß sie auch bei den »einfachen Leuten« auf Resonanz stieß und von ihnen *grundsätzlich* – wenn auch nicht in allen komplizierten Spielarten - rezipiert wurde. Diese Feststellung gilt wohl auch in Bezug auf die *Frauen*, jene Hälfte der Kirchenmitglieder, die über weite Strecken der Geschichte zum Schweigen verurteilt war und jedenfalls so gut wie nicht in der theologischen Literatur zu Wort kam.

Darüberhinaus wäre es wünschenswert gewesen, die »Kulturbedingtheit« jeglichen christologischen Ansatzes und Inhalts durch *weitere methodische Analysen* zu vertiefen. Weder die soteriologische Frage noch ihre Beantwortung durch das Jesus-Christus-Bekenntnis ist umfassend verstehbar ohne *religionspsychologische* und *religionssoziologische* Überlegungen; welche Einflüsse etwa das paternalistische Empfinden von allem Anfang, von Jesus, an auf die Gestalt der Christolo-

[2] Ein Vergleich etwa antik-christlicher Graffiti mit der »Vergöttlichungschristologie« kann zeigen, daß hier dieselben Raster und Motivationen wirksam waren, ähnlich wird auch ein Blick z. B. in volkstümliche Erzählungen des Mittelalters die lateinisch-abendländische Rechtfertigungschristologie bestätigen (vgl. z. B. »Erzählungen des Mittelalters« in deutscher Übersetzung und lateinischem Urtext, hrsg. von *Joseph Klapper* (Nachdruck von Breslau 1914), Hildesheim, New York 1978).

gie genommen, wie das feudale Denken des Mittelalters, die demokratische Entwicklung – um nur einige Beispiele zu nennen – in den letzten beiden Jahrhunderten den Glauben an Jesus Christus beeinflußt haben, mußte hier dahingestellt bleiben oder kommt jedenfalls nur zwischen den Zeilen zu Wort.
Dennoch läßt das hier herangezogene Material mit hinreichender Deutlichkeit erkennen, daß die Christologiegeschichte vorangetrieben wird von den immer neuen Umbrüchen und neuen Gestalten der menschlichen Sinnfrage, von ihr her und auf ihren Hintergrund wird Jesus als Grund von Hoffnung auf Sinnhaftigkeit und als Mittler des jeweils erhofften Heils rezipiert, in ihren Rastern und vorgegebenen Assoziationen wird das Christusbekenntnis artikuliert – und nur so und deswegen ist es den Menschen innerhalb eines kulturellen Kontinuums verständlich. Weitere und vertiefte Analysen könnten m. E. diese Abhängigkeitsverhältnisse nicht widerlegen, sondern allenfalls im Detail korrigieren, Seitenlinien, Verzweigungen und Überlagerungen sichtbar machen, vielleicht auch neue, hier übersehene Motivstränge hervortreten lassen.

1 Soteriologie und Christologie

1.1 Christologie als Funktion der Soteriologie

Die vorliegende Untersuchung ging von der Arbeitshypothese aus, daß die Inhalte und Denkfiguren, die die christologischen Bekenntnisse bestimmen, von der jeweils zugrundeliegenden Soteriologie geprägt sind. Diese Annahme hat sich bei der Analyse der Theologiegeschichte bestätigt. Alle christologischen Prädikate – ohne Ausnahme – sind dem Material entnommen, mittels dessen die jeweiligen Kulturen ihre Hoffnungen auf eine letzte Sinnerfüllung ausgedrückt haben. Zwar veränderten sich durchaus die Assoziationen, die ursprünglich mit einem soteriologischen Topos verbunden waren, dann, wenn er ins Christusbekenntnis übernommen wurde. Die (jüdische) »Vollendung der Geschichte« oder die (hellenistische) »Vermittlung der Vergöttlichung« z. B. büßten bestimmte frühere Bedeutungsvarianten ein, sobald sie (juden*christlich* oder hellenistisch-*christlich*) mit dem Leben und der Gestalt *Jesu* verknüpft wurden; die Gestalt *Jesu* ließ politische oder triumphalistische Züge des Messiasgedankens nicht mehr zu, für die Göttlichkeit Jesu waren monistische Aspekte auszuschließen. Ebenso brachte die Verbindung der vorgegebenen Raster untereinander (z. B. Messianität mit Gottessohnschaft, letztere mit Rechtfertigung oder Befreiung usf.) neue Schwerpunkte und Inhalte. Diese Veränderungen aber können die grundsätzliche Einbettung jeglichen Christusbekenntnisses in die soteriologischen Traditionen der christianisierten Gesellschaften nicht aufheben; vom Messias Jesus über den Gottessohn und Satisfaktor bis hin zum Promotor von Mitmenschlichkeit und Befreiung gilt dieser Zusammenhang.
Die Christologiegeschichte macht deutlich, daß nur zwei Kulturtraditionen noch *beinahe* spontan oder »un-vermittelt« ihre soteriologischen Assoziationen mit Jesus verbinden konnten, die jüdische und die hellenistische (letztere schon nicht unerheblich »gebrochen« durch die ältere judenchristliche Gestaltwerdung); beide haben der *neutestamentlichen Christologie* ihre Form gegeben.
Alle späteren Kulturen konnten ihre – oft wahrhaftig innovatorischen – Ansätze nur unter Verwendung des älteren Vokabulars und somit nur indirekt und vermittelt entfalten. Hierbei wurden dann z. B. judenchristliche und hellenistisch-christliche Motive als Bausteine benutzt, um eine der Sache nach ganz neue Christologie zu formulieren.

Wichtiger noch als diese Beschreibung des begriffsgeschichtlichen Zusammenhangs ist die Analyse seiner Ursachen. Die Untersuchung sollte vor allem die *Beweggründe* aufdecken, die zur (christologischen) Übernahme des soteriologischen Vokabulars geführt haben. *Weil* Jesus als der erfahren wurde, der die letzten Heilsperspektiven einer Kultur zu erhoffen möglich machte, wurde er mit ihnen unlösbar verbunden. *Die soteriologische Frage und Dynamik des Menschen ist Basis der christologischen Rezeption.*

Bis in die neueste Literatur hinein werden Christologie und Soteriologie additiv nebeneinandergeordnet. Unter Christologie versteht man dabei die Lehre von Jesus dem Christus, wie sie in altkirchlicher Zeit entfaltet wurde – wobei viele neuerdings den neutestamentlichen Modellen eine zentralere Bedeutung zumessen –; die Soteriologie soll das erlösende Werk, das dieser zuvor so beschriebene Jesus Christus erbracht hat, darlegen. Zwar wird immer mehr ein enger Zusammenhang von Christologie und Soteriologie festgestellt und auch gefordert; dennoch aber bleiben sie zwei Größen unterschiedlicher Art[1]. Unsere Untersuchung hat ergeben, daß auch die so verstandene »Christologie«, also die neutestamentliche und/oder altkirchliche »Lehre« von Jesus dem Christus, eminent christologisch-*soteriologische* Entwürfe bietet, in denen *die Heilsbedeutung Jesu für uns Menschen verbalisiert und begründet wird.* Das Zwei-Naturen-Bekenntnis – mit all seinen Implikationen – ist nicht minder eine soteriologische Deutung Jesu als die Satisfaktionstheorie *Anselms* oder die Rechtfertigungslehre *Luthers*. Umgekehrt ist z. B. die Rechtfertigungslehre ein *christologischer* Versuch, insofern sie die Heilsbedeutung Jesu von neuen Fragehorizonten her zu umschreiben sucht.

In allen Fällen geht es um die Frage, inwiefern Jesus von Nazareth unser Heilsmittler, unser »Christus« ist. Die unterschiedlichen *Antworten* ergeben sich von den jeweilig verschiedenen soteriologischen Ausgangspunkten her. *Sein* Heil findet »der Grieche« in Jesus vermittelt, weil er »in Person« die naturale Barriere aus der Welt des Endlichen zum unendlichen Gott hin öffnet, »der lateinische Mensch«, weil Jesus durch sein Opfer unsere Schuld bezahlt und die zerstörte Ordnung wieder aufrichtet, »der neuzeitliche Mensch«, weil Jesus darüberhinaus dem (bleibend sündigen) Subjekt Heilsgewißheit vermittelt, »der Lateinamerikaner«, weil Jesus umfassende Befreiung anstößt.

[1] So noch neuerlich in dem ansonsten sehr kritischen Buch von *Thomas Pröpper*, Erlösungsglaube und Freiheitsgeschichte, a.a.O., 108: »Was also die Christologie im Blick auf Sein und Person Jesu Christ bedenkt und in ihm begründet, entfaltet die Soteriologie in seiner Bedeutung für uns...«

Kurz: *Es gibt keine Christologie, die nicht zutiefst und grundlegend eine Form der soteriologischen Rezeption Jesu darstellen würde.* Die neutestamentlichen und altkirchlichen Christologien unterscheiden sich von späteren sogn. »soteriologischen« Aneignungen nicht der Sache nach, sondern lediglich in der kulturbedingten Inhaltlichkeit der jeweiligen soteriologischen Horizonte.

Und sie unterscheiden sich im Alter. Letzteres ist der Grund dafür, daß die je vorausliegenden Modelle *normativ überliefert* und in der folgenden Rezeptionsgeschichte Jesu als Christus übernommen wurden – *als Bausteine und Argumentationsfiguren für die je neue christologische Soteriologie.* Nur aus diesem Grund konnte der Eindruck entstehen, sie seien etwas anderes als die auf sie folgenden Versuche, sie seien die *»christologische«* Basis für spätere *»Soteriologien«.*

Wenn »die« lateinisch-abendländische Christologie sagt: Jesus hat uns gerechtfertigt (= von den Sünden erlöst), *weil* er Mensch und Sohn Gottes war und sein Opfer somit einen unendlichen Wert hatte; wenn »die« indische Christologie mit Berufung auf die Zwei-Naturen-Lehre das Atman zum Brahman vermittelt sieht; wenn »die« Befreiungschristologie – in Anlehnung an die Rechtfertigungschristologie – durch Jesus die »strukturelle Sünde« auf Hoffnung hin überwunden sieht: immer melden sich ganz neue *soteriologische Deutungen Jesu,* also Christologien, zu Wort, die bestimmte Modelle der christologischen *Tradition* benutzen, um – gewissermaßen mit dem Anschein von Kontinuität und Orthodoxie – die Innovationen zu legitimieren.

1.2 Kontinuität und Diskontinuität

Der Rückgriff auf die Tradition verfährt selektiv; nicht die jeweils *ganze* Geschichte der Christologie kommt in der je neuen Stufe gleichgewichtig zu Wort. Das Kriterium für die Auswahl ist die je größere oder geringere Affinität eines neuen kulturbedingten soteriologischen Horizonts zu denjenigen vergangener Epochen. So steht die Rechtfertigungschristologie etwa *Luthers* judenchristlichen und lateinischen Modellen (*Paulus* und *Augustinus*) näher als der hellenistisch-christlichen Überlieferung, die Befreiungschristologie kennt mehr Ähnlichkeiten mit dem abendländischen Ansatz als mit der Antike des Ostens, die asiatischen Christologien wiederum sind am ehesten den letzteren benachbart usf.

Das soll keineswegs heißen, daß die dem eigenen Denken »entfernteren« Modelle abgelehnt würden. In aller Regel werden sie in die neuen Versuche integriert, so wie sie auch schon in dem je »näheren« Stück der christologischen Tradition eingebaut waren. Wenn sich also z. B. die Befreiungschristologie vor allem auf die abendländischen Modelle stützt und diese entsprechend dem neuen Ansatz abwandelt, so findet sie in ihnen schon die Zwei-Naturen-Lehre als integralen Bestandteil vor und übernimmt sie in einer vergleichbaren, aber neuen Funktionalität (z. B. Inkarnation: statt Gott wird zur Sünde – Gott wird ein Armer oder Entrechteter); ähnlich bemühen sich auch asiatische oder afrikanische Christologien nicht nur um Berufung auf die Zwei-Naturen-Lehre, sondern auch um eine Ergänzung im Hinblick auf die Rechtfertigungschristologie, die säkularen Versuche legitimieren sich als *»Interpretation«* (die einzige, die heute noch möglich sei) der traditionellen Christologie usf.

Diese Verpflichtung auf die normative Tradition entspringt keineswegs »taktischen« Überlegungen, sondern ergibt sich zwangsläufig aus der Eigentümlichkeit der christlichen Religion, die auf die Kontinuität zu ihrem Anfang verwiesen ist. Offensichtlich aber darf diese Kontinuität – auch in Bezug auf das Jesus-Christus-Bekenntnis – nicht im Sinne einer je neuen Repristination der Vergangenheit verstanden werden. Sie ist »lediglich« darin im Lauf der Geschichte dingfest zu machen, daß keine Epoche die früheren Modelle verworfen hat; alle werden aufgenommen und weitertradiert, wenn auch – wie ausgeführt – in je verschiedener Priorität. Ebenso aber werden auch *alle* christologischen Raster immer wieder einem neuen soteriologischen Verstehen eingepaßt, in dessen Kontext sie eine oft *gänzlich veränderte Instrumentalität* gewinnen; sie sind nicht mehr dasselbe wie früher, in ihrem ursprünglichen Zusammenhang. Die Zwei-Naturen-Christologie z. B. hat in der lateinischen Tradition eine ganz andere Funktion als im antiken Osten, letztere wieder eine neue in der Befreiungschristologie usw. Das *verbale* Vorkommen eines traditionellen Topos bedeutet nicht immer, daß er in einem auch nur vergleichbaren Sinn verwendet wird, wie er ihm an seinem ersten »Sitz im Leben« zukam. Die Messianität Jesu, seine Göttlichkeit, seine rechtfertigende oder befreiende »Qualität« durchlaufen immer neue »Sitze im Leben« und gewinnen je neue Funktionen und Inhalte. M. a. W.: Die Kontinuität der Christologiegeschichte darf nicht als eine statische Identität des Bekenntnisses mißverstanden werden.

In unserer Untersuchung hat sich ergeben, daß zwischen je neuer Soteriologie und der christologischen Tradition, in der sich die früheren Soteriologien niedergeschlagen haben, eine *Wechsel*wirkung besteht. Nicht nur werden die alten Motive in neuen Epochen verändert, es gibt auch – wie könnte es anders sein – den umgekehrten Einfluß der Tradition auf die neuen Gestaltformen. Die Übernahme judenchristlicher Topoi auch in die hellenistisch-christliche Tradition hat letztere in

manchen Aspekten korrigiert, die autoritative Vorgabe des hellenistisch-christlichen Homousios von Nizäa hat die Antiochener zur Veränderung ihrer Adoptionschristologie gezwungen, die Zwei-Naturen-Lehre machte es den lateinischen Theologen unmöglich, die Rechtfertigung in Jesus Christus anders als auf dieser Basis zu artikulieren usf. Zwar führten diese Einflüsse nicht zur Aufhebung des jeweiligen soteriologischen Ansatzes – was gleichbedeutend mit der kulturellen Transformation einer nachfolgenden Gesellschaft wäre –, aber doch immerhin zu einer *komplexen Erweiterung* der christologischen Systeme. Wie einfach könnte z. B. eine Befreiungschristologie aussehen ohne die Verpflichtung auf die gesamte Tradition! Andererseits aber bringt die ständig wachsende Kompliziertheit der christologischen Verbalisationen auch Vorteile mit sich, insofern sie eine je neue christliche Kultur davor bewahrt, in ihrer Christologie nur noch sich selbst zu reproduzieren. Die je neue christologische Interpretation Jesu muß sich messen und korrigieren lassen von den vergangenen Bekenntnissen her.
Diese Korrektur ist oft nur durch die einfache Addition alter Formeln zu den neuen Motiven gewährleistet, ebenso oft aber findet sich auch eine *wirkliche* Veränderung. Wenn z. B. die »Vergöttlichung« des antiken Ostens mit ethischen Motiven des Judenchristentums oder die »Befreiung« in Lateinamerika mit den eschatologischen (bzw. metaphysischen) Aspekten der vorherigen Christologien in Beziehung gesetzt werden, können die jeweiligen soteriologischen Topoi neue Tiefendimensionen gewinnen und – situativ verständliche – Einengungen vermieden werden.
Die soteriologischen Horizonte jeder Kultur und Epoche sind anders. Ebenso verändert sich also das Bekenntnis zu Jesus Christus. »Die« Christologie gibt es nicht und kann es nicht geben, wenn hierbei die Inhalte, Motive, Denkraster als Bezugspunkt gewählt werden. Jede Kultur hat *ihren* Jesus-Christus, dessen spezifische Aneignung allerdings durch die Tradition vielfältig vermittelt, gebrochen und korrigiert wird. Die Geschichte zeigt *nirgendwo einen totalen Bruch* mit der Tradition, dennoch aber *immer neue Umbrüche. Kontinuität und Diskontinuität bilden ein komplexes Ganzes* und sind unlöslich miteinander verwoben. Ganz sicher hätte ein Insistieren auf einem Mehr an Kontinuität die Rezeption Jesu als Christus und somit eine Christianisierung neuer Kulturen oder Epochen verhindert; ebenso gewiß müßte ein so radikaler Bruch, daß die gesamte Tradition beiseite geschoben würden, die Geschichte des Christentums beenden.
Ein letztes: Jede Kultur stellt eine kontingente Verwirklichung »des« Menschseins dar. An dieser Kontingenz partizipieren auch – sogar recht zentral – die kulturbedingten soteriologischen Fragestellungen.

Jede konkrete Soteriologie problematisiert somit »den« Menschen einerseits unter einem ganz bestimmten Blickwinkel (»Sünde«, »Endlichkeit«, »Knechtschaft«, »Zweiheit«, »Leid« usf.) und bringt eine sektorale Konzentration der (korrelierenden) Hoffnungen mit sich, andererseits aber bewirkt diese Verengung gleichzeitig eine Vertiefung und Differenzierung von Frage und Hoffnung gerade in Bezug auf den jeweils relevanten »Sektor«. Erst die Gesamtgeschichte der Menschheit wird »die« Soteriologie »des« Menschen umfassender darstellen und zu Bewußtsein bringen können.
Infolgedessen ist auch jede konkrete Christologie kontingent und zugleich in dieser Kontingenz bis zum äußerst Möglichen vorangetrieben und vertieft. Die Defizienz ihrer Kontingenz wird *im Binnenraum* einer christlichen Kulturtradition »lediglich« *formal* wahrgenommen, dann nämlich, wenn sie »zu Ende« gedacht und aporetisch wird: das Ungenügen *an ihrer Inhaltlichkeit* zeigt sich erst *mit dem Hinzutreten einer neuen Kultur* ins Christentum. Auch hier wird erst die Geschichte zeigen, was »in Summe« schließlich Christologie ist und sein kann.

1.3 Die Entstehung aller Christologie »von unten«

Der Gang der Geschichte erweist, daß die christologischen Aussagen aus der soteriologischen Erfahrung der Menschen einer bestimmten Kultur erwachsen. *Kein einziges Prädikat ist spezifisch christlich*, sondern findet sich auch außerhalb des Christentums, vor oder neben ihm[2]. Schon Jesus hat die Hoffnung auf die Königsherrschaft Gottes und einen Neuen Äon in seiner Tradition »vorgefunden«, ebenso die damit verknüpften messianischen Erwartungen; das Christentum der hellenistischen Zeit übernahm die Vergöttlichungssehnsucht, die lateinamerikanische Theologie die Hoffnung auf Befreiung von ungerechten Strukturen usf.
Von daher besteht »Christologie« gewissermaßen darin, die vorgegebenen soteriologischen Topoi, die auch die Christen teilen, auf Jesus anzuwenden und ihn als *den* Mittler eben *dieses* jeweils erhofften Heils zu

[2] Lediglich die *subjektive Wendung* des soteriologischen Fragens zu Beginn der Neuzeit scheint insofern eine Ausnahme darzustellen, als sie ganz aus dem Kontext einer christlichen Kultur entstanden ist. Aber auch hier gilt, daß (1) die beibehaltene Rechtfertigungssoteriologie (Wiederherstellung der vom göttlichen Willen auferlegten ethischen Ordnung, die der Mensch durch seine Sünde zerstört hatte) *lateinischer* (also nicht christlicher) Provenienz ist, daneben (2) spezifisch *deutsche* (bzw. *romanische*) Motive mitspielen, (3) schließlich die subjektive Wende auch die »Ränder« der christlichen Gesellschaft erfaßte und bald auch – sobald es dieses Phänomen gab – außerhalb von ihr eine Rolle spielte.

bekennen. *Das christlich Spezifische ist die Bindung all dieser Erwartung an Jesus, nicht aber sind es diese selbst*[3].
Die (sogar literarisch nachweisbare) Herkunft der christologischen Prädikate aus den kulturbedingten Soteriologien zeigt, daß ihre Basis die auch außerhalb und vor dem Christentum anzutreffende *religiöse Frage und Hoffnung der Menschen* ist, die durch die Verkündigung Jesu Christi – für die Christen – offensichtlich in zentraler und singulärer Weise angesprochen, aufgegriffen und »beantwortet« wird, so daß sie fortan nur noch in der Nachfolge Jesu ihr Heil realisieren zu können glauben – und diesen Sachverhalt auch im Bekenntnis verbalisieren.
Die religiöse Frage ist die Grundlage, von der aus Jesus als Christus – was nichts anderes heißt als: *relevant für diese Frage* – rezipiert wird. Diese bei allen Menschen aller Kulturen, soweit wir sie überblicken können, anzutreffende Problemerfahrung ist aber in ihrer Inhaltlichkeit in jeder Region oder Epoche anders »gefärbt«. Sie »problematisiert« den Menschen in je spezifischer Weise, die geprägt ist von den zur Verfügung stehenden Informationen, allgemeinen und geistesgeschichtlichen Voraussetzungen, ethnischen Mentalitäten, soziologischen, politischen usw. Bedingungen. Aus all diesen Momenten formt sich im Lauf der Zeit eine bestimmte Art heraus, in der die Unheils- und Heilsfrage des Menschen erfahren und, vor allem in der religiösen Tradition, verbalisiert wird.
Hierbei sind – global gesehen – *zwei Grundtypen* in aller Vielfalt zu erkennen: *Natur und Geschichte liefern die (einzig möglichen) Horizonte, innerhalb derer und woraufhin Menschen sich selbst und ihre »Situation« verstehen, als Unheil erfahren und eine Heilsperspektive wahrnehmen*[4].
Ein »naturorientiertes« Selbstverständnis ist immer offen oder latent monistisch (pantheistisch oder – säkulär – materialistisch), insofern als letzte und tiefste Wirklichkeit, nach dem Modell der all-einen-Natur, nur ein alles tragendes apersonales Prinzip oder eine apersonale Realität dem nach sich selbst fragenden Menschen aufscheinen. In Kulturen, deren Bezugspunkt die Geschichte ist, öffnet sich der Blick, nach dem Modell des nur in der Geschichte anzutreffenden Besonderen, auf personale göttliche Adressaten; aus dieser Art der soteriologischen Erfahrung resultieren die Theismen, in äußerster Konsequenz der Monotheismus[5].

[3] Durch die Verknüpfung mit Jesus wird ein soteriologischer Topos zwar verändert (vgl. u. 2.2.3.2), ohne aber als solcher außer Kraft gesetzt zu werden.
[4] Vgl. o. Einführung 1.3.
[5] Vgl. o. Einführung 1.4.

Diese »Grundtypen« kommen in der Geschichte nur selten in reiner Form, sondern meist in verschiedenen »Mischungsverhältnissen« vor, in denen eine prinzipielle »Naturorientierung« mit Aspekten geschichtlicher Art oder eine »Geschichtsorientierung« mit Motiven einer Selbstinterpretation im Rahmen der all-einen Natur verknüpft ist; darüberhinaus finden sich alle möglichen bunten Spielarten von konkreten Varianten der soteriologischen Erfahrung und den aus ihr resultierenden religiösen Traditionen, wie selbst diese Untersuchung mit ihrem Interesse nur für die christliche Geschichte gezeigt hat.

Im Verlauf von zweitausend Jahren ist Jesus von Menschen verschiedenster soteriologischer Tradition als heilsrelevant rezipiert worden. Die wichtigsten epochalen Konkretionen wurden in dieser Untersuchung mit den aus ihnen hervorgegangenen Christologien vorgestellt, mehr angedeutet, als umfassend analysiert. *Das vorgelegte Material zwingt zur Schlußfolgerung, daß alle Christologie »von unten«, d.h. aus der religiösen Frage, herzuleiten ist;* anders kann die bisher gelaufene Geschichte nicht verstanden werden.

Immer wieder wird allerdings die These vertreten, die Christologie beruhe auf (inhaltlich-geschichtlicher) »göttlicher Offenbarung« und »göttlichem Heilswillen«, sie sei uns »von oben« geschenkt. Zumindest von *den Inhalten* des Christusbekenntnisses kann dies nicht gesagt werden (Etwas anderes ist die Frage, ob der Glaubensakt selbst, durch den ein Mensch seine kulturspezifischer Heilserwartungen *mit Jesus* verknüpft, von Gott – von außen – provoziert sei.)[6].

Dieses Mißverständnis hat seine Wurzel in dem Umstand, daß das Denken bis zur Neuzeit vor-kritisch oder »mythisch« gewesen ist und erst seit der Moderne das kritische Denken auch die christliche Soteriologie beeinflußt; zudem scheint die Vermittlung des Christentums in außereuropäische Kulturen auch für die Zukunft ein Wiedererstarken mythischer Soteriologie und Christologie wahrscheinlich zu machen.

Alle soteriologische Hoffnung aller Kulturen ist auf eine *letzte* Heilsperspektive ausgerichtet, die durchaus sachgerecht mit dem Begriff »Gott« (oder ähnlichen Termini) bezeichnet wird[7], insofern jeglicher Soteriologie die Erfahrung zugrundeliegt, daß Geschichte und Welt eben keinen letzten Sinn vermitteln.

Mythisches Denken *objektiviert* diese äußerste Hoffnung: »Gott« wird zur gewissesten Realität. Gott – sei er nun monistisch und/oder theistisch oder monotheistisch gedacht – wird zum Ausgangspunkt

[6] Vgl. u. 3.1.2.

[7] Die moderne säkulare Soteriologie lehnt diese Perspektive ab, allerdings – wie ausgeführt – aufgrund einer »falschen« und keineswegs zu *jeder* unmythischen Soteriologie gehörigen Fragestellung (vgl. o. IV 2).

der Daseinsinterpretation, das Denken wird deduktiv – es denkt »von oben« – oder theonom/theozentrisch. *Dabei wird* – eben vor-kritisch – *die »subjektive« Bedingung des Denkens von Gott nicht reflektiert*, Gott erscheint nicht als das äußerste Woraufhin unserer soteriologischen Erfahrung, sondern als deren Vorgabe. Entsprechend den beiden wichtigsten Aspekten jeder religiösen Erfahrung, der noëtischen und der ethischen Dimension, erscheint so alles Heil und deswegen auch »Heil durch Jesus« begründet in der Offenbarung und der heilenden Wirklichkeit Gottes.

Noëtisches und ethisches Heil werden – entsprechend den beiden großen Grundorientierungen – je verschieden erfahren. Von daher ergeben sich auch die beiden großen Varianten des noëtischen und ethischen Offenbarungsbegriffs. In (latent oder offen) *monistischen* Traditionen *»offenbart« sich Gott in der Natur*, im Kosmos, in seiner statischen Seinsgesetzlichkeit (Hellenismus), seiner gesetzlichen Ordnung (lateinisches Denken), im organologischen Prozeß (keltische Kultur), im alles durchwirkenden Leben (Afrika), als Kontrapunkt zur negativen Geschichte (Indien); entsprechend variiert der durch diesen Gott vorgegebenen Heilsweg (Vergöttlichung, Heilung des Lebens, Aufhebung von Geschichte u.ä.).

In *theistischen* und erst recht in *monotheistischen* Traditionen *»offenbart« sich Gott nach dem Modell geschichtlicher Kundgabe* (= Mitteilung durch einen Sprechenden) und er wirkt das *ethische Heil* nach Maßgabe seines (personalen) Heils*willens*. Weil letzteres *unserem* – geschichtlichen – Denken eher entspricht, hat sich die falsche Unterscheidung von »Offenbarungsreligionen« (vor allem Judentum, Christentum, Islam) und anderen Religionen eingebürgert. In Wirklichkeit läßt mythisches Verstehen *alle* soteriologische Erfahrung als göttliche Offenbarung und göttliches Heil erscheinen[8].

Die in der Geschichte bisher vorherrschende und wohl auch noch weiterhin zukunftsträchtige *mythische* Form der religiösen Erfahrung

[8] Der Unterschied zwischen »geschichtsorientierter« und »naturorientierter« soteriologischer Erfahrung bzw. – vorkritisch – »Offenbarung« ist in seiner Eigenart durchaus gravierend. Er ist auch der Grund dafür, daß viele Theologen fälschlich nur Christologien, die aus kosmozentrischem Denken herkommen – wie die hellenistische Inkarnationschristologie –, für »Deszendenzchristologien« halten, die aus geschichtlichem Denken kommenden Christologien (wie etwa die judenchristliche, antiochenische oder auch die Befreiungschristologien) aber als »Aszendenzchristologien« ansehen; das »von oben« und »von unten« wird hier *falsch plaziert*, nämlich in den Ausgangspunkt für realisierte Erfahrung bzw. Offenbarung. Tatsächlich aber ist auch z. B. die judenchristliche Christologie eine »Christologie von oben«, insofern sie vom sicher gewußten Gott und seinem Heilshandeln in der Geschichte ausgeht (und nicht – umgekehrt – aus der soteriologischen Erfahrung der Geschichte auf Gott schließt).

hat es mit sich gebracht, daß letztere als »von oben« inspiriert verstanden wurde. Dementsprechend mußten auch die auf Jesus applizierten soteriologischen Topoi, d.h. die Inhalte der Christologie, als göttlich *geoffenbarte* und für das Heil der Menschen *gewollte* Realitäten erscheinen. Die mythische Unmittelbarkeit kennt keine kritische Reflexion auf die Bedingungen des Zustandekommens solcher Formeln und perzipierte sie in ihrer selbstverständlichen Objekthaftigkeit als eine offenbarte und erlösende Wahrheit, wiewohl sie aus den jeweiligen Kulturen hervorgegangen sind.

Hierbei wurden zwar durchaus die Reibungen empfunden zwischen christologischer (d.h.: kulturbedingt soteriologischer) Prädikation und dem Jesus der Geschichte. Diese Disparität war besonders groß, wenn die soteriologische Erfahrung Jesu, die sich der Sache nach ja auf (ein Stück) Geschichte bezieht, selber von monistischen Grundmustern geprägt war, also aus einem gänzlich andersartigen Erfahrungshorizont stammte. Die hierbei auftretenden Aporien wurden – und werden – meist mit dem Hinweis auf das göttliche Mysterium Jesu Christi bewältigt (vgl. z.B. die Applizierung der hellenistisch-monistischen Vergöttlichungssehnsucht auf Jesus in der Zwei-Naturen-Christologie, deren Aporien sich aus dem Ineinander von geschichtlicher und kosmozentrischer soteriologischer Erfahrung ergeben, aber als Folge des göttlichen Mysterion relativiert wurden). Auch dieses Bewältigungsmodell folgt zwangsläufig aus der vorkritischen Unmittelbarkeit und Objektivierung der Soteriologie.

Mit anderen Worten: *Der Gegensatz zwischen einer »Christologie von oben« oder »von unten« erweist sich als ein Gegensatz nicht in der Sache, sondern in deren – mythischem oder kritischem – Aneignungsmodus. In jedem Fall ist das Christusbekenntnis »von unten« entstanden*, »von unten« stammen die soteriologischen Erfahrungen und ihre Raster, mit deren Hilfe sich der Glaube an Jesus als Christus artikulieren konnte. Diese Bedingungen aber wurden und werden in der vorkritischen Stufe nicht reflektiert, sondern in naiver Ganzheit und Unschuld übersprungen. Das kritische Denken löst nicht eine vorher gegebene »Christologie von oben« – ungläubig – auf, sondern erkennt deren – immer schon reale, aber nicht bewußte – immanente Konstitution durch die soteriologische Erfahrung (»von unten«). *»Christologie von unten« ist nichts anderes als die kritisch reflektierte »Christologie von oben«; sie ist keine andere Christologie, sondern nur deren sachgerechte Hermeneutik.*

Eine hiervon abweichende Interpretation müßte mit unzuträglichen Prämissen arbeiten: Für jede Stufe der Christologiegeschichte müßte eine eigene »Offenbarung« angenommen werden, oder man müßte versuchen, alle nachneutestamentlichen Christologien als Explikationen der neutestamentlichen Grundlagen zu interpretieren. Vor allem letzteres ist eine häufig anzutreffende Argumentationsfigur, die sich auf zwei Umstände stützen kann: *Einmal* verbalisieren sich *alle* späteren Christologien mittels neutestamentlichen Vokabulars, *zum anderen* finden sich dort (in Ansätzen) zwei Versionen kulturspezifischer Christologie, die judenchristliche und hellenistisch-christliche, die jeweils einer der beiden Grundtypen möglicher soteriologischer Orientierung – nämlich an Geschichte bzw. Natur – zugehören; *dies hat zur Folge, daß sich für jede denkbare spätere Phase bestimmte »implizite« Ansatzpunkte finden lassen.* Dieser für die religionspsychologische Identitäts- bzw. Kontinuitätserfahrung wichtige (und glückliche!) Sachverhalt verführt jedoch dazu, daß auch die theologische Wissenschaft die grundlegenden Umbrüche in der Christologiegeschichte übersieht oder als Explikationen des schon im Neuen Testament implizit Angelegten verharmlost. Zwar gibt es wohl eine fundamentale Einheit des Menschseins von den ersten prähistorischen Anfängen bis in die absehbare Zukunft hinein, ebenso gibt es auch eine letzte formale »Identität« der soteriologischen Problematik – ansonsten könnte »das Evangelium« niemals »die Menschen« als Adressaten haben. Aber auf der anderen Seite darf nicht über die gewaltigen geistesgeschichtlichen Sprünge hinweggesehen werden, die zwar nicht die prinzipielle Kommunikabilität der religiösen Frage aufheben, aber doch zu je anderen und neuen Zugängen führen. Diese aber sind, in allem was sie inhaltlich-konkret ausmacht, so verschieden, daß das Schema »implizit-explizit« nicht mehr tragfähig ist. Eher könnte man *alle* kulturbedingten Soteriologien, einschließlich der neutestamentlichen, als Gestaltwerdungen *einer* fundamentalen, aber gänzlich formalen religiösen Frage »des« Menschen ansehen, unter denen, wenn man es bewußt will (und das *will* das Christentum), *immer* gewisse Gemeinsamkeiten und Anknüpfungspunkte zu finden sind[9].

1.4 Die »Taufe« von Kulturen durch die jeweilige Christologie

Die Übernahme des soteriologischen Begriffsmaterials bewirkt nicht nur eine Inkulturation der Christologie, sondern auch – umgekehrt – die Christianisierung einer Kultur.

Dies hätte nie gelingen können, wenn eine immer streng identische Christologie durchgehalten worden wäre, die – nach Lage der Dinge – nur judenchristlich hätte aussehen können. Diese Vorstellung ist irreal, und schon der erste Versuch in dieser Richtung kurz nach Entstehung des Christentums ist mit der »Freigabe« der Heidenmission ge-

[9] Anders wäre auch christliche (oder muslimische usf.) Mission gänzlich unmöglich. Diese setzt ja eine fundamentale Kommunikabilität der soteriologischen Systeme voraus, nur dann kann aus dem »Hören« Glauben entstehen.

scheitert. Dennoch wurden und werden immer wieder ähnliche Anstrengungen unternommen, eine bestimmte Form zu petrifizieren. Solche Unternehmungen sind durchaus verständlich; erscheint doch den Angehörigen eines Christentums, von dem die Vermittlung in neue kulturelle Horizonte ausgeht, *ihr* (heimatliches) kulturspezifisches Christusbekenntnis als Inbegriff alles dessen, was (für sie) wahr ist. So mußten die Judenchristen empfinden, als die Heidenmission und die dabei erforderlichen Transformationen der Christologie begannen, so auch z. B. heute viele »abendländische« Christen angesichts der Befreiungstheologie usw.

Die gleiche Kausalität aber, die den Widerstand gegen neue Christologien hervorruft, bewirkt zugleich deren Entstehung; denn die Menschen in anderen Kulturen könnten ebenfalls nur um den Preis eines Verzichts auf ihre soteriologische Tradition, und das heißt: auf all das, worum es ihnen »letztlich« geht, mit einer früheren Form von Christologie leben.

Den Menschen schlechthin gibt es nicht. Seine konkrete Existenz ist zutiefst von seiner Kulturgeschichte geprägt; er »ist« Jude, Grieche, Abendländer usf. Wenn *er*, als solcher, der er ist, in die Nachfolge Jesu gerufen wird, bringt er *sich* ins Christentum ein – und damit auch *seine* Tradition. So bedeutet Christ *werden* prinzipiell zugleich die »Integration« einer Kultur ins Christentum.

Erst recht gilt dies, wenn nicht ein einzelner getauft wird, sondern »Gemeinden« entstehen, wachsen, sich etablieren und ihrerseits Tradition begründen. Mit der Zeit werden notwendig die neuen christologischen Rezeptionsmuster immer deutlicher verbalisiert und in der Auseinandersetzung mit den früheren Modellen profiliert. So ist mit der Missionierung von Menschen anderer Kulturen notwendig verbunden, daß ihre gesamte soteriologische Überlieferung aufgegriffen, mit ihren Mitteln die Funktion Jesu umschrieben und dadurch einer interpretatio christiana unterzogen wird. »Heidnische« Raster werden nicht zerstört, sondern christianisiert durch ihre Verknüpfung mit Jesus; die fremde Kultur wird »getauft«[10].

[10] Vgl. hierzu u. 2.2.3.3.

2 Zur Möglichkeit einer transkulturellen bzw. einer gesamtchristlichen Christologie

2.1 Die transkulturelle Basis der Christologie

Das Jesus-Christus-Bekenntnis hat im Verlauf der Geschichte, soweit sie bisher überschaubar ist, zahlreiche Gestalten angenommen. Für die Zukunft darf nicht nur vermutet, sondern muß als gewiß vorausgesetzt werden, daß sich die Dynamik zu je neuen Inkulturationen und somit Transformationen fortsetzen wird.

Die Pluralität der Christologien ist groß und nicht einfachhin harmonisierbar. Ihre Inhalte erscheinen oft als geradezu konträr. Wie soll sich *auf der Ebene der Inhalte* das judenchristliche Bekenntnis zum endzeitlichen Gesandten Gottes, dem Messias, also dem eschatologischen *Menschen* (und – natural – sonst nichts), versöhnen lassen mit dem hellenistisch-christlichen Dogma vom inkarnierten Gottessohn, wie die mit der Erbsündenlehre »objektiv« begründete alleinige Vermittlung des lateinisch gedachten Heils mit der keltisch-organologischen exemplum- oder imago-Christologie, wie die Rechtfertigung des einzelnen Sünders allein durch (den Glauben an) Jesus Christus mit der Befreiungschristologie, derzufolge die Erlösung durch unsere solidarische Praxis zu ihrer Wahrheit findet? Diese Beispiele ließen sich leicht vermehren und werden mit dem Zutritt außereuropäischer Kulturen zum Christentum vielleicht noch durch radikalere Gegensätzlichkeiten angereichert.

Wie schon ausgeführt, greifen zwar jüngere Christologien auf das Material der älteren, insbesondere der neutestamentlichen und antiken Christologien zurück und verarbeiten ihre Motive in ihren andersartigen Systemen. Hierbei aber erfolgt eine je neue *Motivtransposition*, wobei deren ursprünglichen Inhalte verloren gehen oder zurücktreten. Was hat der apokalyptische Menschensohn etwa der Logienquelle noch gemeinsam mit dem gleichen Begriff in seiner Verwendung bei *Ignatius* von Antiochien, oder welche Kontinuität gibt es zwischen dem Vermittler der neuen Gerechtigkeit bei Matthäus und dem Lehrer der höchsten und zivilisiertesten Moral bei manchen Aufklärungstheologen? Das Vorkommen immer der gleichen Begriffe, Motive und Raster in den je neuen Stufen der Geschichte zeigt zwar, daß bewußt

eine traditionsgeschichtliche Kontinuität gesucht wird; diese ist aber deswegen nicht auch schon tatsächlich gegeben.
Blickt man auf die inhaltliche »Entfaltung« (dieses Wort insinuiert etwas, was es *so* nicht gab) der Christologie, hat es *»die«* kirchliche Christologie niemals gegeben. Eine normative *Inhaltlichkeit* findet sich *grundsätzlich nur innerhalb eines kohärenten Kulturraums* einer bestimmten Epoche, z. B. im hellenistischen Osten der Antike oder in der syrischen Theologie usw. Das ist allerdings nicht die ganze Wahrheit: Durch die Überlegenheit einer Vorgängerkultur über eine nachfolgende kann es (erstens), wie im Verhältnis der östlichen zur lateinischen Reichshälfte oder im Verhältnis des lateinischen zum abendländischen Christentums, *eine Prolongation der Normativität* einer bestimmten Christologie auch in fremde kulturelle Rezeptionsbedingungen hinein geben. Ein ähnlicher Vorgang läßt sich (zweitens) im kolonialen und neokolonialen Missionsbetrieb der Neuzeit und Moderne außerhalb Europas erkennen. Schließlich kann (drittens) die eigentümliche Autoritätsstruktur z. B. der katholischen Kirche erzwingen, daß frühere christologische Modelle über ihren »Sitz im Leben« hinaus auch noch weiterhin im Wortlaut übernommen werden (müssen).
Allerdings hat unsere Untersuchung ergeben, daß nur dann, wenn tatsächlich eine Art von *kultureller Transformation* erfolgte, die je früheren Christologien auch in einer neuen Kultur – wenn auch mit nicht unwesentlichen Korrekturen – heimisch werden konnten; das beste Beispiel ist hierfür die abendländische, besonders die mittelalterliche Christologie, in der das lateinische Erbe lebendig blieb. Waren die kulturellen Einflüsse weniger stark, wie z. B. die des östlichen auf das lateinische Christentum, wurden zwar die überkommenen Formeln benutzt, sie erhielten aber einen ganz anderen Stellenwert innerhalb eines neuen Systems.
Ähnliches darf man wohl vermuten für die Zukunft der Christologie in Afrika und Asien, falls die Europäisierung nicht tiefreichender ist, als es zur Zeit den Anschein hat.
Die durch transponierte Motive intendierte Kontinuität bringt aber keine Identität in der Sache. Das Faktum je neuer Christologien läßt sich nicht bestreiten. Was aber ist dann »das« normative christliche Jesus-Christus-Bekenntnis? Gibt es *den* Glauben *der* Kirche(n)? Wenn ja, dann müßte diese gemeinchristliche Christologie so beschaffen sein, daß sie *in allen divergenten Formeln als deren tragender Grund zu verifizieren ist*. Die Kirche jedenfalls war zu allen Zeiten davon überzeugt, daß es eine solche Gemeinsamkeit gebe; nur so läßt sich ihre Verpflichtung auf »alle« je früheren Einigungsformeln verstehen.

Notwendig müßte eine solche Christologie *einmal* inhaltlich recht *minimal*, beinahe formal sein, damit sie z. B. den sich bewährenden und zum Sohn Gottes adopierten (»bloßen«) Menschen Jesus wie auch den Jesus, der Mensch *und* Gott ist, umfaßt; *zum anderen* können die kulturbedingten Inhalte selbst *als solche* keine Rolle spielen; *»die« kirchliche Christologie kann nur transkulturell sein.* Sosehr also die früheren kirchlichen Konsensformeln der Christologie – z. B. das Homoúsios von Nizäa oder das Symbol von Chalkedon oder das Erbsünde-Rechtfertigungs-Schema – in den heutigen Kirchen, in je unterschiedlicher Begründung, als verbindlich erachtet werden, so verpflichten sie den Christen »nur« auf die *amtliche Formulierung*; ut figura docet, *verstehen* sie aber unter diesen Formeln je Verschiedenes, transponieren ihre Motive und benutzen sie in neuer Instrumentalität zur Verbalisierung je *ihrer* Christologie. Für die *wissenschaftliche* Frage also genügt nicht der Hinweis auf die verbindliche Sprachregelung, sie muß vielmehr die gemeinsame *Sache* anziehen, die offensichtlich nur in der Richtung einer *alle* bisherigen (und möglichen künftigen) kulturellen Ausformungen umgreifenden Aussage gesucht werden kann.

Methodisch soll dieser Frage anhand einer Analyse der christologischen Formeln nachgegangen werden. In allen Christologien wird von dem *Subjekt*, Jesus von Nazareth, ein – kulturgeschichtlich je anderes – *Prädikat* (Messias, Gottessohn, Logos, Rechtfertiger, Befreier usf.) ausgesagt und mit ihm durch die *Kopula »ist«* verbunden[1]. Dieser logischen Struktur, Subjekt-Kopula-Prädikat, folgend, sollen die bisher dargelegten Ergebnisse reflektiert werden; hierbei sind gewisse Überschneidungen und Wiederholungen nicht zu vermeiden.

[1] Hierbei sollen auch *die* christologischen Aussagen, die – der besseren Formulierung wegen – meist funktional auftreten (z. B. Jesus hat uns am Kreuz von unseren Sünden erlöst), in die oben skizzierte Grundstruktur rückübersetzt werden (Jesus/ist/der uns am Kreuz von unseren Sünden erlöst habende). Ebenfalls sollen die im Lauf der Geschichte gelegentlich auftretenden Komplizierungen und Verschiebungen der Formel (z. B. vorchalkedonisch und chalkedonisch: derselbe ist sowohl Mensch wie Gott) wieder in ihre einfache Gestalt überführt werden (Jesus) ((=der Mensch)) /ist/zugleich Gott).

2.2 Das Jesus-Christus-Bekenntnis

2.2.1 Das christologische Prädikat

2.2.1.1 Die formale Einheit der divergenten Inhalte

Alle christologischen Prädikate entstammen den soteriologischen Traditionen, mit denen das Christentum im Lauf der Zeit in Berührung kam. Im Christus-Bekenntnis werden deren soteriologischen Raster und Motive mit Jesus prädikativ verknüpft, und zwar so, daß er zum *Vermittler all dessen wird, was in einer Kultur jeweils Menschen soteriologisch erhofften.*

Die soteriologischen Erwartungen einer Kultur detaillieren sich in viele Einzelaspekte. So hofften etwa die Juden z. Zt. Jesu auf einen neuen Äon, auf wirkliche Gerechtigkeit, den vollgültigen Opferkult, auf Weisheit, nationale Wiederherstellung oder politischer Herrschaft, (manche) auf die Auferstehung usf.; hellenistische Menschen ersehnten Vergöttlichung, Wissen (Gnosis), Befreiung von der Materie, Unsterblichkeit usw. Viele dieser Motive finden in der Christologie Verwendung, aber *in die großkirchliche Formel* gehen schließlich nur diejenigen ein, die gewissermaßen die *äußerste soteriologische Hoffnung* einer Kultur in einem Begriff zusammenfassen (z. B. im christianisierten Hellenismus: Vergöttlichung bzw. – prädikativ – die Zwei-Naturen-Lehre). In *jeder* Christologie wird mit Jesus diese *äußerste, letzte* Hoffnung des Menschen verbunden. Dieses Kriterium bestimmt darüberhinaus, welche Detailmotive – und in welchem Sinn – *auch noch* in der Christologie verwendet werden dürfen (z. B. Jesus ist der göttliche Pädagoge und Lehrer) und welche ganz zurücktreten (z. B. Überwindung der Materie) oder sogar vermieden werden müssen (z. B. nationale Befreiung Israels).

Gemeinsam ist also allen christologischen Prädikaten, daß sie Jesus *nicht nur für irgendwelche Aspekte* des Heils, sondern für *das* (jeweilige) *Heil schlechthin* als relevant erklären. Jesus ist nicht *ein* Prophet, *ein* Gesandter Jahwes, *ein* sich bewährt habender Mensch, sondern: *der* (eschatologische) Prophet, *der* Gesandte, *der* sich bewährt habende Mensch; oder: Jesus ist nicht *ein* göttlicher Mann (theíos anēr), *ein* großer Lehrer und Pädagoge, sondern: *der* inkarnierte Gott, *der* Lehrer, *der* Logos Gottes in diese Welt hinein. *Jesus erfüllt die äußerste soteriologische Perspektive* und vermittelt sie zu den Menschen, er korrespondiert *der* religiösen Frage und Hoffnung schlechthin.

Deswegen handelt es sich nicht um Christologie, wenn Jesus zur Vermittlung »vorletzter« Ziele herangezogen wird. So wichtig z. B. die soziale und politische Befreiung ist für Menschen, die in solchen Unrechtsstrukturen leben, so zentral eine Emanzipation (früher) der

Sklaven, der Bauern, der Arbeiter, (heute) der Frauen oder auch eines einzelnen von irgendwelchen Zwängen angestrebt wird, hierfür ist Jesus in der Christologie niemals für relevant erklärt worden – es sei denn, eine konkrete Befreiung oder Emanzipation würden durchschaut auf und motiviert von der umfassenden, letzten Befreiung oder Emanzipation durch Jesus Christus. In die formellen Jesus-Christus-Bekenntnisse sind partielle, vorläufige Hoffnungen nicht eingegangen; Jesus gibt nicht das Modell ab zur Lösung bestimmter Probleme, die ja – der Sache nach – auch ohne Rückgriff auf ihn lösbar sind (wenn auch das Bekenntnis zu ihm – z. B. für Privilegierte *und* Unterprivilegierte – ein Motor zu auch konkreter Befreiung oder Emanzipation sein *sollte*, wenn es nicht bloßer Verbalismus bleiben will; die Orthopraxie erweist erst die Orthodoxie als wahr – sie *ist* aber nicht die Orthodoxie).

2.2.1.2 Die Nicht-Christlichkeit der Prädikationen und die Universalität der Geltung Jesu

Die in den Christus-Bekenntnissen Jesus zugeeigneten (äußersten) soteriologischen Prädikate sind kulturbedingt; sie sind jüdisch, hellenistisch, lateinisch, »modern«, afrikanisch usw. *Sie sind nichtchristlicher*, wenn man so will, jüdischer oder »heidnischer« Herkunft. *Kein einziges christologisches Prädikat ist eine christliche Neuschöpfung*. Ob Jesus Christus oder Menschensohn, Logos oder Rechtfertiger, Licht-Leben-Wahrheit, Emanzipator, Initiationsmeister oder Urahn genannt wird, immer kommen die Begriffe aus nichtchristlichen Traditionen.

Diese auf den ersten Blick vielleicht anstößige Feststellung verweist aber in Wirklichkeit auf eine *zweite zentrale Gemeinsamkeit* aller christologischen Formeln: *Sie realisieren faktisch in ihrem Sprachgebrauch die im Bekenntnis behauptete Letzt-Gültigkeit Jesu für alle Menschen aller Kulturen. Sie vollziehen sprachlich die Universalität der Geltung Jesu.*

Damit Jesus *innerhalb eines Kulturraums* als Christus er- und bekannt werden kann, muß zur Formulierung des Bekenntnisses die in diesem Raum übliche Sprache verwendet werden. *Erst die Benutzung schon vorhandener Begriffe, Raster, Motive und Modelle ermöglicht eine allgemeine soteriologische Rezeption Jesu.* Es war (und ist) notwendig, auf Topoi außerchristlicher Provenienz zurückzugreifen, um Jesus vermitteln zu können. Die Schaffung einer christologischen Binnensprache, wenn so etwas überhaupt möglich wäre, hätte die sektenhafte Abgrenzung nach außen zur Folge, da sie niemand verstehen könnte.

Für jede neue Kultur gelten die gleichen Regeln. Eine Fixierung der Christologie auf die Formeln *einer* (vergangenen) kulturbedingten Soteriologie hätte nicht nur die dynamische Ausbreitung des Evangeliums behindert, sondern darüberhinaus auch das Eingeständnis enthalten, daß Jesus nur in einem bestimmten kulturellen Kontext als Christus ergriffen werden könnte (So meinten es zunächst die palästinischen Christen, die von jedem, der sich taufen lassen wollte, die Beschneidung verlangten). Wenn alle Menschen aller möglichen Kulturen Jesu als Christus im Sinne der Pfingstlegende, in allen Zungen, bekennen sollen, schließt dies einen Verzicht auf die Dogmatisierung *einer* Sprache ein.
Anders gesagt: *Die Sache der Christologie macht die Verwendung »heidnischer« Prädikationen unausweichlich*, sowohl innerhalb *einer* Kultur wie auch – je neu – bei der Missionierung *anderer* Kulturen. So ist die Geschichte auch verlaufen.
Es mag Theologen geben, die die Formeln einer bestimmten Epoche – der neutestamentlichen und/oder der altkirchlichen – für *die christlichen* halten und für normativ erklären auch in neuen kulturellen Zusammenhängen; lediglich »Übersetzungen« oder »Explikationen« seien erlaubt. Doch sind auch diese (neutestamentlichen) Christologien und ihre Prädikate *nichtchristlicher* – jüdischer oder hellenistischer – *Herkunft*, sie sind keineswegs »christlicher« als andere Versuche. Sie sind nur älter. Die für die *Theologie* bestehende Verpflichtung auf die Tradition darf nicht mit einer Verpflichtung für die *Verkündigung* verwechselt werden. Für letztere gelten andere Gesetze. Durch den normativen Gebrauch alter Christologie in späteren Phasen entsteht keine spezifisch christliche Sprache, sondern nur eine altertümliche Redeweise, die *deswegen* der Übersetzung bedarf, unmittelbar aber niemanden anspricht. Man versuche einmal, in einer heutigen Schulklasse Jesus *als Christus* zu vermitteln von Chalkedon oder *Luthers* Rechtfertigungschristologie her. Deren »Erklärung« kann erst *am Ende* eines Vermittlungsprozesses stehen, und sie wird nur dann von den Rezipienten »integriert« werden, wenn *zuvor schon* – von woanders her – Jesus als der Christus angenommen wurde.
In den christologischen *Formeln* selbst bleiben die außerchristlichen Termini (Messias, Logos, Befreier usf.) *unerklärt und begrifflich unkorrigiert* stehen. Sie werden allerdings verändert durch ihre Prädikation an Jesus, *ohne daß dies in der Formel selbst sichtbar würde*. Die theologische Diskussion und Literatur um eine solche Formel zeigt aber an, daß durch die prädikative Verbindung nichtchristlicher Soteriologie mit Jesus diese von ihm her mit neuen Assoziationen gefüllt wird[2].

[2] Vgl. u. 2.2.3.2.

2.2.1.3 Individuelle und kirchliche Christologie

Die Realisation Jesu als Christus ist im Allerletzten eine höchstpersönliche Sache; Nachfolge oder Jüngerschaft Jesu und deren Verbalisation im Bekenntnis müssen vom einzelnen ratifiziert werden. Dennoch aber handelt es sich bei den christologischen Prädikaten ausschließlich um Schöpfungen der jeweiligen *Gesellschaften*; sie sind Produkte gesellschaftlicher Einigungsprozesse, die zu Begriffen führten, die *überindividuelle* Bedeutung haben. Mehr noch: sie fassen in einem Wort gewissermaßen die äußersten soteriologischen Hoffnungen einer *Kultur* zusammen.
Daraus folgt zweierlei: *Einmal* wird vermieden, daß die soterologische Rezeption Jesu anhand von »Gegenständen« und »Problemen« erfolgt und zur Sprache gebracht wird, die allzu partiell und somit überindividuell nicht vermittelbar sind. Grundsätzlich kann – für den einzelnen – in jedem »Gegenstand« die absolute Fraglichkeit des Menschen aufscheinen: im Verrat eines Menschen, in einem beruflichen Mißerfolg, in (auch belanglosen) Krankheiten oder politischen oder ökonomischen Verhältnissen usf., bis hin zu psychisch abnormen Problematisierungen. Ähnlich partiell kann deswegen auch das Motiv sein, aufgrund dessen Jesus von einem einzelnen Menschen als Christus erkannt wird. Ein allgemein bekanntes Beispiel ist etwa die Legende um den Sieg *Kostantins* in der Schlacht an der Milvischen Brükke: Nachdem er den für ihn entscheidenden Kampf im Zeichen Jesu Christi gewonnen hatte, stand für ihn das Christussein Jesu fest. Oder man denke an die zahlreichen Erzählungen über bestimmte Erlebnisse, die Männer und Frauen, spätere Heilige, ihr ganzes Leben als (soteriologisch) verfehlt erfahren ließen und sie zu einer radikalen Jesusnachfolge bewegten, bis hin zum Blitzschlag, der *Luther* zum Mönch werden ließ. Diese und ähnliche Erfahrungen mögen für einzelne durchaus das Gesamt des Daseins religiös problematisieren und sie auf diesem Hintergrund Jesus als Christus rezipieren lassen. Nur: *sie sind nicht generalisierbar, sie sind nicht gesellschaftlich vermittelbar*.
Die »kollektive Symbolik« eines christologischen Prädikats sorgt dafür, daß Jesus anhand von »Gegenständen« als heilsrelevant erfahren wird, die *für jeden* (in einer bestimmten Kultur) gelten: Für »den« Juden, der zum Christen wird, ist dies die unheile Geschichte insgesamt, die zum Heil gewendet wird; für »den« Hellenisten wird das natural unheile Menschsein als solches auf Gott hin entgrenzt; für »den« Lateiner wird die grundlegende impietas des Menschen, sein Aufruhr gegen den »Willen der Götter«, im Kreuz Jesu überwunden. Es geht um *das* (soteriologisch und kulturspezifisch problematische) *Menschsein schlechthin*, das durch Jesus eine Perspektive bekommt.

Zum anderen aber können – umgekehrt – die christologischen Prädikate ebenso zwangsläufig nicht Ausdruck des höchstpersönlichen Zugangs zu Jesus Christus sein. *Zwischen »kollektiver« = kirchlicher und individueller Christologie bleibt infolgedessen eine Differenz, die grundsätzlich nicht aufhebbar ist.* Für den einzelnen mögen die kirchlichen Formeln wie *Stereotype* erscheinen, die nur äußerst inadäquat *seine* Christuserfahrung widerspiegeln.
Zwar muß sich jede persönliche Erfahrung, nicht nur die christologische, sondern auch z. B. in Freundschaft oder Liebe, »stereotyper« Sprache bedienen, wenn sie sich (sich und anderen) verstehbar artikulieren will. Ebenso vollziehen sich höchstpersönlich geprägte zwischenmenschliche Relationen, wie »die« Liebe zwischen Mann und Frau, früher oder später in gesellschaftlich etablierten Modellen des Zusammenlebens (z. B. Ehe), also in Rollen, die von beliebig vielen praktiziert werden und für die einzelnen niemals gänzlich angemessen sind. Eine ganz persönliche Artikulation (und Praxis) auch der je eigenen christologischen Beziehung zu Jesus kann es also nicht geben. Aber es gäbe sicher der eigenen Erfahrung »nähere« Formulierungen. Diese jedoch bietet die kirchliche Christologie offensichtlich nicht an. *Immer sind die christologischen Prädikate gesamtkulturell vermittelbare Topoi und Modelle.*
Die christologischen Prädikate stellen deswegen auch so etwas dar wie einen *Minimalkonsens* innerhalb eines kulturellen Kontinuums. Eine solche Einigung auf einen fast inhaltlosen kleinsten gemeinsamen Nenner kann aber nur dann »Erfolg« haben, wenn dieser zugleich *eine oder die fundamentale Struktur symbolisch hervortreten läßt, die* – möglichst – *allen individuellen Christologien in einer Kultur immanent ist*; denn auch letztere können sich von den großen Rahmenbedingungen der Tradition, in der sie stehen, nicht völlig freimachen, diese bestimmen vielmehr die Art und die konkreten Möglichkeiten der Wirklichkeitserfahrung auch der einzelnen. Nur weil die christologischen Prädikate so allgemein sind, daß sie die fundamentalste Struktur einer kulturspezifischen soteriologischen Aneignung Jesu wiedergeben, können sie auch allgemein rezipiert und von den einzelnen mit ihren konkreteren Vorstellungen in eins gebracht werden.
Gibt es diese symbolische Repräsentanz eines soteriologisch-christologischen Topos, dann verbreitet er sich gewissermaßen »wie von selbst«. Er muß nicht erzwungen werden, es sei denn gegenüber Minderheiten, die kulturell anders geprägt sind. So wurde etwa die alexandrinische Christologie – mit Nizäa schon – gegen die antiochenische Bewährungs-Adoptions-Christologie durchgesetzt, heute die mythischen Raster gegen die säkularen oder die europäischen gegen die asiatischen oder afrikanischen. In solchen Fällen kann die kirchli-

che Christologie einen Zwangscharakter bekommen, der das Jesus-Christus-Bekenntnis für viele erschwert. Für die weitaus meisten christologischen Prädikate aber trifft zu, daß sie als solche – trotz aller Streitigkeiten im Detail – *zu ihrer Zeit* eine repräsentative Funktion für die Christuserfahrung auch der einzelnen Christen besaßen und freiwillige Zustimmung fanden.

Das bedeutet, daß z. B. die einzelnen Juden, die sich taufen ließen, ihre eigenenen divergenten soteriologischen Erfahrungen, die noch einmal, über die allgemein-jüdischen Bedingungen hinaus, schon von bestimmten konkreteren Traditionen geprägt waren (Apokalyptik, Weisheitstradition, priesterliche Tradition usf.), im Kontext einer Geschichtsorientierung machten, so daß ihnen dieser Äon als unheil erschien und sie Hoffnung auf eine Zeitenwende setzten; wenn sie deswegen Jesus als *den* Heilsmittler – von welchem konkreten Ausgangspunkt auch immer – annahmen, konnten sie ihre Christuserfahrung etwa unter den Titeln Messias oder Menschensohn minimal und fundamental artikuliert sehen. Ähnlich war der Zugang zur Wirklichkeit im Hellenismus so, daß in allen höchstpersönlichen soteriologischen Erfahrungen immer die Grundproblematik des Leidens an der naturalen Begrenztheit des Seins und die Hoffnung auf deren Aufhebung (Vergöttlichung) mitgegeben war, so daß Jesus für sie zum Mittler zwischen beiden Seinsweisen, zum (Mensch und) Gottessohn wurde. Kurz: *Ein christologisches Prädikat ist zwar ein gesamtkulturell und -gesellschaftlich »produzierter« Topos, der in bleibender Differenz zur je eigenen Christuserfahrung steht, aber dennoch dieser nicht ganz fremd bleibt, sondern sie fundamental und symbolisch repräsentiert.*

Aus diesem Grund bedürfen die Prädikate auch der näheren Interpretation bzw. Füllung mit weiteren Assoziationen. Genau dies haben alle Christen aller Zeiten getan; was sich ein einzelner Judenchrist unter dem Messias Jesus oder ein hellenistischer Christ unter dem fleischgewordenen Logos konkret vorstellten bzw. was daran ihnen wichtig erschien, war durchaus verschieden. Immer aber konnte, solange die kulturelle Identität bestehenblieb, der fundamentale Symbolbegriff die verschiedenen Interpretationen um- und übergreifen; sie bewegten sich gewissermaßen im Rahmen des Feldes, das durch ein solches Prädikat abgesteckt war.

Die christologischen Auseinandersetzungen, die es in bestimmten Epochen, z. B. in altchristlicher Zeit, gab, haben verschiedene Ursachen. Zu den härtesten Konflikten führte immer das *Aufeinandertreffen zweier verschiedener* (z. B. der alexandrinischen und antiochenischen) *Kulturtraditionen* und somit auch Soteriologien. In einem solchen Fall waren die *Prädikate selbst* (z. B. »physische« oder adoptianische Gottessohnschaft) umstritten.

Daneben aber finden sich auch Streitigkeiten im Binnenraum einer Kultur um die genauere Bestimmung dessen, was ein solcher Prädikatsbegriff nun bedeuten solle oder wie er sich mit (dem Menschen) Jesus vereinbaren lasse. *Dann ist nicht der Hoheitstitel selbst in Frage gestellt, sondern seine Deutung.*

Wenn eine christologische Formel sich »wie von selbst« in einem Raum durchgesetzt hat, wenn sie also so beschaffen ist, daß ihre überindividuelle Formulierung auch die konkreten persönlichen Erfahrungen vieler einzelner »stereotyp« zusammenfassen kann, hat sie eine offensichtlich *positive* Funktion: Sie kann dem einzelnen wie auch kleineren Gruppen oder Regionen innerhalb eines Kulturraums Dimensionen der *eigenen* Jesus-Christus-Rezeption bewußt machen, die bei einem Verbleiben in der Vereinzelung vielleicht an den Rand gedrängt worden wären; die Macht der konkreten Situation wird aufgebrochen und der Blick ausgeweitet auf die vergleichbare Erfahrung vieler, »der Kirche«. Mögliche Fixierungen auf Peripheres, von denen kein Individuum oder keine Sondertradition ausgenommen sind, können in der Diskussion und mit der Übernahme des kirchlichen christologischen Prädikats korrigiert werden. Dieses kann in seiner Allgemeinheit und Fundamentalität dazu verhelfen, eben die *äußersten Perspektiven* der Sinnfrage *des* Menschen – soweit und in welcher Prägung sie auch in einer bestimmten Kultur realisiert werden – über allen möglichen »näheren« und detaillierteren Hoffnungen, die sich an Jesus festgemacht hatten, nicht zu übersehen.

Eine zweite positive Funktion der kirchlichen Formel: Sie bietet den einzelnen (oder Gruppen) einen gewissen *Halt*. Sie *schützt sie vor sich selbst* und kann auch über Zeiten der Unsicherheit und des nachlassenden christlichen Engagements oder des Glaubens hinweghelfen (Vergleichbar etwa der Funktion der Institution Ehe für die partnerschaftliche Liebe). Sie verhindert, daß das Christusbekenntnis, obwohl es in persönlichen Erfahrungen gründet, die *immer* »situativ« sind, völlig den Einflüssen und Zufälligkeiten des Augenblicks anheimgegeben wird. Ebenso befreit es den einzelnen von der Last, gewissermaßen täglich das Christusbekenntnis in persönlichem Erleben ratifizieren zu müssen (etwa im Sinne der sektenhaften Frage: »Hast Du heute schon Jesus erfahren?«).

Diese *positive korrektive Funktion* der gesamtkulturellen Christologien tritt allerdings nur dann ein, wenn letztere nicht mit Zwangsmaßnahmen durchgesetzt werden; in diesem Fall würde die kollektive Christologie – die Ambivalenz alles Geschichtlichen – zur Indoktrination und Heteronomie. Das heißt nicht, daß die jeweilige kirchliche Christologie nicht im Binnenraum einer Kultur *mit einem Anspruch auf Rezeption* auftreten könne und müsse. *Freiheit von Zwang bedeutet*

nicht Beliebigkeit. Gerade in der Auseinandersetzung mit einem Anspruch (sofern er nicht totalitär den Partner erdrückt) wachsen Bewußtsein und Freiheit. In diesem Sinn können sogar die »transkulturellen« Vermittlungsversuche zwischen verschiedenen Formen des Christusbekenntnisses positive Folgen haben. Sicher wären z. B. Alexandriner und Antiochener lieber bei ihren heimischen (großkirchlich gesehen: Maximal-)Christologien geblieben; die Notwendigkeit, sich zu einigen, hat aber beiden Traditionen die Problematik des je eigenen Ansatzes und der je eigenen Prädikationen bewußt gemacht und zumindest erreicht, daß die schließlich herausgekommenen Minimalkonsense – wenn sie auch keineswegs »gleichgewichtig« waren (die Alexandriner setzten ihr Vokabular stärker durch) – zur gemeinsamen *begrifflichen* Basis werden konnten. Das ist nicht wenig: eine rudimentäre Verständigung war hergestellt.
Kurz: Die christologischen Prädikate als minimale und fundamentale Konsense einer großräumigen Kultur werden zwar notwendig von den einzelnen oder auch bestimmten Regionen oder Gruppierungen als nicht deckungsgleich mit der eigenen Christuserfahrung, als stereotyp und als oft unangenehme Norm erfahren; deswegen bedürfen sie der konkreten Anreicherung, wie die umfangreiche christologische Literatur, aber auch Volksbräuche und Frömmigkeitsformen bezeugen. Aber sie sind deswegen keineswegs überflüssig, sondern zwecks Herstellung einer überregionalen kirchlichen Einheit wie auch als Herausforderung zur immer neuen Korrektur des eigenen Ansatzes unabdingbar.

2.2.1.4 Gott als das Woraufhin der christologischen Vermittlung

(1) Gott als soteriologische Perspektive

Alle bisher genannten Eigentümlichkeiten der christologischen Prädikationen gehören zusammen: Ihre nicht-christliche Herkunft gewährleistet, daß jede Kultur Jesu wirklich als *ihren* »Christus für alle« annehmen kann; ihre *stereotype Symbolik* ist Folge des Versuchs, Jesus auf dem Hintergrund *letzter menschlicher Problematik*, wie sie den Kulturen sichtbar wurde, zu rezipieren und mit ihm *das Äußerste* an soteriologischen Hoffnungen zu verbinden, das einer Kultur in den Blick geriet; umgekehrt ermöglicht ihre *Allgemeinheit*, durch *Minimalkonsens* zustandegekommen, die *Aussagbarkeit des Fundamentalen und Äußersten* an Frage und Antwort sowie die »Füllung« mit konkreteren, der persönlichen Erfahrung »näheren« Assoziationen.
Wo sich aber »der« Mensch in seiner radikalen Sinnoffenheit zum Problem wird, in welcher kulturspezifischen Version auch immer (ge-

schichtlich oder natural, wiederum mit allen nur möglichen Varianten), dort erscheint als einzig denkmögliches Woraufhin einer »Hoffnung gegen alle Hoffnung«: *Gott*. Die Verwendung dieses Begriffs will – in allen, auch außerchristlichen – Kulturen ein Zweifaches aussagen: *Einmal negativ, daß »letztes« Heil* (anders sieht es im »vorletzten Bereich« aus) *dem Menschen nicht erreichbar ist* und weder in Geschichte noch Natur aufscheint, *zum anderen positiv, daß »Heil« infolgedessen, wenn es denn trotzdem erhofft wird, nur von einer »Wirklichkeit« kommen kann, die selbst nicht Geschichte und Natur* ist.
Für alle christologischen Prädikate nun gilt, daß sie das durch Jesus vermittelte Heil mit Gott verbinden; eine Ausnahme scheinen lediglich einige Formen säkularer Christologie zu sein[3]. *Immer sonst vermittelt Jesus von Gott her und zu Gott hin*, ob er nun die Zeitenwende herbeiführt (Messias u.ä.), die Vergöttlichung ermöglicht (Zwei-Naturen-Lehre), die Rechtfertigung (Erlösung von den Sünden) oder Befreiung oder Leben (Afrika) oder Einheit (Indien, China) vermittelt. Die Anwendung der »je äußersten« kulturspezifischen Soteriologie auf Jesus bedeutet also, daß er mit Gott verbunden erscheint.
Noch eine weitere Präzision kann getroffen werden: In nicht wenigen Kulturen, in denen das Christentum heimisch wurde, ist der kulturspezifische »Gott« ein im Grunde monistischer Gott, sei dieser Monismus auch durch theistische Einsprengsel (Polytheismen) ein wenig verdeckt oder in reiner Form gegeben. Dennoch aber verband sich die Christologie *immer* mit einem (»personalen«) monotheistischen, aus der Geschichtsorientierung herkommenden Gottesbegriff. Hierbei spielte einmal die Herkunft Jesu aus der jüdischen Religion eine Rolle, deren Gott er als seinen Vater anredete (und dieser Anfang wurde mit dem Christusbekenntnis normativ gesetzt, in der Kanonisierung des Alten und Neuen Testaments wurde der Gehorsam dieser Norm gegenüber vollzogen)[4], zum anderen erzwang die Struktur des Jesus-Christus-Bekenntnisses selbst, demzufolge »Heil« durch ein Stück faktischer Geschichte, eben durch Jesus, vermittelt wird, wenigstens einen letzten Rest von Personalität der Gottesidee.
Sicherlich war (und wird sein) dieser Monotheismus bisweilen ein wenig verdeckt durch offene oder latente monistische Sehnsüchte einer Kultur. So hat zwar das hellenistische Christentum z.B. von Beginn an den monotheistischen Gott als Woraufhin seiner Hoffnung angenommen, aber es »brauchte« offensichtlich *auch noch den monistischen Gott*, der *selbst* die *immanente Realität der Welt und des Menschen ist, den Logos*, der samenhaft in allem ist, Prinzip der Schöpfung und

[3] Vgl. hierzu u. 2.2.1.4 (4).
[4] Vgl. *Verf.*, Woher nimmt die Bibel ihre Autorität?, a.a.O. 114–116.

Offenbarer der Wahrheit Gottes in Propheten und Jesus. Aber schon bald bemerkte man, daß dieses Nebeneinander von monotheistischem und monistischem Gott Schwierigkeiten bringt und identifizierte sie seit Nizäa. Das hat zwar nicht verhindert, daß weiterhin monistische Vorstellungen mit den Logos verbunden wurden, großkirchlich aber ließ sich zunehmend für ihn keine separate Bedeutung mehr behaupten, weil der *eine* Gott schlechthin Prinzip allen Seins und Handelns nach außen war. Der Logos wurde funktionslos und lediglich verbal beibehalten; der Monotheismus war wieder in reiner Form etabliert[5]. Ähnlich verlief die Entwicklung auch bei späteren Versuchen etwa der keltischen Theologie, vielleicht wird auch die christliche Geschichte in Asien und Afrika auf längere Sicht zu einem vergleichbaren Ergebnis führen.
Jesus vermittelt also zwischen Mensch und Gott, und dieser Gott ist – wenigstens im Kern und nach einiger Zeit der Auseinandersetzung – *der personale monotheistische Gott Israels und Vater Jesu.*

(2) Die Gottheit Jesu?
Schließen alle christologischen Prädikate – auch transkulturell – die Aussage ein, Jesus sei Gott, Sohn Gottes, Logos o. ä.? Wiederum sollen hier zunächst die säkularen Versuche zurückgestellt werden. Selbst dann aber läßt sich die gestellte Frage *nicht bejahen.* Zumindest die älteste und eine zweite sehr alte Christologie, die judenchristliche und die (wenigstens) vornizenische antiochenische Christologie, kennen dieses Bekenntnis nicht, wenn mit der Gottessohnschaft mehr gemeint sein soll als eine typologische Umschreibung seiner heilsgeschichtlichen Rolle und seiner Erwählung durch Gott. *Der Historiker muß also feststellen, daß eine Zwei-Naturen-Christologie nicht zu jeder Christologie als konstitutive Implikation gehört hat*, es sei denn – aber das wäre eine keineswegs unproblematische dogmatische Entscheidung –, man erklärte im Nachhinein die beiden genannten Formen des Christusbekenntnisses für christlich insuffizient, ja für häretisch. Immerhin aber hat es diese Formen gegeben, und im ersteren Fall des judenchristlichen Glaubens handelt es sich – historisch – um den Ausgangspunkt und den Mutterboden jeglicher späteren Christologie, – dogmatisch – um »das Fundament der Apostel«, auf dem alles weitere Christentum erbaut ist.
Alle nachantike Christologie baut vor allem auf der hellenistischen, näherhin der chalkedonischen Form auf (in jeweils komplexer Mischung mit Motiven des judenchristlichen Bekenntnisses). Die bisherige Untersuchung aber hatte ergeben, daß *diese selbst* nicht im Vor-

[5] Vgl. hierzu den Exkurs »Die Wurzeln des trinitarischen Denkens«, o. 164–167.

dergrund des Interesses stand, sondern vielmehr die neuen soteriologischen Motive, die mit Jesus verknüpft wurden. Rechtfertigung, »objektiv« und »subjektiv«, »Exemplum«, »heilendes Leben«, »Befreiung«, »Emanzipation«, »Versöhnung der Pluralität auf Identität hin« u. ä. bestimmen die neuen christologischen Prädikate.
Eine Reihe von diesen Prädikaten ist nur funktionsfähig unter Voraussetzung einer Zwei-Naturen-Christologie; dies gilt insbesondere für die sich bildenden afrikanischen und asiatischen Christologien (mit Ausnahme der dortigen Befreiungstheologie), aber auch für die keltischen Versuche. Andere Motive aber beinhalten, wenn man sie in sich betrachtet, diese chalkedonische Form zumindest *nicht unmittelbar* (Bewährungs-, Rechtfertigungs-, »humanistische« oder Befreiungschristologie)[6]. Sie könnten der Sache nach auch anders »funktionieren«, etwa unter einer Vorstellung von Jesus als dem homo iustus oder dem vollkommenen, freien-befreienden oder emanzipatorischen Menschen. Anklänge an diese prinzipiell zureichende Basis finden sich in den jeweiligen Traditionen.
Aber die Geschichte ist anders verlaufen, und die altkirchliche Christologie war normativer Ausgangspunkt von *Augustinus* über *Luther* bis hin zur Befreiungstheologie. Sie wurde übernommen und, wie öfters ausgeführt, als »Baumaterial« in die neuen Gebäude eingearbeitet. Daraus folgt, daß einmal selbst der Sache nach andersgelagerte Christologien sich begründen im Rückgriff auf Chalkedon (z. B. Jesus hat uns ein für allemal gerechtfertigt, *weil* er Mensch und Gott war, Jesus ist der Befreier, *weil* in ihm Gott zum Armen wurde usf.), so daß *ihre faktische Gestalt* die Zwei-Naturen-Christologie mit einschließt, zum anderen haben die auf diese Weise eingebrachten altkirchlichen Traditionen ihr keineswegs geringes Gewicht auf die Waagschale gelegt und auch tatsächlich auf die Interpretation der neuen Prädikate eingewirkt.
Ein letzter Gesichtspunkt wäre zu bedenken. Selbst die profiliert hellenistische Christologie gebraucht die Zwei-Naturen-Lehre *instrumental*, d. h. um die Vermittlung der ersehnten Vergöttlichung natural zu begründen. Auch hier ist die Zwei-Naturen-Lehre kein Selbstzweck, sie ist *nicht Ausgangspunkt*, auf dem alles andere, also die Soteriologie, aufbaut, sondern sie ist ihrerseits kulturbedingter Raster, unter dem allein die zuvor gegebene Soteriologie als realisierbar erschien (nach dem Postulat: agere sequitur esse). Auch hier geht es also im Letzten

[6] Hierbei gibt es noch einmal Unterschiede zwischen Prädikaten religiöser und säkularer Provenienz: Rechtfertigung z. B. ist soteriologisch nur denkbar als Rechtfertigung »vor Gott«, Befreiung aber oder Emanzipation sind *als Begriffe* säkular. Insofern sie in den entsprechenden Christologien aber mit Gott verbunden werden, soll die Differenz hier unbeachtet bleiben.

um die gleiche Struktur wie auch sonst: Die äußerste soteriologische Hoffnung (hier: Vergöttlichung) wird im Prädikat (hier: Sohn Gottes, Logos) unaufhebbar an Jesus gebunden. Sieht es nicht also auch für diese Form der Christologie so aus, als wolle sie *nicht mehr* aussagen als andere Christologien auch, nur daß sie es auf *ihre* kulturbedingte Weise nicht anders denken und artikulieren konnte? Muß man nicht auch hier zwischen Aussageabsicht und -form unterscheiden?
Historisch und hermeneutisch gewiß kann als »transkultureller Kern« aller Christologie nur herausgearbeitet werden, daß *allen Prädikaten gemeinsam die Aussage ist, daß Jesus Christus der Mittler zwischen (»personalem«) Gott und Mensch ist.* In allem anderen bestehen kulturbedingte Unterschiede, die auch durch die Verpflichtung auf die Tradition nicht eingeebnet werden.

(3) Die Initiative Gottes (und die Christologie »von unten«)
Über die eben skizzierte Aussage hinaus scheint es aber noch einen weiteren Aspekt zu geben, der »transkulturell« gemeinsam ist – wiederum: ohne Berücksichtigung zunächst der radikal säkularen Versuche. *Alle Prädikationen schließen die Vorstellung ein, daß die Initiative zum Heil von Gott ausgeht.* Manche (1) tragen diesen Gesichtspunkt gewissermaßen »im Begriff selbst« an sich: der Menschensohn oder Messias ist – selbstverständlich – gottgesandt, der Logos geht – ebenso selbstverständlich – von Gott aus und inkarniert in Jesus; die Urimago oder das exemplum Jesus birgt göttliches Wirken in sich; der Erlöser von unseren Sünden kommt von Gott usf. Andere Prädikate (2) sind begrifflich nicht ebenso eindeutig, insofern sie zwar auf Gott ausgerichtet sind, aber vom Menschen aus gedacht werden können: z. B. alle Opfer-, Rechtfertigungs- oder Bewährungsterminologie. Wieder andere (3) sind sogar unmittelbar säkular und werden auch außerhalb des Christentums ohne Einschluß Gottes gedacht: Humanität, Emanzipation, Befreiung. Aber auch in den beiden letzten Fällen (2 und 3) findet sich eine *Anwendung in der Christologie* nur in der Gestalt, daß das durch Jesus vermittelte Heilsgeschehen von Gott her in Gang gesetzt ist.
Gerade dieser Aspekt ist in der Christologiegeschichte keineswegs leicht errungen. Vor allem in mehr oder weniger monistischen Kulturräumen ist das Bild von einem nach dem Modell geschichtlicher personaler Aktivität handelnden Gottes nur schwer zu vermitteln. Ein monistischer Gott ist apersonal, in sich ruhend, passiv, er kann nicht handeln. Die große Leistung der hier entstandenen Christologien, allen voran der hellenistischen, ist das Festhalten an diesem Topos: *»Gott hat geschichtlich gehandelt« wurde – natural übersetzt – zur Lehre von der Inkarnation Gottes*, in der alles Heil grundgelegt ist. Die so

»griechisch« klingende Inkarnationschristologie beinhaltet somit, ohne daß das kulturbedingte Sprechen aufgegeben worden wäre, eine Überwindung des hellenistischen Monismus, einen »Umsturz der Werte«[7]: Gott hat (zuvor) gehandelt = er hat selbst die Aktivität ergriffen und sich (natural) vermittelt.

Unser Heil durch Jesus kommt von Gott her, das ist die gemeinsame Aussage der verschiedenen Bekenntnisse. Je nach kultureller Eigenart wird sie *geschichtsorientiert* wiedergegeben, und zwar »mythisch« (Messias, Rechtfertiger usw.) oder säkular (Emanzipator, Befreier), insofern Gott in Jesus *geschichtlich gehandelt* hat, oder *naturorientiert*, indem eine *naturale* (aber: willentlich begründete) *Vermittlung* von Gott zur Welt hin in Jesus Christus geschieht. Beide Grundversionen aber finden sich nur selten einmal »in reiner Gestalt«, meist mischen sie sich synkretistisch aufgrund der Normativität der christologischen Tradition.

Dieses christologische Datum von der Heilsinitiative Gottes aber darf nicht in eins gesetzt werden mit einer »Christologie von oben«. Zwar artikuliert das vorkritische Denken ganz selbstverständlich das Bekenntnis vom Handeln Gottes in Jesus mit den Mitteln der Sendungs- und Deszendenzchristologie. In erkenntnistheoretisch nicht reflektierter Unmittelbarkeit des Erlebens mußte es eine »Christologie von oben« hervorbringen.

Aber wir hatten schon ausgeführt, daß *jede* Christologie eine »Christologie von unten« *ist*, insofern sie in der menschlichen soteriologischen Erfahrung wurzelt; auch die »Christologie von oben« *ist* – kritisch reflektiert – eine »Christologie von unten«[8].

Wie aber paßt dies zusammen mit dem als transkulturellem Kern aller Christologie herausgearbeiteten *einen* »personalen« Gott, zu dem hin Jesus deswegen vermittelt, weil dieser Gott *zuvor* die – freie, willentliche – Initiative ergriffen hat? Setzen nicht Monotheismus *und* Handeln Gottes eine Ableitung »von oben« voraus?

Das ist nicht der Fall. Der Monotheismus ist das äußerste Woraufhin einer soteriologischen Erfahrung »von unten«, *die sich an der Geschichte orientiert* und Gültigkeit *für* Geschichte und *durch* Geschichte erhofft[9]. Wer sich (weniger als »naturale Größe«, sondern) primär als geschichtliches Subjekt (kollektiv und individuell) begreift, wird sein soteriologische Interesse vor allem auf das richten, was nur in der Geschichte, und gerade nicht im bloß Naturalen, entstanden ist: Personalität, Freiheit, Verantwortung, Ethik, Liebe, Partnerschaft, Soli-

[7] Vgl. o. 131, A. 148.
[8] Vgl. o. Teil V., 1.3.
[9] Vgl. Einführung 1.4, Teil I 1.3.2.

darität usf. *Seine* religiöse Problematik besteht darin, daß alle diese Phänomene – angesichts der Übermacht der Natur, die auch uns, obwohl wir geschichtlich sind, konstituiert – möglicherweise vorübergehende Epiphänomene des Naturalen sind und keine Gültigkeit besitzen. Wenn trotzdem eine soteriologische Hoffnung gewagt wird, kann diese nicht auf ein monistisches Prinzip (die all-eine Natur, *das* Göttliche, die Materie) setzen, in dessen konturloser Identität Geschichte aufgehoben wäre. *Geschichtliche Soteriologie kann nur auf einen nach dem Modell der Geschichte gedachten Gott setzen, den frei handelnden personalen monotheistischen Gott*[10]. Und christliche Soteriologie ist darüberhinaus Jesus-Christologie, sie vertraut darauf, daß dieser Gott in und durch Jesus *gehandelt* hat.

Ganz aus der Erfahrung »von unten« hervorgegangen, wird dieser Gott denoch als welt- und geschichtstranszendent, als unabhängig von unserer Erfahrung gedacht. Er ist nicht nur ein anderes Wort für unsere Erfahrung, deren »Unbedingtheit« und deren Verpflichtungscharakter, sondern Selbstsein[11]. Geschichtssoteriologie hätte sich selbst aufgeho-

[10] Natürlich handelt es sich hierbei um »Objektivationen« unserer Erfahrung, die aber erst dann zu unkritischen »Projektionen« (*Feuerbach*) würden, wenn (1) dieser Charakter vergessen und Gott zu einem Sein auf der Ebene des übrigen Seienden erklärt, wenn (2) Gott aus dem ungreifbaren Woraufhin von Hoffnung zum Gegenstand unserer Erkenntnis gemacht würde. Weil der Mensch nicht sinnvoll gedacht werden kann ohne die Perspektive Gott, er aber dennoch in seiner ganzen Existenz auf Sinn setzt, ist Gott ein Postulat der Anthropologie.

[11] *Gotthold Hasenhüttl*, Kritische Dogmatik, Graz, Wien, Köln 1979, 28 meint, man könne »grundsätzlich nur von Gott sprechen, wenn man vom Menschen spricht, wenn der Mensch also diese Wirklichkeit vollzieht, er gleichsam der Gegenstand ist, an dem *Gott als Geschehen* reflektiert werden kann.« Oder, noch deutlicher (132): »Gott ist so Prädikat des Menschen, Aussage vom Menschen ...«, genauerhin der Liebe zwischen Menschen. Deswegen ist »der Vollzug der Liebe absolute Realisierung, hat die Prädikatio Gott einen Sinn als Aussage von dieser Beziehung, der aber nicht ein ›Mehr‹ über dieser Beziehung ist, sondern ihre Qualifikation«. Daran ist richtig die Verankerung unseres Redens von Gott in der dialogischen Erfahrung, näherhin den positiven Sinnerfahrungen (»Liebe«); somit resultiert es aus der Anthropologie, und ohne Gott wäre Anthropologie zu kurz definiert oder auch »prädiziert«. Wenigstens gilt dies von der christlichen oder – allgemeiner – theistischen Anthropologie (es gibt auch andere). Dennoch aber darf hieraus nicht geschlossen werden, Gott sei ein Prädikat des Menschen, also ein anderes Wort für einen Vollzug, der die »letzte menschliche Möglichkeit und Erfahrung« betätigt (ebd. 132). Die Eigentümlichkeit unserer soteriologischen *Frage* (auch diese »fordert« Gott) *und* Positivitätserfahrung ist vielmehr so, daß sie in sich ein Moment der Transzendentalität, deren Woraufhin wir Gott nennen, in sich einschließt. Gott ist keineswegs eine Bezeichnung für jegliche volle Liebe »als solche«, sondern nur für deren transzendentales Woraufhin. Dieses aber wird *in unserer Erfahrung* – obwohl ganz in ihr begründet – keineswegs als wirklich durch und im menschlichen Vollzug realisiert, sondern *als unabhängig von ihr*, als ein »Mehr«, bejaht

ben, wenn sie Gott anders dächte, wenn nicht ein frei handelndes, gnädiges Subjekt als Adressat der Hoffnung angenommen würde. *Für uns* ist *dieser* Gott das soteriologisch einzig möglich Woraufhin unserer religiösen Erfahrung, weil nur er Geschichte »erlösen« kann. *Dieser* Gott wird für Christen durch Jesus vermittelt und als in ihm handelnd erfahren. Im Blick auf ihn wagen sie den Glauben an (= die Hoffnung auf) einen solchen Gott, der in Jesus die Initiative ergriffen hat. Die Christologie »von oben« ist nichts anderes als die vorkritische Objektivierung dieser Erfahrung.

(4) Zum Problem säkularer Christologien

Bisher wurden des öfteren die sogn. säkularen Christologien aus den Überlegungen ausgeklammert, weil sie einen Bruch zu allen anderen Jesus-Christus-Bekenntnissen darzustellen scheinen. Dies gilt nicht,

und postuliert (nicht: objektivierend gewußt). Wenn dieses »Plus« entfällt, wird die menschliche *Erfahrung selbst* nicht richtig in ihrer Struktur wiedergegeben. Diesen Sachverhalt drückt die klassische Metaphysik zutreffend, wenn auch in objektivierender Sprache, aus. Die Erkenntnis der subjektiven Bedingtheit unseres Redens von Gott kann unsere Sprache »ent-objektivieren« oder auch »entmythologisieren« und die Erfahrung in den Vordergrund der Reflexion stellen. Die *Bestreitung* eines »Mehr« aber scheint nicht »kritisch«, sondern nur die Umkehrung der positiven objektivierenden Behauptung in ihre Negation zu sein; als solche Negation aber »objektiviert« sie die Erfahrung unzutreffender als die Metaphysik. M. a. W.: Religionsgeschichtlich hat das Reden von Gott (oder vergleichbaren Termini) – kritisch gewendet – immer die Funktion, einen jeglicher umfassenden Sinnerfahrung des Menschen *immanenten* Aspekt zu verbalisieren (objektivierend zu thematisieren), *dem gemäß jeder präsentische Vollzug eine Verwiesenheit auf ein Noch-Nicht, letztlich ein totales Noch-Nicht, in sich birgt;* jede präsentische Erfahrung verweist auf die Wirklichkeit dieser Zukunft, erst diese Perspektive kann – auf Hoffnung hin – auch im Hier und jetzt »Gültigkeit« aufscheinen lassen. Damit ist Gott bzw. die Richtigkeit dieser Erfahrungen nicht (objektivierend) »bewiesen«; es soll lediglich festgehalten werden, daß unsere Sinnerfahrung *so* – nämlich »transzendental« – *ist.*
Max Horkheimer, Kritische Theorie, Bd. 1, Frankfurt 1968, 372, schreibt: »Der Gedanke, daß die Gebete der Verfolgten in höchster Not, daß die der Unschuldigen, die ohne Aufklärung ihrer Sache sterben müssen, daß die letzten Hoffnungen auf eine übermenschliche Instanz kein Ziel erreichen..., ist ungeheuerlich... Aber ist Ungeheuerlichkeit je ein stichhaltiges Argument gegen die Behauptung oder Leugnung eines Sachverhalts gewesen...?« Die Transzendentalität soteriologischer *Erfahrung* ist eine Realität; es ist allerdings denkbar – und deswegen Moment unserer Angst –, daß ihr keine Wirklichkeit, *unabhängig von unserer Erfahrung*, entspricht. Zur *Hoffnung* – mehr kann es nicht sein – muß man sich *entscheiden.*
Geschichtlich-konkret-faktisch werden *Christen* durch die Vermittlung Jesu dazu motiviert oder provoziert, in diese Zukunft hinein vertrauend »Abba« zu sagen und somit *auf die eigene* – anthropologische – *Sinnhaftigkeit und zugleich auf deren gnädigen Adressaten und Grund zu setzen.*

wie im Verlauf der Überlegungen sichtbar wurde, für *die* Formen, in denen, wie in der Befreiungstheologie oder bei manchen bürgerlichen und/oder marxistisch beeinflußten Christologien auch in der Westlichen Welt, mit Jesus säkulare Prädikate verbunden werden, so lange diese in ihrer Tradition so umfassend interpretiert werden, daß sie der Sache nach die Möglichkeiten der Geschichte überschreiten und nur durch Gottes Handeln denkbar sind[12]. Dann aber haben sie die gleiche Struktur wie alle anderen Bekenntnisse.
Hier soll es um christologische Versuche gehen, die sich nicht nur säkularer Begrifflichkeit bedienen, sondern sie auch *meinen* und ausdrücklich den Bezug zu Gott ablehnen. Von vornherein muß gesagt werden, daß es solche Versuche nur im Gefolge der europäischen Moderne und nur in geringer Zahl und am Rande der Kirche(n) gibt[13]. Sie gehen von der Überzeugung aus, daß nach der kritischen Wende der Mensch über den mythischen Gott hinausgewachsen sei und seine Soteriologie, auch sofern sie sich mit Jesus verbindet, keine transzendentale Perspektive mehr haben könne.
Wieweit es sich hierbei überhaupt um Christologien handelt, weil die Geltung Jesu *vorläufig* bleibt wie die aller Geschichte ohne Annahme Gottes, bleibe dahingestellt[14]. Vor allem aber scheint wichtig zu sein, daß ihre Vertreter der gleichen falschen Alternative aufgesessen sind wie die moderne Religionskritik überhaupt.
Das ist nicht allein ihre »Schuld«, sondern auch die der Kirchen in Neuzeit und Moderne, die glaubten, daß mit der »Objektivität« der Offenbarung und Erlösung das Christentum stehe und falle. Dann aber muß es so scheinen, daß die Erkenntnis der »subjektiven Bedingtheit« (Kulturbedingtheit) des Glaubens an Gott diesen selbst, vor allem den monotheistischen Gott, zu Fall bringe. An dieser *erkenntniskritischen Position* führt tatsächlich kein Weg vorbei, wohl aber ist die *Schlußfolgerung* falsch.
Aufgrund der eigentümlichen Vermittlungsgeschichte des Christentums ins Abendland hinein hat sich, wie aufzuzeigen versucht wurde, die These von der »Objektivität« der Offenbarung und des Heilswillens ergeben[15]. Der Vorwurf kann der Religionskritik, aber besonders

[12] Wenn Jesus als *der* Mensch, der uns zum Menschsein befreien will, aufgefaßt wird, weil Gott in der Inkarnation zum Menschen Ja gesagt hat, handelt es sich zwar um eine säkulare Titulatur, aber um konventionelle Christologie. Das gilt selbst für Versuche, in denen *alle Inhalte* der Christologie und des Christentums »entmythologisiert« und säkularisiert werden, aber an dem »Daß des Gekommenseins« Jesu festgehalten wird (vgl. o. 547).

[13] Vgl. o. 542.543.

[14] Vgl. dazu o. 513.514; 544.

[15] Vgl. Teil III1.5; Teil IV 1.1; 2.1 usf.

der chritlichen Theologie selbst, nicht erspart werden, daß nicht auch die These von der »Objektivität« als ein *Produkt der Kulturgeschichte*, also »subjektiver Bedingtheit«, erkannt wurde. Dieses Motiv ist nicht einfachhin identisch mit einer Christologie »von oben«, sondern es ist deren bewußte Petrifizierung, die nicht mehr aus der Unmittelbarkeit des Mythos lebt; sie entspringt nicht direkter und naiver mythischer Erfahrung, sondern dem autoritativen Anspruch eines fremden Mythos in einer neuen Kultur, verbunden mit dem lateinischen Herrschaftsgedanken[16]. Rein historisch handelt es sich *nicht um ein Implikat jedes Christentums, sondern »nur« des abendländischen.* Gerade diese harte These hatte – nach langen Jahrhunderten – zur Emanzipation geführt; mit ihr schien somit auch der Glaube an Gott durch Jesus unhaltbar zu werden.

Erkennt man die Bedingtheit dieses Ansatzes, gibt es keinen Grund, die traditionelle Struktur des Christusbekenntnisses, *in kritischer Wendung*, für die Moderne und »Postmoderne« abzulehnen. Das Handeln des monotheistischen Gottes durch Jesus erscheint dann als »Logik« einer Christologie, die Heil als *Heil des Menschen und seiner Geschichte* (= »humanistisch«) sieht, das aber nach *»subjektiver« soteriologischer Erfahrung* nur von dem handelnden Gott erhofft werden kann. Eben wegen der Eigenart dieser Erfahrung werden christologische Versuche, die »Gott« zum bloßen Symbol von Geschichte selbst und ihren positiven und normativen Faktoren (Mitmenschlichkeit, Eigentlichkeit, Pro-Existenz, Dialog, Befreiung usf.) machen, wenig Chancen auf eine verbreitete Rezeption haben. Die *»Erfahrung von unten« fordert*, wenn sie eine wirkliche Hoffnung – durch Jesus – vermitteln will, *den »von oben« handelnden Gott*; gedacht werden muß er – in (verfälschender, aber unvermeidlicher) »objektivierender« Weise – als freies Subjekt (mit allen Vorbehalten); für uns begründet und vermittelt er sich (»offenbart sich«) durch die soteriologische Erfahrung mit Jesus.

2.2.1.5 Der superlativische Charakter der Prädikate

Mit Jesus werden die *äußersten* Hoffnungen einer Kultur verknüpft. Von daher erklärt sich der superlativische Charakter der christologischen Prädikate: Jesus ist nicht *ein* Gesalbter (= Messias = König), auch nicht *eine* messianische Gestalt (z.B. der Elias redivivus), sondern *der* Messias; er ist nicht *ein* Davidssohn, sondern *der* Davidssohn; er ist nicht *ein* Logos (ein Teil des Logos), sondern *der* Logos,

[16] Vgl. o. 513.514; 544.

nicht *ein* Rechtfertiger, Befreier usw., sondern *der* Rechtfertiger, Befreier usf.
In der Regel repräsentieren die entsprechenden Prädikate nicht Heilsfunktionen, die gänzlich exklusiv und singulär wären: Gestalten, die im Auftrag Jahwes eine Wende (Umkehr) herbeiführen sollen, sind viele denkbar, ebenso Menschen, die sich im Gehorsam gegenüber Gott (wenigstens in etwa) »bewähren«; auch der hellenistische Logos ist als immanentes Prinzip der Welt überall am Werk; Opfer, stellvertretende Sühne oder Genugtuung für Sünden, Befreiung, Leben u.ä. sind allgemeiner anwendbare Topoi. Ihre prädikative Bedeutung im Christusbekenntnis gewinnen sie erst dadurch, daß sie Jesus in ganzer Fülle zugeeignet werden; was ein solcher Begriff an soteriologischen Aspekten anspricht, wird in *höchster Steigerung* Jesus prädiziert.
Im Grunde darf von vornherein nichts anderes erwartet werden. Denn wie anders als mit vorhandenen soteriologischen Motiven sollte die Heilsfunktion Jesus beschrieben werden? Zum christologischen Prädikat aber werden sie durch ihre superlativische Anwendung.
Wenn Jesus also »das« Opferlamm für unsere Sünden genannt wird, ist damit *nicht unmittelbar* die soteriologische Bedeutung jeden anderen Opfers ausgeschlossen. Letztere werden zwar *für den Christen* uninteressant, überflüssig; aber das Prädikat als solches verwehrt nicht die Annahme, daß – z.B. für Nicht-Christen – Opfer durchaus noch einen Heilsweg bedeuten können. Man könnte sogar meinen, daß die Aufnahme des verbreiteten Topos »Opfer« in die christologische Sprache ihn gewissermaßen christlich sanktioniert; zumindest ist er nicht abgelehnt. Ähnliches gilt für alle anderen Prädikate: Sie sind allesamt dem jeweils vorliegenden religionsgeschichtlichen Material entnommen und bezeichnen soteriologische Topoi, die in den entsprechenden Kulturen verbreitet und auf viele Phänomene oder Personen anwendbar waren. M.a.W.: Auch vor und außerhalb des Christentums »funktionierende« soteriologische Raster werden im Christusbekenntnis auf Jesus so übertragen, daß er sie zur Gänze und ohne Abstriche vermittelt. *Die Prädikate signalisieren in ihrem Begriffsmaterial nicht soteriologische Exklusivität, sondern Fülle.*
Allerdings haben manche dieser Prädikate, nicht alle, im Lauf der Zeit auch eine exklusive Bedeutung gewonnen, weil sie auf eine Weise präzisiert wurden, daß sie nur noch eine *gänzlich einmalige* Heilsfunktion aussagten. Diese Präzisierung hatte das Christentum für einige Titel schon in der jüdischen Tradition vorgefunden, die ja für »das Ende« eine völlig einmalige Situation, die Zeitenwende, erwartete; in diesem Kontext hatte der Messiasbegriff schon vor dem Christentum einen »einmaligen« Inhalt gewonnen (obwohl der Begriff selbst dies *nicht unmittelbar* aussagt); erst recht gilt dies für den »Menschensohn«, der

m. E. der einzige *von vornherein*, wenigstens in seiner *soteriologischen Verwendung*[17], »exklusive« Titel ist[18].

Eine ähnliche Entwicklung ist innerhalb der christlichen Geschichte bei manchen Prädikaten eingetreten: Der in der frühen Zeit z. B. durchaus noch im Sinne einer radikalen Steigerung zu verstehende Logos- und Inkarnationsbegriff (samenhafter Logos – der »ganze« Logos) wird spätestens durch das Homoúsios von Nizäa zu einem Prädikat, das *nur noch für Jesus* in Frage kam. Oder der »Rechtfertiger« (Erlöser, Satisfaktor) wird durch die »objektive Begründung«, daß nur Jesus Christus uns erlösen konnte (Erbsündenlehre, Einarbeitung der Zwei-Naturen-Christologie), zu einem »exklusiven« Prädikat; das »Solus-Christus«, mit der Zeit immer pointierter in den Vordergrund gestellt, will andere Heilsvermittlungen ausschließen.

Obwohl also die Prädikate durchgängig aus weit verbreitetem soteriologischem Material gewonnen und mit Jesus »nur« in superlativischer, überbietender Weise verbunden wurden, geht die *Tendenz dahin, sie ausschließlich für das Christusbekenntnis zu reservieren; aus höchstmöglicher Steigerung wird tendenziell Exklusivität*.

Wahrscheinlich hat diese Entwicklung *sozialpsychologische Ursachen*. Jeder religiösen Erfahrung immanent ist ein gewisser »Absolutheitscharakter«[19], der sich leicht als Exklusivität objektivieren kann. *Diese* Objektivation wird nur dann modifiziert, wenn (erstens) nicht nur »verkündet«, sondern auch (theologisch) reflektiert wird[20] und (zweitens) die faktische soziale Realität, z. B. eine handgreiflich erfahrene Minoritätensituation, das eigene Erleben bestimmt. Beispielsweise wird ein einigermaßen sensibler »Missionar« in Japan, der mit nichtchristlichen Intellektuellen zu tun hat, das »Solus-Christus« wohl kaum im Sinne strenger Exklusivität der Heilsvermittlung verstehen und umschreiben können (nicht nur wegen des zwangsläufigen Widerspruchs, sondern auch wegen seiner eigenen Reflexion *seiner* »Situation«), während dies z. B. einem deutschen Lutheraner keine Proble-

[17] Diese Exklusivität kommt wahrscheinlich daher, daß er – anders als der Messiastitel – zu einer Zeit entstand, als die Vorstellung von einer Äonenwende als einzigartige »Situation« schon ausgebildet war; der Menschensohn (obwohl auch in seinen beiden Teilen ((Mensch und Sohn)) von recht allgemeiner Bedeutung) wurde in der *soteriologischen* Sprache nur im Hinblick auf *diese Situation* benutzt.

[18] Allerdings muß beachtet werden, daß auch die einmalige »totale« Wende, die mit dem Anbruch des Neuen Äons erwartet wird, nicht gänzlich unvergleichbar ist, weil ihr zahllose »Wenden«, immer neue Umkehr und Neuanfang, vorausgegangen sind. So »voll-endet« der Messias gewissermaßen das, was mit Gesetz und Propheten schon begonnen hat.

[19] Vgl. u. 3.29.

[20] Damit soll nicht gesagt sein, es gebe Verkündigung ohne theologische Reflexion (oder umgekehrt); es geht nur um den Schwerpunkt der Betätigung.

me bereitet. Oder: Das Neue Testament bietet Kerygma und »muß« sich somit nicht mit Modifizierungen des Solus-Christus befassen, was dann der »Philosoph« *Justin* oder der Theologe *Klemens* von Alexandrien durchaus taten.
So läßt sich auch erkennen, daß die christliche Reflexionsgeschichte etwa der vornizenischen Zeit bestimmte Überlegungen kannte, die das Christussein Jesu prädikativ nach dem Schema »vorläufig sonstwo – endgültig in Jesus« oder »samenhaft sonstwo – in seinshafter Fülle in Jesus« auffaßten, was ja auch der begrifflichen Struktur der Prädikate entsprach. Erst die fortschreitende Deckung von Christentum und Ökumene, die – wenn nicht tatsächlich, so doch für das Bewußtsein christlicher Gesellschaften – bis in die Neuzeit hinein anhielt[21], förderte die Tendenz zu einem exklusiven Verständnis der christologischen Prädikate[22].
Die gleichen sozialpsychologischen Ursachen, nur in umgekehrter Richtung, bestimmen gegenwärtig, und in Zukunft wohl noch stärker, die Interpretation der Prädikationen. Die Entstehung einer »Weltgesellschaft«, wenigstens für Kommunikation und Bewußtsein, wird eine exklusive Deutung zugunsten einer superlativischen zurückdrängen und das »Solus-Christus« zumindest faktisch modifizieren[23].

[21] Sicher »wußte« man im Mittelalter von Juden und von den Nichtchristen, z. B. den Muslimen, aber letztere waren weit weg, am Rande der Welt, und wurden nicht als Anfrage an den christlichen Exklusivitätsanspruch verstanden. So konnte, mitten in den Kreuzzügen, das *Vierte Laterankonzil 1215* diesen in exzessiver Weise definieren: »Fest glaubt, bekennt und verkündet (die heilige römische Kirche), daß niemand außerhalb der katholischen Kirche, nicht nur die Heiden, sondern auch nicht die Juden, Häretiker und Schismatiker, des ewigen Lebens teilhaftig werden könne; sondern sie werden ins ewige Feuer gelangen..., wenn sie ihr nicht vor Ende ihres Lebens eingegliedert werden« (D 1351 ((714).

[22] Vgl. hierzu u. 3.2.9.

[23] Vgl. *Zweites Vatikanisches Konzil*, Dogmatische Konstitution über die Kirche »Lumen Gentium« 16 (Übers. nach: *Karl Rahner/Herbert Vorgrimler*, Kleines Konzilskompendium, Freiburg, Basel, Wien 1966,141): »Diejenigen endlich, die das Evangelium noch nicht empfangen haben, sind auf das Gottesvolk in verschiedener Weise hingeordnet. In erster Linie jenes Volk, dem der Bund und die Verheißungen gegeben worden sind und aus dem Christus... geboren ist... Der Heilswille umfaßt aber auch die, welche den Schöpfer anerkennen, unter ihnen besonders die Muslime... Aber auch den anderen, die in Schatten und Bildern den unbekannten Gott suchen, auch solchen ist Gott nicht fern... Die göttliche Vorsehung verweigert auch denen das zum Heil Notwendige nicht, die ohne Schuld noch nicht zur ausdrücklichen Anerkennung Gottes gekommen sind, jedoch, nicht ohne die göttliche Gnade, ein rechtes Leben zu führen sich bemühen« (vgl. hierzu u. 681).

2.2.2 Die Kopula »ist« im Jesus-Christus-Bekenntnis

2.2.2.1 Die doxologische Struktur

Alle christlichen Dogmen haben, um mit *Edmund Schlink* zu sprechen, einen *doxologischen* Charakter[24], d.h. sie sind nicht primär Lehraussagen, sondern Lobpreisungen Gottes. Dies gilt besonders für die christologischen Dogmen, die vor allem in altkirchlicher Zeit diese Eigentümlichkeit auch in der literarischen Form verraten (vgl. z.B. den hymnischen Aufbau des Symbols von Chalkedon). Aber auch noch die Heftigkeit des späteren Anathema-sit bei der Dogmenformulierung oder die engagierte Wucht der christologischen Predigt zeigen an, daß es um mehr geht als um informative Lehre. Es handelt sich um *Bekenntnis* und *Kerygma*, nicht um wertneutrale Information.
Die doxologische Struktur ist eine unmittelbare Konsequenz der Tatsache, daß die Christologie eine Funktion der Soteriologie ist und mit Jesus »letzte« Hoffnungen verknüpft werden. Von daher wird deutlich, daß der Ausdruck des Bekenntnisses dieser Verknüpfung, die Kopula »ist«, nicht in dem Sinne zu verstehen ist, wie er in der Alltags- und Wissenschaftssprache ansonsten verwendet wird. »Ist« heißt nicht bloß »ist«, sondern: »ist *für uns*, darauf setzen wir, das bekennen wir, dazu stehen wir, dafür loben wir Gott«.
Somit verbindet diese Kopula nicht einfachhin Subjekt und Prädikat des Satzes, so wie man sagt: »Der Tisch ist weiß« oder »Dies ist ein rechter Winkel« oder »Das Haus dort ist das Rathaus«. In letzteren Fällen wird ein Sachverhalt festgestellt, der prinzipiell von jedem auf der Ebene der sinnlichen Wahrnehmung und der Erkenntnis verifiziert werden kann.
Anders strukturiert ist die Kopula im Jesus-Christus-Bekenntnis. Dieses »ist« artikuliert *zum ersten* soteriologische, also *radikal humane Erfahrungen*. Diese aber verbalisieren sich zwar immer *nach Art des objekthaften Redens*: Wenn einer von einem anderen sagt: »Er ist ein guter Mensch«, oder ein Tourist vor dem Tempel von Paestum steht und ausruft: »Ist der schön«, klingen diese Sätze nicht anders als »Der Tisch ist rund«. Dennoch bringen sie die *subjektive und subjektiv bedingte Erfahrung* eines einzelnen ins Spiel[25]. Erkenntnistheoretisch

[24] Der kommende Christus und die kirchlichen Traditionen, Göttingen 1961, passim; vgl. vor allem den Aufsatz »Die Struktur der dogmatischen Aussage als ökumenisches Problem«, ebd. 24–79.

[25] Vielleicht kann man die beiden Arten von Wahrheiten, mit denen wir Menschen zu tun haben, den beiden »Grundtypen« für die Orientierung unseres Verstehens zuordnen: Natur und Geschichte. In »naturorientierten« Kulturen wird das »objekthafte« Denken im Vordergrund stehen, in »geschichtsorientierten« die (inter-)»subjektive« Erfahrung. Die Philosophiegeschichte stand von ihrem

richtig formuliert, müßten solche Aussagen viel komplizierter aufgebaut sein, z. B.: »Nach meinen durch die europäische Kulturtradition vermittelten und näherhin den Bedingungen der zweiten Hälfte des 20. Jahrhunderts entsprechenden ästhetischen Maßstäben (die auch von mir internalisiert sind), empfinde ich dieses Bild von Piccasso oder diese Frau als schön«. Eine solche Redeweise wäre zu kompliziert. Zwar können wir auch über Menschen in vollem Sinn sachhaft reden, wenn es um die schlichten Fakten geht (Geburtsdaten, Elternhaus, Lebenslauf, Krankheiten etc.); sobald aber eine tiefere Beziehung – der Liebe, der Güte, des Hasses, der Gleichgültigkeit – angesprochen wird, stellen die – immer noch – objekthaften Sätze eine tiefere Schicht dar; scheinbar »objektiv« formulieren sie in Wirklichkeit *menschliche Beziehungen, Betroffenheiten*, sie sind Resultat dialogischer Erfahrung[26]. »Dieser oder jener Mensch ist gut« soll heißen, daß der Sprechende ihn auf diese Weise *erfahren* hat (»für mich ist er gut«). Die Güte aber ist nicht ein Prädikat auf der gleichen Ebene, wie wenn er erzählt hätte: »Dieser oder jener ist zwanzig Jahre alt«.
Daraus folgt *ein Zweites*: Diese Erfahrungsverbalisation in objektivierender Sprache *kann* dem Adressaten des Satzes eine vergleichbare Erfahrung eröffnen, *muß* es aber *nicht*. Einfache Aussagesätze sind grundsätzlich unabhängig von irgendwelchen subjektiven Betroffenheiten positiver oder negativer Art; daß England eine Insel »ist«, läßt sich nicht bestreiten. Schönheit und Häßlichkeit, Güte und Schlechtigkeit, Liebenswürdigkeit und unangenehme Eigenschaften usf. sind Prädikate, deren Zueignung zu einem Subjekt durch die Kopula »ist« *den Urteilenden und Sprechenden ins Spiel bringt, seine* Erfahrung ist es, in der die Prädikate wurzeln. Und dieselbe Erfahrung muß nicht jeder machen, der eine ist von *Homer* fasziniert, der andere findet ihn fade, einer liebt Mozartmusik, ein zweiter Schlager. Das in der Kopula »ist« versteckte »für mich« (oder »uns«) gilt nicht für jeden.
Ein *dritter Gesichtspunkt* ist zu beachten: Trotz des »für mich« sind Erfahrungen dieser Art *nicht schlechthin unvermittelbar*, so daß man achselzuckend bei der Feststellung stehenbleiben müßte: Du machst halt *diese* Erfahrung, *meine* aber ist ganz anders. Dagegen spricht einmal, daß diese Erfahrungen nach Mitteilung, nach Kommunikation drängen. Die Erfahrung von Liebe ist innerlich angelegt auf eine die Partner übersteigende Vermittlung an das soziale Umfeld; wer Barmherzigkeit oder Haß begegnet ist, muß davon erzählen. Zum

– griechischen – Ursprung her unter der Vorherrschaft kosmozentrischer Ansätze; »subjektive«, »parteiliche« Wahrheiten gerieten erst seit der kritischen Wende in den Blick, so daß sie in ihrer Bedeutung noch nicht recht reflektiert sind.

[26] Vgl. vom *Verf.*, Jesus, Entwurf zum Menschsein, a.a.O. 85–90.

anderen schließt der Begriff der Erfahrung immer ein: Erfahrung *an etwas* oder *von jemand* oder *an etwas bei jemand.* Erfahrung ist dialogisch *und* objektbezogen, und insofern hat sie *auch sachliche* – und bis zu einem gewissen Grad objektivierbare – *Ursachen*, die – abgesehen von krankhaften Projektionen – *außerhalb des Erfahrenden* liegen; das »für mich« will und muß sich *begründen*, sich und anderen gegenüber. Wer sagt: »Meine Erfüllung *ist* meine Familie« oder »mein Beruf«, wird hierfür Gründe nennen. Diese sind zwar für keinen anderen zwingend, aber zumindest doch so, daß man die Erfahrung als Gesprächspartner *verstehen* oder gar – bei anderen Beispielen – auch *teilen* kann.

Die Basis für die Kommunizierbarkeit von subjektiven Erfahrungen ist also eine zweifache: Einmal die Mitteilbarkeit sachlicher (»objektivierbarer«) Gründe. Daneben ist der Hörer ebenso wie der Mitteilende ein Mensch und besitzt so wenigstens grundsätzlich die Möglichkeit, eine Erfahrung gleicher Art zu machen. Diese Möglichkeit ist umso größer, je näher er der konkreten »Situation« des anderen und mit diesem verbunden ist oder – bei einer soteriologischen Erfahrung – je fundamentaler eine Fragestellung ist und somit »das« Menschsein tangiert, das *allen* – kulturtranszendent – ein Problem ist.

Die christologischen Bekenntnisse gehören zur Gattung dieser *humanen Erfahrungsverbalisationen*, die wahr sind für den, der sie macht. Die Kopula »ist« muß verstanden werden als ein »ist für mich« bzw. »uns«, also Ausdruck einer »subjektiven« (kollektiv : kirchlichen), und deswegen vielfältig geschichtlich vermittelten Erfahrung mit Jesus. Diese ist eine soteriologische Erfahrung auf dem Hintergrund der Problematisierung »des« Menschen schlechthin. Das »ist« gilt *für* die von Jesus Betroffenen, also für die Kirche und die einzelnen in ihr – nicht für andere, die diese Christuserfahrung nicht teilen. Dennoch aber beschränkt sich das »ist« nicht auf den kirchlichen Binnenraum, sondern drängt nach Kommunikation, nach (doxologischer) Verkündigung; *Glaube und Verkündigung gehören zusammen.* Dieses Kerygma kann *Gründe* nennen, die einmal in der fundamental identischen religiösen Problematik (und darüberhinaus – innerhalb eines kulturellen Umfeldes – in der *Art*, diese Frage zu realisieren) bei den »Hörern des Wortes« liegt, zum andern aber in der Gestalt Jesu (dem Bezugspunkt der Erfahrung »extra nos«), dem gemäß der Christuserfahrung solche Prädikate zugeeignet werden, wie es durch die Kopula geschieht.

Diese hat also eine ganz komplexe Struktur. Sie wäre mißverstanden, sollte sie im Sinne objektivierender Aussagen als eine sachhafte Identifikation des Prädikats mit dem Subjekt ausgelegt werden (Etwa so: Unabhängig von eurem Glauben »ist« Jesus das oder jenes); doxologisch bringt sich das Subjekt (die Kirche, die Gruppe, der einzelne) mit ein. Umgekehrt aber bedeutet das nicht, daß die Verbindung von Subjekt und Prädikat keinerlei sachhafte, objektivierbare Momente einschließt, so daß die christologische Erfahrung ein Monolog der Glaubenden mit sich selbst und die Kopula »ist« nur ein Synonym für die eigene Projektion wäre.

Die christologischen Prädikate haben, wie dargestellt wurde, – kulturtranszendent – vor allem gemeinsam, daß von Jesus die Vermittlung »äußerster soteriologischer Hoffnung« ausgesagt wird. Von daher entspricht die Eigenart des Prädikats der Eigenart der Kopula: Wie schon das Prädikat nicht einfachhin eine Qualität oder eine Seinsweise Jesu zum Inhalt hat, sondern von der genannten (subjektiven, kulturbedingten) Heilsperspektive redet, die in seiner Gestalt sichtbar und angestoßen wurde, bündelt die Kopula »ist« diese Hoffnungen *der Glaubenden* an Jesus. Diese bringen *sich* sowohl im Prädikat wie in der Kopula zur Sprache, *sich* aber so, wie sie (kulturbedingt) durch »das Hören« der Verkündigung Jesu ihn und sich sehen und zum Handeln aufgerufen verstehen. Das Prädikat verrät nicht nur etwas von Jesus, sondern von dem Bekennenden – ob er Jude, Hellenist, Lateiner usw. ist – , in der Kopula »ist« verknüpft er *sich* und diese *seine* Soteriologie mit Jesus. In der Kopula vollzieht sich doxologisch die *Bindung* der Gläubigen mit *ihren* Hoffnungen (= Prädikat) an das christologische Subjekt. Konkret heißt das: Bekenntnissätze wie »Jesus ist der Sohn Gottes« (= der zur Vergöttlichung – natural – fähige und sie vermittelnde) oder »Jesus ist der Befreier« bedeuten: »*Für uns* ist Jesus der Grund und Vermittler all dessen, was wir erhoffen« (Vergöttlichung oder Befreiung), oder: »All *unsere* soteriologischen Hoffnungen (Vergöttlichung oder umgreifende Befreiung von Gott her) wagen wir aufgrund ihrer Vermittlung durch Jesus«, oder: »Wir binden all unsere Heilshoffnung an Jesus«.

2.2.2.2 Der paradoxale Charakter der Kopula

Beim Überblick über die Christologiegeschichte fällt noch ein weiterer Gesichtspunkt auf, der die Kopula »ist« betrifft. Sie wird *in allen Bekenntnisformeln* so gebraucht, daß das »ist« gilt (mit aller – doxologischen – Emphase), zugleich aber auch wieder irgendwie zurückgenommen wird.

»Jesus *ist* (für uns)[27] der Messias«, heißt für Judenchristen, daß er uns die (von Juden) erhoffte Zeitenwende im Auftrag Jahwes gebracht *hat* (vgl. die Urgemeinde als Gemeinde der Endzeit)[28]. Aber ebenso ist

[27] Im folgenden soll dieses »für uns« immer mitgedacht sein, ohne daß es jedesmal beigefügt wird.

[28] Vgl. o. I. 2.2.2.1.

richtig, daß – eben: für uns – diese Zeitenwende in ihrer geschichtlichen Realität *noch aussteht*. Die gewaltige weltgeschichtliche Hoffnung ist in der Kopula mit einem Menschen verknüpft[29], dessen Leben und Gestalt ihr in keiner Weise konkret-geschichtlich entspricht; die Armutsgestalt Jesu kollidiert mit der Herrlichkeit des erwarteten Messias oder Menschensohns, das Kreuz widerruft seinen geschichtlichen Erfolg, seine Macht, seine Hoheit, sein Weltgericht. Oder: »Jesus ist der Auferstandene« will besagen, daß durch Jesus und in ihm die Hoffnung auf Gültigkeit auch angesichts der alles zerstörenden Todesgrenze ihre Wirklichkeit gefunden hat, aber dennoch steht die allgemeine Auferstehung noch aus. Usf.

Die Kopula »ist« will also in diesem Zusammenhang ausdrücken, daß Jesus wirklich und wahrhaftig (für uns) der Messias, der Menschensohn, der Auferstandene usw. *ist*, daß er aber auch all das, was geschichtlich mit diesen so chiffrierten Hoffnungen verbunden ist, eben auch *nicht ist, noch nicht ist*. Diese eigentümliche Struktur des »Schon jetzt – noch nicht« durchzieht schon die Predigt Jesu (das Reich Gottes ist schon angebrochen, aber es steht noch aus) und bestimmt die älteste – judenchristliche – Christologie. Somit steht das »ist« des Bekenntnisses unter einem eschatologischen Vorbehalt, den man so wiedergeben könnte: Wir erkennen in der Armuts- und Kreuzesgestalt Jesu seine Messianität, unsere Hoffnung auf ihre (nicht-arme und nicht-gekreuzigte) Realisation aber richten wir – durch Jesus – *auf die Zukunft*; sie wird – so hoffen wir – *seine* Zukunft sein (Wiederkunft), nach seinen Maßstäben wird gerichtet (er ist der Weltenrichter), Gott wird ihn zu seiner Rechten setzen usw.

In der alexandrinisch-hellenistischen Christologie, gipfelnd in Chalkedon, heißt es: »(Der Mensch) Jesus *ist* (gleichwesentlicher) Sohn Gottes« oder »Logos«. Auch hierbei hat das »ist« eine eigentümliche Struktur: Es soll das wirkliche und wahrhaftige Gottsein Jesu bekannt werden; zugleich aber wird die Kopula widerrufen, der Mensch Jesus »ist« nicht auf eine Weise Gott, wie wir sonst Subjekt und Prädikat durch »ist« verbinden. Die Einheit von Gott und Mensch ist zwar untrennbar, aber *unvermischt*; der Mensch Jesus gewinnt keine göttlichen, der Logos keine menschlichen Eigenschaften, ein Monophysitismus soll ausgeschlossen werden. *Gott bleibt Gott, der Mensch bleibt Kreatur*. Jesus *ist* Gott, *und* er *ist es nicht*.

Was bedeutet diese paradoxale Aussage? Im Nachhinein erscheint sie als nichts anderes als *das natural gewendete »Schon jetzt – noch nicht«* der judenchristlichen Christologie. Im kosmozentrischen griechischen Denken konnte die Heilsbedeutung Jesu, sein Christus*sein*, nicht ge-

[29] Vgl. hierzu u. 2.2.3.

schichtlich umschrieben werden, sie mußte »natural«, in seinen zwei Naturen, begründet sein; ebensowenig konnte die Dfferenz zwischen Subjekt und Prädikat geschichtlich in einem »noch nicht« ausgedrückt werden, diese Funktion übernahm das (statisch-) naturale »Unvermischt« (bzw. die »Integrität« oder die »gewahrte Eigentümlichkeit der Naturen« usw.).

Mit der judenchristlichen und der hellenistisch-christlichen Christologie sind *die beiden grundsätzlich möglichen Versionen* der Auslegung der Kopula »ist« gemäß den zwei Grundtypen von – natur- bzw. geschichtsorientierter – Soteriologie vorgestellt. Sie finden sich in allen anderen Christologien – in je verschiedener Konkretion – wieder. Das »ist« wird sowohl als geschichtliche *oder*/und naturale Identität (*»ist schon«* oder/und *»ist seinshaft«*) wie auch als geschichtliche *oder*/und naturale Nichtidentität (*»ist noch nicht«* oder/und *»ist nicht seinshaft«* bzw. *»ist unvermischt«*) verstanden. Beide Verständnisse resultieren in ihrer Verschiedenheit aus den jeweiligen kulturellen Traditionen.

Hierbei ist unverkennbar, daß die geschichtliche Interpretation der Kopula als »Schon jetzt – noch nicht« die geringeren Schwierigkeiten bereitet, insofern diese christologische Eschatologie der Art der geschichtlichen Heilserfahrung in Jesus sowie unserer alltäglichen Erfahrung am nächsten kommt[30]. Dagegen mußte die »Übersetzung« dieser Paradoxie in die »ontische« Sprache (aus der Horizontale in die Vertikale) sehr große Probleme für das Denken aufwerfen, insofern es einmal außerhalb der christlichen Theologiegeschichte kein weiteres Beispiel für dieses »ist« und »ist nicht« gibt, zum anderen diese Antithetik sachlich in die Aporie führt; hierbei ist gerade das Offenhalten der Aporie die große geistesgeschichtliche Leistung, die anzeigt, daß das geschichtliche Denken »richtig« in das kosmozentrische übersetzt wurde[31].

Die Kopula verbindet also »schon jetzt« = »untrennbar« die soteriologischen Hoffnungen, letztlich auf den handelnden Gott, mit dem Jesus der Geschichte, grenzt sie aber zugleich aus ihm und der Geschichte (»noch nicht«) bzw. Welt (»unvermischt«) aus. So sehr Jesus »für uns« alles das *ist*, was von ihm bekannt wird, er *ist* es in Armut und Kreuz (natural gewendet: als Mensch oder Sarx) und also nicht in

[30] Diese Eschatologie entspricht durchaus einer alltäglich zugänglichen Erfahrungsstruktur, insofern wir – gewissermaßen in proleptischer Vorwegnahme – Bindungen eingehen (in Liebe und Partnerschaft, bei Kindern und Freunden, politischen und Berufsentscheidungen), deren geschichtliche Wahrheit sich erst in der Zukunft erweist (oder nicht); unsere Sinnerfahrungen sind zugleich präsentisch *und* proleptisch.

[31] Vgl. o. II 4.4.5.

(geschichtlicher oder naturaler) Identität. Die Soteriologie bleibt – auch in der christologischen Rückbindung – ausgerichtet auf eine absolute Zukunft (natural gewendet: auf Meta-Physik). Sie ist nicht in Jesus schon zu einer Realität geworden, die die Geschichte vollendet und beendet (natural gewendet: die Menschheit wurde nicht monophysitisch mit Gott geeint).

2.2.3 Das christologische Subjekt

2.2.3.1 Der geschichtliche Jesus als Subjekt der Bekenntnissätze

Auf den ersten Blick scheint das Subjekt in der christologischen Formel das einzig Unproblematische zu sein: Es ist immer *Jesus*, von dem, durch die komplexe Kopula »ist«, alle soteriologischen Topoi (alle christologischen Prädikate) ausgesagt werden. Dies gilt selbst für die aufgrund einer schwierigen Diskussion in der Alten Kirche leicht verschobenen Formeln, in denen das Subjekt »*derselbe* (Jesus Christus)« ist, dem Gottheit und Menschheit gleichermaßen zugeeignet werden; diese Verschiebung ist nur das logische Ergebnis der Herauslösung der »Menschheit« Jesu aus dem Subjekt ins Prädikat (eine Folge des Tauschprinzips). Rückübersetzt in die Struktur aller anderen Formeln müßte es auch hier heißen: »(Der Mensch) Jesus ist Sohn Gottes«, weil die Prädizierung der Menschheit an Jesus eine Tautologie und somit keine eigentliche Prädizierung ist[32].

Mit Jesus aber ist der Jesus der Geschichte gemeint, der jüdische Wanderprediger, der kurze Zeit öffentlich auftrat, sich mit »den Sündern« solidarisierte, wunderbare Worte sagte und am Kreuz in noch jungem Alter hingerichtet wurde.

Das alles wird in den Formeln nicht ausgeführt; das Leben Jesu wird allenfalls, auf einige Punkte verkürzt, erwähnt (geboren... gelitten... gestorben... begraben...). Meist geht *nur der Name* in das Bekenntnis ein. Dennoch aber ist – das darf man nicht vergessen – Basis aller christologischen Jesusrezeption eine breite und differenzierte Erzähl- und Predigttradition; die großen Theologen des Altertums etwa waren zugleich meist Bischöfe und Prediger, und die verbreitetste Form der Predigt war die Homilie, die nacherzählende und interpretierende Schriftpredigt. Die christologische Formel steht *am Ende der*

[32] Nur unter bestimmten kulturellen Voraussetzungen konnte das Menschsein Jesu als (zu problematisierendes) Prädikat erscheinen, dort nämlich, wo die Unmittelbarkeit des göttlichen Logos zum alles beherrschenden soteriologischen Erlebnis wurde, so daß die Menschheit in den Hintergrund verdrängt oder sogar bestritten oder verkürzt wurde.

Rezeption, nicht am Anfang, und so ist *im bloßen Namen Jesus die Erinnerung des gesamten narrativen Materials* zusammengefaßt. Selbst gänzlich »metaphysische« Prädikate beziehen sich auf Jesus und bestimmte Grunddaten seines Lebens (Geburt oder Kreuz).

Damit aber ist das christologische Subjekt noch nicht hinreichend beschrieben: Jesus wird in *allen* Formeln unter *einem* Aspekt betrachtet, dem seiner *soteriologischen Relevanz*, so verschieden auch die jeweiligen Assoziationen sein mögen. Wenn man verschiedene Tische nach Farben sortiert und »prädiziert«: »Das sind die weißen, das die braunen usw. Tische«, so geraten in solchen Sätzen alle Tische unter dem Aspekt ihrer farblichen Gestaltung in den Blick; die »volle Realität« der Tische erscheint nicht in ihnen, z. B. ob sie hoch oder niedrig, drei- oder vierbeinig, hölzern oder aus Glas, ob sie Eß- oder Bügeltische usf. sind. Natürlich handelt es sich immer um wirkliche Tische, die mehr Prädikate als das der Farbe haben, aber es wird an ihnen nur *ein* Gesichtspunkt hervorgehoben.

Von dieser Art sind auch die Christusbekenntnisse. Sie alle reden von Jesus, bekennen sich aber zu ihm nur unter soteriologischem Interesse; alles andere an ihm interessiert nicht. So ist der Jesus der christologischen Formeln schon der »wirkliche«, der geschichtliche Jesus, dennoch aber *nicht einfachhin der »historische Jesus«*.

Der *Glaube* an Jesus Christus aber war das Motiv schon für die älteste Traditionsbildung; sie überlieferte deswegen nur das von Jesus, was für diesen Glauben von Bedeutung zu sein schien und gestaltete das geschichtliche Material *so*, daß die Heilsbedeutung Jesu deutlich wurde. Die sogn. kerygmatische Ausgestaltung der neutestamentlichen Schriften ist eine notwendige Folge der soteriologischen Rezeption Jesus. *Jesus ist nur überliefernswert als Christus.*

Das christologische Subjekt ist also nicht einfachhin der geschichtliche Jesus, sondern *der geschichtliche Jesus, insofern er soteriologisch relevant ist* – eine Selektion aus dem »ganzen« Jesus.

Aus diesem Sachverhalt haben Anhänger einer Kerygmatheologie geschlossen, nicht der Jesus der Geschichte, sondern der Christus des Kerygmas sei für die Christen heilsbedeutsam, der – zu entmythologisierende – christologische Mythos (die Prädikate) sei Gegenstand des Glaubens, auf den jüdischen Wanderprediger könne man verzichten. Diese Meinung findet anscheinend eine Stütze auch in der Christologiegeschichte; in nicht wenigen Phasen scheint die Allgewalt der Prädikation (z. B. des göttlichen Logos) das christologische Subjekt zu überwuchern. Und läßt sich nicht die Vorstellung vom Tausch und seine Bedingung, die Inkarnation des ewigen Gottessohnes im Menschen, zumindest logisch auf *Sokrates* oder *Buddha* anwenden, ohne daß das Schema selbst korrigiert werden müßte?

Richtig ist, daß viele christologische Bekenntnisse wenig mit dem konkreten Jesus zu tun haben. Erst recht resultieren die christologischen Prädikate nicht aus dem Leben Jesu, weder z.B. seine Göttlichkeit (das hätte Jesus wohl als ketzerisch empfunden) noch auch eine Erlösung der Welt durch das Kreuz (nach allem, was wir wissen, hat Jesus die drohende Hinrichtung nicht in diesem Sinn gedeutet); diese (und andere) Topoi entstammen vielmehr den späteren kulturellen Horizonten der christlichen Gemeinden. *Dennoch ist die Schlußfolgerung der Kerygmatheologie falsch: Sie verlegt das christologische Subjekt in das Prädikat*, so daß die Formel sinn-los wird. Nicht »die Messianität« schlechthin (wessen?) bringt die Zeitenwende, nicht »die Inkarnation Gottes« erhebt uns zu Gott oder »die Rechtfertigung« rechtfertigt uns. In der vollen Formel wird nie gesagt: Der Gottessohn hat uns erlöst, der Rechtfertiger unsere Schuld bezahlt, der Befreier befreit; das sind tautologische Aussagen (Christus ist der Christus)[33]. In allen christologischen Formeln ist *Jesus das Subjekt* der Prädikationen; *er* ist Messias, inkarnierter Gottessohn, Rechtfertiger, Befreier. Wenn er auch oft verdeckt zu werden scheint von übermächtigen Spekulationen, wurde doch alles das auf ihn bezogen, auf ihn der, wie ausgeführt, in der narrativen Tradition deutlichere Konturen gewann. Nicht die Prädikate (Gottessohn, Rechtfertiger, Befreier usf.) sind heilsbedeutsam, sondern Jesus ist heilsbedeutsam, und wird *deswegen* – kulturbedingt je verschieden – so benannt. Die Prädikate *sind* nichts anderes als die Formulierung der Heilsbedeutsamkeit *Jesu*. »Der Gottessohn ist heilsbedeutsam«, sagt inhaltlich nicht mehr als »heilsbedeutsam ist heilsbedeutsam«; denn die Gottessohnschaft *ist* die hellenistische Vokabel für heilsbedeutsam. Ohne das Subjekt Jesus haben christologische Sätze keinen Sinn. *Jesus* ist der Logos Gottes in diese Welt hinein, nicht der Logos ist der Logos. *Die Prädikate haben nur eine dienende, auf Jesus hinweisende Funktion*. Sie weisen zwar auf die soteriologische Rolle hin, aber auf die Rolle *Jesu*. Die nichtchristliche Herkunft der Prädikate wurde schon erwähnt[34]. Durch ihre Verbindung (mittels der Kopula »ist«) mit Jesus wird aus außerchristlichen Soteriologien: »Christologie«. *Das christologische Subjekt macht die Christlichkeit der Christologie aus;* aus »Heidentum« wird Christentum, weil alle letzten menschlichen Hoffnungen (Neuer Äon, Vergöttlichung, Rechtfertigung...), die es ja auch ohne Christentum gab und gibt, mit Jesus verbunden werden.

[33] Es gibt eine verkürzende Redeweise (»der Sohn Gottes hat uns erlöst«), in der aber dann »Gottessohn«: Jesus Christus meint (ebenso findet sich der umgekehrte Fall).

[34] Vgl. o.V 2.2.1.2.

2.2.3.2 *Die korrektive Funktion des Subjekts für die Prädikate*

Die Beibehaltung des christologischen Subjekts ist in der Geschichte nicht immer leichtgefallen; zu groß war oft die Faszination des Mythos. Allzu leicht wurde (und wird) die Instrumentalität, die dienende soteriologische Funktion der Prädikate übersehen, so daß ihre Inhalte und die mit ihnen verbundenen Assoziationen den Blick beherrschen. Kritische Einwände werden gelegentlich als Versuch der Destruktion der Christologie zu einer *Jesulogie* diffamiert, obwohl die gesamten kirchlichen Christusbekenntnisse, wenn man so will, allgewaltige Jesulogien sind, indem sie von ihm – und von niemand und nichts sonst – die Heilsvermittlung aussagen.

Daran wurde immer festgehalten, obwohl kaum ein spröderes Subjekt für all die Prädikationen (in ihrer Inhaltlichkeit, nicht in ihrer Funktion!) denkbar ist. Der geschichtliche Jesus kontrastiert in seiner Armutsgestalt allen Vorstellungen über einen Messias, in seiner Kreuzesgestalt läßt sich nicht leicht ein göttlicher Logos erkennen oder in seinem Sterben eine aktive Leistung der Rechtfertigung; Befreiungstheologen tun sich schwer, die Ohn-macht Jesu mit dem intendierten Appell zur aktiven – wenn nicht gewaltsamen – Veränderung der Gesellschaftsstrukturen zu vermitteln, indische Christologien werden mit Berufung auf Jesus nicht so einfach von der Geltung des Faktischen und der pluralen Konkretion loskommen auf eine alles umfassende Identität (des Göttlichen).

Kurz: Zwar kommt von Jesus in den christologischen Formeln und Symbolen selten mehr als der Name vor, dennoch aber bestimmt das narrativ von ihm überlieferte Material die Vorstellungen und ist ja selber Grund der Christuserfahrung. Das christologische Subjekt ist also mehr als ein Name, es ist Bezeichnung für den soteriologisch rezipierten geschichtlichen Jesus. Deswegen sorgt allein die Nennung dieses Subjekts für eine Korrektur der Inhalte und Assoziationen der Prädikate vom geschichtlichen Jesus her.

In der Christologiegeschichte war man sich der Antithetik von (diesem) Subjekt und (diesen) Prädikaten durchaus bewußt und stellte sie sogar in den Vordergrund: Kreuz und Auferstehung, Sarx und Logos, leidensfähiger Mensch und leidensunfähiger Gott, Niederlage und Sieg am Kreuz ordnete man zusammen. Unter dem Licht der jeweils kulturbedingten Prädikate scheint bisweilen an der Gestalt Jesu gerade ihr polarer Gegensatz hervorgehoben worden zu sein.

Der jüdische Christ mußte so in seinem Kopf zusammenbringen die schönen Vorstellungen über Messianität mit dem, was er über Jesus wußte (und gerade das hatte in bewogen, Christ zu werden!), der griechische, der lateinamerikanische, der afrikanische Christ finden ähn-

lich in Jesus eine Schranke für das Ausufern ihrer soteriologischen Projektionen. Zwar gingen und gehen die sich ergebenden Korrekturen *nicht in die begriffliche Formulierung* der Bekenntnisse ein, es bleibt jeweils beim Messias, Erlöser oder Befreier. Wie aber die christologische Literatur bezeugt, hat die Verbindung von Subjekt und Prädikat doch ihre Wirkung gezeitigt.
Diese Wirkung geht naturgemäß in beide Richtungen: Jede kulturspezifische Christologie versucht, *ihre* Prädikate *schon in Jesus* zu entdecken. Sie sucht – und findet – im neutestamentlichen Material Züge, die Jesus als messianisch oder göttlich oder von Sünden erlösend oder human, emanzipatorisch oder befreiend charakterisieren, so daß das jeweilige Prädikat nicht ganz beziehungslos neben einem ganz anderen Jesus steht; *die »Jesusbilder« wechseln mit den Soteriologien.* Umgekehrt aber läßt sich mit Jesus nicht gerade alles machen. Zwar gibt es exzessive, pathologische Inanspruchnahmen Jesu und Berufungen auf ihn, wie etwa in der Inquisition oder bei den Hexenprozessen[35]; im »Normalfall« aber entfaltet doch *das »Jesusmaterial« seine korrektive und »reformatorische« Wirkung*, so daß – in the long run – die Prädikate nicht als Selbstzweck den Blick auf Jesus ganz verstellten. So wenig man ihn deswegen auch anders als mit der je eigenen Soteriologie und *ihren* Prädikaten hätte rezipieren können, tritt doch Jesus deutlicher hervor, und *mit der Zeit gewinnen die Prädikate die Züge Jesu.*

2.2.3.3 Sache und Person Jesu

Die Aussage der Bekenntnisse, daß Jesus und nicht irgendein Theorem heilsmittlerisch ist, muß noch nach einer anderen Richtung verdeutlicht werden. Wenn man gemeinhin jemanden für in irgendeiner Hinsicht bedeutsam erklärt, wird dabei vor allem auf sein Tun, Reden, Schreiben o. ä. verwiesen. Wer von *Karl Marx* sagt, er sei zur Erkenntnis und Veränderung der gesellschaftlich-ökonomischen Verhältnisse unverzichtbar, meint damit seine Schriften, seine Lehre. Ähnlich verhält es sich auch bei Religionsstiftern wie *Buddha* oder *Mohammed*; ihre Lehre ist das entscheidende soteriologische Datum[36].

[35] In solchen Fällen scheint das »extra-nos« der Erfahrung ausgeblendet zugunsten einer *monologischen Projektion* eigener Interessen und Vorstellungen auf Jesus, der dann als christologisches Subjekt entmächtigt ist (Wehe dann einem »Ketzer« oder einer »Hexe« – um bei diesen extremen Beispielen zu bleiben –, die sich auf Jesus berufen wollten!).

[36] Die *Lehre Buddhas* oder der Koran, nicht *Buddha* oder *Mohammed* selbst, nehmen im Buddhismus oder Islam in etwa – mit allen Vorbehalten – den soteriologischen Platz ein, den Jesus im Christentum hat. Wenn man so will, sind Lehre *Buddhas* und Koran »geschichtliche Vermittlungen« von Heil, also «christologi-

In diesem Sinn ist auch die Heilsbedeutung Jesu begründet in der *»Sache Jesu«*. Sie wird zwar kaum in den Bekenntnissen erwähnt; am ehesten kommen Aspekte vor, in denen Jesus nicht aktiv seine Sache betrieben, sondern etwas »erlitten« hat (Geburt, Tod, Begräbnis), aber es ist auch schon einmal, wie in Chalkedon, von seiner Sündenlosigkeit die Rede (was man auch »aktiv« als sittliche Güte verstehen kann). Die Sache Jesu ist aber dennoch *im Subjekt mitgedacht*, weil die ganze Formel von der soteriologischen Erfahrung Jesu »aus dem Hören« der narrativen Tradition getragen wird; dort aber wird erzählt, was Jesus gesagt und getan und wie er sich verhalten hat. Insofern schließen die Bekenntnisse die Sache Jesu ein und erklären sie – je nach dem semantischen Kontext des Bekennenden – für eschatologisch gültig, für ein Handeln des göttlichen Logos, juridisch für unendlich wertvoll, für befreiend usf.

Der wichtigste Unterschied aber der Jesus-Christologie zu allen anderen in der Religionsgeschichte auftretenden »christologischen Strukturen« – in denen eine geschichtliche Größe (Lehre, Gesetz, Ethik, Volk Israel, Opfer, Wissen um die Mysterien usw.) zum Vehikel des Heils wird – ist der Umstand, daß nicht nur die »Sache Jesu« als heilsbedeutsam erklärt wird, sondern die *Person Jesu. Jesus selbst ist das christologische Subjekt*, und damit ist mehr gemeint als seine Lehre, sein beispielhaftes Verhalten, sein Leiden und Sterben. Von Anfang an war Christsein sowohl die Annahme der »Sache Jesu« wie – vor allem – *personale Nachfolge, Jüngerschaft Jesu. Die inhaltliche und die personale Rezeption Jesu gehören untrennbar zusammen.*

Nirgends in der Geschichte der Christologie läßt sich eine Argumentation finden, die in eine andere Richtung weisen könnte[37]. Zum Christ-

sche« Instanzen. Interessant ist auch in diesem Zusammenhang, daß die Ausbreitung des Islam in die hellenistisch-christliche Welt zu einer Rezeption der griechischen Philosophie führte. Aus dieser Verbindung von griechischem Denken und »Koran-Christologie« ergaben sich Deutungen des Koran als – von Ewigkeit her – in Allah ungeschaffenes Wort, das dann in die Geschichte übermittelt wurde (durch *Mohammed*) – ein Anklang an die *philon*'sche und *justin*sche Logoslehre. Handelt es sich hierbei um literarische Übernahmen oder bringen vergleichbare kulturbedingte Problemstellungen auch vergleichbare Systeme hervor? Für diese Frage könnte überhaupt ein – bisher noch nicht geleisteter – Vergleich der islamischen mit der christlichen Lehrentwicklung vielleicht überraschende Parallelitäten oder gar »Gesetzmäßigkeiten« kultureller Vermittlungsprozesse zeigen.

[37] Wenn z. B. bei den Franziskanerspiritualen des 13. und 14. Jahrhunderts Erwägungen auftauchen, die *Franz* von Assisi als ›alter Christus‹ hinstellen wollen (ob es hierfür Ansätze bei *Franz* selbst gibt, muß aufgrund seines literarischen Nachlasses wohl ausgeschlossen werden; Rückschlüsse aus späterer Literatur bleiben hypothetisch), handelt es sich nicht um eine Variante, sondern um eine Aufhebung des Jesus-Christus-Bekenntnisses (vgl. o. 417, A. 25).

sein gehört ein personales Verhältnis zu Jesus, das sich nicht selten sogar zu einer Jesus-Mystik oder Rastern einer »pietistischen« Jesusaneignung (»Ich will jetzt meinen Jesus lieben«) oder auch entsprechenden Frömmigkeitsformen (z. B. »Herz-Jesu-Verehrung«) verdichtet. Nirgendwo taucht der Gedanke auf, eine »bloß« sachliche Rezeption Jesu genüge, also das Praktizieren von Barmherzigkeit, Verzeihen, Solidarität, Hinnahme des Leides usf. Das alles ist nicht wenig, und man hat ähnliche Verhaltensweisen schon bei den großen Männern der Antike, im Mittelalter aber auch bei Juden und Muslimen bewundert. Aber es wurde allenfalls im Sinne einer Propädeutik zum Christentum gewertet; das Christsein selbst beginnt mit dem Bekenntnis zur soteriologischen Relevanz *Jesu*.

Gerade die Behauptung der unverzichtbaren Heilsbedeutung der Person Jesu in der Christologie ist ihr eigentümlicher Inhalt und – ihr »Ärgernis«. Die Relevanz der »Sache« ist – wenigstens theoretisch – leicht zu übernehmen, einen »zufälligen« Menschen aber *als solchen* für eschatologisch bedeutsam zu halten, bringt intellektuelle Probleme mit sich.

Im großen Rahmen der Religionsgeschichte gesehen, handelt es sich hierbei um die *exzessivste Konsequenz geschichtlicher Soteriologie*[38]. Dieser geht es ja um Heil von, für und durch Geschichte. Dieses »Prinzip« wurde schon in der jüdischen Religion geschichtlich-faktisch konkretisiert, indem hier Heil nicht an »die« Geschichte schlechthin, sondern an die Geschichte *Israels* (und *ihrer* Konkretionen: Väter und Propheten, Gesetz und Tempel) geknüpft wurde. Trotz dieser Konkretion oder »Vergeschichtlichung« aber blieb die jüdische Soteriologie »prinzipiell«, insofern eine Fülle weiterer geschichtlicher Vermittlungen möglich bleibt, die erst dann abgeschlossen werden, wenn auch die Geschichte beendet wird. Solange die Geschichte weiterläuft, gibt es kein unüberholbares, nicht weiterführbares Datum.

Die christliche Christologie macht aus dem (konkreten) »Prinzip« des Judentums das Faktum, aus der (konkreten) Geschichtlichkeit der Heilsvermittlung die Geschichte der Heilsvermittlung. Geschichte aber heißt: »zufällige« Faktizität, das Einmalige – besser: der oder die Einmaligen –, das (oder der oder die) Unwiederholbare(n), nicht zu Ersetzende(n) usw. Das Jesus-Christus-Bekenntnis behauptet mit der soteriologischen Prädizierung an das Subjekt Jesus nichts weniger, als daß dieser jüdische Wanderprediger für das Heil aller Menschen, aller Zeiten, aller Welt unverzichtbar sei. *Das – besser: der – Faktische wird als universal gültig behauptet*. Von daher wird noch einmal deutlich, wie schwierig es gerade unter (latent) monistischen Rezeptionsbedin-

[38] Vgl. hierzul o. Einführung 2.2; I 3.2.3.

gungen – wie in der Antike – sein mußte, die letzte Gültigkeit des bloß Faktischen überhaupt auszusagen. Es verwundert nicht, daß deswegen an dem geschichtlichen Jesus gerade das in den Blick geraten mußte, was noch generalisierbar war: seine Menschheit, und man hatte Mühe genug, wenigstens diese für soteriologisch relevant zu erklären; *Jesus* selbst ging nicht ins System ein. Aber er wurde wenigstens in der Formel beibehalten.
Das bleibende »Ärgernis« der Christologie besteht darin, die Heilsvermittlung nicht nur an die Sache Jesu, sondern an Jesus zu binden. Die Reibung an der soteriologischen Relevanz des Faktischen wird je nach dem Ausgangspunkt dessen, der mit diesem Anspruch konfrontiert ist, variieren: Für den Hellenisten erschien das Menschsein des Christus selbst – vor allem in seiner äußersten konkreten Konsequenz: dem Kreuz – als problematisch; in der Moderne fällt es schwer zu akzeptieren, daß ein jüdischer Wanderprediger, der vor zweitausend Jahren für kurze Zeit öffentlich aufgetreten ist, »das Heil« vermittelt hat, feministische Theologie formuliert ein Ungenügen daran, »den Mann« Jesus als Christus zu bekennen, usf.
Die Versuchung war immer groß, das Ärgernis des »bloß« Geschichtlichen oder der »bloßen« Geschichte zu mildern, indem man an Jesus möglichst viel »Grundsätzliches« oder »Notwendiges« entdeckte, um ein wenig von der bloßen Faktizität hinwegzukommen[39]. Das mochte die Rezeption erleichtern, aber das harte »Daß« bleibt bestehen. Wahrscheinlich wird diese Härte vor allem von den »Intellektuellen« aller Zeiten empfunden, während die Mehrheit der Christen – vielleicht auch die Intellektuellen jenseits ihrer theoretischen Problematik – *gerade diesen unterscheidenden Kern der Christologie als das zentrale Heilsdatum realisiert*. Zielt nicht die letzte Heilshoffnung darauf ab, daß die bloß faktischen Menschen, d.h. du und ich und wir, »vor Gott« eine Zukunft, eine bleibende Gültigkeit haben, obwohl doch wahrhaftig – kosmisch oder weltgeschichtlich gedacht – an uns »als solchen« nicht viel zu entdecken ist, was diese Perspektive zwingend machte? Das Jesus-Christus-Bekenntnis behauptet gerade dies, wenigstens von *einem* Menschen, von Jesus. Ist nicht gerade dieses – logisch und »apriorisch« nicht zu begründende – Moment Grund letzter Hoffnung?
Kurz: Was intellektuell so viele Schwierigkeiten macht, weil unse-

[39] Hierhin gehören auch die Versuche, die (bei *Anselm* sogar apriorische) Notwendigkeit *dieser* Erlösung und *dieses* Erlösers zu begründen, obwohl sie in Wirklichkeit – rein logisch betrachtet – nicht die Unverzichtbarkeit Jesu, sondern des mit ihm verbundenen tradierten Denksystems »beweisen«. Aber ein wenig konnte so auch – für die Zeitgenossen – die Gestalt Jesu als »mitbewiesen« erscheinen.

re Vernunft objektivierend und sachlich-argumentierend vorgeht, scheint *soteriologisch das entscheidende Faszinosum des Christentums* zu sein. Und betätigen wir im Christusbekenntnis nicht Verhaltensweisen und Relationen, die auch im alltäglichen Leben für eine sinnvolle Existenz von größter Bedeutung sind? In Freundschaft, Liebe, Ehe, Berufs- oder politischer Entscheidung usw. lassen sich unsere Bindungen an das Faktische oder faktische Personen zwar mit vielen Sachargumenten plausibel machen, aber niemals »notwendig« begründen. Jeder Mann »hätte« auch – mit ähnlich guten Gründen – eine andere Frau heiraten können; wenn er es nicht tut, und sich auch nicht scheiden läßt, sondern die ursprüngliche Entscheidung durchträgt, hat er damit die niemals restlos aufhellbare Bindung an konkrete Geschichte vollzogen – und kann darin eine Sinnerfüllung finden, für die es im Bereich des sachhaft Begründbaren keine Parallele gibt[40].

2.2.3.4 Der kulturtranszendente Jesus

(1) Die Komplexitätsreduktion als Bedingung der Vermittlung und Rezeption Jesu[41]

Das christologische Prädikat verrät uns die spezifische Soteriologie, die in einer bestimmten Kultur das Denken prägte, und den soteriologischen Aspekt, unter dem Jesus betrachtet und rezipiert wurde. Jede Konkretion bringt – nach innen – Fülle und Reichtum der Assoziationen, nach außen aber auch Verengung und Grenze. Deswegen hat *keine Kultur den »totus Jesus«* als christologisches Subjekt gesehen, noch nicht einmal den – hier gemeinten – »ganzen Jesus, insofern er – überhaupt – soteriologisch relevant ist (sein kann)«, was ja selbst wiederum eine (eben: soteriologische) Selektion aus dem »historischen Jesus« beinhaltet. Damit soll nicht gesagt sein, Jesus sei je nach den spezifischen Interessen gänzlich manipuliert worden – dazu ist das »Material« zu spröde – oder man habe bestimmte Gesichtspunkte völlig, oder gar bewußt, unterschlagen; aber die jeweilige Version der religiösen Frage bestimmte zumindest, *was an Jesus* im Vordergrund des Interesses stand.

[40] Damit soll auf keinen Fall bestritten werden, daß in anderen Fällen eine Scheidung notwendig sein kann, wenn eine erste Bindung sich als falsch erweist. Hier geht es vielmehr um eine Verdeutlichung einer *Art* von menschlicher Erfahrungen, die sich auf das Faktische beziehen; diese prinzipiellen Aussagen gelten auch für eine Zweitehe, eine neue Freundschaft, eine politische oder berufliche Umorientierung: auch diese werden erst als sinnvoll erfahren, wenn das Ja zur unaufhellbaren geschichtlichen »Zufälligkeit« eine Rolle spielt; vgl. u. 3.2.4.

[41] Vgl. hierzu vom *Verf.*, Jesus-Entwurf zum Mensch-sein, a.a.O. 31–47; 56–60.

So wechselten im Lauf der Geschichte, wie schon ausgeführt, die Jesusbilder. Der messianische Jesus, der inkarnierte Logos, der im Glaubensgehorsam sich bewährende Jesus, der uns mit seinem Tod erlösende Jesus, das exemplum Jesus, der Befreier Jesus usw. – diese verschiedenen Deutungen ent-deckten an Jesus immer die »Eigenschaften«, die das jeweilige Prädikat stützen konnten.

Die Jesusbilder faszinieren *innerhalb einer bestimmten Epoche und Kultur*. Für andere Kulturen aber haben sie wenig Aussagekraft, und neue Schwerpunkte treten in den Vordergrund. Dies könnte den Eindruck erwecken, es sei nur schwer möglich, von einer Identität des christologischen Subjektes durch die Geschichte hindurch zu reden. Handelt es sich um einen immer neuen, inhaltlich beinahe beliebigen Jesus – oder in diesem Falle besser: Christus –, der nach den wechselnden soteriologischen Interessen umgestaltet wurde? Dagegen allerdings spricht, daß mit Jesus *immer* das gesamte (durch die Kanonisierung unveränderbare) narrative Material integriert wurde und auch – auf längere Sicht – seine korrektive Wirkung entfaltete. »Etwas an Jesus« blieb doch – quer durch die Mannigfaltigkeit der Jesusbilder – identisch. *Sie alle beziehen sich auf den gleichen geschichtlichen Stoff, fanden aber in ihm gerade das, was sie für ihre Soteriologie brauchten* (einschließlich ihrer Korrektur).

Wie kommt es dazu, daß Jesus und die Jesusüberlieferung in allen nur möglichen Kulturen zum Katalysator soteriologischen Fragens und Hoffens werden konnte? Das ist ein Problem, das notwendig aus der bisherigen Geschichte der Christologie resultiert. Gibt es – kann es geben – einen *»kulturtranszendenten Jesus«*, einen Jesus, der so beschaffen ist, daß er in allen Kulturen als *der* Heilsmittler aufgenommen werden kann? Diese Frage scheint mit Ja beantwortet werden zu müssen, weil ansonsten das Phänomen der Christologie nicht zu erklären ist.

Dabei soll von vornherein ein mögliches Mißverständnis ausgeschlossen werden. Ein »transkultureller Jesus« ist nicht ein »metahistorischer Jesus«, der – weil jenseits der Geschichte angesiedelt – zu allen geschichtlichen Epochen den gleichen Abstand besäße. Natürlich ist der Jesus der christologischen Formel der Jesus der Geschichte, und als solcher hat er – wie dargelegt[42] – seinen kulturgeschichtlichen Ort im Judentum seiner Zeit. Für jede andere Kultur bedarf es so der Exegese und Hermeneutik, um ihn verstehen zu können; »unübersetzt« konnte Jesus nur von den Juden seiner Zeit angenommen oder abgelehnt werden.

Der Jesus der christologischen Formel ist der jüdische Wanderpredi-

[42] Vgl. o. I 1.

ger, der in den konkreten Verhältnissen und Situationen kurz nach der Zeitenwende in Palästina lebte und starb. *Was an ihm war so beschaffen, daß er in jeder Kultur rezipierbar war?* Für diese Wirkgeschichte findet sich keine Parallele außerhalb des Christentums: zwar gibt es andere große Weltreligionen, keine von ihnen aber hat so viele kulturspezifische Ausprägungen gewinnen können. Buddhismus und Hinduismus kennen zwar zahlreiche »Inkulturationen«, aber bisher haben sie nur Verbreitung gefunden innerhalb der monistischen Kulturen Asiens, und der hierbei in der »Mission« transferierte Inhalt ist eine *abstrakte soteriologische Lehre*, die tendenziell jedem Monismus innewohnt. Taoismus und Konfuzianismus waren und sind unter Chinesen verbreitet, die jüdische Religion beschränkt sich im Wesentlichen auf ihre ethnische Basis. Nur der Islam kennt eine dem Christentum vergleichbare transkulturelle Mission (wenn er sich auch lange Zeit auf die arabischen Populationen stützte) z. B. in Asien und Afrika; darüberhinaus ist vergleichbar, daß mit der Annahme des Islam eine Verpflichtung auf die Ursprünge – *Mohammed* und den Koran – verbunden ist. Um seine Identität zu wahren, darf in der gesamten Glaubensgemeinschaft (abgesehen von »heterodoxen« Parteien) der Koran nur in Arabisch gelesen und rezitiert und nur in arabischer Sprache gebetet werden; der kulturspezifischen Aneignung sind (bis jetzt) enge Grenzen gesetzt. Der Eintritt zum Islam bedeutet auch die Annahme der identischen Soteriologie des Koran. Religionsgeschichtlich ist somit das Christentum die einzige Religion, die unter je neuen soteriologischen Bedingungen – trotz aller Verpflichtung auf den Anfang, die ja gerade in der Christologie vollzogen wird – auch neue Gestaltformen gefunden hat. Wie war das möglich?
Zur Beantwortung dieser Frage muß ausgegangen werden von dem *Vermittlungsprozeß* (»Mission«), durch den derselbe Jesus in verschiedensten Kulturen als Christus angenommen wird. Wenn Juden und Antiochener, Griechen oder Römer, Menschen des Mittelalters oder der Neuzeit, Asiaten oder Afrikaner Jesus als den Katalysator ihrer soteriologischen Fragestellungen realisieren, so daß er ihr Christus wird, kann nicht der ganze, konkrete, historische Jesus gemeint sein. Dieser hat in den komplexen Situationen seiner Zeit sein Leben in einer Fülle ebenso komplexer Ansichten, Entscheidungen, Verhaltensweisen vollzogen. Diese individuellen Situationen und Probleme sind – unter anderen kulturellen Bedingungen – auch nicht annähernd nachvollziehbar, und wenn es gelänge, so nur dem Historiker mit seinen historischen Methoden. Historiker aber haben bei der Verkündigung Jesu keine Rolle gespielt. *So kann für die Vermittlung nur ein aller Komplexität entkleideter Jesus, ein vereinfachter Jesus, in Frage kommen. Diese Komplexitätsreduktion muß so weit gehen, daß »Jesus«,*

obwohl in konkreter Jesustradition vorgegeben und somit immer noch »übersetzungsbedürftig«, doch wenigstens grundsätzlich »allen« verständlich ist.

Noch eine zweite Folgerung ergibt sich aus der Eigenart der Aneignung Jesu. Diese erfolgt immer auf dem Hintergrund der sogn. *letzten* soteriologischen Problematik, in der es den Menschen um ihr Menschsein als ganzes geht. Die »Vereinfachung« Jesu muß *von einer Art sein, die dieser Rezeption entspricht.* Das *»an«* Jesus ist also offensichtlich bei der Reduktion »übrig geblieben«, was mit diesen Fragestellungen zu tun hat – alles andere hat keine Bedeutung. Die »Vereinfachung« muß *eine Konzentration auf das Fundamental-Menschliche* (unter soteriologischem Gesichtspunkt) bewirkt haben[43].

M. a. W.: Nur dann läßt sich derselbe Jesus als immer identisches christologisches Subjekt denken, wenn er in radikaler Weise das Zentrum humanen Fragens und Hoffens anspricht und so entsprechende Reaktionen, Nachfolge oder Ablehnung, hervorrufen kann. *Die zentrale menschliche Einfachheit des »reduzierten« Jesu ist der einzige plausible und mögliche Grund für die immer neue Prädizierung der jeweiligen Heilshoffnungen an ihn.*

Die humane Einfachheit ermöglicht die transkulturelle Vermittelbarkeit Jesu, so daß er von Römern und Griechen, Lateinamerikanern und Indern als Christus angenommen werden kann. Diese These hat – wie alles bisher Gesagte – zur Voraussetzung, daß es überhaupt eine »transkulturelle« Identität »des« Menschen aller Kulturen gibt, so schwer sie auch zu bestimmen sein mag.

(2) Die faktische Reduktion bzw. der »einfache« Jesus

Kann diese aus der Reflexion der transkulturellen Vermittlung Jesu erschlossene »Einfachheit« Jesu auch konkret aufgezeigt werden? Hierfür kommen m. E. zwei *Faktoren* in Frage: Einmal die Jesusüberlieferung, also das Neue Testament (einschließlich des Alten Testaments als seiner Voraussetzung), zum anderen Jesus selbst.

Ad 1: Die Gestaltwerdung der *Jesusüberlieferung* geschah in einem – in bezug auf die spätere Geschichte – »glückhaften« Moment: im

[43] Grundsätzlich hat jede gesellschaftliche Rezeption (von Sätzen, Lehren, Menschen) eine Komplexitätsreduktion zur Voraussetzung. Hierbei gibt es *banale* Vereinfachungen, die oft großen Erfolg haben (ohne deswegen weiter zu helfen) und »zentrale« Vereinfachungen, die zu einer Art menschlicher Einfachheit führen. Auf solchen »Einfachheiten« beruht unsere menschliche Kommunikation; schon die Worte »Vater«, »Mutter«, »Friede«, »Liebe« usf. können anzeigen, wie in ihnen komplexe Zusammenhänge zusammengefaßt werden. Hierbei sind »einfache Worte« niemals vor Banalisierung geschützt; dennoch ist ihr Mißbrauch kein Argument gegen ihren Gebrauch.

Übergang von judenchristlicher zu hellenistischer Rezeption. Kaum war das Christentum entstanden, wurde es aus seiner Herkunftskultur in eine andere vermittelt. Dem Judenchristentum war nicht die Zeit vergönnt, sich über längere Zeit zu etablieren und dabei die Traditionen in eine fertige Gestalt zu gießen.

Schon die gesellschaftliche Vermittlung Jesu innerhalb der jüdisch geprägten Gemeinden machte eine Reduktion des Jesusmaterials notwendig, wobei die spezifischen soteriologischen Interessen den Ausschlag gaben (vgl. z. B. die Logienquelle mit ihrer Exusia- und Menschensohnchristologie, ihrem Interesse für die Herrenworte als neue Grundlage für das Gemeindeleben, nachdem man sich von Judentum, Gesetz und Tempel getrennt hatte, mit dem Fehlen allen biographischen oder sonstigen narrativen Materials usw.).

Die Verbreitung des Christentums unter den hellenisierten Diasporajuden brachte weitere »Reduktionen«: Nur *das* Material konnte soteriologisches Interesse finden, das zwar dem jüdischen Denken, aber auch dem »weltweiten« hellenistischen Horizont und Vokabular der Menschen entsprach. Erst recht war der Übergang zur »Heidenmission« eine entscheidende Zäsur: Nur soviel vom konkreten jüdischen Kontext Jesu war vermittlungsfähig, wie für die neuen soteriologischen Anforderungen nötig war. *Bei diesem Übersetzungs- und Reduktionsvorgang hat das Diasporajudentum die entscheidende Funktion wahrgenommen;* die Autoren und Redaktoren der neutestamentlichen Schriften entstammen diesem Umfeld.

In diesem Übergang von der jüdischen zur hellenistischen Kultur hat die Jesusüberlieferung ihre Gestalt gefunden. *Die hierbei erfolgende Komplexitätsreduktion war für die spätere Verwendbarkeit der Tradition ein Kairos.* Dieser wird durch die konkrete Eigenart der beiden Kulturen noch verstärkt: Sie gehören beide in sehr radikaler Form einer der beiden großen soteriologischen Traditionen an, die die ganze religiöse Menschheitsgeschichte prägen. Das Judenchristentum ist in extremer Weise »geschichtsorientiert«, das entstehende hellenistische Christentum kommt von monistischen Verstehensweisen her. Hierdurch nahm die Jesustradition eine Prägung an, die so ist, daß sie sowohl von Juden wie von Griechen nicht nur verstanden, sondern als soteriologisch höchst bedeutsam erfahren werden konnte.

Diese Komplexitätsreduktion bis zu einem Punkt, an dem geschichtsorientierte *und* kosmozentrisch denkende Menschen mit dem Material soteriologisch etwas anfangen können, ist wohl *Voraussetzung für die Möglichkeit der späteren »Schriftpredigt«*. Da alle anderen Kulturen ebenfalls den beiden großen Grundorientierungen zuzurechnen sind, wenn auch in durchaus verschiedener Version, können *sie alle* im Neuen Testament *ihre* soteriologischen Fragen in einfacher Form wie-

derfinden und sich als angesprochen erfahren (Natürlich: *Nach* einer »Übersetzung« aus den Verstehensbedingungen des ersten Jahrhunderts in die jeweils neue Zeit).
Ad 2: Diese zentrale Einfachheit, zu der Jesus und die Jesusüberlieferung reduziert wurden, kann nicht allein ein Ergebnis des frühen »transkulturellen« Vermittlungsprozesses gewesen sein; denn dabei bliebe die Frage offen, *warum gerade um die Gestalt Jesu eine so umfassende Traditionsbildung eingesetzt hat*. Warum hat man ihn, und keinen anderen oder etwas anderes, so vermittelt? Woher kommt das soteriologische Interesse an Jesus?
Dabei muß darüberhinaus berücksichtigt werden, daß es ja in den Anfängen keine »Institution« gab, deren strategischer Bemühung das genannte Resultat zu verdanken wäre. Es gab – Jesus und Juden, bald auch Diasporajuden, bald »Heiden«, die »von sich aus«, jedenfalls ohne institutionelle Maßnahmen, von Jesus oder dem, was sie von ihm hörten, betroffen waren und ihm nachfolgen *wollten*[44]. Die Institutionalisierung zu Gemeinden und Kirche ist vielmehr selbst *Folge des soteriologischen Ergriffenseins durch Jesus*; erst danach fing eine bewußte Mission an, getragen vom Engagement einzelner.
Der Anfang der Bewegung liegt in Jesus selbst, der vom Reich Gottes predigte und die Nachfolge forderte. Ohne die Annahme, daß Jesus selbst die Möglichkeit bot und den Anspruch erhob, christologisch rezipiert zu werden, sind die Anfänge des Christentums historisch nicht zu begreifen; dies gilt auch für das Hinzukommen von Diasporajuden und »Heiden«.
Daraus folgt aber zwingend, daß Jesus selbst in seiner Gestalt, seiner Lehre, seinem Verhalten und – nicht zuletzt – in seinem »Schicksal« Ansatzpunkte geboten haben muß, ihn gesellschaftlich, innerhalb der jüdischen Tradition wie auch darüber hinaus, als soteriologisch relevant zu erfahren. Er selbst muß soteriologische Fragen und Hoffnungen in einer Weise artikuliert und gelebt haben und für sie gestorben sein, daß er von »vielen« gehört und angenommen wurde[45].
Trotz seines konkreten und in vielerlei Beziehungen und Situationen entfalteten Lebens muß er die Fähigkeit besessen haben, in zentral

[44] Jedenfalls entspringen die frühesten »Missionserfolge« keinerlei planerischer Absicht. Diasporajuden, die zufällig in Jerusalem oder sonstwo in ihrer Heimat waren, hörten von Jesus und wollten sich taufen lassen. Auch die legendarische Schilderung der Taufe des Kornelius (Apg 10) sowie die Schwierigkeiten bei der Genehmigung einer »Heidenmission« überhaupt lassen nicht gerade darauf schließen, daß diese Entwicklung von Anfang an bewußt angestrebt war. Erst *nachdem* die ersten grundlegenden Schritte passiert waren, kam es zur »institutionellen« Mission.

[45] Vgl. hierzu o.I 1.5

reduzierter Weise die Komplexität menschlichen Lebens zu durchschauen auf ganz einfache Fragen, Hoffnungen, Wahrheiten hin. Tatsächlich zeigt die historisch-kritische Exegese, daß Jesus auf diese Art geredet und gehandelt hat. Seine Gleichnisse, viele seiner Worte und auch sein Verhalten zeigen einen Jesus, der diese *soteriologische Einfachheit* besessen und deswegen eine sich rasch ausbreitende überregionale und bald transkulturelle Rezeption gefunden hat. Ganz Jude seiner Zeit, hat er die – zwar in jüdischem Vokabular und mittels jüdischer Raster formulierten – »letzten« menschlichen Fragen in einfachster Form aus- und angesprochen. *So ist der wichtigste Grund für den Beginn einer Christologie historisch in der Gestalt Jesu selbst zu suchen.* Der geschilderte Prozeß der Traditionsbildung hat dafür gesorgt, daß gerade die einfachen Topoi und Motive in ihm weitergegeben wurden und eine kulturspezifische Komplizierung unterblieb. *Dieser »einfache Jesus«*, der in der Jesusüberlieferung (aus ganz anderen Gründen) nicht überfremdet wurde, *ist das Subjekt aller christologischen Formeln.* Die hiermit verwirklichte Reduktion ist »Bedingung der Möglichkeit« transkultureller Vermittlung Jesu und damit der faktisch gelaufenen Christologiegeschichte.

2.3 Resümee

Überblickt man die Jesus-Christus-Bekenntnisse der bisherigen Geschichte, gibt es bei aller Verpflichtung auf die Beibehaltung des je älteren Vokabulars, insbesondere der neutestamentlichen und altkirchlichen Figuren, *keine in ihren inhaltlichen Aussagen übereinstimmende kirchliche Christologie.*

Dennoch ist die Christologie nicht bar aller *Gemeinsamkeit*; diese kann aber nur *in relativ formalen und fundamentalen transkulturellen Momenten bestehen.* Anhand des formalen Schemas jeden Christusbekenntnisses (Subjekt, Kopula, Prädikat) wurde in den vorausgehenden Abschnitten nach den möglichen Übereinstimmungen gefragt, die quer durch die vielfältigen Ausprägungen festzustellen sind. Dabei stellte sich heraus, daß es diese Gemeinsamkeiten durchaus gibt.

Ausgangspunkt jeder Christuserfahrung und der daraus resultierenden Bekenntnisse sind *einmal die Menschen mit ihrer religiösen Frage*, die aufgrund der verschiedenen kulturellen Traditionen auf je andere Weise geprägt ist. *Auf der anderen Seite ist es* (die Predigt von) *Jesus. Jedes Christusbekenntnis besteht darin, daß diese beiden Pole in der Kopula »ist« homologisch und doxologisch zusammengefügt werden.*

Die religiöse Problematik entzündet sich an vielen »Gegenständen«

und kennt viele Detailfragen. *In der Christologiegeschichte ist immer nur die »äußerste«, »letzte« Frage und Hoffnung von Menschen, traditionell mit dem Namen Gott angesprochen, mit Jesus verbunden worden.* Wenn Menschen diese äußerste Problematik nicht verdrängen, dann können sie (*wenn* sie die Christuserfahrung machen) durch Jesus eine dieser Fragestellung entsprechende äußerste Hoffnung, und zwar auf den Gott, der die Initiative ergreift, wagen. Die Konfrontation mit Jesus, mit seiner Sache und seiner Person, zwingt zur radikalen Fragestellung und vermittelt eine ebenso radikale Perspektive. *Diese* Soteriologie und der Jesus des christologischen Subjekts entsprechen sich, *der »letzten« Frage und Hoffnung korreliert der »einfache« Jesus*, der alle menschliche Komplexität auf ihre Mitte hin reduziert[46].
Die Verbindung dieser Frage und Hoffnung mit Jesus geschieht so, daß *ihre Erfüllung in und durch ihn behauptet und zugleich die Nichtdeckung beider Größen* festgehalten wird. In diesem dialektischen Sinn wird Jesus in allen Formeln und Symbolen als *der* Heilsmittler bekannt. Infolgedessen prädiziert jede Kultur von ihm das Äußerste, was im Horizont ihrer Soteriologie gesagt werden konnte.
Dieser »transkulturelle Kern« der Christologie gibt zugleich den *Maßstab* ab für jedes wirkliche Christusbekenntnis. Unzureichend wäre ein Bekenntnis, das *unterhalb* dieser Aussagen verbliebe *oder* diese *übersteigen* würde, indem die dialektische Nichtdeckung von Heil und Jesus (monophysitisch oder triumphalistisch) überspielt und die bleibende eschatologische (oder – natural gewendet – »meta-physische«) Ausrichtung aufgegeben würde.
Die bisherige Geschichte zeigt ein überraschendes Maß an Freiheit und an daraus entstehenden Innovationen in der christologischen Rezeption. Auch für die Zukunft läßt die Dynamik des Christentums nichts anderes erwarten; sie aufhalten zu wollen wäre ein Verstoß gegen die Pflicht der Kirche(n) zur (wirksamen) Verkündigung Jesu als Christus.
Mit allen neuen Versuchen ging in der Geschichte immer Hand in Hand das Bemühen um die *Wahrung der Identität* des Bekenntnisses. In der Vergangenheit wurde diese Identität dadurch zu sichern gesucht, daß die je früheren Konsensformeln in die je folgenden eingehen sollten. Identität durch ein strenges, auf das christologische *Vokabular* bezogenes Traditionsprinzip herzustellen, erscheint als eine »naive Methode« (vergleichbar der Bemühung um Wahrung der

[46] Dieser Satz beruht nicht auf der Vorentscheidung des Glaubens, sondern ist als Feststellung gemeint. Ähnlich ließe sich sagen, daß die Lehre *Buddhas* mit der monistischen Soteriologie Asiens oder der Koran mit bestimmten kulturspezifischen Soteriologien korrelieren.

»apostolischen Sukzession« des Amtes durch eine »ununterbrochene Kette der Handauflegungen«). »Naiv« ist hier nicht abwertend gemeint, sondern soll eine »vorkritische« Methodik charakterisieren, die *zu ihrer Zeit* tatsächlich nicht ineffektiv war. Zu fragen wäre aber, ob für die Zukunft nicht die Anwendung *formaler Kriterien* besser geeignet wäre. Vor allem der Umbruch, der mit der »kritischen Wende« begonnen hat, scheint es nahe zu legen, einen neuen Weg zu versuchen, weil für die Durchsetzung antiker Formeln zunehmend die kulturellen Voraussetzungen fehlen; mit der »Moderne« und dem Übergang des Christentums in die Kulturen außerhalb Europas geht das jüdisch-hellenistisch-lateinische kulturelle Kontinuum verloren, innerhalb dessen die alten Topoi noch einen – wenn auch vielfach veränderten und gebrochenen – »Sitz im Leben« besaßen. Ein Insistieren auf ihnen scheint eine effektive christologische Verkündigung und Aneignung jedenfalls nicht leichter zu machen.

3 Zur Begründung des christologischen Bekenntnisses

3.1 Gegenstand und Ausgangspunkt einer Begründung

3.1.1 Was ist zu begründen?

Grundsätzlich ergibt sich aus der bisherigen Analyse, daß bestimmte christologische Prädikationen (Messias, Gottessohn, Rechtfertiger, ... Befreier) nur innerhalb einer bestimmten Kulturtradition eine Plausibilität und unmittelbare »Evidenz« besitzen. Diese rührt daher, daß im binnenkulturellen Kontext »Unheil« und »Heil« nur in einer bestimmten Richtung wahrgenommen werden können, so daß die entsprechenden soteriologischen Raster »selbstverständlich« gelten und keines weiteren Erweises bedürfen[1]. Dort geht es dann nur darum, Jesus so zu verstehen, daß er für *diese* Soteriologie eine Funktion besitzt; anhand des »Jesusmaterials« muß aufgezeigt werden, daß er »messianisch«, »göttlich«, »von Sünden erlösend«, »befreiend« ist. Solche konkreten Aufweise sind für jede Kultur von Neuem wichtig, weil wir nicht von formalen Reflexionen allein leben können, sondern auch soteriologisch »Handfesteres« brauchen. Dennoch bieten sie »nur« eine *binnenkulturelle Motivation, keine Begründung*. Die Richtigkeit einer kulturspezifischen Soteriologie läßt sich nie so festmachen, als seien alle anderen falsch; jede ist richtig und eine der möglichen Konkretionen von Soteriologie, wie Kulturen spezifische Varianten möglichen Menschseins darstellen. Erst recht lassen sich bestimmte soteriologische Ansätze nicht »von Jesus her« begründen, es sei denn die judenchristliche Form; doch wäre eine solche »Begründung« rein geschichtlich-positivistisch.
Die Frage aber nach *der* Christologie, d.h. *nach dem transkulturellen Inhalt des Christusbekenntnisses*, dient nicht dem Interesse einer bin-

[1] Diese Feststellung gilt nicht nur in Bezug auf verflossene oder vor-kritische Soteriologien, sondern auch für heute. Daß »Emanzipation«, »klassenlose« oder »herrschaftsfreie Gesellschaft« oder »Befreiung« Inbegriff von »Heil« sind, wird auch heute nur selten einer kritischen Reflexion unterzogen, die die Bedingtheiten des je eigenen Standortes zu Tage treten ließe; diese werden wohl erst spätere Generationen deutlicher bemerken und die entsprechenden Defizite und Verengungen offenlegen.

nenkulturellen Verkündigung, sie reicht darüber hinaus: Wie läßt es sich plausibel machen, daß Menschen in allen möglichen Kulturen, unter welchen Modellen und Termini auch immer, Jesus als *den* und als *ihren* Heilsmittler erfahren und bekannt haben? Genauer: Wie läßt es sich verstehen, daß für Christen aller Zeiten der geschichtliche (aber »reduzierte«) Jesus in »Sache« und Person zum Katalysator ihrer äussersten religiösen Fragen und Hoffnungen wurde und wird? Es geht also um die Wahrheit einer *Erfahrung mit Jesus*.

3.1.2 Die beiden möglichen Begründungen

In der Theologie finden sich zwei gegensätzliche Versuche zur Begründung des Jesus-Christus-Bekenntnisses. In *einer* Richtung, die am weitesten verbreitet ist, wird die Ansicht vertreten, nur eine göttliche Offenbarung von außen, »von oben«, könne so gewaltige Bekenntnisaussagen rechtfertigen; die gegenläufige will das Christusbekenntnis allein aus der christologischen Erfahrung mit Jesus herleiten.
Wir haben schon dargelegt, daß es sich bei der Gegenüberstellung einer Christologie »von oben« und »von unten« um einen Scheingegensatz handelt, weil die zweite nur die kritisch gewendete Form der ersteren ist[2]. Dennoch soll hier noch einmal kurz auf diese Frage eingegangen werden, weil sie auch in der Gegenwart immer wieder diskutiert wird. Unter den Bedingungen vor-kritischen Verstehens mußten Christologien »von oben«, seien sie »aszendent« oder »deszendent« konzipiert, entstehen, die auch einer *Begründung* »von oben« bedurften; dabei mußte – ebenso folgerichtig – nicht die Christus*erfahrung*, sondern *ihre Objektivation*, die Prädikation selbst (Messias, Gottessohn usw.), begründet werden. Aber auch für eine kritische Reflexion der Christologie, die um ihre konstitutive Bedingtheit durch die Erfahrung weiß, stellt sich die Frage, ob eine derart end-gültige Bindung aller Heilsvermittlung an Jesus möglich sei, wenn sie nicht göttlich legitimiert sei. Nachdem die historisch-kritische Forschung den gängigen Hinweis auf die Wundertätigkeit Jesu (im Sinn des Einbruchs übernatürlicher Kausalitäten in diese Welt) hinfällig gemacht hat, bleibt einer »Begründung von oben« nur noch die *Auferstehung*, »das« Wunder schlechthin. Es wurde schon erwähnt[3], daß diese begründende Funktion der Auferstehung problematisch ist. Noch abgesehen von der (keineswegs eindeutig zu beantwortenden) Frage, ob dieser Topos eine alte Form des Christusbekenntnisses ist oder ein Ereignis meint, ob dieses »Ereignis« ein prophetisches »Sehen« der bleibenden Gültig-

[2] Vgl. o. V 1.3; 2.2.1.4 (3).
[3] Vgl. o. I 2.21.

keit des geschichtlichen Jesus trotz seines Todes oder die Wahrnehmung eines wiederbelebten Toten war, ebenfalls abgesehen von der dunklen und widersprüchlichen literarischen Bezeugung könnte die Auferstehung das nicht leisten, wozu sie herangezogen wird: eine göttliche Bestätigung Jesu und somit unserer Christuserfahrung zu gewährleisten.

Selbst wenn die Osterzeugnisse im drastischsten Sinn als Hinweise auf ein mehrmaliges Erscheinen des lebendigen Jesus vor Zeugen aufgefaßt würden, bliebe deswegen unsere Christuserfahrung an diese Zeugen, also an die geschichtliche Glaubwürdigkeit geschichtlicher Menschen verwiesen[4].

Wir wären nicht weiter als, ohne eine solche Auferstehung, mit Jesus selbst. Bei ihm allerdings wären *Sachkriterien* zu entdecken für unsere Erfahrung, während eine Sicherung unserer Erfahrung durch die Auferstehungszeugen lediglich positivistisch bleiben müßte: »Daß« sie es bezeugen, müßte uns zureichen; das Christusbekenntnis wäre durch *bloß formale Autorität*, die selber nicht mehr befragt werden könnte, abgesichert. Dieses Defizit hat *Karl Rahner*, obwohl er an der Auferstehung als einem einmaligen Faktum festhält, bemerkt: »Unser Glaube bleibt gebunden an das apostolische Zeugnis. Aber diese Abhängigkeit wäre dennoch ... falsch interpretiert, wollte man sie verstehen nach dem profanen Modell des sonstigen ›Glaubens‹ an ein Ereignis, bei dem man selbst nicht dabei war und das man dennoch annimmt, weil einer, der es selbst erlebt zu haben versichert, ›glaubwürdig‹ zu sein scheint... Würde also nach dem profanen Modell der Zeugenaussage allein das Auferstehungszeugnis der Apostel beurteilt, müßte es als unglaubwürdig abgelehnt werden...«[5]

Deswegen postuliert *Rahner*: »Wir selber sind nicht einfach und schlechterdings außerhalb der Erfahrung der apostolischen Zeugen... Im ›Geist‹ erfahren wir selbst die Auferstehung Jesu, weil wir ihn und seine Sache als lebendig und siegreich erfahren.«[6] Damit rekurriert *Rahner* auf *unsere* Erfahrung als Basis der Christologie – wobei selbstverständlich diese Erfahrung konstitutiv vermittelt ist durch das Neue Testament bzw. die ersten, die an Jesus zu glauben begannen (»die Apostel«). Wenn er *für uns* eine Erfahrung der Auferstehung annimmt, ist sie der Sache nach ineinsgesetzt mit unserer Christuserfahrung. Dem ist nichts hinzuzufügen.

[4] Darüberhinaus wäre zu beachten: Wer die Christologie am Zeugnis von Auferstehungszeugen – und nicht an Jesus – festmacht, sagt damit implizit, nicht Jesus, sondern das Auferstehungszeugnis der Zeugen sei *die* Offenbarung Gottes in die Welt hinein (oder: Das Osterkerygma ist der Christus).

[5] Grundlinien einer systematischen Christologie, a.a.O. 41.

[6] Ebd.

Die Erkenntnis, daß die Christologie nur »von unten« begründet werden kann, ist noch relativ jung. Erst mit der »kritischen Wende« entfiel die »mythische Verzückung«; es ergeht uns wie den Jüngern nach der Verklärung, die nur noch »Jesus allein« sahen (Mk 9,8)[7]. Diese Wende ist im Bereich der Theologie auch heute noch nicht vollzogen.
Wegen dieser noch jungen Fragestellung bietet auch die Theologie keine rundum durchdachten Modelle an. Dennoch aber haben alle möglichen Epochen der Kirchengeschichte *auch* eine Begründung »von unten« versucht, obgleich – dem jeweiligen Denken entsprechend – in (oft mythisch) objektivierter Form. Die hellenistische Logoschristologie z. B. erscheint nur »von oben« begründbar; aber ist dies wirklich dringend für Menschen, die überall im Kosmos und im Menschen, besonders in großen Menschen, »Teilchen« des Logos erblickten, so daß Jesus »nur« den Kulminationspunkt der Selbstoffenbarung der Logos darstellt? Oder: Wenn der hellenistische Mensch ohnehin überzeugt ist, aus einer jenseitigen geistigen Welt zu stammen, der er nach dem Aufenthalt im Leib wieder zustrebt, ist dann die Gott-Mensch-Christologie nur »von oben« abzuleiten oder paßt sie nicht – als Überbietung – in die anthropologische Erfahrung der damaligen Zeit? Wenn die Antike den Menschen als imago dei oder *Augustinus* die Seele als »von Natur aus christlich« bezeichnet, wenn die Scholastik eine potentia oboedientialis (eine Fähigkeit, Offenbarung Gottes zu empfangen) annimmt usf., hat sich in solchen Versuchen nicht das Wissen niedergeschlagen, daß auch das – selbstverständlich als von Gott geoffenbart angenommene – Christussein Jesu nicht ohne Entsprechungen zu uns, zu unserer Wirklichkeit und Erfahrung ist? M. a. W.: Seit Beginn der Christologiegeschichte finden sich Bemühungen, das Bekenntnis in einer sachlichen Korrelation zum Menschen zu sehen und nicht nur – trotz oft wahrhaftig metaphysischer Prädikate – als die große Ausnahme von Welt und Geschichte.
Jetzt aber und in Zukunft wird *diese* Bemühung und die Frage nach den Gründen für die Bindung soteriologischer *Erfahrung* an Jesus in den Vordergrund treten müssen. Dabei soll ein Mißverständnis – noch einmal[8] – ausgeschlossen werden: Der Einbruch des säkularen Denkens in die Theologie hat nicht selten dazu geführt, daß mit dem Mythos auch die Sache selbst abgeschüttelt wurde. So wurde oft jede geschichts- oder welttranszendente Aussage der Christologie bestritten und Jesus nur für binnengeschichtlich relevant erklärt. *Diese* Interpretation aber verbleibt *unterhalb* des Maßstabs, den auch eine

[7] Vgl. o. 80.81.
[8] Vgl. o. V 2.2.1.4 (3).

»transkulturelle« Reflexion der Christologiegeschichte ergeben hatte[9]. Damit wird die Legitimität der *äußersten* Soteriologien (die der Mensch, trotz aller »Kritik«, immer haben wird) und ihre Verknüpfung mit Jesus abgelehnt. Von daher erklärt sich auch die Heftigkeit, mit der Theologen, die dem »traditionellen« Denken verhaftet sind, gegen diese Ansichten polemisieren.
Dies ist hier *nicht* gemeint: Eine Begründung der Christologie »von unten« muß ja gerade auf die mit Jesus verbundenen »letzten« Hoffnungen eingehen, zu denen es gehört – trotz »kritischer Wende« –, daß die Geschichte nicht alles ist, worauf wir setzen dürfen, und daß die Geschichte nicht ins Leere (oder in die Materie zurück-)fällt – im Sinne der Aussageabsicht von 1 Kor 15,32: »Wenn die Toten nicht auferstünden, so ›laßt uns essen und trinken, denn morgen sind wir tot‹«. Eine Begründung der Christologie »von unten« muß die *Sache* der traditionellen Christologie abdecken. Die Auferstehung Jesu, und infolgedessen auch unsere, gehört zu dieser »Sache«[10]; diese christologische Prädikation gibt in apokalyptischer Sprache einen Aspekt wieder, der in allen Christologien enthalten ist: den transzendentalen Charakter letzter Soteriologie.

3.2 Perspektiven einer Begründung

3.2.1 Die Anthropologie als Basis der Christologie

Die beiden Pole der christologischen Beziehung sind: Der sich – in Sache und Person – in zentraler Weise soteriologisch verstehende und in einfacher Weise soteriologisch artikulierende und lebende Jesus auf der einen und Menschen in ihrer letzten, ihre geschichtlich-welthafte, gesellschaftliche und individuelle Existenz (sowie deren Grenze im Tod) bedenkenden Sinnfrage. Nur auf diesem Hintergrund erfahrener radikaler Fraglichkeit entsteht die »bekehrende«, glaubenstiftende Begegnung mit Jesus, so daß mit ihm die äußersten Hoffnungen verbunden werden.
Es muß also eine ganz tiefe Entsprechung geben zwischen dem so beschaffenen Jesus und den so fragenden Menschen[11]. Diese Entsprechung

[9] Vgl. o. V 2.3; 2.2.1.4 (3) und (4).

[10] Wenn man *Erscheinungen* des Auferstandenen für zu schlecht bezeugt und christologisch funktionslos hält, ist damit nicht die Perspektive »Auferstehung« (für Jesus und uns) bestritten.

[11] Dieser Satz gilt formal auch für alle anderen religiösen Systeme, bei denen allerdings nicht ein einzelner Mensch, sondern eine »Sache« im Mittelpunkt der soteriologischen Erfahrung steht: eine Lehre, das Gesetz, der Koran, der Opferkult, die Mysterienfeier o. ä.

läßt Menschen Jesus als *die* Wahrheit ihres Lebens, ja als *die* Wahrheit überhaupt, erfahren, oder umgekehrt: *Sie erkennen in Jesus ihre eigene Wahrheit in einem letzten reduzierten Sinn.*

Formale und inhaltliche Basis des Christusbekenntnisses ist also die Anthropologie, genauer die soteriologische Anthropologie oder anthropologische Soteriologie. Von ihr her »verfügt« der Adressat der christologischen Verkündigung über geschichtlich-sachliche Kriterien, die seine Rezeption Jesu als Christus zu einer *autonomen, freien Entscheidung* machen.

Diese These ist keineswegs neu; der Sache nach ist sie mit jeder wirklichen Christologie »von unten« gegeben, weil der Mensch »unten« nichts anderes zur Verfügung hat als sich selbst, seine Geschichte sowie die (geschichtlich vermittelte Erfahrung der) Natur. Formalisiert taucht diese These auf – in einem religionskritischen Sinn – bei *Ludwig Feuerbach*[12], wurde dann aber in diesem Jahrhundert – im katholischen Raum z.B. von *Karl Rahner*[13] – in positiver Wendung in die Theologie übernommen.

3.2.2 Die freie Wahl einer anthropologischen Möglichkeit

Das »Wesen« des Menschen kennt naturale Konstanten, die auch seine soteriologische Problematik bestimmen. Hineingeworfen in eine Existenz von – kosmologisch betrachtet – absoluter Bedeutungslosigkeit und hervorgegangen aus evolutiven materiellen Prozessen, stößt er allerorten an seine naturalen Grenzen.

Dennoch aber ist er von seiner »Natur« her nicht in einem statischen Sinn definierbar, sondern er realisiert sein »Wesen« in der Geschichte, einer recht beachtlichen Kulturgeschichte, deren Möglichkeiten noch nicht abzusehen sind. So ist »die Anthropologie« keineswegs eine abgeschlossene Größe, aus der sich fertige anthropologische »Wahrheiten« deduzieren ließen. Die anthropologische Wahrheit Jesu vermittelt nicht einen Blick in einen Spiegel oder ein Gespräch des Menschen mit sich selber; *Christologie ist nicht einfachhin Projektion und Mono-*

[12] Vgl. o. 525, A.27.

[13] Vgl. z.B. Probleme der Christologie von heute, in: Schriften zur Theologie, Bd. I, Einsiedeln, Zürich, Köln [5]1961, 184, A.1; gründlicher: Theologie und Anthropologie (Erstveröffentlichung 1967), in: Schriften zur Theologie, Bd. VIII, Einsiedeln, Zürich, Köln 1967, 43–65. Für *Rahner* bleibt allerdings die Anthropologie im Grunde noch ein additives Moment zur »Offenbarung«, bei ihm entsprechen sich nicht primär: Jesus und die Anthropologie, sondern: Offenbarung (oder auch in der Christologie: Unio hypostatica) und Anthropologie.

log. Vielmehr schließt die Christuserfahrung eine befreiende, Umkehr fordernde, das Leben verändernde Perspektive ein. *Sie begründet die freie Wahl einer anthropologisch-soteriologischen Möglichkeit*.

Von diesen Möglichkeiten gibt es viele: Alle Formen der Verdrängung der Sinnfrage finden sich neben einer Fülle religiöser Fragestellungen und Antwortsysteme. Eine wirkliche Ratifizierung des Christusbekenntnisses schließt eine Reihe dieser denkbaren und tatsächlichen Varianten aus: Wenn die soteriologische Frage verdrängt oder nicht radikal genug oder nur in Bezug auf Detailproblematiken gestellt wird, ist eine volle Rezeption Jesu als Christus unmöglich; denn mit dieser »letzten« Problematik hat er sich – in seiner Geschichte – befaßt.

Selbst aber auf der Grundlage *dieser* »letzten« Erfahrung bietet allein schon die bisherige Religionsgeschichte eine beinahe unübersehbare Pluralität von »Antworten« an. Die kulturbedingte Vielfalt aber läßt sich – von der Prähistorie bis heute – auf *zwei Grundtypen*, entsprechend den primären soteriologischen Orientierungen, zurückführen, wenn diese auch nur selten in »reiner Form« vorliegen. Der sich selbst radikal in Frage stellende Mensch kann sich einmal – in mythischer oder durch die Entwicklung der Wissenschaften provozierter Form – als vorübergehendes Epiphänomen *der Natur* betrachten; hierbei ist es – strukturell-soteriologisch – gleichgültig, ob er die All-Einheit der Natur in einem mythischen transzendenten Prinzip (das Göttliche, das Eine, das Brahman, die maat usf.) objektiviert oder bei der Pluralität und Einheit *der* Materie stehenbleibt. Soteriologisch erschließt sich unter dieser Voraussetzung keine Perspektive auf letzte Gültigkeit dessen, was sich in der Geschichte herausgebildet hat: die Relevanz des Besonderen, des Individuellen (einer Kultur, einer Gesellschaft, eines einzelnen), die Einmaligkeit der Person und *ihrer* Geschichte, die Bedeutung sittlicher Entscheidung, von Liebe und Verantwortung, von Schuld und Vergebung. In diesen »monistischen« Konzepten (verschiedenster kulturspezifischer Ausprägung) haben Geschichte und Mensch keine »Zukunft« – zumindest *nicht als* Geschichte und Mensch; der Sog des All-Einen ist gewaltig. Dementsprechend wird meist die Geschichte (oder deren naturale Wendung: die Begrenztheit des Seins) als negativ gewertet und als Ursache dafür, daß der Mensch leidet, nicht-ganz, nicht-vollkommen, nicht-heil ist. »Heil« wird ansichtig als Aufhebung aller Geschichte, des Besonderen, in die Identität des All-Einen oder der Materie hinein.

In der *anderen* soteriologischen Tradition (Judentum, Christentum, Islam) wird der umgekehrte Weg beschritten: Hier setzt der Mensch auf die bleibende Gültigkeit gerade der Geschichte und dessen, was sie hervorgebracht hat, und hofft auf eine absolute »Zukunft«, in der

sowohl die Bedrohtheit durch die Allmacht des Naturalen wie auch die Schuld der Geschichte behoben wird; eine solche Hoffnung ist nur unter der Annahme eines monotheistischen »personalen« Gottes denkbar.
Die Erfahrung Jesu als Christus bedeutet die Wahl *einer* der beiden Möglichkeiten, sie schließt die »monistischen« Perspektiven aus[14] und ist somit *Entscheidung zu einer kontingenten Form des Menschseins.* Christologie ist nicht deduzierbar aus »der« Anthropologie, sondern bewußtes Ergreifen *einer zu realisierenden Anthropologie*[15]. Sie ist deswegen weiterführend, vertiefend, verändernd. Der Glaube kommt nicht aus der (anthropologischen) Selbstreflexion, aus der Meditation, sondern *aus dem Hören* der (anthropologischen) Botschaft *Jesu.*
Deswegen ist auch die Wahrheit des Christentums *nicht zwingend* anthropologisch begründbar, so daß jeder, der »richtig« über »den Menschen« nachdenkt, zu den gleichen Schlußfolgerungen kommen müßte. Auch die andere Möglichkeit hat sehr viele Plausibilitäten für sich. Die Vermittlung Jesu aber kann dazu provozieren, *diese* Wahl zu treffen und menschliche Existenz auf *diese* Weise zu verstehen und zu praktizieren.

3.2.3 Konkretion und Spezifikation der anthropologischen Soteriologie durch den Christus Jesus

Die christologische Begegnung mit Jesus provoziert dazu, sowohl die soteriologische *Problematik* wie auch deren *Lösung* in einer bestimmten Weise zu sehen und zu praktizieren. Das soll an einem dreifachen Aspekt kurz aufgezeigt werden.
(1) *In der »Sache« Jesu*, d.h. in seiner Verkündigung wie in seinem Verhalten, wird deutlich, daß er die »letzte« Bedrohtheit des Menschen vor Augen hat. Diese besteht auch, aber nicht primär in naturalen Daten (Krankheit, Tod), sondern vor allem in der »Sünde«. Erst durch die *geschichtliche* Schuld verfehlt der Mensch sein Leben völlig (»vor Gott«), über welche Tatsache der Selbstgerechte sich hinweg-

[14] Die soteriologische Aneignung Jesu mit den Denkfiguren und Rastern monistischer Kulturen, z.B. des Hellenismus, hat zwar zu »monistischen« christologischen Prädikationen geführt, diese selbst aber sind entmächtigt durch die Bindung an Jesus.
[15] In diesem Sinne hebt auch *Karl Rahner* immer wieder hervor, daß die Christologie eine »sich selbst transzendierende Anthropologie« sei (vgl. Probleme der Christologie von heute, a.a.O. 184, A. 1; Theologie und Anthropologie, a.a.O. passim).

täuschen will. Alle konkreten Problematiken reduziert Jesus in seiner Predigt auf diese fundamentale Aussage, die dem Kern der jüdischen Tradition entspricht.
Für den Menschen (im Leben Jesu genauer: den Juden) gilt es deswegen umzukehren. Diese Umkehr aber ist – anders als beim Täufer – nicht Bedingung für Heil, sondern dessen Folge. Das Heil selbst aber sieht Jesus in der bedingungslosen Liebe Gottes; die Königsherrschaft Gottes ist in ihm angebrochen, alle sind zur Teilnahme eingeladen. Die Überwindung der schuldigen Existenz des Menschen geht von einer versöhnenden Wirklichkeit aus, die er mit dem vertrauenden Kinderwort Abba anredet. *Der Reduktion der soteriologischen Problematik auf die Sünde entspricht die Reduktion der soteriologischen Hoffnung auf Vergebung und damit Rettung und Vergültigung der Geschichte*, dem Unterworfensein unter die dämonische Macht der Sünde die Hoffnung auf Zugehörigkeit zur Königsherrschaft Gottes.
Diese fundamentale und »einfache« soteriologische Antithetik hat auch das Verhalten Jesu gegenüber seinen Zeitgenossen bestimmt. Er erkennt keine soteriologisch begründeten sozialen Verdikte an – gegenüber Zöllnern, »Sündern«, Dirnen –, sondern er sieht *alle* als Sünder und sagt *allen* Heil zu; er grenzt sich nur dort ab, wo anderen Heil abgesprochen wird.
Aus dieser Haltung folgen auch die ethischen Weisungen Jesu, die zwar »das Gesetz« bestehenlassen, vor allem aber um den Imperativ des Nicht-Richtens, des siebenmal siebzigmal Verzeihens, der Friedfertigkeit, der Liebe usw. kreisen. Diese Gesichtspunkte machen den Kern der jesuanischen Botschaft aus: Wer auf diese Weise Hoffnung auf Gott haben darf, muß sich auch anderen gegenüber entsprechend verhalten.
Diese – hier sehr verkürzt dargestellte – »Sache Jesu« kann Menschen dazu verhelfen, ihre eigenen soteriologischen Fragen und Hoffnungen auf das »richtige« Fundament zu stellen. Wer Jesus als Christus annimmt, wird – anthropologisch – verifizieren, daß Schuld (auch die »strukturelle Sünde«) Leben tatsächlich zunichte macht, daß Haß alles zerstört oder die Schuld der Banalität zur Verfremdung führt; und ebenso, daß voraussetzungslose Liebe, Barmherzigkeit, Verzeihen, Solidarität, die tiefsten Sinnerfahrungen vermitteln.
(2) *Das Leben Jesu* ist im Bezug auf seine »Sache« in geradezu optimaler Entsprechung verlaufen. Nach einer im Dunkeln liegenden Kindheit und Jugend tritt er für kurze Zeit öffentlich auf, betreibt mit einer ungeheuren Dynamik seine Verkündigung und – wird hingerichtet. Obwohl und weil er das Beste wollte, wird er getötet. Sein kurzes öffentliches Wirken repräsentiert in kulminativer Form, was »jeder Mensch« mit seinem Leben im Grunde will; sein Tod in seiner extre-

men Sinnlosigkeit und Fürchterlichkeit stellt in »dichter« Gestalt dar, wie auch wir unseren Tod erfahren. Leben und Tod Jesu erscheinen als eine knappe *geschichtliche Realsymbolik menschlicher Existenz überhaupt*.

Was hier gemeint ist, läßt sich vielleicht durch hypothetische Vorstellungen verdeutlichen. Was wäre gewesen, wenn Jesus als »Oberhaupt« einer palästinischen oder auch »universalen« Kirche alt geworden und gestorben wäre? Wenn er sich bis zu seinem Tod mit den Quisquilien von Gemeindeproblemen hätte herumschlagen müssen? Oder wenn er durch einen Unglücksfall ums Leben gekommen wäre? Seine »Sache« wäre dadurch keineswegs geringer zu veranschlagen, aber sein Leben und Sterben wäre nicht mehr – in geschichtlicher Anschaulichkeit und Einfachheit – eine Darstellung menschlicher Existenz überhaupt. Der Tod wäre – wie so oft – einfach das Ende gewesen, darüberhinaus aber hätte er keine Zeichenhaftigkeit besessen. *Das Leben Jesu gehört, so wie es tatsächlich verlief, zur Symbolik seiner Sache* dazu – in einer für ihn katastrophalen, für uns »glückhaften« Konkretion.

Noch ein Zweites muß bedacht werden: Über die Deutung seines Todes durch Jesus selbst wissen wir nichts, wohl aber darüber, daß er seine »Sache« auch angesichts des ihm bekannten Todes*risikos* betrieben hat. Dieses Verhalten zeigt, daß er diese nicht durch den eigenen geschichtlichen Erfolg definiert sah[16]. Das entspricht auch seiner gesamten Verkündigung, die gegenstandslos wäre, wenn aus ihr der »transzendentale« Aspekt weggenommen würde. Dieses radikale soteriologische Engagement an den Menschen und seine »letzte« Hoffnung trotz des Wissens um das geschichtliche Scheitern realisiert in extremer und einfacher geschichtlicher Gestalt das, was Menschen auch sonst in ihrem Leben tun – tun müssen. Sie leben, »als hätte« alles einen letzten Sinn, trotz des gewußten Scheiterns. Wir engagieren uns für Mitmenschen, lieben Frau oder Mann und Kinder und Freunde und erfahren dabei »Sinn«, obwohl diese »anderen« nicht »belangvoller« sind – natural und geschichtlich – als wir selbst auch. Diese in der täglichen Praxis verborgene Wahrheit kann durch das Leben Jesu ent-deckt werden.

Noch ein weiterer Aspekt ist wichtig: Dieses Verhalten und diese Überzeugung Jesu, soteriologisch auf einen letzten Sinn des Menschen trotz seines geschichtlichen Scheiterns zu setzen, zeigt, daß er der Sache nach das, was »Auferstehung« meint, vertreten hat. *Das* (spätere) *Auferstehungskerygma hat seinen »Sitz-im Leben« Jesu* und mußte auch zu einem expliziten Topos seiner Deutung werden nach seinem Tod. Erst dieser hat die eben skizzierte Struktur der Sache und

[16] Vgl. o. I 1.5.2.4.

des Lebens Jesu für seine Jünger ins Bewußtsein gehoben: Er ist der Auferstandene. *So bringt das Kerygma von Tod und Auferstehung Jesu ein Grundelement des Lebens Jesu auf eine knappe Formel:* Das aller Geschichte innewohnende Scheitern und ihre dennoch festgehaltene letzte Gültigkeit.

(3) Die Christologie behauptet nicht nur die Geltung von Sache und (zeichenhaftem) Leben, sondern auch der *Person Jesu.* Diese unauflösliche Verknüpfung ist nicht erst eine Leistung der späteren Jesusdeutung, sondern *eine Folge der Predigt Jesu.* Er sah in seiner »Person« das Reich Gottes angekommen, das soteriologische Heil vermittelt sich durch Nachfolge Jesu usf.[17] Auch diese wohl schwierigste Implikation der Verkündigung Jesu wie der Christologie *korreliert der anthropologischen Hoffnung, daß das bloße Faktische und »Zufällige« eine letzte Gültigkeit besitzt*[18]. Was Menschen ansonsten nicht zu hoffen wagen, wenn sie auf sich selbst sehen, erscheint im Blick auf Jesus als möglich.

In abgeschwächter Form finden sich vergleichbare Auffassungen auch sonstwo. Immer dann scheint es Menschen schwerzufallen, an die Sinnlosigkeit und das absolute Ende anderer Menschen zu glauben, wenn sie deren Güte und geschichtliche »Gültigkeit« erfahren haben: Weil sie normalerweise vor uns sterben und wir sie in ihrer Humanität besser als andere kennen, hat sich der Glaube an eine persönliche Existenz nach dem Tod religionsgeschichtlich vor allem an Eltern und Ahnen entzündet; viele Kulturen und Religionen verehren die Ahnen, von China bis Afrika. Es besteht offensichtlich ein Zusammenhang zwischen erfahrener Humanität und dem Sich-Nicht-Abfinden-Wollen mit ihrer Vergeblichkeit. Ist hier nicht der anthropologische Grund zu suchen dafür, daß *die humane Gestalt schlechthin, Jesus,* der »ohne Sünde« war, *als eschatologisch geltend und auferstanden* bekannt wird? Auch hier allerdings gibt es keine »Deduktion« aus einer statischen Anthropologie, sondern – im Blick auf Jesus – die freie Entscheidung zu dieser Perspektive, die nicht so gänzlich außerhalb der menschlichen Möglichkeiten liegt und – zugleich – das auf einen einfachen Grund bringt, was geschichtliche Soteriologie überhaupt meint.

3.2.4 Christologie als dialogische Wahrheit

In »Sache«, Leben und Person Jesu begegnet »dem Hörenden« ein Mensch, in dem das, was Menschsein im Allerletzten ist und sein

[17] Vgl. o. I 1.5.2.2; 1.5.2.3.
[18] Vgl. o. V 2.2.3.3.

kann, in konkreter geschichtlicher Faktizität und äußerster Einfachheit gegeben ist. In Jesus sind Scheitern und Hoffnung, Vergeblichkeit und Sinn, Frage und Antwort zur Erscheinung gebracht. *Er ist die Sprachwendung der äußersten reduzierten Menschenmöglichkeit*, »von oben« gesagt: er ist der Logos Gottes in diese Geschichte hinein. Dieser Logos ist nicht – wie in anderen Religionen – eine Lehre oder ein ethisches oder kultisches System, sondern ein einmaliger Mensch. Würde zur soteriologischen Erkenntnis und zur Handlungsnorm nicht eine Lehre genügen?
Lehren können für vielerlei Fragen hilfreich sein, und auch Jesus wäre ohne sie unkonturiert, nicht denkbar. Aber theoretische Aussagen können nicht alles. Sie vermögen für den »objektivierbaren« Bereich zureichende Antworten bereitzustellen. Das soteriologisch fragende *Subjekt aber bleibt mit einer Lehre allein*[19] (nicht ganz: der Muslim, der sich Allah konfrontiert weiß, noch weniger: der Jude, der auch auf Väter und Propheten rekurrieren kann). *Wirkliche und erfahrbare Sinnerfüllung auch personaler Art wird nur »dialogisch« vermittelt in der Beziehung von Personen. Mehr noch: Auch »personale« Erkenntnis* gewinnen wir *am anderen Menschen*. Im Du und Wir realisieren wir, *wer* – nicht nur: was – wir sind. Wir *sind*, wenn Anthropologie nicht verkürzt werden soll, nicht nur ein biologisch definierbarer Organismus, ein Schnittpunkt sozialer und psychischer Einflüsse, ein philosophisch oder theologisch zu reflektierendes »Wesen«. Wir sind: je ich und wir. Auch darüber läßt sich zwar – objektivierend – vieles sagen (auch hier geschieht dies); *die geschichtliche Realisation der* (individuellen und sozialen) *Subjektivität aber bedarf der anderen Subjektivität.*
Dieses »Prinzip« spezifisch menschlicher Sinnerfahrung kommt in der Christologie zu ihrer geschichtlich-faktischen Wahrheit, »die« Wahrheit wird, um mit *Berthold Brecht* zu sprechen, »konkret«. Am anderen, an Jesus, gewinnt der Christ seine Identität, er erkennt seine eigene Frage und Hoffnung: Auch, aber *nicht nur*, in theoretisch formulierbaren Sätzen, auch, aber *nicht nur*, in praktischen Handlungsmodellen. Dieses »nicht nur« ist die Gestalt Jesu selbst, der »in Person« zum dialogischen Partner des Christen und zum Katalysator seiner Hoffnung auf Gott wird.
Jede dialogische Realisation eines Subjekts ist auf Partner bezogen, von denen es weiß, daß sie ebenso fraglich sind wie es selbst. *Das behindert keineswegs die subjektive Sinnerfahrung*. Die Faktizität der »Dialogpartner« läßt sich nicht hinterfragen. Zwar gibt es immer wieder den Versuch, aus ihr herauszukommen und »objektive« Gründe

[19] Dieses subjektive Ungenügen ist auch Ursache *z. B.* der reichen Legendenbildung um die Person Buddhas.

für die subjektive Relevanz einer Beziehung zu finden (»Wir sind vom Schicksal füreinander bestimmt«, »Gott hat dich meinen Lebensweg kreuzen lassen«), doch handelt es sich hierbei um nichts anderes als Objektivierungen einer auf dem Faktischen beruhenden Erfahrung. Ähnlich führen auch Versuche in der Christologie nicht weiter, die Christuserfahrung »objektiv« – was nichts anderes heißen kann als: »übergeschichtlich« oder »meta-physisch« – abzusichern. (»Deswegen ist der faktische Jesus für mich relevant, weil er Gott ist«)[20]. Diese Faktizität des Heilszugang »am anderen«, an Jesus, wirkt zugleich befreiend, weil der Christ auf diese Weise nicht gezwungen wird, die »objektivierbaren« soteriologischen Aussagen an sich selbst geschichtlich zu verifizieren. Er wird nicht zur zwangshaften Egozentrik der soteriologischen Konzentration angeleitet, sondern vermag in gelöster nichtidentifizierender Identifikation *an* Jesus *seine eigene* Wahrheit weiterführend zu ent-decken.
In dieser Eigentümlichkeit des christlichen Zugangs zum Heil wird deutlich, daß es in der Soteriologie um mehr geht als »den« Menschen, »die« Welt, »die« Geschichte. Es geht um »je mich« im Kontext von Welt und Geschichte, es geht um personal-konkrete Heilszusage zusammen mit und in den Aussagen zum Heil der Menschen schlechthin. Diese wahnwitzigste, äußerste Hoffnung findet im (intellektuell harten) »Daß« des Christusseins des jüdischen Wanderpredigers *Jesus* ihre Wirklichkeit und ihren Grund.

3.2.5 Christologie als theoretische und praktische Wahrheit

Die Christusbekenntnisse artikulieren eine soteriologische *Deutung* des Menschen *und* eine *Praxis*, die Nachfolge Jesu. Die (theoretische) anthropologische Aussage ist aber nicht ein Lehrsystem, sondern *Jesus. Jesus* ist Befreier *des Menschen*, Vergöttlicher *des Menschen*, Rechtfertiger *des Menschen.* Insofern aber Jesus kein factum brutum, sondern ein sich verstehender und soteriologisch predigender Mensch war, schließt dieses Subjekt eine »Lehre«, die Sache Jesu, ein; ebenso läßt sich Theoretisch-Objektivierendes von Leben und Person Jesu sagen. Das ist in der Theologiegeschichte – auf je kulturbedingte Art – geschehen: Das Resultat ist die dogmatische Lehrentfaltung der Kirchen.

[20] Der Kausalsatz ist in diesem Fall nur scheinbar kausal, während er in Wirklichkeit nur – in hellenistisch-christlicher »Objektivation« – den ersten Satzteil wiederholt: »Jesus ist für mich relevant, weil er für mich relevant ist« – eine Tautologie.

Die Wahrheit aber dieser »Lehre« kann nur von dem realisiert werden, »der sie tut«. Zwar wird es niemanden geben, der die fundamentale Einfachheit (z. B. des Siebenmal-siebzigmal-Verzeihens oder der Kreuzesnachfolge) in seinen komplexen gesellschaftlichen und individuellen Verhältnissen ohne Abschwächungen, Kompromisse, Sünde verwirklichen kann; aber ein wenig Nach-folge muß schon da sein, wenn das Christusbekenntnis Ausdruck einer geschichtlichen Realität sein soll (selbst wenn man sie – im Sinne der subjektiven Rechtfertigungschristologie – im »gottgewirkten« Fiduzialglauben und »gottgewirkten Werken«, oder in einem Glauben, der sich – durch die Tat Gottes – in Liebe auszeitigt, oder wie auch immer, begründet sieht).
Dieser Zusammenhang von Theorie und Praxis ist eine Folge der soteriologischen Anthropologie Jesu, die mit der *geschichtlichen Existenz* des Menschen, nicht mit Reflexionen über eine menschliche »Natur«, zu tun hat. Geschichtlich aber *ist* der Mensch, indem er an und mit anderen sich »entwirft«, handelt und dadurch sich vollzieht.
Seine »Wahrheit« ist noëtisch *und* ethisch; »wahre« Anthropologie schließt notwendig Humanität ein, umgekehrt ist Humanität bodenlos ohne eine sie tragende »Theorie«. Diese Wahrheit ist theoretisch *und* praktisch; die Wahrheit der Lehre erschließt sich erst im Handeln oder dem Versuch des Handelns, ihre Praxis wird in der Theorie gedeutet.

3.2.6 Christentum als Sprachgeschehen

An dem Christus Jesus erkennt der Christ – frei wählend – seine äußerste Frage und Hoffnung, in der Nachfolge Jesu verwirklicht er sie geschichtlich-praktisch. Die Konfrontation mit Jesus bringt somit eine letzte Möglichkeit soteriologischer Anthropologie, die Rettung durch Gott, ins Bewußtsein und in die soziale Realität, die Praxis. Wenn man so will, ist *Christentum ein Sprachgeschehen*, bei dem das, was der Mensch ist, besser: was er im Allerletzten sein kann, artikuliert wird. Richtig verstanden, liegt die Wahrheit des Christentums und der Christologie auf der *»ästhetischen« Ebene.*
Ein Dichter »erfährt« im Regelfall nicht »mehr« als jeder alltägliche Mensch; aber er vermag das, was er erfährt und was die anderen erfahren, zur Sprache zu bringen. Der »Gewinn« ist keineswegs gering. Er besteht für andere nicht nur in einem ästhetischen Erlebnis, sondern in der Bewußtwerdung auch eigener menschlicher Dimensionen, die ansonsten – weil unartikuliert – verborgen geblieben wären.
Religionen bemühen sich normalerweise nicht um poëtische Gestaltung ihrer Aussagen. Dennoch aber ist ihre Funktion bis zu einem

gewissen Grad mit der der Kunst vergleichbar: *Im Hinblick auf die soteriologische Problematik des Menschen formulieren sie* – in Mythen, Lehre, Ethik, Kult, Sozialisation, Institution usf. – *die Erfahrungen ihrer Mitglieder in einer komplexitätsreduzierten und deshalb für viele verstehbaren Weise.*

Die Begegnung mit dem Christus Jesus erhebt letzte soteriologische Erfahrungen ins Bewußtsein. Dies geschieht nicht so, daß einfach Vorgegebenes artikuliert würde, sondern potentiell Vorgegebenem wird zu einer *weiterführenden geschichtlichen Wirklichkeit* verholfen – eine dynamische, nach vorne bewegende, eine aus der Fixierung befreiende Artikulation. Vor allem aber ist die Sprachwerdung nicht primär eine »Verbalisation« – so sehr diese dazugehört –, sondern *ist* Jesus Christus; er – und nicht seine Lehre – ist der Logos, das Christentum keine »Gnosis«. Die »ästhetische Wahrheit« des Christentums besteht also nicht primär in der Schönheit oder Richtigkeit formulierter Sätze, sondern *in der geschichtlichen Gestalt Jesu*; es handelt sich um einen unvergleichbaren »Fall« realgeschichtlicher und personaler Sprachwerdung.

Weil in Jesus Christus menschliche Existenz (soteriologisch) auf ihren einfachsten Nenner hin reduziert wird und weiterführend zur Erscheinung kommt, kann seine Rezeption die Fixierung des Menschen auf sich, auf falsche Fragestellungen, auf Detailproblematiken vermeiden; dieses Sprachgeschehen kann dazu verhelfen, nicht irgendwelchen Götzen nachzulaufen und sich für falsche Ziele zu opfern, sie kann eine Hoffnung vermitteln, wo sonst keine Perspektive mehr ist. Anders gesagt: *Die Heilsmittlerschaft Jesu realisiert sich auf der Ebene geschichtlicher Artikulation letzter anthropologischer-soteriologischer Wahrheit* gnoseologischer und praktischer Art[21]. Jesus Christus ist die bewußtmachende und so zur Umkehr herausfordernde Gestaltwerdung der äußersten Menschenmöglichkeit, die nur von Gott, dem Vater Jesu her, denkbar ist.

[21] Ähnlich argumentiert *Edward Schillebeeckx*, Was alle zusammen träumen, das wird Wirklichkeit. Kirche in nachbürgerlicher Gesellschaft, in: imprimatur 17, 1984, 282 (in Bezug auf Religionen und Kirchen): »Religionen und Kirchen gehören der Ordnung des Zeichens oder Sakraments des Heils an. Sie sind die *explizite Namensgebung* für dieses Heil... In diesem Sinn ist die Kirche die Wahrheit der Welt, nicht ihre Substanz. Kirchen sind der Ort, wo Heil von Gott her thematisiert oder formuliert, ausdrücklich bekannt, prophetisch verkündet und liturgisch gefeiert wird; sie sind der hermeneutische Schlüssel oder *Code, um die Weltgeschichte zu lesen* und weiter zu vollenden...« (Besser wäre hier von Jesus Christus die Rede, für den die Kirchen noch einmal eine *abgeleitete* Zeichenfunktion besitzen).

3.2.7 Die Wahrheit Jesu als Christus

Das Bekenntnis zu Jesus Christus resultiert aus der Begegnung der beiden Pole »soteriologische Erfahrung und (sich als heilsrelevant verstehender) Jesus«. Die Jesus übergreifende *formale Voraussetzung* der Christologie, die »Bedingung ihrer Möglichkeit«, ist diese bei allen Menschen aller Zeiten gegebene Heilsproblematik (oder auch einfach: der Mensch); die *faktisch-geschichtliche Voraussetzung* ist der geschichtliche Jesus.

Das aus dieser Konfrontation resultierende Christusbekenntnis ist dialogisch oder relational, es betrifft letzte »humane« Dimensionen; deswegen kann es nicht adäquat objektiviert und nicht zwingend vermittelt, sondern nur bezeugt werden. Dieses Zeugnis aber kann durchaus *argumentieren*. Es kann *rekurrieren auf die soteriologische Problematik* des Menschen und aufzuzeigen suchen, daß diese *in Jesus* gewissermaßen *zur geschichtlichen Darstellung gekommen* ist. »Relational« bedeutet also nicht (im Unterschied zu »objektiv«), es gebe keinerlei sachliche Gründe.

Die Basis der Begründung des Bekenntnisses ist die *erfahrene Wahrheit der Sprachwerdung des Humanen in Jesus*. Wenn der Christ Jesus als weiterführende dynamische »Offenbarung« des letzten menschlichen Sinns, Gottes, *begreift und ergreift*, dann erfährt er ihn *mit einer Art von anthropologischer Evidenz* als Christus, zugleich *»wählt«* er ihn als solchen (So spricht auch schon die kirchliche Tradition von der experientia Jesu Christi oder dem Glaubenslicht o. ä., und nimmt zugleich als konstitutiv für den Glaubensakt eines »assensus« des Willens an). Der Christ *erkennt und will* Jesus als Christus und die Nachfolge Jesu als geschichtliche Realisation dieser Wahrheit.

Das Moment der willentlichen Entscheidung ist notwendig, weil diese weiterführende Anthropologie eine kontingente Möglichkeit ist. Zwar kann sie viele sachliche (»humane«) Gründe für sich ins Feld führen, ein Argumentieren und Überzeugen ist möglich, aber – eben – nicht zwingend. Von welchem archimedischen Punkt aus stünde denn fest, daß z. B. Verzeihen oder Pro-Existenz für andere oder die Hoffnung auf eine absolute Zukunft *die* menschlichen Wahrheiten sind? Es gibt nicht wenige Menschen und Religionen, die das anders sehen. Insofern ist die christologische Wahrheit auch eine *performative Wahrheit*[22]; der an Jesus Christus Glaubende *will* sie »wahr haben« und zur Wirklichkeit werden lassen.

22 Als performative Wahrheiten bezeichnet man, im allgemeinen, Satzaussagen, die die Wirklichkeit bewirken, die sie aussprechen (z. B. »bewirkt« die Taufformel das Christsein usf.).

Wer diese Alternative wählt und Jesus Christus als die eigene Wahrheit und das eigene Handlungsmodell erkennt, *erfährt im theoretischen und praktischen Vollzug der Nachfolge deren Wahrheit.* Um ein Beispiel zu gebrauchen: wer verzeiht, realisiert die humane Richtigkeit des Verzeihens, wer Solidarität übt, »weiß« um die Wahrheit dieses Verhaltens; Verzeihen und Solidarität bedürfen, wenn sie als »progressive« Humanität erkannt, gewählt und praktiziert werden, keines weiteren »Beweises«.

Wem diese Begründung der Christologie nicht zureicht, weil sie »binnengeschichtlich« bleibe und nicht »objektiv« sei, der möge bedenken, daß er mit der These von ihrer göttlichen Begründung durch Offenbarung auch nicht weiter kommt. Abgesehen von der Schwierigkeit, den Punkt dingfest zu machen, an dem Gott diese Offenbarung gegeben hat (wenn nicht in der Armutsgestalt Jesu), muß berücksichtigt werden, daß diese »göttliche Offenbarung« auch *nur von Christen* akzeptiert werden könnte; denn offensichtlich teilen andere diese Meinung nicht. So kommt man auch auf diesem Weg nicht weiter als zur Feststellung zweier Gruppen von Menschen, von denen die eine (die Christen) meint, die Christologie sei göttlich geoffenbart, während die andere (die Nichtchristen) dies ablehnt. Auch die These von der »Offenbarung« bliebe also *Ausdruck subjektiver Heilserfahrung* und führte nicht zu einer zwingend vermittelbaren »Objektivität«; eine »Objektivität« aber, deren Rezeption auf subjektiver Erfahrung beruht, ist qualitativ nichts anderes als die auf subjektiver Erfahrung ruhende Rezeption Jesu als Christus.

Gegen eine solche Argumentation spricht vor allem die Christologie selbst. Sie behauptet in *allen* ihren Ausprägungen, daß *Jesus*, und nichts und niemand sonst, »die Offenbarung« Gottes in die Welt hinein sei. Wer also diese Offenbarung wahrnehmen will, muß auf Jesus sehen und auf nichts sonst, weder auf Zeugen noch auf irgendwelche Theologumena, und seien sie noch so beeindruckend. Aus der Geschichte können wir auch in der Christologie nicht hinaus – *es sei denn durch Jesus auf Hoffnung hin* –; im Gegenteil bindet uns das Christusbekenntnis an die Geschichte Jesu. Dort wird für den Christen Gott ansichtig.

3.2.8 Die eschatologische Geltung Jesu

Zu jeder Christologie gehört die Aussage von der soteriologischen Unüberbietbarkeit Jesu. Er ist durch kein neues soteriologisches System oder einen anderen Heilsbringer relativierbar, er gilt eschatologisch (natural gewendet: metaphysisch).

Diese Aussage resultiert aus der christologischen Erfahrung, die so beschaffen ist, daß sie die äußerste Hoffnung für Geschichte nicht nur als Prinzip, sondern konkret wagt[23]. Diese Erfahrung kann nicht »restlos« objektiviert werden. Dennoch muß es geschichtlich greifbare Aspekte geben, die sie wenigstens so weit plausibel machen können, daß sie »verstehbar« und »intellektuell redlich« vollziehbar wird.

Ein Ausgangspunkt scheint gegeben zu sein in der »ästhetischen« Funktion Jesu Christi für die Offen-barung der äußersten Menschenmöglichkeit, für das »Abba«-Sagen-können des Menschen angesichts und trotz seiner totalen Fraglichkeit. *Jesus ist die Gestaltwerdung dieser Anthropologie auf eine radikale und fundamentale und einfache Art,* wie sich aus seiner transkulturellen Vermittlungsgeschichte *und* der Eigenart Jesu ergibt.

Sowohl die anthropologische »Fundamentalität« wie ihre geschichtliche »Einfachheit« in Jesus können deutlich machen, warum es keine weitere überbietende christologische Vermittlung geben kann: *Weil die Grundfigur vorliegt, werden alle anderen und späteren Figuren nur einen Zuwachs an Komplexität und Differenziertheit bringen,* aber keine Korrektur des Fundaments oder eine überbietende Reduktion. Was der Mensch ist und sein kann, nämlich – trotz allem – angenommen von Gott, *ist* in Jesus schon erschienen. Darüberhinaus ist – auf *dieser* soteriologischen Ebene – nichts mehr zu sagen.

So bringt auch alle weitere christliche Geschichte zwar beachtliche Inkulturationen des Jesus-Christus-Bekenntnisses, seine »Sache« wie die Bedeutung seiner Person werden komplexesten Reflexionen unterworfen, die Ethik wird nach allen Seiten und in Bezug auf ganz neue Fragestellungen entfaltet, differenzierteste und bunteste Formen der Nachfolge und kirchlichen Sozialisation bilden sich aus – immer aber geschieht es auf der einmal grundgelegten einfachen Basis. Diese trägt alles und macht alle komplexen Systeme transparent auf ihre Mitte hin. Sie vermag Gebildete und Ungebildete, Frauen und Männer, Privilegierte und Unterprivilegierte, Katholiken und Protestanten zu faszinieren und konstituiert so Gemeinschaft trotz aller komplexen Divergenzen. *Die fundamentale soteriologische Einfachheit Jesu ist der geschichtliche Grund seiner Nicht-Relativierbarkeit.*

3.2.9 Die »Unizität« Jesu oder die Exklusivität der Heilsvermittlung

Schon in den vorherigen Abschnitten ist immer wieder das Problem der Bindung aller Heilsvermittlung an Jesus angesprochen worden.

[23] Vgl. o. V 2.2.3.3; 3.2.4.

Das alles soll hier nicht wiederholt, aber unter Einengung auf diese Frage präzisiert werden.

Zunächst einmal muß festgehalten werden, daß *jede* Religion von ihren Gläubigen als die »absolute Religion« – um einen Terminus der christlichen Theologiegeschichte zu gebrauchen – erfahren wird; darin gibt es keinen Unterschied zum Christentum. Dieser ist vielmehr in einem zweifachen Aspekt zu sehen: Einmal bezieht sich die »Absolutheits»aussage im Christentum weniger auf dieses selbst oder seine »Lehre« als auf *Jesus*, also einen einmaligen geschichtlichen Menschen, zum anderen ist diese »Absolutheit« schon sehr früh im Sinne einer geschichtlichen und kosmischen *Universalität* der Geltung Jesu verstanden worden[24], wenigstens seit dem Augenblick, als Diasporajuden, deren Horizont die Ökumene, die ganze (damals bekannte) Welt, war, zur Gemeinde stießen; spätestens *sie* haben die gruppenimmanente »Absolutheitserfahrung« in universale Sprache übersetzt[25]. Dabei ist diese Universalität nicht gänzlich identisch mit »exklusiver Geltung«; sie beinhaltet als Minimum »unüberbietbare«, »superlativische« Funktion[26].

Die unaufhebbare Bindung allen Heils an Jesus gehört zu jedem Christusbekenntnis, so schwierig dies auch modernem (und »postmodernem«) Denken oder auch dem Verstehen monistischer Kulturen (wie etwa in Asien) zu vermitteln ist. Vom Charakter dieser Heilsvermittlung und der soteriologischen Funktion des Faktischen war schon die Rede; es wird also vorausgesetzt, daß eine »restlose« rationale Begründung nicht gegeben werden kann. Dennoch sollen argumentative Annäherungen versucht werden, damit eine solche christologische Rezeption Jesu nicht als bloß »offenbarungspositivistisch« oder als Rückfall in den Mythos erscheinen muß.

Die eschatologische Heilsfunktion Jesu darf nicht in jedem Fall so verstanden werden, als seien alle anderen »christologischen« Vermittlungen gänzlich ausgeschlossen[27]. Zumindest gab es durchaus die Vorstellung, daß auch »die Gerechten« des Alten Bundes sowie humane Gestalten des Heidentums von Gott angenommen werden. Wenn auch ihre Erlösung theologisch bald in einen Bezug zu Jesus Christus gebracht wurde, ist damit doch die *faktische* Möglichkeit anderer Heilswege respektiert. In den ersten drei Jahrhunderten wird öfter von ihnen gesprochen als später zu Zeiten christlicher Majoritäten, in de-

[24] Es gibt durchaus Parallelen für einen faktisch universalen Anspruch einer Religion (z. B. des Islam); er ist aber immer auf eine »Lehre« bezogen (wie sie z. B. der Koran bietet).

[25] Vgl. o. 115–118.

[26] Vgl. o. V 2.2.1.5.

[27] Vgl. o. V 2.2.1.5.

nen es zu beinahe unerträglich formulierten Exklusivitätsansprüchen kam[28]. Dennoch aber können auch dann noch hin und wieder (so oft stellte sich die Frage in geschlossenen christlichen Gesellschaften nicht) differenzierende Aussagen festgestellt werden. Grundsätzlich wird z. B. die Universalität des Heilswillens Gottes nur von wenigen bestritten, man kann sogar »in der Patristik eine nicht unbeträchtliche Unterströmung zugunsten der Apokatastasis aller bemerken«[29]. Diese Überzeugung aber bleibt auf seltsame Weise unvermittelt mit der Tendenz zu christologischer Universalität, was sich am besten daraus erklären läßt, daß diese Vermittlung nicht unbedingt erforderlich ist, so lange die überwältigende Mehrheit einer Gesellschaft christlich ist. Immerhin aber hat man spätestens seit dem Frühmittelalter auch mit einer Rettung von Menschen ohne explizites Christusbekenntnis in der Taufe gerechnet; wenigstens für bestimmte Fälle sollte auch eine »Begierdetaufe« (ein »implizites« Verlangen nach Christsein) genügen[30].

Seit dem 16. Jahrhundert verstärkte sich die Tendenz zur Differenzierung und führte in jüngerer Vergangenheit, im Zweiten Vatikanischen Konzil, zu einer eindrucksvollen Anerkennung der universalen Heilsperspektiven auch außerhalb des Christentums[31].

Die Bindung allen Heils an Jesus darf also *nicht im Sinne einer faktischen Heilsexklusivität* verstanden werden. Dennoch aber wurde das Christusbekenntnis deswegen nicht so abgeändert, daß Jesus nur als der Christus der Christen oder eine oder auch die beste aller heilsmittlerischen Instanzen bezeichnet wurde; er wird vielmehr als *der* Chri-

[28] Vgl. den Beschluß des Vierten Laterankonzils 1215 (vgl. o. 638, A. 23).

[29] *K. Rahner*, Heilswille Gottes, Allgemeiner H. G., in: LThK² 5,167.

[30] *Hans Küng*, Was ist die wahre Religion? Versuch einer ökumenischen Kriteriologie, in: imprimatur 18, 1985, 262.263, urteilt härter: »Die traditionelle katholische Position – schon in den frühen christlichen Jahrhunderten vorbereitet durch Origenes, Cyprian und Augustin, definiert schon vom 4. Laterankonzil (1215) – ist allgemein bekannt: Extra ecclesiam nulla salus!... Ist damit der Anspruch der anderen Religionen auf Wahrheit und Heil nicht ein für allemal erledigt? Er war es, so schien es, mindestens vom 5. bis zum 16. Jahrhundert « Hier müßte allerdings angemerkt werden, daß das »Extra-ecclesiam-nulla-salus« in der Antike noch nicht die Bedeutung hatte, die ihm auf dem 4. Laterankonzil gegeben wurde.

[31] Dogmatische Konstitution über die Kirche »Lumen Gentium« 16 (vgl. o. 638, A. 23); vgl. auch: Erklärung über das Verhältnis der Kirche zu den nichtchristlichen Religionen »Nostrae Aetate« 2, wo von der positiven Funktion der nichtchristlichen Religionen die Rede ist: »Die katholische Kirche lehnt nichts von alledem ab, was in diesen Religionen wahr und heilig ist« (Übers. nach: *Karl Rahner/Herbert Vorgrimler*, Kleines Konzilskompendium, a.a.O. 356). *Hans Küng* Was ist die wahre Religion, a.a.O. 263.264, bedauert zu Recht, daß eine ähnlich deutliche Stellungnahme aus dem evangelischen Raum fehlt.

stus schlechthin bekannt, in dem »in Fülle« oder »end-gültig« alles Heil vermittelt ist.

Diesen Konflikt zwischen der christologischen Formel und der tatsächlichen Minoritätensituation des Christentums hat die Theologie auf verschiedenste Weise zu lösen versucht (vom »samenhaften Logos«, der überall am Werk ist und sich »als solcher« dann in Jesus Christus inkarniert hat, über die Unterscheidung von – richtiger – Taufe und »Begierdetaufe« bis hin zum »anonymen Christentum« *Karl Rahners*). Der Sache nach behaupten alle Lösungsversuche, daß *auch* das Heil außerhalb des Christentums durch Jesus Christus vermittelt sei, weil alle dort anzutreffenden Heilswege (»christologischen Vehikel«)[32] zuinnerst auf die volle explizite Gestalt der Vermittlung in Jesus angelegt seien[33]. Das Verhältnis von nichtchristlicher und christlicher »Christologie« wird gedeutet nach den Modellen: Vorläufig – endgültig, implizit (anonym) – explizit, unbewußtes Suchen – bewußtes Finden, samenhaft – volle Gestalt, defizient – vollkommen. Immer erscheint Jesus als Kulmination, als letzte Aufgipfelung und Verdichtung dessen, was ohne ihn nur ein erster (wenn auch wirksamer) Anfang ist.

Diese »theologische Konfliktbewältigung« hat eine sehr schwache Seite: Für Nichtchristen muß sie wie eine unverschämte Vereinnahmung ins Christentum erscheinen. Sie selbst werden als implizite oder anonyme Christen tituliert, obwohl sie Muslime oder Buddhisten oder Atheisten sind und bleiben wollen. Soviel Noblesse sollte auch das Christentum haben, die autonome Würde anderer soteriologischer Wege anzuerkennen. Trotzdem aber soll gefragt werden, ob nicht hinter mißverständlichen und unglücklichen Formulierungen eine Aussage versteckt ist, die akzeptabel und – vom Christusbekenntnis her – notwendig ist.

Wenn die Heilsfunktion Jesu darin besteht, daß er in seiner Gestalt die »letzte« Problematik und die äußerste menschenmögliche Hoffnung für soteriologisch fragende Menschen darstellt und somit zur Rezeption und Nachfolge provoziert, ist diese Radikalität von Frage und Perspektive *faktisch* eine *kontingente Möglichkeit*, die »gewählt« werden muß (vgl. die vorherigen Abschnitte). *Geschichtlich* können Menschen auch andere »Gestaltwerdungen« der soteriologischen Dimen-

[32] Z.B. Lehre, Ethik, Kult, Gemeinschaft usf.

[33] Vgl. auch Lumen Gentium 16 (mit Berufung auf *Thomas* von Aquin, Summa Theol. III, q.8, a. 3, ad 1): »Diejenigen endlich, die das Evangelium noch nicht empfangen haben, sind auf das Gottesvolk auf verschiedene Weise hingeordnet« (statt »Gottesvolk« müßte – theologisch genauer – Jesus Christus stehen; übers. nach *K. Rahner, H. Vorgrimler*, Kleines Konzilskompendium, a.a.O. 141).

sion als die ihren annehmen – *und sie tun es auch* (seien sie noch nicht oder doch schon mit dem Evangelium konfrontiert worden). Diese anderen Wege und alternativen Entscheidungen muß das Christentum als autonome geschichtlich-soteriologische Möglichkeiten anerkennen.

Dennoch aber gibt das Christusbekenntnis die Erfahrung wieder, daß nur in der Auseinandersetzung mit Jesus Christus die fundamentalste soteriologische Auslegung des Menschen geschichtlich zu greifen ist. Die *faktische* Kontingenz der Christologie darf *keine grundsätzliche* Kontingenz sein, sondern höchste, äußerste anthropologische Angemessenheit und Wahrheit, *die* Befreiung des Menschen, so will es die Christuserfahrung. Nur deswegen ist mit ihr von Anfang an eine ungeheure missionarische Dynamik verbunden, die »alle« von dieser Wahrheit zu überzeugen versuchte. Die christologische Erfahrung Jesu realisiert sich selbst *prinzipiell* (nicht: faktisch) *als nicht-kontingent*, als not-wendig, als eschatologisch oder von Gott her. Die in ihr offen-bar gewordene anthropologische Wahrheit erscheint als *die* Wahrheit des Menschen, die auch in allen anderen soteriologischen Erfahrungen außerhalb des Christentums fundamental gegeben (aber unzureichend artikuliert) ist[34].

Aber realisieren nicht andere Religionen auf ähnliche Weise ihre eigene Konkretion als *ihre* Wahrheit? Hier gibt es zwar offensichtlich Abstufungen, je nachdem eine Religion sich auf eine Sippe, auf ethnische Gruppen, eine Nation beschränkt oder eine »universale Lehre« entwickelt hat, ob sie sich selbst genügt oder Mission treibt. Grundsätzlich aber muß allen eine vergleichbare Wahrheitserfahrung zugebilligt werden.

Deswegen hat es keinen Sinn, These gegen These zu stellen. Es gibt auch hier keinen archimedischen Punkt außerhalb der Geschichte, von dem her »objektiv« die gestellte Frage zu entscheiden wäre. Alles läuft innerhalb der Geschichte ab, und selbst die fundamentalste Wahrheit kann sich in ihr nur kontingent zur Erscheinung bringen (Traditionell-christologisch ausgedrückt: Gott erscheint in Jesus). Global gesehen besteht *faktisch* eine Konkurrenz zahlreicher soteriologischer Systeme (Religionen), die sich allerdings als Varianten zweier »Grundtypen«, monistischer oder monotheistischer Prägung, erweisen. *Zwischen diesen beiden Möglichkeiten werden Menschen immer wählen müssen.*

Mit bestem Willen kann nicht behauptet werden, das Jesus-Christus-Bekenntnis sei die fundamentale Gestaltwerdung auch monistischer

[34] Deswegen *muß* eine Christentums-*immanente* Reflexion alle Wahrheiten in anderen Religionen als »implizites« Christentum begreifen.

Soteriologie; es signalisiert vielmehr dessen äußersten Gegensatz. Wie aber kann Jesus in monistischen Kulturen als Christus rezipiert werden, was ja geschehen ist und geschieht? Vielleicht läßt sich an diesem »Erfolg« erkennen, daß Jesus Christus zwar nicht auch die innerste Wahrheit von Monismen ist, wohl aber die von *Menschen* dieser Kulturen sein *kann*. Das würde auf ein tatsächlich vorhandenes *humanes Erfahrungsdefizit* in diesen Monismen schließen lassen, die ja bestimmte Fragen und Hoffnungen in Bezug auf die Geschichte (Individualität, Solidarität, Liebe, Ethik, Gesellschaft) negativ oder resignativ beantworten[35].

Darauf kann die missionarische Predigt hinweisen; sie kann viele gute Gründe dafür anführen, daß die durch Jesus vermittelte Hoffnung umfassender, humaner, befreiender ist als monistische Perspektiven, daß sie eine »frohe Botschaft« ist, die auch die äußerste Frage mit Ja (oder: mit Abba) zu beantworten (oder: anzureden) wagt. Aber hier gibt es keine apriorische Deduktion, sondern nur freies geschichtliches Angebot in – hoffentlich – brüderlicher Konkurrenz um die Herzen der Menschen.

Mit den monotheistischen Religionen (vor allem Judentum und Islam) hat die christliche Soteriologie viele Gemeinsamkeiten und eine prinzipielle strukturelle Identität. Die Predigt von dem Heilsmittler Jesus scheint im Vergleich zu ihnen keine völlige soteriologische Umkehr, sondern »nur« deren *humane Konkretion* durch die Realsymbolik in Jesus zu provozieren[36].

Am leichtesten tut sich die christliche Mission dort, wo sie (ähnliches gilt auch für die Ausbreitung des Islam und Buddhismus) den Vorsprung der differenzierten soteriologischen Reflexion und ethischen Praxis gegenüber »primitiveren« Anschauungen besitzt. Vielleicht zeigt sich darin, daß die universalen Religionen, insbesondere das Christentum, hier am deutlichsten konturiert auf anthropologische Erfahrungsdefizite treffen und eine – beinahe handgreifliche – »Befreiung« bewirken können.

Kurz: Die (mißverständlich so genannte) »Unizität« Jesu ist ein *Implikat jeder christologischen Rezeption Jesu*; diese Christentum-imma-

[35] Darauf deutet auch die Tatsache hin, daß »reine« Monismen nur von religiösen oder geistigen Eliten, nicht ohne Anstrengung, durchgehalten werden, während das »Volk« und die »Volksfrömmigkeit« geschichtlich-barmherzige Korrekturen einbringen (Polytheismen, Erlösungsgedanke, Kult, Ethik).

[36] Allerdings hat das Christentum diese Chance gegenüber den Juden durch eigene Schuld – aufgrund der langen Geschichte der Judenfeindschaft und Repression – weithin vertan; auch gegenüber dem Islam sind Missionserfolge wohl auf längere Sicht irreal, nicht nur wegen der sich vielen äußeren Einflüssen verschließenden Mentalität im Islam, sondern auch, weil die Erinnerung an die koloniale Überheblichkeit der Christen recht ausgeprägt ist.

nente Erfahrung aber läßt sich nicht zu einem erfahrungsunabhängigen Lehrsatz objektivieren und muß verbunden sein mit dem *Wissen um die faktische Kontingenz auch der Christologie* im Kontext der Geschichte und mit der toleranten Respektierung anderer Heilswege. Darüberhinaus drängt diese immanente Erfahrung zur missionarischen Verkündigung, für die ihr gute anthropologische Argumente zur Verfügung stehen, die aber – wie bei allen wirklich humanen »Wahrheiten«[37] – nicht zwingend zu ihrer Annahme führen, sondern ein freies Angebot bleiben, das ergriffen werden *kann* oder *sollte*. Erst »in the long run«, pragmatisch ausgedrückt, oder »bis zum Ende der Tage«, christlich formuliert, wird sich zeigen, ob – oder wie Christen aus ihrer immanenten Erfahrung sagen: daß – das Jesus-Christus-Bekenntnis sich als *die* Gestaltwerdung menschlicher Sinnproblematik durchsetzen wird.
Christentum besteht gewissermaßen darin, im Kontingenten das »Absolute«, in Geschichte die eschatologische Gültigkeit, in Jesus von Nazareth Gott zu erfahren. Diese Erfahrung ist dialektisch oder paradoxal; sie würde verfälscht, wenn ein Teil der spannungsgeladenen Aussage verkürzt würde: Weder Kontingenz, Geschichte, Jesus dürfen übersprungen werden (das Kreuz darf nicht zugunsten von »Auferstehung« verharmlost werden), noch kann die »Absolutheitserfahrung« wegrationalisiert werden. *Die Vermittlung zwischen beiden Polen ist und bleibt aporetisch, wie sich anhand aller bisherigen inhaltlichen Christologien gezeigt hat*[38].

[37] Vgl. o. 639–642.

[38] Auch für diese Eigenart der Christologie gibt es durchaus Parallelen in der alltäglichen Erfahrung. Die *Wahl* eines politischen Systems (z. B. »Sozialismus«) oder von Freunden *kann* so beschaffen sein, daß sich in der Kontingenz eines solchen Systems bzw. in der »Zufälligkeit« einer Freundschaft »das Ganze« von Welt, Mensch, Geschichte erschließt; selbst weniger tiefreichende Überzeugungen oder Entscheidungen dieser Art vermitteln noch ein wenig von dieser dialektischen Erfahrung. Die Christologie erscheint unter diesem Gesichtspunkt nicht als die große Ausnahme, sondern als eine Radikalisierung dieser humanen Erfahrungsstruktur.

Schlußbemerkung

Die Geschichte zeigt, wie das Jesus-Christus-Bekenntnis in immer neuen Kulturen heimisch wurde und seine Gestalt verändert hat. Zugleich gab es eine starke Bemühung um Kontinuität, ja sogar Identität; sie sollte gewahrt werden, indem alle christologischen Begriffe und Formeln der je früheren Zeit in die neuen Christologien eingebaut wurden.

Schon die je neue Inkulturation des Bekenntnisses führte zu komplexen und spannungsgeladenen Aussagen, weil oft die entsprechenden Soteriologien nur mit vielen »Wenn und Aber« mit Person und Sache Jesu zu verknüpfen waren. Erst recht komplizierte das strenge Traditionsprinzip die Ausdrucksform der Christologie.

Dieser ständige Komplexitätszuwachs wird sich in Zukunft noch verstärken, weil einmal das Christentum in ganz neuen Kontinenten Fuß gefaßt hat, die keinerlei gemeinsame Geschichte mit der jüdisch-hellenistisch-lateinisch-abendländischen Kultur besitzen – es sei denn die des Kolonialismus –, zum anderen auch die – im weitesten Sinn – »europäische Welt« durch die kritische Wende diese Kontinuität zunehmend verliert.

Die differenzierte Reflexion der bisherigen komplexen Geschichte auf ihren »transkulturellen« Kern hin kann dazu verhelfen, *die einfache Grundfigur der Christologie und vor allem die einfache humane Gestalt Jesu Christi wieder deutlicher hervortreten zu lassen.* Vielleicht ist es ein Dienst des betagten Europa an den jungen Christentümern außerhalb der Westlichen Welt, ihnen nicht die Last der eigenen Geschichte aufzuladen und einen unverstellten Weg zu Jesus Christus zu eröffnen, so daß die Kontinuität des Bekenntnisses auch ohne die Fracht aus zweitausend Jahren hergestellt werden kann.

Die penible Beschäftigung mit der Geschichte der Christologie ist unumgänglich, weil nur auf diese Weise eine neue Einfachheit und auch die »Freiheit von Gesetz und Buchstaben« erreicht und als legitim aufgezeigt werden kann. Das mühsame Sich-Einlassen auf die Tradition erweist die Richtigkeit der Quintessenz, die *Karl Rahner* aus der Christologie (wenn auch in Bezug auf *eine*, nämlich die Inkarnationschristologie) gezogen hat: »Wenn jemand im Blick auf Jesus, sein Kreuz und seinen Tod wirklich glaubt, daß darin Gott, der Lebendige, ihm das letzte, entscheidende, nicht mehr rücknehmbare und umfassende Wort gesagt und ihn darin von aller Gefangenschaft und Tyrannei unter den Existentialien seines versperrten, schuldigen und dem Tod überlieferten Daseins erlöst hat, dann glaubt er etwas, was nur wahr und wirklich ist, wenn Jesus der ist, als den ihn der Glaube der Christenheit bekennt...[1]«

Viel wäre erreicht, wenn in den Kirchen das angestrebt würde, wozu sie sich in der Christologie bekennen: Jesus und sonst nichts zu verkünden. Wenn die Formeln ihre Dienstfunktion für seine Rezeption verlieren und zum Selbstzweck werden, mag ein Bekenntnis verbal orthodox sein – und hat zugleich aufgehört, Christologie zu sein.

[1] Jesus Christus, a.a.O. 953. Allerdings sind auch diese Ausführungen *Rahners* noch einigermaßen kulturspezifisch gefüllt, also noch nicht »einfach« genug: Sie verraten die abendländisch-lateinische Tradition (Kreuz, Tod, schuldig, Gefangenschaft, Tyrannei, erlöst usf.) sowie die Zugehörigkeit *Rahners* zur Existentialphilosophie des 20. Jahrhunderts, sie sind bürgerlich-individualistisch und atmen die Spiritualität eines Ordensmannes; was er hier auf diese Weise als »Sache« der Christologie umschreibt, soll zugleich als »Bedingung seiner Möglichkeit« die hellenistische Christologie einschließen – eine typisch abendländische Bemühung.

Anhang

Literaturverzeichnis

Im folgenden wird nicht zwischen Quellen und Sekundärliteratur unterschieden, weil nicht wenige Autoren beiden Kategorien zugehören.

1. Abkürzungen von Textausgaben

ACO	Acta Conciliorum Oecumenicorum (Fotomechan. Nachdruck von: Ed. E. Schwartz, Berlin u. Leipzig 1914ff.), Berlin 1965ff.
ALG	Sankt Augustinus – Der Lehrer der Gnade. Schriften gegen die Pelagianer und Semipelagianer, Würzburg 1955ff.
BKV	O. Bardenhewer, Th. Schermann (ab Bd. 35: J. Jellinger) und C. Weyman, Bibliothek der Kirchenväter, Kempten 1911ff.
Camelot, Texte	P.-Th. Camelot, Ephesus und Chalcedon, a a.O. 225–271, Übersetzungen einiger Texte aus dem 5. Jahrhundert
CCL	Corpus Christianorum, series Latina, Turnhout, Paris 1953ff.
CR	Corpus Reformatorum, (Braunschweig) Berlin 1834ff., Leipzig 1906ff.
CSCO	Corpus scriptorum christianorum orientalium, Paris 1903ff.
CSEL	Corpus scriptorum ecclesiasticorum Latinorum, Wien 1866ff.
D	Denzinger-Schönmetzer, Enchiridion symbolorum, definitionum et declarationum de rebus fidei et morum, Freiburg [33]1965
ed. Fischer	Josef A. Fischer, Die Apostolischen Väter, griechisch und deutsch, München 1965

ed. Görgemanns	Origenes, Vier Bücher von den Prinzipien, hrsg. u. übers. von Herwig Görgemanns und Heinrich Karpp (Texte zur Forschung, Bd. 24), Darmstadt 1976
ed. Otto	Corpus apologetarum christianorum saeculi secundi, hrsg. von Car. Th. de Otto, Bd. 1,1: Opera Justini indubita (unveränd. Nachdruck von 1876), Wiesbaden 1969
Loofs, Nestoriana	Nestoriana. Die Fragmente des Nestorius, Gesammelt, untersucht u. hrsg. von Friedrich Loofs, Halle 1905
Mansi	J.D. Mansi, Sacrorum conciliorum nova et amplissima collectio (Florenz, Venedig 1757–1798), Neudruck und Fortsetzung hrsg. von L. Petit u. J.B. Martin, Paris 1890–1927
Neuner-Roos	Josef Neuner/Heinrich Roos, Der Glaube der Kirche in den Urkunden der Lehrverkündigung, neu bearbeitet von Karl Rahner und Karl-Heinz Weger, Regensburg [10]1979
PG	J.P. Migne, Patrologia Graeca, Paris 1878–1890
PL	J.P. Migne, Patrologia Latina, Paris 1878–1890
SCh	H. de Lubac u. J. Daniélou, Sources Chrétiennes, Paris 1941 ff.
WA	Martin Luther, Werke. Kritische Gesamtausgabe (»Weimarer Ausgabe«), 1883 ff.

Die weiteren Quellen- und Textausgaben sind jeweils im Anmerkungsteil und im Literaturverzeichnis angegeben. Wenn fremdsprachige Texte ohne weitere Verweise auf Deutsch zitiert werden, handelt es sich um eigene Übersetzungen.

2. Sonstige Abkürzungen

LMA	Lexikon des Mittelalters, München, Zürich 1977 ff.
LThK[2]	Lexikon für Theologie und Kirche, hrsg. von J. Höfer u. Karl Rahner, 2. Aufl., Freiburg [2]1957 ff.
RGG	Die Religion in Geschichte und Gegenwart, Handwörterbuch für Theologie und Religionswissenschaft, hrsg. von K. Galling, Tübingen [3]1957 ff.
ThWNT	Theologisches Wörterbuch zum Neuen Testament, hrsg. von G. Kittel, fortgesetzt von G. Friedrich, Stuttgart 1933 ff.
TRE	Theologische Realenzyklopädie, hrsg. von G. Krause u. G. Müller, Berlin, New York 1977 ff.

Für die biblischen Bücher, die Schriften der »Apostolischen Väter« und der altkirchlichen Autoren sowie für Zeitschriften werden die in der Fachliteratur weitgehend üblichen Abkürzungen benutzt.

3. Literatur

Abaelardus, Petrus, Dialogus inter Philosophum Judaeum et Christianum (Textkritische Edition von Rudolf Thomas), Stuttgart – Bad Cannstadt 1970

–, Kommentar zum Römerbrief – PL 178,783–978

Adam, A., Lehrbuch der Dogmengeschichte, Bd. 1: Die Zeit der alten Kirche, Gütersloh [2]1970; Bd. 2: Mittelalter und Reformationszeit, Gütersloh [2]1972

Altaner, B., Patrologie. Leben, Schriften und Lehre der Kirchenväter, Freiburg [5]1958

Althaus, H., Die Heilslehre des heiligen Gregor von Nazianz (Münsterische Beiträge zur Theologie, hrsg. von B. Kötting u. J. Ratzinger, Heft 34), Münster 1972

Ambrosius von Mailand, De excessu fratris sui Satyri (De excess. fratris sui Sat). – PL 16,1345–1412

–, De fide (ad Gratianum Augustum) – CSEL 78

–, Explanatio psalmorum XII (explan. Ps.) – CSEL 64

–, Traité sur l'évangile de S. Luc, I (In Luc.) – SCh 45bis, 1971

Andresen, C., Fisch, in: RGG[3] 2,968

– (Hrsg.), Handbuch der Dogmen- und Theologiegeschichte,
Bd. 1: Die Lehrentwicklung im Rahmen der Katholizität, Göttingen 1982
Bd. 2: Die Lehrentwicklung im Rahmen der Konfessionalität, Göttingen 1980
Bd. 3: Die Lehrentwicklung im Rahmen der Ökumenizität, Göttingen 1984

Anselm von Canterbury, Cur deus homo – Warum Gott Mensch geworden (Lateinisch-deutsche Ausgabe, besorgt und übersetzt von Franciscus Salesius Schmitt), Darmstadt [3]1956

Apollinaris von Laodizea, Epistula ad Diocaesareenses (ep. ad Dioc.), in: H. Lietzmann, Apollinaris, a.a.O. 255–256

Appasamy, A.J./Streeter, B.H., The Sadu, London 1921

Arens, H., Die christologische Sprache Leo's des Großen. Analyse des Tomus an den Patriarchen Flavian (Freiburger theologische Studien, 122. Bd.), Freiburg/Basel/Wien 1982

Arevalo, C.G., Was ist kontextuelle Theologie?, in: Den Glauben neu verstehen, a.a.O. 20–34

Asmussen, J.P., Der Mithraskult, in: Handbuch der Religionsgeschichte, Bd. 3, a.a.O. 301–308

Athanasius, De incarnatione (De incarn.) – SCh 199, 1973

–, Epistula ad Epictetum episcopum Corinthi (Ep. ad Epict.) – BKV 13, 1913, 504–517

–, Orationes contra Arianos (or. c. Arianos) – BKV 13, 1913, 17–333

–, Tomus ad Antiochenos (Tom ad. Ant.) – PG 26,793–812

Auer, J., Rechtfertigung, V., Dogmengeschichte, in: LThK[2] 8,1037–1042

Augustinus, Aurelius, Confessiones, Bekenntnisse, lateinisch u. deutsch, übers. u. ed. von Joseph Bernhardt, München 1955

–, Contra sermonem Arianorum (C. serm. Ar.) – PL 42,683–708

–, De civitate dei. Libri XXII (de civ. dei) – PL 41,13–804

–, De correptione et gratia (Corrept. et. grat.) – PL 44,915–946
–, De dono perseverantiae (de dono persev.) – ALG VII,328–438
–, De nuptiis et concupiscentia (de nupt.) – PL 44,415–474
–, De peccatorum meritis et remissione (Pecc. mer. et rem.) – PL 44,109–198
–, De praedestinatione sanctorum (de praedest. sanct.) – PL 44,959–992
–, De spiritu et littera (spir. et lit.) – PL 44,199–246
–, Enarrationes in Psalmum 95 (en. Ps 95) – CCL 39, 1956, 1342–1353
–, Enarratio in Psalmum 148 (en. Ps 148) – CCL 40, 1956, 2165–2178
–, Enchiridion ad Laurentium de fide et spe et caritate (Enchir.) – CCL 46, 1969, 49–114
–, Epistula 137 – CSEL 44,96–125
–, Epistula 186 – CSEL 57,45–80
–, Epistula 187 – CSEL 57,81–119
–, Epistula 204 – CSEL 57,317–322
–, Opusculum contra epistulam Manichaei quam vocant Fundamenti (c. ep. Manich. quam vocant Fund.) – CSEL 25,1,191–248
–, Sermo 130 »Miraculi significatio« – PL 38,725–728
–, Sermo 177 »Avaritia verbis« – PL 38,953–960
–, Sermo 186 »In natali Domini III« – PL 38,999–1000
–, Sermo 293 »In natali Joannis Baptistae VII« – PL 38,1327–1335
–, Soliloquia de immortalitate animae, lateinisch und deutsch (Latein. Text: Harald Fuchs; Einführung, Übertragung usf. von Hanspeter Müller), Bibliothek der Alten Welt (Hrsg. von Karl Hoenn), Zürich 1954

Baeumker, C., Der Platonismus im Mittelalter, in W. Beierwaltes (Hrsg.), Platonismus in der Philosophie des Mittelalters, a.a.O. 1–55
Balthasar, K., Geschichte des Armutsstreites im Franziskanerorden bis zum Konzil von Vienne (Vorreformationsgeschichtliche Forschungen, Bd. VI), Münster 1911
Balz, H.R., Methodische Probleme der neutestamentlichen Christologie, Neukirchen–Vluyn 1967
Barret, C.K., Das Fleisch des Menschensohnes (Joh 6,53), in: Jesus und der Menschensohn, Festschrift für A. Vögtle, a.a.O. 342–354
Barth, H.-M., Der Teufel und Jesus Christus in der Theologie Martin Luthers (Forschungen zur Kirchen- und Dogmengeschichte, Bd. 19), Göttingen 1967
Barth, K., Die kirchliche Dogmatik, Bd. IV, Erster Teil: Die Lehre von der Versöhnung, Zürich ³1975
–, Der Römerbrief, Zweite Auflage in neuer Bearbeitung, München 1922
Baumann, U., Erbsünde? Ihr traditionelles Verständnis in der Krise heutiger Theologie (Ökumenische Forschungen, hrsg. von Hans Küng und Joseph Ratzinger, II. Soteriologische Abteilung, Bd. II), Freiburg, Basel, Wien 1970
Baur, F.Chr., Lehrbuch der christlichen Dogmengeschichte (unveränderter reprograph. Nachdruck von ³1867), Darmstadt 1968
Baus, K., Von der Urgemeinde zur frühchristlichen Großkirche, Handbuch

der Kirchengeschichte, hrsg. von Hubert Jedin, Bd. 1, Freiburg, Basel, Wien [3]1965

Beck, H.G., Exegese, III. Geschichte der Exegese, 2.: Patristische Exegese, in: LThK[2] 3,1278–1282

Beierwaltes, W., Eriugena. Aspekte seiner Philosophie, in: H. Löwe (Hrsg.), Die Iren und Europa im frühen Mittelalter, a.a.O. (2. Teilband), 799–818

– (Hrsg.), Platonismus in der Philosophie des Mittelalters (Wege der Forschung, Bd. CXCVII), Darmstadt 1969

–, Proklos, Grundzüge seiner Metaphysik (Philosophische Abhandlungen, 24), Frankfurt [2]1979

Ben-Chorin, Schalom, Bruder Jesus. Der Nazarener in jüdischer Sicht (List Taschenbücher 394, [1]1967), München 1972

Benz, E., Ecclesia spiritualis, Stuttgart 1964

–, Die Geschichtstheologie der Franziskanerspiritualen des 13. und 14. Jahrhunderts nach neuen Quellen, in: ZKG 52, 1933, 90–121

Bergmann, R., Studien zur Entstehung und Geschichte der deutschen Passionsspiele des 13. und 14. Jahrhunderts (Münsteraner Mittelalter-Schriften 14), München 1972

Bernhard von Clairvaux, Sermones super Cantica Canticorum, hrsg. von J. Leclercq, C.H. Talbot, H.M. Rochaies, Vol. I: Sermones 1–35, Romae 1957, Vol. II: Sermones 36–86, Romae 1958

Bernhart, J., Die philosophische Mystik des Mittelalters. Von ihren antiken Ursprüngen bis zur Renaissance (unveränd. reprogr. Nachdruck der Ausgabe München 1922), Darmstadt 1974

Bettscheider, H. (Hrsg.), Theologie und Befreiung, St. Augustin 1974

Biedermann, H.M., Christologie. C. Griechischer Osten, in: LMA 2, 1932–1933

Bihlmeyer, K./Tüchle, H., Kirchengeschichte, 1. Teil: Das christliche Altertum, Paderborn [16]1958

Bilanz der Theologie im 20. Jahrhundert. Perspektiven, Strömungen, Motive in der christlichen und nichtchristlichen Welt, hrsg. von Herbert Vorgrimler und Robert van der Gucht, Bd. I, Freiburg, Basel, Wien 1969

Bimwenyi-Kweshi, O., Alle Dinge erzählen von Gott. Grundlegung der afrikanischen Theologie (Theologie der Dritten Welt, hrsg. vom Missionswissenschaftlichen Institut Missio unter der Leitung von Ludwig Wiedenmann, Bd. 3), Freiburg, Basel, Wien 1982

Bitter, G., Erlösung. Die religionspädagogische Realisierung eines zentralen theologischen Themas, München 1976

Blank, J., Jesus von Nazareth. Geschichte und Relevanz, Freiburg, Basel, Wien 1972

–, */Hasenhüttl, G.* (Hrsg.), Glauben an Jesu Christus, Düsseldorf 1980

–, Jesus Christus/Christologie, in: Neues Handbuch theologischer Grundbegriffe, Bd. 2, München 1984, 226–239

Bloch, E., Das Prinzip Hoffnung, 3 Bde., Frankfurt a.M. 1959

Blumenberg, H., Die Genesis der kopernikanischen Welt. Die Zweideutigkeit des Himmels Eröffnung der Möglichkeit eines Kopernikus (Suhrkamp-Taschenbuch Wissenschaft 352, 1), Frankfurt a.M. 1981

Böcher, O., Jüdischer Sternglaube im Neuen Testament, in: Wort und Wirklichkeit, Studien zur Afrikanistik und Orientalistik, Teil I, hrsg. von Otto Böcher und Günter Mayer (Eugen Ludwig Rapp zum 70. Geburtstag), Meisenheim am Glan 1976, 51–66
Boesak, A.A., Unschuld die schuldig macht. Eine sozialethische Studie über Schwarze Theologie und Schwarze Macht (engl. Farewell to Innocence, Diss., übers. von Renate Sundermeier), Hamburg 1972
Boethius, A.M.S., Liber contra Eutychen et Nestorium – PL 64,1337–1354
Boff, L., Rettung in Jesus Christus und Befreiungsprozeß, in: Concilium 10, 1974, 419–426
–, Erfahrung von Gnade: Entwurf einer Gnadenlehre, Düsseldorf 1978
Bohlin, T., Die Theologie des Pelagius und ihre Genese, Uppsala/Wiesbaden 1957
Bomann, Th., Das hebräische Denken im Vergleich mit dem griechischen, Göttingen [5]1968
Bonhoeffer, D., Sanctorum Communio, Berlin 1930
–, Widerstand und Ergebung. Briefe und Aufzeichnungen aus der Haft, hrsg. von Eberhard Bethke, München 1970
Braun, H., Die Bedeutung der Qumranfunde für das Verständnis Jesu von Nazareth (Erstmals veröffentlicht in NDH Heft 34, 1957, 155–163), in: ders., Gesammelte Studien zum Neuen Testament und seiner Umwelt, a.a.O. 86–99
–, Die chronologische Aporie der Hebräerbriefchristologie, in: imprimatur 7, 1974, 262–264
–, Gesammelte Studien zum Neuen Testament und seiner Umwelt, Tübingen [3]1971
–, Jesus. Der Mann aus Nazareth und seine Zeit (Themen der Theologie, hrsg. von J.H. Schulz, Bd.1), Stuttgart, Berlin [2]1969
–, Die Problematik einer Theologie des Neuen Testament, in: ders., Gesammelte Studien zum Neuen Testament und seiner Umwelt, a.a.O. 325–341
–, Der Sinn der neutestamentlichen Christologie (erstmals veröffentlicht in: ZThK 54, 1957, 341–377), in: ders., Gesammelte Studien zum Neuen Testament und seiner Umwelt, a.a.O. 243–282
Brennan, M., A Bibliography of Publications in the Field of Eriugenan Studies 1800–1975, in: Studi Medievali, ser. 3,18, 1977, 401–447
Breuning, W., Christologische Bemühungen in der katholischen Theologie, in: H. Dembowski, Einführung in die Christologie, a.a.O. 191–211
–, Communio Christi. Zur Einheit von Christologie und Ekklesiologie, Düsseldorf 1980
Bruls, J., Von den Missionen zu den jungen Kirchen, in: Geschichte der Kirche, hrsg. von L.J. Rogier, R. Aubert, M.D. Knowles, Bd. V/2, Einsiedeln 1977, 163–212
Buber, M., Zwei Glaubensweisen, Zürich 1950
Bürkle, H., Gegenwärtige Christuserfahrung: Aiyadurai Jesudasen Appasamy, Indien, in: Theologen der Dritten Welt, a.a.O. 115–128
Bujo, B., Welche Theologie braucht Afrika? Mit Inkulturation allein ist es nicht getan, in: Herder-Korrespondenz 37, 1983, 74–79

Bultmann, R., Die Exegese des Theodor von Mopsuestia, posthum hrsg. von Helmut Feld und Karl Hermann Schelkle, Stuttgart, Berlin, Köln, Mainz 1984

–, Geschichte der synoptischen Tradition, Göttingen [3]1957

–, γινώσκω, in: ThWNT 1,688–715

–, Jesus, Tübingen ([1]1926) 1964

–, Das Urchristentum im Rahmen der antiken Religionen (rororo-Taschenbuch 157/158), Reinbek b. Hamburg 1962

Burckhardt, J., Griechische Kulturgeschichte V. Zur Gesamtbilanz des griechischen Lebens. (Gesammelte Werke VI), Darmstadt 1956

Bussmann, C., Befreiung durch Jesus? Die Christologie der lateinamerikanischen Befreiungstheologie, München 1980

Buthelezi, M., Rettet den weißen Bruder, in: Lutherische Monatshefte 13, 1974, 81–83

Caelestin, Bischof von Rom, Epistula ad Constantinopolitanos – ACO I,2,15–20

Cäsar, Gaius Julius, Bellum Gallicum (lateinisch u. deutsch), hrsg. von G. Dorminger, München [4]1977

Calvin, J., Institutio religionis christianae (Fassungen von 1536 bis 1559), in: Corpus Reformatorum, Bde. 29 u. 30, Brunsvigae 1863 u. 1864

–, De aeterna dei praedestinatione (1552), in: CR 36,249–366

Camelot, P.-Th., Areios, in: LThK[2] 1,829.830

–, Ephesus und Chalcedon (Geschichte der ökumenischen Konzilien, hrsg. von G. Dumeige und H. Bacht, Bd. II), Mainz 1963

–, Eutyches, in: LThK[2] 3, 1213.1214

–, Proklos, in: LThK[2] 8,786

Camps, A., Theologie der Inkulturation: Duraisamy Simon Amalorpavadass, Indien, in: Theologen der Dritten Welt, a.a.O. 129–140

Canivet, P., Theodoretos, in: LThK[2] 10,32–35

Cantalamessa, R., La cristologia di Tertulliano (Paradosis. Studi di lettaratura e theologia antica, Fasc. 18), Freiburg/Schweiz 1962

Cassirer, E., Philosophie der symbolischen Formen, 2. Teil: Das mythische Denken, Darmstadt [6]1973

Chang Ch'un Shen, A.B., Dann sind Himmel und Mensch eine Einheit. Bausteine chinesischer Theologie (Theologie der Dritten Welt, hrsg. vom Missionswissenschaftlichen Institut Missio unter der Leitung von Ludwig Wiedenmann, Bd. 5), Freiburg, Basel, Wien 1984

Chenu, M.-D., Die Platonismen des XII. Jahrhunderts, in: W. Beierwaltes (Hrsg.), Platonismus in der Philosophie des Mittelalters, a.a.O. 268–316

Christologie von A. M. Ritter, L. Scheffczyk, R. Haubst, H. M. Biedermann, R. Manselli, L. Hödl, in: LMA 2, 1922–1936

Clemen, C., Die keltische Religion, in: Die Religionen der Erde. Ihr Wesen und ihre Geschichte, begründet von Carl Clemen, Bd. 2, München 1966, 83–92

Colpe, C., ὁ υἱὸς τοῦ ἀνθρώπου, in: ThWNT 8,403–481

Comte, A., Discours sur l'Esprit Positif/Rede über den Geist des Positivismus (übers., eingeleitet und hrsg. von Iring Fetscher), Hamburg 1956

–, Système de politique positive ou traité de sociologie, Instituant la Religion de l'Humanite (Bd. 1–4, Paris 1851–54), Oeuvres d'Auguste Comte, Tome VII–X, Paris, 5e edition o. J., Réimpression anastaltique Paris 1969–70.
Cone, J., God of the Oppressed, New York 1975
Conzelmann, H., Der erste Brief an die Korinther (Kritisch-exegetischer Kommentar über das Neue Testament, begründet von M. A. W. Meyer), Göttingen 1969
Cullmann, O., Die Tradition als exegetisches, historisches und theologisches Problem, Zürich 1954
Cyprian von Karthago, Epistula 58 (ep. 58) – BKV 60, 1928, 204–215
Cyrill von Alexandrien, Apologeticus ad Theodosium imperatorem (ad. Theodos.) – PG 76,454–489
–, Apologeticus pro XII capitibus contra orientales episcopos – PG 76,315–386
–, Commentarius in Lucam (comm. in Luc.) – PG 72,475–950
–, Epistula II ad Nestorium »καταφλυαροῦσι μέν« – ACO I,1,1, 25–28 (deutsch: Camelot, Texte, 225–228)
–, Epistula III ad Nestorium »τοῦ σωτῆρος ἡμῶν« – ACO I,1,1, 33–42 (deutsch: Camelot, Texte, 233–243)
–, Epistula ad successum I – ACO I,1,6,151–157
–, Epistula II contra Nestorium »Ἡ γλῶσσα μέν« – ACO I,1,6,32–52
–, Epistola 17 (ep. 17) – PG 77,105–122
–, Scholia de incarnatione Unigeniti (Scholia de incarn.) – PG 75, 1363–1413
–, Von Cyrill zurückgewiesene Lehren des Theodor von Mopsuestia, zitiert nach den Akten des Zweiten Konzils von Konstantinopel (553), 4,45, in: Mansi IX, 219

Dallmayr, H., Die großen vier Konzilien, München 1961
Dantine, W., Das Dogma im tridentinischen Katholizismus, in: C. Andresen (Hrsg.), Handbuch der Dogmen- und Theologiegeschichte, Bd. 2, a.a.O. 411–498
Dembowski, H., Einführung in die Christologie. Mit einem Beitrag von Wilhelm Breuning, Darmstadt 1976
Dempf, A., Metaphysik des Mittelalters (Nachdruck von München und Berlin 1934), München, Wien 1971
Derolez, R. L. M., Götter und Mythen der Germanen (übersetzt aus dem Holländischen, Roermond 1959), Wiesbaden 1963
Descartes, R., Principia philosophiae (1644) – Die Prinzipien der Philosophie, mit einem Anhang, übers. u. erläutert von Artur Buchenau, Hamburg 1955
Dibelius, M., Die urchristliche Überlieferung von Johannes dem Täufer (Forschungen zur Religion und Literatur des Alten und Neuen Testaments, 15. Heft), Göttingen 1911
Didache – BKV 35, 1918, 6–16
Dinzelbacher, P., und Bauer, D. R. (Hrsg.), Frauenmystik im Mittelalter, Ostfildern bei Stuttgart 1985
Dionysius Pseudo-Areopagites, Epistola IV eidem Caio monacho – PG 3,1071–1072

Döllinger, J.J.I., Heidenthum und Judenthum. Vorhalle zur Geschichte des Christenthums, Regensburg 1857

Drews, A., Geschichte des Monismus im Altertum (Synthesis. Sammlung historischer Monographien philosophischer Begriffe, Bd. V), Heidelberg 1913

Ejerfeldt, L., Germanische Religion, in: Handbuch der Religionsgeschichte, Bd. 1, a.a.O. 277–342

Elert, W., Der Ausgang der altkirchlichen Christologie. Eine Untersuchung über Theodor von Pharan und seine Zeit als Einführung in die alte Dogmengeschichte. Aus dem Nachlaß hrsg. von W. Maurer und E. Bergsträßer, Berlin 1957

Eliade, M., Geschichte der religiösen Ideen, Bd. II: Von Gautama Buddha bis zu den Anfängen des Christentums, Freiburg, Basel, Wien 1979

–, Bd. III/1: Von Mohammed bis zum Beginn der Neuzeit, Freiburg, Basel, Wien 1983

Eutyches, Verhör vor der »endemischen Synode«, zitiert nach: ACO II,1,1,137–179

Evers, G., Rezeption mit Korrektur. Wirkungen der Befreiungstheologie in Afrika und Asien, in: Herder Korrespondenz 39, 1985, 476–480

Feiner, J./Löhrer, M. s. Mysterium Salutis.

Feuerbach, L., Vorwort zur ersten Gesamtausgabe (1846), in: Sämtliche Werke, hrsg. von Wilhelm Bolin und Friedrich Jodl, Bd. 2: Philosophische Kritiken und Grundsätze, hrsg. von Friedrich Jodl, Stuttgart – Bad Cannstadt ²1959, 403–411

–, Das Wesen des Christentums (Text nach Leipzig ³1849), Stuttgart 1969

–, Vorlesungen über das Wesen der Religion, 25. Vorlesung: Gott als Wunscherfüller, in: Sämtliche Werke, hrsg. von Wilhelm Bolin und Friedrich Jodl, Bd. 8, Vorlesungen über das Wesen der Religion. Nebst Zusätzen und Anmerkungen, hrsg. von Wilhelm Bolin, Stuttgart – Bad Cannstadt ²1960, 284–294

Fillitz, H., Das Mittelalter I (Propyläen Kunstgeschichte, Bd. V), Berlin o.J. (1984?)

Fischer, H., Systematische Theologie, in: Georg Strecker (Hrsg.), Theologie im 20. Jahrhundert. Stand und Aufgaben, Tübingen 1983, 289–388

Fitzmyer, J.A., Der semitische Hintergrund des neutestamentlichen Kyriostitels, in: Georg Strecker (Hrsg.), Jesus Christus in Historie und Theologie, a.a.O. 267–298

Flavian (Flabianos) von Konstantinopel, Epistola ad Leonem (ep. 22) – ACO II,1,1,36–37

Fohrer, G., Geschichte der israelitischen Religion, Berlin 1969

Freytag, J., Theologie mit einem dritten Auge. Choan-Seng Song, Taiwan, in: Theologen der Dritten Welt, a.a.O. 141–160

Frieling, R., Befreiungstheologien (Studien zur Theologie in Lateinamerika), Göttingen 1984

Geerlings, W., Christus Exemplum. Studien zur Christologie und Christusverkündigung des Augustinus, Mainz 1978
Gerber, U., Christologische Entwürfe. Ein Arbeitsbuch, Bd. I: Von der Reformation bis zur Dialektischen Theologie, Zürich 1970
Gerlitz, P., Außerchristliche Einflüsse auf die Entwicklung des christlichen Trinitätsdogmas, Leiden 1963
Gese, H., Der Name Gottes im Alten Testament, in: Heinrich von Stietencron (Hrsg.), Der Name Gottes, a.a.O. 75–89
Giversen, S., Der Gnostizismus und die Mysterienreligionen, in: Handbuch der Religionsgeschichte, Bd. 3, a.a.O. 255–299
Glauben neu verstehen, Den, Beiträge zu einer asiatischen Theologie (Theologie der Dritten Welt, hrsg. vom Missionswissenschaftlichen Institut Missio unter der Leitung von Ludwig Wiedemann, Bd. 1), Freiburg 1981
Glüer, W., Christliche Theologie in China. T. C. Chao, 1918–1956 (Missionswissenschaftliche Forschungen, hrsg. v. der Gesellsch. f. Missionswiss., Bd. 13), Gütersloh 1979
Gögler, R., Theophilos, in: $LThK^2$ 10,88.89
Goemans, M., Chalkedon als »Allgemeines Konzil«, in: A. Grillmeier, H. Bacht (Hrsg.), Das Konzil von Chalkedon Bd. 1, a.a.O. 251–289
Goldammer, K., Die Religion der Kelten, in: F. Heiler, Die Religionen der Menschheit in Vergangenheit und Gegenwart, Stuttgart ^{2}1962, 542–551
Golther, W., Handbuch der germanischen Mythologie (unveränd. Nachdruck der revidierten Ausgabe von 1908), Stuttgart o. J. (1984?)
Gottschalk von Orbais, Confessio prolixior – PL 121, 349–366
–, Epistola ad Ratramnum – PL 121,367–372
Grabmann, M., Die Geschichte der Katholischen Theologie seit dem Ausgang der Väterzeit (unveränd. Nachdruck von ^{1}1933), Darmstadt ^{2}1961
–, Mittelalterliches Geistesleben. Abhandlungen zur Geschichte der Scholastik und Mystik, München 1926
Gregor von Nazianz, Epistula ad Cledonium presbyterum contra Apollinarium (ep. 101) – PG 37,175–193
–, Oratio II (or. 2) – PG 35.407–514
–, Oratio XX (or. 20) – PG 35,1065–1080, deutsch BKV 59, 1928, 404–414
–, Oratio XXII (or. 22) – PG 35,1131–1152
–, Oratio XXIX (or. 29) – PG 36,73–104
–, Oratio XXXVII (or. 37) – PG 36,231–308
Gregor von Nyssa, Antirrheticus adversus Apollinarem – PG 45,1123–1278
–, Oratio catechetica magna (Or. catech.) – PG 45,9–106
Gregory, T., Vom Einen zum Vielen (Zur Metaphysik des Johannes Scotus Eriugena), in W. Beierwaltes (Hrsg.), Platonismus in der Philosophie des Mittelalters, a.a.O. 343–365
Greshake, G., Gnade als konkrete Freiheit. Eine Untersuchung zur Gnadenlehre des Pelagius, Mainz 1972
–, Der Wandel der Erlösungsvorstellungen in der Theologiegeschichte, in: Leo Scheffczyk (Hrsg.), Erlösung und Emanzipation, a.a.O., 69–101
Grillmeier, A., Jesus Christus im Glauben der Kirche, Bd. 1: Von der Apostolischen Zeit bis zum Konzil von Chalkedon (451), Freiburg, Basel, Wien 1979

–, Das Scandalum oecumenicum des Nestorius in kirchlich-dogmatischer und theologiegeschichtlicher Sicht, in: Scholastik 36, 1961, 321–356

–, Vorbereitung des Mittelalters. Eine Studie über das Verhältnis von Chalkedonismus und Neu-Chalkedonismus in der lateinischen Theologie von Boethius bis zu Gregor dem Großen, in: H. Bacht/A. Grillmeier (Hrsg.), Das Konzil von Chalkedon, Bd. II, a.a.O. 791–839

–, Die Wirkung des Heilshandelns Gottes in Christus, in: Mysterium Salutis, Bd. III, 2, a.a.O. 327–391

– /*Bacht, H.* (Hrsg.), Das Konzil von Chalkedon. Geschichte und Gegenwart, 3 Bde. Würzburg ([1]1951–54) [4]1973.

– /*Rahner, H.,* Monotheletismus, S. Rahner, H.

Gross, J., Entstehungsgeschichte des Erbsündendogmas. Von der Bibel bis Augustinus (Geschichte des Erbsündendogmas, Bd. I), München, Basel 1960

Großmann, S., Weibliche Religiosität – Gott oder Göttin, in: Fiscella Theologiae, Beiträge aus dem Institut für Evangelische Theologie der Universität Saarbrücken für Prof. em. Dr. Ulrich Mann zur Vollendung seines 70. Lebensjahres, Saarbrücken 1985, 7–24

Grundmann, W., δεῖ, in: ThWNT 2,21–25

Gutierrez, M. G., Die historische Macht der Armen, München, Mainz 1984

–, Theologie der Befreiung, München–Mainz [8]1985

Haag, H., Biblische Schöpfungslehre und kirchliche Erbsündenlehre (Stuttgarter Bibelstudien 10), Stuttgart 1966

Hägglund, B., Geschichte der Theologie. Ein Abriß (Schwedische Originalausgabe »Teologins Historia. En Dogmhistorisk Översikt«, Lund o. J., übers. von Alfred Otto Schwede), München 1983

Häring, N. M., Die Erschaffung der Welt und ihr Schöpfer nach Thierry von Chartres und Clarenbaldus von Arras, in: W. Beierwaltes (Hrsg.), Platonismus in der Philosophie des Mittelalters, a.a.O. 161–267

Hahn, F., Christologische Hoheitstitel. Ihre Geschichte im frühen Christentum, Göttingen [3]1966

Haller, J., Das Papsttum. Idee und Wirklichkeit, Bd. I: Die Grundlagen (Fowohlts deutsche enzyklopädie, hrsg. von E. Grass, Bd. 221/222), Reinbeck 1965

Halleux, A. de, La définition christologique à Chalcédoine, in: Rev. Théol. Louv. 7, 1976, 3–23, 155–170

Handbuch der Religionsgeschichte, hrsg. von Asmussen, J. P. und Laessøe, J. in Verbindung mit C. Colpe, Bde. 1–3, Göttingen 1971–1975

Harder, R., Plotins Schriften, Bd. VI: Indices. Verbunden mit einem Überblick über Plotins Philosophie und Lehrweise. Unter Mitwirkung von Gerard O'Daly, Hamburg 1971 (vgl. Plotin)

Harding, V., Black Power and the American Christ, in: Floyd B. Barbour (Hrsg.), The Black Power Revolt, Boston 1969

Harnack, A. von, Beiträge zur Einleitung in das Neue Testament, II: Sprüche und Reden Jesu, Leipzig 1907

–, Lehrbuch der Dogmengeschichte, Bd. 1: Die Entstehung des kirchlichen Dogmas; Bd. 2: Die Entwicklung des kirchlichen Dogmas I; Bd. 3: Die Entwicklung des kirchlichen Dogmas II/III (reprograph. Nachdruck von [4]1909/1910), Darmstadt 1964
Hasenhüttl, G., Kritische Dogmatik, Graz, Wien, Köln 1979
Haubst, R., Christologie, B. Lateinischer Westen: III. Spätscholastik, in: LMA 2,1928–1931
Heil, W., Adoptianismus, in: LMA 1,162–163
Helmer, S., Der Neuchalkedonismus, Diss. Bonn 1962
Hendrikx, E., Augustinus, in: LThK[2] 1, 1094–1101
Hengel, M., Die christologischen Hoheitstitel im Urchristentum. Der gekreuzigte Gottessohn, in: Heinrich von Stientencron (Hrsg.), Der Name Gottes, a.a.O. 90–111
–, Der Sohn Gottes. Die Entstehung der Christologie und die jüdisch-hellenistische Religionsgeschichte, Tübingen 1975
Hensen, P.J., Die römische Religion, in: Handbuch der Religionsgeschichte, Bd. 3, a.a.O. 219–253
Herausgefordert durch die Armen. Dokumente der ökumenischen Vereinigung von Dritte-Welt-Theologen 1976–1983 (Theologie der Dritten Welt, hrsg. vom Missionswissenschaftlichen Institut Missio unter der Leitung von Ludwig Wiedenmann, Bd. 4), Freiburg, Basel, Wien 1983
Hieronymus, Epistula 84 (ad Pammachium et Oceanum) – CSEL 55,121–134
Hippolyt von Rom, Elenchos X (deutsch: Die Widerlegung aller Häresien, Buch X) – BKV 40, 1922, 266–291
Hirschberger, J., Geschichte der Philosophie, Bd. 1: Altertum und Mittelalter, Freiburg [3]1957
Hirt des Hermas, – SCh 53bis, 1958
Hödl, L., Christologie. D. Christologische Häresien, in: LMA 2,1935–1936
Holl, K., Amphilochius von Ikonium in seinem Verhältnis zu den großen Kappadoziern (unveränd. reprogr. Nachdruck der Ausgabe Tübingen und Leipzig 1904), Darmstadt 1969
Horkheimer, M., Kritische Theorie, Bd. I, Frankfurt 1968
Hornig, G., Lehre und Bekenntnis im Protestantismus, in: Carl Andresen (Hrsg.), Handbuch der Dogmen- und Theologiegeschichte, Bd. 3, a.a.O. 71–287
Huber, C., Logos, in: LThK[2] 6,1125–1128
Huber, J., Johannes Scotus Eriugena. Ein Beitrag zur Geschichte der Philosophie und Theologie im Mittelalter, München 1861
Hummel, G., Geschichte und Wesen der iroschottischen Mönchskirche, in: Die Karawane (Ludwigsburg) 25, 1984, Heft 1, 10–44
Hunke, S., Glauben und Wissen. Die Einheit europäischer Religion und Naturwissenschaft, Düsseldorf, Wien 1979

Ibas von Edessa, Thesen gemäß Zeugenaussagen auf dem Konzil von Ephesus 449 – Akten der Ephesinischen Synode vom Jahre 449. Syrisch mit Georg Hoffmanns deutscher Übersetzung und seinen Anmerkungen, hrsg. von Johannes Flemming (Abhandlungen der Akademie der Wissenschaften in

Göttingen, Philologisch-historische Klasse, Neue Folge, Bd. 15, Nr. 1, Unveränd. Nachdruck der Auflage Berlin 1917), Göttingen 1970, 41–45
Idowu, E.B., The Predicament of the Church in Africa, in: C.G. Baëta, Christianity in Tropical Africa, London 1968, 417–437
Ignatius von Antiochien, Brief an die Epheser (ad Eph.) – ed. Fischer, 142–161
–, Brief an die Magnesier (ad. Magn.) – ed. Fischer, 162–171
–, Brief an die Philadelphier (ad. Philad.) – ed. Fischer 194–203
–, Brief an Polykarp (ad Polyk.) – ed. Fischer 217–225
–, Brief an die Römer (ad Rom.) – ed. Fischer, 183–193
Instruktion der Kongregation für die Glaubenslehre über einige Aspekte der »Theologie der Befreiung« vom 6. 8. 1984, nach: Verlautbarungen des Apostolischen Stuhls, Nr. 57, hrsg. vom Sekretariat der Deutschen Bischofskonferenz
Irenaeus Comes, Bischof von Tyrus, Tragoedia – ACO I,4,2,25–27
Irenäus von Lyon, Adversus haereses (adv. haer.) – W.W. Harvey, Sancti Irenaei episcopi Lugdunensis Libros quinque adversus haereses, Bd. 1 (Buch I,II) u. Bd. 2 (Buch III–V), Cantabrigiae 1857 (ed. Harvey)
deutsch: BKV 3, 1912 (Buch I–III); BKV 4, 1912 (Buch IV.V)
Iwand, H.J., Rechtfertigungslehre und Christusglaube. Eine Untersuchung zur Systematik der Rechtfertigungslehre Luthers in ihren Anfängen (unveränd. reprogr. Nachdruck von Leipzig [1]1930), Darmstadt [2]1961

Jacob, E.G., Grundzüge der Geschichte Afrikas (Grundzüge, Bd. VII), Darmstadt 1966
Jäger, W., Paideia. Die Formung des griechischen Menschen (Photomechanischer Nachdruck – der ursprünglich 3 Bde. – in einem Band, Bd. I: [1]1933, Bd. II: [1]1944, Bd. III: [1]1947), Berlin, New York 1973
Jedin, H., Geschichte des Konzils von Trient, Bd. II: Die erste Trienter Tagungsperiode 1945/47, Freiburg 1957
Jesus und der Menschensohn, Festschrift für Anton Vögtle, hrsg. von R. Pesch und R. Schnackenburg in Zusammenarbeit mit O. Kaiser, Freiburg, Basel, Wien 1975
Johannes Chrysostomus, Adversus Anomoeos. Homilia septima (adv. Anomoeos hom. 7) – PG 48,755–766
–, Homiliae XV in Epistolam ad Philippenses – PG 62,177–298
–, Homiliae LXXXVIII in Joannem – PG 59,23–484
–, In quatriduanum Lazarum (in quatrid. Lazarum) – PG 50,641–644
Johannes Scottus Eriugena, De divina praedestinatione – PL 122,355–440
–, De divisione naturae – PL 122,441–1022; übers.: Johannes Scotus Erigena, Über die Eintheilung der Natur. Übersetzt u. mit einer Schluß-Abhandlung von L. Noack (Philosophische Bibliothek oder Sammlung der Hauptwerke der Philosophie alter und neuer Zeit, Bd. 40), Berlin 1870: erste Abtheilung Buch 1–3; Berlin 1874: zweite Abtheilung, Buch 4 – Schluß des Werkes.
Jolivet, J., Godescalc d'Orbais et la trinité. La méthode de la théologie a l'époque Carolienne (Etudes de philosophie médiévale, Directeur: Etienne Gilson, XLVII), Paris 1958
Jouassard, G., Paulos von Samosata, in: LThK[2] 8,213

Justin, Apologet, Apologia pro christianis ad Antoninum Pium (apol.) – ed. Otto, Bd. I,1
–, Dialogus cum Iudaeo Tryphone (dial.) – BKV 33, 1917, 1–234

Kähler, E., Prädestination, III. Dogmengeschichtlich, in: RGG³ 5,483–487
Käsemann, E., Amt und Gemeinde im Neuen Testament, in: ders., Exegetische Versuche und Besinnungen, Bd. 1, a.a.O. 109–134
–, Die Anfänge christlicher Theologie (erstmals veröffentlicht in: ZThK 57, 1960, 162–185), in: ders., Exegetische Versuche und Besinnungen, Bd. 2, a.a.O. 82–104
–, Begründet der neutestamentliche Kanon die Einheit der Kirche? (in deutscher Sprache erstmals veröffentlicht in: Neue Zeitschrift für Systematische Theologie 4, 1962, 220–242), in: ders., Das Neue Testament als Kanon, a.a.O. 134–158
–, Exegetische Versuche und Besinnungen, Bd. 1, Göttingen 1960, Bd. 2, Göttingen ³1968
–, Kritische Analyse, in: ders. (Hrsg.), Das Neue Testament als Kanon, a.a.O. 336–398
–, (Hrsg.), Das Neue Testament als Kanon. Dokumentation und kritische Analyse zur gegenwärtigen Situation, Göttingen 1970
–, Paulus und der Frühkatholizismus (erstmals veröffentlicht in: ZThK 60, 1963, 75–89), in: ders., Exegetische Versuche und Besinnungen Bd. 2, a.a.O. 239–252
–, Sätze heiligen Rechtes im Neuen Testament (erstmals veröffentlicht in: NTSt 1, 1954/55, 248–260), in: ders., Exegetische Versuche und Besinnungen Bd. 2, a.a.O. 69–82
–, Zum Thema der urchristlichen Apokalyptik (erstmals veröffentlicht in ZThK 59, 1962, 257–284), in: ders., Exegetische Versuche und Besinnungen Bd. 2, a.a.O. 105–131
Kant, I., Beantwortung der Frage: Was ist Aufklärung? (1783), in: Werke, Bd. 9, hrsg. von Wilhelm Weischedel, Darmstadt 1968, 53–61
Kasper, W., Jesus der Christus, Mainz 1974
Katholischer Erwachsenenkatechismus. Das Glaubensbekenntnis der Kirche, hrsg. von der deutschen Bischofskonferenz, Verlage der Verlagsgruppe engagement 1985
Kelly, J. N. D., Altchristliche Glaubensbekenntnisse, Geschichte und Theologie (aus dem Englischen übers. von Klaus Dockhorn), Göttingen ³1972
Kertelge, K., Jesus als Befreier, in: H. Bettscheider (Hrsg.), Theologie und Befreiung, a.a.O. 85–103.
Keßler, H., Erlösung als Befreiung, Düsseldorf 1972
–, Sucht den Lebenden nicht bei den Toten. Die Auferstehung Jesu in biblischer, fundamentaltheologischer und systematischer Sicht, Düsseldorf 1985
Klapper, J. (Hrsg.), Erzählungen des Mittelalters in deutscher Übersetzung und lateinischem Urtext (Nachdruck von Breslau 1914), Hildesheim, New York 1978
Kleinknecht, H., εἰκών, C. Der griechische Sprachgebrauch von εἰκών, in: ThWNT 2,386,387

–, θεός, A. Der griechische Gottesbegriff, in: ThWNT 3,65–79
Klemensbrief, Erster, ed. Fischer, 24–107
Klemens von Alexandrien, Stromata (deutsch: Teppiche wissenschaftlicher Darlegungen entsprechend der wahren Religion), Buch IV–VI – BKV 2. Reihe, Bd. 19, 1937
Koch, H. G., Neue Wege in der Christologie? Zu einigen christologischen Neuerscheinungen, in: Herder Korrespondenz 29, 1975, 412–418
Koch, J., Augustinischer und Dionysischer Neuplatonismus und das Mittelalter, in: W. Beierwaltes (Hrsg.), Platonismus in der Philosophie des Mittelalters, a.a.O. 317–342
Köpf, U., Bernhard von Clairvaux in der Frauenmystik, in: P. Dinzelbacher u. D. R. Bauer (Hrsg.), Frauenmystik im Mittelalter, a.a.O. 48–77
Kretschmar, G., Studien zur frühchristlichen Trinitätstheologie (Beiträge zur historischen Theologie, hrsg. von Gerhard Ebeling, 21), Tübingen 1956
Kühner, K., Augustin's Anschauung von der Erlösungsbedeutung Christi im Verhältnis zur voraugustin'schen Erlösungslehre bei den griechischen und lateinischen Vätern (Diss.), Heidelberg 1890
Kümmel, W. G., Das Verhalten Jesus gegenüber und das Verhalten des Menschensohns. Markus 8,38 par und Lukas 12,3f par Matthäus 10,32f., in: Jesus und der Menschensohn, a.a.O. 210–224
Küng, H., Christsein, Zürich [1]1974
–, Der Frühkatholizismus im Neuen Testament als kontroverstheologisches Problem (erstmals veröffentlicht in: ThQ 142, 1962, 385–416), in: Ernst Käsemann (Hrsg.), Das Neue Testament als Kanon, a.a.O. 175 bis 204
–, Rechtfertigung. Die Lehre Karl Barths und eine katholische Besinnung. Mit einem Geleitbrief von Karl Barth, Einsiedeln 1957
–, Was ist wahre Religion? Versuch einer ökumenischen Kriteriologie, in: imprimatur 18, 1985, 260–266; 304–311, und 19, 1986, 14–19
– / *Lapide, P.*, Jesus im Widerstreit. Ein jüdisch-christlicher Dialog, Stuttgart, München 1976
Kuhn, H.-W., Enderwartung und gegenwärtiges Heil. Untersuchungen zu den Gemeindeliedern von Qumran. Mit einem Anhang über Eschatologie und Gegenwart in der Verkündigung Jesu, Göttingen 1966
Kungfutse (Konfutius), Gespräche. Lun Yü (Die Philosophie Chinas), übertragen und erläutert von Richard Wilhelm, Düsseldorf, Köln ([1]1955) 1976
Kupisch, K., Kirchengeschichte, Bd. II, Stuttgart, Berlin, Köln, Mainz 1974

Lakner, F., Satisfaktionstheorien, in: LThK[2] 9,341–343
Landgraf, A. M., Dogmengeschichte der Frühscholastik, 2. Teil: Die Lehre von Christus, Regensburg, Bd. I, 1953, Bd. II, 1954
Lang, F., Erwägungen zur eschatologischen Verkündigung Johannes des Täufers, in: Georg Strecker (Hrsg.), Jesus Christus in Historie und Theologie, a.a.O. 459–473
Langosch, K., Lateinisches Mittelalter. Einleitung in Sprache und Literatur, Darmstadt [4]1983
Laotse, Tao te king. Das Buch der Alten vom Sinn und Leben (Die Philosophie

Chinas), übertragen und erläutert von Richard Wilhelm, Düsseldorf, Köln ([1]1957) 1976
Lechner, J., Liturgik des Römischen Ritus (begründet von Ludwig Eisenhofer), Freiburg [6]1953
Lengyel, L., Das geheime Wissen der Kelten, enträtselt aus druidisch-keltischer Mystik und Symbolik (übers. aus Franz.: Secret des Celtes, 1969), Freiburg i. B. [2]1981
Leo I., Papst, Epistola 29 »ad Theodosium Augustum« – PL 54,781–784
–, Epistola 35 »ad Julianum episcopum coensem.« – PL 54,803–810
–, Epistula 95 »ad Pulcheriam« (ep. 95) – ACO II,4,50–51
–, Tomus ad Flavianum (= ep. 28) – ACO II,2,1,24–33 (deutsche Übersetzung in: Camelot, Texte, 251–259)
Leontius von Byzanz, Contra Nestorianos et Eutychianos (c. Nest. et Eutych.) – PG 86/I,1267–1358
Le Roux-Guyonvarc'h, F., Keltische Religion, in: Handbuch der Religionsgeschichte, Bd. 1, a.a.O. 245–276
Lessing, G.E., Über den Beweis des Geistes und der Kraft: Werke, Bd. 8: Theologiekritische Schriften III, Philosophische Schriften, hrsg. v. H.G. Göpferl, München 1979, 9–14
Leys, R., Nestorianismus, in: LThK[2] 7,885–888
Liebaert, J., Christologie. Von der Apostolischen Zeit bis zum Konzil von Chalcedon (451), mit einer biblisch-christologischen Einleitung von P. Lamarche SJ (Handbuch der Dogmengeschichte, hrsg. von Michael Schmaus und Alois Grillmeier, Bd. III, Faszikel 1 a), Freiburg, Basel, Wien 1965
Lienhard, M., Martin Luthers christologisches Zeugnis. Entwicklungen und Grundzüge seiner Christologie (gekürzte, von Robert Wolff übers. französ. Habil-Schrift »Luther, Témoin de Jésus-Christ«, Paris 1973), Göttingen [1]1980
Lietzmann, H., Apollinaris von Laodicea und seine Schule. Texte und Untersuchungen I, Tübingen 1904
Lindemann, A., Jesus in der Theologie des Neuen Testaments, in: Georg Strekker (Hrsg.), Jesus Christus in Historie und Theologie, a.a.O. 27–57
Linnemann, E., Zeitansage und Zeitvorstellung in der Verkündigung Jesu, in: Georg Strecker (Hrsg.), Jesus Christus in Historie und Theologie, a.a.O. 237–263
Löwe, Heinz (Hrsg.), Die Iren und Europa im frühen Mittelalter (Veröffentlichungen des Europa-Zentrums Tübingen. Kulturwissenschaftliche Reihe, hrsg. von Michael Bosch, Helmut Feld u. Gerd Schulten), 2 Teilbände, Stuttgart 1982
Loofs, F., Pelagius und der pelagianische Streit, in: Realencyklopädie für protestantische Theologie und Kirche, Bd. 15, hrsg. von A. Hauck, [3]1904, 747–774
Lorenz, R., Arius judaizans? Untersuchungen zur dogmengeschichtlichen Einordnung des Arius, Göttingen 1980
Lubac, H. Kardinal de, Über Gott hinaus. Tragödie des atheistischen Humanismus (übers. von E. Steinacker), Einsiedeln 1984
Luhmann, N., Die Organisierbarkeit von Religion und Kirchen, in: J. Wössner

(Hrsg.), Religion im Umbruch. Soziologische Beiträge zur Situation von Religion und Kirche in der gegenwärtigen Gesellschaft, Stuttgart 1972, 245–285

Luther, M., Ad librum eximii Magistri Nostri, Magistri Ambrosii Catharini defensoris Silvestri Prieratis acerrimi, responsio, in: WA 7,705–778

–, Adventspostille: Das Evangelium am ersten sontag des Addvents (Matth 21,1–9), in: WA 10,I,2,21–62

–, Brief an Georg Spenlein, in: WA Br 1,35–36

–, De captivitate Babylonica ecclesiae praeludium, in: WA 6,497–573

–, Dictata super Psalterium: Scholae: psalmus XCI, in WA 4,81–84

–, Dictata super Psalterium: Glossa: Psalmus C, Scholae: Psalmus C, in: WA 4,127–140

–, Die Disputation de divinitate et humanitate Christi, in: WA 39,II,97–121

–, Enaratio 53. capitis Esaiae, in: WA 40,III,683–746

–, Großer Katechismus, in: Luthers Werke in Auswahl. Unter Mitwirkung von Albert Leitzmann hrsg. von Otto Clemen, Vierter Band: Schriften von 1529–1545, Berlin [6]1967, 1–99

–, In epistulam Pauli ad Galatas commentarius (1519), in: WA 2,437–618

–, In epistulam S. Pauli ad Galatas commentarius (1531) 1535, in: WA 40,I,24–688

–, Kirchenpostille: Epistell am newen Jar tag ad Galatas 3 (Gal 3,23–29), in: WA 10,I,1,449–503

–, Kirchenpostille: Das Evangelium am tage der heyligen drey kůnige. Matthei II (Matth 2,1–12), in: WA 10,I,1,555–728

–, Kirchenpostille: Zu der frue Christmeß Epistell Pauli Tit III (Tit 3,4–7), in: WA 10,I,1,95–128

–, Kleiner Katechismus, in: Die Bekenntnisschriften der evangelisch-lutherischen Kirche, hrsg. im Gedenkjahr der Augsburger Konfession, 1930, Göttingen [3]1963, 501–541

–, (Predigten des Jahres 1522): Ein Sermon am Sonnabendt oder Sampstag vor Reminiscere, in: WA 10,III,55–58

–, (Predigten des Jahres 1522): Sermon von der Tröstung des heiligen Geistes in der Verfolgung, in: WA 10,III,147–155

–, (Predigten des Jahres 1522): Sermon von Sünde, Gerechtigkeit und Urteil, in: WA 10,III,124–133

–, (Predigten des Jahres 1523): Sermon von den sieben Broten, in: WA 12,632–639

–, Schmalkaldische Artikel (1538), in: Luthers Werke in Auswahl, Bd. IV, a.a.O. 292–320

–, Sermo de duplici iustitia, in: WA 2,145–152

–, Sommerpostille: Ein ander Sermon auff den Ostertage über das Evangelion Marci XVI (Mark 16,1–8), in: WA 10,I,2,218–225

–, Wider den Löwener Theologen Latomus, in: Martin Luther, Ausgewählte Werke, hrsg. von H. H. Borcherdt u. G. Merz, Ergänzungsreihe, Bd. 6 (übers. von Robert Frick), München [3]1961

Lutz, H., Zwischen Habsburg und Preußen. Deutschland 1815–1866, Berlin 1985

Luz, U., Das Jesusbild der vormarkinischen Tradition, in: Georg Strecker (Hrsg.), Jesus Christus in Historie und Theologie, a.a.O. 347–374
Luz, U., Zwischen Christentum und Buddhismus: Seiichi-Yagi, Japan. Christliche Theologie im Kontext buddhistischen Denkens, in: Theologen der Dritten Welt, a.a.O. 161–178

Manselli, R., Christologie. D. Christologische Häresien, in LMA 2, 1934–1935
Manzanera, M., Theologie der Befreiung. Ansatzpunkt-Ziel-Methode, in: H. Bettscheider (Hrsg.), Theologie und Befreiung, a.a.O., 39–73
Marcus Aurelius Antoninus, Selbstbetrachtungen, übertragen u. mit Einleitung von W. Capelle (Kröners Taschenausgabe, Bd. 4), Stuttgart [10]1963
Marcus, W., Der Subordinatianismus als historiologisches Phänomen. Ein Beitrag zu unserer Kenntnis von der Entstehung der altchristlichen ›Theologie‹ und Kultur unter besonderer Berücksichtigung der Begriffe OIKONOMIA und THEOLOGIA, München 1963
Martin, A. von, Kultursoziologie des Mittelalters, in: Handwörterbuch der Soziologie, Stuttgart 1931, 370–390
Marx, K., Nationalökonomie und Philosophie, in: Die Frühschriften, hrsg. von Siegfried Landshut, Stuttgart 1964, 225–316
–, Zur Kritik der Hegelschen Rechtsphilosophie, ebd. 207–224
Maurer, W., Die Anfänge von Luthers Theologie, in: ThLZ 77, 1952, 1–12
Mbiti, J.S., Afrikanische Religion und Weltanschauung (aus dem Engl. übers. von W.F. Feuser), Berlin, New York 1974
Metz, J.B., Christliche Anthropozentrik. Über die Denkform des Thomas von Aquin, München 1962
–, Erlösung und Emanzipation, in: Leo Scheffczyk (Hrsg.), Erlösung und Emanzipation, a.a.O. 120–140
Michael, W.F., Das deutsche Drama des Mittelalters (Grundriß der germanischen Philologie 20), Köln, New York 1971
Möhler, J.A., Athanasius der Große und die Kirche seiner Zeit (1827), Frankfurt [2]1973
Molitor, J., Grundbegriffe der Jesusüberlieferung im Lichte ihrer orientalischen Sprachgeschichte, Düsseldorf 1968
Moltmann, J., Der gekreuzigte Gott. Das Kreuz Christi als Grund und Kritik christlicher Theologie, München 1972
–, Theologie der Hoffnung. Untersuchungen zur Begründung und zu den Konsequenzen einer christlichen Eschatologie, München [8]1969
Mühlen, H., Die abendländische Seinsfrage als der Tod Gottes und der Aufgang einer neuen Gotteserfahrung, Paderborn [2]1968
Mühlenberg, E., Appolinaris von Laodicea (Forschung zur Kirchen- und Dogmengeschichte, Bd. 23), Göttingen 1969
–, Dogma und Lehre im Abendland. Erster Abschnitt: Von Augustinus bis Anselm von Canterbury, in: C. Andresen (Hrsg.) Handbuch der Dogmen- und Theologiegeschichte, Bd. 1, a.a.O. 406–566
Mysterium Salutis, Grundriß heilsgeschichtlicher Dogmatik, hrsg. von J. Feiner und M. Löhrer, Bd. II: Die Heilsgeschichte vor Christus, Einsiedeln,

Zürich, Köln 1967; Bd. III/1: Das Christusereignis, Einsiedeln, Zürich, Köln 1970; Bd. III/2: Das Christusereignis, Einsiedeln, Zürich, Köln 1969.

Nack, E., Germanien. Länder und Völker der Germanen, Wien, Heidelberg ²1977

Neotestamentica et patristica. Eine Freundesgabe für Oscar Cullmann (Supplements to Novum Testamentum, Vol. VI), Leiden 1962

Nestorius, Epistula ad Caelestinum papam urbis Romae (ep. ad Caelestinum 2) – ACO I,2,12–14

–, Epistula altera ad Cyrillum (ep. II ad Cyrill.) – ACO I,1,1,29–32 (deutsche Übers.: Camelot, Texte, 228–232)

–, Sermo (= 1. Predigt gegen das theotókos) – ACO I,5,29–30

Neuser, W., Dogma und Bekenntnis in der Reformation: Von Zwingli und Calvin bis zur Synode von Westminster, in: C. Andresen (Hrsg.), Handbuch der Dogmen- und Theologiegeschichte, Bd. 2, a.a.O. 167–352

Niederwimmer, K., Jesus, Göttingen 1968

Nietzsche, F., Wille zur Macht, in: Sämtliche Werke in zwölf Bänden, Bd. IX, ausgewählt und geordnet von Peter Gast unter Mitwirkung von Elisabeth Förster-Nietzsche, Stuttgart 1964

Nilsson, M. P, Geschichte der griechischen Religion. Bd. 2: Die hellenistische und römische Zeit, München ³1974

Noelle, H., Die Kelten, Bergisch Gladbach ²1980

Obrist, W., Die Mutation des Bewußtseins. Vom archaischen zum heutigen Selbst- und Weltverständnis, Bern, Frankfurt a. M., Las Vegas 1980

Oduyoye, A., Christliches Engagement im heutigen Afrika – Aufgaben einer werdenden afrikanischen Theologie. Panafrikanische Konferenz von Dritte-Welt-Theologen, Accra, Ghana, 17.–23. Dezember 1977, in: Herausgefordert durch die Armen, a.a.O., 47–62

Offermanns, H., Der christologische und trinitarische Personbegriff der frühen Kirche. Ein Beitrag zum Verständnis von Dogmenentwicklung und Dogmengeschichte (Europäische Hochschulschriften, Reihe XXIII, Theologie, Bd. 58), Bern, Frankfurt a. M. 1976

Ohlig, K.-H., Braucht die Kirche einen Papst? Umfang und Grenzen des päpstlichen Primats, Düsseldorf, Mainz 1973

–, Buchbesprechung: Das Neue Testament als Kanon. Dokumentation und kritische Analyse zur gegenwärtigen Diskussion, hrsg. von Ernst Käsemann, Göttingen 1970, in: ThR 69, 1973, 100–104

–, Dogma, Hierarchie und kritisches Bewußtsein, in: Walter Weymann-Weyhe (Hrsg.), Offene Kirche. Analysen zur Situation – Modell der Praxis, Düsseldorf 1974, 15–42

–, Gott – eine Hoffnung. Theologische Meditationen, Düsseldorf 1972

–, Gottessohnschaft. Offene Fragen in der Kirche, in: Josef Blank/Gotthold Hasenhüttl, Glaube an Jesus Christus, a.a.O. 64–89

–, Impulse zu einer »Christologie von unten« bei Karl Rahner, in: Wagnis Theologie. Erfahrungen mit der Theologie Karl Rahners, hrsg. von Herbert Vorgrimler, Freiburg, Basel, Wien 1979, 259–273

–, Jesus, Entwurf zum Menschsein. Überlegungen zu einer Fundamental-Christologie, Stuttgart 1974
–, Die theologische Begründung des neutestamentlichen Kanons in der alten Kirche, Düsseldorf 1972
–, Trinität, in: Meyers Enzyklopädisches Lexikon Bd. 23, Mannheim, Wien, Zürich 1978, 709.710
–, Was muß der Katholik glauben? Über die Prinzipien der katholischen Wahrheitsfindung, in: imprimatur 16, 1983, 70–74; 106–109; 139–143; 190–193; 228–230; 278–280; 315–320
–, Die Welt ist Gottes Schöpfung. Kosmos und Mensch in Religion, Philosophie und Naturwissenschaft, Mainz 1984
–, Woher nimmt die Bibel ihre Autorität? Zum Verhältnis von Schriftkanon, Kirche und Jesus, Düsseldorf 1970
–, /*Schuster, H.*, Blockiert das katholische Dogma die Einheit der Kirchen?, Düsseldorf 1971
Origenes, Adversus Celsum (adv. Cels.) – deutsch: Acht Bücher gegen Celsus, BKV 52, 1926; 53, 1927
–, De principiis (de princ.), ed. Görgemanns
–, Entretien avec Héraclide, SCh 67, 1960
Ortiz de Urbina, I., Nizäa und Konstantinopel (Geschichte der ökumenischen Konzilien, hrsg. von Gervais Dumeige und Heinrich Bacht, Bd. I), Mainz 1964
–, Nicaeno-Konstantinopolitanisches Glaubensbekenntnis, in: LThK² 7,938–940
–, Das Glaubenssymbol von Chalcedon – sein Text, sein Werden, seine dogmatische Bedeutung, in: A. Grillmeier/H. Bacht (Hrsg.), Das Konzil von Chalkedon Bd. 1, a.a.O. 389–418
Ott, L., Grundriß der katholischen Dogmatik, Freiburg ⁴1959
Overbeck, F., Vorgeschichte und Jugend der mittelalterlichen Scholastik. Eine kirchenhistorische Vorlesung. Aus dem Nachlaß hrsg. von C.A. Bernoulli (unveränderter reprograph. Nachdruck von Basel 1917), Darmstadt 1971

Pannenberg, W., Grundzüge der Christologie, Gütersloh 1964
Paulsen, H., Studien zur Theologie des Ignatius von Antiochien (Forschungen zur Kirchen- und Dogmengeschichte, Bd. 29), Göttingen 1978
Pelagius, Epistula ad Demetriadem (ep. ad Demet.) – PL 30,15–45
–, Expositiones XIII epistularum Pauli, hrsg. von A. Souter, Epositions of thirteen epistles of St. Paul, II, Cambridge 1926
–, Liber de induratione cordis Pharaonis, Textrezension von G. Morin, in: G.D. Plinval, Essai sur le style et la langue de Pélage, Freiburg 1947, 137–203
Pesch, Ch., Nestorius als Irrlehrer, Paderborn 1921
Pesch, R., Das Markusevangelium, I. Teil: Einleitung und Kommentar zu Kap. 1,1–8,26 (Herders Theologischer Kommentar zum Neuen Testament, Bd. II), Freiburg, Basel, Wien ¹1976
–, Zur Entstehung des Glaubens an die Auferstehung Jesu, in: ThQ 153, 1973, 201–228

Pieris, A., S.J., Asiens Kampf um volle Menschlichkeit – unterwegs zu einer relevanten Theologie, in: Herausgefordert durch die Armen, a.a.O. 63–78
Plinval, G. de, Pélage. Ses écrits, sa vie et sa réforme. Etude d'histoire littéraire et religieuse, Lausanne, Genève, Neuchâtel, Vevey, Montreux, Berne, Bâle 1943
Plotin, Enneaden – Plotins Schriften (griechisch-deutsch), übers. u. mit Anmerkungen von Richard Harder (z. T. fortgeführt von R. Beutler u. W. Theiler), Bde I–V, Bd. VI: Indices (unter Mitwirkung von G. O'Daly), Hamburg 1956–1971
Pröpper, Th., Erlösungsglaube und Freiheitsgeschichte. Eine Skizze zur Soteriologie, München 1985
Proklus, Patriarch von Konstantinopel, Sermo de dogmate incarnationis – PG 65,841–844
–, Tomus ad Armenios – ACO IV,2,187–195
Prümm, K., Mysterien, in: LThK² 7,717–720

Quell, G., θεός, B. El und Elohim im AT, in ThWNT 3,79–90

Rad, G. von, Theologie des Alten Testaments, Bd. I: Die Theologie der geschichtlichen Überlieferungen Israels, München ⁴1962; Bd. II: Die Theologie der prophetischen Überlieferungen Israels, München ⁵1968
Rahner, H./Grillmeier, A., Monotheletismus (Monenergetismus), in: LThK² 7, 570–572
Rahner, K., Dogmatische Erwägungen über das Wissen und Selbstbewußtsein Jesu, in TThZ 71, 1972, 65–83
–, Grundlinien einer systematischen Christologie, in: K. Rahner/W. Thüsing, Christologie – systematisch und exegetisch, a.a.O. 17–78
–, Heilswille Gottes. Allgemeiner H. G., in: LThK², 5,165–168
–, Jesus Christus, in: Sacramentum Mundi, Theologisches Lexikon für die Praxis, Bd. 2, Freiburg, Basel, Wien 1968, 900–957
–, Probleme der Christologie von heute, in: Schriften zur Theologie Bd. I, Einsiedeln, Zürich, Köln ⁵1961, 169–222
–, Sakrament IV. u. V., in: LThK² 9,225–230
–, Theologie und Anthropologie, in: Schriften zur Theologie, Bd. VIII, Einsiedeln, Zürich, Köln 1967, 43–65
–, Theos im Neuen Testament, in ders., Schriften zur Theologie, Bd. 1, Einsiedeln ⁵1961, 91–167
– /*Thüsing, Wilhelm*, Christologie – systematisch und exegetisch. Arbeitsgrundlagen für eine interdisziplinäre Vorlesung (Quaestiones disputatae 55), Freiburg, Basel, Wien 1972
– /*Vorgrimmler, Herbert*, Kleines Konzilskompendium. Alle Konstitutionen, Dekrete und Erklärungen des Zweiten Vatikanischen Konzils in der bischöflich beauftragten Übersetzung, Freiburg, Basel, Wien 1966
Ratramnus von Corbie, De praedestinatione Dei (de praedest.) – PL 121,11–80
Ratzinger, J., Einführung in das Christentum. Vorlesungen über das Apostolische Glaubensbekenntnis. München ⁴1968
–, Kirche, II u. III. in: LThK² 6,172–183

Reitzenstein, R., Antike und Christentum. Vier religionsgeschichtliche Aufsätze, Sonderausgabe, Darmstadt 1963
Rendtorff, R., El, Ba'al und Jahwe. Erwägungen zum Verhältnis von kanaanäischer und israelitischer Religion, in: ders., Gesammelte Studien zum Alten Testament, München 1975, 172–187
Richter, M., Irland und Europa: Die Kirche im Frühmittelalter, in: Próinséas Ní Chatháein und Michael Richter (Hrsg.), Irland und Europa/Ireland and Europe. Die Kirche im Frühmittelalter (The Early Church) (Veröffentlichungen des Europa Zentrums Tübingen, Kulturwissenschaftliche Reihe, hrsg. von Michael Bosch u. Gerd Schulten), Stuttgart 1984, 409 bis 432
Riedl, J., Wenn ihr den Menschensohn erhöht habt, werdet ihr erkennen (Joh 8,28), in: Jesus und der Menschensohn, Festschrift für Anton Vögtle, a.a.O. 355–370
Riedmatten, H. de, Lukianos von Antiocheia, in LThK² 6,1211.1212
Rief, J., Stoizismus, Stoa, in: LThK² 9,1088–1090
Ritter, A.M., Christologie. A. Frühe Kirche bis Chalkedon, in: LMa 2, 1922–1923
–, Dogma und Lehre in der Alten Kirche, in: C. Andresen (Hrsg.) Handbuch der Dogmen- und Theologiegeschichte, Bd. 1, a.a.O. 99–283
Rostovtzeff, M., Geschichte der Alten Welt. Der Orient und Griechenland, deutsch von Hans Heinrich Schaeder, Birsfelden – Basel o.J.
Ruckstuhl, E., Abstieg und Erhöhung des johanneischen Menschensohns, in: Jesus und der Menschensohn, Festschrift für Anton Vögtle, a.a.O. 314–341
Rücker, H., »Afrikanische Theologie«. Darstellung und Dialog. Innsbruck, Wien 1985

Sanon, A.T., Das Evangelium verwurzeln. Glaubenserschließung im Raum afrikanischer Stammesinitiationen, mit einer Einführung von René Luneau O.P. (Theologie der Dritten Welt, hrsg. vom Missionswissenschaftlichen Institut Missio unter der Leitung von Ludwig Wiedenmann, Bd. 7), Freiburg, Basel, Wien 1985
Sartre, J.P., L'être et le néant. Essai d'ontologie phénoménologique (1943), Paris 1957
Schäferdiek, K., Gottschalk der Sachse (Gottschalk von Orbais, 806/08–866/70), in: TRE Bd. XIV, 108–110
Scheffczyk, L., Christologie. B. Lateinischer Westen: I. Christologie nach Chalkedon; II. Früh- und Hochscholastik, in: LMA 2, 1923–1928
– (Hrsg.), Erlösung und Emanzipation (Quaestiones Disputatae 61), Freiburg, Basel, Wien 1973
–, Lehramtliche Formulierung und Dogmengeschichte der Trinität, in: Mysterium Salutis, Bd. II, a.a.O. 146–220
Scheler, M., Vom Umsturz der Werte (¹1915), Bern ⁴1955
Schillebeeckx, E., Jesus, Die Geschichte von einem Lebenden, Freiburg, Basel, Wien ¹1975
–, Was alle zusammen träumen, das wird Wirklichkeit. Kirche in nachbürgerlicher Gesellschaft, in: imprimatur 17, 1984, 277–286

Schilson, A./Kasper, W., Christologie im Präsens. Kritische Sichtung neuer Entwürfe, Freiburg, Basel, Wien 1974
Schlink, E., Der kommende Christus und die kirchlichen Traditionen, Göttingen 1961
Schmid, R. H., Raum, Zeit und Publikum des geistlichen Spiels. Aussage und Absicht eines mittelalterlichen Massenmediums, München 1975
Schmidt, M. A., Dogma und Lehre im Abendland. Zweiter Abschnitt: Die Zeit der Scholastik, in C. Andresen (Hrsg.), Handbuch der Dogmen- und Theologiegeschichte, Bd. 1, a.a.O. 567–754
Schmithals, W., Jesus und die Apokalyptik, in: Georg Strecker (Hrsg.), Jesus Christus in Historie und Theologie, a.a.O. 59–85
Schmitt, A., Gerhard von York, in: $LThK^2$ 4,723–724
Schnackenburg, R., Christologie des Neuen Testaments, in: Mysterium Salutis Bd. III/1, a.a.O. 227–388
–, Die Ecce-homo-Szene und der Menschensohn, in: Jesus und der Menschensohn, Festschrift für Anton Vögtle, a.a.O. 371–386
–, Rechtfertigung, I–IV, in: $LThK^2$ 8,1033–1037
Schneider, C., Geistesgeschichte des antiken Christentums, München 1954
Schrimpf, G., Der Beitrag des Johannes Scottus Eriugena zum Prädestinationsstreit, in: H. Löwe (Hrsg.), Die Iren und Europa im frühen Mittelalter, a.a.O. (2. Teilband), 819–865
–, Johannes Scottus Eriugena, in: Martin Greschat (Hrsg.), Mittelalter, Bd. 3), Stuttgart, Berlin, Köln, Mainz 1983, 113–122
Schröder, F. R., Die germanische Religion, in: Die Religionen der Erde. Ihr Wesen und ihre Geschichte, begründet von Carl Clemen, 2. Bd, München 1966, 93–115
Schulz, S., Der historische Jesus, in: Georg Strecker (Hrsg.), Jesus Christus in Historie und Theologie, a.a.O. 3–25
–, Die Mitte der Schrift. Der Frühkatholizismus im Neuen Testament als Herausforderung an den Protestantismus, Stuttgart 1976
–, Die Stunde der Botschaft. Einführung in die Theologie der vier Evangelisten, Hamburg 1967
Schupp, F., Glaube – Kultur – Symbol. Versuch einer kritischen Theologie sakramentaler Praxis. Düsseldorf 1974
–, Vermittlung im Fragment. Überlegungen zur Christologie, Als Manuskript gedruckt von der »Fakultätsvertretung der Hochschülerschaft an der Universität Innsbruck«, Ött-Druck 1975
Schwabl, H., Hellenismus, religionsgeschichtlich, in $LThK^2$ 5,213.214
Schwager, R., Unfehlbare Gnade gegen göttliche Erziehung. Die Erlösungsproblematik in der pelagianischen Krise, in: ZKTh 104, 1982, 257–290
Schwanz, P., Imago Dei als christologisch-anthropologisches Problem in der Geschichte der Alten Kirche von Paulus bis Clemens von Alexandrien, Halle 1970
Schwarz, H., Die christologische Forschung in der gegenwärtigen nordamerikanischen Theologie, in: NZsysTh 25, 1983, 33–51
Schweizer, E., Beiträge zur Theologie des Neuen Testaments, Neutestamentliche Aufsätze (1955–1970), Zürich 1970

–, Gottesdienst im Neuen Testament und heute, in: ders., Beiträge zur Theologie des Neuen Testaments, a.a.O. 263–282
–, Kol 1,15–20, in: ders., Beiträge zur Theologie des Neuen Testaments, a.a.O. 113–145
–, Die theologische Leistung des Markus (zuerst veröffentlicht in EvTh 24, 1964, 337–355), in: ders., Beiträge zur Theologie des Neuen Testaments, a.a.O. 21–42
Seeberg, R., Lehrbuch der Dogmengeschichte, Bd. 1: Die Anfänge des Dogmas im nachapostolischen und altkatholischen Zeitalter (unveränderter reprographischer Nachdruck der 3. Aufl. 1922), Darmstadt ^{6}1965; Bd. 2: Die Dogmenbildung in der Alten Kirche (unveränd. reprograph. Nachdruck der 3. Aufl. 1923), Darmstadt ^{6}1965; Bd. 3: Die Dogmenbildung des Mittelalters (unverändeter photomechanischer Nachdruck der 4. Aufl. o. J.), Darmstadt ^{6}1959, Bd. 4, 1. Teil: Die Entstehung des protestantischen Lehrbegriffs (unveränderter photomechan. Nachdruck von Leipzig ^{4}1933), Darmstadt ^{6}1959, Bd. 4, 2. Teil. Die Fortbildung der reformatorischen Lehre und die gegenreformatorische Lehre (unveränd. photomech. Nachdruck von Leipzig ^{3}1920?), Darmstadt ^{5}1959.
Serralda, V., La philosophie de la Personne chez Alcuin, Paris 1978
Severus von Antiochien, Liber contra impium Grammaticum II – CSCO 112,43–228
Siggins, J. K., Martin Luther's Doctrine of Christ (Yale Publications in Religion 14), New Haven, London 1970
Smalley, S. S., Johannes 1,51 und die Einleitung zum vierten Evangelium, in: Jesus und der Menschensohn, Festschrift für Anton Vögtle, a.a.O. 300–313
Smet, R. V., Die Theologie in Indien, in: Bilanz der Theologie im 20. Jahrhundert, a.a.O. 405–421
Smulders, P., Dogmengeschichte und lehramtliche Entfaltung der Christologie, in: Mysterium Salutis III, 1, a.a.O. 389–476
Snellman, P., Der Anfang des arianischen Streites. Ein Beitrag zur Geschichte des Streits, Helsingfors 1904
Spindeler, A., Pelagius, in: LThK^{2} 8,251
Spinoza, B. de, Ethica ordine geometrico demonstrata (1677) – Opera, Werke, lateinisch und deutsch, Bd. 2, hrsg. von Konrad Blumenstock, Darmstadt ^{3}1980
–, Tractatus theologico-politicus – Opera, Werke, lateinisch und deutsch, Bd. 1, hrsg. von Günter Gawlick u. Friedrich Niewöhner, Darmstadt 1979
Steinbach, R., Die deutschen Oster- und Passionsspiele des Mittelalters. Versuch einer Darstellung und Wesensbestimmung nebst einer Bibliographie zum deutschen geistlichen Spiel des Mittelalters (Kölner Germanistische Studien, hrsg. von P. Böckmann, Bd. 4), Köln, Wien 1970
Steinbüchel, Th., Christliches Mittelalter (Reprogr. Nachdruck von Leipzig ^{1}1935), Darmstadt 1968
Stietencron, H. von (Hrsg.), Der Name Gottes, Düsseldorf 1975
Stockmeier, P., Das Konzil von Chalkedon, in: Josef Blank/Gotthold Hasenhüttl (Hrsg.), Glaube an Jesus Christus, a.a.O. 102–116
Sträter, H., Die Erlösungslehre des hl. Athanasius, Freiburg i. B. 1894

Strecker, G. (Hrsg.), Jesus Christus in Historie und Theologie. Neutestamentliche Festschrift für Hans Conzelmann zum 60. Geburtstag, Tübingen 1975
Studer, B., Gott und unsere Erlösung im Glauben der Alten Kirche, Düsseldorf 1985
–, unter Mitarbeit von Brian Daley, Soteriologie. In der Schrift und Patristik (Handbuch der Dogmengeschichte, hrsg. von M. Schmaus, L. Scheffczyk und M. Seybold, Bd. III, Fasz. 2a), Freiburg, Basel, Wien 1978
Stürmer, K., Konzilien und ökumenische Kirchenversammlungen. Abriß ihrer Geschichte (Kirche und Konfession, Veröffentlichungen des konfessionskundlichen Instituts des Evangelischen Bundes, Bd. 3), Göttingen 1962.
Stuhlmacher, P., Jesus als Versöhner, in: Georg Strecker (Hrsg.), Jesus Christus in Historie und Theologie, a.a.O. 87–104

Tertullian, Adversus Marcionem (adv. Marc.) – CCL 1, 1954, 441–726
–, Adversus Praxean (adv. Prax.) – CCL 2, 1954, 1159–1205
–, De carne Christi – CCL 2, 1954, 873–917
Theodor von Mopsuestia, Fragmenta ex libris contra Apollinarium (c. Apoll.) – PG 66,993–1002
–, Fragmenta ex libris de incarnatione filii Dei (de incarn.) – PG 66,969–994
–, Kommentare zu den Paulusbriefen – Theodori Mopsuesteni in epistulas B. Pauli commentarii, Bde I–II, hrsg. von H. B. Swete, Cambridge 1880/1882
–, Les homélies catéchétiques, hrsg. u. übers. von R. Tonneau u. R. Devresse (Studi e Testi, Rom 1900ff, Bd. 145), Vatikan 1949
–, Thesen, zitiert nach Cyrill aus den Akten des Zweiten Konzils von Konstantinopel (553) 4,45, in: Mansi IX, 219
Theodoret von Kyros, Eranistes seu Polymorphus – PG 83,27–318
Theologen der Dritten Welt. Elf biographische Skizzen aus Afrika, Asien und Lateinamerika, hrsg. von Hans Waldenfels, München 1982
Theophilus von Antiochien, Ad Autolycum (ad Autol.) – SCh 20, 1948
Thomas von Aquin, Responsio ad Magistrum Joannem de Vercellis de articulis XLII (zitiert nach: Martin Grabmann, Mittelalterliches Geistesleben, a.a.O. 309).
–, Summa theologica – Edition von Petrus Caramello (cum textu ex recensione Leonina), Tertia pars et Supplementum, Marietti 1956
Thomas, R., Der philosophisch-theologische Erkenntnisweg Peter Abaelards im Dialogus inter Philosophum, Judaeum et Christianum (Untersuchungen zur allgemeinen Religionsgeschichte, begründet v. Carl Clemen; Neue Folge, hrsg. von Gustav Mensching, Heft 6), Bonn 1966
Thüsing, W., Erhöhungsvorstellung und Parusieerwartung in der ältesten nachösterlichen Christologie (Stuttgarter Bibelstudien 42), Stuttgart 1970
–, Neutestamentliche Zugangswege zu einer transzendental-dialogischen Christologie, in: Karl Rahner/Wilhelm Thüsing, Christologie – systematisch und exegetisch, a.a.O. 81–303
Tödt, H. E., Der Menschensohn in der synoptischen Überlieferung, Gütersloh 1959
Trilling, W., Fragen zur Geschichtlichkeit Jesu, Düsseldorf [3]1969

Troeltsch, E. Die Bedeutung des Protestantismus für die Entstehung der modernen Welt (Historische Bibliothek, 24. Band), Neudruck der Ausgabe 1911, Aalen 1963
–, Protestantisches Christentum und Kirche in der Neuzeit, in: Die Kultur der Gegenwart. Ihre Entwicklung und ihre Ziele, hrsg. von Paul Hinneberg, Teil I, Abt. IV: Die christliche Religion, mit Einschluß der israelisch-jüdischen Religion, I. Hälfte: Geschichte der christlichen Religion, Berlin und Leipzig 1906, 253–458

Unnik, W. C. van, Der Ausdruck »in den letzten Zeiten« bei Irenäus, in: Neotestamentica et patristica. Eine Freundesgabe für Oscar Cullmann, Leiden 1962, 293–304

Vogt, H. J., Zur Spiritualität des frühen irischen Mönchtums, in: H. Löwe, Die Iren und Europa im frühen Mittelalter, a.a.O. (1. Teilband), 26–51
Vorländer, D., Deus incarnatus. Die Zweinaturenchristologie Luthers bis 1521 (Untersuchungen zur Kirchengeschichte, Bd. 9), Witten 1974
Vries, J. de, Keltische Religion (Die Religionen der Menschheit, hrsg. von Christel Matthias Schröder, Bd. 18), Stuttgart 1961

Wendland, P., Die hellenistisch-römische Kultur in ihren Beziehungen zum Judentum und Christentum (Handbuch zum Neuen Testament, begründet von H. Lietzmann, hrsg. von G. Bornkamm, Bd. 2; Nachdruck der 2. u. 3. Aufl. 1912, erweitert um eine Bibliographie von Heinrich Dörvie), Tübingen ^{4}1974
Wengst, K., Christologische Formeln und Lieder des Urchristentums (Studien zum Neuen Testament, 7), Gütersloh 1972
Werner, M., Die Entstehung des christlichen Dogmas, problemgeschichtlich dargestellt (Urban-Bücher 38, Kurzfassung der 1. Auflage 1941), Stuttgart 1959
Wiederkehr, D., Glaube an Erlösung. Konzepte der Soteriologie vom Neuen Testament bis heute, Freiburg, Basel, Wien 1967
–, Der Sohn nicht ohne die Söhne. Die gesellschaftliche Relevanz des christologischen Titels, in: Concilium 18, 1982, 166–171
Wiegand, F., Dogmengeschichte des Mittelalters und der Neuzeit, Leipzig 1919
Wilamowitz-Moellendorff, U. von, Der Glaube der Hellenen, 2. Bd., Darmstadt 1973
Wlasok, A., Rom und die Christen, Stuttgart 1970

Yagi, S., Das Ich bei Paulus und Jesus – zum neutestamentlichen Denken, in: Annual of the Japanese Biblical Institute V. Tokio 1979, 133–153

Personenregister

(Ohne: biblische Namen, Denzinger, Mansi und Neuner-Roos und Namen auf S. 316. 317)